辞海版

常用典故词典

CHANGYONG DIANGU CIDIAN

（新一版）

双色本

魏励 编著

上海辞书出版社

图书在版编目(CIP)数据

常用典故词典：新一版：双色本／魏励编著. —上海：上海辞书出版社，2024
ISBN 978-7-5326-6145-9

Ⅰ. ①常… Ⅱ. ①魏… Ⅲ. ①汉语—典故—词典 Ⅳ. ①H136.3-61

中国国家版本馆 CIP 数据核字(2023)第 213288 号

常用典故词典(新一版)(双色本)

魏励 编著

责任编辑 周美玲
装帧设计 梁业礼
责任印制 曹洪玲

出版发行 上海世纪出版集团
上海辞书出版社®(www.cishu.com.cn)
地　　址 上海市闵行区号景路 159 弄 B 座(邮政编码：201101)
印　　刷 苏州市越洋印刷有限公司
开　　本 889 毫米×1194 毫米 1/32
印　　张 27.375
字　　数 1 040 000
版　　次 2024 年 5 月第 1 版 2024 年 5 月第 1 次印刷
书　　号 ISBN 978-7-5326-6145-9/H·778
定　　价 128.00 元

目　录

说　明

一、基本内容、读者对象

典故指诗文等所引用的古书中的故事或词句。一般分为事典、语典两大类：事典指诗文中引用的古代故事，如“八仙过海”“凿壁偷光”；语典指古书中有来历出处的词语，如“不惑之年”“出尔反尔”。有些故事性强的成语，如“草木皆兵”“画蛇添足”，内容往往与典故重合，因而也可以视为典故。

在阅读各种文学作品尤其是古文时，经常会遇到使用典故的情况。典故言简意赅，含义深刻，形式多变，五彩纷呈。学习和掌握典故，在文章中恰当引用典故，可以提高写作能力，使文章增添不少光彩。

典故类的词典林林总总，品种较多。本书与其他同类书相比，选收条目较常用，解说较详细，举例较充分，并指出字形、读音、用法等方面应注意的问题，适用于中小学师生、中等以上文化程度的读者。

二、条目选收范围

本书收录常见典故（包括故事性强的成语）计 4 392 条。

典故形式往往不固定，使用较灵活。本书根据其源流和发展关系，把同一事典或语典衍生出来的典故分为主条和副条。主条是能明确概括典故内容的、有较早用例的条目，计 1 245 条。副条是主条的变体（变化形式）或与主条有密切关联的条目，计 3 147 条。

一些习见俗语来源于典故，如“有钱能使鬼推磨”来源于“钱可通神”，“梁园虽好，不是久恋之家”来源于“梁园”，本书副条中收录了少量这类俗语，以便读者了解其来源及发展演变的轨迹。

三、正文内容

正文内容分为“条目、注音、出处、解说、举例、提示”六部分。

（一）条目

1. 主条用较大字号居中排，注明出处，并详加解说。副条用较小字号排，注释简明扼要。

2. 当条目不同而字形相同时,用“(一)(二)”等加以区分,如“鸿雁(一)”与“鸿雁(二)”。

3. 有的条目虽存在某些源流关系,但内容各自独立,不便作为主、副条处理,则注明“参见”,如“按图索骏”参见“伯乐”,“金针暗度”参见“牵牛织女”。有的条目虽来源不同,没有源流关系,但意义有一定联系,也注明“参见”,如“反裘负薪”参见“皮之不存,毛将安傅”,“师出有名”参见“兵出无名”。

4. 多数副条与主条用法相同,只是形式上存在差异,有的是语序不同,如“冯河暴虎”与“暴虎冯河”,“蛇影杯弓”与“杯弓蛇影”;有的是用字不同,如“不赞一词”与“不赞一辞”,“一曝十寒”与“一暴十寒”;有的是用词不同,如“按图索骥”与“按图索骏”,“衣锦夜行”与“衣绣夜行”;有的是说法不同,如“风马牛”与“风马牛不相及”,“白鹅换字”与“书字换群鹅”。

5. 某些主条和副条并不是“主”与“副”的关系。从来源看,它们属于同一事典或语典,为叙述方便而放在一起,如“鸿门宴”与“斗酒彘肩”,“九牛一毛”与“拾遗补阙”。

(二)注音

1. 条目用汉语拼音注音。

2. 为了便于阅读,解说和举例中的生僻难读、容易误读的字加注读音。

(三)出处

指出该条目的较早文献来源。当来源不止一个时,以“又见”列出。

(四)解说

1. 解释该条目中的生僻字词,并讲解内容、史实、含义及用法。

2. 在讲解不同条目之间的关系时,常使用“同”“见”两种术语。其中:

同:指本条目的来源、用法等与该条的主条或某个副条相同,如“阿堵”同“阿堵物”,“池鱼之殃”同“池鱼祸”。

见:指本条目的来源与该条的主条相同,但含义及用法略有不同,如“不言钱”见“阿堵物”,“墨君”见“爱竹”。随后指出其不同的含义及用法。

(五)举例

1. 提供该条目实际用例,一般从古今典范的或名家的文章、小说、诗词中选取。如果该条目有两个以上的含义及用法,则举出相应例句。

2. 一般按古今时代的不同分别举例。现代常用条目适当多举例。

(六)提示

指出在字形、读音、用法等方面应注意的问题,提示部分用符号“☞”表

示。如:

☞“暗度陈仓”的“度”不要误作“渡”。

☞“抵掌”的“抵”右侧是氐,不要误为氏,也不要误读 dǐ。

☞“阿堵物”的“阿”今又读 ā。

☞“暴虎冯河”的“冯”不读 féng。

☞“了如指掌”的“指”是动词,不是名词,不能释为手指。

☞“抱头鼠窜”的“头”,不要误解为自己的头。双手抱着自己的脑袋是跑不快的。

四、正文条目次序

(一) 主条按读音的汉语拼音字母次序排列。当读音相同时,按首字笔画数由少至多排列。

(二) 副条附列在相应的主条之后。两个以上的副条,一般按条目的字词搭配形式相似度高低排列。如主条“山阳”的副条有“山阳会、山阳泪、山阳笛、山阳闻笛、山阳邻笛、邻笛、吹笛、竹林会、竹林宴、竹林人”。主条“月下老”的副条有“月下老人、月老、系足人、月下赤绳、月下绳、赤绳系足、赤绳系、系赤绳、赤绳、红丝暗系、足上丝牵”。

五、索引

正文前有《全部条目音序索引》,正文后附《全部条目笔画索引》,以供检索。

全部条目音序索引

【说明】① 本索引收录书中全部条目,包括主条和副条。② 条目按首字音序排列。首字读音相同的,按字形笔画由少至多排列;首字字形相同的,按第二字的读音依次排列。③ 条目右侧的数码,为本书页码。

全部条目音序索引

全部条目音序索引

全部条目音序索引

全部条目音序索引

全部条目音序索引

A

阿斗 ā dǒu

出处《三国志·蜀志·后主传》,又见南朝宋·裴松之注引晋·习凿齿《汉晋春秋》。解说“阿斗”是三国时蜀国君主刘备之子刘禅(shàn)的小名。刘备死后,刘禅继位,史称后主。刘禅性格懦弱,庸碌无能,虽然有丞相诸葛亮、将军姜维等人辅佐,但蜀国国势日益衰败,终于被魏国所灭。刘禅投降后做了俘虏,被送到洛阳,魏国大将军、晋王司马昭封他为安乐公。有一天,司马昭设宴款待刘禅,并以歌舞助兴。当演奏到蜀地乐曲时,随刘禅投降的蜀国旧臣们触景伤情,想起国破家亡,个个泪流满面。而刘禅却面无感伤之色,依然谈笑自若。司马昭见状,便问刘禅说:“你思念蜀国吗?”刘禅答道:“此间乐,不思蜀。”(大意是:这里很快乐,我不思念蜀国。)司马昭见刘禅整日沉湎声色,不思故国,知道他将来不会有多大作为,就放松了防范。刘禅后来死在洛阳,再没有回蜀地。刘禅被人称作“扶不起来的阿斗”。后用此语称懦弱无能、不思振作的人,也称虽被大力扶持却终不成器的庸才。举例①宋·楼钥《送杓孙随侍上虞》:“阿斗生来十五年,未曾一日去翁前。”②巴金《随想录》一五:“我常常想:倘使我自己不争气,是个扶不起的阿斗,事事都靠包青天、海青天,一个青天,两个青天,能解决多少问题呢?”③《金锁记》:“怎奈这丫头天生的是扶不起的阿斗,恨得我只嚷嚷……”

乐不思蜀 lè bù sī shǔ 见“阿斗”。原指刘禅安于逸乐,不思念已灭亡的故国。比喻乐而忘返或乐而忘本,或没有怀旧、思乡之情。举例①伍修权《我的历程》:“那时候,常有中国同志在苏联找爱人,苏方对此还十分支持。有的同志在那里结了婚,果然乐不思蜀,安心呆下了。”②《村妇》卷一:“三贝子下乡巡视田庄,夜晚读书要有红袖添香,黄马褂儿赶忙献上三姨太太服侍左右。三贝子乐不思蜀,留连忘返。”

不思蜀 bù sī shǔ 同“乐不思蜀”。举例①《三国演义》第一一九回:“陛下如何答应不思蜀也?倘彼再问,可泣而答曰:‘先人坟墓,远在蜀地,乃心西悲,无日不思。’”②何其芳《忆昔》之三:“留连光景不思蜀,惆怅天神犹醉秦。”

A

阿蒙 ā méng

出处《三国志·吴志·吕蒙传》南朝宋·裴松之注引《江表传》。解说 吕蒙是三国时吴国人,少时贫穷无依,没有读过多少书,由于作战勇猛,后来成为军中一员大将。吴国君主孙权劝他说:你现在身居要职,掌握兵权,是国家的栋梁,应该再多读一些书。吕蒙开始发愤苦读,不出几年,学识大增。鲁肃继大将军周瑜之后统帅吴军,来到吕蒙驻地,吕蒙摆酒款待他。鲁肃最初以老眼光看人,觉得吕蒙不过是一个不懂谋略的勇夫,岂料在酒宴上纵论天下大事时,发现吕蒙不乏真知灼见。"(鲁肃)大惊曰:'卿今者才略,非复吴下阿蒙!'蒙曰:'士别三日,即更刮目相待,大兄何见事之晚乎!'"(吴下:指长江下游南岸一带。刮:擦。刮目:擦亮眼睛。相待:看待;对待。原文大意是:鲁肃很震惊,感叹道:"今日老弟学识渊博,已经不是原来有勇无谋的吕蒙了。"吕蒙说:"与人分别了数日,就应当擦亮眼睛重新看待他的才能,这有什么可奇怪的呢?只是老兄知道得有些晚了而已。")鲁肃于是拜见吕蒙的母亲,与吕蒙结为好友,然后告别而去。后用此语指见识浅陋、毫无长进的人。也用于自谦。举例 ① 宋·吕本中《寄赵十弟》:"十年流落各西东,再见初非旧阿蒙。"② 陈毅《兴国旅舍》:"战斗艰难还剩我,阿蒙愧负故人情。"

阿蒙吴下 ā méng wú xià 同"阿蒙"。举例 ① 清·黄景仁《闻稚存丁母忧》:"阿蒙吴下还依旧,他日登堂欲拜难。"② 郁达夫《盛夏闲居读唐宋以来各家诗仿海洋例成诗八首录七》之六:"斑管题诗泪带痕,阿蒙吴下数梅村。"

吴下阿蒙 wú xià ā méng 同"阿蒙"。举例 清·沈起凤《谐铎·隔牖(yǒu)谈诗》:"汝吴下阿蒙,辄敢高持布鼓,过我雷门。"

吴中阿蒙 wú zhōng ā méng 同"阿蒙"。举例 宋·魏了翁《柳梢青》:"别来三日东风,已非复、吴中阿蒙。"

刮目相待 guā mù xiāng dài 见"阿蒙"。指用新的眼光来看待同一个人或同一事物。举例 ① 元·吴澄《送谢见山序》:"人有一愤激感发而前后若二人者,故曰'士别三日当刮目相待。'"② 《二十年目睹之怪现状》第九十回:"只他这一番言语举动,便把个大舅爷骗得心花怒放,说士三日不见,当刮目相待,这句话古人真是说得不错。"

刮目相见 guā mù xiāng jiàn 同"刮目相待"。举例 蔡元培《就任北京大学校长之演说》:"士别三日,刮目相见。况时阅数载,诸君较昔当必为长足之进步矣。"

刮目相看 guā mù xiāng kàn 同"刮目相待"。举例 ① 清·袁枚《答福敬斋公相》:"蒙文忠公倾衿相接,刮目相待。"② 鲁迅《书信集·致钱玄同》:"即此一层,已足令敌人刮目相看，而猗(yī)欤羞哉，尚在其次也。”③《围城》五：“在鹰潭这几天里，李梅亭对鸿渐刮目相看，特别殷勤。”

刮目而视 guā mù ér shì 同“刮目相待”。举例《暴风雨前》第五部三：“田老兄那么亲切地拍着他的胳膊道：‘士三日不见，当刮目而视，吾子有焉！’”

阿香推雷车 ā xiāng tuī léi chē

出处 晋·陶潜《搜神后记》卷五。解说 传说晋代永和年间，义兴有一位姓周的人带领两个随从骑马出门远行。天色渐晚，经过路边的一间新草房，见到一位十六七岁、姿容端正、衣服艳丽的女子推门出来。他们走上前去请求借宿，女子答应了，并热情地做饭招待。他们夜里睡到一更时分，听到一个小男孩呼唤道：“阿香，老爷叫你去推雷车。”女子口里答应着起身出去了。过了一会，天上雷声隆隆，下起瓢泼大雨。到了第二天拂晓，女子才回来。吃过早饭，姓周的人和随从向女子致谢，并上马告辞离去。当他们回头看时，昨夜所宿之处竟然是一座新修的坟墓，不由得大惊失色。后用此语指天空打雷。举例 宋·苏轼《无锡道中赋水车》：“天工不念老翁泣，唤取阿香推雷车。”

阿香推车 ā xiāng tuī chē 同“阿香推雷车”。举例 宋·邓肃《霹雳松》：“阿香推车动地来，振起虬髭(zī)上天阙。”

阿香车 ā xiāng chē 见“阿香推雷车”。指雷声或雷雨。举例 明·汪廷讷(nè)《种玉记·尚主》：“看玉辇金舆，天回地转，空中抛下阿香车。”

阿香 ā xiāng 见“阿香推雷车”。指传说中推雷车的女神。也指天空打雷。举例 ① 宋·范成大《夜泊湾舟大风雨》：“阿香搅客眠，夜半驱疾雷。”②《警世通言·旌阳宫铁树镇妖》：“烧起谢仙之火烈，推转阿香之车轮。”③ 郁达夫《金丝雀》之一：“能向阿香通刺否？风云千里传雷车。”

雷车 léi chē 见“阿香推雷车”。指传说中雷神所驾的车子，借指雷声。举例 宋·陆游《七月十九日大风雨雷电》：“雷车动地电火明，急雨遂成盆盎倾。”

哀兵必胜 āi bīng bì shèng

出处《老子》六十九章：“故抗兵相加，哀者胜矣。”解说 三国魏·王弼注：“抗，举也；加，当也。哀者必相惜，而不趣(趋)利避害，故必胜。”原文大意是：当实力相当的两军对垒时，受压抑且充满悲愤心情的一方必定获得胜利。后用此语指敌对双方中受欺凌而心存悲愤的一方，因不轻敌而斗志昂扬，必定取胜。举例 ①《南渡记》：“我

A

们让人欺负够了,全国百姓谁不愿打!岂不闻哀兵必胜啊!”② 秦牧《晴窗晨笔·国家新庆》:“让我们都来发挥兢兢业业的精神,本着哀兵必胜的意志来努力。”

哀而不伤 āi ér bù shāng

出处《论语·八佾(yì)》。解说《关雎(jū)》是《诗经》中的一篇。诗中描写一个贵族青年爱上一个美丽的少女,他对少女日夜思念,寝不安席,后来二人结婚了,生活幸福美满。孔子评论说:“《关雎》乐而不淫,哀而不伤。”(大意是:这首诗的情调欢乐而不放荡,悲伤而不痛苦,具有中和之美,符合中庸之道。)后用此语指诗歌、音乐等艺术作品表现的伤感情调适度,不失中和之美。也比喻感情或行为有分寸,没有过头。举例 ① 明·陶宗仪《南村辍耕录·绿窗遗稿》:“先生之诗,哀而不伤,举得性情之正,是可传也已。”②《二刻拍案惊奇》卷二十一:“王爵与王惠哭做了一团,四个妇人也陪出了哀而不伤的眼泪。”③《四世同堂》四十三:“她喜欢打扮,愿意有男朋友,可是这都不过是一些小小的、哀而不伤的、青春的游戏。”

哀鸿 āi hóng

出处《诗经·小雅·鸿雁》:“鸿雁于飞,哀鸣嗸嗸(áo áo)。维此哲人,谓我劬(qú)劳。维彼愚人,谓我宣骄。”解说 鸿:大雁,也称鸿雁。嗸嗸:同“嗷嗷”,拟声词,大雁哀鸣声。劬劳:劳累。在这首民歌中,奴隶们述说了自己的劳苦和不幸。大意是:明白的人听了我们的歌,会说这是我们因劳累而发出的声音,而那些不明事理的人反而会说我们不安分、太狂妄了。诗中用大雁的哀鸣来衬托和比喻劳动者的歌声。后用此语比喻流离失所、痛苦地呻吟和呼号的人们。举例 ① 清·洪昇《长生殿·收京》:“流离百室,哀鸿满路悲戚。”② 刘国钧《辛壬之间杂诗》:“胡卢依样君休问,中泽哀鸿血未枯。”

哀鸿遍野 āi hóng biàn yě 见“哀鸿”。比喻到处都是灾民或难民,他们流离失所,痛苦地呻吟、呼号。举例 ① 清·汤斌《睢(suī)沐二邑秋灾情形疏》:“今春卖儿卖女者,有售无受,以故哀鸿遍野,硕鼠兴歌。”②《天涯红泪记》第二章:“然而哀鸿遍野,吾又何能一一拯之?”③ 冯玉祥《我的生活》第二十九章:“此次战后,兵匪纵横,哀鸿遍野,地方更形凋敝。”

哀鸿遍地 āi hóng biàn dì 同“哀鸿遍野”。举例 黄侃《水龙吟·秋花》:“天涯吟望,哀鸿遍地,都成愁侣!”

鸿雁(一) hóng yàn 见“哀鸿”。比喻流离失所的灾民或难民。举例 ① 清·蒲松龄《拟上以山左饥荒截漕赈济全蠲(juān)四十三四两年钱粮仍亲巡地方省民疾苦群臣谢表》:“抱子离乡,劳哉鸿雁。”② 清·杨伦《流丐行》:“流亡尽复业,鸿雁期安栖。”

哀莫大于心死 āi mò dà yú xīn sǐ

出处《庄子·田子方》:“夫哀莫大于心死,而人死亦次之。”解说 原文大意是:没有比丧失了天性和心智更可悲哀的了,即使人的生命终结也在其次。后常用此语形容人心灰意冷,或陷于绝望的精神状态。举例 ①《家》二:“人说:‘哀莫大于心死。’我的心已经死了。我不该再到你们公馆里来,打扰你们。”②《大波》第一部八章:“古人说过,哀莫大于心死,又说过,陈叔宝全无心肝。假使四川股东心都死了,或者都没有心肝,那吗,尽可以回家去左顾孺人,右弄稚子……享家庭幸福啰! 就莫来开会。”

矮人看戏 ǎi rén kàn xì

出处 宋·朱熹《朱子语类》卷二十七。解说 南宋哲学家、教育家朱熹鄙视那些毫无主见、只会随声附和的人,他说:有些人说某人的诗好,某人的诗不好,只不过是听前人说的,于是就附和着说。这如同矮子看戏一般,见前边的人笑,他也笑,当别人问他哪里是好处时,他又哑口无言了。矮人身材短小,挤在人群中看不见前边的戏台,不知道戏是否演得精彩,只能是别人笑,他也笑;别人喝彩,他也叫好。场:戏场。后用此语比喻对事情没有独立见解,只知道附和别人。或自己不了解情况,却跟着别人说长道短。举例 清·赵翼《论诗》:“矮人看戏何曾见,都是随人说短长。”

矮人看场 ǎi rén kàn chǎng 同“矮人看戏”。举例 元·程端礼《程氏家塾读书分年日程》二:“不可先看他人议论,如矮人看场,无益。”

矮人观场 ǎi rén guān chǎng 同“矮人看戏”。举例 ① 明·杨慎《升庵诗话·老子论性》:“若知其出于老氏,宋儒必洗垢索瘢(bān),曲为讥评;但知其出于经,则护持交赞。此亦矮人之观场也。”② 清·李渔《闲情偶寄·演习·选剧》:“最有识见之客,亦作矮人观场。”清·王士禛《香祖笔记》卷十:“予观宋景文近体,无一字无来历,而对仗精确,非读万卷者不能,迥非南渡以后所及。今人耳食,誉者毁者,皆矮人观场,未之或知也。”

矮子观场 ǎi zi guān chǎng 同“矮人看戏”。举例《野叟曝(pù)言》第一回:“从来解诗者,偏将此二句解错,所以意味索然,何尝不众口极力铺张,却如矮子观场、痴人说梦,搔爬不着痒处,徒惹一身栗块而已。”

A

爱莫能助 ài mò néng zhù

出处《诗经·大雅·烝(zhēng)民》:“我仪图之,维仲山甫举之,爱莫助之。衮职有阙,维仲山甫补之。”解说 仪图:揣度。爱:同情。衮:指周宣王的王袍。职:偶然。阙:同“缺”。仲山甫是周宣王的大臣,为人忠直,勤俭奉公,尽心襄助宣王主持朝政,深受周宣王的信任和百姓们的拥戴。这首诗称颂了仲山甫的美德,大意是:仲山甫勤于政事,辅佐周宣王,别人即使想这么做,却心有余而力不足。并比喻说:周宣王的王袍偶然破了,也只有仲山甫能及时发现并补好。后用此语形容虽有同情心但无力帮助。举例 ①《警世通言·王安石三难苏学士》:“子瞻(苏轼)左迁黄州,乃圣上之意,老夫爱莫能助。”② 鲁迅《呐喊·端午节》:“那时有一个同乡来借十块钱,他其时明明已收到了衙门的领款凭单了,因为恐怕这人将来未必会还钱,便装了一副为难的神色,说衙门里既然领不到俸钱,学校里又不发薪水,实在‘爱莫能助’,将他空手送走了。”③《李自成》第二卷十七章:“牛启东的案情重大,山人亦有所闻,实在爱莫能助。”

爱日(一) ài rì

出处《吕氏春秋·上农》:“敬时爱日,至老不休。”解说 此语指珍惜时日。举例 ① 汉·王符《潜夫论·爱日》:“圣人深知,力者乃民之本也,而国之基,故务省役而为民爱日。”② 清·梁章钜《归田琐记·北东园日记诗》:“爱日且增初日学,望云兼慰看云情。”

爱日(二) ài rì

出处《左传·文公七年》:“赵衰,冬日之日也。”杜预注:“冬日可爱。”解说 后用此语称冬日,即冬天的太阳。常比喻恩泽。举例 ① 唐·骆宾王《在江南赠宋五之问》:“温辉凌爱日,壮气惊寒水。”② 宋·司马光《和秉国芙蓉》之一:“清晓霜华漫自浓,独凭爱日养残红。”③ 宋·文莹《玉壶清话》卷一:“河朔雪深思爱日,并门春暖咏甘棠。”

爱日(三) ài rì

出处 汉·扬雄《法言·孝至》:“事父母自知不足者,其舜乎!不可得而久者,事亲之谓也,孝子爱日。”隋·李轨注:“无须臾懈于心。”又见《论语·里仁》“父母之年不可不知也”宋·朱熹集注：“常知父母之年，则既喜其寿，又惧其衰，而于爱日之诚，自有不能已者。”解说 此语指儿子奉养父母的时日。举例 清·顾炎武《为丁贡士亡考衢州君生日作》：“伤今已抱终天恨，追往犹为爱日欢。”

爱屋及乌 ài wū jí wū

出处 汉·伏生《尚书大传》卷三。解说 商朝末年，纣王穷奢极欲，残暴无道。周武王率领各路诸侯出兵讨伐，攻克商都朝歌，纣王自焚，商朝灭亡。为了安定天下，周武王向姜尚（姜太公）询问如何处置商朝遗留下来的权臣贵族和将士。姜尚说：“臣闻之：爱人者兼其屋上之乌，不爱人者及其胥余。”（乌：乌鸦，指不祥之鸟。胥余：墙角。大意是：我听说过这样的话：“如果喜欢那个人，就连他屋顶上的乌鸦也不认为是不祥之物；如果讨厌一个人，就连他住房的墙壁也恨不得拆掉。”）姜尚建议把残余的敌人彻底消灭。仁慈的周武王最终没有采纳姜尚的意见，而是听从周公的建议，施仁政感化商朝的旧部，使天下太平。后用此语形容如果深爱某人，就会连带爱那个人所喜欢的人或事物。举例 ①明·许自昌《水浒记·投胶》：“他们都是你舅舅的相识，你何无爱屋及乌情？”②《隋唐演义》第八十七回：“杨妃平日爱这雪花女，虽是那鹦鹉可爱可喜，然亦因是安禄山所献，有爱屋及乌之意。”③《二十年目睹之怪现状》第十四回：“子存宠上了小老婆，未免爱屋及乌，把他也看得同上客一般。”

屋乌推爱 wū wū tuī ài 同“爱屋及乌”。举例 明·沈鲸《双珠记·二友推恩》：“承二位尊兄屋乌推爱频周恤，沥胆披肝拟后图。”

屋乌之爱 wū wū zhī ài 见“爱屋及乌”。指深爱某人，而推及与其相关的人或事物的感情。举例 清·俞樾《春在堂随笔》卷六：“若县试第一人，必谓明府推屋乌之爱耳。”

乌爱 wū ài 同“屋乌之爱”。举例 明·夏完淳《招魂并序》：“张西铭先生，家大人金石交也，予小子获乌爱焉。”

因乌及屋 yīn wū jí wū 见“爱屋及乌”。指因某一事物而兼及其他有关事物。举例 邹容《革命军》第五章：“呜呼！是又因乌及屋之微意也。”

爱惜羽毛 ài xī yǔ máo

出处《说苑·杂言》：“夫君子爱口，孔雀爱羽，虎豹爱爪……此皆所以治身法也。”解说 原文大意是：君子出言谨慎，孔雀爱惜美丽的羽毛，虎豹看重赖以捕食的利爪……这都是用以爱惜和保护自身的方法。后用此语比喻非常珍惜自己的名声。举例 ①《续孽海花》第四十三回：“现在龚老夫子位望不逊江陵，然谨谨自守……将来

A

结果至多成为爱惜羽毛的清流，决不能为救时的宰相。”② 鲁迅《华盖集·并非闲话(三)》：“但写出以后，却也不很爱惜羽毛……因为，已经说过，其实已经是‘便完事，管他妈的’了。”

爱竹 ài zhú

出处《晋书·王徽之传》，又见《世说新语·简傲》。解说 晋代人王徽之，字子猷，是书法家王羲之的儿子，曾官任黄门侍郎，平生爱竹成癖。有一次，王徽之暂住别人家中，看到宅院里有一片空地，没顾上跟主人打招呼，便命仆人在那里种上竹子。有人问他：您在这里只是短时间借住，何必如此麻烦呢？王徽之指着竹子说：“吾何可一日无此君！”（大意是：我怎么可以一天没有这位先生相伴！）还有一次，王徽之路过吴中的一位士大夫府第，听说宅院里种有一片好竹子，便径直进去观看，并痴迷地对着竹子观赏、吟咏很久。他的注意力只在竹子，竟然顾不上与家主人寒暄。此语指特别喜爱竹子，表示文人的喜好和雅兴。举例 唐·李白《题金陵王处士水亭》：“好鹅寻道士，爱竹啸名园。”

看竹 kàn zhú 同“爱竹”。举例 唐·王维《春日与裴迪过新昌里访吕逸人不遇》：“到门不敢题凡鸟，看竹何须问主人。”

子猷宠 zǐ yóu chǒng 同“爱竹”。举例 唐·元稹《寺院新竹》：“未遭伶伦听，非安子猷宠。”

安可一日无此君 ān kě yī rì wú cǐ jūn 同“爱竹”。举例 宋·黄庭坚《寄题安福李令爱竹堂》：“富贵于我如浮云，安可一日无此君。”

何可一日无此君 hé kě yī rì wú cǐ jūn 同“爱竹”。举例 唐·宋之问《绿竹引》：“含情傲睨(nì)慰心目，何可一日无此君？”

此君 cǐ jūn 见“爱竹”。为竹子的代称。举例 ① 唐·白居易《东楼竹》：“楼上夜不归，此君留我宿。”② 金·王寂《次韵郭解元病竹》之一：“此君清苦少知音，独有幽人忍冻吟。”

墨君 mò jūn 见“爱竹”。指画中之竹。举例 ① 宋·苏轼《送文与可出守陵州》：“壁上墨君不解语，见之尚可销百忧。”② 宋·陆游《成都行》：“墨君秀润瘦不枯，风枝雨叶萧萧殊。”

安步当车 ān bù dàng chē

出处《战国策·齐策四》。解说 战国时的齐国人颜斶(chù)学识渊博，齐宣王非常敬佩，打算拜他为师，并答应给予优厚的待遇。颜斶谢绝道："斶愿得归，晚食以当肉，安步以当车，无罪以当贵，清静贞正以自虞。"（虞：通"娱"，欢乐。大意是：我不愿做官，只想归田务农，过平民的生活。虽然终日劳作，饭菜粗劣又吃得晚，但人饿了就觉得味道香，如同吃肉食一般。不慌不忙地徒步而行，就如同贵族们坐在马车上一样。不担任什么官职，也就不会因此而获罪，就如同自己的地位很高贵一样。我希望过平静纯朴的生活，每天自娱自乐。）此语原指缓步而行，不乘交通工具。比喻人能安于淡泊的生活而不追名逐利，不迷恋荣华富贵。举例 ①《野叟曝（pù）言》第一四八回："老身自揣精力尚不弱于诸媳，较侄女则更胜矣，区区往返数里，安步当车，可无虞也。"②《黄金世界》第十五回："早上出门时，安步当车，先过洋泾桥。"③ 王志之《怀张澜沈钧儒先生》："我们要给沈衡老雇车，他却坚决不许，要我同他一道步行回去，他说：'安步当车，我们好谈话。'"☞"安步当车"的"当"不读 dāng。

安车蒲轮 ān chē pú lún

出处《汉书·武帝纪》："遣使者安车蒲轮，束帛加璧，征鲁申公。"解说 安车：古代一种可以坐乘的小车。蒲轮：用蒲草包裹车轮，以减轻颠簸。征：访求；聘请。汉代武帝时，朝廷很重视招贤纳士。聘请贤者，迎送老者，往往请应聘者乘坐蒲轮车，以表示优厚的礼遇。举例 明·张岱《寿周霞城八十》："申公待聘，安车蒲轮。"

安车 an che 同"安车蒲轮"。举例 清·黄遵宪《和钟西耘庶常津门感诗》："鸾声阁道碾安车，元老相从话踦（yǐ）闾（lǘ）。"

安车软轮 ān chē ruǎn lún 同"安车蒲轮"。举例《三国志·吴志·鲁肃传》："愿至尊威德加乎四海，总括九州，克成帝业，更以安车软轮征肃，始当显耳。"

软轮车 ruǎn lún chē 同"安车蒲轮"。举例 唐·王维《赠东岳焦炼师》："频蒙露版诏，时降软轮车。"

软轮 ruǎn lún 同"安车蒲轮"。举例 宋·曾巩《和酬孙少述》："何当荐有道，坐想软轮迎。"

安居乐业 ān jū lè yè

出处《老子》第八十章："小国寡民，使有什伯之器而不用……使人复结绳而用之。甘其食，美其服，安其居，乐其俗，邻国相望，鸡犬之声相闻，民至老死不相往来。"解说 安：安定。乐：喜爱。业：职业。什伯：同"什百"，十倍，百倍。老聃（dān）是春秋末年的著名思想家、道家的创始人，他怀念原始社会，认为物质和文化生活的发展

A

毁坏了淳朴的民风，渴望出现小国寡民的理想社会。原文表达了作者的社会观，大意是：国家很小，人口较少，各种工具、车船、武器都不使用……人民没有更多的物质和文化方面的追求，能够满足现状，就会吃得香甜，穿得舒服，住得安适，过得快乐。邻近各国互相望得见，鸡鸣犬吠的声音互相听得见，而各国的人民直到老死也不互相往来。后用此语形容人民生活安定、幸福，愉快地从事各自的职业。举例 ①《后汉书·仲长统传》："安居乐业，长养子孙，天下晏然，皆归心于我矣。"②《醒世恒言·刘小官雌雄兄弟》："父子正安居乐业，不想刘公夫妇，年纪老了，筋力衰倦，患起病来。"③ 洪深《劫后桃花》一："青岛，即胶州湾，山富果树，海有鱼盐，人民安居乐业。"

安乐窝 ān lè wō

出处《宋史·邵雍传》。解说 邵雍，字尧夫，谥康节，是北宋时著名学者，熟读经史，对《易经》有深入的研究。他隐居在洛中，生活困苦，房屋简陋，难蔽风雨。当时的名臣富弼、司马光、吕公著等人也先后离开官场，居于洛中，常与邵雍往来。他们敬重邵雍的学识，同情他的境遇，为他买下了一座庄园。邵雍每天饮酒赋诗，过得很快活。他把这座庄园称为"安乐窝"，自称"安乐先生"，并作《风吹木叶吟》："长年国里神仙侣，安乐窝中福贵人。万水千山行已遍，归来认得自家身。"邵雍喜欢乘坐轻便的小车外出游玩，仰慕他的人便建造了一所精致的房舍，供他临时歇息或居住。这所房舍被称为"行窝"。后用此语比喻舒适的住所或安逸的环境。举例 ① 元·关汉卿《四块玉·闲适》："离了名利场，钻入安乐窝。"② 明·陆采《明珠记·拒奸》："算到了是非窠(kē)，玉殿高，不如安乐窝，茅屋好。"③《民国通俗演义》第十七回："旁人还猜他在总统府中……谁知他已托病出都，竟另寻一安乐窝，闭门自居。"

尧夫窝 yáo fū wō 同"安乐窝"。举例 明·凌云翰《苏武慢》："君实园中，尧夫窝内，独乐正同安乐。"

康节行窝 kāng jié xíng wō 见"安乐窝"。指接待客人临时居住的处所。举例 清·赵翼《赠王文园给谏》："康节行窝争欲设，伯休入市共相亲。"

行窝 xíng wō 同"康节行窝"。举例 元·张养浩《新水令·辞官》套曲："有花有酒有行窝，无烦无恼无灾祸。"

安期枣 ān qī zǎo

出处《史记·封禅书》。解说 传说有一位名叫安期生的人，他曾跟从河上丈人学习黄帝、老子之说和仙术，后来得道成仙。安期生与蓬莱山的仙人经常来往，天下太平时就现身于世，社会动乱时就隐居于东海之滨。他白发苍苍，被尊称为“千岁翁”。秦始皇东巡时曾遇见安期生，两人交谈三昼夜。秦始皇赐金数千万，安期生留下玉舄(xì)一双为报。此后的几朝皇帝都曾派人去东海寻访安期生，以求长生不老之药。方士李少君对汉武帝说，他曾经在海上见过安期生，“仙人安期生食巨枣，大如瓜”。后用此语指奇特的仙果或珍奇的果实，也指令人欣羡的事物，多描写求仙、求长生不老之事。举例 唐·元稹《和乐天赠吴丹》：“冥搜方朔桃，结念安期枣。”

瓜样枣 guā yàng zǎo 同“安期枣”。举例 宋·刘克庄《贺新郎·题蒲涧寺》：“不是世无瓜样枣，便有来、肯饱痴儿腹？”

如瓜枣 rú guā zǎo 同“安期枣”。举例 宋·苏轼《安期生》：“海上如瓜枣，可闻不可逢。”

枣如瓜 zǎo rú guā 同“安期枣”。举例 宋·李清照《晓梦》：“共看藕如船，同食枣如瓜。”

巨枣 jù zǎo 同“安期枣”。举例 谭作民《噩梦》：“巨枣无实空开花，徐福至今他人父。”

安如泰山 ān rú tài shān

出处《汉书·枚乘传》。解说 西汉人枚乘曾任吴王刘濞(bì)的郎中，刘濞阴谋反叛，枚乘上书劝谏说：“能听忠臣之言，百举必脱。必若所欲为，危于累卵，难于上天；变所欲为，易于反掌，安于泰山。”(大意是：如果能够采纳忠臣的意见，一切祸害都可以避免。倘若一定要照您所想的那样去做，那就危于累卵，难于上天；如果能够改变原来的打算，事情就像翻手掌那样容易，地位像泰山那样稳固。)后用此语比喻事物非常稳固，不可动摇。举例 ①《三国演义》第四十五回：“孔明曰：‘亮虽居虎口，安如泰山。’”② 毛泽东《目前形势和我们的任务》：“张家口被占领的当天下午，蒋介石即下令召集他的反动的国民大会，似乎他的反动统治从此可以安如泰山了。”

稳如泰山 wěn rú tài shān 同“安如泰山”。举例 ①《李自成》第三卷四十九章：“只要军中有粮，军心就不会变，就可以使开封城稳如泰山。”②《风雨桃花洲》：“在一个闪电光中，看到那座小茅屋竟稳如泰山似的。”

安世补亡 ān shì bǔ wáng

出处《汉书·张安世传》。解说 亡：失去；丢失。张安世是西汉时的大臣，记忆力

A

特别好。武帝曾去河东巡视，不慎丢失了三箱子珍贵的书。幸亏张安世能把书的内容背诵下来，并一一补写出。后来找到这些书，两相对照，发现与张安世补写的大致不差。到了昭帝、宣帝时，张安世官任右将军、大司马等，家财巨富。后用此语指博闻强记。举例 唐·罗隐《投蕲(qí)州裴员外启》："仲舒养勇，何啻(chì)三年？安世补亡，宁惟一箧。"

三箧亡书 sān qiè wáng shū 见"安世补亡"。指大量散失的图书。举例 唐·罗隐《投湖南王大夫启》："三箧亡书，幸无漏略；一枝仙桂，尝欲觊觎。"

三箧亡 sān qiè wáng 同"三箧亡书"。举例 清·赵翼《偶有遗忘问之稚存辄录示原委》："安世能备三箧亡，张巡遍记一城熟。"

亡三箧 wáng sān qiè 同"三箧亡书"。举例 清·唐孙华《伏闻上从学士臣揆(kuí)叙俯询臣孙华安在何故里居恭赋四首》之二："腹空何补亡三箧，头白谁能读五车。"

河东之亡 hé dōng zhī wáng 同"三箧亡书"。举例 清·钱谦益《跋宋版〈左传〉》："其脱落在未归文靖之前，不知又几何年也！不图一旦顿还旧观，羽陵之蠹复完，河东之亡再觏(gòu)。"

安土重迁 ān tǔ zhòng qiān

出处《汉书·元帝纪》："安土重迁，黎民之性；骨肉相附，人情所愿也。"解说 安：安于；安居。土：故土；乡土。重：难；不轻率。迁：迁移；搬走。原文大意是：安居故土，不愿轻易搬迁到别的地方，这是老百姓的本性；希望与亲人团聚在一起，相互依附，也是人之常情。后多用此语形容留恋故土或旧地，不愿意随便搬迁的心理状态。举例 ①《东周列国志》第七十八回："自古道：'安土重迁。'说了离乡背井，那一个不怕的。"② 傅抱石《〈郑板桥集〉前言》："幸而从九死中苟延了残喘，等到家乡年岁好一点，又千辛万苦地逃了回来，中国农民是安土重迁的。"

恋土难移 liàn tǔ nán yí 同"安土重迁"。举例《水浒传》第三十一回："他那里常常有书来，取我入伙，我只为恋土难移，不曾去得。"

按图索骏 àn tú suǒ jùn

出处《汉书·梅福传》："今不循伯者之道，乃欲以三代选举之法取当时之士，犹察伯乐之图求骐骥于市而不可得，亦已明矣。"又见明·杨慎《艺林伐山》卷七："伯乐《相马经》有'隆颡(sǎng)蛈(tiě)日，蹄如累麹(qū)'之语，其子执《马经》以求马。出见大蟾蜍，谓其父曰：'得一马，略与相同，但蹄不如累麹尔。'伯乐知其子之愚，但转怒为笑曰：'此马好跳，不堪御也。'所谓'按图索骏'也。"解说 索：寻找。骏、骥：千里马，也称骐骥。颡：额。伯乐把多年的经验写成《相马经》一书，其中描绘了千里马的特征，并配有插图。《艺林伐山》原文大意是：伯乐的儿子有些呆傻，他根据书中所说去找千里马，在路边看见一只大癞蛤蟆，便高兴地跑回家告诉父亲说：我可找到一匹千里马了，高额头、大眼睛，跟书上说的相仿，只是蹄子不大一样。伯乐随儿子去看了看，气得哭笑不得地说：这马爱跳，没办法驾驭呀！后用此语比喻读书不知思考，死守教条，或做事墨守成规，不知变通。也比喻按照已有线索去寻求需要的东西。参见84页"伯乐"。举例 ① 宋·周密《癸辛杂识后集·向氏书画》："贾大喜，因遣刘诱以利禄，遂按图索骏，凡百余品皆六朝神品。"② 明·张萱《疑耀·佛教不真》："经语未必皆出于佛，而欲以经语作佛，此与按图索骏何异？"

按图索骥 àn tú suǒ jì 同"按图索骏"。举例 ① 清·洪炳文《后南柯·访旧》："淮南之裨(pí)将，刻舟求剑，按图索骥，是求材必视乎门荫，用人必限以资格，千古铨政之坏，人才不兴，大都由此！"② 郑观应《盛世危言·训俗》："如第一害之汉奸，则上海亦不乏其人，其曾发洋财者可以按图索骥，无可漏遗。"③ 邹韬奋《萍踪寄语·瑕瑜互见的法国》："我们做旅客的只要备有一小本地道车地图，上面有各街道，有各条地道车，按图索骥，即使路途不熟，什么地方都可去得。"④ 郭沫若《苏联纪行·七月二十二日》："贵族写给他宠姬的信里泄露了这项秘密。在浴室里的墙壁里藏匿着两个宝石匣，在一座木橱顶上还放着一个。按图索骥，全部都被收获。"

暗送秋波 àn sòng qiū bō

出处 宋·苏轼《百步洪》之二："佳人未肯回秋波，幼舆欲语防飞梭。"解说 秋波：秋天的水波，比喻美女清澈的目光或眼睛。幼舆：晋代豫章太守谢鲲的字。谢鲲性情狂放不羁，年轻时挑逗邻家少女。邻家少女正在织布，便把梭子掷了过去，不巧把谢鲲的门牙打掉两颗。后用此语指女子暗中眉目传情，也比喻献媚取宠，暗中勾结。参见747页"掷金梭"。举例 ① 明·冯梦龙《挂枝儿·私窥》："眉儿来，眼儿去，暗送秋波。"②《民国通俗演义》第一二四回："曹(锟)、张(作霖)二人，均在天津。(王占元)因不惮修阻，亲自到津，加入议团。对张则暗送秋波，对曹尤密切勾结。"③《远去的白帆》三："你们明着是一刀两断，实际上却是在暗送秋波。"

暗中摸索 àn zhōng mō suǒ

出处 唐·刘餗(sù)《隋唐嘉话》卷上："许敬宗性轻傲，见人多忘之，或谓其不聪，

A

曰：'卿自难记，若遇曹、刘、沈、谢，暗中摸索着，亦可识之。'" 解说 许敬宗是唐朝大臣，原文大意是：许敬宗自恃有才，性情傲慢，一般人都不被他放在眼里，总是不屑去记新结识的朋友的姓名。有的朋友很不高兴，说许敬宗的记忆力差。许敬宗反驳说，像你们这样名气小的人我当然难以记住，如果遇到名士曹植、刘桢、沈约、谢朓(tiǎo)这样的人，即使在暗中摸索也能辨识出是哪一位。此语原指在黑暗中寻找、辨认，比喻在没有先例或无人指点的情况下，摸索门径，独立钻研与探求。举例 ① 鲁迅《书信集·致沈振黄》："先生有志于木刻，是极好的事，但访木刻家是无益的，因为就是已有成绩的木刻家，也还在暗中摸索。"② 冯玉祥《我的生活》第十一章："在进行与实践上，则完全暗中摸索，不知走了多少冤枉的道路。"

遨游 áo yóu

出处《庄子·列御寇》："巧者劳而知(zhì)者忧，无能者无所求，饱食而敖游。" 解说 知：通"智"。敖：同"遨"。原文大意是：心思巧慧的人每天劳累而忙碌，有才智、有见识的人总是思虑和担忧，只有那些没有什么才能的庸人由于无所追求，可以饱食终日而悠闲地四处游荡。后用此语指无拘无束地漫游或游历。举例 ① 汉·司马相如《琴歌·凤求凰》："凤兮凤兮归故乡，遨游四海求其凰。"② 宋·苏轼《前赤壁赋》："挟飞仙以遨游，抱明月而长终。"③ 清·性休《渔父图》："东西南北任遨游，万里长江一叶舟。"④ 郭小川《三门峡》："明明在中原落脚，为什么又像遨游西子湖畔？！"

能者多劳 néng zhě duō láo 见"遨游"。原指巧慧的人终日劳碌，能干的人做事多而劳累，后用来称赞或勉励能干的人。举例 ①《红楼梦》第十五回："再添上些，也不够奶奶一办的。俗话说的'能者多劳'。太太见奶奶这样才情，越发都推给奶奶了。"②《官场现形记》第五十七回："人人见他东奔西波，着实辛苦，官厅子上，有些同寅见了面，都恭维他'能者多劳'。单(shàn)道台得意洋洋的答道：'忙虽忙，然而并不觉得其苦。'"

拗项 ǎo xiàng

出处《太平广记》卷一六五引唐·卢言《卢氏杂说·郑余庆》。解说 拗：弄弯；折断。项：脖子的后部，泛指脖子。唐代有一个名士叫郑余庆，为人俭朴，很有德望。有一天，他宴请亲朋好友，吩咐手下的人说："处分厨家，烂蒸去毛，莫拗折项！"(原话大意是：让掌厨的蒸烂去毛，不要拗折脖子！)众人听了，以为厨师一定是在蒸鹅、鸭之类。不久,大家就闻到了酱醋的香味。等到上桌就餐时,摆放在每个人面前的却是小米饭一碗,蒸葫芦一个。后用此语戏称葫芦,也指鹅、鸭。举例 ① 宋·陆游《对食戏作》之二:"白盐赤米了朝餔(bū),拗项何妨煮瓠(hù)壶。"② 清·金人瑞《斫(zhuó)山喜食鹅戏为绝句嘲之》:"烂蒸拗项如壶吃,千本《黄庭》在腹中。"

B

八百孤寒 bā bǎi gū hán

出处 五代·王定保《唐摭(zhí)言·好放孤寒》。解说 唐代李德裕官至太尉,平时注重提拔奖掖出身寒微的读书人,为其广开入仕之门。李德裕在“牛李党争”中遭受打击,被贬官南下,先为潮州司马,后为崖州司户。许多得到他帮助的读书人深表同情,有人写下“八百孤寒齐下泪,一时南望李崖州”的诗句。诗中的“八百”,是虚指,形容人数众多。后用此语泛指众多孤苦贫寒的读书人,也指贫寒无依的老百姓们。举例 清·洪亮吉《八月十四日闱中奉视学黔中之命纪恩八首》之一:“八百孤寒倘回首,使星犹傍玉阶明。”

八叉手 bā chā shǒu

出处 五代·孙光宪《北梦琐言》卷四,又见五代·王定保《唐摭言·敏捷》。解说 叉手:两手下垂,在身前相拱交叉。唐代著名诗人温庭筠与李商隐齐名,时号“温李”。据说温庭筠“才思艳丽,工于小赋,每入试,押官韵作赋,凡八叉手而八韵成”。温庭筠文思敏捷,尤其擅长写词作赋。他写作构思时喜欢叉手,叉手笼袖八次就完成了一篇佳作。因而人们称他为“温八叉”或“温八吟”。后用此语形容才思敏捷,挥笔成文。举例 ① 元·方回《八月二十四日宾旸(yáng)华父同登秀亭》:“我有平生八叉手,兴来举酒尚洋洋。”② 明·杨基《梁园饮酒歌》:“客来当座赋短章,四韵不待八叉手。”

八叉 bā chā 同“八叉手”。举例 ① 清·蒲松龄《拟上谕科场取通五经者表》:“第二场增题亦就,吟何逊于八叉。”②《儿女英雄传》第三十七回:“七步八叉,具有成例,古人击钵催诗,我要击钵了!”

叉手吟 chā shǒu yín 同“八叉手”。举例 清·黄遵宪《庚午六月重到丰湖志感》:“湖光潋潋柳荫荫,又作题边叉手吟。”

入场叉手 rù chǎng chā shǒu 同“八叉手”。举例 明·高启《送张贡士祥会试京》:“入场叉手万言就,众目一叶惊先穿。”

八斗才 bā dǒu cái

出处《南史·谢灵运传》,又见宋·无名氏《释常谈·八斗之才》。解说 斗:容量单位。曹植,字子建,是曹操之子,三国时魏国杰出诗人,才华横溢,诗文富丽。谢灵运是南朝宋时诗人,写有许多山水诗篇,开文学史上的山水诗一派。谢灵运很推崇曹植,对自己的文学成就也很自豪,曾貌似谦虚又不无矜夸地说:"天下才有一石,曹子建独占八斗,我得一斗,天下共分一斗。"(石:旧读 shí,今读 dàn,容量单位,一石为十斗。原话大意是:普天下的文学才能假如总数为一石即十斗,那么曹植一个人独占八斗,我自己占了一斗,剩下一斗由世上其他的文士们共同分享。)后以此语比喻高才,非常有才华。举例 宋·范成大《次韵赵正之同年客中》:"可怜山县五斤手,不识王孙八斗才。"

八斗之才 bā dǒu zhī cái 同"八斗才"。举例 梁启超《饮冰室诗话》二十四:"乃归来及一月,竟溘(kè)然长逝,年仅逾弱冠耳。怀八斗之才,饮万斛(hú)之恨。"

才八斗 cái bā dǒu 同"八斗才"。举例 清·袁枚《岑溪令李君义堂猥蒙佳赠兼索和章舟中却寄》:"健斗员俶(chù)兵五千,富夺东阿才八斗。"

才高八斗 cái gāo bā dǒu 同"八斗才"。举例 ①《平鬼传》第一回:"有一名甲进士,姓钟,名馗,字正南,终南山人氏。才高八斗,学富五车。"②《君须怜我》第九章:"我也觉得能读书是好事,但为何要才高八斗? 文坛数百年,也不过出了一个曹植。"③《大波》第四部三章:"但是,你,学富五车,才高八斗,出口成章,文不加点的大名公,我以什么来比你?"

八斗 bā dǒu 同"八斗才"。举例 清·归庄《顾大鸿严仲日以唱和之作见示次韵一首》:"八斗早应干气象,五车还拟饱经纶。"

一斗之才 yī dǒu zhī cái 见"八斗才"。比喻才能一般、平庸的人。举例 清·蒲松龄《八月为李大厅复孙俊服启》:"生无一斗之才,慵开书卷;坐受五穷之累,羞掷莺花。"

八花砖 bā huā zhuān

出处 唐·李肇《翰林志》。解说 唐代翰林院北厅前阶有一条路是用花砖铺就的。当时规定:冬季学士入署值班办公的时间,每天从日影照到阶前第五块砖时开始。学士李程生性懒惰,进入翰林院后便不再严格要求自己,每天好睡懒觉,等到日影照到第八块砖时才姗姗来迟。人们嘲讽他为"八砖学士"。后用此语指翰林学士,或任职翰林院。举例 ① 唐·黄韬《投翰长赵侍卿》:“五色笔驱神出没,八花砖接帝从容。”② 宋·姚勉《水调歌头·寿赵倅》:“来岁今朝里,人在八花砖。”

B

八砖 bā zhuān 见“八花砖”。指晚起迟到,性情懒惰。举例 宋·陆游《晚起》之一:“欠伸看起东窗日,也似金銮过八砖。”

八砖步日 bā zhuān bù rì 见“八花砖”。指翰林学士仕途得意。举例 宋·赵善扛《宴清都·饯明远兄县丞荣满赴调》:“八砖步日,三雍奏乐,送君云路。”

八龙 bā lóng

出处《后汉书·荀淑传》:“荀淑字季和,颍川颍阴人,荀卿十一世孙也,少有高行……有子八人:俭、绲、靖、焘、汪、爽、肃、专,并有名称,时人谓之八龙。”又见《世说新语·德行》引晋·张璠(fán)《汉纪》。解说 东汉时人荀淑品行高尚,博学多才。他有八个儿子,即荀俭、荀绲、荀靖、荀焘、荀汪、荀爽、荀肃、荀专,姓名之外取的字中,都有“慈”字,又都住在西豪里,人们称之为“八龙”。此语本指古代神话中周穆王的八匹神马,泛指八匹骏马。后称扬别人子弟或兄弟数人都有出众的德才。举例 唐·李白《早夏于将军叔宅与诸昆季》:“八龙增秀以列次,五色相辉而有文。”

荀家八龙 xún jiā bā lóng 同“八龙”。举例 清·钱谦益《席间观李素心督学孙七岁童子草书歌》:“荀家八龙见其四,一龙奋爪先开张。”

八慈 bā cí 同“八龙”。举例 宋·苏轼《过于海舶得迈寄书酒》:“庶几门户有八慈,不恨居邻无二仲。”

八仙过海 bā xiān guò hǎi

出处 明·无名氏《八仙过海》第二折:“则俺这八仙过海神通大,方显这众圣归山道法强,端的万古名扬。”又见明·吴元泰《八仙出处东游记传》第四十八回。解说 八仙:古代民间传说中的八位神仙,即汉钟离、吕洞宾、铁拐李、张果老、韩湘子、蓝采和、何仙姑、曹国舅。神通:原是佛教用语,指无所不能的力量,后比喻特别高明的本领。传说这八位仙人去赴西王母的蟠桃会,途经巨浪汹涌的东海,吕洞宾说:“如果我们腾云飞越,显不出仙家本事,不如将自己携带的一件宝物投入海中,踏浪而过。”大家听了,纷纷叫好。于是,铁拐李把拐杖投入水里,自己站在拐杖上过海;韩湘子以花篮为舟,击水而渡;汉钟离、吕洞宾、张果老、蓝采和、何仙姑、曹国舅也分别把自己的鼓、箫、纸驴、拍板、竹罩、玉版等投到海里,站在上面逐浪而过。八位神仙都靠自己的宝物和神通渡过了大海。后用此语比喻各自有一套办法,或各人都拿出自己的本领来完成任务，达到目的。举例《六十年的变迁》第五章：“你昨天说的八仙过海，就照那样过吧。”

八仙过海，各使神通 bā xiān guò hǎi, gè shǐ shén tōng 同“八仙过海”。举例《醒世姻缘传》第七十二回：“程大姐受打不过，把在家……‘八仙过海，各使神通’的本事，从头至尾，一一招供。”

八仙过海，各显其能 bā xiān guò hǎi, gè xiǎn qí néng 同“八仙过海”。举例①老舍《方珍珠》第二幕：“你干你的，我干我的，咱们是八仙过海，各显其能。”②《笑话》三：“青石村追在别的村庄的屁股后边，施行了‘完全彻底’的分田到户的生产责任制。八仙过海，各显其能，一时间，一股子抓钱奔富的风潮，不可阻挡地首先在人们心里刮了起来。”

八仙过海，各显神通 bā xiān guò hǎi, gè xiǎn shén tōng 同“八仙过海”。举例①《歧路灯》第六十九回：“我如今与舍弟分开，这兄弟们是八仙过海，各显神通。”②《上海的早晨》第三部二十三：“你们是八仙过海，各显神通。每个人的本领都很高强，小弟是五体投地佩服！”③薄一波《若飞同志出狱前后》：“目前是八仙过海，各显神通的时候，要看谁能制服谁了。”

大显神通 dà xiǎn shén tōng 同“八仙过海”。举例《西游记》第九十五回：“后却大显神通，各驾云雾，杀在空中。”

拔葵去织 bá kuí qù zhī

出处《史记·循吏列传》，又见《汉书·董仲舒传》。解说 葵：冬葵，上古时作为一种主要蔬菜食用。织：纺织；织布。种葵、纺织，是百姓借以谋生的重要途径。据说春秋时，鲁国国相公仪子主张“食禄者不得与下民争利”。有一次，他从朝中回到家里，看见妻子在织布，便非常生气地说：“我做官享受朝廷俸禄，已经足够维持家里生活了，你居然还在织布，这不是与以织布为生的织女争利吗？”一怒之下，他把织机烧了，把妻子赶出家门。还有一次在家吃饭时，他发现葵菜竟然是自己家种的，就怒冲冲地放下饭碗，跑出去把房前屋后种的葵都拔掉了。后用此语比喻做官的人应廉洁自持，不能与老百姓争利益。举例《宋书·谢庄传》：“臣愚，谓大臣在禄位者，尤不宜与民争利，不审可得在此诏不(否)？拔葵去织，实宜深弘。”

拔葵 bá kuí 同“拔葵去织”。举例《南史·范泰传》：“王者不言有无，诸侯不说多少，食禄之家不与百姓争利，故拔葵所以明政。”

B

拔山扛鼎 bá shān gāng dǐng

出处《史记·项羽本纪》:“(项)籍长八尺余,力能扛鼎。”解说 扛:用双手举。鼎:古代烹煮器,也用为祭祀的礼器,三足两耳,多青铜铸,一般很重。秦代末年人项羽,名籍,字羽,身体高大,力能扛鼎,才气过人,兴兵灭秦后,自封为西楚霸王。他刚愎自用,骄傲轻敌,与汉王刘邦争夺天下而终致失败。在垓(gāi)下之战中,项羽兵少粮尽,被刘邦大军重重围困。半夜里,项羽在营帐中听到军营四周都唱起楚地歌曲,知道大势已去,心中非常伤感,饮酒消愁,爱妾虞姬和心爱的乌骓(zhuī)马陪伴在身旁。项羽举着酒杯,慷慨悲歌道:“力拔山兮气盖世,时不利兮骓不逝。骓不逝兮可奈何,虞兮虞兮奈若何!”(骓:毛色黑白相间的马,指项羽的战马乌骓。虞:虞姬。)当夜,虞姬为了不影响项羽突围而自杀。后用此语形容力大无比,气魄雄伟。参见584页“四面楚歌”。举例 ① 宋·张君房《云笈七签》卷七十八:“力则拔山扛鼎,倒拽九牛;诵则一日万言,五行俱下。”②《儒林外史》第五十一回:“拔山扛鼎之义士,再显神通;深谋诡计之奸徒,急偿夙债。”☞“拔山扛鼎”的“扛”不读káng。

拔山举鼎 bá shān jǔ dǐng 同“拔山扛鼎”。举例 ①《喻世明言·闹阴司司马貌断狱》:“汉兵追项王于固陵,其时楚兵多,汉兵少,又项王有拔山举鼎之力,寡不敌众,弱不敌强。”②《黑籍冤魂》第一回:“一个人被鸦片束缚住了,任你是拔山举鼎的英雄,铜浇铁铸的罗汉,只要烟瘾一发,顿时骨软筋酥,连一些力气都没有。”

举鼎拔山 jǔ dǐng bá shān 同“拔山扛鼎”。举例《水浒传》第七十六回:“左统军皆夺旗斩将之徒,右统军尽举鼎拔山之辈。”

拔山盖世 bá shān gài shì 同“拔山扛鼎”。盖世:高出同时代人之上。举例 ① 明·张岱《募造无主祠堂疏》:“千古英豪,后裔沦没,非越郡孤魂一祭,则拔山盖世之雄,几乎其为若敖之鬼矣。”② 郭沫若《楚霸王自杀》:“他自己生了一个幻觉,他自己以为是他一个人的拔山盖世的力气,把秦人歼灭了的。”

力拔山 lì bá shān 见“拔山扛鼎”。形容力量超人。举例 南朝宋·谢灵运《撰征赋》:“气盖天而倒日,力拔山而倾湍(tuān)。”

扛鼎 gāng dǐng 见“拔山扛鼎”。比喻能担负重任。举例 明·张煌言《祭监国鲁王表文》:“徒蕴扛鼎之怀,愈抱号弓之痛。”

气盖世 qì gài shì 见“拔山扛鼎”。形容气势极其雄伟。举例 元·王逢《虞美人行赠邵倅》:“大王气盖世,力拔山,七十余战龙蛇间。”

别虞姬 bié yú jī 见“拔山扛鼎”。指项羽唱歌与爱妾虞姬诀别,比喻英雄末路时的悲壮情景或无可奈何的处境。举例 唐·胡曾《垓下》："明月满营天似水，那堪回首别虞姬。"

拔山曲 bá shān qǔ 同"别虞姬"。举例 宋·陆游《项王祠》："时时长歌拔山曲，醉倒聊慰穷途艰。"

帐中歌 zhàng zhōng gē 同"别虞姬"。举例 北周·庾信《拟咏怀》："谁言气盖世，晨起帐中歌。"

拔薤 bá xiè

出处《后汉书·庞参传》。解说 薤：一种多年生宿根草本植物，地下有鳞茎。东汉时，庞参出任汉阳太守。他一到任，就去拜访当地的名士任棠。庞参到了任棠的家里，任棠见他来了，便在院中拔下一棵薤草，又搬来一盆清水放在门口屏风前，然后抱着孙子伏在门下，一言不发。庞参想了想，明白了任棠的用意：拔掉薤草，是请求自己铲除豪强恶霸；一盆清水，是希望自己为官清廉如水；抱着孙子伏在门下，是希望自己能够抚恤孤寡。庞参按照任棠的指点去做，政绩卓著，地方太平。后用此语比喻除暴安良，铲除邪恶势力，施惠于民。举例 ① 唐·吴融《和峡州冯使君题所居》："三年拔薤成仁政，一日诛茅葺所居。"② 宋·苏轼《和方南圭寄迓(yà)周文之》之三："拔薤已观贤守政，摘蔬聊慰故人心。"

任棠 rén táng 见"拔薤"。指名士、高士。举例 唐·崔善为《答王无功冬夜载酒乡馆》："明朝蓬户侧，会自谒任棠。"

拔宅上升 bá zhái shàng shēng

出处《太平广记》卷十四引《十二真君传·许真君》。解说 传说东晋时，蜀地旌阳令许真君喜好黄帝、老子之学，因见到朝廷纷乱，便辞去官职东归。后来在洪州西山拔宅上天，全家四十二口人得道成仙而去。后用此语指得道成仙，或比喻科举登第。举例 ① 南朝宋·王韶之《太清记》："许真君拔宅上升，惟车毂、锦帐堕故宅。"②《醒世恒言·灌园叟晚逢仙女》："吾已申奏上帝，有旨封汝为护花使者，专管人间百花，令汝拔宅上升。"

拔宅升天 bá zhái shēng tiān 同"拔宅上升"。举例 清·钱谦益《次韵何慈公岁暮感事》之一："拔宅升天还有路，乘桴入海欲何从？"

拔宅 bá zhái 同"拔宅上升"。举例 唐·王贞白《御试后进诗》："二十五家齐拔宅，人间已写上升名。"

拔宅仙 bá zhái xiān 同“拔宅上升”。举例 清·丘逢甲《送谢四之桃源》之一：“但求避世地，宁希拔宅仙。”

B

拔赵帜易汉帜 bá zhào zhì yì hàn zhì

出处《史记·淮阴侯列传》。解说 帜：旗帜。易：改换。西汉初年的楚汉战争中，韩信和张耳率领汉军攻打赵国。赵王歇和主将陈余率领大军在井陉(xíng)口迎战。韩信定下计谋，率领部分军队背水布阵诱敌，交战不久即佯败而逃，赵军倾巢出动追击汉军，这时韩信所派的两千名轻骑兵乘机突袭入赵军营垒，拔掉赵王旗帜，换上汉王旗帜。赵军在追击时遇到汉军的顽强抵抗，一时无法取胜，只好收兵回营。来到营垒，发现赵王旗帜全部被换成汉王旗帜，以为赵王已被汉兵抓住，顿时军心大乱，各自逃命。汉军随后两面夹击赵军，结果赵军大败，主将陈余被杀，赵王歇被活捉。此语原指拔掉对方旗子，换上自己的旗子。比喻取而代之，或战而胜之。参见62页“背水一战”。举例《聊斋志异·人妖》：“妻与生用拔赵帜易汉帜计，笑而行之。”

拔赵帜树汉帜 bá zhào zhì shù hàn zhì 同“拔赵帜易汉帜”。举例 恽铁樵《豆蔻葩》：“是实欲拔赵帜树汉帜者，不图此。”

拔帜易帜 bá zhì yì zhì 同“拔赵帜易汉帜”。举例 清·胡林翼《水师击毁贼船直抵田镇并咸宁剿贼大胜疏》：“贼方愤我军之不急战，而不虞周清元、丁泗滨二营已从下游乘虚入城，立斩数贼，齐声一呼，拔帜易帜，城外之贼大乱。”

拔帜树帜 bá zhì shù zhì 同“拔赵帜易汉帜”。举例 清·林寿图《谭军门以饥军三营至凤翔与犒一餐是夜报夺上关寄呈刘中丞》：“拔帜树帜燃列炬，中丞盼断关山尘。”

拔帜 bá zhì 同“拔赵帜易汉帜”。举例 ① 唐·魏徵《唐故邢国公李密墓志铭》：“至于三令五申之法，七纵七擒之功，出天入地之奇，拔帜拥沙之策，莫不动如神化，应变无穷。”② 宋·陆游《冬夜闻雁有感》：“大呼拔帜思野战，杀气当年赤浮面。”

易帜 yì zhì 同“拔赵帜易汉帜”。举例 宋·慕容彦逢《韩信背水破敌赋》：“弃鼓以骄敌人之心，易帜以惑敌人之视。”

拔赵易汉 bá zhào yì hàn 同“拔赵帜易汉帜”。举例 杨玉如《辛亥革命先著记》第三章六：“所以他们的组织专争取同伍的人，埋头苦干，意欲将新军中除满人与官长外，全体运动成熟，一举而拔赵易汉。”

B

跋前疐后 bá qián zhì hòu

出处《诗经·豳(bīn)风·狼跋》:“狼跋其胡,载疐其尾。公孙硕肤,赤舄(xì)几几。”解说 跋:踩。胡:兽类下巴底下低垂的肉。疐:同“踬”,跌倒,绊倒。舄:鞋。几几:弯曲的样子。虢(guó)石甫是西周时一个贪婪、残暴的奸臣,深得无道的周幽王的宠信。据说虢石甫的封地在豳地(在今陕西),也有人说是他曾来到过豳地,当地的人民非常痛恨他,便写了这首诗予以讽刺。诗中形容虢石甫挺着肥大的肚子,穿着华丽的鞋子,走起路来摇摇晃晃,就像一只老狼。向前走时,踩着下巴底下低垂的肉;向后退时,又绊在自己的尾巴上而跌倒。后用此语比喻人陷入困境,进退两难。举例 清·纪昀《阅微草堂笔记·滦阳续录五》:“无事之时,望影藏匿。跋前疐后,日不聊生。”

跋前踬后 bá qián zhì hòu 同“跋前疐后”。举例 唐·韩愈《进学解》:“而公不见信于人,私不见助于友;跋前踬后,动辄得咎。”

跋疐 bá zhì 见“跋前疐后”。挫折;进退不得。举例 ①宋·曾巩《祭阳少师文》:“鼓行无前,跋疐非恤。”②章炳麟《訄(qiú)书·学隐》:“进退跋疐,能事无所写,非施之训诂,且安施邪。”

把臂托 bǎ bì tuō

出处《后汉书·朱晖传》。解说 朱晖是东汉时人,官至尚书令。朱晖非常重义气,早年在太学时,结识了同乡的名士张堪。张堪很看重朱晖,以朋友之礼待之。后来张堪病重,卧床不起,他估计自己将不久于人世,就用手把着朱晖的手臂,托付朱晖照顾他的妻子和年幼的儿子。张堪死后,朱晖得知张堪的妻儿生活贫困,就经常接济他们。张堪的儿子不解其中的缘由,朱晖告诉他说:“你的父亲生前托付我照顾你们,我不能辜负了好朋友的重托。”后用此语指亡友生前的托付。举例 唐·陈子昂《同旻(mín)上人伤寿安傅少府》:“把臂虽无托,平生固亦亲。”

把蟹螯 bǎ xiè áo

出处《晋书·毕卓传》,又见《世说新语·任诞》。解说 把:拿着;捧着。蟹:螃蟹。螯:螃蟹的第一对足,呈钳状。晋代人毕卓,曾任吏部郎官,性情放纵,嗜酒如命。毕卓曾说:“得酒满数百斛船,四时甘味置两头,右手持酒杯,左手捋蟹螯,拍浮酒船中，便足了一生。”（持：同“把”，拿着；捧着。拍浮：浮游；漂浮。足：满足。了：终了；结束。大意是：只要有螃蟹吃、有酒喝，这一生就过得很快乐，没有什么可遗憾的了。）此语原指秋季吃蟹饮酒之乐，泛指开怀畅饮，用以抒发愤世嫉俗、放浪不羁之情。参见636页“瓮间吏部”。举例 唐·李白《送当涂赵少府赴长芦》：“摇扇对酒楼，持袂（mèi）把蟹螯。”

把蟹 bǎ xiè 同“把蟹螯”。举例 宋·苏轼《和周正孺坠马伤手》：“书空渐觉新诗健，把蟹行看乐事全。”

持蟹 chí xiè 同“把蟹螯”。举例 宋·陆游《寒夜》：“残年更何事，持蟹酌松醪（láo）。”

持蟹螯 chí xiè áo 同“把蟹螯”。举例 明·唐寅《江南四季歌》：“左持蟹螯右持酒，不觉今朝又重九。”

持螯 chí áo 同“把蟹螯”。举例 ①元·袁桷（jué）《寄贯酸斋侍读》：“红蓼（liǎo）秋清堪数雁，黄橙霜熟且持螯。”②高旭《对菊感赋》：“聊复持螯且自夸，万千心事乱如麻。”

持螯把酒 chí áo bǎ jiǔ 同“把蟹螯”。举例 元·袁桷《九日书怀》：“拄笏（hù）看山真我事，持螯把酒为君欢。”

持螯下酒 chí áo xià jiǔ 同“把蟹螯”。举例 周恩来《送蓬仙兄返里有感》之一：“扪虱倾谈惊四座，持螯下酒话当年。”

持螯手 chí áo shǒu 见“把蟹螯”。指酒量很大的人。举例 明·高启《九日与客登虎丘至夕放舟过天平山》：“他年何必问谁健，但令不负持螯手。”

拍浮 pāi fú 同“把蟹螯”。举例 ①宋·苏轼《莫笑银杯小答乔太傅》：“万斛船中著美酒，与君一生长拍浮。”②清·陈康祺《郎潜纪闻·朱屈酒楼题壁》：“康熙庚子，竹垞（chá）偕粤东诗人屈翁山会饮杭州酒楼，拍浮屡日。”

罢官还犊 bà guān huán dú

出处《三国志·魏志·常林传》南朝宋·裴松之注引三国魏·鱼豢（huàn）《魏略》。解说 时苗是东汉末年钜鹿（在今河北）人，他为官清廉，很有名声。时苗到淮南出任寿春令，前去赴任时乘坐牛车，拉车的是一头母牛。时苗在任期间，拉车的母牛生了一头小牛。一年多之后，时苗调任离职，离任时他不肯把牛犊带走，他说：“我当初来寿春的时候并没有这头小牛，它是在这里出生的，应该留给当地的人民。”后用此语比喻官吏清正廉洁。举例 清·吴汝纶《题姚伯山木叶庵图》：“请剑除奸前日事，罢官还犊去时恩。”

留官犊 liú guān dú 同“罢官还犊”。举例 唐·王维《魏郡太守河北采访处置使上党苗公德政碑》：“壁挂胡床，舍留官犊；人吏老幼，涕泗号哭。”

B

罢官陶令 bà guān táo lìng

出处 晋·陶潜《归去来兮辞》：“寓形宇内复几时，曷不委心任去留，胡为乎惶惶欲何之？富贵非吾愿，帝乡不可期。怀良辰以孤往，或植杖而耘耔(zǐ)。登东皋以舒啸，临清流而赋诗。聊乘化以归尽，乐夫天命复奚疑。”解说 耔：培土。皋：水边的高地。陶潜，一名陶渊明，字元亮，是东晋文学家，长于诗文辞赋。曾任江州祭酒、彭泽县令，因不愿逢迎上司而辞官归隐。原文大意是：人活在世上能有多久，为何不放开心神随意去留，何必整天悲伤忧愁？富贵不是我的愿望，仙乡也无法去遨游。趁着大好时光独自前行，或放下手杖到田园里锄草、培土。登上东边的山坡放声长啸，面对清泉吟诗歌唱。随着大自然的变化而终结，听天由命而没有任何疑虑。后用此语指不愿受世俗名利的羁绊，抛弃官位，回故乡过田园生活。举例 清·顾炎武《赋得秋柳》：“老去桓公重出塞，罢官陶令乍归家。”

渊明赋归去 yuān míng fù guī qù 同“罢官陶令”。举例 宋·苏轼《寄黎眉州》：“且待渊明赋归去，共将诗酒趁流年。”

元亮归来 yuán liàng guī lái 同“罢官陶令”。举例 元·张养浩《中吕普天乐》：“元亮归来，把翠竹栽，黄茅盖。”

归去来 guī qù lái 同“罢官陶令”。举例 ① 唐·杜甫《醉时歌》：“先生早赋归去来，石田茅屋荒苍苔。”② 宋·苏轼《哨遍》：“为米折腰，因酒弃家，口体交相累。归去来，谁不遣君归。”

归去来兮 guī qù lái xī 同“罢官陶令”。举例 宋·杨万里《归去来兮引》：“五斗折腰，谁能许事，归去来兮。”

灞陵呵夜 bà líng hē yè

出处《史记·李将军列传》。解说 灞陵：古地名，在今陕西西安市东。也作“霸陵”。呵：呵斥。李广是西汉时的名将，骁勇善战，前后与匈奴作战七十余次，威震边疆，声名赫赫，被称为“飞将军”。在一次作战中，由于敌众我寡，李广被匈奴俘虏，后来设法逃了回来。朝廷降罪，李广被免去官职，贬为平民，于是隐居在蓝田山中。有一天，李广出去打猎，回来经过灞陵亭时已经很晚。灞陵尉喝得醉醺醺的，蛮横地高声呵斥说，李广违犯了夜禁，不准通过。李广的随从央求灞陵尉说：“他就是以前的李

B

将军啊，让我们过去吧。"灞陵尉讥讽道："今天的将军也不能违规在夜间行路，何况是以前的将军呢！"李广一行人无奈，只好在途中找个地方住下，第二天才回到家里。后用此语指人失势后受欺凌，或失势后的郁闷心情。举例 宋·辛弃疾《贺新郎·又和三山雨中游西湖》："千骑而今遮白发，忘却沧浪亭榭。但记得，灞陵呵夜。"

灞陵尉 bà líng wèi 见"灞陵呵夜"。指盛气凌人的小人。举例 宋·陆游《乌啼》："夜夜扶归常烂醉，不怕行逢灞陵尉。"

灞桥风雪 bà qiáo fēng xuě

出处 五代·孙光宪《北梦琐言》卷七。解说 灞桥：古地名，在今陕西西安市东郊。郑綮(qǐ)是唐代末年的宰相，政绩平平，但诗写得很好，有一些名气。有一天，别人问他最近有什么新的诗作，郑綮答道："诗思在灞桥雪中驴子上，此处何以得之？"(大意是：我写诗的思路在灞桥风雪中的驴背上，这里哪有什么诗？)郑綮的意思是说，自己的佳作全靠平日里苦心积累。后用此语指吟诗或写诗。举例 清·宋琬《长歌赠吴雪航先生》："韦曲莺花载酒过，灞桥风雪赋诗还。"

灞上寻诗 bà shàng xún shī 同"灞桥风雪"。举例 元·萨都剌《雪米》："风流灞上寻诗客，千古无人说秕糠。"

驴背驮诗 lǘ bèi tuó shī 同"灞桥风雪"。举例 王闿运《水龙吟·题岳云闻笛图》："来往燕台，驴背驮诗，遗编不坠。"

白璧微瑕 bái bì wēi xiá

出处 南朝梁·萧统《陶渊明集序》。解说 璧：一种玉器，扁圆形，中间有孔。瑕：玉上的小斑点。萧统是南朝梁时文学家，世称"昭明太子"，曾组织文人编辑《文选》三十卷。萧统在批评东晋文学家陶渊明《闲情赋》的不足时说："白璧微瑕，惟在《闲情》一赋。"他认为此赋劝多于讽，是《陶渊明集》美中不足的败笔，并不足取。此语原指洁白的玉上有微小的斑点，比喻美好的事物或优秀的人物因一些小毛病、小缺点而不完美。举例 ① 茅盾《一九六〇年短篇小说漫评》："然而这一切小毛病只是白璧微瑕而已。"②《冬天里的春天》第四章："人嘛，感情动物，来而不往非礼也，一报还一报，偶一为之，也算不得失足，白璧微瑕，愿意怎样想就怎样想吧。"

白璧瑕 bái bì xiá 同"白璧微瑕"。举例 唐·贾岛《寄令狐绹(táo)相公》："岂有斯言玷，应无白璧瑕。"

白玉微瑕 bái yù wēi xiá 同"白璧微瑕"。举例 唐·吴兢《贞观政要·公平》：

"君子小过，盖白玉之微瑕……白玉微瑕，善贯之所不弃，小疵不足以妨大美也。"

白虹贯日 bái hóng guàn rì

出处《战国策·魏策四》："聂政之刺韩傀也，白虹贯日。"《史记·鲁仲连邹阳列传》："昔者荆轲慕燕丹之义，白虹贯日，太子畏之。" 解说 虹：光晕。贯：穿。白虹指日晕，白虹贯日是一种大气光学现象。古人尊奉天人感应说，以天象附会人事，认为虹象征臣子，日象征君王，白虹贯日象征臣弑君，天纲大乱，也就是说这种奇特的天象预示人世间将有不正常或不平凡的重大事情发生。相传战国的聂政刺杀韩傀，以及荆轲刺杀秦王时，都有白色的长虹贯穿太阳而过。后用此语指世间出现了不一般的举动。举例 ① 唐·沈彬《结客少年场行》："重义轻生一剑知，白虹贯日报仇归。" ② 元·王实甫《丽春堂》第二折："且休说白虹贯日，青龙藏池。" ③ 柳亚子《哭威丹烈士》："白虹贯日英雄死，如此河山失霸才。"

精贯白虹 jīng guàn bái hóng 同"白虹贯日"。举例 清·沈磐《陈靖献公祠》之三："精贯白虹随落日，魂归丹陛起悲风。"

白虹贯 bái hóng guàn 同"白虹贯日"。举例 郭沫若《高渐离》第一幕："天地为之色惨淡，杲(gǎo)日当空白虹贯。"

日贯虹 rì guàn hóng 同"白虹贯日"。举例 唐·李白《结客少年场行》："羞道易水寒，从令日贯虹。"

贯日 guàn rì 同"白虹贯日"。举例 清·顾炎武《赠钱行人邦寅》："贯日精诚久，回天事业新。"

白鸡梦 bái jī mèng

出处《晋书·谢安传》，又见《太平御览》卷七七四引《幽明录》。解说 晋代桓温位极人臣，专擅朝政时，谢安(字安石)有一天夜里做了一个梦，梦中自己乘坐着桓温的车子，走了十六里，遇到一只白色的鸡之后停了下来。回来后谢安把梦中的事说给别人听，却没有人能解这个梦。桓温死了，谢安接替桓温的官职，任中书监，录尚书事，相当于国相，总揽朝政。过了十六年，谢安患重病，这才明白当年做的白鸡梦预示着什么。他对身边的人说："乘温舆者，代其位也。十六里，止(至)今十六年矣。白鸡主酉，今太岁在酉，吾病殆不起乎！"(舆：车。太岁：岁星，即木星。木星在黄道带里每年经过一宫，十二年运行一周天，古人以此纪年，用地支表示。殆：恐怕；大概。大意是：乘坐着桓温的车子，预示代其为国相。十六里预示居相位十六年。十二属中以鸡对应十二辰干支纪年中的酉年，今年是酉年，车子遇鸡即停，预示天命如此，看来我的病恐怕不会痊愈了。）不久，谢安果然因病去世了。后用此语指死亡或不祥之兆。举例 唐·李白《东山吟》：“白鸡梦后三百岁，洒酒浇君同所欢。”

白鸡之梦 bái jī zhī mèng 同“白鸡梦”。举例 唐·李德裕《怀崧楼记》：“复接旧老，同升台阶，或才叹止舆，已协白鸡之梦。”

鸡梦 jī mèng 同“白鸡梦”。举例 宋·王安石《游土山示蔡天启秘校》：“予衰极今岁，倘与鸡梦协。”

遇白鸡 yù bái jī 同“白鸡梦”。举例 宋·陆游《辛酉除夕》：“衰境遇白鸡，自分堕幽墟。”

白驹过隙 bái jū guò xì

出处《庄子·知北游》：“人生天地之间，若白驹之过郤（xì），忽然而已。”解说 白驹：白色的骏马。郤：同“隙”，缝隙。原文大意是：人生一世，时光很短暂，就像在一道缝隙中窥见飞奔的白马一掠而过。后用此语比喻人生短暂或时光飞逝，劝勉人们珍惜时间。举例 ①《三国演义》第一〇七回：“人生如白驹过隙，似此迁延岁月，何日恢复中原？”② 清·秋瑾《感怀》之二：“炼石无方乞女娲，白驹过隙感韶华。”③《我是太阳》第五部九：“他想到的是可惜他没有机会和另一位军人掰手腕了。这个念头如白驹过隙，一刹那就消失了。”

过隙白驹 guò xì bái jū 同“白驹过隙”。举例 元·马致远《陈抟（tuán）高卧》第三折：“浮生似争穴聚蚁，光阴似过隙白驹。”

百年过隙 bǎi nián guò xì 同“白驹过隙”。举例 宋·陆游《次韵范参政书怀》之九：“百年过隙古所叹，众口铄金胡不归。”

驹光过隙 jū guāng guò xì 同“白驹过隙”。举例《痛史》第二十一回：“人生如驹光过隙，总要及时行乐，方是达人。”

驹隙 jū xì 同“白驹过隙”。举例 宋·洪适《满江红·和徐守三月十六日》：“驹隙光阴人易老，槐安梦幻醒难觅。”

过隙 guò xì 同“白驹过隙”。举例 唐·骆宾王《与博昌父老书》：“况过隙不留，藏舟难固。追惟逝者，浮生几何。”

白龙鱼服 bái lóng yú fú

出处《说苑·正谏》。解说 春秋时，吴王阖闾（hé lǘ）有一次想微服私访，到乡间去与民众一起饮酒作乐，伍子胥劝谏说：“不可。‘昔白龙下清泠（líng）之渊化为鱼，渔者豫且射中其目。’”（大意是：从前天帝蓄养的一条白龙贪玩，化为鱼潜入又深又冷的水中闲游，渔夫豫且误以为这是一条普通的鱼，想捕捉它，结果用鱼叉刺中了它的眼睛。）受伤的白龙向天帝诉说，要求严厉惩处这个渔夫。天帝问白龙：你当时身在哪里？是什么形貌？白龙说：我变成了鱼而到江水中闲游。天帝听了说：如果是这样，渔夫捕鱼并没有什么罪过，因为鱼本来就是人们捕捉的食物。我想，如果白龙不变为鱼，渔夫是绝对不敢刺它的。我担心大王便装简从，到乡间去与百姓一起饮酒，会遭到与白龙一样的祸患。吴王听了伍子胥的一番话，就打消了微服私访的想法。此语原指白龙穿上鱼的衣服，指白龙变化成鱼，比喻地位高贵的人（常特指帝王）隐藏身份，便装出行，遭受祸患，或恐有不测之虞。举例 ①《二刻拍案惊奇》卷三：“权翰林穿著儒衣，正似‘白龙鱼服’，掩着口只是笑，连权忠也笑。”②《京本通俗小说·拗相公》：“相公白龙鱼服，隐姓潜名。倘或途中小辈不识高低，有毁谤相公者，何以处之？”③《东周列国志》第九十五回：“白龙鱼服，畏而自隐，异日富贵，不可言也。”

白龙化为鱼 bái lóng huà wéi yú 同“白龙鱼服”。举例 清·顾炎武《赠万举人寿祺》：“白龙化为鱼，一入豫且网。”

白龙微服 bái lóng wēi fú 同“白龙鱼服”。举例 清·黄遵宪《和钟西耘庶常津门感诗》：“秋草木兰驰道静，白龙微服记为鱼。”

白鹿随轩 bái lù suí xuān

出处《后汉书·郑弘传》。解说 轩：古代一种四周有帷幕的车。东汉时，郑弘官任淮阳太守。他革除弊政，减免赋役，深得民心。有一年春季大旱，郑弘带领随员到乡间巡查，所乘坐的车子上竖立着一个红色的长条旗帜。途中遇见两只白鹿，白鹿一点儿也不怕人，跟着郑弘的车走了很远才离去。后用此语称颂地方官为政清明。举例 北周·庾信《周大将军闻嘉公柳遐墓志》：“蔚炳胥变，攀陪遂远，白鹿随轩，丹晕附冕。”

朱幡引鹿 zhū fān yǐn lù 同“白鹿随轩”。举例 明·汤显祖《牡丹亭·劝农》：“竹宇闻鸡，朱幡引鹿，且留憩甘棠之下。”

白驴遗迹 bái lǘ yí jì

出处 宋·王称《东都事略》卷一一八。解说 陈抟（tuán）是五代末至北宋初年的一个道士，字图南，自号扶摇子，先后隐居于武当山、华山。传说他修炼多年，有仙术。有一次，他骑着一头白驴去汴京（即今开封），中途听说宋太祖赵匡胤（yìn）登基做了皇帝，哈哈大笑地说："天下从此可以太平了！"说着，竟然不小心从驴身上跌落下来。后用此语指太平之世。举例 宋·陆游《梦华山》："丹灶故基谁复识？白驴遗迹但相传。"

道士堕驴 dào shì duò lǘ 同"白驴遗迹"。举例 清·丘逢甲《四叠前韵》之八："道士堕驴天下定，香孩夹马圣人生。"

堕驴 duò lǘ 同"白驴遗迹"。举例 元·张宪《陈桥行》："陈桥乱卒不拥马，抚掌先生肯堕驴。"

白眉 bái méi

出处《三国志·蜀志·马良传》。解说 东汉末，襄阳宜城（今湖北宜城）人马良曾在刘备手下任侍中。马氏兄弟五人，都有才智，其中以马良最为优秀。马良字季常，兄弟五人的字中都有一个"常"字，又因马良眉中有白毛，被称为"白眉马良"，于是人们编了一句顺口溜说："马氏五常，白眉最良。"后用此语代称兄弟或同族中才学、品行最优异的人。举例 ① 唐·李白《泾川送族弟錞（duì）》："置酒送惠连，吾家称白眉。"②《儒林外史》第二十九回："先生尊府，江南王谢风流，各郡无不钦仰。先生大才，又是尊府白眉，今日幸会，一切要求指教。"③ 郭沫若《亦石真已死了吗》："他的知识的渊博，见解的精当，实是侪（chái）辈中的白眉。"

白面书生 bái miàn shū shēng

出处《宋书·沈庆之传》。解说 白面：面孔白净。沈庆之是南朝宋时人，官至太尉，受封始兴郡公。有一年，宋文帝刘义隆计划举兵北伐，沈庆之劝阻宋文帝谨慎用兵。宋文帝不但没有采纳沈庆之的意见，反而派了两个文职大臣去责难他。沈庆之向宋文帝抱怨说："陛下今欲伐国，而与白面书生辈谋之，事何由济？"（白面书生：指文官。大意是：跟这些书生们谋划行军打仗的事，事情怎么会成功呢？）后用此语泛指只有书本知识、阅历浅见识少的读书人。也形容读书人身体瘦弱、脸色苍白的样子。举例 ① 明·史可法《请行征辟保举疏》："安民御寇，万苦万难，岂白面书生所能胜任？"② 郁达夫《错误的悲剧》："若乡间老头娶新娘，当女家相攸（yōu）的时候，去请一位白面书生来庖代。"③《青春之歌》第一部十二章："有政府，有军队，我们这些白面书生赤手空拳顶什么事呢？"

B

白首同归 bái shǒu tóng guī

出处《晋书·潘岳传》,又见《世说新语·仇隟(xì)》。解说 白首:白头。归:归向;归宿。潘岳字安仁,是西晋时有名的文人。潘岳的父亲担任琅琊太守时,小吏孙秀曾服侍潘岳,潘岳很厌恶孙秀为人奸猾。后来,孙秀当上了中书令,掌握大权,而对潘岳一直怀恨在心。潘岳有个交往密切的朋友叫石崇。石崇曾官任荆州刺史,因劫掠客商而致巨富,身边有几十名美女侍妾,其中一名叫绿珠的长得格外俏美。孙秀看中绿珠,向石崇索要她,遭到石崇的拒绝。孙秀恼羞成怒,为了报复新恨旧怨,诬告潘岳和石崇谋反。赵王伦下令逮捕了潘岳和石崇,并择日处斩。潘岳从前曾作《金谷集作诗》赠给石崇,其中有这样一句:“投分寄石友,白首同所归。”当两个人一前一后被押解到刑场时,石崇问潘岳说:安仁,你怎么与我一样,也到刑场上来了?潘岳苦笑着回答道:“可谓‘白首同所归’!”没有想到,昔日的诗句竟然成了二人结局的谶语。此语原指一直到头发白了,志趣依然相投。后指两位有交往的老人同时去世,或比喻两个人友谊坚贞,至死不渝。参见376页“绿珠”。举例 ①唐·白居易《九年十一月二十一日感事而作》:“当君白首同归日,是我青山独往时。”②宋·黄庭坚《陪谢师厚游百花洲》之八:“九原尚友心,白首要同归。”

不待白首今同归 bù dài bái shǒu jīn tóng guī 同“白首同归”。举例 宋·陈与义《邓州西轩书事》之六:“杨刘相倾建中乱,不待白首今同归。”

同归 tóng guī 同“白首同归”。举例《红楼梦》第六十四回:“都缘顽福前生造,更有同归慰寂寥。”

白首为郎 bái shǒu wéi láng

出处《汉书·冯唐传》。解说 首:头。郎:官名,皇帝侍从官。汉武帝有一天偶然来到郎署,看到郎官颜驷须发皆白,官服陈旧,便问他:你是什么时候担任的郎官?颜驷答道:文帝时就担任郎官。武帝很奇怪:为什么这么大岁数了,官职还没有升迁呢?颜驷答道:文帝喜欢文人,而我重视习武;景帝喜欢年纪大的,而我当时很年轻;陛下您喜欢年轻的,而我已经老了。因此,三朝皇帝当政,我都没有机会升迁。此语原指头发都花白了,仍然做低级的郎官,慨叹尽管很有才能,却一辈子得不到重用。举例 宋·陆游《史院书事》:“孤臣曾趣龙墀(chí)对,白首为郎只自伤。”

白发郎官 bái fà láng guān 同“白首为郎”。举例 宋·王庭珪《次韵义夫同年见寄》:“白发郎官才力健,知公家世似韦贤。”

B

白头吟 bái tóu yín

出处 晋·葛洪《西京杂记》卷三。解说 司马相如是西汉时辞赋家，他与卓文君结婚后，生活一度贫困，卓文君曾卖酒维持家用，但夫妻和睦，恩爱幸福。后来司马相如因文章受到汉武帝赏识，得封官职，境遇改变，生活好转，便想娶一位茂陵的官宦之女为妾。据说卓文君知道后，心里十分难过，写了一篇《白头吟》给司马相如，主动表示愿意与他断绝夫妻关系，其中用词十分委婉："皑如山上雪，皎若云间月。闻君有两意，故来相决绝……凄凄重凄凄，嫁娶不须啼。愿得一心人，白头不相离。"司马相如看到后，不禁感动得泪水直流，于是打消了娶妾的念头，与卓文君相爱如初。《白头吟》本为古乐府曲名，吟咏女子被遗弃的哀怨决绝之情，是汉代民间无名氏所作，实与卓文君无涉。后用此语感叹女子失宠的悲哀，表达离愁别绪。举例 ①唐·王昌龄《悲哉行》："忽听《白头吟》，人间易忧怨。"②元·高明《琵琶记·伯喈五娘相会》："《白头吟》记得不曾忘，绿鬓妇何故在他方？"

白头词 bái tóu cí 同"白头吟"。举例 宋·杨亿《代意》："短梦残妆惨别魂，白头词苦怨文园。"

白头曲 bái tóu qǔ 同"白头吟"。举例 宋·苏轼《书林逋书后》："自言不作《封禅书》，更肯悲吟《白头曲》。"

白头怨 bái tóu yuàn 同"白头吟"。举例 清·蒲松龄《少年游》："茂陵不惹白头怨，心地更清凉。"

白头之叹 bái tóu zhī tàn 同"白头吟"。举例 ①元·王实甫《西厢记》第四本一折："此身皆托于足下，勿以他日见弃，使妾有白头之叹。"②清·洪昇《长生殿·密誓》："妾蒙陛下宠眷，六宫无比，只怕日久恩疏，不免白头之叹。"

白头偕老 bái tóu xié lǎo 见"白头吟"。偕：一同。此语原指夫妻感情和睦，共同生活直到老年，后用来祝愿夫妻恩爱，共同生活一辈子。举例 ①明·陆采《怀香记·奉召班师》："孩儿，我与你母亲白头偕老，富贵双全。"②《寒夜》二十六："母亲看了那封短信，不用听他解释便明白了一切。她说：'我原说过，她不会跟你白头偕老的。'"③艾芜《我在仰光的时候》："他年轻的时候，在日本留学，同一个中国女青年因同学关系，极其友好，打算白头偕老。"

白头到老 bái tóu dào lǎo 同"白头偕老"。举例 ①明·屠隆《昙花记·阎君勘罪》："皇帝一结发妻子，也不容他白头到老。"②《醒世恒言·卖油郎独占花魁》："小娘半老之际，风波历尽，刚好遇个老成的孤老，两下志同道合，收绳卷索，白头到老，这个谓之了从良。"

B

白衣苍狗 bái yī cāng gǒu

出处 唐·杜甫《可叹》："天上浮云如白衣，斯须改变如苍狗。古往今来共一时，人生万事无不有。"解说 苍：黑色。这首《可叹》诗是杜甫为朋友王季友写的。王季友博览群书，善于写诗，但仕途不顺，家境贫困，曾以卖鞋为生，妻子嫌他贫贱而离去。王季友后来官至御史中丞，另娶娇妻。有些不明真相的人指责他喜新厌旧，抛弃了结发之妻。杜甫给王季友写诗表示理解和同情。原诗大意是：天上的浮云刚刚还像洁白的衣裳，转眼间却变成了一只黑毛的狗。古往今来，世代历经久远，而可恶的世俗人情却没有什么改变。在人生的道路上，什么样的事情都可能遭遇到。后用此语比喻世事变幻无常，令人难测。举例 ① 宋·秦观《寄孙莘老少监》："白衣苍狗无常态，璞(pú)玉浑金有定姿。"② 明·张景《飞丸记·梨园鼓吹》："白衣苍狗多翻覆，沧海桑田几变更。"③《初刻拍案惊奇》卷二十二："东海扬尘犹有日，白衣苍狗刹那间。"

苍狗白衣 cāng gǒu bái yī 同"白衣苍狗"。举例 清·洪亮吉《后游仙诗》："苍狗白衣都不管，随他足底乱云生。"

白云苍狗 bái yún cāng gǒu 同"白衣苍狗"。举例 ① 宋·戴奎《应朋来临别索题存耕旧隐图》："前年东家强索租，今年租入西家去，白云苍狗在须臾。"② 鲁迅《华盖集·后记》："据《晨报副刊》所发表的陈源教授给徐志摩'诗哲'的信，则'捏造事实传布流言'的倒是我了，真是世事白云苍狗，不禁感慨系之矣！"③《蚀·动摇》三："自从先严弃养，接着便是戊戌政变，到现在，不知换了多少花样，真所谓白云苍狗了。"

苍狗白云 cāng gǒu bái yún 同"白衣苍狗"。举例 ① 元·袁桷(jué)《寄王参议》："苍狗白云今已定，不应谈笑卷经纶。"②《儿女英雄传》第二十回："你道怎的苍狗白云，天心无定；桑田沧海，世事何常。"

浮云衣狗 fú yún yī gǒu 同"白衣苍狗"。举例 清·蒋敦复《百字令·题保绪双笠图》："画里烟霞，酒边宾客，旧梦伤怀抱。苍茫搔首，浮云衣狗如扫。"

白衣送酒 bái yī sòng jiǔ

出处 南朝宋·檀道鸾《续晋阳秋·恭帝》。解说 白衣：白色的衣衫，指古代官府中低级官吏穿的衣服。东晋时，文学家陶渊明(字元亮)辞官归隐田园后，生活比较窘迫。当时的江州刺史叫王弘，与陶渊明是好朋友。陶渊明喜好饮酒，农历九月九日重阳节这一天，因无酒可饮，只好到宅院旁的菊花丛中摘菊花消遣。烦闷中，忽然远远

B

望见一个身穿白衣的人走过来，原来是王弘派人送酒来了。陶渊明高兴极了，立即打开酒坛畅饮，直到喝得大醉。后用此语指朋友送来自己渴慕已久的东西。也指重阳节饮酒或赏菊。举例 ① 唐·皇甫冉《重阳日酬李观》：“不见白衣来送酒，但令黄菊自开花。”② 宋·苏轼《章质夫送酒六壶书至而酒不达戏作小诗问之》：“白衣送酒舞渊明，急扫风轩洗破觥(gōng)。”③ 清·李渔《怜香伴·狂喜》：“看三径菊芬芳，似如今开遍才堪赏。白衣送酒，只当闰重阳。”

白衣人送酒 bái yī rén sòng jiǔ 同“白衣送酒”。举例 元·高明《二郎神·秋怀》：“满城风雨还重九，白衣人送酒，乌纱帽恋头。”

白衣酒 bái yī jiǔ 同“白衣送酒”。举例 唐·刘长卿《九日登李明府北楼》：“无劳白衣酒，陶令自相携。”

白衣来 bái yī lái 同“白衣送酒”。举例 唐·李峤《菊》：“黄花今日晚，无复白衣来。”

白衣不至 bái yī bù zhì 见“白衣送酒”。指无人送酒畅饮。举例 宋·陈与义《粹翁用奇父韵赋九日》：“白衣终不至，渺渺空愁予。”

白衣人远 bái yī rén yuǎn 同“白衣不至”。举例 宋·陈允平《氐州第一》：“寂寞东篱，白衣人远，渐黄花老。”

白衣人 bái yī rén 见“白衣送酒”。指送酒的人，或来聚饮的朋友。举例 唐·李白《九日登山》：“因招白衣人，笑酌黄花菊。”

篱下白衣 lí xià bái yī 同“白衣人”。举例 宋·张炎《如梦令·渊明行径》：“回首，回首，篱下白衣来否？”

望白衣 wàng bái yī 见“白衣送酒”。指盼望有人送酒来，或与朋友饮酒、赏菊。举例 宋·杨万里《重九日雨仍菊花未开用辘轳体》：“闭门幸免吹乌帽，有酒何须望白衣。”

待白衣 dài bái yī 同“望白衣”。举例 清·吴嘉纪《立冬前一日过施弢(tāo)若别墅看菊》：“田间嗜饮陶元亮，发兴还应待白衣。”

送酒 sòng jiǔ 同“白衣送酒”。举例 明·何景明《登坚山寺绝顶真武庙》之二：“不尽登高兴，无人送酒来。”

白鱼入舟 bái yú rù zhōu

出处 汉·伏生《尚书大传》卷三，又见《史记·周本纪》。解说 传说商代末年，商纣王无道，周武王率领各路诸侯的联军去讨伐。在横渡黄河时，忽然有一条大白鱼跳入周武王乘坐的战船上。周武王弯腰把白鱼捡起来，并用它来祭祀祖先和神灵，请祖先和神灵保佑此次出征胜利。诸侯和将士们异口同声地欢呼："纣可伐矣！"（大意是：征讨纣王必胜，这是天意！）古人认为，鱼身有鳞，如同将士披挂的盔甲，象征战争或军事；白色是商朝推崇的正色；"舟"与"周"同音；白鱼入舟，预示着商朝必然会被周朝代替。后用此语指王朝必兴或作战必胜的祥瑞征兆。举例《三国志·魏志·杨阜传》："武王白鱼入舟，君臣变色。"

白鱼登舟 bái yú dēng zhōu 同"白鱼入舟"。举例《汉书·终军传》："白鱼登舟，顺也。"

白猿公 bái yuán gōng

出处《吴越春秋·勾践阴谋外传》。解说 传说春秋时，越国有一位擅长舞剑的年轻女子，隐居于南林，应越王勾践之召，北上面见越王，准备向士兵们传授剑术，为国出力。途中遇到一位精于剑术的老翁，自称素袁公，手持一根竹竿与少女比剑。在两个人你来我往的争斗中，袁公忽然飞身上树，变成一只白猿而去。后用此语指特别擅长剑术的人或剑术。举例 宋·陆游《甲午十一月十三夜梦右臂踊出一小剑》："少年学剑白猿公，曾破浮生十岁功。"

猿公 yuán gōng 同"白猿公"。举例 唐·李贺《南园》之七："见买若耶溪水剑，明朝归去事猿公。"

猿公术 yuán gōng shù 见"白猿公"。指高超的剑术。举例 张素《金缕曲·题钝剑花前说剑图》："少年时曾受猿公术，须发在，未全白。"

越处子 yuè chù zǐ 见"白猿公"。越：越国。处子：处女。此语指善剑女子。举例 唐·李白《东海有勇妇》："学剑越处子，超腾若流星。"

白云亲舍 bái yún qīn shè

出处 唐·刘肃《大唐新语·举贤》，又见《旧唐书·狄仁杰传》。解说 狄仁杰是唐高宗和武则天时代的名臣，年轻时被荐举任并州法曹参军。并州即太原府，在今山西太原西南。当时，狄仁杰的父母住在河阳，即今河南孟州市附近。狄仁杰去并州赴任途中，登上太行山，向河阳方向眺望，只见天边飘过一片白云。他对身边的随从说："吾亲所居，近此云下。"（大意是：我的父母双亲，就住在这片白云之下。）狄仁杰站在那里眼含热泪，望了好久，直到白云逐渐飘散，才怅然离去。后用此语形容客居他乡，遥念家乡的父母亲人。举例 ① 明·金銮《醉太平·送叶泮西内台》套曲："青灯旅馆添归梦，白云亲舍觅征鸿。”② 明·汤显祖《牡丹亭·急难》:“白云亲舍,俺孤影旧梅梢。”③ 清·袁枚《小仓山房尺牍》第十八首:“今母老矣,白云亲舍,言之黯然,故出具文书,告请终养。”

B

亲舍白云 qīn shè bái yún 同“白云亲舍”。举例 林之夏《行路难》之二:“呜呼罗织穷编廛(chán),亲舍白云归不得。”

白云行处 bái yún xíng chù 同“白云亲舍”。举例 宋·黄庭坚《次韵寅庵》之二:“白云行处应垂泪,黄犬归时早寄书。”

白云之望 bái yún zhī wàng 同“白云亲舍”。举例 明·陈汝元《金莲记·饭鱼》:“万里关山,时切白云之望;千秋尘土,怕为赤族之诛。”

望白云 wàng bái yún 同“白云亲舍”。举例 明·高启《送张倅(cuì)之云间》:“绝怜退食兼荣养,不向山头望白云。”

心逐白云 xīn zhú bái yún 同“白云亲舍”。举例 宋·朱淑真《春日书怀》:“高楼惆怅凭阑久,心逐白云南向浮。”

望云人 wàng yún rén 见“白云亲舍”。指客居他乡、思念远方父母的人。举例 宋·苏轼《和文与可洋川园池三十首·望云楼》:“出本无心归亦好,白云还似望云人。”

百步穿杨 bǎi bù chuān yáng

出处《战国策·西周策》,又见《史记·周本纪》。解说 百:指数量多。杨:杨柳树,又名垂柳、蒲柳,这里指杨柳叶。春秋时,楚国名将养由基是著名的射箭能手,箭无虚发,屡立战功。当时还有一个叫潘党的人擅长射箭,每箭都能射中靶心。潘党对养由基不服气,有一天选定杨柳树上的三片叶子,标明次序,与他比试箭法。养由基站在百步之外,连射三箭,箭箭命中杨柳叶的中心。潘党见了,这才甘拜下风。此语原指射箭很多次,每次都能射中靶心或目标,形容射箭或射击等技艺高超。举例 ① 唐·李涉《看射柳枝》:“万人齐看翻金勒,百步穿杨逐箭空。”②《三国演义》第五十三回:“云长(关羽)吃了一惊,带箭回寨,方知黄忠有百步穿杨之能,今日只射盔缨,正是报昨日不杀之恩也。”③《金戒指》:“有的说他身轻如燕,能飞檐走壁;有的说他枪法如神,能百步穿杨。”

穿杨百步 chuān yáng bǎi bù 同“百步穿杨”。举例《初刻拍案惊奇》卷一:“能武的穿杨百步,用不着时,几杆箭,煮不熟饭锅。”

射穿杨叶 shè chuān yáng yè 同“百步穿杨”。举例 清·李渔《赠荆州李雨商太守》:“射穿杨叶才兼武,智察秋毫判似神。”

杨叶百穿 yáng yè bǎi chuān 同“百步穿杨”。举例 唐·刘禹锡《寄和东川杨尚书慕巢》："杨叶百穿荣会府，其泥五色耀天庭。"

穿叶 chuān yè 同"百步穿杨"。举例 宋·黄公度《回谭解元惟寅》："百发百中，已收穿叶之功。"

射叶 shè yè 同"百步穿杨"。举例 宋·张耒《题李方叔文卷末》："诡御获禽虽可鄙，挽弓射叶亦徒勤。"

穿杨 chuān yáng 见"百步穿杨"。形容射箭技艺高超，比喻科举及第。举例 ① 五代·韦庄《寄湖州舍弟》："云烟但有穿杨志，尘土多无作吏心。"② 清·赵翼《壬申下第作》："漫拟穿杨凭一箭，又须刻楮(chǔ)费三年。"

穿杨叶 chuān yáng yè 同"穿杨"。举例 唐·刘商《送杨行元赴举》："千钧何处穿杨叶，二月长安折桂枝。"

杨穿三叶 yáng chuān sān yè 见"百步穿杨"。形容射箭技艺高超，比喻兄弟三人相继科举及第。举例 唐·白居易《喜敏中及第偶示所怀》："桂折一枝先许我，杨穿三叶尽惊人。"

百步杨 bǎi bù yáng 同"百步穿杨"。举例 南朝陈·陈叔宝《九日观马射》："且观千里汗，仍瞻百步杨。"

百发百中 bǎi fā bǎi zhòng 同"百步穿杨"。也比喻估计情况、做事有充分把握，绝不落空。举例 ①《北史·皮景和传》："每与同射，百发百中，甚见推重。"②《红楼梦》第九十七回："(宝玉)那身子顿觉健旺起来，只不过不似从前那般灵透，所以凤姐的妙计百发百中，巴不得就见黛玉。"③《老残游记》第二十回："他有好药，百发百中，已经试过，很灵验的。"④ 吴伯箫《猎户》："老人……夜里能够百步以外打香火，那是名副其实的百发百中。"

百中 bǎi zhòng 同"百发百中"。举例 宋·黄庭坚《题王仲弓兄弟巽(xùn)亭》："读书开万卷，谋国妙百中。"

百尺竿头，更进一步 bǎi chǐ gān tóu，gèng jìn yī bù

出处 宋·释道元《景德传灯录·招贤大师》。解说 宋代，湖南长沙有一位名叫景岑的高僧，号"招贤大师"。有一天，招贤大师在法堂上讲经说法，并逐一回答僧众提出的问题。为了说明佛教的最高境界——十方世界是怎么回事，招贤大师给僧众出示了一份偈(jì)帖："百尺竿头不动人，虽然得入未为真。百尺竿头须进步，十方世界是全身。"(大意是：百丈的竹竿并不算高，十方世界才是真正的高峰。即使修行很高仍须继续努力，才能达到佛教的最高境界，使整个宇宙存在于一身。)后用此语勉励人不要满足已取得的成绩，还要继续努力以争取更大的进步。举例 ① 宋·朱熹《答巩仲至书》:"故卿复言之,恐或可少助百尺竿头更进一步之势也。"② 阳翰笙《兴旺发达后继有人》:"我们要勤奋努力,百尺竿头,更进一步,不断提高剧本创作的思想水平和艺术水平。"

B

百尺竿头 bǎi chǐ gān tóu 同"百尺竿头,更进一步"。举例 ① 宋·朱熹《答陈同甫书》:"但鄙意更欲贤者百尺竿头进取一步,将来不作三代以下人物。"② 夏衍《文艺与体育的因缘》:"我希望我国的体育事业百尺竿头,日新月异。"

百川归海 bǎi chuān guī hǎi

出处《淮南子·泛论训》:"百川异源而皆归于海,百家殊业而皆务于治。"解说 原文大意是:许多江河尽管源头在不同的地方,却都流归大海;各行各业虽然内容并不相同,但都依赖于经营和管理。后用此语比喻分散的众多事物汇聚到一处。也比喻大势所趋,人心所向。举例 ① 清·毛奇龄《禹庙》:"一自百川归海后,长留风雨在江东。"②《香港的情和爱》四:"这世界上所有的礼品似乎都是为女人的,所有为女人的礼品似乎又都百川归海地归到了香港。"

百废俱兴 bǎi fèi jù xīng

出处 宋·范仲淹《岳阳楼记》:"庆历四年春,滕子京谪(zhé)守巴陵郡。越明年,政通人和,百废俱兴。"解说 废:废置的事。俱:都;全。兴;兴办。滕子京即滕宗谅,北宋时人,原来官任环庆路都部署,由于受人诬陷,于仁宗庆历四年(公元 1044 年)被贬为岳州知州。岳州,晋代曾称为巴陵郡,在今湖南。滕子京到任后,重新修缮并改建了岳阳楼,又恳请大文学家范仲淹写一篇文章纪念此事。于是范仲淹写就了著名的《岳阳楼记》。文中盛赞滕子京治理岳州政绩卓然,仅用短短一年的时间就使得政令无阻,官民融洽,百废俱兴。后用此语指许多以前废置未办的事业全部兴办起来了。举例 ①《清史稿·郎廷佐传》:"四川屡遭兵燹(xiǎn),廷相莅(lì)任,百废俱兴,民不知扰。"②《民国通俗演义》第四十八回:"百废俱兴,家给人足。"③ 续范亭《国难严重中纪念国庆》:"上层的人,以为领袖空摆臭架子就可以百废俱兴,下层认为把领袖捧到天上,就可以万事大吉。"④《万年春》:"自然你也清楚,现在万里长征刚刚起步,当然很难百废俱兴。"

百废待兴 bǎi fèi dài xīng 见"百废俱兴"。待:等待。指很多以前废置未办的事业还有待兴办。举例 ① 丁玲《沉痛地告别过去,勇敢地面向未来——致青年人》:"过去的动乱,把国家推上灭亡的边缘。留给今天的困难,更是遍地荆棘,百废待兴。"

②《海外赤子》:"百废待兴,一下子怎么能抓得过来。"

百废待举 bǎi fèi dài jǔ 同"百废待兴"。举:兴起;发起。举例 ① 吴晗《海瑞罢官·断案》:"百废待举,他不出头做主,实在令人着急。"②《二度梅》八:"革命的路很长,个人的生命有限,拨乱反正,百废待举,不应把有限的生命沉湎于悲怀过去,而应全力以赴,奋然前进,以加倍的工作,弥补空白,建造未来。"

百感交集 bǎi gǎn jiāo jí

出处《世说新语·言语》。解说 感:感想。交:同时发生。交集:同时交错在一起。西晋灭亡后,中国北方陷入一片混乱。司马睿在建康(即今南京)建立了东晋王朝,许多人纷纷南迁避难。太子洗马(太子的侍从官)卫玠南渡长江时脸色憔悴,形象落魄,他伤感地对左右随行的人说:"见此茫茫,不觉百端交集。苟未免有情,亦复谁能遣此!"(大意是:见到这白茫茫的江水,心里不由得百感交集。只要是一个有感情的人,又有谁能排遣这万千的思绪和感慨呢!)此语指各种感触交织汇集在一起,形容心情复杂,感触极多。举例 ① 宋·陈亮《祭喻夏卿文》:"泪涕横臆,非以邂逅。百感交集,微我有咎。"② 闻一多《文艺与爱国——纪念三月十八》:"见了一片红叶掉下地来,便要百感交集,'泪浪滔滔'。"③ 郭沫若《科学的春天》:"我是上一个世纪出生的人,能参加这样的盛会,百感交集,思绪万千。"

万感交集 wàn gǎn jiāo jí 同"百感交集"。举例 ①《腐蚀·十一月二十五日》:"夜半梦回,听窗外风声呜咽,便觉得万感交集,此心何尝有定向,此身何尝有着落?"②《野火春风斗古城》第十九章:"杨晓冬看到这般情景,一时撕心裂胆,万感交集。"

百里才 bǎi lǐ cái

出处《三国志·蜀志·庞统传》。解说 庞统是东汉末年人,字士元,号凤雏,非常有才能。当刘备任荆州牧时,任用庞统为耒阳县县令,结果治理得不好。因地方政绩比较差,庞统被罢官。东吴的大臣鲁肃听说后,认为这是大材小用,于是给刘备写了一封信,其中说:"庞士元非百里才也,使处治中、别驾之任,始当展其骥足耳。"(治中、别驾:均为刺史的佐吏,职权重于县令。原文大意是:庞统不是百里才,至少应该让他担任治中、别驾一类的重要官职,方能使他得以充分施展才干。)后来刘备重用庞统,让他与诸葛亮同任军师中郎将。此语原指治理方圆百里小邑的官吏,比喻能力平常,不能担重任、成大器的一般人才。举例 唐·骆宾王《饯郑安阳入蜀》:"地是三巴俗,人非百里才。"

B

百年之好 bǎi nián zhī hǎo

出处《礼记·曲礼上》:"百年曰期。"元·陈澔集说:"人寿以百年为期,故曰期。" 解说 "期"指约定的时日,古人以活到一百岁为期盼的目标。后用此语指终身好合,即男女结为夫妇,白头偕老,一辈子相伴。常用于新婚祝颂的赞辞。举例 ① 宋·罗烨(yè)《醉翁谈录·张氏夜奔吕星哥》:"今宁随君远奔,以结百年之好。"②《初刻拍案惊奇》卷三十二:"我方壮年,未曾娶妻。倘蒙不弃,当与子缔百年之好。"③《镜花缘》第九十四回:"忙了几时,到了重阳吉期,小峰同红蕖成了百年之好。"

百年好事 bǎi nián hǎo shì 见"百年之好"。指婚姻喜事。举例 ①《二刻拍案惊奇》卷九:"我与你姐姐百年好事、千金重担只在此两件上面了!万望龙香姐竭力周全,讨个回音则个。"② 郭沫若《卓文君》第三景:"你还是牺牲一切,替浪子做撮合山,你还是使浪子少犯几层罪过,成就你自己的百年好事呢?"

百年偕老 bǎi nián xié lǎo 见"百年之好"。偕:共同。指夫妻共同白头到老。举例 ① 元·武汉臣《生金阁》第二折:"俺衔内大财大礼,娶将你来,指望百年偕老,你只是不肯随顺,可是为何?"②《醒世恒言·乔太守乱点鸳鸯谱》:"恩深义重,誓必图百年偕老。"

百年谐老 bǎi nián xié lǎo 同"百年偕老"。谐:和谐;协调。举例 ① 元·无名氏《集贤宾》:"美满恩深情厚,愿百年谐老,共守白头。"② 明·顾大典《青衫记·坐湿青衫》:"总只是朝云暮潮。呀,总不如百年谐老。"

百年之约 bǎi nián zhī yuē 见"百年之好"。指婚约。举例 清·李渔《蜃(shèn)中楼·双订》:"小生不揣,要与小姐订百年之约,不知可肯俯从。"

百日屡迁 bǎi rì lǚ qiān

出处《后汉书·荀爽传》。解说 迁:指升迁,即由低向高调动官职。汉代末年颍川人荀爽自幼好学,十二岁就通晓《春秋》《论语》。荀爽苦心治学十余年,朝廷多次根据乡里的举荐征召他做官,他或是推辞而不应征,或是在任上做不了多久就辞官而去。汉献帝即位,董卓辅政,又征召荀爽做官。由于当地官吏严加监视,他想逃避也没有办法。诏书传到后,拜他为平原相。当荀爽到了苑陵,加拜光禄勋。他刚上任三天,又加拜司空。司空为三公之一。荀爽从平民百姓开始,不过九十五天就荣登三公之位。后用此语指官员升迁迅速。举例 唐·骆宾王《畴昔篇》:"十年不调为贫贱,百日屡迁随倚伏。"

百日至三公 bǎi rì zhì sān gōng 同“百日屡迁”。举例 清·唐孙华《闲居写怀》之六:“荀爽起布衣,百日至三公。”

白衣作三公 bái yī zuò sān gōng 同“百日屡迁”。举例 宋·苏轼《朱寿昌郎中少不知母所在》:“不羡白衣作三公,不爱白日升青天。”

百闻不如一见 bǎi wén bù rú yī jiàn

出处《汉书·赵充国传》。解说 闻:听见。西汉宣帝时,羌族人经常侵扰西部边境,烧杀抢掠,有一次还攻入金城杀死了驻守的官吏。七十多岁的老将军赵充国自告奋勇请求领兵去征讨。宣帝问他需要多少兵马,他回答说:“百闻不如一见,兵难隃度(yú duó)。臣愿驰至金城,图上方略。”(隃:遥远。度:揣度;估计。大意是:听别人讲一百次,不如亲眼看一看。用兵不能在很远的地方空谈揣度,我愿意去金城实地调查,摸清情况,草拟方略,再行向陛下禀奏。)赵充国到了西部边境,从当地居民和俘虏口中了解情况,察看地形,向朝廷提出了驻兵屯守、分化瓦解羌人等建议。此语原指听到很多次,还不如见到一次,指亲眼看到的比道听途说的更准确、可靠。举例 ①《二十年目睹之怪现状》第三十六回:“我也久闻玄妙观是个名胜,乐得去逛一逛。谁知到得观前,大失所望,真是百闻不如一见。”②《从奴隶到将军》下集第五章:“一记者说:百闻不如一见,将军果然英雄。”

百折不挠 bǎi zhé bù náo

出处 汉·蔡邕(yōng)《太尉桥公碑》。解说 折:挫折。挠:弯曲,引申为屈服。桥玄是东汉时睢(suī)阳人,曾任睢阳太守,后官至尚书令、太尉。他为官清廉,性情刚正不阿,不畏权贵。当时太中大夫盖升受宠,仗势欺人,无恶不作,为害百姓。桥玄多次上书弹劾却未受重视,一怒之下辞官归乡。桥玄死后,学者蔡邕撰写碑文评价他说:“其性庄,疾华尚朴,有百折不挠、临大节而不可夺之风。”(庄:庄重;不轻浮。疾:痛恨。尚:推崇;注重。原文大意是:他为人稳重,痛恨奢华而崇尚质朴,在重大的原则性的是非面前,无论遭受多少挫折都不退缩屈服。)后用此语形容人意志坚强,屡遭挫折也不屈服、不动摇。举例 ① 毛泽东《为争取千百万群众进入抗日民族统一战线而斗争》:“把党的方针变为群众的方针,还须要我们长期坚持的、百折不挠的、艰苦卓绝的、耐心而不怕麻烦的努力。”②《李自成》第一卷三十章:“咱们起义就是书上说的革命——不折不挠,血战到底。”

百折不回 bǎi zhé bù huí 同“百折不挠”。举例 ① 清·纪昀《阅微草堂笔记·

B

滦阳续录五》:“此生倔强,可谓至极,然鬼亦避之。盖执拗(niù)之气,百折不回,亦足以胜之也。”② 章炳麟《驳革命驳议》:“夫各国新政,无不从革命而成。意大利、匈牙利之轰轰烈烈,百折不回,放万丈光芒于历史者,无论矣。”③ 刘少奇《对中央妇委同志的讲话》:“必须有坚持到底、百折不回、克服困难的革命工作精神。”

百足之虫,至死不僵 bǎi zú zhī chóng,zhì sǐ bù jiāng

出处 三国魏·曹冏(jiǒng)《六代论》。解说 百足:指长着很多脚。僵:仆倒。三国时魏国人曹冏写《六代论》呈给魏王,劝告魏王重用亲族,培植势力,网络人才,以巩固统治。文中说:“夫泉竭则流涸,根朽则叶枯;枝繁者荫根,条落者本孤。故语曰:‘百足之虫,至死不僵’,以扶之者众也。此言虽小,可以譬大。”(竭:枯竭。涸:干涸。原文大意是:泉水的源头枯竭了,水流就会干涸;树根腐烂了,树叶就要枯萎。枝繁叶茂,树根会得到荫蔽;枝条凋零,树干也就孤立了。古语说,长着很多脚的虫子即使死了也不会仆倒,这是因为虫子虽死了,还有那么多的脚支撑着的缘故。这句话说的是小事,但寓意深远。)后用此语比喻势力强盛的集团或个人虽败落窘困,但在一定时期内还残留较大的势力或影响。举例《初刻拍案惊奇》卷二十九:“又道是百足之虫,至死不僵,越扑不多时,转眼就高官大禄,仍旧贵显。”

百足之虫,死而不僵 bǎi zú zhī chóng,sǐ ér bù jiāng 同“百足之虫,至死不僵”。举例 ①《红楼梦》第二回:“古人云:‘百足之虫,死而不僵。’如今虽不及先年那样兴盛,较之平常仕宦人家,到底气象不同。”② 朱自清《论吃饭》:“因为他们究竟属于治者,‘百足之虫,死而不僵’,有的是做官的本家和亲戚朋友,总得给口饭吃。”

百足不僵 bǎi zú bù jiāng 同“百足之虫,至死不僵”。举例 章炳麟《政闻社社员大会破坏状》:“即观今时缅甸,已并于英,而本邦土司,以弹丸黑子之地,犹足自保,非人自为守、百足不僵之势耶!”

柏舟之誓 bǎi zhōu zhī shì

出处《诗经·鄘风·柏舟》,又见《柏舟序》。解说 柏舟:用柏木制作的船。《柏舟》为《诗经》中的一篇,据说是春秋时卫国世子共伯之妻共姜写的一首自誓的诗。共伯年纪轻轻就死了,共姜为丈夫守贞节,她的父母逼迫改嫁,她誓死不肯,于是作了这首诗来表示自己“之死矢靡它”的决心。(之:至。之死:至死。矢:通“誓”。靡:没有。靡它:没有其他、别的,指至死也不嫁给别的男人。)一说,《柏舟》是古代无名氏作的民间诗歌。后用此语指妇女丧夫后,守贞节不再嫁的誓愿或节操。举例 唐·陈子昂《唐故袁州参军李府君妻张氏墓志铭》："青松摧断，哀断女萝之心；丹节孤高，终守柏舟之誓。"

柏舟之节 bǎi zhōu zhī jié 同"柏舟之誓"。举例 宋·朱熹《与陈师中书》："朋友传说，令女弟甚贤，必能养老抚孤，以全柏舟之节。"

柏舟节 bǎi zhōu jié 同"柏舟之誓"。举例《聊斋志异·水莽草》："妻不能守柏舟节，半年改醮(jiào)去。"

柏舟誓守 bǎi zhōu shì shǒu 见"柏舟之誓"。指妇女丧夫后，守贞节不再嫁。举例 元·柯丹丘《荆钗记·议亲》："老身柏舟誓守，自甘半世居孀。"

柏舟 bǎi zhōu 同"柏舟誓守"。举例 唐·权德舆《鄜坊节度推官大理评事唐君墓志铭》："结褵周月，遭罹柏舟之痛。"

柏操 bǎi cāo 同"柏舟之誓"。举例 清·钱谦益《母旌表节妇常氏赠安人制》："兰仪永谢，柏操有闻。"

共姜誓盟 gòng jiāng shì méng 同"柏舟誓守"。举例 元·柯丹丘《荆钗记·议亲》："闷怀耿耿，共姜誓盟，慕贞洁甘守孤零。"

之死靡他 zhī sǐ mǐ tā 见"柏舟之誓"。至死不变，形容终身不二。举例 ① 明·李贽《昆仑奴》："忠臣侠忠，则扶颠持危，九死不悔；志士侠义，则临难自奋，之死靡他。"② 清·百一居士《壶天录》卷上："二老得承甘旨，私心窃慰，否则之死靡他，有如天日。"

之死靡它 zhī sǐ mǐ tā 同"之死靡他"。举例 陈毅《送旧友南归》："坚守阵地，之死靡它。"

之死不渝 zhī sǐ bù yú 同"之死靡他"。举例 宋·苏辙《祭亡婿文逸民文》："女有烈志，留鞠诸孤，赋诗《柏舟》，之死不渝。"

至死靡他 zhì sǐ mǐ tā 同"之死靡他"。举例《警世通言·王娇鸾百年长恨》："夫妇已是前生定，至死靡他。"

至死不渝 zhì sǐ bù yú 同"之死不渝"。举例 梁启超《罗兰夫人传》："呜呼！其爱人义侠之心，至死不渝，有如此者。"

不他 bù tā 同"柏舟誓守"。举例《聊斋志异·青娥》："女阴使人婉致生母，且矢之以不他，其词悲切。"

败军之将，不可言勇 bài jūn zhī jiàng, bù kě yán yǒng

出处《史记·淮阴侯列传》。解说 西汉初年，刘邦派大将韩信率军去攻打赵王。井陉是太行山的一道狭长山口，韩信大军必须经过这里。赵将李左车献计在井陉截

B

断韩信军队的粮食辎重，迫使其退兵。赵王和主帅陈余没有采纳这个建议。韩信得知后暗暗佩服李左车的才略，下令不准伤害他。这一战，赵王被俘，陈余阵亡，李左车被活捉。韩信以礼相待李左车，虚心地向他请教兵法。李左车推辞说："败军之将，不可以言勇。"韩信笑道：您千万别客气，您的截断井陉之计如果被赵王和陈余采用，败军之将恐怕就是我了。后用此语泛指失败之人无须夸耀自己的本事。举例《我是太阳》第二部二："关山林听到袁正芳的话，半天，叹了口气，沉沉地说，败军之将何言勇，是我折损了九师呀！"

败军之将 bài jūn zhī jiàng 见"败军之将，不可言勇"。指打了败仗的将领。也比喻在其他方面失败的人。有时用于自谦。举例《三国演义》第六十三回："败军之将，荷蒙厚恩，无可以报，愿施犬马之劳，不须张弓只箭，径取成都。"

班荆道旧 bān jīng dào jiù

出处《左传·襄公二十六年》。解说 班：铺开；荆：黄荆，一种落叶灌木。道：叙说。旧：同"故"，过去的事。春秋时楚国大夫伍举（又名椒举）与蔡国大夫声子是世交，两个人从小就是好朋友。伍举因为岳父犯罪而受到株连，逃亡到郑国，又准备去晋国。他刚刚走出郑国都城，巧遇出使晋国的声子。两个多年未见面的好朋友在异国他乡相逢，便在郊外"班荆相与食，而言复故。"（大意是：把路边的荆条折下铺在地上，二人相对而坐，拿出食物，一边吃，一边谋划起如何返回楚国的事情。）后来，伍举在声子的帮助下，终于回到了楚国。此语原指老朋友在路上相遇，谈论往事，泛指朋友重逢，共叙旧情。举例 晋·陶潜《与子俨等疏》："鲍叔、管仲，分财无猜；归生、伍举，班荆道旧。遂能以败为成，因丧立功。"

班荆道故 bān jīng dào gù 同"班荆道旧"。举例 ① 清·秦曾熙《〈小螺庵病榻忆语〉跋》："异日余解组归田，与梅叟徜徉于稽山镜水间，班荆道故，永言亲戚之欢。" ② 李存葆《伏虎草堂主人》："一次邂逅相逢，一次班荆道故，竟使一位艺术殉道者在冥冥里忽闻天籁，于混沌中顿悟禅机。" ③《八大胡同》第八节："一直到最近才回天津，恰好遇见王克敏，班荆道故，感慨万千。"

席地班荆 xí dì bān jīng 同"班荆道旧"。举例 清·杨潮观《吟风阁杂剧·灌口二郎初显圣》："小的们，你看山坡平敞，可就此席地班荆，割鲜野飧（sūn），洒落他一回者。"

班荆 bān jīng 同"班荆道旧"。举例 晋·陶潜《饮酒》之十五："班荆坐松下，数斟已复醉。"

B

班门弄斧 bān mén nòng fǔ

出处 唐·柳宗元《王氏伯仲唱和诗序》："操斧于班、郢(yǐng)之门，斯强颜耳。" 解说 班：鲁班，春秋时鲁国人，技艺精湛，多有发明，后世被尊为建筑工匠、木匠的祖师爷。郢：郢匠，楚国郢都的巧匠，据说曾挥动斧头削去别人鼻尖上的污泥而不使受伤。原文大意是：在鲁班、郢匠面前炫耀使用斧子的技巧，未免不自量力，脸皮太厚！后用此语比喻本领不大的人在行家面前卖弄本领，不自量力。常含有讥讽意味，有时也用于自谦。举例 ①宋·欧阳修《与梅圣俞书》："昨在真定，有诗七八首，今录去，班门弄斧，可笑可笑。"②《西游记》第六十四回："弟子一时失口，胡谈几字，诚所谓'班门弄斧'。"③《东方》第三部四章："这个年轻人，在统帅面前如此唐突，无异班门弄斧，夏文确实吃了一惊。"

鲁班门前弄大斧 lǔ bān mén qián nòng dà fǔ 同"班门弄斧"。举例 明·梅之涣《题李白墓》："采石江边一堆土，李白之名高千古。来来往往一首诗，鲁班门前弄大斧。"

鲁班手里调大斧 lǔ bān shǒu lǐ tiáo dà fǔ 同"班门弄斧"。调：摆弄。举例《水浒传》第二十一回："押司不要使这科段，这唐牛儿捻泛过来，你这精贼也瞒老娘！正是鲁班手里调大斧。"

弄斧班门 nòng fǔ bān mén 同"班门弄斧"。举例 ①明·吾丘瑞《运甓(pì)记·手板击凤》："弄斧班门，请勿嘲笑。"②《儒林外史》第二十八回："先生大名，如雷贯耳。小弟献丑，真是弄斧班门了。"

弄斧 nòng fǔ 同"班门弄斧"。举例 明·陈汝元《金莲记·闺咏》："深惭弄斧，聊作抛砖。"

斑衣戏彩 bān yī xì cǎi

出处 晋·萧广济《孝子传》，又见《艺文类聚》卷二十引西汉·刘向《列女传》。解说 春秋时，楚国有一位名叫老莱子的隐士，已经七十多岁了，父母都还健在。为了使父母快乐，他特意穿上五色彩衣，装扮成小孩子，手持拨浪鼓，在他们面前玩耍。有一次，老莱子端着一盆温热的洗脚水给父母送过来，不小心进屋时跌了一跤。他怕父母担心着急，就故意倒在地上不起来，学小孩子哭哭啼啼的样子，引得父母哈哈直笑。此语原指尽心孝养双亲，学小孩子玩耍，逗引他们欢笑，形容对父母极其孝敬。举例 ①宋·杨万里《都下食笋自十一月至四月戏题》："斑衣戏彩春无价，玉版谈禅佛不如。”②《红楼梦》第五十四回：“那《二十四孝》上斑衣戏彩，他们不能来戏彩引老祖宗笑一笑，我这里好容易引的老祖宗笑了一笑，多吃了一点儿东西，大家喜欢，都该谢我才是，难道反笑话我不成？”③《二十年目睹之怪现状》第二十三回：“我们也应凑个趣，哄得老人家快快活活。古人‘斑衣戏彩’尚且要做，何况这个呢！”

班衣戏彩 bān yī xì cǎi 同“斑衣戏彩”。班：通“斑”。举例 清・新广东武生《黄萧养回头》：“虽无儿，效老莱，班衣戏彩。”

斑衣戏 bān yī xì 同“斑衣戏彩”。举例 宋・李复《送阳孝章户曹》：“荷衣未改斑衣戏，斗米聊宽负米求。”

斑衣儿啼 bān yī ér tí 同“斑衣戏彩”。举例 宋・黄庭坚《送少章从翰林苏公余杭》：“斑衣儿啼真自乐，从师学道也不恶。”

戏彩娱亲 xì cǎi yú qīn 同“斑衣戏彩”。举例 ① 明・程允升《幼学琼林・祖孙父子类》：“戏彩娱亲，老莱子之孝。”② 鲁迅《朝花夕拾・后记》：“还有老莱子的‘戏彩娱亲’，题诗上虽说‘喜色满庭帏’，而图画上却绝少有有趣的家庭气息。”

老莱戏彩 lǎo lái xì cǎi 同“斑衣戏彩”。举例 元・薛昂夫《朝天曲》：“老莱戏彩，七十年将迈，堂前取水作婴儿。”

老莱娱亲 lǎo lái yú qīn 同“斑衣戏彩”。举例 鲁迅《朝花夕拾・二十四孝图》：“其中最使我不解，甚至于发生反感的，是‘老莱娱亲’和‘郭巨埋儿’两件事。”

舞彩 wǔ cǎi 同“斑衣戏彩”。举例 清・杨潮观《温太真晋阳分别》：“我何须衣锦却还乡，只要旧日莱衣，舞彩无恙。”

舞莱彩 wǔ lái cǎi 同“斑衣戏彩”。举例 清・张问陶《怀亥白兄寿门弟》之二：“醉中舞莱彩，为我二人媚。”

舞衣斑 wǔ yī bān 同“斑衣戏彩”。举例 明・何景明《为李秀才寿母》：“百年应自慰，常见舞衣斑。”

戏彩称觞 xì cǎi chēng shāng 见“斑衣戏彩”。指穿着五色彩衣，向父母敬酒祝寿。举例《二十年目睹之怪现状》第四十三回：“试乡科文闱放榜，上母寿戏彩称觞。”

五彩衣 wǔ cǎi yī 见“斑衣戏彩”。指老莱子为逗引双亲欢笑而穿的五色彩衣，比喻孝养父母。举例 宋・苏舜钦《老莱子》：“飒然双鬓白，尚服五彩衣。”

五彩斑衣 wǔ cǎi bān yī 同“五彩衣”。举例 元・高明《琵琶记・蔡公逼试》：“终不然为着一领蓝袍，却落后五彩斑衣。”

莱子衣 lái zǐ yī 同“五彩衣”。举例 唐・岑参《奉送李宾客荆南迎亲》：“手把黄香扇，身着莱子衣。”

B

半豹 bàn bào

出处《世说新语·文学》，又见《晋书·殷仲文传》。解说 殷仲文是东晋文士，虽然读书不太多，但是很有才气，文章写得好，为当时人们所推重。南朝宋时文人傅亮（一说诗人谢灵运）曾经说过："若殷仲文读书半袁豹，则文才不减班固。"（若：假若。袁豹：字士蔚，晋代文人，好学博闻，多览典籍。班固：东汉史学家、文学家，与班昭等著有《汉书》。大意是：殷仲文读的书不是很多，如果有袁豹的一半，其文才一定不在班固之下。）后用此语指书读得不多。举例 明·杨慎《丹铅续录·半豹》："李商隐《四六启》云：'学殊半豹，艺愧全牛。'"

半部论语治天下 bàn bù lún yǔ zhì tiān xià

出处 宋·罗大经《鹤林玉露·论语》。解说《论语》：儒家重要经典著作之一，记录了孔子及其主要弟子的言行。宋代人赵普给宋太祖赵匡胤（yìn）做过宰相，后来又担任宋太宗赵光义的宰相。当时有人不服气，讽刺赵普没有多少学识，只不过读了《论语》一书而已。宋太宗就此事询问赵普，赵普说：我平生所学，确实只有这些。过去我以半部《论语》辅佐太祖东征西讨，平定天下，现在我想用另外半部《论语》辅佐陛下治理国家，建立太平盛世。赵普年老体衰病逝后，被追封为韩王。家人打开他的书箱，里面果真只有一部《论语》。此语原指儒家经典是安邦治国之本，只要熟悉和运用《论语》就可以使天下安定、太平。后比喻管理条文不在多而贵精。举例 ①清·冯班《钝吟杂录》卷一："赵普用半部《论语》治天下，大是会读书。如吾所见，只一二句，便终身受用不尽。"②《官场现形记》第六十四回："况且从前古人以半部《论语》治天下，就是半部亦何妨。"③《赵子曰》十九："好像以半部《论语》治天下的人们念那半部《论语》似的那么百读不厌。"☞《论语》的"论"不读 lùn。

半部佐君王 bàn bù zuǒ jūn wáng 同"半部论语治天下"。举例 清·钱谦益《龚孝升求赠塾师》："何似东村赵学究，只将半部佐君王。"

半部匡君 bàn bù kuāng jūn 同"半部论语治天下"。举例 清·蒲松龄《拟上以万世师表四字颁行天下黉（hóng）宫群臣谢表》："迨（dài）至太平宰相，犹以半部匡君。"

半部论语 bàn bù lún yǔ 见"半部论语治天下"。原指儒家治国的理论，比喻简而精的管理条文或有限的知识。举例 严复《救亡决论》："且真为通天地人之儒，从此天下事来,吾以半部《论语》治之足矣,又何疑哉!又何难哉!”

论语半部 lún yǔ bàn bù 同“半部论语”。举例 明·徐威《独酌亭歌》:“尊前《论语》半部书,十二三时随吞呕。”

半面不忘 bàn miàn bù wàng

出处《后汉书·应奉传》唐·李贤注引三国吴·谢承《后汉书》。解说 东汉时武陵太守应奉记忆力惊人,凡是他接触过的人,都熟记在心。应奉二十岁那年曾去拜访彭城相袁贺,不巧袁贺外出未归。袁家邻居住的是一个造车匠,他从大门里露出半边脸往外看了看,应奉瞥了他一眼就离去了。几十年后,应奉在路上偶然与这个造车匠相遇,竟认出了他,并主动打招呼。后用此语形容人记忆力强。举例《北齐书·杨愔传》:“其聪明强识,半面不忘。”

半面之识 bàn miàn zhī shí 见“半面不忘”。指仅有见过一面的交情,形容交情不深。举例 ①《京本通俗小说·错斩崔宁》:“小人自姓崔名宁,与那小娘子无半面之识。”②《禅真后史》第六回:“尊驾从何处来?似有半面之识。”

半面之交 bàn miàn zhī jiāo 同“半面之识”。举例 ①《封神演义》第六十二回:“我与道友未有半面之交,此语从何而来?”②《子夜》十六:“我知道赵伯韬肯放款子,就可惜我这‘红头火柴’徒负虚名,和这位财神爷竟没有半面之交!”

半面交 bàn miàn jiāo 同“半面之识”。举例 清·张岱《陶庵梦忆·姚简叔画》:“简叔无半面交,访余,一见如平生欢,遂榻余寓。”

半面曾记 bàn miàn céng jì 同“半面之识”。举例 宋·姜夔《解连环》:“道郎携羽扇,那日隔帘,半面曾记。”

半面 bàn miàn 同“半面之识”。举例 唐·钱起《赠李十六》:“半面喜投分,数年钦盛名。”

半途而废 bàn tú ér fèi

出处《礼记·中庸》:“君子遵道而行,半涂而废,吾弗能已矣。”解说 途:道路。废:取消;停止。涂:通“途”。原文大意是:有道德有见识的人处事应循规蹈矩,始终如一,走到半路就止步不前(不再追求上进),我不能这样做啊。后用此语比喻做事有始无终,不能坚持到底。举例 ①《官场现形记》第五十六回:“如果就此请假回国,这里的事半途而废,将来保举弄不到,白吃一趟辛苦。”②《四世同堂》十:“大赤包差不多像中了邪,她以为后半世的产业与享受都凭此一举,绝对不能半途而废。”③ 毛泽东《做一个完全的革命派》："一贯地做下去，并不半途而废。"

中途而废 zhōng tú ér fèi 同"半途而废"。举例《白鹿原》第三十三章："鹿子霖对两个儿子兆鹏、兆海十分看重，瞅定有实现祖宗遗愿的寄托了，不料中途而废。"

B

半仙戏耍 bàn xiān xì shuǎ

出处 五代·王仁裕《开元天宝遗事·半仙之戏》："天宝宫中，至寒食节，竞竖秋千，令宫嫔（pín）辈戏笑以为宴乐，帝呼为半仙之戏，都中士民因而呼之。" 解说 唐代天宝年间，北方少数民族的荡秋千游戏传入皇宫，盛行一时。传说仙人居住在高空，荡秋千的人在半空中上下摆荡，如仙人飞舞，因而玄宗李隆基称其为"半仙之戏"。京城里的人们也跟着这样称呼。后用此语称荡秋千游戏。举例 元·高明《琵琶记·牛氏规奴》："本是北方戎戏，移来上苑豪家。女娘撩乱隔墙花，好似半仙戏耍。"

半仙 bàn xiān 见"半仙戏耍"。指荡秋千的人。举例《聊斋志异·西湖主》："出诣秋千架下，徘徊凝想……遂题巾曰：'雅戏何人拟半仙，分明琼女散金莲。'"

半毡 bàn zhān

出处《梁书·江革传》，又见《南史·江革传》。解说 南北朝时文人江革，字休映，家境贫寒，十六岁丧母，但他刻苦自励，很有才华，后补为国子生，受到吏部郎、大诗人谢朓（tiǎo）的器重。有一天，天上下着下大雪，气候寒冷，谢朓顺路去看望江革，看见他穿着破旧的棉衣，坐在冰冷的草席上孜孜不倦地读书。谢朓非常感慨，于是脱下自己的新棉袄，披在江革身上，又把自己用的毛毡割下一半送给他作卧具。此语原指半块毛毡，后指爱怜或顾惜贫寒的文人，或施恩救济他人。举例 宋·胡宿《赵宗道归辇（niǎn）下》："半毡未暖还伤别，一臂初交又解携。"

割半毡 gē bàn zhān 同"半毡"。举例 清·王士禛《题江辰六借书图》："何人解似宣城守，手为江郎割半毡。"

割毡 gē zhān 同"半毡"。举例 清·毛奇龄《冬日过上海署故人任明府制衣衣（yì）我感赋》："割毡何足赠江革，解襦（rú）不敢衣（yì）顾郎。"

半子 bàn zǐ

出处《新唐书·回鹘（hú）传上》。解说 回鹘，即回纥（hé），古代民族名。唐朝西域边境常受外族侵扰。唐德宗时，回鹘派使者呈献土特产，请求和亲。唐德宗心存疑虑,宰相李泌纵观大局,认为和亲可以使友邦亲睦,人民安定。于是唐德宗接受了和亲,决定将成安公主嫁给回鹘可汗。回鹘可汗见到使者送来的咸安公主画像时,大喜过望,恭恭敬敬地给德宗皇帝上书说:"昔为兄弟,今婿,半子也。陛下若患西戎,子请以兵除之。"此语原指半个儿子,后用作女婿的代称。举例 ① 清·吴伟业《赠辽左故人》之六:"一官误汝高门累,半子怜渠快婿才。"② 清·李渔《玉搔头·讯玉》:"不但孩儿无二夫之羞,就是母亲也有半子之靠。"③ 洪深《劫后桃花》五十五:"至于照应您的老太太和小兄弟的话,还怕找不到一个好的半子么?"

伴食宰相 bàn shí zǎi xiàng

出处《旧唐书·卢怀慎传》。解说 伴食:陪伴着别人一道吃饭。唐代卢怀慎官居相位,又迁为黄门监,与紫微令姚崇共同负责处理军机要务。卢怀慎性情懦弱,一贯胆小怕事,"自以为吏道不及崇,每事皆推让之,时人谓之'伴食宰相'。"(吏道:为官处事的谋略和方法。崇:姚崇。原文大意是:自己觉得做官行事的才能不及姚崇,所以遇事不敢做主,统统推给姚崇全权处理。满朝文武官员对他这种白吃饭而不做事的行为很不满,讥讽他为"伴食宰相"。)此语原指只会陪伴别人吃饭,不能处理国家大事的高官,讽刺身居高位而无所作为的官吏。举例 ① 宋·阳枋《辨惑》:"持禄保位,伴食宰相,何益于人、国哉!"② 明·钱肃乐《乞策免疏》:"臣俨然受任,业已三月,为伴食宰相耶,则让其清;为不解事之仆射耶,则逊其德。"

伴食中书 bàn shí zhōng shū 同"伴食宰相"。中书:古代官名。举例《宋史·胡铨传》:"孙近傅会桧议,遂得参知政事。天下望治有如饥渴,而近伴食中书,漫不敢可否事。"

伴食 bàn shí 见"伴食宰相"。指身居高位的官吏无所作为。举例 清·赵翼《读史》之十四:"荐一苏模棱,庸庸但伴食。"

傍人门户 bàng rén mén hù

出处 宋·苏轼《东坡志林》卷十二:"桃符仰视艾人而骂曰:'汝何等草芥,辄居我上?'艾人俯而应曰:'汝已半截入土,犹争高下乎?'桃符怒,往复纷然不已。门神解之曰:'汝辈不肖,方傍人门户,何暇争闲气耶!'"解说 傍:依靠;依附。桃符、艾人和门神都是古人用于辟邪驱鬼、祈求吉祥的物件。桃符,即挂在大门旁的桃木板,上边画有神像或写有神名。艾人,即挂在大门顶上用艾草扎成的人形。门神,即贴在门扇上的守门神画像。原文为一则寓言,大意是:桃符和艾人为所处位置及地位等级的高低而争执起来，桃符骂骂咧咧地对艾人说："你只是不值钱的枯草，凭什么居于我之上？"艾人对桃符反唇相讥："你不过是一块悬挂多日的朽木头，竟敢跟我争高下？"门神劝解说："我们都是依附在人家门上的不长进的东西，哪里还有什么工夫争闲气、论高低呢！"此语原指依赖他人而不能自立的人没有自主的地位。后比喻依赖别人生活，难以自立。举例《红楼梦》第一〇九回："那姑娘是妈妈知道的，如今在这里也很苦，娶了去，虽说我家穷，究竟比他傍人门户好多着呢。"

依傍门户 yī bàng mén hù 同"傍人门户"。举例 清·黄宗羲《明儒学案·浙中王门学案五》："其时东南讲会甚盛，先生不喜干与，以为此辈未曾发心为道，不过依傍门户，虽终日与之言，徒费精神，彼此何益！"

倚门傍户 yǐ mén bàng hù 同"傍人门户"。举例 清·黄宗羲《明儒学案·发凡》："学问之道，以各人自用得著者为真。凡倚门傍户、依样葫芦者，非流俗之士，则经生之业也。"

傍门依户 bàng mén yī hù 同"傍人门户"。举例 明·孙仁孺《东郭记》第二出："尽宇内秦楚燕韩，傍门依户者，共是俺一家友生。"

包藏祸心 bāo cáng huò xīn

出处《左传·昭公元年》。解说 祸心：害人之心。春秋时，小国郑国想与邻邦大国楚国建立友好关系，于是郑国大夫公孙段将女儿许配给楚国公子围为妻。楚国公子围带领大批兵马名义上前往迎亲，实际上阴谋趁机吞并郑国。郑国大夫子产察觉出楚国的险恶用心，便设法阻止迎亲队伍入城，派子羽前去委婉地说：郑国都城很小，而楚国迎亲的人太多，还是请你们驻扎在郊外吧。公子围对此很不满意，派使者生气地质问：我们恭敬地前来迎亲，却不让进城，这未免太怠慢了吧！子羽不得不改用强硬的语气说："小国无罪，恃实其罪。将恃大国之安靖己，而无乃包藏祸心以图之。"（大意是：我们郑国国家小并不是错误，如果依赖大国的保护而丧失警惕，那才是错误。郑国跟楚国结亲，本意是想依靠你们大国来保护我们，然而你们却包藏祸心，竟然打算暗算我们，这是绝对不能容忍的。）楚国公子围见阴谋暴露，郑国已有防备，只好放弃了原定计划。后用此语指心里暗藏着害人的主意，也形容人表面和善却心怀歹意。举例 ① 唐·骆宾王《为徐敬业讨武曌（zhào）檄》："犹复包藏祸心，窥窃神器。"② 邹韬奋《法西斯作风的罪恶》："前者是无知，尚情有可原；后者却是包藏祸心，罪无可恕。"③ 鲁迅《且介亭杂文末编·关于太炎先生二三事》："考其生平，以大勋章作扇坠，临总统府之门，大诟袁世凯的包藏祸心者，并世无第二人。"

B

包藏奸心 bāo cáng jiān xīn 同“包藏祸心”。举例《三国志·魏志·武帝纪》注引《魏武故事》:“又刘表自以为宗室,包藏奸心,乍前乍却,以观世事。”

饱食终日 bǎo shí zhōng rì

出处《论语·阳货》。解说 颜回(颜渊)是孔子最得意的弟子。孔子经常教育弟子们学习颜回(颜渊),用心读书求学,不要羡慕富贵,贪图享受。孔子说:“饱食终日,无所用心,难矣哉!不有博弈者乎?为之犹贤乎已。”参见155页“箪食瓢饮”。(博弈:下棋。大意是:整天只想着吃饱饭,不用心思,不努力上进,这样不行呀!不是有人喜欢下棋吗?娱乐娱乐也比闲着什么都不干要好呀。)后用此语形容游手好闲,不肯动脑筋或出力气。举例 ①南朝梁·萧统《答湘东王求文集及诗苑英华书》:“与其饱食终日,宁游思于文林。”②《桔香,桔香》九:“那些饱食终日,生活在灯红酒绿、油光铜味之中的人,面对美好的景致,一定是感觉麻痹的。”

饱食终日,无所事事 bǎo shí zhōng rì, wú suǒ shì shì 同“饱食终日”。无所事事:什么事情也不做。举例 吕振羽《简明中国通史》第九章:“饱食终日,无所事事的地主阶级,品质却是最恶劣的。”

饱食终日,无所用心 bǎo shí zhōng rì, wú suǒ yòng xīn 同“饱食终日”。举例 ①章炳麟《致袁世凯书》:“饱食终日,无所用心,以与朋辈优游谑浪,炳麟亦不为也。”②刘少奇《论党》:“(官僚主义倾向)其典型的表现就是:饱食终日,无所用心,只知发号施令。”

报恩珠 bào ēn zhū

出处《艺文类聚》卷八十四引辛氏《三秦记》。解说 汉代武帝时,有人在长安昆明池边钓鱼,一条大鱼挣断钓丝后逃走了。夜里,这条鱼向武帝托梦求救。第二天,武帝来到昆明池边游玩,看见有一条鱼的嘴巴上嵌着鱼钩和缠绕成团的钓丝。武帝说:“这不就是昨夜梦见的那条鱼吗?”说着,便走上前去解开钓丝,摘去鱼钩,然后把鱼放入池水中。过了三天,有人在池水边发现了两颗明珠,呈献给武帝。武帝感慨地说:“岂非鱼之报耶!”(大意是:这可能就是那条落难的鱼用来报恩的吧!)后用此语指知恩获报。举例 唐·杜甫《舟中出江陵南浦奉寄郑少尹审》:“寂寥相呴(xù)沫,浩荡报恩珠。”

伤鳞入梦 shāng lín rù mèng 见“报恩珠”。指受恩必报。举例《宋史·日本国传》:“伤鳞入梦,不忘汉主之恩;枯骨合欢,犹亢魏氏之敌。”

抱冰握火 bào bīng wò huǒ

出处《吴越春秋·勾践归国外传》。解说 相传春秋时，越国被吴国打败，越王勾践忍辱负重，发愤自强，誓报此仇。他十年如一日，困倦就用有辛辣之味的蓼(liǎo)草刺激眼睛，脚凉就用冷水浸泡双足，严冬怀抱寒冰，酷夏手捧火炭，还把猪的苦胆悬挂在门上，每次出入都尝一尝，以激励自己的复仇意志。十年之后，越国恢复元气，国富兵强，终于灭掉吴国，洗雪了当年的耻辱。后用此语指刻苦激励自己。参见639页“卧薪尝胆”。举例 清·张之洞《劝学篇·同心》：“然而积天下之秀才，则尽士类；积天下之命官，则尽臣类；积天下之匹夫，则尽民类。若皆有持危扶颠之心、抱冰握火之志，则其国安于磐石，无能倾覆之者。”

抱冰 bào bīng 同“抱冰握火”。举例 唐·元稹《冬白纻(zhù)》：“共笑越王穷惴惴(zhuì zhuì)，夜夜抱冰寒不睡。”

抱残守缺 bào cán shǒu quē

出处《汉书·刘歆(xīn)传》。解说 抱：坚持不放。刘歆是西汉末年古文经学派的开创者，承继父亲刘向的事业，总校群书，撰有《七略》。他在整理、校勘《五经》时，发现《毛诗》《尚书》《周礼》等古文经与一般的今文经存在许多差异，便提出应以古文经为依据，并致信给太常博士说：现在讲解经学的人往往只知道按照今文诠释、发挥，而以原本的古文为非。“犹欲保残守缺，挟恐见破之私意，而无从善服义之公心。”(大意是：如同抱残守缺，怀着害怕蒙受个人损失的私意，毫无服从真理和勇于纠正失误的公正之心。)难道不令人感到悲哀吗？后用此语指不肯放弃那些陈旧甚至残缺的东西。也形容思想保守、拘泥守旧的人不愿意探求或接受新思想、新事物。举例 ①《野叟曝(pù)言·序》：“徒以兵燹(xiǎn)剥蚀，使海内才人皆有抱残守缺之憾。”②朱自清《经典常谈·周易第二》：“这些似乎都是抱残守缺，汇集众说而成。”

抱残守阙 bào cán shǒu quē 同“抱残守缺”。阙：同“缺”。举例 鲁迅《人之历史》：“则中国抱残守阙之辈，耳新声而疾走，固无足异矣。”

抱佛脚 bào fó jiǎo

出处 唐·孟郊《读经》：“垂老抱佛脚，教妻读黄经。”又见明·张谊《宦游纪闻·抱佛免罪》：“云南之南一番国，专尚释教，有犯罪应诛者，捕之急，趋往寺中，抱佛脚悔

B

过，便贳(shì)其罪。”解说 贳(shì)：赦免。《宦游纪闻》原文大意是：相传在云南地区之南有一个信奉佛教的国家。当地的人如果犯了死罪，只要逃进寺庙，跪在佛像面前，抱住佛像的腿脚，表示忏悔自己的罪过，就可以得到赦免。中原地区流传的“闲时不烧香，急来抱佛脚”这句俗谚，就是从那个国家的游方和尚嘴里传过来的。后用此语比喻事先或平时无准备，临事才匆忙想办法应付。举例 ①《绿野仙踪》第五十五回：“我于八股一途，实荒疏得了不得，若要下场，必须抱抱佛脚。”② 范立辉《难忘师恩更重合作》：“短短几天内，再怎么抱佛脚也来不及。”

急来抱佛脚 jí lái bào fó jiǎo 同“抱佛脚”。举例 ①《孽海花》第五回：“可怜那一班老翰林手是生了，眼是花了，得了这个消息，个个急得屁滚尿流，琉璃墨浆都涨了价了，正是应着句俗话叫‘急来抱佛脚’了。”②《官场现形记》第六回：“只有三年大阅是他们的一重关煞，那一种急来抱佛脚情形，比起那些秀才们三年岁考还要急。”

急时抱佛脚 jí shí bào fó jiǎo 同“抱佛脚”。举例《民国通俗演义》第一回：“老袁瞧毕，微微一笑道：‘急时抱佛脚，恐也来不及了。’”

忙时抱佛脚 máng shí bào fó jiǎo 同“抱佛脚”。举例《轰天雷》第一回：“那是要平日留心的，忙时抱佛脚，不中用的。”

临时抱佛脚 lín shí bào fó jiǎo 同“抱佛脚”。举例 ①《镜花缘》第十六回：“所以此时都在此赶紧用功……这叫作‘临时抱佛脚’，也是我们读书人通病，何况他们孤陋寡闻的幼女哩。”② 鲁迅《华盖集续编·杂论管闲事做学问灰色等》：“我现在才知道南池子的‘政治学会图书馆’，去年‘因时局的关系，借书的成绩长进了三至七倍’了，但他‘家翰笙’却还用‘平时不烧香，临时抱佛脚’十个字形容当今学术界大部分的状况。这很改正了我许多误解。”③《上海的早晨》第一部四十三：“以后到期的支票，早一个礼拜告诉我，别叫我临时抱佛脚，措手不及。”④ 曹靖华《格鲁吉亚纪行》：“中国有句谚语：临时抱佛脚……赶快加紧锻炼吧！”

平日不烧香，临时抱佛脚 píng rì bù shāo xiāng, lín shí bào fó jiǎo 同“抱佛脚”。举例《冷眼观》第二十回：“倘也是鬼神一流人物，竟连打官司都要去借重他，做升降祸福的大主宰，岂不更比我们中国人平日不烧香、临时抱佛脚的那般宗旨，还要加倍迷信么？”

平时不烧香，急来抱佛脚 píng shí bù shāo xiāng, jí lái bào fó jiǎo 同“抱佛脚”。举例 冯玉祥《我的生活》第十一章：“平时不烧香，急来抱佛脚，一旦听说要考试了，三位大臣立时着了慌。”

闲时不烧香，急来抱佛脚 xián shí bù shāo xiāng, jí lái bào fó jiǎo 同“抱佛脚”。举例《喻世明言·滕大尹鬼断家私》：“这伙三党之亲，自从倪太守亡后，从不曾见善继一盘一盒，岁时也不曾酒杯相及，今日大块银子送来，正是‘闲时不烧香，急来抱佛脚'，各自暗笑，落得受了买东西吃。"

闲时不烧香，忙时走来抱佛脚 xián shí bù shāo xiāng, máng shí zǒu lái bào fó jiǎo 同"抱佛脚"。举例《金瓶梅词话》第六十七回："哥休替黄四哥说人情，他闲时不烧香，忙时走来抱佛脚。"

抱头鼠窜 bào tóu shǔ cuàn

出处《汉书·蒯(kuǎi)通传》。解说 蒯通是汉代初年范阳(在今河北定兴南)人。他为说服韩信离开刘邦而自立为王，讲述了常山王张耳和成安君陈余的故事：张耳和陈余曾结为刎颈之交。后来张耳被秦军围困在巨鹿，就派两个部将去见陈余，请求增援。可是陈余只考虑自己的安危，仅仅拨五千人给这两个部将，结果这两个部将都战死了。由于作战不力，张耳收回了陈余的兵权。陈余对此怀恨在心，便联络齐王田荣把张耳击败。张耳走投无路，把项羽派驻赵国的使者杀了，捧着使者的首级匆匆忙忙投奔刘邦。此语原指捧着别人的首级像老鼠一样匆匆逃跑，后形容人仓皇逃走的狼狈样子。举例 ①《儒林外史》第三十四回："他便加鞭赶上，手执弹弓，好像暴雨打荷叶的一般，打的那些贼人一个个抱头鼠窜，丢了银鞘，如飞的逃命去了。"②《二十年目睹之怪现状》第一〇二回："温月江只得抱头鼠窜而逃，自去书房歇下。"③《青春之歌》第二部四十四章："几个坏蛋一看情形不妙，全缩着脖子突破包围抱头鼠窜了。"
☞"抱头鼠窜"的"头"，不要误解为自己的头。双手抱着自己的脑袋是跑不快的。

抱瓮灌园 bào wèng guàn yuán

出处《庄子·天地》。解说 瓮：一种腹部较大的陶器。灌：灌溉；浇灌。据说春秋时，孔子的弟子子贡去南方的楚国游历，回来时经过汉阴(汉水南岸)，见到一位老农在浇灌菜园。取水和浇灌的方法很落后：他用绳子拴着瓮送到井里取水，然后怀抱着盛满水的瓮一步一步去浇菜，这样来回往返，费力多而功效低。子贡建议老农放弃这种原始的方式，改用一种名叫桔槔(jié gāo)的工具汲水，省力而效率高。老农听了不以为然地说："桔槔是一种机械性的工具，我并不是不知道有这种东西，而是羞于使用它。因为使用机械即为机巧之事，有机巧之事必有巧诈之心，有巧诈之心的人就会心神不定，心神不定的人是不会拥有正道的。"子贡万万没有想到这位老农会有如此深刻的见解，听了他的话，感到非常惭愧。后用此语形容安于拙陋而淳朴的田园生活。也比喻返璞归真，清心寡欲，或墨守成规，不求改进或进取。参见 239 页"灌园"。
举例 ① 明·梁辰鱼《浣纱记·谈义》："投竿垂饵，晦幽迹于渭滨；抱瓮灌园，绝机心于汉渚。”② 柳亚子《叠韵和刘挈(jié)老》之一:“抱瓮灌园君自健,吟风啸月我难量。”

抱瓮灌秋蔬 bào wèng guàn qiū shū 同“抱瓮灌园”。举例 唐·李白《赠张公洲革处士》:“抱瓮灌秋蔬,心闲游天云。”

抱瓮 bào wèng 同“抱瓮灌园”。举例 清·陈梦雷《灌园即事》:“偶尔荷锄忘读史,恰当抱瓮喜逢宾。”

忘机瓮 wàng jī wèng 见“抱瓮灌园”。比喻不施机巧的淳朴之心。举例 清·俞樾《驻云飞》:“争似先生抱个忘机瓮,君不见万种机谋总是空。”

机心 jī xīn 见“抱瓮灌园”。指机巧之心。举例 唐·柳宗元《秋晓行南谷惊荒村》:“机心久已忘,何事惊麋鹿?”

汉阴机 hàn yīn jī 同“机心”。举例 清·张英《和泽州先生寄湖上翁韵》:“种菜连畦(qí)灌小筒,汉阴机息万缘空。”

汉机 hàn jī 同“机心”。举例 唐·卢照邻《山林休日田家》:“耕田虞讼寝,凿井汉机忘。”

无机 wú jī 见“抱瓮灌园”。指安于朴拙,无机巧之心。举例 宋·黄庭坚《次韵答张沙河》:“张疾堂堂身八尺,老大无机如汉阴。”

抱薪救火 bào xīn jiù huǒ

出处《战国策·魏策三》,又见《史记·魏世家》。解说 薪:木柴。战国时,秦国不断侵吞各诸侯国的土地。有一次,秦军大败魏、赵、韩三国联军,杀十五万人。魏国大将段干子建议魏安釐(lí)王割让南阳(在今河南济源附近)与秦军议和。主张合纵抗秦的政治活动家苏代劝阻魏安釐王说:“大王的土地是有限的,而秦国的贪欲却没有止境。割地求和的结果就像抱薪救火一样,不但没有把火扑灭,反而会使大火燃烧得更旺。不把魏国的土地全部占有,秦国是不会罢休的。”魏安釐王听从了苏代的劝告,暂时没有向秦国屈服。后用此语比喻以助长灾祸的办法去消除灾祸,反而使灾祸变得更为严重。或解决问题的方法不对,则有害无益。举例 ① 宋·王安石《上运使孙司谏书》:“常恐天下之势,积而不已,以至于此,虽力排之,已若无奈何,又从而为之辞,其与抱薪救火何异?”②《宋史·李宗勉传》:“或谓其势强盛,宜于讲和,欲出金缯以奉之,是抱薪救火,空国与敌矣。”

负薪救火 fù xīn jiù huǒ 同“抱薪救火”。负:背;背着。举例 ① 明·张宇初《丹纂要序》:“虽可养生延寿,求其成工,亦缘木求鱼,负薪救火,尤庶乎邪说暴行而已矣。”②《三国演义》第四十三回:“若听诸葛亮之言,妄动甲兵,此所谓负薪救火也。”

B

豹死留皮，人死留名 bào sǐ liú pí, rén sǐ liú míng

出处《新五代史·王彦章传》。解说 五代时后梁名将王彦章出身于普通士兵，虽读书不多，但志向远大，作战勇敢。“(他)常为俚语谓人曰：‘豹死留皮，人死留名。’”(大意是：他常说一句口头语：“豹子死了留下美丽的毛皮，人死了应该留下好名声。”)他每战奋勇争先，手持一杆长枪拼死冲杀，军中号称“王铁枪”。在一次战斗中，他兵败被俘，誓死也不投降，最后被杀害。后用此语形容为留名后世而建功立业。也比喻人死得其所，流芳百世。举例 清·钱谦益《和州鲁氏先茔神道碑铭》：“教授公训戒子姓，每称引古语‘豹死留皮，人死留名’，斯其芳风流尘，顾不远欤？”

人死留名，豹死留皮 rén sǐ liú míng, bào sǐ liú pí 同“豹死留皮，人死留名”。举例 冯玉祥《我的生活》第三十八章：“则其人肉体虽死，精神永生。俗语说：‘人死留名，豹死留皮’，也就是这个意思。”

暴虎冯河 bào hǔ píng hé

出处《诗经·小雅·小旻(mín)》：“不敢暴虎，不敢冯河。”又见《论语·述而》：“暴虎冯河，死而无悔者，吾不与也。”解说 暴虎：空着手与老虎搏斗。冯：通“凭”。冯河：不用船、木筏之类的工具而涉水过河。《诗经》大意是：不敢空着手打虎，不敢徒步渡过黄河。《论语》是孔子对弟子子路说的话，大意是：喜欢空着手打虎，徒步渡河，一味蛮干而自以为不怕死的人，我是不会与他共事的。后用此语比喻有勇无谋，鲁莽蛮干。也比喻果敢勇猛。举例 ①《三国志·蜀志·诸葛亮传》南朝宋·裴松之注：“凡为刺客，皆暴虎冯河，死而无悔者也。”② 元·关汉卿《鲁斋郎》第四折：“你休只管信口开合，絮絮聒聒(guō guō)。俺张孔目怎还肯缘木求鱼，鲁斋郎他可敢暴虎冯河？”③ 冰心《春水·赴敌》：“家山何处？一别便成落花飞絮！等着些儿，让我写几个字儿，托一托寄书使。拜告慈亲，暴虎冯河，只为着无双誉。”☞“暴虎冯河”的“冯”不读 féng。

冯河暴虎 píng hé bào hǔ 同“暴虎冯河”。举例 清·魏源《道光洋艘征抚记上》：“抱头鼠窜者胆裂之不暇，冯河暴虎者虚骄而无实。”

暴虎 bào hǔ 同“暴虎冯河”。举例《新唐书·钟传传》：“士处世尚智与谋，勿效吾暴虎也。”

冯河 píng hé 同“暴虎冯河”。举例 清·魏源《〈海国图志〉叙》：“毋冯河，毋画饼，则人材之虚患祛其二。”

B

杯渡 bēi dù

出处 南朝梁·慧皎《高僧传·杯渡》。解说 传说晋代冀州（在今河北高邑西南）有一位不知姓名的僧人，神通广大，行走如飞。他在前边走，别人在后边骑着马都追赶不上。到了孟津渡口，他拿出一只木杯放在水中，然后踏在上面，很快就渡过黄河，到达对岸。人们称这位高僧为杯渡（也作“杯度”）。据说他后来到今香港屯门修道，在青山的一个大山岩中居住，此山被称为杯渡山，他的门徒在山岩前筑的茅屋被称为杯渡庵，后称青山古寺、青山禅院。后用此语指僧人云游渡水，泛指僧人出行。举例 唐·杜甫《题玄武禅师屋壁》：“锡飞常近鹤，杯渡不惊鸥。”

杯中渡 bēi zhōng dù 同“杯渡”。举例 唐·元稹《和乐天寻郭道士不遇》：“昔年我见杯中渡，今日人言鹤上逢。”

杯浮野渡 bēi fú yě dù 同“杯渡”。举例 唐·许浑《送僧》：“杯浮野渡鱼龙远，锡响空山虎豹惊。”

浮杯 fú bēi 同“杯渡”。举例 唐·刘禹锡《赠日本僧智藏》：“浮杯万里过沧溟，遍礼名山适性灵。”

浮钵 fú bō 同“杯渡”。钵：指僧人用的饭碗。底稍平，口较小。举例 宋·欧阳修《智蟾上人游南岳》：“野渡惟浮钵，山家少施钱。”

杯羹之让 bēi gēng zhī ràng

出处《史记·项羽本纪》。解说 羹：一种糊状、浓汁状的食品。让：指以己所有予人。西汉初年的楚汉战争中，汉军断绝了楚军的粮草。项羽于情急之下，派兵把刘邦的父亲抓来，绑在两军的阵前，威胁刘邦赶快退兵，否则就把他的父亲放在大锅里煮死。刘邦知道了却毫不惊慌，他派人转告项羽说：“吾与项羽俱北面受命怀王，曰‘约为兄弟。’吾翁即若翁，必欲烹而翁，即幸分我一杯羹。”（若：你；你的。而：通“尔”，你，你的。原话大意是：我与项羽伐秦时曾共同拥戴楚怀王，并结为兄弟。我的父亲就是你的父亲，如果你一定要煮死你的父亲，到那时请分给我一杯肉羹吃。）由于项伯的竭力劝阻，项羽最终没有杀害刘邦的父亲。后用此语指用巧妙的话语来摆脱危险。举例《太平广记》卷三一〇引《纂异记·三史王生》：“太公曰‘此人理不可屈，宜速逐之，不尔，必遭杯羹之让也。’”

杯羹 bēi gēng 见“杯羹之让”。比喻可从他人那里分享的一部分利益。举例 宋·余靖《和王子元中秋会饮》：“高人洗耳让天下，下士紾（zhěn）臂争杯羹。”

一杯羹 yī bēi gēng 同“杯羹”。举例 宋·虞俦(chóu)《喜晴》:“莼菜鲈鱼秋正美,谁能分我一杯羹。”

分羹 fēn gēng 见“杯羹之让”。比喻父子之间毫无情意。举例《资治通鉴·汉光武帝建武六年》:“夫孝于其亲,岂不慈于其子!可有子抱三木而跳梁妄作,自同分羹之事乎!”

B

杯酒释兵权 bēi jiǔ shì bīng quán

出处《续资治通鉴长编·建隆二年》。又见《宋史·石守信传》、明·陈邦瞻《宋史纪事本末·收兵权》。解说 释:解除。宋太祖赵匡胤(yìn)为取代后周,建立北宋政权,发动了陈桥兵变。做了皇帝以后的赵匡胤特别担心自己的功臣们也如法炮制,谋反作乱。有一天,赵匡胤召集禁军将领石守信、王审琦等一起宴饮。酒席间,宋太祖对将领们说:“我如果没有你们的帮助,就不会有今天。我做了皇帝,却整夜都睡不好觉。”石守信听了忙问:“现在天下已经平定,陛下还担忧什么呢?”宋太祖答道:“哪个人不想当皇帝?如果有人硬把黄袍披在你们身上,你们即使不想当皇帝,能办得到吗?”石守信等将领听出宋太祖的弦外之音,知道是顾虑他们势力大了会谋反,为了避免招致杀身之祸,赶紧主动交出兵权,称病辞官,购买良田美宅享乐去了。后来,宋太祖又用同样手段解除藩镇节度使的兵权,加强了中央集权的统治。后以此语指用计谋、非军事手段解除将领的兵权或削弱对方的权力。参见268页“黄袍加身”。举例《金陵春梦》第二集三回:“为了削平党内群雄,必须来一个杯酒释兵权,宋子文便提出了召开编遣会议的办法。”

杯水舆薪 bēi shuǐ yú xīn

出处《孟子·告子上》。解说 杯水:一杯水。舆:车。舆薪:一车木柴。孟子是战国时思想家、教育家,主张仁政,他说:“今之为仁者,犹以一杯水救一车薪之火也;不熄,则谓之水不胜火。”(大意是:现在有些人也宣扬“仁”,就像仅仅用一杯水去浇灭一车正在燃烧着的木柴,这当然办不到。火未能熄灭,他们便说“水不能灭火”。)后用此语比喻力量微小,无济于事或解决不了问题。举例 宋·曹辅《唐颜文忠公新庙记》:“杯水舆薪,势且莫抗。”

杯水车薪 bēi shuǐ chē xīn 同“杯水舆薪”。举例 ①《镜花缘》第十回:“就是平日有些小灵光,陡然大恶包身,就如‘杯水车薪’一般,那里抵得住!”② 冰心《开卷有益》:“就是教育经费补加了几十亿,投入到九千六百万平方公里、十一亿人口的老大中国里,也只是杯水车薪。”

B

卑之无甚高论 bēi zhī wú shèn gāo lùn

出处《汉书·张释之传》。解说 卑：低下。无：又作"毋"，不要。张释之是西汉时的名臣，文帝时官任廷尉，主管司法，执法严明。有一天散朝后，张释之走到御座前，准备再向文帝提一些有关国家大事的建议。文帝当时心中有事，不想听他大谈三皇五帝至于今的长篇宏论，急忙对他说："卑之无甚高论，令今可行也。"（大意是：还是说点儿浅显的，不要过于高谈阔论，多讲讲当前切实可行的事吧。）此语原指使言论浅近而切实，不要空发高论。后指见解一般，缺少真知灼见，或没有什么独到之处。有时用于自谦。举例 邓拓《燕山夜话·一把小钥匙》："在积累资料的具体方法上，有的人也许要讲一大套自以为很得意的科学经验，但是我却卑之无甚高论，老是说些很简单也很粗笨的办法。"

北窗高卧 běi chuāng gāo wò

出处 晋·陶潜《与子俨（yǎn）等疏》。解说 陶渊明是东晋时的名士，因不愿意为五斗米而折腰，卑躬屈膝地逢迎上司，便辞官归隐，住在田园乡下。陶渊明在一封书信中说："常言五六月中，北窗下卧，遇凉风暂至，自谓是羲皇上人。"（羲皇：指伏羲氏，神话中人类的始祖。上人：指至高无上的君主。原文大意是：在农历五六月气候炎热时，躺卧在北窗之下，阵阵清风吹进屋来，十分凉爽、舒适，感到自在得就像远古的帝王一样。）后用此语形容悠闲自得，心情舒畅。参见96页"不为五斗米折腰"。举例 ① 宋·朱熹《四时读书乐》："北窗高卧羲皇侣，只因素稔（rěn）读书趣。"② 宋·陆佃（tián）《答张朝奉》："西子横陈花一径，北窗高卧稻千城。"

高枕北窗 gāo zhěn běi chuāng 同"北窗高卧"。举例 清·方文《休夏》："高枕北窗良足乐，只愁江左信音稀。"

北窗眠 běi chuāng mián 同"北窗高卧"。举例 宋·苏轼《睡起闻米元章到东园送麦门冬饮子》："一枕清风直万钱，无人肯买北窗眠。"

北窗凉 běi chuāng liáng 同"北窗高卧"。举例 金·元好问《刘光甫内乡新居》："为向长安旧游道，世间元有北窗凉。"

北郭生 běi guō shēng

出处《韩诗外传》卷九，又见《后汉书·廖扶传》。解说 春秋时，有一位北郭先生，曾辞去楚庄王的礼聘而不去做官。东汉时,有一位名叫廖扶的人,也因为其父触犯法律被处以死刑,而畏惧官府和仕途,不愿做官,终身不仕。人们把他称为“北郭先生”。后用此语指隐居不仕的人或隐士。举例 唐·杜甫《与李十二白寻范十隐居》:“更想幽期处,还寻北郭生。”

北郭先生 bĕi guō xiān shēng 同“北郭生”。举例 ① 清·钱谦益《续次敬仲韵》之二:“北郭先生生已老,东家夫子子为恭。”② 清·周亮工《重过前岳太守李灿辰思鹤亭》:“劳劳下马自披帷,北郭先生隐几时。”

北海尊 bĕi hăi zūn

出处《后汉书·孔融传》。解说 北海:汉代郡国名,在今山东昌乐一带。尊:同“樽”,古代盛酒的器皿。孔融,字文举,是东汉末年的文学家,有才气,文章写得好,被列于“建安七子”之首。他曾官任北海相,世人尊称为“孔北海”。又官任少府、大中大夫等。孔融喜欢推荐人才,奖掖后进,名声很大,被免官后赋闲在家,“宾客日盈其门”,来往的客人仍然很多。孔融感叹地说:“坐上客恒满,尊中酒不空,吾无忧矣。”(恒:经常的。大意是:我的厅堂里经常坐满了客人,酒樽里一直斟满了酒,我没有一点忧愁苦闷了。)后用此语指好才礼士,殷勤待客。也形容士人宴会雅集。举例 ① 唐·萧颖士《山庄月夜作》:“未奏东山妓,先倾北海尊。”② 清·赵执信《与史生升衢对酒话京师旧事》:“风吹北海尊前客,雨聚江南水上萍。”

尊倾北海 zūn qīng bĕi hăi 同“北海尊”。举例 宋·赵师侠《醉蓬莱·重明节丙辰长沙》:“寿祝南山,尊倾北海,臣邻欢醉。”

北海开樽 bĕi hăi kāi zūn 同“北海尊”。举例 清·李渔《怜香伴·惊飓》:“地主殷勤,才识荆州,便劳北海开樽。”

北海酒 bĕi hăi jiŭ 同“北海尊”。举例 宋·王安石《招约之职方》:“虽无北海酒,乃有平津肉。”

北海筵 bĕi hăi yán 同“北海尊”。举例 清·张问陶《题常兰陵侍卿为人四箴(zhēn)》之四:“如登北海筵,易醉莫强酒。”

文举酒 wén jŭ jiŭ 同“北海尊”。举例 唐·白居易《和微之三月三十日四十韵》:“莫空文举酒,强下何曾箸。”

坐上客 zuò shàng kè 见“北海尊”。指受到主人邀请或尊敬礼遇的客人。举例《三国演义》第十九回:“方(曹)操送(陈)宫下楼时,(吕)布告玄德(刘备)曰:‘公为坐上客,布为阶下囚,何不发一言而相宽乎?’”

座上客 zuò shàng kè 同“坐上客”。举例 ① 唐·韩愈《醉赠张秘书》:“今日到

B

君家，呼酒持劝君。为此座上客，及余各能文。”② 冯玉祥《我的生活》第三十七章：“任右民住在那里，时时可为座上客，也时时准备着作阶下囚。”③《李自成》第一卷十六章：“总理熊文灿和很多大官们都很相信他，因而他就成了襄阳的达官巨绅的座上客，颇为走运。”

背城借一 bèi chéng jiè yī

出处《左传·成公二年》。解说 背：背向。借：凭借。一：指一战、一次战斗。春秋鲁成公二年（公元前 589 年）时，齐国军队侵占了鲁国的土地，又击败了援鲁的卫国军队。晋国派兵救援，晋、鲁、卫三国联军在鞍地（今山东济南附近）把齐军打得大败，齐顷公派大夫宾媚人带着厚礼去向晋军求和。晋军主帅郤（xì）克提出以齐顷公母亲为人质等羞辱齐国的条件，宾媚人义正词严地驳斥了晋军的无理要求，他最后说：如果你们坚持这些苛刻条件，“请收合余烬，背城借一！”（余烬：火烧之后剩余的物质。比喻残存的兵力。原话大意是：请允许我们集合剩余的军队，背倚自己的城邑，与你们决一死战！）三国联军见此，不敢过分逼迫，于是答应讲和。最终齐国归还了侵占的鲁国的土地，双方会盟后罢兵。此语原指在自己城下和敌人决一死战，后多指决定胜负、存亡的最后一战。也指采取最后的对策，作最后的拼搏或努力。举例 ① 宋·苏轼《景纯复以二篇仍次其韵》：“背城借一吾何敢，慎莫樽前替戾冈。”②《聊斋志异·绛妃》：“合家细弱，依栖于此，屡被封家女子，横见摧残，今欲背城借一，烦君属檄草耳。”③《民国通俗演义》第四回：“只有背城借一，与国存亡。”④ 韦君宜《牺牲者的自白》：“幸亏在万分危急之中，我的理智还不肯服输，它背城借一的坚决战斗。”

背城一战 bèi chéng yī zhàn 同“背城借一”。举例 ①《儿女英雄传》第二十六回：“一来他自己打定主意，定要趁今日这个机缘，背城一战，作成姑娘这段良缘。”② 唐弢（tāo）《东南琐谈》：“并兵出关，背城一战，败不徒死，此下策也。”③《子夜》十八：“他觉得此时我们一补进，就是前功尽弃，他主张背城一战。”

凭城借一 píng chéng jiè yī 同“背城借一”。举例《宋书·袁淑传》：“负塞残孽，阻山烬党，收险窃命，凭城借一，则当因威席卷，乘机芟（shān）剿。”

背水一战 bèi shuǐ yī zhàn

出处《史记·淮阴侯列传》：“信乃使万人先行，出，背水陈……韩信、张耳已入水上军，军皆殊死战，不可败。”解说 背：背向。背水：以脊背对着水，使后退无路，以拼死作战，是古代兵法中一种布阵方法。一战：一次战斗。陈：通“阵”。汉代初年，韩信奉命讨伐赵王。在井陉之战中，韩信先派轻骑兵两千人夜间抄小路逼近赵军营地潜伏，第二天天明，他亲自率领一万兵马，背对着大河列阵。双方交战，韩信假装战败，率军退至河边。赵军出营追杀，汉军的两千轻骑兵趁机占领赵营。到了河边的汉军见无路可退，转身与追赶过来的赵军拼力死战。赵军纷纷后退，又见自己军营中的旗帜已换成汉军的旗帜，只得四散逃窜。汉军前后夹击，大获全胜。后用此语比喻置之死地而后生，在绝境中为求生路而拼死作战，或为了生存而竭力奋争。参见22页“拔赵帜易汉帜”。举例 ①宋·秦观《将帅》：“韩信之击赵，非素拊(fǔ)循士大夫也，背水一战而擒赵王歇，斩成安君，是不在乎任之久近也。”②《青春之歌》第二部十三章：“她想了想，觉得现在只有破釜沉舟，背水一战了。”③《火凤凰》六：“他想来想去，只剩下一个办法，就是亲自找那个老家伙讲理，看看他能不能对自己的女儿放行。他明知这样未必成功，但事已至此，只有背水一战。”

背河一战 bèi hé yī zhàn 同“背水一战”。举例 唐·陶翰《古塞下曲》：“进军飞狐北，穷寇势将变。日落沙尘昏，背河更一战。”

背水战 bèi shuǐ zhàn 同“背水一战”。举例 清·冯桂芬《振威将军张国梁传》：“九洑洲之役，公作背水战，四眼狗率众数十万迎我军于江浒。”

背水仗 bèi shuǐ zhàng 同“背水一战”。举例 谢雪畴《长江飞渡记》：“人人都知道这是一个背水仗，一个历史上最大的背水仗。”

背水阵 bèi shuǐ zhèn 同“背水一战”。举例 周立波《王震将军记》：“王震同志选了一部分精兵，摆了一个背水阵。”

逼上梁山 bī shàng liáng shān

出处《水浒传》第七回至第十一回。解说 梁山：山名，在今山东。古代梁山泊为一片泽国，曾为农民起义军根据地。北宋末年，京都汴梁禁军教头林冲武艺高强，但性情怯懦，安分守己，逆来顺受。有一天，林冲带着夫人去岳庙烧香，遇到太尉高俅的义子高衙内。高衙内一贯仗势欺人，见到林娘子漂亮，就心生歹念，想霸占她，于是与高太尉设计陷害林冲。林冲受诬陷迫害被投入监牢，后发配到沧州，高太尉指使差役在途中野猪林杀害他未得手，又派人火烧草料场予以加害。林冲终于忍无可忍，奋起反抗，杀死仇人，投奔梁山入伙，从此与官府势不两立。《水浒传》里宋江等许多人都是被迫揭竿而起，上了梁山。后用此语比喻被迫进行反抗，或不得已而去做某种事情。举例 ①《上海小刀会起义史料汇编·平粤纪闻·接苏州府来信》：“周立春于十二日至嘉定，现已逼上梁山，势难招抚。”②《海啸》第四章：“这支海匪队伍……毕竟大部分是穷苦的劳动人民，而且大部分都是遭受压迫铤而走险、逼上梁山的人。”

B

③ 毛泽东《做革命的促进派》："而且要有一种相当的压力，就是公开号召，开许多会，将起军来，'逼上梁山'。"④《苍生》二十五："田留根没有来这儿'为人民服务'的自觉性，他是被他所敬畏的老队长'逼上梁山'的。"

比上不足，比下有余 bǐ shàng bù zú，bǐ xià yǒu yú

出处 晋·张华《鷦鷯赋》："将以上方不足而下比有余。"又见《后汉书·赵岐传》注引《三辅决录》："上比崔杜不足，下比罗赵有余。" 解说《鷦鷯赋》说，鷦鷯是一种体形很小的鸟，生在蒿草之间，长在藩篱之下，每天在空中飞翔，看起来十分快乐。因为它知道自己与大鹏相比要小得多，但与蟭螟（传说中一种很小的昆虫）相比，却要大得多。另据《后汉书》记载，西汉时，杜伯度和崔子玉的草书写得很好，为人谦恭，受到推崇；赵袭和罗恽（yùn）的草书也有很高成就，但狂妄自负，遭人鄙视。书法家张伯英在给朋友朱赐的信中称自己比杜伯度和崔子玉有差距，比赵袭和罗恽有富余。此语原指处于中等或中间状态，与高的或强的相比显得不够，与低的或差的相比显得有余。也指满足现状，不求进取。 举例 ① 清·沈复《浮生六记·养生记道》："古人云：比上不足，比下有余。此最是寻乐妙法也。"②《石点头·瞿凤奴情愆死盖》："我想爹爹虽则去世，幸喜还挣得这些田产，比上不足，比下有余，将就度日子罢了。"③ 杨献珍《加强党性锻炼》："有些地方我不如人，但有些地方人不如我，比上不足，比下有余。"

笔冢 bǐ zhǒng

出处 唐·李肇《唐国史补》卷中。 解说 冢：坟墓。唐代僧人怀素是一名擅长草书的书法家。他精勤学习书法，继承了张旭的狂草笔法，"以狂继颠（癫）"，世称"颠（癫）张醉素"。怀素种植了许多芭蕉，用芭蕉的叶子代纸练字，为此把自己的居处称为"绿天庵"。他还把习字用秃后丢弃的毛笔堆积起来，埋在山下，称为"笔冢"，以礼葬之。后用此语称赞书法家或书法学习者刻苦习字的精神。 举例 ① 清·吴伟业《过中峰礼苍山塔》："凄凉看笔冢，遗墨满江湖。"② 章少宏《唐代诗人笔下的怀素书法》："众所周知，笔冢是很低的，墨池是很浅的，可是它们所表达出的内容却是高如山、深如海的。"

闭门羹 bì mén gēng

出处 唐·冯贽（zhì）《云仙杂记·迷香洞》引《常新录》。 解说 羹：糊状或浓汤状的食品。唐代宣城(在今安徽)有一位名叫史凤的歌伎,她姿容美丽,接待客人时往往要将他们区分成高低不同的等级。对高贵的客人,热情殷勤;对贫贱一些的客人,“下列不相见,以闭门羹待之”(大意是:对下等的客人闭门不相见,只给一碗浓汤喝就算接待了)。后用此语比喻拒绝客人来访或提出要求遭人拒绝。举例 ① 清·二石生《十洲春语·品艳》:“不见者三年,拟重访之,恐其效闭门羹故事。”②《孽海花》第十三回:“尚书礼贤下士,个个接见,只有会元公来了十多次,总以闭门羹相待。”③ 郭沫若《洪波曲》第一章:“他说广州的报刊实在太多了,应该取缔一下才行。这样,先给我一杯闭门羹,使我连开口的余地都没有了。”

吃闭门羹 chī bì mén gēng 同“闭门羹”。举例 ①《这个年月》第三章:“打肿的脸难充胖子,到过去的酒肉朋友家连吃闭门羹。”② 邱永汉《论创富》:“有些人总认为自己是无名小卒,或许前往百货公司毛遂自荐可能会吃闭门羹。事实上,这种想法乃是错误的;在目前这种‘行销挂帅’的时代,如果没有自信说服顾客的话,你的事业又怎么会成功呢?”

闭门却扫 bì mén què sǎo

出处 汉·应劭(shào)《风俗通·十反》:“蜀郡太守颍川刘胜季陵,去官在家,闭门却扫。”解说 闭门:关上大门。却:停止。却扫:不再清扫道路,指不去迎客。刘胜:字季陵。尽管刘胜很有才能,作为地方官政绩也不错,但由于遭受谗言诬陷被罢官,回到故乡。他深切感受到官场黑暗,仕途险恶,从此谢绝宾客来访,不再与外界人士交往,过着穷困潦倒的生活。后用此语指闭门谢客,隐居或不与外界往来。举例 ①《陈书·沈炯(jiǒng)传》:“炯以母老在东,恒思归国,恐魏人爱其文才而留之,恒闭门却扫,无所交游。”② 宋·黄庭坚《戏简朱公武刘邦直田子平》:“为亲未葬走人门,闭门却扫不足论。”

杜门却扫 dù mén què sǎo 同“闭门却扫”。杜:杜绝;堵塞。杜门:关上大门。举例 宋·秦观《与李乐天简》:“自还家来,比会稽时人事差少,杜门却扫,日以文史自娱。”

闭关却扫 bì guān què sǎo 同“闭门却扫”。关:门关;门。举例 ① 南朝梁·江淹《恨赋》:“至乃敬通见抵,罢归田里,闭关却扫,塞门不仕。”② 宋·谢逸《介庵记》:“吾友王立之,居京城之南,跬(kuǐ)步天子之庭,而闭关却扫,不调者十年。”③ 梁实秋《好汉》:“时来运转,好汉也有惨遭挫败的时候,他就应该闭关却扫,往日的荣华不必再提。”

闭关 bì guān 同“闭关却扫”。举例 宋·苏轼《次韵答邦直子由五首》之五:“五斗尘劳尚足留,闭关却欲治幽忧。”

闭扫 bì sǎo 同“闭门却扫”。举例《南史·王亮传》:“屏居闭扫,不通宾客。”

却扫 què sǎo 同“闭门却扫”。举例 清·钱谦益《移居》之八:“却扫何须愁剥啄,萧闲并可谢樵渔。”

闭门思过 bì mén sī guò

出处《汉书·韩延寿传》。解说 过:过失。西汉时,韩延寿官任左冯翊(yì)。有一次,他到高陵县(今陕西省西安市高陵区)巡视,看到有兄弟二人因分田不均而打官司,伤心地说:“身为一郡之长,却没有很好地教化百姓,致使骨肉同胞互相争斗,这是我的过错呀。”第二天,他推说有病,躲进驿馆,关起门来自我反省。争田产的兄弟二人受到了感动,于是相互谦让,讼事即解。后用此语形容人善于反省自己的过失。举例 ① 宋·徐铉《亚元舍人猥贻佳作因为长歌聊以为报》:“闭门思过谢来客,知恩省分宽离忧。”② 鲁迅《书信集·致黎烈文》:“近日所负笔债甚多,拟稍稍清理,然后闭门思过,革面洗心,再一尝试,其时恐当在六月中旬矣。”③《古船》第二十五章:“栾春记对李玉明大骂不止,说他是老李家第一个孬种。李玉明并不还击,躲到屋里闭门思过。”

闭门潜思 bì mén qián sī 同“闭门思过”。举例 唐·韩愈《后汉之贤赞三首》:“遂通众流,闭门潜思。”

闭门造车 bì mén zào chē

出处 宋·朱熹《〈四书〉或问》卷五:“古语所谓‘闭门造车,出门合辙’,盖言其法之同。”解说 原文大意是:关起门来在家里制造出的车子,车轮的宽度能和车辙完全适合,可以上路行驶,这是因为有一定的规格、尺寸做标准的缘故。此语原指只要方法相同,得出的结果就会一样。后多比喻不管实际情况如何,只凭自己主观愿望办事,或缺乏调查研究,不切实际。举例 ① 严复《救亡决论》:“自以为闭门造车,出而合辙,而门外之辙与其所造之车,果相合否?”② 毛泽东《在延安文艺座谈会上的讲话》:“他们的任务在于把群众政治家的意见集中起来,加以提炼,再使之回到群众中去,为群众所接受,所实践,而不是闭门造车,自作聪明。”③《青春之歌》第二部二十四章:“‘得了,你别闭门造车来杜撰故事吧!’道静笑着打断晓燕的话。”

闭门种菜 bì mén zhòng cài

出处《三国志·蜀志·先主传》,又见南朝宋·裴松之注引晋·胡冲《吴历》。

B

解说 东汉末年，刘备未建立蜀汉政权之前曾一度依附曹操。曹操了解刘备不是甘居人下的平庸之辈，因而对他处处防备。有一天，曹操请刘备一起饮酒。席间，曹操说："今天下英雄，唯使君与操耳。本初之徒，不足数也。"（操：曹操。本初：袁绍，字本初。大意是：当今天下的英雄豪杰就是你我二人而已，袁绍等人算不了什么！）刘备听了，知道曹操心里很顾忌自己，"大惊失箸"。（箸：筷子。大意是：大吃一惊，不由得把筷子掉落地上。）正巧外边下雨打雷，刘备连忙推说被震耳的雷声吓了一跳，把自己的失态掩饰过去了。曹操又派人暗中监视刘备的行动，刘备有所察觉，便装出一副无所作为的样子，每天关在家里，只是种种菜打发时光。后来，刘备觉得这样不是长久之计，就对结义兄弟关羽和张飞说："吾岂种菜者乎？曹公必有疑意，不可复留。"（大意是：我哪里是种菜的农夫？曹操对我有疑心，迟早会有杀身之祸，不能留在这里了。）在当天夜里，刘备一行人赶紧乘着夜色悄悄地溜走了。后用此语比喻把才能与志向隐藏起来，以保全自己。也比喻英才被埋没，人不得志。举例 宋·陆游《月下醉题》："闭门种菜英雄老，弹铗思鱼富贵迟。"

英雄种菜 yīng xióng zhòng cài 同"闭门种菜"。举例 清·赵翼《闲居效放翁体》："爱闲偏是闲难耐，始悟英雄种菜忙。"

杯酒英雄 bēi jiǔ yīng xióng 同"闭门种菜"。举例 清·钱谦益《潞河舟中夜坐答茅止生见赠》："弈棋国手谁论我？杯酒英雄敢并君。"

使君失箸 shǐ jūn shī zhù 同"闭门种菜"。举例 明·徐渭《与客观潦于三江水门》之一："枚叔观涛八月后，使君失箸万雷中。"

失箸 shī zhù 同"闭门种菜"。也指受惊失措。举例 ① 宋·黄庭坚《夜观蜀志》："南阳陇底卧龙日，北固樽前失箸时。"② 宋·范成大《雷雨邻居起龙》："连鼓一声人失箸，不知挂壁几梭飞。"

失箸人 shī zhù rén 见"闭门种菜"。指受到惊吓的人。举例 宋·苏轼《唐道人言天目山上俯视雷雨》："山头只作婴儿看，无限人间失箸人。"

闻雷 wén léi 见"闭门种菜"。指借他事掩饰自己的真实感情。举例《三国演义》第二十一回："勉从虎穴暂趋身，说破英雄惊杀人。巧借闻雷来掩饰，随机应变信如神。"

闭月羞花 bì yuè xiū huā

出处 三国魏·曹植《洛神赋》，又见宋·洪迈《容斋四笔·文与可乐府》引宋·文同《秦王卷衣》。解说 闭月：使月亮躲藏起来。羞花：使花儿感到羞愧。宓（fú）妃

B

是上古宓羲氏之女,传说她长得非常娇美,溺死于洛水,成为洛水之神。三国时魏国诗人曹植经过洛水时缅怀宓妃,写下了著名的《洛神赋》,赞美洛水女神说:"其形也,翩若惊鸿,婉若游龙,荣曜秋菊,华茂春松。仿佛兮若轻云之蔽月,飘飖兮若流风之回雪。"(曜:同"耀",照耀。蔽月:遮住月亮,后写作"闭月"。飘飖:飘荡,也作"飘摇"。)赋赞美洛水女神长得实在太漂亮,月亮见了她,自愧比不上,只好躲起来。另外,据说宋代诗人文同(字与可)有"美人却扇坐,羞落庭下花"(大意是:女子容貌美,使庭院里的鲜花都自惭不如)的诗句。以上二典后凝练成"闭月羞花"一语,形容女子容貌非常美丽。常与"沉鱼落雁"连用。举例 ①《水浒传》第三十二回:"云鬟半整,有沉鱼落雁之容;星眼含愁,有闭月羞花之貌。"②《寻爱》:"这逸生说了这句话,定睛一看,见着这位女茶房虽然没有闭月羞花之貌,倒也温雅不俗。"③《村妇》卷一:"侄女儿我不算沉鱼落雁,也是闭月羞花,怎能跟这个猪不吃狗不啃的劣货过一辈子?"

敝帚自珍 bì zhǒu zì zhēn

出处《东观汉记·光武帝纪》。解说 敝:破旧。帚:笤帚,清扫工具。珍:珍爱;爱惜。汉光武帝刘秀在洛阳建立了东汉政权,当时公孙述也在成都即位称帝,形成割据局面。刘秀劝公孙述归顺汉朝,遭到拒绝,于是派大司马吴汉率领六万大军前去讨伐,并取得了胜利。公孙述战死,他的部下大开城门投降。吴汉对公孙述负隅顽抗的做法非常痛恨,下令处死了公孙述的妻子儿女等家眷,并放火焚烧成都的宫殿和民房。刘秀得报后非常气愤,下诏书谴责说:这样做也太残忍了吧?"家有敝帚,享之千金。"(享:供奉,认为贵重。大意是:家里的一把破扫帚,都看作价值千金,非常珍惜。)成都的政权已经灭亡,全城的男女老幼便成为汉朝的百姓,为什么还要迫害那些无辜的人呢?后用此语比喻自己的东西即使不好,也珍惜得像珍贵的宝贝一样。常用于自谦。举例 ①《清稗类钞·鉴赏·叶鞠裳论碑重旧拓》:"世有真赏,当不以为敝帚自珍耳。"② 鲁迅《华盖集·并非闲话(三)》:"但写出以后,却也不很爱惜羽毛,有所谓'敝帚自珍'的意思。"③ 朱自清《房东太太》:"太太常劝先生删诗行,譬如说,四行中可以删去三行罢;但是他不肯割爱,于是乎只好敝帚自珍了。"

敝帚自享 bì zhǒu zì xiǎng 同"敝帚自珍"。举例 清·包世臣《艺舟双楫·书刘文清〈四智颂〉后》:"唯余事斯,素有微契,而敝帚自享,从无连篇累牍之作。"

敝帚千金 bì zhǒu qiān jīn 同"敝帚自珍"。举例 清·陈大章《送胡卜子南归》:"空说高台收骏骨,只应敝帚享千金。"

B

享帚自珍 xiǎng zhǒu zì zhēn 同“敝帚自珍”。举例 清·俞樾《春在堂随笔》卷一：“文士名心，书生习气，缄石知谬，享帚自珍。”

筚路蓝缕 bì lù lán lǚ

出处《左传·宣公十二年》：“筚路蓝缕，以启山林。”解说 筚路：柴车，用不成材的木柴做的车。蓝缕：破烂的衣服。原文大意是：驾着简陋的车，穿着破衣服去开辟山林。形容创业的艰难和辛苦。举例 ①《民国通俗演义》第九回：“孙公既筚路蓝缕，开其先；发扬光大，我公宜善其后。”② 夏衍《别桂林——〈愁城记〉代序》：“更有着三年来筚路蓝缕，好容易才奠定了基础的一个文化的堡垒。”

荜路蓝缕 bì lù lán lǚ 同“筚路蓝缕”。荜：同“筚”。举例 孙中山《建国方略之一》：“其地为蛮荒大陆，内有红番之抵拒，外有强敌以侵凌，荜路蓝缕，开始经营。”

碧玉 bì yù

出处 南朝陈·徐陵《玉台新咏·孙绰(chuò)〈情人碧玉歌〉》，又见宋·郭茂倩《乐府诗集·清商曲辞·碧玉歌》之二。解说 据说晋代(一说为南朝宋时)汝南王的一个爱妾名叫碧玉。汝南王非常宠爱她，专门为她写了三首《碧玉歌》，其中有这样几句：“碧玉小家女，不敢攀贵德。感郎千金意，惭无倾城色。碧玉小家女，不敢贵德攀。感郎意气重，遂得结金兰。”(贵德：地位显贵的人。金兰：深厚契合的情谊。)后用此语指平民家的年轻、美貌的女子。举例 唐·杨衡《乌啼曲》：“可怜杨叶复杨花，雪净烟深碧玉家。”

小家碧玉 xiǎo jiā bì yù 同“碧玉”。举例 ① 明·范文若《鸳鸯棒》第二出：“小家碧玉镜慵施，赵娣停灯臂支粟。”② 鲁迅《略论梅兰芳及其他(上)》：“士大夫是常要夺取民间的东西的，将竹枝词改成文言，将‘小家碧玉’作为姨太太，但一沾着他们的手，这东西也就跟着他们灭亡。”③《邱家桥首户》五：“月影朦胧中，她看去的确很美，婀娜、娇嗔(chēn)的神态，细致的打扮，纤巧的身躯，秀丽的面庞，无处不显示出那种小家碧玉的美来。”

避债台 bì zhài tái

出处《汉书·诸侯王表序》。解说 东周末年，周王室衰微，周赧(nǎn)王为了扩充军备，欠了贵族、富商们很多债，却无法归还。为了躲避讨债，他住到了宫中的一个高台之上。人们把这个高台称为“避债台”。后用此语指逃避债务。举例 ① 明·汤显祖《与男开远》:“我歌《鹿鸣》五十年,求一避债台不得,念之。”② 清·钱谦益《朱府君墓志铭》:“人或谓君:若他日宁有避债台乎?”

债台高筑 zhài tái gāo zhù 同“避债台”。举例 ① 邹韬奋《谋生与耻辱》:“在目前我这位朋友的一家生活已极难维持,债台高筑了,借也无处去借,恳助也无处去恳助。”② 艾芜《文学手册》:“弄得债台高筑,仿佛耗子钻牛角尖一样,日益穷窘。”③《圣殿》第十一章:“游静不会告诉灵儿,她已经吸毒成瘾,债台高筑。”

筑台避债 zhù tái bì zhài 见“避债台”。指无法逃避债务。举例 清·黄钺《压岁钱》:“筑台避债不可避,那有余钱儿压岁。”

债筑台 zhài zhù tái 见“避债台”。形容欠债很多。举例 清·黄遵宪《和议成志感》:“失民更为丛驱雀,毕世难偿债筑台。”

债台 zhài tái 见“避债台”。比喻欠债。举例 ① 清·黄轩祖《游梁琐记·文悌(tì)佳话》:“如我两袖清风,一拳朝露,将何囊金以填债台?”② 瞿秋白《饿乡纪程》三:“破产的‘士的阶级’大半生活筑在债台上,又得保持旧的‘体面’。”

髀肉生 bì ròu shēng

出处《三国志·蜀志·先主传》南朝宋·裴松之注引晋·司马彪《九州春秋》。

解说 髀:大腿。刘备起兵之初曾投奔荆州牧刘表,在那里住了几年。有一天,刘表设宴招待刘备。席间,刘备起身去厕所方便,他摸了摸自己的大腿,发现上面的肉长多了,不禁感慨得掉下泪来。刘备回到座位之后,刘表见他面有泪痕感到很奇怪,问他因何伤心?刘备长叹一声说:“吾常身不离鞍,髀肉皆消;今不复骑,髀里肉生。日月若驰,老将至矣,而功业不建,是以悲耳。”(大意是:我过去四处奔波,南征北战,天天骑在马上,大腿部的肥肉都没了;如今多日不骑马,大腿部的肥肉又多起来了。时光飞逝,不知不觉之间就衰老了,而未能建功立业,因此悲伤。)后用此语自叹长久过着安逸舒适的生活,虚度光阴,无所作为。有时形容懒惰、懈怠。举例 宋·葛胜仲《即事》:“髀肉生缘痴坐久,带围减为客愁多。”

髀生肉 bì shēng ròu 同“髀肉生”。举例 清·赵翼《奉命赴滇从军征缅甸》之一:“正愁年少髀生肉,尚有家传胆满身。”

生髀肉 shēng bì ròu 同“髀肉生”。举例 宋·苏轼《罢徐州往南京马上走笔寄子由》:“青衫老从事,坐稳生髀肉。”

髀肉重生 bì ròu chóng shēng 同“髀肉生”。举例 王鼎《赠人菊》之三:“英雄潦倒知多少,髀肉重生志未灰。”

B

髀肉复生 bì ròu fù shēng 同“髀肉生”。举例 ①《三国演义》第三十回:“因见己身髀肉复生,亦不觉潸然泪下。”② 鲁迅《坟·从胡须说到牙齿》:“待到慨然于头颅谁斫(zhuó),髀肉复生的时候,是早已别有缘故的了。”③ 梁实秋《下棋》:“宦海里翻过身最后退隐东山的大人先生们,髀肉复生,而英雄无用武之地,也只好闲来对弈,了此残生。”

髀肉 bì ròu 同“髀肉生”。举例 宋·陆游《双流旅舍》:“每因髀肉叹身闲,聊欲勤劳鞍马间。”

璧人 bì rén

出处《晋书·卫玠传》,又见《世说新语·容止》。解说 璧:古代一种玉器,圆形,扁平,中间有孔。这里指美玉。卫玠是西晋时人,童年时长得白净俊秀,他曾乘坐着白山羊拉的轻便小车在洛阳街市上经过,路边的人们见到后纷纷夸奖说:“谁家璧人?”(大意是:这孩子是谁家的啊,长得就像洁白无瑕的玉石一样。)后用此语称赞仪容俊美、有风采的少年男子,有时也指美人。参见78页“冰清玉润”。举例 ① 唐·徐皓《晦日宴高氏林亭》:“门多金埒(liè)骑,路引璧人车。”②《孽海花》第四回:“公坊名场失意,也该有个钟情的璧人,来弥补他的缺陷。”

卫家郎 wèi jiā láng 同“璧人”。举例 明·高启《戏婴图》:“庭前王氏子,陌上卫家郎。”

玉人车 yù rén chē 同“璧人”。举例 唐·卢纶《送浑炼归觐(jìn)却赴阙庭》:“明朝古堤路,心断玉人车。”

白羊车 bái yáng chē 同“璧人”。举例 清·宋琬《次既庭来韵》:“殿内即传金凤纸,洛中争看白羊车。”

羊驾小车 yáng jià xiǎo chē 见“璧人”。指外出游玩的仪容俊美的少年男子。举例 宋·吕渭老《选冠子》:“羊驾小车,笑逐游人,远迷芳草。”

编蒲 biān pú

出处《汉书·路温舒传》。解说 蒲:即香蒲,草名,叶子较宽。路温舒是西汉时人,年少时家里贫困,每天到野外放羊。他勤奋好学,家里无钱买纸,就从水泽中采来香蒲,编成小册子,用来写字。成年后曾官任廷尉、临淮太守,政绩比较突出。后用此语指家境贫寒而勤学苦读。举例 唐·刘禹锡《南海马大夫见惠著述三通》:“编蒲曾苦思,垂竹愧无名。”

B

鞭长不及马腹 biān cháng bù jí mǎ fù

出处《左传·宣公十五年》。解说 及：达到；够得到。春秋时，楚庄王派大夫申舟出使齐国。申舟路过宋国，宋文公借口没有事先通报，将他杀死。楚庄王大怒，立即发兵攻打宋国。宋文公向晋国求援。晋景公想出兵救宋，晋大夫伯宗担心得罪了势力强大的楚国，劝阻晋景公道：古语曰："虽鞭之长，不及马腹。"（大意是：古人曾说："鞭子纵然再长，也打不到马肚子。"）现在楚国力量很强大，锐气正盛，与其抗衡争锋显然是不合适的，最好暂时不出兵，等到楚国国势衰微之后再行考虑。晋景公觉得伯宗说得有道理，便采纳他的建议，没有发兵援宋，只是派使者前往宋国慰问了一番。后用此语比喻虽然想做某事，但能力或力量达不到。举例 ① 宋·李之仪《雷塘行》："鞭长不能及马腹，有限生涯时苦促。"②《二十年目睹之怪现状》第六十四回："他未曾明白，隔了一省，就是鞭长不及马腹了。"③ 鲁迅、许广平《两地书》五十："相距又远，鞭长不及马腹，也还是姑且记在账上罢。"

鞭长不及 biān cháng bù jí 同"鞭长不及马腹"。举例 郭沫若《高渐离》第四幕："楚国和秦国的仇恨最深，秦国的势力也有点鞭长不及，将来天下大乱的时候，一定从那儿开头。"

鞭长莫及 biān cháng mò jí 同"鞭长不及马腹"。莫：不。举例 ①《官场现形记》第五十四回："除掉腹地里几省外国人鞭长莫及，其余的虽然没有摆在面子上瓜分，暗地里都各有了主子了。"②《白鹿原》第六章："方升说：'我为清臣，誓为朝廷尽忠。我丢掉的江山，由我收回。至于武昌湖广，那非我辖地，鞭长莫及。'"

鞭平王 biān píng wáng

出处《史记·伍子胥(xū)列传》。解说 春秋末期，楚国大夫伍奢及其长子伍尚被荒淫无道的楚平王诛杀，伍奢的次子伍子胥逃到了吴国。十多年后，伍子胥帮助吴王阖闾(hé lǘ)攻占了楚国都城。这时，楚平王已死，伍子胥为报父兄之仇，发泄胸中的愤恨，掘开楚平王坟墓，拖出尸体，亲自用鞭子狠狠地抽打了三百下，然后把他的头砍了下来。伍子胥的老朋友申包胥知道后，派人送信谴责他说：你这样做太过分。为了报私仇，竟连死人也不放过，未免太残忍了！伍子胥请来人转告申包胥说："吾日莫途远，吾故倒行而逆施之。"（莫：同"暮"，日落，天晚。倒：颠倒。行：施行；做。逆：相反。施：实施；做。大意是：我仿佛像一个行路的人，天色已晚，而路途还很遥远，不得不跌跌撞撞地匆忙赶路，违背常理来做事。）此语原指用鞭子抽打楚平王的尸体，泛指极端或狭隘的报仇雪耻行为，也指报仇雪恨。举例 唐·李白《游溧阳北湖亭望瓦屋山怀古赠同旅》："运开展宿愤，入楚鞭平王。"

B

鞭尸 biān shī 同"鞭平王"。举例 宋·梅尧臣《宣州杂咏》："抉(jué)目观亡国，鞭尸失旧臣。"

掘墓鞭尸 jué mù biān shī 同"鞭平王"。举例 柳亚子《是日适为八一三纪念节感赋一首》："掘墓鞭尸公论在，休将宽纵误慈悲。"

倒行逆施 dào xíng nì shī 见"鞭平王"。形容行为违背常理，逆时代潮流而动。今多指坚持错误方向，做坏事。举例 ① 清·孔尚任《桃花扇·侦戏》："我阮胡子呵！也顾不得名节，索性要倒行逆施了。"② 孙中山《建国方略之一》："向来之积弱退化有如江流日下者，其原因实在政府官吏之腐败，倒行逆施，积极作恶也。"③ 郭沫若《悼一多》："然而有权责的人却充耳不闻，熟视无睹，不仅不依从人民的意愿，反而倒行逆施，变本加厉。"

逆行倒施 nì xíng dào shī 同"倒行逆施"。举例 南朝宋·无名氏《移答魏安南平南府》："强者为雄，斯则弃德任力，逆行倒施，有一于此。"

卞庄子刺虎 biàn zhuāng zǐ cì hǔ

出处《战国策·秦策二》。又见《史记·张仪列传》。解说 战国时，韩国和魏国互相攻伐，打了一年多还不分胜负。秦惠王想出兵干涉，正在举棋不定时，楚国使者陈轸(zhěn)正好来到秦国，秦惠王便征求他的意见。陈轸给秦惠王讲了卞庄子刺虎的故事：卞庄子和朋友馆竖子一起到山中打猎，发现两只老虎正在捕食一头牛。卞庄子立即拔剑在手，准备刺杀老虎。馆竖子劝阻他说：如果你现在去刺虎，两只老虎就会一齐向你扑过来。"两虎方且食牛，食甘必争，争则必斗，斗则大者伤，小者死。从伤而刺之，一举必有双虎之名。"(举：行动；做事。大意是：两只老虎正在吃牛肉，等牛肉快要吃完时一定会为剩下的牛肉而争斗。两虎相斗，大虎必伤，小虎必死。那时候你再刺杀受伤的虎，肯定会一举两得。)卞庄子觉得馆竖子说得有道理，便伏在远处树丛中等待时机。"有顷，两虎果斗，大者伤，小者死。庄子从伤者而刺之，一举果有双虎之功。"(大意是：过了一会儿，两只老虎果真为争牛肉而撕咬起来，大虎受了伤，小虎被咬死。卞庄子这时跳出树丛跑过去，挥剑把受伤的虎刺死，没费多大力气就猎获了两只老虎。)陈轸讲完这个故事，接着说：现在韩、魏两国打仗，其结果必然是一国战败灭亡，另一国元气大伤，那时候大王可一举而胜两国。秦惠王采纳了陈轸的计策，后来伺机出兵，果然大获全胜。后用此语指趁着敌人互相争斗而两败俱伤之机出击，把敌人全部消灭。举例《续资治通鉴·宋孝宗隆兴元年》："闻契丹与金相攻，若契丹事成，他日自可收卞庄子刺虎之功。”

卞庄之刺 biàn zhuāng zhī cì 见“卞庄子刺虎”。比喻两个强者相互争斗，被第三者所利用。举例 郭孝成《民国各团体之组织》第四节：“惟同国推刃，自相靡敝，久而不解，两虎之噬(shì)，恐利卞庄之刺。”

卞庄子之功 biàn zhuāng zǐ zhī gōng 见“卞庄子刺虎”。比喻趁着两个强者相互争斗之机，坐收渔利的功效。举例 宋·陈亮《酌古论一·先主》：“两虎方斗，当收卞庄子之功。”

两虎相斗，必有一伤 liǎng hǔ xiāng dòu, bì yǒu yī shāng 见“卞庄子刺虎”。比喻两个强者相互争斗，必然有一方遭受严重伤害或损害。举例 ①《三国演义》第六十二回：“今两虎相斗，必有一伤。须误了我的大事。吾与你二人劝解，休得争论。”②《英烈传》第二十九回：“两虎相斗，必有一伤，陛下但默观动静。”③ 清·王韬《英重防俄》：“俄谋印度，英国独承其害也。两虎相斗，必有一伤。而诸国且以鹬蚌之持，坐收渔人之利。”

两虎斗 liǎng hǔ dòu 见“卞庄子刺虎”。指两个强者相互争斗。举例 宋·郭印《和樊直夫兼简允南》：“缅观乾坤大，分明一战场。何异两虎斗，大小终死伤。”

坐山观虎斗 zuò shān guān hǔ dòu 见“卞庄子刺虎”。原指坐在山头上观望两只老虎相互争斗，伺机而动。比喻暂不介入各方争斗，等待时机，从中渔利。举例 ①《红楼梦》第六十九回：“凤姐虽恨秋桐，且喜借他先可发脱(尤)二姐，用‘借刀杀人’之法，‘坐山观虎斗’，等秋桐杀了尤二姐，自己再杀秋桐。”② 毛泽东《反对投降主义》：“国际投降主义者……他们纵容日本侵略中国，自己‘坐山观虎斗’。”③《小城春秋》第三章：“现在一看双方都大打出手，也就乐得暂时来个坐山观虎斗了。”

隔山观虎斗 gé shān guān hǔ dòu 同“坐山观虎斗”。举例《神雕侠侣》第二十二回：“法王向李莫愁望了一眼，见她闲立微笑，竟是隔山观虎斗，两不相助，心中大惑不解。”

坐山看虎斗 zuò shān kàn hǔ dòu 同“坐山观虎斗”。举例 ①《红楼梦》第十六回：“咱们家所有这些管家奶奶，那一个是好缠的？错一点儿她们就笑话打趣，偏一点儿她们就‘指桑骂槐’的抱怨；‘坐山看虎斗’‘借刀杀人’……都是全挂子的本事。”②《续济公传》第十五回：“狄小霞忙唤使女把灯点上，自己收拾好了，把宝剑佩上，坐在屋中，坐山看虎斗。”

两败俱伤 liǎng bài jù shāng 见“两虎相斗，必有一伤”。败：失败。俱：全；都。指争斗的双方都受到损伤，谁也没得到好处。举例 ① 宋·汪应辰《答梁子铺》：“东汉之君子必欲与小人为敌，终于两败俱伤，而国随以亡。”②《官场现形记》第四十八回：“倘若大人再要回护他三人，将来一定两败俱伤，于大人反为无益。”③《桂公塘》五：

“打到最后一个人，我们还是不降伏的！还是讲和了好，免得两败俱伤。”④ 闻一多《文艺与爱国——纪念三月十八》：“这两种运动合起来便能够互收效益，分开来定要两败俱伤。”

一举两得 yī jǔ liǎng dé 见“卞庄子刺虎”。比喻做一件事而同时得到两方面的好处。举例 ①《东周列国志》第六十一回：“一则免楚之患，二则激晋之来，岂非一举两得？”② 鲁迅《书信集·致郑振铎》：“特制者用宣纸，此外以廉纸印若干，定价极便宜，使学生亦有力购读，颇为一举两得。”③《四世同堂》十九：“瑞丰觉得他必须过去劝架，以便一举两得：既能获得冠家的信任，又能增高自己的身分。”

一举两便 yī jǔ liǎng biàn 同“一举两得”。举例《镜花缘》第四十二回：“据我主意：好在将来侄女也要上京赴试，莫若明年赴过郡考，早早进京，借赴试之便，就近省亲，岂非一举两便？”

辩口谈天 biàn kǒu tán tiān

出处《史记·孟子荀卿列传》。解说 谈天：指众人聚在一起，高谈阔论。邹衍，也作“驺衍”，战国时齐国人，哲学家、阴阳家。他很有辩才，喜欢谈论天道、世运的转移。谈论问题往往从小的事物开始，逐渐推衍扩大，直至无限。当时有人评价邹衍的谈论“闳大不经”，因而称他为“谈天衍”。后用此语形容人善于雄辩，议论的话题宏大。举例 唐·罗隐《酬黄从事怀旧见寄》：“长绳系日虽难绊，辩口谈天不易穷。”

谈天 tán tiān 同“辩口谈天”。举例 唐·李白《赠韦秘书子春》：“谈天信浩荡，说剑纷纵横。”

谈天客 tán tiān kè 同“辩口谈天”。举例 清·曾国藩《洲岷樵》：“因君寄语谈天客，狂夫小言或微中(zhòng)。”

标新立异 biāo xīn lì yì

出处《世说新语·文学》：“支道林在白马寺中，将冯太常共语，因及《逍遥》，支(道林)卓然标新理于二家之表，立异义于众贤之外，皆是诸名贤寻味之所不得。”解说 标：揭示；表明。异：不同的；特殊的。东晋时，高僧支道林善于谈玄论理，名气很大。原文大意是：支道林有一次在洛阳白马寺与护国将军冯太常(冯怀)谈论战国时哲学家庄子的《逍遥游》，他的见解很新颖独特，与经学家郭象、向秀等人的解说都不同，冯太常听了大为赞许。后用此语表示敢于提出与众不同的新观点、新主张等。也比喻敢于创新或显示与众不同。举例 ①《隋唐演义》第三十一回：“但今作者，只取体艳句娇，标新立异而已，原没甚骨力规则。”② 鲁迅《随感录》四十一：“凡中国人说一句话，做一件事，倘与传来的积习有若干抵触，须一个斤斗便告成功……否则免不了标新立异的罪名。”③《春》五：“大舅母的话也不对，若是没有人标新立异，世界上哪儿还有进步？”④《六十年的变迁》第八章：“大家都说兴业工厂好标新立异，喜欢赶时髦。”

表里山河 biǎo lǐ shān hé

出处《左传·僖公二十八年》。解说 表：外面。里：里面。春秋时，晋国的晋文公组织联军讨伐楚国。联军驻扎在城濮，楚军也在联军的附近安营扎寨。晋文公对战争的胜负没有把握，心里很焦虑。晋文公的舅舅狐偃（yǎn）（字子犯）当时统领晋国上军从征，他劝慰晋文公不要担心。狐偃说：“战也。战而捷，必得诸侯；若其不捷，表里山河，必无害也。”（山河：这里指太行山和黄河。大意是：这场战争是必须打下去的。如果我们获胜，就可以做诸侯的盟主；如果不能获胜，我们晋国外有黄河，内有太行山，地势险要，也不至于招来什么祸害。）后用此语指有山河天险作为屏障，不怕敌人来攻打。举例 ① 唐·颜真卿《蒲州刺史谢上表》：“臣窃以此州之地，尧舜所都，表里山河，古称天险。”② 太平天国·刘盛培《建天京于金陵论》：“尊安宇宙，爰资天京之雄；表里山河，永系苞桑之固。”③ 章炳麟《与熊克武书》：“川中表里山河，外侮本难猝至。”

山河表里 shān hé biǎo lǐ 同“表里山河”。举例 元·张养浩《山坡羊·潼关怀古》：“峰峦如聚，波涛如怒，山河表里潼关路。”

别开生面 bié kāi shēng miàn

出处 唐·杜甫《丹青引赠曹将军霸》：“开元之中常引见，承恩数上南熏殿。凌烟功臣少颜色，将军下笔开生面。良相头上进贤冠，猛将腰间大羽箭。褒公鄂公毛发动，英姿飒爽来酣战。”解说 别开：另外开创。生面：新面貌。褒公：指褒国公段志元（玄）。鄂公：指鄂国公尉迟敬德。英姿：英勇威武的姿态。飒爽：矫健、神采焕发的样子。唐王朝为了表彰功臣，在南薰殿上修建凌烟阁，在阁内绘有褒国公段志元、鄂国公尉迟敬德等众多开国功臣的画像。左武卫将军曹霸，因故得罪了唐玄宗，被削除军籍，贬为平民。他擅长绘画，多次奉命登上南薰殿，重绘凌烟阁的功臣像。这些画像因年深日久已颜色暗淡，经他重新描绘以后，个个形神兼备，栩栩如生，毛发飞动，呼之欲出。后用此语形容开创新的面貌、形式、风格、局面等。参见 368 页“凌烟阁”。

举例 ① 清·赵翼《瓯(ōu)北诗话·苏东坡诗》:“以文为诗,自昌黎(韩愈)始,至东坡(苏轼)益大放厥词,别开生面,成一代之大观。”②《红楼梦》第六十四回:“今日林妹妹这五首诗,亦可谓命意新奇,别开生面了。”③ 秦牧《鲁班的妙手》:“这着实是鲁班故事中别开生面的一个!”

另开生面 lìng kāi shēng miàn 同“别开生面”。举例《镜花缘》第九十一回:“今日行这酒令,已是独出心裁,另开生面。”

英姿飒爽 yīng zī sà shuǎng 见“别开生面”。原描写唐代褒国公段志元、鄂国公尉迟敬德等众多开国功臣的画像中的形象,后形容意气风发、威武豪迈的神态。举例 ①《慈禧太后演义》第十六回:“这荣统领器宇深沉,英姿飒爽,在宫中往来,又是一团和气,日夕面熟,不顾嫌疑,遂有些不尴不尬的蜚议,传到西太后耳中。”② 陈其通《万水千山》第二场:“吴队长、李凤莲和身佩大刀的宣传队员们英姿飒爽地冲上。”③《战争和人》(一)卷七:“骑马的女子,约摸二十来岁,披肩长发,穿的紧身骑装,手执一根马鞭,骑一匹白马,英姿飒爽,秀丽的脸上洋溢着向往的神色。”

飒爽英姿 sà shuǎng yīng zī 同“英姿飒爽”。举例 ① 清·黄遵宪《题黄佐廷赠尉遗像》:“不将褒鄂画凌烟,飒爽英姿尚凛然。”② 毛泽东《七绝·为女民兵题照》:“飒爽英姿五尺枪,曙光初照演兵场。”

宾至如归 bīn zhì rú guī

出处《左传·襄公三十一年》。解说 至:到。归:回家。春秋时,晋国曾为诸侯国的盟主,小国常要向晋国进献礼物。有一次,郑国大夫子产奉郑简公之命出使晋国,带去很多礼物。晋平公正为鲁国鲁襄公逝世致哀,未派人前往迎接。子产大为不满,命令随员把晋国宾馆的围墙拆除,然后直接把车马赶了进去。晋国大夫士文伯前去指责,子产振振有词地说:“我们郑国是小国,应该按时前来进献礼物,你们的国库已满,礼物如果放在露天会遭日晒雨淋,显得不够恭敬,所以就直接把车马赶入宾馆里了。记得贵国晋文公在位时的宾馆宽敞华丽,招待热情周到,宾客如同回到自己的家一样。现在的宾馆却建得很差,大门窄小得连车子都进不来。外国使者来了,也不知什么时候才能得以接见。”士文伯把子产的意见回报晋平公,晋平公感到惭愧,不但没有怪罪子产,反而向子产表示歉意,并下令重新扩修宾馆。后用此语形容主人待客极其周到、殷勤。举例 ①《东周列国志》第七十八回:“四方之客,一入鲁境,皆有常供,不至缺乏,宾至如归。”② 梁实秋《雅舍小品·请客》:“客人性格不一样,有人进门就选一个比较好的座位,两脚高架案上,真是宾至如归。”③ 理由《子爵号》:“眼前的情景自然、和谐，第一次使他产生宾至如归的感受。”

B

冰冻三尺，非一日之寒 bīng dòng sān chǐ，fēi yī rì zhī hán

出处 汉·王充《论衡·状留》：“河冰结合，非一日之寒；积土成山，非斯须之作。” 解说 斯须：片刻；一会儿。原文为一句俗谚，大意是：河水结成厚厚的冰层，不是一天骤然寒冷凝成的结果；泥土堆积成高山，也不是短时间所能够办到的。此语原指天下任何事物都有一个酝酿、发生、发展的过程，事物所达到的程度（多指严重的情况），是经过日积月累而逐渐形成的。后比喻事情的发生、发展是有原因的，绝非偶然。举例 高阳《胭脂井》：“冰冻三尺，非一日之寒，大局坏到如此，也不是一个人、两个人的错。”

冰清玉润 bīng qīng yù rùn

出处《晋书·卫玠传》，又见《世说新语·言语》南朝梁·刘孝标注引《玠别传》。解说 晋朝开国重臣司空卫瓘（guàn）有个孙子名叫卫玠，他仪容俊秀，才华横溢，喜欢谈论玄学哲理。王澄也是当时的名士，听卫玠谈论玄学非常风趣，妙语连珠，由衷地表示钦佩。人们说：“卫玠论道，平子绝倒。”（平子：王澄的字。绝倒：指特别钦佩和折服。）卫玠娶乐广之女为妻，乐广也是当时的名士，德高望重。对于这门婚姻，人称“妇公冰清，女婿玉润”。（冰清：像冰那样清亮。玉润：像玉那样纯洁。大意是：老丈人品德高洁，女婿才貌双全。）后用“冰清玉润”作为岳父和女婿的美称，赞扬翁婿人物出众，犹如冰玉。也比喻品德高尚，不与世俗同流合污。举例 ① 北魏《李挺墓志》：“太常刘贞公一代伟人也。特相赏异，申以婚姻。佥（qiān）谓冰清玉润，复在兹日。”②《再生缘》第二回：“淑女才郎同匹配，冰清玉润两周全。如蒙青盼垂金诺，转复佳音也有颜。”③ 明·高濂《玉簪记·诳告》：“他是冰清玉润，怎便肯随波逐尘。”④《红楼梦》第五回：“美美人之良质兮，冰清玉润。”

玉润冰清 yù rùn bīng qīng 同“冰清玉润”。举例 宋·管鉴《朝中措·为文倅（cuì）元益寿》：“要识他年荣贵，从来玉润冰清。”

冰玉 bīng yù 同“冰清玉润”。举例 清·李渔《蜃（shèn）中楼·训女》：“也须要才貌相均，年岁相当，冰玉相怜，门阀相高。念翩翩龙种，怎共那鱼虾为伴，鲸鲵相靠？你休得要怨波涛，却不道时来自有鹊填桥。”

婿玉翁冰 xù yù wēng bīng 同“冰清玉润”。举例 宋·仲并《好事近》：“婿玉翁冰相映，看紫薇花发。”

绝倒 jué dǎo 见“冰清玉润”。原指特别钦佩和折服，或听到可笑的话后乐得前仰后合的样子，也指昏倒。举例 ① 唐·戎昱(yù)《听杜山人弹胡笳》："杜陵先生证此道，沈家祝家皆绝倒。"② 宋·吴曾《能改斋漫录·辨误》："僧闻语而便绝倒，良久始苏。"③《聊斋志异·狐谐》："(狐)曰：'龙王下诏求直谏，鳖也得言，龟也得言。'四座无不绝倒。"④ 鲁迅《三闲集·辞顾颉刚教授令"候审"》："来函谨悉，甚至于吓得绝倒矣。"⑤ 邹韬奋《萍踪忆语·三四个农家的访问》："胡默更非常健谈，而且诙谐百出，令人绝倒。"⑥ 杨朔《我的改造》："我能听懂工人的每一句话，我为他们的富有形象色彩的语言所绝倒。"

冰人 bīng rén

出处《晋书·索紞(dǎn)传》。解说 西晋时人索紞曾在太学读书，博通经史，擅长阴阳、占卜之术，曾官任郎中(尚书省分司的主管官员)，后来回敦煌(今甘肃敦煌)乡下躲避战乱。令狐策是当地的一个孝廉，有一天梦见自己站在冰面上，与冰下的一个人谈话。第二天，令狐策去找索紞解梦。索紞说："冰上为阳，冰下为阴，主阴阳之事，你在冰上和冰下人说话，是阳与阴对话，即做阴阳之间的媒介。阴阳代表男女，此梦预示你将要为人说媒，等到冰化河开之时，这桩婚姻也就成功了。"令狐策不相信地说："我已到耄耋(mào dié)之年，不会再做媒人了。"谁知没过几天，果然太守田豹派人来请令狐策从中做媒，想娶乡人张公征之女为儿媳。到了仲春时节，太守之子与该女子喜结良缘。后用此语代指媒人。举例 ① 宋·杨万里《秋凉一出游山》："夜来梦入清凉国，风月冰人别是乡。"② 明·谢谠《四喜记·忆双亲》："这一曲《鹧鸪儿》，就是我孩儿的冰人月老。"

冰上人 bīng shàng rén 同"冰人"。举例 ① 宋·吴元吉《送定书》："偶缘冰上人，执斧以伐薪。"② 元·荆干臣《闺情》："冰上人不许欢娱，月下老难为主张。"

冰媒 bīng méi 同"冰人"。举例 明·汤显祖《紫箫记·纳聘》："待十郎过了门，重开风烛宴冰媒。"

冰斧 bīng fǔ 同"冰人"。举例《聊斋志异·鸦头》："君倘垂意，当作冰斧。"

冰台 bīng tái 同"冰人"。举例《歧路灯》第二十八回："叫他先做准备，这里在央冰台订期。"

冰上之言 bīng shàng zhī yán 见"冰人"。指媒人的话。举例 清·李渔《十二楼·合影楼》第二回："家范固严，杞忧也甚。既杜桑间之约，当从冰上之言。"

作冰 zuò bīng 见"冰人"。指做媒人。举例《聊斋志异·辛十四娘》："我为汝作冰，有何舛(chuǎn)谬?"

B

冰山 bīng shān

出处 五代·王仁裕《开元天宝遗事·依冰山》,又见《资治通鉴·唐玄宗天宝十一年》。解说 杨玉环深受唐玄宗的宠爱,被封为贵妃。其兄杨国忠也因而官职屡次升迁,位高权重,很多人都趋炎附势,投靠到他的门下。陕州名士张彖(tuàn)博学而有气节,有人劝他到杨国忠门下谋个一官半职。张彖说:"君辈倚杨右相若泰山,吾以为冰山耳。若皎日既出,君辈得无失所恃乎?"(大意是:你们以为倚靠杨国忠就像泰山那样安稳,在我看来,不过像冰山一般。虽然现在巍峨壮观,倘若灿烂的太阳升起来,很快就会消融殆尽的。到那时,你们的靠山还能靠得住吗?)果然,后来安禄山以讨伐奸臣杨国忠名义起兵叛乱,杨国忠被杀,杨贵妃也被缢死,依附他的人也都四散奔逃。此语原指像山一样硕大的冰块,比喻表面很强大,显赫一时,而实际上难以长久倚靠的势力。举例 ① 宋·吴可《失题》:"热官恼狂士,冰山倚严冬。此计定不长,会作须臾空。"② 宋·魏了翁《水龙吟·登白鹤山借前韵呈同游诸丈》:"谩持觞(shāng)自慰,冰山安在?此山如旧。"

冰山难恃 bīng shān nán shì 见"冰山"。指某些表面强大的势力难以长久倚靠。举例 清·康熙《评鉴纲要》卷十二:"原属逆党、推波助澜之人,至是始识冰山难恃。"

倚冰山 yǐ bīng shān 见"冰山"。比喻倚靠某些表面强大而难以长久的势力。举例 清·昭梿《啸亭杂录·英梦禅》:"岂可结交权要,倚冰山为巢窟,其祸不旋踵(zhǒng)矣。"

冰炭不同器 bīng tàn bù tóng qì

出处《韩非子·显学》:"夫冰炭不同器而久,寒暑不兼时而至,杂反之学不两立而治。"解说 原文大意是:寒冰和火炭不可能长时间地放在同一个器皿中,寒冷的冬天和炎热的夏天不会同时到来,两种观点截然相反的学说也不能同时用来治理国家。后用此语比喻相反或对立的事物彼此排斥,不能相容或并存,或好人和坏人由于品质差异而无法共事或相处。举例 ① 汉·桓宽《盐铁论·刺复》:"冰炭不同器,日月不并明。"② 梁启超《亚里士多德之政治学说》:"亚氏所举三种冰炭不同器之政体,今乃合一炉而治之,此又亚氏所不及料也。"

冰炭不容 bīng tàn bù róng 同"冰炭不同器"。举例 伊曾《不要污染第二代》:"一位有点名气的画家对孩子们讲:'希望你们都当一流画家,不当二流画家'……而且还说什么:'你们与其去当二流画家,就干脆去工厂画黑板报吧。'这就令人费解了,画黑板报和当一流画家为什么就如此冰炭不容呢?"

冰炭不相容 bīng tàn bù xiāng róng 同"冰炭不同器"。举例 ①《朱子全书·治道一·用人》:"盖君子小人,如冰炭之不相容。"② 章炳麟《答梦庵》:"今梦庵欲任其流转,与宇宙神而化之,此则路迦耶师之说,与佛教若冰炭之不相容矣。"

兵不厌诈 bīng bù yàn zhà

出处《韩非子·难一》。解说 兵:用兵。厌:嫌弃;排斥。诈:欺诈;欺骗。春秋时,晋国和楚国将要在城濮(在今山东鄄城一带)开战。(濮:pú。鄄:juàn。)晋文公召来舅父狐偃(yǎn)商量作战谋略说:我们将要与楚国军队开战,可是敌人兵多,我们兵少,该如何取胜呢?狐偃出主意说:"臣闻之,繁礼君子不厌忠信,战阵之间不厌诈伪,君其诈之而已矣。"(大意是:我听说过这样的话,正人君子看重繁缛的礼节,从来不会认为人的忠实和信用过多,而在战场上就顾不了太多的诚信,无论你使用什么样的狡诈欺骗战术,别人都不会认为做得过分。您只管采用诡诈的计谋和方法就是了。)晋文公采纳狐偃的建议,用虚实莫辨的战术打败了楚军。后用此语指在作战或与敌斗争中,使用各种欺诈或巧妙的手段迷惑对方,使对方做出错误的判断。参见295页"竭泽而渔"。举例 ①《三国演义》第四十六回:"操使蔡中、蔡和诈降,刺探我军中事,公瑾将计就计,正要他通报消息,'兵不厌诈',公瑾之谋是也。"② 毛泽东《论持久战》:"采用各种欺骗敌人的方法,常能有效地陷敌于判断错误和行动错误的苦境,因而丧失其优势和主动。'兵不厌诈'就是指的这件事。"③《村妇》卷二:"如何把杏儿变成红痞?大头领主张威逼,巧手白三儿打算利诱,最后还是雪花银子比他们高明:兵不厌诈,只能骗取。"

兵不厌权 bīng bù yàn quán 同"兵不厌诈"。举例《后汉书·虞诩(xǔ)传》:"今其众新盛,难与争锋,兵不厌权,愿宽假辔策,勿令有所拘阂(hé)而已。"

兵出无名 bīng chū wú míng

出处《汉书·高帝纪上》。解说 兵:军队。名:名义,引申为理由。秦朝末年,刘邦和项羽率军攻占秦都咸阳,推翻了秦朝统治。项羽军进入咸阳时,焚烧秦朝宫室,掠夺珠宝、美女,自封为西楚霸王,把楚怀王尊为义帝,后来又暗中指使人把义帝杀死,这些举动,引起诸侯王和百姓的强烈不满。刘邦领兵到洛阳时,新城县的乡官三老董公面见刘邦,声泪俱下地控诉了项羽不仁不义的行径,并说:"臣闻顺德者昌,逆德者亡。兵出无名，事故不成。"（大意是：我听说顺从德行的就能昌盛，违背德行的就要灭亡。没有正当的理由而兴兵，必然遭到失败，做大事也不会成功。）董公劝告刘邦施行仁义，讨伐无道的项羽。刘邦很欣赏董公的话，于是下令全军穿起素色服装，亲自为义帝发丧，并打起为义帝报仇的旗号，这样逐渐团结了各地的诸侯势力，队伍日益壮大，最终打败了项羽，一统天下。此语原指出兵没有正当名义，泛指做事没有正当理由。举例《晋书·石勒载记下》："昔赤眉、黄巾横逆宇宙，所以一旦败亡者，正以兵出无名，聚而为乱。"

师出无名 shī chū wú míng 同"兵出无名"。师：军队。参见 557 页"师出有名"。举例 ①《封神演义》第二回："且劳民伤财，穷兵黩武，师出无名，皆非盛世所宜有者也。"② 清·李渔《玉搔头·逆气》："所虑者师出无名，难以号令天下。"③《上海的早晨》第四部二："我也可以找，就是我的身份不合，诸公诸婆知道，我在棉纺织同业公会并无一官半职，名不正，言不顺，师出无名。"

兵贵神速 bīng guì shén sù

出处《孙子·九地》："兵之情主速。"又见《三国志·魏志·郭嘉传》："太祖将征袁尚及三郡乌丸……嘉言曰：'兵贵神速。'"解说 神速：特别迅速。此语指用兵打仗以行动特别迅速为可贵，这样就可以出其不意，攻其无备，取得胜利。举例 ①《水浒后传》第七回："兵贵神速，今夜分四路去劫大寨，杀得他只轮不返。"②《林海雪原》第八回："许大马棒眉头一皱，白眼珠一翻道：'兵贵神速，明天起身。'"③《李自成》第二卷三十五章："我们既然乘官军空虚来到河南，不应该逗留在这边境地方，耽误良机。兵贵神速，一刻也不要耽误。"

炳烛 bǐng zhú

出处《说苑·建本》。解说 炳：光明，指点燃、点亮。烛：灯烛。师旷是春秋时晋国的乐师，他曾劝谏晋平公学习。有一天，晋平公向师旷问道："我已年届七十了，现在想学习，恐怕有点儿晚吧？"师旷答道："既然时辰晚了，为什么不把灯烛点亮呢？"晋平公责怪道："哪有臣子跟君主随便开玩笑的！"师旷说："盲臣安敢戏其君？臣闻之：少而好学，如日出之阳；壮而好学，如日中之光；老而好学，如炳烛之明；炳烛之明，孰与昧行乎？"（大意是：我是一个双目失明的人，怎敢戏弄君主。我曾听说：少年好学，就像初升的太阳一样；中年好学，就像正午的太阳一样；晚年好学，就像点亮灯烛一样。烛光虽然微弱，总比在黑暗中摸索着走路要好吧？）平公听了这番话，表示赞同说：讲得好啊！此语原指点着蜡烛读书，比喻年老而好学。举例 ① 元·袁桷(jué)《次韵虞伯生夜坐》："志士法天运，炳烛不在老。"② 清·顾炎武《与汤圣弘书》："弟以望七衰龄，犹希炳烛。"

B

拨乱反正 bō luàn fǎn zhèng

出处《公羊传·哀公十四年》："拨乱世，反诸正，莫近诸《春秋》。"解说 拨：治理。乱：指乱世；反：通"返"，回到，恢复。正：正常；正道。《春秋》是儒家经典之一，相传为孔子整理修订而成，其中对历史事件、人物多有褒贬评论。原文极力推崇《春秋》，大意是：治理混乱不安的社会局面和秩序，使其恢复正常，回归正道，在理论思想方面没有什么能比《春秋》更切近合用的了。后用此语指治理混乱的局面，恢复或重建正常的社会秩序。参见 144 页"春秋笔法"。举例 ①《喻世明言·游酆都湖母迪吟诗》："今天运将转，不过数十年，真人当出，拨乱反正。"② 清·顾炎武《答友人论学书》："其所著之书，皆以为拨乱反正，移风易俗，以驯致乎治平之用。"③ 章炳麟《驳康有为论革命书》："要之，拨乱反正，不在天命之有无，而在人力之难易。"④《李顺大造屋》："十一年混乱，积习难改，现在应该拨乱反正了。"

匡乱反正 kuāng luàn fǎn zhèng 同"拨乱反正"。匡：纠正。举例 清·袁枚《随园随笔·诸史上》："(司马迁)作《孔子世家》第十七，其意谓侯之得世其家者，以其知有天子而能匡乱反正也。"

伯道无儿 bó dào wú ér

出处《世说新语·赏誉》，又见《晋书·邓攸传》。解说 西晋时人邓攸，字伯道，素有德行，曾官任河东太守，被石勒俘虏后被迫做了他的参军。当石勒叛乱率兵渡泗水时，邓攸砍坏车子，把马卸下来，驮着妻子和年幼的儿子、亡弟的独生子逃跑了。路上遇到强盗，马被抢走了，妻子只好步行，邓攸则担着儿子和侄子一起走。邓攸想到，兵荒马乱之时难以同时保全这两个孩子，就跟妻子商量说：我的弟弟死得早，只留下侄子一个独苗，不能让弟弟绝后。还是把儿子扔掉吧，我们以后还可以再生一个。于是，邓攸夫妻二人抛掉自己的儿子，带着侄子仓皇逃命。不料，邓攸的妻子以后再也没有怀孕，他也没有娶妾，结果便绝后了。人们敬重邓攸的人格，同时也为他没有后代而叹息，大家说："天道无知，使邓伯道无儿。"(大意是：老天爷未免太糊涂，竟让邓攸这样的好人没有儿子。)后用此语指无子绝嗣。含同情、惋惜意。举例 ① 唐·韩愈《游西林寺题萧二兄郎中旧堂》："中郎有女能传业，伯道无儿可保家。"② 清·杨潮观

B

《吟风阁杂剧·荀灌娘围城救父》:“是那个能将命?何来救兵?且休叹伯道无儿莫请缨。”③ 康有为《大同书》甲部三章:“其鳏者或伯道无儿,或左芬有女,或儿女成行而抚育无人。”

伯道嗣艰 bó dào sì jiān 同“伯道无儿”。举例 明·阮大铖《燕子笺·收女》:“尝怜你伯道嗣艰,谁知道弱女颠连。”

伯道之悲 bó dào zhī bēi 同“伯道无儿”。举例 清·归庄《与顾宁人书》:“弟则屡抱山简之痛,方深伯道之悲也。”

伯道之嗟 bó dào zhī jiē 同“伯道无儿”。举例 王朝闻《论凤姐》第一章:“有的讥笑作者‘槁(gǎo)死牖(yǒu)下,徒抱伯道之嗟,身后萧条,更无人稍为矜恤。’”

伯道之忧 bó dào zhī yōu 同“伯道无儿”。举例 清·李渔《闲情偶寄·词曲上·结构》:“向忧伯道之忧,今且五其男,二其女,孕而未诞,诞而待孕者,尚不一其人。”

伯乐 bó lè

出处《列子·说符》,又见《庄子·马蹄》。解说 伯乐,本为星名,神话中传说它掌管天马。春秋时,秦国有一个著名的相马专家姓孙名阳,人们把他称为“伯乐”。因伯乐善于识别千里马,后喻指有眼力,善于发现和选用人才的人。举例 ① 唐·韩愈《杂说》:“世有伯乐,然后有千里马。千里马常有,而伯乐不常有。”② 宋·石介《感兴》:“伯乐能识马,每来加劝说。”③ 汪中求《细节决定成败》一:“难道这仅仅归于就业市场的低迷吗?归于企业不识货吗?归于没有伯乐吗?”

不遇孙阳 bù yù sūn yáng 见“伯乐”。比喻没有遇到识人才的伯乐。举例 唐·曹唐《病马五首呈郑校书章三吴十五先辈》:“阶前莫怪垂双泪,不遇孙阳不敢嘶。”

伯乐一顾 bó lè yī gù

出处《战国策·燕策二》。解说 顾:回头看。据说有一个人牵着一匹骏马在集市上卖,接连几天都无人理睬。于是他前去拜访伯乐,恳请伯乐亲赴集市,假装相马,当离开时能回头看一眼,显出恋恋不舍的样子。伯乐答应了。第二天早晨,伯乐如约来到集市,摸着这匹马看了看,又“还而视之,去而顾之。”(大意是:围着马转了一圈,临走时又回头看了看)。人们知道伯乐善于发现千里马,看到他对这匹马比较在意,都以为一定是一匹好马,于是争先给价、加价。这样一来,马价猛然上涨了十倍。后用此语比喻人受到赏识和推荐,得以施展才能,或事物受到名人的重视和推荐而身价倍增。参见 84 页“伯乐”。举例 ①《后汉书·隗嚣(wěi áo)传》：“数蒙伯乐一顾之价，而苍蝇之飞，不过数步，即托骥尾，得以绝群。”② 宋·王观国《学林·铜斗》：“凡物不以美恶，稍为名士所称，遂以可贵……所谓伯乐一顾，其价十倍。”

B

伯乐顾 bó lè gù 同“伯乐一顾”。举例 唐·张九龄《南还以诗代书赠京都旧僚》：“上惭伯乐顾，中负叔牙知。”

孙阳顾 sūn yáng gù 同“伯乐一顾”。举例 唐·殷尧藩《暮春述怀》：“此时若遇孙阳顾，肯服盐车不受鞭。”

孙阳相马 sūn yáng xiàng mǎ 同“伯乐一顾”。举例 清·张问陶《和聚奎堂壁间前明王衷白先生韵》之一：“腾骧(xiāng)冀野多神骏，肯负孙阳相马心。”

一顾 yī gù 同“伯乐一顾”。举例 唐·李益《将赴朔方早发汉武泉》：“问我此何为，平生重一顾。”

伯牛灾 bó niú zāi

出处《论语·雍也》。解说 伯牛：即冉耕，春秋时鲁国人，是孔子的得意弟子之一，被列入“孔门十哲”。伯牛生了疥疮，当时这是难以医治的恶疾。孔子亲自去探望他，拉着伯牛的手伤心地说：“亡之，命矣夫！斯人也而有斯疾也，斯人也而有斯疾也！”(大意是：可惜啊，命运也太不公平了！这样的好人怎么会患上这种病呢，这样的好人怎么会患上这种病呢！)后用此语指心地善良又有才能的人不幸患上顽疾，或得了不治之症。举例 唐·王维《哭褚司马》：“谁言老龙吉，未免伯牛灾。”

伯牛之疾 bó niú zhī jí 同“伯牛灾”。举例 宋·苏轼《药诵》：“汝忘逾年之忧，百日之苦乎？使汝不幸而有中散之祸，伯牛之疾，虽欲采薇散发，岂可得哉？今食麻麦、茯苓多矣。”

伯牙鼓琴 bó yá gǔ qín

出处《吕氏春秋·本味》，又见《列子·汤问》。解说 伯牙是春秋时有名的琴师，精通音律。传说有一个中秋之夜，伯牙在江边船上，面对皓月当空，乘兴弹起了琴。这时有一个樵夫向船边走来。伯牙弹奏的是表现高山巍峨的曲子，刚刚弹完，樵夫就赞叹道：“善哉，峨峨兮若泰山。”(大意是：弹得太好了！像泰山一样巍峨雄伟，昂然屹立。)伯牙听了很吃惊：一个山野村夫，难道还能闻琴知音？于是又弹奏了一个表现流水无尽的曲子，刚刚弹完，樵夫又赞叹道：“善哉，洋洋兮若江河。”(大意是：弹得太妙了！像长江、黄河一样浩浩荡荡，奔腾不绝。)伯牙心中所想的，并在琴声中流露出

B

来的,樵夫都能听出来。伯牙知道自己得遇知音,连忙推琴而起,恭恭敬敬地把樵夫请到船上,两个人一起谈论琴艺,非常投机,相见恨晚。后来,两个人又结拜为兄弟。这个樵夫就是钟子期。后来钟子期病故,伯牙得知,悲痛万分,扯断琴弦,把琴摔到地上,发誓从此不弹琴,因为他觉得再也不会有人像钟子期那样理解他的音乐了。后用此语比喻琴曲美妙,知音难得。举例《新唐书·邢文伟传》:"伯牙鼓琴,钟期听之,知意在山水,是人能知移风易俗矣。"

伯牙绝弦 bó yá jué xián 见"伯牙鼓琴"。比喻痛失知音,惜其难遇,或沉痛哀悼亡友。举例 唐·温庭筠《哭王元裕》:"闻说萧郎逐逝川,伯牙因此绝清弦。"

伯牙琴 bó yá qín 见"伯牙鼓琴"。比喻沉痛哀悼知音,惜其难遇。举例 唐·罗隐《重过随州忆故兵部李侍郎恩知因抒长句》:"庄周高论伯牙琴,闲夜思量泪满襟。"

伯牙弦 bó yá xián 见"伯牙鼓琴"。指美妙的琴曲。也比喻沉痛哀悼知音,惜其难遇。举例 ① 唐·骆宾王《夏日游德州赠高四》:"成风郢(yǐng)匠斫(zhuó),流水伯牙弦。"② 清·赵翼《汪文瑞师殁已数月以诗哭之凡一千字》:"书成杨子瓿(bù),调绝伯牙弦。"

伯牙曲 bó yá qǔ 见"伯牙鼓琴"。指美妙的琴曲、诗作等。举例 宋·欧阳修《奉答厚甫见过宠示之作》:"戏君此是伯牙曲,自古常叹知音难。"

伯牙心 bó yá xīn 见"伯牙鼓琴"。指知音。举例 清·秋瑾《咏琴志感》:"若无子期耳,总负伯牙心。"

赏音人 shǎng yīn rén 见"伯牙鼓琴"。指心心相印的知己。举例 宋·黄庭坚《玉芝圃》:"但恨赏音人,太半随逝川。"

断弦人 duàn xián rén 见"伯牙鼓琴"。指已故的知音好友。举例 宋·苏轼《书文与可墨竹》:"空遗运斤质,却吊断弦人。"

绝弦 jué xián 见"伯牙鼓琴"。比喻痛失知音,惜其难遇,或沉痛哀悼亡友。举例 ① 唐·沈佺期《伤王学士》:"感游值商日,绝弦留此词。"② 宋·司马光《送王待制知陕府》:"绝弦悲宿草,俯首念诸孤。"

牙弦 yá xián 见"伯牙鼓琴"。伯牙之弦,指精美的琴,也比喻知音。举例 ① 唐·骆宾王《上齐州张司马启》:"庶清音默听,赏流水于牙弦。"② 唐·令狐楚《李相薨后题断金集》:"牙弦千古绝,珠泪万行新。"

高山流水 gāo shān liú shuǐ 见"伯牙鼓琴"。比喻知己相赏,或情深意切的知音。也形容乐曲高雅、精妙。举例 ① 清·袁于令《西楼记·病晤》:"清商绕画梁,一声一字,万种悠扬,高山流水相倾赏。"②《红楼梦》第八十六回:"师旷鼓琴能来风雷龙凤,孔圣人尚学琴于师襄,一操便知其为文王。高山流水,得遇知音。"③ 余秋雨

《霜冷长河·关于友情》:"不管你今后如何重要,总会有一天从热闹中逃亡,孤舟单骑,只想与高山流水对晤。"

流水高山 liú shuǐ gāo shān 同"高山流水"。举例 宋·辛弃疾《谒金门·和廓之五月雪楼小集韵》:"流水高山弦断绝,怒蛙声自咽。"

流水 liú shuǐ 同"高山流水"。举例 唐·王勃《秋日登洪府滕王阁饯别序》:"杨意不逢,抚凌云而自惜;钟期既遇,奏流水以何惭。"

流水引 liú shuǐ yǐn 同"高山流水"。举例 唐·骆宾王《咏怀》:"莫将流水引,空向俗人弹。"

知音 zhī yīn 见"伯牙鼓琴"。原指精通音律,比喻知己、同好之人,或对艺术作品有深刻理解、能正确评价的人。举例 ① 唐·孟浩然《夏日南亭怀辛大》:"欲取鸣琴弹,恨无知音赏。"② 唐·杜甫《哭李常侍峰》:"斯人不重见,将老失知音。"③ 清·黄任《题秋林放鹤图》:"我在林泉汝在阴,高山流水结知音。"④ 鲁迅《集外集拾遗·文艺的大众化》:"倘若说,作品愈高,知音愈少。那么,推论起来,谁也不懂的东西,就是世界上的绝作了。"⑤《风声鹤唳》十七:"勘探归来后与你相会,长伴知音。"⑥《艳阳天》第六十九章:"(弯弯绕)可见到'知音'了,哪还肯白白地放过去呢?"

识曲钟期 shí qǔ zhōng qī 见"伯牙鼓琴"。指精通音律的钟子期,比喻知音。举例 清·袁枚《枚方以诗献中丞而中丞赠适至病中如数奉答即以留别》之四:"扫门魏勃从今远,识曲钟期自古稀。"

钟期 zhōng qī 同"识曲钟期"。举例《聊斋志异·局诈》:"仆蓄一琴,颇异凡品,今遇钟期,何敢终密?"

子期 zǐ qī 同"识曲钟期"。举例 ① 唐·李峤《琴》:"子期如可听,山水响余哀。"② 金·元好问《自题中州集后五首》之四:"文章得失寸心知,千古朱弦属子期。"

卜邻 bǔ lín

出处《左传·昭公三年》。解说 卜:选择。邻:邻居。春秋时,由于宰相晏婴有功劳,齐景公打算赐给晏婴一座新宅,他不肯接受。后来齐景公又帮助晏婴改建旧宅,把老邻居迁走了。晏婴还是不愿意接受,又把房子恢复成原来的样子,并把老邻居请了回来。晏婴陈述自己拒绝的理由说:"非宅是卜,唯邻是卜。"(大意是:迁居时不应该先选择住宅,看它是否宽敞气派,而应该先选择邻居,考虑是否可以和睦相处。)我的旧居临近集市,买东西方便,原来的老邻居也都相处友好,还是不必了吧。后用此语指迁居时首先应该选择好邻居。举例 ① 唐·杜甫《寄赞上人》:"一昨陪锡杖,卜邻南山幽。"② 宋·徐铉《稽神录·陆洎》:"唯君与我有缘,他日必当卜邻。"

卜市邻 bǔ shì lín 同“卜邻”。市：集市。举例 清·钱谦益《新岁有感次前韵》之二：“汉臣未可营居第，齐国还须卜市邻。”

择邻 zé lín 同“卜邻”。举例 唐·白居易《欲与元八卜邻先有是赠》：“每因暂出犹思伴，岂得安居不择邻？”

卜宅 bǔ zhái 见“卜邻”。指选择居住地。举例 唐·杜甫《为农》：“卜宅从兹老，为农去国赊。”

卜宅买邻 bǔ zhái mǎi lín 见“卜邻”。指选择居住地和好邻居。举例 柳亚子《三月十八日东交民巷六国饭店夜坐有作》：“卜宅买邻都不俗，同舟共济漫相轻。”

卜夜 bǔ yè

出处《左传·庄公二十二年》。解说 卜：占卜。陈敬仲是春秋时陈国的公子，他投奔齐国，齐桓公封他做了工正官，负责管理各种工匠。有一天，齐桓公来巡视，陈敬仲设酒宴恭敬地款待。齐桓公喝得十分痛快，一直到了晚上仍未尽兴，便命人掌灯继续饮酒。陈敬仲婉言劝阻说：“臣卜其昼，未卜其夜，不敢。”（大意是：我已经占卜过了，白天饮酒作乐，大吉；但是夜晚继续饮酒是否吉利，我还没有占卜，因而不敢从命。）后用此语形容不分昼夜的饮酒或寻欢作乐，没有节制。举例 唐·张登《冬至夜郡斋宴别前华阴卢主簿》诗序：“（张）登与宾客僚吏，会别于郡斋，酾（shī）酒卜夜，夜艾酒酣而不能自已。”

卜夜卜昼 bǔ yè bǔ zhòu 同“卜夜”。举例 清·纪昀《阅微草堂笔记·姑妄听之三》：“又冶荡殊常，蛊惑万状，卜夜卜昼，靡有已时。”

卜昼卜夜 bǔ zhòu bǔ yè 同“卜夜”。举例 ① 清·捧花生《画舫余谈》：“（吸鸦片者）荧荧一灯，卜昼卜夜，吞吸无厌。”② 徐铸成《何成浚与叶蓬》：“把这些指挥官们，招集在这列花车里，卜昼卜夜、昏天黑地，一起比大欢喜。”

不别菽麦 bù bié shū mài

出处《左传·成公十八年》。解说 别：辨别。菽：豆子。麦：麦子。春秋时，晋国贵族栾书、中行偃（yǎn）等人因杀了晋厉公，立周子（一作“纠子”）为国君，即晋悼公。周子不是长子，上面还有一个哥哥，为了防止大臣们说闲话，栾书等人故意制造舆论说：“周子有兄而无慧，不能辨菽麦，故不可立。”（大意是：周子的哥哥是个白痴，连豆子与麦子都分不清楚，因而不能立为国君。）后用此语形容人愚昧无知，也指缺乏社会实践知识。举例 晋·葛洪《抱朴子·塞难》：“吾每见俗儒碌碌……而了不别菽麦者也。”

不辨菽麦 bù biàn shū mài 同“不别菽麦”。举例 ① 明·杨基《感怀十二首》之一：“士不遇患难，智虑何由全？……苟不辨菽麦，何足揽大权？”② 郭沫若《抱箭集·银杏》：“世间也尽有不辨菽麦的人。”

不耻下问 bù chǐ xià wèn

出处《论语·公冶长》。解说 不耻：不以为耻。下：等级低，指地位或学问等不如自己的人。春秋时，魏国大夫孔圉(yǔ)死后，国君赐谥号叫“文”，人们尊称为“孔文子”。孔子的弟子子贡向老师请教说：为什么要用“文”这个字称孔圉呢？孔子答道：“敏而好学，不耻下问，是以谓之文也。”(大意是：孔文子聪敏而又勤奋学习，肯向地位比他低、学问比他差的人求教并且不认为耻辱，因此称他为“文”。)后用此语形容人谦虚好学，向比自己地位低、学问或技术等差的人求教而不认为有失体面。举例 ①《东周列国志》第二十九回：“隰(xí)朋不耻下问，居家不忘公门。”② 鲁迅《坟·说胡须》：“他于是废然而去了，我仍旧废然而往，自愧无以对‘不耻下问’的朋友们。”③ 毛泽东《党委会的工作方法》：“我们切不可强不知以为知，要‘不耻下问’，要善于倾听下面干部的意见。”

不恶下问 bù wù xià wèn 同“不耻下问”。举例《韩诗外传》卷一：“使吾君好学而不恶下问，贤者在侧，谏者得入。”

不敢越雷池一步 bù gǎn yuè léi chí yī bù

出处《晋书·庾亮传》。解说 越：跨过；超越。雷池：即雷水，水名，发源于湖北，东流入长江，流至安徽望江县南而汇集成湖，因而得名。东晋时，镇守历阳的苏峻发动叛乱，率兵直逼都城建康，晋王室面临巨大威胁。江州都督温峤担心都城的安全，打算率兵东下，保卫建康。中书令庾亮得知后立即给温峤写了一封信，信中说：“吾忧西陲过于历阳，足下无过雷池一步也。”从江州到建康必须路过雷池。信中大意是：与历阳郡的叛军苏峻相比较，我更担心西部边境的安危，你驻守在原来的防地，千万不要轻举妄动。后用此语比喻为人处事小心拘谨，不敢超越一定的界限或范围。举例 ① 秦牧《艺海拾贝·独创一格》：“那一类说法……是用来批评那些已经学习了很多却‘不敢越雷池一步’，在艺术手法上陈陈相因的人们的。”② 陈军《在笑中受益——推荐〈中国古代哲学寓言故事选〉》：“他们对上级的意见，满足于照抄、照传、照搬、照套，不敢越雷池一步。”

不越雷池一步 bù yuè léi chí yī bù 同“不敢越雷池一步”。举例 曹靖华《忆当年·穿着细事且莫等闲看》:"据说这位外国朋友……有一种惯例:从来送客,只到自己房门为止,不越雷池一步。"

不许越雷池一步 bù xǔ yuè léi chí yī bù 见"不敢越雷池一步"。指不允许超越一定的界限或范围。举例 邹韬奋《萍踪寄语·纸上自由》:"尽管听任你在文字上大发挥,但在行动上,这资本主义的社会制度好像铜墙铁壁似的,却不许你越雷池一步!"

不得越雷池一步 bù dé yuè léi chí yī bù 见"不敢越雷池一步"。指不允许超越一定的界限或范围。举例 鲁迅、许广平《两地书》三十:"像我,现在和六个同学同进退,不至八大爷到来,不得越雷池一步,真是苦极。"

不叫越雷池一步 bù jiào yuè léi chí yī bù 见"不敢越雷池一步"。指不允许超越一定的界限或范围。举例《播火记》十五:"怎么管得这么紧?不叫你越雷池一步。"

不寒而栗 bù hán ér lì

出处《史记·酷吏列传》:"是日皆报杀四百余人,其后郡中不寒而栗。"解说 寒:冷。栗:同"慄",因害怕或寒冷而身体发抖。酷吏:指滥用刑罚、残害百姓的官吏。西汉武帝时,定襄太守义纵是有名的酷吏,他阴险狠毒,杀人成性。定襄的社会秩序混乱,犯罪活动猖獗,义纵为了恐吓百姓,有一次竟然把牢狱里的二百多名囚犯连带他们的亲属、朋友一共四百多人,在一天之内全部杀掉了。听到这个噩讯,城里的老百姓都浑身发抖,并非因为当天的气候寒冷,而是因为害怕而心惊胆战。后用此语形容非常恐怖的样子。举例 ①《野叟曝(pù)言》第一三六回:"各营将知其巡按辽东,在操场斩权禹的威风,不寒而栗。"② 朱自清《执政府大屠杀记》:"现在想着死尸上越过的事,真是不寒而栗啊!"③《上海的早晨》第四部三十九:"他的手曾帮助朱延年干这些罪恶的勾当。他一想到这些,全身不寒而栗。"

不见经传 bù jiàn jīng zhuàn

出处 宋·洪迈《容斋三笔·再书博古图》:"考诸前代,叔液之名不见于经传。惟周八士有叔夜,岂其族欤?"又见宋·罗大经《鹤林玉露·方寸地》:"但存方寸地,留与子孙耕。虽不见于经传,却亦甚雅。"解说 经传:指古代的经书和对经书的注解,泛指经典著作。士:指有教养的人。《博古图》是一部考古学著作,洪迈发现其中错误很多,便对叔液鼎上铭文"叔液"二字作了考释,原文大意是:"叔液"这个人名在先秦六经及有关传疏中都查不到,只有周朝八个有教养的人中有一个叫"叔夜"的,难道会跟他是同族吗?《鹤林玉露》原文大意是:在"但存方寸地,留与子孙耕"这句话中以"方寸地”比喻心，虽古人的书里没有用过，但比喻得贴切、巧妙，不失雅趣。后用此语指文字或事物没有来历、出处，议论没有根据。也指人或事物没有名气。参见192页“方寸地”。举例 ①《醒世恒言·灌园叟晚逢仙女》：“那九州四海之中，目所未见，耳所未闻，不载史册，不见经传，奇奇怪怪，蹊蹊跷跷的事，不知有多多少少。”② 老舍《吐了一口气》：“我们住的小胡同，连轿车也进不来，一向不见经传。”③ 郭沫若《民主运动中的二三事》：“签名的人很多，据说多不见经传。”

不教而诛 bù jiào ér zhū

出处《论语·尧曰》：“不教而杀谓之虐。”解说 教：施教；教育。诛：杀戮；惩处。原文是孔子对弟子子张讲授从政之道时说的话，大意是：平时不注重教育，只知道加以惩罚或杀戮，这就是暴虐。后用此语指事先不进行教育、警告，等到犯了过错就予以杀戮或严加惩处。举例 ①《荀子·富国》：“故不教而诛，则刑繁而邪不胜；教而不诛，则奸民不惩。”②《官场现形记》第二十回：“大人限他们三个月叫他们戒烟，宽之以期限，动之以利害，不忍不教而诛。”

不胫而走 bù jìng ér zǒu

出处 三国魏·孔融《与曹操论盛孝章书》。解说 胫：小腿。走：跑。孔融是东汉末年的名士，他有一个朋友叫盛孝章。盛孝章是魏国人，寄居在东吴，德才兼备，很有名望。东吴的孙策嫉贤妒能，常借故迫害一些有才能的人士。孔融担心自己朋友遭到孙策的毒手，于是写信给曹操，希望曹操能把盛孝章召至帐下效力。信中说：“珠玉无胫而自至者，以人好之也，况贤者之有足乎！”（原文大意是：珠玉本来没有腿脚，之所以会自行到来，是因为人们喜欢它；而贤能之士是有腿脚可以走路的，只要诚心求贤，则不难网罗到身边。）此语原指没有腿脚而能跑，后用来形容消息、著述、学说等不需着力推行就到处流传。举例 ① 清·赵翼《瓯(ōu)北诗话·白香山诗》：“文人学士既叹为不可及，妇人女子亦喜闻而乐诵之。是以不胫而走，传遍天下。”②《孽海花》第三回：“从此，含英社稿不胫而走，风行天下。”③《火凤凰》一一〇：“消息立刻不胫而走，很快就传遍了全县四乡八镇。”

不龟手药 bù jūn shǒu yào

出处《庄子·逍遥游》。解说 龟：通“皲”，皲裂，皮肤因寒冷或干燥而裂开口子。

B

春秋时，宋国有一家人世代以漂洗棉絮为生。冬天气候寒冷，在冰凉的河水中劳作，手都冻得裂开了大口子，非常疼痛。后来他们发明一种有奇效的不龟手药，涂在手上，皮肤再也不会冻裂了。有一个过路的客人听说后，找到这家人，以一百金（金：古代货币的计量单位）的高价买下这种药的配制秘方。那位客人得到不龟药后，便去游说地处水乡的吴国，声称自己有祖传秘方，可以使吴军在寒冷的气候中作战取胜。结果，吴军凭借着这种特效药，于严冬之季与越国军队在水上作战，大获全胜。吴王论功行赏，那位客人受封为侯爵。一种同样的药物，因使用对象不同，产生的效果大不相同。后用此语比喻平常的东西，如使用恰当，便能发挥巨大的作用。有时也用来惋惜才非所用。举例 宋・陆游《寓叹》："裹马革心空许国，不龟手药却成功。"

不龟药 bù jūn yào 同"不龟手药"。举例 宋・范成大《重送伯卿》："惜哉小举袖，负此不龟药。"

龟手药 jūn shǒu yào 同"不龟手药"。举例 宋・范成大《再游天平有怀旧事且得卓庵之处呈寿老》："万户直须龟手药，一龛何用买山钱。"

不龟手 bù jūn shǒu 同"不龟手药"。举例 宋・苏轼《赠李兕（sì）彦威秀才》："穷途政似不龟手，与世羞为西子颦。"

不可同日而语 bù kě tóng rì ér yǔ

出处《战国策・赵策二》。解说 战国时，纵横家苏秦主张燕、赵、韩、魏、齐、楚六国联合抗秦。他游说赵王，分析形势说：关东六国土地的总面积相当于秦国土地的五倍，六国的军队合在一起相当于秦国军队的十倍，如果六国联合抗秦，秦国必败。现在各国居然甘愿向秦国称臣。"夫破人之于破于人也，臣人之于臣于人也，岂可同日而言之哉？"（大意是：打败敌国和被敌国打败，别人臣服于自己和自己臣服于别人，这两种处境截然不同，难道可以在同一时间来谈论吗？）后用此语形容不同事物的性质相差太大，不能相提并论。举例 ① 宋・沈作喆（zhé）《寓简》卷八："此虽愚钝，而他日学成，八面受敌，与涉猎者不可同日而语也。"②《子夜》四："（曾沧海）便想到现在挣钱的法门比起他做'土皇帝'的当年来，真是不可同日而语了。"③ 冰心《寄小读者》二十四："比起父亲在万船如蚁之中，将载着数百军士的战舰，驶进广州湾，自然不可同日而语。"④ 秦牧《艺海拾贝・艺术力量和文笔情趣》："在崇高思想和健康感情基础上面产生趣味，和趣味主义完全不可同日而语。"

安得同日而语 ān dé tóng rì ér yǔ 同"不可同日而语"。举例 宋・秦观《代贺吕司空启》："论其事，则袁、杨安得同日而语？"

不可同年而语 bù kě tóng nián ér yǔ 同"不可同日而语"。举例 汉・贾谊《过秦论上》:"试使山东之国与陈涉度长絜(xié)大,比权量力,则不可同年而语矣。"

岂同日而语 qǐ tóng rì ér yǔ 同"不可同日而语"。举例 宋·苏轼《代侯公说项羽辞》:"夫制人之与见制于人,克人之与见克于人,岂同日而语哉!"

未可同日而语 wèi kě tóng rì ér yǔ 同"不可同日而语"。举例 清·昭梿《啸亭续录·杨武陵》:"(卢忠肃)虽与吴阿衡同难,一放火之人,一救火之人,未可同日而语也。"

不可同年 bù kě tóng nián 同"不可同日而语"。举例《史通·鉴识》:"加以二传理有乖僻,言多鄙野,方诸《左氏》,不可同年。"

不名一钱 bù míng yī qián

出处《史记·佞幸列传》:"景帝立,邓通免,家居……长公主赐邓通,吏辄随没入之,一簪不得著身。于是长公主乃令假衣食,竟不得名一钱,寄死人家。"解说 名:指占有。假:借与。寄:依附别人。邓通是西汉文帝时人,最初在宫里当差。一天夜里,文帝梦见一个头戴黄帽的人在背后推他,帮助他升到了天上。第二天,文帝来到建在宫西苍池中的渐台,认出御船水手邓通正是梦中推他的人。从此,没有多少技能,却善于阿谀奉承的邓通深得文帝宠幸。文帝把一座铜矿山赐给邓通,允许他采铜铸钱。邓通铸造的铜钱布满天下,成了财产可与王室相比的巨富。有一次,文帝背上生疮,邓通竟用嘴去吮吸疮里腥臭难闻的脓血。后来文帝让太子刘启仿效吸脓,刘启心里很不愿意,以致对邓通怀恨在心。文帝死后,刘启继位,即汉景帝。景帝罢免了邓通的官职,不久又没收了他家的全部钱财。由于文帝有"不让邓通饿死"的遗言,景帝的姐姐长公主赐予邓通一些钱财。官吏却把这些钱财用来抵债,连一根簪子都不给邓通留下。长公主知道后,又让手下人借给邓通一些衣服和饭食。这样,富贵一时的邓通竟然落得个身无分文的下场,最后寄食在别人家里,直至死去。后用此语形容极度贫穷,一文钱也没有。举例 ①《大马扁》第一回:"他自己是不名一钱的,如何去得,惟有向亲朋借贷。"② 郭沫若《行路难》:"于是到五月尾上竟不名一钱,二十块钱的房金竟交不出了。"

一钱不名 yī qián bù míng 同"不名一钱"。举例 ①《糊涂世界》第十二回:"岑其身道:'我也本来打算早办,只是大嫂同舍妹要在家多停几日。又兼我是一钱不名,还要张罗几文才能办事,因此耽搁下来。'"② 朱自清《"海阔天空"与"古今中外"》:"但在一钱不名的穷措大如我辈者,这种设计恐终于只是'过屠门而大嚼'而已。"

一文不名 yī wén bù míng 同"不名一钱"。文:量词,一枚铜钱为一文。举例 ① 冯玉祥《我的生活》第一章:"一次,祖父病了,家里一文不名,买药的钱也无从筹措。”②《青春之歌》第二部二十一章：“如果他有钱给那些人行点贿送包烟钱，也就过去了，可是他身上一文不名。”

一文莫名 yī wén mò míng 同“一文不名”。莫：不。举例 巴金《谈〈憩(qì)园〉》：“不过我虽然一文莫名靠稿费生活，却也不能不说自己不是小资产阶级知识分子。”

不如意事常八九 bù rú yì shì cháng bā jiǔ

出处《晋书·羊祜(hù)传》。解说 八九：十有八九。羊祜是西晋初年的大臣，为官清廉，曾说“拜爵公朝，谢恩私门，吾所不取”。他任尚书左仆射(yè)时，出镇襄阳，任荆州都督军事，开屯田，储军粮，积极备战。羊祜几次上书，请求抓住战机，迅速出兵一举平定吴地。由于当时晋军在北方秦梁地区屡遭失利，朝中大臣意见分歧，羊祜的建议始终未获采纳。羊祜感叹地说：“天下不如意，恒十居七八，故有当断不断。”(恒：经常。)后用此语指不合心意、不顺心的事、难以如愿的事是经常发生的。举例 ①《醒世恒言·黄秀才徼灵玉马坠》：“傍人问其缘故，黄生哽咽不能答一语。正是：不如意事常八九，可与人言无二三。”②《追求》二：“真所谓不如意事常八九；预定的计划，即使是最小的……也难得圆满实现。”③ 谷风《加勒比海上的黄昏》：“正是不如意事常八九，陷入沉思中的首相所反复思量着的就是这些。”

不如意事十八九 bù rú yì shì shí bā jiǔ 同“不如意事常八九”。举例 宋·陆游《新津小宴之明日欲游修觉寺以雨不果呈范舍人》：“新津渡头船欲开，山亭准拟把离杯。不如意事十八九，正用此时风雨来。”

不入虎穴，焉得虎子 bù rù hǔ xué，yān dé hǔ zǐ

出处《后汉书·班超传》。解说 焉：怎么。东汉时，名将班超奉汉明帝之命出使西域，准备联合西域各国共同抗击匈奴。他带领随行人员来到了鄯善国，鄯善国的君主刚开始对班超很热情，过两天突然态度冷淡下来。班超了解到，原来匈奴也派使者来拉拢鄯善国国君。班超见情势危急，当即召集随行人员商量对策，决定夜里袭击匈奴使者。班超毅然决然地说：“不入虎穴，焉得虎子……灭此虏，则鄯善破胆，功成事立矣。”(大意是：不闯到老虎洞里去，从哪里捉到小老虎呢？只要把他们一个不留地杀掉，鄯善国就无法投靠匈奴了。)当天夜里，班超率领随从火烧匈奴使者驻地，与匈奴使者拼死搏斗，最后把他们全部杀死。匈奴使者已死，鄯善国没有办法，只好归顺了汉朝，西域各国随后也陆续归附。后用此语比喻不经过艰苦努力，不冒风险，就不能取得成功。也比喻不经过艰苦、认真的实践就得不到真知。举例 ①《三国演义》第七十回："黄忠催军马随后而进，刘封曰：'军士力困，可以暂歇。'忠曰：'不入虎穴，焉得虎子？'策马先进。士卒皆努力向前。"② 毛泽东《实践论》："中国人有一句老话：'不入虎穴，焉得虎子。'这句话对于人们的实践是真理，对于认识论也是真理。"③《战争和人》(二)卷六："危险当然总是有的，但'不入虎穴，焉得虎子'，不冒点险，怎能飞出'孤岛'去呢？"

不探虎穴，安得虎子 bù tàn hǔ xué，ān dé hǔ zǐ 同"不入虎穴，焉得虎子"。安：哪里；怎么。举例《三国志·吴志·吕蒙传》："贫贱难可居，脱误有功，富贵可致。且不探虎穴，安得虎子？"

不入兽穴，不得兽子 bù rù shòu xué，bù dé shòu zǐ 同"不入虎穴，焉得虎子"。举例《北史·李远传》："不入兽穴，不得兽子，若以奇兵出其不意，事或可济。"

探虎子 tàn hǔ zǐ 同"不入虎穴，焉得虎子"。举例 唐·释齐己《贻王秀才》："自能探虎子，何虑屈男儿。"

虎子 hǔ zǐ 见"不入虎穴，焉得虎子"。比喻珍贵难得的事物或人。举例 宋·石介《元均首登贤良科因寄》："虎子得来山穴泣，骊(lí)珠探去海涛空。"

不塞不流，不止不行 bù sāi bù liú，bù zhǐ bù xíng

出处 唐·韩愈《原道》。解说 塞：堵塞。流：流动。止：停止。行：行进。韩愈是唐代著名的文学家、哲学家，被后人列为"唐宋八大家"之首。他尊崇儒学，排斥佛教和道教，认为佛教和道教"弃君臣、去父子、禁生养"，"去仁与义"，妨碍儒学"仁义"之道的推行，对封建统治有害无益，必须明令取缔和禁止。他说："不塞不流，不止不行。"(大意是：佛教、道教的教义不加堵塞和禁止，儒家学说就不能流行。)主张让僧道还俗各归本业，烧掉一切宣扬佛、道学说的书籍，把寺院、道观改建为民宅。此语原指没有堵塞，就没有流动；没有停顿，就没有前进。比喻旧观念、旧事物或错误的东西不破除，新观念、新事物或正确的东西就不能建立。举例 毛泽东《新民主主义论》："不把这种东西打倒，什么新文化都是建立不起来的。不破不立，不塞不流，不止不行，它们之间的斗争是生死斗争。"

不识时务 bù shí shí wù

出处《后汉书·张霸传》："时邓骘(zhì)当朝贵盛，闻霸名行，欲与为交，霸逡(qūn)巡不答，众人笑其不识时务。"解说 识：认识。时务：当前的社会潮流和客观形势。逡巡：因顾虑而徘徊不前，指犹豫不定。东汉张霸为人正直，博览群经，很多名士

B

都愿意与他交往。汉和帝永元年间,张霸官任会稽太守,政绩显赫,皇后的哥哥虎贲(bēn)中郎将邓骘想与他结交。当时邓骘身为皇戚,握有实权,很多人都千方百计巴结他,而张霸素来不愿与权贵交往,故犹豫再三,避而不见。官员们都讥笑张霸,未免太不了解朝廷中的政治形势了。后用此语指不了解时代潮流或当前形势,也指不懂人情世故,不知进退,惹人讨厌。举例 ①《三国演义》第四十四回:"孔明曰:'亮不笑别人,笑子敬不识时务。'"② 鲁迅《揩油》:"这时候,不但买卖人要报你憎恶的眼光,连同车的客人也往往不免显出以为你不识时务的脸色。"

不知时务 bù zhī shí wù 同"不识时务"。举例 楼适夷《盐场》:"袁龙头自然不会这样不知时务,但他的计划终于失败了。"

不为五斗米折腰 bù wèi wǔ dǒu mǐ zhé yāo

出处《晋书·陶潜传》。解说 折腰:弯腰;鞠躬下拜。东晋文学家陶潜,字元亮,曾官任彭泽县令。他不贪图荣华富贵,也不喜欢官场上那一套应酬来往,从来不与上司拉拢关系。有一次,郡守派了督邮(郡的属吏,执掌督察政务)到县里来巡查。陶潜的下属官员请他恭恭敬敬地去亲自迎接,还要行叩头拜见之礼。陶潜心里非常不痛快,叹了一口气说:"吾不能为五斗米折腰,拳拳事乡里小人邪!"(大意是:我不能为了那区区每月五斗米的官俸,毕恭毕敬地去向无知小人点头哈腰,赔笑脸。)不久,陶潜辞官而去,并写下了名篇《归去来辞》,表达自己对官场生活的厌恶,以及对田园生活的热爱。后用此语形容为人清高、有气节和骨气,不为微薄的俸禄或点滴利益而屈身事人。参见25页"罢官陶令"。举例 ①《喻世明言·穷马周遭际卖䭔媪》:"我只为孤贫无援,欲图个进身之阶,所以屈志于人……古人不为五斗米折腰,这个助教官儿,也不是我终身养老之事。"②《太阳照在桑干河上》六:"陶渊明不为五斗米折腰,咱却为了一百斤粮食受尽了李昌的气,嗯!"

不为斗米折腰 bù wèi dǒu mǐ zhé yāo 同"不为五斗米折腰"。举例 明·汪廷讷(nè)《狮吼记·谏柳》:"陶元亮不为斗米折腰,至今犹有生气。"

不为五斗折 bù wèi wǔ dǒu zhé 同"不为五斗米折腰"。举例 宋·黄庭坚《次韵奉送公定》:"不为五斗折,自无三径资。"

为五斗米折腰 wèi wǔ dǒu mǐ zhé yāo 见"不为五斗米折腰"。指为微薄的俸禄或点滴利益而屈身事人。举例《青春之歌》第一部五章:"不,我可不愿跟余敬唐这样卑鄙的人在一起。宁可饿死,也不能为五斗米折腰。"

为五斗粟折腰 wèi wǔ dǒu sù zhé yāo 同"为五斗米折腰"。粟:与"米"同义。举例《醉醒石》第一回:"君将此银归家怡老,逍遥林泉之间可也,何必为五斗粟折腰?”

五斗折腰 wǔ dǒu zhé yāo 同“为五斗米折腰”。举例 宋·韦骧(xiāng)《得陈安道书知移邑名次》:“男儿有志期必行,五斗折腰何足愍(mǐn)。”

五斗折 wǔ dǒu zhé 同“为五斗米折腰”。举例 柳亚子《浙游杂诗》:“彭泽羞为五斗折,秦庭肯受大夫封。”

为米折腰 wèi mǐ zhé yāo 同“为五斗米折腰”。举例 ① 宋·杨时《寄游定夫》:“东归虽复有民社,为米折腰良可耻。”② 宋·秦观《送刘承仪解职归养》:“为米折腰知我拙,下车入里见君荣。”

折腰 zhé yāo 同“为五斗米折腰”。举例 ① 唐·李白《梦游天姥吟留别》:“安能摧眉折腰事权贵,使我不得开心颜。”② 宋·欧阳修《送杨君之任永康》:“折腰莫以微官耻,为政须通异俗情。”

折腰禄 zhé yāo lù 见“不为五斗米折腰”。指低级官吏的微薄俸禄。举例 唐·钱起《过沈氏山居》:“始愿今不从,区区折腰禄。”

折腰吏 zhé yāo lì 见“不为五斗米折腰”。指地方低级官吏。举例 唐·白居易《早热》:“忽思公府内,青衫折腰吏。”

折腰役 zhé yāo yì 同“折腰吏”。役:差役。举例 唐·白居易《北亭》:“惭无出尘操,未免折腰役。”

五斗米 wǔ dǒu mǐ 见“不为五斗米折腰”。指微薄的俸禄,也比喻点滴利益。举例 宋·范成大《初入湖湘怀南州诸官》:“怀哉千金躯,博此五斗米。”

五斗粟 wǔ dǒu sù 同“五斗米”。粟:与“米”同义。举例 元·耶律楚材《和刘子中韵》:“今日君之来,非为五斗粟。”

五斗 wǔ dǒu 同“五斗米”。举例 宋·王禹偁(chēng)《贤人不家食赋》:“入官未免于五斗,探学徒窥于数仞。”

五斗谋 wǔ dǒu móu 见“不为五斗米折腰”。比喻做官。举例 宋·杨万里《甲申上元前闻家君不快西归见梅有感》之二:“千里来为五斗谋,老亲望望且归休。”

不修边幅 bù xiū biān fú

出处《后汉书·马援传》。解说 修:修饰。边幅:布帛的边缘,比喻人的衣着、仪表。原作“修饰边幅”。马援是东汉初年人,素有大志,早年依附割据陇西的隗嚣(wěi áo)。他与公孙述是同乡,有一些交往。公孙述在蜀称帝时,马援奉隗嚣之命去拜望,公孙述摆出一副尊贵的样子,接待不热情。公孙述劝马援归附于他,马援没有接受。

B

马援对属下的人说:“天下雌雄未定,公孙不吐哺走迎国士,与图成败,反修饰边幅,如偶人形,此子何足久稽天下士乎?”(大意是:现在天下动乱,政权未定,公孙述不着力于招贤纳士,与他们共谋大事,反倒很注意修饰自己仪表,整天打扮得像个玩具娃娃似的,这样的人怎么能长久地聚集起四海的英雄豪杰呢?)马援后来反叛隗嚣,归附刘秀,官任陇西太守、伏波将军等,受封新息侯。此语后反用作“不修边幅”,形容不注意或不讲究个人衣着、仪表的整洁,常指生活懒散,不拘小节。举例 ①《颜氏家训·序致》:“肆欲轻言,不修边幅。”②《儒林外史》第五十五回:“他又不修边幅,穿着一件稀烂的直裰(duō),趿(tā)着一双破不过的蒲鞋。”③ 邹韬奋《患难余生记》第二章:“不修边幅,常发蓬蓬而衣褴褛。”④《小城春秋》第十一章:“陈四敏的外表缺乏一般地下工作者常有的那种穷困的、不修边幅的特征。”

不饰边幅 bù shì biān fú 同“不修边幅”。举例 唐·权德舆《送张校书归湖南序》:“其容温然,而不饰边幅。”

不学无术 bù xué wú shù

出处《汉书·霍光传》。解说 术:技艺;才能。霍光是西汉时的大臣,曾官任大司马大将军,受封博陆侯,有“匡国家、安社稷(jì)”的丰功伟绩,他居功自傲,“不学亡(wú)术,闇(àn)于大理”(亡:同“无”。闇:同“暗”,糊涂,不明白。原文大意是:不读书,少学识,因而不明关乎大局的道理)。霍光的妻子霍显贪图富贵,设计毒死许皇后,立自己的小女儿成君为新皇后。霍光发现妻子的罪恶行径后,由于怕受株连,没有去告发,以致埋下大患。在霍光死后,他的妻子得知罪行暴露,与右将军霍禹、领尚书事霍山等谋反,策划废掉汉宣帝,结果走漏了风声,霍氏一族全部被处死,受牵连而遭灭门的皇戚勋贵达数十家。后用此语指缺乏知识,没有本领,多形容人没有真才实学。举例 ①《官场现形记》第五十六回:“此时制台正想振作有为……只可惜了一件,是犯了‘不学无术’四个字的毛病。”② 曹禺(yú)《日出》第四幕:“最可恶是行里的同人背后骂我是老糊涂,瞎了眼,叫一个不学无术的三等货来做我的襄理。”③ 冰心《谈点读书写作的甘苦》:“我曾经对校长同志诉过苦,说我这个人是不学无术的人,没有什么‘学’可‘讲’。”

不学无识 bù xué wú shí 同“不学无术”。举例 宋·欧阳修《论台谏官言事未蒙听允书》:“执中为相,使天下水旱流亡,公私困竭,而又不学无识,憎爱挟(xié)情。”

不遗余力 bù yí yú lì

出处《战国策·赵策三》,又见《史记·平原君虞卿列传》。解说 遗:遗留;留下。

余：剩余。战国时，秦国派大军攻打赵国，临撤兵前逼迫赵国割地讲和。赵王最初想答应秦军的条件，赵国大臣虞卿陈说利害，竭力劝阻赵王。听了虞卿的分析，赵王若有所悟地说："秦军已经不遗余力了，他们退兵正说明士气疲惫不堪。"虞卿于是进一步说："越是在这个时候，我们越不能让步讲和，否则便是帮了敌人的忙呀。"后用此语指做事时，毫无保留地使出全部智慧或力量。举例 ① 明·归有光《沈引仁妻周氏墓志铭》："二子能养矣，孺人犹自劳苦，不遗余力。"②《文明小史》第四回："委员和事，调停惟赖孔方；绅士责言，控诉不遗余力。"③ 陶铸《崇高的理想》："他们一直遭到了和将要永远遭到人们的憎恶、咒骂；咒骂之不足，人们还通过许多文学艺术作品，对他们作了不遗余力的鞭挞。"

不遗余虑 bù yí yú lǜ 同"不遗余力"。举例 宋·陈亮《子房贾生孔明魏徵何以学异端》："贾生于汉道初成之际，经营讲画，不遗余虑，推而达之于仁义礼乐，无所不可。"

不亦乐乎 bù yì lè hū

出处《论语·学而》："学而时习之，不亦说（yuè）乎！有朋自远方来，不亦乐乎！"解说 亦：也。说：通"悦"，愉快。原文大意是：学习知识并经常温习，不也是很愉快吗！有朋友从很远的地方来，不也是很愉快吗！此语原指十分高兴。后表示事态发展到了过甚的程度。带有诙谐的意味。举例 ① 明·无名氏《吴起挂帅》第四折："吴起着我打听秦兵去，谁想正撞着秦将，把我一阵杀的不亦乐乎，跑将来了。"② 鲁迅《通信》："访问的，研究的，谈文学的，侦探思想的，要做序、题签的，请演说的，闹得个不亦乐乎。"③ 郭沫若《屈原》第五幕："哎，那骂得可真也是不亦乐乎。"

不因人热 bù yīn rén rè

出处《东观汉记·梁鸿传》。解说 因：凭借；依靠。梁鸿是东汉时诗人，才华出众，性格孤傲，平时不愿求助于人，很少与别人交往。梁鸿曾入太学读书，有一天，住在隔壁的同窗做完自己的饭，让他趁锅灶的余热接着做饭。梁鸿说："童子鸿不因人热者也。"（大意是：我梁鸿是不依赖别人的热灶烧火煮饭的。）说着，梁鸿把灶里的火熄灭，重新生火做饭。后用此语指性情孤僻高傲的人不愿倚仗别人，或不附炎趋势。参见 309 页"荆钗布裙"，319 页"举案齐眉"。举例 ① 清·赵翼《戏咏火判官》："平生性不因人热，任尔乘权气郁蒸。"② 清·谭嗣同《论艺》："皆能独来独往，不因人热。"

热不因人 rè bù yīn rén 同“不因人热”。举例 陆曾沂(yí)《题亚子分湖旧隐图》之一:“热不因人怜赁庑,门曾临水忆悬弧。”

不求因热 bù qiú yīn rè 同“不因人热”。举例 康廷之《求邻壁光判》:“殊谢梁鸿,不求因热;乃如苏季,愿借余光。”

不因热 bù yīn rè 同“不因人热”。举例 唐·骆宾王《夏日游德州赠高四》:“潘岳本自闲,梁鸿不因热。”

因人热 yīn rén rè 见“不因人热”。指仰仗别人的权势。举例 清·尤侗(tóng)《别长安》之一:“一官未许因人热,十口翻成为仕贫。”

不远千里 bù yuǎn qiān lǐ

出处《孟子·梁惠王上》。解说 不远:不以……为远。战国时,孟子到各国游说,推行自己的学说,但没有哪个国君肯接受。得知梁惠王正在招贤纳士,孟子就来求见。梁惠王热情地问道:“叟,不远千里而来,亦将有以利吾国乎?”(叟:年老的男子。大意是:老先生从千里之外辛辛苦苦赶来,一定带来了有利于我的国家的良策吧?)孟子回答说:大王您何必一开口就提到“利”呢?“仁”和“义”才是更重要的啊。如果君王总是想怎样才能有利于我的国家,官吏总是想怎样才能有利于我的地位,读书人和老百姓总是想怎样才能有利于我自身,这样上上下下都追逐私利,天下怎么能太平呢!追逐私利的人永远不会满足,因此奉劝您不要再宣扬私利。梁惠王听了,心中很受触动。后用此语形容做事不怕或不计较路途遥远。举例 ①《喻世明言·张道陵七试赵升》:“我赵升生平不作昧心之事,今弃家入道,不远千里,来寻明师,求长生不死之路。”②《官场现形记》第三十八回:“这个风声一出,那些愿意受戒的善男信女,果然不远千里而来。”

不远万里 bù yuǎn wàn lǐ 同“不远千里”。举例 ① 毛泽东《纪念白求恩》:“(白求恩同志)不远万里,来到中国。”②《三家巷》一五〇:“难道说,她何守礼不远万里,从广州跑到延安来闹革命,就是为了要跟这样一个人配对儿么?”

不赞一辞 bù zàn yī cí

出处《史记·孔子世家》。解说 赞:参与。西汉史学家司马迁著《史记》,认为《春秋》虽然文字简练,“述而不作”,只是客观记载历史事实,但其中隐含微言大义,有对人物的褒贬,对政事的臧否(zāng pǐ),非孔子这样的圣人不能为。当时“笔则笔,削则削,子夏之徒,不能赞一辞”。(笔:指用笔写。子夏:春秋末年晋国人,孔子的弟子，擅长写作。原文大意是：该记载下来的就书写在竹简上，该删去的字就用小刀从竹简上刮掉，子夏等弟子站在一旁，连增减一个字的建议都提不出来，什么忙也帮不上。）后用此语指文章写得极其严谨、完美，别人不能再添一句话。有时也指出于推托等原因而一言不发。参见144页“春秋笔法”。举例《官场现形记》第五十八回：“李大人看了不赞一辞，赵大人看了仍旧交还司员。”☞此语不要误解为“不说一句赞成的话”。

B

不赞一词 bù zàn yī cí 同“不赞一辞”。举例《二十年目睹之怪现状》第八十三回：“倒是侯制军屡次劝他，他却是说到续娶的话，并不赞一词，只有垂泪。”

布帆无恙 bù fān wú yàng

出处《晋书·顾恺(kǎi)之传》，又见《世说新语·排调》。解说 布帆：船帆，代指船只。无恙：没有祸患。顾恺之是东晋时的文人，多才多艺，尤其擅长书法、绘画，曾在荆州刺史殷仲堪手下任参军，两个人关系很好。有一次，顾恺之从水路回家乡探亲，殷仲堪破例照顾他，拨给他一只帆船乘坐。顾恺之乘坐的帆船沿江而下，行驶到华容县（即今湖北潜江）一个名叫破冢的沙洲时，遇到狂风，所幸有惊无险，一行人都平安无事。顾恺之为了让殷仲堪放心，写信给他说：“行人安稳，布帆无恙。”后用此语指旅途之人一路平安。举例 清·蒲松龄《寄家》之一：“雁足帛书何所寄，布帆无恙旅愁新。”

帆无恙 fān wú yàng 同“布帆无恙”。举例 清·林崧祁《送许莲荪之台湾省亲》：“天怜孝子帆无恙，海畏才人浪不狂。”

布帆安稳 bù fān ān wěn 同“布帆无恙”。举例 清·黄景仁《送陈理堂学博归江南》：“下水船中天上坐，布帆安稳作归人。”

布帆好 bù fān hǎo 同“布帆无恙”。举例 清·黄景仁《昭灵宫》：“远人长揖亦有求，愿得还家布帆好。”

布鼓雷门 bù gǔ léi mén

出处《汉书·王尊传》。解说 布鼓：用布蒙鼓面制作的鼓。这种鼓，敲击起来没有多大声响。雷门：古代会稽（今浙江绍兴）的城门名，城门上陈设有大鼓，据说擂击此鼓，声音能传到远在千里的洛阳。汉代的王尊被任为东平王相，前去拜谒东平王，正巧太傅在为东平王讲解《诗经》的《相鼠》一篇。王尊对太傅说：“毋持布鼓过雷门。”（毋：不要；不可以。大意是：不要抬着以布蒙面的鼓过雷门，即不要在雷门之下敲击布鼓。意思是说,不要在高人面前卖弄。)后用此语比喻在高手面前卖弄技艺或本领。与“班门弄斧”意思相近。举例 ① 宋·朱熹《次张彦辅赏梅韵》:“酒酣耳热莫狂歌,布鼓雷门须缩手。”② 元·吴昌龄《东坡梦》第一折:“小官在吾兄跟前,念《满庭芳》一阕,却似持布鼓雷门,岂不惭愧?”

B

布鼓 bù gǔ 同“布鼓雷门”。举例 清·袁枚《海桐书屋即事》:“遗响撞布鼓,张旗招云龙。”

羞布鼓 xiū bù gǔ 同“布鼓雷门”。举例 唐·刘禹锡《和汴州令狐相公到镇改月偶书所怀》:“词人羞布鼓,远客羡貂襜(chān)。”

C

采薇 cǎi wēi

出处《史记·伯夷列传》:“武王已平殷乱,天下宗周,而伯夷、叔齐耻之,义不食周粟,隐于首阳山,采薇而食之。”解说 薇:一种多年生草本植物,结荚果,嫩苗可以吃。粟:小米,泛指粮食。殷商末年,商纣(zhòu)王荒淫无道。周文王姬昌去世,周武王姬发继位,随即准备讨伐商纣王。孤竹国国君的两个儿子伯夷和叔齐认为周武王“父死不葬”“以臣弑君”是不仁不义,竭力加以劝阻。周武王没有采纳他们的意见,坚持发兵伐纣,灭了商朝,使天下都归附于周王朝。伯夷、叔齐认为做周朝的臣民很可耻,不肯吃周朝土地上生长的粮食,逃入首阳山隐居,靠吃野菜度日,以此表示不改变自己的节操,最后两个人饿死在山里。后用此语指不接受新朝的俸禄,愤世隐居,坚守节操,志行高洁。也比喻清贫的隐士生活。举例 ① 唐·王绩《野望》:“相顾无相识,长歌怀采薇。”② 清·和邦额《夜谭随录·梁生》:“而今一发穷无告,不久西山唱《采薇》。”

食薇 shí wēi 见“采薇”。指隐居。举例 北周·庾信《拟咏怀》之二十一:“避谗犹采葛,忘情遂食薇。”

不食周粟 bù shí zhōu sù 同“采薇”。举例 ① 鲁迅《故事新编·采薇》:“这是沿路讨来的残饭,因为两人曾经议定‘不食周粟’,只好进了首阳山之后开始实行,所以当晚把它吃完,从明天起,就要坚守主义,绝不通融了。”②《四世同堂》八十七:“这四年里,我受了多少苦,完全为不食周粟!积极的,我没作出任何事来;消极的,我可是保持了个人的清白。”

辞粟 cí sù 见“采薇”。指辞去俸禄。举例 唐·李白《月下独酌》之四:“辞粟卧首阳,屡空饥颜回。”

周粟 zhōu sù 见“采薇”。指周朝的俸禄。多比喻有节操的人不愿意接受新朝的俸禄。举例 唐·李白《送张秀才从军》:“周粟犹不顾,齐珪安肯分?”

夷齐饿首阳 yí qí è shǒu yáng 同“采薇”。举例 宋·刘克庄《沁园春·梦中作梅》:“冷艳谁知,素标难亵,又似夷齐饿首阳。”

孤竹之志 gū zhú zhī zhì 见“采薇”。指高洁的志行。举例 唐·李德裕《赠右卫将军李安制》:"往者,产禄擅朝,充躬交乱,每念王室,殆于阽(diàn)危,不惮芳兰之焚,竟全孤竹之志。"

采薪之忧 cǎi xīn zhī yōu

出处《孟子·公孙丑下》。解说 采薪:打柴。春秋时,孟子带着弟子等游历到了齐国。齐王召见孟子,不巧孟子偶感风寒,不能去朝见。第二天孟子病稍好一些,有事外出。孟子走后,齐王派人前来探望,孟子的表弟孟仲子为了不失礼节,委婉地对来人说:"昔者有王命,有采薪之忧,不能造朝。今病小愈,趋造于朝,我不识能至否乎。"宋·朱熹《四书集注》:"采薪之忧,言病不能采薪。谦辞也。"(孟仲子大意是:昨天齐王召见,由于孟子偶染小病,不能入宫。今天他的病刚好一点儿,已经急急忙忙地赶往宫中去了,我不知道这时是否已经到了宫内。)此语原指因生病不能上山去打柴,打柴本来是老百姓的日常活计,士大夫以此自称患病,表示谦逊有礼貌。后用作自称患病的婉辞。参见210页"负薪之忧"。举例 元·王实甫《西厢记》第二本楔子:"欲诣帐下,以叙数载间阔之情;奈至河中府普救寺,忽值采薪之忧,不能伺奉左右。"

采薪之患 cǎi xīn zhī huàn 同"采薪之忧"。举例《红楼梦》第三十七回:"为风露所欺,致获采薪之患。"

惨绿年华 cǎn lǜ nián huá

出处 唐·张固《幽闲鼓吹》。解说 惨绿:浅绿,指服色。唐代,潘孟阳官任户部侍郎时,有一天在家中宴请宾朋。潘母隔着竹帘可以观察他们饮宴谈笑。待宾客们走了以后,潘母问儿子说:"末座惨绿少年何人也?"(不知刚才坐在最下席的身穿浅绿色袍服的年轻人是谁?)潘孟阳回答:"补阙杜黄裳。"(他叫杜黄裳,任补阙官职。)潘母说:"此人全别,必是有名卿相。"(这个人与众不同,将来一定会成为有作为的宰相。)后用"惨绿少年"指风度翩翩的青年男子,用"惨绿年华"指风华正茂的青年时期。举例 清·龚自珍《己卯自春徂(cú)夏在京师作》之七:"十年提倡受恩身,惨绿年华记忆真。"

沧海桑田 cāng hǎi sāng tián

出处 晋·葛洪《神仙传·麻姑》。解说 沧海:大海。桑田:种植桑树的地,泛指农田。相传东汉时有个道士叫王方平,惯以装神弄鬼的手段骗取钱财。有一次,他请来师妹麻姑仙女。仙女头顶盘着发髻，身上衣服光彩艳丽，看上去也就十八九岁的模样，但她说已经有五百年没有和王道士见面了。有人奇怪地问她究竟有多大年龄，仙女说："这个连我自己也记不清楚了，只记得经历过三次东海变成桑田。我这次从蓬莱仙岛来，看见海水比往日浅了一半，大概很快又要变成桑田了。"王方平在旁边与她一唱一和，迷惑了不少人。此语原指大海变成农田，农田又变成大海，形容年长日久。也比喻社会或世事的变化巨大。举例 ① 明·刘基《惜余春慢·咏子规》："沧海桑田有时。海若未枯，愁应无已。"② 阳翰笙《风雨五十年》："我印象中的成都全变了样，沧海桑田，换了人间。"③ 苏雪林《培丹伦岩穴探奇》："想不到地下世界一样有沧海桑田的变迁，不是很有趣味的问题吗？"

沧海变桑田 cāng hǎi biàn sāng tián 同"沧海桑田"。举例《喻世明言·杨八老越国奇逢》："不隔数年，丁丞相得罪，贬做崖州司户。那杨仁杲（gǎo）从外戚起家，官至太尉，号为皇亲。朝廷就将丁丞相府第赐与杨仁杲居住……正是：桑田变沧海，沧海变桑田。穷通无定准，变换总由天。"

海变桑田 hǎi biàn sāng tián 同"沧海桑田"。举例 清·无名氏《飞花咏》（玉双鱼）第十三回："桑田变海，海变桑田。祸福无常，使人意想不到。"

海水桑田 hǎi shuǐ sāng tián 同"沧海桑田"。举例 唐·白居易《涧中鱼》："海水桑田欲变时，风涛翻覆沸天地。"

桑田沧海 sāng tián cāng hǎi 同"沧海桑田"。举例 ① 元·王恽之《春日田园杂兴》："桑田沧海几兴亡，岁岁东风自扇扬。"②《儿女英雄传》第二十回："你道怎的苍狗白云，天心无定；桑田沧海，世事何常。"

桑海 sāng hǎi 同"沧海桑田"。举例 明·李东阳《和萧封君凤仪遗诗四十韵》："世运迭推代，昔闻桑海三。"

沧桑 cāng sāng 同"沧海桑田"。举例 ① 清·孔尚任《桃花扇·听稗》："人住深深丹洞旁，闲将双眼阅沧桑。"②《儿女英雄传》第三十回："这一年之中，你我各各的经了多少沧桑，这日月便如落花流水一般的过去了。"③ 毛泽东《七律·人民解放军占领南京》："天若有情天亦老，人间正道是沧桑。"

沧海变 cāng hǎi biàn 同"沧海桑田"。举例 清·钱谦益《丙申重九海上作诗》之二："故国屡经沧海变，吾家犹说射潮强。"

三见海成田 sān jiàn hǎi chéng tián 同"沧海桑田"。举例 清·顾炎武《前诗意有未尽再赋四章》之一："濩（hù）落人间七十年，年来三见海成田。"

蓬莱清浅 péng lái qīng qiǎn 同"沧海桑田"。举例 清·曾国藩《闻客话里中近事》："蓬莱清浅信推迁，回首乡关事可怜。"

C

藏垢纳污 cáng gòu nà wū

出处《左传·宣公十五年》。解说 藏：包藏。垢：污秽；脏东西。纳：容纳。春秋时，楚国攻打宋国，宋国向晋国请求救援。晋景公打算派兵援宋，大夫伯宗劝阻说："川泽纳汙（wū），山薮（sǒu）藏疾，瑾瑜匿瑕，国君含垢。"（汙：同"污"。薮：湖泊。原文大意是：江河湖泊能够容纳污泥浊水，山林沼泽可以隐藏猛兽毒蛇，美丽的玉石也会有瑕疵，作为国君应该暂时忍受屈辱。）又说：这是天之常道、自然法则。如今楚国正处于国势强盛时期，不宜与其抗衡，陛下可以等待更有利的时机再与其争锋。晋景公觉得伯宗说得有道理，于是没有出兵。此语原指包藏污垢，后形容包容坏人坏事。举例 ①《野叟曝（pù）言》第二回："俺们僧家，与你们儒家一样藏垢纳污，无物不有。"② 鲁迅《且介亭杂文附集·女吊》："会稽乃报仇雪耻之乡，非藏垢纳污之地！"③《黄昏》："但到了如今，南城水井从山中导来了新水源，西城多用河水，这水塘却早已成为藏垢纳污的所在地了。"④ 毛泽东《整顿党的作风》："党八股是藏垢纳污的东西。"

藏污纳垢 cáng wū nà gòu 同"藏垢纳污"。举例 ①《大周天》："藏污纳垢的长发，肮脏而邪气的脸，虽挤在知识分子堆里也给人以小人得势和暴发户的印象。"② 马雨农《知春曲——陈毅同志和知识分子》："旧上海，在文化上也是藏污纳垢。"

藏拙 cáng zhuō

出处 唐·刘悚（sù）《隋唐嘉话》卷下。解说 拙：拙劣。南朝梁时常侍徐陵是著名文人，与诗人庾信并称"徐庾"。徐陵曾受聘于北齐。北齐文人魏收的文章写得不是很好，他想走捷径，借徐陵的名望使自己扬名，于是把自己的作品结为一集送给徐陵。徐陵从北齐返回时，把魏收送来的文集投入江中。随行人员不明其中的缘故，便请教徐陵为什么这样做？徐陵答道："我这是为魏公藏拙呀。"后用此语指把拙劣的作品隐藏起来，不以示人。常用作谦辞。举例 ① 唐·罗隐《自隐》："纵无显效亦藏拙，若有所成甘守株。"② 清·李渔《慎鸾交·计竦（sǒng）》："花封纵美，也敌不过亲职高；和盘托出空贻笑，倒不如藏拙为高。"③ 鲁迅《书信集·致台静农》："字写得坏极，请勿裱挂，为我藏拙也。"

草菅人命 cǎo jiān rén mìng

出处《汉书·贾谊传》。解说 菅：一种茅草。草菅：杂草；野草。贾谊是西汉政论家、文学家,曾官任太中大夫。因为他好抨击时政,遭到权臣周勃、灌婴等排挤,贬为梁怀王的太傅(即老师)。贾谊写了一篇《治安策》给梁怀王,其中谈到秦王朝施行严刑峻法而导致国家灭亡的史实,批评秦二世胡亥“其视杀人,若艾(yì)草菅然。”(艾:通“刈”,割草。原文大意是:他滥杀无辜,视人命如同野草一样。)后用此语形容统治者轻视人的性命,任意杀害老百姓。举例 ①《初刻拍案惊奇》卷十一:“所以说为官做吏的,千万不要草菅人命,视同儿戏!”②《官场现形记》第四十七回:“因见首府如此行为,心上老大不以为然,背后常说:‘像某人这样的官,真是草菅人命了。’”③ 郭沫若《蔡文姬》第三幕:“左贤王:什么外戚,什么宦官,还有既非外戚又非宦官的豪强大户,他们就只晓得争权夺利,草菅人命。”☞“草菅人命”的“菅”,不要误成“管”。

草木皆兵 cǎo mù jiē bīng

出处《晋书·苻(fú)坚载记下》。解说 兵:兵士。东晋十六国时,前秦国君苻坚率领百万大军进攻东晋企图称霸天下。东晋统帅谢玄施巧计击败了苻坚的先头部队。有一天,苻坚和大将苻融登上寿春城楼,观察对面东晋军队的营垒,“见部阵齐整,将士精锐;又北望八公山上,草木皆类人形,顾谓融曰:‘此亦勍(qíng)敌也,何谓少乎!’怃然有惧色。”(八公山:山名,在今安徽。勍:强大;精锐。怃然:失意的样子。原文大意是:观望东晋的军容齐整,士气很高;又看到北面八公山上风吹草动,仿佛有很多敌军埋伏在那里。苻坚回头对苻融说:“这是锐不可当的敌军啊,怎么能说不够强大呢!”说着脸上流露出恐惧的神情。)苻坚由于精神紧张过度,竟误以为山上的草木都是敌军。后用此语形容人因极度惊恐和紧张而产生错觉,误把形势看得异常严峻。举例 ① 明·无名氏《四贤记·告贷》:“被寇相侵,惊心草木皆兵。”②《二十年目睹之怪现状》第五十九回:“这一天,大家都是惊疑不定,草木皆兵。”③ 郭沫若《天地玄黄·兵不管秀才》:“草木皆兵,望风而逃。”④ 邓小平《党在组织战线和思想战线上的迫切任务》:“绝不能以偏概全,草木皆兵。”

草木为兵 cǎo mù wéi bīng 同“草木皆兵”。举例 金·元好问《秋望赋》:“云烟惨其动色,草木起而为兵。”

八公山上,草木皆兵 bā gōng shān shàng, cǎo mù jiē bīng 同“草木皆兵”。举例 毛泽东《论持久战》:“‘八公山上,草木皆兵’,是错觉之一例。”

八公草木 bā gōng cǎo mù 同“草木皆兵”。举例 清·魏源《江头月》:“八公草木风鹤声,沟垒高深为谁设!”

草木兵 cǎo mù bīng 同“草木皆兵”。举例 清·查(zhā)慎行《送秦望兄东归》:“雨腥双袖弓刀血,风静诸山草木兵。”

草木风 cǎo mù fēng 同“草木皆兵”。举例 唐·杜甫《洗兵马》：“三年笛里《关山月》，万国兵前草木风。”

风兵草甲 fēng bīng cǎo jiǎ 同“草木皆兵”。举例《水浒传》第九十五回：“况我兵惊恐，凡杯蛇鬼车，风兵草甲，无非撼志之物。”

C

草行露宿 cǎo xíng lù sù

出处《晋书·谢玄传》。解说 走在野草里，睡在露天下。东晋时，前秦王苻（fú）坚率军攻打晋国，晋国派谢玄、谢石领兵拒敌，两军隔着淝水（淮河支流，在今安徽）列阵对峙。谢玄利用苻坚骄傲狂妄的心理，设计骗苻坚的兵马略向后退，以便渡河决战。苻坚则想趁晋军渡河到一半时突袭取胜，于是下令后撤。不料，苻坚的兵马听到后撤命令却乱了阵脚，竞相践踏，溃不成军。晋军趁势掩杀，抢渡淝水，大破敌军。苻坚残部“弃甲宵遁，闻风声鹤唳，皆以为王师已至，草行路宿，重以饥冻，死者十七八”。（大意是：丢掉盔甲连夜逃命，听到刮风声、鹤叫声胆战心惊，以为晋军追上来了，避开大路在荒野中逃跑，在露天里过夜，又饿又冷，十分之七八的人都死去了。）后用此语形容行旅急迫而艰苦。举例 宋·文天祥《指南录后序》：“不得已，变姓名，诡踪迹，草行露宿，日与胡骑相出没于长淮间。”

恻隐之心 cè yǐn zhī xīn

出处《孟子·公孙丑上》：“所以谓人皆有不忍人之心者，今人乍见孺子将入于井，皆有怵（chù）惕恻隐之心——非所以内交于孺子之父母也，非所要（yāo）誉于乡党朋友也，非恶（wù）其声而然也。由是观之，无恻隐之心，非人也；恻隐之心，仁之端也。”解说 恻隐：哀痛，指对别人的不幸表示怜悯、同情。乍：忽然。怵惕：惊惧、恐惧。内：同“纳”，纳入。内交：结交。要：同“邀”，求取，求得。恶：厌恶；讨厌。原文是孟子说的话，大意是：之所以说人都具有同情别人的心理，好比现在忽然看见一个小孩子将要跌到井里去，大家都会产生惊恐和怜悯。这不是为了要和这孩子的父母建立来往，也不是为了在邻里乡亲中讨个好名声，更不是因为厌恶那孩子的哭声才产生了这种心情。从这件事可以看出，没有同情心的人，不能算是人。同情心正是“仁”这种道德观的出发点。后用此语指见到别人遭受灾祸或不幸，产生怜悯或同情。举例 ①《醒世恒言·张淑儿巧智脱杨生》：“元礼道：‘这是你令堂恻隐之心，留我借宿。’”② 鲁迅《坟·论“费厄泼赖”应该缓行》：“虽然有时似乎受伤，其实并不，至多不过是假装跛脚，聊以引起人们的恻隐之心，可以从容避匿罢了。”③《呼兰河传》第一章：

"至于邻人街坊们，或是过路人看见了她在庙台上哭，也会引起一点恻隐之心的。"

恻隐心 cè yǐn xīn 同"恻隐之心"。举例 朱自清《论吃饭》："给他们饭吃，固然也有一二成出于慈善心，就是恻隐心，但是八九成是怕他们，怕他们铤而走险。"

恻隐 cè yǐn 同"恻隐之心"。举例《水浒传》第十三回："此人为官清正，作事廉明，每怀恻隐，常有仁慈之念。"

恻隐之心，人皆有之 cè yǐn zhī xīn，rén jiē yǒu zhī 见"恻隐之心"。指每个人都有怜悯或同情他人不幸的心情。举例《孟子·告子上》："恻隐之心，人皆有之；羞恶之心，人皆有之。"

曾经沧海难为水 céng jīng cāng hǎi nán wéi shuǐ

出处《孟子·尽心上》："孔子登东山而小鲁，登泰山而小天下，故观于海者难为水，游于圣人之门者难为言。"解说 曾经：曾经经历。沧海：大海。原文大意是：孔子登上东山（即今山东的蒙山），觉得鲁国的国土变小了；登上泰山，觉得全天下也变小了。所以对于见过大海的人来说，再长的江河也算不上什么大水；对于在圣人门下读书、求学的人来说，其他学派的学说算不上什么学问。后用此语形容人经历过大的世面，见多识广，经验丰富。举例 ① 唐·元稹《离思》："曾经沧海难为水，除却巫山不是云。"②《子夜》九："我是亲身参加了五年前有名的五卅运动的……那时候，群众整天占据了南京路！那才可称为示威运动！然而今天，只是冲过！'曾经沧海难为水'，我老实是觉得今天的示威运动太乏！"

曾经沧海 céng jīng cāng hǎi 同"曾经沧海难为水"。举例 ①《儿女英雄传》第三十一回："请教，一个曾经沧海的十三妹，这些玩意儿可有个不在行的？"②《一个够程度的人》："老兄是曾经沧海，车皮底下也呆过三天三夜，这一点挤，而且不过两个钟头，不算什么，算不了什么。"③《冬天里的春天》第四章："但这种曾经沧海的深沉，深谙（ān）人情的世故，决不是芦花的性格，然而奇怪，的的确确是一张芦花的脸。"

差强人意 chā qiáng rén yì

出处《后汉书·吴汉传》。解说 差：略微；稍微。强：振奋。东汉的开国名将吴汉性格顽强坚毅，追随光武帝刘秀，南征北讨，立有汗马功劳。有一次作战失利，将领们多惊慌失措，惶恐不安，而吴汉却跟平时一样神色自若。刘秀几次派人去看看吴汉在干什么，当得知吴汉在鼓舞士气，带着军士整修兵器和攻城工具时，刘秀感叹地说："吴公差彊人意，隐若一敌国矣。"（彊：同"强"。敌：匹敌；相当。原话大意是：只有

C

吴汉还能振奋一些将士们的斗志，他的威望比得上一国的军队！）此语原指尚能振奋人们的意志。后用来表示事情还比较令人满意或还可以接受。举例 ①《老残游记》第十二回："算来还是张翰风的《古诗录》差强人意。"②《二十年目睹之怪现状》第七十六回："我得了这一封信，似乎还差强人意，谁知偏偏把他丢了，你说可恨不可恨呢？"③《蚀·幻灭》十："这是听了李克的劝告，而她自己对于这第三次工作也找出了差强人意的两点：第一是该职员的生活费一律平等，第二是该会有事在办，并不是点缀品。"☞"差强人意"的"差"不读 chà 或 chāi。

长安居大不易 cháng ān jū dà bù yì

出处 唐·张固《幽闲鼓吹》，又见五代·王定保《唐摭（zhí）言·知己》。解说 长安：地名，即今陕西西安。居：居住；生活。白居易是唐代诗人，年轻时初次到京城长安应举时，曾拿着诗作去拜望、请教比自己年长四十余岁的诗人顾况。顾况知道白居易的名字为"居易"二字，便开玩笑说："米价方贵，居亦弗易。"（《唐摭言》为"长安百物贵，居大不易。"）（大意是：长安的粮食贵，花费多，居住下去可不容易。）后用此语指在京城或大城市里生活费用昂贵，长期居住不容易。举例 ① 清·宣鼎《夜雨秋灯录三集·记李三三逸事》："惟是长安居大不易，乃知囊中钱空，始觉旧游如梦。"② 清·缪（miào）荃孙《艺风堂友朋书札·王仁俊》："因在京事简，尽可兼为跋尾，月得十篇，或作床头捉刀人乎。长安居，大不易。不得不作此冷生涯，但得月有津润足矣。"

居大不易 jū dà bù yì 同"长安居大不易"。举例 ① 鲁迅《书信集·致许寿裳》："我虽不惮荒凉，但若购买食物，须奔波数里，则亦居大不易耳。"②《李自成》第一卷二十六章："不回去有何办法？一则弟不能使周拔贡为弟受累，二则长安米珠薪桂，居大不易。回去，我看他们也不能把我怎样！"

长安米贵 cháng ān mǐ guì 同"长安居大不易"。举例 清·熊钰《迈陂（bēi）塘·题三泖（mǎo）渔庄图》："对画里溪山尽可盟鸥鹭，功名付与，笑一事差强，长安米贵，明日便归去。"

长歌当哭 cháng gē dàng kū

出处 汉·乐府歌辞《悲歌》："悲歌可以当哭，远望可以当归……心思不能言，肠中车轮转。"解说 长：指声音拉得很长。长歌：放声歌咏。当：当作；认为。《悲歌》是一首游子表达思乡之情的诗。原文大意是：唱一支悲伤的歌曲权当痛哭一场，登临高处，眺望远方的故乡聊以自慰……思乡之苦无法用言语抒发，令人愁肠百结。此语原指放声歌咏来代替哭泣，引申为以诗文来倾吐或寄托悲愤的心情。举例 ①《红楼梦》第八十七回："感怀触绪，聊赋四章。匪曰无故呻吟，亦长歌当哭之意耳。"② 鲁迅《华盖集续编·纪念刘和珍君》："长歌当哭，是必须在痛定之后的。"③《草莽》七："运河滩的女人哭坟，就像一首哀歌，陶红杏长歌当哭，催人泪下。"☞"长歌当哭"的"当"不读 dāng。

C

长林丰草 cháng lín fēng cǎo

出处 三国魏·嵇康《与山巨源绝交书》。解说 三国时魏国文学家、思想家嵇康曾官任中散大夫，因不满司马氏集团的专权，与阮籍、山涛（字巨源）等退隐林下，人们把他们称为"竹林七贤"。山涛后来投靠了司马氏，当他即将升迁新的官职时，推荐嵇康补任他留下的空缺。嵇康却不肯向司马氏屈服，写下了《绝交书》表示拒绝，并与山涛断绝了来往。嵇康说，自己的性情、思想观念是与时下名教、礼法等格格不入的。这就好比一头野鹿，如果幼时就被擒获驯养，也许会驯从主人的约束；如果成年后才被擒获驯养，一定会拼死挣脱绳索而逃走。即使给它戴上金制的笼头，喂给它最好吃的食物，"愈思长林而志在丰草也"。（大意是：更喜欢的还是生活惯了的野草丰茂的山林。）嵇康因得罪了司马氏，后来受到诬陷而被杀。后用此语指隐居者的住处，也比喻隐居。举例 ① 唐·王维《与魏居士书》："长林丰草，岂与官署门阑有异乎？"②《金史·赵质传》："臣僻性野逸，志在长林丰草；金镳（biāo）玉络，非所愿也。"③《儒林外史》第八回："所以在风尘劳攘的时候，每怀长林丰草之思，而今却可赋《遂初》了。"

长袖善舞 cháng xiù shàn wǔ

出处《韩非子·五蠹（dù）》："长袖善舞，多钱善贾（gǔ）。"解说 贾：做买卖。原文大意是：袖子越长，舞姿就越美；本钱越多，做买卖就越方便、容易成功。后用此语比喻具备必要的条件，做事便容易成功。也形容有财势、有手腕的人善于钻营。举例 ① 郑观应《盛世危言·银行上》："泰西各国多设银行，以维持商务，长袖善舞，为百业之总枢。"②《清宫外史》上册："李春山长袖善舞，当时的一班名公巨卿，甚至连醇王都被他巴结上了。"③《战争和人》（一）卷五："他不是一个长袖善舞、善于交际或精于在政坛上翻腾跳跃的人，可是对自己的处境及地位心有不甘。"

长治久安 cháng zhì jiǔ ān

出处《史记·屈原贾生列传》，又见《汉书·贾谊传》。解说 治：得到治理；太平。

安：安定。贾谊是汉文帝时的名臣，当时天下初定，各项政治制度不健全，外有匈奴的侵扰，内有同姓诸王谋逆造反，贾谊分析政治形势，写下著名的《治安策》，上书襄助汉文帝"建久安之势，成长治之业"。（大意是：建立治国安邦的功业，开创长久太平的局面。）其中很多建议被汉文帝采纳。后用此语形容国家与社会长期安定，永久太平。举例 ①明·余继登《典故纪闻》卷三："古人有以兵屯田者，无事则耕，有事则战，兵得所养，而民力不劳。此长治久安之道，然必委任得人，庶不废事。"②孙中山《民族主义》第六讲："要维持民族的长久地位，还有道德问题。有了很好的道德，国家才能长治久安。"③《大波》第二部五章："现在这个世道，一天不知要变多少回数，哪里去找长治久安方法！"

尝秽 cháng huì

出处《吴越春秋·勾践入臣外传》，又见《梁书·庾黔娄传》。解说 尝：品尝。秽：污秽的东西，指粪便。《吴越春秋》说的是：春秋时，越国被吴国打败，越王勾践投降后被押送到吴国做家臣。他为了将来有机会逃回去报仇复国，受尽侮辱，忍气吞声。有一次，吴王夫差生病了，勾践进宫探问，亲尝夫差的粪便以诊断病情。勾践尝了粪便，对夫差说："恭喜大王，您的粪便味道很正常，表明病很快就会痊愈的。"夫差以为勾践死心塌地效忠自己，后来把他送回了越国。勾践的"问疾尝粪"是忍辱负重的韬晦之计，回国后发愤图强，终于灭了吴国。参见639页"卧薪尝胆"。《梁书》说的是：南朝梁时人庾易的儿子庾黔娄，非常孝顺。有一次，庾易得了痢疾，请医生来诊治，医生说，只要尝尝粪便的甜苦就能知道病情的轻重。于是，庾黔娄就取来父亲的粪便来尝。后用此语指对君主极尽忠心，或对长辈极其孝顺。举例 鲁迅《坟·我们现在怎样做父亲》："况在将来，迷信破了，便没有哭竹、卧冰；医学发达了，也不必尝秽、割股。"

尝粪 cháng fèn 见"尝秽"。比喻谄媚。举例 阳兆鲲《读史杂咏》之十："拂须尝粪两无伤，彼自葵心媚太阳。"

常山舌 cháng shān shé

出处《新唐书·颜杲（gǎo）卿传》。解说 颜杲卿是唐代人，官任常山太守。安禄山、史思明发动叛乱，攻陷常山城，颜杲卿被俘。叛军逼迫颜杲卿投降，对他严刑拷打，并杀了他的儿子，但颜杲卿骂不绝口，始终不肯屈服。叛军把颜杲卿绑在柱子上，割掉了他的舌头，最后将他活活折磨死了。后用此语指宁死不屈。举例 ①宋·文天祥《正气歌》："为张睢(suī)阳齿，为颜常山舌。"(张睢阳，指唐代人张巡，因坚守睢阳城，壮烈而死。)② 程善之《和孟硕狱中诗》："常山舌在心犹壮，《南史》书存手自持。"

C

唱筹量沙 chàng chóu liáng shā

出处《南史·檀道济传》。解说 筹：筹码，旧时计数的工具。唱筹：高声报出数量。南朝宋文帝时，大将檀道济率军征讨北魏，节节胜利。不料打到历城，军中粮食供应不上了，檀道济不得不下令撤军。有士兵投降北魏并将这个机密泄露出去，北魏军队趁机掩杀，宋军一时人心惶惶。檀道济临危不乱，设计安全撤军。他命令士兵取细沙当作粮食来称量，一边量一边高声报数。北魏军队被假象所迷惑，以为宋军粮食充足，不敢继续追赶，并认为降兵提供的情报不实，把他杀了。后用此语指为安定军心，制造假象来迷惑敌人。也指把无用之物当作有用之物。举例《荡寇志》第七十二回："高俅曾受我恩，今尚不昧良心，挨他半个月，必不至于用强。且疏了他的防备，那时同你高飞远走，他怎生奈何我？这叫做唱筹量沙的计。"

量沙 liáng shā 同"唱筹量沙"。举例 清·李渔《奈何天·助边》："见边庭乏饷，军士呼庚，主帅量沙，怕的是饥军一溃扰中华。"

唱沙作米 chàng shā zuò mǐ 见"唱筹量沙"。指虚假的数量。举例 清·李渔《闲情偶寄·词曲下·宾白》："予所谓多，谓不可删逸之多，非唱沙作米，强凫变鹤之多也。"

车水马龙 chē shuǐ mǎ lóng

出处《后汉书·明德马皇后纪》。解说 东汉明帝时，伏波将军马援的女儿被封为皇后，明帝的儿子章帝继位后，又尊她为马太后。马太后谦虚有礼，严于自律。章帝虽不是马太后所亲生，但很尊敬她。有一次，章帝打算给马太后的三个兄弟加官晋爵，一些臣子趁机帮腔为马家说好话。马太后知道后坚决反对说："凡是讨好取宠的臣子都是图谋私利，不可听信。我不久前回娘家探亲，看见家门口'车如流水，马如游龙'，来来往往拜谒、巴结的客人很多，家里的佣人穿戴得比我的马夫还阔气。你的几个舅舅只知道享乐，怎么能给他们封官呢？"后用此语形容车马或车辆往来不绝的热闹情景。举例 ①《二十年目睹之怪现状》第一回："花天酒地，闹个不休，车水马龙，日无暇晷(guǐ)。"② 鲁迅《故事新编·理水》："这一天，真是车水马龙，不到黄昏时候，主客就全部都到齐了。"③《呼兰河传》第三章："总之一到逛庙这天，各不后人，到不了半晌午，就车水马龙，拥挤得气息不通了。"

车如流水马如龙 chē rú liú shuǐ mǎ rú lóng 同"车水马龙"。举例 南唐·李煜

(yù)《望江南》:“多少恨,昨夜梦魂中:还似旧时游上苑,车如流水马如龙,花月正春风。”

车马如龙 chē mǎ rú lóng 同“车水马龙”。举例 唐·王勃《还冀州别洛下知己序》:“风烟匝地,车马如龙。”

车载斗量 chē zài dǒu liáng

出处《三国志·吴志·吴主传》南朝宋·裴松之注引三国吴·韦昭《吴书》。解说 载:装载。三国时,刘备为给关羽报仇,亲率大军伐吴。吴国君主孙权派博闻多识、能言善辩的中大夫赵咨出使魏国求援。魏文帝曹丕轻视东吴,在接见赵咨时态度傲慢地把孙权奚落了一番,后来见赵咨不卑不亢,对答如流,十分佩服,于是改用比较尊敬的口气问:在东吴,像先生这样有才能的人有多少?赵咨答道:“聪明特达者八九十人。如臣之比,车载斗量,不可胜数。”(大意是:特别贤明通达的人有八九十个。像我这样的人,简直可以用车装,用斗量,数也数不清。)听到赵咨如此谦虚,曹丕肃然起敬,连声称赞说:“使于四方,不辱君命,先生当之无愧。”后用此语形容人或事物数量很多。举例 ①《儒林外史》第四十六回:“举人、进士,我和表兄两家车载斗量,也不是甚么出奇东西。将来小儿在表兄门下,第一要学了表兄的品行,这就受益的多了。”②《啼笑因缘》第三回:“不必失望,像你这样的少年英雄,婚姻问题,是最容易解决的了。像我这样的人才,可以车载斗量,留着机会望后去挑选吧。”③孙犁《白洋淀纪事·吴召儿》:“这不算什么,要是像今天,好墨水,车载斗量,就不再会为一个空瓶子争吵了。”

车量斗数 chē liáng dǒu shǔ 同“车载斗量”。举例《精卫石》第一回:“这真是……车载斗数的功德,为甚么倒无人肯做呢?”

掣肘 chè zhǒu

出处《吕氏春秋·具备》,又见汉·刘向《新序·杂事二》。解说 掣:牵拽;牵制。春秋时人宓(mì)子贱是孔子的弟子,很有才能。鲁国的国君派他去治理一个名叫亶(dǎn)父的地方,他担心到远方做官,容易遭到政敌和官场小人的诽谤,假如鲁君听信谗言,自己的政治抱负就会落空,于是请鲁君派了两个亲信随行。宓子贱到了亶父,当地大小官吏前往拜见,宓子贱叫那两个亲信把官员的名字登记下来。当两个亲信提笔书写时,宓子贱在旁不断地用手拉扯他们的胳膊肘儿,两人写的字一塌糊涂,宓子贱当众把他们狠狠训斥了一顿。两个亲信回去满腹怨恨地向鲁君禀报,鲁君意识到宓子贱这样做的目的是提醒国君用人必信任，不要牵制干涉他的工作，于是派人转告宓子贱说："从今以后，亶父归你全权管辖，凡事自主决断。"由于鲁君放手让宓子贱施政，亶父被治理得很好。后用此语形容办事受到牵制干扰，不能顺利进行。举例 ① 唐·颜真卿《梁吴兴太守柳恽(yùn)西亭记》："虽无鲁臣掣肘之患，岂尽子言用力之术。"② 清·孔尚任《桃花扇·草檄》："只有一个史阁部颇有忠心，被马阮内里掣肘。"③ 章炳麟《驳康有为论革命书》："虽无太后，而掣肘者什伯于太后；虽无荣禄，而掣肘者什伯于荣禄。"④《北京法源寺》第六章："掣肘的力量太多了。"

掣手 chè shǒu 同"掣肘"。举例《晋书·庾翼传》："若北无掣手之虏，则江南将不异辽左矣。"

被肘 bèi zhǒu 同"掣肘"。举例 宋·苏轼《次韵张甥棠美述志》："琢磨晚觉孟光贤，畏我放言时被肘。"

牵肘 qiān zhǒu 同"掣肘"。举例 唐·元稹《夫远征》："秦强赵破括敌起，括虽专命起尚轻，何况牵肘之人牵不已。"

臣门如市 chén mén rú shì

出处《汉书·郑崇传》。解说 西汉末年哀帝时，郑崇官任尚书仆射(yè)。哀帝宠幸奸佞小人，郑崇多次直言劝谏，哀帝听了很不高兴。尚书令赵昌趁机诬告郑崇家里来往的宾客很多，有可能图谋不轨。哀帝责问郑崇说："君门如市人，何以欲禁切主上？"(大意是：你家里人来人往如集市，为什么却劝阻我亲近别人呢？)郑崇回答："臣门如市，臣心如水，愿得考覆。"(大意是：臣子家里客人确实很多，然而我的心像水一样清澈透明，坦荡无私，如果不相信可以去调查。)哀帝见郑崇竟敢为自己辩解，勃然大怒，把他关进牢狱迫害致死。后用此语指车马盈门如集市，前来谒见、奔走的人很多。举例 金·元好问《过希颜故居》之二："臣门如市心如水，世俗论量恐未公。"

臣心如水 chén xīn rú shuǐ 见"臣门如市"。比喻官员操行廉洁如水，心地坦荡无私，或心里清静自如。举例 ①《官场现形记》第十九回："而且有些人见不到，第二天起早再来的：真正合了古人一句话，叫做'臣门如市，臣心如水'。"② 冰心《寄小读者》九："我神志很清明，却又混沌，一切感想都不起，只停在'臣心如水'的状态之中。"

沉鱼落雁 chén yú luò yàn

出处《庄子·齐物论》："毛嫱(qiáng)、丽姬，人之所美也，鱼见之深入，鸟见之高飞，麋鹿见之决骤，四者孰知天下之正色哉？”解说 沉鱼：使游鱼下沉。落雁：使飞雁降落。丽姬：即骊(lí)姬。庄子是战国时哲学家，他和后学编著的《庄子》一书是道家经典之一。毛嫱和骊姬是春秋战国时貌惊天下的美人。原文大意是：毛嫱和丽姬，人们认为美貌无比，但是鱼见了她们就躲藏入水底，鸟见了她们就飞向高空，麋鹿见了她们就飞快跑走，并不认为她们美丽。那么，人和鱼、鸟、麋鹿究竟谁知道真正的美貌呢？这是庄子在举例阐述自己的哲学思想，他认为美和丑是相对的。后人又有一说，“沉鱼”指春秋末年越国的美女西施。她在河边浣纱，鱼儿见了她俊俏的身影，忘了游动而沉到水底。“落雁”指汉代的王昭君。她奉命远离故土，与匈奴单于结亲，在北上的途中弹奏起悲伤的离别之曲。大雁听到动人的琴声，见她如此美貌，忘了飞行而跌落下来。后用此语形容女子容貌非常美丽。常与“闭月羞花”连用。举例 ①《儒林外史》第二十回：“揭去方巾，见那新娘子辛小姐真有沉鱼落雁之美，闭月羞花之貌。”②《烟村四五家》十一：“头一个姑娘，虽没有沉鱼落雁之容、闭月羞花之貌，却也是柳叶眉，杏核眼，樱桃小口一点点，一副美人胎子。”

落雁沉鱼 luò yàn chén yú 同“沉鱼落雁”。举例《聊斋志异·毛狐》：“妇曰：‘吾等皆随人现化。子且无一金之福，落雁沉鱼，何能消受？’”

沉鱼色 chén yú sè 同“沉鱼落雁”。举例 清·韩泰华《无事为福斋随笔》卷下：“余曾为人题《美人钓鱼图》云：‘不知自有沉鱼色，却怪鱼儿不上钩。’”

陈陈相因 chén chén xiāng yīn

出处《史记·平准书》。解说 陈：旧。因：依照；沿袭。西汉前期的几代皇帝都实行“休养生息”的政策，经过约六十年的积累，到汉武帝时，国富民强。钱币装满国库，放得时间长了，穿钱的绳子都朽烂了。“太仓之粟，陈陈相因，充溢露积于外，至腐败不可食。”（太仓：古代设在京城里的大粮仓。原文大意是：国家粮仓里储存的米谷，一年又一年的陈粮重叠在一起，多得放不下，只好放在露天，听任霉烂。）此语原指陈粮逐年堆积。比喻因袭守旧，缺乏创新。参见117页“陈红”。举例 ① 清·昭梿《啸亭杂录·朱清张瑄》：“及夫末际，岁运至四百万之多，使太仓陈陈相因，红朽不可食。”② 清·恽(yùn)敬《上陈笠帆按察书》：“而儒者又疏阔，其言庸迂，陈陈相因。”③ 秦牧《艺术与市侩主义》：“清末时代，广东有居巢、居廉两个兄弟画家擅画山水、花卉、草虫。这两兄弟主张绘画要师法自然，不要陈陈相因，满足于临摹。”

陈陈 chén chén 同“陈陈相因”。也指陈年粮食。举例 ① 清·恽(yùn)敬《与王广信书》：“退之耻蹈之，故破坏文体而不顾，盖陈陈之恶，甚于破坏。”② 宋·苏轼《用前韵再和孙志举》：“期子如太仓，会当发陈陈。”

陈蕃榻 chén fān tà

出处《后汉书·陈蕃传》,又见《后汉书·徐稺(zhì)传》。解说 榻:一种狭长而低矮的坐卧用具,也指床。陈蕃和徐稺都是东汉时人,陈蕃官任尚书令、太尉等,徐稺祖籍豫章南昌(今属江西),家中清贫,但很有学识,因不满宦官当权,虽经陈蕃等大臣多次举荐,终不为官,被人们称为"南州高士"。陈蕃曾任豫章太守,知道徐稺品学兼优,很看重他。当徐稺来陈蕃府上拜访时,陈蕃特地设了一张卧榻,留徐稺住宿,以作长夜之谈。徐稺走后,则把这张卧榻悬挂起来,不给别人使用。后用此语指敬重贤士或礼待宾客,也形容宾主情投意合。举例 唐·张九龄《候使登石头驿楼作》:"自守陈蕃榻,尝登王粲(càn)楼。"

陈榻 chén tà 同"陈蕃榻"。举例 唐·孟浩然《韩大佽东斋会岳上人诸学士》:"郡守虚陈榻,林间召楚材。"

高士榻 gāo shì tà 同"陈蕃榻"。举例 明·徐渭《钮大夫园林》之一:"镇悬高士榻,能赋大夫家。"

徐榻 xú tà 同"陈蕃榻"。举例《花月痕》第十五回:"三更凉梦回徐榻,一夜西风瘦沈郎。"

悬榻 xuán tà 同"陈蕃榻"。举例 ① 清·王摅(shū)《贺长洲相公》:"忆自南州悬榻日,来为东阁扫门人。"②《孽海花》第二十回:"春秋佳日,悬榻留宾;偶然兴到,随地谈宴,一觞(shāng)一咏,恒亘昏旦。"

置榻 zhì tà 同"陈蕃榻"。举例 唐·白居易《自咏老身示诸家属》:"置榻素屏下,移炉青帐前。"

下榻 xià tà 见"陈蕃榻"。原指礼敬贤士或礼待宾客,后比喻留客住宿或寄居。举例 ① 唐·李白《与夏十二登岳阳楼》:"云间连下榻,天上接行杯。"② 唐·刘长卿《送贾三北游》:"亦知到处逢下榻,莫滞秋风西上朝。"③ 清·孔尚任《桃花扇·闹榭》:"我二人不回寓,就下榻此间了。"④《东风第一枝·两洋潮水》:"我们下榻的旅馆又恰恰面临着大洋。"

陈红 chén hóng

出处《汉书·贾捐之传》:"太仓之粟红腐而不可食。"唐·颜师古注:"粟久腐坏,则色红赤也。"后用此语指陈年的太仓粮谷。参见 116 页"陈陈相因"。举例 宋·程俱《和翁秘监彦深喜》:"眼看新绿归千亩,还见陈红积九年。"

C

成也萧何，败也萧何 chéng yě xiāo hé, bài yě xiāo hé

出处 宋·洪迈《容斋续笔·萧何绐(dài)韩信》："信之为大将军，实萧何所荐，今其死也，又出其谋。故俚语有'成也萧何，败也萧何'之语。" 解说 绐：诓骗。丞相萧何是汉高祖刘邦的重要谋臣，曾推荐韩信做大将军。韩信善于用兵打仗，为开创汉朝大业立下赫赫战功，被封为齐王，又迁封楚王。后来韩信居功自傲，刘邦将他降为淮阴侯。韩信心存不满，密谋造反。当时刘邦率兵征战在外，刘邦的妻子吕后采纳萧何的计谋，以庆贺平叛胜利为由，骗韩信进宫，然后把韩信斩首于长乐宫。原文大意是：当初韩信成为大将军是萧何推荐的，如今被杀又是萧何出的计谋，因此民间俚语有"成事由于萧何，败事也由于萧何"的说法。后用此语比喻事情的成功与不成功，或好与坏，都由于同一个人或同一事物。举例 ① 宋·沈瀛《减字木兰花·成败》："祸常因酒，酒亦令人能介寿。成也萧何，败也萧何更是多。" ②《喻世明言·闹阴司司马貌断狱》："成也萧何，败也萧何，某心上至今不平。" ③《三宝太监西洋记》第四十五回："王神姑，我和你也做夫妻一场，你怎么就闪我到这个田地！成也萧何，败也萧何。"

成也是萧何，败也是萧何 chéng yě shì xiāo hé, bài yě shì xiāo hé 同"成也萧何，败也萧何"。举例《后红楼梦》第十三回："你夫妻两个前前后后干的好事。成也是萧何，败也是萧何。"

成也萧何败萧何 chéng yě xiāo hé bài xiāo hé 同"成也萧何，败也萧何"。举例《警世通言·王娇鸾百年长恨》："始终一幅香罗帕，成也萧何败萧何。"

成也萧何败也何 chéng yě xiāo hé bài yě hé 同"成也萧何，败也萧何"。举例《醒世恒言·陈多寿生死夫妻》："月老系绳今又解，冰人传话昔皆讹。分宜好个王三老，成也萧何败也何。"

成也者萧何，败也者萧何 chéng yě zhě xiāo hé, bài yě zhě xiāo hé 同"成也萧何，败也萧何"。举例《这个年月》第三十一章："是谁打我的小报告？成也者萧何，败也者萧何。不言自明，必是安柳男无疑。"

成竹在胸 chéng zhú zài xiōng

出处 宋·苏轼《文与可画筼(yún)筜谷偃(yǎn)竹记》。解说 成竹：枝叶茂盛、已长成的竹子。筼筜：生长在水边的大竹子。文同，字与可，自号"笑笑先生"，是北宋时著名画家、诗人，曾官任洋州知州，后奉命调任湖州知州，未到任即病死，人称"文湖州"。他擅于画竹，从学的人很多，有"湖州竹派"之称。为了画好竹子，文同在宅院附近栽种了很多竹子，仔细观察竹子在不同季节、不同气候下的变化，对竹子的各种姿态了如指掌。文学家苏轼是文同的好朋友，他曾给文同画的竹子作题记，其中说："故画竹，必先得成竹于胸中。"（大意是：所以要想画好竹子，必须心里先有竹子的整体形象。）后用此语比喻绘画或做文章之前，对形象塑造、构图布局等已有成熟的构思，或做事前已有成熟的计划或周密的安排，具有成功的把握。举例 ①《老残游记》第六回："先生必有成竹在胸，何妨赐教一二呢！"②《官场现形记》第十四回："到底他是老州县，见多识广，早有成竹在胸。"③《三家巷》一六七："杨生明早已成竹在胸，听完了两边截然相反的意见之后，自己暂时不说话，号召大家起来议论议论。"

胸有成竹 xiōng yǒu chéng zhú 同"成竹在胸"。举例 ① 清·孔尚任《桃花扇·迎驾》："胸有已成之竹，山无难劈之柴。"② 章炳麟《东京留学生欢迎会演说辞》："就是将来建设政府，那项需要改良？那项需要复古？必得胸有成竹，才可以见诸施行。"③《春》三十一："其实他已经胸有成竹，而且连实行的步骤也多少确定了。"④《上海的早晨》第三部五十："巧珠奶奶依旧不动声色，胸有成竹地微微一笑。"

胸有竹 xiōng yǒu zhú 同"成竹在胸"。举例 清·赵翼《编校文瑞师集感赋》："与可画先胸有竹，庖（páo）丁解在目无牛。"

成竹 chéng zhú 同"成竹在胸"。举例 ① 清·郑燮（xiè）《板桥题画·竹》："然有成竹无成竹，其实只是一个道理。"② 柯灵《香雪海·从秋瑾传说到赛金花》："有成竹无成竹，应作如是观。"

胸无成竹 xiōng wú chéng zhú 见"成竹在胸"。比喻做事前心中没有完整的谋划或框框的束缚。举例 ① 清·刘献廷《广阳杂记》卷四："不熟此书，则胸无成竹，虽有其志，何从措手？"② 清·郑燮（xiè）《板桥题画·竹》："文与可画竹，胸有成竹；郑板桥画竹，胸无成竹。"

城狐社鼠 chéng hú shè shǔ

出处《晏子春秋·问上九》："夫社，束木而涂之，鼠因往托焉，薰之则恐烧其木，灌之则恐败其涂。此鼠所以不可得杀者，以社故也。"又见宋·洪迈《容斋随笔·城狐社鼠》："城狐不灌，社鼠不熏，谓其所栖穴者得所凭依，此古语也。故议论者率指人君左右近习为城狐社鼠。"解说 城：指城墙。社：社坛，祭祀土地神的庙。束：围绕；缠绕。托：寄托；依赖。涂：涂抹；也指涂抹的油彩。晏婴是春秋时齐国的大臣。有一次，齐景公问晏婴："作为国家，最难治理的是什么？"晏婴答道："最难治理的是社坛里的老鼠。"齐景公问："为什么这么说？"晏婴回答："土地庙里设有木制的神主牌位，上面涂满油彩，老鼠就在那里生活。如果用烟火熏老鼠，担心烧毁了神主牌位；如果用水灌老鼠，又担心浸湿、损坏了油彩。老鼠无法被捕杀的原因就在于它的栖身之地是土地庙。国家也有这种祸国殃民的'社鼠'，那就是君主身边左右的奸佞小人啊。"《容斋随笔》也是用城墙下洞里的狐狸、土地庙里的老鼠来比喻亲近君主的奸猾之徒。后用此语比喻依仗势力而为非作歹的坏人。举例 ①《水浒传》第八十二回："都是汝等妒贤嫉能之臣壅蔽，不使下情上达，何异城狐社鼠也！"② 鲁迅《华盖集·"公理"的把戏》："以事论，则现在的教育界中实无豺虎，但有些城狐社鼠之流，那是当然不能免的。"

社鼠城狐 shè shǔ chéng hú 同"城狐社鼠"。举例 ① 清·洪昇《长生殿·疑谶(chèn)》："不提防柙(xiá)虎樊熊，任纵横社鼠城狐。"② 柳亚子《次韵和李少石〈读史〉》："士行折翼坠天衢(qú)，社鼠城狐未伏辜。"

鼠狐城社 shǔ hú chéng shè 同"城狐社鼠"。举例 清·无名氏《偷甲记·会策》："那宋江辈呵，鼠狐城社，已蒙天赦，既为一殿之臣，岂又含沙喷射。"

城狐 chéng hú 同"城狐社鼠"。举例 宋·宋祁(qí)《古意》："须防威可假，慎勿逐城狐。"

社鼠 shè shǔ 同"城狐社鼠"。举例 ① 唐·曹邺《奉命齐州推事毕寄本府尚书》："社鼠不可灌，城狐不易防。"② 宋·王十朋《祭杜殿院文》："孰为民贼？孰为社鼠？皆罪之尤，擢发(zhuó fà)莫数。"

城门失火，殃及池鱼 chéng mén shī huǒ，yāng jí chí yú

出处《艺文类聚》卷九十六，又见《太平广记》卷四六六引东汉·应劭(shào)《风俗通义》。解说 殃：灾祸。池：护城河。相传春秋时宋国有一个名叫池仲鱼的人，家住在城门附近。有一天，"城门失火，延及其家，仲鱼烧死。"(大意是：城门失火，烧到附近的民宅，池仲鱼被活活烧死了。)被烧死的本来是人(池仲鱼)，因同音讹传为池水中的鱼(池中鱼)。还有一种说法是，城门失火后，火势很大，人们从护城河中取水灭火，水被舀干见底，水里边的鱼都跟着遭殃而干死了。后用此语指祸患蔓延，使无辜的人受到连累。比喻因不相干的事而被牵连，遭受灾祸或损失。举例 ①《二十年目睹之怪现状》第八十九回："你们这件事闹翻了，他们穷了，又是终年的闹饥荒，连我养老的几吊棺材本，只怕从此就拉倒了，这才是'城门失火，殃及池鱼'呢！"② 柯灵《回看血泪相和流》："我是个平凡的人，不幸生在不平凡的时代，'城门失火，殃及池鱼'，无端惹出许多是非。"

失火及池鱼 shī huǒ jí chí yú 同"城门失火，殃及池鱼"。举例 清·赵翼《前守韦缘事罢官羁留镇郡者两年兹得请还都诗以送别》之一："谁肯回波苏辄鲋，几因失火及池鱼。"

殃及池鱼 yāng jí chí yú 同"城门失火，殃及池鱼"。举例 ① 宋·岳珂(kē)《谢宰执启》:“使篑(kuì)土之功亏,极篑言而文致,怒贻水蟹,殃及池鱼。”② 鲁迅《书信集·致许广平》:“然而,‘殃及池鱼’,竟使头罩绿纱及自称‘不怕’之人们,亦一同逃出,如脱大难者然。”③《慈禧全传》第三部五十八:“不过,观战的各国兵舰甚多,不要殃及池鱼,引起意外纠葛才好。”

池鱼 chí yú 见“城门失火,殃及池鱼”。比喻无辜受牵连或遭殃的人或物。举例 唐·白居易《杂感》:“城门自焚爇(ruò),池鱼罗其殃。”

池鱼祸 chí yú huò 见“城门失火,殃及池鱼”。比喻因不相干的事而受牵连,遭受的灾祸或损失。举例 宋·周煇(huī)《清波杂志》卷下:“鲁酒薄而邯郸围,城门火而池鱼祸。”

池鱼之祸 chí yú zhī huò 同“池鱼祸”。举例 ①《二刻拍案惊奇》卷二十四:“不出三年,世运变革,地方将有兵戈大乱,不是这光景了。你快择善地而居,免受池鱼之祸。”②《二度梅》六:“为了你一生的幸福,为了你父亲晚年的安宁,为了我免遭池鱼之祸,你跟洛文一刀两断吧!”

池鱼之殃 chí yú zhī yāng 同“池鱼祸”。举例 ① 明·瞿佑《剪灯新话·三山福地志》:“汝宜择地而居,否则恐预池鱼之殃。”②《大波》第四部二章:“我特别要目测一下远近,看看架在南门城墙上的开花炮,须用好大距离才打的中。怕的是测量得不精密,稍微差错一星半点,使你尊府受到池鱼之殃,那我如何对得住老兄。”

城下之盟 chéng xià zhī méng

出处《左传·桓(huán)公十二年》。解说 盟:指古代诸侯在神前立誓缔约。春秋时,楚国攻打小国绞国,绞国军民据城坚守,楚军久攻不下,只好驻扎在南城门外。楚国莫敖(官名,位次于令尹)屈瑕献计,派士兵假扮成砍柴人潜入城中,埋伏兵力于城北门,终于里应外合打败绞军,迫使绞国在城下跟楚国订立了求和的盟约。后用此语指在敌方武力或强力逼迫之下签订的屈辱性条约。举例 ① 清·夏燮(xiè)《中西纪事·互市档案》:“英人已在香港出示起造房屋码头,视为己有。未几将军参赞至粤,遂以六百万及香港一岛,为城下之盟。”② 毛泽东《关于国际新形势对新华日报记者的谈话》:“以某种较大的让步为钓饵,诱胁中国订立城下之盟。”③ 陶菊隐《北洋军阀统治时期史话》第五十五章:“最后赵终于被迫接受了让出岳州的‘城下之盟’,签订了停战条约九款。”

乘车戴笠 chéng chē dài lì

出处《初学记》卷十八引晋·周处《风土记》。解说 笠:用竹篾、棕皮或草编成的帽子,圆形,宽檐,可用来遮阳挡雨。古时越地(今浙江)的风俗淳朴,人性率真,重视友谊,与朋友初次结交时往往举行盟誓的仪式,筑坛祭以犬鸡。仪式上唱道:"卿虽乘车我戴笠,后日相逢下车揖。我步行,卿乘马,后日相逢卿当下。"(乘车、乘马:比喻富贵。戴笠:比喻贫贱。原文大意是:朋友相交,要重友情。无论将来富贵还是贫贱,显达还是卑微,都要以朋友之礼相待,不忘今日之谊。)此语指朋友之间友谊深厚,不因身份地位有贫富贵贱不同而发生变化。举例 唐·元稹《酬东川李相公十六韵并启》:"昔楚人始交,必有乘车戴笠,不忘相揖之誓,诚以为富贵不相忘之难也。"

C

车笠故交 chē lì gù jiāo 见"乘车戴笠"。指不因贫富贵贱的身份地位变化而有所改变的旧交。举例 清·赵翼《蒋心余孙来谒感赋》:"车笠故交欣有后,坫(diàn)坛同辈已无人。"

车笠盟 chē lì méng 见"乘车戴笠"。指不因贫富贵贱的身份地位变化而改变友情的盟誓。举例 清·陈梦雷《赠秘书觉道弘》:"旧忝(tiǎn)簪裾侣,新联车笠盟。"

车笠之盟 chē lì zhī méng 同"车笠盟"。举例 清·李渔《风筝误·贺岁》:"老夫与令先尊有车笠之盟,又受妻孥(nú)之托,怎敢以生死变交。"

下车揖 xià chē yī 见"乘车戴笠"。形容友谊深厚,不因贫富贵贱的身份地位变化而有所改变。也指交情深厚的挚友。举例 宋·陈与义《杂书示陈国佐》之四:"时逢下车揖,慰我两眼青。"

下车相揖 xià chē xiāng yī 同"下车揖"。举例 明·高启《北郭秋夜喜徐幼文远来兼送南游》:"当时结交岂不多,下车相揖今无几。"

乘风破浪 chéng fēng pò làng

出处《宋书·宗悫(què)传》。解说 南朝宋时的振武将军宗悫从小胸怀大志,气度不凡。有一天,叔叔宗炳问他:"你将来打算做个什么样的人?"宗悫高声回答:"愿乘长风破万里浪。"(长风:从远方吹来的大风。)宗悫后来为国家立下了汗马功劳,被封为洮阳侯,实现了少年时的志向。此语原指船只劈波斩浪顺风前进,比喻人志向远大,为实现目标而不畏艰险,奋勇向前。举例 ①《痛史》第十七回:"且说大队船只,乘风破浪,不日来到厓(yá)山。"②《孽海花》第二十四回:"东海湄,扶桑涘(sì),欲往从之多蛇豕(shǐ)!乘风破浪从此始。"③ 宋·李洪《偶作》:"乘风破浪非吾事,暂借僧窗永日眠。"④ 李大钊《青春》:"乘风破浪,迢迢乎远矣,复何无计留春望尘莫及之叹哉?"⑤ 郭沫若《巫峡的回忆》:"但只要我一出了夔(kuí)门,我便要乘风破浪!"⑥《战争和人》(三)卷六:"我想,到该乘风破浪的时候,我是会出洋入海的。"

破浪乘风 pò làng chéng fēng 同"乘风破浪"。举例 清·秋瑾《望海潮·送陈彦安孙多琨二姊回国》:"美中流先我,破浪乘风。"

长风破浪 cháng fēng pò làng 同"乘风破浪"。举例 唐·李白《行路难三首》之一:"长风破浪会有时,直挂云帆济沧海。"

乘长风 chéng cháng fēng 同"乘风破浪"。举例 清·蒲松龄《大捷》:"下马而草露布,不过书生;破浪而乘长风,亦犹人子。"

乘风 chéng fēng 同"乘风破浪"。举例 宋·张孝祥《水调歌头·闻采石战胜》:"我欲乘风去,击楫(jí)誓中流。"

破浪 pò làng 同"乘风破浪"。举例 ① 明·文德翼《池口阻风》:"颓年自笑沧洲客,破浪那能万里期。"② 郭沫若《北上纪行》之二:"破浪人三十,乘风路八千。"

宗悫长风 zōng què cháng fēng 同"乘风破浪"。举例 唐·王勃《秋日登洪府滕王阁饯别序》:"无路请缨,等终军之弱冠;有怀投笔,慕宗悫之长风。"

乘龙佳婿 chéng lóng jiā xù

出处 汉·刘向《列仙传》。解说 乘龙:指女子乘坐于龙身之上,比喻得婿如龙。快:称心如意的。传说春秋时,有个名叫萧史的青年男子擅长吹箫,吹出的声音像鸾凤的叫声一样悦耳。秦穆公把小女儿弄玉许配给他,他每天教弄玉吹箫,夫妻二人相互伴和,曲调优美。有一天,忽然飞来一条赤龙和一只紫凤,于是萧史乘龙,弄玉跨凤,两个人在悠扬的箫乐声中腾空而去,得道成仙。后用此语指才貌双全、令岳父和岳母满意的好女婿,常用作对女婿或夫婿的赞辞。举例 ① 宋·无名氏《杏花天》:"伫看色动门阑喜,便有乘龙佳婿。"②《醒世恒言·钱秀才错占凤凰俦(chóu)》:"高赞为选中了乘龙佳婿,到处夸扬,今日定要女婿上门亲迎,准备大开筵宴,遍请远近亲邻吃喜酒。"③《歧路灯》第一〇八回:"榆次夫人见乘龙佳婿,少年英俊……好生喜在心头。"

乘龙快婿 chéng lóng kuài xù 同"乘龙佳婿"。举例 ① 明·汤显祖《紫钗记·回求仆马》:"待做这乘龙快婿,骐骥才郎,少的驷马高车。"②《琉璃瓦》:"曲曲的眼界虽高,在这样的人才济济中,也不难挑出一个乘龙快婿。"③《海啸》第三章:"实际上,谁也不知道他申家大院里,什么时候有了这么一个威风凛凛的乘龙快婿。"

乘龙娇客 chéng lóng jiāo kè 同"乘龙佳婿"。举例 明·汤显祖《紫钗记·佳期议允》:"眼前怎舍,稳倩个乘龙娇客来招嫁。"

乘龙 chéng lóng 见“乘龙佳婿”。原指乘坐于龙身上，比喻被招为婿。举例 明·朱鼎《玉镜台记·议婚》：“孔雀屏开烛影红，会看佳婿近乘龙。”

C

程门立雪 chéng mén lì xuě

出处《宋史·杨时传》。解说 程：指程颐，北宋时著名学者。立：侍立。杨时是程颐的弟子，曾官任工部侍郎、龙图阁直学士，晚年隐居龟山，人称“龟山先生”，死后谥为文靖。游酢（zuò）也是程颐的弟子。杨时四十多岁时，在一个大雪纷飞的日子，他和游酢前去拜望老师程颐。二人来到了程颐的家，正巧赶上老师坐在靠椅上闭目养神，他们没有敢惊动老师，恭敬地站在门外的雪地里。等到程颐小睡醒来，门外积雪已有一尺多深了，杨时、游酢二人身上落满了雪，几乎变成了“雪人”。后人以“程门立雪”作为尊师重道的范例。此语比喻尊敬师长，恭敬受教，或苦心求学。举例 元·谢应芳《杨龟山祠》：“卓彼文靖公，早立程门雪。载道归东南，统绪赖不绝。”

立雪程门 lì xuě chéng mén 同“程门立雪”。举例 ① 元·谢应芳《杨文靖公祠堂诗》：“立雪程门道学传，东南瓜瓞（dié）遂绵绵。”② 清·袁枚《上座主虞山相公》：“枚立雪程门，二十一年矣。”

程门飞雪 chéng mén fēi xuě 同“程门立雪”。举例 鲁迅《书信集·致许广平》：“程门飞雪，贻误多时。”

立雪 lì xuě 同“程门立雪”。举例 ① 元·虞集《回吴先生庆初度启》：“将东昔念于聚星，就业常容于立雪。”② 清·赵翼《可型内弟罢官归》：“台有歌风迹，门多立雪人。”

痴人说梦 chī rén shuō mèng

出处 宋·惠洪《冷斋夜话》卷九。解说 痴：呆；傻。痴人：傻子。相传唐高宗时，有个和尚名叫伽，修行很高，而言谈举止却十分怪异。他到长江、淮河一带云游，有人问他：“你姓何？”他答道：“我姓何。”这人又问：“是何国人？”他回答：“是何国人。”和尚死后，书法家李邕（yōng）为他写碑文，以为他当年所说的是真话，便写道：“大师姓何，何国人。”此事被后人当成笑话，认为和尚原来好比“对傻子说梦”，而傻子却当作真事。此语原指对傻子不可说梦话，以免他信以为真，后用来讽刺别人说的荒诞离奇的言语。举例 ①《封神演义》第五十三回：“你这篇言词，真如痴人说梦。”②《镜花缘》第十八回：“今大贤说他注的为最，甚至此书一出，群书皆废，何至如此？可谓痴人说梦！”③ 邓拓《燕山夜话·不要空喊读书》：“当然这只不过是痴人说梦而已，决不会真有人做这样的想法。”

C

池中物 chí zhōng wù

出处《三国志·吴志·周瑜传》。解说 东汉末年赤壁之战中，孙权、刘备联军用火攻击败曹操的水师后水陆并进，使曹操的军队受到重挫。曹操的势力退出长江流域，而孙权和刘备这两个同盟军之间争夺地盘的矛盾变得日益尖锐。刘备到东吴的都城建业谒见孙权，孙权手下的大将周瑜趁机上书说：“刘备以枭雄之姿，而有关羽、张飞熊虎之将，必非久屈为人用者……恐蛟龙得云雨，终非池中物也。”（大意是：刘备是一位枭雄，又有关羽、张飞等猛将辅佐，一定不会久居人下，早晚将得志。他日蛟龙得了云雨之助，就要飞腾空中，再不是池中之鱼了。）周瑜建议孙权把刘备扣留在建业，用华丽的宫室、珍玩、美女等消磨他的壮志，并想办法把关羽、张飞与刘备分开。以免刘备将来扩展势力，与东吴争锋。由于孙权顾虑主要敌手曹操势力的威胁，没有采纳这个意见。此语比喻处于窘迫境地而无法施展才能的人，或胸无大志、碌碌无为的人。以“终非池中物”形容人虽处困境，但终将有所作为。举例 ① 唐·杜甫《上韦左相二十韵》：“岂是池中物，由来席上珍。”②《三国演义》第七十九回：“子建怀才抱智，终非池中物，若不早除，必为后患。”

池中之物 chí zhōng zhī wù 同“池中物”。举例 ①《说岳全传》第二十四回：“我刘豫堂堂丈夫，岂是池中之物，反受你的节制？”②《战争和人》（三）卷一：“程涛声终非池中之物，他是不会安分守己的。”

持平之论 chí píng zhī lùn

出处《汉书·杜延年传》。解说 持平：公平；公正。西汉昭帝时，霍光主持朝政，杜延年成为他的得力助手。霍光施行严刑峻法，杜延年辅之以宽，两个人配合默契。有一次，丞相车千秋没有通过霍光就召集许多官员商议如何给一个罪臣判定刑罚，霍光很不满意，打算对丞相严加惩治。杜延年劝阻说，丞相是本朝老臣，不能处以重刑，否则会遭到人们的非议。结果霍光听从了他的意见，没有严厉处罚车千秋。大家都认为杜延年的处理得当，称赞说：“延年论议持平，合和朝廷。”后用此语指公道、公正的言论，也指折中或调和的话。举例 ① 清·纪昀《阅微草堂笔记·槐西杂志二》：“书昌曰：‘我取所长，而不敢讳所短也。’是真持平之论矣。”②《官场现形记》第三十四回：“此乃做书人持平之论，若是一概抹杀，便不成为恕道了。”

尺布斗粟 chǐ bù dǒu sù

C

出处《史记·淮南衡山列传》。解说 尺布：一尺布。粟：谷子；泛指谷类。斗粟：一斗粟。西汉初年，汉文帝刘恒在位时，亲兄弟淮南厉王刘长发动叛乱。后来叛乱被平定，刘长被流放到蜀郡严道县。路上，刘长绝食而死。民间有歌谣讽刺说："一尺布，尚可缝；一斗粟，尚可舂；兄弟二人，不能相容。"（大意是：一尺长的布经过裁剪，还可以缝在一起成为衣服；一斗左右的粟，还可以在一个石臼里舂去皮壳做成米饭；帝王家拥有天下之大，兄弟之间却不能相容共处。）后用此语比喻兄弟之间因利害关系发生冲突，不能和睦相处。举例 ①《世说新语·方正》："武子曰：'尺布斗粟之谣，常为陛下耻之，它人能令疏亲，臣不能使亲疏，以此愧陛下。'"② 明·赵弼（bì）《邦都报应录》："至若淮南迁蜀而死，天子闻尺布斗粟之谣，辄食甚哀。"

尺布之谣 chǐ bù zhī yáo 同"尺布斗粟"。举例 ① 唐·李白《上留田行》："高风缅邈，颓波激清。尺布之谣，塞耳不能听。"②《旧唐书·太宗纪》："变故之兴，间不容发，方惧毁巢之祸，宁虞尺布之谣。"

汉谣一斗粟 hàn yáo yī dǒu sù 同"尺布斗粟"。举例 唐·李白《箜篌谣》："汉谣一斗粟，不与淮南舂，兄弟尚路人，吾心安所从。"

淮南斗粟 huái nán dǒu sù 同"尺布斗粟"。举例 元·戴表元《喜友堂赋》："周公管蔡，不免相兵。兄弟之间，圣贤所难。下至汉文，淮南斗粟……岂曰无家，兄弟为仇。"

斗粟 dǒu sù 同"尺布斗粟"。举例《新唐书·吴兢传》："陛下即位四年，一子弄兵被诛，一子以罪谪（zhé）去，惟相王朝夕左右，斗粟之刺，《苍蝇》之诗，不可不察。"

尺有所短，寸有所长 chǐ yǒu suǒ duǎn，cùn yǒu suǒ cháng

出处 战国楚·屈原《卜居》。解说 短：不足。长：有余。战国时，楚国大诗人屈原遭受谗害而贬官，后被放逐。屈原一直关心国家兴亡，已经三年多没有见到君主楚怀王，他心绪不宁，便去拜见太卜（官名，掌管占卜之事）郑詹尹，请求为自己占卜释疑。郑詹尹问屈原要占卜什么事情？屈原说，自己对世事混浊不清、是非善恶颠倒以及本人应该何去何从等有疑问。郑詹尹放下策（占卜的工具），表示歉意说："夫尺有所短，寸有所长，物有所不足，智有所不明，数有所不逮，神有所不通。用君之心，行君之意，龟策诚不能知此事。"（大意是：尺比寸长，但与更长的东西相比就显得短了；寸比尺短，但与更短的东西相比就显得长了。事物总会有欠缺的地方，智慧也有解决不了的问题,占卜存在不灵的情况,即使神灵也有力所不及的时候。您只管按自己的想法去做事吧,占卜确实回答不了您提出的问题。)后用此语比喻人或事物有长处,也有短处,各有可取的地方。举例 ①《史记·白起王翦(jiǎn)列传赞》:"鄙谚云:'尺有所短,寸有所长。'白起料敌合变,出奇无穷,声震天下,然不能救患于应侯。"②《李自成》第二卷四十八章:"但古人云:'尺有所短,寸有所长。'我们只要尽忠辅佐闯王,总还是有可用之处。"

C

尺短寸长 chǐ duǎn cùn cháng 同"尺有所短,寸有所长"。举例 宋·苏轼《定州到任谢执政启》:"燕南赵北,昔称谋帅之难;尺短寸长,今以乏人而授。"

寸长 cùn cháng 见"尺有所短,寸有所长"。指微小的长处、优点或技能等。多用于自谦。举例 ① 宋·苏轼《湖州谢上表》:"凡人必有一得,而臣独无寸长。"② 清·杨芳灿《沙碱田》:"我来更吏考,治赋无寸长。"

齿牙余论 chǐ yá yú lùn

出处《南史·谢朓(tiǎo)传》。解说 齿牙:牙齿,比喻嘴巴。余论:多说的话。谢朓是南朝齐时诗人,曾任宣城太守、尚书吏部郎等官职,他重视提携后学,褒奖人才。当时有一个年轻人名叫孔觊(yǐ),很有文才,但大家都不了解他。谢朓看过他写的文章之后说:"士子声名未立,应共奖成,无惜齿牙余论。"(大意是:读书人还没有确立名声,我们应为他宣扬宣扬,不要吝惜张口,为他多美言几句吧。)后用此语指称扬别人所说的好话,也指闲谈中随意赞扬的话。举例《三国演义》第四十四回:"令弟孔明有王佐之才,如何屈身事刘备?……欲烦先生不惜齿牙余论,使令弟弃刘备而事东吴。"

赤膊上阵 chì bó shàng zhèn

出处《三国演义》第五十九回:"许褚(zhǔ)性起,飞回阵中,卸下盔甲,浑身筋突,赤体提刀,翻身上马,来与马超决战。"解说 赤膊:光着上身,指不穿盔甲。阵:指战场。许褚是三国时曹操手下的一员猛将。有一次,曹操与马超两军对阵。许褚出阵,与马超大战一百多个回合未分胜负,他杀得性起,奔回阵中,卸了盔甲,赤膊提刀,又翻身上马回转身来继续与马超拼死搏斗。后用此语指光着膀子拼命厮杀,比喻不顾一切猛打猛冲,或不讲谋略地蛮干。也比喻坏人毫不掩饰地公开做坏事。举例 ① 梁斌《漫谈〈红旗谱〉的创作》:"朱老巩是赤膊上阵,拿起铡刀拼命。"②《春潮急》四十五:"现刻他们在一系列失败后,狗急跳墙,赤膊上阵,公开露出了狰狞的面目。"

赤体上阵 chì tǐ shàng zhèn 同“赤膊上阵”。举例 鲁迅《华盖集续编·空谈》：“许褚赤体上阵，也就很中了好几箭。”

赤县神州 chì xiàn shén zhōu

出处《史记·孟子荀卿列传》：“[邹衍]以为儒者所谓中国者，于天下乃八十一分居其一分耳。中国名曰赤县神州。赤县神州内自有九州，禹之序九州是也，不得为州数。中国外如赤县神州者九，乃所谓九州也。”解说 邹衍，又作“驺衍”，是战国末年齐国人，哲学家。原文大意是：邹衍看到海上交通的发展，提出了“大九州”说，认为中国只是全世界八十一州中的一州。他把中国称为“赤县神州”。大禹治水时的区划有“冀、豫、雍、扬、兖(yǎn)、徐、梁、青、荆”九州，都在赤县神州范围之内。此外还有像赤县神州这样的九块陆地，即“大九州”。大九州之间有小海环绕，大九州之外有大海包围，再往外则是天地的边际。后用此语指中原地区或中国。举例 ① 元·范康《竹叶舟》第二折：“凭着短剑长琴，游遍赤县神州。”② 梁启超《论小说与群治之关系》：“此天下万国凡有血气者莫不皆然，非直吾赤县神州之民也。”③ 郭沫若《屈原》第二幕：“你陷害了的不是我，是你自己，是我们的国王，是我们的楚国，是我们整个儿的赤县神州呀！”

神州赤县 shén zhōu chì xiàn 同“赤县神州”。举例 李大钊《青春》：“神州赤县，古称天之府，胡以至今徒有万木之秋声、萧萧落叶之悲，昔时繁华之盛，荒凉废落至于此极也！”

赤县 chì xiàn 同“赤县神州”。举例 ① 明·陈子龙《芦沟新城》：“赤县山河壮，青郊版筑新。”② 毛泽东《浣溪沙·和柳亚子先生》：“长夜难明赤县天，百年魔怪舞翩跹。”

神州 shén zhōu 同“赤县神州”。举例 清·吴伟业《台城》：“形胜当年百战收，子孙容易失神州。”

赤子之心 chì zǐ zhī xīn

出处《孟子·离娄下》：“大人者，不失其赤子之心者也。”解说 大人：指品行端正的人。赤子：初生的婴儿。原文是孟子说的话，大意是：“有道德、品行好的人，是具有像初生婴儿那样纯洁善良之心的人。”后用此语比喻人的心地纯洁善良。举例 ①《红楼梦》第一一八回：“尧、舜、禹、汤、周、孔，时刻以救民济世为心，所谓赤子之心，原不过是‘不忍’二字。”② 朱自清《白种人——上帝的骄子》：“我日夜想望着的‘赤子之心’，世界之世界……眼见得在正来的一代，还是毫无信息的！”③ 巴金《永远向他学习——悼念郭沫若同志》：“我同郭老接触多年，印象最深的是他非常真诚，他谈话、写文章没有半点虚假。我想说他有一颗赤子之心。”

C

充耳不闻 chōng ěr bù wén

出处《诗经·邶风·旄丘》。解说 充：塞住。闻：听。春秋鲁宣公时，狄人所建的潞国灭了黎国，黎国君臣逃到卫国的旄丘，派人向晋国求救。晋国拖延着不肯发兵，黎国君臣就作了一首诗诉苦哀求，其中有这样一句：“叔兮伯兮，褎（yòu）如充耳。”（褎：服饰华丽的样子。原诗大意是：晋国这些叔叔、伯伯们穿着华丽的官服，对我们求救的呼声却假装听不见，好像耳朵被塞住似的。）在黎国君臣的苦苦哀求下，晋国终于派出大军，最后把潞国灭亡了。后用此语形容对别人的呼声、意见、劝告等故意不听或听不进去。也形容专心致志于某事而什么声音也听不到，或对某些事漠不关心。举例 ①《官场维新记》第九回：“这里袁伯珍只装作充耳不闻，一面出了告示，按户收起捐来。”② 毛泽东《评国民党对战争责任问题的几种答案》：“给了这个不通的决议以严正的批评，不料该院长充耳不闻。”③《野火春风斗古城》第九章：“遗憾的是：不少的人抱着混事吃饭的态度，对紧张的圣战，充耳不闻。”

宠辱不惊 chǒng rǔ bù jīng

出处 唐·韦绚《刘宾客嘉话录》。又见《新唐书·卢承庆传》。解说 宠：宠爱。辱：侮辱。卢承庆是唐太宗时的大臣。有一次，他主持审查、考核官员的政绩。一位官员在督运粮食时发生沉船事故，造成很大损失，卢承庆最初把他的考评等级定为“中下”，这位官员听了面色从容，没有丝毫不满的意思。卢承庆想，粮船沉没是风浪造成的，并非这位官员所能挽救，便把等级改为“中中”，而那位官员既没有喜形于色，也没有说什么表示感激的客气话。卢承庆认为这位官员气度不凡，十分赞赏，最后把评语改为：“宠辱不惊，考中上。”此语原指受到宠爱或遭受屈辱都不感到惊异，能够从容面对。现多形容将个人的利害得失置之度外。参见570页“受宠若惊”。举例 ①《杨家将演义》第四十八回：“吾辈持戟负戈，吃惊受恐，有甚好处。倒不如此辈，宠辱不惊，理乱不闻。”②《清宫外史》下册：“不过他经的大风大浪太多，虽未到宠辱不惊、名利皆忘的境地，却已能不动声色，淡然置之。”

宠辱无惊 chǒng rǔ wú jīng 同“宠辱不惊”。举例《警世通言·俞伯牙摔琴谢知音》：“（钟）子期宠辱无惊，（俞）伯牙愈加爱重。”

C

稠人广众 chóu rén guǎng zhòng

出处《史记·魏其武安侯列传》。又见《汉书·灌夫传》:"士在己左,愈贫贱,尤益礼敬,与钧。稠人广众,荐宠下辈,士亦以此多之。"解说 钧:通"均",相等。稠:稠密,又多又密。广:众多。多:称赞;赞扬。灌夫是西汉时的大臣,曾任淮阴太守。他为人刚正不阿,平生不好阿谀逢迎上司,也讨厌下属恭维奉承自己。原文大意是:对地位比他低下的士人,越是贫贱的,就越应礼貌地予以尊重,跟他们平等相待。又常在众人面前公开表示,自己推崇、敬爱那些年轻有为的后辈。因此,士人们称赞并特别尊敬他。后用此语指人数众多的场所或场合。参见 238 页"灌夫骂座"。举例 ①《官场现形记》第三十五回:"人家听了他,都说他是个疯子,这些话岂可在稠人广众地方说的。他并不以为意。"② 郭沫若《我的童年》第二篇:"父亲的意思不消说是要大大地使我在稠人广众中受辱一番。"③《人生》第十六章:"每逢县上有一些重大的社会活动,他胸前挂个带闪光灯的照相机,就潇洒地出没于稠人广众面前,显得特别惹眼。"

出尔反尔 chū ěr fǎn ěr

出处《孟子·梁惠王下》。解说 尔:文言代词,你。反:同"返",返回。战国时,孟子宣扬"民贵君轻",主张君主行仁政。有一次,邹国和鲁国在边界发生冲突,邹国死了三十多个官吏,而老百姓却没有人上前救助。邹穆公问孟子说:这些老百姓眼看着自己的官吏被敌人杀死,却不肯伸手相助,实在太可恨了,是否应该严加惩处?孟子答道:在颗粒无收的荒年,老百姓中老弱病残的饿死在山沟里,年轻体壮的逃命到邻国,而国库中粮食堆得满满的,官吏既不报告灾情,也不赈济灾民,这不是残害老百姓吗?现在您抱怨老百姓见死不救,那么官吏们救过他们吗?曾子说过:"戒之戒之,出乎尔者,反乎尔者也。"(曾子:春秋末年鲁国人,孔子的弟子。原话大意是:谨慎再谨慎啊,从你这里出去的东西,还要返回到你这里来。)如果平时官吏真心爱护老百姓,危急之际老百姓怎么会坐视不救呢?邹穆公听了孟子的话,默然不语,面有愧色。此语原指你怎样对待别人,别人也会怎样对待你。后指人的言行不一,反复无常或前后矛盾。举例 ① 清·洪炳文《后南柯·立约》:"一要赔偿兵费,二要废去旧约,凡贵国所以待敝国的苛刻,一一施之于贵国,此之谓出尔反尔。"②《官场现形记》第五十九回:"倘若不肯,也只好由他,我们不能做出尔反尔的事。"③《大波》第四部二章:"及至有人当面质问他,为何如此出尔反尔?他回答的是'民之所好好之,民之所恶恶之。'"

反尔 fǎn ěr 同"出尔反尔"。举例《续资治通鉴·宋哲宗绍圣二年》:"大防等所犯，亦因持心失恕，好恶任情，违老氏‘好还’之戒，忽孟轲‘反尔’之言。”

出恭 chū gōng

出处 明·黄佐《南雍志·谟训考上》。解说 从元代起，科举考试时为禁止士子擅离座位，考场备有“出恭”和“入敬”牌，考生如需如厕方便，须先领此牌。因而俗称如厕为出恭，大便为出大恭，小便为出小恭。后用此语指去厕所大便或小便。举例 ①《西游记》第二十九回：“沙僧，你且上前来与他斗着，让老猪出恭来。”②《文明小史》第三十五回：“可巧那天店里伙计约会了出去吃馆子，只剩了王、李二人在店中。毓生急急的要去出恭，托悔生暂时照应店面。”

大恭 dà gōng 见“出恭”。大便；屎。举例 ①《西游记》第七十五回：“这一口吞在腹中，今日还是个和尚，明日就是个大恭也。”②《儿女英雄传》第三十八回：“那里好出大恭，我也去。”

小恭 xiǎo gōng 见“出恭”。小便；尿。举例 ①《红楼梦》第九回：“秦钟趁此和香怜弄眉挤眼，二人假出小恭，走至后院说话。”②《老残游记》第二十回：“适逢小人在窗外出小恭听见，进去捉住。”

出谷莺 chū gǔ yīng

出处《诗经·小雅·伐木》：“伐木丁丁（zhēng zhēng），鸟鸣嘤嘤。出自幽谷，迁于乔木。”解说 谷：山谷。丁丁：伐木（砍树）的声音。嘤嘤：鸟叫的声音。幽谷：深远的山谷。乔木：高大的树。这是古代贵族亲友们宴会时所奏的乐歌。原文大意是：伐木时，在阵阵刀斧声中，鸟儿鸣叫着从深远的山谷中飞出，迁居到高大的树木上栖息。唐代诗人白居易作《六帖》，把鸟儿归入莺门，故后用此语指黄莺。举例 唐·白居易《和杨郎中贺杨仆射（yè）致仕》：“祥鳣（zhān）降伴趋庭鲤，贺燕飞和出谷莺。”

莺出谷 yīng chū gǔ 见“出谷莺”。比喻人的官职或地位升迁。举例 清·王摅（shū）《许左黄招同程蚀庵》：“求友正如莺出谷，思亲还念燕巢梁。”

出谷 chū gǔ 同“出谷莺”。举例 唐·皮日休《旅舍除夜》：“出谷空嗟晚，衔杯尚愧先。”

莺迁乔木 yīng qiān qiáo mù 同“出谷莺”。举例 元·施惠《幽闺记·洛珠双合》：“文武掇巍科，丹桂高攀近嫦娥。喜莺迁乔木，凤止高柯。”

出谷迁乔 chū gǔ qiān qiáo 见“出谷莺”。比喻人的官职或地位升迁。常用于对他人迁至新居的贺词。举例 ① 宋·王之道《青玉案·有怀轩车山旧隐》：“黄鹂休叹青春暮，出谷迁乔旧家句，天意从人还许诉。”② 明·冯惟敏《劝色目人变俗》套曲：“移风易俗非虚语，出谷迁乔尔自思。休把良言作戏词。”

出谷乔迁 chū gǔ qiáo qiān 同“出谷迁乔”。举例 明·无名氏《四贤记·迁擢》：“下吏愧才绵，幸辱明公赐青眼，似嘤嘤黄鸟，出谷乔迁。”

C

乔迁 qiáo qiān 同“出谷迁乔”。举例 ① 唐·张籍《赠殷山人》：“满堂虚左待，众目望乔迁。”② 明·陆采《怀香记·掾(yuàn)房订约》：“官人乔迁到此，遂着你的意了。”③ 郭沫若《洪波曲》第四章：“大员们嫌交通不便，不久便乔迁了。”

迁乔 qiān qiáo 同“乔迁”。举例 唐·骆宾王《上瑕邱韦明府启》：“不揆(kuí)雕朽之材，窃冀迁乔之路。”

乔迁之喜 qiáo qiān zhī xǐ 见“出谷迁乔”。用于对他人迁至新居的贺词。举例《笔生花》第三十一回：“原来不是别人，即是同年姜峻崟(yín)特来拜会，贺彼乔迁之喜。”

出口成章 chū kǒu chéng zhāng

出处《诗经·小雅·都人士》：“彼都人士，狐裘黄黄，其容不改，出言成章。”解说 章：文章。“出言成章”指说出来的话有条理，有文采。后作“出口成章”。形容文思敏捷，口里说出的话就像有条理的文章一样，或口才极好。举例 ①《警世通言·李谪(zhé)仙醉草吓蛮书》：“(李白)十岁时，便精通书史，出口成章，人都夸他锦心绣口；又说他是神仙降生，以此又呼为李谪仙。”② 陈丕显《雄才大略，襟怀坦荡——怀念敬爱的陈毅同志》：“他讲起话来，出口成章，妙语连珠，古今中外，无所不谈，旁征博引又富有针对性，都是围绕一个中心。”

出类拔萃 chū lèi bá cuì

出处《孟子·公孙丑上》。解说 出：超出。类：同类。拔：高过；超越。萃：草丛生的样子，指聚在一起的人或物。公孙丑是春秋时齐国人，孟子的弟子。有一天，公孙丑请教孟子说：圣贤之人与普通人有什么不同？孔子与其他圣贤之人的区别在哪里？孟子对孔子推崇备至，他说：“岂惟民哉？麒麟之于走兽，凤凰之于飞鸟，太山之于丘垤(dié)，河海之于行潦，类也。圣人之于民，亦类也。出于其类，拔乎其萃，自生民以来，未有盛于孔子也。”(太山：同“泰山”。丘垤：小土山。行潦：路上的积水。大意是：何止人是这样呢？麒麟与走兽，凤凰与飞鸟，泰山与丘陵，黄河、大海与浅水坑，种类相同；圣人与普通人也是同类，但圣人超过普通人，因而显得格外杰出。自从有人类以来，没有哪个人的道德和学问比得上孔子。)后用此语形容品德或才智卓越出众。举例 ①《三国志·蜀志·蒋琬传》:"时新丧元帅,远近危悚(sǒng)。琬出类拔萃,处群僚之右。"②《醒世恒言·三孝廉让产立高名》:"既无出类拔萃之才,宜急流勇退,以避贤路。"③《红楼梦》第四十九回:"又见诸姊妹都不是那轻薄脂粉,且又和姐姐皆和契,故也不肯怠慢。其中又见林黛玉是个出类拔萃的,便更与黛玉亲敬异常。"④ 纪宇《爱的和弦——纪瞿弦和与张筠英》:"不过,在一般人的心目中,他们都是出类拔萃的少年,都是闪闪发光的童星。"

出类超群 chū lèi chāo qún 同"出类拔萃"。举例 明·无名氏《误失金环》:"两个夫荣妻贵,一双出类超群。"

出类 chū lèi 同"出类拔萃"。举例 宋·司马光《为文相公许州谢上表》:"伏念臣材非出类,识不先人。"

出奇制胜 chū qí zhì shèng

出处《孙子·势篇》。解说 奇:意料不到的,指奇兵或奇计。制:制服;取得。制胜:制敌取胜。孙武是春秋末年军事家,著有《孙子兵法》,简称《孙子》。其中说道:"凡战者,以正合,以奇胜。"(正:正面的,摆在明面的。合:指交战。)原文是孙武总结的兵法谋略之一,大意是:作战时,以一部分兵力与敌人正面交锋,另一部分兵力袭击敌军的侧翼或后方阵地,从而克敌取胜。此语指用奇兵或奇计战胜敌人,也指用常人想不到的手段、方法、计谋等取胜或取得好的效果。举例 ① 唐·陆贽(zhì)《论替换李楚琳》:"楚琳卒伍凡材,斯养贱品,因时扰攘,得肆猖狂,非有陷坚殪(yì)敌之雄,出奇制胜之略。"② 清·叶燮(xiè)《原诗·外篇上》:"驱市人而战,出奇制胜,未尝不愈于教习之师。"③ 朱自清《论雅俗共赏》:"可是……一派过分强调了自己,过分想出奇制胜,不管一般人能够了解欣赏与否。"④ 孙犁《秀露集·进修二题》:"文学语言,包括好的比喻,有力的生发,美妙的联想和出奇制胜的描写。"

出奇取胜 chū qí qǔ shèng 同"出奇制胜"。举例《资治通鉴·后唐庄宗同光元年》:"今用兵岁久,生民疲弊,苟非出奇取胜,大功何由可成!"

出奇致胜 chū qí zhì shèng 同"出奇制胜"。举例《老残游记》第七回:"(刘仁辅)在嵩山少林寺学拳棒,学了些时,觉得徒有虚名,无甚出奇致胜处,于是奔走江湖,将近十年。"

出污泥而不染 chū wū ní ér bù rǎn

出处 宋·周敦颐《爱莲说》。解说 染:沾上。周敦颐是北宋时哲学家,宋明理学

C

的创始人之一。他的居室取名濂溪,因而后人称他为"濂溪先生"。周敦颐既反对消极避世当隐士,也不主张迎合世俗,贪图富贵。他通过赞美莲花表达了这一思想。他说:"予独爱莲之出淤泥而不染,濯(zhuó)清涟而不妖。"(濯:洗。妖:妖艳;艳丽。原文大意是:我尤其喜爱莲花,它生长于污泥中,却不沾染一点污秽,在池水里亭亭玉立,美丽而不妖艳。)后用此语形容人能够不受污浊或不好环境的影响,依然保持纯洁的品格。举例 ① 陶斯亮《一封终于发出的信》:"你看它出污泥而不染,光明磊落,象征了一种崇高的品德。"② 王开林《飘飘何所似》:"曼殊上人一生历尽尘滓,仍能光风霁(jì)月,出污泥而不染,如此便足为百代师。"

出言不逊 chū yán bù xùn

出处《三国志·魏志·张郃传》。解说 逊:谦恭,有礼貌。东汉末年,曹操与袁绍在官渡开战。袁绍的大将张郃建议派重兵守卫粮草,以防曹操偷袭。袁绍的谋士郭图认为张郃的方法不合适,主张集中兵力直接进攻曹操的大本营。袁绍采纳了郭图的意见,结果后方粮草被曹操派兵烧光。消息传来,袁绍军心大乱,遭到惨败。"图惭,又更谮(zèn)郃曰:'郃快军败,出言不逊。'郃惧,乃归太祖。"(谮:中伤,说坏话诬陷别人。快:高兴,指以之为快。太祖:对曹操的尊称。原文大意是:郭图因为自己的谋划错误导致失败而感到惭愧,为了掩盖自己的过失,他进一步向袁绍进谗言,诬陷张郃说:"张郃见主公您打了败仗很高兴,说出的话非常不礼貌。"张郃得知后,担心袁绍加害于自己,只好投降了曹操。)此语指说话态度傲慢,没有礼貌。举例 ①《喻世明言·闹阴司司马貌断狱》:"(司马貌)八岁纵笔成文,本郡举他神童,起送至京。因出言不逊,冲突了试官,打落下去。"②《初刻拍案惊奇》卷十四:"邻人与他争论,他出言不逊,邻人就把他毒打不休。"③《上海的早晨》第四部二十四:"一提起守仁这孩子,她总以为是个孽根,横眉竖眼,愣头愣脑,出言不逊,横行霸道,惹得左邻右舍离他远远的,闹得家宅没有一天平安,上上下下老老少少都为他担惊受怕。"

出言无状 chū yán wú zhuàng 同"出言不逊"。无状:没有礼貌。举例 ①《西游记》第三十三回:"这泼猴头,出言无状。"②《说岳全传》第五十六回:"畜生!擅敢出言无状!"

初出茅庐 chū chū máo lú

出处《三国志·蜀志·先主传》。又见《三国演义》第三十九回:"博望相持用火攻，指挥如意笑谈中。直须惊破曹公胆，初出茅庐第一功。”解说 茅庐：草房子。东汉末年，诸葛亮隐居在隆中（在今湖北襄阳西）的卧龙岗，刘备三顾茅庐请诸葛亮出山辅佐自己成就霸业。曹操派夏侯惇（dūn）率十万大军攻打荆州，诸葛亮利用夏侯惇骄傲、轻敌的弱点，在博望坡设伏兵，并采用火攻而大获全胜，被称为“初出茅庐第一功”。此语原比喻新露头角，后多比喻刚离开家庭或学校走向社会做事，阅历不深，缺乏工作经验。常用作谦辞。参见 525 页“三顾茅庐”。举例 ①《官场现形记》第五十六回：“傅二棒槌虽然是世家子弟，毕竟是初出茅庐，阅历尚浅，一切都亏王观察指教。”②《文明小史》第十五回：“三人初出茅庐，于世路上一切事情，都是见所未见。”③ 鲁迅《彷徨·高老夫子》：“那傻小子是‘初出茅庐’，我们准可以扫光他！”④《上海的早晨》第二部三十四：“初出茅庐的小子，愣头愣脑，一点人情世故也不懂。”

初度 chū dù

出处 战国楚·屈原《离骚》。解说 初：始。初度：出生时的日期。《离骚》是爱国诗人屈原的代表作，全诗记述了诗人的身世、遭遇和心志，抒发了自己心灵的苦闷，表达了热爱楚国的思想感情。诗的开头写道：“皇览揆余初度兮，肇锡余以嘉名。”（皇：皇考，指死去的父亲。览：观察。揆：估量；揣测。余：文言代词，我。肇：始。锡：同“赐”，赐给。嘉名：美好的名字。原文大意是：在我出生后不久，父亲仔细端详我的相貌，经过反复考虑，根据生日给我起了一个好名字。）后用此语指人的生日。举例 ① 宋·赵蕃《欧阳全真生日》：“南风属初度，杯酒相献酬。”② 徐特立《徐乾三十初度》：“三十初度日，一九四五年。”

初度之辰 chū dù zhī chén 同“初度”。举例 宋·胡继宗《书言故事·庆诞类》：“自称生日曰初度之辰。”

初生犊儿 chū shēng dú ér

出处《庄子·知北游》：“德将为汝美，道将为汝居，汝瞳焉如新生之犊，而无求其故。”解说 犊：小牛。此语原指刚出生的小牛，比喻单纯或勇猛敢干的年轻人。举例《醒世姻缘传》第九回：“他平日相厚那些人又都不是那老成有识见的人，脱不了都是几个暴发户，初生犊儿。”

初生之犊 chū shēng zhī dú 同“初生犊儿”。举例 夏衍《戏剧抗战三年间》：“以初生之犊的勇气，站在一切战斗的前列。”

初生之犊不惧虎 chū shēng zhī dú bù jù hǔ 见“初生犊儿”。原指刚出生的小牛不懂得畏惧,不怕老虎,比喻青年人无所畏惧,敢作敢为。举例 ①《三国演义》第七十四回:"(关)平曰:'俗云:初生之犊不惧虎。父亲纵然斩了此人,只是西羌一小卒耳;倘有疏虞,非所以重伯父之托也。'"②《众神》:"真是初生之犊不惧虎,我刘国栋就是一只虎,哼,连虎也得惧我三分的!"

C

初生之犊不怕虎 chū shēng zhī dú bù pà hǔ 同"初生之犊不惧虎"。举例 ①《红旗谱》三:"冯老兰一听就火了,气得胡子一翘一翘地说:'你说什么?咳!你初生之犊不怕虎啊!'"② 伍修权《征程漫漫》:"我那时才二十来岁,初生之犊不怕虎,我上去就滔滔不绝地大讲了一通。"

初生之犊不畏虎 chū shēng zhī dú bù wèi hǔ 同"初生之犊不惧虎"。举例 ①《色盲》:"但好像初生之犊不畏虎,因为她是未经艰苦罢了。"②《李自成》第一卷十四章:"刚吃过早饭,人马全都汇齐,有些人震于闯王和李过的威名,不免惊惶,但有些人好像初生之犊不畏虎,摩拳擦掌地等待厮杀。"

初生犊儿不怕虎 chū shēng dú ér bù pà hǔ 同"初生之犊不惧虎"。举例《镜花缘》第五十二回:"阿妹为何只长他人志气,却灭自己威风?我倒是个'初生犊儿不怕虎',将来到彼,我就同你前去,难道我们两个还敌不住他一个么?"

初生牛犊不怕虎 chū shēng niú dú bù pà hǔ 同"初生之犊不惧虎"。举例 ① 柯灵《香雪海·听盖叫天谈艺》:"初生牛犊不怕虎,长了犄角不怕狼。"②《花园街五号》:"不但扭亏为盈,而且开始挣回外汇,小金牛真有点初生牛犊不怕虎似地朝国际市场上挤。"

樗栎 chū lì

出处《庄子·逍遥游》,又见《庄子·人间世》。解说 樗:树名,即臭椿。栎:树名。战国时哲学家庄子是道家的代表人物,惠施(也称惠子)是名家的代表人物,他们俩是朋友,经常在一起论辩。有一次,惠施对庄子说:"吾有大树,人谓之樗。其大本臃肿而不中绳墨,其小枝卷曲而不中规矩,立之涂,匠者不顾。"(本:树根。涂:通"途",道路。大意是:我种了一棵大树,人们称它为樗树。其树根和树干粗壮,但不合木匠用材的要求;树枝弯曲,也不够规整合用。樗树高高地生长在路边,木匠看都不看一眼。)于是,庄子也说了一个大树的故事:"匠石之齐,至于曲辕,见栎社树,其大蔽数千牛,絜(xié)之百围,其高临山,十仞而后有枝,其可以为舟者旁十数。观者如市,匠伯不顾,遂行不辍。"(社:土地神;祭祀土地神的处所。絜:用绳子测量粗细。仞:古代长度单位,七尺或八尺为一仞。大意是:一位木匠到了齐国的曲辕,在祭祀土地神的地方看到一棵高大的栎树,树冠能遮蔽上千头牛,树干粗达百尺,长在山脚下，距地面七八十尺高才有树杈和树枝，树枝简直可以做独木舟，这样粗大的树枝有十来个。围在四周旁观的人很多，可是匠人连头都不回，径直往前走。）木匠的徒弟问：如此难得的巨树，师父为什么竟然不理不睬呢？木匠答道：那树虽然巨大，却没有用处，做船则船沉没，做棺材则棺材腐朽，做器物则很快就损坏，正因为如此，才没有被砍伐而一直生长到今天。后用此语比喻华而不实，没有用处的物或人。或形容人平庸，才能低下，不堪任用。多用于自谦。举例 ① 唐·欧阳詹《寓兴》："桃李有奇质，樗栎无妙姿。"② 宋·陆游《书意》之二："我岂樗栎哉，但取无伐伤。"

樗栎庸材 chū lì yōng cái 同"樗栎"。举例《三国演义》第三十六回："某樗栎庸材，何敢当此重誉。"

无材老樗 wú cái lǎo chū 同"樗栎"。举例 唐·白居易《材下樗》："知我无材老樗否，一枝不损尽天年。"

樗材 chū cái 同"樗栎"。举例 ① 清·顾家相《梁州序·自题桃浆迎春图》套曲："樗材待入英雄彀（gòu），把儿女情怀暂写忧。"② 孙犁《文集·自序》："今幸遇清明之世，国家不弃樗材，念及老朽，使得文章结集出版，心情十分感激。"

栎散 lì sǎn 同"樗栎"。举例 晋·戴逵《闲游赞》："栎散之质，不以斧斤致用。"

散栎 sǎn lì 同"樗栎"。举例 明·唐顺之《天宁寺尘外楼》之三："已甘散栎终年计，耻逐冥鸿万里腾。"

散木 sǎn mù 同"樗栎"。举例 北周·庾信《奉和法筵应诏》："羁臣从散木，何以预中天？"

社栎 shè lì 同"樗栎"。举例 宋·苏轼《次前韵送程六表弟》："君才不用如涧松，我老得全犹社栎。"

拥肿材 yōng zhǒng cái 同"樗栎"。举例 唐·刘禹锡《洛中酬福建陈判官见赠》："潦倒声名拥肿材，一生多故苦邅（zhān）回。"

材大难用 cái dà nán yòng 见"樗栎"。原指太高的才智难用于小事细务，比喻人怀才不遇。举例 ① 唐·杜甫《古柏行》："志士幽人莫怨嗟（jiē），古来材大难为用。"② 宋·苏轼《故李承之待制挽词》："材大古难用，老死亦其宜。"

栎社 lì shè 见"樗栎"。原指乡里中高大的栎树，后用作乡里的代称。举例 元·范梈（pēng）《立春日和王翰林》："几时归栎社，尽日接芳筵。"

处心积虑 chǔ xīn jī lǜ

出处《穀梁传·隐公元年》："何甚乎郑伯？甚郑伯之处心积虑成于杀也。"解说处：存。处心：存心。积：聚集。积虑：长时间地谋划。甚：过分。成：完成；实现。春秋时，郑庄公（即郑伯）的弟弟叔段与其母姜氏阴谋里应外合发动兵变，郑庄公先下手为强，以兵车二百乘讨伐叔段，并穷追不舍，直到把他赶出了郑国。原文大意是指责郑伯对待自己的亲兄弟太过分了，蓄意要杀了他而后快。后用此语指早已有打算，费尽心机，也指千方百计地谋划。举例 ①《官场现形记》第四十六回：“单说大少爷见老人家有这许多银子，自己到不了手，总觉有点难过；变尽方法，总想偷老头子一票，方才称心。如此者处心积虑，已非一日。”② 孙中山《军人精神教育》：“高丽人本富有革命精神，不甘受制，处心积虑为独立之运动者已久。”☞“处心积虑”的“处”不读 chù。

杵磨针 chǔ mó zhēn

出处 宋·祝穆《方舆胜览·眉州·磨针溪》，又见明·陈仁锡《潜确类书》卷六十。解说 杵：舂稻谷或捶衣用的棒槌，一头粗，一头细。传说唐代诗人李白少年时学习不用功。有一天，李白逃学出来玩耍，来到一条小河边，见一位老婆婆在石头上磨一根铁杵。李白很纳闷，上前问道：“老婆婆，您磨铁杵做什么？”老婆婆说：“我在磨针，用来缝衣服。”李白吃惊地问：“哎呀！这么粗大的铁杵，什么时候才能磨成针呢？”老婆婆笑呵呵地说：“只要天天磨铁杵，总能越磨越细，还怕磨不成针吗？”李白听后，深受感动，想到自己读书不刻苦，心中很惭愧。从此以后，李白牢记“只要功夫深，铁杵磨成针”的道理，发奋读书，终于成了著名诗人。后用此语比喻只要有毅力，下苦功，就能够克服困难，做出成绩。举例 元·方回《次韵吕肖卿讲学》：“待时花结果，着力杵磨针。”

磨杵成针 mó chǔ chéng zhēn 同“杵磨针”。举例 明·无名氏《续西厢》七：“感激着磨杵成针，猛拼着坚心幕道，断不是轻薄桃花逐水漂。”

铁杵磨成针 tiě chǔ mó chéng zhēn 同“杵磨针”。举例 ①《黄绣球》第十回：“拼着这些坚忍工夫，做到铁杵磨成针的地位，看似发达得迟，实在收效最速。”②《小荷才露尖尖角》二：“他虽然没能一拳头砸出一眼井，却偏要铁杵磨成针。”

楚材晋用 chǔ cái jìn yòng

出处《左传·襄公二十六年》：“晋卿不如楚，其大夫则贤，皆卿才也。如杞梓（zǐ）、皮革，自楚往也。虽楚有材，晋实用之。”解说 材：人才。春秋时，蔡国大夫声子出使到晋国，又来到楚国。楚国的令尹（国相）子木向声子咨询晋国的情况。子木问道：“晋国大夫的才干，与楚国大夫相比谁更高明？”声子答道：“晋国的卿不如楚国，但晋国的大夫很贤明，个个都是当卿的人才。不过，许多大夫都是从楚国投奔那里的，就像杞木、梓木和皮革等都是产自楚国一样。楚国虽有人才，实际上却被晋国使用了。”子木听了，深有感触，下决心改变楚国人才外流的状况。后用此语比喻有才能的人在本国、本地或本单位得不到重用，在外地或外单位却能发挥作用，施展才干。

C

举例 ①《周书·沈重传》：“不忘恋本，深足嘉尚，而楚材晋用，岂无先哲。”②郑观应《盛世危言·游历》：“果如此讲求研练，十年以后，中国内外文武人才皆当辈出，决不致有乏才之患，亦何庸楚材晋用，雇募洋师。”③《儿女英雄传》第三十四回：“这人莫非是个楚材晋用，从那里换了趟班回来的罢？”

晋用楚材 jìn yòng chǔ cái 同“楚材晋用”。举例 严复《〈原富〉按语》：“国之官事，晋用楚材，古今有之，而未闻监榷之政付之他国之吏者也。”

晋得楚材 jìn dé chǔ cái 同“楚材晋用”。举例 宋·黄庭坚《和邢惇(dūn)夫秋怀》：“秦收郑渠成，晋得楚材多。”

晋用 jìn yòng 同“楚材晋用”。举例 唐·皇甫冉《寄江东李判官》：“地识吴平久，才当晋用求。”

楚材 chǔ cái 见“楚材晋用”。比喻得到重用的非本国或本地的人才。举例 唐·孟浩然《韩大使东斋会岳上人诸学士》：“郡守虚陈榻，林间召楚材。”

楚楚动人 chǔ chǔ dòng rén

出处《诗经·曹风·蜉蝣(yóu)》：“蜉蝣之羽，衣裳楚楚。”解说 楚楚：鲜明整洁、秀丽的样子。蜉蝣是一种寿命很短的昆虫，幼虫生活在水中，成虫有透明的白色翅膀，常于夏天在水面上飞行。大意是：贵族们穿着做工精细的白色衣裳，衣裳像蜉蝣的翅膀一样鲜明、整洁。诗中以蜉蝣比喻那些寻欢作乐的贵族，寓意他们的死期已经不远了。后用此语形容姿容秀美，或体态纤弱娇美，惹人爱怜。举例 ①清·百一居士《壶天录》卷下：“有卖鱼阿土者，见一女从屋中出，年二十许，楚楚动人。”②《狮子吼》第四回：“生得明眸皓齿，虽不搽脂抹粉，却有天然的姿色，楚楚动人。”③《上海的早晨》第四部四十五：“这身打扮，另有一种风韵，显得楚楚动人，端庄清秀。”

楚楚可人 chǔ chǔ kě rén 同“楚楚动人”。举例 ①清·袁枚《随园诗话》卷十二：“中多女郎，簪山花，浣衣溪口，坐溪石上。与语，了无惊猜，亦不作态，楚楚可人。”②《碎簪记》：“此数片小花，作金鱼红色者，亦楚楚可人。”

楚楚可怜 chǔ chǔ kě lián 见“楚楚动人”。形容纤弱的样子，也形容可怜、可爱的样子。举例 ①《世说新语·言语》：“松树子非不楚楚可怜，但永无栋梁用耳。”

C

② 朱自清《阿河》:"阿河这一打扮,真有些楚楚可怜了。"

楚楚 chǔ chǔ 见"楚楚动人"。形容鲜明整洁或容貌美好的样子。举例 ① 唐·白居易《早朝》:"翩翩稳鞍马,楚楚健衣裳。"②《聊斋志异·双灯》:"魏细瞻女郎,楚楚若仙,心甚悦之。"

楚弓楚得 chǔ gōng chǔ dé

出处《公孙龙子·迹府》,又见《吕氏春秋·贵公》《说苑·至公》。解说 春秋时,楚国楚共王外出打猎,不慎丢失了一把弓箭。侍从们赶紧请求去寻找,楚共王制止说:"楚王遗弓,楚人得之,又何求焉?"(大意是:楚国的君主把弓箭遗失了,拾到弓箭的一定也是楚国人,何必还去寻找呢?)孔子知道后说:"'楚王遗弓,楚人得之'的'楚'字可以去掉。"老子(老聃)知道后说:"'楚王遗弓,楚人得之'的'楚人'二字都可以去掉。"于是,人们称孔子的主张为"大公",老子的主张为"至公"。后用此语指利益虽有所损失,但并未外流,获利者仍是自己人。举例 ① 明·江铁《少师工部尚书兼谨身殿大学士赠特进光禄大夫左柱国太师谥文敏杨公行实》:"昔人云楚弓楚得,况弟妹吾同胞也! 悉置不问。"②《儿女英雄传》第十七回:"如今恰恰的不曾动身,这个东西送上门来,楚弓楚得,岂有再容它已来复去的理?"

楚得楚弓 chǔ dé chǔ gōng 同"楚弓楚得"。举例 明·苏复之《金印记》第十二折:"喜楚得楚弓,免被傍人笑。"

楚人弓 chǔ rén gōng 同"楚弓楚得"。举例 清·钱谦益《喜复官诏赠内戏效乐天作》:"三年偶失楚人弓,忧喜回旋似塞翁。"

楚腰 chǔ yāo

出处《韩非子·二柄》:"楚灵王好细腰,而国中多饿人。"解说 原文大意是:战国时,楚灵王喜欢腰身较细的美女,以致国内的女子都以腰细为美,因担心吃饱了会发胖,她们常常饿着肚子。后用此语指女子体态苗条优美,也指腰身较细的美女。举例 ① 唐·杨炎《赠元载歌妓》:"玉山翘翠步无尘,楚腰如柳不胜春。"② 唐·杜牧《遣怀》:"落魄江南载酒行,楚腰肠断掌中轻。"

楚宫腰 chǔ gōng yāo 同"楚腰"。举例 元·景元启《得胜令》:"一捻楚宫腰,体态更妖娆。"

细腰 xì yāo 同"楚腰"。举例 唐·温庭筠《杨柳枝》:"黄莺不语东风起,深闭朱门伴细腰。"

C

触类旁通 chù lèi páng tōng

出处《周易·系辞上》:“引而伸之,触类而长(zhǎng)之,天下之能事毕矣。”又见《周易·乾》:“六爻(yáo)发挥,旁通情也。”解说 触:接触。触类:接触到同类的、某一方面的事物。通:通晓。旁通:类推、间接地通晓或相互贯通。长:增长。我国古代占卜用的符号称为卦,每卦由六爻组成,爻又分为阴爻和阳爻两种。阴爻和阳爻是对立的,象征事物的运动变化。原文大意是:由六爻的动静变化中可以使一卦演变为六十四卦,由六十四卦又可以演变为四千余卦,推而广之,天下万事万物都包含在其中了。后用此语指掌握了某一类事物的原理或规律,就能够据以推知、了解同类的其他事物。举例 ① 清·章学诚《文史通义·诗话》:“触类旁通,启发实多。”② 朱自清《“海阔天空”与“古今中外”》:“我真高兴,得着两个新鲜的意思,让我对于生活的方法,能触类旁通的思索一回。”③ 孙犁《写作漫谈》:“你们写文章时感到困难……那是因为你们的生活还不够丰富,不能由一点东西联想到许多东西,不能触类旁通。”

触通 chù tōng 同“触类旁通”。举例 清·侯方域《与陈定生论诗书》:“当其胜绝,变动难拘,是惟心知其意者,触通而已。”

触目皆是 chù mù jiē shì

出处 唐·朱敬则《五等论》:“故魏太祖曰:‘若使无孤,天下几人称帝,几人称王!’明窃号议者触目皆是。”解说 触目:目光所及的;眼睛所能看到的。皆是:都是(同一类事物)。此语常形容某种事物或情况很多见。举例 ① 鲁迅《华盖集续编·一点比喻》:“北京真是人海,情形可大不相同了,单是羊肉铺就触目皆是。”② 刘复《复王敬轩书》:“不知中国古代韵文……所用方言白话,触目皆是。”③ 郭沫若《洪波曲》第六章:“我们是找工作做的人,重要的工作摆在面前,触目皆是,而却不让你染手,有良心的人谁个能够不苦闷呢?”

穿凿附会 chuān záo fù huì

出处 宋·洪迈《容斋续笔·义理之说无穷》:“经典义理之说,最为无穷,以故解释传疏,自汉至今,不可概数,至有一字而数说者……用是知好奇者欲穿凿附会,固各有说云。”解说 穿凿:把讲不通的道理强作解释。附会:把不相干的、毫无关系的事物硬拉扯到一起。原文大意是：关于经典义理的学说不可胜数，从汉代以来，解释经书义理的人很多，各有传承和发挥，造成一个字有多种说法……这是因为那些追求新意的人“穿凿附会”的缘故，把原来不存在的事情妄自添加了进去。后用此语指为了达到某种目的，任意牵合事物，强作解释。举例 ① 清·袁枚《随园随笔·牧斋小人心术见于注书》：“牧斋（钱谦益）笺杜（笺注杜甫诗），句句以小人之心窥君子之腹，穿凿附会，令人欲呕。”② 朱自清《经典常谈·春秋三传第六》：“但在解释经文的时候，却往往一个字一个字的咬嚼；这一咬嚼，便不顾上下文穿凿附会起来了。”③《围城》三：“斜川生气不好发作，板着脸说：‘跟你们这种不通的人，根本不必谈诗。我这一联是用的两个典，上句梅圣俞，下句杨大眼，你们不知道出处，就不要穿凿附会。’”

吹毛求疵 chuī máo qiú cī

出处《韩非子·大体》：“古之全大体者……不吹毛而求小疵，不洗垢而察难知。”解说 求：寻找。疵：缺点；小毛病。原文大意是：古代那些能成大事业的人，都不会故意挑小毛病，去为难别人。此语原指吹开皮上的毛，寻找里面的瑕疵，比喻刻意挑剔别人的毛病、缺点，寻找差错。举例 ①《汉书·中山靖王胜传》：“有司吹毛求疵，答服其臣，使证其君，多自以侵冤。”②《二十年目睹之怪现状》第二十一回：“一心只想参了他的功名，却寻不出他的短处来，便要吹毛求疵，也无处可寻。”③ 邹韬奋《事业管理与职业修养·关于工作与学习六》：“言者不存吹毛求疵、故作留难之心，听者也不存讳疾忌医、过而惮改之意。”④ 刘少奇《论共产党员的修养》：“但是，对其他同志的要求，除开原则问题和重大的政治问题以外，就不要过分严格，不要在小节上去‘吹毛求疵’。”

吹毛索垢 chuī máo suǒ gòu 同“吹毛求疵”。举例 清·顾炎武《记与孝感熊先生语》：“一入此局，即为后世之人吹毛索垢。”

披毛求瑕 pī máo qiú xiá 同“吹毛求疵”。举例《北史·崔浩传》：“是以妄张贱势，披毛求瑕，冀得肆心。”

吹毛 chuī máo 同“吹毛求疵”。举例 清·俞樾《茶香室丛钞·古人疵句》：“如此之类，虽属吹毛，然不能为古人讳也。”

吹求 chuī qiú 同“吹毛求疵”。举例 宋·苏辙《李谏议谢二府启》：“虽循省之无瑕，顾吹求之已密。”

吹索 chuī suǒ 同“吹毛求疵”。举例 清·陈确《大学辨·答沈朗思书》：“《大学》首篇二百余言，岂无一言之合往训者，而弟必字字而驳之，不几于吹索乎！”

C

吹牛皮 chuī niú pí

出处《九尾龟》第十二回："有人……专喜对着别人说你的阔劲，还出了个吹牛皮说大话的名头，从此别人看你不起。"解说 黄河上游水急滩险，过去用皮筏作为交通运输工具。皮筏即用牛皮制成的大皮袋，里面充气。一般以口吹气，使胀起。当地人嘲讽说大话的人是"吹牛皮袋"。后用此语指夸口，说大话。举例 ①《五月的矿山》第五章："你们先不要吹牛皮……咱们要比一比。"②《法网》："于阿小年纪轻一点，什么事都没有顾美泉老练和内行，也就没有他那末会吹牛皮。"

吹大牛 chuī dà niú 同"吹牛皮"。举例《黄气球》："黄气球就是这样要面子，喜欢吹大牛。"

吹牛 chuī niú 同"吹牛皮"。举例 ① 清·李宝嘉《南亭笔记》卷十一："翁叔平两番访鹤，吴清卿一味吹牛。"②《子夜》五："管车王金贞和稽查李麻子本来不过是流氓，吹牛，吃醋，打工人，拿津贴，是他们的本领。"③ 巴金《豪言壮语》："我并不是在吹牛，我当时的感情是真挚的，我确实生活在那样的气氛中。"

垂头丧气 chuí tóu sàng qì

出处 唐·韩愈《送穷文》。解说 垂头：耷拉着脑袋。丧气：神情沮丧。相传唐代民间有"送穷"的风俗，即在每年正月的最后一天，家家都把稀饭和破衣摆在大门外，祭扫穷子。据说穷子是古代部族首领高辛氏的一个儿子，他不喜欢穿好的、吃好的，因而得名。著名文学家韩愈任河南令时，借"送穷"祭日写了《送穷文》，名为"送穷"，实为"颂穷"，以发泄对当时社会的不平之气。文中说：智穷、学穷、文穷、命穷、交穷，这五鬼可苦了我。五鬼说，我们不是苦了你，而是助了你，成就了"百世不磨"的好名声。天下只有我们了解你，虽然你赶我们走，我们也不忍与你疏远。不相信的话，就看看《诗经》和《尚书》吧！听到穷鬼提到圣人之言，"主人于是垂头丧气，上手称谢。烧车与船，延之上座"。此语形容低着头、精神不振的样子，或没有生气的样子。举例 ①《红楼梦》第一〇四回："要进园内找(贾)宝玉，不料园门锁着，只得垂头丧气的回来。"②《林家铺子》二："林先生垂头丧气走进内宅去，几乎没有勇气和女儿、老婆相见。"③《骆驼祥子》六："她刚要往下问，一看祥子垂头丧气的样子，车上拉着铺盖卷，把话咽了下去。"④《新儿女英雄续传》第三章："田野里，庄稼都晒得垂头丧气，沟里的水都干涸了。"

C

春梦婆 chūn mèng pó

出处 宋·苏轼《被酒独行遍至子云威徽先觉四黎之舍》:“符老风情奈老何,朱颜减尽鬓丝多。投梭每困东邻女,换扇惟逢春梦婆。”又见宋·赵令畤《侯鲭录》卷七。解说 春梦:原指春天睡觉做的梦,比喻荣华富贵变化无常,如同春梦一样容易消逝。据说北宋文学家苏轼(东坡)被贬官后,有一天在乡间漫步,遇到一位老婆婆。老婆婆对他说:“先生你昔日富贵,一场春梦。”苏轼对她的话非常赞赏。于是,乡里的人都把这位老婆婆称为“春梦婆”。后用此语感叹荣华富贵虚幻无常。举例 ① 宋·真桂芳《醉题斋壁》:“人心少似秋胡妇,世事多参春梦婆。”② 金·元好问《出都》:“神仙不到秋风客,富贵空悲春梦婆。”

梦婆 mèng pó 同“春梦婆”。举例 清·王夫之《续哀雨诗》:“羊肠虎穴屡经过,老向孤峰对梦婆。”

春梦 chūn mèng 见“春梦婆”。春天睡觉做的梦,比喻荣华富贵变化无常。举例 ① 宋·王安石《与微之同赋梅花》:“好借月魂来映烛,恐随春梦去飞扬。”② 宋·朱敦儒《西江月》:“青史几番春梦,黄泉多少奇才。”③ 元·朱凯《昊(hào)天塔》第一折:“想老夫幼年时,南征北讨,东荡西除,到今日都做了一场春梦也。”④ 巴金《关于〈家〉》:“然而如今这一切都变成了渺茫的春梦。”

春秋笔法 chūn qiū bǐ fǎ

出处《史记·孔子世家》:“孔子在位听讼,文辞有可与人共者,弗独有也。至于为《春秋》,笔则笔,削则削,子夏之徒不能赞一辞。”解说 笔法:指写作方法。《春秋》是儒家经典之一,为现今保留下来的最早的编年体史书,据说由孔子依据鲁国史官所编,参照各诸侯国的历史记载而编订。孔子修订时很重视叙述中所包含的微言大义,该记哪些事,该删哪些事,哪些人应称字,哪些人该称名,都反复推敲,往往一字就寓有褒贬。他的弟子几乎不能增删一字。后用此语称写文章笔法隐晦曲折,而意含褒贬。参见100页“不赞一辞”。举例 ① 宋·俞文豹《吹剑录》:“朱文公《通鉴纲目》以正名为先……盖纯用《春秋》笔法也。”② 鲁迅《热风·反对“含泪”的批评家》:“我在这文章里正用君,初意却不过贪图少写一个字,并非有什么《春秋》笔法。”③ 孙犁《澹(dàn)定集·与友人论传记》:“它的传统作法是‘《春秋》笔法’,寓褒贬于行文用字之中,实际上是叫事实说话。”

春秋笔 chūn qiū bǐ 同“春秋笔法”。举例 ① 清·褚(chǔ)人获(huò)《坚瓠

(hù)集·史馆赋诗》:"老夫参秉《春秋》笔,不作谀词取世讥。"② 郁达夫《青岛杂事诗》之十:"诸君珍重《春秋》笔,好记遗民井底心。"

春秋 chūn qiū 同"春秋笔法"。举例 ① 清·和邦额《夜谭随录·崔秀才》:"胸中自有泾渭,皮里自具春秋。"②《聊斋志异·郭生》:"王(生)谛玩之,其所涂留,似有春秋。"

椿年 chūn nián

出处《庄子·逍遥游》:"楚之南有冥灵者,以五百岁为春,五百岁为秋;上古有大椿者,以八千岁为春,八千岁为秋。"解说 冥灵、大椿:树木名。传说上古有冥灵树和大椿树,生长期特别久,五百年或八千年才落叶一次,然后再发新芽。后用此语比喻很长的时间或高龄。多用于祝颂老人长寿。举例 唐·牟融《赠浙西李相公》:"月里昔曾分兔药,人间今喜得椿年。"

椿岁 chūn suì 同"椿年"。举例 唐·孟郊《井上枸杞架》:"花盆承此饮,椿岁小无穷。"

椿寿 chūn shòu 同"椿年"。举例 唐·杜甫《寄刘峡州伯华使君四十韵》:"但求椿寿永,莫虑杞天崩。"

椿庭 chūn tíng 见"椿年"。《论语·季氏》记载:孔鲤"趋庭接受父训"(快步走到厅堂上聆听父亲的教诲),故以此语代称父亲。举例 明·沈鲸《双珠记·弃官寻父》:"挟(xié)孤囊踽(jǔ)踽远征,敢辞他冷月酸风,知何时得拜椿庭。"

椿堂 chūn táng 同"椿庭"。举例 明·朱有燉《香囊怨》第二折:"念吾之风流云散,畏严训于椿堂。"

椿萱 chūn xuān 见"椿年""萱草"。指父母双亲。举例 唐·牟融《送徐浩》:"知君此去情偏切,堂上椿萱雪满头。"

椿庭萱草堂 chūn tíng xuān cǎo táng 同"椿萱"。指父母双亲。举例 元·高明《琵琶记·伯喈五娘相会》:"书,我只为你其中自有黄金屋,却教我撇却椿庭萱草堂。还思想,休休,毕竟是文章误我,我误爹娘。"

唇齿相依 chún chǐ xiāng yī

出处《左传·僖(xī)公五年》。解说 亡:失去;没有。寒:寒冷。春秋时,晋献公想要扩充自己的实力和地盘,准备派兵攻打虢(guó)国。由于晋国和虢国之间隔着虞国,于是晋国向虞国借路,要求允许晋国军队从虞国通过,去讨伐虢国。虞国大

C

夫宫之奇认为不能答应这个要求，他竭力劝阻虞公说：“虢，虞之表也。虢亡，虞必从之……晋不可启，寇不可玩，一之为甚，岂可再乎？谚所谓‘辅车相依，唇亡齿寒’者，其虞虢之谓也。”（辅车：面颊骨和牙床。大意是：虢国是虞国防卫的保障，如果虢国灭亡了，虞国也将随之灭亡，我们必须引起警觉，不能助长晋国扩张领土的野心。我们以前曾借道给晋国，使它攻占了虢国的下阳，这种做法实在失策，怎么能再犯同样的错误呢？谚语说：“面颊骨和牙床相互依存，嘴唇没有了，牙齿就会暴露在外而感到寒冷。”这就如同虞国和虢国之间的关系。）虞公没有听从宫之奇的忠告，同意了借路的请求。宫之奇知道虞国离灭亡的日子不远了，赶紧带着一家老小逃亡去了。果然，晋国大军穿过虞国土地把虢国灭亡了，胜利回师时顺路又灭掉了虞国。后用此语比喻两个密切相关的事物利害相连，互相依存。举例 ①《三国志·魏志·鲍勋传》：“王师屡征而未有所克者，盖以吴、蜀唇齿相依，凭阻山水，有难拔之势故也。”②《东周列国志》第二十五回：“时有虞、虢二国，乃是同姓比邻，唇齿相依，其他皆连晋界。”③ 朱德《送朝鲜最高人民会议代表团归国》：“唇齿相依关世运，戚欣与共胜天伦。”

唇亡齿寒 chún wáng chǐ hán 同“唇齿相依”。举例 ① 宋·杨万里《枢密兼参知政事权公墓志铭》：“无令边臣坐事败盟，不然，必有唇亡齿寒之患。”②《三国演义》第十九回：“明上今不相救，恐唇亡齿寒，亦非明上之福也。”③ 郭沫若《虎符》第一幕：“又譬如关于救赵的事吧……赵国和我们是兄弟之邦，赵国亡了，秦国一定要来吞灭我们。我们不要忘记‘唇亡齿寒’的教训。”④ 周恩来《抗美援朝，保卫和平》：“中朝是唇齿之邦，唇亡则齿寒。”

唇齿 chún chǐ 同“唇齿相依”。举例 ① 唐·杜甫《赠李八秘书别三十韵》：“战连唇齿国，军急羽毛书。”② 元·耶律楚材《怀古一百韵寄张敏之》：“悬知丧唇齿，何事撤藩篱！”

齿寒 chǐ hán 同“唇齿相依”。举例 宋·葛胜仲《论魏博》：“沧景既平，宪诚有齿寒之惧，请纳地效顺。”

辅车相依 fǔ chē xiāng yī 同“唇齿相依”。举例 ① 唐·张九龄《敕幽州节度使张守珪书》：“自昔辅车相依，奚既破伤，殆无遗噍（jiào）。契丹孤弱，何能自全？”② 宋·田锡《政教何先论》：“水火之济，用比辅车之相依。政与教交相用，理与乱无相远。”

唇齿之邦 chún chǐ zhī bāng 见“唇齿相依”。邦：国家。指关系密切、利害相关的国家。举例 ① 元·无名氏《黄鹤楼》第一折：“想周瑜……助俺破曹，他与俺结为唇齿之邦。”②《喻世明言·晏平仲二桃杀三士》：“王上可亲诣（yì）齐国和亲，结为唇齿之邦，歃（shà）血为盟。”

刺股 cì gǔ

C

出处《战国策·秦策一》:“(苏秦)读书欲睡,引锥自刺其股,血流至足。”解说 股:大腿。原文大意是:战国著名纵横家苏秦年轻时曾多次以“连横”之策游说秦惠王,均未被采纳。他回到家乡,身处逆境,备受妻子、嫂子等家人的冷眼。伤感之余,苏秦刻苦自励,夜以继日地发奋读书,准备再展宏图。每当困倦打瞌睡时,就用锥子扎自己的大腿,以致血都流到脚上了,以此强迫头脑清醒。由于他读书非常刻苦,终于学有所成,后来以“合纵”之策说服六国联合抗秦,从此建功立业。后用此语比喻勤奋攻读,刻苦自励。举例 ①《隋书·儒林传序》:“学优入室,勤逾刺股,名高海内,擢(zhuó)甲科第。”② 宋·王安石《酬慕容员外》:“吹毛未识腰间剑,刺股犹藏袖里锥。”

刺骨 cì gǔ 同“刺股”。举例 唐·孟简《惜分阴》:“刺骨情方励,偷光思益深。”

锥股 zhuī gǔ 同“刺股”。举例 宋·楼钥《咏归会讲说》:“刻意学问,有古人闭门锥股之勤。”

引锥刺股 yǐn zhuī cì gǔ 同“刺股”。举例《歧路灯》第九十五回:“要知男儿知悔后,引锥刺股并非难。”

锥刺股 zhuī cì gǔ 同“刺股”。举例 郭沫若《科学的春天》:“古人尚能‘头悬梁、锥刺股’,孜孜不倦地学习,你们为了共产主义的伟大理想,一定会更加专心致志,废寝忘食,刻苦攻关。”

刺股悬梁 cì gǔ xuán liáng 同“刺股”。参见672页“悬头”。举例 ① 元·王实甫《西厢记》第二本四折:“可怜刺股悬梁志,险作离乡背井魂。”② 清·袁于令《西楼记·检课》:“从今后刺股悬梁,专心致义献光明,雁塔争看姓字扬。”

聪明反被聪明误 cōng míng fǎn bèi cōng míng wù

出处 宋·苏轼《洗儿》:“人皆养子望聪明,我被聪明误一生。”解说 聪明:聪敏,有智慧。误:耽误;妨害。大意是:人们养育孩子都希望他聪明,而我自以为聪明,反而被聪明耽误、坑害了一辈子。后用此语指聪明人过于用心计,反而被聪明所害。举例 ① 明·周楫(jí)《西湖二集·愚郡守玉殿生春》:“苏东坡晓得一生吃亏在聪明二字,所以有感作这首诗。然而与其聪明反被聪明误,不如做个愚蠢之人,一生无灾无难,安安稳稳,做到九棘三槐,极品垂朝,何等快活,何等自在!”②《狐狸缘全传》第五回:“今若仍为所迷,岂不是聪明反被聪明误了吗?”

聪明自误 cōng míng zì wù 同“聪明反被聪明误”。举例 清·叶珽琯(guǎn)《鸥陂(bēi)渔话·马士英有才艺》:“录而存之,非谓不以人费言,欲使世之阅其文者,知其聪明自误耳。”

C

聪明误 cōng míng wù 同“聪明反被聪明误”。举例 清·王端履《重论文斋笔录》卷四:“文被聪明误,材因患难多。”

寸草春晖 cùn cǎo chūn huī

出处 唐·孟郊《游子吟》:“慈母手中线,游子身上衣。临行密密缝,意恐迟迟归。谁言寸草心,报得三春晖!”解说 寸草:小草,象征子女。春晖:春天的阳光,象征父母的恩爱。大意是:母亲为出远门的儿子准备行装,给他缝补衣裳。老母手中的针线,一针一线都缝补得很细密,这是担心儿子很久不回家而衣裳破损啊!伟大的母爱就像春天的阳光,她的儿子好比一棵小草,难以报答万分之一的恩情!后用此语比喻父母养育之恩深重,子女竭尽孝心也难以报答。举例 ① 元·叶李《得家书老母未允迎侍之请有怀而作》:“孤松岁晚风霜操,寸草春晖母子心。”② 清·方成培《雷峰塔·祭塔》:“寸草春晖无根处,枉教丹桂吐奇芬。”

春晖寸草 chūn huī cùn cǎo 同“寸草春晖”。举例 ① 清·黄景仁《题洪稚存机声灯影图》:“未能一笑酬苦节,空此春晖寸草心。”② 柳亚子《吊刘烈士炳生》:“春晖寸草恋亲慈,百蹈危机总未知。”

寸草晖 cùn cǎo huī 同“寸草春晖”。举例 明·张煌言《追慕》之一:“金革三年泪,冰霜寸草晖。”

春晖 chūn huī 见“寸草春晖”。比喻慈母养育之恩。举例 明·朱鼎《玉镜台记·寄家书》:“念我曹,还待要报答春晖,克全子道。”

寸草之心 cùn cǎo zhī xīn 见“寸草春晖”。指子女回报父母的微小心意。举例 明·梁辰鱼《浣溪沙·论侠》:“孝道略尽,忠诚未受,恩欲报寸草之心,申倾葵之意。”

寸草心 cùn cǎo xīn 同“寸草之心”。举例 明·汤显祖《牡丹亭·训女》:“眼见春如许,寸草心,怎报的春光一二!”

寸草 cùn cǎo 同“寸草之心”。举例 清·方文《祀灶夜泊鲁港》:“瓣香无处迎先祖,寸草何时报老亲。”

游子线 yóu zǐ xiàn 见“寸草春晖”。比喻慈母养育之恩。举例 明·何景明《过先墓》:“一寸未忘游子线,万年难觅老莱衣。”

D

打草蛇惊 dǎ cǎo shé jīng

出处 宋·郑文宝《南唐近事》。解说 惊：惊动。唐代的当涂县（在今安徽当涂）县令王鲁是个贪官，徇私舞弊，搜刮了很多钱财。他属下的官吏上行下效，也干了不少敲诈勒索的坏事。后来，有人联名控告县衙主簿（管理文书、执掌印章的官员）收受贿赂。王鲁一边看递上来的状子，一边心里打寒战，因为如果追究起来，主簿的条条罪名差不多都跟自己有牵连。他心神不定，慌乱之中歪歪扭扭地在状纸上批了八个字："汝虽打草，吾已惊蛇。"（大意是：你们虽然打的是草，但是惊动了我这条躲在草丛中的蛇。）此语原指惩处了甲方而使乙方感到惊慌，后比喻采取行动时不缜密，致使对方有所警觉和防备。举例 宋·朱熹《答黄仁卿书》："但恐见黄商伯狼狈后，打草蛇惊，亦不敢放手做事耳。"

打草惊蛇 dǎ cǎo jīng shé 同"打草蛇惊"。举例 ①《醒世恒言·张廷秀逃生救父》："如今若去，便是打草惊蛇，必将躲过，可不劳而无功，却又错过了会试？"②《水浒传》第二十九回："空自去打草惊蛇，倒吃他做了手脚，却是不好。"③《吕梁英雄传》第十回："事情要慢慢干，不要性急，走漏了风声，打草惊蛇，就会坏大事。"

心惊打草蛇 xīn jīng dǎ cǎo shé 见"打草蛇惊"。形容担惊受怕。举例 明·陆采《怀香记·引示池楼》："花影频移月渐斜，恍惚心惊打草蛇。"

打油 dǎ yóu

出处 明·杨慎《升庵诗话·覆窠俳体打油钉铰》。解说 据说，唐代有一个人名叫张打油，他在观雪时作了一首幽默、诙谐的即景诗："江山一笼统，井上黑窟窿。黄狗身上白，白狗身上肿。"后用此语泛称通俗诙谐的腔调。也指打油诗。举例 ① 况周颐《蕙风词话》卷三："许道真《眼儿媚》云：'持杯笑道，鹅黄似酒，酒似鹅黄。'此等句看似有风趣，其实绝空浅，即俗所谓打油腔，最不可学。"② 鲁迅《书信集·致林语堂》："前函令打油，至今未有，盖打油亦须能有打油之心情，而今如何者。"

打油诗 dǎ yóu shī 见"打油"。泛称不拘于平仄韵律、通俗幽默、多含讽刺意味的诗，又称俳谐诗。举例 ① 清·钱泳《履园丛话·笑柄·打油诗》："按打油诗始见于《南部新书》，其无关于人之名节者，原未尝不可以为游戏。"② 胡适《读沈尹默的旧诗词》："我常说那些转弯子的感事诗，与我们平常作的打油诗有同样的性质。"

打油歌 dǎ yóu gē 同"打油诗"。举例 清·蒋士铨《临川梦·遣跛》："浑不用折苇横江，乘桴浮海，唱一只打油歌，无妨碍。"

D

大材小用 dà cái xiǎo yòng

出处《后汉书·边让传》。解说 东汉时人边让能言善辩，颇有才华。大将军何进得知后把边让请来，先委任他做令史小官。议郎蔡邕（yōng）很钦佩边让，认为他应该居高位、负重任，于是向何进推荐说："'函牛之鼎以烹鸡，多汁则淡而不可食，少汁则熬而不可熟。'此言大器之于小用，固有所不宜也。"（大意是：用煮牛的大鼎来煮一只鸡，加水多了就会淡而无味，加水少了又容易煮干了鼎，也不容易熟。这是说"大器小用"，本来就不合适。我所忧虑的是鼎没有用来煮牛，却用来烹鸡，请将军认真考虑一下边让的任用事宜。）后用此语原指把大的材料用于小处，造成浪费，比喻用人不当或浪费人才。举例 ① 宋·陆游《送辛幼安殿撰造朝》："大材小用古所叹，管仲、萧何实流亚。"②《上海的早晨》第三部四十九："冯永祥老是把他放在自己的口袋，压在他手下，在区里活动，虽说可以接触中小工商业，但有点大材小用，埋没了他的才能。"

大公无私 dà gōng wú sī

出处《吕氏春秋·去私》。解说 传说远古时，尧帝有十个儿子，当年老体衰时没有把帝位传给自己的儿子，而是传给了才德出众的舜。舜帝有九个儿子，他也没有把帝位传给自己的儿子，而是传给了贤明能干的禹。人们赞扬他们大公无私，心里想的是国家的富强、老百姓的安乐。后用此语指办事公平正直，毫无私心，完全为人民群众的利益着想。举例 ① 清·龚自珍《论私》："矜其同官曰：某甲可谓大公无私也已。"② 毛泽东《中国共产党在民族战争中的地位》："自私自利，消极怠工，贪污腐化，风头主义等等，是最可鄙的；而大公无私，积极努力，克己奉公，埋头苦干的精神，才是可尊敬的。"③《暴风骤雨》第一部二十："赵玉林同志是咱元茂屯的好头行人，咱们要学习他大公无私、勇敢牺牲的精神。"

大公无我 dà gōng wú wǒ 同"大公无私"。举例 清·朱彝尊《尚书魏公刻集序》："大公无我之心，朝野所共。"

D

大惊失色 dà jīng shī sè

出处《汉书·霍光传》。解说 失色：脸色变得苍白，失去正常的气色。汉昭帝没有儿子，死后立汉武帝之孙昌邑王刘贺继位。当时霍光任大司马，辅佐朝政。刘贺昏庸淫乱，霍光忧心如焚，有一天召集群臣商议另立君主。霍光一一列举刘贺不适合作君主的劣行，“群臣皆惊愕失色，莫敢发言”，只有大司马田延年手按宝剑，慷慨陈词：先帝让霍将军辅佐幼孤，现在社稷（jì）危险，如果汉家失去天下，我们有何面目见先帝于九泉，如果有谁反对另立新君，我就杀了他。于是废了刘贺，立汉武帝曾孙刘询为汉宣帝，从此西汉进入中兴。后用此语形容非常惊慌恐惧，吓得脸色都变了。举例 ①《野叟曝（pù）言》第六十三回：“秋香怪叫，躲入后房，众丫鬟俱大惊失色。”②《官场现形记》第五十五回：“且说电报打到南京，制台一见上面叙着有三只兵船，登时大惊失色。”③《吕梁英雄传》第三十九回：“康明理进门一看，不禁毛骨悚然，大惊失色。”

大器晚成 dà qì wǎn chéng

出处《老子》第四十一章：“大方无隅（yú），大器晚成。”又见《三国志·魏志·崔琰传》。解说 大器：大的器物。大方：古代指大地。隅：角落。无隅：指没有边际。《老子》原文大意是：广袤的大地是无边无际，大的器物需要经过长时间加工才能制成。《三国志》原文大意是：三国时，魏国大臣崔琰有个堂弟名叫崔林。崔林年轻时刻苦攻读，但很长时间都没有机会做官。崔林的妻家亲属都瞧不起他，只有崔琰相信他将来一定能有出息。崔琰常对别人说，能干大事的人往往需要长期磨炼，“此所谓大器晚成者也”。（这里以大器物比喻有大才能的人。）后来，崔林果然被朝廷任用，受爵安阳侯，成为国家重臣。后用此语比喻能担当重任的人物要经过长期锻炼，所以成就较晚。也用作对很久不得志的人的安慰话。举例 ①《儒林外史》第四十九回：“二位先生高才久屈，将来定是大器晚成的。”②《四世同堂》四十一：“最后，那驰名的‘白杏’用绵纸遮护着下了市，好像大器晚成似的结束了杏的季节。”

大事不糊涂 dà shì bù hú tu

出处《宋史·吕端传》。解说 宋太宗时，吕蒙正任宰相，已年老体衰。户部侍郎平章事吕端颇有政绩，得到了宋太宗的赏识。宋太宗想启用吕端，便征求群臣的意见。有的大臣认为吕端头脑糊涂，宋太宗不以为然地说：你们并不十分了解他的为人，"端小事糊涂，大事不糊涂"。（大意是：吕端对日常的琐碎事情不闻不问，可是在处理国家大事方面却能坚持原则，敢作敢为，向来不糊涂。）于是任命吕端为宰相，接替了吕蒙正的职位。宋太宗死后，内侍王继恩阴谋反叛，吕端及时揭露了他的罪行，使朝廷免除一场祸乱。后用此语形容在重大事情上或对待大是大非问题，头脑清醒明白，毫不含糊。举例 ① 清·魏源《秋兴后》之七："只难大事不糊涂，揆席虚悬虽再徂（cú）。"② 郑观应《训长男润林并录寄月岩弟》："凡往来银钱要件必须亲自检点，取回收据，所谓大事不糊涂，盖世道崎岖、人心日险也。"

大手笔 dà shǒu bǐ

出处《晋书·王珣传》："珣梦人以大笔如椽与之，既觉，语人曰：'此当有大手笔事。'" 解说 椽：放在檩子上支撑屋顶的木条。东晋武帝时，王珣官任尚书右仆射（yè）。有一天，王珣在酣睡中梦见有一位神仙送给他一支像屋椽那样大的笔。他醒来后对别人说："最近朝廷可能会出现一桩大事。需要用大手笔，做大文章。"果然事隔不久，晋孝武帝驾崩，朝廷派人请王珣起草悼念君主的哀册、文告等重要文书。王珣文思如泉涌，写得又快又好。后用此语指杰出的文辞、书画或宏伟的规划等，也指写作能力极强的人。举例 ① 宋·苏颂《留守太尉潞国文公宠示耆（qí）年会诗次韵继和》："叙述须归大手笔，唱酬俱是两都宾。"② 清·黄遵宪《度辽将军歌》："座中黄曾大手笔，为我勒碑铭燕然。"③ 清·宣鼎《夜雨秋灯录·迦陵配》："（李太守）闲步殿上，观西天像，突见墨荷，惊为八大再来人，问谁之大手笔。"④ 茅盾《"雾重庆"拾零》："什么都囤，只要有办法；这是大后方一部分'经济战士'的大手笔。"

椽笔 chuán bǐ 同"大手笔"。举例 ① 宋·韩琦《次韵答安抚滕甫侍读诞日惠诗》："椽笔亲挥善祝诗，老颜筋骨逸如飞。"②《聊斋志异·罗刹海市》："欲烦椽笔赋海市，幸无吝珠玉。"③ 陈毅《题长征会师图》："感谢毋子如椽笔，写来悬挂人民之心间。"

如椽大笔 rú chuán dà bǐ 同"大手笔"。举例 清·钱谦益《吴门送福清公还闽》之四："如椽大笔盈怀袖，莫忘山东父老忧。"

如椽健笔 rú chuán jiàn bǐ 同"大手笔"。举例 金·高永《大江东去·滕王阁》："遥忆才子当年，如椽健笔，坐上题佳句。"

笔大如椽 bǐ dà rú chuán 见"大手笔"。比喻文笔雄健有力或文章气势宏大，以赞誉有不凡文才的人。举例 清·陶曾佑《论小说之势力及其影响》："词清若玉，笔大如椽。"

大笔如椽 dà bǐ rú chuán 同"笔大如椽"。举例 清·陈恭尹《观唐僧贯休画罗汉歌》："大笔如椽指端揽，贝叶行间才数点。"

D

大树将军 dà shù jiāng jūn

出处《后汉书·冯异传》:"异为人谦退不伐,行与诸将相逢,辄引车避道。进止皆有表识,军中号为整齐。每所止舍,诸将军并坐论功,异常独屏树下,军中号曰'大树将军'。"解说 原文大意是:东汉大将军冯异辅佐汉光武帝刘秀打天下,战功显赫,却非常谦让,从不图名争利。每当众将领坐在一起评论功劳高低,争得面红耳赤,互不相让时,冯异只是退避一旁,独自靠在大树下而不与争功,因此军中送他一个雅号叫作"大树将军"。后用此语指不居功自傲的将领。举例 ①《南史·冯道根传》:"武帝尝指道根示尚书令沈约,美其口不论勋。约曰:'此陛下之大树将军也。'"②《聊斋志异·绛(jiàng)妃》:"东篱处士,亦出茅庐;大树将军,应怀义愤。"

大树之功 dà shù zhī gōng 见"大树将军"。指有功而不居功争利的高尚行为。举例 唐·骆宾王《兵部奏姚州破贼设蒙俭等露布》:"先登陷敌,无遗大树之功。"

坐树不言 zuò shù bù yán 见"大树将军"。指功高而不居功自傲。举例 唐·元稹《加乌重胤检校司徒制》:"第其勋庸,虽坐树不言,而图功甚大。"

大喜过望 dà xǐ guò wàng

出处《史记·黥(qíng)布列传》:"布大怒,悔来,欲自杀。出就舍,张御食饮从官如汉王居,布又大喜过望。"解说 过:超过;超出。望:希望;期望。楚汉相争时,九江王黥布因故与项羽产生矛盾,便领兵去投奔刘邦。当黥布来到刘邦大帐后,刘邦为了挫一挫黥布的傲气,就故意表示很怠慢,一边洗脚,一边召见他。黥布大为恼火,后悔不该前来投靠,愤恨得想自杀了事。正在犹豫不定之时,刘邦派人来,把黥布带到专为他安排的营帐。黥布看到为自己准备的营帐里,陈设、饮食、侍从官员等规格居然与汉王刘邦一个等级,真是出乎意料,不由得喜极而泣。此语用来形容结果比原来期望的还要好,因而感到特别高兴。举例 ①《二刻拍案惊奇》卷二十二:"公子见就有了银子,大喜过望。"② 清·袁枚《新齐谐·铁公鸡》:"未几,携一女来,不索价,但取衣食充足而已,翁大喜过望。"③《三家巷》一七五:"吴生海证实自己的办法真灵,不免大喜过望,笑得连嘴都合不拢来。"

大义灭亲 dà yì miè qīn

出处《左传·隐公四年》:"石碏(què),纯臣也。恶州吁而厚与焉。大义灭亲,其是之谓乎？”解说 春秋时，卫国卫庄公的小儿子州吁性格残暴，无恶不作。卫庄公死后，大儿子姬完继位，称卫桓(huán)公。大臣石碏的儿子石厚与公子州吁合谋杀害了卫桓公。州吁自立为国君，并任命石厚为上大夫。石碏得知自己的儿子参与了这场叛乱，非常生气，为了维护君臣之义，不顾父子亲情，设计派人捕杀了儿子石厚和公子州吁。人们赞美石碏正直无私，说他是能够大义灭亲的人。后用此语指为了维护正义或国家和人民的利益，对犯罪的亲属不徇私情，使其受到应有的法律制裁。有时也指出于自身的重大利害关系，全然不顾亲情而杀人。举例 郭沫若《屈原》第五幕：“你尽管是她的父亲，但如果不照着她的意旨办事，她可以大义灭亲，明天便把你一齐处死。”

D

待贾而沽 dài jià ér gū

出处《论语·子罕》。解说 贾：通“价”，价钱。沽：通“酤”，卖。春秋时，孔子周游列国，均未受到重用。有一天，孔子的弟子子贡向老师询问：“假如有一块美玉，是把它收藏在柜子里好呢，还是把它卖给识货的商人好呢？”孔子明白弟子是在安慰自己，毫不迟疑地答道：“沽之哉！沽之哉！我待贾者也。”(贾：同“价”，价格。原话大意是：卖掉它！卖掉它！我正等待着识货的人给个好价钱呢。)孔子的意思隐含着一个想法：等待机会出来做官，以推行自己的富国强民的主张。后用此语指讨要高价再出售。也比喻有才能的人等待重用的机会。举例 宋·胡寅《谢贡启》：“遇良辄取，宁空冀北之群；待贾而沽，多抱荆山之璞。”

待价而沽 dài jià ér gū 同“待贾而沽”。举例 ①明·李贽(zhì)《续焚书·与焦弱侯太史》：“待价而沽，不欲求售者，以天下之无豪杰也。”②《虹》五：“也有的是受不住男子们的纠缠，那么，独身主义成了挡箭牌；更有的人简直借此装幌子，仿佛是待价而沽！”③《牡丹》三：“她看姚黄风头正健，是一枝摇钱树。奇货可居，应该待价而沽，大学生并不在老太婆眼中。”

待贾沽 dài jià gū 同“待贾而沽”。举例《二刻拍案惊奇》卷十七：“朝廷若也开科取，未必无人待贾沽。”

丹青上麟阁 dān qīng shàng lín gé

出处《汉书·苏武传》。解说 丹青：绘画；画像。麟阁：即麒麟阁。汉代为表彰功臣，建有绘着功臣画像的高阁，如宣帝时有麒麟阁，绘有霍光、苏武等十一个功勋显著的大臣的画像。后用此语指建功立业之人名垂青史，千古流芳。举例 唐·张说《药园宴武铬(lù)沙将军赋得洛字》:“待闻出塞还,丹青上麟阁。”

登麟阁 dēng lín gé 同“丹青上麟阁”。举例 唐·卢纶《宝泉寺送李益端公归邠(bīn)宁幕》:“早晚登麟阁,慈门欲付公。”

图麟阁 tú lín gé 同“丹青上麟阁”。举例 唐·李德裕《春日独坐思归》:“岂望图麟阁,惟思卧鹿门。”

D

麒麟阁 qí lín gé 同“丹青上麟阁”。举例 唐·杜甫《投赠哥舒开府翰二十韵》:“今代麒麟阁,何人第一功?”

麒麟台 qí lín tái 同“丹青上麟阁”。举例 唐·李白《司马将军歌》:“功成献凯见明主,丹青画像麒麟台。”

麟阁功名 lín gé gōng míng 见“丹青上麟阁”。指显赫的功名。举例 宋·毛幵(jiān)《满江红·怀家山作》:“麟阁功名身外事,墙阴不驻流光促。”

箪食瓢饮 dān shí piáo yǐn

出处《论语·雍也》:“子曰:‘贤哉,回也! 一箪食,一瓢饮,在陋巷。人不堪其忧,回也不改其乐。贤哉,回也!’”解说 箪:古代盛饭食的竹器。食:饮食。回:指颜回,即颜渊,春秋末年鲁国人,孔子的弟子,品学兼优,被后人尊为“复圣”。原文大意是:孔子说:“真高尚啊,颜回! 饿了用竹器盛饭,渴了用木瓢舀水,居住在简陋的小巷子里。这样困苦的生活,别人难以忍受,而颜回却一直感到满足和快乐。真高尚啊,颜回!”孔子把颜回视为最得意的弟子,常以颜回作榜样,教育其他弟子。后用此语形容读书人的生活贫苦清高,也比喻生活简朴,安贫乐道。举例 唐·韩愈《与李翱书》:“彼人者,有圣人为之依归,而又有箪食瓢饮,足以不死,其不忧而乐也,岂不易哉!”

箪瓢 dān piáo 同“箪食瓢饮”。举例 唐·陆龟蒙《庆封宅古井行》:“因知富德不富财,颜氏箪瓢有深意。”

乐箪瓢 lè dān piáo 同“箪食瓢饮”。举例 宋·陆游《东斋杂书》:“百年乐箪瓢,千载仰山斗。”

一箪食 yī dān shí 同“箪食瓢饮”。举例 唐·白居易《寄张十八》:“饥止一箪食,渴止一壶浆。”

瓢饮 piáo yǐn 同“箪食瓢饮”。举例 唐·杜甫《赠特进汝阳王二十韵》:“瓢饮惟三径,岩栖在百层。”

一瓢 yī piáo 同“箪食瓢饮”。举例 唐·卢纶《同柳侍郎题侯钊侍郎新昌里》:“三径春自足,一瓢欢有余。”

一瓢乐 yī piáo lè 同“箪食瓢饮”。举例 邵雍《闲吟四首》：“欲有一瓢乐，曾无二顷田。”

箪瓢陋巷 dān piáo lòu xiàng 同“箪食瓢饮”。举例 宋·方岳《水调歌头·九日醉中》：“穷则箪瓢陋巷，达则鼎彝清庙，吾意两悠哉。”

陋巷箪瓢 lòu xiàng dān piáo 同“箪食瓢饮”。举例 宋·刘敞《万卷生》：“陋巷箪瓢未曾饱，苦心独行竟谁怜。”

胆大如斗 dǎn dà rú dǒu

出处《三国志·蜀志·姜维传》：“维妻子皆伏诛。”南朝宋·裴松之注引《世语》：“维死时见剖，胆如斗大。”解说 斗：一种旧时称量粮食的器具。姜维是三国时蜀国的征西将军。蜀后主刘禅（shàn）投降魏国，姜维也被迫投降。后来魏将钟会反叛，姜维假意与钟会联盟起事，准备趁机恢复蜀汉政权，因事情败露而被杀。据说，有人把姜维的肚子剖开，发现他的胆脏竟然有斗那么大。此语形容某人的胆量非常大。举例 ① 元·关汉卿《单刀会》第二折：“有一个赵子龙，胆大如斗。”② 清·阮葵生《茶余客话》卷二十一：“张拥兵海上，一夕大风雨，张舟覆，翌年获尸，棺殓焚化，胆大如斗不能焚，诸军憾恸。”③《六十年的变迁》第十章：“矮矮的貌似书生实则胆大如斗的革命英雄郭亮，一奋身站在车站高处的工人面前。”

斗胆 dǒu dǎn 见“胆大如斗”。原形容胆气豪壮。后多指大胆冒犯。用作谦辞。举例 ① 元·张国宾《合汗衫》第一折：“小人斗胆，敢问老爹奶奶一个名姓也。”②《再生缘》第四十三回：“晚生父子忧心极，斗胆而来叩府前。”☞“斗胆”的“斗”，不要误读成 dòu。

淡泊明志 dàn bó míng zhì

出处 三国蜀·诸葛亮《诫子书》：“夫君子之行，静以修身，俭以养德。非淡泊无以明志，非宁静无以致远。”解说 淡泊：生活俭朴，不追求名利。原文大意是：君子的品行是不急不躁，清心寡欲，注重修身养德。如果不能看淡名利，就无由显示其高尚的志趣；如果不能心平气和，就难以使学术造诣达到高深的境界。后用此语指不追求名利，才能使志趣高洁。举例 ① 清·无名氏《杜诗言志》卷三：“至于宽闲之野，寂寞之滨，每自寓其天怀之乐，而淡泊明志，宁静致远，未尝不处处流露。”②《战争和人》（三）卷二：“我到江津，不求闻达，委屈苟安，只想宁静致远，淡泊明志，可是如今你却招惹这许多麻烦使我烦心！”

D

弹丸之地 dàn wán zhī dì

出处《战国策·赵策三》。解说 弹丸：弹弓射击用的铁丸或泥丸。战国后期，在秦国和赵国的长平之战中，赵国战败。秦国又围攻赵国的邯郸，魏国、楚国出兵救援，邯郸解围。在商议是否割让六县与秦国讲和的问题时，赵王犹豫不决。大臣赵郝力主割地求和，他劝赵王说："此弹丸之地，犹不予也，令秦来年复攻王，得无割其内而媾乎？"（大意是：这种像弹丸大小的一块地方都舍弃不了，等秦国明年再来攻打赵国的时候，大王难道再割让更多的土地去与秦国讲和吗？）后用此语比喻极小的领土或地盘。举例 ①《三国演义》第七十六回："且荆州九郡，俱已属彼，止有麦城，乃弹丸之地。"② 梁启超《尧舜为中国中央君权滥觞（shāng）考》："英国以弹丸之地，僻在海隅。"③《李自成》第一卷十八章："你只有谷城县弹丸之地。池塘小，难养大鱼。"

当断不断，反受其乱 dāng duàn bù duàn，fǎn shòu qí luàn

出处《史记·春申君列传》。解说 断：决断。战国时，赵国人李园把一位美貌的女子献给楚国宰相春申君（即黄歇）。当女子有了身孕，春申君又转送给楚考烈王。女子生下了一个儿子，被立为太子。数年后，由于李园善于钻营，官运亨通，渐渐掌握了朝廷实权。春申君的门客朱英向春申君建议说："太子的来历，只有主公与李园最清楚。现在楚王病重，一旦驾崩，李园定会加害于主公。为绝后患，我们应先下手把李园杀掉。"春申君没有采纳朱英的意见。不久，楚王去世，李园果然派刺客把春申君杀害了。司马迁撰写《史记》，在评论此事时说："当断不断，反受其乱。"后用此语指遇事犹豫不决，应该决断时不能决断，就会遭受由此带来的祸乱。举例 ① 明·汤显祖《南柯记·象谴》："语云：'当断不断，反受其乱。'驸马事已至此，千岁作何处分？"②《民国通俗演义》第八十一回尾批："段（祺瑞）失之太刚，黎（元洪）又失之太柔，当断不断，反受其乱，吾不能不为黎氏咎焉。"

当断不断 dāng duàn bù duàn 见"当断不断，反受其乱"。形容办事优柔寡断，坐失良机。举例《李自成》第三卷四章："大帅当断不断，放虎归山，倘若采纳以显的主张，何至有今日后悔！"

当局者迷 dāng jú zhě mí

出处《旧唐书·元行冲传》。解说 局：棋局。迷：迷惑；糊涂。唐代人元行冲学问广博，曾奉命给唐代初年魏徵(zhēng)修订整理过的《类礼》(即《礼记》)作注释，以便阅读和使用。右丞相张说(yuè)认为《礼记》是经书，不应该妄加注释，并对使用魏徵整理本作底本，提出疑问。元行冲解释说：西汉时戴圣修订的《礼记》中存在一些矛盾错谬之处，魏徵去粗取精，删繁就简，做法是可取的。这正像下棋一样，"当局者迷，傍观见审"。(傍：同"旁"。审：详细；周密。大意是：棋局中的胜算或危机，有时下棋的人看不出来，而旁观的人却看得明明白白。)后用此语形容当事人由于身处其中，看问题不能客观和冷静，有时被碰到的问题搞糊涂了，而旁边观看的人却知道或了解得很清楚。举例 ① 宋·辛弃疾《恋绣衾·无题》："我自是笑别人的，却元来当局者迷。"②《啼笑因缘》第六回："你要知道天下事当局者迷，你由陪令尊上医院到现在，常有个樊少爷来往，街坊谁不知道呢？"③《二十年目睹之怪现状》第八十六回："我们打破了这个关子，是知道他是假的，至于那当局者迷一流，他却偏要信是真的。"④ 谢觉哉《知己难》："'当局者迷'，则虽贤者亦不能免。"

当局者迷，旁观者清 dāng jú zhě mí, páng guān zhě qīng 同"当局者迷"。举例 ①《老残游记》第十三回："谁怪着你呢？实在说的不错，倒是没有人说过的话！可见当局者迷，旁观者清。"②《儿女英雄传》第二十六回："从来当局者迷，旁观者清，姐姐细想这宝砚雕弓，岂不是天生地设的两桩红定。"③ 艾芜《夜归·前言》："正所谓当局者迷，旁观者清，作品是需要有人提意见的。"

旁观者清，当局者迷 páng guān zhě qīng, dāng jú zhě mí 同"当局者迷"。举例 吕思勉《三国史话·历史和文学》："俗话说'旁观者清，当局者迷'，这句话，只是旁观者不负责之辞，并不是真理。因为当局者的环境，旁观者总不能尽知。"

旁观者清 páng guān zhě qīng 同"当局者迷"。举例 ①《红楼梦》第五十五回："俗话说：'旁观者清。'这几年姑娘冷眼看着，或有该添该减的去处，二奶奶没行到，姑娘竟一添减。"②《四世同堂》七十六："老人好像已不是瑞丰的祖父，而是个旁观者清的外人。"

当头棒喝 dāng tóu bàng hè

出处 宋·普济《五灯会元·临济义玄禅师》。解说 当头：迎头。棒：用棒子打。喝：大声呵斥。据说古时候有一位名叫黄檗的传佛禅师，身边有许多弟子。他接纳新弟子时，有一套规矩，即不问情由地给对方当头一棒，或者大喝一声，然后提出问题，并要求对方不假思索地回答。而且每提出一个问题时，都要当头棒喝。黄檗禅师的目的，是考验对方对佛教的虔诚和领悟程度，告诫对方一定要自己悉心苦读深究，探寻佛法的奥妙。黄檗禅师的这种古怪的传教方法，曾被佛门广泛采用。此语原指佛教禅宗和尚接待初学者时,用棒迎头一击或大喝一声的仪式,后比喻促人醒悟的打击或警告。举例 ① 清·百一居士《壶天录》卷下:“片时失足,后悔何及,愿以为当头棒喝也可。”② 梁启超《近世文明初祖倍根笛卡儿之学说》:“笛卡儿起,谓凡学当以怀疑为首,以一扫前者之旧论……此实为数千年学界当头棒喝,而放一大光明以待来哲者也。”③ 袁鹰《悲欢·用生命和血写成的诗》:“这声音如晴天霹雳,当头棒喝,使叛徒们心惊胆战,无地自容。”

D

当头棒 dāng tóu bàng 同“当头棒喝”。举例《路》十一:“他只觉得这次新袭来的暴风雨似的斗争恰好是苦闷到绝处的他的一下当头棒。”

当头一棒 dāng tóu yī bàng 同“当头棒喝”。举例 ①《镜花缘》第八十四回:“这个笑话虽是斗趣,若教愚而好自用的听了,却是当头一棒,真可猛然唤醒。”② 梁启超《三十自述》:“冷水浇背,当头一棒,一旦尽失其故垒,惘惘然不知所从事。”③《红岩》第二十八章:“这种神出鬼没的意外,像给了陆清当头一棒。”

倒戈 dǎo gē

出处《尚书·武成》:“受率其旅若林,会于牧野,罔有敌于我师,前徒倒戈,攻于后以北,血流漂杵。”解说 倒:放倒。戈:古代一种武器。受:通“纣”。罔有:没有。前徒:前面的步兵。北:败逃。杵:通“橹”,古代一种兵器,即木制的大盾牌。原文大意是:纣王统率着密密麻麻的士兵聚集在牧野平原,但这支军队却不能抵挡我军,前面的士兵纷纷放下武器,我军掩杀过去,杀伤敌军无数。地面上的血汇流成河,甚至连木制大盾牌都漂浮起来。后用此语指放下武器,向敌人投降。参见613页“土崩瓦解”。举例 ① 唐·鱼玄机《浣纱庙》:“一双笑靥(yè)才回面,十万精兵尽倒戈。”②《三国演义》第六十二回:“却说玄德立起免死旗,但川兵倒戈卸甲者,并不许杀害。”③《子夜》二:“日本报上还说某人已经和北方默契,就要倒戈!”☞“倒戈”的“倒”不读 dào。

血流漂杵 xuè liú piāo chǔ 见“倒戈”。形容战争中人死亡很多,泛指流血很多。举例 ① 汉·贾谊《新书·益壤》:“炎帝无道,黄帝伐之涿(zhuō)鹿之野,血流漂杵,诛炎帝而兼其地,天下乃治。”②《二十年目睹之怪现状》第九十九回:“差役便把他按到在地,褪下裤子,当街打了五十小板子……当时把他打得血流漂杵。”③《大波》第三部五章:“何况革命排满,乱杀无辜,争城以战,血流漂杵,还是一种最不人道的举动。”

流血漂卤 liú xuè piāo lǔ 同“血流漂杵”。卤:通“橹”。举例 ①《史记·秦始皇本纪》:“伏尸百万,流血漂卤。”② 章炳麟《变法箴(zhēn)言》:“其议果行,则域内抢

D

攘,流血漂卤。"

流血漂杵 liú xuè piāo chǔ 同"血流漂杵"。举例 宋·陆游《禹庙赋》:"使禹有胜苗之心,则苗亦勃然有不服之意。流血漂杵,方自此始。"

血流漂卤 xuè liú piāo lǔ 同"血流漂杵"。卤:通"橹"。举例 明·王世贞《开国功臣赞》:"前无衡敌,却扫千里,血流漂卤,此则开平氏之所以扬帝威也。"

漂杵 piāo chǔ 同"血流漂杵"。举例 五代·韦庄《辛丑年》:"九衢(qú)漂杵已成川,塞上黄云战马闲。"

血流杵 xuè liú chǔ 同"血流漂杵"。举例 元·陈杰《尤物》:"建德老死不往来,蛮触长辞血流杵。"

倒屣迎 dào xǐ yíng

出处《三国志·魏志·王粲(càn)传》。解说 倒:颠倒。屣:鞋。王粲是东汉末年的著名文人,博闻多识,无所不知,被列为"建安七子"之首。他年轻时就显露出非凡才能,深得一代文宗蔡邕(yōng)的赏识。蔡邕的才学在当时远近闻名,每天宾客盈门,前来拜访求教的人络绎不绝。有一天,王粲到蔡邕府上拜访,蔡邕"闻粲在门,倒屣迎之。"(大意是:听说王粲登门来访,非常高兴,立即出迎。古人在家里时,往往脱鞋席地而坐,由于急于迎客,蔡邕竟倒拖着鞋子跑出门去了。)满堂宾客看到王粲年龄小,相貌平平,身体又弱,而蔡邕却如此看重,都非常惊讶。后用此语形容主人因敬慕而急切、热情地迎接客人。举例 ① 北周·庾信《田园》:"倒屣迎悬榻,停琴听解嘲。" ② 董必武《挽陈毅同志》:"忆昔比邻住,曾为倒屣迎。"

倒屣出迎 dào xǐ chū yíng 同"倒屣迎"。举例《北史·朱繇(yáo)传》:"每闻儒士在门,常倒屣出迎,谈经籍。"

倒屣而迎 dào xǐ ér yíng 同"倒屣迎"。举例《喻世明言·临安里钱婆留发迹》:"钟起知是故人廖生到此,倒屣而迎。"

倒屣相迎 dào xǐ xiāng yíng 同"倒屣迎"。举例《市声》第三十三回:"我倒为了他起了个早,倒屣相迎,真不上算。"

倒屣 dào xǐ 同"倒屣迎"。举例 唐·王维《辋川别业》:"披衣倒屣且相见,相欢语笑衡门前。"

盗泉 dào quán

出处《尸子》卷下。解说 春秋时,有一道泉水名叫盗泉,故址在今山东泗水县东北。据说孔子经过此地时，虽然口渴，但他认为“盗泉”之名，不合礼仪，因此不肯喝泉水。后用此语指丑恶的事物，也比喻以不正当手段取得的东西。用不饮“盗泉之水”比喻宁死也不接受不义的财物，以保持清白的节操。举例 ① 宋·黄庭坚《次韵晁元忠西归十首》之六：“热避恶木阴，渴辞盗泉水。”②《聊斋志异·仇大娘》：“此可知盗泉之水，一掬(jū)亦污也。”③ 鲁迅《且介亭杂文·说“面子”》：“长谷川如是闲说‘盗泉’云：‘古之君子，恶其名而不饮，今之君子，改其名而饮之。’也说穿了‘今之君子’的‘面子’的秘密。”

D

盗水 dào shuǐ 同“盗泉”。举例 唐·杨炯(jiǒng)《唐右将军魏哲神道碑》：“军井未建，如临盗水之源；军灶未炊，似对嗟(jiē)来之食。”

盗亦有道 dào yì yǒu dào

出处《庄子·胠箧(qū qiè)》。解说 盗：强盗；窃贼。道：道理；道义。盗跖是古代有名的大盗。有一天，盗跖的徒弟问：“盗亦有道乎？”(大意是：我们盗也讲道义吗？)盗跖答道：“何适而无有道耶？夫妄意室中之藏，圣也；入先，勇也；出后，义也；知可否，知也；分均，仁也。”(大意是：做大盗的人怎么会不讲道义呢？能猜测出财物放在房子里的什么地方，叫做“圣”；偷东西时争先恐后，叫做“勇”；东西到手后，最后一个离开那里，叫做“义”；根据实际情况判断如何下手，叫做“智”；公平分配偷到的东西，叫做“仁”。)盗跖强调具备了“圣、勇、义、智、仁”这五种品质(五种道义)，才能成为一个大盗。后用此语指盗贼也有他们的那一套道理和规矩。多含有诙谐意味。举例 ①《新唐书·王世充窦建德传赞》：“其间亦假仁义，礼贤才，因之擅王僭(jiàn)帝，所谓盗亦有道者。”②《初刻拍案惊奇》卷四：“盗亦有道，大曾偷习儒者虚声；师出无名，也会剽窃将家实用。”③《一个农夫的故事》：“舅甥二人，其一以为国王还不知道这事，必是管库官吏怕事，不敢禀闻。其一又以为国王当已知道这事，但知盗亦有道，故不追究。”

盗道 dào dào 见“盗亦有道”。指盗贼的道义、手段或方法。举例 唐·韩偓(wò)《八月六日作》之二：“图霸未能知盗道，饰非唯欲害仁人。”

道听途说 dào tīng tú shuō

出处《论语·阳货》：“道听而涂说，德之弃也。”又见《吕氏春秋·察传》。解说 途：道路。涂：通“途”，道路。《论语》原文大意是：走路时听见了没有多少根据的话，又随意讲述给遇到的人，这样做很不道德。《吕氏春秋》里记载了一个道听途说的故事：宋国有一户姓丁的人家，离水井很远，用水不方便。后来丁家在房宅旁边打了一眼井，这样就不用跑很远的路去挑水了。于是丁家的人高兴地说："我们家打了一口井，就好像节省出一个人（劳动力）来。"不料有人把"节省出一个人"的话添枝加叶，编造成"丁家打井挖出了一个人"。以讹传讹，越传越广，竟然传到宋国国君的耳朵里。国君不相信，派人查问传播这个消息的人是否亲眼所见，那人摇摇头说："是我在路上听别人说的。"后用此语形容没有根据地随意传说。也指传闻，没有根据的话。举例 ①《二十年目睹之怪现状》第三十回："我不过道听途说罢了，倘使他们局里的人说起来，只怕新鲜笑话多着呢。"②《蚀·动摇》三："据兄弟所闻，确不是什么道听途说的消息，偶尔谈谈，那一类的事！"③《内奸》："我要对党对同志负责，即使严赤、杨曙是内奸，我也该对他们负责，不能把道听途说都写上。"

得道多助，失道寡助 dé dào duō zhù，shī dào guǎ zhù

出处《孟子·公孙丑下》："得道者多助，失道者寡助。寡助之至，亲戚畔之；多助之至，天下顺之。"解说 道：道义；正义。寡：少。畔：通"叛"，背离（自己的一方）。原文大意是：正义战争有人民支持，得到的帮助就多；非正义战争遭到人民反对，得到的帮助就少。得到的帮助少到相当程度时，连至亲好友都会背叛离去；得到的帮助多到相当程度时，普天下的绝大多数人都会给予支持。后用此语指正义的事业能得到多数人的拥护与帮助，而违背正义的行为将陷于孤立无援的地步。参见 604 页"天时地利人和"。举例《民国通俗演义》第一三一回："彼以武力为后盾，我以公理为前驱，得道多助，失道寡助……功罪自有定评。"

失道寡助 shī dào guǎ zhù 同"得道多助，失道寡助"。举例 毛泽东《论持久战》："由于中国战争的进步性、正义性而产生出来的国际广大援助，同日本的失道寡助又恰恰相反。"

得过且过 dé guò qiě guò

出处 明·陶宗仪《南村辍耕录·寒号虫》。解说 得：能够。且：暂且。传说五台山有一种奇怪的鸟，名叫寒号鸟，有四只脚，两个翅膀，但是不能飞。每当夏天来临，它的羽毛就变得绚丽斑斓，于是展开翅膀，自鸣得意叫道："我真美丽，我真美丽！凤凰不如我。"到了深秋，别的鸟都忙着垒窝，准备过冬，它却只顾四处炫耀那五光十色的羽毛，又蹦又唱。冬季天寒地冻，它的羽毛全部脱落了，身上光秃秃的，变得很丑陋，晚上缩在石缝里，冻得浑身哆嗦地叫道："好冷呀，好冷呀，明天就垒窝。"当寒夜过去，太阳升起，寒号鸟又懒得垒窝，不停地叫道："阳光好暖和，得过且过，得过且过。"最终，寒号鸟冻死在石缝里。此语原指能过去就过去，过一天算一天，形容只顾眼前，不作长远打算，或工作马马虎虎，敷衍了事。举例 ① 清·蒋士铨《第二碑·寻诗》："静里寻思，欠缺尽多，那得完全结局，为此得过且过，竟成槁(gǎo)木形骸。"②《黑籍冤魂》第一回："但是吃烟人的脾气，总是得过且过，那一个是真心肯戒。"③ 毛泽东《反对自由主义》："办事不认真，无一定计划，无一定方向，敷衍了事，得过且过，做一天和尚撞一天钟。"④《叔叔的故事》："叔叔已变得麻木不仁，并且得过且过。"

D

得陇望蜀 dé lǒng wàng shǔ

出处《后汉书·岑彭传》。解说 陇：古地名，在今甘肃一带；蜀：古地名，在今四川中西部。东汉初年，隗嚣(wěi áo)和公孙述分别占据着陇地和蜀地。光武帝刘秀为了统一全国，派大将岑彭率军把隗嚣包围在西城。隗嚣向公孙述求援，援兵又被刘秀的军队包围在上邽(guī)城里。刘秀写信给岑彭说："两城若下，便可将兵南击蜀虏。人苦不知足，既平陇，复望蜀。每一发兵，头鬓为白。"(大意是：等把隗嚣的两座城池攻下之后，就挥师南下攻打蜀地。人心总是不知足的，我也是如此，得到了陇地，又想取得蜀地。每打一次战役，头发都要变白很多啊。)后用此语比喻贪心不足，得寸进尺。举例 ① 唐·李白《古风》之二十三："物苦不知足，得陇又望蜀。"②《红楼梦》第七十六回："湘云笑道：'得陇望蜀，人之常情。'"③ 鲁迅《书信集·致陶元庆》："我很希望兄有空，再画几幅，虽然太有些得陇望蜀。"④《寻访"画儿韩"》："甘子千有点厌恶地说：'别得陇望蜀了！告诉你，画儿韩已经把咱那杰作火化升天了。'"

获陇望蜀 huò lǒng wàng shǔ 同"得陇望蜀"。举例 梁启超《论民族竞争之大势》："其奈得寸入尺、获陇望蜀者，既耽耽相逼乎前，而政府之慑狐威者，今日许以寸，明日予以尺；民间之贪蝇利者，甲也导诸陇，乙也导诸蜀。"

陇蜀 lǒng shǔ 见"得陇望蜀"。比喻人心不足，贪求无厌。举例 清·王士禛《池北偶谈·葛端肃公家训》："理刑之官，非可以兼辅导，若如所请，将来陇蜀之请，又不知其如何。"

陇蜀之望 lǒng shǔ zhī wàng 见"得陇望蜀"。比喻人的贪求无厌之心。举例 清·李渔《怜香伴·闺和》："风流之愿已饱，陇蜀之望不奢。"

得意忘形 dé yì wàng xíng

出处《晋书·阮籍传》："嗜酒能啸，善弹琴，当其得意，忽忘形骸(hái)。"解说 得意：高兴；称心如意。形：形骸，指人体。阮籍是三国时魏国的著名文学家、思想家。他为了在当时复杂的政治权力之争中保全自己，经常喝得酩酊大醉。原文大意是：阮籍喜欢饮酒、赋诗、弹琴，往往高兴得失去常态。此语原指因领悟了某种意趣而进入物我两忘的精神状态。后形容浅薄的人稍一得志便高兴得忘乎所以，不能自控。举例 ① 鲁迅《准风月谈·序的解放》："立刻装出'可怜'相，说自己既无党派，也不借主义，又没有帮口，'向来不敢狂妄'，毫没有'座谈'时候的摇头摆尾的得意忘形的气味儿了。"② 毛泽东《抗日游击战争的战略问题》："游击战争的领导者们不可在自己的战略进攻中得意忘形，轻视敌人。"③《在祠堂里》："当他向他的同事问询了几句以后，他就更加嚷叫得口沫乱飞，显出一种得意忘形的神态。"④《四世同堂》三十二："他把科长看成有天那么大，把他和科长连在一块，他没法不得意忘形。"

D

登龙门 dēng lóng mén

出处《后汉书·李膺(yīng)传》，又见《艺文类聚》卷九十六引《辛氏三秦记》。
解说 龙门又称龙门口，为古河口名，在今山西河津西北。有龙门山夹峙于黄河两岸，峭壁陡立如门，水流湍急。龙门口为大禹治水时所凿通，故又称禹门口。民间传说有"鲤鱼跳龙门"，每年春季有许多大鱼从江海中游到这里，争着要逆流而上跳过龙门。如果跳得过，就可以变成龙腾空飞去。这里用于比喻。东汉后期，"膺独特风裁，以声名自高。士有被其容接者，名为登龙门。"（大意是：当时司隶校尉李膺高风亮节，不畏权贵，名望甚高。读书人如果能得到他的赏识和引荐，就好比大鱼"登龙门"，有望成为前途无量的人物。）后用此语指得到有名望或有权势者的赏识和引荐，提高地位和声誉。也指功成名就或科举及第。举例 ① 唐·李白《与韩荆州书》："一登龙门，则声价十倍。"② 唐·高彦休《唐阙史·崔相国请立太子》："时以艺学进者，一参讲席，如登龙门。"

登龙 dēng lóng 同"登龙门"。举例 唐·李商隐《为濮阳公陈许举人自代状》："人惊吞风之才，士切登龙之望。"

鲤跃龙门 lǐ yuè lóng mén 同"登龙门"。举例《我们不是天使》九："社会现在富庶进步，每一行每一业都建立完善制度，不必揣摸试练，有一点点好处一点点噱(xué)头，即可鲤跃龙门，怀才不遇的时代终于过去。"

鱼化龙 yú huà lóng 见"登龙门"。比喻科举时代考取功名，或官位高升。举例 元·高明《琵琶记·分别》："但愿得鱼化龙，青云得路，桂枝高折步蟾宫。"

登龙客 dēng lóng kè 见"登龙门"。指受到名士赏识和引荐的人。举例 宋·范纯仁《酬韩持国》："三年阻作登龙客，不谓相思已白头。"

李膺门 lǐ yīng mén 见"登龙门"。指官高品正的门第,或声望显赫的高门望族。举例 ① 唐·杜牧《川守大夫刘公早岁寓居今置第献此诗》:"昔为杨子宅,今是李膺门。"② 宋·刘挚《送子容》:"学问共推元凯库,衣冠争望李膺门。"

李门 lǐ mén 同"李膺门"。举例 唐·杜正伦《冬日宴于庶子宅各赋一字得节》:"李门余妄进,徐榻君恒设。"

龙门 lóng mén 同"李膺门"。也指众望所归的人。举例 ① 唐·张九龄《故刑部李尚书挽词》之二:"龙门不可望,感激涕沾衣。"② 清·张明弼(bì)《冒姬董小宛传》:"虞山钱牧斋先生维时不惟一代龙门,实风流教主也。"

李膺之识 lǐ yīng zhī shí 见"登龙门"。指名士的赏识或赞美。举例 北周·庾信《周柱国长孙俭神道碑》:"富贵自取,岂资唐举之言;声名有闻,无劳李膺之识。"

D

等身书 děng shēn shū

出处《宋史·贾黄中传》。解说 贾黄中是晋代人,五岁时就很聪明。父亲贾玭(pín)严格教导,每天让儿子端端正正地站直身子,展开书卷,比量与身高长度相等的一段文章,教他诵读。父亲还常常让儿子多吃蔬菜和粗食,并说:"等你长大了,事业有成,自然有肉食吃了。"以此激励他。贾黄中勤奋读书,十五岁就中进士,授校书郎,升迁为著作佐郎等。此语原指堆叠起来与身高相等的书籍,形容读书很多,或著述非常丰富。举例 清·周亮工《盛此公传》:"(盛)此公年十数龄,即能读等身书。"

等身著作 děng shēn zhù zuò 同"等身书"。举例 柳亚子《呈符老宇澄》:"等身著作推君健,旷世才名愧我虚。"

著作等身 zhù zuò děng shēn 同"等身书"。举例 ① 清·钱泳《履园丛话·耆旧·兰泉司寇》:"谦恭下士,著作等身。"② 曹禺《我们尊敬的老舍先生》:"会上陈列了他多年来的全部著作,那时他已是著作等身了。"③ 丁玲《悼念茅盾同志》:"茅盾同志著作等身,我将再好好地去读,永远向他学习。"

著书等身 zhù shū děng shēn 同"等身书"。举例 鲁迅《古集序跋集·关于汪辑本〈谢承后汉书〉》:"黟汪先生南士,绩学敦行,著书等身,以稽古余力,重为蒐(sōu)补。"

颠倒黑白 diān dǎo hēi bái

出处 战国楚·屈原《九章·怀沙》。解说 战国时,楚国诗人屈原很有才能,一度深得楚怀王的器重,被任命为左徒。屈原也因此受到某些大臣的嫉妒而遭到诬陷,以致楚怀王渐渐疏远了他。屈原非常愤慨，在诗中写道："变白以为黑兮，倒上以为下；凤凰在笯(nú)兮，鸡鹜(wù)翔舞。"笯：鸟笼子。兮：文言语气词，相当于"啊"。鹜：野鸭；鸭子。大意是：眼盲的人把白当作黑，把上看成下；凤凰被锁在笼子里，而鸡、鸭却摇摇摆摆地乱舞。此语原指把白的说成黑的，把黑的说成白的，比喻故意歪曲事实，混淆是非。举例 ①《黑籍冤魂》第七回："终日终夜，只是躺在烟铺上，公事大小，一概不问，任着幕宾胥(xū)吏，颠倒黑白。"② 孙中山《敬告同乡书》："陈某者，康(有为)趋亦趋，康步亦步……而又口谈革命，身入洪门，其混乱是非、颠倒黑白者如此。"③ 冯玉祥《我的生活》第十四章："编写历史，如此颠倒黑白，轻率任意，实在是不应该的。"

点石为金 diǎn shí wéi jīn

出处 汉·刘向《列仙传》："许逊，南昌人。晋初为旌阳令，点石化金，以足逋(bū)赋。"解说 逋：拖欠。赋：旧时指田地税。晋朝初年，许逊任旌阳县县令。传说他原来是个法术高深的道士，能驱鬼治病，被当地百姓称为"许真君"。有一年，发生了天灾，收成不好，农民缴不起赋税。许逊便叫大家把石头挑来，然后施展法术，用手指一点，使石头都变成了金子，用这些金子补足了百姓拖欠的赋税。后用此语比喻法术高超或手艺奇特，也比喻修改文章时稍加改动，使粗糙平庸的文章变得很出色。举例 唐·贯休《拟君子有所思》之二："安得猛虎笔，点石为黄金。"

点石成金 diǎn shí chéng jīn 同"点石为金"。举例 ①《西游记》第四十四回："我那师父，呼风唤雨，只有翻掌之间；指水为油，点石成金，却如转身之易。"② 宋·胡仔《苕(tiáo)溪渔隐丛话后集·孟浩然》："诗句以一字为工，自然颖异不凡，如灵丹一粒，点石成金也。"③ 郭沫若《关于大规模收集民歌问题》："我们有点经验的人都知道，诗，硬是可以点石成金的嘛！改一个字，诗就活了。"

雕虫小技 diāo chóng xiǎo jì

出处 汉·扬雄《法言·吾子》。解说 雕：刻。虫：指虫书，又叫鸟虫书，秦代的一种字体。扬雄是西汉时著名文学家和哲学家，早年写过不少好的辞赋，后来觉得辞赋多为歌功颂德之作，并无太多价值，于是潜心钻研哲学。有人问他："吾子少而好赋？"(你年轻时很喜欢辞赋吗？)扬雄答道："然，童子雕虫篆刻。"(是的，但那不过是小孩子写写画画搞的雕虫篆刻罢了。)稍后扬雄又补充说："壮夫不为也。"(心怀大志的人是不屑于干那种事情的。)后用此语比喻微不足道的技能。常用于谦称自己的诗文作品。举例 ① 唐·李白《与韩荆州书》:"至于制作,积成卷轴,则欲尘秽视听,恐雕虫小技,不合大人。"②《野叟曝(pù)言》第十一回:"但此系雕虫小技,虽云无益,汝若听我良言,逃墨归儒,更有理学经济,无穷精义,益汝神智也。"③ 朱自清《诗文评的发展》:"原来诗文本身就有些人看作雕虫小技,那末,诗文的评更是小中之小,不足深论。"

雕虫小事 diāo chóng xiǎo shì 同"雕虫小技"。举例 唐·元稹《上令狐相公诗启》:"而司文者考变雅之由,往往归咎于稹。尝以为雕虫小事,不足以自明。"

雕虫 diāo chóng 同"雕虫小技"。举例 ① 唐·李频《长安书怀投知己》:"所学近雕虫,知难谒至公。"②《三国演义》第四十三回:"若夫小人之儒,惟务雕虫,专攻翰墨。"

D

掉书袋 diào shū dài

出处 宋·马令《南唐书·彭利用传》:"对家人稚子,下逮奴隶,言必据书史,断章破句,以代常谈,俗谓之掉书袋。"解说 掉: 摇动;摆弄。掉书袋: 抖搂书袋子,指倒出袋子里的书加以卖弄。五代南唐时广陵(在今扬州市西北)有一个名叫彭利用的人,言谈行事很迂腐。原文大意是: 彭利用对家里的小孩子、奴仆讲话或聊天时,总喜欢引经据典,搬弄、套用古书上的章句,以寻章摘句的古文代替家常话。人们称他的做法是"掉书袋"。后用此语讥讽人说话、写文章喜欢征引古书词句,卖弄才学,以示自己学问渊博。举例 ① 宋·刘克庄《跋刘叔安感秋八词》:"近岁放翁、稼轩一扫纤艳,不事斧凿,高则高矣,但时时掉书袋,要是一癖。"② 老舍《话剧的语言》:"为修辞而修辞,纵字字典雅,亦未必有力。不要以为多掉书袋、酸溜溜的便是好文章。"

掉书袋子 diào shū dài zi 同"掉书袋"。举例 夏衍《谈做文章》:"搞文艺文化工作的人当然要尽可能的多读一些古今中外的书,但是不择对象地掉书袋子反而会显出作者的浅薄。"

掉文袋 diào wén dài 同"掉书袋"。举例 鲁迅《华盖集·我的"籍"和"系"》:"譬如: 假使要掉文袋,可以说说'桃红柳绿',这些事是大家早已公认的,谁也不会说你错。"

掉文 diào wén 同"掉书袋"。举例 鲁迅《且介亭杂文二集·文坛三户》:"不识字的人不算俗,他要掉文,又掉不对,就俗;富家儿郎也不算俗,他要做诗,又做不好,就俗了。"

掉以轻心 diào yǐ qīng xīn

出处 唐·柳宗元《答韦中立论师道书》。解说 掉: 逞;摇摆。轻心: 轻率之心。

柳宗元是唐代著名文学家、政治家，河东解（在今山西运城西）人，世称“柳河东”，著有《柳河东集》，后人将他列为“唐宋八大家”之一。他曾说：“吾每为文章，未尝敢以轻心掉之，惧其剽而不留也；未尝敢以怠心易之，惧其驰而不严也。”（大意是：我每次写文章都一丝不苟，不敢马虎，因为担心文章不严谨则不能长存世间，也怕有差错和疏漏会令人误解。）此语原指写文章不认真，后多指做事情粗心大意。举例 ①《清史稿·德宗纪一》：“临事而惧，古有明训。切勿掉以轻心，致他日言行不相顾。”②《民国通俗演义》第一一二回：“青岛问题，关系至重，断不敢掉以轻心。”③ 秦牧《两只青蛙》：“由于这样，好些人就对于文学作品中另一方面的道理——装饰的美掉以轻心。”④《大刀记》第四章：“尽管明明知道不会发生什么事情，可又丝毫不敢掉以轻心！”

喋喋不休 dié dié bù xiū

出处《史记·张释之冯唐列传》。解说 喋喋：言语烦琐；说话没完没了的样子。西汉文帝时，张释之官任谒者仆射（yè），他直言敢谏，执政严明。有一天，张释之随汉文帝到皇家园林上林苑游玩。到了虎圈，文帝向主管上林苑的官员询问有关苑中禽兽的情况，这个官员一时回答不出。恰好有一个管理虎圈的下级官员在旁边，见到显示自己的机会来了，便上前讲个没完没了。文帝听了很满意，就让张释之提升此人为上林令。张释之感到不妥，劝文帝说：“夫绛（jiàng）侯、东阳侯称为长者，此两人言事曾不能出口，岂敩（xiào）此啬（sè）夫喋喋利口捷给（jǐ）哉？”（绛侯：指周勃。东阳侯：指张相如。敩：效法。啬（sè）夫：古代官名，指官员。捷给：言辞敏捷，善于应对。原文大意是：周勃、张相如是前代功劳卓著的大臣，其实他们都不善于言谈，难道也要效法这个虎圈小吏唠唠叨叨，说个没完吗？）文帝于是打消了提拔这个人的想法。后用此语形容说话唠叨，没完没了。举例 ① 清·纪昀《阅微草堂笔记·滦（luán）阳消夏录一》：“宾客会赏。一俗士言词猥鄙，喋喋不休，殊败人意。”②《呼嚎》：“廖二嫂还满腹闷气，喋喋不休。”③《机灵鬼》：“我听他喋喋不休地说下去，心里厌烦，又无可奈何。”

叠床架屋 dié chuáng jià wū

出处《世说新语·文学》。又见《颜氏家训·序致》：“魏晋已来，所著诸子，理重事复，递相模敩（xiào）（效），犹屋下架屋，床上施床尔。”解说 敩：同“效”。《世说新语》说，东晋有一个名叫庾阐的人，写了一篇《扬都赋》，献给中书令庾亮。庾亮倍加赞扬，说可与东汉张衡的《东京赋》《西京赋》和西晋左思的《三都赋》媲（pì）美。东晋名臣谢安批评说:“不得尔,此是屋下架屋耳,事事拟学,而不免俭狭。”(大意是:不能如此说,这只不过是在人家原有房屋下再搭建房屋罢了。事事模仿前人,却没有前人的格局和气度,总不免于难看。)后用此语比喻重复、累赘,或反复强调事理、建构理论体系等。举例 ① 清·恽(yùn)敬《答顾研麓》:“如敬再作,是叠床架屋,深可不必。”② 鲁迅《杂谈小品文》:“现在只用一元或数角,就可以看见现代名人的祖师,以及先前的性灵,怎样叠床架屋;现在的性灵,怎样看人学样。”③ 范文澜、蔡美彪《中国通史》第一卷一章:“宋王朝的国家机器中,旧官和新官,有权的官和无权的官,朝廷派遣的官和地方的官,层次重叠,叠床架屋。”④ 刘强《二十世纪〈世说新语〉研究综述》:“(这些专著)或从宏观把握,或从微观透视,对《世说》进行整体或局部的观察与考察,均能叠床架屋,自成体系。”

D

东窗事发 dōng chuāng shì fā

出处 明·田汝成《西湖游览志余·佞幸盘荒》。解说 东窗:向东的窗户。发:发作;暴露。秦桧(huì)是南宋时的宰相,有名的奸臣。据说,秦桧为了卖国求荣,想要杀害抗金名将、民族英雄岳飞,当时曾与他的妻子王氏在自己居室的东窗下密谋。秦桧和他的儿子相继死去后,王氏设祭坛祭奠秦桧父子,超度二人亡灵。秦桧在阴间对做道场的道士说:“可烦传语夫人,东窗事发矣。”(大意是:秦桧托道士传话给王氏:东窗下的密谋之事已经败露了。)王氏听了以后,非常惊恐。此语原指东窗下密谋陷害岳飞一事败露,比喻阴谋败露,自食恶果。或罪案遭揭发,将受到惩治。举例 ①《警世通言·计押番金鳗(mán)产祸》:“我早间见那做娘的打庆奴,晚间押番归,却打发我出门,莫是东窗事发?若是这事走漏,须教我吃官司,如何计结?”②《火凤凰》四:“天虹知道东窗事发,瞒不过去,声音不高但却很清朗地说:‘我退婚去了。’”

东窗计 dōng chuāng jì 见“东窗事发”。指阴谋诡计。举例 明·韩邦奇《岳坟》:“舆图竟付东窗计,寂寞崖山一叶舟。”

东窗妇 dōng chuāng fù 见“东窗事发”。指心肠狠毒的女人。举例 柳亚子《经颐浦先生挽诗》:“辨奸每詈(lì)东窗妇,得婿宁辞左袒名。”

东道主 dōng dào zhǔ

出处《左传·僖(xī)公三十年》。解说 东道主:原指东边道上的主人。春秋时,晋国联合秦国一齐出兵攻打郑国。郑文公为了解围,派老将烛之武去劝说秦国退兵。烛之武见了秦国国君秦穆公陈说利害道:郑国是秦国东边的邻国,如果郑国灭亡了,晋国就会更强大,对秦国构成威胁。“若舍郑以为东道主,行李之往来,供其乏困,君亦无所害。”(乏困:指缺乏的物资。原文大意是:若是秦国现在肯撤兵解围,允许郑国依旧作为东边道上的主人,秦国使节和商人在旅行来往中缺少什么可以由我们提供,这样对秦国有利而无害呀!)秦穆公听了觉得很有道理,于是与郑国订盟,撤兵回国。晋国因势单力孤,只得也撤兵了。后用此语指接待或宴请宾客的主人。现在也称赛事的主办国或主办城市、各种会议的主办方等。举例 ① 唐·李白《望九华山赠韦青阳仲堪》:“君为东道主,于此卧云松。”② 元·无名氏《来生债》第二折:“他每可几曾做那五百钱东道主。”③《大刀记》第二十章:“宁安寨的人们,做为东道主,一面忙着欢送即将出征的子弟兵,还一面忙着接应、招待这些来自各个村庄的乡亲们。”④《清明时节》:“(谢老师)拿出东道主的派头来给对方倒茶。”

东道主人 dōng dào zhǔ rén 同“东道主”。举例《红楼梦》第三十七回:“我虽不能做诗,这些诗人竟不厌俗,容我做个东道主人。”

东道 dōng dào 同“东道主”。举例 ① 元·马致远《荐福碑》第一折:“兄弟,请你那东道出来,我和他厮见。”② 元·高文秀《黑旋风》第一折:“我再做个东道,请你那一班落保的都吃一个烂醉何如?”③《红楼梦》第三十七回:“这原是我起的意,我须得先做个东道,方不负我这番高兴。”

做东道 zuò dōng dào 见“东道主”。指接待或宴请宾客。举例《儒林外史》第四十九回:“我的同事,为甚要亲翁做东道?明日乞到我家去。”

做东 zuò dōng 同“做东道”。举例《儒林外史》第十三回:“马二先生做东,大盘大碗请差人吃着,商议此事。”

作东 zuò dōng 同“做东”。举例 明·冯梦龙《古今谭概·文戏》:“东都周默未尝作东,一日请客,忽风雨交作。”

东山高卧 dōng shān gāo wò

出处《晋书·谢安传》,又见《世说新语·排调》。解说 高卧:指安然隐居。谢安,字安石,是东晋时的大臣,他年纪轻轻就才华出众,颇有名望,曾任佐著作郎。后因病辞官,隐居于会稽东山(在今浙江绍兴一带)。当谢安四十几岁时,他应召重返仕途,御史中丞高崧为他送行时半开玩笑地说:“卿累违朝旨,高卧东山,诸人每相与言:‘安石不肯出,将如苍生何?苍生今亦将如卿何?’”(大意是:您过去多次违背朝廷旨意,悠闲自得地隐居于东山之中。大家常常在一起议论,说您不肯出来做官,怎么对得起黎民百姓呢?现在您终于出山为官了,黎民百姓又该如何安排您的职位呢?)谢安听了,深感惭愧。谢安这次出山,先任司马,后官至中书令、司徒等要职。此语指人生活安闲地隐居，不肯出来做官。参见658页“小草出山”。举例 ①唐·李白《梁园吟》：“东山高卧时起来，欲济苍生未应晚。”②元·郑廷玉《忍字记》第四折：“我赶不上庞居士海内沉舟、晋孙登苏门长啸，我可甚么谢安石东山高卧。”③明·冯惟敏《桂枝香·治源十大景》：“东山高卧，小亭清坐。结识上酒友诗朋，准备下及时行乐。”

高卧东山 gāo wò dōng shān 同“东山高卧”。举例 ①清·陈廷敬《东山亭子放歌》：“君不见谢公高卧东山时，起为苍生已白首。”②清·胡林翼《复罗忠祜》：“夫善人国之本也，必欲强留于鄂，毋许令其高卧东山。”

东山卧 dōng shān wò 同“东山高卧”。举例 ①宋·李光《次韵师川见赠》：“未厌东山卧，沉机一局中。”②元·关汉卿《四块玉·闲适》：“南亩耕，东山卧，世态人情经历多。”

东山 dōng shān 见“东山高卧”。指隐居或游玩、休憩之地，也指德高望重的名人。举例 ①唐·王维《戏赠张五弟諲(yīn)》之一：“吾弟东山时，心尚一何远！”②清·赵翼《秋帆制府挽诗》：“南国烽烟悲远道，东山丝竹渺前尘。”③清·赵翼《唐荆山先生读书处》之一：“并世文章无北地，当年声望此东山。”④赵朴初《何满子·东山》：“悄悄非关多病，三年不见东山。”（这里的“东山”，指周恩来。）

东山客 dōng shān kè 见“东山高卧”。指不肯出山做官的隐士。举例 唐·王维《送綦毋潜落第还乡》：“圣代无隐者，英灵尽来归。遂令东山客，不得顾采薇。”

东山起 dōng shān qǐ 见“东山高卧”。指退隐后复出担任要职，也指失势或失败后，重新得势或兴起。举例 唐·杜甫《暮秋杜裴道州手札率尔遣兴寄递呈苏涣侍御》：“无数将军西第成，早作丞相东山起。”

东山再起 dōng shān zài qǐ 同“东山起”。举例 ①宋·吴龙翰《寿乡衮讷(nè)斋先生三首》之二：“洛邑几时归赤舄(xì)，东山再起答苍生。”②《儿女英雄传》第三十九回：“回到家乡，先图个骨肉团聚，一面藏器待时，或者圣恩高厚，想起来，还有东山再起之日，也未可知。”③《地球的红飘带》四十一：“这点兵力一拼掉，也就永难东山再起，甚至连雅安这点地盘也难保住。”④《最有办法的人》：“于是莫达志怀着东山再起的伟大抱负，到601工地‘上任’去当材料员去了。”

再起东山 zài qǐ dōng shān 同“东山起”。举例 明·胡直《祭尹洞山先生文》：“纵心图史，毕志泉石。再起东山，匪意攸怿(yōu yì)。”

苍生望 cāng shēng wàng 见“东山高卧”。指百姓所寄予的厚望。举例 唐·钱起《哭常征君》：“不遂苍生望，空留封禅(shàn)文。”

济苍生 jì cāng shēng 见“东山高卧”。指造福百姓。举例 元·耶律楚材《和移剌继先韵》：“渐惊白发宁辞老，未济苍生曷敢归。”

为苍生起 wèi cāng shēng qǐ 见“东山高卧”。指退隐后再次被起用。举例 元·许有壬《水龙吟·寿静公右平章》：“待他年，凤诏九重重下，为苍生起。”

东食西宿 dōng shí xī sù

出处《艺文类聚》卷四十引东汉·应劭(shào)《风俗通·两祖》。解说 食：吃食物。宿：住宿；睡觉。传说战国时，齐国有一户人家的女儿相貌很美，邻近有两家人的儿子前来求婚。东边这家富有，儿子长得很丑；西边这家贫穷，儿子长得英俊。这女子的父母一时拿不定主意，不知道该把女儿嫁给哪一家，于是征求女儿的意见。因为考虑女儿害羞不便说出口，父母对她说：“如果你想嫁给东边这家，就露出左肩；如果你想嫁给西边这家，就露出右肩。”不料女儿考虑片刻，竟把两个肩膀都露了起来。父母不解其意，女儿面含羞色地说：“东边这家有钱，我愿意到他家吃饭；西边这家儿子英俊，我愿意到他家睡觉。”后用此语比喻左右逢源，兼得两利。也比喻贪得无厌。举例 ① 宋·范成大《偶书》：“出处由人不系天，痴儿富贵更求仙。东家就食西家宿，世事何缘得两全？”②《聊斋志异·黄英》：“黄英曰：‘东食西宿，廉者当不如是。’马亦自笑无以对。”

东家吃饭睡西家 dōng jiā chī fàn shuì xī jiā 同“东食西宿”。举例 清·李渔《奈何天·媒欺》：“要使那南阮豪华同北阮，只除非东家吃饭睡西家。”

西食东眠 xī shí dōng mián 同“东食西宿”。举例《孽海花》第三十一回：“别人知道是性命交关的事，又谁敢多嘴；倒放骥东兼收并蓄，西食东眠，安享一年多。”

东涂西抹 dōng tú xī mǒ

出处 五代·王定保《唐摭(zhí)言·慈恩寺题名游赏赋咏杂记》。解说 涂、抹：指古代妇女用脂粉化妆打扮。唐代，秘书监薛逢晚年官场失意。有一天，薛逢骑着一匹老而瘦的马去上朝，到了皇宫大门外，恰巧遇到新发榜的进士们排着队走出来。开路的前导官见薛逢一副穷酸相，就厉声喝道：“快让开，快让开，新进士走过来了！”薛逢笑了笑，轻蔑地对前导官说：“报道莫贫相！阿婆三五少年时，也曾东涂西抹来。”（大意是：你不要那么吆三喝四的！别看我现在像老太婆一样又老又丑，当年我十几岁年轻时，也曾东涂西抹打扮得漂漂亮亮的。）这番话的含义是：别瞧不起我，当年我也写过好文章，得过功名！此语原指妇女涂脂抹粉，后形容随意乱写乱画，或喜欢到处题字或写文章，但功夫不到家。也用为写作或绘画等的自谦之辞。举例 ① 金·元好问《自题写真》：“东涂西抹窃时名，一线微官误半生。”②《说岳全传》第七十回：“本寺近日来了一个疯僧，最喜东涂西抹，想必是他写的。”③《二十年目睹之怪现状》第三十七回：“我从前曾经要学画两笔山水，东涂西抹的闹了多少时候，还学不会呢！”

冬烘 dōng hōng

出处 五代·王定保《唐摭(zhí)言·误放》。解说 唐代著名书法家、文学家颜真卿在平定“安史之乱”中有功，被封为鲁郡公，人称“颜鲁公”。后来李希烈叛乱，颜鲁公奉命前往徐州劝降，未成而被害。到了唐懿(yì)宗咸通年间，有一次举行科举考试。主考官郑薰对颜鲁公非常景仰，误以为考生颜标是颜鲁公之后，连忙把他取为状元，并准备派往徐州去治理当地的社会治安。发榜后，颜标按照惯例前来郑薰府上登门谢恩。郑薰细细询问，才知道颜标只是个穷书生，与颜鲁公的家族没有任何瓜葛。这件事传了出去，有人作诗嘲笑道：“主司头脑太冬烘，错认颜标作鲁公。”(大意是：主考官头脑太糊涂了，竟错认为颜标是颜鲁公的后代。)后用此语形容人糊涂，或迂腐而浅薄。举例 宋·范成大《四时田园杂兴》：“长官头脑冬烘甚，乞汝青铜买酒回。”

冬烘学究 dōng hōng xué jiū 见“冬烘”。指迂腐的读书人或不明事理的书呆子。举例《幻灭》十：“无奈应试者大抵是那一类脚色——冬烘学究，衙门蛀虫，又不能剥夺他们的考试权，只好让他们来考。”

冬烘先生 dōng hōng xiān sheng 同“冬烘学究”。旧时常代称私塾老师。举例 ① 鲁迅《华盖集·并非闲话(三)》：“三家村的冬烘先生，一年到头，一早到夜教村童。”②《鸭绿江上》：“云姑的父亲是一个很和善的人，他并不以冬烘先生的态度对待我俩。”

董奉杏成林 dǒng fèng xìng chéng lín

出处 晋·葛洪《神仙传·董奉》。解说 董奉是三国时吴国人，擅长医道，隐居庐山。董奉行医治病，从不索取酬金，每当重病患者被治愈，就让他在山坡上栽五棵杏树；轻病患者被治愈，只需栽一棵杏树。数年之后，董奉居处一带的杏树多达十万余棵，郁郁葱葱，成了一片杏林。董奉行医济世，品德高尚，赢得百姓的敬仰。传说他后来在这里修炼成仙。后用此语指良医济世，隐居助人。举例 唐·王维《送张舍人佐江州同薛据十韵》：“董奉杏成林，陶潜菊盈把。”

杏林董奉 xìng lín dǒng fèng 见“董奉杏成林”。泛指良医。举例 明·周履靖《锦笺记·蜡书》：“相思无药谁攻，浪说杏林董奉。”

杏林 xìng lín 见“董奉杏成林”。指良医、中药铺或医生诊病之处。人们常用“杏林春满”“誉满杏林”之类的话语来称颂医术精湛高明。用“杏林之家”指一家人都是医术高超的医生。举例 ① 明·杨珽《龙膏记·闺病》:“丹无橘井,医无杏林,投饵全无效也。”② 清·李惢《邓登寿先生七十二寿序》:“于是择通衢,广药肆,杏林橘井,任其取携。”

D

种杏成林 zhòng xìng chéng lín 见“董奉杏成林”。称誉良医广为治病救人。举例 清·叶申芗《洞仙歌·过名山古院访水秋白炼师》:“医世活人多,种杏成林,注仙方、千金传遍。”

动辄得咎 dòng zhé dé jiù

出处 唐·韩愈《进学解》。解说 动:一举一动。辄:就。咎:罪责,过失,引申为责罚。唐代文学家韩愈官任监察御史时,因向皇帝直言上书,抨击时弊,屡遭贬谪(zhé)。他心情愤懑,在描述自己的处境时说:“跋前踬后,动辄得咎。”此语形容一有举动,就会获罪或受到指责。参见 23 页“跋前踬后”。举例 ① 宋·俞文豹《吹剑外录》:“今伊川、晦庵二先生,言为世法,行为世师,道非不弘,学非不粹,而动辄得咎,何也?”②《镜花缘》第七十八回:“小厮因动辄得咎,只得说道:‘请问主人,前引也不好,后随也不好,并行也不好,究竟怎样才好呢?’”③ 冯玉祥《我的生活》第十八章:“因此办事要振作,动辄得咎,处处掣肘;不振作,则又自觉对不住自己的良心,对不住人民国家。”

斗酒只鸡 dǒu jiǔ zhī jī

出处《后汉书·桥玄传》载曹操《祀故太尉桥立文》。解说 斗:古代盛酒的器皿。桥玄是东汉末年人,官任度辽将军、太尉等。曹操年轻时曾去拜见桥玄。桥玄见曹操一表人才,很赏识他,对他说:“将来天下大乱,非有大才略的人不能安定,这个人大概就是你了。”桥玄还对曹操开玩笑说:“等我死后,当你经过我的墓地时,希望能准备一斗酒和一只鸡来祭奠。”曹操终生把桥玄视为知己,后来做了丞相,还经常去桥玄墓前祭扫。后用此语指微薄的祭品,多为怀旧、悼念亡友之辞。也指简单的酒菜。举例 ① 宋·苏轼《祭刁景纯墓文》:“斗酒只鸡,聊写我哀。”② 金·元好问《哭曹征君子玉二首》之二:“斗酒只鸡孤旧约,素车白马属何人?”③ 清·秋瑾《挽故人陈阕生》:“素车白马难为继,斗酒只鸡徒自嗟。”

只鸡斗酒 zhī jī dǒu jiǔ 同“斗酒只鸡”。举例 宋·邹浩《祭李周翰文》:“只鸡斗酒,持以荐诚。”

豆蔻年华 dòu kòu nián huá

出处 唐·杜牧《赠别》之二:“娉娉袅袅十三余,豆蔻梢头二月初。” 解说 豆蔻:一种多年生草本植物,通常在二月初含苞欲放,也叫草果,文学作品中多比喻年轻处女或十三四岁的少女。年华:年岁;时光。杜牧是唐代著名文学家,三十多岁时“落魄扬州”,经常饮酒狎妓。他在百无聊赖中写下这首诗赠给一位十三四岁的妓女,诗中生动地把这位少女比喻为二月间的豆蔻,含苞待放。后用此语形容少女纯洁、天真的年龄,泛指少女青春时期。 举例 ① 鲁迅《且介亭杂文二集·论“人言可畏”》:“一遇到女人,可就要发挥才藻了,不是‘徐娘半老,风韵犹存’,就是‘豆蔻年华,玲珑可爱’。”②《流逝》四:“想想自己当年,这正是最开心、最无忧虑的时候,而文影这些姑娘,却在豆蔻年华承受这么多的忧愁。”

豆蔻 dòu kòu 同“豆蔻年华”。 举例 石三友《金陵野史·秦淮歌星王熙春》:“来此演出的歌女,有半老的徐娘,有豆蔻的少女,也有未成年的幼童。”

独步一时 dú bù yī shí

出处《后汉书·戴良传》。 解说 独步:独自一人在路上行走。东汉初年,汝南慎阳有个名叫戴良的读书人,他言语狂放,自命不凡,一直在江夏山中过着隐居的生活。有一天,同乡谢季孝问他说:“你认为天下有谁可以与你相比呢?”戴良充满自信地回答道:“我若仲尼长东鲁,大禹出西羌,独步天下,谁与为偶!”(大意是:我像在东方鲁国长大的孔子,像在西方羌地出生的大禹,天下独一无二,没有哪一个人能与我相匹敌!)后用此语形容才艺绝伦或才华超众,一时无人可比。 举例 ① 宋·无名氏《宣和画谱》卷十一:“论者谓郭熙独步一时,虽年老落笔益壮,如随其年貌焉。”②《隋唐演义》第九十五回:“就是那一长一技之微,若果能专心致志,亦足以轶类超群,独步一时。”③《牡丹》二:“有名的花旦黄赛陂(pí),唱得珠圆玉润,独步一时。”

天下独步 tiān xià dú bù 同“独步一时”。 举例 ① 明·无名氏《录鬼簿续编》:“德清之词,不惟江南,实天下之独步也。”②《水浒传》第五十六回:“这徐宁的金枪法、钩镰枪法,端的是天下独步。”

独步天下 dú bù tiān xià 同“天下独步”。 举例 ① 宋·晁补之《张穆之〈触鳞集〉序》:“黄州,名世士,亦吾里人,事熙陵为学士,熙陵称其独步天下者。”② 宋·杨万里《诚斋诗话》:“此人可谓善读书、善用书,他日文章必独步天下。”

独步 dú bù 同“独步一时”。 举例《镜花缘》第九十三回:“但今日我们所行之令：并非我要自负，实系前无古人，后无来者，竟可算得千古独步。”

独当一面 dú dāng yī miàn

出处《史记·留侯世家》。解说 当：担当。楚汉相争初期，刘邦有一次被项羽打得大败，撤退到下邑。为了扭转不利的局势，迫切需要起用新的军事统帅，于是刘邦对谋士张良说：如果有人能帮助我打败项羽，宁愿把函谷关以东的地方封赐给他。不知有谁能担此大任，与我共建统一大业？张良回答道：“汉王之将，独韩信可属大事，当一面。”（大意是：大王手下的将领中，只有韩信能独当一面，可把重任交付于他。）后用此语形容某人精明能干，有卓越的领导才能，可独立承担某一方面或某一部门的重要任务。举例 ①《孽海花》第五回：“庄寿香大刀阔斧，气象万千，将来可以独当一面，只嫌功名心重些。”② 郭沫若《甲申三百年祭》：“假使李岩收复河南之议得到实现，以李岩的深得民心，必能独当一面。”③《山乡巨变》一：“（她）肯吃苦耐劳，能独当一面。”

独占鳌头 dú zhàn áo tóu

出处 宋·刘宰《送恭叔兄赴省》：“须惩牛后羞余子，独占鳌头下九天。”解说 鳌头：鳌为传说中大海里的大龟或大鳖，鳌头即大龟或大鳖的头。因古代宫殿门前石阶上刻有龙和巨鳌的浮雕，故用“鳌头”代指宫殿，如唐·韩偓（wò）《及第过堂日作》：“龙尾楼台迎晓日，鳌头宫殿入青冥。”科举进士发榜时，考中的状元站在宫殿的鳌头前迎榜，朝见皇帝。故此语指科举考试时考中状元，后比喻在考试或学习竞赛中获得第一名。也泛指居于首位。举例 ① 元·无名氏《陈州粜（tiào）米》楔子：“殿前曾献升平策，独占鳌头第一名。”②《封神榜》第二十四回：“你若是一个男子汉，一定金榜题名，独占鳌头。”③《红岩》第二十五章：“不管台湾如何人浮于事，他仍然可以独占鳌头，成为保密局的台柱。”

鳌头独占 áo tóu dú zhàn 同“独占鳌头”。举例《三侠五义》第二十三回：“我们尚要前去赴考，何况范兄呢。况且范兄若到京时，必是鳌头独占了。”

占鳌头 zhàn áo tóu 同“独占鳌头”。举例 明·吴德修《偷桃记》第二出：“欲期一举占鳌头，须向萤窗苦志求。”

杜康 dù kāng

出处 汉·许慎《说文解字·巾部·帚》：“古者少康初作箕帚，秫（shú）酒。少康，杜康也。"又见《尚书·酒诰》:"惟天降命,肇我民惟元祀。"唐·孔颖达疏引汉·应劭(shào)《世本》:"杜康造酒。"解说 秫酒:高粱酒。据说,杜康是上古帝王黄帝的厨师或掌管膳食的官员,他在很早以前就发明酿造了秫酒。世人把杜康尊为造酒的始祖,又以"杜康"为酒的代称。举例 ① 三国魏·曹操《短歌行》:"对酒当歌,人生几何?譬如朝露,去日苦多。慨当以慷,忧思难忘。何以解忧?唯有杜康。"② 明·许时泉《写风情》:"你道是杜康传下瓮头春,我道是嫦娥挤出胭脂泪。"③ 清·方文《梅季升招饮天逸阁因吊亡友朗三孟璿(xuán)景山》:"追念平生肠欲结,杜康何以解吾忧。"

杜酒 dù jiǔ 同"杜康"。举例 唐·杜甫《题张氏隐居》:"杜酒偏劳劝,张梨不外求。"

D

杜撰 dù zhuàn

出处 宋·王楙(mào)《野客丛书》卷二十,又见清·洪亮吉《北江诗话》卷五、清·翟灏(hào)《通俗编·文学·杜撰》。解说 撰:写作。相传北宋时有个读书人名叫杜默,喜欢附庸风雅,经常在别人面前炫耀自己作的诗。他的诗内容空乏,不着边际,毫无真情实感,而且大多不合格律,只不过是一些略微押韵的白话文。他还常常在诗作后面署上自己的大名"杜默撰"三字。人们耻笑杜默,把他的诗称为"杜撰"。一说,南朝梁·陶弘景弟子杜道士所撰写的诸经多与道家原旨不合,人称"杜撰"。后用此语泛指没有根据地编造或虚构(无稽之谈)。举例 ① 宋·魏了翁《答荆门张金判》:"只是铸工杜撰,诸公褒饰太过。"②《喻世名言·众名姬春风吊柳七》:"这个词……有个一定不移之格。作词者,按格填入,务要字与音协,一些杜撰不得。"③《青春之歌》第二部二十四章:"得了,你别闭门造车来杜撰故事吧!"

妒贤嫉能 dù xián jí néng

出处《史记·高祖本纪》。解说 妒:妒忌。嫉:怨恨。贤、能:指有德有才的人。汉高祖刘邦做了皇帝之后,在洛阳南宫大摆酒宴招待诸位大臣和将领。酒宴上,刘邦问道:"大家知道我究竟为什么能够战胜项羽而取得天下吗?"高起、王陵起身回答说:因为陛下能与人共享天下。刘邦说:对,因为我能重用张良、萧何与韩信三人。而"项羽妒贤嫉能,有功者害之,贤者疑之,战胜而不与人功,得地而不与人利,此其所以失天下也"。后用此语指心胸狭隘,妒忌品德、才能比自己强的人。参见501页"群策群力"。举例 ①《水浒传》第八十三回:"都是汝等谗佞(nìng)之徒,误国之辈,妒贤嫉能，闭塞贤路，饰词矫情，坏尽朝廷大事。”② 鲁迅《书信集·致翟永坤》：“我将他最好的几篇都选掉了，因为我妒贤嫉能，怕他出名。”

嫉贤妒能 jí xián dù néng 同“妒贤嫉能”。举例 ①《水浒传》第二十回：“今日众豪杰至此相聚，争奈王伦心胸狭隘，嫉贤妒能。”② 李大钊《此日》：“嗟(jiē)乎！国有英贤，不幸而生于嫉贤妒能之社会。”

D

短兵相接 duǎn bīng xiāng jiē

出处 战国楚·屈原《九歌·国殇(shāng)》：“操吴戈兮被(pī)犀甲，车错毂(gǔ)兮短兵接。旌蔽日兮敌若云，矢交坠兮士争先。”解说 短兵：指刀、剑等兵器，用于近距离作战(弓箭、飞镖等兵器称为“长兵”，用于远距离作战)。接：接触；交战。被：同“披”。毂：车轮。战国时，楚军与秦军在丹阳(在今陕西、河南之间的丹江以北)展开激烈的交战，结果楚军被秦军打败，八万多将士战死，血流成河。原文描绘了敌我双方“操戈”“被(披)甲”，战车车轮互相交错，用刀、剑等进行肉搏的酷烈场面，歌颂了楚国将士浴血奋战的英勇不屈精神。此语形容双方用刀、剑等进行搏斗，或敌我逼近，战斗激烈，比喻面对面地进行针锋相对的斗争。举例 ① 明·沈明臣《凯歌》：“狭巷短兵相接处，杀人如草不闻声。”②《烈火金刚》第二十九回：“(八路军)怎么不用火力消灭敌人，偏要短兵相接，一个一个地拼刺刀呢？”③ 鲁迅、许广平《两地书》二：“但恐怕也有时会遇到非短兵相接不可的，这时候，没有法子，就短兵相接。”④ 邹韬奋《经历·大声疾呼的国文课》：“算学是我的老对头，在小学时代就已经和它短兵相接过。”⑤ 毛泽东《反对本本主义》：“在这样日益走向尖锐的短兵相接的阶级斗争的形势之下，无产阶级要取得胜利，就完全要靠他的政党——共产党的斗争策略的正确和坚决。”

短小精悍 duǎn xiǎo jīng hàn

出处《史记·游侠列传》。解说 精悍：精明强悍。汉代有一位游侠名叫郭解，“为人短小精悍，不饮酒”，“以德报怨”，“厚施而薄望”，救了别人的性命，却不自夸有功。郭解是一位轻生重义、扶危济困的英雄，许多游侠以他为榜样，不少英雄豪杰都争相与他结交。后用此语形容人身材短小，精明勇猛。现也形容文章短小精练，内容充实，或讲话、发言简短而有力。举例 ① 宋·苏轼《王定国真赞》：“雍容委蛇(wēi yí)者，贵介之公子；而短小精悍者，游侠之徒也。”② 郭沫若《涂家埠》六：“一位短小精悍的人来了。一眼看去便知道他是广东人，哨兵向他敬礼，称呼他是排长。”③ 朱自清《论朗诵诗》:“标语口号就是短小精悍才得劲儿。”④《东方》第五部十章:“节目都是新编的,短小精悍,新鲜活泼。”

矮小精干 ǎi xiǎo jīng gàn 同“短小精悍”。精干:精明强干。举例 范长江《塞上行·行纪·忆西蒙·十五》:“此时庙中却开门走出一个矮小精干之喇嘛,招手令我们停止。”

断送老头皮 duàn sòng lǎo tóu pí

出处 宋·苏轼《东坡志林》卷六。解说 老头皮:指老头子,这里戏称做官。北宋初年,宋真宗访求天下隐士,请他们出山做官。杨朴是杞(qǐ)地的隐士,很有名望,诗文俱佳。宋真宗召见了杨朴,请他担任文官。但杨朴向来厌恶官场,推托说自己不会写诗作文。宋真宗问他:你临来时,总会有人作诗文给你送行吧?杨朴答道,只有拙妻送我一首诗,写道:“更休落魄耽杯酒,且莫猖狂爱咏诗。今日捉将官里去,这回断送老头皮。”宋真宗听了,哈哈大笑,知道杨朴无意做官,便让他回家了。此语原指断送了老头子的性命,借指被官事所束缚,不能自由自在地生活。举例 ①宋·辛弃疾《添字浣溪纱·三山戏作》:“记得瓢泉快活时,长年耽酒更吟诗。蓦地捉将来,断送老头皮。”②清·林则徐《赴戍登程口占示家人》:“戏与山妻谈故事,试吟断送老头皮。”

头皮断送 tóu pí duàn sòng 同“断送老头皮”。举例 清·吕留良《得孟举书志怀》:“自古相知心最难,头皮断送肯重还?”

老头皮 lǎo tóu pí 见“断送老头皮”。戏称做官。举例 金·元好问《乐天不能忘情图》之一:“就使此情忘得了,可能长在老头皮。”

断袖 duàn xiù

出处《汉书·董贤传》。解说 董贤是西汉时的一名美男子,模样俊俏,汉哀帝十分宠爱他,任为黄门郎,并经常与他同床共枕。有一天,两个人睡在一起,汉哀帝醒来想起身,可是衣袖被董贤压住了。为了不吵醒董贤,汉哀帝就悄悄地把自己的衣袖剪断了。后用此语指帝王或贵人癖好男色,泛指男子间的同性恋。参见199页“分桃”。举例 ①《南史·萧韶传》:“(萧)韶昔为幼童,庾信爱之,有断袖之欢,衣食所资,皆(庾)信所给。”②清·采蘅子《虫鸣漫录》卷一:“江宁某方伯有断袖癖,初莅(lì)任点卯时,见一吏少年貌美,呼至案前。”

断袖分桃 duàn xiù fēn táo 同“断袖”。举例《聊斋志异·黄九郎》:“迎风待月,尚有荡检之讥;断袖分桃,难免掩鼻之丑。”

断袖余桃 duàn xiù yú táo 同“断袖分桃”。余：剩余。举例《儿女英雄传》缘起首回：“如今世上人……把些调脂弄粉、断袖余桃的认作儿女。”

断袖之好 duàn xiù zhī hào 同“断袖”。举例 清·余怀《板桥杂记》卷二十：“张魁，字修我，吴郡人，少美姿首，与徐公子有断袖之好。”

D

割袖 gē xiù 同“断袖”。举例 明·周拱辰《续娈(luán)童诗》：“割袖邀深爱，分桃莫恼公。”

剪袖 jiǎn xiù 同“断袖”。举例 南朝梁·刘遵《繁华应令》：“剪袖恩虽重，残桃爱未终。”

对牛弹琴 duì niú tán qín

出处 汉·牟融《理惑论》。解说 古时候有一位名叫公明仪的琴师。有一天，他看见一头牛在草地上吃草，就拿起琴，对着牛弹起了高雅的《清角之操》(曲调名)，可是牛一点儿也没有理会，只顾低头吃草。牛并非没有听见悠扬的琴声，而是不懂得这种声音有什么意义。公明仪又用琴模仿蚊子、牛虻的叫声，以及小牛犊寻找母牛哞哞的声音，牛立刻摇着尾巴，竖起耳朵，走来走去地听起来了。后用此语比喻对不明事理的人讲道理，白费口舌。有时也用来讥笑人说话、办事不看对象。举例 ①《镜花缘》第九十回：“对牛弹琴，牛不入耳，骂得很好，咱们一总再算账！”②《红岩》第十九章：“和这些刽子手争吵，无异于对牛弹琴，徒然耗费精力。”③ 熊向晖《周总理对我的几次批评》：“总理知道我作了这样的准备后，批评我是搞‘党八股’，是‘不看对象，对牛弹琴’。他说，十几页的说明书谁看？我要是记者，我就不看。”

对症下药 duì zhèng xià yào

出处《三国志·魏志·华佗(tuó)传》。解说 症：病症。下药：用药。华佗是东汉末年的名医，世人誉为“神医”。有一天，州官倪寻和李延二人一道去请华佗看病。两个人的症状相同，都是头痛，身上发热，但华佗却开出了不同的两个药方。倪寻和李延感到奇怪，华佗对他们解释说：“倪寻外实，病在内，是伤食引起的，需要吃泻药；李延内实，病在外，是感冒着了凉引起的，需要吃发汗药。病因不同，下药自然也就不一样。”倪寻和李延分别按照华佗开的药方服药，没过多久，病就痊愈了。此语原指根据不同的病症下药。后也比喻针对具体情况，采取相应的措施来处理，或者确定不同的解决问题的方法。举例 ① 清·无名氏《病玉缘·闺怨》：“世间无不可医之病，倘能对症下药，岂有不瘳(chōu)之理。”② 朱自清《闻一多全集序》：“他也许要借这原始的集体的力给后代的散漫和萎靡来个对症下药罢。”③ 吴晗《多写一点杂文》：“我想，假如作家们能够多写一些杂文，抓住问题，对症下药，是能够改进工作，提高工作效果的。”

对症发药 duì zhèng fā yào 同“对症下药”。举例 ①《二十年目睹之怪现状》第二十五回：“‘怎么开起生化汤来？’……‘女人家肚痛得那么利害，怕不是生产，这正是对症发药呢。’”②《野叟曝(pù)言》第一二一回：“当以此儿志愿告之，使其对症发药，以疗其痼疾可也。”

D

多多益善 duō duō yì shàn

出处《史记·淮阴侯列传》。解说 益：更加。善：好。韩信追随汉高祖刘邦任大将，南征北战，为汉王朝的创建立下了赫赫战功，后被封为王侯。有一天，刘邦问韩信：你看我能统率多少兵？韩信答道：十万。刘邦又问：那么，你能统率多少兵呢？韩信毫不谦虚地答道：“臣多多而益善耳。”（大意是：我统率的兵是越多越好。）刘邦听了并不介意，又笑着问：既然你的本事比我大，为什么反而委屈于我的手下呢？韩信回答：陛下虽然不善于统率兵，但却善于统率将领，这就是我甘愿臣服的原因。此语原指带兵越多，打胜仗的机会越多，后形容人或东西等越多越好，也泛指不厌其多。举例 ① 明·罗钦顺《赠侍御周君清戎两广序》：“应中朝之简书，实他军之部伍者，盖多多益善。而两广军伍有阙，则方取丁壮于中州。”②《儒林外史》第十五回：“尚书公遗下宦囊不少，这位公子却有钱癖，思量多多益善，要学我这‘烧银’之法；眼下可以拿出万金来，以为炉火药物之费。”③ 孙中山《心理建设(孙文学说)》第三章：“如能用古人，而不为古人所奴，则载籍皆似为我调查，而使古人为我书记，多多益善矣。”④《围城》九：“鸿渐虽非他的私人，多多益善，不妨凑个数目。”

韩信将兵，多多益善 hán xìn jiàng bīng，duō duō yì shàn 同“多多益善”。将兵：统率兵马。举例 毛泽东《关于农业互助合作的两次谈话》：“只要合乎条件，合乎章程、决议，是自愿的，有强的领导骨干（主要是两条：公道、能干），办得好，那是韩信将兵，多多益善。”

多行不义必自毙 duō xíng bù yì bì zì bì

出处《左传·隐公元年》。解说 不义：违背正义。毙：（因伤或病）身体垮倒，死，引申为垮台。春秋时，郑国国君郑武公有两个儿子，长子叫寤(wù)生，次子叫共叔段。郑武公的妻子姜氏不喜欢长子，想立次子为太子，郑武公没有同意。郑武公死后，寤生继位，称为郑庄公。姜氏溺爱次子，为共叔段要求大片封地，企图为他日后的崛起奠定基础。大夫祭（zhài）仲担心共叔段的势力一旦发展起来，会像野草一样到处蔓延而失去控制，难以对付，便劝郑庄公不要答应。郑庄公说："多行不义必自毙，子姑待之。"（大意是：多做不仁不义的事，一定会自己栽跟头，你姑且等着瞧吧。）后来，共叔段招兵买马，羽翼渐丰，果然与姜氏合谋反叛，但是很快就失败了，共叔段被迫自杀。后用此语指坏事干多了，必然会自取灭亡。举例 ① 毛泽东《在省市自治区党委书记会议上的讲话》："他们要闹，就让他们闹够。多行不义必自毙。"② 郭沫若《武则天》第四幕："多行不义必自毙，这是有史以来的天经地义。"

咄咄逼人 duō duō bī rén

出处 晋·卫铄（shuò）《与释某书》。解说 咄咄：惊讶而发出的声音，是未语先惊的语气词，相当于"哎呀呀"。晋代书法家王羲（xī）之早年师从卫铄学习，颇得老师的真传。卫铄在给一个朋友的信中说："卫有一弟子王逸少，甚能学卫真书，咄咄逼人。"（卫：卫铄的自称。逸少：王羲之的字。原文大意是：我有一个弟子叫王羲之，跟我学书法，学得非常优秀，令人不得不赞叹。）此语原指有气势，令人惊叹。也形容盛气凌人，使人难堪，或形势发展迅速，给人造成压力。举例 ①《花月痕》第二十一回："秋痕也跟着，到得台阶，只见寒芒四射，咄咄逼人，渐渐万道金蛇纵横驰骤，末后一团雪絮上下纷飞，全不见绿袄红裳影儿。"②《民国通俗演义》第六十一回："逆（袁世凯）军溯湘流而上，咄咄逼人。"③《蚀·动摇》三："出乎意料之外，竟很是温婉可亲的样子，并没新派女子咄咄逼人的威棱。"④ 朱自清《论朗诵诗》："单是看写出来的诗，会觉得咄咄逼人，野气，火气，教训气。"

夺锦标 duó jǐn biāo

出处 五代·王定保《唐摭（zhí）言·慈恩寺题名游赏赋咏杂记》。解说 锦标：用锦缎制成，古代作为赛舟的获胜标志，一般在水面的终点插一根长竿，缠绵挂彩，鲜艳夺目，比赛的船只以先夺取锦标者为胜。唐朝人卢肇与黄颇是同乡，卢肇家里很贫穷，而黄颇家里很富有。有一年，两个人一同去应考。当地郡守嫌贫爱富，看不起卢肇，对他不理不睬，却专门设酒宴为黄颇饯行。万万想不到的是，卢肇得中状元，衣锦还乡，而黄颇名落孙山。郡守非常惭愧，亲自到郊外迎接卢肇，并陪着卢肇观看正在举行的龙舟竞赛。在看台上，郡守请卢肇写一首诗以记盛会。卢肇即席赋诗："向道是龙刚不信，果然衔得锦标归。"诗中既写出眼前龙舟竞赛的实景，又抒发了金榜题名的得意心情，弦外之音也报复了郡守过去对自己的轻慢。后用此语比喻状元及第。举例 ① 宋·文天祥《端午感兴》："楚人犹自贪儿戏，江上年年夺锦标。"② 明·史沐《刮地风·寿对山康太史》套曲："取功名唾手如谈笑，占龙头，夺锦标。"

夺标 duó biāo 同"夺锦标"。举例 宋·王十朋《答石察判》："某官家传万石，誉擅七闽，志雅在于夺标，射果闻于中目。"

锦标 jǐn biāo 见"夺锦标"。原指赛舟获胜的标志，现多用来称呼竞赛获胜者所得的奖品。举例《光明在我们的前面》十六："可惜她不会踢足球，非则，远东的体育运动，她是有资格去获得锦标的。"

夺袍 duó páo

出处《新唐书·宋之问传》。解说 唐代人宋之问曾官任考功员外郎，他又是一个诗人，诗作文辞华丽。有一天，武后（武则天）率众游览洛阳城南的龙门石窟，命令随行的大臣们赋诗助兴。"左史东方虬（qiú）诗先成，后赐锦袍。（宋）之问俄顷献，后览之嗟赏，更夺袍以赐。"（后：指武后。俄顷：很短的时间。原文大意是：左史官东方虬首先做出了一首诗，武后赐给他一件锦袍，以示嘉奖。过了一会儿，宋之问的诗也写好了，武后看了赞叹不已，便下令把赐给东方虬的那件锦袍收回来，转赐给宋之问。）后用此语比喻文才出众，超越前人；或在竞赛中夺得锦标，占上风。参见183页"夺锦标"。举例 ① 唐·杜甫《寄李十二白二十韵》："龙舟移棹晚，兽锦夺袍新。"② 宋·李正民《秀士诗》："夺袍有意趋文阵，鼓箧（qiè）无言拙笔锋。"

夺锦袍 duó jǐn páo 同"夺袍"。举例 ① 宋·田锡《和安仪凤》："和诗送别昭亭路，何似金銮夺锦袍。"② 明·汤显祖《紫钗记·春闺赴洛》："韵高，多应我诗成夺锦袍，沈香亭捧砚写清平调，也则怕你愁望的酥胸拍渐销。"

得绣袍 dé xiù páo 同"夺袍"。举例 唐·杜甫《崔驸马山亭宴集》："客醉挥金碗，诗成得绣袍。"

夺锦 duó jǐn 同"夺袍"。举例 ① 明·高启《谢赐衣》："被泽徒深厚，惭无夺锦才。"② 明·沈鲸《双珠记·月下相逢》："下官瀛洲夺锦、翰院谈经，得接丰仪，自知欣幸。"

获锦 huò jǐn 见"夺袍"。比喻获得胜利。举例 陈毅《赣南游击词》："此日准备好身手，他年战场获锦归。"

E

E

阿堵物 ē dǔ wù

出处《世说新语·规箴(zhēn)》。解说 阿堵：当时的口语，相当于“这”“这个”。王衍是西晋时大臣，他出身显贵之家，曾担任过尚书令、司徒、太尉等高官。据说家里“资财山积，用不能消”，钱财多得花也花不完。由于生活无忧，他从来不考虑钱财的事，自己嘴里也不提“钱”字，而且对夫人过于贪财表示不满。有一天，夫人想试一试丈夫是否真的不爱财，于是趁他熟睡时让婢女在床周围堆满了成串的钱。王衍早晨醒来，见有钱挡着无法下床，就喊婢女：“举却阿堵物！”（大意是：把这些东西拿走！）还是只字不言“钱”。当时的人们认为王衍很清高。后用此语指钱。举例 ① 唐·寒山《诗》三〇三：“若无阿堵物，不啻(chì)冷如霜。”② 宋·张耒《和无咎》：“爱酒苦无阿堵物，寻春那有主人家。”③《聊斋志异·雨钱》：“顷之，入室取用，则满室阿堵物皆为乌有，惟母钱十余枚，寥寥尚在。”☞“阿堵物”的“阿”今又读 ā。

阿堵 ē dǔ 同“阿堵物”。举例 ①《二刻拍案惊奇》卷二十六：“世情看冷暖，人面逐高低。任是亲儿女，还随阿堵移。”② 清·郁植《悲歌》：“吾曹意气耻阿堵，挥斥黄金贱如土。”

不言钱 bù yán qián 见“阿堵物”。指不看重钱财。举例 ① 唐·鲍溶《怀王直秀才》：“惟有素风身未坠，世间开口不言钱。”② 宋·陆游《书房杂咏》：“家能常食粥，口固不言钱。”

恶贯满盈 è guàn mǎn yíng

出处《尚书·泰誓上》。解说 贯：串；穿起来。也指穿物件的绳子。盈：满。商纣(zhòu)王是历史上有名的暴君，为了推翻他的残暴统治，周武王联合诸侯，率兵讨伐，大军渡过黄河，直逼商朝都城朝歌。周武王发出誓师的誓言说：“商罪贯盈，天命诛之。”商：指商纣王。唐代经学家孔颖达解释这句话说：“纣之为恶，如物在绳索之贯，一以贯之，其恶贯已满矣。”（誓言大意是：商纣王的罪行实在是太多，就像绳子已经穿满了物件一样，现在上天授命我来灭掉它。）后来，周武王率领大军在牧野打败了商纣王的军队，纣王自焚而死，商朝随之灭亡。后用此语形容罪大恶极，已到末日。举例 ① 元·无名氏《朱砂担》第四折："你今日在我神庙中，滴水浮沤之下，将王文用图财致命，又渰(yān，同"淹")死了他的父亲，强夺了他妻室，你今日恶贯满盈，有何理说？"② 明·张岳《擒获首恶龙许保疏》："虏官夺印，掠烧仓库，虏质人口，肆其凶残，略无忌惮。恶贯满盈，神人愤怒，已不容于同类。"③《野叟曝(pù)言》第五回："这是恶贯满盈，天理不容了。"④《上海的早晨》第四部四十："朱延年恶贯满盈，难怪有人主张千刀万剐。"

恶贯久盈 è guàn jiǔ yíng 同"恶贯满盈"。举例 唐·陆贽(zhì)《议汴州逐刘士宁事状》："伏以刘士宁昏荒暴慢，恶贯久盈。"

恶贯已盈 è guàn yǐ yíng 同"恶贯满盈"。举例《二刻拍案惊奇》卷二十："某家惯作歹事，恶贯已盈。"

罪恶贯盈 zuì è guàn yíng 同"恶贯满盈"。举例 ① 宋·李光《论梁师成札子》："师成出入禁掖逾二十年，罪恶贯盈，不可悉数。"②《聊斋志异·刘姓》："罪恶贯盈，不自悛(quān)悔。"

恶作剧 è zuò jù

出处 唐·段成式《酉阳杂俎(zǔ)·盗侠》，又见《太平广记》卷一九四引宋·王谠《唐语林》。解说 唐代德宗时，有一个名叫韦生的人迁居汝州。途中，韦生遇见一个僧人，两个人边走边聊。僧人对韦生说："我的寺院就在前面不远的地方，到那里歇息一下吧。"韦生便跟在僧人后面往前走，谁知走了十几里路连寺院的影子也没有看到。韦生心想，这个僧人一定是个骗人的强盗，就偷偷地从口袋里摸出一把弹弓，用弹丸向僧人的后脑壳打去。可是，僧人竟然不痛不痒的好像一点儿感觉也没有。韦生一连向僧人的脑袋射出五个弹丸，僧人才摸摸脑袋不紧不慢地说："郎君莫恶作剧！"(大意是：你不要再搞恶作剧了！)后用此语指开玩笑，或恣意戏弄人，使人难堪。也指使人难堪的戏弄，或开得过分的玩笑。举例 ①《聊斋志异·婴宁》："观其孜孜(zī zī)憨笑，似全无心肝者，而墙下恶作剧，其黠(xiá)孰甚焉！"②《聊斋志异·狐入瓶》："一日，窜入，妇急以絮塞瓶口，置釜中，汤而沸之。瓶热，狐呼曰：'热甚，勿恶作剧！'"③ 鲁迅《书信集·致姚克》："天津报上，谓我已生脑炎，致使吾友惊扰，可谓恶作剧。"

尔诈我虞 ěr zhà wǒ yú

出处《左传·宣公十五年》。解说 尔：你。诈、虞：欺骗。春秋时，楚国大夫申舟出使齐国途中被宋国人杀死。楚庄王兴兵问罪,派大军讨伐宋国。可是,楚军围困了宋国的都城长达九个月也没有取胜。由于久攻不下,楚国打算撤兵,大臣申叔时向楚庄王献计说:“我们可以建造房屋,分兵屯田,假装准备在这里打持久战,宋国必然惧怕。”宋国得知后,派大夫华元夜里潜入楚军营地,对楚军主将子反说:“我们宋国全体军民宁可饿死,也不会屈服。”楚国见宋国如此顽强,也不敢再使战争拖延下去,于是接受了对方的议和条件,两国签订盟约。盟约中写有这样一句话:“我无尔诈,尔无我虞。”(大意是:我不欺骗你,你也不欺骗我。)此语原指你欺骗我,我欺骗你,后形容互相之间不信任,彼此玩弄花招进行欺骗。举例 ① 清·端方《请平汉满畛(zhěn)域密折》:“其次焉者,虽幸未致国家之分裂,而国中诸侯,尔诈我虞,人各有心,不能并力一致。”② 毛泽东《反对日本进攻的方针、办法和前途》:“团结要是真正的团结,尔诈我虞是不行的。”

尔虞我诈 ěr yú wǒ zhà 同“尔诈我虞”。举例 ①《戊戌喋血记》第十七章:“国内,南方各会党首领之间,也是互相猜忌,勾心斗角、尔虞我诈,令人烦恼。”② 梁实秋《雅舍小品·讲价》:“在尔虞我诈的情形之下,讲价便成为交易的必经阶段,反正‘漫天要价,就地还钱’。看看谁有本事谁讨便宜。”③ 刘少奇《论共产党员的修养》:“那时……人类中彼此充满了互相帮助、互相亲爱,没有尔虞我诈。”

耳边风 ěr biān fēng

出处《吴越春秋·吴王寿梦传》:“富贵之于我,如秋风之过耳。”解说 原文大意是:荣华富贵对于我来说,就像从耳边吹过的秋风一样,很快就消逝了。后用此语比喻过耳即逝,听了并不放在心上的话。举例 ① 唐·杜荀鹤《赠题兜率寺闲上人院》:“百岁有涯头上雪,万般无染耳边风。”②《红楼梦》第八回:“我平日和你说的,全当耳边风;怎么他说了你就依,比圣旨还快呢!”③《官场现形记》第五十三回:“我说的乃是金玉之言,外交秘诀,你老哥千万不要当做耳边风。”

耳旁风 ěr páng fēng 同“耳边风”。举例《红楼梦》第二十一回:“姊妹们和气,也有个分寸礼节,也没个黑家白日闹的!凭人怎么劝,都是耳旁风。”

耳食 ěr shí

出处《史记·六国年表序》:“学者牵于所闻,见秦在帝位日浅,不察其终始,因举而笑之,不敢道,此与以耳食无异。”唐·司马贞《索隐》:“言俗学浅识,举而笑秦,此犹耳食不能知味也。”解说 此语原指用耳朵吃食物,不能辨别味道。比喻不假思考和分析,轻信所听到的传闻。也指传闻。举例 ①《明史·邹元标传》:“论一事当惩前虑后，毋轻试耳食。”② 清·李楷《嵞(tú)山集序》：“后之学者，不得其精神之所存，而皮相之，耳食之，群而吠之，以轻、俗、寒、瘦概古人之一生，古之人其心折乎！”③ 茅盾《亡命生活》：“从而知道凡写风景之类，可以凭详细之耳食，再加以想像，非必亲身经历。”

耳食之论 ěr shí zhī lùn 见“耳食”。指听来的没有确凿根据的话。举例 清·赵翼《廿二史札记·新旧唐书一》：“今人动谓新书过旧书远甚，此耳食之论也。”

耳食之谈 ěr shí zhī tán 同“耳食之论”。举例 清·阮葵生《茶余客话》卷五：“此耳食之谈，引经断狱，当不如是。”

E

二桃杀三士 èr táo shā sān shì

出处《晏子春秋·谏下二》。解说 春秋时，齐景公手下有三个勇士，即公孙接、田开疆和古冶子，他们三人以勇悍威猛、豪放爽直而闻名于世。相国晏婴担心他们将来会居功自傲，危害国家，于是向齐景公献计，把三勇士除掉，以免后患。有一天，齐景公派人给三勇士送去两个桃子，让他们论功劳大小来决定谁该吃桃，意图使三人互相争夺，自相残杀。公孙接说：“我曾经与三岁的野兽和哺乳的母虎搏斗，没有人能与我相比吧？”说完，拿起一个桃就要走。田开疆说：“我曾手持兵器多次打退敌人的进攻，立有如此大功，当然可以吃桃。”说完，把剩下的一个桃子拿在手里。古冶子说“我曾经随国君渡黄河，一只大鳖咬住驾车的马，我潜入水中，逆行百步，顺流九里，最终杀死大鳖，使国君转危为安。有此大功，更应该吃桃。”说完，拔剑而起去抢桃。公孙接、田开疆听了自愧弗如说：“论勇猛，我们不如你，论功劳，我们没有你的大。先拿走桃，未免贪心，拿到桃又不去死，也太没有勇气！”说完，二人把手中的桃交回来，拔剑自杀了。古冶子见状，对自己的鲁莽行为悔恨不已地说：“你们两位都死了，我一个人活着就是不仁。”于是，他也自杀了。后用此语比喻故意制造矛盾，使用计谋或阴谋手段杀人、害人。举例 ① 三国蜀·诸葛亮《梁甫吟》：“一朝被谗言，二桃杀三士。”② 唐·李白《惧谗》：“二桃杀三士，讵(jù)假剑如霜。众女妒蛾眉，双花竞春芳。”

桃下坟 táo xià fén 见“二桃杀三士”。指遭阴谋残害的勇士。举例 清·程先贞《还山春事》：“五君自醉竹间榻，三士谁怜桃下坟。”

齐相计 qí xiàng jì 见“二桃杀三士”。指施用阴谋手段杀人。举例 清·吴伟业《核桃船》：“三士漫成齐相计，五湖好载越妹行。”

二酉 èr yǒu

出处 唐·陆龟蒙《寄淮南郑宝书记》：“五丁驱得神功尽，二酉搜来秘检疏。”金·

郝天挺注引《图经》:"周穆王藏异书于小酉山、大酉山。"又见《太平御览》卷四十九引南朝宋·盛弘之《荆州记》。解说 大酉山和小酉山的合称。二山在今湖南沅陵西北,皆有洞穴。相传秦代曾有人携带数千卷书籍来这里隐居,日夜攻读。学业有成之后,这个人满腹经纶、空着两手下山去了。从此,大、小酉山的洞穴内留下了丰富的藏书。后用此语比喻藏书丰富之处。举例 ① 明·徐渭《黄君书舍在委羽山洞索赋》:"二酉藏书室,孤桐对月弦。"② 明·无名氏《四贤记·解绶》:"爱则爱二酉山中雅,只落得自在无牵挂。"③《天雨花》第二回:"读书自幼到如今,五车二酉俱收纳。"

E

才贯二酉 cái guàn èr yǒu 见"二酉"。形容读书多,学识渊博。举例《镜花缘》第十六回:"大贤世居大邦,见多识广,而且荣列胶庠(xiáng),自然才贯二酉,学富五车。"

书通二酉 shū tōng èr yǒu 同"才贯二酉"。举例《喻世明言·闲云庵阮三偿冤债》:"(陈宗阮)到一十六岁,果然学富五车,书通二酉。十九岁上,连科及第。"

F

发愤图强 fā fèn tú qiáng

出处《论语·述而》。解说 发愤：下定决心努力。图：谋求。春秋时，孔子带领弟子子路等人周游列国，到了楚国叶(shè)邑，楚国大夫沈诸梁接待他们。沈诸梁私下向子路询问孔子的人品和学问，子路一时不知如何回答。孔子知道后对子路说："女(rǔ)奚不曰：'其为人也，发愤忘食，乐以忘忧，不知老之将至云尔'？"(女：通"汝"。奚：为什么；怎么。原话大意是：你为什么不回答说"他这个人，发愤学习，连吃饭都忘了，性情通达乐观，忘了忧愁，甚至不知道自己就要老了"之类的话呢？)后用此语指决心奋斗，努力谋求强盛。举例 ① 何香凝《孙中山与廖仲恺(kǎi)》："孙先生在那次聚会上谈得并不多，只泛泛地谈到了中国积弱太甚了，应该发愤图强，彻底革命。"②《鼓书艺人》十七："你越是发愤图强，遇到的困难就越多。你得下决心克服一切困难，否则就一事无成。"③《李自成》第二卷十五章："上下一心，日夜兢兢业业，勤勤恳恳，发愤图强。"

发奋图强 fā fèn tú qiáng 同"发愤图强"。举例 ①《青春之歌》第二部四十章："老伯这大年纪，还这样关心国事，这是了不得。这就激励我们青年人要更加发奋图强了。"②《雷锋日记选》(一九六二年四月四日)："我觉得人生在世，只有勤劳，发奋图强，用自己的双手创造财富，为人类的解放事业——共产主义贡献自己的一切，这才是最幸福的。"

奋发图强 fèn fā tú qiáng 同"发愤图强"。举例《李自成》第二卷二十八章："这号人，在困难中不是低头叹气，而是奋发图强，壮志凌云，气吞山河。"

发蒙振落 fā méng zhèn luò

出处《史记·汲郑列传》。解说 发：揭开；掀开。蒙：遮盖；笼罩。发蒙：揭开盖或罩在物品上的东西。振：摇动。振落：摇落(树上的枯叶)。西汉武帝时，汲黯(àn)官任主爵都尉，位列九卿。他忠正耿直，多次当面指责汉武帝的过失。丞相公孙弘儒雅随和，不愿得罪人。淮南王刘安准备反叛，他不把公孙弘不放在眼里，却害怕汲黯揭露。为此,刘安特地告诫手下人千万不要让汲黯发现什么马脚,并说:汲黯敢于直言进谏,能为节义而死,很难骗过他。“至如说丞相弘,如发蒙振落耳”。(大意是:至于丞相公孙弘,对付他就像发蒙振落一般容易。)后用此语比喻轻而易举,毫不费力。举例 ① 清·昭梿《啸亭续录·超勇亲王》:“礼王何罪,公乃罗织至此,使宗藩斥革如发蒙振落,吾侪(chái)外臣,何足道也。”② 章炳麟《代议然否论》:“若一切许其登录,锐意奖进,则去此如发蒙振落,如是而王道荡平,大圜(yuán)停水之中,无少有坎窞(dàn)矣。”

F

反裘负薪 fǎn qiú fù xīn

出处 汉·刘向《新序·杂事》。解说 反:翻转。反裘:把皮袄翻过来穿,即皮里子在外,毛在内。负:背负,用肩膀担着。薪:柴草。战国时,魏国国君魏文侯出游,路上看见有个农夫,反穿着皮袄,肩膀上背着柴草。魏文侯觉得奇怪,就问他:“你为什么把皮袄翻过来穿呢?”农夫回答道:“臣爱其毛。”(大意是:因为我爱惜皮袄上的毛,怕把它磨坏了。)魏文侯开导他说:“难道你不知道皮里子如果磨破了或没有了,皮袄上边的毛也就无所依托了吗?”农夫听了发愣,无言以对。后用此语比喻做事本末倒置,贪小失大,或好的动机得不到好的结果。参见 439 页“皮之不存,毛将安傅”。举例 ① 汉·桓宽《盐铁论·非鞅》:“无异于愚人,反裘而负薪,爱其毛。不知其皮尽也。”②《宋书·范泰传》:“故囊漏贮中,识者不吝;反裘负薪,存毛实难。”

爱毛反裘 ài máo fǎn qiú 同“反裘负薪”。举例《魏书·高祖纪上》:“而牧守不思利民之道,期于取办,爱毛反裘,甚无谓也。”

反裘 fǎn qiú 同“反裘负薪”。举例 宋·释居简《种竹赋》:“始竭泽而不戒,终反裘而未喻。”

返老还童 fǎn lǎo huán tóng

出处 晋·葛洪《神仙传·淮南王》。解说 据说,汉代淮南王刘安喜好求仙学道,经常与方士道人探讨修道炼丹之术。有一天,八位白发老翁来求见,自称有长生不老之术进献。刘安将信将疑地说:“你们两鬓苍苍,自己都老成这个样子,怎么会通晓什么不老之术呢?肯定是骗人的!”说完,就要命人把他们赶走。八位老翁听了,微笑着说:“你嫌我们年纪老吗?要变得年轻实在是太容易了,我们这就变给你看看。”说罢,老翁们转身一变,化为八个天真活泼的儿童。参见 699 页“一人飞升,仙及鸡犬”。后用此语形容老年人恢复了青春与活力,精力异常旺盛。举例 ①《西游记》第十七回:

"返老还童容易得,超凡入圣路非遥。"②《儿女英雄传》第十四回:"我这老人家……这两年有点子返老还童,一会儿价好闹个小性儿。"③巴金《探索集·大镜子》:"别人说我焕发了青春,我完全接受,甚至更进一步幻想自己返老还童。"

犯天下之大不韪 fàn tiān xià zhī dà bù wěi

出处《左传·隐公十一年》。解说 犯:也作"冒",冒犯,不顾。不韪:不是;过错。春秋时,弱小的息国出兵攻打郑国,结果很快就失败了。当时有人评论说,息国之所以战败,是因为犯了五个错误:一是郑庄公很贤能,而息国国君仅仅因为言语的争执就贸然发动战争,未免理亏;二是息国国力没有郑国强大,有点不自量力;三是两国同是姬姓,不应该同族相残;四是双方发生言语争执,未能辨别是非曲直;五是息国轻易动干戈,却不认为自己有过失。"犯五不韪而以伐人,其丧师也,不亦宜乎?"(大意是:犯了这五种错误还要去攻打别人,遭到惨败,也是理所当然的了。)此语原指犯下了天下最大的错误,后用来指不顾普天下人的反对,公然去干坏事。举例 清·顾炎武《日知录·正始》:"自正始以来,而大义之不明,遍于天下。如山涛者,既为邪说之魁,遂使嵇(jī)绍之贤,且犯天下之大不韪,而不顾夫邪正之说不容两立。"

冒天下之大不韪 mào tiān xià zhī dà bù wěi 同"犯天下之大不韪"。举例 ①清·陈天华《中国革命史论》第一章:"惟一二之枭雄,冲决藩篱,悍然不顾,甘冒天下之大不韪,以求济其私心之所欲。"②毛泽东《为皖南事变发表的命令和谈话》:"因为发令者敢于公开发此反革命命令,冒天下之大不韪,必已具有全面破裂和彻底投降的决心。"③《战争和人》(三)卷七:"爸爸放心,今天这个会,人数听说很多。谅他们不敢冒天下之大不韪!而且,我和寅儿年轻,没什么可怕的。"

冒大不韪 mào dà bù wěi 同"犯天下之大不韪"。举例《清史稿·礼志二》:"严谕集议,尚未裁决遵行,则后人孰肯冒大不韪?"

大不韪 dà bù wěi 见"犯天下之大不韪"。公认的不是或过错。举例 清·王夫之《读通鉴论·汉哀帝一》:"人之能为大不韪者,非其能无有所惧也,唯其能无所耻也。"

饭后钟 fàn hòu zhōng

出处 五代·王定保《唐摭(zhí)言·起自寒苦》。解说 王播是唐代人,年少时孤苦无依,寄居在扬州的惠昭寺木兰院,靠吃僧人的斋饭生活。时间久了,僧人对他很厌烦,有一天故意先吃完斋饭,然后才敲响开饭的钟。等王播听到钟声赶来,饭已经吃光了。王播既无奈又满怀感慨，在墙上题诗道："上堂已了各西东，惭愧阇(shé)黎饭后钟。"(阇黎：高僧，泛指僧人。也作"阇梨"。)王播写完把笔一掷，就远走他乡去了。王播历经二十来年的努力奋斗，官任淮南节度使，坐镇扬州。有一天重游旧地，看见当年题在墙上的两句诗已经被僧人罩上碧纱，精心保护起来。王播回忆起自己的坎坷经历，感叹世态炎凉、人情冷暖，于是提笔又续写了两句："二十年来尘扑面，如今始得碧纱笼。"后来，王播官至宰相。后用此语指贫寒之士受到冷遇。举例 ① 宋·苏轼《石塔寺》："乃知饭后钟，阇黎盖具眼。"② 宋·范成大《自嘲二绝》之一："登时觉悟忙收拾，已是阇黎饭后钟。"

F

钟非饭 zhōng fēi fàn 同"饭后钟"。举例 宋·苏轼《石塔寺》："虽知灯是火，不悟钟非饭。"

碧纱笼壁 bì shā lóng bì 见"饭后钟"。把题在墙上的诗罩上碧纱，着意保护。比喻重视与珍爱。举例 清·袁枚《琵琶亭吊唐蜗寄榷使》："碧纱笼壁风吹坏，非关台榭有凋荒。"

碧纱笼 bì shā lóng 同"碧纱笼壁"。举例 宋·杨万里《行部决狱宿新隆寺观邹至完题壁》："若爱殿前苍玉佩，断无身后碧纱笼。"

纱护壁间题 shā hù bì jiān tí 同"碧纱笼壁"。举例 清·方文《扬州石塔寺宿介立禅师房》："盂空钟后饭，纱护壁间题。"

方寸地 fāng cùn dì

出处《列子·仲尼》："嘻！吾见子之心矣，方寸之地虚矣。"又见宋·罗大经《鹤林玉露·方寸地》："俗语云：'但存方寸地，留与子孙耕。'指心而言也。"解说 方寸：一寸见方之地，比喻很小的处所。心处胸中方寸之间，故用此语指心或内心，也指心思。举例 清·百一居士《壶天录》卷上："但凭方寸地，愿尔曹共体吾心。"

寸心 cùn xīn 同"方寸地"。也指微小、微薄的心意。举例 ① 唐·杜甫《偶题》："文章千古事，得失寸心知。"② 宋·司马光《谢赐〈资治通鉴序〉表》："功大力薄，任重道悠；徒怀寸心，行将白首。"③《水浒传》第八十一回："宋江哥哥有些微物相送，聊表我哥哥寸心。"④ 清·沈复《浮生六记·坎坷记愁》："当是时，孤灯一盏，举目无亲，两手空拳，寸心欲碎。"⑤ 郭沫若《瓶》之三十八："我纵横是已经焦死，你冰也冰不到我的寸心。"

方寸 fāng cùn 同"方寸地"。举例 ① 唐·刘知幾《史通·自叙》："始知流俗之士，难与之言。凡有异同，蓄诸方寸。"② 清·郑燮(xiè)《潍县署中寄舍弟墨第一书》："读书以过目成诵为能，最是不济事。眼中了了，心下匆匆，方寸无多。"

方寸心 fāng cùn xīn 同“方寸地”。举例 ① 唐·贾岛《易水怀古》：“我叹方寸心，谁论一时事。”② 清·唐孙华《秋日酷暑焦旱偶成》：“那将方寸心，愁水复愁旱。”

方寸乱 fāng cùn luàn

出处《三国志·蜀志·诸葛亮传》。解说 徐庶是东汉末年人，足智多谋，曾在刘备手下任军师。丞相曹操一心想网罗徐庶这个人才，就派人拘捕了徐庶的母亲，并伪造其母的笔迹，写信劝他归降曹操。徐庶是个孝子，接到信后明知道这是曹操要挟他，但为了救母亲，只好向刘备告别。徐庶百般无奈地对刘备说：“本欲与将军共图王霸之业者，以此方寸之地也。今已失老母，方寸乱矣，无益于事，请从此别。”（大意是：我心里本打算与将军共谋天下大事，但是现在失去了母亲，心中已乱，恐怕帮不上您什么忙了，请允许我就此告别吧。）徐庶临别时，还郑重地向刘备推荐诸葛亮来代替自己。后用此语形容六神无主，心烦意乱，没有心思做事。参见192页“方寸地”。举例 ① 宋·李清照《蝶恋花·晚止昌乐馆寄姊妹》：“惜别伤离方寸乱，忘了临行，酒盏深知浅。”② 清·和邦额《夜谭随录·陆珪》：“儿方寸乱矣，敢请诸君早计之。”

方寸已乱 fāng cùn yǐ luàn 同“方寸乱”。举例 ①《儿女英雄传》第三回：“我的方寸已乱，断无道理可计议了。”②《官场现形记》第三回：“你们别吵！我此刻方寸已乱，等我定一定神再谈。”③ 冰心《往事》二：“母亲坐在中间屋里，看见我，眼泪便滚了下来。我那时方寸已乱！”

方枘圆凿 fāng ruì yuán záo

出处 战国楚·宋玉《九辩》：“圆凿而方枘兮，吾固知其钽铻（jǔ yǔ）而难入。”解说 枘：削好的榫（sǔn）头（木器构件相接处凸出的部分）。凿：做木器时凿出的榫眼（木器构件相接处凹入的部分，也叫卯眼）。钽铻：同“龃龉”，指不相配合的样子。原文大意是：做木器时，将榫头敲进榫眼，需要严丝合缝才能结实。如果是方形榫头、圆形榫眼，就会配合不到一块儿。此语原比喻奸佞（nìng）小人与忠贤之士不能相容。后多比喻双方意见不合或两方面格格不入。举例 ① 唐·权德舆《唐赠兵部尚书宣公陆贽（zhì）翰苑集序》：“方枘圆凿，良工尤以措巧心。”② 清·金农《秋雨坐槐树下书怀》：“方枘圆凿匪所用，顾者却避多猜嫌。”☞“凿”旧读 zuò。

枘方 ruì fāng 同“方枘圆凿”。举例《文心雕龙·声律》：“凡切韵之动，势若转圜（huán），讹音之作，甚于枘方；免乎枘方，则无大过矣。”

凿枘 záo ruì 见“方枘圆凿”。比喻双方因意见不合而不能相容。又用于相反的意思，比喻互相投合。举例 ① 南朝梁·刘孝绰《答何记室》："纷余似凿枘，方圆殊未工。黑貂久自弊，黄金屡已空。"② 汉·桓宽《盐铁论·非鞅》："有文武之规矩，而无周（文王）吕（太公）之凿枘，则功业不成。"③ 宋·秦观《代贺胡丞相启》："俄凿枘之相投，遽（jù）囊锥之颖出。"④《第一阶段的故事》："这是潘先生和他的老友兼亲戚的'人民公仆'赵委员大人颇为凿枘的地方。"

防民之口，甚于防川 fáng mín zhī kǒu，shèn yú fáng chuān

F

出处《国语·周语上》。解说 防：堵塞。甚：超过；胜于。川：大河，这里指水患。西周时，周厉王暴虐无道，老百姓都心怀怨恨。周厉王怕有人造反，就派人暗中监视老百姓的言行，发现谁说他的坏话，便抓去杀头。召公批评周厉王的做法是："防民之口，甚于防川。川壅而溃，伤人必多，民亦如之。是故为川者，决之使导；为民者，宣之使言。"（壅：堵塞。溃：大水冲破堤防。大意是：阻止人民进行批评的危害，比堵塞河川而引起的水患还要严重。河川因遇到堵塞将冲垮堤坝，给黎民百姓造成大灾难。如果不让人民说话，也必然带来大害。因此，对于河川，应注意疏导，使水流畅通；对于民众，应广开言路，鼓励大家发表意见。）后用此语指限制人民的言论自由，不允许发表批评意见，势必招致严重祸害。举例 ①《晋书·孔严传》："古人为政，防民之口，甚于防川。"② 梁启超《上粤督李傅相书》："岂不闻'防民之口，甚于防川'，防口且然，而况于防其心防其气者？"

放出一头 fàng chū yī tóu

出处 宋·欧阳修《与梅圣俞书》，又见《宋史·苏轼传》。解说 欧阳修、梅尧臣和苏轼都是北宋时期文坛的名士，欧阳修堪称领袖人物，梅尧臣字圣俞。苏轼的文章写得很好，梅尧臣看了非常欣赏，便极力向欧阳修推荐。欧阳修给梅尧臣回信说："读（苏）轼书，不觉汗出，快哉，快哉！老夫当避路，放他出一头地也。"（原信大意是：读了苏轼的文章，自愧不如，不由得出了一身冷汗，然而也感到快活，快活！我老了，应当给年轻的后起之秀让路，使他们高出我们一头。）有了欧阳修的大力提携，苏轼不久就在文坛上显露头角。此语原指才华超出别人。后比喻地位高人一等或超过一般人。举例 宋·杨万里《过金沙洋望小海》："海神无处逞神通，放出一头夸客子。"

出一头地 chū yī tóu dì 同"放出一头"。举例 清·沈初《西清笔记·纪文献》："钱文敏尚书虽师之而好为黄之久一派，其气象雄迈，固自另出一头地。"

出人头地 chū rén tóu dì 同"放出一头"。举例 ①《喻世明言·明悟禅师赶五戒》："勉强送他学堂攻书，资性聪明，过目不忘，吟诗作赋无不出人头地。"② 鲁迅《且介亭杂文末编·答徐懋(mào)庸并关于抗日统一战线问题》："抓到一面旗帜，就自以为出人头地，摆出奴隶总管的架子。"③《迎春花》第八章："孙俊英见人家看得起，能出人头地，一呼百应，好不威风自在。"④《暴风雨前》第四部八："又因为好胜，便事事都想出人头地，便事事都要博得人家的称誉。"

让出头 ràng chū tóu 同"放出一头"。举例 清·赵翼《吴兰雪过访枉赠佳章即次送别》："我让出头非谰(lán)语，世无敌手始奇才。"

F

放虎归山 fàng hǔ guī shān

出处《三国志·蜀志·刘巴传》南朝宋·裴松之注引晋·司马彪《零陵先贤传》。解说 归：返回。三国时，刘璋占有益州。刘备为了与曹操、孙权争雄，伺机夺取益州。当时，曹操准备派人率兵讨伐张鲁。刘璋不愿意出征，就采纳谋士张松、法正的建议，推荐刘备出征。谋士刘巴劝阻刘璋说："(刘)备，雄人也，入必为害，不可内也。若使(刘)备讨张鲁，是放虎于山林也。"(大意是：刘备是有远大抱负的英雄，如果起用他率兵前往讨伐张鲁，必然会成为我们的祸害，如同把老虎放归山林一样。)刘璋没有听从刘巴的劝告，而是派法正去请刘备攻打张鲁。果然，刘备打败张鲁之后，回师途中发动突然袭击占了益州。后用此语比喻把已落网的敌人放走，留下祸患。举例 ①《封神榜》第八十三回："若是放他归国，反勾东西二路之兵，搅乱天下，军民不安，所为放虎归山，必生后患。"②《暴风骤雨》第一部十九："这叫做放虎归山，给元茂屯留下个祸根。"③《惊心动魄的一幕》十六："实际证明，你在前几天出的那个计谋，不是放线钓鱼，而是放虎归山。"

纵虎归山 zòng hǔ guī shān 同"放虎归山"。举例《三国演义》第二十一回："昔刘备为豫州牧时，某等请杀之，丞相不听；今日又与之兵，此放龙入海、纵虎归山也。"

放之四海而皆准 fàng zhī sì hǎi ér jiē zhǔn

出处《礼记·祭义》："推而放诸东海而准，推而放诸西海而准，推而放诸南海而准，推而放诸北海而准。"解说 放：扩展；推行。四海：指全国各地，也指世界各地。准：正确。原文大意是：孝道充满天地之间，从古到今无时无刻不存在，推行四海之内都是正确的。后用此语形容真理具有普遍性，放到哪里都是适用的。举例 ① 清·孙诒(yí)让《周礼正义序》："盖政教修明，则以致富强若操左券，固寰(huán)宇之通理，放之四海而皆准者。"② 毛泽东《中国共产党在民族战争中的地位》："马克思、恩格斯、列宁、斯大林的理论,是'放之四海而皆准'的理论。"③ 秦牧《艺海拾贝·画蛋》:"这说明'千里之行,始于足下'这道理,原是放之四海而皆准的。"

放诸四海而皆准 fàng zhū sì hǎi ér jiē zhǔn 同"放之四海而皆准"。举例 艾芜《繁荣文艺必须肃清封建流毒》:"现在提倡实践是检验真理的唯一标准,这就揭示出马列主义毛泽东思想的真正原理了,可以说,放诸四海而皆准,流行百世而不殆。"

推之四海而皆准 tuī zhī sì hǎi ér jiē zhǔn 同"放之四海而皆准"。举例《创造》三:"你,还抱住了二十岁时的理想,以为推之四海而皆准,俟(sì)之百世而不惑。"

F

非驴非马 fēi lǘ fēi mǎ

出处《汉书·西域传下》。解说 西汉宣帝时,西域龟兹(qiū cí)国国王绛宾多次来京都长安朝贺。他对汉朝的文化特别喜欢,回国后仿照长安皇宫的样式建筑了一个宏伟的宫殿,陈设着汉式的各种器具,并大力推行汉朝的礼仪制度,这与当地的传统习俗大相径庭。西域其他国家的贵族和百姓看不惯,对龟兹国的人们嘲笑说:"驴非驴,马非马,若龟兹王,所谓骡也。"(大意是:龟兹国国王照搬来的这一套东西,说是驴,不像驴,说是马,不像马,倒好像是驴和马杂交而生的骡子。)后用此语形容事物不伦不类。举例 ①《慈禧太后演义》第三十七回:"外务部无可例援,只好把西太后游幸的礼节,模糊参酌,定了一个非驴非马的礼节,呈入候核。"②《民国通俗演义》第六十九回:"屈以巡按使兼总司令,布告中外,非驴非马,惊骇万分。"③ 瞿秋白《乱弹·新英雄》:"不是活人说的话,也不是死人说过的话,而是非驴非马的骡子话。"④ 方志敏《给某夫妇的信》:"对于共产主义和苏联的书籍,应多多地而且有力地去研究一番,一切非驴非马的东西,可丢去不看。"

非罴 fēi pí

出处 周·吕望《六韬·文师》。《史记·齐太公世家》记载略同。解说 传说商代末年周文王有一次打猎,临行前请巫师占卜吉凶,巫师说:"田于渭阳,将大得焉,非龙非彲(chī),非虎非罴,兆得公侯。天遣汝师,以之佐昌。"田:打猎。渭阳:渭水之阳,即渭水的北面。彲,同"螭",传说中一种无角的龙。罴,熊的一种。昌,姬昌,即周文王。原话大意是:在渭水北岸打猎将会大有收获,但得的不是龙也不是螭,不是虎也不是罴,而是上天派来辅佐大王治理国家的贤才。周文王去打猎时,果然在渭水之滨遇见正在钓鱼的年已八十的姜太公吕尚,便拜他为师,并任命为大臣。吕尚后来辅佐周文王之子周武王姬发灭掉商朝,建立西周王朝。后用此语指帝王获得贤臣的预兆,也指贤臣或地位重要的政治人物。举例 唐·李商隐《咏怀寄秘阁旧僚二十六韵》："图形翻类狗，入梦肯非罴。"

非熊 fēi xióng 同"非罴"。举例 ① 唐·杜甫《投赠哥舒开府翰二十韵》："轩墀(chí)曾宠鹤，畋(tián)猎旧非熊。"② 宋·陆游《雨中卧病有感》："非熊老子不复见，谁吊遗魂清渭滨。"

非熊梦 fēi xióng mèng 同"非罴"。举例 元·徐再思《普天福·雪滩晚钓》："待遇当年非熊梦，古溪边老了渔翁。"

非熊兆 fēi xióng zhào 同"非罴"。举例 ① 宋·柳永《千秋岁》："渭水当年钓，晚应非熊兆。"② 明·陈汝元《金莲记·射策》："谁知倚马高，得遂非熊兆。"

非熊年纪 fēi xióng nián jì 见"非罴"。代指八十岁。举例 宋·刘克庄《乳燕飞·寿幹(gàn)官》："况迈非熊年纪在，管取方来勋业。"

F

非我族类，其心必异 fēi wǒ zú lèi，qí xīn bì yì

出处《左传·成公四年》。解说 族类：同族的人。春秋时，鲁成公有一次去结盟晋国。晋国国君自恃为霸主，没有按照应有的礼仪接待他。鲁成公很生气，回国后打算联合楚国，攻打晋国。季文子劝阻说：不可。晋国虽然礼节不周，但毕竟是我们的盟国，不能去攻打它。晋国是一个大国，离我们很近，又与我们同属于华夏民族。古书上说："非我族类，其心必异。"（大意是：不是我们同族的，必然不会与我们一条心。）楚国虽然也是一个大国，但是与我们不是同一个民族，难道楚国会真心帮助我们吗？鲁成公听了季文子的话，觉得很有道理，打消了原来的念头。此语原指不是同族的人，必定不能与我们团结一心。后也用作歧视和疏远其他民族的借口，或进行宗派活动的口实。举例 ①《晋书·江统传》："非我族类，其心必异，戎狄志态，不与华同。"② 朱自清《爱国诗》："一是忠于一朝，也就是忠于一姓……其次是对异族的同仇，所谓'非我族类，其心必异'。"③《清宫外史》下册："兵不厌诈，中外皆然；非我族类，其心必异，亦是中外皆然。"

非我族类 fēi wǒ zú lèi 同"非我族类，其心必异"。举例 ① 南朝梁·沈约《奏弹王源》："且非我族类，往哲格言。"② 章炳麟《狱中答新闻报》："逆胡羶虏，非我族类，不能变法当革，能变法亦当革。"

吠形吠声 fèi xíng fèi shēng

出处 汉·王符《潜夫论·贤难》："谚云：'一犬吠形，百犬吠声；一人传虚，万人传实。'"解说 吠：狗叫。形：人形；人影。原文大意是：一只狗看到陌生人的身影叫了起来，很多狗也跟着乱叫；从一个人口里传出没有根据的事情，很多人也跟着传播，这件事情就被当作真实的了。后用此语比喻不了解事情真相或自己没有主见，跟在别人后面随声附和，或仅据似是而非的迹象加以渲染。举例 ① 清·曾国荃《复吴竹庄》："来书言侧目者流大有吠形吠声之势，此必庸识碌碌无足数者。"② 林贤治《鲁迅的最后十年》："恐怖手段除了赤裸裸的暴力以外，还以不完全保密的办法，多少带有神秘主义的办法，散布一种令人捉摸不定的、难以名状的、吠形吠声的恐惧，使之渗透到国民中间，而不仅仅施之于敌对群体的成员之中。"

F

吠影吠声 fèi yǐng fèi shēng 同"吠形吠声"。举例 ① 鲁迅《书信集·致杨霁(jì)云》："叭儿们何尝知道什么是民族主义，又何尝想到民族，只要一吠有骨头吃，便吠影吠声了。"② 黄远生《最近之政局》："在我不过一时风影，而人则已吠影吠声。"

废书而叹 fèi shū ér tàn

出处《史记·孟子荀卿列传》："太史公曰：余读《孟子》书，至梁惠王问'何以利吾国'，未尝不废书而叹也。"解说 废书：指把书放下或收起。原文大意是：西汉史学家、太史令司马迁在读到《孟子》一书中谈及梁惠王问孟子"何以利吾国"时，因有所感而掩卷深思，连连叹息，不由得停止了读书。后用此语形容读书时，被书中的内容打动而深有感悟。举例 晋·潘岳《闲居赋》："岳尝读《汲黯(àn)传》，至司马安四至九卿，而良史书之，题以巧宦之目，未尝不慨然废书而叹。"

废书而泣 fèi shū ér qì 同"废书而叹"。举例《史记·乐毅列传》："太史公曰：'始齐之蒯(kuǎi)通及主父偃(yǎn)读乐毅之报燕王书，未尝不废书而泣也。'"

分崩离析 fēn bēng lí xī

出处《论语·季氏》。解说 分：分开；分裂。崩：崩溃；倒塌。离、析：离散；解体。春秋时，鲁国的贵族季孙氏为了扩大自己的势力，想吞并其封地费(bì)邑附近的小国颛臾(zhuān yú)。孔子反对季孙氏的做法，他说：治国不怕贫穷，不怕人口少，只怕百姓不得安居。如果没有战争，就不会发生危难，这样远方的人就会来归附。"既来之，则安之。今……远人不服而不能来也，邦分崩离析，而不能守也。而谋动干戈于邦内，吾恐季孙之忧，不在颛臾，而在萧墙之内也。"（既：已经。来之：使之来。安之：使之安。萧墙：庭院门前的照壁，指内部。大意是：既然招他们来归附，就要加以安抚，使他们能够安心住下来。现在远方的人不愿意来归顺，国家分崩离析而不能自守。这种情况下还要动用武力去攻打邻国，我担心季孙氏的忧患不在于邻国，而在于国内的矛盾。）后用此语形容国家、集团或组织四分五裂，不堪收拾。举例 ①《痛史》第十七回：“此时正是国家分崩离析之际，岂可听其闲居！”② 孙中山《中国国民党第一次全国代表大会宣言》：“此派之拟议，以为中国今日之大患，在于无法，苟能藉宪法以谋统一，则分崩离析之局，庶可收拾。”③ 毛泽东《和英国记者贝特兰的谈话》：“全国分崩离析的局面变成了比较团结的局面。”④《钟鼓楼》第六章：“但自从她十来岁以后，她那个大家庭便处于迅速地分崩离析、潦倒没落之中。”

F

分路扬镳 fēn lù yáng biāo

出处《北史·魏河间公齐传》。解说 镳：马嚼子。扬镳：扬起马嚼子，驱马向前。北魏时，官任洛阳京兆尹的元志依仗自己小有才能，又是皇亲，非常狂傲。有一天，元志乘车出行，途中与御史中尉李彪的车子相遇。由于街巷狭窄，只能一个车子让开道路，另一个车子先行。论官职高低，元志理应给李彪让路，可是元志坚持不让路。两个人互不服气，竟然吵到了孝文帝面前。孝文帝听了他们各自的陈述，不愿意直接评论谁是谁非，而是微笑着调解说：“洛阳我之丰沛，自应分路扬镳。自今以后，可分路而行。”（大意是：洛阳是我的京城，你们从今以后再相遇，可以分路扬镳而行。）元志和李彪从皇宫出来后，就用尺子丈量道路，各走半边。后用此语比喻因志趣、观点等不同，各自走上不同的道路。也比喻双方才力相当。举例 ①《隋书·文学传序》：“徐陵、庾信，分路扬镳。”②《南史·裴子野传》：“兰陵萧琛（chēn）言其评论可与《过秦》《王命》分路扬镳。”

分道扬镳 fēn dào yáng biāo 同“分路扬镳”。举例 ①《民国通俗演义》第五十九回：“云南护国三大军，次第组成。除唐督（继尧）留守外，第一军总司令蔡锷（è），先向四川进发，第二军总司令李烈钧，亦向广西进发，分道扬镳，为国效力去了。”② 闻一多《文艺与爱国——纪念三月十八日》：“他们原来是一种精神的两种表现。在表现上两种运动一向是分道扬镳的。”③ 郭沫若《海涛集·涂家埠》：“于是我们的交情便进入了一境，由‘貌合神离’再变为‘分道扬镳’了。”④ 顾笑言等《李宗仁归来》第三章：“这一夜，李宗仁一直没有合眼……一个与其（蒋介石）分道扬镳的腹案，渐渐形成。”

扬镳分路 yáng biāo fēn lù 同“分路扬镳”。举例 唐·颜师古《〈汉书〉叙例》：“六艺残缺，莫睹全文，各自名家，扬镳分路。”

分桃 fēn táo

出处《韩非子·说难》。解说 弥子瑕是春秋时卫国的一个美男子，卫灵公任命他为大夫，两个人关系极其亲昵。有一天，卫灵公与弥子瑕一同到果园游玩。弥子瑕摘下一个熟透的大桃子，咬了几口，觉得非常好吃，就把剩下的半个桃子递给了卫灵公。卫灵公一边吃，一边夸奖弥子瑕有爱我之心，自己觉得味美的桃子舍不得吃，把它让给君王。后用此语指帝王宠爱男色。参见179页“断袖”。举例 ① 南朝梁·沈约《忏悔文》：“分桃断袖，亦足称多。”② 清·钮琇《觚賸(gū shèng)·姜郎》：“时有十八公，风流荣达，心倾于琇。婉转致之门下，分桃断袖，莫逾其宠。”

F

分庭抗礼 fēn tíng kàng lǐ

出处《庄子·渔父》。解说 庭：庭院。分庭：分别站在庭院的两边。抗礼：行平等的礼。据说春秋时，孔子有一天在郊外遇到一个言语不俗的老渔父。孔子十分谦恭地向渔父求教，而渔父始终爱答不理的，态度很冷淡。等渔父走后，孔子的弟子子路不解地问：我跟随老师多年，还是第一次看见您这样待人。“万乘之主，千乘之君，见夫子未尝不分庭伉(kàng)礼。”（伉：对等；相当。大意是：君王或诸侯见了您无不分庭抗礼，以平等的礼节相待。）今天这个渔父如此傲慢，您却对他礼貌周到，是不是有点儿过分了？孔子答道：遇年长的人不敬是失礼，见贤人不尊是不仁，不仁不爱是产生祸患的根源。这位渔父是懂得大道理的贤者，我怎么能不恭恭敬敬地对待他呢？古代宾主相见，一般要分站在庭院的两边相对行礼，以示平等。此语原指以平等的地位相待。后比喻平起平坐，彼此对等可以抗衡。也比喻双方互相对立。举例 ①《儒林外史》第十七回：“忙了几日，匡超人又进城去谢知县。知县此番便和他分庭抗礼，留着吃了酒饭，叫他拜做老师。”② 郭沫若《洪波曲》第八章：“一位墨家巨子真真正正地和孔门圣人分庭抗礼起来了。”③《围城》八：“就像辛眉罢，承他瞧得起，把自己当朋友，可是他也一步步高上去，自己要仰攀他，不比从前那样分庭抗礼了。”

焚笔砚 fén bǐ yàn

出处《晋书·陆机传》。解说 焚：烧毁。笔砚：毛笔和砚台。陆机是西晋文学家，文才俊逸，辞藻宏丽。文学家张华称誉说：“人之为文，常恨才少，而子更患其多。”（大意是：别人做文章，常恨自己文才少，而你却嫌自己文才多得用不完。）他的弟弟陆云写信说：“君苗见兄文，辄欲烧其笔砚。”（大意是：有一个叫崔苗的文人读了您的文章自愧不如，竟然想把他的笔砚烧掉。）后用此语称赞他人诗文高妙，自愧不如，用于自谦。也指不再写作或著述。举例 ① 宋·刘道醇《五代名画补遗》：“(杨)惠之遂都焚笔砚毅然发奋，专肆塑作，能夺僧(张)繇(yáo)画相，乃与(吴)道子争衡。”② 钱锺书《吴宓(mì)日记·序言》:“弄笔取快,不意使先师伤心如此,罪不可逭(huàn),真当焚笔砚矣!”

笔砚焚 bǐ yàn fén 同“焚笔砚”。举例 唐·张贲(bì)《酬袭美先见寄倒来韵》:“近年已绝诗书癖,今日兼将笔砚焚。”

焚砚 fén yàn 同“焚笔砚”。举例 清·叶燮(xiè)《叠韵答学山侄》:“生涯陇畔驱黄犊,焚砚何心赋补亡?”

君苗砚焚 jūn miáo yàn fén 同“焚笔砚”。举例 清·黄景仁《送余伯扶之太原序》:“嗟(jiē)乎!君苗砚焚,江淹才尽,壮志已消乎十载,虚名谁托乎千秋?”

焚研 fén yán 同“焚笔砚”。举例 唐·陆龟蒙、皮日休《开元寺楼看雨联句》:“接思强挥毫,窥词几焚研。”

F

焚膏继晷 fén gāo jì guǐ

出处 唐·韩愈《进学解》:“焚膏油以继晷,恒兀兀以穷年。”解说 焚:烧。膏:油脂,指灯油、灯烛。继:继续;接替。晷:日影,指白天。兀兀:形容刻苦用功的样子。原文描述了唐代著名文学家韩愈勤于治学的精神,大意是:点燃起灯烛直到天明,终年如一日辛勤苦学。后用此语形容夜以继日地勤奋学习或工作。举例 ①清·张潮《虞初新志·三侬赘人广自序》:“相传文人目多眚(shěng 眼病),归咎读书,焚膏继晷,以致损明。”②清·纪昀《阅微草堂笔记·滦阳消夏录一》:“世儒于此十三部,或焚膏继晷,钻仰终身,或锻炼苛求,百端掊(pǒu)击,亦各因其性识之所根耳。”③李健海《“匆促”不得》:“即使是应社会之急需,书的著、编、译者也该焚膏继晷,争分夺秒地工作,以化‘匆促’为充裕,化‘急就章’为深思篇,避免那些可以避免的错误,使书的质量更高些。”

焚书坑儒 fén shū kēng rú

出处《史记·秦始皇本纪》。解说 焚:烧。坑:挖坑把人活埋。儒:指书生。秦代初年,许多读书人经常聚集在一起引用古书上的观点抨击当时的暴政。秦始皇为了巩固封建统治,采纳丞相李斯的建议,下令把民间所藏的书籍,除了医药、卜筮(shì)、种树之类外,其他一律烧毁。第二年,卢生、侯生等儒生未能给秦始皇寻求到长生不老仙药而逃走,并且散布对时政的不满。秦始皇大怒,将与其有牵连的四百六十多人在咸阳全部活埋。这段史实被称为“焚书坑儒”。后用此语指极端的文化专制行为,也泛指统治者对文化或知识分子的摧残。举例 ①汉·孔安国《尚书序》:“及秦始皇灭先代典籍，焚书坑儒，天下学士逃难解散。”② 邹韬奋《思想犯罪》：“在我国历史上，压迫思想的模范人物殆莫善于焚书坑儒的秦始皇。”③ 周恩来《论中国的法西斯主义——新专制主义》：“焚书坑儒，荼(tú)毒青年，威逼利诱，斫(zhuó)丧人格。”④《红旗谱》四十二：“满清入主中原，焚书坑儒多少次，杀了民族思想的人。”

焚坑 fén kēng 同“焚书坑儒”。举例 宋·朱熹《答刘子澄》：“盖世俗啾(jiū)喧，自其常态，正使能致焚坑之祸，亦何足道。”

焚诗书 fén shī shū 同“焚书坑儒”。举例 宋·张耒(lěi)《冬日放言》：“秦人焚诗书，意欲遂绝灭。”

秦火 qín huǒ 同“焚书坑儒”。举例 ① 唐·李商隐《楚宫》：“歌成犹未唱，秦火入夷陵。”② 瞿秋白《赤都心史》：“心与智不调，请寻一桃源，避此秦火。”③ 孙犁《幻华室藏书记序》：“文化之劫，百倍秦火。余所藏者，新书、小说及易出手卖钱者，荡然无存。”

秦灰 qín huī 同“秦火”。举例 唐·刘禹锡《松滋渡望硖中》：“梦渚(zhǔ)草长迷楚望，夷陵土黑有秦灰。”

奋不顾身 fèn bù gù shēn

出处 汉·司马迁《报任安书》。解说 奋：奋勇；振作。顾：考虑。李陵是西汉武帝时的名将，擅长骑射，又懂得兵法，被任命为骑都尉，率军出塞迎击匈奴。在一次战斗中，李陵因寡不敌众而被俘，无奈之下投降了匈奴。参见 317 页“救死扶伤”。汉武帝对此大为气恼，朝中大臣也纷纷指责李陵没有骨气。太史令司马迁却说：我与李陵一向没什么交情，但我知道他为人讲义气，孝顺父母，关心兵士。他“常思奋不顾身，以殉国家之急”。(大意是：常常想奋不顾身，去解救国家的危难。)我认为，李陵这次在领兵不到五千的情况下，与数万名敌兵对阵，最后伤亡惨重，没有援兵，粮食已尽，归路又遭切断，被迫投降，情有可原。他这次投降，绝非贪生，一定是想等待有利时机再来报效国家。虽然司马迁说得在情在理，但是汉武帝却认为他替李陵辩解，是非不分，将他关进监狱。司马迁后来惨遭腐刑(即宫刑，割除生殖器官)。汉武帝盛怒之下还杀死了李陵全家老小。李陵得知后极其痛心，在匈奴又娶妻成家，至死未回故土，也没有能够实现其为国捐躯的愿望。后用此语形容奋勇向前，不顾个人安危。举例 ①《三国演义》第六回：“今我奋不顾身，亲冒矢石，来决死战者：上为国家讨贼，下为将军家门之私。”②《民国演义》第一一五回：“部下弟子，虽不敢谓久经训练，有勇知方，惟大义所在，却是奋不顾身。”③《牡丹》六：“她们都是英勇的，高尚的，奋不顾身的。”

风马牛不相及 fēng mǎ niú bù xiāng jí

出处《左传·僖(xī)公四年》。解说 风：奔逸；走失。及：到；达到。春秋时，齐桓(huán)公率领鲁、宋、陈、卫、郑、许、曹等国联军攻打蔡国获胜后，继续南下讨伐楚国。楚国国君派使臣责问齐桓公说："君处北海，寡人处南海，唯是风马牛不相及也。不虞君之涉吾地也，何故？"(不虞：意料不到。涉：到；来到。大意是：你们住在北方，我们住在南方，齐、楚两国相隔遥远，风马牛不相及，向来没有什么冲突，没有料到你们现在竟然派兵来攻打我们，这是为什么呢？)此语原指两国中间隔得很远，即使牛马顺风跑失，也不会跑到对方的境内去。另有一说，"风"指兽类雌雄相诱。马与牛不是同类，不可能交配。还有一说，马喜欢逆风奔跑，牛却喜欢顺风奔跑。吹北风时马向北跑而牛向南跑，吹南风时马向南跑而牛向北跑，方向恰恰相反。比喻由于距离遥远，两国之间来往较少，不可能存在什么根本的利害冲突。后用此语形容人或事物彼此之间毫无关系。举例 ① 宋·杨万里《新喻知县刘公墓表》："士大夫儋(dān)爵赋禄，任民之安危福祸而漠然，塞耳关口，视若风马牛不相及。"②《好逑传》第十四回："我在陌路中，亏他救了，事已奇了，还说是事有凑巧；怎么爹爹贬谪(zhé)边庭，与他风马牛不相及，又无意中为他救了，不更奇了！"③ 邹韬奋《揭穿妨害民主政治的几种论调》："其实民主政治与'散漫无政府状态'是风马牛不相及，乃是一种极寻常的常识。"④ 郭沫若《百花齐放·杜鹃花》："咱们彼此其实没有丝毫关联，望帝和杜鹃也风马牛不相及。"

风牛马不相及 fēng niú mǎ bù xiāng jí 同"风马牛不相及"。举例 梁启超《天演学初祖达尔文之学说及其传略》："夫孰知兰之生产，与彼风牛马不相及之猫，有此若大关系乎？"

风马牛不相干 fēng mǎ niú bù xiāng gān 同"风马牛不相及"。举例 ①《老残游记续集遗稿》第九回："你想那阳间的丈夫，自己先不成个人，连他父母听说也做了野鬼，都得不着他的一点祭祀，况夫妻情义，更如风马牛不相干了。"②《万花楼》第十二回："我与他风马牛不相干，不知他为何生心害我？"

风马牛 fēng mǎ niú 同"风马牛不相及"。举例 ① 宋·陆游《天气作雪戏作》："八十又过二，与人风马牛。"②《歧路灯》第五十四回："但弟之所疑者，一个旧家子弟，如何强盗亦知乳名？这便难说是风马牛了。"③ 鲁迅《热风·反对含泪的批评家》："至于释迦牟尼，可更与文艺界风马牛了。"④ 余秋雨《霜冷长河·氢弹的部件》："别人读起来很顺溜，唯独在被评论者心中是风马牛。"

马牛其风 mǎ niú qí fēng 同"风马牛不相及"。举例《花月痕》第十五回："我却不信你们两个通是马牛其风，不言而喻呢。”

牛马风 niú mǎ fēng 同“风马牛不相及”。举例 宋·杨万里《和张寺丞功父八绝句》之八：“一生海内金石友，万事人间牛马风。”

牛马风遥 niú mǎ fēng yáo 同“风马牛不相及”。举例 明·汤显祖《牡丹亭·硬拷》：“你岭南，吾蜀中，牛马风遥。”

逸马风牛 yì mǎ fēng niú 同“风马牛不相及”。举例 金·赵秉文《南园》：“逸马风牛春雨草，荒天老地夕阳山。”

风马逸 fēng mǎ yì 同“风马牛不相及”。举例 宋·苏颂《登雄州城楼》：“斥堠人间风马逸，朝廷恩广使轺(yáo)通。”

南海北海 nán hǎi běi hǎi 同“风马牛不相及”。举例 金·元好问《南湖先生雪景乘骡(léi)图》：“东家西家不相从，南海北海不相逢。”

风声鹤唳 fēng shēng hè lì

出处《晋书·谢玄传》：“闻风声鹤唳，皆以为王师已至。”解说 唳：鹤叫声。东晋和十六国时，前秦王苻(fú)坚率领百万大军进攻东晋企图称霸天下，东晋统帅谢玄施巧计于“淝水之战”，取得重大胜利，秦军兵败如山倒，在溃退途中丢弃大量兵器和盔甲，一片混乱，自相践踏而死的不计其数。那些侥幸逃脱晋军追击的士兵，一路上听到呼呼的风声和鹤的鸣叫声，以为晋军又追来了，于是不顾白天黑夜，拼命奔逃。此语原指把风的响声、鹤的叫声，都当做敌人的呼喊声，疑心是追兵来了。形容人在极度害怕时，听到一点儿声音就感到非常紧张恐慌或自相惊扰。参见107页“草木皆兵”，108页“草行露宿”。举例 ①宋·李曾伯《醉蓬莱·癸丑寿吕马帅》：“见说棋边，风声鹤唳，胆落胡虏。”②《出奔》：“直到后来，听到了那些风声鹤唳的传说，见到了举室仓皇的不安状态。”③郑振铎《黄公俊之最后》：“那繁华的省会，是风声鹤唳，一日数惊。”

风声鹤唳，草木皆兵 fēng shēng hè lì, cǎo mù jiē bīng 同“风声鹤唳”。举例 ①《孽海花》第二十五回：“我听了这话，心里觉得梦兆不祥，也和理翁的见解一样，大有‘风声鹤唳，草木皆兵’之感。”②《民国通俗演义》第二回：“接连是广西独立、安徽独立、广东独立、福建独立，风声鹤唳，草木皆兵。”

风声鹤唳，草木皆妖 fēng shēng hè lì, cǎo mù jiē yāo 同“风声鹤唳”。举例《红楼梦》第一〇二回：“贾珍方好，贾蓉等相继而病。如此接连数月，闹的两府俱怕。从此风声鹤唳，草木皆妖。”

鹤唳风声 hè lì fēng shēng 同“风声鹤唳”。举例 ①宋·朱熹《次子有闻捷韵》:"莫烦王旅追穷寇,鹤唳风声尽好音。"②《花月痕》第二十七回:"鹤唳风声,天寒日短,我倒像那隋炀帝,汲汲顾景哩!"

风鹤 fēng hè 同"风声鹤唳"。举例 宋·杨万里《宋故左丞相节度使雍国公赠太师谥(shì)忠肃虞公神道碑》:"风鹤弗鸣,彼自震惊;草木弗兵,彼自割烹。"

鹤唳 hè lì 同"风声鹤唳"。举例 唐·刘禹锡《赠澧(lǐ)州高大夫司马霞寓》:"残兵疑鹤唳,空垒辨乌声。"

风烛 fēng zhú

出处《古辞〈怨诗行〉》:"天德悠且长,人命一何促。百年未几时,奄若风烛吹。"解说 在风中摇晃的点燃的蜡烛,很容易熄灭。此语形容老年人所剩的日子不多了,随时会死去,也比喻人到晚年。举例 晋·王羲(xī)之《题卫夫人笔阵图后》:"时年五十有三,或恐风烛奄及,聊遗教于子孙耳。"

风烛残年 fēng zhú cán nián 同"风烛"。残年:残剩的年月。举例 ①《儿女英雄传》第二十一回:"再说设或生个不肖之子,慢讲得济,只这风烛残年,没的倒得眼泪倒回去,望肚子里流。"②《四世同堂》六:"有许多像祁(qí)老者的老人,希望在太平中度过风烛残年,而侵略者的枪炮打碎了他们的希望。"

冯妇 féng fù

出处《孟子·尽心下》。解说 春秋时,晋国有一个勇敢的猎人名叫冯妇,善于打虎,后来发誓永不杀生,要做一个积德向善的儒雅之士,于是不再打猎了。有一次,他驾车到野外闲游,看见一群人手持刀枪、棍棒等在追一只老虎,他们把老虎逼到山崖之下,但是谁也不敢接近它。人们见昔日的打虎英雄经过此地,纷纷请他出手相助。冯妇一时技痒,便跳下车,捋起衣袖,上前与老虎搏斗。有的人知道了这件事,取笑冯妇出尔反尔,旧习难改。后用此语称勇敢或凶狠的人。举例 ① 宋·黄庭坚《乙未移舟出》:"刘郎弓石八,猛气厌冯妇。"② 清·林昌彝《市价行》:"贫民如瘦羊,商贾如饿虎。长官如冯妇,攘臂面如土。"

又做冯妇 yòu zuò féng fù 见"冯妇"。比喻重操旧业。举例《镜花缘》第五十一回:"愚姐久已心灰,何必又做冯妇?"

一作冯妇 yī zuò féng fù 同"又做冯妇"。举例《聊斋志异·某乙》:"邑西某乙,故梁上君子也。其妻深以为惧,屡劝止之;乙遂翻然自改。居二三年,贫窭(jù)不能自堪,思欲一作冯妇而后已。"

再作冯妇 zài zuò féng fù 同“又做冯妇”。举例 ① 鲁迅《而已集·反“漫谈”》:“曾经有位总长,听说,他的出来就职,是因为某公司要来立案,表决时可以多一个赞成者,所以再作冯妇的。”②《李自成》第三卷八章:“今子政之所以不欲再作冯妇者,只是对朝政早已看穿。”

再当冯妇 zài dāng féng fù 同“又做冯妇”。举例 郭沫若《洪波曲》第三章:“时局在大动荡,我的心境在别种意义上也在大动荡。我自己实在是不愿意再当冯妇。”

冯妇搏虎 féng fù bó hǔ 见“冯妇”。比喻英勇无畏,敢与强敌拼搏;或形容尚武好斗,喜欢动用武力。举例 宋·范祖禹《唐鉴》:“(唐太宗)治安既久,不能深居高拱,犹思所以逞志,扼腕踊跃,喜于用兵,如冯妇搏虎,不能自止。”

F

搏虎 bó hǔ 同“冯妇搏虎”。举例 柳亚子《有怀章太炎邹威丹两先生狱中》:“泣麟悲凤佯狂客,搏虎屠龙革命军。”

下车冯妇 xià chē féng fù 见“冯妇”。指重操旧业的人。举例《儿女英雄传》第三十三回:“我家虽不宽裕,也还可以勉强温饱,都因我无端的官兴发作,几乎弄得家破人亡;还仗天祖之灵,才幸而作了个‘失马塞翁’,如今要再去学那‘下车冯妇’,也就似乎大可不必了!”

冯唐易老 féng táng yì lǎo

出处《史记·张释之冯唐列传》。解说 冯唐是西汉时人,以仁孝而闻名,为人正直无私。文帝时,冯唐为郎官,后因进谏有功,被任为车骑都尉。景帝时,冯唐被拜为楚相,不久即罢免。武帝即位后广求人才,有人推荐冯唐,但他已经九十多岁,无法再做官了。冯唐一生经历了三个皇帝,却始终没有机会施展自己的才能和抱负。后用此语指生不逢时或时运不济。也表示年事已高或身体衰老,难再有所作为。举例 ① 唐·王勃《秋日登洪府滕王阁饯别序》:“嗟(jiē)乎!时运不齐,命运多舛(chuǎn),冯唐易老,李广难封。”② 明·童轩《暮春舟中感怀》:“潘岳多情愁鬓短,冯唐易老壮心违。”③ 元·吴景奎《寄苏伯夔(kuí)诗》:“冯唐易老双蓬鬓,般浩难投一纸书。”

冯唐老 féng táng lǎo 同“冯唐易老”。举例 宋·王禹偁(chēng)《送直馆高正言转运荆湖》:“官曹寂寞冯唐老,多羡乘轺(yáo)泽国行。”

老冯唐 lǎo féng táng 同“冯唐易老”。举例 宋·陆游《北窗闲咏》:“夜出灞亭虽跌宕,也胜归作老冯唐。”

冯唐 féng táng 同“冯唐易老”。举例 唐·王勃《送白七序》:“同人者少,方见阮籍之眼青;知我者稀,不学冯唐之首白。”

白首不见招 bái shǒu bù jiàn zhāo 同“冯唐易老”。举例 晋·左思《咏史》之二：“冯公岂不伟，白首不见招。”

冯谖弹铗 féng xuān tán jiá

出处《战国策·齐策四》。解说 弹：指用手敲击。铗：剑；剑柄。战国时，齐国人冯谖家里贫穷，于是投靠齐国国相孟尝君作门客。冯谖刚来时，孟尝君不了解他有什么才能，给的待遇较差。冯谖住了几天，就倚着房柱，用手弹着剑柄唱道：“长铗归来乎！食无鱼。”（大意是：长剑啊，我们回去吧！吃饭时没有鱼。）孟尝君知道后，让左右的人提高了冯谖的饮食待遇。谁知过了几天，冯谖又弹着剑柄抱怨说：“长铗归来乎！出无车。”（大意是：长剑啊，我们回去吧！出门时没有车。）孟尝君又让人配备车马，满足了他的愿望。由于孟尝君礼待冯谖，当他有难时，冯谖为其预先谋划了退路，使他得以保全。此语原指自信才华出众，不甘居于下等地位，要求提高待遇。比喻有才华的人暂处困境，寄人篱下。也比喻怀才不遇，心中郁闷。参见 528 页“三窟”。举例 ① 唐·骆宾王《上齐州张司马启》：“薛邑闻歌，揖冯谖于弹铗；夷门命驾，顾侯嬴于抱关。”② 清·尤侗《放歌五首》之一：“冯谖弹铗不见听，祢（mí）衡怀刺谁能投！”③ 王朝闻《互相尊重》：“前些时，陈西君托人送来两块内蒙硅化石，因我当时忙于别的事情而受到冷落。这几天它突然出现了冯谖弹铗式的现象，我仿佛听到它们在弹铗而唱‘食无鱼’。”

弹铗 tán jiá 同“冯谖弹铗”。举例 ① 清·孔尚任《桃花扇·孤吟》：“人不见，烟已昏，击筑弹铗与谁论？”② 柳亚子《感事呈毛主席》：“夺席谈经非五鹿，无车弹铗怨冯谖。”

弹铗无鱼 tán jiá wú yú 同“冯谖弹铗”。举例 明·杨珽（tǐng）《龙膏记·邂逅》：“料不为弹铗无鱼，只苦是文园消减。”

弹剑 tán jiàn 同“冯谖弹铗”。举例 宋·郭祥正《上赵司谏》：“弹剑思经纶，悲歌负阳春。”

食无鱼 shí wú yú 同“冯谖弹铗”。举例 ① 宋·韦骧（xiāng）《途中寄县斋诸士子》：“花发蒙亭画景舒，浩歌应叹食无鱼。”② 清·曹寅《饮椿下》：“前时旧宾客，恒叹食无鱼。”

叹无鱼 tàn wú yú 同“冯谖弹铗”。举例 宋·李之仪《次韵见怀》：“闻道江楼巢已稳，未应长铗叹无鱼。”

出无车 chū wú chē 同“冯谖弹铗”。举例 唐·高适《行路难》：“东邻少年安所知，席门穷巷出无车。”

凤凰池 fèng huáng chí

出处《晋书·荀勖(xù)传》。解说 荀勖是魏晋时人,出身官僚世家。他为人小心谨慎,善于逢迎,多年担任帝王的近臣。后来,荀勖由中书监令调任尚书令,虽然尚书令相当于宰相,官职比中书监令要高一些,但荀勖并不高兴。在他看来,中书省的职位更接近皇帝,易得宠幸,又是决策机关,而尚书省不过是执行机关,这一调动未免明升暗降。正在荀勖怅然若失之时,偏偏有一些不知趣的人以为他高升了而来巴结、道贺。荀勖满脸不高兴地说:“夺我凤凰池,诸君贺我邪(耶)?”(凤凰池:古代称皇家禁苑中的水池。由于中书省的职责是为皇帝掌管机要和发布政令,故这里作为中书省的代称。大意是:我进入凤凰池即中书省的权力已经被剥夺了,你们几个还向我贺什么喜呀?)后用此语泛指宰相或接近皇帝的显贵、机要官职。也用于一种砚台的名称。举例 ① 唐·刘禹锡《湖南观察使故相国袁公挽歌》:“五驱龙虎节,一入凤凰池。”② 宋·米芾(fú)《砚史·样品》:“余尝以紫石作之,有上圆下方,于圆钝上刊两窍置笔者,有如凤字两足者,独此甚多,所谓凤凰池也。”③ 明·李梦阳《忆何子》:“凤凰池上草,春到为谁生?”

凤池 fèng chí 同“凤凰池”。举例 ① 唐·张说《崔司业挽歌二首》之二:“凤池伤旧草,麟史泣遗编。”② 宋·柳永《望海潮》:“异日图将好景,归去凤池夸。”

凤毛 fèng máo

出处《南齐书·谢超宗传》。解说 凤毛:凤凰的羽毛。南北朝时著名文学家谢灵运的孙子谢超宗,聪敏好学,文章写得好,曾官任宋武帝刘裕的第八子新安王刘子鸾的常侍,负责撰写王府中的重要文告、函件等。新安王的母亲殷淑仪逝世,谢超宗奉命写了一篇悼念的祭文,武帝读后大加赞赏说:“超宗殊有凤毛,恐灵运复出!”(大意是:谢超宗确实才华出众,好比凤凰毛,简直就是另一个谢灵运诞生了!)凤凰是传说中的神鸟,凤凰的羽毛极其珍贵,故用此语比喻不可多得的人或事物,也比喻人能够继承父祖遗风。举例 ① 唐·杜甫《奉和贾至舍人早朝大明宫》:“欲知世掌丝纶美,池上于今有凤毛。”② 明·王世贞《送顾舍人使金陵还松江》:“汝岂因鲈脍(kuài),吾曾识凤毛。”

凤皇毛 fèng huáng máo 同“凤毛”。凤皇:同“凤凰”。举例 唐·元稹《寄赠薛涛》:“言语巧偷鹦鹉舌,文章分得凤皇毛。”

凤毛麟角 fèng máo lín jiǎo 同“凤毛”“麟角”。举例 ① 明·汪廷讷(nè)《种玉

记·尚主》:“驸马是凤毛麟角,公主是玉叶金枝。”②《红旗谱》二十:“江涛果然考上第二师范,贾老师说:‘全县只考上你一个,无论如何是凤毛麟角!’”③《阴错阳差》九:“一位丹麦物理学家对她说:‘学物理太难了,我们的物理学家太少,女物理学家更是凤毛麟角。’”

奉公如法 fèng gōng rú fǎ

出处《史记·廉颇蔺相如列传》。解说 奉:奉行;遵守。公:公务。战国时,赵国的赵奢曾担任田部吏(主管土地、租税的官),秉公执法,不留情面。大贵族平原君赵胜的家臣依仗权势,拒绝缴纳租税,接连有九个管家遭到赵奢的严肃惩治。平原君知道后大怒,准备派人去杀死赵奢。赵奢毫不畏惧,从容不迫地面见平原君说:您身为赵国的公子,竟然纵容家臣抗缴租税,无视国法,这样只能使法律削弱,国家衰败,到那时只怕连您也保不住富贵。“以君之贵,奉公如法则上下平,上下平则国强,国强则赵固,而君为贵戚,岂轻于天下邪(耶)?”(大意是:以您现在的尊贵地位,如果能够带头奉公守法,使得上下公平,国家就会强盛,赵家的江山就会稳固,您作为皇亲国戚,怎么能不多考虑考虑国家的利益呢?)平原君听了赵奢这番话,惭愧万分,向他表示歉意。平原君又把赵奢推荐给赵王,使他得到了重用。此语指按照国家规定的法律办事,不徇私情。举例 元·无名氏《延安府》第一折:“想俺为这官的,都只要奉公如法也呵。”

奉公守法 fèng gōng shǒu fǎ 同“奉公如法”。举例 ①《封神榜》第八十三回:“臣镇山东四十载,严守边庭教化军民。奉公守法尽其臣道,忘其家,昼夜勤劳秉忠心。”②《扇陀》:“凡生长到这个小国中的人民……人人自尊自爱,奉公守法,勤俭耐劳,诚实大方。”③ 欧阳予倩《屏风后》:“会长在与不在,他们各位都是奉公守法,丝毫不苟的。”

佛头著粪 fó tóu zhuó fèn

出处 宋·释道元《景德传灯录·如会禅师》。解说 著:接触;附着,后写作“着”。宋代的某一天,有一个姓崔的相公来到寺院游玩,看见有鸟雀落在佛像的头上,并遗下粪便,于是就问寺内的如会禅师:“鸟雀可有佛性吗?”禅师答道:“有。”崔相公又问:“那么它为什么要在佛头上遗粪便呢?”禅师答道:“正因为它有佛性,所以不在鹞子的头上遗粪便。”鹞子是一种猛禽,像老鹰。如会禅师的意思是说,佛性慈善,在他头上遗粪也不计较,而凶猛的鹞子就不是这样了。后用此语比喻美好的事物被玷污或亵渎，或在好东西上添加不好的东西。举例 ① 鲁迅《且介亭杂文·病后杂谈之余》："今人标点古书而古书亡，因为他们乱点一通，佛头著粪，这是古书的水火兵虫以外的三大厄。"② 苏曼殊《与高天梅论文学书》："拙诗亦见录存，不亦佛头著粪耶？"

佛头着粪 fó tóu zhuó fèn 同"佛头著粪"。举例《二十年目睹之怪现状》第四十回："香奁体我作不来，并且有他的珠玉在前，我何敢去佛头着粪。"

佛头加秽 fó tóu jiā huì 同"佛头著粪"。举例《歧路灯》第七十一回："我每日簿书案牍，荒于笔墨，怎敢佛头加秽。"

F

浮以大白 fú yǐ dà bái

出处《说苑·善说》："饮不釂(jiào)者，浮以大白。"解说 浮：旧时指行酒令罚酒。白：指酒杯。釂：喝干杯中的酒，即干杯。大白：指满满一大杯酒。原文是战国时魏国国君魏文侯在一次酒宴上说的话，大意是：如果谁不跟大家一起干杯，就罚他喝一大杯酒。此语原指罚酒一大杯，后指喝干一大杯酒，或开怀畅饮。举例 明·马愈《马氏日抄·破靴令》："予有隐语，乞诸君射之，不中浮以大白。"

浮一大白 fú yī dà bái 同"浮以大白"。举例 ① 清·张潮《虞初新志·补张灵崔莹合传》："一日，(张)灵独坐读《刘伶传》，命童子进酒，屡读屡叫绝，辄拍案浮一大白。"②《李自成》第一卷十一章："'如此好诗，真可浮一大白。'左右的随从们都熟知他的脾气，立刻拿出来一壶新丰名酒和一只大杯子放在他的面前，并替他斟满杯子。"③ 秦牧《幻想的彩翼》："当我在剧场里看到杜十娘的鬼魂、敫(jiǎo)桂英的鬼魂怎样冉冉飘荡，活捉仇人的时候，明知那是荒诞虚构的，不是仍按捺不住一种如浮一大白的痛快之感吗？"

大白相浮 dà bái xiāng fú 同"浮以大白"。举例 宋·苏轼《次韵王忠玉游虎丘》之一："当年大白此相浮，老宋娱宾得二丘。"

浮大白 fú dà bái 同"浮以大白"。举例 宋·司马光《昔别赠宋复古张景淳》："须穷今日欢，快意浮大白。"

浮白 fú bái 同"浮以大白"。举例 ① 明·陈汝元《金莲记·郊遇》："愿浮白以叙交情，且来青而谭别意。"② 清·和邦额《夜谭随录·梁生》："汪(生)志得意满，浮白数觥(gōng)，谓：'诸君何福，得遇仙子！'"

负薪之忧 fù xīn zhī yōu

出处《礼记·曲礼下》："君使士射，不能，则辞以疾，言曰：'某有负薪之忧。'"

唐·孔颖达疏:"不直云疾而云负薪者,若直云疾,则似怠慢。故陈疾之所由,明非假也。"解说 负:用肩担。薪:木柴;柴草。忧:辛劳。士:士民;下层贵族。疾:疾病。原文大意是:君王命令士弯弓射箭,士因患病而无力射箭或不愿意射箭,就推辞说:"我从山上往下背柴太疲倦了,体力还没有恢复。"为了避免对君王不恭敬,士不直接说自己患病。到山上打柴、背柴本来是普通百姓的日常劳作,士这样说是有意降低身份,以示谦恭。后用此语作为自称有病的婉辞。参见104页"采薪之忧"。举例 唐·刘禹锡《论中》:"刘子闲居,有负薪之忧,食精良弗知其旨,血气交沴,炀然焚如。"

负薪之病 fù xīn zhī bìng 同"负薪之忧"。举例《史记·平津侯主父列传》:"臣弘行能不足以称,素有负薪之病,恐先狗马填沟壑,终无以报德塞责。"

负薪之疾 fù xīn zhī jí 同"负薪之忧"。举例 ① 宋·苏洵《上皇帝书》:"臣不幸有负薪之疾,不能奔走道路,以副陛下搜扬之心。"② 宋·张孝祥《王枢密》:"属有负薪之疾,未修敛版之恭,敢彻书函,冒干齐斧。"

富贵浮云 fù guì fú yún

出处《论语·述而》。解说 有一次,孔子与他的弟子们讨论什么是人生的真正快乐。孔子说:吃粗茶淡饭,喝冷水,枕着胳膊睡觉,有的人认为这是贫困的生活,我却不这样看,认为真正的快乐就在其中。"不义而富且贵,于我如浮云。"(大意是:做不道义的事而得来的富贵,在我看来就像飘在天上的云朵一样。)后用此语比喻功名利禄变化无常,像浮云一样轻飘而不足为重,表示不为钱财和地位动心。举例 ① 金·元好问《赵元德御史之兄七秩之寿》:"富贵浮云世态新,典刑依旧老成人。"②《老残游记》第三回:"先生本是科第世家,为甚不在功名上讲求,却操此冷业,虽说富贵浮云,未免太高尚了罢!"

浮云富贵 fú yún fù guì 同"富贵浮云"。举例 ① 宋·张孝祥《醉蓬莱·为老人寿》:"问人间荣事,海内高名,似今难比?脱屣归来,眇(miǎo)浮云富贵。"②《老残游记》第六回:"自己一生契重名士,以为无不可招致之人,今日竟遇着一个铁君,真是浮云富贵。"

富贵如浮云 fù guì rú fú yún 同"富贵浮云"。举例 唐·白居易《册赠刘总太尉文》:"顾妻子若脱履,等富贵如浮云。"

富贵等浮云 fù guì děng fú yún 同"富贵浮云"。举例 唐·杜甫《狂歌行赠四兄》:"兄将富贵等浮云,弟切功名好权势。"

富贵浮云轻 fù guì fú yún qīng 同"富贵浮云"。举例 宋·范成大《镇东行送汤丞相》:"十年勋业泰山重,五鼎富贵浮云轻。"

等浮云 děng fú yún 同“富贵浮云”。举例 宋·苏轼《别东武流杯》：“莫笑官居如传舍，故应人世等浮云。”

腹稿 fù gǎo

出处《新唐书·王勃传》。解说 王勃是唐代初年的文学家，“初唐四杰”之一。他从小聪明过人，七岁能写文章，十几岁就显露出非凡的才华，二十六岁（有的说是二十九岁）时渡海溺水，受惊吓而死。他的一生很短，留下的作品却为后世所传诵，有名的《秋日登洪府滕王阁饯别序》便是一篇代表作。据说王勃写文章时常常不打草稿，而是准备好纸笔，蒙头大睡，醒来下床拿起笔，一气呵成，不用改一字。当时有人说，王勃蒙头而睡时并非真睡，而是在肚子里构思草稿。后用此语指下笔前预先考虑成熟，尚未写出来的文稿。举例 ①《宋史·徐积传》：“自少及老，日作一诗，为文率用腹稿，口占授其子。”② 清·赵翼《不寐》：“老来无寐夜景清，聊营腹稿待天明。”③ 许杰《我的写作生活》：“我的文艺作品，特别是我的小说每一篇的腹稿，总是在脑子里孕育了若干时候的。”

覆酱瓿 fù jiàng bù

出处《汉书·扬雄传下》。解说 覆：覆盖；遮盖。瓿：小瓮，可用来盛酒水、酱菜等。扬雄是西汉文学家、哲学家、语言学家，他仿《论语》作《法言》，仿《易经》作《太玄》，还著有《方言》。当时的古文经学派开创者刘歆（xīn）读过《太玄》后，感慨地对扬雄说：“空自苦！今学者有禄利，然向不能明《易》，又如《玄》何？吾恐后人用覆酱瓿也。”（大意是：你未免白费力气，自讨苦吃！现在的学者几乎都有官俸，他们看重利禄，连《易经》都看不懂，怎么会去读你的《太玄》呢？我担心后学之人会拿你的书去覆盖酱菜坛子。）扬雄听了这番话，微微笑了笑，什么也没说。后用此语指著作价值不大或深奥晦涩、不被人理解而不受重视。也指自己的作品水平不高，用于自谦。举例 宋·黄庭坚《书壶中九华山石》：“吾见其覆酱瓿，堆墙角也。”

覆瓿 fù bù 同“覆酱瓿”。举例 ① 宋·陆游《秋晚寓叹》之四：“著书终覆瓿，得句漫投囊。”② 明·唐寅《除夜坐蛱蝶斋中》：“一卷文章尘覆瓿，两都踪迹雪随驴。”③ 钱穆《中国文化史导论·弁言》：“而此稿携竹箧（qiè）中东西奔跑，又复敝帚自珍，常恐散失了，明知无当覆瓿……但还想在此中或可引出一二可供平心讨论之点。”

复瓿 fù bù 同“覆酱瓿”。复，通“覆”。举例《二十年目睹之怪现状》第三十九回：“只恨不知作者姓名，这等名作，埋没在风尘中，也不知几许年数了；倘使不遇我辈,岂不是徒供鼠啮虫伤,终于复瓿。"

覆酱 fù jiàng 同"覆酱瓿"。举例 北周·庾信《谢滕王集序启》:"至于凋零之后,殊缺所余,又已杂用补袍,随时覆酱。"

覆水难收 fù shuǐ nán shōu

出处 晋·王嘉《拾遗记》。解说 覆:翻倒;倾倒。西周时齐太公吕尚(姜子牙,俗称姜太公)到了很大年纪才被起用。据说他未得志时只顾读书而不用心操持家业,很贫穷。吕尚最初娶的夫人马氏不堪忍受困苦的生活,离他而去。后来吕尚辅助周武王灭了商朝,立下赫赫大功,被封为齐侯。马氏见吕尚变得又富贵又有地位,懊悔当初离开,便找到他恳求恢复夫妻关系。吕尚认为马氏嫌贫爱富,人品不好,于是拿起一盆水倾倒在地上,让马氏再把水收回来。马氏趴在地上忙活了半天,只收起一点儿泥浆。吕尚冷淡地对她说:"若能离更合,覆水定难收。"(大意是:你打算重归于好,离散了再聚合,就像把倾倒在地上的水再收回来一样难以办到。)此语原指泼在地上的水难以收回,比喻夫妻关系破裂后没有和好的可能,或事情已成定局,无法挽回。举例 ①唐·无名氏《伍子胥》:"成谋不说,覆水难收。事已如斯,勿复重谏!"②《初刻拍案惊奇》卷二十九:"如此才人,足为快婿。尔女已是覆水难收,何不宛转成就了他?"③《后汉演义》第六十五回:"国家政治,谈何容易!一或失手,覆水难收,还望兄长三思!"

水覆难再收 shuǐ fù nán zài shōu 同"覆水难收"。举例 唐·李白《妾薄命》:"雨落不上天,水覆难再收。君情与妾意,各自东西流。"

覆水再收 fù shuǐ zài shōu 同"覆水难收"。举例 唐·李白《白头吟》之三:"覆水再收岂满杯,弃妾已去难重回。"

泼水难收 pō shuǐ nán shōu 同"覆水难收"。举例《西游记》第五十一回:"小神只会放水,却不会收水。常言道:'泼水难收。'"

反水不收 fǎn shuǐ bù shōu 同"覆水难收"。举例《后汉书·光武帝纪上》:"天下无主,如有圣人承敝而起,虽仲尼为相,孙子为将,犹恐无能有益。反水不收,后悔无及。"

覆地水 fù dì shuǐ 见"覆水难收"。比喻被抛弃的妇女。举例 明·李梦阳《去妇词》:"贱妾甘作覆地水,郎君忍作离弦箭。"

G

改过自新 gǎi guò zì xīn

出处《史记·吴王濞(bì)列传》。解说 改：改正。过：过错。自新：自己重新做人。西汉时，吴王濞的儿子刘贤随父王进京晋见汉文帝，闲暇中陪皇太子刘启饮酒、下棋，二人因事发生争执，皇太子见刘贤对自己不恭敬，恼羞成怒，操起棋盘把他打死。吴王濞丧子，心怀怨恨，借口有病不再进京晋见。汉文帝死后，皇太子刘启继位，即汉景帝。御史大夫晁错上奏说："早年吴王濞称病不朝，本应从严惩处，先帝赦免了他的罪过，还赐给几杖，特许不来晋见。朝廷的恩德深厚，吴王濞本该改过自新，可是他反而愈发骄傲放肆，阴谋作乱，请派兵剪除他。"后用此语指改正过错，重新做人或重新做起。举例 ①《东周列国志》第八十回："子能改过自新，弃越归吴，寡人必当重用。"②《初刻拍案惊奇》卷十五："官人既能改过自新，便是家门有幸。"③ 巴金《关于〈家〉(十版代序)》："我愿意说我是跟我的主人公同患难共甘苦的，倘若我因此受到一些严正的批评家的责难，我也只有低头服罪，却不想改过自新。"④《收审记》二："不是要教育犯人改过自新，重新做人吗？真正需要洗脑筋的人来了，为什么又不给洗了呢？"

改过从新 gǎi guò cóng xīn 同"改过自新"。举例 元·王实甫《西厢记》第一本二折："莺立谢而言曰：'今当改过从新，毋敢再犯。'"

悔过自新 huǐ guò zì xīn 同"改过自新"。举例 ①《说岳全传》第五十二回："你们不必穷究，待他悔过自新便了。"②《吕梁英雄传》第四十三回："只要他悔过自新，就实行宽大。实行这样的政策，是为了瓦解敌人。"

改弦更张 gǎi xián gēng zhāng

出处《汉书·董仲舒传》。解说 更：改换。张：把乐器的弦上紧。董仲舒是西汉时著名学者，今文经学大师。汉武帝刘彻招纳贤良文学之士，董仲舒在对策中提出"天人三策"，主张罢黜(chù)百家，独尊儒术。他还说："窃譬之琴瑟不调，甚者必解而更张之，乃可鼓也；为政而不行，甚者必变而更化之，乃可理也。"(解：改换。理：治理。)原文大意是：譬如琴上的弦已经陈旧不能用，必须换上新弦并调整好，使乐音和谐，然后才可以弹奏；国家法令、制度已经落后不适用，必须制定新的法令、制度，才能使国家加强治理，兴盛起来。后用此语比喻改变政治制度，或改革旧的不适应实际需要的计划、方针、办法或态度等。举例 ①《魏书·高崇传》："且琴瑟不韵，知音改弦更张。"② 清·阮葵生《茶余客话》卷七："不改弦更张，使吏有士君子之行，而欲民生蒙福，教化淳美，犹欲其入而闭之门也。"③ 章炳麟《致袁世凯商榷官制电二》："物议哗然，人心将去。若非改弦更张，恐政事益以紊(wěn)乱，祸难因之延长。"④《火凤凰》八："像这样腐败的政权，如不改弦更张，怎么能顶得住强大的敌人呢？"

改弦易张 gǎi xián yì zhāng 同"改弦更张"。举例《三国志·吴志·孙休传》："(孙)休以旧爱宿恩，任用兴、布，不能拔进良才，改弦易张，虽志善好学，何益救乱乎？"

改弦易辙 gǎi xián yì zhé 同"改弦更张"。举例 鲁迅《中国小说史略》第十五篇："虽始行不端，而能翻然悔悟，改弦易辙，以善其修，斯其意固可嘉，而其功诚不可泯。"

改弦 gǎi xián 同"改弦更张"。举例 ① 晋·葛洪《抱朴子·君道》："不吝改弦于宣易之调，不耻反迷于朝过之途。"② 鲁迅《书信集·致黎烈文》："放言已久，不易改弦，非不为也，不能也。"

改张 gǎi zhāng 同"改弦更张"。举例《文心雕龙·声律》："今操琴不调，必知改张，摘文乖张，而不识所调。"

G

敢怒而不敢言 gǎn nù ér bù gǎn yán

出处 唐·杜牧《阿房宫赋》。解说 杜牧是唐代著名文学家。唐敬宗李湛大兴土木，修建宫殿，一味荒淫享乐，弄得朝廷混乱，民怨沸腾。杜牧于是写了一篇《阿房宫赋》，借揭露秦朝统治者奢侈残暴而亡国的事例对唐敬宗提出劝谏。赋中说，秦王贪婪掠夺，挥霍无度，"使天下之人，不敢言而敢怒。"(大意是：使得普天下的老百姓嘴上虽不敢说，但心里却怀着无比的愤怒。)昏庸的秦王骄奢淫逸，日胜一日，结果导致陈胜、吴广起义。项羽入关，一把火把阿房宫化为灰烬。后用此语指心里愤怒而嘴上不敢说，即因慑于威势，不敢说出内心的感受。举例 ①《水浒传》第三回："李忠见鲁达凶猛，敢怒而不敢言，只得赔笑道：'好性急的人。'"②《虹》六："立刻赵佩珊的脸涨得通红，局促不安地向左右狼顾，很有点敢怒而不敢言的神气。"

敢怒不敢言 gǎn nù bù gǎn yán 同"敢怒而不敢言"。举例《醒世姻缘传》第七回："珍哥、晁住虽是心里不愿意，也只得敢怒不敢言的。"

刚愎不仁 gāng bì bù rén

出处《左传・宣公十二年》。解说 刚愎:既固执又倔强。不仁:对人刻薄。春秋时,有一次楚庄王出兵攻打晋国。当大军行进到黄河附近时,得到军事情报,说晋国早已做好迎战的准备。楚庄王打算撤兵,楚国大夫伍参劝阻说:"晋国新上任的中军主将荀林父现在还没有树立起指挥军队的绝对权威,'其佐先縠(gǔ),刚愎不仁,未肯用命。'(大意是:他的副将先縠是个固执而又自以为是的家伙,绝不会俯首帖耳地听从主将荀林父的号令。)晋军将领内部不团结,我们趁此进兵,一定能够消灭晋军。"楚庄王采纳了伍参的建议,双方交战,结果晋军溃败,楚军大获全胜。后用此语形容人固执傲慢,狂妄自大。举例《聊斋志异・章阿端》:"误适荡子,刚愎不仁,横加折辱,愤悒夭逝。"

刚愎自用 gāng bì zì yòng 同"刚愎不仁"。自用:自以为是。举例 ① 宋・陈抟(tuán)《心相编》:"君子刚愎自用,小人行险侥幸。"②《子夜》十:"他想起李玉亭所说苏甫的刚愎自用来了。他决定了主意不跟着苏甫跑了。"③ 郭沫若《甲申三百年祭》:"(李)自成本不是刚愎自用的人。"

高帽子 gāo mào zi

出处《北史・熊安生传》。解说 北齐时学士宗道晖平日里好自吹自擂,喜欢戴着高翅帽,穿着大木屐(jī,木底,前部有齿的鞋子)到处招摇。州官初次到任时,宗道晖去拜见,他依然戴着高翅帽,仰着头,高举起两只胳膊参拜施礼,并大言不惭地吹嘘说,自己的学识能与先贤圣人相比。后用此语比喻恭维、吹捧的话。举例《官场现形记》第三回:"他亦顺水推船,一天到晚制造了无数高帽子给统领戴。"

戴高帽子 dài gāo mào zi 见"高帽子"。比喻过分地恭维、吹捧别人,或说恭维、吹捧的话。举例 ①《镜花缘》第二十七回:"老父闻说此处最喜奉承,北边俗语叫作爱戴高帽子。"②《活地狱》第五回:"他肯成全你,你须得当面谢他一声,他这人是欢喜戴高帽子的。"

戴高帽儿 dài gāo màor 同"戴高帽子"。举例《儿女英雄传》第八回:"我这个人虽是个多事的人,但是凡那下坡走马、顺风使船,以至买好名儿、戴高帽儿的那些营生我都不会作。"

戴高帽 dài gāo mào 同"戴高帽子"。举例《风雨桐江》第七章五:"那蔡监察当堂被戴上高帽,已自满心舒畅,又见他口舌伶俐,人才出众,更是赞赏。"

高屋建瓴 gāo wū jiàn líng

出处《史记·高祖本纪》。解说 建：倾倒。瓴：盛水的瓶子；一说为瓦沟。汉高祖刘邦做皇帝的第二年，有人告发说楚王韩信预谋反叛。刘邦采用谋士陈平的“伪游云梦”之计，在陈县（在今河南淮阳）大会诸侯，乘韩信前来接驾之机把他擒拿。刘邦一行人回到洛阳，大臣田肯晋见说：有几件事值得向陛下祝贺：一是韩信的束手就擒；二是陛下牢牢控制着三秦（关中），“地势便利，其以下兵于诸侯，譬犹居高屋之上建瓴水也。”（大意是：利用这雄险的地势，来控制诸侯，就像从高高的屋顶上把水从瓶子里倒下去一样。）田肯又说：齐地两千多里、七十余城，非常重要，控制着这里，便可以一当十。如此重要的地方，非亲子弟是不能封他做齐王的。刘邦听了觉得很有道理，也知道田肯在婉转地为韩信求情。因为定三秦、平齐地，主要是韩信的功劳。于是，刘邦赦免了韩信，只是将他贬为淮阴侯。后用此语比喻居高临下，势头迅猛，不可阻挡。或对事物的把握境界高远，能够十分轻松地驾驭。举例 ①《花月痕》第四十六回：“择日出师，高屋建瓴，挂帆东下，克了石首，又克嘉鱼，直薄武昌城下。”② 刘伯承《千里跃进大别山》：“毛主席洞察全局，高屋建瓴，在指导革命战争中所表现出的那种非凡英明和伟大气魄，是史无前例的。”③ 聂荣臻《地球的红飘带·序》：“作者抓住这一伟大历史题材，搜集了大量史料，两次到长征路上探胜，又经历了几年的精雕细琢，小说写的非常成功。它高屋建瓴，着重从敌我双方的最高层活动来反映长征壮举，艺术地再现了这段历史。”

建瓴 jiàn líng 同“高屋建瓴”。举例 北周·庾信《周上柱国齐王宪神道碑》：“自尔即为前锋，横行入郫……莫不如彼建瓴，同斯破竹，一朝指挥，六合大定。”

高阳酒徒 gāo yáng jiǔ tú

出处《史记·郦生陆贾列传》。解说 高阳：古乡名，属陈留县所辖（在今河南杞县西南）。郦食其（yì jī）是秦代末年人，虽家境贫寒，但性情狂傲，人称“狂生”。当刘邦领兵准备攻取陈留时，郦食其前去投军，声称有攻取陈留之计前来进献。刘邦听说军营外来了一个儒生打扮的人，以为不过是迂腐的读书人夸夸其谈，因而不肯接见。郦食其大怒，瞪着眼睛，手握剑柄厉声呵斥把门的官吏说：“走！复入言沛公，吾高阳酒徒也，非儒人也。”（大意是：“滚回去！给我再去对沛公刘邦说，我是高阳乡好酒贪杯的村野狂徒，不是什么儒生。”）后来，郦食其受到了刘邦的款待。郦食其不但帮助刘邦接管了陈留县城，还帮助他出谋划策，四处游说各路王侯。刘邦赠给郦食其一个封号为“广野君”。郦食其后来游说齐王田广归降刘邦，因故被田广误杀。后用此语泛指嗜酒而狂放不羁的人。举例 ① 唐·李白《梁甫吟》:“君不见高阳酒徒起草中,长揖山东隆准公。”② 清·洪昇《长生殿·疑谶(chèn)》:“听街市凭喧呼,偏冷落高阳酒徒。”③ 郭沫若《洪波曲》第十六章:“经天夫人的烹调很拿手,碰着我们这四大家族,都是饕餮(tāo tiè)大家而兼高阳酒徒,那就相得益彰了。”

高阳徒 gāo yáng tú 同“高阳酒徒”。举例 唐·杜牧《张好好诗》:“尔来未几岁,散尽高阳徒。”

高阳公子 gāo yáng gōng zǐ 同“高阳酒徒”。举例 元·康进之《李逵负荆》第一折:“高阳公子休空过,不比寻常卖酒家。”

高阳 gāo yáng 同“高阳酒徒”。举例 明·谢肇淛(zhè)《五杂组·人部三》:“古人嗜酒,以斗为节……独汉于定国饮至数石不乱,此是古今第一高阳矣。”

G

高枕而卧 gāo zhěn ér wò

出处《战国策·魏策一》。解说 高枕:垫高了枕头睡觉。张仪是战国时的政治家,曾分别在秦国、魏国担任过国相。他主张“连横”,游说各国依附秦国,瓦解齐国和楚国的联盟。有一次,张仪来到魏国,对魏王说:“魏国疆域狭小,兵力不足,又缺少险要的山川做屏障,只有联合其他诸侯国,才能使国家安定。‘事秦,则楚、韩必不敢动,无楚、韩之患,则大王高枕而卧,国必无忧矣。’”(大意是:魏国如果跟秦国建交,楚国和韩国就不敢轻举妄动来侵犯,大王您就可以垫高枕头,无忧无虑地睡觉了。)后用此语比喻太平无事,不必担忧。举例 ①《东周列国志》第四十一回:“子玉死,余人不足虑,诸卿可高枕而卧矣。”② 鲁迅《朝花夕拾·从百草园到三味书屋》:“(老和尚)给他一个小盒子,说只要放在枕边,便可高枕而卧。”

高枕无忧 gāo zhěn wú yōu 同“高枕而卧”。举例 ①《三国演义》第一〇四回:“(司马懿)顾谓众将曰:‘孔明已死,我等皆高枕无忧矣!’遂班师回。”②《镜花缘》第五十五回:“将来上京赴试,路上有了此人,可以高枕无忧了。”③《四世同堂》八十九:“比方说,派一个班,最好是一个连来,在他宅子周围站岗放哨,那他也许就可以高枕无忧了。”④ 毛泽东《论十大关系》八:“所以,说反革命已经肃清了,可以高枕无忧了,是不对的。”

高枕无虞 gāo zhěn wú yú 同“高枕而卧”。举例 唐·陆贽(zhì)《请减京东水运收脚价于缘边州镇储蓄军粮事宜状》:“天子惟务择人而任之,则高枕无虞矣。”

膏肓之疾 gāo huāng zhī jí

出处《左传·成公十年》。解说 膏:指心尖脂肪。肓:指心脏与膈膜之间。古代医学认为二者是药力达不到的地方。春秋时，晋景公患了重病，国内没有人能够医治，于是派人到秦国去求医。秦桓（huán）公派了一个名叫缓（一说姓秦名缓，又称扁鹊先生）的名医来晋国。名医缓尚未到达晋国之前，晋景公梦见自己的疾病化作二竖（两个小人）在身体中又蹦又跳，一个说："听说缓的医术很高明，他不会放过我们的。"另一个说："怕什么呢，我们分别躲藏在肓之上、膏之下，他就无可奈何了。"晋景公醒后觉得非常奇怪。缓见到晋景公，诊断了病情后说："您的病已到晚期，现在深入到膏和肓的部位，无论用针灸还是药力，都无法医治了。"晋景公听缓说得与梦中所见相符，赞叹地说："真是一位了不起的神医呀！"便赠给缓一份厚礼，让他回秦国去了。后用此语指不可救治的病，比喻已到了无法挽回地步的严重问题。举例 ①《晋书·孙楚传》："疗膏肓之疾者，必进苦口之药；决狐疑之虑者，必告逆耳之言。" ② 唐·柳宗元《愈膏肓疾赋》："膏肓之疾不救，衰亡之国不理。"☞"膏肓之疾"的"肓"不要误作"盲"。

G

膏肓之病 gāo huāng zhī bìng 同"膏肓之疾"。举例 孙中山《上李鸿章书》："中国有此膏肓之病而不能除，则虽尧、舜复生，禹、皋陶（gāo yáo）佐治，无能为也。"

病入膏肓 bìng rù gāo huāng 见"膏肓之疾"。指病势严重，无法救治。比喻事态严重，已经到了无可挽救的地步。举例 ① 元·侯克中《王安石》："木离规矩徒夸巧，病入膏肓反忌医。"②《三国演义》第一〇四回："何期病入膏肓，命垂旦夕，不及终事陛下，饮恨无穷！"③ 徐迟《哥德巴赫猜想》："我知道我的病已严重起来，我是病入膏肓了。"

病到膏肓 bìng dào gāo huāng 同"病入膏肓"。举例 冒广生《己未除夕视家人时老母尚病中》："天怜艰苦增亲寿，病到膏肓乞药灵。"

病在膏肓 bìng zài gāo huāng 同"病入膏肓"。举例 元·无名氏《小张屠》第一折："母亲病在膏肓，你孩儿仰天悲怆。"

疾在膏肓 jí zài gāo huāng 同"病入膏肓"。举例 唐·周昙《咏史诗·晋景公》："晋侯徒有秦医缓，疾在膏肓救已迟。"

深入膏肓 shēn rù gāo huāng 同"病入膏肓"。举例 郭沫若《洪波曲》第十章："我在广播时，也曾考虑到这讳病忌医的深入膏肓的毛病。"

膏肓 gāo huāng 见"膏肓之疾"。指难以医治的疾病部位。举例 ① 元·郑光祖《倩女离魂》第三折："也则是死限紧相催逼，膏肓针灸不能及。"②《红楼梦》第五回："宝玉只顾如此一想，不料早把些邪魔招入膏肓了。"

二竖 èr shù 见"膏肓之疾"。指病魔或疾病。举例 ① 晋·葛洪《抱朴子·贵贤》："二竖之疾既据而募良医，栋桡（ráo）之祸已集而思谋夫，何异乎火起乃穿井，觉饥而占田哉！"② 宋·陆游《嘉定己巳立秋得膈（gé）上疾近寒露乃小愈》之二："今年病老遂难禁,二竖奔逃岂易寻。”

二竖为灾 èr shù wéi zāi 见“二竖”。指病魔缠身,即生病。举例《民国通俗演义》第二十二回:“国势危险,一至于此。本想与诸公同心协力,保持国家,怎奈二竖为灾,竟致不起。”

竖子 shù zǐ 同“二竖”。举例 宋·陆游《小疾偶书》:“竖子何劳一除扫,区区犹欲恃膏肓。”

竖子居肓 shù zǐ jū huāng 同“病入膏肓”。竖子:同“二竖”。举例 宋·陆游《病中作》:“不忧竖子居肓上,已见真人出面门。”

秦医 qín yī 见“膏肓之疾”。指秦国派来的名医,泛指良医。举例 唐·颜真卿《河南府参军郭君神道碑铭》:“南中污下,遂得气疾,先大夫怜其寖(qīn)剧,命访秦医。”

G

告往知来 gào wǎng zhī lái

出处《论语·学而》。解说 子贡是春秋末年卫国人,名赐,是孔子的弟子,善于辞令。有一天,子贡请教孔子说:一个很贫穷的人见了富人毫无谄媚奉承之意,还有一个非常富贵的人见了穷人毫不骄傲自大,您怎么看待这两种人呢?孔子答道:这两种人都是很好的。但是,还比不上虽贫穷但仍感到快乐、虽富贵但仍追求礼义的人,这种人是更值得推崇的。子贡听后,马上就明白了老师教诲的深意,于是说:《诗经·卫风·淇奥》有一句“如切如磋,如琢如磨”,说的是角骨须先切割了再磨去棱角,美玉须先雕刻了再磨得光滑。您说的就是这个道理吧?孔子见子贡很快就领悟了,高兴地说:“赐也,始可与言《诗》已矣,告诸往而知来者。”(大意是:子贡呀,我只提示了一下,你就能推知其他,现在可以给你讲解《诗经》了。)此语原指听到已说的,而推知未说的,后泛指稍作启迪就能联想更深刻的道理,常用来形容人的理解力强。参见477页“切磋琢磨”。举例 清·魏源《诗比兴笺序》:“与赐、商言诗,切磋绘事,告往知来。”

割股 gē gǔ

出处《庄子·盗跖(zhí)》:“介子推至忠也,自割其股以食(sì)文公。”解说 股:大腿。食:供养;拿东西给人吃。文公:指晋文公重耳。春秋时,晋国公子重耳为躲避内乱而逃亡到国外。途中由于钱粮物资被盗,一行人没有饭吃。跟随逃亡的大臣介子推便从自己大腿上割下一块肉给重耳充饥。后来重耳做了国君。此语原指割下自己大腿上的肉给君主充饥,或用来治疗父母的病,旧时认为是至忠或至孝。也指医家全心全意为病人诊治。参见402页“绵上隐”。举例 ① 清·顾炎武《灵石县东北晋介子推祠》：“割股固荒唐，焚山事可哂(shěn)。”②《儒林外史》第二十四回：“医家有割股之心。”③ 鲁迅《坟·我们现在怎样做父亲》：“况在将来，迷信破了，便没有哭竹、卧冰；医学发达了，也不必尝秽、割股。”

歌式微 gē shì wēi

出处《诗经·国风·邶风》：“式微式微，胡不归？微君之故，胡为乎中露？式微式微，胡不归？微君之躬，胡为乎泥中？”《诗序》：“《式微》，黎侯寓于卫，其臣劝以归也。”解说 式：文言语气助词。“式微”的“微”：同“黴(méi)”，日月无光；天黑下来，引申为衰微、衰败。胡：疑问代词，相当于“为什么”。“微君”的“微”：同“非”。中露：露中，露水之中。原文是春秋时黎国(在今山西长治一带)农奴们在野外辛苦劳作所唱的歌。大意是：日已落，天已黑，为何还不把家回？如若不是为了主人，哪会露水遍身受苦累？日已落，天已黑，为何还未把家回？如若不是为了主人，哪会在污泥之中受苦累？据说，黎国被北狄所灭，国君黎侯逃奔到卫国，受到优厚待遇便不思复国，其臣子便歌咏这首家乡民歌予以规劝。此语原指歌咏《式微》，表示思归，或慨叹世事衰微败落。举例 ① 三国魏·曹植《临观赋》：“叹《东山》以朔勤，歌《式微》以诉归。”② 唐·贯休《别杜将军》：“东风来兮歌《式微》，深云道人召来归。”

赋式微 fù shì wēi 同“歌式微”。举例 元·揭傒斯《临川曾君俊始自豫章》：“人生出处谁能料，几度寒衾(qīn)赋《式微》。”

叹式微 tàn shì wēi 同“歌式微”。举例 清·顾炎武《酬朱监纪四辅》：“东京朱祜(hù)犹年少，莫向尊前叹《式微》。”

吟式微 yín shì wēi 同“歌式微”。举例 唐·王维《渭川田家》：“即此羡闲逸，怅然吟《式微》。”

咏式微 yǒng shì wēi 同“歌式微”。举例 清·曹寅《胡静夫先归白门即席同用依字》：“十竹秋来好，连宵咏《式微》。”

式微 shì wēi 见“歌式微”。形容事物衰微败落。举例 ① 明·归有光《张翁八十寿序》：“予以故家大族德厚源远，能自振于式微之后。”②《一个女性》：“谁曾从丰裕跌落到贫乏，从高贵跌落到式微，那他对于世态炎凉的感觉，大概要加倍的深切吧。”③ 胡宏亮《西洋文字书籍与复制术的演进》第五章三节：“照相自动排字机发明上市后，金属排版便逐渐式微了。”

式微歌 shì wēi gē 见“歌式微”。指慨叹世事衰微败落的歌。举例 唐·钱起《送王使君赴太原行营》：“须传《出师》颂，莫奏《式微》歌。”

各自为政 gè zì wéi zhèng

出处《左传·宣公二年》。解说 春秋时，郑国出兵攻打宋国。宋国派华元为主帅，率军迎敌。两军交战之前，华元下令杀羊犒劳三军将士，忙乱中却忘了给他的马夫羊斟分一份，羊斟因此怀恨。等到两军交战时，羊斟驾着战车冷冷地对坐在车里的华元说："畴昔之羊，子为政；今日之事，我为政。"（为政：主持政务，引申为主事、主持。原话大意是：前几天杀羊犒劳将士，你说了算，想分给谁就分给谁；今天驾战车冲杀，我作主，想把车驾往何处就驾往何处。）羊斟边说边驾着战车直接驶入敌方的阵中，郑军将士一拥而上把他们团团围住，以致堂堂的宋军主帅华元轻易地被郑军活捉了。宋军失去了主帅，军心大乱，结果惨遭溃败。后用此语指每个人都按自己的主张办事，不能相互配合与协作。也指不考虑全局，各搞一套。举例 ①《三国志·吴志·胡综传》："诸将专威于外，各自为政，莫或同心。"② 孙中山《革命军是打破不平等的》："党中的党员，均不守党中的命令，各自为政。"③ 徐特立《抗日十大纲领》："在危急的时候，党和政府无力统治，而人民各自为政，必然会成紊乱的现象。"④ 毛泽东《抗日时期的经济问题和财政问题》："在经济和财政工作机构中的不统一、闹独立性、各自为政等恶劣现象，必须克服。"

绠短汲深 gěng duǎn jí shēn

出处《庄子·至乐》。解说 绠：汲水用的绳子。汲：从井里打水。春秋时，孔子的弟子颜回去齐国游说。颜回走后，孔子有些担忧。弟子子贡问老师有什么不放心的，孔子说："褚（zhǔ）小者不可以怀大，绠短者不可以汲深。"（褚：布口袋。原话大意是：小口袋装不下大的物体，短井绳无法从深井里打出水来。）我是担心颜回与齐国国君谈治国的大道理，如果齐侯理解不了，会把事情搞糟的。此语原指用短绳子汲取深井里的水，比喻学识浅陋不足以领悟深刻的道理，或能力小而不能胜任艰巨的工作。常用于谦辞。举例 ① 唐·萧颖士《赠韦司业书》："诚智小谋大，绠短汲深。"② 唐·颜真卿《〈干禄字书〉序》："绠短汲深，诚未达于涯涘（sì）；歧路多惑，庶有归于适从。"③ 清·纳兰性德《与韩元少书》："才单力弱，绠短汲深。"④ 茅盾《挽郑振铎》二："红先专后尝共砺，绠短汲深愧仔肩。"

汲深绠短 jí shēn gěng duǎn 同"绠短汲深"。举例《中国近代史资料丛刊·辛亥革命·人民反清斗争资料》："东省幅员广阔，政务殷繁，臣才识庸暗，实有汲深绠短之虞。"

绠短 gěng duǎn 同"绠短汲深"。举例《文心雕龙·通变》:"然绠短者衔渴,足疲者辍途,非文理之数尽,乃通变之才疏耳。"

汲短 jí duǎn 同"绠短汲深"。举例 林景行《斋中读书》:"钧沉时未能,汲短每见绌。"

短绳 duǎn shéng 见"绠短汲深"。比喻粗浅的学识或较小的能力,用于自谦。举例 元·耶律楚材《西域和王君玉》:"小褚(zhǔ)岂能怀大器,短绳那得汲深泉。"

工欲善其事,必先利其器 gōng yù shàn qí shì, bì xiān lì qí qì

G

出处《论语·卫灵公》:"工欲善其事,必先利其器。居是邦也,事其大夫之贤者,友其士之仁者。"解说 工:工匠。善其事:使其事善。利其器:使其器利。是邦:这个国家。原文是孔子跟弟子子贡谈如何培养仁德时说的话,大意是:工匠要想把活计做得出色,必须先把工具整理好。居住在这个国家,就要敬重贤良的大臣,结交仁德的士人。后用此语指在做事情之前,预先做好准备工作。举例 ① 汉·王符《潜夫论·赞学》:"是故工欲善其事,必先利其器;士欲宣其义,必先读其书。"②《镜花缘》第三十六回:"'工欲善其事,必先利其器。'今既一无所有,纵使大禹重生,亦当束手。"

功败垂成 gōng bài chuí chéng

出处《晋书·谢玄传论》。解说 功:功业;事业。败:失败。垂:临近;将要。成:成功。东晋大将谢玄在淝水之战击溃了前秦苻(fú)坚的军队,接着乘胜北伐,收复了大片失地。正当谢玄准备大展宏图时,却遭到了皇室司马道子等人的嫉妒和诋毁。他们借口谢玄掌握重兵,出师太久容易生变,劝晋孝武帝把军队撤回来。孝武帝听信谗言,剥夺了谢玄的兵权。谢玄眼看大好形势即将付诸东流,悲愤交加,不久染病身亡。他死时年仅四十六岁。后人评价说:"庙算有余,良图不果;降龄何促,功败垂成。"(庙算:指朝廷的重大决策。原文大意是:朝廷制定的兴国强邦目标宏伟远大,谢玄谋划的克敌制胜战略未能成功;老天给他的寿数怎么如此短促,统一北方的大业即将完成时竟然遭到夭折。)后用此语指事业或事情在临近成功的关键时刻却遭到了失败。举例 ①《二十年目睹之怪现状》第六十一回:"况且十二道金牌,他(岳飞)未必不知道是假的,何必就班师回去,以致功败垂成。"② 冯玉祥《我的生活》第四十章:"郭松龄反戈讨奉之役,功败垂成。"③《代价》:"他苦心经营了多年的重大科研项目'新一号'无法进行,功败垂成。"

功德无量 gōng dé wú liàng

出处《汉书·丙吉传》。解说 功德：功业和德行。无量：无法计算。汉武帝的孙子刘询少年时因卫太子之事而牵连入狱。狱吏丙吉同情刘询的遭遇，悉心照顾他。武帝患病时听信谗言，认为病因是狱中有天子之气所冲犯，下令把狱中囚犯全部杀光。由于丙吉拼死保护，刘询得以幸免。刘询后来做了皇帝，即宣帝，得知自己幼时大难不死的经历后对丙吉倍加敬重。又过了数年，有人给朝廷上书说："（丙吉）所以拥全神灵，成育圣躬，功德已亡量矣。"（亡：同"无"。原文大意是：丙吉尽力保护、照顾宣帝，使得圣上龙体安全无恙，真是功德无量啊。）后用此语称颂人功劳非常大，恩德非常高。也形容所做的好事情对别人极其有益。举例 ①《喻世明言·梁武帝累修归极乐》："伏愿陛下慈悲，赦宥（yòu）某等苦难，陛下功德无量。"② 鲁迅《书信集·致孟十还》："现在先生既然得到原文，我的希望是给他们彻底的修改一下，虽然牺牲太大，然而功德无量。"③ 萧乾《人生采访·血肉铸成的滇缅路》："他在民国二十年便捐修了一座铁索桥，造福往来商旅，功德无量。"

功狗功人 gōng gǒu gōng rén

出处《史记·萧相国世家》。解说 汉高祖刘邦平定天下，登上帝位之后论功行赏，以丞相萧何为首功，封为酂（zàn）侯，赏赐最多。有一些武将认为自己出生入死，浴血奋战，战功赫赫，而萧何不过是个文官，因此心里很不服气。刘邦就用打猎来比喻说："夫猎，追杀兽兔者狗也，而发踪指示兽处者人也。今诸君徒能得走兽耳，功狗也。至如萧何，发踪指示，功人也。"（大意是：打猎时，追捕野兽、野兔的是猎狗，而发现猎物踪迹、指示猎狗追捕的是猎人。你们身经百战，攻城夺地，好比有功的猎狗。至于萧何，他出谋划策、建国安邦，好比有功的猎人。）众武将听了，这才心服口服，不敢再妄加议论了。后用此语比喻有功的文臣、武将。泛指有功之人，或起关键作用、有特殊贡献的人。举例 ① 清·田雯《咏史》："注金注瓦谁为巧，功狗功人总是才。"②《官场现形记》第十六回："从前古人有个'功狗功人'的比方：出兵打仗的人就比方他是只狗，这发号令的却是个人。"

功人功狗 gōng rén gōng gǒu 同"功狗功人"。举例 ① 清·王昙《留侯祠》："功人功狗两无益，徒受亭公谩骂名。"② 程善之《革命后感事和怀霜作即次其韵》："功人功狗混闲事，赢得贞珉着意镌。"

功狗 gōng gǒu 同"功狗功人"。举例 ① 清·赵翼《歌风台怀古》："负心事竟烹功狗，出手威原斩路蛇。”② 丁中江《北洋军阀史话》九十九：“至于龙济光却是袁所亲爱的功狗，因效忠‘洪宪皇帝’而被封王爵。”

功人 gōng rén 同“功狗功人”。举例 明·胡应麟《诗薮(sǒu)外编·唐下》：“真艺苑功人、词坛伟识也。”

狗功 gǒu gōng 见“功狗功人”。比喻为主子奔走效劳而立的功劳。举例 ① 明·沈德符《野获编补遗·刑部》：“御史李植劾(hé)其往年自叙河工……以狗功自居。”② 柳亚子《哭顾锡九烈士》：“乱世无人道，群凶有狗功。”

功亏一篑 gōng kuī yī kuì

出处《尚书·旅獒》：“为山九仞，功亏一篑。”解说 篑：盛土的筐，这里指一筐土。仞：古代八尺或七尺叫做一仞。原文大意是：堆九仞高的山，只缺一筐土而未能完成。比喻做事情只差最后一点没能完成，或只差一步而未成功，致使前功尽弃。含惋惜意。举例 ① 明·海瑞《平黎疏》：“功亏一篑，坐失事机，陛下将奚取哉！”②《李自成》第二卷三十二章：“倘朝廷内外不和，动辄掣肘，必将使剿贼大事，功亏一篑。”③《第二个太阳》第十二章：“他只知道他的手必须攥紧，如若稍微松一下，就意味着功亏一篑，全盘皆输。”

山亏一篑 shān kuī yī kuì 同“功亏一篑”。举例 梁启超《过渡时代论》：“井掘九仞，犹为弃井；山亏一篑，遂无成功。”

攻其无备，出其不意 gōng qí wú bèi，chū qí bù yì

出处《孙子·计篇》：“攻其无备，出其不意。”解说 其：代词，对方。无备：没有准备。指敌方懈怠之处，也就是因想不到会遭受打击而不加防备或防备松懈的地方。不意：没有料到。原文大意是：攻击敌方疏于防备的地方，在他们意想不到的时候行动。后用此语指行动等出乎人的意料之外。举例《三国演义》第五十六回：“虚名收川，实取荆州。等主公出城劳军，乘势拿下，杀入城来，‘攻其无备，出其不意’也。”

攻其不备，出其不意 gōng qí bù bèi，chū qí bù yì 同“攻其无备，出其不意”。举例 宋·沈括《乞详酌河北西路边防数事奏》：“窃详兵家之利，攻其不备，出其不意。”

出其不意，攻其不备 chū qí bù yì，gōng qí bù bèi 同“攻其无备，出其不意”。举例 ①《后汉书·庞参传》：“蓄精锐，乘懈沮(jǔ)，出其不意，攻其不备，则边人之仇报，奔北之耻雪矣。”② 袁也烈《“八一”的枪声》：“出其不意，攻其不备，就可全歼敌人。”

出其不意，攻其无备 chū qí bù yì, gōng qí wú bèi 同“攻其无备，出其不意”。举例 ①《儒林外史》第四十三回：“苗子们今日过年，正好出其不意，攻其无备。”②《民国通俗演义》第十三回：“此去出其不意，攻其无备，眼见得巴塘要隘，唾手得来。”

攻其不备 gōng qí bù bèi 同“攻其无备，出其不意”。举例 ①《镜花缘》第十三回：“素知此处庶民都是正人君子，所以不肯攻其不备，暗下毒手取鱼。”② 清·魏源《圣武记》卷八：“攻其不备，决可克复。”

出其不意 chū qí bù yì 同“攻其无备，出其不意”。举例 ①《三国演义》第九十八回：“今乘魏兵新败，不敢正视蜀兵，便可出其不意，乘机退去。”②《子夜》十七：“吴荪甫一边笑，一边就出其不意地拦腰抱住了徐曼丽。”③《香港的情和爱》六：“老魏要送给逢佳一个出其不意的礼物，为了猜礼物是什么，他们足足花了几个夜晚的电话。”

G

出其不备 chū qí bù bèi 同“攻其无备，出其不意”。举例《红楼梦》第七十三回：“黛玉笑道：‘这倒不是道家法术，倒是用兵最精的所谓“守如处女，出如脱兔”，“出其不备”的妙策。’”

出其不虞 chū qí bù yú 同“攻其无备，出其不意”。举例《周书·段永传》：“若星驰电发，出其不虞。精骑五百，自足平殄（tiǎn）。”

出敌不意 chū dí bù yì 同“攻其无备，出其不意”。举例 ① 毛泽东《集中优势兵力，各个歼灭敌人》：“如果我军兵力多，当地敌军较弱，或者我军出敌不意举行袭击的时候，可以同时攻击若干部分的敌军。”②《烈火金刚》第十六回：“英勇果断，巧妙灵活，出敌不意，以少胜多。”

钩心斗角 gōu xīn dòu jiǎo

出处 唐·杜牧《阿房宫赋》。解说 钩：同“勾”，结合。心：指宫室的中心。斗：会集；往一起聚凑。角：指房屋的檐角。阿房宫是秦始皇建造的重要宫殿，秦朝灭亡时，被项羽的军队焚毁。杜牧是唐代著名文学家，二十六岁中进士，官至中书舍人。杜牧生活在晚唐多事之秋，朝廷内外矛盾重重，日益衰落，民不聊生，而皇帝却一味骄奢淫逸，贪图享受，于是他作《阿房宫赋》，借秦王大修宫室而导致亡国的史实来讽谏当朝。杜牧描绘阿房宫的宫殿群，“五步一楼，十步一阁，廊腰缦回，檐牙高啄，各抱地势，钩心斗角。”（大意是：相隔不远就有一座楼阁或亭台，宫中回廊曲折如绸带环绕，飞檐尖尖像鸟嘴直指高空，楼阁、亭台、回廊和飞檐各占特有的地势，建筑物之间的结构布局复杂交错、构思巧妙。）此语原指宫室建筑结构的交错和精巧。后比喻诗文布局结构精巧、回环错落，或人各怀心机，相互之间明争暗斗。举例 ① 清·梁绍壬《两般秋雨盦（ān）随笔·咏物诗》：“近时诗家咏物，钩心斗角，有突过前人者。”②《啼笑因缘》第十九回："你还没有走入仕途，你哪里知道仕途钩心斗角的巧妙。"③ 鲁迅、许广平《两地书》十五："今看他署着真名之文，也是一样色彩，本该容易识破，但他人谁会想到他为了争一点无聊的名声，竟肯如此钩心斗角，无所不至呢？"④ 曹禺《北京人》第一幕："她好在自己造想的权诈、诡秘的空气中钩心斗角。"☞"阿房宫"的"阿房"旧读 ē páng。

勾心斗角 gōu xīn dòu jiǎo 同"钩心斗角"。举例 ① 孙中山《心理建设（孙文学说）》第四章："再而家宅之形式如何结构，使之勾心斗角，以适观瞻，此应用之美术学所必需知也。"②《红岩》第六章："然而竟未发现对方在勾心斗角的同时，还作了不少幕后工作。"③《大波》第二部六章："两个人表面很融洽，其实彼此都在勾心斗角。"

斗角钩心 dòu jiǎo gōu xīn 见"钩心斗角"。形容建筑物结构交错、精巧。举例 明·杨士云《和中溪宿观音岩》："青壁丹崖高矗矗，斗角钩心牢置屋。"

G

篝火狐鸣 gōu huǒ hú míng

出处《史记·陈涉世家》："又间令吴广之次所旁丛祠中，夜篝火，狐鸣呼曰：'大楚兴，陈胜王。'" 解说 篝：竹笼。篝火：用竹笼罩着火。秦朝末年，朝廷统治腐败，人民困苦不堪。陈胜（字涉）、吴广等人到渔阳（在今北京密云附近）服兵役，当他们走到大泽乡（在今安徽宿州附近）时，因连日大雨而耽误行程。按照当时的法律，误期就要被杀头。陈胜、吴广等人没有活路，只好决定揭竿而起，反抗朝廷。在发动起义之前，为了聚拢人心，陈胜让吴广趁着黑夜到驻地附近一座祠堂外的草丛里用竹笼罩着火光，使隐隐约约像磷火一闪一闪，并学着狐狸的声音尖声嚎叫："大楚兴，陈胜王（wàng）。"（王：指君王夺得政权而称王。原文大意是：伟大的楚国已诞生，陈胜将要称王。）大家听了，以为这是天意，一场轰轰烈烈的农民大起义迅速掀起，起义军由最初的九百人很快扩展为几万人，不久就建立了张楚政权。此语原指假托鬼神，为起义或反叛制造舆论，或密谋策划起事。举例 ①《前汉演义》第九回："后人把疑神见鬼等情，说做篝火狐鸣，便是引用陈胜、吴广的古典。"② 茅盾《为徐平羽之新出土秦汉瓦当拓本作》："篝火狐鸣大泽乡，江东子弟赫斯怒。"

苟延残喘 gǒu yán cán chuǎn

出处 宋·俞琰《席上腐谈》卷三下："愚少也多病，羸（léi）不胜衣，所以苟延残喘而至今不死，亦《参同契》之力也。"解说 苟延：勉强地延续。残喘：临死前的喘息，指最后的一口气。羸：瘦弱。《参同契》：即《周易参同契》，东汉人魏伯阳撰写，主要讲如何炼丹修仙，养性延年，是早期道教的重要著作。原文大意是：我（俞琰）年少时身体瘦弱多病，之所以能够活到今天而没有死去，完全是按照《参同契》这本书中提供的方法修炼养生的结果。此语原指拖延一口没断的气而活着。比喻勉强维持生存。举例 ①《镜花缘》第五十七回："贤侄要知我之所以苟延残喘不肯引退者，一因主上尚未复位，二因内乱至今未平。"② 孙中山《伦敦被难记》四："故尚日食牛乳、咖啡少许……得以苟延残喘，以待良友之营救。"③ 鲁迅《〈花边文学〉序言》："在这种明诛暗杀之下，能够苟延残喘，和读者相见的，那么，非奴隶文章又是什么呢？"

狗尾续貂 gǒu wěi xù diāo

G

出处《晋书·赵王伦传》。解说 貂：一种皮毛珍贵的动物。古代皇帝的侍从用貂尾作帽子的装饰。西晋时发生"八王之乱"，赵王司马伦和大臣孙秀合谋，废掉了晋惠帝。司马伦篡夺帝位之后，为了排斥异己，笼络人心，大肆分封自己的宗族亲信以及文武百官，甚至连奴仆也得以封官晋爵。当时，亲近的王侯大臣都戴着有貂尾装饰的帽子，每次朝廷集会，貂尾冠饰比比皆是。人们见朝廷封官太滥，讽刺说："貂不足，狗尾续。"（大意是：冠饰用的貂尾不够，就用狗尾来充数。）后用此语指滥行增设官员。也比喻以次续好，前后、优劣不相称，或文章、作品的续作不佳。有时用作自谦。举例 ① 五代·孙光宪《北梦琐言》卷十八："离乱以来，官爵过滥，封王作辅，狗尾续貂。"② 清·李渔《闲情偶寄·词曲上·词采》："微疵偶见者有之，瑕瑜并陈者有之，尚有踊跃于前，懈弛于后，不得已而为狗尾续貂者亦有之。"③ 胡适《〈水浒传〉考证》四："（金）圣叹断定《水浒》只有七十回，而骂罗贯中为狗尾续貂。"

貂不足，狗尾续 diāo bù zú，gǒu wěi xù 同"狗尾续貂"。举例 ① 清·王士禛《池北偶谈·谈献五》："独谓世宗之初，张罗峰首建议以成大礼，此所谓'貂不足，狗尾续'者耶？"② 鲁迅《准风月谈·由聋而哑》："散文，在文苑中算是最成功的，但试看今年的选本，便是前三名，也即令人有'貂不足，狗尾续'之感。"

狗尾续 gǒu wěi xù 同"狗尾续貂"。举例 陈毅《南乡子·日内瓦十四国会议协议签字》："紫貂不用狗尾续，堪说。美军应从远东撤。"

续狗尾 xù gǒu wěi 同"狗尾续貂"。举例 ① 宋·黄庭坚《再次韵兼简履中南玉》之三："经术貂蝉续狗尾，文章瓦釜作雷鸣。"② 宋·周必大《杨廷尉送牛尾狸侑以长句次韵》："公诗如貂不烦削，我续狗尾句空着。"

续貂 xù diāo 同"狗尾续貂"。举例 ① 明·刘基《夜坐有怀呈石末公》："雄豪窃居皆屠狗，功业舆台总续貂。"②《醒世恒言·栖霞岭铁桧（guì）成精》："桧等不忝（tiǎn），妄冀续貂，倘蒙荐拔，戴德靡涯矣。"③ 瞿秋白《文艺杂著·荒漠里》："我实在熬不住,不免续貂。"

姑妄言之,姑妄听之 gū wàng yán zhī,gū wàng tīng zhī

出处《庄子·齐物论》。解说 姑:姑且。妄:荒诞;随便。《庄子》一书中收有不少寓言,故事情节离奇,令人难以置信,于是作者便客气地说:"予尝为女(rǔ)妄言之,女(rǔ)亦以妄听之。"(予:我。女:同"汝",你。原文大意是:我姑且随便对你说说,你也随便听听,不必太信以为真。)后用此语指随便说说和听听,未必一定有理或可信,说的人并不很认真,听的人也别太相信。举例 ① 清·王士禛《〈聊斋志异〉题诗》:"姑妄言之妄听之,豆棚瓜架雨如丝。料应厌作人间语,爱听秋坟鬼唱诗。"②《儿女英雄传》第三十回:"公子道:'既如此,姑妄言之,姑妄听之罢!'"③《呼兰河传》第三章:"她说阴间有十八关,过到狗关的时候,狗就上来咬人,用这饽饽(bō bo)一打,狗吃了饽饽就不咬人了。似乎是姑妄言之,姑妄听之,我没有听进去。"

姑妄听之 gū wàng tīng zhī 见"姑妄言之,姑妄听之"。指随便听听,不必当真。举例 ① 鲁迅《送灶日漫笔》:"即使是饭后的公评,酒后的宏议,也何尝不可姑妄听之呢!"②《子夜》十四:"吴荪甫淡淡地笑了一笑,做出'姑妄听之'的神气来。"

姑妄言之 gū wàng yán zhī 见"姑妄言之,姑妄听之"。指随便说说,其内容不一定可信。举例 ①《九命奇冤》第二十九回:"这不过姑妄言之罢了,哪一个能办这件事?"②《歧路灯》第九十九回:"此不过姑妄言之,卦姑、媒婆所传,岂可深信?"③ 鲁迅《且介亭杂文·病后杂谈》四:"彼此说谎也决不是伤雅的事情,东坡先生(苏轼)在黄州,有客来,就要客谈鬼,客说没有,东坡道:'姑妄言之!'至今还算是一件韵事。"

孤注一掷 gū zhù yī zhì

出处《宋史·寇准传》。解说 孤注:赌博时输急了,把所有的钱一次投作赌注。掷:扔,指掷骰(tóu)子。北宋初年,辽国萧太后亲率大军南下侵宋。丞相寇准坚决主张抗击入侵的辽军,并力排众议,劝真宗御驾亲征。真宗采纳了他的建议,来到澶(chán)州(在今河南濮阳附近),亲临前线督战。宋军士气大振,连连获胜。大臣王钦若嫉妒寇准之功,向真宗进谗言说:"圣上一定知道什么是赌博吧?'博者输钱欲尽,乃罄所有出之,谓之孤注。陛下,寇准之孤注也,斯亦危矣。'"(大意是:当赌徒赌输时,把身上剩下的钱一次性押上去做赌注,以决最后的输赢。这种赌注叫"孤注"。您就是寇准下的孤注啊,让您亲自临阵督战也太危险了。)真宗听了,不免有些后怕,正好打了败仗的辽军担心腹背受敌有意求和，于是与辽国签订了屈辱的“澶渊之盟”，约定宋国每年赔偿给辽国白银十万两、丝绢二十万匹。后用此语比喻在危急时刻，竭尽全力做最后一次冒险，以求侥幸挽回败局。举例 ①《孽海花》第三十二回：“无如他被全台的公愤逼迫得没有回旋余地，只好挺身而出，作孤注一掷了。”② 吴玉章《从甲午战争前后到辛亥革命前后的回忆》十三：“他之所以要从事暗杀活动，完全是因为对革命前途丧失信心，欲作孤注一掷，妄想借此以博取壮烈的美名。”③《冬天里的春天》第四章：“现在，他决不会把命运交付给天空的雁群来决定，自然更不会孤注一掷地钻进地狱似的冰洞里去。”

G

古稀 gǔ xī

出处 唐·杜甫《曲江》之二：“酒债寻常行处有，人生七十古来稀。”解说 后因以此语为七十岁的代称。举例 ① 宋·严有翼《艺苑雌黄》：“侍者方当而立岁，先生已是古稀年。”② 清·平步青《霞外攟(jùn)屑·瑞文端公重瞳》：“公早贵，致位宰辅，寿臻古稀。”③《当代》1981 年第 6 期：“他后悔自己的鲁莽行动，年届七旬，古稀高龄了，干么还这么不知轻重。”

稀年 xī nián 同“古稀”。举例 宋·李昴英《水调歌头·寿参政徐意一》：“地位到公辅，耆(qí)艾过稀年。”

故剑 gù jiàn

出处《汉书·孝宣许皇后传》。解说 汉代宣帝刘询年轻时娶平民许广汉的女儿许平君为妻，即位后封许平君为婕(jié)妤(古代宫中女官名)。当准备册立皇后时，大臣们共同商量想以大将军霍光的女儿即霍婕妤为人选。宣帝“诏求微时故剑”(微时：未显达之时。原文大意是：下诏寻求早年佩戴和使用的旧宝剑)，大臣们揣测到宣帝不忘旧物、旧情的用意，于是改奏请立许婕妤为皇后。后用此语指称原配的结发之妻。举例 ① 唐·王昌龄《行路难》：“一闻汉主思故剑，使妾长嗟(jiē)万古魂。”② 清·严有禧《漱华随笔·长平公主》：“诏求元配，命周君故剑是合。”③ 清·宣鼎《夜雨秋灯录·麻风女邱丽玉》：“小女命薄，殒谢久矣，明公尚欲寻故剑耶？”

故剑情深 gù jiàn qíng shēn 见“故剑”。比喻原配的夫妻感情深厚。举例 ①《民国通俗演义》第一二八回：“如今却说李彦青探明曹三意旨，知他故剑情深，不忘喜奎。”②《白发魔女传》第八回：“李大人故剑情深，今晚我们可要叨扰一杯团圆酒了。”

顾名思义 gù míng sī yì

出处《三国志·魏书·王昶(chǎng)传》。解说 顾:看。义:意义;含义。王昶是三国时魏国人,曾官任太子太学,为人正直,特别重视名节,就连给自己的子侄们取名字,也要以谦逊、求实为原则,希望对他们起到教育作用。他的儿子,一个叫王浑,字玄冲;另一个叫王深,字道冲。他的侄子,一个叫王默,字处静;另一个叫王沈(同“沉”),字处道。有一次王昶给子侄们写信,特意说明这样取名字的深意:“欲使汝曹立身行己,遵儒者之教,履道家之言,故以玄默冲虚为名,欲使汝曹顾名思义,不敢违越也。”(汝曹:你们这班人。原文大意是:我希望你们安身立命,恭行实践,遵循儒家的教诲,履行道家的理论,因而用沉静无为、淡泊虚静的字来给你们取名字,以使你们看到名字就联想起其中的含义,努力做到名实相符,在行动上不敢有所违背。)此语指看到名称就联想到所包含的意义,形容事物的名称与含义之间的关系简单明了。举例 ① 鲁迅、许广平《两地书》七十七:“桂花蝉顾名思义,想是香味如桂花,或因桂花开时乃有,未详。”②《四世同堂》四十一:“而‘老头儿乐’,顾名思义,是使没牙的老人们也不至向隅的。”③ 田汉《中国地方戏曲集成·序》:“京剧,顾名思义……是以北京为根据地的全国性剧种。”

顾曲周郎 gù qǔ zhōu láng

出处《三国志·吴志·周瑜传》。解说 顾:回过头去,指出差错。曲:乐曲。周郎:指周瑜。三国时吴国大将军周瑜,人称“周郎”,不但能率兵打仗,英勇善战,而且风流儒雅,精通音律。周瑜喝醉了酒时听人弹奏,乐工稍有差错都瞒不过他的耳朵,总会扭过头去瞥乐工一眼。因而有市井谣谚说:“曲有误,周郎顾。”此语原指周瑜发现弹奏有误,回头指点,后喻指精通音乐戏曲的人。举例 ① 宋·刘克庄《哭孙李蕃二首》之一:“看花李益无同伴,顾曲周郎有后身。”② 洪深《歌女红牡丹·电影故事》:“出演于哈尔滨民庆茶园,玉貌珠喉,色艺双绝,顾曲周郎,为之色授魂与者,大有人在。”

周郎 zhōu láng 同“顾曲周郎”。举例 ① 宋·苏轼《念奴娇·赤壁怀古》:“故垒西边,人道是,三国周郎赤壁。”② 元·无名氏《寄生草》:“争闲气,使见识,赤壁山正中周郎计。”③ 宋·苏轼《送欧阳推官赴华州监酒》:“知音如周郎,议论亦英发。”④ 宋·范成大《临江仙》:“周郎去后赏音稀。为君持酒听,那肯带春归。”

周郎顾 zhōu láng gù 见“顾曲周郎”。发现演奏中的差错并予以指出,比喻精通音乐。举例 ① 唐·李端《听筝》:“鸣筝金粟柱,素手玉房前。欲得周郎顾,时时误拂弦。”② 宋·辛弃疾《菩萨蛮·赠周国辅侍人》:“曲中特地误,要试周郎顾。”③ 明·陈所闻《金落索·代赠皖城王姬》:“芙蓉竟不如,燕子还相妒。袅袅新声,未许周郎顾。”

顾曲 gù qǔ 见“顾曲周郎”。指欣赏音乐。举例 陈国福《四川的昆曲》:“昆班先请川剧界顾曲,川剧界也回请昆班看戏。”

瓜田李下 guā tián lǐ xià

出处 宋·郭茂倩《乐府诗集·相和歌辞七·君子行》:“君子防未然,不处嫌疑间。瓜田不纳履,李下不正冠。”解说 履:鞋。冠:帽子。原文大意是:正人君子要防患于未然,不置身于容易让人猜疑的环境中。走过瓜田时不弯下腰提鞋子,走过李树下时不抬手整理帽子,以避免别人疑心自己摘取瓜果。古人强调正人君子要注意言谈举止,风度礼仪,还要主动避嫌,远离一些有争议的人和事。后用此语比喻招惹嫌疑的场合。举例 ①《北史·袁聿修传》:“今日仰过,有异常行。瓜田李下,古人所慎。多言可畏,譬若防川。愿得此心,不贻厚责。”②《歧路灯》第五十一回:“但瓜田李下,嫌疑难辩,万一已拘者畏法混供,也甚怕堂讯之下,玉石不分。”③《倚天屠龙记》第三十四回:“张无忌心想自己和她虽然名分已定,终是未婚夫妻,深宵共处一室,不免有瓜田李下之嫌。”

瓜李之嫌 guā lǐ zhī xián 同“瓜田李下”。举例 ①《警世通言·赵太祖千里送京娘》:“谁知事既不谐,反涉瓜李之嫌。”②《三侠五义》第五十二回:“此事原非相公本心,却是出于方先生之意。再者他因家下无人,男女不便,有瓜李之嫌,是以托老身多多致意。”

远瓜李 yuǎn guā lǐ 见“瓜田李下”。指谨言慎行,以免招惹嫌疑。举例 唐·白居易《杂感》:“嫌疑远瓜李,言动慎毫芒。”

刮地皮 guā dì pí

出处《新唐书·程日华传》,又见孙锦标《通俗常言疏证·朝署》引《山堂肆考》。解说 唐德宗时,有一个人名叫李固烈,曾官任沧州刺史(刺史:官名,主持当地军政)。他贪财好利,拼命搜刮、聚拢了大量钱财。在即将离任返回恒州时,准备把搜刮的钱财全部带走,这下子激怒了驻在当地的将士们。“军中怒曰:‘马瘠士饥死,刺史不弃毫发恤吾急,今刮地以去,吾等何望?’”(瘠:瘦弱。不弃:不舍出。恤:怜悯;救济。

原文大意是：将士们气愤地说：战马没有草料，瘦得皮包骨；士兵没有军粮，饿得拿不动兵器。刺史自私吝啬，平时舍不得拨发一点军费，根本不体恤我们的困苦。现在即将离任，竟然像把这里的地皮刮掉一层一样，把全部东西都带走，我们这些人还有什么指望呢？）于是，愤怒的将士们杀死了李固烈及其全家，推举程日华作为新的刺史。后用此语比喻贪官污吏百端搜刮民财。举例 ①《二十年目睹之怪现状》第九十回："老太爷做过两任广东知县，很刮了些广东地皮回来。"② 鲁迅《华盖集·这个与那个·二》："可是自绅士以至于庶民，又用了祖传的捧法群起而捧之了……捧得他连自己也忘其所以，结果是渐渐变成老官僚一样，动手刮地皮。"③《吕梁英雄传·开头的话》："那些政府官员、将军、太太，带上平时刮地皮刮下的金银宝珠……逃到西安、重庆等大后方去了。"

G

括地皮 guā dì pí 同"刮地皮"。括：搜括；掠夺。举例 郁达夫《弄弄文笔并不是职业》："若个个人想享福，个个人想做官括地皮，那天下就无百姓，中国的领土也马上要被括完卖完了。"

寡不敌众 guǎ bù dí zhòng

出处《孟子·梁惠王上》："寡固不可以敌众。"又见《韩非子·难三》："夫物众而智穷，寡不胜众。"解说 寡：少。敌：抵抗；对抗。众：多。此语指少数敌不过多数，也指少数人抵挡不过多数人。举例 ①《三国演义》第十五回："王朗寡不敌众，与白虎、周昕（xīn）杀条血路，走入城中，拽起吊桥，坚闭城门。"②《三家巷》七十九："看看寡不敌众，独力难支，胡杏就尖声叫嚷起来。"

众寡不敌 zhòng guǎ bù dí 同"寡不敌众"。举例 ① 唐·孙揆《灵应传》："众寡不敌，三战三北。"②《三国演义》第四十七回："用江东六郡之卒，当中国百万之师，众寡不敌，海内所共见也。"③ 鲁迅、许广平《两地书》二十一："群众是浮躁，急不可待的。忍耐不过，众寡不敌，自难免日久变生，越发不可收拾。"

众寡悬殊 zhòng guǎ xuán shū 见"寡不敌众"。指双方力量相差很大。举例 ① 孙中山《致国民党员书（一九二二年九月十八日）》："李烈钧所部赣军，与敌众寡悬殊，至于挠败。"②《烈火金刚》第二十三回："因为众寡悬殊，只打死了几个敌人就撤走了，没有能够带出群众。"

挂冠 guà guān

出处《后汉书·逄萌传》。解说 冠：帽子，特指官帽。西汉末年，王莽阴谋篡夺皇位。由于儿子王宇不支持王莽的叛乱行为，丧尽天良的王莽竟然把自己的亲骨肉都杀了。都昌人逢萌曾任县里的亭长，当时正在都城长安研习经学。他见政治黑暗，朝廷动荡，天下即将大乱，感叹地说：现在伦理道德已经沦丧，如果不立即逃离此地，就会有灾祸降临。说完，“即解冠挂东都城门，归将家属浮海，客于辽东。”（大意是：于是把官帽悬挂在东城门上弃官而去，不久携带一家老小乘船走海路，迁到了辽东。）后用此语指辞官隐居或弃官。举例 ①《儒林外史》第八回：“看老世台这等胸怀高旷，尊大人所以得畅然挂冠。”②《镜花缘》第十五回：“嗣因谗奸当道，朝政日非，老夫……随即挂冠而归。”③ 鲁迅《故事新编·理水》：“有的咬了一口松皮饼，极口叹赏它的清香，说自己明天就要挂冠归隐，去享这样的清福。”④《射雕英雄传》第三十回：“瞧你这等模样，必是段皇爷当年朝中大臣，随他挂冠离朝，归隐山林。”

挂衣冠 guà yī guān 同“挂冠”。举例 宋·刘克庄《最高楼》：“辛亥后，六请挂衣冠。”

挂冠仙尉 guà guān xiān wèi 见“挂冠”。指辞官隐居的人。举例 清·董俞《念奴娇·述感》之二：“谁是黄粱初梦醒，甘作挂冠仙尉。”

观者如堵 guān zhě rú dǔ

出处《礼记·射义》：“孔子射于矍(jué)相之圃，盖观者如堵墙。”解说 堵：墙壁。据说孔子不仅学问渊博，而且多才多艺，精通音律，擅长射箭。有一天，孔子在矍相的场院里弯弓射箭，四周围观的人多得像一道墙。后用此语形容周围观看的人众多。举例 ①《晋书·卫玠传》：“京师人士闻其（卫玠）姿容，观者如堵。”②《聊斋志异·口技》：“在都市偶过市廛(chán)，闻弦歌声，观者如堵。”③ 清·袁枚《随园诗话》卷四：“海宁陈文简公予告在家，来游西湖。人知三朝元老，观者如堵。”

观者如垛 guān zhě rú duò 同“观者如堵”。垛：指墙壁。举例《水浒传》第一〇一回：“此时琼英这段事，东京已传遍了，当时观者如垛。”

管鲍交 guǎn bào jiāo

出处《列子·力命》，又见《史记·管晏列传》。解说 管：指管仲。鲍：指鲍叔牙。交：交往；交情。春秋时，齐国的卿相管仲与大夫鲍叔牙是知心朋友，交情深厚。管仲很有才干，由于鲍叔牙的推荐，得到了齐桓(huán)公的赏识和重用。管仲当年贫困，曾与鲍叔牙一起经商，分钱时多拿了一些，鲍叔牙知道他不是贪财，而是因为家里实在太穷。管仲曾多次做官，多次被罢免。鲍叔牙知道他不是没有才能，而是因为生不逢时，未遇明君。管仲曾多次临阵脱逃，鲍叔牙知道他不是胆怯怕死，而是因为顾虑老母亲无人奉养。管仲对鲍叔牙十分敬重，对人说："生我者父母，知我者鲍子也。"（大意是：生养我的是父母，了解我的是鲍叔牙啊。）后用此语指朋友之间相互了解和信任，情谊深厚。也用来称朋友间深厚的交谊。举例 ①《北史·李彪传》："彪虽与宋弁（biàn）结管鲍交，弁为大中正，与孝文私议，犹以寒地处之，殊不欲微相优假；彪亦知之，不以为恨。"② 宋·强至《送张升甫三十韵》："古称管鲍交，千载穷相望。"

管鲍之交 guǎn bào zhī jiāo 同"管鲍交"。举例 明·陈汝元《金莲记·诗案》："前与苏子瞻山河订誓，本为管鲍之交，名位相倾，顿起孙庞之隙。"

管鲍分金 guǎn bào fēn jīn 同"管鲍交"。举例《西游记》第八十一回："宁学管鲍分金，休仿孙庞斗智。"

鲍叔谊 bào shū yì 同"管鲍交"。举例 柳亚子《寄赵伯先香江》："鲍叔谊原应指囷（qūn），阮孚穷奈不名钱。"

管鲍 guǎn bào 同"管鲍交"。举例 ① 唐·李白《箜篌谣》："管鲍久已死，何人继其踪。"② 唐·杜甫《贫交行》："君不见，管鲍贫时交，此道今人弃如土！"

鲍叔 bào shū 见"管鲍交"。指知己好友。举例 唐·杜甫《送率府程录事还乡》："千载得鲍叔，末契有所及。"

G

管窥蠡测 guǎn kuī lí cè

出处《汉书·东方朔传》。解说 管：指竹管。窥：从孔洞中看。蠡：贝壳，指用贝壳做的小瓢。测：测量；估量。西汉文学家东方朔很有才能，擅长辞赋，性情诙谐，一直没有得到汉武帝的重用，只担任过太中大夫等较低的官职。为此，他心怀不满，写了一篇《答客难》抒发自己生不逢时、怀才不遇的心情，把自己与战国时期的苏秦（齐国国相）、张仪（秦国国相）相比，认为自己未遇明君，批评朝廷"以管窥天，以蠡测海，以莛（tíng）撞钟，岂能通其条贯，考其文理，发其音声哉！"（莛：草茎。原文大意是：从竹管的孔洞中观察苍天，哪里能够了解整个天体；用贝壳做的小瓢测量海水，哪里能够测得完浩瀚的大海；以草茎撞钟，哪里能够发出洪亮的钟声呢！）后用此语比喻对事物的观察和了解很肤浅，很片面，或眼界狭隘，见识短浅。有时用于自谦。举例 ① 明·张纶《林泉随笔》："一耳目之管窥蠡测，又焉得遍观而尽识也。"② 清·袁枚《随园诗话》卷十四："凡人全集，各有精神，必通观之，方可定去取，倘捃摭（jùn zhí）一二，并非其人应选之诗，管窥蠡测。一病也。"③《红楼梦》第三十六回："我昨儿晚上的话，竟说错了，怪不得老爷说我'管窥蠡测'。"

以管窥天，以蠡酌海 yǐ guǎn kuī tiān，yǐ lí zhuó hǎi 同"以管窥天，以蠡测海"。

酌：同“测”，计量。举例 北周・庾信《三月三日华林园马射赋并序》：“小臣不举，奉诏为文，以管窥天，以蠡酌海，盛德形容，岂陈梗概！”

以管窥天 yǐ guǎn kuī tiān 同“管窥蠡测”。举例《喻世明言・游酆湖胡母迪吟诗》：“子但据目前，譬如以管窥天，多见其不知量矣。”

以蠡测海 yǐ lí cè hǎi 同“管窥蠡测”。举例 清・王韬《变法自强》下：“彼言者，直坐井窥天，以蠡测海耳！”

管窥 guǎn kuī 同“管窥蠡测”。举例《后汉书・章帝纪》：“朕在弱冠，未知稼穑(sè)之艰难，区区管窥，岂能照一隅哉！”

蠡测 lí cè 同“管窥蠡测”。举例 柯灵《香雪海・真实、想像和虚构》：“可是对历史动向的蠡测，他却表现出严重的色盲症。”

G

管见 guǎn jiàn 见“管窥蠡测”。指肤浅、狭隘的见识。多用于自谦。举例 ①《晋书・陆云传》：“臣备位大臣，职在献可，苟有管见，敢不尽规。”② 宋・陈亮《与王丞相》：“亦尝以区区管见窥测圣意，缓急之所用，决非今日之所用也。”③《李自成》第二卷三十八章：“(李)信昔为座上客，今为阶下囚，铁窗待罪，前途莫卜，岂敢像平日一样，在老父台面前不顾利害，妄陈管见。”

管宁割席 guǎn níng gē xí

出处《世说新语・德行》。解说 席：铺垫在坐位上的苇席或草席。三国时，魏国的管宁和华歆(xīn)年少时是同窗好友，曾坐在一张席子上读书。有一天，他们一起在菜园中锄草，从土中翻出一个金片，管宁把它视为瓦片一般，依旧埋头挥锄；华歆则俯身把金片捡起来仔细端详了好一会儿，然后把它放在旁边。又有一天，他们正在学堂里读书，一位高官乘着华丽的马车，吹吹打打地从门前经过。管宁似乎没有听见喧闹声，仍然端坐着用心读书；而华歆却立刻放下书本，跑到门外去看热闹。管宁看不起华歆羡慕富贵和虚荣的行为，决定与他断交。等华歆回来后，管宁用刀把席子一分为二，各坐一边，并直截了当地对他说：“子非吾友也。”(大意是：你不是我的志同道合的朋友。)后用此语比喻节操高洁，不贪世俗名利，或朋友之间因志趣、见解等不同而断绝交往。举例 ① 唐・李翰《蒙求》：“管宁割席，和峤专车。”② 元・郑廷玉《金凤钗》第一折：“似这般发志气，如管宁割席。”

割席 gē xí 同“管宁割席”。举例 ① 宋・杨万里《斋房戏题》：“欲从举者便弹冠，回顾石交难割席。”② 清・陈梦雷《绝交书》：“不孝虽已割席，敢不拜在下风。”③ 季羡林《牛棚杂忆》六：“谁要是中了它的毒，则朋友割席，夫妻反目。”

管中窥豹 guǎn zhōng kuī bào

出处《世说新语·方正》，又见《晋书·王献之传》。解说 管：指竹管。窥：从小孔或缝隙中看。略：大略；大致。斑：指豹身上的斑纹。东晋的王羲之、王献之父子二人都是著名书法家，并称“二王”。王献之年幼时就很聪明。据说有一天，家中几个门客在玩一种赌博游戏。当时王献之才几岁，他在旁边观看，看到一方处于劣势，忍不住插嘴说：“南风不竞。”（竞：强劲。原话大意是：南方刮来的风不够强劲有力。比喻赌博或竞赛的一方力量不强，将要失败。）一个门客见王献之年纪幼小，不以为然地反驳说：“此郎亦管中窥豹，时见一班。”（班：通“斑”，斑点。原话大意是：这位小公子也不过是从竹管的小孔中看豹子，时不时地看到豹子身上的一块斑纹。意思是轻视王献之，说他看不到整个豹子，即看不懂整体的局势。）后用此语比喻只见到事物的一小部分而不是全部，也指大致了解事物的部分特征或情况，便可推测事物的全貌。举例 ① 宋·陆游《江亭》：“濠上观鱼非至乐，管中窥豹岂全斑。”② 清·薛雪《一瓢诗话》五十七：“有人议论唐人选唐诗不甚佳，余曰：‘前人毕竟不同，切勿管中窥豹。’”③ 鲁迅《华盖集续编·有趣的消息》：“（陶孟和的著作）内容如何，只有百年后我们的曾孙或玄孙知道罢了，但幸而在《现代评论增刊》上提前发表了几节，所以我们竟还能管中窥豹似的，略见这一部新书的大概。”

管窥豹 guǎn kuī bào 同“管中窥豹”。举例 宋·梅尧臣《依韵和宣城张主簿见赠》：“朝来忽有赠，捧若管窥豹。”

管中窥 guǎn zhōng kuī 同“管中窥豹”。举例 宋·黄庭坚《次韵奉送公定》：“落落虎豹文，义难管中窥。”

窥一豹 kuī yī bào 同“管中窥豹”。举例 宋·周必大《胡季怀有诗约群从为秋泉之集辄以山果助筵戏作二叠》：“已许眼中窥一豹，可容杯里散千忧。”

窥豹一斑 kuī bào yī bān 同“管中窥豹”。举例 宋·李光《与胡邦衡书》：“《三经新解》未能遍读，然尝鼎一脔（luán），窥豹一斑，亦足见其大略矣。”

可见一斑 kě jiàn yī bān 同“管中窥豹”。举例 ① 小横香室主人《清朝野史大观·马复贲（bì）越南使记》：“嗟（jiē）乎，以酗酒狎妓之微嫌，遂没其困苦艰难之功业，清朝之赏罚不均，可见一斑。”② 邹韬奋《抗战以来·万方感念的马寅初先生》：“去年十二月八日在香港《大公报》所发表的《战后的经济问题》一文，对此事也曾经提及，可见一斑。”

略见一斑 luè jiàn yī bān 同“管中窥豹”。举例 ①《镜花缘》第五十八回：“诸如此类，虽未得其皮毛，也就略见一斑了。”② 鲁迅《病后杂谈之余》：“虽然不多，又未必是精粹,但也足够'略见一斑'。"③ 聂绀(gàn)弩《谈〈野叟曝(pù)言〉》:"以后还要引用原文,即使不读原书,也可以略见一斑的。"

豹一斑 bào yī bān 见"管中窥豹"。比喻事物的一小部分。举例 陈毅《由北京到广州》:"湘赣两省典型多,星火燎原豹一斑。"

灌夫骂座 guàn fū mà zuò

出处《史记·魏其武安侯列传》。解说 骂座:骂在座喝酒的人。灌夫是西汉时的大臣,曾官任淮阴太守,后升迁为太仆,性情刚正不阿,喜欢喝酒,与丞相田蚡(fén)关系不和睦。在一次宴会上,灌夫给田蚡敬酒,劝他干杯,而田蚡只喝了一小口就把酒杯放下了。灌夫觉得没趣,又给临汝侯灌贤敬酒。恰巧灌贤正凑近大中大夫程不识的耳边窃窃私语,没有注意到。灌夫本来看不惯他们的专横跋扈、颐指气使,这时心里更来气,忍不住借此大骂灌贤说:"生平毁程不识不直一钱"(直:通"值"。大意是:你平时常说程不识不值一钱),今天怎么竟像女人一样跟他咬耳根子!后来,田蚡找了一个理由弹劾(hé)灌夫,最终把他迫害致死。此语原指在酒席上借着酒劲辱骂别人,后泛指借醉酒发泄心中的积愤与不满。举例 ① 明·陈汝元《金莲记·郊遇》:"推门看竹,何妨王子乘舆;索酒指瓶,便仿灌夫骂座。"② 康有为《广艺舟双楫·行草》:"若师《争座位》三表,则为灌夫骂座,可永绝之。"

使酒骂座 shǐ jiǔ mà zuò 同"灌夫骂座"。举例《聊斋志异·酒狂》:"缪(miào)醉,使酒骂座,忤客。客怒,一座大哗。"

骂座 mà zuò 见"灌夫骂座"。形容刚正不阿,或粗俗无礼。举例 清·蒲松龄《灌仲孺论》:"独是粗莽骂座,识者短其无术。"

骂坐 mà zuò 同"骂座"。举例 清·黄宗羲《陈夔(kuí)献五十寿序》:"里中有以骂坐自喜,胜流多为所绌。"

不值一钱 bù zhí yī qián 见"灌夫骂座"。指毫无价值或地位极其低下。有轻视鄙弃意。举例 明·沈德符《万历野获编·御史大夫被论》:"此两公俱以直臣起家致大位,晚途遭诟,不值一钱,宪体至是扫地矣。"

不值一文钱 bù zhí yī wén qián 同"不值一钱"。文:量词,一枚铜钱为一文。举例《喻世明言·穷马周遭际卖䭔媪》:"此去好凭三寸舌,再来不值一文钱。"

不值一文 bù zhí yī wén 同"不值一钱"。举例 宋·罗大经《鹤林玉露·清廉》:"士大夫若爱一文,不值一文。"

一文不值 yī wén bù zhí 同"不值一文"。举例 ① 明·毕魏《三报恩·骂侯》:"最可悲年少科名,弄得一文不值。"②《二十年目睹之怪现状》第四十八回:"这一个小小玄虚，说穿了一文不值的，被他硬讹了五千银子，如何不懊悔。”③ 鲁迅《而已集·读书杂谈》：“有时说自己的作文的根柢全是同情，有时将校对者骂得一文不值。”

一钱不值 yī qián bù zhí 同“不值一钱”。举例 ①《官场现形记》第四十回：“其中更生出无数谣言，添了无数假话，竟把个瞿耐庵说得一钱不值。”②《过年》：“老赵料不到他的‘杰作’竟被批评得一钱不值。”

半文不值 bàn wén bù zhí 同“不值一文”。举例 章炳麟《论教育的根本要从自国自心发出来》：“大凡讲学问施教育的，不可像卖古玩一样，一时许多客人来看，就贵到非常的贵；一时没有客人来看，就贱到半文不值。”

G

灌园 guàn yuán

出处《孟子·滕文公下》，又见《史记·鲁仲连邹阳列传》。解说 灌：浇灌。园：园圃。陈仲子是战国时齐国人，后来迁到楚国的於（wū）陵居住，自号於陵仲子。楚王听说他贤能，便派使者携带贵重的礼物聘请他担任国相。陈仲子与妻子商量说：聘我为国相，可以乘四匹马拉的车，前呼后拥，丰衣足食，你看怎么样？妻子说：你现在有琴和书陪伴在左右，乐在其中，为什么还要去为楚国的大事操心呢？陈仲子听了，便辞去礼聘，携带妻子逃到乡间，替人家灌园。此语原指浇灌园圃，从事田园劳作。比喻高士隐居不仕，坚守节操。参见55页“抱瓮灌园”。举例 ① 唐·陈子昂《感遇》之十八：“灌园何其鄙，皎皎於陵中。”② 清·归庄《赠县令胡侯》：“闻道陈蕃悬榻久，共如仲子灌园忙。”

广陵散 guǎng líng sǎn

出处《世说新语·雅量》。解说 三国时魏国文学家嵇康工于诗文，擅长弹琴。他恃才傲物，不媚权贵，得罪了当政的司马氏集团而被捕下狱，并被判了死刑。临刑前，嵇康神情自若，抚琴弹奏了一曲《广陵散》，并叹息说：“袁孝尼尝请学此散，吾靳固不与，《广陵散》于今绝矣。”（尝：曾经。靳固：吝惜。大意是：袁孝尼曾经想学习《广陵散》，我一直未舍得传授于他，想不到这首曲子从此将失传了。）此语原为乐曲名，后被用来感叹仁人贤士受谗被害，或比喻无后继者而失传的学术、技艺等。举例 宋·陆游《九月一日夜读诗稿有感走笔作歌》：“放翁老死何足论，《广陵散》绝还堪惜。”

绝响 jué xiǎng 见“广陵散”。指学术或技艺失传。举例 清·陈廷焯《白雨斋词话》卷九：“《河传》一调，最难合拍，飞卿振其蒙，五代而后，便成绝响。”

规矩准绳 guī jǔ zhǔn shéng

出处《孟子·离娄上》。又见《管子·七臣七主》:"法律政令者,吏民规矩绳墨。" 解说 规:画圆或校正圆形的工具。矩:画方或校正方形的工具。准:测平面用的工具。绳、墨:测或画直线用的蘸有墨汁的绳。孟子说:以离娄(离娄:也叫离朱,古代传说中的人名,据说能于百步之外看清鸟身上新长出来的细毛)的目力,公输般(公输般:也叫鲁班,春秋时鲁国人,技艺超群,多有发明,被尊为木匠的祖师)的技巧,如果不用圆规和曲尺,也难以做成方形和圆形器具。以师旷(师旷:春秋时晋国的乐师,目盲,精通音律)的听力,如果不用六律,也无法校正五音。即使有尧、舜(尧、舜:传说中的古代部族领袖)的韬略,如果不施仁政,也难以治理国家,使天下太平。"圣人既竭目力焉,继之以规矩准绳,以为方员(圆)平直,不可胜用也……既竭心思焉,继之以不忍人之政,而仁覆天下矣。"(大意是:圣人既已用尽目力,又使用圆规、曲尺、水平仪、绳墨,制造出方、圆、平、直各种形状的器物,应用于方方面面……圣人既已用尽心思,又施行仁政,仁义道德就可以遍布天下了。)此语原指木匠使用的各种工具,比喻应当遵守的标准、法则等。举例 ① 汉·王符《潜夫论·赞学》:"譬犹巧倕之为规矩准绳以遗后工也。"② 宋·苏轼《议学校贡举状》:"且其为文也,无规矩准绳,故学之易成。"③ 廖仲恺《答胡适论井田书》:"先生能够早日把《国语的文法》做好寄来……使国语的文学有个规矩准绳。"

规矩绳墨 guī jǔ shéng mò 同"规矩准绳"。举例 ①《史记·孙子吴起列传》:"遂斩队长二人以殉。用其次为队长,于是复鼓之。妇人左右、前后、跪起皆中规矩绳墨,无敢出声。"② 清·薛福成《叙曾文正公幕府宾僚》:"其成之也,始之以规矩绳墨,继之以斧斤锥凿,终之以磋磨文饰。"

鬼车 guǐ chē

出处 唐·段成式《酉阳杂俎(zǔ)·羽篇》,又见宋·周密《齐东野语·鬼车鸟》。解说 鬼车,又称鬼车鸟,俗称九头鸟。传说这种鸟原来长有十个头,被狗咬掉了一个,剩下九个。九头鸟的头断处一直滴血不止,血滴到谁家,就会带来灾祸。因而听到这种鸟叫声的人都赶紧呵斥、看管好家里的狗,熄灭灯火,以求避祸消灾。此语原指一种怪鸟,转指一种夜间发光的怪异现象。举例 ①《水浒传》第九十五回:"况我兵惊恐,凡杯蛇鬼车,风兵草甲,无非撼志之物。"② 清·纪昀《阅微草堂笔记·如是我闻三》:"夜深翁仲语,月黑鬼车来。"

桂林一枝 guì lín yī zhī

出处《晋书·郤诜(xì shēn)传》。解说 三国时人郤诜博学多才,风流洒脱。晋武帝司马炎招贤纳士,郤诜进入官场,由于政绩卓越,几年后升迁为雍州刺史。晋武帝在为郤诜送行时,问他说:"卿自以为何如?"(大意是:你对自己有什么评价?)郤诜回答道:"臣举贤良对策,为天下第一,犹桂林之一枝,昆山之片玉。"(大意是:我的政论文章虽然堪称天下第一,然而不过是月宫桂林里秀美的一枝,昆仑山上群玉中的一块美玉。)此语原为自谦之辞,后比喻科举考试及第的人,或称誉出类拔萃的人才。举例 ① 清·赵翼《黄雨歌》:"桂林一枝定谁折,黄色上眉先报喜。"② 清·蒲松龄《与益都王禹臣亲家启》:"行占桂林一枝,岂止坐僮仆之新敬。"

G

桂一枝 guì yī zhī 同"桂林一枝"。举例 唐·罗隐《和禅月大师见赠》:"应观法界莲千叶,肯折人间桂一枝。"

一枝仙桂 yī zhī xiān guì 同"桂林一枝"。举例 唐·罗隐《投湖南王大夫启》:"三箧亡书,幸无漏略;一枝仙桂,尝欲觊觎。"

桂枝 guì zhī 同"桂林一枝"。举例 唐·孟浩然《送洗然弟进士举》:"桂枝如已擢,早逐雁南飞。"

蟾宫折桂 chán gōng zhé guì 见"桂林一枝"。蟾宫:月宫,即月亮之宫。折桂:摘取桂树的枝条。因桂树叶碧绿油润,故用来比喻科举考试及第,也指在竞赛中夺冠。举例 ①《红楼梦》第九回:"彼时黛玉在窗下对镜理妆,听宝玉说上学去,因笑道:'好,这一去,可要蟾宫折桂了,我不能送你了。'"②《孽海花》第五回:"举人是月宫里管的,只要吴刚老爹修桂树的玉斧砍下一枝半枝,肯赐给我们爷,我们爷就可以中举,名叫蟾宫折桂。"

蟾宫著锦袍 chán gōng zhuó jǐn páo 同"蟾宫折桂"。著:穿衣,后作"着"。举例 越剧《二度梅》第四场:"我与你夫妻南北离天涯,愿你蟾宫著锦袍。"

蟾宫客 chán gōng kè 见"蟾宫折桂"。对新及第的进士的美称。举例 金·董解元《西厢记诸宫调》卷六:"蟾宫客,赴帝阙,相送临郊野。"

桂折一枝 guì zhé yī zhī 同"蟾宫折桂"。举例 唐·白居易《喜敏中及第偶示所怀》:"桂折一枝先许我,杨穿三叶尽惊人。"

折桂枝 zhé guì zhī 同"蟾宫折桂"。举例 元·王实甫《西厢记》第三本一折:"你将那偷香手,准备着折桂枝。"

折桂 zhé guì 同"蟾宫折桂"。举例 ① 唐·温庭筠《春日将欲东归寄新及第绅先辈》："犹喜故人先折桂，自怜羁客尚飘蓬。"② 清·李渔《十二楼·夺锦楼》第一回："那些未娶少年一发踊跃不过，未曾折桂，先有了月里嫦娥。"

得桂 dé guì 同"蟾宫折桂"。举例 唐·贯休《赠方干》："弟子已得桂，先生犹灌园。"

攀桂 pān guì 同"蟾宫折桂"。也指留客或送客。举例 ① 唐·贾岛《青门里作》："若无攀桂分，只是卧云休。"② 唐·皎然《裴端公使君清席赋得青桂歌送徐长史》："昔年攀桂为留人，今朝攀桂送归客。"

攀桂客 pān guì kè 同"蟾宫客"。举例 宋·魏野《和夏台知县李尚贤殿直见赠》："曾为攀桂客，多谢访林间。"

高攀月中桂 gāo pān yuè zhōng guì 同"蟾宫折桂"。举例 金·董解元《西厢记诸宫调》卷八："幸天子开贤路，因而赴帝里也，已高攀月中桂。"

失桂 shī guì 见"桂林一枝"。指科举未考中。举例 唐·卢纶《送魏广下第归扬州》："独归初失桂，共醉忽停杯。"

郭巨埋儿 guō jù mái ér

出处《太平御览》卷四一一引汉·刘向《孝子图》，又见晋·干宝《搜神记》卷十一《郭巨》。解说 据说古时候有个人叫郭巨，是有名的大孝子。父亲去世后，留下家财二千万，郭巨虽自己家境比较贫困，但还是把钱全部分给两个弟弟，并把老母亲接过来一起生活。郭巨的妻子生了儿子，他顾虑抚养儿子会增加日常支出费用，影响对老母亲的赡养，便准备把新生的儿子埋掉。郭巨与妻子一起挖坑，挖到地下二尺深处时，意外地挖出一坛金子，坛子外边写着"天赐孝子郭巨，官不得取，民不得夺"十几个字，郭巨和妻子高兴地抱着儿子和金子回家了。后用此语指儿女奉养父母，极尽孝道。举例 鲁迅《朝花夕拾·二十四孝图》："童年时代的我和我的伙伴实在没有什么好画册可看。我拥有的最早一本画图本子只是《二十四孝图》。其中最使我不解，甚至于发生反感的，是'老莱娱亲'和'郭巨埋儿'两件事。"

国色天香 guó sè tiān xiāng

出处 唐·李濬(jùn)《松窗杂录》："上颇好诗，因问修己曰：'今京邑传唱牡丹花诗，谁为首出？'修己对曰：'臣尝闻公卿间多吟赏中书舍人李正封诗曰：国色朝酣酒，天香夜染衣。'"解说 国色：全国首屈一指的美色。天香：天然的香气。程修己是唐代的画家，曾任唐文宗的侍臣。原文大意是：唐文宗李昂喜欢诗词，有一天在御花园赏花游玩时,向陪同的侍臣程修己询问说:现今京城里士人百姓中传唱的咏牡丹花诗篇中,不知哪一篇写得最好?程修己答道:据下官所知,王公大臣之间多称许中书舍人李正封的诗句:"国色朝酣酒,天香夜染衣。"此语原形容牡丹花端丽妩媚,雍容华贵,为花国绝色,有天外奇香,非一般花卉可比。后比喻女子仪态端庄、极其美貌。举例 ①《警世通言·杜十娘怒沉百宝箱》:"值十娘梳洗方毕,纤纤玉手,揭起舟傍短帘,自泼盂中残水,粉容微露,却被孙富窥见了,果是国色天香。"②《镜花缘》第三十四回:"浑身玉佩叮当满面香气扑人,虽非国色天香,却是袅袅婷婷。"③《精卫石》第三回:"虽非国色天香艳,秀目修眉樱口鲜。"

天香国色 tiān xiāng guó sè 同"国色天香"。举例 ①《再生缘》第二十一回:"款款纤腰垂玉带,溶溶粉额映乌纱。起来缓缓辞金殿,分明是一朵天香国色花。"②《在黑暗中·梦珂》三:"大家用'天香国色'和'闭月羞花'的词藻去捧这个始终是隐忍着的林琅——被命为空前绝后的初现银幕的女明星。"

国色天姿 guó sè tiān zī 同"国色天香"。天姿:天生的丽姿。举例 ①《封神演义》第一回:"现出女娲圣像,容貌端丽,瑞彩翩跹,国色天姿,婉然如生。"②《曹雪芹开会去了》二:"频道一转,荧幕上出现了影视演员杨贵妃……果然是天生丽质,国色天姿。"

过河拆桥 guò hé chāi qiáo

出处《元史·彻里帖木耳传》。解说 元顺帝时,大臣彻里帖木耳在浙江任职时目睹科举考试的弊端,便奏请朝廷废除科举制度。中国科举制度自隋唐以来已实行七百多年,要废除它是一件非常重大的事,在朝廷中引起巨大反响,有的支持,有的反对。大臣许有壬最初也主张废除科举制度,但迫于太师伯颜的压力,又不得不改变了立场。有一个名叫普化的御史讽刺许有壬说:您是参加科举考试而获金榜题名,随后步步高升到今天的中书参知政事,"可谓过河拆桥者矣。"(大意是:您现在也主张扔掉这块敲门砖,可就成为过河拆桥的人啦。)许有壬听后又羞又恨,便借口有病,很少上朝议事了。此语指人过了河就把桥拆掉,比喻达到目的后把曾经帮助过自己的人抛开。举例 ① 元·康进之《李逵负荆》第三折:"你休得顺水推船,偏不许我过河拆桥。"②《骆驼祥子》十四:"及至听到老头子往外赶祥子,他们又向着他了——祥子受了那么多的累,过河拆桥,老头子翻脸不认人,他们替祥子不平。"③《秋风醉了》五:"好歹还有一个晚上,你支持我一下吧,我老石不是那种过河拆桥的人,我是滴水之恩必报。"

过桥拆桥 guò qiáo chāi qiáo 同"过河拆桥"。举例《官场现形记》第十七回:

“现在的人都是过桥拆桥的，到了那时候，你去朝他开口，他理都不理你呢。”

过桥抽板 guò qiáo chōu bǎn 同“过河拆桥”。举例《孽海花》第三十一回：“只要你不要过桥抽板，我马上去找他们，一定有个办法，明天来回复你。”

过屠门而大嚼 guò tú mén ér dà jiáo

出处《太平御览》卷三九一引汉·桓谭《新论·祛蔽》：“人闻长安乐，则出门而西向笑；知肉味美，则对屠门而大嚼。”解说 屠：屠户。嚼：咀嚼。长安：今陕西西安，汉代为京城。原文大意是：人们听说西安繁华热闹，渴慕京城，向西而笑；知道肉味很香，便在卖肉店铺的门外大口咀嚼，尽管没有吃到肉，也感到满足。后用此语比喻羡慕某物而得不到，姑且采用想象或虚幻的已得之状聊以安慰自己。举例 三国魏·曹植《与吴季重书》：“过屠门而大嚼，虽不得肉，贵且快意。”

过屠门大嚼 guò tú mén dà jiáo 同“过屠门而大嚼”。举例 朱自清《罗马》：“我们所看见的只是些巍巍参参差差的黄土骨子，站在太阳里，还有学者们精心研究出来的《卡拉卡拉浴场图》的照片，都只是所谓过屠门大嚼而已。”

过屠大嚼 guò tú dà jiáo 同“过屠门而大嚼”。举例 梁启超《复刘古愚山长书》：“然则居东南而谈富强，其犹过屠大嚼。”

屠门大嚼 tú mén dà jiáo 同“过屠门而大嚼”。举例 清·钱谦益《戏题徐元叹所藏钟伯敬茶讯诗卷》：“还君此卷成一笑，何异屠门大嚼眼饱胸中饥。”

望门大嚼 wàng mén dà jiáo 同“过屠门而大嚼”。举例 梁启超《过渡时代论》：“盈盈一水间，脉脉不得语。望门大嚼，我劳如何！”

西笑长安 xī xiào cháng ān 见“过屠门而大嚼”。指仰慕帝都。举例 清·叶申芗《浪淘沙·丙申夏仲去浙有怀石敦夫》：“浙水滇云徒潦到，西笑长安。”

西笑望长安 xī xiào wàng cháng ān 同“西笑长安”。举例 清·程先贞《感遇》：“西笑望长安，高高隔烟树。”

西笑 xī xiào 同“西笑长安”。举例 唐·乔琳《绵州越王楼即事》：“行雁南飞似乡信，忽然西笑向秦关。”

过犹不及 guò yóu bù jí

出处《论语·先进》：“子贡问：‘师与商也孰贤？’子曰：‘师也过，商也不及。’曰：‘然则师愈与？’子曰：‘过犹不及。’”解说 过：过分；过头。犹：如同；好像。不及：达不到。孰：哪一个。原文大意是：孔子的弟子子贡向老师请教说：“子张（孔子的弟子,名叫颛孙师)与子夏(孔子的弟子,名叫卜商)两个人相比,哪一个更贤明些呢?"孔子答道:"子张做事往往过了头,子夏做事往往不到位。"子贡又问:"那么,老师的意思是说子张要比子夏强一些,对吗?"孔子答道:"过犹不及,做得过了头,与做事不到位二者同样都不好。"孔子主张以"礼"为行为规范。这里表明了他的中庸之道。此语原指事情做得过头,就跟做得不够一样,都是不合适的。后形容说话、办事应恰如其分,不要过了头。举例 ①《荀子·王霸》:"既能治近,又务治远;既能治明,又务见幽;既能当一,又务正百。是过者也,过犹不及也。"②《镜花缘》第十四回:"多九公道:'据老夫看来,这是过犹不及。大约两耳过长,反觉没用。'"③ 朱自清《诵读教学》:"前者歪曲了白话文,后者也歪曲了白话文,所谓过犹不及。"

H

邯郸学步 hán dān xué bù

出处《庄子·秋水》:“且子独不闻夫寿陵余子之学行于邯郸与(欤)?未得国能,又失其故行矣,直匍匐而归矣。”解说 邯郸:地名,战国时为赵国国都,在今河北。学步:学习走路。余子:年少的男子。匍匐:伏在地上爬行。这是一则寓言。据说战国时,燕国的寿陵地方有一位少年,总是缺乏自信心,常感到自己事事不如人,甚至觉得自己走路的姿势又笨又丑。他听说赵国都城邯郸的人们走路姿势优美,于是瞒着家人,跑到很远的邯郸学习当地人走路。他模仿老年人走路稳重,模仿妇女走路摇摆多姿,模仿小孩子走路蹦蹦跳跳,学了很久,结果不但什么也没有学到,反而把自己走路的姿势也忘记了,只好爬着回到家乡。大家见了,无不掩口而笑。后用此语比喻生搬硬套,机械地模仿别人,不但学不到别人的长处,反而会丧失自己的优点和技能。举例 ① 宋·姜夔(kuí)《送项平甫倅(cuì)池阳》:“论文要得文中天,邯郸学步终不然。”② 明·顾若璞《卧月轩稿自序》:“虽然,亦不平鸣耳,讵敢方古班、左诸淑媛,取邯郸学步之诮耶?”③ 清·梁绍壬《两般秋雨盦(ān)随笔·琴娘》:“半臂添寒尚书醉,屏后金钗楚楚,齐俯首邯郸学步。”④《穆斯林的葬礼》第十二章:“一个正在改造世界观的资本家希望下一代能改造得更好,而并不觉得自己的走姿有些像邯郸学步那么不大像样儿。”

学步邯郸 xué bù hán dān 同“邯郸学步”。举例 明·胡应麟《抵新安访汪司马伯玉》:“齐驱碣石无先辈,学步邯郸愧后尘。”

邯郸步 hán dān bù 同“邯郸学步”。举例 宋·欧阳修《镇阳读书》:“有类邯郸步,两失皆茫茫。”

学步 xué bù 见“邯郸学步”。指学习。多用于自谦。举例 ① 唐·杜甫《风疾舟中伏枕书怀三十六韵呈湖南亲友》:“蹉跎翻学步,感激在知音。”② 清·程先贞《秋兴》:“赏音半世蹉跎过,学步三年匍匐归。”

失步 shī bù 同“邯郸学步”。举例 南朝梁·沈约《郊居赋》:“实褰(qiān)期于晚岁,非失步于芳春。”

故步 gù bù 见“邯郸学步”。原来的步法,比喻固有的技能,或思想保守,不求进取。举例 ① 宋·晁补之《送欧诚发》:“自古江山胜尘土,莫轻故步爱邯郸。”② 清·蒲松龄《代毕器先与新城王启》:“自昔文章裕后,渐失先畴,惟有忠厚传家,依然故步。”

含沙射影 hán shā shè yǐng

出处 晋·干宝《搜神记》卷十二:“汉光武中平中,有物处于江水,其名曰蜮(yù),一曰短狐,能含沙射人,所中者则身体筋急、头痛、发热,剧者至死。”又见晋·葛洪《抱朴子·登涉》。解说 原文大意是:传说在东汉光武帝时,江淮之间有一种生活在水里的毒虫,名叫蜮,也叫短狐。它常常害人。毒虫的形状长得很怪,没有眼睛,但听觉特别灵敏,只要听到有人在岸边或水中经过的声音,便知道人所在的方向和距离,然后用口中所含的沙粒向人射击。被射中的人,皮肤会染毒而生疮,身体抽筋,头痛,全身发热,严重的可致死。有的人身体虽然躲避开毒虫射出的沙粒,但是影子被射中,也会生病。故又称为射工、射影。后用此语比喻用心险恶,暗中诽谤中伤。或背地里害人的阴谋。举例 ① 唐·白居易《读史五首》之四:“含沙射人影,虽病人不知。巧言构人罪,至死人不疑。”② 鲁迅《华盖集·并非闲话(三)》:“其甚者竟至于一面庇护此人,一面又中伤他人,却又不明明白白地举出姓名和实证来,但用了含沙射影的口气,使那人不知道说着自己,却又另用口头宣传以补笔墨所不及,使别人可以疑心到那人身上去。”③《班主任》三:“他们一贯推心置腹,就是吵嘴,也从不含沙射影、指桑骂槐。”

含沙射人影 hán shā shè rén yǐng 同“含沙射影”。举例 清·黄遵宪《述怀再呈霭人樵野丈》之二:“含沙射人影,鬼蜮不可测。”

含沙射人 hán shā shè rén 同“含沙射影”。举例 元·宋无《公无渡河》:“鳄鱼张口奋灵齿,含沙射人毒如矢。”

鬼蜮含沙 guǐ yù hán shā 同“含沙射影”。举例《花月痕》第五回:“杯蛇幻影,鬼蜮含沙。萦愁绪以回肠,蔓牵瓜落;拭泪珠而洗面,藕断丝长。”

含沙 hán shā 同“含沙射影”。举例《聊斋志异·绛(jiàng)妃》:“济恶以才,妒同醉骨;射人于暗,奸类含沙。”

含饴弄孙 hán yí nòng sūn

出处《后汉书·明德马皇后纪》。解说 饴:麦芽糖。弄:逗弄。东汉明帝皇后马后以贤德闻名后宫。明帝逝世,其子章帝继位,尊马皇后为皇太后。马太后希望章帝治理好国家，“吾但当含饴弄孙，不能复关政矣。”（大意是：自己今后可以悠闲地生活，每天只是口含饴糖逗弄小孙子玩，不用过问朝廷的任何政事了）。后用此语形容老年人悠闲的晚年及享受天伦之乐的生活。举例 ①《歧路灯》第七十七回：“说齿届年稀，又有含饴弄孙之乐。”② 清·百一居士《壶天录》卷上：“佳儿佳妇，吾将含饴弄孙，不复理家政矣。”③ 苏曼殊《送邓邵二君序》：“复见二君含饴弄孙于桃花鸡犬之间，不为亡国之人，未可知也。”

韩寿偷香 hán shòu tōu xiāng

出处《世说新语·惑溺》。解说 据说西域的贡品中有一种奇异的香，人稍一沾染，身上的香气数月不散。贾充是西晋大臣，晋武帝曾把西域奇香赐给他。韩寿是贾充的下属，英俊而文雅。贾充之女贾午见到韩寿，倾心并委身于他，还偷偷把西域奇香送给自己的心上人。贾充的其他僚属闻到韩寿身上有异香，禀告给贾充。贾充最初以为是韩寿偷香，又拷问女儿的侍女，获知小姐与韩寿的私情。贾充无奈，只好把女儿嫁给了韩寿。后用此语指男女偷情，即男子与女子私通。举例 明·沈鲸《双珠记·遇淫持正》：“韩寿偷香，方法也是我教他的。”

偷香 tōu xiāng 同“韩寿偷香”。举例 ① 明·杨珽（tǐng）《龙膏记·祸媒》：“难道有约在桑间，偷香寄宫苑。”② 鲁迅《集外集拾遗·辩“文人无行”》：“轻薄、浮躁、酗酒、嫖妓而至于闹事，偷香而至于害人，这是古来之所谓‘文人无行’。”

盗香 dào xiāng 同“韩寿偷香”。举例 清·纪昀《阅微草堂笔记·槐西杂志三》：“其乡民家一少年，与邻女相悦，时时窥也，久而微露盗香迹。”

窃香 qiè xiāng 同“韩寿偷香”。举例《警世通言·宿香亭张浩遇莺莺》：“一夕东轩多少事，韩生虚负窃香名。”

偷香窃玉 tōu xiāng qiè yù 同“韩寿偷香”。“窃玉”指《杨妃外传》载唐代杨贵妃窃宁王玉笛的事，一说是当时的一种内容已失传的杂剧名。举例 ① 元·无名氏《百花亭》第二折：“从今后牢收起爱月惜花心，紧抄定偷香窃玉手。”②《红楼梦》第一回：“大半风月之事，不过偷香窃玉，暗约私奔而已，并不曾将儿女之真情发泄一二。”③《村妇》卷一：“过去他和野台子戏小旦偷香窃玉，单对子一不吵二不骂，也不寻死觅活，只是阴沉着脸像满天乌云，十天半月不放晴。”

窃玉偷香 qiè yù tōu xiāng 同“偷香窃玉”。举例 ① 元·王实甫《西厢记》第一本二折：“虽不能勾（够）窃玉偷香，且将这盼行云眼睛儿打当。”②《儿女英雄传》第二十七回：“世上偏有等不争气、没出豁的男子，越是遇见这等贤内助，他越不安本分，一味的啖腥逐臭，还道是窃玉偷香。”

偷香手 tōu xiāng 见“韩寿偷香”。指惯于偷香的人。举例 元·王实甫《西厢记》第三本一折：“你将那偷香手，准备着折桂枝。”

贾充香 jiǎ chōng xiāng 见“韩寿偷香”。指异香或男女倾情之物。举例 元·白朴《越调·小桃红》：“伤心留得，软金罗袖，犹带贾充香。”

汗牛充栋 hàn niú chōng dòng

出处 唐·柳宗元《陆文通先生墓表》。解说 栋：栋宇，指房屋。唐代学者陆质对孔子的《春秋》很有研究，著有《春秋集注》《春秋辨疑》《春秋微旨》等。柳宗元对陆质的治学态度深表敬佩，当他死后为其撰写了墓表，其中说道，自从孔子作《春秋》之后千百年来，给《春秋》作传和注疏的学者有千百人之多，“其为书，处则充栋宇，出则汗牛马”。（栋宇：同“栋”。原文大意是：他们的著作存放在一起可以堆满屋子，搬运起来能把牛马累得全身流汗。）后用此语形容书籍或藏书非常多。举例 ①《聊斋志异·封三娘》：“世传养生术，汗牛充栋，行而效者谁也？”② 鲁迅《且介亭杂文二集·隐士》：“古今著作，足以汗牛充栋，但我们可能找出樵夫、渔夫的著作来？”③《穆斯林的葬礼》第三章：“‘博雅’宅的老先生与世长辞了，带着怀才不遇的愤懑，带着汗牛充栋的学问，带着那一双知玉识宝的慧眼，到另一个世界去了。”

汗牛塞屋 hàn niú sāi wū 同“汗牛充栋”。举例 清·袁枚《黄生借书说》：“汗牛塞屋，富贵家之书，然富贵人读书者有几？”

汗牛 hàn niú 同“汗牛充栋”。举例 清·赵翼《香牛皮席》：“笑我著书曾未寸，翻教忝窃汗牛名。”

汗马牛 hàn mǎ niú 同“汗牛充栋”。举例 宋·陆游《冬夜读书有感》：“气本充天地，书非汗马牛。”

沆瀣一气 hàng xiè yī qì

出处 宋·钱易《南部新书·戊集》，又见宋·王谠《唐语林·补遗》。解说 沆：大水。瀣：小水流。一气：同类相通。据说唐代僖宗时有一次举行科举考试，考生崔瀣没有多少学问，文章写得也不好，偏巧主考官名叫崔沆，竟然很赏识崔瀣，把他录取了。当时有人不服气，嘲讽说：“座主门生，沆瀣一气。”古代科举及第者称主考官为座主，自称门生。此语原指到了夜间，无论大水还是小水流，散发出的水汽都凝聚在一起。也指崔沆和崔瀣同姓而有亲友关系，科举考试时二人相串联，并非公平录取。后比喻气味相投的人勾结在一起。含贬义。有时也比喻情趣或志趣相同的人聚在一起。举例 ①《孽海花》第三十四回："皓东的敏锐活泼，和胜佛的豪迈灵警，两雄相遇，尤其沆瀣一气。"② 孙中山《伦敦被难记》三："舟中员司未必与使馆沆瀣一气，其中安知无矜悯予而为予援应者？"③ 吕振羽《简明中国通史》第九章："其实，所谓'豪强'和'官家'，原是沆瀣一气的。"④《被礁石划破的水流》："呸！还让我当你的助手，沆瀣一气，为虎作伥！"

气同沆瀣 qì tóng hàng xiè 同"沆瀣一气"。举例 孙中山《祭夏重民文》："黄冈先烈，花邑犹多，君生是邦，气同沆瀣。"

沆瀣 hàng xiè 同"沆瀣一气"。举例 郑观应《〈盛世危言〉序》："约以有过相规，有善相辅，沆瀣诚相得也。"

H

濠上观鱼 háo shàng guān yú

出处《庄子·秋水》。解说 濠：水名，在今安徽凤阳东北。庄子和惠子都是战国时哲学家，有一天他们漫步走到濠水的一座桥梁上，庄子望着河水中的鱼说："你看，鱼在水中自由自在地游着，这就是鱼的快乐。"惠子说："你又不是鱼，怎么知道鱼很快乐！"庄子反问道："你又不是我，怎么知道我不了解鱼很快乐？"后用此语形容悠然自得，寄情物外。也比喻别有会心的情趣，或自得其乐的境地。举例 宋·陆游《江亭》："濠上观鱼非至乐，管中窥豹岂全斑？"

濠上之风 háo shàng zhī fēng 同"濠上观鱼"。举例 南朝梁·慧皎《高僧传·竺道一》："少以篇牍著称，性好丘壑(hè)。一吟一咏，有濠上之风。"

观濠 guān háo 同"濠上观鱼"。举例 唐·王起《美鱼赋》："窥绿藻，瞰(kàn)红莲，弹铗之歌愈切，观濠之意弥坚。"

观鱼乐 guān yú lè 同"濠上观鱼"。举例 ① 唐·张说《相州山池作》："观鱼乐何在？听鸟情都歇。"② 清·祁寯(jùn)藻《题沈石田韩襄毅园林画册》："小园一二亩，垂柳两三株，妙解观鱼乐，闲描戏鸭图。"

鱼乐 yú lè 同"濠上观鱼"。举例 唐·杜甫《白露》："凭几看鱼乐，回鞭急鸟栖。"

人作鱼 rén zuò yú 同"濠上观鱼"。举例 南朝梁·萧纲《如梦》："未验周为蝶，安知人作鱼。"

好好先生 hǎo hǎo xiān shēng

出处《世说新语·言语》南朝梁·刘孝标注引《司马徽别传》。解说 司马徽是东汉末年的名士，善于识别人才，人称"水镜先生"，他曾把与诸葛亮齐名、号称"凤雏"的庞统推荐给刘备。由于当时社会动荡，政权之争复杂，司马徽为了保全自己，凡事都装糊涂，无论别人跟他讲什么事情，不管是好是坏，他都一味地说“好，好。”妻子责备他说：“人家有疑问才来问你，你怎么能光是说‘好’呢！”司马徽对妻子说：“你说的话也很好。”妻子又气又恼，哭笑不得。后用此语指遇事不分是非，只说好不说坏，不敢或不愿得罪人，但求与人相安无事的人。也指善良的人、好人。举例 ①《儒林外史》第六回：“我们没来由今日为他得罪严老大，老虎头上扑苍蝇怎的？落得做好好先生。”② 洪深《五奎桥》第一幕：“他是一个胆小谦和的好好先生。”③ 冯玉祥《我的生活》第七章：“为人忠厚怕事，完全是一位好好先生，不是一个有为的人。”

事事称好 shì shì chēng hǎo 见“好好先生”。指遇事不分是非，只说好不说坏，不敢或不愿得罪人，但求与人相安无事。举例 宋·李觏《闻喜鹊》：“莫笑后来司马公，事事称好真良谋。”

万事称好 wàn shì chēng hǎo 同“事事称好”。举例 宋·辛弃疾《千年调·卮酒问人时》：“卮酒问人时，和气先倾倒。最要然然可可，万事称好。”

H

合浦珠还 hé pǔ zhū huán

出处《后汉书·孟尝传》。解说 合浦：地名，在今广西。因沿海，水产发达，所产珍珠很有名。东汉时，合浦郡沿海不产谷物，而盛产珍珠，当地百姓都以采珠为生，以此向邻近的交趾郡换取粮食。因采珠的收益很高，当地一些官吏巧立名目盘剥珠民，并且不顾珠蚌的自然生长规律，逼迫珠民过度地捕捞。结果，珠蚌逐渐迁移到交趾郡内。合浦采不到珍珠，又没有钱买粮食，饿死了不少人。后来，朝廷派了一位名叫孟尝的人来担任合浦太守。孟尝到任后，改革弊政，为民兴利。不出一年，珠蚌又迁回合浦，采珠业很快恢复起来。后用此语比喻物失而复得，或人去而复归。也形容为官清廉，或称誉官吏的政绩卓著。举例 ① 宋·程俱《致政程承议挽词》：“合浦珠还增气象，延平剑合动光芒。”②《初刻拍案惊奇》卷八：“合浦珠还自有时，惊危目下且安之。”③《聊斋志异·霍女》：“错囊充牣，而合浦珠还，君幸足矣，穷问何为？”

合浦还珠 hé pǔ huán zhū 同“合浦珠还”。举例 ① 元·王举之《送友赴都》：“赋温润荆山进玉，吐宫商合浦还珠。”② 明·沈鲸《双珠记·母子分珠》：“今分一颗与你带去，我自留一颗，以寓合浦还珠之意。”

还珠合浦 huán zhū hé pǔ 同“合浦珠还”。举例 唐·骆宾王《上兖（yǎn）州启》：“甘雨随车，云低轻重之盖；还珠合浦，波含远近之星。”

珠还合浦 zhū huán hé pǔ 同“合浦珠还”。举例 ①《二刻拍案惊奇》卷三十二：“锦富爱妾，一朝剑折延津；远道孤儿，万里珠还合浦。”②《野叟曝（pù）言》第三十七回:"闻米家只有二女,其幼者已沉西湖,生死未卜,方才老伯说是两位小姐,想已珠还合浦矣。"

去珠复还 qù zhū fù huán 同"合浦珠还"。举例 明·沈受先《三元记·遣妾》:"去珠复还,缺月再圆,一家骨肉重相见。"

还珠 huán zhū 同"合浦珠还"。举例 唐·李白《中丞宋公以吴兵三千赴河南军次寻阳脱余之囚参谋幕府因赠之》:"九江皆渡虎,三郡尽还珠。"

珠还 zhū huán 同"合浦珠还"。举例 ①《聊斋志异·雷曹》:"君生我亦良足矣,敢望珠还哉!"② 陈毅《满江红·雷州半岛(游广东旋至海南岛度假一周,记沿途所见)》之八:"看今朝,合浦果珠还,真无价。"

合浦珠 hé pǔ zhū 见"合浦珠还"。泛指珍珠,借以称誉高才。举例 宋·李正民《和元叔闻德邵省下之作》:"文场决胜事何如,神助曾无合浦珠。"

H

浦珠 pǔ zhū 同"合浦珠"。举例 唐·贯休《寄景地判官》:"浦珠为履重,园柳助诗玄。"

河东狮子吼 hé dōng shī zi hǒu

出处 宋·洪迈《容斋三笔·陈季常》。解说 北宋时人陈慥,字季常,自称龙邱先生。他出身官宦之家,却喜好谈佛事,性情狂放不羁,视荣华富贵为粪土,家里养着一群歌伎,经常设宴招待客人,伴以歌舞。陈慥的妻子柳氏性情凶悍。有一次当陈慥宴请宾客时,柳氏在隔壁发怒而大吵大闹,并用木棍使劲敲打墙壁,客人和歌伎们吓得四散而走,搞得陈慥非常尴尬。文学家苏轼与陈慥有一些往来,知道此事后,借用佛家语写了一首诗取笑道:"龙邱居士亦可怜,谈空说有夜不眠。忽闻河东师子吼,拄杖落手心茫然。"河东为古郡名。柳氏世居河东郡,为当地所仰望,这里指柳氏。师子:同"狮子"。"狮子吼"一语来源于佛教,指"如来正声",寓意佛讲法时威严无比。后用此语比喻悍妇发怒时撒泼叫嚷。也用来嘲笑惧内的男人。举例 明·洪楩《清平山堂话本·快嘴李翠莲记》:"从来夫唱妇相随,莫作河东狮子吼。"

河东狮吼 hé dōng shī hǒu 同"河东狮子吼"。举例 ① 清·华广生《白雪遗音·玉蜻蜓·戏芳》:"为妻刚正懒绸缪,怕只怕河东狮吼。"②《黑籍冤魂》第二十二回:"少不得太太面前还要趋奉趋奉,防是河东狮吼起来,要不太平。"③《官场现形记》第三十九回:"无奈瞿老爷一来怕有玷官箴(zhēn),二来怕'河东狮吼',足足坐了一夜。"

狮吼河东 shī hǒu hé dōng 同"河东狮子吼"。举例 清·袁龙《粉蝶儿·薄幸》套曲:"他合配狮吼河东掉落魂,镇日价痛骂狂嗔。"

狮吼 shī hǒu 同“河东狮子吼”。举例 ①《再生缘》第五十四回：“龙图惧内愁狮吼，难道说，朕亦低头怕尔强。”② 马汤楹《题小青墓和倚翠楼主人韵》：“萧瑟白杨风战处，犹疑狮吼惹河东。”

狮威 shī wēi 见“河东狮子吼”。指悍妇的怒火或淫威。举例 清·孔尚任《桃花扇·逢舟》：“谁知田仰嫡妻，十分悍妒，狮威胜虎，蛇毒如刃。”

季常之惧 jì cháng zhī jù 见“河东狮子吼”。指男子惧内，即怕老婆。举例《聊斋志异·马介甫》：“杨万石……生平有季常之惧。妻尹氏，奇悍，少迕之，辄以鞭挞从事……万石惧，长跽床下。”

涸辙之鲋 hé zhé zhī fù

出处《庄子·外物》。解说 涸：干涸。辙：车辙，车轮碾过留下的凹陷痕迹。鲋：鲫鱼。庄子(庄周)是战国时哲学家，他家里很贫穷。有一天，庄子到监河侯(官名)那里借粮米。监河侯答应说：“可以，等我把租税收上来之后就借给你一大笔钱去买粮米。”庄周见他借口推托，不高兴地讲了一件事情：“我来的路上听到有呼救声，四面张望发现干涸的车辙中躺着一条鲫鱼。鲫鱼请求我给一升半斗的水救它性命，我说：‘好，等我去南方游说吴越的王侯，引西江的水来救你，可以吗？’鲫鱼听了气愤地说：‘我现在被困在这里，只需要一升半斗的水就可以生存，你却要我等西江的水来营救，还不如趁早到卖干鱼的店铺去找我呢！’”此语原指干涸的车辙沟里垂死的鲫鱼。比喻身处危困之境，急待救助的人或动物。也指能解决燃眉之急的救助。举例 ① 宋·苏轼《乞开西湖状》：“若一旦湮(yān)塞，使蛟龙鱼鳖同为涸辙之鲋，臣子坐视亦何心哉！”② 鲁迅《坟·娜拉走后怎样》：“这决不是几个女人取得经济权所能救的。但人不能饿着静候理想世界的到来，至少也得留一点残喘，正如涸辙之鲋，急谋升斗之水一样，就要这较为切近的经济权，一面再想别的法。”

辙中涸鲋 zhé zhōng hé fù 同“涸辙之鲋”。举例 清·袁于令《西楼记·乘鸾》：“吾儿辙中涸鲋，得占龙头，皆因友资之益。”

涸辙鲋 hé zhé fù 同“涸辙之鲋”。举例 宋·葛胜仲《勉夫示》：“低佪涸辙鲋，进退触藩羊。”

涸鲋 hé fù 同“涸辙之鲋”。举例 唐·罗隐《谢崔舍人启》：“德水回波，重沾涸鲋；灵丹减粒，已救伤蛇。”

辙鲋 zhé fù 同“涸辙之鲋”。举例 唐·刘禹锡《秋霖即事联句三十韵》：“井蛙争入户，辙鲋乱归泉。”

辙中鲋 zhé zhōng fù 同“涸辙之鲋”。举例 宋·文同《贫士行》：“谁将斗升水，活此辙中鲋。"

涸辙之鱼 hé zhé zhī yú 同"涸辙之鲋"。举例 ①《歧路灯》第八十一回:"争乃一碗水儿生意,怎能活涸辙之鱼?"②《火凤凰》五十一:"周天虹和左明领导的第三游击支队,有如涸辙之鱼跃入大海,在堡垒如林的敌占区开始了新的畅游。"

涸辙 hé zhé 见"涸辙之鲋"。比喻危困的处境。举例 唐·王勃《秋日登洪府滕王阁饯别序》:"酌贪泉而觉爽,处涸辙以犹欢。"

涸鳞 hé lín 同"涸辙之鲋"。举例 唐·骆宾王《畴昔篇》:"涸鳞去辙还游海,幽禽释网便翔空。"

枯鱼在辙 kū yú zài zhé 同"涸辙之鲋"。举例 清·曾国藩《送周文泉大令之官城武》:"枯鱼在辙谁能久,恶草当门要须剪。"

H

枯鱼 kū yú 同"涸辙之鲋"。举例 南朝梁·庾肩吾《看放市》:"既非随鹤舞,聊思索枯鱼。"

枯鱼肆 kū yú sì 见"涸辙之鲋"。肆:店铺。此语原指卖干鱼的店铺,比喻困境或无法挽救的绝境。举例 宋·陆游《登山亭》:"早知等是枯鱼肆,乞水何须望斗升。"

枯鱼之肆 kū yú zhī sì 同"枯鱼肆"。举例 ① 宋·赵德麟《元微之崔莺莺商调蝶恋花词》:"若因媒而娶,则数月之间,索我于枯鱼之肆矣。"②《歧路灯》第七十五回:"燃眉正急,全赖及时扶拔。若待他年,未免'枯鱼之肆'矣。"

斗水 dǒu shuǐ 见"涸辙之鲋"。指能解救燃眉之急的救助。举例 唐·李白《献从叔当涂宰阳冰》:"斗水浇长鲸,弹剑歌苦寒。"

西江 xī jiāng 见"涸辙之鲋"。指不能解决问题的救助或空头承诺。举例 ① 唐·李白《赠友人》:"夫子秉家义,群公难与邻。莫持西江水,空许东溟臣。他日青云去,黄金报主人。"② 明·唐顺之《与洪方州主事》:"此事须速,不然则挽西江以救涸辙也。"

鹤立鸡群 hè lì jī qún

出处 晋·戴逵《竹林七贤论》,又见《世说新语·容止》《晋书·嵇绍传》。解说 嵇绍字延祖,是西晋时人,"竹林七贤"之一嵇康的儿子,官至侍中。嵇绍身材高大,举止潇洒,在朝廷和京城颇引人注目。司徒王戎是嵇绍父亲嵇康的旧友,有人对王戎称赞说,昨天在众人中见到嵇绍,"嵇延祖卓卓如野鹤之在鸡群"。(卓卓:高而突出的样子。原话大意是:看嵇绍那副气宇轩昂的样子,就像一只鹤高高地站立在一大群鸡中间。)王戎微微一笑回答说:你还没有见过他的父亲呢,有其父必有其子,他父亲嵇康生前的气概更是不同凡俗。鹤的腿细长，体型优美，站在鸡群中要高出许多，显得很突出。后用此语比喻某人的仪表或才能不同凡响，在众人之中特别突出。举例 ① 元・无名氏《举案齐眉》第二折：“你错认做蛙鸣井底，鹤立鸡群。”②《镜花缘》第三十九回：“正在谈论，谁知女儿国王忽见林之洋杂在众人中，如鹤立鸡群一般，更觉白俊可爱。”③ 鲁迅《朝花夕拾・无常》：“他不但活泼而诙谐，单是那浑身雪白这一点，在红红绿绿中就有‘鹤立鸡群’之概。”④《平凡的世界》第一章：“有些这样的‘洋人’就站在大众之间，如同鹤立鸡群，毫不掩饰自己的优越感。”

鹤行鸡群 hè xíng jī qún 同“鹤立鸡群”。举例 宋・苏辙《次韵子瞻感旧见寄》：“君才最高峙，鹤行鸡群中。”

野鹤在鸡群 yě hè zài jī qún 同“鹤立鸡群”。举例 元・萨都剌《送仲甫回广西》：“昂昂野鹤在鸡群，客里相逢忍见分。”

野鹤姿 yě hè zī 同“鹤立鸡群”。举例 宋・王之道《送尚老之江西》：“道人野鹤姿，昂昂在鸡群。”

黑甜乡 hēi tián xiāng

出处 宋・苏轼《发广州》：“朝市日已远，此身良自如。三杯软饱后，一枕黑甜余。”自注：“俗谓睡为黑甜。”解说 朝：指朝廷。原文大意是：官场争斗已渐渐远去，感觉是多么舒适随意。三杯酒下肚之后，枕上睡得又香又甜。此语指梦乡或酣睡。举例 ①《围城》一：“他想这一晚的睡好甜，充实得梦都没做，无怪睡叫‘黑甜乡’。”②《蛾眉》：“唐二古怪你你喃喃，坠入黑甜乡了。”

黑甜一觉 hēi tián yī jiào 同“黑甜乡”。举例《红楼梦》第六十三回：“大家黑甜一觉，不知所之。”

一枕黑甜 yī zhěn hēi tián 同“黑甜乡”。举例 郭沫若《星空》：“美哉！美哉！我醉后一枕黑甜，天机却永恒在转。”

黑甜甜 hēi tián tián 同“黑甜乡”。举例 元・马致远《陈抟（tuán）高卧》第一折：“我睡呵，黑甜甜倒身如酒醉，忽喽喽酣睡似雷鸣。”

甜黑 tián hēi 同“黑甜乡”。举例 清・程先贞《癸巳元日》：“腰酸一枕寻甜黑，面皱三杯借暖红。”

红娘 hóng niáng

出处 唐・元稹《会真记》，又见元・王实甫《西厢记》。解说 红娘本是相国小姐崔莺莺的侍女,因崔莺莺与书生张生在普救寺里邂逅,一见钟情,红娘从中转达二人的爱慕之情,促成了他们的姻缘。后用此语作为热情促成婚姻之人的代称。举例 ① 清·李渔《十二楼·合影楼》第一回:"绿波惯会做红娘,不见御沟流出墨痕香。" ②《创业史》第一部十五章:"又没得红娘式的人物,帮助他们联络联络,要理解对方的心思是多么困难啊!"

红叶题诗 hóng yè tí shī

出处 唐·范摅(shū)《云溪友议》卷十,又见唐·孟启《本事诗·情感》。解说 唐宣宗时,有一位名叫卢渥的书生到京城参加科举考试。闲暇中到皇宫附近游玩,看见御沟中有水从宫墙内流出,上边漂浮着一片美丽的红叶。他捞起来细细端详,发现上边题着字迹清秀工整的一首诗:"流水何太急,深宫尽日闲。殷勤谢红叶,好去到人间。"卢渥很喜爱,把红叶收藏起来。卢渥科考中第,做了一名朝官。后来,皇宫允许一些宫女离宫嫁人,卢渥选中了一位。成婚之后,发现新娘子就是当年在红叶上题诗的那位宫女,一时传为佳话。据《本事诗》记载,唐代玄宗时,有一个名叫顾况的书生从御花园内流出的水中拾到一片红叶,上面题有一首诗:"一入深宫里,年年不见春。聊题一片叶,寄与有情人。"故事情节大致相同。后用此语比喻男女之间的意外情缘。也指女子的春思、闺怨。举例 宋·张孝祥《满江红》:"红叶题诗谁与寄,青楼薄幸空遗迹。"

诗题红叶 shī tí hóng yè 同"红叶题诗"。举例 清·孔尚任《桃花扇·逮社》:"等他诗题红叶,白了少年头。"

题红叶 tí hóng yè 同"红叶题诗"。举例 唐·释齐己《寄怀东林寺匡白监寺》:"闲搜好句题红叶,静敛霜眉对白莲。"

红叶诗 hóng yè shī 同"红叶题诗"。举例 元·王实甫《西厢记》第五本二折:"不闻黄犬音,难传红叶诗。"

鸿沟 hóng gōu

出处《史记·高祖本纪》:"项羽恐,乃与汉王约,中分天下,割鸿沟而西者为汉,鸿沟而东者为楚。"解说 鸿沟:古代运河名,自今河南荥(xíng)阳北引黄河水经中牟、开封至淮阳入颍水。秦王朝灭亡后,楚汉之间连年攻战。刘邦的汉军大破楚军于氾水,接着围困荥阳。项羽亲自率军援救荥阳。当时刘邦兵力集中,军粮充足,而项羽将士疲惫,军粮缺乏。迫于形势,项羽同意与刘邦谈判,商定以鸿沟为界,平分天下,河西归汉,河东归楚。双方暂时停战。此语原指楚汉分界的一条河,借指疆土的分界。比喻事物间明显的界限。举例 ① 北周·庾信《拟咏怀》之八:“长坂初垂翼,鸿沟遂倒戈。”② 清·陈廷焯(zhuó)《白雨斋词话》卷五:“昔人谓诗中不可著一词语,词中亦不可作一诗语,其间界若鸿沟。”③《秋》十:“他的主张和他兄弟的主张中间是有一道鸿沟的。”

判若鸿沟 pàn ruò hóng gōu 见“鸿沟”。判:区别。此语形容事物的界限很清楚,区别很明显。举例 鲁迅《伪自由书·后记》:“从此之后,中国文坛新旧的界限,判若鸿沟。”

鸿鹄志 hóng hú zhì

H

出处《吕氏春秋·士容》:“夫骥骜(ào)之气,鸿鹄之志,有谕乎人心者,诚也。”又见《史记·陈涉世家》。解说 鸿鹄:天鹅,比喻志向远大的人。志:志向。据《史记》记载,秦末农民起义领袖陈胜(字涉)年轻时就怀有远大的抱负。他曾经跟别人一起受雇佣给人家种地。有一天在田头休息时,陈胜对干活的同伴们说:“苟富贵,勿相忘。”(大意是:假如将来我们中间有谁发迹富贵了,可不能忘记别人呀。)同伴们讥笑他道:你只不过为人家种地,怎么能发迹富贵呢?陈胜长长地叹了一口气,感慨地说:“嗟呼,燕雀安知鸿鹄之志哉?”(安:哪里;怎么。原话大意是:唉,燕雀哪里会懂得天鹅的凌云之志呢?)后用此语比喻远大的志向。举例 ①《北史·张定和张奫(yūn)等传论》:“当其郁抑未遇,亦安知有鸿鹄志哉!”② 宋·陆游《庵中杂书》:“辍耕垅上鸿鹄志,长啸山中鸾凤音。”③ 宋·刘敞《三月九日过正衙》:“平生鸿鹄志,独有去冥冥。”

鸿鹄之志 hóng hú zhī zhì 同“鸿鹄志”。举例 ① 唐·卢肇《鸜鹆(qú yù)舞赋》:“况乃意绰步蹲,然后知鸿鹄之志,不与俗态而同尘。”② 元·郑光祖《王粲登楼》第一折:“大丈夫仗鸿鹄之志,据英杰之才。”

鸿鹄怀 hóng hú huái 同“鸿鹄志”。举例 清·顾炎武《赠于副将元凯》:“乃知鸿鹄怀,燕雀安能伴。”

燕雀安知鸿鹄之志 yàn què ān zhī hóng hú zhī zhì 见“鸿鹄志”。比喻平凡的人不会理解杰出人物的雄心壮志。举例《三国演义》第四回:“(曹)操曰:‘燕雀安知鸿鹄之志哉?汝既拿住我,便当解去请赏,何必多问!’”

燕雀不知鸿鹄志 yàn què bù zhī hóng hú zhì 同“燕雀安知鸿鹄之志”。举例 ① 宋·华岳《闷题》:“此心忠义出天资,奴隶儿童莫强为。燕雀不知鸿鹄志,牛羊徒饰虎狼皮。”②《洪秀全演义》第二十一回:“乃向其乡人说道:‘我今将为状元,不久便作开国元勋矣!何以贺我?’乡人益非之。刘赞辰叹道:‘此所谓燕雀不知鸿鹄志也。’……刘赞辰三场试满，皆中肯要，遂拔作状元。”

燕雀岂知鸿鹄志 yàn què qǐ zhī hóng hú zhì 同“燕雀安知鸿鹄之志”。举例 郁达夫《己未秋应外交官试被斥仓卒东行返国不知当在何日》：“燕雀岂知鸿鹄志，凤凰终惜羽毛伤！”

陇上嗟 lǒng shàng jiē 见“鸿鹄志”。嗟：嗟叹；感叹。此语指感慨平凡的人不理解杰出人物的雄心壮志。举例 宋·王令《秋日感愤》：“蛟龙不是池中物，燕雀焉知陇上嗟。”

鸿门宴 hóng mén yàn

H

出处《史记·项羽本纪》。解说 鸿门：地名，在今陕西西安市临潼县区东北。秦代末年，刘邦率所部攻占秦都咸阳，秦王子婴投降，秦朝灭亡。项羽为了与刘邦争夺霸主地位，率军进驻鸿门，距刘邦军队的驻地霸上仅仅二十里。刘邦在敌强我弱的危急关头，听从谋士张良的计策，笼络项羽的叔父项伯，请他居中斡旋，并亲自率张良、勇士樊哙(kuài)等百余人到鸿门项羽军中赔罪求和。酒席之间，项羽想答应和解，却又犹豫不决。项羽的谋士范增为除掉劲敌，不留后患，力主杀掉刘邦，暗中唆使部将项庄借舞剑劝酒之机刺杀刘邦。项伯被刘邦重金收买，为保护刘邦，也拔剑起舞，以身遮蔽，使项庄难以下手。张良见势不好，溜出帐外叫樊哙快来护卫。张良说：“今者项庄拔剑舞，其意常在沛公也。”（沛公：指刘邦，他为沛县人，故称。原话大意是：现在项庄舞剑，他的用意就是想杀死刘邦。）樊哙一听，立刻带剑执盾闯入帐内。项羽欣赏樊哙的勇猛，赐给他斗酒彘肩（一斗酒、一只生猪的前腿）。樊哙把酒一饮而尽，又把盾牌放下，用剑在盾牌上切碎猪腿，大口咀嚼着吃得干干净净。刘邦以上厕所为借口，溜出项羽军帐，樊哙也跟了出来。刘邦想乘机逃走，但又怕项羽怪罪他不辞而别，樊哙劝告刘邦说：“如今人为刀俎，我为鱼肉，何辞为？”（俎：切肉的砧板。樊哙原话大意是：“现在人家是菜刀和砧板，我们是砧板上任人宰割的鱼和肉，赶快逃命要紧，还告辞干什么？”）刘邦听了这番话，急忙带领樊哙等数人抄小路仓皇逃走了。后用此语比喻表面礼待、实际暗藏杀机的宴会。举例 ① 明·杨慎《次韵答秦文仲》：“怒撞玉斗鸿门宴，泪落金铜汉苑仙。”②《红岩》第十章：“许云峰一时没有答话，除了徐鹏飞，这些人他都没有见过。可是一看这场面，特殊隆重的气氛，颇有几分鸿门宴的味道。”③《十步香草》二十七：“这一桌饭菜摆在青藤绿蔓的葡萄架下，看着就叫人眼馋……郧兰渚(zhū)只怕摆的是鸿门宴，忐忑不安，不敢就座。”

鸿门舞剑 hóng mén wǔ jiàn 同“鸿门宴”。举例 元·金涓《戏马台》：“鸿门舞剑成敌国，彭城衣锦登空台。”

剑舞鸿门 jiàn wǔ hóng mén 同“鸿门宴”。举例 元·王恽(yùn)《题范亚父增墓》:“剑舞鸿门失此机,重瞳成败可前知。”

项庄舞剑,意在沛公 xiàng zhuāng wǔ jiàn,yì zài pèi gōng 见“鸿门宴”。比喻言行表面假借正当的名义,暗中却别有用心地把矛头针对某人或某事。举例 ① 清·李鸿章《复丁雨生中丞》:“袁筱午请改闽抚为台湾巡抚,项庄舞剑,意在沛公,廷臣多附和之,是索公于枯鱼之肆,不得不大声疾呼。”② 梁启超《乐利主义泰斗边沁之学说》:“此边沁氏政法论之大概也。要之边氏著书虽数十种,其宗旨无一不归于乐利主义,如项庄舞剑,意在沛公。”

项庄之剑,志在沛公 xiàng zhuāng zhī jiàn,zhì zài pèi gōng 同“项庄舞剑,意在沛公”。举例 李大钊《国民之薪胆》:“盖项庄之剑,志在沛公,青岛之用兵,不在报德之前仇,非在履英之盟约,殆欲借端以树兵威于我大陆,作强暴要索之先声耳。”

项庄舞剑 xiàng zhuāng wǔ jiàn 同“项庄舞剑,意在沛公”。举例 清·刘坤一《致张香涛书》:“(定兴)乃于署督篆任内,参奏银元局及淮山盐务,牵涉敝署,不无激射之词,论者谓为项庄舞剑,而弟因未尝稍存芥蒂也。”

人为刀俎,我为鱼肉 rén wéi dāo zǔ,wǒ wéi yú ròu 见“鸿门宴”。比喻别人掌握着生杀大权,自己处于随时可能被杀害的境地。举例 ①《侠客行》第十八回:“谢烟客啊谢烟客,你聪明一世,糊涂一时,今日里竟然会自投罗网,从此人为刀俎,我为鱼肉,再也没有翻身之日了。”② 朱道南等《在大革命的洪流中·从武昌到广州》:“还不是人为刀俎,我为鱼肉,寄人篱下的日子究竟到什么时候为止?”

斗酒彘肩 dǒu jiǔ zhì jiān 见“鸿门宴”。形容壮士勇敢豪迈的英雄气概。举例 宋·刘克庄《沁园春》:“斗酒彘肩,风雨渡江,岂不快哉!”

彘肩斗酒 zhì jiān dǒu jiǔ 同“斗酒彘肩”。举例 吴梅《马鞍山吊刘龙洲墓》:“彘肩斗酒渡江人,南部莺花每怆神。”

彘肩酒 zhì jiān jiǔ 同“斗酒彘肩”。举例 宋·陆游《遣兴》:“壮心易尽彘肩酒,义气肯贪熊掌鱼。”

侯门如海 hóu mén rú hǎi

出处 唐·范摅(shū)《云溪友议》卷一。解说 侯门:旧指达官显贵人家。海:形容像大海一样深邃。相传唐宪宗时,有一个名叫崔郊的秀才,与姑母家的婢女暗中相爱。婢女长得端庄秀丽,而且很聪慧,善于弹琴。后来姑母家境衰败,将婢女卖给了地方观察使于頔(dí)为妾。崔郊与婢女断了音讯,但对婢女一直思恋不已。到了寒食节,婢女外出时巧遇崔郊,骑在马上伤心不止。崔郊感慨良久,赠给她一首诗:“公子王孙逐后尘，绿珠垂泪滴罗巾。侯门一入深如海，从此萧郎是路人。”（大意是：年轻的贵族子弟追逐在马后争睹你的美貌，你终日以泪洗面就像西晋时人石崇的宠妾绿珠一样哀伤。王侯之家门禁森严难以相见，即使得见也如同不相识的路人一般。）于頔虽然非常宠爱婢女，但是得知婢女与崔郊依然深深相恋后，便慷慨地成人之美，把婢女送给崔郊为妻，还赠了不少嫁妆。后用此语比喻豪门显贵之家门禁森严，外人无法知道内情或不能随便出入。或旧日相识的人因地位变得高低悬殊而疏远隔绝。举例 ① 清·袁于令《西楼记·缄(jiān)误》：“侯门如海怕难达。”② 清·褚(chǔ)人获《坚瓠(hù)集·钱振之无题诗》：“好梦迷天皆薄幸，侯门如海只悲酸。”

侯门似海 hóu mén sì hǎi 同“侯门如海”。举例 ① 元·岳伯川《铁拐李》第四折：“则俺情意重如山，那里也侯门深似海。”②《红楼梦》第六回：“刘姥姥道：‘嗳哟！可是说的了：‘侯门似海’，我是个什么东西儿！他家人又不认得我，去了也是白跑。’”③ 郁达夫《毁家诗纪》十九：“秋意着人原瑟瑟，侯门似海故沉沉。”

H

后顾之忧 hòu gù zhī yōu

出处《魏书·李冲传》。解说 顾：回头看。忧：忧虑；忧患。北魏孝文帝时，李冲官任宰相，他每日里处理政务殚精竭虑，不辞劳苦。文帝元宏对李冲非常敬重和信任，每当御驾亲征出行在外，都把朝廷中的重要政事交代给他，而他都能办理得井井有条。后来李冲因病逝世，文帝失去了一个得力助手，心中十分悲痛和惋惜。有一次文帝路过李冲的墓地，触景伤情地说：“朕以仁明忠雅，委以台司之寄，使我出境无后顾之忧。”（大意是：李冲公正贤明，忠诚可靠，把国家重任托付给他，可以使我每次出征在外都免去后顾之忧。）后用此语比喻来自家里或后方的、令人不放心的牵挂和困难。举例 ①《东周列国志》第六十二回：“将军为殿，寡人无后顾之忧矣。”②《创业史》第二部四章：“灯塔社的建立，解除了增福生活上的后顾之忧。”③《李自成》第一卷十四章：“使自成觉得放心的是李过已经同黑虎星马重喜成了朋友，不但免去了后顾之忧，而且万不得已时还可以往西撤退。”

后生可畏 hòu shēng kě wèi

出处《论语·子罕》：“后生可畏，焉知来者之不如今也？四十、五十而无闻焉，斯亦不足畏也已。”解说 后生：后辈；青年人。可：值得。畏：敬畏；佩服。宋·邢昺疏：“言年少之人足以积学成德，诚可畏也。”宋·朱熹《论语集注》：“孔子言后生年富力强，足以积学而有待，其势可畏。”（原文大意是：孔子说过，后生晚辈年富力强，来日方长，这一点足以令人敬佩，谁能知道这些后来人将来不会赶上和超过我们这一辈人呢？如果人活到四五十岁还做不出成就，没有什么名气，也就不值得敬佩了。）后用此语指青年人很有可能超过前辈，令人敬佩。举例 ① 明·归有光《吏部司务朱君寿序》："后生可畏，来者未可量。"②《醒世恒言·张廷秀逃生救父》："自古道：后生可畏。年纪虽小，手段却不小了。且试做了看，不要轻忽了人。"③《惨世界》第十回："你们青春年少，正是后生可畏之时，还望努力自重才好。"

年富力强 nián fù lì qiáng 见"后生可畏。"指未来的岁月尚多，精力旺盛。举例 ①《醒世恒言·三孝廉让产立高名》："二弟年富力强，方司民社，宜资庄产，以终廉节。"②《长河·人与地》："但年龄既已过去，精力也快衰竭了，再想和年富力强的汉字竞争，从水面上重打天下，已不可能了。"③ 郭沫若《科学的春天》："趁你们年富力强的时候，为人民做出更多的贡献吧！"

H

呼卢百万 hū lú bǎi wàn

出处《晋书·刘毅传》《晋书·何无忌传》，又见《宋书·武帝纪》。解说 呼：呼喊。卢：古代樗蒲（chū pú）博戏时，骰子掷出的一种最好的采，五个子都是黑色的。博戏的人在投子时，嘴里往往高声吆喝"卢""卢"，以求得到这个高采。樗蒲，也作"摴（chū）蒱"。东晋末年，楚王桓玄听说北府兵将领刘裕等起兵声讨他，心里惊恐不安。有个大臣安慰他说："刘裕之辈力量单薄，难以成事，不必担心。"桓玄说："刘裕并非等闲之辈，乃是一世之雄。他家中虽然没有多少钱财，但赌博时却呼卢百万，有一掷千金的气魄。如今他们起兵叛乱，对我们实在是很大的威胁。"后用此语形容赌注极大或赌徒赌兴正酣时的样子。也形容人狂放豪爽，举动不凡。举例 唐·李白《少年行》之三："呼卢百万终不惜，报仇千里如咫尺。"

百万呼卢 bǎi wàn hū lú 同"呼卢百万"。举例 宋·陆游《武昌感事》："百万呼卢事已空，新寒拥褐一衰翁。"

摴蒱百万 chū pú bǎi wàn 同"呼卢百万"。举例 清·王士禛《丹徒行吊宋武帝》："摴蒱百万皆人豪，龙行虎步非凡理。"

一掷千金 yī zhì qiān jīn 见"呼卢百万"。掷：扔。千金：指很多钱。此语形容花费无度，任意挥霍。举例 ① 唐·吴象之《少年行》："一掷千金浑是胆，家无四壁不知贫。"②《四世同堂》三十："甘心作奴隶的人是不会豪放的，敢一掷千金的人必不肯由敌人手下乞求一块昭和糖吃。"③ 秦牧《神速的剪影》："仅仅这么几句话，那种奢侈豪华，觥（gōng）筹交错，山珍海味，一掷千金的情景就描绘出来了。"

一掷巨万 yī zhì jù wàn 同"一掷千金"。举例《金瓶梅词话》第一回："到得有钱时节，挥金卖笑，一掷巨万。”

百万一掷 bǎi wàn yī zhì 同“一掷千金”。举例 清·侯方域《与槁木大师书》：“大师少年，生世卿之家，百万一掷，粉黛连行。”

千金一掷 qiān jīn yī zhì 同“一掷千金”。举例 唐·李白《自汉阳病酒归寄王明府》：“莫惜连船沽美酒，千金一掷买芳春。”

囫囵吞枣 hú lún tūn zǎo

出处 宋·圆悟禅师《碧岩录》：“若是知有底人，细嚼慢咽；若是不知有底人，一似浑囵吞个枣。”解说 囫囵：整个儿；完整的。（原文大意是：有缘参悟禅宗真谛的人，能够循序渐进地学习，就像吃饭一样细嚼慢咽；无缘参悟禅宗真谛的人，学习时缺乏思考，食而不化，如同不加咀嚼地把枣整个吞咽下去。）后用此语比喻学习知识或理解事物时，不加分析地笼统接受。举例 ① 瞿秋白《论大众文艺》：“这里所容纳的外国字眼和外国文法并没有消化，而是囫囵吞枣的。”② 朱自清《经典常谈·四书第七》：“那时先生不讲解，只是让学生背诵，不但得背正文，而且得背朱熹的小注。只要囫囵吞枣的念，囫囵吞枣的背。”③ 茅盾《夜读偶记·理想和现实》：“现在有些血气方刚、缺乏辨别力的青年，囫囵吞枣地读了《红楼梦》，的确会产生一些不健康的思想情绪。”

狐假虎威 hú jiǎ hǔ wēi

出处《战国策·楚策一》。解说 假：借助；凭借。这是一个寓言故事。从前有一只老虎肚子饿了，捉到一只狐狸。当它张开嘴巴，正准备把那只狐狸吃进肚子里时，狡猾的狐狸不慌不忙地恐吓说：天帝派我做百兽之王，如果你胆敢吃我，就是违背天帝旨意，将遭到严厉的制裁与惩罚。你要是不相信我的话，现在就跟着我走，看看其他野兽见了我，是不是都非常惧怕。老虎听了，将信将疑，心想先看看再说，如果狐狸骗它，再吃也不迟。于是，狐狸大模大样地在前边走，老虎则小心翼翼地跟在后边。一路上，其他野兽见到它们都四散逃窜，老虎不由得心惊胆战，它并不知道野兽怕的是自己，还以为果真怕狐狸呢。此语原指狐狸借助老虎的威风去吓唬其他野兽，后比喻仗势欺人或凭借职权作威作福。举例 ①《二刻拍案惊奇》卷二十：“果然府中来借，怎好不借？只怕被别人狐假虎威的诓了去，这个却保不得他。”②《儒林外史》第一回：“知县心里想道：这小厮那里害什么病！想是翟家这奴才走下乡，狐假虎威，着实恐吓了他一场。他从来不曾见过官府的人，害怕不敢来了。”③《四世同堂》五十七：“他晓得日本人厉害，也晓得大赤包确是善于狐假虎威，欺压良善。”④ 冯玉祥《我的生活》第五章："平常因为教徒们借着洋大人的势力对同胞作种种的侮辱，这时便不期而然的有一股人联合起来，挨家搜查这种狐假虎威的二毛子。"

狐藉虎威 hú jiè hǔ wēi 同"狐假虎威"。举例《宋书·恩幸传序》："曾不知鼠凭社贵，狐藉虎威。"

威假虎狐 wēi jiǎ hǔ hú 同"狐假虎威"。举例 清·蒲松龄《诈欺官私取财》："威假虎狐，肆其上下之手；眠同猫鼠，酿为表里之间。"

假虎之威 jiǎ hǔ zhī wēi 同"狐假虎威"。举例《聊斋志异·绛(jiàng)妃》："倏向山林丛里，假虎之威。"

狐死首丘 hú sǐ shǒu qiū

出处《礼记·檀弓上》："狐死正丘首，仁也。"又见战国楚·屈原《九章·涉江》："鸟飞反故乡兮，狐死必首丘。"解说 首：头。丘：山丘。据说狐狸将死时，头必朝向洞穴方向的山丘。古人以此比喻人不能忘记根本，或人到暮年怀念家乡故土。举例 ①《晋书·张轨传》："狐死首丘，心不忘本。"②《醒世恒言·白玉娘忍苦成夫》："但闻越鸟南栖，狐死首丘，万里亲戚坟墓，俱在南朝，早暮思想，食不甘味。"③ 郭沫若《蔡文姬》第一幕："娘很想回去的。我告诉过你'狐死首丘'的故事，一个人到死都是怀念自己的乡土的。"

狐首丘 hú shǒu qiū 同"狐死首丘"。举例 宋·陆游《百岁》："壮心空似骥伏枥，病骨敢怀狐首丘。"

狐丘 hú qiū 见"狐死首丘"。比喻故乡。举例 明·顾璘(lín)《出瀼江峡》："料乏云台酬马革，愿携霜鬓老狐丘。"

首丘 shǒu qiū 同"狐丘"。举例 清·黄遵宪《哭张心谷士驹》之一："匆匆事业了潮州，竟认潮州作首丘。"

首丘之思 shǒu qiū zhī sī 同"狐死首丘"。举例 五代·孙光宪《北梦琐言》卷十三："因有首丘之思，遂移军于荆州。"

笏满床 hù mǎn chuáng

出处《旧唐书·崔神庆传》。解说 笏：古代朝见时，君主和臣子所拿的扁长形手板，用玉、象牙或竹木等制成，上面可以记事。唐玄宗时，崔氏家族很兴盛。崔神庆的儿子、侄子中有几个官居高位，每逢节庆举行家宴时，宾客盈门，往往要专门设置一张床放笏板，甚至还要重叠堆放才能摆得下。后用此语指门第高贵显赫，家族兴旺昌盛。举例 ① 宋·苏轼《过于海舶得迈寄书酒》:"他年汝曹笏满床,中夜起舞踏破瓮。"②《红楼梦》第一回:"陋室空堂,当年笏满床,衰草枯杨,曾为歌舞场。"

满床笏 mǎn chuáng hù 同"笏满床"。举例 金·赵秉文《就刘云卿第与同院诸公喜雨分韵得发字》:"从来青紫半门生,今日子孙满床笏。"

满床靴笏 mǎn chuáng xuē hù 同"笏满床"。举例 宋·辛弃疾《感皇恩·庆婶母王恭人七十》:"须是荣华更长久。满床靴笏,罗列儿孙新妇。"

花甲子 huā jiǎ zǐ

出处 宋·计有功《唐诗纪事·赵牧》:"(赵牧)大中咸通中效李长吉为短歌,对酒曰:'手挼(ruó)六十花甲子,循环落落如弄珠。'"解说 挼:同"捼",手推,揉搓。天干(甲乙丙丁戊己庚辛壬癸)和地支(子丑寅卯辰巳午未申酉戌亥)合称"干支",以十天干和十二地支相配成六十组,古代用来表示年、月、日和时的次序。朋友宴饮行酒令或记数,常用写有天干或地支的筹子依次错综搭配,最高数也是六十。这六十组次序为:甲子,乙丑,丙寅,丁卯,戊辰,己巳,庚午,辛未,壬申,癸酉,甲戌,乙亥,丙子,丁丑,戊寅,己卯,庚辰,辛巳,壬午,癸未,甲申,乙酉,丙戌,丁亥,戊子,己丑,庚寅,辛卯,壬辰,癸巳,甲午,乙未,丙申,丁酉,戊戌,己亥,庚子,辛丑,壬寅,癸卯,甲辰,乙巳,丙午,丁未,戊申,己酉,庚戌,辛亥,壬子,癸丑,甲寅,乙卯,丙辰,丁巳,戊午,己未,庚申,辛酉,壬戌,癸亥。因"甲"居于天干首位,"子"居于地支首位,故又称"甲子、六十甲子、花甲子"或"花甲"。后用此语借称人年满六十岁。举例 ① 宋·范成大《丙午新正书怀》之一:"祝我剩周花甲子,谢人深劝玉东西。"②《大年初一》:"今年是'鸡年',阮辛酉是属鸡的,六十年花甲子,到正月初一,阮辛酉算是整整六十岁了。"

花甲 huā jiǎ 见"花甲子"。指年满六十岁。也指年月、年纪。举例 ①《西游记》第二十回:"(老者)道:'痴长六十一岁。'行者道:'好,好,好! 花甲重逢矣。'"② 清·孔尚任《桃花扇·拜坛》:"年时此日,问苍天,遭的甚么花甲。"③《说岳全传》第六十四回:"凡有人祭奠的,必是叛臣一党,即要拿去问罪。况且行文画影,有你面貌花甲,如何去得?"

画饼充饥 huà bǐng chōng jī

出处《三国志·魏志·卢毓(yù)传》。解说 充饥:解除饥饿。卢毓是三国时魏国人,学识渊博,为人忠厚,受到魏文帝的器重。他曾官任侍中、中书郎,又被提升为吏部尚书,专门负责为朝廷选拔人才。由于原来的中书郎位置空缺,魏文帝命他推荐一个合适的人递补，并对他说："选举莫取有名，名如画地作饼，不可啖（dàn）也。"（啖：吃。原话大意是：选拔人才不要选那些徒有虚名的人，因为名声就像在地上画的饼子一样，不能当饭吃。）此语原指在地上画饼，以解决肚中的饥饿，比喻徒有虚名的人或事物没有多大价值。也比喻以美妙而不切实际的空想来安慰自己。举例 ① 宋·李清照《打马赋》："说梅止渴，稍苏奔竞之心；画饼充饥，少谢腾骧（xiāng）之志。"②《警世通言·王娇鸾百年长恨》："虽然不曾定个来期，也当画饼充饥，望梅止渴。"③《人力以上》："尽管在事实上是一贫如洗，妆饰一下外观，也怕是一种画饼充饥的办法罢？"④ 巴金《随想录》八十三："望梅止渴、画饼充饥的年代早已过去，人们要听的是真话。"

充饥画饼 chōng jī huà bǐng 同"画饼充饥"。举例 元·宋方壶《醉花阴·走苏卿》套曲："当初指雁为羹，充饥画饼，道无情却有情。"

饥来画饼 jī lái huà bǐng 同"画饼充饥"。举例 清·李渔《奈何天·妒遣》："我笑你假人情也不放些儿空，却便是饥来画饼也能充。"

画饼 huà bǐng 同"画饼充饥"。举例 ① 唐·李商隐《咏怀寄秘阁旧僚二十六韵》："官衔同画饼，面貌乏凝脂。"②《子夜》四："曾沧海心下一松，想到他的邀功计划虽然已成画饼，可是危险也没有。"③ 郭沫若《洪波曲》第一章："看来这广州之行，只会是一张画饼。"

画地为饼 huà dì wéi bǐng 同"画饼充饥"。举例 宋·苏轼《二王书跋》："画地为饼未必似，要令痴儿出馋水。"

画地饼 huà dì bǐng 见"画饼充饥"。比喻徒有虚名的聊以自慰之物。举例 宋·周孚《元日怀陈道人并忆焦山旧游》："功名画地饼，岁月下江船。"

画虎不成反类狗 huà hǔ bù chéng fǎn lèi gǒu

出处《后汉书·马援传》。解说 类：类似；好像。马严和马敦是东汉时伏波将军马援的两个侄子，二人轻浮而不踏实，喜欢结交游侠。马援写了一封信教导他们说：我敬重零陵太守龙伯高，他谦恭厚道，语言朴实，希望你们向他学习；也敬重越骑司马（官名）杜季良，他豪爽仗义，结交广泛，但不希望你们向他学习。因为如果学龙伯高不成，你们还可以做一个忠厚谨慎的人，所谓"刻鹄不成尚类鹜（wù）者也"（鹜：鸭子），大致差不多；可是如果学杜季良不成，你们就会成为浮华放纵的人，所谓"画虎不成反类狗者也"，那可就差得太远了。后用此语比喻好高骛远，终无成就，反倒留下笑柄。或模仿失真，反而弄得不伦不类。举例 ①《西游记》第八十八回："行者笑道：'教便也容易，只是你等无力量，使不得我们的兵器，恐学之不精，如画虎不成反类狗也。'"② 清·李渔《意中缘·沉奸》:"万一到紧要头上,他忽然叫喊起来,我和你画虎不成反类狗了,这怎么处?"③《孽海花》第二十四回:"就怕海军提督胆小如鼠,倒弄得画虎不成反类狗耳。"

画虎不成,反类其狗 huà hǔ bù chéng,fǎn lèi qí gǒu 同"画虎不成反类狗"。举例 明·王世贞《鸣凤记·忠佞异议》:"此本一上,咦,我倒不好说得,恐投鼠不着,误伤其器,画虎不成,反类其狗,那时悔之晚也。"

画虎不成反类犬 huà hǔ bù chéng fǎn lèi quǎn 同"画虎不成反类狗"。举例《史通·六家》:"如君懋(mào)《隋书》,虽欲祖述商周,宪章虞夏,观其所述乃似《孔子家语》、临川《世说》,可谓画虎不成反类犬也。"

画虎已成翻类狗 huà hǔ yǐ chéng fān lèi gǒu 同"画虎不成反类狗"。举例 唐·皮日休《宏词下第感恩献兵部侍郎》:"画虎已成翻类狗,登龙才变即为鱼。"

H

画虎成狗 huà hǔ chéng gǒu 同"画虎不成反类狗"。举例 ①《聊斋志异·胭脂》:"女呼之返曰:'身已许君,复何吝惜?但恐画虎成狗,致贻污谤。'"② 方志敏《死!——共产主义的殉道者的记述》:"不错,病知的话是不错的,不要弄巧成拙,画虎成狗。"

画虎类狗 huà hǔ lèi gǒu 同"画虎不成反类狗"。举例 清·李渔《闲情偶寄·演习·变调》:"但须点铁成金,勿令画虎类狗。"

画虎无成 huà hǔ wú chéng 同"画虎不成反类狗"。举例 明·阮大铖《燕子笺·刺奸》:"仗三尺龙泉,扫降腥垢。肯做画虎无成,反落他人后。"

画龙点睛 huà lóng diǎn jīng

出处 唐·张彦远《历代名画记》卷七。解说 睛:眼珠。张僧繇是南朝梁时的著名画师。有一次,皇帝命他在金陵安乐寺的墙壁上作画。他画了四条栩栩如生的龙,奇怪的是都没画眼珠。人们问张僧繇为什么不画眼珠,他回答说:"如果画上眼珠的话,它们就会离开破壁而飞走。"大家不相信,认为张僧繇在说大话,坚持让他画好,张僧繇只得给其中的两条龙点上眼珠。霎时间,电闪雷鸣,这两条龙竟真的冲破墙壁,腾云驾雾飞上了天,而那两条没有点上眼珠的龙依然留在墙壁上。围观的人看得目瞪口呆,无不佩服张僧繇画技神奇。后用此语比喻说话或写文章时,在关键处用一两句精辟的话语或词句点明要旨,使内容更加生动传神或有力。举例 ① 明·张岱《博浪椎传奇序》:"子房得此数语,真如画龙点睛,从此飞腾变化,莫可测识者矣。"② 清·杨伦《〈杜诗镜铨〉凡例》:"诗贵不著圈点,取其浅深高下,随人自领。然画龙点睛,正使精神愈出,不必以前人所无而废之。"③ 梁实秋《雅舍小品·图章》:"在字画上盖章，能使得一幅以墨色或青绿为主的作品，由于朱色印泥的衬托，而格外生动，有画龙点睛之妙。”④ 秦牧《车窗文学欣赏》：“然而一个好题目，却常常对作品有画龙点睛之妙，激发人们阅读的兴趣。”

睛点龙 jīng diǎn lóng 同“画龙点睛”。举例 清·李渔《予改〈琵琶〉〈明珠〉〈南西厢〉诸旧剧……多蒙见许因呈以诗》：“稍为效一得，敢曰睛点龙。”

点睛 diǎn jīng 同“画龙点睛”。举例 清·李渔《闲情偶记·词曲下·格局》：“犹塑佛者不即开光，画龙者点睛有待。”

破壁 pò bì 同“画龙点睛”。破壁：劈开墙壁。举例 ① 明·刘溥(pǔ)《题画龙》：“田畴岁旱望甘霖，破壁须看天上去。”② 陶菊隐《北洋军阀统治时期史话》第三十一章：“即使把黎(元洪)软禁在北京，段(祺瑞)还怕他会有一天破壁飞去。”③ 周恩来《无题》：“面壁十年图破壁，难酬蹈海亦英雄。”

H

画蛇添足 huà shé tiān zú

出处《战国策·齐策二》。解说 添：增加。足：脚。这是一则寓言。相传战国时楚国有个贵族在宗祠祭祀完祖先之后，把一壶祭酒赏给了家奴们。几个家奴商量说：“这壶酒一个人喝有余，大家喝又不够。咱们各自在地上比赛画蛇吧，谁先画好，谁就先喝这壶酒。”于是，几个家奴就弯腰在地上画起来。有一个人很快画好了，端起酒壶正要喝，看到别人还在画，便得意扬扬地说：“就数我画得快，还可以给它添上几只脚呢！”说着，左手拿着酒壶，右手继续画。没等他画完，另一个人把蛇画成了，抢过酒壶说：“蛇本来没有脚，你给它添上脚就是画错了，这酒该我先喝！”说完，拿起酒壶便喝开了。那个给蛇画脚的人见状，懊悔不已。后用此语比喻多此一举，弄巧成拙，卖弄小聪明做多余的事，只能把事情办糟。举例 ①《三国演义》第一一〇回：“将军功绩已成，威声大震，可以止矣。今若前进，倘不如意，正如画蛇添足也。”②《四世同堂》四十五：“这些，他觉得已经够对得起钱家的了，不能再画蛇添足的作些什么特别的事。”③《上海的早晨》第四部三十：“他想接上去说，又觉得是画蛇添足，只好惋惜地坐着没动。”

画蛇著足 huà shé zhuó zú 同“画蛇添足”。举例 唐·韩愈《感春》：“画蛇著足无处用，两鬓雪白趋埃尘。”

画蛇足 huà shé zú 同“画蛇添足”。举例 宋·苏轼《与叶淳老侯敦夫张秉道同相视新河秉道有诗次韵二首》之一：“从来自笑画蛇足，此事何殊食鸡肋。”

为蛇画足 wèi shé huà zú 同“画蛇添足”。举例 清·全祖望《梅花岭记》：“神仙之说，所谓为蛇画足。”

为蛇添足 wèi shé tiān zú 同“画蛇添足”。举例 明·王廷相《答何柏斋造化论》:“此论为蛇添足,又岂自然而然之道哉?”

添蛇足 tiān shé zú 同“画蛇添足”。举例 明·徐渭《论中五》:“多此者,添蛇足也;不及此者,断鹤足也;而昧此而妄作者,貂不足也。”

安蛇足 ān shé zú 同“画蛇添足”。举例 唐·李商隐《有感》:“劝君莫强安蛇足,一盏芳醪(láo)不得尝。”

画足 huà zú 同“画蛇添足”。举例 清·曾国藩《赠何子贞前辈》:“捧心耻与时争妍,画足久为圣所弃。”

蛇足 shé zú 见“画蛇添足”。比喻多余的、无谓的举动。举例《镜花缘》第三十一回:“读熟上段,既学会字母,何必又读下段,岂非蛇足么?”

H

黄袍加身 huáng páo jiā shēn

出处《宋史·太祖本纪》。解说 黄袍:古代帝王身穿的龙袍。五代末年,赵匡胤(yìn)官任后周太尉,掌握军政大权。有一次他率兵北上抵御北汉和辽军,在陈桥驿(在今河南开封东北)发动兵变,授意属下的赵普、石守信等将领强行把象征皇权的黄袍披在他的身上,拥立他当皇帝。赵匡胤从此登上帝位,改朝换代,推翻后周政权,建立了宋王朝。赵匡胤被尊为宋太祖。此语原指把龙袍披在身上,登上皇帝宝座,比喻被部属拥立为帝或策划政变并获得成功。参见59页“杯酒释兵权”。举例 ① 明·于慎行《穀山笔麈·冠服》:“建安王休仁呼主衣,以白帽带之,即黄袍加身之意也。”② 子虚子《湘事记·军事篇二》:“然陈桥之役,赵匡胤黄袍加身,遂膺(yīng)天命矣。”③ 陶菊隐《北洋军阀统治时期史话》第十六章:“而袁(世凯)此时既然找不到更好的工具,又急于要黄袍加身……也就不再反对他出面来组织研究帝制的团体了。”

黄袍加体 huáng páo jiā tǐ 同“黄袍加身”。举例《说岳全传》第一回:“自从陈桥兵变,黄袍加体,即位以来,称为真龙天子。”

黄雀报 huáng què bào

出处 晋·干宝《搜神记》卷二十,又见南朝梁·吴均《续齐谐记·华阴黄雀》。解说 传说东汉人杨宝九岁时,在华阴山北坡玩耍,看到一只被猫头鹰抓伤的黄雀跌落树下,一群蝼蚁围困着它。杨宝顿生怜悯之心,赶走蝼蚁,把黄雀带回家中精心照料。过了一百多天,黄雀的伤已痊愈,羽毛丰满,杨宝便把它放生了。夜里,杨宝梦见一只嘴里衔着玉环的黄雀飞来,转身变为一个身穿黄衣的小童,他说自己本是西王母的使者，途经此地遭劫难受伤，为报答救命之恩，现赠送白玉环四枚，以保佑恩人世代子孙品行洁白如玉，身居三公之位。杨宝醒了之后，发现床头上果然放着四只名贵的白玉环。过了些年，杨宝的后代子孙有几位做了职位很高的官，家族日渐显贵起来。后用此语比喻感恩报德。举例 ① 唐·储光羲《上长史王公责躬》："灵鸟酬德辉，黄雀报仁慈。"② 明·何景明《双燕篇》："虽无黄雀报，岁愿巢君堂。"

黄雀衔环 huáng què xián huán 同"黄雀报"。举例 ① 明·张溥(pǔ)《孟门行》："黄雀衔环报旧主，畏君弹射远飞去。"②《镜花缘》第十三回："婢子蒙恩人救命，无以报德。适在海中取参，见一大蚌，特取其珠，以为'黄雀衔环'之报，望恩人笑纳。"

衔报 xián bào 同"黄雀报"。举例《聊斋志异·梅女》："逆旅孤臣，过蒙优宠，衔报之诚，结于肺肝。"

衔环 xián huán 同"黄雀报"。举例 ① 明·张景《飞丸记·怜儒脱难》："愿他早配公侯，簪缨奕世。我生当衔环，死当结草。"②《封神演义》第三十二回："他日衔环，决不有负。"

衔环报 xián huán bào 同"黄雀报"。举例 唐·王缙《青雀歌》："莫言不解衔环报，但问君恩今若为。"

衔环背鞍 xián huán bēi ān 同"黄雀报"。背：以背驮着。举例《水浒传》第十二回："杨志若得寸进，当效衔环背鞍之报。"

衔环结草 xián huán jié cǎo 同"衔环""结草"。举例 ①《醒世恒言·白玉娘忍苦成夫》："大恩未报，刻刻于怀。衔环结草，生死不负。"②《警世通言·赵太祖千里送京娘》："恩兄高见，妾今生不能补报大德，死当衔环结草。"

衔环雀 xián huán què 见"黄雀报"。比喻感恩图报的人。举例 唐·白居易《赎鸡》："莫学衔环雀，崎岖谩报恩。"

祸起萧墙 huò qǐ xiāo qiáng

出处《论语·季氏》。解说 萧墙：古代宫室庭院的照壁，外对着大门，用于屏蔽，借指内部。春秋时，鲁国大夫季孙氏准备攻打鲁国的附属国颛(zhuān)臾，以扩大自己的封地。孔子知道后说："吾恐季孙之忧，不在颛臾，而在萧墙之内也。"(大意是：我担心季孙氏的忧患并不在于颛臾，即邻国，而在于国内的矛盾啊。)孔子的意思是，如果国家内部治理不好，自己兄弟之间发生矛盾，则后患无穷。后用此语比喻内部发生祸乱。举例 ① 明·许三阶《节侠记·忠忤》："凭道满目烽烟遍四方，俺道祸起萧墙真可伤。"②《镜花缘》第六十八回："第此时臣国西宫之患虽除，无如族人甚众，良莠不齐，每每心怀异志，祸起萧墙，若稍不留神，未有不遭其害。"③《民国演义》第八十回："不照这么办法，恐祸起萧墙，势且波及全国，总统不如通权达变，暂歇风潮为是。"

萧墙祸起 xiāo qiáng huò qǐ 同"祸起萧墙"。举例 ①《三国演义》第八十回："陛下若不从众议，恐旦夕萧墙祸起。"②《水浒传》第二十六回："两边众邻舍看见武松回了，都吃一惊，大家捏两把汗，暗暗地说道：'这番萧墙祸起了！这个太岁归来，怎肯干休？必然弄出事来！'"

萧墙之祸 xiāo qiáng zhī huò 见"祸起萧墙"。指内部发生的祸乱。举例《三国演义》第三回："速提雄虎之师，克定萧墙之祸。"

萧墙祸 xiāo qiáng huò 同"萧墙之祸"。举例 明·王玉峰《焚香记·逼嫁》："贱人，那想萧墙祸，直待砂锅破。"

H

J

饥寒交迫 jī hán jiāo pò

出处 宋·王谠《唐语林·政事上》。解说 交：一齐；同时。交迫：（不同的事物）同时逼迫。唐朝初建时，社会并不太平，人民生活困苦。有一个名叫严甘罗的人因抢劫钱财而被官府拘捕。高祖李渊亲自审问他：你为什么要做强盗呢？他如实回答说："饥寒交切，所以为盗。"（交切：同"交迫"。原话大意是：因为没有粮食、衣服和被褥，饥饿和寒冷交相逼迫，无法生活，只好做了强盗。）后用此语形容缺吃少穿，生活极其贫困。举例 ① 清·钱泳《履园丛话·旧闻·席氏多贤》："今生已被虏，人被杀，儿孤妇寡，饥寒交迫，形槁心灰，虽生亦犹死也。"②《青春之歌》第二部三十一章："她从林红又想到了卢嘉川。于是几行小诗，就在这饥寒交迫、不能成眠的夜里，跳到了纸上。"

鸡虫得失 jī chóng dé shī

出处 唐·杜甫《缚鸡行》："小奴缚鸡向市卖，鸡被缚急相喧争。家中厌鸡食虫蚁，不知鸡卖还遭烹。虫鸡于人何厚薄，吾叱奴人解其缚。鸡虫得失无了时，注目寒江倚山阁。"解说 大意是：杜甫家里的童仆把鸡抓住，准备到集市上卖掉，鸡被绑住双脚，边叫边挣扎。童仆看到鸡吃虫，可怜小虫子，所以要把鸡卖掉。可是他没有想到，如果鸡被人买去，就会被杀了吃肉。人对虫和鸡，何必厚此而薄彼呢？于是我喝令童仆赶紧给鸡松绑，把它放了。继而他又想，像鸡吃虫、人缚鸡这种生活琐事是经常发生的，永远都没有了结的时候，它们的得失不重要。要紧的是，自己应该放眼高山和大江，目光放得更长远一些。后用此语指事情不大，得失无关紧要。也比喻无关紧要的细微得失。举例 ① 宋·王安石《绝句》之五："鸡虫得失何须算，鹏鷃逍遥各自知。"② 清·吴梅《风洞山·殉烈》："鸡虫得失原无定，今日里结局收场也哭几声。"③《民国通俗演义》第一二五回："在下却说民国以来，鸡虫得失，蜗角争持，闹得天翻地覆，日月无光。"

得失鸡虫 dé shī jī chóng 同"鸡虫得失"。举例 清·黄遵宪《出门》："得失鸡虫何足道，文章斗牛可能神。"

虫鸡 chóng jī 同“鸡虫得失”。举例 宋・刘克庄《送张守秘丞》之二：“虫鸡一笑何须较，鱼鸟相疏恐被弹。”

鸡肋 jī lèi

出处《三国志・魏志・武帝纪》南朝宋・裴松之注引晋・司马彪《九州春秋》。解说 鸡肋：鸡胸侧面的骨和肉。东汉末年，曹操率兵攻打汉中，刘备据险坚守，双方相持数月。曹操一时攻打不下，就想退兵，反复盘算，顾不上吃饭。这时伙夫送来一盘炖鸡。曹操一边吃鸡肉，一边继续考虑如何退兵，有一个部将进来请示如何确定当天夜间的口令，曹操随口说道：“鸡肋，鸡肋。”众将官见以“鸡肋”为口令，个个莫名其妙。主簿杨修却赶紧整理行装，并对将领们说：“夫鸡肋，弃之如可惜，食之无所得，以比汉中，知王欲还也。”（大意是：鸡肋这种东西，丢了可惜，吃着又没有多少肉，主公以此比作汉中，一定是想退兵了。）果然，曹操很快就下令班师。后用此语比喻虽本身价值不大，但又舍不得放弃的事物。也指乏味的事情、衰弱的身体等。举例 ① 宋・杨万里《晓过皂口岭》：“半世功名一鸡肋，平生道路九羊肠。”② 宋・刘克庄《贺新郎》：“薄命书生鸡肋尔，却笑尊拳忒重。”③ 清・王韬《淞隐漫录・何华珍》：“宦海中风波岂有定哉？君前程止此，久恋鸡肋何为？”④《高山下的花环》三：“某些领导对咱看不惯，把咱当成‘鸡肋’！”

鸡鸣狗盗 jī míng gǒu dào

出处《史记・孟尝君列传》。解说 鸣：叫。盗：偷东西。战国时，齐国的孟尝君注重招纳有各种本领的人，其门客号称三千。有一次，孟尝君率领一些门客出使秦国。秦昭王知道他是个了不起的人才，任命其为相国。不久，秦国的一些大臣劝秦昭王说：“孟尝君是齐国的贵族，那里有他的封地和家眷，凡事必定先为齐国打算，留下他对秦国很不利。”秦昭王觉得有道理，便把孟尝君和门客们软禁起来，只等找个借口杀掉。孟尝君得知后派人向秦昭王的宠姬求救。宠姬答应了，但提出一个苛刻的条件，要得到齐国那件无比珍贵的白狐裘衣作为回报。可是白狐裘衣天下无双，已献给秦昭王，并无第二件，孟尝君一筹莫展。这时有一个门客说：“我有办法！”说完转身走了。原来这个门客善于钻狗洞偷东西，他借着月光，潜入王宫的密室把白狐裘衣偷了出来。孟尝君把白狐裘衣献给宠姬，宠姬于是设法说服秦昭王，把孟尝君等人暂时释放，并承诺过几天送他们回齐国。孟尝君获释后担心秦昭王反悔，不敢多停留，立即乔装改扮，带领门客们连夜骑马逃命。到了函谷关（在今河南灵宝一带，当时是秦国的东大门）正是半夜，城门紧闭。按秦国规定，函谷关每天鸡叫时才打开城门。众人无法出关，又担心秦昭王派兵追杀，正在焦急之时，一个门客学起鸡叫，附近的鸡也跟着"喔，喔，喔"叫起来。守关的士兵虽然觉得奇怪，但也只得打开城门，放他们出关。天亮了，秦昭王得知孟尝君已经逃走，立刻派人捉拿。等追兵到了函谷关，孟尝君一行人已经出关多时。孟尝君正是靠着鸡鸣狗盗之士逃回了齐国。后用此语比喻技能或行为卑劣低下，或有这种技能或行为的人。含贬义。举例 ①《东周列国志》第一〇〇回："魏王忽然想着公子无忌，屡次苦苦劝我救晋鄙进兵，他手下宾客，鸡鸣狗盗者甚多，必然是他所为。"② 徐迟《牡丹》七："原来的那个鸡鸣狗盗的南京政府，是毫无意思的，他也没有能够取而代之。"③《围城》五："我知道这种女人路数多，有时得用着她们，这就是孟尝君结交鸡鸣狗盗的用意。"

狗盗鸡鸣 gǒu dào jī míng 同"鸡鸣狗盗"。举例 ①《东周列国志》第九十三回："吾之得脱虎口，乃狗盗鸡鸣之力也。"②《儿女英雄传》第十七回："报仇的这桩事，是桩光明磊落、见得天地鬼神的事，何须这等狗盗鸡鸣、遮遮掩掩？"③ 清·方成培《雷峰塔·虎阜》："谁教他学取狗盗鸡鸣，辜负了折桂偷花手。"

狗盗 gǒu dào 同"鸡鸣狗盗"。举例 唐·王维《安上门应闭主者误不下键》："尧人可封，固无狗盗之侣。"

鸡鸣 jī míng 同"鸡鸣狗盗"。举例 唐·胡曾《函谷关》："朱门不养三千客，谁为鸡鸣得放回？"

鸣盗 míng dào 同"鸡鸣狗盗"。举例 唐·储光羲《秦中初霁献给事》："鸣盗非足征，愿言同下客。"

函谷偷度 hán gǔ tōu dù 同"鸡鸣狗盗"。举例 清·孔尚任《桃花扇·移防》："莫逞旧雄姿，函谷偷度时。"

积薪 jī xīn

出处《史记·汲郑列传》。解说 西汉武帝时，中大夫汲黯(àn)性情耿直，常常直言进谏，武帝因此不满意，对他"尊而不纳，用而不迁"，很长时间没有晋升他的官职。而公孙弘、张汤等人过去只是汲黯属下的小官吏，因善于逢迎，竟然被提拔为丞相和御史大夫，位于汲黯之上。对此，汲黯心里很不是滋味，有一天对武帝发牢骚说："陛下用群臣如积薪耳，后来者居上。"(大意是：陛下您任用群臣就像农夫堆积木柴一样，先搬来的放在底下，后搬来的放在上边，一层一层堆积起来。现在年轻、资历浅的臣子居于朝廷元老之上，看来我们这些老臣升迁无望了。)后用此语比喻选拔和任用人才时，选用资历浅的后来者。举例 ① 唐·权德舆《老并见示》："左掖期连茹，南宫愧积薪。"② 宋·刘宰《分韵送王去非之官山阴》："坐看积薪上，笑谢及瓜代。"

压头薪 yā tóu xīn 见“积薪”。比喻后来者居上，感叹官阶提升艰难。举例 清·唐孙华《同年王令诒(yí)至山中坐谈有感》：“宦味难期到尾蔗，官阶犹有压头薪。”

后来居上 hòu lái jū shàng 见“积薪”。居：处于；处在。此语比喻后辈超越前辈，或后来的事物胜过先前的事物。举例 ① 宋·洪适《跋赵子直尊人家录》：“乞只依胪传次序，勿令后来居上。”② 清·纪昀《阅微草堂笔记·滦阳续录六》：“今老矣，久不预少年文酒之会，后来居上，又不知其为谁？”③ 章炳麟《东京留学生欢迎会演说辞》：“到了今日，诸君所说民族主义的学理，圆满精致，真是后来居上。”④ 邓拓《燕山夜话·从红模字写起》：“张融的话说得对，为什么一定要学王羲之父子的书法呢？应该有后来居上的自信心，要怪王羲之父子生得太早了，看不到后人的书法啊！”⑤ 邓小平《党和国家领导制度的改革》：“把大批优秀的中青年干部提拔起来，保证我们的事业后继有人，后来居上。”

J

及锋而试 jí fēng ér shì

出处《汉书·高帝纪上》。解说 及：乘；趁着。锋：锋利，比喻士气高昂。试：试用；任用。秦代末年，项羽率领诸侯联军攻进秦都咸阳，杀了秦王子婴，推翻秦朝，并自立为西楚霸王，封刘邦为汉王，其他诸侯也都被封王，各自领兵回封地。刘邦领兵开赴汉中(在今陕西秦岭以南)，由于路途遥远，很多将领和士兵在途中纷纷离去。韩信见状对刘邦说：“吏卒皆山东之人，日夜企而望归，及其锋而用之，可以有大功。”(大意是：将士们大多数是太行山以东的人，他们日夜思念家乡，不愿意远赴汉中。现在应当趁着大家归乡心切、士气旺盛时挥军东下，与项羽一争高低，成就大业。)刘邦采纳韩信的意见，发动了与项羽争夺天下的长达数年的楚汉战争。后用此语比喻趁有利时机，果断采取行动。举例 ① 清·梁章钜《楹联丛话·杂缀三五》：“及锋而试，看老夫手段如何！”② 鲁迅、许广平《两地书》五：“此后自当避免些无须必践的荆棘，养精蓄锐，以待及锋而试。”

及瓜而代 jí guā ér dài

出处《左传·庄公八年》。解说 及：到；等到。瓜：指瓜期，瓜熟的时候。代：代替。春秋时，齐襄公任命连称为大将、管至父为副将，并派他们率兵去偏远的葵丘(在今山东临淄附近)驻守。二将出发之前请示襄公说：“守卫边境，任务艰巨，臣下不敢推辞。不知您什么时候派人接替我们？”当时正值夏季，襄公一边吃瓜，一边随口答道：“瓜时而往，及瓜而代。”(而：同“尔”，你，你们。原话大意是：今年瓜熟时派你们去，等到第二年瓜熟时就派人接替你们。)可是一年过去了，瓜都熟得烂在地里了，襄公还未派兵来换防。二将派人去提醒襄公兑现承诺，襄公反而勃然大怒，严厉斥责他们，不允许换防。二将对襄公不守信誉的做法忍无可忍，于是带领军队反叛，打回都城，杀了襄公。后用此语指官吏任期已满，换他人来接替。举例 ① 宋·陈师道《代罢郡谢执政启》："顾无施设之劳，不觉岁时之逝。及瓜而代，曾不滞留。"②《东周列国志》第十四回："及瓜而代，主公所亲许也，恐其忘之，不如请代。"

及瓜代 jí guā dài 同"及瓜而代"。举例 ① 宋·贺铸《答杜仲观登丛台见寄》："行将及瓜代，暂喜摆羁束。"② 宋·刘宰《分韵送王去非之官山阴》："坐看积薪上，笑谢及瓜代。"

瓜代 guā dài 同"及瓜而代"。举例 ① 清·刘书年《说经残稿》："予以南方田桑之法详细告之，其父老甚喜，求以所告者刊本，会瓜代，不果。"②《文明小史》第二十九回："（陆朝菜）这时适逢瓜代回国，到京复命。"

期瓜 qī guā 见"及瓜而代"。指官吏的任期已满，由他人接任。举例 明·柯丹丘《荆钗记·遣音》："待三年任满期瓜，诏书来早晚迁加。"

瓜期 guā qī 见"及瓜而代"。指官吏的任期或任期届满。举例 宋·赵抃《常山县令姚存哀词》："瓜期终代促装前，常遗吾书索赠言。"

瓜时 guā shí 同"瓜期"。举例 唐·骆宾王《在军中赠先还知己》："蓬转俱行役，瓜时独未还。"

吉光片羽 jí guāng piàn yǔ

出处 晋·葛洪《西京杂记》卷一："武帝时，西域献吉光裘，入水不濡。"又见明·王世贞《题三吴楷法十册》之五。解说 吉光：古代神话中的神兽名。片羽：一片羽毛；一根毫毛。濡：沾湿。传说汉武帝时，西域派人献上一件用神兽吉光的毛皮制成的裘衣。这件裘衣极其珍贵，放在水中数天都不会沉没，上面的毛一点儿未沾湿；放在火里，也不会烧焦。此语原指神兽的一小块毛皮，比喻古代残存下来的珍贵文物。举例 ① 清·汤健业《毗陵见闻录》卷八："后因家僮夜博，不戒于火，两本俱失，流传人间者，真同吉光片羽，而上号尤为赏鉴家所重。"②《歧路灯》第九十二回："祖宗诗文，在旁人观之，不过行云流水，我们后辈视之，吉光片羽，皆金玉珠贝。"③ 梁启超《饮冰室诗话》九十八："有自南昌以谭壮飞（嗣同）遗诗一章见寄者，盖戊戌入都留别友人之作云。吉光片羽，愿与来者共宝之。"④ 朱光潜《艺文杂谈·谈书牍》："魏晋以前，著录的书牍多为吉光片羽，言简意赅而风味隽永。"

吉光凤羽 jí guāng fèng yǔ 同"吉光片羽"。举例 明·王世贞《题三吴楷法十册》之六："吾所缀集，皆待诏中年以后书，真吉光凤羽，缉而成裘，后人其宝守之。"

片羽 piàn yǔ 同“吉光片羽”。举例 唐·刘知幾《史通·古今正史》“十六国春秋”清·浦起龙通释：“世徒以国史为正，然频书幸留片羽，孝标亦在唐前，讵不足当互证之资耶？”

疾风知劲草 jí fēng zhī jìng cǎo

出处《东观汉记·王霸传》，又见《后汉书·王霸传》。解说 疾：急速；猛烈。劲：坚韧顽强。王霸是汉代颍阳（在今河南）人，曾官任上谷太守、偏将军、讨虏将军，受封淮陵侯。西汉末年徭役繁重，社会矛盾激化，各地纷纷起义，反抗王莽的残酷统治。西汉皇族刘秀乘机和兄长刘演起兵响应，加入绿林起义军。当刘秀率军经过颍川（在今河南登封一带）时，王霸带领一伙人来投奔，并立下不少战功。刘秀转战黄河以北后很不顺利，处境危险，许多人包括先前跟王霸一起投奔刘秀的一些人，对前途失去信心，纷纷离开刘秀。王霸一片忠心，始终追随着刘秀。刘秀感慨地对王霸说：“颍川从我者皆逝，而子独留，始验疾风知劲草。”（大意是：从前在颍川跟随我的人都跑了，唯有你独自留在我身边。迅猛的暴风中才能看出哪种草最坚韧，这话现在得到了验证。）后来刘秀的力量逐步壮大起来，终于推翻王莽政权，登上皇帝宝位，史称东汉光武帝。此语原指在猛烈的大风中，只有坚韧的草才不会被吹倒，比喻在严峻的考验面前，才能显示出一个人的坚强意志。举例 ① 明·徐复祚（zuò）《投梭记·却说》：“始信疾风知劲草，果然世乱识忠臣。”② 峻青《瑞雪图》：“俗语说：‘疾风知劲草。’经过这一段不平凡的日子，人们对于前进的道路是看得更加清楚了，信心也更加坚定了。”③ 屈武《操比金石节砺冰雪》：“古语说：‘疾风知劲草，烈火炼真金’，这就是宋庆龄同志的最好写照。”

疾风劲草 jí fēng jìng cǎo 同“疾风知劲草”。举例 ①《北史·裴宽传》：“被坚执锐，或有其人，疾风劲草，岁寒方验。”② 王闿（kǎi）运《〈桂阳州志〉序》：“子山执义，疾风劲草。”

疾雷不及掩耳 jí léi bù jí yǎn ěr

出处《六韬·龙韬·军势》：“善者从而不择，巧者一决而不犹豫，故疾雷不及掩耳，卒电不及瞬目。”又见《三国志·魏志·武帝纪》：“吾顺言许之，所以从其意，使自安而不为备，因蓄士卒之力，一旦击之，所谓疾雷不及掩耳，兵之变化，固非一道也。”解说 疾雷：迅猛的雷。掩：遮盖；遮蔽。瞬目：眨眼睛。据《三国志》记载，东汉末年，曹操在黄河流域与韩遂、马超争夺地盘。作战初期，韩遂、马超处于优势，打算迫使曹操割地求和。曹操假意答应议和，暗中养精蓄锐，接着以奇兵向韩遂、马超发动突然袭击，将丝毫没有防范的韩遂、马超打得大败而逃。庆功时，将领们问起这次取胜的原因，曹操说："韩遂、马超要求我们割地求和，我表面上答应他们，就是想让他们放松警惕，不作防备。这样我们以疾雷不及掩耳之势猛然出击，必胜无疑。"此语原指突然响起雷声，使人来不及捂住耳朵，比喻事情或动作来得突然，使人来不及防备。举例 ①《东周列国志》第十六回："谁知鼓声一起，突然而来。刀砍箭射，势如疾雷不及掩耳，杀得齐兵七零八落，大败而奔。"②《文明小史》第七回："他们或者未必起身，给他们个疾雷不及掩耳，拿了就走，必不使一名漏网。"

迅雷不及掩耳 xùn léi bù jí yǎn ěr 同"疾雷不及掩耳"。迅：迅猛。举例 ①《儿女英雄传》第十七回："要作得迅雷不及掩耳，其间不容发；否则，机会一失，此生还怎补行得来？"②《上海的早晨》第四部三十八："马慕韩办事的决心真大，行动也十分迅速，真的是迅雷不及掩耳，等他听到消息，兴盛已经在开公私合营大会了。"③ 王松涛《人间自有真情在》："红军大队人马亦以迅雷不及掩耳之势，直捣首府大楼，占领了发电厂、火车站、江岸码头和各高大建筑物。"

J

己所不欲，勿施于人 jǐ suǒ bù yù，wù shī yú rén

出处《论语·颜渊》，又见《论语·卫灵公》。解说 欲：想要；希望。勿：不要。施：强加。仲弓和子贡都是孔子的弟子。有一次，仲弓向老师请教怎样才能做到"仁"。孔子答道："出门如见大宾，使民如承大祭。己所不欲，勿施于人。在邦无怨，在家无怨。"（大意是：出门在外要像接待贵宾一样有礼节，让百姓做事要像举行重大祭祀一样敬重，自己不希望别人对待自己的言行，也不要施加给别人。无论对于国家还是家庭，都要任劳任怨。）仲弓谦恭地说：弟子虽然愚笨，但一定会努力按老师的话去做。又有一次，子贡向老师请教说：有没有一句至理名言可以终身奉行呢？孔子答道："其恕乎。己所不欲，勿施于人。"（大意是：应该是"恕"吧。己所不欲，勿施于人。）此语指自己不愿意做的，不要强加给别人。强调宽恕待人，是处理人际关系的重要原则。举例 ①《野叟曝（pù）言》第一四〇回："同一不知，在卑人则毫无忿怼，在郡主则视若寇仇，恐亦非己所不欲，勿施于人之恕道也。"②《红旗谱》十二："运涛说：'那个不行，大伯！你不是说己所不欲，勿施于人吗！人家不愿给就算啦！'"

季孟之间 jì mèng zhī jiān

出处《论语·微子》。解说 季、孟：兄弟或姊妹排行，最长者称"孟"，最幼者称

“季”。春秋晚期，鲁国季孙氏、孟孙氏、叔孙氏三家大贵族，位列三卿，其中势力最大、最为显贵的是季孙氏，其次为孟孙氏。春秋时，孔子周游列国，来到齐国时，被作为国宾看待。在接待的规格上，齐景公打比方说：“若季氏，则吾不能；以季孟之间待之。”（大意是：像对待季孙氏那样的话，似乎偏高了点儿，我做不到。像对待孟孙氏那样的话，似乎偏低了点儿。还是比照季孙氏和孟孙氏之间的标准吧。）后用此语指在上等和下等二者之间，即比上不足，比下有余。举例 ① 南朝梁·钟嵘《诗品》卷中：“今置之中品，疑弱；处之下科，恨少；在季孟之间耳。”②《晋书·王湛传》：“时人谓（王）湛上方山涛不足，下比魏舒有余。（王）湛闻曰：‘欲处我于季孟之间乎？’”

间季孟 jiān jì mèng 见“季孟之间”。指不上也不下。比喻不得重用。举例 宋·苏轼《次韵王定国会饮清虚堂》：“何人可复间季孟，与子不妨中圣贤。”

济河焚舟 jì hé fén zhōu

出处《左传·文公三年》：“秦伯伐晋，济河焚舟。”解说 济：渡；过河。春秋时，秦穆公派大将孟明等率军攻打郑国，回师途中，在崤（xiáo）山（在今河南西部一带）被晋军打得大败。这就是历史上有名的“崤之战”。过了一年，秦穆公又派孟明率军讨伐晋国，欲报前仇，不料作战再次失利。第二年，秦穆公依然以孟明为统帅，率军攻打晋国。这次秦军渡过黄河后就把战船全部烧毁了，表示要决一死战，以雪前两次打败仗的耻辱。结果，这一次秦军大胜而归。此语原指渡过河后把船烧掉，比喻不留后路，下定决心，誓死作战。举例《世说新语·言语》：“若文度来，我以偏师待之；康伯来，济河焚舟。”

既来之，则安之 jì lái zhī, zé ān zhī

出处《论语·季氏》：“故远人不服，则修文德以来之。既来之，则安之。”解说 既：已经。来之：使之来。安之：使之安。远人：远方的人，指别国的人。服：归附。原文大意是：所以，如果别国的人不愿意来归附，就要制定、调整纳贤安民的政策，使他们来归附。既然招他们来归附，就要加以安抚，使他们能够安心住下来。后用此语泛指既然来了，就要在这里安下心来。参见 269 页“祸起萧墙”。举例 ① 元·吴昌龄《张天师》第一折：“既来之，则安之。仙子请坐，容小生递一杯酒咱。”②《二十年目睹之怪现状》第一〇二回：“但既来之，则安之，姑且住下再说。姨娘倒也不能撵他，只得由他住下。”③《苦斗》五十二：“得，既来之，则安之。老相识了，用不着客套。里面坐，里面坐。”④ 巴金《随想录》十七：“我并不悲观，‘既来之则安之。’我已经在病房里住惯了。”

既往不咎 jì wǎng bù jiù

出处《论语·八佾(yì)》。解说 既：已经。往：过去。既往：指已经过去的事情或错误。咎：责备；怪罪。宰我是孔子的弟子。有一次，鲁哀公向宰我询问说：不知夏、商、周三代祭祀土地神的牌位是用什么木料做成的？宰我答道：夏代用松木，殷商用柏木，周朝用栗木。周代之所以用栗木，可能是要想使老百姓畏惧得战栗发抖。孔子得知宰我如此回答，很不满意，因为他知道三代的土地神牌位只是取用当时最适宜生长的树木为材料而已，并非附有其他含义。不过，孔子也没有更多批评，而是宽宏大量地说："成事不说，遂事不谏，既往不咎。"（说：解释。遂：完成。谏：挽回；纠正。）原话大意是：已经做了的事不要再解释了，已经完成的事不要再纠正了，已经过去的事不要再追究了。后用此语指对以往的过失或错误不再责难和追究。举例 ①《花月痕》第四回："本爵既往不咎，咸与维新。予以免死之牌，示以投生之路。"②《痛史》第十三回："既往不咎，以后再办起事来，审慎点就是了。"③《李自成》第二卷十一章："倘若你们留下，过去的事既往不咎。"

不咎既往 bù jiù jì wǎng 同"既往不咎"。举例 ①《明史·贵州土司传》："令还侵地，不咎既往，已属国家宽大。"《民国通俗演义》第二回："不独不咎既往，尚可定必重用。"②《我是太阳》第一部四："本军对于残匪，决予继续扫荡。务求彻底肃清，不留一匪一枪。如果残匪投诚，绝对不咎既往。"

寄人篱下 jì rén lí xià

出处《南史·张融传》。解说 寄：依附；依靠。篱：篱笆。张融是南朝齐时人，勤奋读书，能言善辩，写的文章义理深远。齐高帝萧道成称赞他说："此人独一无二。"张融强调每篇文章都应该有一定的体制，写作时不能一味效法别人，要有独创精神，成一家之言。他说："丈夫当删《诗》《书》，制《礼》《乐》，何至因循寄人篱下？"（因循：沿袭。原话大意是：大手笔应该像孔子那样不拘泥于前人的成果，敢于整理《诗经》《尚书》，订定《仪礼》《乐经》，为什么要像鸟雀依附在人家的篱笆下面一样，去模仿别人的旧例而一成不变呢？）此语原指写诗文因袭别人，无创造性。后比喻依靠别人生活，不能独立，或依附别人，居别人之下。举例 ① 清·袁枚《随园诗话》卷七："文章当自出机杼(zhù)，成一家风骨，不可寄人篱下。"②《红楼梦》第九十回："想起那邢岫(xiù)烟住在贾府园中，终是寄人篱下。"③《上海的早晨》第三部四十九："徐义德心里却认为马慕韩的恭维是受之无愧的。除了在资产方面不如潘信诚和马慕韩他们，别的方面自以为并不逊色，他在工商界老是寄人篱下，是不甘心的。”④《李自成》第三卷十四章：“我在自成这里虽称为大将军，实际上也是寄人篱下，终非长策。”

家徒四壁 jiā tú sì bì

出处《汉书·司马相如传上》。解说 徒：仅仅；没有其他的。司马相如是西汉时的辞赋家，有一次与临邛(qióng)县令王吉一道去当地富豪卓王孙家做客，遇见卓王孙的女儿卓文君。卓文君很美貌，多才多艺，刚刚死了丈夫，寡居在父母家。司马相如见了卓文君，用琴声表达了自己的爱慕之情。卓文君很受感动，不顾家中父母的反对，“文君夜亡奔相如，相如乃与驰归成都，家居徒四壁立”。(大意是：卓文君夜里私自投奔司马相如，两个人乘着马车赶回成都，当时家里一贫如洗，空有四面的墙壁。)后用此语形容家境十分贫困，一无所有。举例 ①《魏书·任城王顺传》：“家徒四壁，无物敛尸，止有书数千卷而已。”②《聊斋志异·薛慰娘》：“仆故家徒四壁，恐后日不如所望。”③ 朱自清《论东西》：“中国读书人向来不大在乎东西。‘家徒四壁’不失为书生本色，做了官得‘两袖清风’才算好官；爱积聚东西的只是俗人和贪吏，大家是看不起的。”④ 孙犁《乡里旧闻》：“到过他的房间的人，知道他家徒四壁，什么东西也卖光了。”

家徒壁立 jiā tú bì lì 同“家徒四壁”。举例 唐·李世民《与薛元敬书》：“且闻其儿子幼小，家徒壁立，未知如何安置，宜加安抚，以慰吾怀。”

壁立 bì lì 同“家徒四壁”。举例 清·黄遵宪《乱后归家》：“有家真壁立，无树可巢居。”

四壁立 sì bì lì 同“家徒四壁”。举例 宋·陆游《书斋壁》：“室空惟是四壁立，面瘦渐生双颊颧。”

四壁空 sì bì kōng 同“家徒四壁”。举例 唐·杜甫《百忧集行》：“入门依旧四壁空，老妻睹我颜色同。”

四壁 sì bì 同“家徒四壁”。举例 宋·陈师道《答张文潜》：“我贫无一锥，所向皆四壁。”

文君新寡 wén jūn xīn guǎ 见“家徒四壁”。寡：死去丈夫。指年轻的寡妇。举例 清·百一居士《壶天录》卷下：“此余妹也，文君新寡，无依，如不弃，使奉箕帚。”

嫁祸于人 jià huò yú rén

出处《史记·赵世家》，又见《史记·平原君虞卿列传》。解说 嫁：转嫁；转移。

战国时，韩国上党太守冯亭派人求见赵孝成王说："韩国现在没有能力防守上党，上党十七座城邑的官民都不愿意归附秦国，而愿意归附赵国，请大王能够收留我们。"赵孝成王非常高兴，召见平阳君赵豹商量接收的事。赵豹认为送上门来的便宜值得怀疑，他劝阻赵孝成王说：现在秦国强大，正一点一点侵吞韩国土地，对上党早已垂涎三尺。韩国不把上党让给秦国却主动送给赵国，实际上是"欲嫁其祸于赵也。"（大意是：想嫁祸给我们赵国。）如果我们接收上党，有害无益。赵孝成王没有采纳赵豹的意见，派兵接管了上党。后来果然导致秦赵长平之战，秦军攻破上党，赵国四十万大军全部覆没。后用此语比喻把自己的灾祸转移到别人身上。参见 359 页"利令智昏"。 举例 ①《南史·阮孝绪传》："答曰：'己所不欲，岂可嫁祸于人。'乃焚之。"② 鲁迅、许广平《两地书》一〇六："他们这样说，固然也许是因为失败之后，嫁祸于人，或者因为自己变计，须有借口之故。"③《科学福尔摩斯》："沈修狡猾地在作案时穿了曾小清的皮鞋，以便万一她自己被捕，可以把责任推到曾小清头上，嫁祸于人。"

嫁祸 jià huò 同"嫁祸于人"。举例 ①《聊斋志异·诗谳（yàn）》："贺被杀在四月上旬，是夜阴雨，天气犹寒，扇乃不急之物，岂有忙迫之时，反携此以增累者，其嫁祸可知。"② 洪深《电影戏剧的编剧方法》第六章："犯罪者嫁祸于他的仇人。"

坚壁清野 jiān bì qīng yě

出处《三国志·魏志·荀彧（yù）传》。解说 坚壁：加固城墙和堡垒。清野：将野外的谷物、粮食等收藏起来。东汉末年，各地割据势力连年混战。曹操击败吕布，占领了兖（yǎn）州，又准备夺取徐州，因徐州刺史陶谦奋力抵御，曹操未能得手。第二年，陶谦病死，刘备受拥戴自任为徐州刺史。曹操得知后想马上出兵夺取徐州。谋士荀彧劝阻说："陶谦虽死，徐州未易亡也。今东方皆以收麦，必坚壁清野以待将军，将军攻之不拔，掠之无获，不出十日，则十万之众未战而自困耳。"（大意是：陶谦虽然已死，但徐州并不容易攻陷。眼下正值麦收季节，徐州军民已抢割了田中的麦子，运进城去，又加固防御工事，准备坚守。我们的军队到达之后势必很难立足，那时攻不能克，掠无所得，恐怕不出十天，全军就会不战自溃。）曹操听了荀彧的分析，认为很有道理，于是决定养兵蓄锐，等待时机。后用此语指加固防御工事，转移四野的居民和物资，使围攻的敌人既打不进来，又无所获取，难以站住脚。这是战争中对付优势之敌的一种战术。举例 ①《水浒后传》第二十一回："不许出战，只是坚壁清野，待这干贼寇粮尽力弛，方可追他。"②《保卫延安》第一章："坚壁清野，饿死敌人，困死敌人。"③ 师哲《从延安到北平》："首先是坚壁清野，使敌人得不到粮食和衣物，甚至把各种用具都藏起来了。"

兼听则明，偏信则暗 jiān tīng zé míng，piān xìn zé àn

出处《管子·君臣上》："夫民别而听之则愚，合而听之则圣。"又见汉·王符《潜夫论·明暗》："君之所以明者，兼听也；其所以暗者，偏信也。"又见《资治通鉴·唐太宗贞观二年》："上问魏徵(zhēng)曰：'人主何为而明，何为而暗？'对曰：'兼听则明，偏信则暗。'" 解说 明：贤明；明白。暗：昏庸；糊涂。《管子》和《潜夫论》原文大意是：作为君主之所以贤明，是因为能够多方面听取意见；有的君主之所以昏庸，是因为只相信单方面的意见。《资治通鉴》原文大意是：有一天，唐太宗问宰相魏徵说："君主怎样才是贤明，怎样才是昏庸？"魏徵答道："兼听则明，偏信则暗。贤明的君主能广泛听取各方面的意见，昏庸的君主只是片面听信少数人的话。"接着，魏徵又列举了尧、舜善于听取各方面意见而使国家繁荣昌盛，秦二世、隋炀帝偏听偏信而导致亡国的历史成败进一步说明这个道理，唐太宗听后大加赞赏。此语指多方面听取意见才能全面了解情况，明辨是非；如果只听一方面的意见，往往会做出错误的判断，犯片面性的错误。举例 毛泽东《矛盾论》："唐朝人魏徵说过：'兼听则明，偏信则暗。'也懂得片面性的不对。可是我们的同志看问题，往往带片面性，这样的人就往往碰钉子。"

兼听则明，偏听则暗 jiān tīng zé míng，piān tīng zé àn 同"兼听则明，偏信则暗"。举例 ①郑观应《盛世危言·吏治上》："所谓爵人于朝，与众共之，刑人于市，与众弃之，兼听则明，偏听则暗者，昔闻其语，今见其事。"②郭沫若《蔡文姬》第四幕："曹操：古人说：'兼听则明，偏听则暗'，看来是一点也不错的。"

兼听则明，偏听则蔽 jiān tīng zé míng，piān tīng zé bì 同"兼听则明，偏信则暗"。举例《三国演义》第八十三回："古云：'兼听则明，偏听则蔽。'望陛下察之。"

J

见利忘义 jiàn lì wàng yì

出处《汉书·郦商传论》："当孝文时，天下以郦寄为卖友。夫卖友者，谓见利而忘义也。"解说 利：利益。义：道义。西汉初年，汉高祖刘邦死后，其子刘盈（汉惠帝）继位，由于他懦弱无能，朝廷大权逐渐落入吕后和她的家族手里。吕后的侄子吕禄地位显赫，任大将军，统领禁卫军。吕后死后，朝中老臣周勃、陈平等想铲除吕氏的势力，但是对吕禄掌握的禁卫军有所顾忌。老丞相郦商的儿子郦寄与吕禄是好朋友，于是设法迫使郦寄约吕禄外出打猎，然后借机杀掉了吕禄。吕禄死后，诸吕随之相继被杀。郦寄因为有功而被封为大将军。当时有人站在诸吕的立场上抨击郦寄出卖朋友，是见利忘义的小人。此语指见到有利可图就不顾道义。举例 ①《三国演义》第三回:"(李肃)曰:'某与吕布同乡,知其勇而无谋,见利忘义。'"②《醒世恒言·施润泽滩阙遇友》:"衣冠君子中,多有见利忘义的,不意愚夫愚妇到有这等见识。"③巴金《随想录》一二九:"又譬如说从喜欢空话、爱听假话,发展到贩卖假药、推销劣货,发展到以权谋私、见利忘义……也不要紧,因为邪不胜正。"

见贤思齐 jiàn xián sī qí

出处《论语·里仁》:"子曰:'见贤思齐焉,见不贤而内自省也。'"解说 贤:贤人;才德兼备的人。思齐:想要向他看齐、学习或赶上。原文大意是:孔子对弟子说:"遇到品行好的人,就要向他学习,希望自己能有他那样的美德;遇到品行不好的人,就要想想我是否也有像他一样的缺点或不足,通过反省和思索,使自己成为一个有道德的人。"此语指看到品行优秀的人就应向他学习,使自己成为一个高尚的人。这是后世儒家修身养德的座右铭。举例 ①晋·常璩(qú)《华阳国志·南中志》:"知足下追踵(zhǒng)古人,见贤思齐。"②元·关汉卿《谢天香》第四折:"则为他和曲填词,移宫换羽,使老夫见贤思齐,回嗔作喜。"③《村妇》卷二:"三贝勒虽三十有五,却颇有见贤思齐之古风。"

剑米危炊 jiàn mǐ wēi chuī

出处《世说新语·排调》。解说 东晋孝武帝时,南郡公桓玄、荆州刺史殷仲堪和著名画家顾恺(kǎi)之经常在一起说笑取乐。有一天,他们玩一种叫"危语"的游戏,即每人各说一句话,比赛谁描绘的情景最危险。桓玄先说了一句:"矛头淅米剑头炊。"(淅:淘米。大意是:在长矛头上淘米,在佩剑尖上做饭。)殷仲堪说:"百岁老翁攀枯枝。"(大意是:年纪很大的老人悬挂在枯死的树枝上摇摇欲坠。)顾恺之说:"井上辘轳(lù lu)卧婴儿。"(辘轳:安在井台上,绞动绳索汲水的旧式工具。大意是:水井的辘轳上睡着一个婴儿。)三人都觉得对方说得好,互相称赞不已。这时,殷仲堪手下的一个参军在旁插了一句说:"盲人骑瞎马,夜半临深池。"(大意是:盲人骑着瞎马,半夜里走到了深水潭的边沿。)三人听了,对其描述的危险境况大为惊叹。后用此语比喻处境极其危险。举例 宋·苏轼《迁居临皋亭》:"剑米有危炊,针毡无稳坐。"

剑头炊 jiàn tóu chuī 同"剑米危炊"。举例 宋·黄庭坚《次韵奉送公定》:"脱身天禄阁,危于剑头炊。"

盲人骑瞎马,夜半临深池 máng rén qí xiā mǎ, yè bàn lín shēn chí 见"剑米危炊"。形容乱闯瞎撞,处境非常危险。举例 ①《金粉世家》第八十回:"凭着这些哥儿们的能耐,大家各自撑立门户起来,我以为那是盲人骑瞎马,夜半临深池的情形。”②李亚农《欣然斋史论集·总序》:“若没有下功夫去研究继承什么,如何继承,就想随随便便地凭空创造什么新事物,这种做法,简直是盲人骑瞎马,夜半临深池。”

盲人骑马,夜来临池 máng rén qí mǎ,yè lái lín chí 同“盲人骑瞎马,夜半临深池”。举例 梁启超《论教育当定宗旨》:“今乃以乱弹之曲,鱼目之珠,盲人骑马,夜来临池,天下可悲可惧之事,安有过此者耶!”

盲人骑瞎马,夜半落深池 máng rén qí xiā mǎ,yè bàn luò shēn chí 同“盲人骑瞎马,夜半临深池”。举例《水边人的哀乐故事》九:“县衙门的捕快,早就瞄上了他们的影子,四面张网,十面埋伏,六路八方下夹子,整个马戏班子就像盲人骑瞎马,夜半落深池,被捕快班堵死退路,一网打尽。”

盲人瞎马,夜半深池 máng rén xiā mǎ,yè bàn shēn chí 同“盲人骑瞎马,夜半临深池”。举例《慈禧太后演义》第三十八回:“俄舰自数万里到来,一股锐气早已中衰,既入日本海……海道又是未熟,好像盲人瞎马,夜半深池,稍识兵法的旁人,已晓得俄舰无幸了。”

J

盲人瞎马 máng rén xiā mǎ 同“盲人骑瞎马,夜半临深池”。举例 ①鲁迅《华盖集·北京通信》:“然而向青年说话可就难了,如果盲人瞎马,引入危途,我就该得谋杀许多人命的罪孽。”②《青春之歌》第一部十四章:“我不能叫你盲人瞎马地去乱闯!静,明天的游行你是绝对不能参加的。”

瞎马临池 xiā mǎ lín chí 同“盲人骑瞎马,夜半临深池”。举例 ①清·张问陶《观我》之二:“飞花堕溷(hùn)春难挽,瞎马临池夜可惊。”②康有为《上清帝第五书》:“积重难返,良有所因,夜行无烛,瞎马临池,今日大患,莫大于昧。”

瞎马深池 xiā mǎ shēn chí 同“盲人骑瞎马,夜半临深池”。举例 朱联沅《病起示文农》:“瞎马深池情更怯,浮云苍狗幻弥新。”

夜半深池 yè bàn shēn chí 同“盲人骑瞎马,夜半临深池”。举例 清·王夫之《广遣兴》:“障泥拼取前溪滑,夜半深池纵瞎缰。”

渐入佳境 jiàn rù jiā jìng

出处《晋书·顾恺(kǎi)之传》,又见《世说新语·排调》。解说 佳境:美好的境界。顾恺之是东晋时的著名画家,擅长人物绘画,艺术造诣很深。他性情豪放,言谈风趣,生活上不拘小节。朋友知道他喜欢吃甘蔗,就经常送一些过来。甘蔗的糖分,末梢不多,根部很多,一般人先吃根部,而顾恺之每次吃甘蔗,都是从末梢吃起来,一直吃到根部。朋友见了觉得很奇怪,他解释说:“渐入佳境。”(大意是:从末梢吃到根部，可以体会到越吃越甜的感觉。）此语原指甘蔗上端没有下端甜，从上到下，越吃越甜。后比喻境地、境况逐渐好转，或兴趣逐渐浓厚。举例 ①《西游记》第八十二回："行过了许多亭阁，真个是渐入佳境。"②《镜花缘》第三十八回："今日忽然现出'若花'二字，莫非从此渐入佳境？——倒要留意了。"③ 朱自清《读〈歧路灯〉》："我初读此书，翻阅第一回，觉得没味，便掠在一旁；隔了多日，偶然再翻第二回，却觉得渐入佳境，后来竟至不能释手。"④《香港的情和爱》六："老魏和逢佳的生活有渐入佳境之感，他们很快得心应手，有了默契。"

倒餐甘蔗 dào cān gān zhè 同"渐入佳境"。举例 宋・戴复古《客游》："倒餐甘蔗入佳境，昼着锦衣归故乡。"

啖蔗 dàn zhè 同"渐入佳境"。举例 ① 宋・李弥逊《将军至徽州道中作》："端如啖蔗及佳境，快意不复嘲天悭(qiān)。"② 宋・陈与义《邓州西轩书事》之四："莫嫌啖蔗佳境远，橄榄甜苦亦相并。"

蔗境 zhè jìng 见"渐入佳境"。比喻逐渐好转的境遇，或由苦而甜的美好晚年。举例 ① 宋・赵必豫《水调歌头・寿梁多竹八十》："百岁人有几？七十世间稀。何况先生八十，蔗境美如饴。"②《金粉世家》第七十三回："老头子年岁当然是越过越苦，可是他掉过头来一说，年老还有点指望，这就叫什么蔗境。"

蔗尾 zhè wěi 同"蔗境"。举例 元・李俊民《游青莲》："渐佳如蔗尾，薄险似羊肠。"

箭在弦上 jiàn zài xián shàng

出处《太平御览》卷五九七引《魏书》。解说 箭：弓箭。弦：弓上用以发箭的牛筋绳子。陈琳是东汉末年广陵人，"建安七子"之一，才华出众，文笔很好。他在袁绍手下任职时，曾奉命书写了一篇讨伐曹操的檄文。文章笔锋犀利，不仅历数曹操的罪恶，还对其祖辈多有微词。后来袁绍被曹操打败，陈琳被俘。曹操爱惜陈琳的才华，不计前嫌，让他在自己手下做事。有一天，曹操想起这件事，就问陈琳：当初你为什么要痛骂我呢？陈琳一边谢罪，一边回答：我当时效忠袁绍，出于无奈，"矢在弦上，不可不发"。本指箭已搭在弦上，不得不发射。后用此语比喻形势所迫，别无选择，即事情不得不做，或话不得不说。举例 ①《野叟曝(pù)言》第六十五回："况玉佳志在剿逆，此日出门，如箭在弦上，剑出匣中。"②《二月》："陶慕侃：'老兄，求你不要去。'萧涧秋冷冷地说一句：'箭在弦上。'"③ 孙晓阳《风雨同舟——张闻天与刘英》："东北军的少壮派激于义愤，西北形势若箭在弦上，一触即发。"

如箭在弦 rú jiàn zài xián 同"箭在弦上"。举例《李自成》第二卷三十六章："目前趁中原空虚，挥师东进，大军驰骋于千里平原，未尝不是一个大好时机。既然补之与汉举二将军已率两万人马进驻叶县与裕州之间，大军继续东进，如箭在弦。”

箭在弦上，不得不发 jiàn zài xián shàng, bù dé bù fā 同“箭在弦上”。举例 ①《慈禧太后演义》第八回：“箭在弦上，不得不发，任你那拉贵妃如何能耐，也只好挈(qiè)着皇子，随了端华，一同赴园。”② 鲁迅《书信集·致杨霁(jì)云》：“我觉得以文字结怨于小人，是不值得的。至于我，其实乃是箭在弦上，不得不发。”

江淹梦笔 jiāng yān mèng bǐ

出处 南朝梁·钟嵘《诗品》卷中，又见《南史·江淹传》。解说 江淹是南朝梁时的文学家，官至金紫光禄大夫。他年轻时很有文才，所写《恨赋》《别赋》曾广为传诵。相传江淹晚年任宣城太守时因故被罢官，晚上睡觉，梦见有一位名叫郭璞(pú)的大夫对他说：“我有一支笔存放在你那里许多年，现在该还我了。”江淹把手伸到怀中一摸，发现果然有一支五色笔，于是就把笔拿出来交给了那个人。从此之后，江淹的文思大减，再也写不出好诗文了，人们都说他文才已尽。后用此语比喻文才枯竭或衰减，不比从前，再也写不出好文章了。参见399页“梦笔生花”。举例 元·白朴《恼煞人》套曲：“宋玉悲秋愁闷，江淹梦笔寂寞，人间岂无成与破。”

江郎才尽 jiāng láng cái jìn 同“江淹梦笔”。江郎：指江淹。才：才华。尽：完。举例 ①《镜花缘》第九十一回：“如今弄了这个，还不知可能敷衍交卷。我被你闹的真是‘江郎才尽’了。”②《四世同堂》五十五：“不，他不能和菊子散伙。散了伙，他必感到空虚，寂寞，无聊，或者还落个江郎才尽，连诗也写不出了。”③ 艾芜《对目前文艺的一点感想》：“大家认为他‘江郎才尽’，好像命中带来，实际是他热爱生活的兴趣减少了，努力探索的精力衰退了。”

江郎才掩 jiāng láng cái yǎn 同“江淹梦笔”。掩：遮蔽；衰减。举例《隋唐演义》第三十六回：“炀(yáng)帝好大喜功，每事自恃有才，及至征蛮草诏，便觉江郎才掩。”

江淹才尽 jiāng yān cái jìn 同“江淹梦笔”。举例 ①《警世通言·王安石三难苏学士》：“昔年我曾在京为官时，此老下笔数千言，不由思索。三年后，也就不同了。正是江淹才尽，两句诗也不曾终韵。”② 清·洪亮吉《北江诗话》卷三：“今世士惟务作诗，而不喜涉学，逮世故日胺，性灵日退，遂皆有江淹才尽之诮矣。”

江淹彩笔 jiāng yān cǎi bǐ 同“江郎五色笔”。举例 明·徐复祚(zuò)《红梨记·路叙》：“江淹彩笔题空恨，宋玉招魂赋不成。”

江郎五色笔 jiāng láng wǔ sè bǐ 见“江淹梦笔”。比喻文采华美或才华出众。

举例 清·施补华《岘(xiàn)佣说诗》三十四:“其秀气成采,江郎五色笔尚不能逮。”

江氏五色笔 jiāng shì wǔ sè bǐ 同“江郎五色笔”。举例 唐·李商隐《县中恼饮席》:“若无江氏五色笔,争奈河阳一县花。”

五色笔 wǔ sè bǐ 同“江郎五色笔”。举例 唐·杜甫《寄刘峡州伯华使君四十韵》:“雕章五色笔,紫殿九华灯。”

将相和 jiàng xiàng hé

出处《史记·廉颇蔺相如列传》。解说 战国时,赵国的大将军廉颇勇敢善战,功劳显赫,被封为上卿。大臣蔺相如因两次出使秦国而不辱君命,维护了国家的尊严,立下大功,也被封为上卿,而且地位比廉颇稍高。廉颇认为蔺相如不过是口舌之劳,根本无法与自己在战场上出生入死相比,因此很不服气,屡次找机会刁难羞辱他。蔺相如气度宽宏,以国家大局为重,处处退避忍让。有一次,两个人的车马在路上相遇,蔺相如主动让路,请廉颇先行。蔺相如的家臣不明白为什么要这样做,认为他太懦弱,纷纷要求离去。蔺相如就耐心地解释了之所以宽容和礼让的道理。他说:强悍的秦国不敢派兵侵犯赵国,是因为赵国有我和廉将军,如果二虎相争,势必两败俱伤,为了国家的安危,我必须避让廉将军。“廉颇闻之,肉袒负荆,因宾客至蔺相如门谢罪。”(负:背着。荆:落叶丛生灌木,高四五尺,茎坚硬,这里指用荆木条做的刑具。谢罪:向人承认错误,请求原谅。原文大意是:廉颇听说后觉得很惭愧,便脱去上衣,光着膀子,背负荆条,上门向蔺相如赔礼,请他责罚自己。)廉颇与蔺相如“卒相与欢,为刎颈之交”(刎颈:割脖子。交:交谊;交情。原文大意是:最后,两个人消除了成见和矛盾,结为生死之交),齐心协力辅助赵王治理国家。此语原指文臣与武将和好,泛指文武官员为顾全大局而消除矛盾,团结协作。举例《旧唐书·韩滉传》:“军民足则国富,将相和则国安。”

负荆请罪 fù jīng qǐng zuì 见“将相和”。请罪:请求责罚。此语比喻勇于认错或改过,主动、诚恳地向人赔礼道歉。举例 ①《水浒传》第四十六回:“杨雄道:‘兄弟,你休怪我。我是一时愚蠢不是了,酒后失言,反被那婆娘瞒过了,怪兄弟相闹不得。我今特来寻贤弟负荆请罪。’”②《六十年的变迁》第八章:“只怪我们用错了人,应当负荆请罪。”③《骚动之秋》第五章:“我们是做生意的,讲的就是一个信用和情意!这两条都不讲了,都没有了,我这个书记还不该亲自登门,负荆请罪?”

负荆谢罪 fù jīng xiè zuì 同“负荆请罪”。谢罪:向人承认错误,请求原谅。举例 金·马钰《满庭芳·谢咸阳王法师》:“追悔无由,不免仿效廉颇。专专负荆谢罪,望吾师,痛挞(tà)则个。”

负荆 fù jīng 同“负荆请罪”。举例 ① 清·孔尚任《桃花扇·和战》:“劝将军自思,祸来难救,负荆早向辕门叩。”②《聊斋志异·放蝶》:“太守痛恨,将揭劾之。于浼(měi)诸司道,登堂负荆,乃免。”

刎颈交 wěn jǐng jiāo 见“将相和”。指可以同生死、共患难的交情或朋友。举例《史记·张耳陈余列传》:“(陈)余年少,父事张耳,两人相与为刎颈交。”

刎颈之交 wěn jǐng zhī jiāo 同“刎颈交”。举例《孽海花》第十三回:“他有个闺中谈禅的密友,却是个刎颈之交的娇妻。”

刎颈 wěn jǐng 同“刎颈交”。举例 清·梁章钜《退庵随笔·交际》:“蹑足附耳,自谓知心;接膝抚肩,滥许刎颈。”

交浅言深 jiāo qiǎn yán shēn

J

出处《战国策·赵策四》。解说 交:交情;友谊。战国时,游士冯忌拜见赵王,见面时冯忌欲言又止。赵王问他为什么吞吞吐吐不敢说话,冯忌便讲述了两个历史故事:上古尧帝初次见到舜,经过交谈,尧决定把帝位传给他。商朝的伊尹第一次见到开国君主成汤也是一见如故,经过交谈,成汤决定拜他为国相。今天臣下与大王初次见面,想深入讨论一些问题,“交浅而言深,是忠也”。得到赵王的允许,冯忌于是开始畅谈天下大事。此语指跟交情不深的人谈心里话或说出恳切的意见。有时也指言谈有失分寸。举例 ① 宋·苏轼《上神宗皇帝书》:“交浅言深,君子所戒。”②《警世通言·杜十娘怒沉百宝箱》:“小弟乍会之间,交浅言深,诚恐见怪。”③《歧路灯》第七十一回:“至今又谬托久敌,知其性情甚悉。就不妨在世兄前,交浅言深。”

骄兵必败 jiāo bīng bì bài

出处《汉书·魏相传》。解说 骄兵:恃强轻敌的军队。古代西北边境的车师曾是匈奴的附属国。西汉宣帝时,朝廷派侍郎郑吉、校尉司马熹等率兵占领了车师。后来,匈奴派兵袭击车师,郑吉势单力薄,向朝廷告急。汉宣帝召集群臣商量对策。右将军赵充国主张进兵匈奴的右翼,以解车师之围。而丞相魏相则不以为然,他主张集中精力整治国家内政,选贤任能,并说:“恃国家之大,矜民人之众,欲见威于敌者,谓之骄兵,兵骄者灭。”(大意是:如果依仗国家大、人口多而出兵攻打别人,向别的国家炫耀武力,这样的军队就是骄横的军队。而骄横的军队注定要打败仗。)宣帝采纳了魏相的意见,撤回郑吉驻军,把车师归还匈奴,双方罢战言和。后用此语指认为自己强大而轻敌的军队必定打败仗。举例 ①《再生缘》第六回:“骄兵必败从来说,小视朝鲜恐损军。”②《林海雪原》第二十八回：“古人云：‘骄兵必败。’这就是少剑波致死的原因。”③ 马金凤《我演穆桂英》：“‘骄兵必败’这是千古名言，也是出兵最忌之事。”

骄奢淫逸 jiāo shē yín yì

出处《左传·隐公三年》。解说 骄：骄横。奢：奢侈。淫：荒淫。逸：安闲；放荡。春秋时，卫国卫庄公的宠姬生下公子州吁，卫庄公对他十分娇惯溺爱。州吁长大后生活骄纵，专横霸道，庄公听之任之，从不严加管教。大夫石碏(què)进谏说：“父亲疼爱孩子，应当用道义来教育他，不要让他走上邪路。而过分溺爱，只会使孩子养成骄奢淫逸的恶习。”卫庄公没有听从石碏的忠告，继续放纵州吁为非作歹。庄公病死，太子姬完继位，称卫桓公。第二年春天，州吁杀死了兄长桓公，自立为国君。由于州吁非常残暴，引起国人的强烈不满。他篡位不到一年，老臣石碏便设计把州吁除掉，另立国君。此语形容横行不法，放纵奢侈，荒淫无度。举例 ①《歧路灯》第二十一回：“况且丰厚之家，本有骄奢淫逸之资；况且是寡妇之子，又有信惯纵放之端。”② 朱自清《论且顾眼前》：“但是大多数在饥饿线上挣扎的人能以眼睁睁白供养着这班骄奢淫逸的人尽情的自在的享乐吗?”

骄奢淫佚 jiāo shē yín yì 同“骄奢淫逸”。佚：同“逸”，安闲，放荡。举例 ① 宋·朱熹《朱子语类》卷一〇九：“故公卿之子孙，莫不骄奢淫佚，不得已而用草茅新进之士。”②《红楼梦》第一〇六回：“必是后辈儿孙骄奢淫佚，暴殄(tiǎn)天物，以致合府抄检。”③《廿载繁华梦》第三十七回：“他自从富贵起来，也忘却了少年时的贫困，总是骄奢淫佚，尽情挥霍。”

胶柱鼓瑟 jiāo zhù gǔ sè

出处《史记·廉颇蔺相如列传》。解说 柱：瑟上挂弦调音的短木。胶柱：用胶把瑟柱粘住。瑟：一种形状像琴的弦乐器。战国时，秦国攻打赵国。名将赵奢已死，赵孝成王派老将廉颇率军迎战。廉颇坚壁清野固守，秦军一时无法取胜，便用离间计，散布谣言说廉颇年纪大了，惧怕秦军而不敢出战。赵孝成王见廉颇只守不攻，也以为他缺乏斗志，便任命赵奢的儿子赵括为将军，代替廉颇指挥军队。大臣蔺相如得知这个消息，抱病上朝劝谏赵孝成王说：“王以名使括，若胶柱而鼓瑟耳。括徒能读其父书传，不知合变也。”(大意是：大王因为赵括是赵奢的儿子而重用他，就好像用胶把瑟柱粘住之后再弹瑟一样，瑟柱不能转动，就无法调弦和音高，瑟只能发出死板的声音。赵括不过读了他父亲的几本兵书，只会纸上谈兵，不知道根据战场上的实际情况灵活变通。)赵孝成王没有听从蔺相如的劝告,结果遭到惨败,几十万大军覆没,赵括也丧命于战场。后用此语比喻拘泥成规,不知灵活变通。举例 ①《警世通言·王安石三难苏学士》:"荆公(王安石)胶柱鼓瑟,三峡相连,一般样水何必定要中峡。"②《红楼梦》第一二〇回:"似你这样寻根究底,便是刻舟求剑,胶柱鼓瑟了。"③《曹叔》:"你曹叔喜欢古诗古词,有点艺术家的作派,但未免胶柱鼓瑟,给女儿取名字选字过于生僻拗口了。"

胶柱调瑟 jiāo zhù tiáo sè 同"胶柱鼓瑟"。举例 唐·刘知幾《史通·断限》:"举一反三,岂其若是;胶柱调瑟,不亦谬欤?"

胶柱 jiāo zhù 同"胶柱鼓瑟"。举例 明·张居正《答蓟(jì)镇巡抚刘百川书》:"事有权宜,不宜胶柱,惟公裁之。"

胶瑟 jiāo sè 同"胶柱鼓瑟"。举例 南朝梁·沈约《注制旨连珠表》:"守株胶瑟,难与适变。"

J

鹪鹩一枝 jiāo liáo yī zhī

出处《庄子·逍遥游》:"鹪鹩巢于深林,不过一枝;偃鼠饮河,不过满腹。"解说 鹪鹩:一种小鸟。偃鼠:同"鼹鼠",一种像老鼠的动物。原文大意是:鹪鹩鸟在密林深处筑巢,不过占用一根树枝就够了;鼹鼠到河边喝水,只需要饮饱肚子就行了。意思是森林虽大,河水虽多,但小鸟和鼹鼠所取却很少。后用此语比喻狭小的栖身之地或低微的工作位置。也比喻看淡名利,安于本分,不贪多。举例 ①元·戴良《和陶移居》:"鹪鹩一枝足,古语不余欺。"②明·程允升《幼学琼林·人事》:"暂足为寄足,有似鹪鹩一枝。"

鹪鹩在一枝 jiāo liáo zài yī zhī 见"鹪鹩一枝"。比喻栖隐。举例 唐·杜甫《秦州杂诗》之二十:"为报鸳行旧,鹪鹩在一枝。"

鹪鹩枝 jiāo liáo zhī 见"鹪鹩一枝"。比喻所担任的低微职位。举例 清·钱谦益《再次敬仲韵》之十一:"鸿雁计周谋稻黍,鹪鹩枝隐称飞翔。"

鹪枝 jiāo zhī 同"鹪鹩一枝"。举例 明·袁宏道《善哉行》:"读书不成,学仙寡效。鼹腹鹪枝,从吾所好。"

巢林一枝 cháo lín yī zhī 同"鹪鹩一枝"。举例《宋史·李沆(hàng)传》:"巢林一枝,聊自足耳,安事丰屋哉?"

一枝 yī zhī 同"鹪鹩一枝"。举例《二十年目睹之怪现状》第九十三回:"三窟未能师狡免,一枝尚欲学鹪鹩。"

一枝安 yī zhī ān 同“鹪鹩一枝”。举例 ① 唐·杜甫《宿府》:“已忍伶俜(pīng)十年事,强移栖息一枝安。”② 宋·吕渭老《水调歌头·哭进道》:“俗事丹砂冷,且抱一枝安。”

枝栖 zhī qī 同“鹪鹩一枝”。举例《花月痕》第十一回:“慈母手谕痴珠,令在外暂觅枝栖。”

聊借一枝 liáo jiè yī zhī 见“鹪鹩一枝”。指暂寻安身之地。举例 明·陈汝元《金莲记·焚券》:“况官舍不容寄迹,愧无尺地;将民房暂且安身,聊借一枝。”

借一枝 jiè yī zhī 同“聊借一枝”。举例 清·方文《庐山·玉帘泉》:“小楼暖可居,他日借一枝。”

一枝栖 yī zhī qī 见“鹪鹩一枝”。比喻栖身于狭小的地方。举例 唐·刘餗(sù)《隋唐嘉话》卷中:“上林多许树,不借一枝栖。”

一枝隐 yī zhī yǐn 同“一枝栖”。举例 清·王士禛(zhēn)《怀崔不雕》:“身无一枝隐,诗已众人传。”

一枝数粒 yī zhī shù lì 见“鹪鹩一枝”。粒:米粒。比喻狭小的住处和简单的饭食。表示生活所求不高。举例 宋·曾巩《次道子中书问归期》:“一枝数粒身安稳,不羡云鹏九万飞。”

鹪鹩心 jiāo liáo xīn 见“鹪鹩一枝”。比喻欲望不高、易于满足的心愿。举例 宋·张久成《秋兴》:“譬彼鹪鹩心,平生在丛薄。”

矫枉过正 jiǎo wǎng guò zhèng

出处《后汉书·仲长统传》。解说 矫:扭转;纠正。枉:弯曲。正:直。仲长统是东汉末年的哲学家,曾官任尚书郎。他写了几篇议论时事政治的文章呈给汉灵帝,其中有一篇叫《理乱篇》。文中剖析了西汉末年政治动荡的根源在于朝纲混乱,批评了后来人们纠偏过度的做法。他说:“逮至清世,则复入矫枉过正之检。”(大意是:到了政治清明时,拨乱反正,希望改变不正之风,但往往又犯了做得过分的错误,反而不能达到预期目的。)此语原指把弯的东西扳正,却又歪到了另一边,比喻纠正错误或偏差超过应有的限度,反而陷入另一种错误或偏差之中。举例 ①《聊斋志异·细柳》:“或有避其谤者,又每矫枉过正,至坐视儿女之放纵,而不一置问。”②《官场现形记》第五十四回:“他见制台是如此举动,越发懊悔他自己的从前所为,只因矫枉过正,就不免闹出笑话来了。”③《围城》六:“也许上够了演讲和宣传的当,现代人矫枉过正,以为只有不说话的人开口准说真话。”

矫枉过直 jiǎo wǎng guò zhí 同“矫枉过正”。举例 ①《越绝书》卷十五：“子之复仇，臣之讨贼，至诚感天，矫枉过直。”② 梁启超《中国学术思想变迁之大势》第四章第四节：“学问之汩没性灵，至是已极，物极必反，矫枉过直。”

脚踏实地 jiǎo tà shí dì

出处 宋·邵伯温《邵氏闻见前录》卷十八。解说 司马光字君实，是北宋时大臣，曾任天章阁待制、龙图阁直学士等。又是著名历史学家，亲自动笔主持编撰了中国第一部编年体通史《资治通鉴》，死后被追封为温国公。《资治通鉴》共二百九十四卷，编撰工作历时十九年。这十九年中，司马光从发凡起例，收集整理材料，编写长编，修改定稿，一直到全书完成，事必躬亲，呕心沥血，努力钻研，勤奋写作，治学态度踏实，一丝不苟，受到人们一致的赞扬。邵伯温的父亲邵雍，字尧夫，谥康节，是北宋的哲学家。据说，“公尝问康节曰：‘某何如人？’曰：‘君实，脚踏实地人也。’”（大意是：司马光曾经问邵雍：“我是什么样的人？”邵雍回答说：“你是一个扎扎实实、脚踏实地的人。”）此语原指双脚踏在实在的地方，比喻做事踏实、认真、不虚浮。举例 ①《三侠五义》第八十一回：“揭起一块，顺流而下，脚踏实地，用脚尖滑步而行，惟恐看出脚印儿来。”② 梁实秋《雅舍小品·梦》：“我梦飞，是脚踏实地的两腿一弯，向上一纵，就离了地面。”③ 宋·朱熹《答张敬夫》：“自然意味平和，道理明白，脚踏实地，动有据依。”④ 刘少奇《论共产党员的修养》：“每个共产党员，都应该脚踏实地，实事求是，努力锻炼，认真修养，尽可能地逐步提高自己的思想和品质。”⑤ 袁鹰《悲欢·飞》：“他不是脱离现实的幻想家，不是侃侃议论的空谈家，他是脚踏实地的战斗者。”

揭竿而起 jiē gān ér qǐ

出处 汉·贾谊《过秦论上》：“将数百之众，转而攻秦，斩木为兵，揭竿为旗，天下云集而响应。”解说 揭：举。竿：竹竿，指旗帜。起：起来；起义。秦朝末年，陈胜（字涉）、吴广率众起义。原文大意是：他们率领九百多人发动起义，反抗秦朝的暴政。砍下树木做武器，举起以竹竿为旗杆的旗帜，得到了各方面的拥护，队伍很快就壮大起来。后用此语指农民造反起义，有时泛指人民武装暴动。参见 227 页“篝火狐鸣”。举例 ①《野叟曝（pù）言》第四十二回：“广收进奉，搜罗珍异，以致贿赂公行。富民重（chóng）足而立，贫民揭竿而起，将来不知何所底止。”② 鲁迅《而已集·谈激烈》：“愤激便有揭竿而起的可能，而‘可叹也夫’则瘟头瘟脑。”③《捕蝗者》：“农民们因迫于生计揭竿而起的骚扰，是很有可能的。”④ 陈毅《满江红·黄金海岸》：“独立非洲西北始,揭竿而起相踵(zhǒng)接。"

嗟来之食 jiē lái zhī shí

出处《礼记·檀弓下》。解说 嗟:呼唤对方的声音,语气随便而不够礼貌,相当于今天的"喂""嗨"。春秋时,齐国有一年发生严重灾荒,颗粒无收。富豪黔敖为救济逃荒的饥民,准备了一些饭菜放在路边。有一个饥民衣衫褴褛,饿得摇摇晃晃地走过来,黔敖见了,左手拿着饭菜,右手端着汤,大声吆喝道:"嗟!来食!"(大意是:喂!快过来吃吧!)那个饥民见黔敖很不礼貌,生气地瞪着眼睛说:"予唯不食嗟来之食,以至于斯也!"(大意是:我就是因为不吃随便吆喝着来吃的饭菜才饿到这个地步的,怎能接受你这侮辱性的怜悯!)黔敖意识到自己不该轻视饥民,急忙跟在后面连连表示歉意,可是这个人始终不肯吃,最后竟然活活饿死了。不食嗟来之食,反映了士大夫可杀不可辱的气节。此语原指被别人呼唤来吃的食物,比喻带有侮辱性的施舍。举例 ①《后汉书·列女传》:"妾闻志士不饮盗泉之水,廉者不受嗟来之食。"②《儿女英雄传》第二十七回:"只因他一生不得意,逼成一个激切行径,所以宁饮盗泉之水,不受嗟来之食。"③ 梁实秋《雅舍小品·窝头》:"北方每到严冬,就有好心的人士发起窝窝头会,是赈济穷人的慈善组织。仁者用心,有足多者。但是嗟来之食,人所难堪。"④ 毛泽东《别了,司徒雷登》:"美国人在北平,在天津,在上海,都洒了些救济粉,看一看什么人愿意弯腰拾起来。太公钓鱼,愿者上钩。嗟来之食,吃下去肚子要痛的。"

嗟来食 jiē lái shí 同"嗟来之食"。举例 清·陈睿思《赠张永夫》:"途穷厌见俗白眼,饿死不食嗟来食。"

食嗟来 shí jiē lái 见"嗟来之食"。比喻为了接受施舍而甘受侮辱。举例 宋·梅尧臣《勉致仕李秘监》:"譬之食嗟来,应自甘退缩。"

不食嗟来 bù shí jiē lái 见"嗟来之食"。比喻不接受侮辱性的施舍。举例 清·赵翼《活计》:"死何妨速朽,生不食嗟来。"

拮据 jié jū

出处《诗经·豳(bīn)风·鸱鸮(chī xiāo)》:"予手拮据,予所捋荼(luō tú),予所蓄租,予口卒瘏(tú),曰予未有室家。"解说 原文大意是:我的爪子忙得不可开交,我采摘芦花和干草把窝铺垫好,我的嘴坏了因为过于辛劳,这一切只是因为没有把家收拾好。此语原指鸟衔草筑巢,鸟爪劳累得不能自由屈伸,比喻操作劳苦,或经济情况窘迫。举例 ①《红楼梦》第一〇八回:"但近来因被抄以后,诸事运用不来,也是每形拮据。”② 清·曾国藩《台州墓表》:“有子男五人,女四人,尺布寸缕,皆一手拮据。”③《两个家庭》:“听说她的经济很拮据,债务也不能清理。”

结草 jié cǎo

出处《左传·宣公十五年》。解说 结:系;联结。传说春秋时,晋国大夫魏武子有一位爱妾,没有生育。魏武子患了重病,他躺在病床上吩咐儿子魏颗(kě)说,如果我死了,就让她另行嫁人。魏武子病危临死前,又嘱咐儿子说,我要让她陪葬。魏武子死后,魏颗认为父亲前一个吩咐是神志清醒时说的,应该照办;而后一个吩咐是神志不清时说的,可以不算数,于是遵从前一个吩咐,让父亲的爱妾再嫁了。魏颗是一员武将,在一次与秦军猛将杜回交战中,一连杀了几十个回合,渐渐觉得力有不支。危急时刻,阵前忽然出现一个白发苍苍的老人,用地上的野草结成的绳索,把杜回的战马绊倒,魏颗趁机活捉杜回,秦军大败。夜里,魏颗梦见那位结草的老人对他说,我就是你父妾的亡父,谢谢你没有让我的女儿陪葬,今天以此报答你的救命之恩。此语原指把草结成绳索,搭救恩人,比喻感恩报德,至死不忘。常与“衔环”连用。举例 ①《北史·王慧龙传》:“庶其魂而有知,犹希结草之报。”② 宋·苏轼《到惠州谢表》:“精诚未泯,空余结草之忠。”③ 明·李昌祺《剪灯余话·月夜听琴记》:“主恩难报,徒怀结草之心。”

结草衔环 jié cǎo xián huán 同“结草”“衔环”。举例 ① 元·李行道《灰阑记》第一折:“多谢大娘子,小人结草衔环,此恩必当重报。”②《老残游记》第十四回:“俺田家祖上一百世的祖宗,做鬼都感激二位爷的恩典,结草衔环,一定会报答你二位的!”③《庚子风云》:“杨二大爷执意要向救命恩人再道个谢,问清人家的姓名,以便结草衔环,后日图报。”

老人酬魏颗 lǎo rén chóu wèi kě 同“结草”。举例 宋·苏轼《送蔡冠卿知饶州》:“知君决狱有阴功,他日老人酬魏颗。”

结缨 jié yīng

出处《左传·哀公十五年》。解说 缨:古代帽子上的带子,系在颔下。春秋时,孔子的弟子子路曾在卫国大夫孔悝(kuī)手下做官。在一次内乱中,子路为了救孔悝,被长矛刺中,身受重伤,帽缨也扯断了。子路恪守儒家礼仪,认为不能衣冠不整而死,因而他临死时说:“君子死,冠不免!”(大意是:君子即使身死,帽子也不能掉下来!)然后“结缨而死。”(大意是:用尽最后的力量把断了的帽带系好之后才咽气。)此语原指临死前把帽带系好,形容慷慨、从容地就义。举例 ① 南朝梁·江淹《狱中上建平王书》:"常欲结缨伏剑,少谢万一。"② 唐·李白《上安州李常史书》:"如能伏剑结缨,谢君侯之德。"③ 宋·文天祥《言志》:"易箦(kuì)不必如曾参(shēn),结缨犹当效子路。"

竭泽而渔 jié zé ér yú

出处《吕氏春秋·义赏》。解说 竭:尽;使干涸。泽:低洼积水的地方。竭泽:淘干水塘里的水。渔:捕鱼。春秋时,晋文公率军在城濮(在今山东鄄城一带)与楚国对峙。(濮:pú。鄄:juàn)当时晋弱楚强,晋文公向大夫狐偃(yǎn)询问取胜之策,狐偃主张采用诈兵之计。晋文公又征求大夫雍季的意见,雍季说:"竭泽而渔,岂不获得?而明年无鱼。"(大意是:用诈兵之计好比竭泽而渔,把水塘里的水淘干之后捉鱼,怎么会捉不到呢?不过,到第二年水塘里可就没鱼捉了。)意思是说,欺诈的战术偶尔使用一次,也许能够骗过敌人,但是第二次、第三次可能就不灵验了。晋文公后来采纳了狐偃的计策,大获全胜,但在论功行赏时,雍季的等级却高于狐偃。晋文公对此解释说:"狐偃的妙计只能得到一时的好处,而雍季的见解却具有永久的宝贵价值,今后要把增强国力作为长久之计。"此语原指淘干了水塘捉鱼,比喻取之不留余地,只图眼前利益,不作长远打算。也形容统治者对人民的残酷剥削。参见 81 页"兵不厌诈"。举例 ① 唐·吴兢《贞观政要·纳谏》:"(魏)徵正色回:'臣闻竭泽而渔,非不得鱼,明年无鱼;焚林而畋(tián),非不获兽,明年无兽。'"② 毛泽东《抗日时期的经济问题和财政问题》:"另外的错误观点,就是不顾人民困难,只顾政府和军队的需要,竭泽而渔,诛求无已。"③《李自成》第二卷三十二章:"请皇上勿再竭泽而渔,杀鸡取卵,为小民留一线生机。"

竭泽渔 jié zé yú 同"竭泽而渔"。举例 宋·苏轼《和陶拟古》:"本欲竭泽渔,奈此明年何。"

截胫剖心 jié jìng pōu xīn

出处《尚书·泰誓下》,又见《史记·殷本纪》。解说 胫:小腿。商代末年,纣王荒淫暴虐,惨无人道。传说,纣王在冬天的清晨看见有人赤脚过河,就命令把他的小腿砍断,看看骨髓里有什么耐寒的东西。大臣微子多次进谏,纣王不予理睬,微子便辞官而去。箕子也多次进谏,结果被罢官为奴。比干是纣王的叔父,对国家忠心耿耿,多次冒死进谏,在朝廷上竭力争辩。纣王发怒说:"难道你是圣人吗?听说圣人之心有七窍,我倒要看看你的心是否真的有七窍。"于是,命令侍卫把比干的心剖了出来。后用此语指暴君残害百姓,或忠臣因直言进谏而枉遭杀害。举例《晋书·石季龙载记上》:"亡君之驭海内也,倾宫琼树,象箸玉杯,截胫剖心,脯肾刳(kū)孕,故其亡也忽焉。"

比干剖心 bǐ gān pōu xīn 见"截胫剖心"。指忠臣因直言进谏而枉遭杀害。举例 汉·邹阳《狱中上梁王书》:"臣闻比干剖心,子胥鸱(chī)夷,臣始不信,乃今知之。"

解连环 jiě lián huán

出处《战国策·齐策六》。解说 连环:指玉连环,套在一起的几个玉环,用整块玉采用镂空的手法雕琢而成,环环相扣,没有连接处,用一般方法难以解开。战国末年,齐国的齐襄王死后,因太子年幼,齐襄王的王后摄政。秦国为了试探齐国的实力,又因为看不起齐后,觉得她是一个女人,便故意刁难,派使者到齐国,送给齐后一枚玉连环,并说:"听说齐国人都很聪明,不知能否解开这枚玉连环?"齐后把玉连环给群臣看,群臣面面相觑,不知如何解开。齐后略一思索,拿过一个棰子把玉连环砸破,然后不慌不忙地对秦使说:"你看,我已经把它解开了。"齐后以自己的机敏赢得了这次外交上的胜利。此语原指解开玉连环,比喻才智过人,解决了看来不可能解决的难题。举例 ① 宋·黄庭坚《次韵郭明叔长歌》:"诗书自可老斫(zhuó)轮,智略足以解连环。"② 清·郑燮(xiè)《与丹翁书》:"此等辞令,固非庸手所能,亦非狠手所办,真是解连环妙手。"

连环 lián huán 见"解连环"。比喻棘手的事情或难以解决的问题。举例 ① 唐·李频《春日思归》:"春情不断若连环,一夕思归鬓欲斑。"② 宋·王安石《姑胥郭》:"旅病愔愔(yīn yīn)如困酒,乡愁脉脉(mò mò)似连环。"

解铃还须系铃人 jiě líng hái xū xì líng rén

出处 宋·惠洪《林间集》卷下,又见明·瞿汝稷(jì)《指月录》卷二十三。解说 法眼宗是中国佛教禅宗五家之一,为五代时南唐高僧文益(尊称"大法眼")所创,大法眼住在金陵(今江苏南京)清凉寺院。秦钦禅师法灯为一代名僧,当时年纪较小,但悟性过人,也在这里修行。据说有一天,大法眼讲禅法时问众僧说:"虎项下金铃,何人解得?"(大意是:老虎脖颈上系着一个铃铛,谁能把铃铛解下来?)众僧一时想不出答案。恰巧法灯来到,大法眼便请他回答这个问题。法灯不假思索地答道:"系者解得。”(大意是：系铃铛的人能解下来。)听了法灯的巧妙回答，大法眼和众僧都深为佩服，从此对他刮目相看。后用此语比喻由谁引起的麻烦或事端，还须由谁去解决。举例 ① 清·华生《滇越铁路问题》：“解铃还须系铃人。责有攸归，义无旁贷。”②《围城》七：“这都是汪太太生出来的事，解铃还须系铃人，我明天去找她。”

解铃还是系铃人 jiě líng hái shì xì líng rén 同“解铃还须系铃人”。举例《红楼梦》第九十回：“心病终须心药治，解铃还是系铃人。”

解铃还杖系铃人 jiě líng hái zhàng xì líng rén 同“解铃还须系铃人”。举例 鲁迅、许广平《两地书》六十八：“解铃还杖系铃人，所以这回伏园回来，我仍要他将事情弄清楚。”

解铃须用系铃人 jiě líng xū yòng xì líng rén 同“解铃还须系铃人”。举例 明·王錂(líng)《春芜记·忤奸》：“常言道：解铃须用系铃人。当初是他两个说他进去，如今依先要这两个说他出来。”

解铃系铃 jiě líng xì líng 同“解铃还须系铃人”。举例 ① 方靖四《致胡适书》：“正因为是伟人，才有勇气纠正自己的错误，而此种纠正错误之举，将博得举世的同情，则所谓‘君子之过如日月之蚀’，‘解铃系铃’，我们对先生寄以无穷的希望。”②《大波》第二部六章：“我乘机劝他正本清源，解铃系铃，不如把拘捕诸人放了，或许可以早得解纷。”

系铃解铃 xì líng jiě líng 同“解铃还须系铃人”。举例《黄绣球》第五回：“我不妨和他见了面，窥察他的神气语意，如果事由他起，则系铃解铃，原须一人。”

解衣推食 jiě yī tuī shí

出处《史记·淮阴侯列传》。解说 推：让。楚汉相争时，汉军大将军韩信奉汉王刘邦之命，率军攻打齐王田广，并占领了齐地。这时西楚霸王项羽派了一位名叫武涉的人去劝说韩信叛离刘邦，自立为王。韩信拒绝武涉说：“汉王授我上将军印，予我数万众，解衣衣我，推食食我，言听计用，故吾得以至于此。夫人深亲信我，我倍之，不祥。虽死不易。”(倍：通“背”，背弃。易：改变。大意是：汉王封我为大将军，让我指挥几万人的大军，而且还非常关心我，脱下他身上的服给我穿，把他的食物让给我吃。对我提出的建议都很重视，因此我才得以建立今天这样的功勋。汉工如此信任和重用，我如果背叛他，不吉利。我毕生追随汉王，至死也不会改变。)此语原指把穿着的衣服脱下给别人穿，把正在吃的食物让给别人吃，形容对人深切关怀、慷慨相助。举例 ①《二刻拍案惊奇》卷十一：“小生飘蓬浪迹，幸蒙令尊一见如故，解衣推食，恩已过厚。”②《二十年目睹之怪现状》第四十二回：“幸得遇了他，不但解衣推食，并且那一处不受他的教导,我也应该供起继之的长生禄位了。”③ 柳亚子《怀人诗十章》之十:“解衣推食寻常事,各有千秋志愿赊。”

推食解衣 tuī shí jiě yī 同“解衣推食”。举例《隋书·沈光传》:“帝每推食解衣以赐之,同辈莫与为比。”

推食 tuī shí 同“解衣推食”。举例 宋·李纲《谢赐御筵表》:“臣敢不仰怀推食之仁,力刷饮河之耻。”

解语花 jiě yǔ huā

出处 五代·王仁裕《开元天宝遗事·解语花》。解说 唐明皇时某年金秋八月,太液池中千叶白莲盛开,唐明皇带领着杨贵妃及皇亲国戚一起在池边宴饮赏花。众人纷纷称赞莲花开得美丽,唐明皇却得意地用手指着杨贵妃对众人说:“争如我解语花?”(大意是:白莲哪里比得上这朵懂得我言语中风情的花呢?)后用此语比喻善解人意的美貌女子。举例 ① 宋·赵彦端《鹧鸪天·玉婉》:“清肌莹骨能香玉,艳质英姿解语花。”② 清·赵翼《题女史骆佩香秋灯课女图》:“一个娇娃解语花,绮窗亲课秋宵读。”③《李自成》第三卷四十六章:“所以尽管深宫里妃嫔众多,却只有田妃这样一个深具慧心的美人儿被他称为解语花。”

花解语 huā jiě yǔ 见“解语花”。指女子美貌且善解人意。举例 宋·陈允平《垂丝钓》:“云隔阳台雨。花解语,旧梦还记否?”

解语 jiě yǔ 同“花解语”。举例 宋·辛弃疾《杏花天·嘲牡丹》:“若教解语倾人国,一个西施也得。”

名花解语 míng huā jiě yǔ 同“花解语”。举例 元·刘庭信《粉蝶儿·美色》:“步锦袜蹙(cù)金莲,拭罗衫舒玉笋,常言道名花解语亦倾城。”

借箸 jiè zhù

出处《史记·留侯世家》。解说 箸:筷子。西汉初年楚汉相争时,刘邦受困于荥(xíng)阳,形势危急。有一个儒生向刘邦献策,建议把已经被秦始皇灭掉的六国后代重新封为诸侯,以便笼络民心,共同对付项羽。这个儒生走后,谋臣张良求见。正赶上刘邦在吃饭,刘邦放下筷子,就儒生的上述建议征求张良的意见。张良反对这样做,他认为:如果拥立六国的后代,就会使他们的势力发展壮大起来,即使因此而打败项羽,将来也会对刘邦的称帝大业构成严重威胁。张良说:“臣请藉前箸为大王筹之。”(藉:利用;使用。今简化作“借”。筹:筹划;谋划。大意是:请允许我用大王吃饭的筷子来为您分析一下吧。）说着，张良顾不得君臣之礼，拿过刘邦刚刚放下的筷子，一边在饭桌上摆放，一边就当前的形势和策略谈了起来。后用此语指为别人出谋划策。举例 ① 唐·柳宗元《送邠(bīn)宁独孤书记赴辟命序》："吾子历览古今之变，而通其得失，是将植密画于借箸之宴，发群谋于奏章之笔。"② 唐·杜牧《河湟》："元载相公曾借箸，宪宗皇帝亦留神。"

借箸代筹 jiè zhù dài chóu 同"借箸"。举例《老残游记》第七回："借箸代筹一县策，纳楹闲访百城书。"

借箸题筹 jiè zhù tí chóu 同"借箸"。举例 明·汤显祖《牡丹亭·闹宴》："分明军令，杯前借箸题筹。"

借筹 jiè chóu 同"借箸"。举例 ① 宋·司马光《送龚章判官之卫州》："近郡无飞，清时不借筹。"② 清·孔尚任《桃花扇·迎驾》："他说受君恩爵封列侯，镇江淮千里借筹。"

借前筹 jiè qián chóu 同"借箸"。举例 唐·韩愈《赴江陵途中寄赠王二十补阙》："兹道诚可尚，谁能借前筹。"

借箸代谋 jiè zhù dài móu 同"借箸"。举例 茅盾《杂感二题·又一副嘴脸》："日本武士，对于中国的这些'好心肠的老实人'之谆谆劝告，借箸代谋，大概并不领情，大概在暗笑。"

巾帼 jīn guó

出处《三国志·魏志·明帝纪》，又见《晋书·宣帝纪》。解说 巾帼：古代妇女戴的头巾与头发上的装饰物。三国时，蜀国丞相诸葛亮有一次率领大军十几万人征讨魏国，魏国大将军司马懿(yì)率军迎战，两军在渭水南岸的五丈原一带相持。蜀军多次挑战，魏军坚守不出。诸葛亮为了激怒敌军，派人送一套巾帼给司马懿，讥讽他像妇女一样怯懦，没有男子汉气概而不敢出战。后用此语为妇女的代称。多含尊敬义。举例 ①《镜花缘》第一回："据这景象，岂但是一二闺秀，只怕尽是巾帼奇才哩！"②《儿女英雄传》第十七回："我尹其明今日无意中，见着这位脂粉英雄，巾帼豪杰，真是人生快事。"③ 董必武《武昌东湖九女墩》："自求解放入天军，巾帼英雄著义声。"④ 王朝闻《论凤姐》第三章："因为穆桂英这个巾帼英雄，不过是人们凭想像创造出来的。"

今是昨非 jīn shì zuó fēi

出处《庄子·则阳》："蘧(qú)伯玉(瑗)行年六十而六十化，未尝不始于是之而卒诎(qū)之以非也，未知今之所谓是之非五十九年非也。"又见晋·陶潜《归去来兮辞》：

“悟已往之不谏,知来者之可追。实迷途其未远,觉今是而昨非。”解说《庄子》原文大意是:春秋时卫国人蘧伯玉六十岁时就有六十次变化,最初认为这样对,后来认为这样不对,今天又认为现在是正确的,自己过去五十九年来的作为都是不正确的。《归去来兮辞》原文大意是:陶渊明(陶潜)醒悟到:过去的就过去了,未来的还可以补救,现在弃官回家还不算太晚,归隐田园之后才明白,今天的做法对,过去的做法错了。此语原指现在是对的,过去是错的,形容人觉悟过来,明白事理,认识过去的错误,悔恨以前的行为。举例 ① 宋·辛弃疾《新年团拜后和主敬韵并呈雪平》:“今是昨非当谓梦,富妍贫丑各为容。”② 鲁迅《华盖集·导师》:“但我们究竟还有一点记忆,回想起来,怎样的‘今是昨非’呵,怎样的‘口是心非’呵,怎样的‘今日之我与昨日之我战’呵。”

今是昔非 jīn shì xī fēi 同“今是昨非”。举例 明·王世贞《觚(gū)不觚录》:“若其今是昔非,不觚而觚者,百固不能二三也。”

五十九年非 wǔ shí jiǔ nián fēi 同“今是昨非”。举例 宋·辛弃疾《哨遍·用前韵》:“试回头五十九年非,似梦里欢娱觉来悲。”

J

金城汤池 jīn chéng tāng chí

出处《汉书·蒯(kuǎi)通传》。解说 金城:金属铸造的城墙。汤:滚开的水。池:护城河。汤池:翻滚着沸腾热水的护城河。秦朝末年,陈胜农民起义军的武臣领兵逼近范阳,猛烈攻城。齐国人蒯通先去拜见范阳县令徐公,劝他弃城投降。然后又去拜见武臣,劝说武臣妥善安置徐公。他对武臣说,如果徐公负隅顽抗,坚决守城,“边地之城,必将婴城固守,皆为金城汤池,不可攻也。”(婴:环绕。婴城:指据城固守。大意是:范阳城坚守不降,就会固若金汤,很难攻打下来。)武臣认为蒯通说得有道理,就采纳了他的意见,承诺不杀徐公,于是顺利占领了范阳。此语形容不易攻破的坚固城池,指防守严密的城市或坚固无比的工事建筑。举例 ①《荡寇志》第九十二回:“真是个金城汤池,一方雄镇。”②《汉衣冠》三:“有你这样的好弟兄,好帮手,仙霞就是金城汤池,满州人插上翅膀也过不来!”③ 峻青《雄关赋》:“这才是真正的雄关,比什么金城汤池还要坚固的雄关!”

汤池铁城 tāng chí tiě chéng 同“金城汤池”。举例《世说新语·文学》:“殷中军虽思虑通长,然于才性偏精,忽言及四本,便若汤池铁城,无可攻之势。”

固若金汤 gù ruò jīn tāng 见“金城汤池”。固:坚固;牢固。金汤:“金城汤池”的简称。形容工事像金城汤池那样坚固,或防守严密,牢不可破。举例 ①《太平天国故事歌谣选·黄鼎凤巧打汾水》:“当黄鼎凤闹革命时,财主们认为汾水固若金汤,都搬到那里去住。”②《苦菜花》第十九章:“这就是敌人号称‘固若金汤’的道水城。”

③ 高阳《胭脂井》:“大沽口的炮台,如能得他允许保护,固若金汤。”

金汤壁 jīn tāng bì 同“金城汤池”。举例 金·元好问《满江红·郝仲纯使君守坊州》:“是往时,曾护国西门,金汤壁。”

金汤 jīn tāng 同“金城汤池”。举例《旧唐书·宣宗纪》:“夫取不在广,贵保其金汤。”

金城千里 jīn chéng qiān lǐ 同“金城汤池”。举例 汉·贾谊《过秦论上》:“始皇之心,自以为关中之固,金城千里,子孙帝王万世之业也。”

金莲 jīn lián

出处《南史·齐废帝东昏侯纪》。解说 南齐时,废帝东昏侯昏庸无道,穷奢极欲,为爱妾潘妃修建了神仙、永寿、玉寿三座宫殿,并用金箔剪成莲花形状,镶嵌在地面上。齐东昏侯让潘妃光着脚走在金莲上,欣赏她那婀娜轻盈的步态,并称之为“步步生莲花”。后用此语形容年轻女子娇美、轻盈的走路姿态,也指美女的小脚。举例 ① 唐·李商隐《南朝》:“谁言琼树朝朝见,不及金莲步步来。”②《醒世恒言·卖油郎独占花魁》:“将美娘秀鞋脱下,去其裹脚,露出一对金莲,如两条玉笋相似。”

步步金莲 bù bù jīn lián 见“金莲”。形容年轻女子娇美、轻盈的走路姿态。举例 元·白朴《沁园春·保宁佛殿即凤凰台太白留题在焉》:“步步金莲,朝朝琼树,宫殿吴时花草香。”

三寸金莲 sān cùn jīn lián 见“金莲”。旧时指妇女裹缠过的小脚。举例 ① 清·李渔《闲情偶寄·声容·鞋袜》:“名最小之足者,则曰三寸金莲。”②《黑猫》:“我自己在心里叫了一声,因为那只下了轿的尊脚才是一朵三寸金莲。”

莲步 lián bù 见“金莲”。形容年轻女子娇美、轻盈的走路姿态。举例 宋·郭祥正《观舞》:“云鬟应节低,莲步随歌转。”

莲花步步生 lián huā bù bù shēng 见“金莲”。比喻官运亨通,人生道路灿烂辉煌。举例 元·岳伯川《铁拐李》第二折:“人道公门不可入,我道公门好修行,若将曲直无颠倒,脚底莲花步步生。”

金迷纸醉 jīn mí zhǐ zuì

出处 宋·陶榖(gǔ)《清异录·金迷纸醉》。解说 相传唐昭宗时,有个专治痈疮的医生名叫孟斧,医术高明,用的药又是偏方、秘方,经常受召给皇亲国戚治病。后来中原发生战乱,孟斧便举家迁往四川。孟斧做过几年御医,积累了不少钱财,又见识了皇宫的豪华，当他购置新宅后，布置得像宫殿一样华丽。特别是有一个房间，不仅窗明几净，许多家具还贴上金箔，满屋金光闪耀，令人眼花缭乱。别人看了赞叹不已地说：“此室暂居，令人金迷纸醉。”（大意是：在这个房间里待一会儿，金箔的光辉便能使人神智迷乱。）后用此语形容令人沉醉的富丽堂皇的景象或境况，或生活奢侈豪华，令人沉迷。举例 ①《官场现形记》第七回：“一霎时局已到齐，真正是翠绕珠围，金迷纸醉，说不尽的温柔景象，旖旎(yǐ nǐ)风光。”② 阿英《灯市》：“金迷纸醉之中，同样的有无灯的人家，突不见烟的人家，遭受了灾荒的人家。”

纸醉金迷 zhǐ zuì jīn mí 同“金迷纸醉”。举例 ①《孽海花》第七回：“见船上扎着无数五色的彩球，夹着各色的鲜花，陆离光怪，纸醉金迷。”②《青春之歌》第二部十五章：“她叹了口气，好像她沉入了纸醉金迷的场所都是由于好剧本太少的原故。”③ 朱自清《桨声灯影里的秦淮河》：“我们初上船的时候，天色还未断黑，那漾漾的柔波是这样恬静、委婉，使我们一面有水阔天空之想，一面又憧憬着纸醉金迷之境了。”

J

金瓯 jīn ōu

出处《南史·朱异传》。解说 金瓯：古代一种盛酒器。南朝梁时，河南王侯景反叛失败后打算向朝廷献地归降。是否接受侯景归降，大臣们意见不一致。梁武帝萧衍也为此犹豫不决。一天清晨，梁武帝来到武德阁，自言自语地说：“我国家犹若金瓯，无一伤缺，承平若此，今便受地，讵是事宜？脱至纷纭，悔无所及。”（讵：岂；难道。大意是：我梁朝十分强盛，疆土就像金瓯一样完整无缺。如此太平盛世，接受侯景归降，难道有什么不合适的吗？如果因为拒绝他归降而引起混乱，后悔可就来不及了。）大臣朱异是主张接受侯景归降的，他在旁边揣摩到梁武帝的心思，借机表达了自己的看法。后用此语比喻完整的国土。举例 ① 唐·司空图《南北史感遇》之五：“兵围梁殿金瓯破，火发陈宫玉树摧。”② 清·秋瑾《鹧鸪天》：“金瓯已缺总须补，为国牺牲敢惜身。”③ 毛泽东《清平乐·蒋桂战争》：“收拾金瓯一片，分田分地真忙。”

金瓯无缺 jīn ōu wú quē 见“金瓯”。比喻国土完整。举例 ①《民国通俗演义》第五十五回：“以一省之治安，砥柱中流，故虽首都沦陷，海内骚然，卒得转危为安，金瓯无缺。”② 郭沫若《反正前后》第二篇一：“它（资本主义）到东方来，把东方固守了几千年的金瓯无缺的封建社会弄得七零八碎。”

金石为开 jīn shí wéi kāi

出处 汉·刘向《新序·杂事四》：“熊渠子见其诚心，而金石为之开，况人心乎？”

又见汉·王充《论衡·感虚》:“精诚所至,金石为开。”解说 金石:金属和石头,比喻最坚硬的东西。据说春秋时,楚国有一个著名射箭能手名叫熊渠子。有一天,熊渠子去山里打猎,回来时天色已暗,忽然发现路边草丛中蹲伏着一只老虎,他急忙弯弓搭箭,用尽气力射过去。老虎一动不动,熊渠子以为老虎中箭身亡,走近前才看清,原来是一块形状很像老虎的巨石,那支箭连箭头带箭尾深深射入石头当中。熊渠子很惊讶,不相信自己会有这么大的力气,于是又试着用力射了几箭,竟然再也射不进去了,而巨石上丝毫也没有伤痕。人们对这件事情疑惑不解,就去请教一位教书先生。教书先生说:“见其诚心,而金石为之开。”(大意是:如果精神集中,有必胜的信心,即使像金石那样坚硬的东西也会被打开的。)后用此语比喻具有坚定的意志就能够克服一切困难,或真诚足以感化人心。常与“精诚所至”连用。举例 ①《初刻拍案惊奇》卷九:“精诚所至,金石为开。贞心不寐,死后重谐。”② 清·纪昀《阅微草堂笔记·槐西杂志二》:“大抵精神所聚,气机应之,气机所感,鬼神通之。所谓至诚则金石为开也。”

J

金石可开 jīn shí kě kāi 同“金石为开”。举例《范老老师》:“他更从容不迫,把所有足以证明内战之会停止的种种论据罗列出来,融会在一种金石可开的信心里面。”

金屋藏娇 jīn wū cáng jiāo

出处 汉·班固《汉武故事》。解说 汉武帝刘彻的妻子孝武陈皇后小名叫阿娇。阿娇的母亲是刘彻的姑母长公主,阿娇是刘彻的表姐。刘彻小时候,姑母曾把他抱在膝上,逗他说:彻儿长大了要不要娶个妻子啊?并指着身边的许多侍女让他挑选。刘彻看了都不满意。最后长公主指着自己的女儿阿娇问:那么,阿娇好不好呢?刘彻笑着答道:“好!若得阿娇作妇,当作金屋贮也。”(大意是:好!如果能娶阿娇做妻子,我会用黄金造一间屋子把她藏起来。)后来,刘彻果然娶阿娇为妻。汉景帝去世后,刘彻即皇帝位,立阿娇为皇后。后用此语指对娇妻或美妾特别宠爱,也指娶妻或纳妾。举例 ①《廿载繁华梦》第二十三回:“所以当时佘老五恋着雁翎,周庸祐也恋着雁翎,各有金屋藏娇之意。”② 杨成武《忆长征》九:“据说贵州省的许多军阀、官僚、富商发了财,都在这里建一幢别墅,一则炫耀自己的富有,二则金屋藏娇,在这世外桃源的山城,也可闲来享乐。”③《苍天有泪》十七:“既然对未来没把握,我宁愿在待月楼自食其力,不愿意被你‘金屋藏娇’。”

金屋宠 jīn wū chǒng 同“金屋藏娇”。举例 宋·文同《王昭君》之二:“谁知金屋宠,只是信丹青。”

黄金屋 huáng jīn wū 见“金屋藏娇”。原指黄金造的房屋，比喻华美的房屋或极其富贵奢华的生活环境。举例 唐·李白《怨情》：“请看陈后黄金屋，寂寂珠帘生网丝。”

金屋 jīn wū 同“黄金屋”。举例 ① 唐·白居易《长恨歌》：“金屋妆成娇侍夜，玉楼宴罢醉和春。”② 清·龚自珍《湘月》：“一枝赠我，安排自有金屋。”③ 鲁迅《惜花》：“剧怜常逐柳绵飘，金屋何时贮阿娇。”

藏娇 cáng jiāo 同“金屋藏娇”。举例 清·孔尚任《桃花扇·逢舟》：“匆忙扮作新人，夺藏娇，金屋春；一身宠爱，尽压钗裙。”

阿娇 ā jiāo 见“金屋藏娇”。原指汉武帝妻子孝武陈皇后，借指妾或妓女。举例 ① 唐·孙棨(qǐ)《题北里妓人壁》：“寒绣衣裳饷阿娇，新团香兽不禁烧。”② 宋·王安石《明妃曲》：“君不见，咫尺长门闭阿娇，人生失意无南北。”③ 郁达夫《怀扬州——用姜白石〈小红低唱我吹箫〉韵》：“乱掷黄金买阿娇，穷来吴市再吹箫。”

J

金玉其外，败絮其中 jīn yù qí wài, bài xù qí zhōng

出处 明·刘基《卖柑者言》。解说 败絮：破烂的棉絮。据说古时候杭州城里有个卖柑橘的人，很会贮藏柑橘，历经寒暑，一年多也不腐烂。柑橘的表皮光泽鲜亮，颜色金黄，剖开以后，里面却干枯得像破烂的棉絮一样。人们质问他：“这不是骗人吗？”卖柑橘的人笑着反驳说：“世之为欺者不寡矣，而独我也乎？……观其坐高堂，骑大马，醉醇醴(chún lǐ)而饫(yù)肥鲜者，孰不巍巍乎可畏，赫赫乎可象也？又何往而不金玉其外，败絮其中也哉？”(大意是：世上骗人的人不少，难道就我一个吗？……那些坐在高堂上，骑骏马，喝美酒，吃鱼肉的达官贵人，哪个不是声名显赫、令人生畏的人物？他们个个神气活现，又何尝不是外表如金玉、内里像破絮呢？)后用此语比喻表里不一，外表很华美，而里面却很糟糕。举例《三家巷》一：“想不到他长的那么俊俏，却配上这么一副劣质！难怪人说长皮不长肉，中看不中吃！这才真是金玉其外，败絮其中呢！”

金玉其外 jīn yù qí wài 同“金玉其外，败絮其中”。举例 梁实秋《雅舍小品·送礼》：“我就收到过不止一只金玉其外的火腿，纸包得又俊又俏，绳子捆得紧的，露在外面的爪尖干干净净，红色门票上还有金字。有一天打开一看，嘿！……”

金针暗度 jīn zhēn àn dù

出处 唐·严子休《桂苑丛谈·史遗》。解说 金针：黄金做的针，比喻秘法、诀窍。

暗：隐藏不露的。度：跨越，引申为传授。相传唐代人郑侃有个女儿名叫采娘，她于七夕（农历七月初七的晚上）在家中内院摆上香炉，烧香拜祭织女。采娘夜里入睡后，梦见织女坐着一辆云霞托起的彩车来了。织女问采娘："你祈求什么呢？"采娘说："我希望自己更加心灵手巧。"于是织女就送给她一根一寸来长的金针，并嘱咐她放在裙带中，三天内不告诉别人，便会得到奇巧。自此以后，采娘的刺绣技巧比以前更加出色了。后用此语比喻把高明的技艺或某种诀窍传授给别人。参见468页"牵牛织女"。举例 宋·赵以夫《永遇乐·七夕和刘随如》："金针暗度，珠丝密结，便有系人心处。"

暗度金针 àn dù jīn zhēn 同"金针暗度"。举例 清·杨潮观《吟风阁杂剧·汲长孺矫诏发仓》："挑动的书生迂阔代人劳，怎知俺暗度金针个中巧。"

金针偷度 jīn zhēn tōu dù 同"金针暗度"。举例 清·龙启瑞《瑞鹤仙·七夕》："问何人能解，金针偷度，补尽情天懊恼。"

金针度人 jīn zhēn dù rén 同"金针暗度"。举例 ① 清·袁枚《随园诗话》卷七："陆放翁（陆游）曰：'文章切忌参死句。'黄山谷（黄庭坚）曰：'文章切忌随人后。'皆金针度人语。"② 鲁迅《集外集拾遗·怀旧》："用笔之活可作金针度人。"③《死水微澜》第五部分三："罗歪嘴因为感激他，觉得他在夫妇间，也委实老实得可怜，遂不惜金针度人，给了他许多教诲。"

金针 jīn zhēn 见"金针暗度"。比喻秘法、诀窍。举例 ① 金·元好问《论诗》之三："鸳鸯绣出从教看，莫把金针度于人。"②《儒林外史》第四十九回："高翰林道：'老先生，"揣摩"二字，就是这举业的金针了。'"

紧箍咒 jǐn gū zhòu

出处《西游记》第十四回："我那里还有一篇咒儿，唤做'定心真言'，又名做'紧箍儿咒'，你可暗暗的念熟，牢记心头，再莫泄漏一人知道。"解说 神话小说《西游记》中的孙悟空顽皮任性，师父唐僧有时对他无法管制。观世音菩萨施法术把一个金箍套在孙悟空头上，又传授给唐僧一种咒语。每当孙悟空不听话时，唐僧只要念动咒语，孙悟空头上的金箍就会逐渐紧缩，头痛欲裂，于是不得不服从唐僧的指挥。此语原指用来制服孙悟空的咒语，比喻束缚别人、使人难受的事物或有效办法。举例 ①《红楼梦》第七十三回："这里宝玉听了，便如孙大圣听见了紧箍咒一般，登时四肢五内，一齐皆不自在起来。"② 清·李渔《十二楼·三与楼》第一回："那些放账的人少不得一齐逼讨，念起紧箍咒来，不怕他不寻头路。"③《丰收》二："生活的紧箍咒，随即把这整个的农村牢牢地套住。"

J

尽忠报国 jìn zhōng bào guó

出处《北史·颜之仪传》:"公等备受朝恩,当尽忠报国。"又见《宋史·岳飞传》:"初命何铸鞫(jū)之,飞裂裳以背示铸,有'尽忠报国'四大字,深入肤理。"解说 尽:用尽心力。忠:忠诚。鞫:审问。《宋史》讲的是南宋民族英雄、抗金名将岳飞的故事。奸臣秦桧主张向金人妥协投降,岳飞被秦桧陷害而获罪。秦桧派何铸审讯岳飞时,岳飞为了表示自己对朝廷一片忠诚,愤然撕开衣服露出脊背给何铸看,只见皮肤上边刺有"尽忠报国"四个大字。后用此语表示为国家竭尽忠诚,牺牲一切。举例 ①《英烈传》第三回:"尽忠报国,乃臣子之责。"②《孽海花》第十九回:"你别小看了这个,我们老人家一点尽忠报国的意思全靠它哩!"③《李自成》第一卷三章:"卢象升把大小将领召集到行辕来听他训话。他丁宁大家尽忠报国,不要因为兵少势孤而气馁。"

J

精忠报国 jīng zhōng bào guó 同"尽忠报国"。精:同"尽",竭尽。举例 ①《说岳全传》第二十二回:"我今日祝告天地祖宗,要在你背上刺下'精忠报国'四字。"② 清·赵之谦《岳忠武王祠铜豆歌同双庚作》:"昔拜王祠观铜爵,精忠报国款识同。"③《第二个太阳》第二章:"他在学校里读书,他热爱哲学,更喜欢地理、历史,因为从那里面他多少次为丧权辱国之耻而悲痛欲绝,为精忠报国之志而愤然拍案。"

进退维谷 jìn tuì wéi gǔ

出处《诗经·大雅·桑柔》:"人亦有言,进退维谷。"解说 维:通"惟"或"唯",相当于"只""单"。谷:山谷,比喻困境。原文大意是:就像人们说的那样,进退维谷。即无论前进还是后退,都难以摆脱困难的境地。后用此语比喻陷入困境,进退两难。举例 ①《聊斋志异·王成》:"自念无以见祖母,蹀(dié)踱内外,进退维谷。"② 郭沫若《革命春秋·创造十年》:"在我自己的思想上也正感受着一种进退维谷的苦闷。"③《上海的早晨》第四部三十九:"工作的责任心叫他不忍马上离开,组长的意见又使他不好留下,他正在进退维谷,童进走进了 X 光器械部。"

近水楼台先得月 jìn shuǐ lóu tái xiān dé yuè

出处 宋·俞文豹《清夜录》。解说 范仲淹是北宋时的政治家、文学家,出仕为官后曾镇守钱塘(今浙江杭州)。范仲淹重视提携后进,属下很多人都因得到他的推荐而被提拔或晋升。有一个名叫苏麟的官员,因担任巡检,经常在外,一直没有机会得到推荐。他想可能被范大人遗忘了，于是写了一首诗请范仲淹赐教。诗中有这样一句："近水楼台先得月，向阳花木易为春。"（大意是：在靠近水边的楼台上，由于没有高大茂密的树林遮挡，可以最先看到月亮；向阳地方的花草、果木，由于自然光照好，所以在春天到来之时就能早早发芽和开花。）这句诗写得很含蓄，借自然景色来比喻因靠近某种事物而获得优先的机会。范仲淹读着苏麟的诗，明白了他的委婉用意。很快，苏麟的职位得到了晋升。后用此语比喻处于有利环境或因职务上的便利，优先获得好处或机会。有时用于贬义，讽刺那种利用某种方便而获得照顾、率先牟利的情况。举例 ① 明·汤显祖《紫钗记·权夸选士》："凡天下中式士子，都要参谒太尉府，方许注选。正是'近水楼台先得月，向阳花木易逢春。'"② 徐凌霄、徐一士《凌霄一士随笔·红顶》："究竟你们京官便宜，可以得此保举，所谓近水楼台先得月也。"③《绿杨堤》五："靠山吃山，近水楼台先得月；黄毛丫头回北京，大筐的白玉兰香瓜，满载而归，跟厂子里的哥儿们有福同享。"

近水楼台 jìn shuǐ lóu tái 同"近水楼台先得月"。举例 ①《腐蚀·一月十五日》："哦——毕竟舜英他们是个中人，是一条线上的，参预密勿，得风气之先，近水楼台。"② 萧乾《一本褪色的相册·〈鱼饵·论坛·阵地〉》："他在清华大学图书馆工作，近水楼台，可以看到最新的书刊。"

禁脔 jìn luán

出处《晋书·谢混传》。解说 脔：切成小块的肉。谢混是东晋文学家，官至尚书左仆射（yè）。晋元帝司马睿当年镇守建业（今江苏南京）时，物资和钱财匮乏，以至于君臣们把猪肉视为难得的美味。尤其是猪脖子上的一块肉特别鲜美，大臣们不敢食用，要献给元帝独享，这块肉称为"禁脔"。到了孝武帝时，为孝陵公主求婿。大臣王珣推荐了才子谢混，孝武帝很满意。不久，孝武帝去世，大臣袁山松想把自己的女儿嫁给谢混，王珣告诫他说："你可不要接近禁脔。"王珣这里是以禁脔喻指谢混。后来，谢混娶孝陵公主为妻。此语原指留给皇帝独自享用、不容他人分享的肉，比喻皇帝的女婿，或珍贵难得的东西。举例 ① 唐·杜甫《送大理封主簿五郎》："禁脔去东床，趋庭赴北堂。"② 唐·杜甫《八哀诗·故秘书少监武功苏公源明》："前后百卷文，枕藉皆禁脔。"③ 丁中江《北洋军阀史话》四十四："英国人一直视西藏为禁脔，俄国人也参加逐鹿。"④ 宋庆龄《为新中国而奋斗》："现在厂里有数千名工人，许多最复杂的工作都由中国技师和工程师担任，过去这些工作是被日本人看作禁脔的。"

禁脔婿 jìn luán xù 见"禁脔"。比喻名门世家的女婿。举例 唐·李颀（qí）《赠别张兵曹》："君为禁脔婿，争看玉人游。"

噤若寒蝉 jìn ruò hán chán

出处《后汉书·杜密传》。解说 噤：闭口不作声。寒蝉：深秋的蝉（知了）。进入深秋，天气转寒，蝉不再鸣叫。东汉末年，杜密曾任代郡太守、太山太守、北海相，他刚正不阿，执法严明，惩恶扬善，很有名声。杜密离职回到颍川，一直关注国家大事，经常品评地方的治理得失。同郡的刘胜曾任蜀都太守，离职回乡后与杜密截然相反，每日闭门谢客，不问时事。有一天，太守王昱（yù）前来拜访杜密，他说："刘胜为人清高，朝中许多大臣都推举他再出来做官。"杜密对刘胜不问时事的做法很不满，便直言不讳地说："刘胜位为大夫，见礼上宾，而知善不荐，闻恶无言，隐情惜己，自同寒蝉，此罪人也。"（大意是：刘胜身为大夫，朝廷委以重任，给予厚俸，但他见到贤才不予举荐，听到坏事不敢揭发，明哲保身，一声不吭，就像寒蝉一样，实在是当世的罪人啊，有什么可称赞的呢？）后用此语比喻有所顾虑而默不作声，或不敢直截了当地说话。举例 ①《红岩》第六章："照他原来的设想，这种雷厉风行的手段，也许可以收到效果，使工人在暴力下噤若寒蝉。"②《青春之歌》第二部三十八章："他的话完了，台下有几个人拼命地高声鼓掌，而更多的却噤若寒蝉，面面相觑。"③《叔叔的故事》："他在家的时候，家里的气氛分外紧张，大人孩子噤若寒蝉。"

J

经纶 jīng lún

出处《周易·屯（zhūn）》："云雷屯，君子以经纶。"唐·孔颖达疏："经谓经纬，纶谓纲纶，言君子法此《屯》象有为之时，以经纶天下，约束于物。"解说 经纶原指整理丝缕，理出丝的头绪，编丝成绳。屯为六十四卦之一，卦象为云聚雷鸣，表示万物初生。天地初创，国家始建，贤德之人可以有机会施展才智。后用此语比喻筹划和处理国家大事，也指治理国家的抱负和才能。举例 ① 唐·刘知幾《史通·暗惑》："魏武经纶霸业，南面受朝。"② 清·方苞《读〈周官〉》："世变虽殊，非经纶天下之大体，卒不可易也。"③ 宋·秦观《滕达道挽词》："经纶未了埋黄土，精爽还应属斗牛。"④《创造》二："他把满肚子救国强种的经纶都传授了儿子。"

经纶满腹 jīng lún mǎn fù 见"经纶"。形容人极有才干和智谋，也形容人极有学问。举例《歧路灯》第五十五回："我看其人博古通今，年逾五旬，经纶满腹，诚可为令婿楷模。"

满腹经纶 mǎn fù jīng lún 同"经纶满腹"。举例 ①《三侠五义》第三回："包公已长成十四岁，学得满腹经纶，诗文之佳自不必说。"②《子夜》二："仲老，真佩服，满腹经纶！这果然是奥妙！”③《李自成》第一卷二十六章：“没想到兄台满腹经纶，抱负不凡，遭遇竟然如此不佳！”

经纶手 jīng lún shǒu 见“经纶”。比喻治理国家的栋梁人才。举例 ① 宋·辛弃疾《水龙吟·甲辰岁寿韩南涧尚书》：“渡江天马南来，几人真是经纶手？长安父老，新亭风景，可怜依旧。”② 清·孙枝蔚《万开来宪副招饮园林留赠》之二：“暂袖经纶手，弥高著作才。”

荆钗布裙 jīng chāi bù qún

出处《太平御览》卷七一八引西汉·刘向《列女传》：“梁鸿妻孟光，荆钗布裙。”
解说 钗：旧时妇女别在发髻上的头饰。荆钗：用荆条枝子做的钗。梁鸿是东汉时诗人，才华出众，品行高洁。妻子名叫孟光，虽然容貌不漂亮，但心地善良、贤惠，她仰慕、敬佩梁鸿的才华和为人，心甘情愿地跟他一起隐居山中，过着贫穷的生活，以荆条作钗，粗布为裙，亲自劳作。后用此语形容妇女装束朴素，或比喻妇女朴素的装束。参见319页“举案齐眉”。举例 ① 清·沈复《浮生六记·坎坷记愁》：“况锦衣玉食者未必能安于荆钗布裙也，与其后悔，莫若无成。”②《儿女英雄传》第五回：“一个不知姓名的女子，花容月貌，荆钗布裙。”

布裙荆钗 bù qún jīng chāi 同“荆钗布裙”。举例《七侠五义》第九十八回：“李氏将茶烹好，见牡丹虽是布裙荆钗，却胜过珠围翠绕。”

钗荆裙布 chāi jīng qún bù 同“荆钗布裙”。举例《红楼梦》第五十七回：“因薛姨妈看见邢岫(xiù)烟生得端雅稳重，且家道贫寒，是个钗荆裙布的女儿，便欲说与薛蟠为妻。”

荆妻 jīng qī 见“荆钗布裙”。对人称自己妻子的谦辞。举例 明·高濂《玉簪记·命试》：“荆妻吴氏，景入桑榆。”

荆人 jīng rén 同“荆妻”。举例《聊斋志异·公孙九娘》：“遍问妗(jìn)姑。生曰：‘具各无恙，但荆人物故矣。’”

拙荆 zhuō jīng 同“荆妻”。举例 ①《水浒传》第七回：“林冲答道：‘恰才与拙荆一同来间壁岳庙里还香愿。’”②《聊斋志异·狐嫁女》：“遂有妇人出拜，年可四十余。翁曰：‘此拙荆。’公揖之。”

精贯白日 jīng guàn bái rì

出处《三国志·魏志·武帝纪》。解说 精：精诚。贯：贯通。白日：太阳。汉代末年，献帝下诏书封曹操为魏公。诏书中列举了曹操讨董卓，平黄巾起义，迁都许昌，打败袁术、吕布、袁绍等功劳，赞扬说“君执大节，精贯白日，奋其武怒，运其神策。”（大意是：曹操尽忠于汉朝，具有气吞山河的英雄气概，善于运用高明的战略战术。）此语原指忠心能与太阳贯通，其精神足以感天动地，形容极其忠诚。参见 27 页“白虹贯日”。举例 ① 唐·骆宾王《兵部奏姚州破贼设蒙俭等露布》：“楚人三户，蜀郡五丁。气拥玄云，精贯白日。”②《新唐书·李翰传》：“慢叱凶徒，精贯白日，虽古忠烈无以加焉。”

精卫填海 jīng wèi tián hǎi

出处《山海经·北山经》。解说 远古时代，发鸠山上有一种鸟，形状像乌鸦，头部有花纹，白嘴红脚，名字叫精卫，它的叫声好像在呼唤自己的名字。传说这种鸟是炎帝小女儿女娃的化身，有一次，女娃去东海游泳，不幸被淹死了，魂魄变为精卫鸟。为了复仇，也为了不使后人再受其害，它每天从西山用嘴衔来树枝和小石块，填入东海，想把大海填平。日复一日，从未歇止。后用此语比喻复仇决心坚定不移，或尽管势单力薄，但不畏艰难，奋斗不息。举例 ① 清·黄培（jì）《短歌行》：“精卫填海，愚公移山，为之在人，成之在天。”② 清·阮葵生《茶余客话》卷十：“宾南如精卫填海，每不自量。”

精禽填海 jīng qín tián hǎi 同“精卫填海”。举例 柳亚子《巢南初度将及感成六绝》之二：“精禽填海感沉冤，六月霜飞鉴水昏。”

投石填海 tóu shí tián hǎi 同“精卫填海”。举例 唐·韦应物《难言》：“掬（jū）土移山望山尽，投石填海望海满。”

填海 tián hǎi 同“精卫填海”。举例 宋·文天祥《赴阙》：“壮心欲填海，苦胆为忧天。”

衔石填海 xián shí tián hǎi 同“精卫填海”。举例 ① 元·杨维桢《精卫操》：“东海水虽大，精卫心不移，衔石填海有满时。有满时，海有底，吁嗟人心不如海。”②《镜花缘》第九回：“小弟向来以为衔石填海，失之过痴……但如此难为之事，并不畏难，其志可嘉。”③ 清·谭嗣同《报贝元徵书》：“此日之衔石填海，他日未必不收人材蔚起之效。”

冤禽衔石 yuān qín xián shí 同“精卫填海”。举例《花月痕》第十三回：“冤禽衔石难填海，芳草牵情欲到天。”

衔石 xián shí 同“精卫填海”。举例 ① 北周·庾信《拟连珠》：“精卫何禽，欲衔石而塞海。”② 梁启超《澳亚归舟杂兴》：“乘桴岂是先生志，衔石应怜后死心。”

衔木 xián mù 同“精卫填海”。举例 唐·李白《寓言》:“区区精卫鸟,衔木空哀吟。”

精禽 jīng qín 见“精卫填海”。指精卫鸟。多比喻力量弱小而奋斗不息的人。举例 鲁迅《集外集·题三义塔》:“精禽梦觉仍衔石,斗士诚坚共抗流。”

精卫心 jīng wèi xīn 见“精卫填海”。比喻献身正义事业的精诚之心。举例 宁调元《秋兴用草堂韵》:“分波终仗灵犀力,填海犹存精卫心。”

井蛙 jǐng wā

出处《庄子·秋水》。解说 这是一个寓言故事。一只青蛙长年住在枯井里,只知道自己的生活小天地,不了解外边的世界有多大。有一天,它看见一只大海鳖爬过来,就向海鳖夸耀说:我住在这儿舒服极了!可以跳到井栏上快乐地玩耍,可以钻到井壁的窟窿里安稳地睡觉,游泳时让水浸着两腋,托住面颊,散步时软绵绵的泥盖没过脚背。那些小螃蟹、蝌蚪什么的,哪一个能比得上我呢!你不想进去观光一下吗?海鳖感到盛情难却,便爬向井口,可是左腿还没全部伸进去,右腿就被井栏卡住了。海鳖只好慢慢退回来,问青蛙道:你听说过大海吗?青蛙摇摇头。海鳖接着说:“夫海,千里之远不足以举其大,千仞之高不足以极其深。禹之时十年九潦(lào),而水弗为加益;汤之时八年七旱,而崖不为加损。夫不为顷久推移,不以多少进退者,此亦东海之大乐也!”(潦:同“涝”,水淹成灾。崖:岸边。进退:指海水增减。大意是:大海无边无际,其辽阔何止千万里,其深度何止千万丈。大禹做国君时十年九涝,海水没有涨多少;商汤统治的年代八年七旱,海水也不见浅多少。海如此之大,以至时间、旱涝的变化都不能使它的水量发生明显的增减。我就生活在大海中,这才是真正的逍遥快乐呢!)青蛙听得目瞪口呆,这才知道自己的生活世界太渺小了。井底的青蛙只能看到井口那么大的一块天,故用此语比喻见识狭窄短浅的人。举例 ① 唐·刘禹锡《秋霖即事联句三十韵》:“井蛙争入户,辙鲋乱归泉。”② 宋·苏轼《辨道歌》:“吾恨尔见有所遮,海波或至惊井蛙。”

井中蛙 jǐng zhōng wā 同“井蛙”。举例 元·王冕《漫兴》:“朝廷政宽大,应笑井中蛙。”

井底之蛙 jǐng dǐ zhī wā 同“井蛙”。举例 ①《封神演义》第二十五回:“井底之蛙,所见不大;萤火之光,其亮不远。”②《三国演义》第一一三回:“汝乃井底之蛙,安知玄奥乎!”③ 章炳麟《驳康有为论革命书》:“世有谈革命者,知大事之难举,而言割据自立。此固局于一隅,所谓井底之蛙不知东海者,而长素以印度成事戒之。”

井蛙之见 jǐng wā zhī jiàn 见“井蛙”。比喻狭隘短浅的见解。举例 ①《镜花缘》第十八回:“若论优劣,以上各家,莫非先儒注疏。婢子见闻既寡,何敢以井蛙之见,妄发议论。”② 郭沫若《屈原》第二幕:“张仪: 唉,那是客臣的井蛙之见喽。所谓‘情人眼里出西施’啦。”

坐井观天 zuò jǐng guān tiān 见“井蛙”。原指坐在井底看外面的天空,比喻眼界狭小,见识不广。举例 ① 唐·韩愈《原道》:“老子之小仁义,非毁之也,其见者小也。坐井而观天,曰‘天小’者,非天小也。”②《文明小史》第十五回:“我们天天住在乡间,犹如坐井观天一样,外边的事情,一些儿不能知道。”③《李自成》第一卷十九章:“咱们应该多知道一些朝廷的虚实情形,坐井观天,闷在鼓里,怎么行?”

鸠居鹊巢 jiū jū què cháo

出处《诗经·召南·鹊巢》:“维鹊有巢,维鸠居之。”解说 鸠、鹊: 均为鸟名。原文大意是: 鸠自己不会筑窠,常强行占据鹊的窠。比喻强占别人的居处或占据别人的位置。举例 清·王时敏《后楼预嘱》:“若听其别徙,必至鸠居鹊巢,祖宗飨祀之地亦将变迁。”

J

鸠夺鹊巢 jiū duó què cháo 同“鸠居鹊巢”。举例《三国演义》第三十三回:“今袁熙、袁尚兵败将亡,无所依栖,来此相投,是鸠夺鹊巢之意也。”

鸠占鹊巢 jiū zhàn què cháo 同“鸠居鹊巢”。举例 清·纪昀《阅微草堂笔记·如是我闻四》:“我自出钱租宅,汝何得鸠占鹊巢?”

鹊巢鸠居 què cháo jiū jū 同“鸠居鹊巢”。举例《六十年的变迁》第九章:“凤去台空,虽已经过了一个短时期,然而鹊巢鸠居,现在有人补缺了。”

鹊巢鸠占 què cháo jiū zhàn 同“鸠居鹊巢”。举例 清·曾国荃《陈舫仙方伯暨继配夏夫人双寿序》:“传舍何尝,漫道鹊巢鸠占;党援互结,遂教鱼网鸿离。”

九回肠断 jiǔ huí cháng duàn

出处 汉·司马迁《报任安书》。解说 九: 指数量多。汉武帝时,李陵远征匈奴,战败而被迫投降,太史令司马迁设身处地为李陵辩解了几句。汉武帝听信廷尉杜周等的谗言,认为司马迁犯下逆君大罪,把他逮捕下狱,并施行残酷的腐刑。司马迁受到这样的摧残和侮辱,痛苦万分,“是以肠一日而九回,居则忽忽若有所亡,出则不知所如往”。(大意是: 由于心情痛苦,一天里肠子反复翻转了无数次。在家时,精神恍惚,好像丢了什么东西;出门时,又不知道自己该去哪里。)后用此语形容心情郁闷、痛苦到了极点。参见 317 页“救死扶伤”,313 页“九牛一毛”。举例 元·无名氏《玩江亭》第三折:“盼望的我九回肠断,思量的我两眉孱僽(chán zhòu)。”

回肠九转 huí cháng jiǔ zhuǎn 同“九回肠断”。举例《民国通俗演义》第十四回:“(黎)元洪数月以来,踌躇再四,爱功忧乱,五内交萦(yíng),回肠九转,忧心百结。”

九回肠 jiǔ huí cháng 见“九回肠断”。比喻回环往复、郁结难解的忧思。举例①南朝梁·简文帝《应令》:“望邦畿(jī)兮千里旷,悲遥夜兮九回肠。”②南唐·冯延巳《酒泉子(芳草长川)》:“风微烟澹(dàn)雨萧然,隔岸马嘶何处。九回肠,双脸泪,夕阳天。”③《红楼梦》第六十二回:“落霞与孤鹜(wù)齐飞,风急江天过雁哀,却是一只折脚雁,叫的人九回肠,这是鸿雁来宾。”

九牛一毛 jiǔ niú yī máo

出处 汉·司马迁《报任安书》。解说 九:指数量多。汉武帝时,因李陵投降匈奴,司马迁为其辩解而惨遭腐刑,受尽摧残。好友任安(少卿)来信安慰、鼓励他不要灰心,争取有所作为。司马迁尽管倍受摧残,但心有不甘,他在回信中感慨地说,自己是刑余之人,“不能拾遗补阙,招贤进能,显岩穴之士。”(遗:遗漏;疏漏。阙:同“缺”,缺失,不完善。原文大意是:我无法为朝廷举荐人才,招揽贤能之士弥补遗漏和空缺的官职,以使身处山林、岩穴之中的隐士得以建功立业。)又说:“身非木石,独与法吏为伍,深幽囹圄(líng yǔ)之中,谁可告愬(sù)者?……假令仆伏法受诛,若九牛亡一毛,与蝼蚁何以异?”(囹圄:监牢。愬:同“诉”。原文大意是:人身是血肉之躯,有思想有感情,与树木、石头不同。我每天只能见到狱吏,被单独拘禁在监牢之中,心里的怨愤能向谁诉说?……假如我这样甘受惩处而死去,就好比九条牛身上掉下一根毛,跟死掉一只蝼蛄或蚂蚁又有什么区别呢?)司马迁想到,如果自己就这样死去,不但得不到别人的同情,甚至会惹人耻笑。于是他决心忍辱负重活下去。司马迁出狱之后呕心沥血,千辛万苦,终于完成了伟大的历史巨著《史记》。此语原指许多条牛身上的一根毛,比喻很大数量中的极小数量,微不足道。参见312页“九回肠断”。举例①唐·王维《与魏居士书》:“然才不出众,德在人下,存亡去就,如九牛一毛耳。”②清·张岱《陶庵梦忆·三世藏书》:“我明中秘书,不可胜计,即《永乐大典》一书,亦堆积数库焉。余书直九牛一毛耳,何足数哉!”③夏衍《两个座谈会书面回答》:“现在的电影市场,可以说连九牛一毛都谈不上。”④《战争和人》(一)卷四:“现在看了收租的情景,才知道财源茂盛,根本不在乎九牛一毛那点开支!”

九牛一毫 jiǔ niú yī háo 同“九牛一毛”。毫:细毛。举例 陈毅《感事抒怀》:“九牛一毫莫自夸,骄傲自满必翻车。”

九牛去得一毛 jiǔ niú qù dé yī máo 见“九牛一毛”。原指许多牛身上掉落下一根毛，比喻失去的数量极其微小。举例《二刻拍案惊奇》卷四：“张廪（lǐn）生自道算无遗策，只费得五百金，巨万家事一人独享，岂不是‘九牛去得一毛’，老大的便宜了，喜之不胜。”

人非木石 rén fēi mù shí 见“九牛一毛”。指人是有生命、有知觉、有思想感情的，与草木、石头不同。举例 ①《初刻拍案惊奇》卷二十七：“承蒙相公夫人抬举，人非木石，岂不知感？”②《迟桂花》：“她虽则是一个纯真的小孩子，但人非木石，究竟总有一点感情。”

人非草木 rén fēi cǎo mù 见“九牛一毛”，同“人非木石”。举例《李自成》第一卷六章：“二则你是咱老百姓的救星，为百姓打富济贫，剿兵安民。人非草木，我怎肯不说实话？”

拾遗补阙 shí yí bǔ quē 见“九牛一毛”。指补正别人的缺点过失，或搜集采录遗漏、散逸的史料和文献等。举例 ① 明·张岱《史阙序》：“每于正史世纪之外，拾遗补阙，得一语焉，则全传为之生动；得一事焉，则全史为之活现。”② 清·章学诚《文史通义·为毕制军与钱辛楣宫詹论续鉴书》：“宋元编年之役，垂二十年，始得粗就隐括，拾遗补阙，商榷繁简，不无搔首苦心。”

J

酒池肉林 jiǔ chí ròu lín

出处《史记·殷本纪》：“以酒为池，县（xuán）肉为林，使男女裸相逐其间，为长夜之饮。”解说 县：同“悬”，悬挂。殷商时纣（zhòu）王不仅非常残暴，而且生活极度奢侈，纵欲无度。据说他派人在沙丘挖了一个深池，里边灌满了酒，又在酒池四周悬挂无数熏制好的肉，像树林一样，并命令宫中男女赤身裸体陪着他，在酒池肉林中追逐玩耍，通宵达旦地饮酒作乐。由于商纣王荒淫无度、横征暴敛，百姓苦不堪言，终于激起人民的不满和反抗，导致商朝灭亡。后用此语形容穷奢极欲的生活方式，或酒肉极多。举例 ①《汉书·西域传下》：“设酒池肉林，以飨（xiǎng）四夷之客。”②《封神演义》第十七回：“纣王听信妲（dá）己，造酒池肉林，一无忌惮，朝纲不整，任意荒淫。”③ 清·钱泳《履园丛话·臆论·骄奢》：“当开席时，哗然杂遝，上下千百人，一时齐集，真所谓酒池肉林，饮食如流者也。”④ 郭沫若《星空》：“他们何尝是酒池肉林凉台玉食的专擅魔王？”

肉山酒海 ròu shān jiǔ hǎi 同“酒池肉林”。举例《水浒传》第七十一回：“宋江便叫宋清安排大筵席，会众兄弟同赏菊花……至日，肉山酒海，先行给散马、步、水三军，一应小头目人等，各令自去打团儿吃酒。”

酒中蛇 jiǔ zhōng shé

出处 汉·应劭(shào)《风俗通义·怪神·世间多有见怪惊怖以自伤者》。解说 东汉时,应彬任汲县县令,杜宣是他属下的主簿官。有一天,应彬邀请杜宣到自己家中饮酒。应彬客厅的北墙上挂着一张弓,弯弯曲曲的弓影恰巧映照在杜宣的酒杯里。杜宣误以为杯里有一条小蛇,心里十分害怕,但上司劝酒,又不敢不喝。席间,杜宣疑虑重重,不久就告辞了。杜宣回到家后,时常感到腹中疼痛,好像有蛇在里边蠕动。他每天茶不思,饭不想,身体日渐消瘦,请了几个医生也不明白患了什么病。应彬听说杜宣患病,就去他家探视,问起生病的原因。杜宣半吞半吐地说:"那天在您府上饮酒,好像看见有一条小蛇在酒杯中游动,喝了那杯酒,回家后就病倒了。"应彬想了想,劝慰杜宣说:"我明白了,千万别担心,明天请你再到我家喝上几杯,这病很快就会好。"第二天,杜宣应邀来到应彬家里,两个人仍坐在与上次同样的位置上,杯里斟满酒,也放在原来的地方。应彬问杜宣道:"今天的酒杯里有蛇吗?"杜宣看了一眼答道:"有蛇呀,好像还在里边游动。"应彬站起身来,把挂在北墙上的弓摘下,又问道:"现在还有蛇吗?"杜宣见状恍然大悟,原来是误把杯中的弓影当作小蛇了,他的心情为之一振,病也马上不治而愈。后用此语比喻疑心恐惧,误把虚幻当作真实。举例 ① 明·高启《次韵杨礼曹雨中卧疾》之二:"何事一春频谒告,只应来辨酒中蛇。"② 元·乔吉《卖花声·悟世》:"富贵三更枕上蝶,功名两字酒中蛇。"

杯弓蛇影 bēi gōng shé yǐng 同"酒中蛇"。举例 ① 清·纪昀《阅微草堂笔记·如是我闻四》:"况杯弓蛇影,恍惚无凭,而点缀铺张,宛如目睹。"②《民国通俗演义》第六十一回:"自知……为众所弃,杯弓蛇影,处处设防。"③ 咏簪《武昌两日记》:"当十八的那一天,武昌城里,风声鹤唳,杯弓蛇影,惊惊惶惶,比前几日更加厉害。"④ 余光中《催魂铃》:"最吓人的,该是深夜空宅,万籁齐寂,正自杯弓蛇影之际,忽然电话铃声大作,像恐怖电影里一样。"

蛇影杯弓 shé yǐng bēi gōng 同"酒中蛇"。举例《红楼梦》第八十九回回目:"人亡物在公子填词,蛇影杯弓颦卿绝粒。"

杯蛇幻影 bēi shé huàn yǐng 同"酒中蛇"。举例《花月痕》第五回:"杯蛇幻影,鬼蜮含沙。萦愁绪以回肠,蔓牵瓜落;拭泪珠而洗面,藕断丝长。"

弓影成蛇 gōng yǐng chéng shé 同"酒中蛇"。举例 明·冯惟敏《折桂令·阅报除名》:"歧路亡羊,塞翁失马,弓影成蛇。"

影里杯蛇 yǐng lǐ bēi shé 同"酒中蛇"。举例 清·袁龙《醉花阴·四十初度自嘲》套曲:"那更是烽火连年刚历劫,常似那影里杯蛇。"

影里弓蛇 yǐng lǐ gōng shé 同"酒中蛇"。举例 清·李渔《答王子立山人问病兼释致病之疑》:"良朋爱我翻成惑,影里弓蛇未是真。"

杯影蛇弓 bēi yǐng shé gōng 同"酒中蛇"。举例《花月痕》第四十五回:"杯影蛇弓魔入幻,帏灯匣剑鬼生疑。"

弓影杯蛇 gōng yǐng bēi shé 同"酒中蛇"。举例 清·沈复《浮生六记·闺房记乐》:"余知沧浪亭畔素有溺鬼……不禁毛骨皆栗,急闭窗,携酒归房,一灯如豆,罗帐低垂,弓影杯蛇,惊魂未定。"

影中蛇 yǐng zhōng shé 见"酒中蛇"。指虚惊之事。举例 明·汤显祖《牡丹亭·闻喜》:"你香魂逗出了梦儿蝶,把亲娘肠断了影中蛇。"

杯中蛇 bēi zhōng shé 见"酒中蛇"。指疾病或虚幻之事。举例 宋·苏轼《次韵钱舍人病起》:"床下龟寒且耐支,杯中蛇去未应衰。"

杯蛇 bēi shé 同"酒中蛇"。举例 宋·程俱《得小圃城南用渊明归园田居韵》:"会当悟杯蛇,灵府静以虚。"

弓蛇 gōng shé 同"酒中蛇"。举例 元·谢应芳《顾仲瑛临濠惠书诗代简》:"酒杯已辨弓蛇误,药杵无劳玉兔将。"

弓影 gōng yǐng 同"酒中蛇"。举例 宋·释觉范《读古德传》:"夜冢髑髅(dú lóu)元是水,客杯弓影竟非蛇。"

蛇影 shé yǐng 同"酒中蛇"。举例《红楼梦》第八十九回:"一片疑心,竟成蛇影。"

杯蛇鬼车 bēi shé guǐ chē 同"酒中蛇",参见240页"鬼车"。举例《水浒传》第九十五回:"况我兵惊恐,凡杯蛇鬼车,风兵草甲,无非撼志之物。"

杯蛇市虎 bēi shé shì hǔ 同"酒中蛇""三人成虎"。举例 丁中江《北洋军阀史话》一八六:"又值双方军队,有换防调防之举,杯蛇市虎,益启惊疑,道路汹汹,几谓战祸即在眉睫。"

旧雨今雨 jiù yǔ jīn yǔ

出处 唐·杜甫《秋述》:"秋,杜子卧病长安旅次,多雨生鱼,青苔及榻。常时车马之客,旧,雨来;今,雨不来。"解说 鱼:指蠹(dù)鱼,即蟫(yín),蛀蚀衣物、书籍等的小虫,也叫衣鱼。唐玄宗天宝年间,杜甫曾在长安困居十年之久,《秋述》一文就是这时写下的。原文大意是:这一年秋天,我得了疟疾,卧病在长安的一个旅舍,由于雨水连绵,室内潮湿生了蠹虫,床榻下边都发霉长毛了。过去结交的那些家境殷实、有车马簇拥的朋友，以前即使遇到下雨天也来拜访，现在却因为下雨而不来走动了。词句中流露出对这些权贵朋友的疏远感到失望，以及内心的孤独寂寞。后用“旧雨”比喻老友、故人，用“今雨”比喻新结交的朋友，用“旧雨今雨”作为老友和新知的代称。举例 宋·范成大《题请息斋六言十首》之八：“冷暖旧雨今雨，是非一波万波。”

旧雨新知 jiù yǔ xīn zhī 同“旧雨今雨”。举例 清·张集馨(xīn)《道咸宦海见闻录》：“十年不踏软红尘土，旧雨新知，履舄(xì)交错，宴会几无虚夕。”

旧雨 jiù yǔ 见“旧雨今雨”。比喻老友、故人。举例 ① 宋·范成大《丙午新正书怀》之四：“人情旧雨非今雨，老境增年是减年。”② 元·许有壬《摸鱼子·和明初韵》：“他乡故里都休较，旧雨不如今雨。”

旧雨重逢 jiù yǔ chóng féng 见“旧雨今雨”。指老朋友又相遇了。举例 ① 清·尹会一《与王罕皆太史》：“比想旧雨重逢，促膝谈心，亦大兄闲居之一快也。”② 陈白尘《五十年集》：“今年夏天在罗马尼亚纪念卡拉迦列的大会上结交，现在是旧雨重逢了。”

今雨 jīn yǔ 见“旧雨今雨”。比喻新结交的朋友。举例 清·钱谦益《八月初二日渡淮》：“关心旧雨还今雨，回首长亭复短亭。”

救死扶伤 jiù sǐ fú shāng

出处 汉·司马迁《报任安书》。解说 救：救护。死：指将要死的人。扶：扶助；照料。李陵是西汉武帝时的名将，擅长骑射，又懂得兵法，被任命为骑都尉，率领五千左右骑兵出塞远征匈奴，被八万匈奴骑兵围困。“与单(chán)于连战，十有余日，所杀过半当，虏救死扶伤不给(jǐ)。”(给：同“及”。不给：相当于“不及”，来不及。大意是：李陵军与匈奴苦战十余天，杀死杀伤敌军一万余人，使匈奴救护死者、伤者都来不及。)但是，由于敌众我寡，兵力相差悬殊，加之没有后援，李陵最后受伤被俘。此语原指在战场上抢救生命垂危的人，照顾受伤的人，后多形容医务工作者全心全意为患者服务的敬业精神。参见421页“鸟兽散”。举例 ① 宋·苏轼《宋襄公论》：“一战之余，救死扶伤不暇，此独妄庸耳。”② 毛泽东《为追悼白求恩同志的题词》：“救死扶伤，实行革命的人道主义。”③《李自成》第二卷十四章：“做外科医生的能够以肉补肉，以血补血，则救死扶伤，造福人群，岂不大哉！”

居安思危 jū ān sī wēi

出处《左传·襄公十一年》。解说 居：处于。思：想；考虑。春秋时，晋、宋等十二国联合攻打郑国。郑国自知国力无法抵挡这些国家的联合进攻，只好向邻近的晋国求和。晋国接受了求和条件，其他国家也随之停止了军事行动。郑国给晋国送去许多金钱、珠宝、美女等表示感谢，晋悼公便把一部分礼物赏赐给有功的大臣们。大夫魏绛(jiàng)不肯接收礼物，他一边辞让，一边劝谏晋悼公说："《书》曰：'居安思危。思则有备，有备无患。'敢以此规。"(这里引用《尚书》上的话，大意是：请居安思危，不要只图享乐，在快乐安逸中要想到国家可能遇到的困难与危险，随时做好准备，以避免酿成大患。我姑且将这句话作为对君主您的规劝吧。)晋悼公听了魏绛的一番话，深深佩服他的远见卓识。后用此语指处于和平安定的环境中，要考虑到可能出现的危险、祸患，随时做好应付意外事件的准备。举例 ①《明史·郑本公传》："陛下居安思危，当远群小，节燕游，以防一朝之患。"②《说岳全传》第六十回："得宠思辱，居安思危。"③《子夜》九："你的危言诤论，并不能叫小杜居安思危，反使得他决心去及时行乐，今朝有酒今夕醉。"

J

鞠躬尽瘁，死而后已 jū gōng jìn cuì，sǐ ér hòu yǐ

出处《三国志·蜀志·诸葛亮传》南朝宋·裴松之注引诸葛亮《后出师表》："臣鞠躬尽力，死而后已。"解说 鞠躬：弯着身子，表示恭敬、谨慎。瘁：劳累。尽瘁：竭尽劳苦。已：停止。三国时，诸葛亮辅佐刘备打天下。刘备死后，刘禅(shàn)继位。诸葛亮执掌蜀国军政大权，一面联吴伐魏，南征孟获，一面积极准备北伐。诸葛亮两次给君主刘禅上出师表，在《后出师表》中表示了自己为国鞠躬尽瘁、死而后已的决心。此语原指勤勤恳恳，竭尽心力，到死为止，后形容不辞劳苦，贡献出自己毕生的全部精力。举例 ① 清·黄宗羲《巡抚天津右佥(qiān)都御史留仙冯公神道碑铭》："臣兄荷皇上知遇，鞠躬尽瘁，死而后已，不敢言病。"② 毛泽东《在延安文艺座谈会上的讲话》："一切共产党员，一切革命家，一切革命的文艺工作者，都应该学习鲁迅的榜样，做无产阶级和人民大众的'牛'，鞠躬尽瘁，死而后已。"③ 段荃法《申凤海与名人的交往》："一定要演唱出他作为军事家指挥若定，作为政治家胸怀全局，勇于作为，如他'鞠躬尽瘁，死而后已'的高尚情操。"

鞠躬尽瘁 jū gōng jìn cuì 同"鞠躬尽瘁，死而后已"。举例 ① 明·归有光《封中宪大夫兴化府知府周公行状》："况若臣病即死，则鞠躬尽瘁，臣之分愿已毕。"② 巴金《随想录》五十："今天在各条战线上干工作、起作用，在艰苦条件下任劳任怨、鞠躬尽瘁的人多数是解放后培养出来的一代知识分子。"③ 王渔等《林伯渠传》："林伯渠虽已年逾古稀，体力进一步衰弱，但他对党和人民的事业，鞠躬尽瘁，不避辛劳。"

出师表 chū shī biǎo 见"鞠躬尽瘁，死而后已"。指宣告出师征伐的表章。举例 唐·钱起《送王使君赴太原行营》："须传出师表，莫奏式微歌。"

举案齐眉 jǔ àn qí méi

出处《后汉书·梁鸿传》。解说 案：古代盛食物的木制托盘，下有矮小的四脚。齐眉：把托盘举得与眉毛相齐。梁鸿是东汉时诗人，博学多才，志向高洁。他不满时政，曾写了一首《五噫歌》，讽刺朝廷的腐败和贵族阶层的奢侈生活。因躲避官府的迫害，他改名换姓，携妻子孟光逃亡到江南吴地（今江苏境内）。为了维持生计，到一个主人名叫皋伯通的大户人家当雇工，住在廊檐之下，终日舂米劳作。“每归，妻为具食，不敢于鸿前仰视，举案齐眉。”（鸿：梁鸿。原文大意是：每天回到家里，妻子就做好饭菜端上来。她总是恭敬地低着头，把放有饭菜的托盘举到自己眉毛那样高。）皋伯通见此情形非常惊讶，心想：一个雇工能让妻子对他这么敬重，一定不是凡夫俗子，于是以礼相待，请梁鸿夫妇迁入他的正宅中居住，并供给他们衣食。梁鸿从此有机会开始著书立说。此语原指妻子敬重丈夫，后形容夫妻相敬如宾，婚姻美满。参见309页“荆钗布裙”。举例 ①宋·周紫芝《竹坡诗话》：“内子朱，贤而善事其夫，每举案齐眉，则相敬如宾。”②《醒世恒言·卖油郎独占花魁》：“看来看去，只有你是个志诚君子，况闻你尚未娶亲。若不嫌我烟花贱质，情愿举案齐眉，白头奉侍。”③《黄花闺女池塘》六：“当着高留住的面，谷秸又说：‘你们两口子，要举案齐眉，相敬如宾。’”

齐眉举案 qí méi jǔ àn 同“举案齐眉”。举例 ①元·丁伯渊《点绛(jiàng)唇》：“言行功容，四德三从，孟光合配梁鸿。怎教他齐眉举案劳尊重，俏书生别有家风。”②《红楼梦》第五回：“叹人间，美中不足今方信：纵然是齐眉举案，到底意难平。”

孟光举案 mèng guāng jǔ àn 同“举案齐眉”。举例《聊斋志异·邵九娘》：“孟光举案，而人不以为谄，何哉？分在则然耳。”

举案 jǔ àn 同“举案齐眉”。举例 唐·白居易《二年三月五日斋毕开素当食偶吟赠妻弘农郡君》：“山妻未举案，馋叟已先尝。”

鸿案相庄 hóng àn xiāng zhuāng 同“举案齐眉”。鸿：梁鸿。举例 清·沈复《浮生六记·闺房记乐》：“鸿案相庄廿有三年，年愈久而情愈密。”

鸿案 hóng àn 同“举案齐眉”。鸿：梁鸿。举例 清·章学诚《文史通义·古文十弊》：“抑思善相夫者，何必尽识鹿车、鸿案。”

齐眉 qí méi 同“举案齐眉”。举例《初刻拍案惊奇》卷二十五：“后来生三子，接了书香。小娟直与院判齐眉而终。”

孟光 mèng guāng 见“举案齐眉”。指所敬爱的贤妻。举例 宋·司马光《送酒与邵尧夫因戏之》：“请君呼取孟光饮，共插花枝煮药苗。”

J

举棋不定 jǔ qí bù dìng

出处《左传·襄公二十五年》。解说 举：拿起；拿着。棋：棋子。春秋时，卫国的国君卫献公性情残暴，滥杀无辜，大夫甯(nìng)殖(甯惠子)和孙林父(孙文子)等人发动政变，迫使卫献公逃亡齐国。卫献公的弟弟被立为国君，即卫殇(shāng)公。甯殖死后，卫献公企图复位，就派人与甯殖的儿子甯喜(甯悼子)联系，并保证复位后不计前嫌。于是，甯喜同意迎接卫献公回国。朝中大臣对此议论纷纷，担心卫献公尽管逃亡在外多年，其骄横的禀性不见得能有多少改变。大夫叔仪劝告甯喜说："弈者举棋不定，不胜其耦(ǒu)。"(耦：对方；对手。大意是：下棋时如果拿着棋子，不知该放在哪里，即不知该怎么下棋，犹豫不决，是难以战胜对方的。)更何况拥立国君这样的大事呢。你们甯家今天拥立这个，明天拥立那个，迟早会招致灭族之祸。甯喜没有听从劝阻，将卫献公迎接回国复位。卫献公果然念念不忘自己被驱逐出国的耻辱，最终找机会杀掉了甯喜全家。后用此语比喻做事犹豫不决。举例 ①《新唐书·郁林王恪传》："晋王仁厚，守文之良主，且举棋不定则败，况储位乎？"②《三家巷》九十一："经理陈文婕觉得心里面非常疑惑，行动上又举棋不定，不知道怎么办好，干脆不回厂里来。"③《李自成》第一卷二章："阁老大人，大敌当前，难道还可以举棋不定？"

举隅 jǔ yú

出处《论语·述而》："举一隅，不以三隅反，则不复也。"解说 隅：角落。反：类推；推论。孔子作为教育家，在教学上特别注重启发、开导弟子们要善于学习。原文是他教导弟子时说的话，大意是：一间房子有四个墙角，我举出一个墙角，你们应该灵活地推想到另外三个墙角，这就好比一件事情有四个方面，我举出一个方面，你若不能联想到或由此推知其他三个方面，我就不再教你了。后用此语指举其一端，使人触类旁通。举例 唐·杜甫《壮游》："举隅见烦费，引古惜兴亡。"

举一反三 jǔ yī fǎn sān 见"举隅"。指能够由此及彼，触类旁通。举例 ①清·曹雪芹《南鹞北鸢(yuān)考工记·自序》："实欲举一反三，而启后学之思。"②《二十年目睹之怪现状》第三十四回："我是凭着一卷《诗韵》学说话，倒可以有举一反三的效验。"③巴金《随想录》一四八："为了这个，就需要用'开导''启发'的方法教会孩子们经常开动脑筋独立思考，顺着思路自己解决问题，逐渐做到举一反三、一通百通。"④《香港的情和爱》五："他什么都是清楚的，能够举一反三，推出规律和结论。"

一隅三反 yī yú sān fǎn 同"举一反三"。举例 清·沈起凤《谐铎·垂帘论曲》：

"富贵缠绵则用黄钟,感叹悲戚则用南吕,一隅三反,诸可类推。"

隅反 yú fǎn 同"举一反三"。举例 ① 清·张之洞《读古人文集》:"此类甚多,可以隅反。"② 姚华《论文后编·目录中》:"《炙輠录》之说、歌、行、引,或得其理,推而准之,可以隅反。"

举足轻重 jǔ zú qīng zhòng

出处《后汉书·窦融传》。解说 窦融是东汉时人,新莽末年任将军,后投降刘玄,任张掖(郡名,辖今甘肃、内蒙部分地区)属国都尉。刘玄败亡后,他联合酒泉、武威、张掖、敦煌和金城等五郡(辖今甘肃、青海、内蒙部分地区),割据河西(指南北流向的黄河上游以西地区),号称河西五郡大将军,势力很大。汉光武帝刘秀取得政权后,中原的局势越来越稳定,窦融便想归附刘秀,于是派使者携带珍宝去拜见刘秀。刘秀高兴地接受了请求,封窦融为凉州牧,还给窦融写了一封信,交使者带回。信中分析了当前的政治、军事情况,指出益州的公孙述和天水的隗嚣(wěi áo)野心勃勃,实力雄厚,企图与汉朝廷抗衡。"方蜀汉相攻,权在将军,举足左右,便有轻重。"(大意是:在这种军事争霸的形势下,将军您的立场起着关键作用,脚步向哪边移动,都会改变现有的力量平衡,形成新的强弱格局。)窦融收到信,非常感激汉光武帝对自己的信任,表示一心一意归顺朝廷。后来,他率兵协助朝廷平定隗嚣的叛乱,又灭掉公孙述,立下大功。官任大司空,被封为安丰侯。此语原指只要脚步移动一下,就会使两边的轻重受到影响,比喻处于两强之间的有实力的人,只要倾向一方就会打破均衡。后形容有实力,所处地位十分重要,一举一动都足以影响全局。举例 ① 陶菊隐《北洋军阀统治时期史话》第二十二章:"而且袁世凯一死,他(冯国璋)在东南半壁'举足轻重'的地位,也随之而消失。"②《子夜》十九:"然而现在风景不殊,人物已非了!现在他和赵伯韬立在敌对的地位了!而且举足轻重的杜竹斋态度莫测!"③ 刘江滨《遥看前尘旧影——"三堂"之间》:"郭沫若不计前嫌,以民族大义为重,其真诚的呼唤感人肺腑,而且明显把周作人看作当时中国文坛举足轻重的人物。"

聚米为谷 jù mǐ wéi gǔ

出处《后汉书·马援传》。解说 东汉时,光武帝刘秀准备征讨盘踞在凉州(在今甘肃、宁夏一带)的割据势力隗嚣(wěi áo),为了确定进军路线和作战方略,专门召来熟悉当地情况的伏波将军马援咨询。马援认为此战必胜,并叫人搬来几袋米,堆成山川地貌,指点道路,分析敌情,使刘秀看了一目了然。刘秀高兴地说:"敌方的情况已经尽收眼底了!”于是下令进军,不久即大获全胜。马援聚米设计的就是已知的我国历史上最早的军用沙盘。后用此语指分析军事形势,运筹决策。举例 唐·刘知幾《史通·点烦》:“是以聚米为谷,贼虏之虚实可知;画地成图,山川之形势易悉。”

画沙聚米 huà shā jù mǐ 同“聚米为谷”。举例 ① 清·钱谦益《李秀东六十寿序》:“与之规舆图,讲战守,画沙聚米,方略井然。”② 郑观应《盛世危言·游历》:“一旦有事,则举国之人,胸有成竹,不难驾轻就熟,乘胜长驱,道里关山,画沙聚米。”

聚米画沙 jù mǐ huà shā 同“聚米为谷”。举例 清·徐旭《闽中纪略》:“大抵首事势,次粮饷,次兵将,次间谍,次外国,聚米画沙,了如指掌。”

伏波聚米 fú bō jù mǐ 同“聚米为谷”。举例 柳亚子《叠求秋韵再寄个石一律》:“伏波聚米谋歼敌,乳虎生风气夺牛。”

隽永 juàn yǒng

出处《汉书·蒯(kuǎi)通传》。解说 蒯通,又名蒯彻,西汉初年有名的辩士。他曾劝说范阳令归降,又劝韩信背叛刘邦而自立为王。汉惠帝时,在丞相曹参手下为宾客。他写了一部名叫《隽永》的书,有八十一篇,内容主要是论述战国游说之士的权变术,汉时已亡佚。唐代学者颜师古在《汉书》注中为其注释说:“隽,肥肉也;永,长也。言其所论甘美而义深长也。”意思是说,该书论述的内容甘美而意义深长。此语原指食物甘美而有回味,比喻言语、诗文等意味深长,耐人寻味。参见300页“金城汤池”,524页“三分鼎足”。举例 ① 宋·陆游《午枕》:“书中至味人不知,隽永无穷胜粱肉。”② 郭沫若《苏联纪行·六月廿日》:“大使馆是租住的,陈设相当堂皇。喝一盏盖碗的中国茶,特别感觉着隽永。”③ 朱自清《短诗与长诗》:“短诗以隽永胜,长诗以宛曲尽致胜。”

绝妙好辞 jué miào hǎo cí

出处《世说新语·捷悟》。解说 东汉末年,丞相曹操在会稽郡上虞(今属浙江绍兴),由主簿杨修陪同观看曹娥碑。石碑上题有时人邯郸淳撰写的碑文,下边又题写了“黄绢幼妇,外孙齑(jī)臼”八个字。曹操问杨修说:你明白这八个字是什么意思吗?杨修答道:明白。曹操说:你先别说出来,等我想一想。离开曹娥碑,走了三十里,曹操猜出其中的含义,于是和杨修分别把各自的理解写出来,两相对照,都是“绝妙好辞”四字。为什么是这四个字呢?杨修解释说:“黄绢,色丝也,于字为绝;幼妇,少女也,于字为妙;外孙,女子也,于字为好;齑臼,受辛也,于字为辤。所谓绝妙好辞也。”(大意是:“黄绢”是有颜色的丝,“糸”与“色”合在一起为“绝”;“幼妇”指少女,

“少”与“女”合在一起为“妙”;“外孙”是女儿所生的儿子,“女”与“子”合在一起为“好”;“齑”指切成细末的姜、蒜、韭菜等,“臼”是用来捣碎姜、蒜等的器具,盛齑之臼即受辛之器,即盛放辛辣之物的容器,“受”与“辛”合在一起为“辤”。“辤”同“辞”。连起来读就是“绝妙好辞”。)据说这是东汉文学家蔡邕(yōng)所题的一则谜语,用以称赞邯郸淳所写的碑文。曹操听了杨修的解说,叹息道:我的才思不如先生您敏捷,竟然差了三十里之远!杨修才智出众,后来受曹操猜忌,被杀。后用此语称赞写得极其华美的文辞。参见272页“鸡肋”。举例 ① 唐·苏颋《刑部尚书韦抗神道碑》:“衔凄固托,抚疾何成,愧不得绝妙好辞,披文而相质耳。”② 清·许印芳《与李生论诗》:“文人笔端有口,能就现前真景,抒写成篇,即是绝妙好辞。”③ 施蛰存《绕室旅行记》:“此外凡所粘贴的东西,都是绝妙好辞,不能一一抄录。”

绝妙好词 jué miào hǎo cí 同“绝妙好辞”。举例 ① 清·李渔《闲情偶寄·词曲上·词采》:“凡读传奇而有令人费解,或初阅不见其佳,深思而后得其意之所在者,便非绝妙好词。”②《三家巷》一三八:“一直到最后一窝伊府面端上来了,他才豁然开朗,想出一句十分有力量的绝妙好词来。”

黄绢 huáng juān 见“绝妙好辞”。为“绝”字的隐语,表示绝妙,用于称赞人物或事物。举例 唐·白居易《赋赋》:“掩黄绢之丽藻,吐白凤之奇姿。”

黄绢语 huáng juān yǔ 同“黄绢”。举例 唐·李白《送王屋山人魏万还王屋》:“笑读曹娥碑,沉吟黄绢语。”

绝缨 jué yīng

出处《韩诗外传》卷七,又见《说苑·复恩》。解说 缨:指冠缨,为固定帽子而系在颔下的带子。春秋时,楚庄王有一次平息叛乱,班师回朝,在宫内举行庆功会,大摆筵席。君臣畅饮至傍晚还未尽兴,点亮灯烛,继续狂欢。正当楚庄王爱妃许姬给大家敬酒时,殿上的灯烛忽然被风吹灭了。这时有一个人喝醉了,趁机于暗中拉了拉许姬的衣袖。许姬对这种大逆不道的举动非常生气,抬手把那个人的帽带扯断,并请求楚庄王查出非礼的人是谁,严加处治。楚庄王没有依从,却大声对群臣说:“今日宴会大家都要尽兴痛饮,如果谁没有把自己的帽带扯下来,就是对寡人不敬。”等到群臣都扯下自己的帽带之后,楚庄王才命令点亮灯烛,这样就不知道是谁胆敢犯上,拉扯了许姬的衣袖。宴会结束后,许姬埋怨楚庄王不为她出气。楚庄王笑着说:“君臣尽情欢乐,酒后失礼也情有可原,如果为了这件小事诛杀功臣,会使将士们感到心寒。”三年之后,吴国攻打楚国,楚庄王被吴国军队围困。在此危急时刻,楚军的一员猛将单人匹马冲入重围,救出楚庄王。楚庄王准备厚赏他,他推辞说:“在那次宴会上,拉扯许姬衣袖的正是下臣，蒙大王不杀之恩，今日应当舍身相报。”后用此语比喻纵情畅饮，也指长辈、上级宽宏大量，厚待后辈、下级。举例 ① 唐·李颀（qí）《绝缨歌》：“罗衣半醉春夜寒，绝缨解带一为欢。”② 唐·陈子昂《座右铭》：“秦穆饮盗马，楚客报绝缨。”

绝冠缨 jué guān yīng 同“绝缨”。举例《喻世明言·葛令公生遣弄珠儿》：“美人空自绝冠缨，岂为娥眉失虎臣？”

攫金 jué jīn

出处《列子·说符》。解说 攫：掠取。这是一则寓言。据说从前齐国有一个财迷心窍的人，他穿戴整齐，来到集市，路过金铺时拿起金子就跑，结果被捉住了。官吏审问他：金铺里有好几个人，你怎么居然敢当众抢劫呢？他说：“取金之时不见人，徒见金。”（徒：只；但。原话大意是：我拿金子的时候没有看见有人，只看见了金子。）后用此语比喻利欲熏心，不顾一切地盗窃财物。举例 唐·黄韬《以不贪为宝赋》：“卒使民知反朴之风，俗靡攫金之过。”

J

盗金 dào jīn 同“攫金”。举例《晋书·宣帝纪》：“锐意盗金，谓市中为莫睹。”

君子成人之美，不成人之恶 jūn zǐ chéng rén zhī měi，bù chéng rén zhī è

出处《论语·颜渊》：“子曰：‘君子成人之美，不成人之恶。小人反是。’”解说 成：成全；帮助。美：好；好事。（也作“善”。）恶：坏；坏事。君子：有道德的人。小人：人格卑鄙的人。原文大意是：孔子说：“君子成全别人做好事以彰显其为善的美名，不促成别人做坏事而造成恶名。小人（的所作所为）则与此相反。”后用此语指成全别人的美事或帮助别人实现愿望。常用于婚姻。举例 元·耶律楚材《西游录》下：“予闻诸行路之人有议子者，以为匿怨而友其人，孔子耻之。君胡为面许而心非也？君子成人之美，不成人之恶，何先赞而后嫉也？”

君子成人之善，不成人之恶 jūn zǐ chéng rén zhī shàn，bù chéng rén zhī è 同“君子成人之美，不成人之恶”。举例《孔子家语·五仪解》：“夫君子成人之善，不成人之恶。微君子言焉，吾弗之闻也。”

君子成人之美 jūn zǐ chéng rén zhī měi 同“君子成人之美，不成人之恶”。举例 ①《儿女英雄传》第十六回：“又道是‘君子成人之美’，便是个漠不相关的朋友，咱们还要劝他作成这件事，何况我合他呢？”②《二十年目睹之怪现状》第九十二回：“这个呢，怨不得二爷动气，就是我也叫他们闹的厌烦了。但是，君子成人之美，求二爷担待点罢。”③《王谢子弟》：“我是君子成人之美，七爷莫担心。”

成人之美 chéng rén zhī měi 同"君子成人之美,不成人之恶"。举例 ① 唐·韩愈《张中丞传后叙》:"小人之好议论,不乐成人之美,如是哉!"② 鲁迅《华盖集·牺牲谟(mó)》:"敝人向来最赞成一切牺牲,也最乐于'成人之美',况且我们是同志,我当然应该给你想一个完全的办法,因为一个人最紧要的是'晚节',一不小心,可就前功尽弃了!"③《铜墙铁壁》第十八章:"石得福不顾疼痛地想成人之美。"

君子之交淡如水 jūn zǐ zhī jiāo dàn rú shuǐ

出处《庄子·山木》:"且君子之交淡若水,小人之交甘若醴(lǐ);君子淡以亲,小人甘以绝。"解说 君子:有道德的人。交:交情。小人:人格卑鄙的人。醴:甜酒。绝:决绝;断绝关系。原文大意是:君子之间相互交往平淡得像清水一样,小人之间相互交往甜蜜得像甜酒一样;君子交往的平淡中蕴含着亲近,小人交往的甜蜜中蕴含着绝情。后用此语形容品德高尚者之间的交情,平淡如水,不为名利,不尚虚华。举例 ① 宋·辛弃疾《洞仙歌·丁卯八月病中作》:"味甘终易坏,岁晚还知,君子之交淡如水。"② 元·费唐臣《贬黄州》第三折:"我止望周人之急紧如金,君子之交淡如水。"③《村妇》卷二:"君子之交淡如水,虽不必交往密切,打得火热,却也不可故作清高,冷落人家。"

J

骏马换小妾 jùn mǎ huàn xiǎo qiè

出处 唐·李冗《独异志》卷中。解说 北魏时,曹彰生性风流倜傥,有一次见到一匹骏马,非常喜欢,可是主人很爱惜这匹马,舍不得卖。曹彰对马主人说:"我家里有几个年轻美貌的妾,用妾跟你换马,你如果同意,可以随便挑一个。"马主人于是挑选了一位,曹彰二话没说便用她换来了这匹骏马。后用此语指风流倜傥的行为。也指交换宝物。举例 唐·李白《襄阳歌》:"千金骏马换小妾,笑坐雕鞍歌《落梅》。"

赤骥换青娥 chì jì huàn qīng é 同"骏马换小妾"。举例 唐·白居易《酬裴令公赠马相戏》:"安石风流无奈何,欲将赤骥换青娥。"

爱妾换 ài qiè huàn 同"骏马换小妾"。举例 明·徐渭《赋得风入四蹄轻》之二:"爱妾换初筹,将军蓦紫骝。"

将人换马 jiāng rén huàn mǎ 同"骏马换小妾"。举例 明·汤显祖《紫箫记·托媒》:"劣相花卿,将人换马;好心公子,置妾闲庭。"

换马 huàn mǎ 同"骏马换小妾"。举例 明·梅鼎祚(zuò)《玉合记·诇(xiòng)约》:"料我郎君虽无粉黛三千,不少金钗十二,尚堪换马,何况赠君!"

K

开诚布公 kāi chéng bù gōng

出处《三国志·蜀志·诸葛亮传论》。解说 开诚：敞开胸怀，显示诚意。布：宣布；陈述。布公：公正无私地相告或发表自己的见解。三国时，蜀汉丞相诸葛亮深得刘备的信任和重用。刘备死后，诸葛亮忠心耿耿辅佐后主刘禅(shàn)，为国家竭尽了毕生的精力。《三国志》编者陈寿评论诸葛亮的治国方略和为人时说："诸葛亮之为相国也，抚百姓，示仪轨，约官职，从权制，开诚心，布公道。"(大意是：诸葛亮作为一国之丞相，关心爱护百姓，为人率先垂范，呕心沥血，恪尽职守，总揽大权而不失君臣之礼，待人处事真诚坦白，公道而无私。)后用此语形容待人诚恳，坦白无私。举例 ① 宋·许月卿《次韵陈肇芳竿赠李相士》："集思广益真宰相，开诚布公肝胆倾。"②《官场现形记》第五十四回："上头的公事是叫地方官时时接见商人，与商人开诚布公，联络一气。"③ 邹韬奋《变了什么花样》："我们深信只有开诚布公，才能释疑。"④ 郭沫若《学生时代·创造十年续编》："《宣言》的草稿由我自己朗读了一遍。说句开诚布公的话，那篇文章我自己很得意。"

开诚布信 kāi chéng bù xìn 同"开诚布公"。举例 宋·陈亮《中兴论》："平居无事，则开诚布信以攻敌心。"

推诚布公 tuī chéng bù gōng 同"开诚布公"。举例 清·陈康祺《郎潜纪闻·毕秋帆力保张回子之不反》："设非制府之推诚布公，后患殆不可料也。"

开阁 kāi gé

出处《汉书·公孙弘传》。解说 阁：本作"閤"，旁门，小门。公孙弘是西汉时人，年轻时当过狱吏，熟习文法吏治，汉武帝时任丞相，封平津侯。公孙弘为了给朝廷招揽贤才，特意在自家府宅东侧开了一个旁门，门内是专供宾客住的房屋，用来接待贤能之人，请他们针对国家大事献计献策。后用此语指求才若渴，招纳贤士。举例 ① 唐·刘禹锡《答裴令公雪中讶白二十二与诸公不相访之什》："玉树琼楼满目新，的知开阁待诸宾。"② 宋·范仲淹《送刘牧推官之兖(yǎn)州》："相国镇东鲁,开阁多英豪。”

招贤阁 zhāo xián gé 见“开阁”。指招纳贤才的地方。举例 ① 南朝梁·刘孝威《行过康王故第苑》:“尚识招贤阁,犹怀爱士风。”② 唐·寒山《诗》之一二五:“急须归去来,招贤阁未启。”

东阁 dōng gé 同“招贤阁”。举例 ① 唐·孙逖(tì)《和左司张员外赠韦侍御等诸公》:“共言东阁招贤地,自有西征谢傅才。”② 元·雅琥《上执政四十韵》:“中台方正席,东阁又延宾。”③ 清·龚自珍《乙酉腊见红梅一枝思亲而作时客昆山》:“南天初返棹,东阁正留宾。”

开门揖盗 kāi mén yī dào

出处《三国志·吴志·吴主传》。解说 揖:拱手作礼,表示迎接。东汉末年,诸侯混战。江东盟主孙策被人行刺成重伤,临死之前把军政大事交代给弟弟孙权。孙权当时很年轻,在这意想不到的沉重打击下茫然失措,痛哭不已。长史张昭原为孙策的谋臣,劝说道:“此宁哭时邪? ……况今奸宄(guǐ)竞逐,豺狼满道,乃欲哀亲戚,顾礼制,是犹开门而揖盗,未可以为仁也。”(大意是:难道现在是应当哭的时候吗? ……况且如今各路豪强互相兼并,天下动荡,如果你一味哀痛,墨守礼法,只怕敌人会趁机来攻,这无异于打开房门作揖,邀请强盗进家,并不能算作仁义、孝悌。)听了张昭的话,孙权强忍着悲痛,披挂上马,到各个军营巡查,局势很快就稳定下来。后用此语比喻引来坏人,招致祸患。举例 ①《水浒后传》第三回:“失守城池,要按军法;况又有禀帖到杨太守差我保守,我是你徒弟,开门揖盗,岂不是私通叛寇?”②《子夜》十九:“昨晚上对他开诚布公那番话,把市场上虚虚实实的内情都告诉了他的那番话,岂不是成了开门揖盗么?”

开天辟地 kāi tiān pì dì

出处《艺文类聚》卷一引三国吴·徐整《三五历记》。解说 传说盘古氏开辟天地,创立世界。在此之前,天地浑然一体,宇宙不过是混混沌沌的一团气,没有光,没有声音,像一个无比巨大的鸡蛋,盘古氏孕育其中。“万八千岁,天地开辟,阳清为天,阴浊为地。”(大意是:过了一万八千年,盘古氏长大了,用斧头把这一团混沌劈开,轻而清的气冉冉往上浮,变化为天;重而浊的气渐渐往下沉,凝聚成地。)盘古氏死后,他身体的各个部分变成了太阳、月亮、星星、高山、河流、草木等,他呼出的气变成风和云,他留下的声音变成雷。此语原指开始有人类历史,比喻前所未有或前所未有的伟大事业。举例 ①《隋书·音乐志中》:"开天辟地,峻岳夷海。"② 清·黄周星《补张灵·崔莹合传》:"乞君为我多方访之,冀得当以报我;此开天辟地第一吃紧事也。"③ 阮章竞《漳河水·圈套》:"十冬腊月大年尽,开天辟地头一回,不见小鬼来要租,没有判官来逼债。"④《死水微澜》第二部分六:"乡间诚然不比城市拘泥,务农人家诚然不比仕宦人家讲礼,但在说亲之际,要姑娘本身出来有所主张,这似乎也是开天辟地以来所没有的。"

地辟天开 dì pì tiān kāi 同"开天辟地"。举例 宋·陆游《初发夷陵》:"山平水远苍茫外,地辟天开指顾中。"

天开地辟 tiān kāi dì pì 同"开天辟地"。举例 宋·欧阳修《晋祠》:"并州自古重豪侠,战争五代几百年。天开地辟真主出,犹须再驾方凯旋。"

盘古开天地 pán gǔ kāi tiān dì 同"开天辟地"。举例 毛泽东《论反对日本帝国主义的策略》:"自从盘古开天地,三皇五帝到于今,历史上曾经有过我们这样的长征么?"

开宗明义 kāi zōng míng yì

K

出处《孝经·开宗明义章》宋·邢昺题解:"开,张也;宗,本也;明,显也;义,理也。言此章开张一经之宗本,显明五孝之义理,故曰开宗明义章也。"解说《开宗明义》原来是《孝经》第一章的篇名。北宋经学家邢昺解释了它的含义。原文大意是:"开"即"张",阐述;"宗"即"本",宗旨;"明"即"显",说明;"义"即"理",义理、意思。文章开篇就阐述全书的宗旨,说明其义理,因而称为"开宗明义章"。后用此语指讲话或写文章一开始就点出主题,讲明主要意思。举例 ① 鲁迅《准风月谈·各种捐班》:"到得民国,官总算说是没有了捐班,然而捐班之途,实际上倒是开展了起来,连'学士文人'也可以由此弄得到顶戴。开宗明义第一章,自然是要有钱。"② 冰心《寄小读者·通讯一》:"在这开宗明义的第一信里,请你们容我在你们面前介绍我自己。"③《棋王》一:"他一开说,把我吓了一跳。原来开宗明义,是讲男女的事儿。"

抗衡 kàng héng

出处《史记·郦生陆贾列传》。解说 抗衡:对抗;不相让或不避让。秦代末年,南海郡尉赵佗自立为南越武王。汉高祖刘邦统一中原以后,准备正式封赵佗为南越王,派大臣陆贾携带诏书、王印等前去南越。赵佗知道陆贾已到,穿便服接待,态度傲慢无礼。陆贾不满地对赵佗说:"今足下反天性,弃冠带,欲以区区之越与天子抗衡为敌国,祸且及身矣。"(大意是:现在大王您忘记了祖上传下来的礼仪,不穿官服而衣冠不整,难道打算以小小的南越与中原大邦的皇帝相对抗为敌吗?那样的话,灾祸就会降临到您的身上了。)赵佗听了万分惶恐,赶紧赔礼道歉,恭恭敬敬地拜受了王印。后用此语指对抗、不相上下。举例 ① 宋·秦观《法帖通解·怀素》:"前世善书者,盖尝欲与右军抗衡矣,而每不为公论所许。"②《三世同堂》七:"她也知道在姿色上,在年龄上,没法和桐芳抗衡。"

苛政猛于虎 kē zhèng měng yú hǔ

出处《礼记·檀弓下》。解说 苛政:指繁重的赋税、苛刻的法令。春秋时,孔子和弟子们有一天路过泰山脚下,看到一个妇人坐在坟墓前哭得十分哀伤。孔子让弟子子路去询问那妇人为什么而哭。妇人说:我的公公、丈夫和儿子先后都被老虎吃了。孔子问:既然这里常常有老虎伤人,那么你为什么不离开这里呢?妇人答道:"因为这里没有苛政。"孔子回头对弟子们说:"小子识(zhì)之,苛政猛于虎也。"(小子:老师对学生的称呼。识:记住。原话大意是:你们要记住,苛政比老虎还要凶恶可怕。)后用此语形容繁重的赋税、苛刻的法令极其凶残暴虐。举例《老残游记》第六回:"因天时尚早,复到街上访问本府政绩,竟是异口同声说好,不过都带有惨淡颜色,不觉暗暗点头,深服古人'苛政猛于虎'真是不错。"

苛政猛虎 kē zhèng měng hǔ 同"苛政猛于虎"。举例《民国通俗演义》第五十九回:"袁(世凯)乃纵容粤吏……苛政猛虎,同恶相济。"

克己奉公 kè jǐ fèng gōng

出处《后汉书·祭(zhài)遵传》。解说 克己:克制、约束自己;克制自己的私心。奉公:以公事为重。祭遵是东汉初年颍阳人,从小喜欢读书,虽然出身豪门,但生活非常俭朴。后来,祭遵到汉光武帝刘秀手下担任军中的执法官。他执法严明,不徇私情。"(祭)遵为人廉约小心,克己奉公,赏赐辄尽与士卒,家无私财,身衣韦裤,布被,夫人裳不加缘,帝以是重焉。"(原文大意是:祭遵为官清正,处事谨慎,克己奉公,常受到刘秀的赏赐,但他将这些赏赐都拿出来分给手下的人,家中没有多少私人财产。他身着低贱的牧人穿的柔皮做成的衣裤,盖的是布被子,夫人穿的衣服也是粗布做成,没有华丽的花边。因此,汉光武帝很器重他,封为征虏将军、颍阳侯。)后用此语形容严格约束自己,一心为公。举例 ①《魏书·高祖纪上》:"自今牧守温仁清俭、克己奉公者,可久于其任。"② 毛泽东《中国共产党在民族战争中的地位》:"而大公无私,积极努力,克己奉公,埋头苦干的精神,才是可尊敬的。"③《落红》二:"当时他衣着简朴、克己奉公,除了人事干部之外,竟没有一个人知道他是我的儿子。"

K

克勤克俭 kè qín kè jiǎn

出处《尚书·大禹谟》:"惟汝贤,克勤于邦,克俭于家。"解说 克:能够。汝:你。相传在我国上古时代,黄河流域洪水泛滥成灾,人民深受其苦。禹是夏后氏部落的首领,他带领百姓疏通江河,兴修水利,历时十三年,曾三过家门而不入。由于治水有功,舜把帝位让给了他。参见526页"三过其门而不入"。原文是对禹的赞颂,大意是:只有你才是一个贤能的人,为国能辛勤劳碌而不怕苦,为家能节俭而无奢求。后用此语形容既能勤劳,又能节俭。举例 ①《歧路灯》第十九回:"绍祖宗一点真传,克勤克俭;教子孙两条正路,曰读曰耕。"② 洪深《香稻米》第一幕:"自己的结发妻子,全仗她克勤克俭地掌持家务,今年也五十八岁了。"

克俭克勤 kè jiǎn kè qín 同"克勤克俭"。举例 ①《醒世恒言·张孝基陈留认舅》:"适来这杯酒,乃劝大舅,自今以后,兢兢业业,克俭克勤,以副岳父泉台之望。"②《慈禧太后演义》第十三回:"视朝之暇,仍当讨论经史,深求古今治乱之源,克俭克勤,励精图治。"

K

刻舟求剑 kè zhōu qiú jiàn

出处《吕氏春秋·察今》。解说 求:寻找。传说楚国有个人坐船渡江,不小心把佩带的剑掉进江里。他急忙用小刀在船的边沿刻上一个记号,并说:"是吾剑之所从坠。"(大意是:这儿是我的剑掉下去的地方。)船靠岸后,这个人从船边沿刻记号的位置下水去找剑,结果找了半天也没有。旁观的人感慨地说:"舟已行矣,而剑不行,求剑若此,不亦惑乎!"(大意是:船已经行驶了很远,而剑还沉没在原来的地方。用这样的办法来找剑,不是太糊涂了吗?)后用此语比喻拘泥成法,不知变通,或不懂事物已发展变化,仍静止地看问题。举例 ① 宋·陆游《谢梁右相启》:"刻舟求剑,固非通才。"②《红楼梦》第一二〇回:"似你这样寻根究底,便是刻舟求剑,胶柱鼓瑟了。"③ 梁启超《中国国会制度和议》:"夫地理上种种差别,势不容刻舟求剑。"④ 夏衍《解放思想团结前进》:"文艺工作者必须正视我国当前迅速变化的实际,来考察我们过去用惯了的文艺理论,而不能刻舟求剑。"

求剑刻舟 qiú jiàn kè zhōu 同"刻舟求剑"。举例 宋·严仁《归朝歌·南剑双溪楼》:"变化往来无定所,求剑刻舟应笑汝。"

刻舟痕 kè zhōu hén 同"刻舟求剑"。举例 宋·苏轼《王中甫哀辞》:"堪笑东坡痴钝老,区区犹记刻舟痕。"

刻舟 kè zhōu 同"刻舟求剑"。举例 明·徐渭《自书小像赞》:"人又安得执斯图,以刻舟而守株。"

刻剑痕 kè jiàn hén 同"刻舟求剑"。举例 宋·苏轼《顷年杨康功使高丽还》:"作诗颂其美,何异刻剑痕。"

记剑痕 jì jiàn hén 同"刻舟求剑"。举例 宋·陆游《绍兴庚辰余游谢康乐石门》:"人生万事皆如梦,自笑区区记剑痕。"

剑迷船畔 jiàn mí chuán pàn 同"刻舟求剑"。举例 唐·罗隐《谢刑部萧郎中启》:"爰自南国辞耕,东堂奉贡,剑迷船畔,胶在柱间。"

刻烛赋诗 kè zhú fù shī

出处《南史·王僧孺传》。解说 萧子良是南朝时齐武帝的第二个儿子,官至太傅,受封为竟陵王。他很有文才,经常与一些文人夜间聚会赋诗。有一次,他们在蜡烛距烛火一寸的位置刻上记号,约定蜡烛燃烧到该处即写成四韵八句的一首诗。有一个名叫萧文琰的文人觉得这样也未免太容易了,就改用敲击铜钵催诗,当铜钵声音一停,他就把诗作出来了。后用此语形容文思极为敏捷。举例《南史·王泰传》:"每预朝宴,刻烛赋诗,文不加点,帝深赏叹。"

刻烛限诗 kè zhú xiàn shī 同"刻烛赋诗"。举例 唐·孟浩然《寒夜张明府宅宴》:"列筵邀酒伴,刻烛限诗成。"

刻烛成篇 kè zhú chéng piān 同"刻烛赋诗"。举例 清·吴伟业《题西泠闺咏》之二:"卖珠补屋花应满,刻烛成篇锦不如。"

刻烛敏 kè zhú mǐn 同"刻烛赋诗"。举例 宋·秦观《同子瞻端午日游诸寺》:"愧无刻烛敏,续此金玉音。"

刻烛 kè zhú 同"刻烛赋诗"。举例 ① 明·李东阳《原博席上用击鼓催花令戏成一首》:"未夸刻烛多才思,一遍须教八韵成。"② 谢觉哉《赠沈衡老》:"驾游尚可腾空去,联句犹能刻烛工。"

击钵催 jī bō cuī 同"刻烛赋诗"。举例 宋·陈师道《和李使君九日登戏马台》:"登高能赋属吾侪(chái),不用传杯击钵催。"

肯綮 kěn qìng

出处《庄子·养生主》。解说 战国时,文惠君(梁惠王)观看庖丁肢解分割宰杀后的整牛。庖丁在介绍自己的操刀经验时说："技经肯綮之未尝，而况大軱（gū）乎？"（技：通"枝"，枝脉。经：经脉。肯：附在骨头上的肉。綮：筋与骨头相结合处。这四个地方都是结构复杂，难以运刀之处。尝：试探；接触。軱：大骨头。大意是：我轻轻用刀，循着技经肯綮的间隙，更不接触大骨头。）由于庖丁善于顺着牛筋骨之间的空隙运刀，尽管这把刀已用了十九年，肢解过数千头牛，但刀口却像刚磨过的一样锋利。此语原指筋骨结合的地方，比喻要害或最重要的关键。参见 435 页"庖丁解牛"。举例 ① 清·独逸窝退士《笑笑录·食羊骨》："骨间亦有微肉，熟漉出渍酒中，点薄盐，炙微焦食之，终日抉剔，得铢两于肯綮之间。"② 明·宋濂《故奉训大夫王府君墓志铭》："为定远县吏，出谋发虑，皆中肯綮。"③《明史·顾大章传》："与朝士通往来，阴察其交关肯綮，清流赖之。"④ 郭沫若《历史人物·夏完淳》："他的著书现存的有《幸存录》一种，评议明末政局极平允而中肯綮。"⑤ 苏雪林《几个超级派别的文评家》："他于西洋诗极有研究，对于西洋诗的源流和派别，优劣利弊，洞见肯綮。"

K

中肯 zhòng kěn 见"肯綮"。"中肯綮"的省略，指言论切中要害或恰到好处。举例 ①《明史·张居正传》："间出一语辄中肯，人以是严惮之。"② 鲁迅《花边文学·做文章》："高尔基说，大众语是毛坯，加工的是文学。我想这该是很中肯的指示了。"③ 叶圣陶《北上日记·二月十日》："其言甚中肯，余深赞之。"

空城计 kōng chéng jì

出处《三国演义》第九十五回。解说 三国时，魏国派大将军司马懿（yì）率兵进攻蜀国的街亭。司马懿军夺取街亭后，乘胜直逼蜀国丞相诸葛亮驻守的西城。当时西城驻军很少，多为老弱之兵，根本无力抵挡。由于来不及撤退，大家都很惊慌。诸葛亮知道司马懿性格多疑，便想出一条妙计，命令打开城门迎敌，自己从容镇定地登上城楼焚香弹琴，旁边只有两个小书童侍立，一个守兵也没有。司马懿赶到城下，见城门大开，不知蜀军虚实，怀疑有大批兵马埋伏，不敢攻城，急忙率军退走。后来，司马懿得知西城不过是一座守军很少的空城，回军再战。这时，蜀将赵云已率领大军赶来，解了西城之围。后用此语指虚张声势，掩饰己方力量空虚、迷惑对方的一种策略，即在敌众我寡、缺乏兵备情况下，故意示人以不设兵备，造成对方错觉，从而退敌。举例 ① 郭沫若《反正前后》："大堂上面那有甚么机关枪呢？比诸葛亮的'空城计'还要空得厉害的，是老卒残兵的影子都不见一个。"②《子夜》十六："周仲伟像'空城计'里的诸葛亮似的笑退了那八个代表。"③《李家庄的变迁》九："空城计只可一两次，你也空城计，我也空城计，一定要叫人家识破。"

唱空城计 chàng kōng chéng jì 见“空城计”。比喻实施虚张声势、迷惑对方的计策。举例 ①《火葬》六：“悲观的李四以为我们的军队调走，是因为别处的兵力太弱；那么，假若军队都调了走，而敌人向文城攻打，岂不是得唱空城计？”②《东方》第四部十六章：“郭祥舐舐干裂的嘴唇，试探着说：‘你看我们能不能唱出空城计呢？’”

空洞无物 kōng dòng wú wù

出处《世说新语·排调》：“王丞相枕周伯仁膝，指其腹曰：‘卿此中何所有？’答曰：‘此中空洞无物，然容卿辈数百人。’”解说 东晋时人周颉(yǐ)，字伯仁，曾官任荆州刺史，为人宽宏大量，不拘小节，谈吐幽默诙谐。周颉与丞相王导私交深厚，有一次两个人越谈越高兴，王导竟得意忘形地侧卧身子，把头枕在周颉的膝上，用手指着周颉凸起的肚子问道：“你这里面有些什么东西呢？”周颉挺了挺身子，摸着自己的肚子，诙谐地说：“这里面什么也没有。不过，像您这种人，倒能容得下几百位呢。”王导听后，开怀大笑。此语原指空空的，什么都没有，后多形容言谈、文章等空泛而没什么内容，或不切实际。举例 ① 鲁迅《书信集·致曹靖华》：“这里对于左翼文艺，是压迫无所不至，然而别的文艺，却全然空洞无物，所以出版界非常寂寥。”② 毛泽东《评蒋介石在双十节的演说》：“空洞无物，没有答复人民所关切的任何一个问题，是蒋介石双十演说的特色之一。”③ 朱自清《经典常谈·文》：“除了口吻、技巧和声调之外，八股文是空洞无物的。”

空洞 kōng dòng 同“空洞无物”。举例 ① 宋·黄庭坚《题王仲弓兄弟巽(xùn)亭》：“世纷甚峥嵘，胸次欲空洞。”②《山乡巨变》一：“半夜三更，她一个人爬起来，偷偷摸进空洞幽暗的堂屋，低声细气练她的口才。”③《创业史》第一部十九章：“没有兰兰，他们过去十几年的生活，该是多么空洞啊！”

空空如也 kōng kōng rú yě

出处《论语·子罕》：“子曰：‘吾有知乎哉？无知也。有鄙夫问于我，空空如也，我叩其两端而竭焉。’”解说 空空：一无所有。如：形容词后缀，表示情状，相当于“……的样子”。鄙：郊野之处。鄙夫：指乡间的农夫。孔子知识渊博，但很谦逊，教诲弟子和其他人也很有耐心。原文大意是：孔子说：“我有学问吗？没有多少呵。如果有一个种地的农夫向我咨询，这个问题我本来是不知道的，只有从事物的首尾两端了解事物的来龙去脉，然后再详细地解释给他听。”此语原形容一无所知，后多形容空空的，什么都没有。举例 ①《何典》第五回："日复一日，把家中弄得空空如也，渐至卖家掘产。"② 鲁迅《彷徨·在酒楼上》："楼上'空空如也'，任我拣得最好的坐位，可以眺望楼下的废园。"③《人去两三天》："红薯窖里的空气比外面阴凉得多，里面空空如也，只有一些草屑。"☞ 一说"空空"为"悾悾(kōng kōng)"的假借字，形容诚恳、虚心的样子。今人多不采用此说。

空弦落雁 kōng xián luò yàn

出处《战国策·楚策四》。解说 相传，战国时有一个射箭能手名叫更羸(léi)。有一天，更羸陪同魏王坐在高台之下休闲。更羸望着天上的飞鸟对魏王说："我不用箭，只要虚拉弓弦，就可以把飞鸟射下来。"魏王听了，不以为然地说："你的射技真的如此高超吗?"更羸很自信地说："当然。"过了一会儿，有一只大雁从东边飞来，只见更羸拉弓扣弦，随着"嘣"的一声弦响，那只大雁从空中一头栽落下来。魏王感到不可思议，更羸解释说："它是一只受过箭伤的大雁，惊魂未定，一听见尖利的弓弦响声便吓得逃走高飞，因双翅用力过猛，引起旧伤迸裂，于是掉了下来。"后用此语比喻射箭技法高超。举例 宋·陆游《杂兴》之三："空弦可落雁，此事盖自昔。"

惊弓之鸟 jīng gōng zhī niǎo 见"空弦落雁"。惊弓：为弓箭所惊吓。被弓箭吓怕了的飞鸟，比喻受过惊吓、有一点动静就非常害怕的人。举例 ①《歧路灯》第八十一回："绍闻是惊弓之鸟，吓了一跳。"② 范文澜《中国近代史》第八章四节："西太后、荣禄一伙人，屡受外国强盗的打击，早成惊弓之鸟。"③《围城》五："我们新吃过女人的亏，都是惊弓之鸟，看见女人影子就怕了。"④《射雕英雄传》第三十五回："彭连虎吃过这剧毒暗器的大苦头，当真是惊弓之鸟，实不敢挥判官笔去挡击。"

惊弦之鸟 jīng xián zhī niǎo 同"惊弓之鸟"。举例《隋唐演义》第五回："但唐公是惊弦之鸟，犹自不敢放胆。"

伤弓之鸟 shāng gōng zhī niǎo 同"惊弓之鸟"。举例《晋书·苻生载记》："伤弓之鸟，落于虚发。"

惊羽落空弦 jīng yǔ luò kōng xián 见"空弦落雁"。比喻受过惊吓，有一点动静就非常害怕。举例 宋·苏轼《次韵王雄州送侍其泾州》："闻道各城得真将，故应惊羽落空弦。"

惊弦 jīng xián 同"惊羽落空弦"。举例 清·黄遵宪《雁》："汝亦惊弦者，来归过我庐。"

空弦 kōng xián 同"惊羽落空弦"。举例 宋·陆游《书斋壁》："自笑为农行没世，尚如惊雁落空弦。"

空穴来风 kōng xué lái fēng

出处 战国楚·宋玉《风赋》:"臣闻于师:'枳句(gōu)来巢,空穴来风。'" 解说 穴:洞;孔。来:招致。枳:枳橘,树名。句:同"勾",弯曲。原文大意是:我听老师说过:弯曲有丫杈的树枝招来鸟雀做窝,有了洞穴才有风吹进来。此语原指风从孔洞吹入,比喻流言蜚语乘隙而入,或消息和谣言的传播不是完全没有原因的。举例 ① 唐·白居易《初病风》:"朽株难免蠹(dù),空穴易来风。"② 清·龚自珍《大誓答问第二十六》:"物必自腐也,而后虫生之。空穴来风,自此书盛行,为名世大儒所疑。"③ 邹韬奋、茅盾等《我们对于国事的态度和主张》:"迄今抗战阵营中尚潜伏若干妥协主和分子,道路以目,并非空穴来风。"④ 梁启超《续论市民与银行》:"然而银行当事人,安能逃避责任,空穴来风,理有固然。"☞ 此语现多比喻消息和传言毫无根据。

K

空中楼阁 kōng zhōng lóu gé

出处 唐·道世《法苑珠林》卷六十六"造楼"引南朝齐·求那毗地《百喻经·三重楼喻》。解说 据说古时候有一个富翁,看到别人的楼房高大气派,特别是第三层很华丽,回到家里,把工匠们请来,让他们造一座同样的楼房。工匠们便动手打地基、砌墙造楼房。富翁见了很奇怪,拦住工匠们问:你们这是在干什么?工匠们回答:不是要造三层楼房吗?富翁急了,一边让工匠们赶紧拆掉,一边说:"我不欲下二重(chóng)之屋,先可为我作最上屋。"(大意是:我不要底下的一、二层,还是先给我造第三层吧。)工匠们听了,真是哭笑不得:如果不造一、二层,怎么能造起第三层呢!此语原指建造在半空中的楼阁,比喻凭空虚构的事物或脱离实际的理论、计划。举例 ① 清·李渔《闲情偶寄·词曲上·结构》:"实者,就事敷陈,不假造作,有根有据之谓也;虚者,空中楼阁,随意构成,无影无形之谓也。"② 朱自清《日常生活的诗——萧望卿〈陶渊明批评〉序》:"但诗人的情和志,主要的还是表现在篇章字句中,一概抹煞,那情和志便成空中楼阁,难以捉摸了。"③《幻灭》十四:"她觉得什么都完了。她的空中楼阁的计划,全部推翻了。"④《白鹿原》第十二章:"我跟你说话不拐弯,你这些打算全都是空中楼阁、痴心妄想。"

孔方 kǒng fāng

出处 晋·鲁褒《钱神论》:"钱之为体,有乾坤之象,内则其方,外则其圆。其积如山，其流如川……故能长久，为世神宝。亲之如兄，字曰‘孔方’。失之则贫弱，得之则富昌。无翼而飞，无足而走……无德而尊，无势而热，排金门，而入紫闼(tà)，危可使安，死可使活，贵可使贱，生可使杀，是故忿争非钱不胜，幽滞非钱不拔，怨仇非钱不解，令闻非钱不发……谚曰：‘钱无耳，可使鬼。有钱可使鬼，而况人乎？’凡今之人，惟钱而已！”解说 鲁褒是西晋时文学家，字元道，好学多闻，为人安贫乐道，不求仕宦。晋惠帝元康年间，朝廷纲纪大坏，世风日下，贿赂成风。针对“惟钱是求”的恶劣社会风气，鲁褒隐姓埋名作了《钱神论》加以讥讽。原文大意是：铜钱之为物，具有天地乾坤的形象，外呈圆形，内孔为方形。堆积起来像高山，流通起来如河川……因而能长存世间，被视为珍宝。人们把它当兄长一样敬重，称其为“孔方”（古代铜钱中有方孔，用于串绳）。失去它就会贫困、病弱，得到它就会富足、昌盛。它没有翅膀却能飞翔，没有脚却能奔跑……只要有了钱，没有德行也会受到社会尊重，没有势力也会有人亲近，它可以进入宫廷和权贵之门，能转危为安，起死回生，变富贵为贫贱，买通凶手杀人。所以，与他人纷争，无钱不能胜诉；孤单寂寞，无钱难以解脱；怨恨仇隙，无钱不能和解；好的名声，无钱难以显扬……俗话说：“钱没长耳朵，却可以连通鬼神的耳朵，唤使鬼神。既然连鬼神都可以唤使，更何况人呢？”如今的人们，一切都靠钱来支配了！）《钱神论》尖锐地讽刺了钱能通神使鬼、主宰一切的作用。鲁褒一辈子也没有做官，世人都不知其所终。后用此语作为钱币或钱的谑称。参见473页“钱可通神”。举例 明·王世贞《鸣凤记·拜谒忠灵》：“朝为田舍郎，暮登天子堂。问道因何故，家中有孔方。”

孔方君 kǒng fāng jūn 同“孔方”。举例 宋·李清照《感怀》：“青州从事孔方君，终日纷纷喜生事。”

孔方兄 kǒng fāng xiōng 同“孔方”。举例 ① 明·袁宏道《锦帆集·尺牍·王以明》：“作官则有官之苦，作神仙则有神仙之苦，世安得有彻底甜者，唯孔方兄庶几近之。”② 邹韬奋《错误的眼光》：“因为缺了孔方兄做伴侣，便由‘钱’的‘中落’，而连带陷入‘势’的中落。”

口耳之学 kǒu ěr zhī xué

出处《荀子·劝学》。解说 荀子是战国末年思想家、教育家，他在谈到对待学问的两种态度时说：“君子之学也，入乎耳，箸(zhù)乎心……小人之学也，入乎耳，出乎口。口耳之间，则四寸耳，曷足以美七尺之躯哉！君子之学也，以美其身；小人之学也，以为禽犊。”（君子：有道德有修养的人。小人：不讲道德和修养的人。箸：通“著”，显示。禽犊：古代指亲友之间相互馈赠的家禽、家畜等礼物。原文大意是：君子学习知识,注意融会贯通,用心领会……小人学习知识,从耳朵听进去,从口里说出来,学问在身上经过的距离只有四寸远近,这样的一知半解,对于身高七尺的人来说又有什么益处呢！君子学习知识,是为了自我完善,提高修养;小人学习知识,不过是为了哗众取宠,讲给别人听听。)后用此语指道听途说得来的肤浅之学。或只见于口头传授,而不见于文字的学识。举例 ① 宋·陆游《跋柳书苏夫人墓志》:“盖欲注杜诗,须去少陵地位不大远乃可下语。不然,则勿注可也。今诸家徒欲以口耳之学揣摩得之,可乎?”② 清·赵翼《廿二史札记·六朝清谈之习》:“是当时虽从事于经义,亦皆口耳之学。”③ 清·章学诚《文史通义·永清县志舆地图序例》:“古人口耳之学,有非文字所能著者,贵其心领而神会也。”

口蜜腹剑 kǒu mì fù jiàn

出处《旧唐书·李林甫传》,又见《资治通鉴·唐玄宗天宝元年》。解说 李林甫是唐代有名的奸臣,善于察言观色,曲意逢迎,深得唐玄宗的信任,官任礼部尚书、宰相,执掌朝政长达十九年之久。他忌恨有才能的大臣,表面上很友好,甜言蜜语,暗地里却用尽阴谋诡计,加以陷害。张九龄、李适之等人先后遭他排挤、诬陷而被罢官。当时人们发现了他的伪善面目,说:“李林甫口有蜜,腹有剑。”(大意是:李林甫嘴巴像抹了蜜一样,说话很甜,肚子里却像藏着一把利剑,心肠狠毒。)此语原指说得好听,内藏祸心,比喻嘴甜心毒。举例 ① 明·王世贞《鸣凤记·南北分别》:“这厮口蜜腹剑,正所谓慝(tè)怨而友者也。”② 朱自清《论老实话》:“口蜜腹剑,却真成了小人了。”③ 毛泽东《斯大林是中国人民的朋友》:“现在这些所谓‘朋友’,正是‘口蜜腹剑’的朋友。这些人是谁呢?就是那些口称同情中国的帝国主义者。”

腹中怀剑 fù zhōng huái jiàn 同“口蜜腹剑”。举例 明·张凤翼《红拂记·同调相怜》:“果是腹中怀剑,笑里藏刀,对面情难料。”

口若悬河 kǒu ruò xuán hé

出处《世说新语·赏誉》:“郭子玄语议如悬河泻水,注而不竭。”又见《晋书·郭象传》:“郭象字子玄,少有文理,好《老》《庄》,能清言。太尉王衍每云:‘听象语,如悬河泻水,注而不竭。’”解说 若:像;好像。悬河:瀑布,一说倾泻而下的河流。郭象是西晋时哲学家,曾官任黄门侍郎、太傅主簿。他年轻时就勤学苦读,学识渊博,喜欢《老子》《庄子》一类的书,与人谈论时多有独到的见解,而且讲起来头头是道,滔滔不绝。以上两段原文都是赞誉郭象:说起话来像从高山上倾泻而下的河水一样,顺着山势奔泻，源源不断，长流不竭。后用此语形容能言善辩，口才非常好。也形容健谈。举例 ①《金瓶梅词话》第三十四回："但遇着人，或坐或立，口若悬河，滔滔不绝。"②《儒林外史》第四回："知县见他说的口若悬河，又是本朝确切典故，不由得不信。"③ 邹韬奋《患难余生记》第一章："他好像把法庭看作救亡运动演讲大会，回答时侃侃而谈，口若悬河。"④ 吴祖光《欧陆风情》八："在那晚的宴会上，何榛一反常态，不仅口若悬河，而且手舞足蹈。"

口如悬河 kǒu rú xuán hé 同"口若悬河"。举例 ①《警世通言·钝秀才一朝交泰》："德称口如悬河，宾主颇也得合。"② 清·马位《秋窗随笔·九一》："吴门程生树，九龄即能背诵《十三经注疏》，口如悬河。"

口似悬河 kǒu sì xuán hé 同"口若悬河"。举例《三国演义》第四十五回："假使苏秦、张仪、陆贾、郦生复出，口似悬河，舌如利刃，安能动我心哉！"

悬河 xuán hé 同"口若悬河"。举例 唐·韩愈《石鼓歌》："安能以此上论列，愿借辩口如悬河。"

K

悬河口 xuán hé kǒu 见"口若悬河"。指滔滔不绝的口才或流畅奔涌的文思。举例 ① 宋·辛弃疾《一枝花·醉中戏作》："千丈擎天手，万卷悬河口。"② 明·李东阳《崆峒图寿邃庵先生仍用耆英会韵》："向来久闭悬河口，老去终输补天手。"

悬河注水 xuán hé zhù shuǐ 见"口若悬河"。形容文思流畅奔涌。举例《旧唐书·杨炯(jiǒng)传》："杨盈川文思如悬河注水，酌之不竭。"

口中雌黄 kǒu zhōng cí huáng

出处 晋·孙盛《晋阳秋》："王衍，字夷甫，能言，于意有不安者，辄更易之，时号口中雌黄。"又见《晋书·王衍传》："义理有所不安，随即改更，世号口中雌黄。"解说 信：任凭；听任。雌黄：即鸡冠石，矿物名，黄或褐色，用作颜料。古人用黄纸写字，写错了，可用雌黄涂抹后改写。王衍是西晋时大臣，曾官任中书令、尚书令、司徒、太尉等，也是有名的清谈家。王衍喜欢老庄学说，每天谈的多半是老庄玄理，但时常前后矛盾，闹出笑话。别人指出其中的错误或提出质疑，他倒是满不在乎，随口予以更改，于是当时人说他是"口中雌黄"。此语原指随口改正不妥的言辞，后比喻不顾事实，随口乱说。举例 宋·胡继宗《书言故事·事物譬类》："议论反复曰口中雌黄。"

雌黄信口 cí huáng xìn kǒu 同"口中雌黄"。举例《明史·马孟祯传》："爱憎由心，雌黄信口，流言蜚语，腾入禁庭。"

信口雌黄 xìn kǒu cí huáng 同"口中雌黄"。举例 ① 清·张云璈《察吏行》："太守观察本切近，岂肯信口生雌黄。”② 老舍《有关〈西望长安〉的两封信·一》：“讽刺是要夸大的，但不能无中生有，信口雌黄。”③《迎春花》第二十一章：“如果孙俊英按事实讲也没有什么，但是她加油添醋，信口雌黄，凭空捏造，极尽诬蔑挑拨之能事。”

雌黄 cí huáng 见“口中雌黄”。指评论是非、善恶。举例 宋·郑景望《蒙斋笔谈·张举》：“贺铸最有口才，好雌黄人物。”

哭秦庭 kū qín tíng

出处《左传·定公四年》。解说 包胥：又作“勃苏”，申氏，是春秋时楚国贵族，楚君蚡(fén)冒的后代，又称王孙包胥。他品行高尚，重信义，与伍子胥是好朋友。伍子胥因父、兄遭谗言被害而逃亡到吴国，后帮助吴国攻破了楚国的都城郢(yǐng)，楚国面临覆灭的危险。申包胥奉楚昭王之命作为特使奔赴秦国求救，但秦国国君秦哀公一时拿不定主意是否出兵，于是申包胥在秦国的宫廷里，背靠宫墙一连哭泣了七天七夜，没有进任何饮食。秦哀公被申包胥的忠诚意志所感动，终于答应派遣大军前去救援楚国。楚国转危为安之后，申包胥没有接受赏赐，而是躲到山里隐居起来了。他的后代子孙以其名字中的“包”为姓，改称包氏。后用此语指求援或救国情真意切。或形容悲伤至极。举例 ① 唐·李白《酬裴侍御对雨感时见赠》：“申包哭秦庭，泣血将安仰？”②《播火记》十二：“要是一下子闹起红军来，咱到哪里哭秦庭去？”

包胥哭秦庭 bāo xū kū qín tíng 同“哭秦庭”。举例《樵史演义》第二回：“时有辽阳秀才王一宁，是个有胆气的单身，往朝鲜国效包胥哭秦庭事，要朝鲜助战，以复辽阳。”

勃胥痛哭 bó xū tòng kū 同“哭秦庭”。举例 康有为《住香港半月日本总理大臣招游》之二：“黎洲乞师曾到此，勃胥痛哭至于今。”

包胥泪 bāo xū lèi 同“哭秦庭”。举例 柳亚子《哭顾锡九烈士》：“一斛包胥泪，秦庭泣鬼雄。”

秦庭之哭 qín tíng zhī kū 同“哭秦庭”。举例 ①《聊斋志异·禽侠》：“三年而巢不移，则报仇之计已决；三日不返，其去作秦庭之哭可知矣。”②《李自成》第一卷二十三章：“卢象升沉默一阵，叹口气说：‘伯祥，你的主意虽是上策，但我实不能用。我只能用下策，派人向绵竹作秦庭之哭。’”

哭庭 kū tíng 同“哭秦庭”。举例 明·张煌言《上鲁国主启》：“虽乖哭庭之义，尚图扫境之功。”

存楚 cún chǔ 见“哭秦庭”。指为国效忠。举例 唐·骆宾王《咏怀》：“宝剑思存楚，金锤许报韩。”

K

苦李 kǔ lǐ

出处《世说新语·雅量》,又见《晋书·王戎传》。解说 王戎是西晋时名士,好清谈,为"竹林七贤"之一,曾官任尚书令、司徒。王戎从小就很聪明,七岁时有一天跟几个小伙伴外出游玩,看到路旁有几株李树,树上果实累累。小伙伴们竞相攀上树枝摘取李子,只有他站在一旁不动。同伴们觉得奇怪,就问王戎为什么不摘李子,王戎笑着回答:"树在道边而多子,必苦李也。"(大意是:李树长在路旁,上面结了那么多李子却没有人摘,果实一定是苦的,否则早就被人摘光了。)有人不相信,拿来摘下的李子尝了尝,果然是苦的。此语原指路边的苦涩李子,走过的人不摘取,后比喻人因无多少才能而得以保全,也喻指因无多少才能而不受重视的人。举例 ① 北周·庾信《归田》:"苦李无人摘,秋瓜不值钱。"② 宋·苏轼《次韵王定国南迁回见寄》:"知君先竭是甘井,我原得全如苦李。"

道边苦李 dào biān kǔ lǐ 同"苦李"。举例 宋·姜夔(kuí)《永遇乐·次韵辛克清先生》:"云霄直上,诸公衮衮(gǔn gǔn),乃作道边苦李。"

道旁苦李 dào páng kǔ lǐ 同"苦李"。举例 唐·许浑《和淮南王相公与宾僚同游瓜洲别业题旧书斋》:"道旁苦李犹垂实,城外甘棠已布阴。"

道旁李 dào páng lǐ 同"苦李"。举例 元·袁桷(jué)《王叔载以江梅有佳实托根桃李场为韵见贻因次其韵》:"勿为众所讥,不如道旁李。"

胯下之辱 kuà xià zhī rǔ

出处《史记·淮阴侯列传》。解说 胯下:两条大腿之间。韩信是秦末汉初汉王刘邦手下的一员大将,战功赫赫,被封为齐王、楚王、淮阴侯。韩信少年时,因父母早逝,家中贫困,被人看不起。有一天,韩信在街头遇到一个屠夫的儿子。屠夫的儿子认为韩信性格懦弱,拦住他并当众羞辱说:"别看你身材高大,腰间挂着佩剑,那不过是装装样子罢了。你如果不怕死,就拿剑刺杀我;如果怕死,就从我的胯下爬过去!"屠夫的儿子边说边把双腿叉开,站在那里。韩信看了看他,迟疑片刻,强压怒火,俯身从他胯下钻过,并向前爬了几步。围观的人发出一片哄笑,都以为韩信是个胆小鬼。韩信站起来,拍去身上的尘土,却若无其事地走了。其实,韩信并非胆怯而甘受其辱,而是顾虑因小失大。后来,韩信被封为楚王,不计前嫌,专门召见了这位从前侮辱过自己的人。见他不过子承父业,做了屠夫,又提拔他为楚军中尉。韩信对文武官员们说:"这个人是位壮士。当年我如果不能忍受小小的屈辱而杀了他,便不会成就今天的功业。”此语原指从别人胯下钻过去的耻辱，比喻穷困受辱或为了长远利益而忍辱负重。举例《晋书·刘乔传》：“至人之道，用行舍藏，胯下之辱，犹宜俯就。”

跨下之辱 kuà xià zhī rǔ 同“胯下之辱”。举例《康熙大帝》第一卷三十八：“伍子胥曾经吹箫乞于市吴，韩信也不免受人跨下之辱，你又何必为方才一跪而耿耿于怀呢？”

胯下辱 kuà xià rǔ 同“胯下之辱”。举例 宋·陆游《忆荆州旧游》：“君不见将军昔忍胯下辱，京兆晚为人所怜。”

胯下耻 kuà xià chǐ 同“胯下之辱”。举例 明·郑定《送友人归闽》：“忍贫难受胯下耻，脱颖未见囊中锥。”

胯下韩侯 kuà xià hán hóu 见“胯下之辱”。指能够忍受小的屈辱，最后成就大事业的韩信，也泛指这样的人。举例 清·孔尚任《桃花扇·逮社》：“看是何人坐上头，是当日胯下韩侯。”

胯下人 kuà xià rén 同“胯下韩侯”。举例 元·陈基《淮阴杂兴》：“老来易感山阳笛，年少休轻胯下人。”

出胯 chū kuà 见“胯下之辱”。指从别人胯下钻过去，比喻忍辱负重。举例 宋·苏轼《次韵答章传道见赠》：“唾面慎勿拭，出胯当俯就。”

快刀斩乱丝 kuài dāo zhǎn luàn sī

出处《北齐书·文宣帝纪》。解说 高欢官任北朝时东魏的宰相，有一天想了解一下几个儿子的聪明才智如何，便分发给每个儿子一缕乱丝，让他们比一比看谁整理得又快又好。几个儿子手拿乱丝，一根一根地仔细梳理。有一个名叫高洋的儿子却找来一把锋利的刀，挥刀把乱丝斩断。高欢问他：你为什么要这样整理乱丝？高洋答道：“乱者须斩！”（大意是：纷乱的必须斩断！）高欢听了，心里暗暗称奇，知道这孩子将来必成大器。果然，高洋后来取代东魏称帝，即文宣帝，改国号为齐（史称北齐），并追尊高欢为神武帝。后用此语比喻做事果断，采取坚决有效的措施，迅速解决错综复杂的问题。举例《围城》三：“恨自己心肠太软，没有快刀斩乱丝的勇气。”

快刀斩乱麻 kuài dāo zhǎn luàn má 同“快刀斩乱丝”。举例 ①巴金《谈〈灭亡〉》：“自己一直在两者之间不停地碰来撞去，而终于不能用快刀斩乱麻的办法一下子彻底解决。”②《红旗谱》五十二：“地方上，校长们都主张快刀斩乱麻，以迅雷不及掩耳的手段逮捕起来。”

快刀斩麻 kuài dāo zhǎn má 同“快刀斩乱丝”。举例《腐蚀·十一月六日》：“此时局势，须要快刀斩麻，不能拖泥带水。”

K

快婿 kuài xù

出处《魏书·刘昞传》。解说 北魏时博士郭瑀有一天在学堂专门设了一个座位,然后对弟子们说:"吾有一女,年向成长,欲觅一快女婿,谁坐此席者,吾当婚焉。"(大意是:我有一个女儿,年已长大,想及时给她挑选一个女婿,谁坐在这个座位上,我就把女儿嫁给谁。)话音刚落,他的得意弟子刘延明就快步上前,撩起衣服坐了上去。后用此语指称心如意的女婿。举例 ①《初刻拍案惊奇》卷二十九:"如此才人,足为快婿。"②《聊斋志异·云翠仙》:"护汝得快婿,但能相孝顺,都不必贵公子、富王孙也。"

脍炙 kuài zhì

K

出处《孟子·尽心下》。解说 脍:切得很细的鱼或肉。炙:烤熟的肉。春秋末年的曾皙和曾参(shēn)父子二人同为孔子的弟子,曾参被后人称为"曾子",尊为"宗圣"。父亲曾皙爱吃羊枣(一种野果,俗称牛奶柿,形状像柿子,稍小)。儿子曾参是个孝子,父亲死后,他看到羊枣就难过,便再也不吃羊枣了。到了战国时,孟子的弟子公孙丑对此不能理解,便去向老师请教:"脍炙和羊枣,哪一个好吃?"孟子答道:"当然是脍炙好吃!"公孙丑又问:"既然脍炙好吃,那么曾参和曾皙一定也都爱吃脍炙。为什么曾参不戒吃脍炙,只戒吃羊枣呢?"孟子答道:"脍炙是人人都喜欢吃的,羊枣的滋味虽比不上脍炙,却是曾皙特别爱吃的东西,因而曾参只戒吃羊枣。这好比对长辈只忌讳叫名字,不忌讳称姓一样,姓是许多人共有的,名字却是个人独有的。"此语原指精美的肉食或美味佳肴,比喻优秀的诗文等为人们赞美、传诵。举例 ①清·刘大櫆《郑子山诗集序》:"一勺之水,可以知沧海之大;一脔(luán)之味,可以知脍炙之美。"②宋·司马光《司马温公诗话·寇莱公诗》:"(寇准诗)为人脍炙。"③明·叶盛《水东日记·文章正宗叙论》:"书信往来,虽不关大体,而其文卓然为世脍炙者,亦缀其末。"

脍炙人口 kuài zhì rén kǒu 同"脍炙"。举例 ①宋·无名氏《宣和书谱》卷十:"(韩偓 wò)所著歌诗颇多,其间绮丽得意者数百篇,往往脍炙人口。"②田汉《女与蛇》:"《聊斋志异》中写蛇与人恋爱已经屡见,而在民间传说中最脍炙人口,最引人同情的,莫如白娘子与许仙,游湖共伞,断桥相会,以致水漫金山……"③老舍《看宽一点》:"到了我上小学的时候,三大艺人俱入晚境,他们的歌腔却仍脍炙人口,余韵未歇。"

旷日持久 kuàng rì chí jiǔ

出处《战国策・赵策四》:"今得强赵之兵以杜燕将,旷日持久数岁,令士大夫余子之力,尽于沟垒。"解说 旷: 荒废;耽误。持: 持续;拖延。杜: 阻塞;抵御。战国时,燕国出兵攻打赵国,赵孝成王召集群臣商议对策。国相赵胜提议说:"割让三座城邑给齐国,以此作条件,请齐国的名将田单来协助我们统帅赵军作战,一定可以取得胜利。"大将赵奢反对说:"难道我们赵国就没有领兵的大将了吗?仗还没有打,就先要割让三座城邑给齐国,那怎么行呢! 再说,即使田单确实有本领,他也未必真心实意地为我们赵国出力,因为赵国强大起来,就会影响他们齐国称霸。田单如果来了,一定会把赵国的军队拖在战场上,'旷日持久',荒废时间。这样长久拖延,会把赵国的人力、财力、物力消耗殆尽,后果不堪设想!"但是,赵孝成王和赵胜没有采纳赵奢的意见,还是请田单来当赵军的统帅。结果不出赵奢所料,赵国投入了一场得不偿失的消耗战,兵马死伤无数,付出了很大的代价,只夺取了燕国一个小城,远远没有达到预期的目的。后用此语指荒废时间,长期拖延。举例 ①《水浒后传》第十八回:"这厮们死守不出,便要旷日持久。"②《东方》第六部十二章:"人们称这场谈判为旷日持久的谈判,一点不差,一谈就谈了两年!"③《立体交叉桥》第五章:"后来,她被这旷日持久的事态也弄得麻木了。"

困兽犹斗 kùn shòu yóu dòu

出处《左传・宣公十二年》。解说 困兽: 被围困的野兽。犹: 还;尚且。春秋时,楚国攻打郑国。晋国派荀林父率兵去救援郑国,不料在邲(bì)地(在今河南荥 xíng 阳一带)被楚军打得大败而回。晋景公盛怒之下,准备治荀林父的罪。大夫士贞子上前劝谏说: 三十多年前的城濮之战中,晋军大败楚军,可是先君晋文公面无喜色,左右群臣感到很奇怪,就问晋文公: 我们击败了强敌,应该高兴,为何反而愁闷? 晋文公说:"得臣犹在,忧未歇也。困兽犹斗,况国相乎!"(大意是: 楚国主帅子玉即成得臣尚在,哪里可以松口气啊! 困兽犹斗,更何况子玉是一国的宰相,他岂肯善罢甘休,一定要来报仇的!)后来楚成王下令逼迫子玉自杀,晋文公才高兴起来。楚成王杀子玉,是帮了我们晋国的忙。现在林荀父不过偶尔打了一场败仗,但他对您忠心耿耿,是我国的优秀将领,如果杀掉他,就如同楚成王杀子玉,是帮对方的忙。历史的教训应该汲取啊。晋景公接受士贞子的意见,赦免了荀林父。此语原指被围困的野兽还要作垂死挣扎,比喻在绝境中的失败者会奋力抗争,以求摆脱。或失去权势的人仍在作无谓的顽抗，用于贬义。举例 ①《东周列国志》第七十九回："况困兽犹斗，背城一战，尚有不可测之事乎？"② 郭沫若《蜩(tiáo)螗集·颂苏联红军》："纳粹匪徒还在企图着困兽犹斗而残喘苟延，'无条件投降'仅仅靠着空谈绝对不能实现。"③ 闻一多《西南采风录序》："干脆是人家要我们的命，我们豁出去了，是困兽犹斗。如今是千载一时的机会。"

L

蓝田生玉 lán tián shēng yù

出处《汉书·地理志上》:"蓝田山出美玉。"又见《三国志·吴志·诸葛恪(kè)传》"诸葛恪字元逊,瑾长子也。少知名"南朝宋·裴松之注引晋·虞溥(pǔ)《江表传》:"恪少有才名,发藻岐嶷,辩论应机,莫与为对。权见而奇之,谓瑾曰:'蓝田生玉,真不虚也。'" 解说 蓝田:地名,在陕西,古时出产美玉。三国时,东吴大将军诸葛瑾字子瑜,有一个儿子名叫诸葛恪,从小聪明伶俐,口才极好,善于言辞。有一次,吴国君主孙权在朝廷设宴,六岁的诸葛恪随父参加。孙权想开诸葛瑾的玩笑,乘着酒兴,命人牵来一头毛驴,在驴脸上写了"诸葛子瑜"四个字,借以讥讽诸葛瑾脸长似驴。诸葛瑾感到很尴尬,群臣无不捧腹大笑。诸葛恪却不慌不忙走到孙权席前,跪请添写二字。孙权命人将笔拿来给他。诸葛恪在"诸葛子瑜"四字后面添写了"之驴"二字,变成"诸葛子瑜之驴"。满座大臣无不惊讶叹服。孙权见诸葛恪如此机敏,十分高兴,便把毛驴赏赐给他。孙权对诸葛瑾说:"人们都说蓝田生美玉,名门出贤良,果真名不虚传呀!"诸葛恪长大成人后官任抚越将军。后用此语比喻贤父生贤子,或名门望族的后代有才华。参见752页"种玉"。举例《南史·谢庄传》:"(谢庄)年七岁能属文,及长,韶令美容仪,太祖(宋文帝)见而异之……曰:'蓝田生玉,岂虚也哉?'"

白璧生蓝田 bái bì shēng lán tián 同"蓝田生玉"。举例 元·刘诜(shēn)《送范主一宪郎》:"范君绣衣家,白璧生蓝田。"

蓝田种子 lán tián zhǒng zi 见"蓝田生玉"。比喻名门的贤良子弟。举例 宋·魏了翁《水调歌头·杨崇庆生日》:"一点春风和气,无限蓝田种子,渺渺玉生烟。"

烂柯 làn kē

出处 南朝梁·任昉(fǎng)《述异记》卷上。解说 烂:腐烂。柯:斧头的柄。相传晋朝时,有一个名叫王质的人到信安郡石室山中砍柴,看见几个十岁左右的孩子一边下棋,一边唱歌,他就放下斧头,站在旁边观看。王质觉得肚子有点饿,一个孩子拿来一个形状像枣核的东西给王质吃,王质把它含在口里,就不觉得饿了。过了一会儿,另一个孩子转过头来问王质说:“你怎么还不回家呢?”王质俯身去找斧头,发现斧头的木柄已经完全腐烂了。王质回到家,与他同时代的家人和乡亲都早已去世了。这时他才醒悟:天上一日,人间一年,那几个孩子原来都是神仙。后用此语比喻岁月流逝,人事变迁。举例 宋·陆游《东轩花时将过感怀》:“还家常恐难全璧,阅世深疑已烂柯。”

柯烂 kē làn 同“烂柯”。举例 唐·钱起《过瑞龙观道士》:“主人善止客,柯烂忘归年。”

烂斧柯 làn fǔ kē 同“烂柯”。举例 宋·陆游《世上》:“吾棋一局千年事,从使旁观烂斧柯。”

烂柯人 làn kē rén 见“烂柯”。指长期离家而刚回故乡的人,或饱经世事变迁的人。举例 ① 唐·刘禹锡《酬乐天扬州初逢席上见赠》:“怀旧空吟《闻笛赋》,到乡翻似烂柯人。”② 明·刘基《秋怀》:“永寤(wù)烂柯人,万事一梦幻。”

滥觞 làn shāng

L

出处《荀子·子道》:“昔者江出于岷山,其始出也,其源可以滥觞,及其至江之津也,不放舟,不避风,则不可涉也。”解说 滥:泛滥,引申为浮起。觞:古代称酒杯。津:渡口。放舟:同“方舟”,将两条船并在一起。原文大意是:从前长江源头出于岷山(在今四川西北部),发源的地方水流极小,仅能浮起一只酒杯;然而到了中游的渡口,水流又大又急,如果不把两条船连接固定在一起,避开大风浪,简直无法横渡过去。这是孔子见弟子子路衣着华丽而说的一番话,意思是告诫子路:修养道德要防微杜渐,从小事上留意。此语原指江河的源头水流很小,后比喻事物的起源、开端,或事物对后代的影响,或事物太多太滥、过分。举例 ① 北魏·郦道元《水经注·江水一》:“江水自此已上至微弱,所谓发源滥觞者也。”② 宋·魏庆之《诗人玉屑·沧浪诗评》:“盛唐人诗,亦有一二滥觞晚唐者。”③ 清·昭梿《啸亭杂录·嘉庆初年谏臣》:“福文襄王康安虽屡立战功,然所历封疆,苞苴(jū)广进,没后复膺(yīng)重典,未免滥觞。”④ 清·王韬《〈淞滨琐话〉自序》:“夫荒唐之词,发端于漆园;怪诞之说,滥觞乎《洞冥》。”⑤ 郭沫若《今昔集·论古代文学》:“中国文化大抵滥觞于殷代。”

滥竽 làn yú

出处《韩非子·内储说上》。解说 滥:失实,与真实不符。竽:一种古代簧管乐器,像现在的笙而稍大。战国时,齐国的齐宣王喜欢听人吹竽,经常有三百多人一起合奏。南郭先生本来不会吹竽，也请求参加集体合奏，宣王高兴地答应了，并给予与其他人同样的优厚待遇。每次演奏，南郭先生双手捧竽，作出吹奏的样子，其实并没有发出声来。他就这样混了好几年。齐宣王死后，他的儿子湣(mǐn)王继位。湣王也喜欢听吹竽，但他喜欢听人单独吹奏，南郭先生混不下去，只好溜走了。后用此语比喻没有真才实学的人。有时用于自谦。也比喻以次充好。举例 ① 南朝梁·简文帝《答湘东王书》："使夫怀鼠知惭，滥竽自耻。"② 宋·王令《谢束丈》："死马偶能逢市骨，滥竽常恐负知音。"③ 清·陈康祺《郎潜纪闻·潍县令之清操》："滥竽作吏，旷职怀惭。"④ 郭沫若《儿童文学之管见》："审定务求严格，凡无艺术价值，不合儿童文学本质者不使滥竽。"

滥竽充数 làn yú chōng shù 同"滥竽"。充数：凑数。举例 ①《儿女英雄传》第三十五回："方今朝廷在整饬(chì)文风，自然要向清真雅正一路拔取真才。若只靠着才气，摭(zhí)些陈言，便不好滥竽充数了。"② 邹韬奋《经历·三谈抗战各党派对宪政的要求》："言调整机构，则叠床架屋，依然如故。言调整人事，则滥竽充数，依然如故。"③《上海的早晨》第四部三十八："民建分会倒是有成绩，可不是我潘某人的，我不过滥竽充数，挂个空名罢了。"

滥充 làn chōng 同"滥竽"。举例《清史稿·选举志一》："学政严加遴(lín)选，滥充发回原学。"

窃吹等齐竽 qiè chuī děng qí yú 同"滥竽充数"。举例 唐·蔡文恭《奉和夏日游山应制》："窃吹等齐竽，何用承恩奖。"

齐吹 qí chuī 同"滥竽"。举例 宋·李觏(gòu)《送陈司理》："齐吹古来偏有滥，叶龙今更不宜真。"

狼狈为奸 láng bèi wéi jiān

出处 唐·段成式《酉阳杂俎(zǔ)·毛篇》。解说 狼、狈：狼与狈两种动物。据说狼的前腿长，后腿短，狈的后腿长，前腿短，它们经常合伙出来伤害牲畜。有一天，狼与狈来到一个有很多羊的羊圈外面，羊圈高而坚固，既跳不进去，又撞不破，怎么才能偷到羊呢？狼和狈想出一个办法：狼跨在狈的脖子上，狈用长长的两条后腿站立起来，把狼高高托起，然后狼用长长的两条前腿攀上羊圈，跳进去把羊拖走了。它们利用各自的特点，相互配合，终于达到了目的。(一说狈的前腿极短，必须趴在狼身上才能走路。)后用此语比喻互相勾结起来做坏事。举例 ①《野叟曝(pù)言》第十二回："自从安太师药死了时太师，与靳太监、赵吏部、连兵部一般人狼狈为奸。"② 鲁迅《书信集·致王冶秋》："他们自有一伙，狼狈为奸，把持着文学界，弄得乌烟瘴气。"③《蒲柳人家》十："麻雷子跟花鞋杜四臭味相投，狼狈为奸。"

狼子野心 láng zǐ yě xīn

出处《左传·宣公四年》。解说 狼子：狼崽子。野心：野兽的本性。春秋时，若敖氏是楚国的名门望族。令尹若敖子文，为人公正，执法廉明，人们都很敬重他。子文的兄弟若敖子良官任司马，掌管军事。子良生了个儿子叫越椒。当子文看到刚满月的侄儿时大吃一惊，急忙告诫子良说："必杀之。是子也，熊虎之状，而豺狼之声，弗杀，必灭若敖氏矣。谚曰：'狼子野心。'是乃狼也，其可畜乎？"（大意是：千万不可留！这孩子长得像熊虎，哭声像狼嚎，如果不杀掉他，肯定会使我们若敖家族遭到灭族之灾的。俗话说："狼崽子虽幼小，却具有凶恶的本性。"这孩子是一条狼，难道能养育他吗？）子良作为孩子的亲生父亲，不忍心杀他，没有听从子文的劝说。子文和子良死后，越椒因谋反作乱，结果不但自己被杀，还连累了整个若敖家族。后用此语比喻居心险恶的人本性难改，或恶人用心狠毒。举例 ①《宦海》第八回："哪晓得这班降兵，本来原是游勇出身，狼子野心，哪里肯安安顿顿的守着规矩过日子，便渐渐的放肆起来。"② 孙中山《致本党同志书》："陈炯（jiǒng）明狼子野心，不可复信。"③《战争和人》（一）卷二："正因为你们怕打仗，怕抗日，才使得日本侵华毫无顾忌，狼子野心，得寸进尺。"

老蚌生珠 lǎo bàng shēng zhū

出处《三国志·魏志·荀彧（yù）传》南朝宋·裴松之注引汉·孔融《与韦端书》。解说 东汉的建安年间，太仆（官名，九卿之一，掌管皇帝舆驾和马政）韦端有两个儿子。一个叫韦康，字元将；一个叫韦诞，字仲将。他们先后慕名登门拜访建安七子之一的北海相孔融。孔融十分喜爱他们，给韦端写信，把他的两个儿子称为双珠，夸奖元将知识渊博，处事果断，将来必能建功立业；仲将资质聪明，敦厚善良，将来可以持家守业。信中还说："不意双珠尽出老蚌，甚珍贵之。"（大意是：这没想到两个孩子都是你的儿子，你这个老蚌可要加倍爱护、认真教导他们啊。）此语原指老蚌生出珍珠，比喻老年得子，或贤达之人有贤子。举例 ① 宋·苏轼《赠山谷子》："笑君老蚌生明珠，自笑此物吾家无。"② 明·赵弼（bì）《蓬莱先生传》："已见熊罴（pí）入梦，行看老蚌生珠。"

老蚌 lǎo bàng 同"老蚌生珠"。举例《南史·王珍国传》："武帝雅相知赏，谓其父广之曰：'（王）珍国应堪大用，卿可谓老蚌也。'"

L

老当益壮 lǎo dāng yì zhuàng

出处《后汉书·马援传》。解说 老：老年。当：应当；应该。益：更加。壮：强壮；雄壮。马援是东汉时人，从小胸怀大志。他在当扶风郡的督邮（负责监察的小官）时，押解犯人去长安，因不忍心送犯人受刑，就在途中把他们放走了，然后自己逃亡到北方牧羊为生。遇到朝廷大赦，马援没有回家乡，而是安心在当地发展畜牧业。苦心经营了几年，马援拥有牛羊数千头，生活很富裕。他经常把牛羊、钱财分送给亲朋好友，并说一个人做个守财奴，太没有意思了。他常对朋友说："丈夫为志，穷当益坚，老当益壮。"（大意是：大丈夫要有志气，穷困时意志更要坚定，年老时志气更要豪迈。）后来，马援应朝廷的征召，率兵南征北战，立下很多战功，成了东汉有名的将领。后用此语指年纪虽老，志气更加豪壮。举例 ① 唐·王勃《秋日登洪府滕王阁饯别序》："老当益壮，宁移白首之心；穷且益坚，不坠青云之志。"② 邹韬奋《抗战以来》一一："在六七十岁的老前辈中，我们可以看到富有斗争精神、老当益壮的伙伴。"③ 谢晋《时代在向我们招手》："他们现在都已七十多岁高龄，不但没有灰心、泄气，还老当益壮，百折不挠。"

L

老骥伏枥 lǎo jì fú lì

出处 三国魏·曹操《步出夏门行》。解说 骥：骏马；千里马。枥：马槽，养马的食槽。东汉末年，曹操被汉献帝任命为丞相，率军先后消灭吕布、袁术、袁绍、刘表等地方势力，控制了北方。袁绍的儿子投奔北方的乌桓（huán），曹操又亲率大军去征讨。凯旋而归后，时年五十三岁的曹操慷慨激昂写下了《步出夏门行》一诗。诗中写道："神龟虽寿，犹有竟时。腾蛇乘雾，终为土灰。老骥伏枥，志在千里。烈士暮年，壮心不已。"（烈士：古代指有志于建立功业的人。大意是：神龟虽然长寿，也有神消身死之时。飞蛇可以腾云驾雾，终会化为灰土。骏马衰老拴在马槽边，仍然想着驰骋千里。壮士虽然到了晚年，胸中的远大志向尚未消逝。）诗中抒发了曹操老当益壮、积极进取的满腔豪情。后用此语比喻有志向的人虽然年老，仍怀有建功立业的雄心壮志。举例 ① 宋·陆游《与何蜀州启》："老骥伏枥，虽未歇于壮心；逆风撑船，终不离于旧处。"② 明·张岱《公祭张亦寓文》："其胸中真有一段不可磨灭之气，巨鱼失水、老骥伏枥之悲。"③ 梁实秋《雅舍小品·退休》："真正老骥伏枥志在千里的人是少而又少的，大部分还不是舍不得放弃那五斗米、千钟禄、万石食？"

骥伏枥 jì fú lì 同"老骥伏枥"。举例 宋·陆游《百岁》："壮心空似骥伏枥，病骨敢怀狐首丘。”

伏骥 fú jì 同“老骥伏枥”。举例 清·吴嘉纪《夏次功来东淘业盐赠诗二首兼笑汪叔定见寄》之一:“伏骥几曾忘道路,困鳞聊且就沾濡。”

老骥思千里 lǎo jì sī qiān lǐ 同“老骥伏枥”。举例 宋·苏轼《次韵刘景文见寄》:“心如老骥思千里,醉后哀歌缺唾壶。”

老牛舐犊 lǎo niú shì dú

出处《后汉书·杨彪传》。解说 舐:用舌头舔。犊:小牛。三国时,谋士杨修因反对曹操专权,被曹操借故杀害了。杨修死后,他的父亲杨彪非常伤心,因思念儿子而日渐憔悴。有一天,曹操遇见杨彪,问他说:“公何瘦之甚?”(大意是:杨公为什么会这般消瘦啊?)杨彪叹口气说:“愧无日(mì)磾(dī)先见之明,犹怀老牛舐犊之爱。”(日磾:金日磾,匈奴休屠王子,归降汉朝之后赐姓金氏。因儿子不守礼法,与汉武帝的宫女游戏,他就把儿子杀了,以绝后患。原话大意是:自己觉得惭愧呀,我很惭愧没有金日磾的先见之明,预先未料到儿子会有这样的结果,现在还怀有一种像老牛舔小牛那样的爱子之心。)曹操听了深受感动,心里不免有些内疚。此语原指老牛爱护小牛,常用舌头去舔小牛,比喻父母对子女的慈爱深情。举例 ①唐·权德舆《璩(qú)授京兆府参军戏书》:“老牛还舐犊,凡鸟亦将雏。”②《歧路灯》第七十七回:“老牛舐犊,情所难禁。”③《灵魂受伤者》:“带着原始性的老牛舐犊似的神情,抚着他这神圣的伤痕,高傲地跳动起来。”

舐犊 shì dú 同“老牛舐犊”。举例 清·赵翼《哭亡儿耆瑞》:“此痛自关门户计,岂徒舐犊爱难捐。”

舐犊情深 shì dú qíng shēn 同“老牛舐犊”。举例 ①《儿女英雄传》第三十回:“安老夫妻暮年守着个独子,未免舐犊情深,加了几分怜爱。”②《战争和人》(三)卷一:“父子俩舐犊情深,分开后,童霜威不免感到孤单。”

舐犊之爱 shì dú zhī ài 同“老牛舐犊”。举例《某城纪事》:“忙什么!自然是呵斥,但声音里掩不过那种所谓‘舐犊之爱’的情调。”

舐犊心 shì dú xīn 见“老牛舐犊”。比喻爱子之心。举例 明·杨基《忆子》:“平生舐犊心,时时背灯笑。”

老生常谈 lǎo shēng cháng tán

出处《三国志·魏志·管辂(lù)传》。解说 老生:老书生。三国时魏国有一个名叫管辂的人，喜爱天文，熟读《周易》，通晓占卜，有些名气。吏部尚书何晏听说管辂占卜灵验，能预知未来，就派人请管辂来占卜自己的前程。何晏问管辂说："我最近梦见有几十个青蝇向我鼻子尖上飞过来，怎么赶也赶不走，不知吉凶如何？也不知我将来是否能够官居三公（司徒、司空、太尉）之位？你给我卜一卦吧。"管辂于是占了一卦，他仔细看了看卦象说："鼻子位于脸的中央部位，青蝇扑鼻不是好兆头。你现在的官位已经很高了，但对你感恩的人少，惧怕的人多。你只有像周公辅佐周成王那样恪（kè）尽职守，像孔子倡导的那样施政宽厚，才能化凶为吉，变厄运为好运，也有希望升迁至三公。"何晏听了连连点头，觉得很有道理。正巧侍中尚书邓飏（yáng）在一旁就座，他不以为然地摇着头说："此老生之常谭。"（谭：同"谈"。大意是：这都是些老书生常谈的话，没什么意思。）后用此语指人们听惯了的没有新意的话或言论。举例 ① 唐·刘知幾《史通·书志》："若乃前事已往，后来追证，课比虚说，成此游词，多见其老生常谈，徒烦翰墨者矣。"②《儒林外史》第一回："功名富贵无凭据，费尽心机，总把流光误。浊酒三杯沉醉去，水流花谢知何处？这一首词，也是个老生常谈。"③ 鲁迅《略谈香港》："然而我的演讲，真是'老生常谈'，而且还是七八年前的'常谈'。"④ 夏衍《心防》第二幕："我懒得应酬，说来说去，全是听腻了的老生常谈。"

书生常谈 shū shēng cháng tán 同"老生常谈"。举例 宋·陆九渊《与宋漕》："'百姓足，君孰与不足'，殆不可谓书生常谈而忽之也。"

老妪能解 lǎo yù néng jiě

出处 宋·惠洪《冷斋夜话》卷一。解说 妪：老年妇女。解：理解；懂得。唐代著名诗人白居易认为诗歌应便于人们理解和记忆，并力求使自己作品用语浅近明白。据说，他常把自己的新作念给一些老妇人听，遇到老妇人听不懂的地方，就进行修改。后用此语形容诗文通俗易懂。举例 ① 王闿（kǎi）运《湘绮楼论唐诗》："（白）居易急求人知，意陈于词，遂令老妪能解。"② 茅盾《白居易及其同时代的诗人》："在诗歌的形式问题上……大胆创造新的表现手法，采用'老妪能解'的文学语言。"

乐不可支 lè bù kě zhī

出处《后汉书·张堪传》。解说 乐：快乐。支：支持；撑住。东汉人张堪曾官任渔阳（在今北京密云一带）太守。他在任八年，领兵抵御匈奴的侵扰，鼓励开荒耕种，栽桑养蚕，使地方安定，百姓生活富足。该地流传的歌谣称赞他的政绩："桑无附枝，麦穗两歧，张君为政，乐不可支。"（大意是：桑树枝干挺拔，没有无用的叉丫；一株麦子结出两个穗头，丰收在望。张大人治理地方非常好，老百姓都高兴得喜不自禁。）此语原指快乐到不能自持的地步，形容欣喜到了极点。举例 ①《镜花缘》第八十四回："兰言夫子听了宝云夫子之话，正中心怀，乐不可支，如何肯去拦阻。"②《火凤凰》九十："小久保看到这种场面，顿时乐不可支，放声哈哈大笑。"③《芙蓉镇》第一章："他每每想到新社会有如此这般的美妙处，就高兴得在红漆高柱床上打手打脚，翻跟头，乐不可支。"

乐此不疲 lè cǐ bù pí

出处《后汉书·光武帝纪下》。解说 疲：疲倦；厌烦。光武帝刘秀建立东汉王朝后，整顿吏治，减轻赋税，出现了"光武中兴"的繁荣局面。他勤于政事，每天早晨上朝与文武大臣们商讨国事，要到太阳西斜才退朝回宫。他还经常召见大臣进宫讲经论道，直到深夜才歇息。太子见他如此辛劳，劝他说："陛下有禹汤之明，而失黄老养性之福，愿颐爱精神，优游自宁。"（大意是：您虽然有大禹、商汤那样的贤达圣明，但是没有黄帝、老子那样的修身养性之福，希望您注意休息，爱惜身体，保养好精神。）刘秀笑着说："我自乐此，不为疲也。"（大意是：我自己喜欢这样忙碌，因而并不觉得这种生活劳累。）后用此语形容特别喜欢做某事，而精力贯注，不知疲倦。举例 ①《儿女英雄传》第三十八回："更兼这位老先生，天生又是无论什么疑难，每问必知，据知而答，无答不既详且尽，并且乐此不疲。"② 邹韬奋《萍踪忆语·南游》："他们吃了许多苦头，对于工作却丝毫不放松，丝毫没有消极的意思，仍是那样兴会淋漓、乐此不疲地向前干着。"③ 徐泓《钱锺书与杨绛夫妇》："杨绛称钱老为'书痴'，其实夫妇两人均嗜书如命……现在他们依然在孜孜读书，乐此不疲。新的、旧的、中文的、外文的，但凡到手都要翻翻看看。"

乐此不倦 lè cǐ bù juàn 同"乐此不疲"。举例 鲁迅《花边文学·安贫乐道法》："新方子一种是教人对于职业要发生兴趣。一有兴趣，就无论什么事，都乐此不倦了。"

乐极悲生 lè jí bēi shēng

出处《淮南子·道应训》："夫物盛而衰，乐极则悲。"又见《史记·滑稽列传》："酒极则乱，乐极则悲，万事尽然，言不可极，极之而衰。"解说《淮南子》原文大意是：事物发展到顶点后就开始衰减，欢乐到了头就会招致悲伤的事。《史记》原文大意是：酒喝到了极限就会酒醉而乱了礼节，人若快乐到了极点就可能发生悲伤之事。世间做任何事情都是这样，物极必反，如果超过了一定限度，则会走向反面。后用此语形容一个人快乐到极点，转而发生悲哀的事情，劝诫人行乐要有节制。举例 ① 明·周楫(jí)《西湖二集·洒雪堂巧结良缘》："争奈好事多磨，乐极悲生。"②《官场现形记》第四十回："那知乐极悲生，刚才开征之后，未及十天，家乡来了电报，说是老太爷没了。"

乐极生悲 lè jí shēng bēi 同"乐极悲生"。举例 ①《红楼梦》第十三回："如今我们家赫赫扬扬，已将百载，一日倘成'乐极生悲'，若应了那句'树倒猢狲散'的俗语，岂不虚称了一世诗书旧族了！"②《三侠五义》第一回："谁知乐极生悲，过了六年，刘后所生之子，竟至得病，一命呜呼。"③ 梁实秋《雅舍小品·钱》："至于豪富之家，挥金如土，未必是福，穷奢极欲，乐极生悲。"

乐极悲来 lè jí bēi lái 同"乐极悲生"。举例《二刻拍案惊奇》卷六："谁料乐极悲来！快活不上一年，撞着元政失纲，四方盗起。"

累卵 lěi luǎn

出处《韩非子·十过》："故曹小国也，而迫于晋、楚之间，其君之危犹累卵也。"又见《史记·范雎(jū)蔡泽列传》唐·张守节正义引《说苑》："以棋子置下，加九鸡子其上……公曰：'危哉，危哉！'"解说 累：堆积；堆叠。卵：鸟、蛇、龟等的蛋。《韩非子》文大意是：曹国是弱小的诸侯国，夹在晋国、楚国两大强国之间，曹国国君的处境很危险，就像堆叠起来的鸟蛋一样，随时都有掉下来摔碎的可能。《史记》文记载，春秋时晋灵公不惜千金，动用大批工匠建造一个九层的高台，并且下令不准有人提出反对意见。大臣荀息求见，灵公命令手下的侍卫们张弓搭箭，杀气腾腾地侍立两旁。荀息上殿说："臣下不敢谏阻大王，只想摆放几个棋子和鸡蛋，让您看看我的小把戏。"得到灵公的允许，荀息先拿出十二个棋子，摞在一起，然后又拿出九个鸡蛋往棋子上边放。灵公担心鸡蛋掉下来，连声说道："危险，危险！"荀息说："还有比这危险的呢！建造九层高台，耗时三年，男不能耕，女不能织，国库匮乏，邻国来侵，国破家亡，到那时还有什么指望呢？"灵公听了荀息的这番话，猛然醒悟说："真没想到，寡人的过错竟有这么大呀！"便下令把未建完的高台拆毁了。后用此语比喻情况或形势极其危险。举例 ① 三国魏·钟会《檄蜀文》："夫累卵之危，就永安之计，岂不美与！"② 唐·王维《裴仆射(yè)济州遗爱碑》："仅在而危同累卵，将坠而间不容发(fà)。"③ 清·李渔《慎鸾交·穷追》："论军行迟缓，关系着得失悲欢，有多少转泰山成累卵，都只因夸未了，作皆完，差一着，覆全盘。"④ 郁达夫《离乱杂诗》之一："又见名城作战场，势危累卵溃南疆。"

危如累卵 wēi rú lěi luǎn 同"累卵"。举例 ① 元·高文秀《渑(miǎn)池会》第二折:“将军倾社稷(jì)危如累卵,蔺相如辅皇图稳若磐石。”②《水浒传》第六十三回:“大名危如累卵,破在旦夕;倘或失陷,河北县郡如之奈何?”③《李自成》第二卷十八章:“弟纵观时事,国势危如累卵。诚如老兄所言,目前朝廷走一着错一着,全盘棋越走越坏。”

离群索居 lí qún suǒ jū

出处《礼记·檀弓上》。解说 群:指同伴。索:孤单;孤独。索居:单独居住。春秋末年孔子死后,弟子子夏(卜商)到魏国的西河郡(在今山西汾阳)讲学,魏文侯曾尊以为师,据说《诗经》《春秋》等儒学经典是由他传授下来的。卜商在魏国居住多年,孔子的另一位弟子曾参(shēn)来看望他,回忆起往事,卜商非常感慨地说:“吾离群而索居,亦已久矣。”(大意是:自从我离开同门好友而独自散居,时间已经很久了。)后用此语指离开朋友、群众或集体,过孤独的生活。举例 ①《隋书·经籍志一》:“自孔子没而微言绝,七十子丧而大义乖,学者离群索居,各为异说。”② 况周颐《蕙风词话》卷一:“离群索居,日对古人,研精覃思,宁无心得,未若取径乎此之捷而适也。”③ 丁玲《我所认识的瞿秋白同志》:“这不是我的理想,我不能长此离群索居,我想并且要求到江西苏区去。”

L

骊珠 lí zhū

出处《庄子·列御寇》:“河上有家贫恃纬萧而食者,其子没(mò)于渊,得千金之珠。其父谓其子曰:‘取石来锻之!夫千金之珠,必在九重之渊,而骊龙颔下,子能得珠者,必遭其睡也。使骊龙而寤(wù),子尚奚微之有哉!’”解说 骊:黑色,这里指骊龙,黑龙。寤:睡醒。原文大意是:河边居住着一家人很贫穷,依靠编织、贩卖蒿草帘子为生。有一天,儿子潜入深水之下,得到了一颗价值千金的宝珠。父亲对儿子说:“赶快用石头把宝珠砸碎了吧!这颗珍贵的宝珠一定藏在九重深渊,由凶猛的骊龙用口含着。你能够取得这颗宝珠,必定是碰巧骊龙睡着了。如果那时骊龙一下子醒了,你还能够活着回来吗!”父亲的意思是担心儿子太冒险了,从骊龙口中取得宝珠,很可能会丢掉性命。后用此语比喻珍贵的东西或难得的人才。举例 ① 唐·元稹《赠严童子》:“杨公莫讶清无业,家有骊珠不复贫。”②《孽海花》第十三回:“这回章自蜚、闻韵高都没有中,骊珠已失,所得都是鳞爪罢了。”

探骊得珠 tàn lí dé zhū 见“骊珠”。探:摸取。指探求事物的精髓,或作诗文能抓住要点,含义深刻。举例 清·陈其元《庸闲斋笔记·蒋振生书法论》:“其书法论一篇,聚古人大旨于数百言之中,如探骊得珠,觉前贤纷纷议论,均为饶舌矣。”

千金珠 qiān jīn zhū 同“骊珠”。举例 宋·司马光《怀素书》：“欲求数字置座侧，安得满斗千金珠。”

梨园 lí yuán

出处《新唐书·礼乐志十二》：“玄宗既知音律，又酷爱法曲，选坐部伎子弟三百教于梨园，声有误者，帝必觉而正之。”解说 梨园，本为唐代皇宫中一个御花园的名字。唐代皇帝玄宗李隆基多才多艺，很有音乐素养，不仅能够谱写乐曲，还喜欢教导宫中的人学习技艺。他曾挑选三百人住在梨园内学习歌舞，自己在处理国政的闲暇时经常亲自去指导。这些人被称为“皇帝梨园弟子”。梨园逐渐变成宫廷常设机构，主要职责是训练乐器演奏人员，与专司礼乐的太常寺和充任串演歌舞散乐的内外教坊鼎足而三。后世把戏班和演戏的地方称为梨园，戏曲界称为梨园界或梨园行，戏曲演员称为梨园弟子，几代人从事戏曲艺术的家庭称为梨园世家。举例 ① 宋·欧阳澈《玉楼春》：“曲中依约断人肠，除却梨园无此曲。”②《儒林外史》第二十五回：“在下姓鲍，舍下住在水西门，原是梨园行业。”③ 鲁迅《中国小说史略》二十六：“时诸伶已脱梨园，乃‘当着众名士之前’，熔化钗钿(diàn)，焚弃衣裙。”

梨园榜 lí yuán bǎng 见“梨园”。旧指评比角色、列有戏曲艺人名次的榜文。举例《家》九：“几位……遗老也曾在报纸上大吹大擂地发表了梨园榜，点了某某花旦做状元哩。”

梨园行 lí yuán háng 见“梨园”。指戏曲界。举例 田汉《名优之死》第三幕：“我认得你，你是浑蛋，你是孬(nāo)种，你是我们梨园行的仇敌。”

梨园弟子 lí yuán dì zǐ 见“梨园”。“皇帝梨园弟子”的省称。后用此语泛称歌舞艺人、戏曲演员。举例 ① 唐·白居易《长恨歌》：“梨园弟子白发新，椒房阿监青娥老。”② 元·高明《琵琶记》开场白：“今日梨园弟子，唱演琵琶记。”

梨园子弟 lí yuán zǐ dì 同“梨园弟子”。举例 ①《儒林外史》第三十回：“择于五月初三日，莫愁湖湖亭大会。通省梨园子弟各班愿与者，书名画知，届时齐集湖亭，各演杂剧。”② 清·和邦额《夜谭随录·倩霞》：“藩府多梨园子弟，皆极一时之选，有贴旦名珍儿者，尤姣媚。”③《初刻拍案惊奇》卷二十二：“张多保与包大接得横州刺史告身，千欢万喜，来见七郎称贺……包大又去唤了一部梨园弟子，张多保置酒设筵。”

李代桃僵 lǐ dài táo jiāng

出处 宋·郭茂倩《乐府诗集·相和歌辞三·鸡鸣》：“桃生露井上，李树生桃旁。

虫来啮(niè)桃根,李树代桃僵。树木身相代,兄弟还相忘。”解说 僵:(树木)枯死。啮:咬。原诗大意是:桃树生在露天的井上,李树长在桃树的旁边,虫子来咬啮桃树的根,李树代替桃树而枯死。树木尚且能够以身相代,可是兄弟之情却被互相忘记。诗中寓意桃树和李树能够共患难,兄弟之间更应该同甘共苦,互相爱护,互相帮助。后用此语比喻互相顶替或代人受过。举例 ① 清·黄遵宪《感事》:“芝焚蕙叹嗟(jiē)僚友,李代桃僵泣弟兄。”②《啼笑因缘续集》第四回:“这张照片,不知道与何家有什么关系,何太太却李代桃僵的把这张照片来抵数,这可有些奇怪了。”③ 郭沫若《从典型说起》:“甚至把作者的姓名任意改换,李代桃僵,偷梁换柱。”

僵李代桃 jiāng lǐ dài táo 同“李代桃僵”。举例《聊斋志异·胭脂》:“彼逾墙钻隙,固有玷夫儒冠;而僵李代桃,诚难消其冤气。”

将李代桃 jiāng lǐ dài táo 同“李代桃僵”。举例 清·孔尚任《桃花扇·守楼》:“贞丽从良,香君守节,雪了阮兄之恨,全了马舅之威,将李代桃,一举四得,倒也是个妙计。”

李代桃 lǐ dài táo 同“李代桃僵”。举例 清·李玉《清忠谱·捕义》:“怎偷生? 惜羽毛。急向公庭分白皂,肯任他人李代桃?”

以桃代李 yǐ táo dài lǐ 同“李代桃僵”。举例《再生缘》第三十二回:“且慢些笑他的失节,或者刘燕玉也是以桃代李的机关,亦未可定。”

李广难封 lǐ guǎng nán fēng

出处《史记·李将军列传》。解说 李广是西汉时名将,身材高大,手臂修长,擅长骑射,英勇善战,率军在边境抗击匈奴,大小七十余战,屡建战功,被称为飞将军、猿臂将军。尽管李广战功赫赫,却时运不济。堂弟李蔡的名声和功劳远不及他,却被封侯,位至三公。李广部下数十人因功封侯,而他本人却一直没有受到封侯的赏赐。后用此语慨叹功劳虽高,却得不到应有的奖励。举例 唐·王勃《秋日登洪府滕王阁饯别序》:“嗟乎! 时运不齐,命途多舛(chuǎn);冯唐易老,李广难封。”

李广未封侯 lǐ guǎng wèi fēng hóu 同“李广难封”。举例 唐·杜甫《将赴荆南寄别李剑州》:“但见文翁能化俗,焉知李广未封侯。”

李广不侯 lǐ guǎng bù hóu 同“李广难封”。举例 宋·华岳《送李子方》:“李广不侯人不笑,笑他人作烂羊头。”

飞将难封 fēi jiàng nán fēng 同“李广难封”。举例《儒林外史》第三十九回:“甘棠有荫,空留后人之思;飞将难封,徒博数奇之叹。”

李贺诗囊 lǐ hè shī náng

出处 唐·李商隐《李长吉小传》。解说 囊：布袋子。李贺字长吉，是唐朝著名诗人，自幼聪敏，七岁就能写诗文。据说，李贺少年时经常早晨骑着一头小毛驴，带着书童，身背一个旧锦囊，到郊外闲游，对景吟咏。如果灵感来了，就立即把想到的比较满意的诗句写在纸上，投入锦囊。晚上回到家，再把锦囊里记有诗句的纸片取出来，整理成篇。这样日积月累，精心推敲，为世人和后人留下了很多优秀的诗文。李贺的母亲见他每天晚上回来时锦囊中装了不少诗文佳句，实在辛苦，不由得心疼地说："是儿要当呕出心始已尔。"（呕：吐。原话大意是：这孩儿简直是要把自己的心都呕出来才肯停止吟咏、构思诗句啊。）此语原指李贺勤奋用功，精心构思诗文，比喻诗人勤于积累，极度劳心苦思地创作，也比喻优美的文句或佳作。举例 宋·陆游《衡门独立》："宋清药卷贫来积，李贺诗囊病后空。"

锦囊诗句 jǐn náng shī jù 同"李贺诗囊"。举例 金·李俊民《酹（lèi）江月·承济之和复用原韵》："归去作个闲人，锦囊诗句，都向闲中得。"

锦囊佳句 jǐn náng jiā jù 同"李贺诗囊"。举例 ① 宋·陆佃《陈给事挽歌词》："闻说锦囊佳句在，光芒犹伴夜珠寒。"② 清·沈复《浮生六记·闺房记乐》："询其故，笑曰：'无师之作，愿得知己堪师者敲成之耳。'余戏题其签曰：'锦囊佳句。'不知夭寿之机此已伏矣。"

锦囊诗 jǐn náng shī 同"李贺诗囊"。举例 宋·王之道《酬潘县尉》："因渠感君不我鄙，远寄锦囊诗一轴。"

锦囊 jǐn náng 同"李贺诗囊"。举例 清·赵翼《周长庚邂逅山塘具述倾注之意答诗志愧》："锦囊幸免遭投厕，红袖知谁肯拂尘。"

囊中诗 náng zhōng shī 同"李贺诗囊"。举例 宋·周紫芝《敕（chì）局晨入效柳子厚》："取我囊中诗，炷（zhù）香拂轻埃。"

囊中稿 náng zhōng gǎo 同"李贺诗囊"。举例 明·何瑭《赠方时举少参次韵》："归途纪兴囊中稿，风便何妨数寄声。"

长吉囊 cháng jí náng 同"李贺诗囊"。举例 胡怀琛（chēn）《海上雪》："披裘独往为何事，赢得诗添长吉囊。"

呕心沥血 ǒu xīn lì xuè 见"李贺诗囊"。沥：滴下；落下。比喻为做某事而费尽心思和精力，多形容为事业、工作、文艺创作等极度劳心苦思。举例 ①《野叟曝（pù）言》第七十八回："而欲如寿之呕心沥血，出鬼入神，以成此千古无偶、万世不磨之大文，断不能矣。"②《民国通俗演义》第六十五回："仗兹正气，弹压河山，无任呕心沥血，传檄以闻！"③ 臧克家《老舍永在》："呕心沥血，讴歌社会主义，受到群众的欢迎。"④ 王首道《坚定地站在正确路线一边》："他不辞辛劳，日理万机，呕心沥血地勤奋工作。"

呕心滴血 ǒu xīn dī xuè 同"呕心沥血"。举例 ① 清·秋瑾《精卫石·序》："余愿呕心滴血以拜求之，祈余二万万女同胞无负此国民责任也。"② 郭沫若《李白与杜甫·李白与杜甫在诗歌上的交往》："他形容孟郊的苦吟竟至使用上刿（guì）目铢心……的辞句。这也就是后人所说的'呕心滴血'了。"

力透纸背 lì tòu zhǐ bèi

出处 唐·颜真卿《张长史十二意笔法记》。解说 力：笔力。透：穿过。唐代著名书法家张旭曾任左率府长史，人称"张长史"。他的草书写得出神入化，故被尊称为"草圣"。颜真卿也是著名书法家，对张旭非常推崇。他在一篇文章中称誉张旭说："当其用锋，常欲使其透过纸背，此诚巧之极也。"（大意是：张旭运笔书写时，常想使笔的力量达到纸的背面，这正是他书法造诣的最高妙之处啊。）后用此语形容书法、绘画遒（qiú）劲有力，或诗文立意深刻，词语精练。举例 ① 清·赵翼《瓯（ōu）北诗话·陆放翁诗》："意在笔先，力透纸背。"② 清·黄景仁《题赤桥庵上人画梅》："惨惨著花二三萼，力透纸背非人功。"③ 梁实秋《雅舍小品·写字》："写字如站桩，挺起腰板，咬紧牙关，正襟危坐，道貌岸然，在这种姿态中写出来的字，据说是能力透纸背。"④ 鲁迅《且介亭杂文二集·萧红作〈生死场〉序》："叙事和写景，胜于人物的描写，然而北方人民的对于生的坚强，对于死的挣扎，却往往已经力透纸背。"

厉兵秣马 lì bīng mò mǎ

出处《左传·僖公三十三年》。解说 厉：同"砺"，磨砺。兵：指刀、剑、长枪、箭矢等兵器。秣：喂。春秋时，秦国的国君秦穆公派大将杞子等驻守郑国。杞子等偷取郑国都城北门的钥匙，预谋里应外合，配合秦军偷袭郑国。郑国的国君郑穆公得知后，派人到杞子住的驿馆察看动静，回报说，杞子和手下的军士正在厉兵秣马，一副要打仗的样子。于是郑穆公赶紧下令调集军队，准备御敌。秦穆公派来的军队在途中知道郑国军队已经有所防备，便没有再敢轻举妄动。此语原指磨好兵器，喂饱战马，准备战斗，后泛指做好战斗准备，也指事先做好各种准备工作。举例 ① 唐·陈子昂《为建安王与辽东书》："请都督厉兵秣马，以待此期，共登九山，看殄（tiǎn）凶虏。"② 鲁迅《集外集拾遗补编·新的世故》："就是去年的和章士钊闹，我何尝说是自己放出批评的眼光，环顾中国，比量是非，断定他是阻碍新文化的罪魁祸首，于是啸聚义师，厉兵秣马，天戈直指，将以澄清天下也哉？”

秣马厉兵 mò mǎ lì bīng 同“厉兵秣马”。举例 ①《宋史·李忠谔传》：“而外敌犯塞，车驾亲征，曾不闻出丁人一骑为之救助，不知深沟高垒，秣马厉兵，欲安用哉？”②《第二个太阳》第三章：“你们要打仗，尽可秣马厉兵，决一死战。”

励精图治 lì jīng tú zhì

出处《汉书·魏相传》。解说 励：激励；振奋。图：谋划；谋求。治：治理。西汉宣帝即位时年纪幼小，大司马、大将军霍光总揽朝政大权。霍光大肆分封霍氏家族成员为官，而且纵容妻子设计毒死许皇后，改立自己的小女儿为新皇后。霍光病死以后，宣帝在御史大夫魏相等大臣的支持下，“始亲万机”，亲自处理朝政，逐步铲除了霍氏在朝廷中的势力。宣帝还下令采取措施，广开言路，降低盐价，减轻徭役，提倡节俭，鼓励农耕，使国家兴旺发达起来，已经衰落的西汉王朝一度出现了中兴的局面。后用此语指振奋精神，设法把国家治理好或把事业办好。参见388页“芒刺在背”。举例 ① 元·马致远《青衫泪》楔子：“励精图治在勤民，宿弊都将一洗新。”②《明史·杨士奇传》：“当是时，帝励精图治，士奇等同心辅佐，海内号为治平。”③ 冰心《三寄小读者》九：“这对于现在我国万众一心、励精图治的大好形势，是极不相宜的。”

利令智昏 lì lìng zhì hūn

出处《史记·赵世家》，又见《史记·平原君虞卿列传》。解说 利：利益；私利。令：使。智：理智。昏：昏乱；不清楚。战国时，秦国派大将白起率军攻打韩国，占领了韩国的野王城（在今河南沁阳一带），使与之接壤的上党（在今山西长治一带）受到很大威胁。上党郡守冯亭自料难以守住，便写信给赵孝成王，表示愿意归附赵国。赵孝成王征求大臣们的意见，平原君赵胜认为，这么好的一块地方，白白送上门来，我们不付什么代价，怎能不要呢？而平阳君赵豹认为，无故受利，会招致祸患，还是不要为好。赵孝成王采纳赵胜的意见，接收了上党，并封冯亭为华阳君。秦国得知以后，认为赵国这是存心作对，就派白起去打赵国，结果使赵国几乎灭亡。西汉史学家司马迁著《史记》，评论这段历史时说：“鄙谚曰：‘利令智昏。’平原君贪冯亭邪说，使赵陷长平四十余万众，邯郸几亡。”（大意是：俗话说，利令智昏。平原君赵胜和赵孝成王头脑不清楚，贪图冯亭归附上党的便宜，在长平一战，赵军四十万人被歼，就连赵国的都城邯郸都差一点儿被攻破。）后用此语指只顾贪图利益而做出丧失理智的事。举例

L

①《三侠五义》第一〇八回:“可见利令智昏,只顾贪财,却忘了正事。”② 章炳麟《敬告对待间谍者》:“独苦国人无识者,利令智昏,则不免受其饵矣。”③《战争和人》(二)卷二:“他想:我是不能利令智昏落千秋骂名的!”

连理枝 lián lǐ zhī

出处 晋·干宝《搜神记》卷十一。解说 传说战国时,宋康王有一个随从官名叫韩凭,娶何氏女为妻,非常恩爱。何氏长得特别漂亮,宋康王见了,就想霸占她。韩凭为此心里非常怨恨,遭到康王囚禁,后来又被发配远方服劳役。韩凭得知何氏已被康王抢入宫中,悲愤交加而自杀,何氏听到这个噩耗就从楼台上跳下自尽。何氏留下遗书说,希望死后能够与韩凭合葬在一起。康王大怒,故意派人把何氏埋葬在韩凭坟墓的对面,使两墓遥遥相对。不料,两个坟墓上一夜之间各自长出了一棵梓(zǐ)树,十天后两棵树已经长得很高大,而且互相倾斜,树枝和树叶在上边交织,树根在地下错综连结。又有一雌一雄的两只鸟栖息在树上,早晚都不分离。两只鸟交颈悲鸣,声音感人。大家见了都很哀伤,就将这两棵树称为“相思树”或“连理枝”。后用此语比喻坚贞不渝的爱情、婚姻或夫妇,也比喻关系亲密的人。举例 ① 唐·白居易《长恨歌》:“在天愿作比翼鸟,在地愿为连理枝。”②《警世通言·乐小舍拼生觅偶》:“儿呵!你生前不得吹箫侣,谁知你死后方成连理枝。”③ 清·方文《送从子密之计偕》:“家园十载学同师,远近人称连理枝。”

连理木 lián lǐ mù 同“连理枝”。举例 元·王实甫《西厢记》第二本三折:“地生连理木,水出并头莲。”

连理 lián lǐ 同“连理枝”。举例《儿女英雄传》第二十六回:“便是我替姐姐打算,四海虽大,九州虽广,你除玉郎一人之外,也断合第二个结不得连理。”

廉颇强饭 lián pō qiǎng fàn

出处《史记·廉颇蔺相如列传》。解说 强:勉强。廉颇是战国时赵国的大将军,立下了赫赫战功,赵悼襄王即位后,因故免去了廉颇的官职,廉颇一气之下就去魏国都城大梁(在今河南开封西北)居住。由于秦兵屡屡侵犯赵国,而赵国接连失利,于是悼襄王又打算起用能征善战的廉颇,派使者到大梁探望廉颇,看看他是否能够回来带兵打仗。廉颇很想再次领兵报国,为了表示自己的英勇不减当年,在接待使者的酒宴上吃下一斗米饭,十斤肉,并披甲上马到院外跑了一圈。廉颇的仇人郭开知道了此事,暗中贿赂使者不要说实话。使者回国后向悼襄王报告说:“廉将军虽老,尚善饭,然与臣坐,顷之三遗矢矣。”(顷:短时间;一会儿。遗:排泄。矢:通“屎”,大便。原话大意是:廉将军尽管年纪大了,饭量也不错,可是身体比较差,在陪我坐着叙谈时,一会儿工夫就出去拉了三次屎。)使者的意思是说,廉颇已年老体衰,不堪重用。由于使者的蓄意毁谤,廉颇最终没有被起用。后用此语比喻年老困窘,雄风犹在,不忘报效国家。也指人至晚年还可以为国家贡献力量。参见287页“将相和”。举例 北周·庾信《为阎大将军乞致仕表》:“而臣甲子既多,耄年又及……虽复廉颇强饭,马援据鞍,求欲报恩,何能为役?”

廉颇善饭 lián pō shàn fàn 同“廉颇强饭”。举例 宋·汪元亮《余将南归燕赵》之二:“又不见,相如怀璧空归来,廉颇善饭何壮哉。”

廉颇能饭 lián pō néng fàn 同“廉颇强饭”。举例 ① 宋·戴复古《减字木兰花·寄五羊钟子洪》:“吴姬劝酒,唱得廉颇能饭否?”② 方轶红《不息的潮声》:“十几年前,父亲还不服老,以为廉颇能饭,不肯退出江湖,也进入不了角色。”

强饭廉颇 qiǎng fàn lián pō 见“廉颇强饭”。指雄心犹在,英勇不减当年的老将。举例 宋·陆游《亲旧见过多见贺强健戏作此篇》:“据鞍马援虽堪笑,强饭廉颇亦未非。”

善饭廉颇 shàn fàn lián pō 同“强饭廉颇”。举例 清·孟传璿(xuán)《沁园春·老将》:“善饭廉颇,雄心充国,恍到千骑万马间。”

尚能饭 shàng néng fàn 同“廉颇强饭”。举例 宋·辛弃疾《永遇乐·京口北固亭怀古》:“凭谁问:廉颇老矣,尚能饭否?”(“尚能饭否”可译为:饭量还好吗?)

三遗矢 sān yí shǐ 见“廉颇强饭”。形容年老体衰多病。举例 清·赵翼《哭果毅阿公病殁于军》:“可怜病到三遗矢,犹自身冲百战场。”

一饭三遗矢 yī fàn sān yí shǐ 同“三遗矢”。举例 董必武《八十岁初度》:“且惭一饭三遗矢,未就专门几折肱(gōng)。”

梁上君子 liáng shàng jūn zǐ

出处《后汉书·陈寔(shí)传》。解说 东汉时人陈寔是个善良、正直的读书人,曾任太丘长,因党锢之祸被免官,回到家乡。这一年收成不好,百姓生活很困苦。有一天夜里,小偷到陈寔家里偷东西,躲在屋梁上。陈寔发现了,假装没看见,不动声色地把子孙召集到堂屋中,教导他们说:“夫人不可不自勉。不善之人未必本恶,习以性成,遂至于此。梁上君子者是矣!”(大意是:人不能不严格要求自己。坏人刚出生时候的本性未必不好,但是长大了沾染不良习惯就会改变本性而堕落。现在藏身于屋梁上的那位先生就是这样的人。)那个小偷听了陈寔的一番话心惊胆战,赶忙从屋梁上爬下来,跪在地上向陈寔认错求饶。陈寔教训他说:“视君状貌,不似恶人,宜深克己反善。然此当由贫困。”(大意是:看你的样子也不像是一个坏人,应当改正过失,做一个好人。不过你这么做实在是因为生活困苦所迫。)陈寔没有更多谴责,送了两匹绢,让他回家去好好过日子。从此以后,这个小偷痛改前非,这一带很久没有再发生偷盗的事,社会秩序良好。后用此语称身藏暗处的窃贼,泛指窃贼。现有时也指高高在上,脱离实际、脱离群众的人。举例 ① 宋·苏轼《东坡志林》卷三:“近日颇多贼,两夜皆来入吾室。吾近护魏王葬,得数千缗(mín),略已散去,此梁上君子当是不知耳。”②《聊斋志异·申氏》:“默忆垣(yuán)内为富室亢氏第,此必梁上君子。伺其重获而出,当合有分。”③ 清·百一居士《壶天录》卷下:“某学究兀坐危楼观书,忽闻楼下有人吁然失声,五体投地,秉烛趋视,则一梁上君子也。”④ 鲁东汉《基础与大厦》:“我们必须一步一个脚印地从事科学研究,千万不要做上不着天、下不着地的梁上君子。”

梁上君 liáng shàng jūn 同“梁上君子”。举例 ① 宋·苏赵蕃《宿互竹铺》之一:“岂乏道旁店,恐逢梁上君。”②《聊斋志异·雨钱》:“我本与君文字交,不谋与君作贼!便如秀才意,只合寻梁上君交好得,老夫不能承命。”

L

梁园 liáng yuán

出处《史记·梁孝王世家》。解说 梁孝王刘武是汉高祖刘邦之孙,汉文帝之子,他在封地梁(在今开封市东南)建造了一个大园林,名叫梁园,也叫梁苑、兔苑或东苑。当时号称“方三百余里”,据考证,所谓方圆三百里并非实指,梁园的实际面积大约方圆百里。其中集宫殿、亭台、山水、奇花异草、珍禽异兽、陵园为一体,景色壮观而秀美。梁孝王经常邀请四方豪杰和文人雅士在这里骑马打猎或吟诗作赋,尽情游玩作乐。著名文人枚乘、司马相如等都曾是梁园的座上客。后来,刘武获罪失宠,患病而死,于是宾客四散。人们感慨地说:“梁园虽好,终非久恋之家。”后用此语指豪门园宅,或贵族、名士游赏宴饮之处。举例 ① 唐·储光羲《临江亭五咏》之四:“梁园多绿柳,楚岸尽枫林。”② 宋·苏辙《嘉雪呈鲜于子骏》之一:“高会梁园遗胜在,早知词赋似相如。”

梁苑 liáng yuàn 同“梁园”。举例 清·钮琇《〈觚賸(gū shèng)〉自序》:“登梁苑而晤名贤,书携行秘。”

梁苑雪 liáng yuàn xuě 见“梁园”。原指在梁园设宴赏雪,吟雪助兴,泛指文人聚集赏雪,吟诗作赋。举例 五代·韦庄《送福州王先辈南归》:“八韵赋吟梁苑雪,六铢衣惹杏园风。”

梁苑宴 liáng yuàn yàn 见“梁园”。指风流儒雅的文人在一起宴饮。举例 元·

戴良《咏雪二十二首赠友》:"风流梁苑宴,凄恻灞桥行。"

梁园虽好,不是久恋之家 liáng yuán suī hǎo,bù shì jiǔ liàn zhī jiā 见"梁园"。原指梁园虽然舒适安逸,但毕竟不能长久居住在那里,告诫人们不要沉溺于暂时依附的优越环境。比喻眼下状况虽好,却不是长久之计。举例《京本通俗小说·错斩崔宁》:"只管做这没天理的勾当,终须不是个好结果。却不道梁园虽好,不是久恋之家。不若改行从善,做个小小经纪,也得过养身活命。"

兔苑宾 tù yuàn bīn 见"梁园"。指才华出众的文士。举例 唐·白居易《斋居春久感事遣怀》:"久作龙门主,多为兔苑宾。"

两袖清风 liǎng xiù qīng fēng

出处 元·陈基《次韵吴江道中》:"两袖清风身欲飘,杖藜随月步长桥。"又见元·魏初《送杨季海》:"交亲零落鬓如丝,两袖清风一束诗。"又见明·于谦《回京议事》。解说 在陈基诗中,此语形容文人雅士长袖迎风,走路轻快潇洒的姿态。古人常把银两放在衣袖中,故在魏初诗中指衣袖中除清风外,别无所有,比喻做官清正廉洁。于谦是明代永乐年间进士,曾任河南、山西巡抚,后升迁为兵部侍郎、兵部尚书。他生活朴素、节俭,为官清廉。当时朝廷和地方官场风气腐败,京官奉差外出,往往借机搜刮;而地方官到京办事,大都带着珠宝等进献京都的上司。于谦在做地方巡抚时,每次进京奏事,总是不带任何礼品。有朋友劝他说:你即使不送金银珠宝攀附权贵,也应该带一些土特产如线香、蘑菇、丝绸什么的,打点打点人情关系呀!于谦却不肯随波逐流。他还专门写诗说:"绢帕蘑菇与线香,本资民用反为殃。清风两袖朝天去,免得闾(lǘ)阎话短长。"(闾阎:平民居住的地方,借指民间、平民。大意是:绢帕、蘑菇、线香等都是当地的特产,这类东西本是供人民日常使用的,只因官吏搜刮,反而成了百姓的祸殃。我进京办事什么礼物也不带,只有这两袖清风,免得遭到老百姓的非议。)此语比喻做官清正廉洁,或生活清贫,没有什么财产。举例 ①《说岳全传》第七回:"这位县主老爷,在这里历任九载,为官清正,真个'两袖清风,爱民如子'。"②《两情若是久长时》一:"几十年来他都在付出,付出了青春、血汗、劳苦、艰辛,换来了两鬓白发,一身风尘,两袖清风。"③ 黄国平、高齐毅《孙毅将军与百姓》:"如果我们执政党的党员,特别是领导干部,都能全心全意为人民服务,一身正气,两袖清风,那么党内就没有不正之风了。"

清风两袖 qīng fēng liǎng xiù 同"两袖清风"。举例 ① 清·纪昀《阅微草堂笔记·姑妄听之二》:"此令不悟,故清风两袖,而卒被恶声,其可惜也已。"② 瞿秋白《饿乡纪程》一:"四伯做官几十年,清风两袖,现时中国官场,更于他不适宜。"

量体裁衣 liàng tǐ cái yī

出处《南齐书·张融传》。解说 量：裁度。南朝齐时高帝萧道成曾赐给大臣张融一套旧的衣服，并说："今送一通故衣，意谓虽故，乃胜新也。是吾所著，已令裁减，称卿之体。"（著：同"着"，穿着。大意是：我现在赐给你一套旧衣服，虽说不是新的，但要胜过新的。这是我自己所穿的衣服，已经命裁缝比按照你的身材高矮、肥瘦改过了。）此语原指按照身材剪裁衣裳。比喻根据实际情况办事情或处理问题。举例 ①清·王筠《菉友肊（yì）说》："宜者称也，顾此言衣，非言人也。量体裁衣，部则不宜，而若惟此衣为宜，即若他人之衣皆不宜也。"②毛泽东《反对党八股》："俗话说'看菜吃饭，量体裁衣。'我们无论做什么事都要看情形办理，文章和演说也是这样。"

了如指掌 liǎo rú zhǐ zhǎng

L

出处《论语·八佾（yì）》："或问禘之说。子曰：'不知也。知其说者之于天下也，其如示诸斯乎！'指其掌。"解说 了：明了；明白。指掌：用手指着手掌。禘（dì）：古代帝王夏季在宗庙中举行的一种祭祀，也指帝王或贵族祭祀祖先的一种典礼。春秋时，禘祭是一种极为隆重的典礼，只有周天子才有资格举行。鲁国不过是一个诸侯国，而国君每年都要举行禘祭，孔子认为这不合礼法，因而很反感。原文大意是：有人向孔子请教关于禘祭的礼仪，孔子答道："我不知道。"接着又嘲讽说："知道禘祭礼仪的人，对于治理天下，恐怕会像把东西摆放在这里一样简单容易吧！"孔子一边说，一边指着自己的手掌。此语形容对事理或情况了解得非常透彻，就像指着手掌中的东西给人看一样。举例 ①《野叟曝（pù）言》第一三〇回："天子询问三省情形，蛟吟奏对详明，了如指掌，天子大喜。"②清·莫晋《重刻〈明儒学案〉序》："择精语详，钩元提要，一代学术源流，了如指掌。"③《上海的早晨》第三部四十七："工商界的基本情况，他是了如指掌的。"☞"了如指掌"的"指"是动词，不是名词，不能释为手指。

了若指掌 liǎo ruò zhǐ zhǎng 同"了如指掌"。举例 ①况周颐《蕙风词话续编》卷一："仅二百数十言，而词家源流派别，了若指掌。"②《李自成》第三卷四十四章："李自成一边听一边不断点头，深佩宋献策熟悉前代战争往事，对古人用兵方略了若指掌。"

林下风气 lín xià fēng qì

出处《世说新语·贤媛（yuàn）》。解说 林下：指旧时名士退隐所居的山林或乡间幽静之处，因远离世俗，故代指超逸的情致。风气：风度，气质。东晋名士谢玄的姐姐谢道韫(yùn)博学多才，超然脱俗，嫁给王凝为妻。有一位名叫济尼的人评价她说："王夫人神情散朗，故有林下风气。"（大意是：王夫人即谢道韫神态闲适大方，有竹林名士的风度。）后用此语赞誉女子风度娴雅，仪态大方。举例 唐·段成式《酉阳杂俎(zǔ)续集·支诺皋(gāo)下》："玄微又出见封氏，言词泠(líng)泠，有林下风气。"

林下风韵 lín xià fēng yùn 同"林下风气"。举例 明·徐渭《跋书卷尾一》："谢道韫虽是夫人，却有林下风韵，是谓秀中见雅。"

林下风度 lín xià fēng dù 同"林下风气"。举例《菜园》："这个有教养又能自食其力的、富有林下风度的中年妇女，穿件白色细麻旧式大袖衣服，拿把宫扇，朴素不华的在菜园外小溪边站立纳凉。"

林下风范 lín xià fēng fàn 同"林下风气"。举例《老残游记》第八回："这女子何以如此大方？岂古人所谓有林下风范的，就是这样吗？"

林下风致 lín xià fēng zhì 同"林下风气"。举例《月朦胧，鸟朦胧》八："穿着件白色曳地长裙，飘然有林下风致。"

林下风 lín xià fēng 同"林下风气"。举例 ① 宋·黄庭坚《次韵高子勉》之六："一点无俗气，相期林下风。"②《冬儿姑娘·我们太太的客厅》："我们的太太说袁小姐有林下风，无脂粉气，于是两人愈说愈投机。"

林下 lín xià 同"林下风气"。举例 宋·无名氏《宣和画谱·人物二》："童以妇人而能丹青……有文士题童氏画诗曰：'林下材华虽可尚，笔端人物更清妍。'"

L

临川羡鱼 lín chuān xiàn yú

出处《淮南子·说林训》："临河而羡鱼，不如归家结网。"又见《汉书·董仲舒传》："临渊羡鱼，不如退而结网。"解说 临：面对。川：河水。羡：因为喜爱而希望得到。渊：深潭；深水。《淮南子》和《汉书》的原文差不多，大意是：站在河水或水潭旁边，想得到水里的鱼，不如回家去把渔网织好。因为没有渔网而想得到鱼，那是空想。后用此语比喻只有愿望而没有措施，不去实干，对做事情毫无用处。举例 ① 汉·张衡《归田赋》："徒临川以羡鱼，俟(sì)河清乎未期。"② 宋·刘筠《受诏修书述怀感事》："见弹曾求炙，临川亦羡鱼。"

临渊羡鱼 lín yuān xiàn yú 同"临川羡鱼"。举例 ①《六十年的变迁》第三章："可惜你我手无寸铁，还是'临渊羡鱼'么。"② 王蒙《比怀念更重要的》："与其临渊羡鱼，不如退而结网，每个人从自己做起，加上教育行政部门……社会各界的关怀帮助，八十年代的青年人理应比五十年代生活得更富裕、更文明、更高尚、更丰富多彩。"

羡鱼 xiàn yú 同“临渊羡鱼”。举例 唐·高适《奉酬北海李太守丈人夏日平阴亭》：“一生徒羡鱼，四十犹聚萤。”

临难不惧 lín nàn bù jù

出处《庄子·秋水》。解说 临：面临；碰到。难：灾难。惧：恐惧；害怕。春秋时，孔子带领众弟子周游列国，来到卫国的匡地。匡地曾遭受鲁国季氏家臣阳虎的侵扰，人们对他很痛恨。由于孔子的相貌与阳虎相似，当地人以为阳虎又来了，于是纷纷对孔子等人围攻，你推我搡，一片混乱。孔子的弟子子路担心老师的安危，奋力冲入人群去救援，却见孔子谈笑自若，还在悠闲地弹琴。孔子告诉子路不必惊慌，并说：“夫水行不避蛟龙者，渔父之勇也；陆行不避兕(sì)虎者，猎夫之勇也；白刃交于前，视死若生者，烈士之勇也；知穷之有命，知通之有时，临大难而不惧者，圣人之勇也。”（大意是：潜行于水中而不惧怕蛟龙，是渔夫之勇；奔跑于山林中而不惧怕虎豹，是猎手之勇；迎着敌人的刀剑，不顾生死而冲杀在前，是壮士之勇；能掌握自己的命运，认识当前的局势，临大难而不畏惧，才是有大智慧的圣人之勇啊。）后用此语指遇到危难，毫不惧怕。举例 宋·苏轼《孔北海赞》：“世之议公者才气各有高卑，然皆以临难不惧，谈笑就死为雄。”

临危不惧 lín wēi bù jù 同“临难不惧”。危：危难；危险。举例 ① 唐·陆贽(zhì)《李澄赠司空制》：“天授将材，勇而多智，临危不惧，见义必为。”②《小城春秋》四十二章：“这一下，他立刻相信，这一个临危不惧的年轻小伙子有着比他强的腕力和瞄准能力，于是他毫不迟疑地把这唯一的炸弹交给剑平。”③ 郭小川《痛悼敬爱的周总理》：“在重庆红岩的日日夜夜，你英勇斗争，临危不惧。”

鳞爪 lín zhǎo

出处 宋·计有功《唐诗纪事·刘禹锡》。解说 鳞：某些动物身体表面的角质薄片。爪：某些动物的脚趾或趾甲。刘禹锡是唐代著名文学家，曾任监察御史、太子宾客。据说有一次，刘禹锡与诗人元稹、白居易、韦楚客在白居易的家里聚会饮酒，谈论南朝的兴废。谈得兴起，大家商定以“金陵怀古”为题，每人赋诗一首。刘禹锡最先完成，其首句是：“王濬(jùn)楼船下益州，金陵王气黯然收。”白居易读后赞赏不已地说：“四人探骊(lí)龙，子先获珠，所余鳞爪何用耶？”（子：你。原话大意是：我们四个人下海探访骊龙，结果你先得到了骊龙颔下的宝珠，剩下的龙鳞和龙爪还有什么价值啊？）说着，就停笔不再作下去了。白居易的意思是：刘禹锡写得那么好，就像龙珠一样;别人的诗都赶不上,即使写出来也如同龙鳞、龙爪,无法相比。后用此语比喻事物中零星片段的、价值不大的部分。参见693页"一鳞半甲"。举例 ① 清·龚自珍《自春徂(cú)秋偶有所触拉杂书之漫不铨次得十五首》之十五:"与其见鳞爪,何如鳞爪无?"②《花月痕》第五十回:"若揄扬果斋之一枝画戟,铺张荷生之八面威风,特其鳞爪耳。"

一鳞半爪 yī lín bàn zhǎo 同"鳞爪"。举例 ① 峻青《夜宿灵山》:"现在,二十岁左右的青年人,未必全部知道这一段历史,即使知道一鳞半爪,印象也不一定就怎么深刻。"② 杨绛《记钱锺书与〈围城〉》:"使我放下稿子大笑的,并不是发现了真人实事,却是看到真人实事的一鳞半爪,经过拼凑点化,创出了从未相识的人,捏造了从未想到的事。"

一鳞一爪 yī lín yī zhǎo 同"鳞爪"。举例 ① 清·蔡寅《诗征·序》:"搜采三十年来人物之一鳞一爪,辑录成书。"② 朱自清《日常生活的诗——萧望卿〈陶渊明批评〉序》:"批评陶诗,用的正是现在的语言,一鳞一爪,虽然不是全韵,表现着陶诗给予现代的我们的影像。"

麟角 lín jiǎo

出处 晋·葛洪《抱朴子·极言》:"若夫睹财色而心不战,闻俗言而志不沮(jǔ)者,万夫之中有一人为多矣。故为者如牛毛,获者如麟角也。"又见《北史·文苑传序》:"学者如牛毛,成者如麟角。"解说 麟角:麒麟的犄角。以上两则原文大意是:做事或读书的人像牛毛一样多,但道德高尚、获得成功或学而有成的人却像麒麟的犄角一样少。麒麟是传说中的奇异动物,麟角极其珍贵,故以此语比喻可贵的不可多得的人或事物。举例 清·梁章钜《归田琐记·张孟词贡士》:"视尔真麟角,逢人说风条。"

牛毛麟角 niú máo lín jiǎo 见"麟角"。比喻学而无成的人或不可多得的可贵人才。举例 清·黄景仁《题汪松溪遗集》:"近世作者何纷纷,牛毛麟角谁能分。"

学惭麟角 xué cán lín jiǎo 见"麟角"。指学无所成。用于自谦。举例 唐·骆宾王《上齐州张司马启》:"学惭麟角,德类鸿毛。"

零丁孤苦 líng dīng gū kǔ

出处 晋·李密《陈情事表》。解说 零丁:同"伶仃",孤独无助的样子。孤苦:没有依靠,生活困苦。李密曾任蜀汉后主刘禅(shàn)的尚书郎(皇帝的侍从官,掌管文书、奏章等),后来退居乡里。过了几年,武帝司马炎立太子,征召李密为太子洗马(太子的属官)。李密当时有老祖母刘氏需要奉养,如果出去做官则有后顾之忧,于是写下了《陈情事表》(简称“陈情表”)请求缓征。他在表中讲述了自己的身世等情况：“臣少多疾病，九岁不行。零丁孤苦，至于成立……臣无祖母，无以至今日；祖母无臣，无以终余年。母孙二人，更(gēng)相依为命，是以区区不能废远。”(不行：不会走路。成立：长大成人。更：更迭；改换。区区：微小。废远：废养远行。原文大意是：我小时候体弱多病，到了九岁还不会走路。父母早亡，我艰难地长大成人……我没有祖母抚养，活不到今天；祖母没有我，也无法安度晚年。我和祖母二人相依为命，正是因为这微小的亲情，使我不忍抛下祖母而应诏远行为官。)参见511页“日薄西山”。后用此语形容人无依无靠，生活困苦。举例 宋·陈亮《祭妹夫周英伯文》：“吾母惟女弟一人，零丁孤苦，相与为命。”

孤苦零丁 gū kǔ líng dīng 同“零丁孤苦”。举例 ① 唐·白居易《祭郎中弟文》：“孤苦零丁，又加衰疾，殆无生意，岂有宦情？”② 鲁迅《且介亭杂文二集·后记》：“出版界也显出孤苦零丁模样。”

伶仃孤苦 líng dīng gū kǔ 同“零丁孤苦”。举例 ①《初刻拍案惊奇》卷二十三：“此言固然有理，但我目下伶仃孤苦，素少亲知。虽要逃亡，还是向那边去好？”②《子夜》六：“但混在人堆里时，她又觉得难堪的威胁，似乎个个人都板起了得意的脸孔在威胁她。世界上只有她一人是伶仃孤苦——她时常这么想。”

L

孤苦伶仃 gū kǔ líng dīng 同“零丁孤苦”。举例 ①《红楼梦》第一一二回：“头里有老太太，到底还疼我些；如今也死了，留下我孤苦伶仃，如何了局？”②《新儿女英雄传》第八回：“这家老大娘看小梅孤苦伶仃的一个妇女，就开了门，让进屋里，拿出饽饽(bō bo)给她吃。”

相依为命 xiāng yī wéi mìng 见“零丁孤苦”。指两个或几个人互相依靠着生活。也指互相依靠，谁也离不开谁。举例 ① 郭沫若《棠棣(dì)之花》：“死而复生的只有这些杂乱的败草。永逝不返的却是我们相依为命的慈母。”②《青春之歌》第一部二章：“祖父因为年老多病需要孙女的照顾，也不愿意孙女离开他，于是祖孙俩就相依为命地活下来。”

凌烟阁 líng yān gé

出处 唐·刘肃《大唐新语·褒锡》，又见《旧唐书·太宗纪》。解说 唐王朝仿照汉代的做法，为了表彰功臣，在南薰殿上修建凌烟阁，在阁内绘有褒国公段志元、鄂国公尉迟敬德等众多开国功臣的画像。凌烟阁即功臣阁，也叫“凌云阁”。后用此语指建功立业之人名垂青史，千古流芳。参见154页“丹青上麟阁”。举例 ① 唐·杜牧《寄远》：“功名待寄凌烟阁，力尽辽城不肯回。”②《水浒传》第五十四回：“功名未上凌烟阁，姓字先标聚义厅。”

凌云阁 líng yún gé 同“凌烟阁”。举例《喻世明言·临安里钱婆留发迹》：“他年名上凌云阁，岂羡当时万户侯！”

冠凌烟 guàn líng yān 同“凌烟阁”。举例 宋·张元干《挽少师相国李公》：“如公真徇国，绘像冠凌烟。”

凌烟勋业 líng yān xūn yè 同“凌烟阁”。举例 宋·曹勋《念奴娇·送李士举》：“公家世德，建凌烟勋业，中兴长策。”

图画凌烟 tú huà líng yān 见“凌烟阁”。指绘制功臣画像并置于凌烟阁。比喻功勋卓著，青史留名。举例 宋·李洤《满庭芳·送张守汉卿赴召》：“家世事，门中列戟，圯(yí)上遗编。况建炎勋业，图画凌烟。”

令人发指 lìng rén fà zhǐ

出处《庄子·盗跖(zhí)》：“盗跖闻之大怒，目如明星，发上指冠。”又见《史记·刺客列传》：“太子及宾客知其事者，皆白衣冠以送之。至易水之上，既祖，取道，高渐离击筑，荆轲(kē)和而歌，为变徵(zhǐ)之声，士皆垂泪涕泣。又前而为歌曰……复为羽声忼(kāng)慨，士皆瞋(chēn)目，发尽上指冠。”解说 令：使。发：头发。发指：头发直竖起来。祖：古人出行时祭祀路神。筑：古代一种弦乐器。和：以声相应，跟着唱。变徵：古代音阶的一个音级。萧萧：拟声词，模拟刮风的声音。羽：古代音阶的一个音级。忼慨：同“慷慨”。《庄子》原文是形容春秋战国时人盗跖生气发怒的样子，说他瞪大发光的眼睛，头发直竖起来。《史记》原文大意是：战国末年，秦王逐步吞并六国，为了解除亡国的威胁，燕太子丹派勇士荆轲去刺杀秦王。荆轲临行时，太子丹和众门客等人都身着白色的衣帽（本为丧服，表示此行凶多吉少，极有可能为生离死别），相送到易水（在今河北）边。祭奠过路神之后，高渐离击筑，荆轲歌唱。荆轲唱道：“风萧萧兮易水寒，壮士一去兮不复还。”歌声慷慨激昂，悲壮感人。乐声和歌声刚开始唱的是徵声，送行的人听了都伤心落泪；后来转唱羽声，大家都瞪圆眼睛，头发竖立几乎把上边的帽子顶了起来。后用此语形容人极度愤怒或慷慨激昂的样子。参见 611 页“图穷”，433 页“旁若无人”。举例 ①《东欧女豪杰》第二回：“历年以来，不知害了我们多少同志，说来真真令人发指。”② 方志敏《狱中纪实》八：“钱某对于‘下人们’的凶恶，自己生活的豪侈，狂嫖乱赌，无所不为的行动，闻之令人发指。”③ 徐迟《生命之树常绿·抗癌美登木和脑血管痉挛》：“他们怀着不可告人的目的，干了一系列令人发指的罪恶的行为，严重损害了蔡希陶的健康。”

龙盘虎踞 lóng pán hǔ jù

出处《太平御览》卷一五六引晋·张勃《吴录》:"刘备曾使诸葛亮至京,因睹秣陵山阜,叹曰:'钟山龙盘,石头虎踞,此帝王之宅。'" 解说 盘:也作"蟠",盘曲地伏着。踞:蹲坐。原文大意是:三国时,刘备派军师诸葛亮前往东吴游说孙权,以实现联吴抗曹的大计。诸葛亮到了东吴的都城秣陵(即建业,今江苏南京),看到当地的山川地势,感叹地对孙权说:"钟山的山势险峻,如同一条长龙盘曲;石头城威武雄壮,就像一只老虎蹲踞。这里真是帝王建都的风水宝地啊!"后用此语形容帝王都城地势雄伟、险要,多指南京。也比喻为英雄豪杰所占据。举例 ① 唐·李白《永王东巡歌》之四:"龙盘虎踞帝王州,帝子金陵访古丘。"②《警世通言·旌阳宫铁树镇妖》:"江西四百年后,有地名曰西山,龙盘虎踞,水绕山环,当出异人。"③《李自成》第三卷十三章:"万一北京不能固守,尚有南京龙盘虎踞,江南财富充盈,必能延续北壁河山。"④《三国演义》第一〇八回:"紫髯碧眼号英雄,能使臣僚肯尽忠。二十四年兴大业,龙盘虎踞在江东。"

L

虎踞龙盘 hǔ jù lóng pán 同"龙盘虎踞"。举例 ① 唐·刘知幾《史通·书志》:"虎踞龙盘,帝王表其尊极。"② 毛泽东《七律·人民解放军占领南京》:"虎踞龙盘今胜昔,天翻地覆慨而慷。"

龙蟠虎踞 lóng pán hǔ jù 同"龙盘虎踞"。举例 元·庾天锡《黄莺儿》套曲:"爱山围水绕,龙蟠虎踞,依稀睹,六朝风物。"

虎踞龙蟠 hǔ jù lóng pán 同"龙盘虎踞"。举例 ① 宋·辛弃疾《念奴娇·登建康赏心亭呈史留守致道》:"虎踞龙蟠何处是?只有兴亡满目。"②《战争和人》(二)卷五:"那天,凄风苦雨,虎踞龙蟠的石头城,春光烟水气中的后湖,苍茫萧瑟。"

蟠龙踞虎 pán lóng jù hǔ 同"龙盘虎踞"。举例 柳亚子《追忆张秋石女士》之二:"剩粉余香愁隔世,蟠龙踞虎落谁家?"

龙虎地 lóng hǔ dì 同"龙盘虎踞"。举例 明·彭孙贻《西河》:"龙虎地,繁华六代犹记。"

龙生九子 lóng shēng jiǔ zǐ

出处 明·徐应秋《玉芝堂谈荟·龙生九子》引明·李东阳《怀麓堂集》:"龙生九子不成龙,各有所好:囚牛,平生好音乐,今胡琴头上刻是其遗像;睚眦(yá zì),平生好杀,金刀柄上龙吞口是其遗像;嘲风,平生好险,今殿角走兽是其遗像;蒲牢,生平好鸣，今钟上兽钮是其遗像；狻猊（suān ní），平生好坐，今佛座狮子是其遗像；霸下，平生好负重，今碑座兽是其遗像；狴犴（bì'àn），平生好讼，今狱门上狮子是其遗像；赑屃（bì xì），平生好文，今碑两旁文龙是其遗像；螭（chī）吻，平生好吞，今殿脊兽是其遗像。”解说 古代传说，一龙所生九子，各有不同。关于这九个龙子的名称和特点，说法不一。后用此语比喻同胞兄弟良莠不齐，或品质、爱好各不相同。

龙生九种 lóng shēng jiǔ zhǒng 同“龙生九子”。举例 ①《西游记》第四十三回：“行者道：‘一夫一妻如何生此几个杂种？’敖顺道：‘此正谓龙生九种，九种各别。’”②《封神演义》第三十八回：“此物乃万兽朝苍之时，种种各别，龙生九种，色相不同。”

庐山真面目 lú shān zhēn miàn mù

出处 宋·苏轼《题西林壁》：“横看成岭侧成峰，远近高低各不同。不识庐山真面目，只缘身在此山中。”解说 庐山：山名，在江西九江南部，景色雄奇壮丽，为游览胜地。庐山的最高峰为汉阳峰，海拔一千四百多米。由于山体高，所以常年弥漫着缥缈的云雾，令人难以看清它的真实形状。北宋诗人苏轼到庐山游玩时，作了这首著名的诗篇。大意是：正面望去山岭绵延逶迤（wēi yí），侧面一看奇峰挺拔峻峭。由于远近、高低的视角不同，庐山呈现出千姿百态的不同气象。为什么人们看不清庐山的真实面貌呢？正是因为自己就处在变化多姿的深山之中。后用此语比喻事物的真相或人的本来面目。举例 ①《野叟曝（pù）言》第四十七回：“善作诗今只一家，方见庐山真面目也。”②《二度梅》七：“他一定要一睹这位歌人的庐山真面目。”③《第二次握手》七：“今天才算意外地看穿了这个家伙的庐山真面目！”

庐山真面 lú shān zhēn miàn 同“庐山真面目”。举例 清·杨伦《〈杜诗镜铨〉序》：“今之杜诗，汩（gǔ）于谬解，多有诗义本明，因解而晦……自非摧陷廓清，不见庐山真面。”

庐山面目 lú shān miàn mù 同“庐山真面目”。举例 清·段雪亭《〈聊斋志异〉遗稿例言》：“苟非自作聪明，即欲省其铅椠（qiàn），致令庐山面目，渐失其真。”

鲁鱼亥豕 lǔ yú hài shǐ

出处《吕氏春秋·察传》：“有读史记者曰：‘晋师三豕涉河。’子夏曰：‘非也，是己亥也。夫己与三相近，豕与亥相似。’”又见晋·葛洪《抱朴子·遐览》：“故谚曰：‘书三写，鱼成鲁，虚成虎。’”解说 涉河：渡过黄河。三写：多次抄写。汉字数量多，字体繁杂，有大量的形体相近的字，在传抄和刻印书籍文献中很容易出现错讹。相传春秋时，孔子的弟子子夏到晋国去，途经卫国，听到有人读史书说："晋师三豕涉河。"子夏认为其中有误，指出"三豕"应为"己亥"。古人用干支"己亥"记日，代表某一天，而"三豕"的意思是三只猪，二者毫无关系。同样由于字形近似的缘故，书籍经过多次辗转抄写，容易把"鱼"误为"鲁"，"虚"误为"虎"。此语原指文字因形近而误，后泛指书籍在传写、刻印过程中出现的文字错误，或传闻失实。举例 ① 元·黄溍《日损斋笔记·辩史》："去古既远，经史中鲁鱼亥豕，若此者不一。"②《红楼梦》第一二〇回："既是假语村言，但无鲁鱼亥豕以及背谬矛盾之处，乐得与二三同志，酒余饭饱，雨夕灯窗之下，同消寂寞。"③ 林语堂《读书的艺术》："此位作家又曰：'真学士不以鲁鱼亥豕为意，好旅客登山不以路恶难行为意。'"④ 郑振铎《插图本中国文学史·例言》："恶劣的书版，遍于坊间，其误人不仅鲁鱼亥豕而已。"

豕亥鱼鲁 shǐ hài yú lǔ 同"鲁鱼亥豕"。举例 宋·宋咸《注〈孔丛子〉序》："然士大夫号藏书者，所得本皆豕亥鱼鲁，不堪其读。"

鱼鲁 yú lǔ 同"鲁鱼亥豕"。举例 唐·元稹《酬翰林白学士代书一百韵》："鱼鲁非难识，铅黄自懒持。"

辨鲁鱼 biàn lǔ yú 见"鲁鱼亥豕"。指校勘、订正文字错误。举例 唐·刘禹锡《秋萤引》："槐市诸生夜读书，北窗分明辨鲁鱼。"

豕亥 shǐ hài 同"鲁鱼亥豕"。举例 宋·曾巩《七月十四日韩持国直庐同观〈山海经〉》："自笑正豕亥，更微注虫鱼。"

亥豕帝虎 hài shǐ dì hǔ 同"鲁鱼亥豕"。举例 宋·黄伯思《东观余论·校定楚词序》："此书既古，简册迭传，亥豕帝虎，舛(chuǎn)午甚多。"

三豕涉河 sān shǐ shè hé 同"鲁鱼亥豕"。举例《文心雕龙·练字》："晋之史记，三豕涉河，文变之谬也。"

陆沉 lù chén

出处《庄子·则阳》："方且与世违而心不屑与之俱，是陆沉者也。"晋·郭象注："人中隐者，譬无水而沉也。"解说 此语原指宇宙的混沌之气下沉，凝结而成陆地。参见327页"开天辟地"。《庄子》原文指隐居，比喻智者、有大才能的人隐于尘世之中。也指隐居的人。后来也指国土沦丧。举例 ① 唐·白居易《送张南简入蜀》："昨日诏书下，求贤访陆沉。"② 明·唐寅《赠南野》："我亦陆沉斯世者，买邻何日许相陪？"③ 明·杨慎《七犯玲珑·初冈李一元》："叹神州，英雄入彀，岂是陆沉时候。"④ 清·秋瑾《感愤》："莽莽神州叹陆沉，救时无计愧偷生。"

陆绩怀橘 lù jì huái jú

出处《三国志·吴志·陆绩传》。解说 陆绩是三国时吴国人，曾官任郁林太守。他的父亲陆康在汉代末年曾官任庐江太守，与袁术交情很好。陆绩六岁那年，父亲带着他去九江拜见袁术，袁术命人拿来许多橘子招待他们。橘子在当时不是应季水果，陆绩趁人不注意，偷偷把三个橘子藏在怀里。不料，临别施礼时不小心，橘子掉落在地上。袁术见了笑着对陆康说："陆郎作宾客，而怀橘乎？"（大意是：陆家小郎君来做客，怎么还偷橘子呢？）陆绩急忙跪下答道：我想带几个回去给母亲吃。袁术听了陆绩的回答，赞不绝口，觉得他小小年纪就如此孝敬，实在难能可贵，将来一定是个人才。陆绩成年后，博学多识，通晓天文、历算，曾作《浑天图》，注《易经》，撰写《太玄经注》。后用此语指对父母长辈极其孝敬。举例 ① 唐·李翰《蒙求》："胡威推缣，陆绩怀橘。" ② 鲁迅《朝花夕拾·二十四孝图》："'陆绩怀橘'也并不难，只要有阔人请我吃饭。'鲁迅先生作宾客而怀橘乎？'我便跪答曰：'吾目性之所爱，欲归以遗母。'阔人大佩服，于是孝子就做稳了，也非常省事。"

怀橘 huái jú 同"陆绩怀橘"。举例 唐·骆宾王《畴昔篇》："茹荼（tú）空有叹，怀橘独伤心。"

陆氏橘 lù shì jú 见"陆绩怀橘"。指孝敬父母的礼物。举例 唐·岑参《送许员外江外置常平仓》："仍怀陆氏橘，归献老亲尝。"

陆贾分金 lù jiǎ fēn jīn

出处《史记·郦生陆贾列传》。解说 汉惠帝时，吕太后及吕氏家族当权，老臣陆贾对此心存不满，称病辞官。陆贾回到家乡，妥善安排了晚年生活。他把房子、田地等家产平均分给五个儿子，并与儿子们约定："过汝，汝给吾人马酒食，极欲，十日而更。所死家，得宝剑、车骑、侍从者……一岁中往来过他客，率不过再三过，数见不鲜，无久慁（hùn）公为也。"（数：屡次。鲜：新宰杀的禽畜，引申为新鲜、新奇。慁：打扰。原文大意是：以后我到你们家做客，你们供给酒食，满足我们的需要，大约住十天左右就会离开。如果我死在哪一家，我的佩剑、车马和仆人就归这一家所有……我每年到你们家中做客，最多也不过两三次，如果去得太频繁了，你们供给我的酒食、饭菜就不会很新鲜了，我是不会经常去打扰你们的。）后用此语指把家产平均分配给子孙作为生计。举例 ① 唐·骆宾王《帝京篇》："陆贾分金将宴喜，陈遵投辖正留宾。" ② 元·戴表元《质野堂记》："舟车薪米，佣赁杂费之余，尚留三千缗（mín），以为陆贾分金则不给，以为萧何买田则难多。”

陆贾剑 lù jiǎ jiàn 见“陆贾分金”。指贵重的遗产。举例 清·程先贞《戊申生日示两儿》：“邺侯书有托，陆贾剑何贻。”

数见不鲜 shuò jiàn bù xiān 见“陆贾分金”。原指对于常来的客人，就不宰杀禽畜，饭菜就新鲜了。后形容经常见到某种事物，并不感到新奇。举例 ①《孽海花》第三十五回：“凡是一个团体，这些叛党卖友的把戏，历史上数见不鲜。”② 鲁迅《集外集拾遗·启事》：“有的还硬说实在真有事，有的还说也许是别校的女生被辱了。咳，这种谣言，在各处所发生的真数见不鲜了。”③ 郑振铎《插图本中国文学史·文字的起源》：“不少的南部的人，到北方来，有的时候，竟也听不懂话，办不了事。这是数见不鲜的事。”

屡见不鲜 lǚ jiàn bù xiān 同“数见不鲜”。屡：多次。举例 ① 鲁迅《而已集·略谈香港》：“第二条是‘搜身’的纠葛，在香港屡见不鲜。”② 邓拓《燕山夜话·初生之犊不怕虎》：“这类事实，现在已经屡见不鲜了。”③ 徐懋(mào)庸《秋风偶感》：“开销到十万元以上的婚礼，自去年以来，屡见不鲜。”

L

鹿死谁手 lù sǐ shuí shǒu

出处《晋书·石勒载记下》。解说 鹿：比喻争夺的对象，多指政权。石勒是东晋十六国时人，羯(jié)族，二十岁时聚众起义，又投奔匈奴人刘渊为大将。石勒的势力后来不断扩张，他俘获了前赵国君刘曜，自称赵王，建立政权(史称后赵)。有一次高丽使臣来拜见，石勒设宴款待。在宴会上，石勒乘着酒兴问群臣道：“不知我可以与前代哪位帝王相比?”谋士徐光奉承说：陛下的神武韬略超过汉高祖刘邦，此后的帝王更无人能比。石勒听后笑着说：你说得过分了。“朕若逢高皇，当北面而事之，与韩、彭竞鞭而争先耳。朕遇光武，当并驱于中原，未知鹿死谁手。”(高皇：指汉高祖刘邦。韩、彭：指刘邦手下的大将韩信、彭越。光武：指汉光武帝刘秀。大意是：假如我与刘邦生于同一时代，甘愿向他俯首称臣，而与韩信、彭越在疆场上一争高下。假如我与刘秀生于同一时代，一定与他在中原大地争夺天下，究竟鹿死于谁手还很难说呢。)后用此语比喻在政权争夺或比赛对抗中胜负难料，不知谁会取得最后胜利。参见754页“逐鹿”。举例 ①《隋唐演义》第一回：“若使江南人主，也能励精图治，任用贤才，未知鹿死谁手耳。”②《李自成》第一卷二十六章：“牛金星用右手中指蘸酒，在桌上写了‘大明必亡’四个字，随即望望医生悄声说：‘但不知鹿死谁手耳。’”③《大波》第三部六章：“试试看，中原逐鹿，还不知鹿死谁手哩!”④《摩登阿Q》：“如果她要角逐文联主席，还不知鹿死谁手。”

绿林 lù lín

出处《后汉书·刘玄传》。解说 西汉末年，王莽篡夺政权后，社会凋敝，民不聊生。新市（在今湖北京山东北）人王匡、王凤等组织饥寒交迫的农民起义，杀富济贫，反抗官府，聚集在绿林山（位于湖北当阳东北，现多认为即今大洪山地区）中，几个月后发展到七八千人，号称“绿林军”。后用此语泛指结伙聚集山林之间，反抗官府或抢劫财物的武装团伙。举例 ① 唐·李涉《遇盗》：“风雨潇潇江上村，绿林豪客夜知闻。”②《儿女英雄传》第十一回：“二则既作绿林大盗，便与那偷猫盗狗的不同，也断不肯悄悄儿的下来。”③ 鲁迅《书信集·致赵家壁》：“本来，有关本业的东西，是无论怎样节衣缩食也应该购买的，试看绿林强盗，怎样不惜钱财以买盒子炮，就可知道。”☞“绿林”的“绿”不读 lǜ。

绿林豪杰 lù lín háo jié 同“绿林”。举例 清·李渔《玉搔头·逼氛》：“我如今以诛讨二贼为名，有谁人道我的不是，又喜得有两个绿林豪杰率众来归，要助我力图大事。”

绿林好汉 lù lín hǎo hàn 同“绿林”。举例 ①《儿女英雄传》第二十一回：“后来遇着施世纶施按院，放了漕运总督，收了无数的绿林好汉。”②《石碣》：“失却了‘公平’，也就不配做绿林好汉。”

履虎尾 lǚ hǔ wěi

出处《易·履》六三：“履虎尾，咥（dié）人，凶。”解说 履：踩踏。咥：咬。三国·魏·王弼（bì）注：“履虎尾，言其危也。”原文大意是：踩到了虎尾巴，虎将咬人，主凶。据说是象征“武人掌权”，故为凶兆。后用此语比喻冒犯强势者而陷入极其危险的境地，或形容处境十分危险。举例 ①《后汉书·荀淑荀爽传论》：“荀公之急急自励，其濡迹乎？不然何为违贞吉而履虎尾焉？”② 陈曾寿《祭告列祖列宗文》：“降心迁就，志切救民；兢兢业业，若履虎尾。”

蹈虎尾 dǎo hǔ wěi 同“履虎尾”。蹈：踩踏。举例 唐·李为《蔺（lìn）相如秦庭返璧赋》：“蹈虎尾而若闲，过鲸口而无惕。”

履尾 lǚ wěi 同“履虎尾”。举例《晋书·袁宏传》：“仁者必勇，德者有言，虽遇履尾，神气恬然。”

虎尾 hǔ wěi 同“履虎尾”。举例 唐·白居易《江州赴忠州至江陵》：“虎尾忧危切，鸿毛性命轻。”

绿头巾 lǜ tóu jīn

出处 唐·封演《封氏闻见记·奇政》。解说 汉代服低贱劳役而地位卑贱的人，戴绿色头巾为标识。唐代李封任延陵县令时，为了整治社会秩序，想出了一个奇怪的办法，对犯罪的下属官吏不加鞭、杖等体罚，而是命令把绿头巾包裹在头上，以此羞辱他们。并且根据所犯罪行的轻重，限定裹绿头巾的日期长短。元、明时期，规定娼家男子戴绿头巾。到了近代，称其妻有外遇者为“戴绿头巾”，今俗称“戴绿帽子”。举例 ① 明·郎瑛《七修类稿·辩证下·绿头巾》：“吴人称人妻有淫行者为绿头巾。”②《聊斋志异·佟客》：“一顶绿头巾，或不能压人死耳。”③《续孽海花》第三十二回：“孙三拍拍她马屁，也得了不少的钱，自然没有话说，情愿戴了绿头巾，到小寓中伺候她。”

绿珠 lǜ zhū

L

出处《晋书·石崇传》。解说 绿珠：西晋时人，据说原姓梁，生在越地白州境内的双角山下，长得极其美貌。石崇官任交趾采访使时，以重金为聘礼，纳绿珠为侍妾。绿珠妩媚动人，又善解人意，石崇对她格外宠爱。后来权臣孙秀看中了绿珠，派侍臣去索取她来服侍自己。当时石崇在金谷别馆，身边有很多美貌的侍妾，让侍臣在她们之中随意挑选一个，但侍臣却坚持要绿珠，结果遭到石崇的严厉拒绝。孙秀恼羞成怒，诬告石崇谋反。赵王伦下令逮捕并杀害了石崇。绿珠则跳楼自尽，以死报答石崇的恩爱之情。后用此语泛指美女。参见 31 页“白首同归”。举例 ① 南朝齐·谢朓(tiǎo)《赠王主簿》：“清吹要碧玉，调弦命绿珠。”② 宋·苏轼《水龙吟》：“闻道岭南太守，后堂深，绿珠娇小。”

金谷妓 jīn gǔ jì 同“绿珠”。举例 唐·李德裕《峡山亭月夜独宿对樱桃花有怀伊川别墅》：“恨无金谷妓，为我奏思归。”

堕楼人 duò lóu rén 见“绿珠”。堕：落下去。此语比喻才貌出众而遭遇不幸的女子。举例 唐·杜牧《题桃花夫人庙》：“至竟息亡缘底事，可怜金谷堕楼人。”

略识之无 lüè shí zhī wú

出处 唐·白居易《与元九书》。解说 略：大致；粗略。白居易是唐代著名诗人，他给好友元稹写信，其中谈到自己幼年识字的趣事时说：“仆始生六七月时，乳母抱弄于书屏下，有指‘无’字、‘之’字示仆者，仆虽口未能言，心已默识。后有问此二字者，虽百十其试，而指之不差。”（仆：这里用于自称，谦辞。原文大意是：当我刚出生六七个月时，奶妈抱着我在写有字的屏风下玩耍。有人在旁边指着上面的“无”字和“之”字给我看，我虽然还不会说话，但是心里已暗暗记住了。后来有人测验我是否认识这两个字，无论问多少次，我都能正确地从屏风上把这两个字指出来。）此语原指初识文字就辨认得很清楚。后指认字不多，仅读过几天书，文化水平很低。有时用于自谦。举例《二十年目睹之怪现状》第九回：“最可笑的，还有一班市侩，不过略识之无，因为艳羡那些斗方名士，要跟着他学，出钱叫人代作了来，也送去登报。”

不识之无 bù shí zhī wú 同“略识之无”。举例 ①《花月痕》第二十三回：“心不辨菽麦，目不识之无。”② 李健吾《〈李广田选集〉序》：“《废墟中》，写一个不识之无的木匠，爱打老婆，老婆也让他打；他有气无处泄，她也就让他泄。”

仅识之无 jǐn shí zhī wú 同“略识之无”。举例《聊斋志异·医术》：“张曰：‘我仅识之无耳，乌能是？’道士笑曰：‘迂哉！名医何必多识字乎？但行之耳。’”

之无 zhī wú 见“略识之无”。指简单常用的字。举例 金·元好问《赠利州侯神童》：“极知之无不足讶，更恐洛诵难为功。”

L

轮扁斫轮 lún biǎn zhuó lún

出处《庄子·天道》。解说 轮扁：人名，春秋时齐国有名的造车工匠。斫：用刀、斧等砍削。轮：车轮。齐桓（huán）公坐在堂上读书，轮扁蹲在堂下忙于砍削木头制作车轮。轮扁听着不绝于耳的琅琅读书声，便走上堂来问桓公读的是什么书？桓公说：是圣人之言。轮扁问道：那圣人还在吗？桓公随口答道：早死了。轮扁说：人都死了，那大王读的就是古人遗留下来的糟粕了！桓公见轮扁言语如此唐突，勃然大怒。轮扁不慌不忙地介绍自己制作车轮的经验说：“斫轮，徐则甘而不固，疾则苦而不入，不徐不疾，得之于手而应于心，口不能言，有数存焉于其间。臣不能以喻臣之子，臣之子亦不能受之于臣，是以行年七十而老斫轮。古之人与其不可传也，死矣，然则君之所读者，古人之糟粕已夫？”（得：得到；想到。应：反应；配合。原话大意是：砍木头制作车轮，斧头挥得慢了就砍不进去，挥得快了就砍得过深而削不下去，应该不慢不快、恰到好处，心里想到什么，手就跟着做什么，其中的奥妙只能意会而不可言传。我难以明白地把经验和方法传授给儿子，儿子也无法领会其中的技巧来协助我，以至于我已七十岁了，还在独自制作车轮，可以说是个斫轮老手了。同样，古代圣人学问中的精妙之处，那些真正有价值的东西，恐怕也是无法以文字和语言传授于人，必然随着他们的死去而消失。由此看来，大王读的不是糟粕又是什么呢？）桓公听了，觉得轮扁说的话也有一点道理，便没有治他的罪。后用此语比喻难以言传的精湛技艺或丰富经验。举例 宋·黄庭坚《戏题小雀捕飞虫画扇》："丹青妙处不可传，轮扁斫轮如此用。"

老斫轮 lǎo zhuó lún 见"轮扁斫轮"。指技艺精湛、经验丰富的行家老手。举例 ① 宋·黄庭坚《次韵郭明叔长歌》："诗书自可老斫轮，智谋足以解连环。"② 金·元好问《送郝讲师住崇福宫》："大方之家几知津，郝君七十老斫轮。"

斫轮老手 zhuó lún lǎo shǒu 同"老斫轮"。举例《民国通俗演义》第六十七回："段（祺瑞）本是个武夫，阮（忠枢）又是个帝制派中的健将，两人不来多嘴，全凭那斫轮老手徐世昌及倚马长才王式通悉心研究，那一句还须修改，彼此讨论了好多时，方才酌定。"

斫轮手 zhuó lún shǒu 同"老斫轮"。举例 况周颐《蕙风词话》卷三："去路缥缈中仍收束完密，神不外散，是为斫轮手。"

得心应手 dé xīn yìng shǒu 见"轮扁斫轮"。指心手相应，运用自如。形容技艺纯熟，做起事情来很轻松。举例 ① 宋·沈括《梦溪笔谈·书画》："余家所藏摩诘画《袁安卧雪图》，有雪中芭蕉，此乃得心应手，意到便成。"②《子夜》八："冯云卿就此走进了公债市场，半年来总算得心应手。"③ 秦牧《艺海拾贝·在词汇的海洋中》："即使这些都做到了，还不能说在写作时就一定十分得心应手。"

得手应心 dé shǒu yìng xīn 同"得心应手"。举例 ① 明·张岱《与何紫翔》："古人弹琴，吟揉掉注，得手应心。"② 明·李贽（zhì）《答马历山书》："唯三教大圣人知之，故皆平生之力以穷之，虽得手应心之后，作用各各不同，然其不同者特面貌尔。"

心手相应 xīn shǒu xiāng yìng 同"得心应手"。举例 元·王恽（yùn）《题自书归去来后》："是日，晨气颇爽……乘笔墨调利，心手相应。"

得于心，应于手 dé yú xīn，yìng yú shǒu 同"得心应手"。举例 宋·欧阳修《书梅圣俞稿后》："乐之道深矣，故工之善者，必得于心应于手而不可述之言也。"

得之心，应之手 dé zhī xīn，yìng zhī shǒu 同"得心应手"。举例 唐·张彦远《历代名画记》卷七："岂惟六法精备，实亦万类皆妙，千变万化，诡状殊形，经诸目，运诸掌，得之心，应之手。"

轮焉奂焉 lún yān huàn yān

出处《礼记·檀弓下》。解说 轮：指轮囷（qūn），古代的一种圆形的大粮仓，引申为高大。奂：众多；盛大。春秋时，晋国大夫献文子赵武新建了一座大宅院，房屋落成后，人们纷纷前去庆贺。大夫张老见赵武如此奢侈，连嘲带讽地致贺词说："美哉轮焉，美哉奂焉！歌于斯，哭于斯，聚国族于斯！”（大意是：多么高大啊，多么阔气啊！今后可以在这里歌舞作乐、祭祀祖先、宴请尊贵的国宾或与宗族亲友们聚会了。）此语原形容房屋高大壮观，现也形容建筑的装饰或布置等很华丽。举例 清·王紫诠《去学校积弊以兴人材论》：“崇台广榭，万户千力，轮焉奂焉，莫不备极工巧。”

美奂美轮 měi huàn měi lún 同“轮焉奂焉”。举例 陶菊隐《北洋军阀统治时期史话》第四十三章：“学生中有人痛恨曹汝霖卖国自肥，生活奢侈，就放了一把火，想把这个美奂美轮的汉奸住宅付之一炬。”

美轮美奂 měi lún měi huàn 同“轮焉奂焉”。举例 邹韬奋《萍踪寄语·惊涛骇浪后》：“我们经过一个美轮美奂的宏丽华厦的区域，开车的告诉我们说这是西人和本地富翁的住宅区域。”

捋虎须 luō hǔ xū

出处《三国志·吴志·朱桓（huán）传》南朝宋·裴松之注引晋·张勃《吴录》。解说 捋：抚摩。三国时，吴国君主孙权为朱桓送行。朱桓捧着酒杯，借向孙权敬酒之时说：臣即将远行，希望在临别时捋一捋陛下的胡须，这样就没有什么遗憾了。孙权手扶几案向前探出身体，朱桓靠近去捋了捋他的胡须说：“臣今日真可谓捋虎须也。”（大意是：我今天可称得上是捋虎须了。）孙权听了哈哈大笑。后用此语比喻撩拨强有力者，或胆敢触犯有权势的人。举例 ① 明·茅僧昙《闹门神》：“顺风耳，你传去说，我不是好惹的，他休轻捋虎须者。”②《水浒传》第五回：“好却甚好，只是不要捋虎须。”③《天龙八部》三十三：“想必这小子忌惮老仙，不敢贸然来捋虎须。”☞“捋虎须”的“捋”今又读 lǚ。

虎口上捋须 hǔ kǒu shàng luō xū 同“捋虎须”。举例《禅真后史》第二十三回：“瞿琰道：‘这官人是甚缙绅，倚势害民，州县官员何不参究？’主持伸舌道：‘谁敢虎口上捋须！’”

捋老虎须 luō lǎo hǔ xū 同“捋虎须”。举例《红旗谱》七：“开头谁也不敢干，你想冯老兰那家伙，立在十字街上一跺脚，四条街乱颤的主，谁敢捋他的老虎须？”

捋猛虎之须 luō měng hǔ zhī xū 同“捋虎须”。举例《好逑传》第十二回：“铁中玉若有寸铁在手，便是千军万马中也可出入，何况三四个酒色之徒，十数个挑粪蠢汉，指望要捋猛虎之须，何其愚也！”

拔虎须 bá hǔ xū 同“捋虎须”。举例《水浒传》第十一回：“泼贼，杀不尽的强徒！将俺行李那里去？洒家正要捉你这厮们，倒来拔虎须！”

撩虎须 liāo hǔ xū 同“捋虎须”。举例《醉醒石》第二回：“只你甚么大官，有甚大

L

力量，来撩虎须？”

罗浮梦 luó fú mèng

出处 唐·柳宗元《龙城录·赵师雄醉憩(qì)梅花下》。解说 传说隋开皇年间，有一位名叫赵师雄的人到罗浮山(在今广东境内)游览，傍晚时分在林中小酒店旁遇到一个淡妆素服的美貌女子，身上芳香袭人，便相邀一起进入酒店中饮酒交谈，店中有身穿绿衣的童子歌舞助兴。赵师雄不知不觉喝醉了，趴在酒桌上睡着了。第二天东方发白，赵师雄醒来，发现自己竟然睡在一棵梅树下。后用此语比喻好景不长，人生如梦。也用来吟咏梅花。举例 ① 唐·殷尧藩《友人山中梅花》：“好风吹醒罗浮梦，莫听空林翠羽声。”② 《红楼梦》第五十回：“魂飞庾岭春难辨，霞隔罗浮梦未通。”

罗浮仙梦 luó fú xiān mèng 同“罗浮梦”。举例 元·张可久《上小楼·春思》：“曲未终，酒不空。罗浮仙梦，月昏黄暗香浮动。”

罗浮 luó fú 见“罗浮梦”。原指赵师雄与梅花仙女相遇之处，后用以咏梅。举例 元·张可久《天净沙·孤山雪夜》：“淡妆人在罗浮，黄昏月上西湖，翠袖翩翩起舞。”

罗浮客 luó fú kè 见“罗浮梦”。原指梅花仙女，后用以咏梅。举例 明·高启《梅花》之四：“一尊欲访罗浮客，落叶空山正掩门。”

林下美人 lín xià měi rén 见“罗浮梦”。指梅花。举例 明·高启《梅花》之一：“雪满山中高士卧，月明林下美人来。”

师雄来月下 shī xióng lái yuè xià 见“罗浮梦”。原指赵师雄醉卧梅树之下，后用以咏梅。举例 清·秋瑾《梅》之四：“未见师雄来月下，如何却现女郎身。”

罗织 luó zhī

出处 《旧唐书·来俊臣传》。解说 来俊臣是唐代武则天当政时一个残暴的官吏。为了逼供，他设计了许多骇人听闻的刑具，对案犯施以惨无人道的肉体摧残。当他打算把某人置于死地时，常常“招集无赖数百人”去官府告发，共同捏造事实，“罗织”罪名，加以陷害。由于这些人众口一词，罗列出诸多莫须有的罪状，令受害者有口难辩，有冤无处申。据说来俊臣还编有《罗织经》一卷。后用此语指编造罪名，无中生有地陷害人。参见 491 页“请君入瓮”。举例 ① 元·无名氏《谢金吾》第一折：“他则待赚离了边关，罗织你些罪过。”② 张篁溪《苏报案实录》：“(《苏报》)遂引起满清官吏之注目，罗织成狱。”

洛阳纸贵 luò yáng zhǐ guì

出处《晋书·左思传》。解说 左思是西晋著名文学家，才华出众，文笔甚佳。他以三国时魏、蜀、吴的风土人情、物产等为基本内容，历经十年的精心构思和撰写，完成了长篇大作《三都赋》。名士皇甫谧(mì)为之作序，大臣、文学家张华认为其文可与汉代班固《西京赋》和张衡《二京赋》相媲(pì)美。当时还没有发明印刷术，“于是豪贵之家竞相传写，洛阳为之纸贵”。(大意是：洛阳豪族富贵人家争相传抄、诵读，致使纸张一时供不应求，价格飞涨。)后用此语比喻诗文作品备受推崇，风行一时，传抄的人很多。举例 ① 清·杨懋建《京尘杂录·丁年玉笋志》：“于是传写《看花记》者，几有洛阳纸贵之叹。”②《孽海花》第二回：“上海虽繁华世界，究竟五方杂处，所住的无非江湖名士，即如写字的莫友芝，画画的汤埙(xūn)伯，非不洛阳纸贵，名震一时，总嫌带着江湖气。”③ 柯岩《奇异的书简·我们这支队伍》：“自古以来，诗人唱和，赠友明志，尝有洛阳纸贵之说。”

纸贵洛阳 zhǐ guì luò yáng 同“洛阳纸贵”。举例 ① 清·宋琬《寄姚六康》：“但愁纸贵洛阳高，空使临渊羡寒士。”② 郑逸梅《南社丛谈·南社的成立及其它支社》：“诗文歌词，岁出二三册，万流景仰，纸贵洛阳矣。”③ 阿英《关于〈巴黎茶花女遗事〉》：“译本《巴黎茶花女遗事》，在当时确实是一时纸贵洛阳，风行海内。”

纸贵 zhǐ guì 同“洛阳纸贵”。举例 ①《北齐书·邢邵传》：“自孝明之后，文雅大盛，邵雕虫之美，独步当时，每一文出，京师为之纸贵，读诵俄遍远近。”② 清·云亭山人《〈桃花扇〉本末》：“《桃花扇》本成，王公荐绅，莫不借抄，时有纸贵之誉。”

纸价高 zhǐ jià gāo 同“洛阳纸贵”。举例 唐·白居易《题诗屏风绝句》：“障成定被人争写，从此南中纸价高。”

增纸价 zēng zhǐ jià 同“洛阳纸贵”。举例 唐·白居易《赋赋》：“振金声于寰海，增纸价于京师。”

M

马齿徒增 mǎ chǐ tú zēng

出处《穀梁传·僖公二年》。解说 徒：副词，相当于“白白地”。春秋时，晋国采用大夫荀息的计策，以良马和美玉为礼品，送给虞国的国君，借道灭亡了虢(guó)国。晋军得胜归来，暂时驻扎在虞国。又以整顿兵马为由，发起突然袭击，灭亡了虞国。虞国国君成了俘虏，良马和美玉被缴获而回归晋国。荀息牵着良马，捧着美玉对晋献公说：“璧则犹是也，而马齿加长(zhǎng)矣。”(大意是：美玉还是原来的样子，而良马的牙齿却又长出了一两个。)马的牙齿随年龄增加，由马齿多少可以知道它有几岁。此语原指马的牙齿白白增加，后比喻人虚度年华，学业或事业没有什么成就。多用作谦辞。参见 145 页“唇齿相依”。举例 ① 清·王韬《淞隐漫录·阿怜阿爱》：“自妾识君，已四五年矣。娥眉易老，马齿徒增，尚未能择人而事，自拔于火坑。”② 柳亚子《赠少屏》：“鹏飞未遂冲霄志，马齿徒增歧路悲。”

马齿徒长 mǎ chǐ tú zhǎng 同“马齿徒增”。举例《李自成》第一卷二十九章：“张大经说：‘今日承蒙垂青，得与将军联宗，不胜荣幸。大经碌碌半生，马齿徒长，怎好僭(jiàn)居兄位！’”

马齿加长 mǎ chǐ jiā zhǎng 同“马齿徒增”。举例《花月痕》第十六回：“我比你马齿加长……而今两鬓星星，把昔日意兴，瓦解冰销。”

马齿长 mǎ chǐ zhǎng 同“马齿徒增”。举例 徐特立《祝连暲同志五十大寿》：“只是马齿长，未必即可寿。”

马革裹尸 mǎ gé guǒ shī

出处《后汉书·马援传》。解说 马革：马皮。东汉伏波将军马援英勇善战，为汉王朝的建立和保卫边疆立下了赫赫战功，被光武帝封为新息侯。有一次，他刚刚南征交趾(西汉所置的交趾刺史部，辖今五岭以南至越南北部地区)回朝，听说北方匈奴和乌桓(huán)又来侵扰边境，便主动请求出征。他的朋友孟冀见他年岁已大，劝他不要再上阵征战了。马援慷慨激昂地说：“男儿要当死于边野，以马革裹尸还葬耳，何能卧床上、在儿女子手中邪？”（大意是：有志男儿应该为国杀敌，战死在边疆荒野的战场上，尸体不需要棺材装敛，只用死去的战马皮包裹着回来埋葬就可以了，怎么能躺在家里床上，死在儿女的身边呢？）后来，在征讨武陵五溪少数民族时，马援终因长期辛劳，患了重病，死在军中，实现了他“马革裹尸”的誓言。到了汉章帝时，追封马援为忠成侯。此语原指用马皮包裹收敛尸体，形容军人英勇杀敌，战死疆场的无畏气概。举例 ① 北齐·朱玚(yáng)《与徐陵请王琳首书》：“诚复马革裹尸，遂其平生之志；原野暴(pù)体，全彼人臣之节。”②《三国演义》第五十一回：“(周)瑜听罢，于床上奋然跃起说：‘大丈夫既食君禄，当死于疆场，以马革裹尸还，幸也，岂可为我一人，而废国家大事乎！’”③ 茅盾《永远年轻的韬奋先生》：“像他这样做了，直到躺下，像马革裹尸的战士。”④《战争和人》(一)卷三：“只要战争在南方一起，我做军人的只有奔赴沙场马革裹尸。”

马革尸收 mǎ gé shī shōu 同“马革裹尸”。举例 清·李渔《风筝误·请兵》：“拼一个马革尸收，还只怕乱军中狐死难丘首。”

裹革 guǒ gé 同“马革裹尸”。举例 ① 唐·员(yùn)半千《陇头水》：“喋血多壮胆，裹革无怯魂。”② 清·吴伟业《即事》：“老臣裹革平生志，往事伤心尚铁衣。”

马革 mǎ gé 同“马革裹尸”。举例 ① 宋·文同(文与可)《武溪深》：“常甘马革死，持此期报国。”② 清·蒋士铨《梅花岭吊史阁部》：“号令难安四镇强，甘同马革自沉湘。”

M

志存马革 zhì cún mǎ gé 见“马革裹尸”。指誓死报国。举例 清·蒋士铨《冬青树·勤王》：“我文天祥官树牙旗，志存马革，敢不戮力勤王，提兵破敌也。”

马生角 mǎ shēng jiǎo

出处《史记·刺客列传》唐·司马贞《索隐》引汉·无名氏《燕丹子》。解说 传说战国末年，燕国太子丹作为人质留在秦国，受到的待遇很不好。燕太子丹请求秦王放他回国，秦王戏弄他说：“令乌头白，马生角，乃可许耳。”（大意是：让乌鸦白了头，马长出犄角来，我就放你走。）这本来是不可能的事，燕太子丹失望地仰天长叹，没想到竟然感动了上天，乌鸦的头变白了，马头上也长出了犄角。秦王无法食言，只好放燕太子丹回去了。后用此语比喻出现奇迹，或历尽困境，苦熬出头。也指不可能发生的事情。举例 ① 唐·杜牧《池州送孟迟先辈》：“青云马生角，黄州使持节。”②《轰天雷》第七回：“照你意思，便乌白头，马生角，也不能成功。”

马角生 mǎ jiǎo shēng 同“马生角”。举例 金·元好问《秋夕》：“频年但觉貂裘敝，万古何曾马角生。”

马头生角 mǎ tóu shēng jiǎo 同“马生角”。举例 清·董俞《摸鱼儿·寄卢父子》：“算龟背拔毛，马头生角，何时成就！”

马角乌头 mǎ jiǎo wū tóu 同“马生角”。举例 ① 清·曹贞吉《百字令·咏史》：“田光老矣，笑燕丹宾客，都无人物。马角乌头千载恨，匕首匣中如雪。”② 柳亚子《将归留别海上诸子》：“箫心剑态愁无那，马角乌头恨未赊。”

马首是瞻 mǎ shǒu shì zhān

出处《左传·襄公十四年》。解说 瞻：往上或往前看。春秋时，晋国联合鲁、齐、宋、卫、郑等十二国组成联军，在晋军统帅荀偃（yǎn）率领下讨伐秦国。各国的军队到达泾（jīng）水边，纷纷停止前进，都不肯先渡河，担心赶在前边会遭受重创。秦军趁机在河水上游投放毒药，致使联军中许多士兵中毒身亡。联军将士们非常愤慨，合力掩杀，把秦军一直向西赶到秦国境内的棫（yù）林。这时秦军仍没有罢兵求和的意思，于是荀偃下令说：“鸡鸣而驾，塞井夷灶，唯余马首是瞻。”晋·杜预注：“言进退从己。”（大意是：明日天亮鸡叫时分，全体军队驾好战车，填塞水井，铲平灶台，看我的马头方向行动，决定进退。我的战马奔向哪里，你们就跟着杀到哪里。）由于联军的将帅之间有矛盾，行动不协调，晋国组织的这次战役未能取得最终的胜利。后用此语比喻服从指挥，或乐于追随别人行动。举例 ① 清·龚自珍《与吴虹生书》六：“此游作何期会，作何章程，愿惟命是听，惟马首是瞻，胜于在家穷愁也。”② 郭沫若《南冠草》第一幕：“江南的士大夫是中国读书人的领袖，天下的读书人都唯他们的马首是瞻。”③《李自成》第二卷二十七章：“他近一年半以来虽常依大帅之‘马首是瞻’，然而他不是大帅部将，也不会屈居人下。”

M

埋剑 mái jiàn

出处《晋书·张华传》。解说 张华是晋代人，曾官任尚书。有一天夜里，张华看见斗牛二星之间有紫气上冲，久久不散，不知道是怎么回事，于是请教精通天象的幕僚雷焕。雷焕说，这是吉兆。斗牛二星之间代表豫章郡丰城县，紫气上冲预示那里将有宝物现世。张华第二天奏请皇帝，任命雷焕为丰城县令，以便用心寻找宝物。雷焕到任以后，经过仔细观察，发现紫气来源于县狱，派人掘开房基，深入地下四丈多挖出一个石函，里面有两把锋利无比的宝剑，宝剑上刻着名称，一把叫龙泉，一把叫太阿（ē）。后来，两把宝剑合在一起，化为一条龙飞走了。后用此语比喻埋没宝物或不重用人才。举例 唐·刘长卿《题武丘寺》：“埋剑人空传，凿山龙已去。”

剑沉丰狱 jiàn chén fēng yù 同“埋剑”。举例 明·吾丘瑞《运甓(pì)记·辞宋赴任》:“小生席珍待聘,藏器须时,争奈尘埋,未逢鉴识,譬之剑沉丰狱,骥伏盐车。”

丰城宝剑 fēng chéng bǎo jiàn 见“埋剑”。比喻杰出的人才或才华。举例 宋·陆游《客谈荆渚武昌慨然有作》:“丰城宝剑已化久,我自吐气冲斗牛。”

丰城龙剑 fēng chéng lóng jiàn 同“丰城宝剑”。举例 金·元好问《赠答平阳仇舜臣》:“沧海骊珠能几见,丰城龙剑不终藏。”

龙泉太阿 lóng quán tài ē 见“埋剑”。比喻珍贵的宝物或杰出的人才。也泛指宝剑。举例 元·吴澄《故侯府君唐卿墓表》:“士之抱才略、负志气者,如龙泉太阿,苟匣藏不试,其光焰郁发,犹将上干青冥,散为绮霞彩云,晃耀众目。”

太阿 tài ē 见“埋剑”,同“龙泉太阿”。举例 宋·陆游《感愤秋夜作》:“太阿匣藏不见用,孤愤书成空自哀。”

埋狱 mái yù 同“埋剑”。举例 宋·刘攽(bān)《寄人》:“埋狱谁能知匣剑,焚城何意祸池鱼。”

掘狱 jué yù 见“埋剑”。指发现或起用未获重用的人才。举例 ① 唐·杜甫《秦州见敕目除薛三璩(qú)毕四曜兼述索居》:“掘狱知埋剑,提刀见发硎。”② 元·吴皋(gāo)《赠人归觐钟陵》:“道经掘狱地,尚忆剑气红。”

M

埋轮 mái lún

出处《后汉书·张纲传》。解说 东汉顺帝时,朝廷为了整顿地方吏治,派了八位特使到各地巡察,如果发现有贪赃枉法行为的高级官吏则上奏弹劾,低级官吏则直接逮捕法办,对于政绩突出的则予以表彰。特使大多是德高望重的老臣,只有张纲年轻,官职也比较低微。别的特使都奉命出发了,张纲却派手下的人把自己车轮卸下来,掩埋在都城洛阳的郊外。有人问他这是为什么?张纲答道:“豺狼当路,安问狐狸!”(安:怎么。问:查问。原话大意是:豺狼在道路上肆意横行,何必还去查问狐狸!)张纲的意思是说,朝中有大奸臣不铲除,仅仅处置地方上的小的贪官污吏是不够的。后来,张纲揭发了大将军梁冀和他的弟弟梁不疑以权谋私、恣意妄为、陷害忠良的种种罪恶,消息传出,整个京城都为之震惊。后用此语比喻正直无畏,敢于抨击、弹劾权贵。举例 ① 北魏·杨衒(xuàn)之《洛阳伽(qié)蓝记·灵应寺》:“牧民之官,浮虎慕其清尘;执法之吏,埋轮谢其梗直。”② 唐·刘禹锡《早秋送台院杨侍御归朝》:“圣朝寰海静,所至不埋轮。”

埋轮之志 mái lún zhī zhì 见“埋轮”。指正直无畏,敢于抨击、弹劾权贵的决心。举例 南朝梁·沈约《奏弹王源》:“臣实儒品,谬掌天宪,虽埋轮之志,无屈权右。”

张纲弃车辙 zhāng gāng qì chē zhé 同“埋轮”。举例 清·毛奇龄《维扬赠姜侍御图南巡盐并祝初度有诗》:“此方怀旧得遗烈,汉代张纲弃车辙。”

张纲操 zhāng gāng cāo 见“埋轮”。指敢于抨击奸臣权贵的节操。举例 明·无名氏《四贤记·分歧》:“恩沾九霄,荣齐六朝,埋轮自有张纲操。”

豺狼当道 chái láng dāng dào 见“埋轮”。比喻残暴的坏人当权得势。举例 ① 元·宫天挺《范张鸡黍》第一折:“男子汉非不以功名为念,那堪豺狼当道,不如只在家中侍奉尊堂兄弟。”② 刘复《袁祸叹用己酉秋感韵》:“魑魅(chī mèi)食人甘为虐,豺狼当道惯寻仇。”

狐狸何足道 hú li hé zú dào 见“埋轮”。指小恶不足道,铲除大恶才是更要紧的。举例 唐·杜甫《久客》:“狐狸何足道,豺虎正纵横。”

埋玉树 mái yù shù

出处《世说新语·伤逝》,又见《晋书·庾亮传》。解说 庾亮是东晋时大臣,足智多谋,历官元帝(司马睿)、明帝(司马绍)、成帝(司马衍)三朝,其妹为明帝皇后。庾亮曾辅立成帝,任中书令,执掌朝政。后又平定苏峻、祖约的叛乱。庾亮病死,扬州刺史何充在送葬时感慨地说:“埋玉树著土中,使人情何能已已!”(著:同“着”。原话大意是:把玉树一样杰出的人埋葬到土里去,令人痛惜之情如何能够割舍!)后用此语比喻有才华、有作为的人去世。含有悲伤痛惜之意。举例 ① 唐·李端《慈恩寺怀旧》:“鲤庭埋玉树,那忍见门人。”② 宋·欧阳修《吊黄学士》之三:“空嗟(jiē)埋玉树,斋志永沉沉。”

玉树泥埋 yù shù ní mái 同“埋玉树”。举例 唐·白居易《醉中见微之旧卷有感》:“银钩尘复年年暗,玉树泥埋日日深。”

埋玉 mái yù 同“埋玉树”。举例 ① 宋·陆游《傅正议墓志铭》:“公虽埋玉有余馨(xīn),印授三品告诸冥。”② 宋·孔武仲《读王逢原文》:“人喜相知自昔然,况君埋玉未多年。”

买椟还珠 mǎi dú huán zhū

出处《韩非子·外储说左上》。解说 椟:木头盒子。还:退还;退回。珠:珍珠。据说战国时,有一个楚国的商人到郑国去卖珠宝。他有一颗漂亮的珍珠,为了使这颗珍珠卖个好价钱,外面配上精美的盒子。盒子采用名贵木料制成,并用桂椒等上好香料熏得香气扑鼻。盒子表面刻有精美的图案,还镶有宝石、翡翠等作装饰。一个郑国人看了爱不释手,出高价将它买下。意想不到的是,郑国人打开盒子,把珍珠取出还给商人,只抱着空盒子走了。原来他看中的不是珍珠,而是盛珍珠的盒子,并不知道珍珠的价值要比木盒子高得多。商人愣在那里,一时哭笑不得。此语原指买下木盒子,退还珍珠,比喻轻重倒置,取舍不当。举例 ① 清·裘廷梁《论白话为维新之本》:"不善读书者,昧菁英而矜糟粕。买椟还珠,虽多奚益?改用白话,决无此病。"② 邹韬奋《萍踪寄语·开端》:"因为我要尽我的心力,把在国外见到的或所感想的,陆续地写出来,在本刊上向诸友报告。当然,以我的浅陋的眼光,恐怕'买椟还珠',没有什么好报告。"③ 陈多《李笠翁曲话·序言》:"如若只是停留在简单套用上,是也可能对枝节问题有所助益,但究其实质,则很容易产生取貌遗神、买椟还珠的缺陷。"

还珠买椟 huán zhū mǎi dú 同"买椟还珠"。举例 元·张养浩《读诗有感自和》之一:"久知好瑟吹竽拙,每笑还珠买椟非。"

买椟之见 mǎi dú zhī jiàn 见"买椟还珠"。指轻重倒置、抓不住根本的看法或观点。举例 吴梅《〈南柯记〉跋》:"世之持买椟之见者,徒赏其节目之奇,词藻之丽。"

满城风雨 mǎn chéng fēng yǔ

M

出处 宋·惠洪《冷斋夜话》卷四。解说 北宋时,黄州有位读书人名叫潘大临,虽家境贫寒,但勤奋好学,曾写出不少好诗,与著名文人苏轼、黄庭坚等多有来往。有一年秋天邻近重阳节,他的好友谢无逸从临川来信索求新作,潘大临回信说:"秋天的景物件件都可以写出好诗佳句。昨天我正靠在床上闭目养神,听着窗外树林中的风雨声,激发了创作灵感,起身在墙壁上写道:'满城风雨近重阳。'刚写完第一句,催交租税的人突然闯了进来,打断了我的诗兴,无法继续写下去,只好把这一句寄给你。"潘大临去世后第二年的重阳节,谢无逸为了纪念他,续写完成了这首诗:"满城风雨近重阳,无奈黄花恼意香。雪浪翻天迷赤壁,令人西望忆潘郎。"此语原形容深秋时节城里风雨交加的情景。后比喻某一事件到处传扬,引得人们纷纷议论。举例 ① 宋·曾惇(dūn)《点绛(jiàng)唇·重九饮栖霞》:"九月传杯,要携佳客栖霞去。满城风雨,记得潘郎句。"② 鲁迅《花边文学·零食》:"分量少了,为什么倒弄得闹闹嚷嚷,满城风雨的呢?我想,这是因为在担子上装起了篆字的和罗马字母合璧的年红电灯的招牌。"③《且说屋里》:"理想的家庭,没闹过一桩满城风雨的笑话,好容易!"④《方舟》二:"父亲的那些老战友,大眼瞪小眼地盯着她,别说父亲,就是他们也决不会允许她为离婚的事闹得满城风雨。"

风雨重阳 fēng yǔ chóng yáng 见"满城风雨"。咏深秋时节城里风雨交加的情景。举例 元·范梈(pēng)《秋日集咏奉和潘李二使君浦编修诸公》之八:"凭将寄语词林老，风雨重阳又近来。”

满招损，谦受益 mǎn zhāo sǔn，qiān shòu yì

出处《尚书·大禹谟（mó）》：“惟德动天，无远弗届。满招损，谦受益，时乃天道。”解说 弗：不。届：到。原文大意是：只有修德，才能感动上天，无论多么遥远地方的百姓，都会受到感化而臣服。满招损，谦受益，这是自然之道。后用此语指骄傲自满会招来损害，谦虚谨慎会得到好处。这是一句教人修身养性的名言。举例 ①《警世通言·王安石三难苏学士》：“这四句诗，奉劝世人虚己下人，勿得自满。古人说得好，道是：‘满招损，谦受益。’”②《草莽》三：“你虽然在三千人中独占鳌头，可要记住满招损，谦受益，这些日子是不是在温故知新，增长学问？”

芒刺在背 máng cì zài bèi

出处《汉书·霍光传》。解说 芒刺：某些植物茎叶、果壳上的针状小刺。西汉时，大司马大将军霍光把持朝政多年，权势很大，性情骄横。汉武帝死后，他辅佐年仅八岁的刘弗陵继位，史称汉昭帝。昭帝二十一岁就死了，由于他没有儿子，霍光立武帝的孙子刘贺为帝。刘贺荒淫无道，于是霍光又把刘贺废掉，另立武帝的曾孙刘询为帝，即汉宣帝。“宣帝始立，谒见高庙，大将军光从骖乘，上内严惮之，若有芒刺在背。”（大意是：宣帝即位后去拜谒祖庙，霍光陪同前往。宣帝知道自己的生死存废完全决定于霍光，因此对他很害怕，看着他骄横跋扈的样子，自己心里惶恐不安，就像有芒刺戳在脊背上那样难受。）此后，宣帝每次见到霍光，言行总是小心翼翼。直到霍光病死，宣帝才感到无拘无束，行动自由了。后用此语形容内心极度惶恐不安，浑身不自在。举例 ①《新唐书·崔日用传》：“吾平生所事……每一反思，若芒刺在背。”②《喻世明言·晏平仲二桃杀三士》：“三个不知文墨礼让，在朝廷横行，视君臣如同草木。景公见三人上殿，如芒刺在背。”③《李自成》第二卷二十七章：“现在被献忠这样一看，感到跼蹐（jí）不安，犹如芒刺在背。”

背若芒刺 bèi ruò máng cì 同“芒刺在背”。举例《三国演义》第二十回：“后得曹操，以为社稷之臣；不意专国弄权，擅作威福。朕每见之，背若芒刺。”

如芒在背 rú máng zài bèi 同“芒刺在背”。举例 ① 清·和邦额《夜谭随录·崔秀才》：“众闻之，无不赧（nǎn）然，如芒在背。”②《二十年目睹之怪现状》第八十二回：“我听了这两句话，又是如芒在背，坐立不安。”

芒刺在身 máng cì zài shēn 同“芒刺在背”。举例 张天民《创业》：“他觉得那个

M

姓周的在背后盯住他,使他有如芒刺在身,脊梁骨痒痒,可又不敢回头。"

盲人摸象 máng rén mō xiàng

出处《大般涅(niè)槃经》卷三十二。解说 据说从前有一个国王,问几个盲人说:"你们知道大象长什么样子吗?"盲人们回答:"不知道。"于是国王就派人牵来一头大象,盲人看不见,就用手摸。过了一会儿,国王让盲人们说说大象的样子。摸到大象牙齿的盲人说:"大象像一个粗大的萝卜。"摸到大象耳朵的盲人说:"大象像一个又宽又扁的大簸箕。"摸到大象头的盲人说:"大象像一块大石头。"摸到大象鼻子的盲人说:"大象像一根弯曲的大棒子。"摸到大象腿的盲人说:"大象像一根大柱子。"摸到大象身躯的盲人说:"大象像一堵墙。"摸到大象尾巴的盲人说:"大象像一根草绳。"几个盲人争吵不休,都说自己摸到的才是真正的大象。其实,几个盲人说得都不对,因为他们各自摸到的只是大象身体的一部分,并非全部。后用此语比喻对事物或看问题以偏概全,妄加揣测或评论。举例 ① 清·刘献廷《广阳杂记》卷四:"孙愐不知翻经切纬之意,广收杂物,全矢一囊,四呼如盲人摸象,仅得一肢,以为全体,而所得者是真非赝。"② 鲁迅《且介亭杂文末编·这也是生活》:"给名人作传的人,也大抵一味铺张其特点,李白怎样做诗,怎样耍颠,拿破仑怎样打仗,怎样不睡觉,却不说他们怎样不耍颠,要睡觉……于是所见的人或事,就如盲人摸象,摸着了脚,即以为象的样子像柱子。"③ 邵燕祥《两个孟姜女》:"从他们全部理论和实践所构成的完整思想体系中,而不是各式各样各取所需的、断章取义的、刻舟求剑以至盲人摸象的'解释'中去寻找,去认识。"

瞎子摸象 xiā zi mō xiàng 同"盲人摸象"。举例 ① 孙犁《文林谈屑》:"以为鲁迅借鉴外国,只是追求创作的'现代化',那是无稽的瞎子摸象之谈。"②《天魔舞》第二十六章:"不弄清楚,而要判断这经济的总趋势,岂不等于瞎子摸象?"

猫鼠同眠 māo shǔ tóng mián

出处《新唐书·五行志一》:"龙朔元年十一月,洛州猫鼠同处。鼠隐伏象盗窃,猫职捕啮(niè),而反与鼠同,象司盗者废职容奸。"解说 龙朔:唐代高宗(李治)时年号,龙朔元年即公元661年。原文大意是:据说唐高宗时,洛州出现了一种非常奇怪的现象:猫竟然与老鼠住在同一个洞穴里。老鼠隐藏洞中象征盗窃或偷吃东西。猫的天职是捕捉老鼠,象征官府捕捉盗贼,现在反倒与老鼠同流合污,这预示着主管捕盗之事的官吏未能尽职,纵容了犯罪活动。后用此语比喻官吏与盗贼勾结起来干坏

M

事，残害百姓。或官僚衙门上下勾结，狼狈为奸。举例 ① 明·李开先《宝剑记》第六出："都是谗言佞言，一个个猫鼠同眠。"②《醒世姻缘传》第三十三回："你要结识官府，先要与那衙役猫鼠同眠，你兄我弟。"③《红楼梦》第九十九回："贾政听到这话，道：'胡说，我就不识时务吗？若是上和下睦，叫我与他们猫鼠同眠吗？'"

毛遂自荐 máo suì zì jiàn

出处《史记·平原君虞卿列传》。解说 荐：推荐。战国时人毛遂投奔赵国平原君门下，三年未得到重用。秦军攻打赵国都城邯郸，形势危急，赵王派平原君到楚国求援。平原君准备挑选二十名有勇有谋、精明强干的门客跟他前往，毛遂知道后请求随行。平原君不了解毛遂的才能，便说道："夫贤士之处世也，譬若锥之处囊中，其末立见（xiàn）。"（处：处于；放置。见：同"现"，显现。大意是：你若是有才能，应该像锥子放在布袋中一样，立刻显露出锥子的锋芒啊。）毛遂说："臣乃今日请处囊中耳。使遂（毛遂）蚤得处囊中，乃颖脱而出，非特其末见而已。"（蚤：通"早"。颖：植物的尖、芒，泛指物体的尖端。脱：脱出；显露。大意是：我今天请求随行，就是想使自己早日处于布袋中，施展才能，建功立业。）平原君见毛遂态度坚决，就同意了。平原君带领毛遂等门客来到楚国后，与楚王久议未决。这时毛遂手握剑柄走上大殿，义正词严地劝谏楚王，晓以利害，终于迫使楚王答应了派兵救赵、联合抗秦的要求。平原君称赞毛遂说："毛先生一至楚，而使赵重于九鼎、大吕。毛先生以三寸之舌，强于百万之师。"（九鼎：相传为上古帝王夏禹所铸，用来象征天下九州。大吕：古代钟名。九鼎和大吕都是国家重要宝器。）平原君对毛遂的功劳给予充分肯定，说他对楚王的劝谏起到了关键性的作用，一席话胜过百万雄师，使得赵国在列国中的地位大为提高。从此，毛遂受到了平原君的重用，被奉为上宾。后用此语比喻勇敢地自我推荐，担负重任。举例 ①《儿女英雄传》第十八回："为此晚生不揣鄙陋，竟学那毛遂自荐。倘大人看我可为公子之师，情愿附骥。"② 邹韬奋《经历·深挚的友谊》："幸而约翰（大学）的图书馆要雇用一个夜里的助理员……我作毛遂自荐，居然被校长核准了。这样才勉强捱（ái）过难关。"③《上海的早晨》第四部五十六："马慕韩睨（nì）视他一眼，没有吭声，觉得冯永祥太不识相，可是他又不好毛遂自荐。"

自荐毛 zì jiàn máo 同"毛遂自荐"。举例 清·李渔《奇穷歌为中表姜次生作》："才技精时品自高，羞向侯门自荐毛。"

锥处囊中 zhuī chǔ náng zhōng 见"毛遂自荐"。原指把锥子放在布袋之中，立刻会显露出锥子尖。比喻有才能的人不会永远被埋没，将很快就显露出来。举例 ① 清·李宝嘉《南亭笔记》卷四："时粤寇陷金陵，江曰：'此吾锥处囊中，脱颖而出之时也。'"② 陈三立《次韵再答王义门》:"书传圯(yí)上此人去,锥处囊中相士谁?"

锥处囊 zhuī chǔ náng 同"锥处囊中"。举例 唐·柳宗元《披沙拣金赋》:"锥处囊而纤光乍比,剑拭土而异彩相符。"

锥囊 zhuī náng 同"锥处囊中"。举例 三国魏·曹植《求自试疏》:"昔毛遂,赵之陪隶,犹假锥囊之喻以悟主立功。"

败锥 bài zhuī 见"毛遂自荐"。形容才华无法施展。举例 明·袁宏道《别方子公》:"空囊唯败锥,饥程如何度?"

颖脱而出 yǐng tuō ér chū 见"毛遂自荐"。原指锥子的锋芒全部从布袋里显露出来,比喻人得到机会,施展其全部的才能。举例 唐·李白《与韩荆州书》:"愿君侯不以富贵而骄之,寒贱而忽之,则三千宾中有毛遂,使(李)白得颖脱而出,即其人焉。"

脱颖而出 tuō yǐng ér chū 同"颖脱而出"。举例 ① 明·马中锡《中山狼传》:"异时倘得脱颖而出,先生之恩,生死而肉骨也。"②《四世同堂》七:"在高第心中呢,仲石必是个能作一切、知道一切的人,而暂时的以开车为好玩,说不定哪一天他就会脱颖而出,变成个英雄。"③ 秦牧《长街灯语》:"身居下层而有真正才能的人,要脱颖而出,是要克服许多阻难的。"

处囊脱颖 chǔ náng tuō yǐng 同"颖脱而出"。举例 清·无名氏《偷甲记·侠愤》:"虽然万丈雄心,素有奋袂(mèi)请缨之志;奈何一双饿眼,空寻处囊脱颖之机。"

脱颖 tuō yǐng 同"颖脱而出"。举例 ① 宋·叶适《送薛子长》:"能文乃天姿,脱颖酬始愿。"② 陈毅《哭叶(挺)军长希夷同志》:"脱颖自北伐,初胜湘江曲,秋风扫落叶,铁军声威立。"

颖出 yǐng chū 同"颖脱而出"。举例 宋·楼钥《送曾无玷寺丞守池阳》:"君才素颖出,健笔泛纵横。"

三寸舌 sān cùn shé 见"毛遂自荐"。指能言善辩的口才。举例 ①《史记·留侯世家》:"今以三寸舌,为帝者师,封万户,位列侯,此布衣之极,于(张)良足矣。"② 元·马致远《荐福碑》第一折:"三寸舌为安国剑,五言诗作上天梯。"

三寸之舌 sān cùn zhī shé 同"三寸舌"。举例 ① 汉·扬雄《解嘲》:"娄敬委辂(lù)脱挽(wǎn),掉三寸之舌,建不拔之策,举中国徙之长安,适也。"②《隋唐演义》第四十一回:"全凭弟三寸之舌,用一席话,务要说他来同事,方见平昔间交情。"

三寸不烂之舌 sān cùn bù làn zhī shé 同"三寸舌"。举例 ①《三国演义》第三回:"某凭三寸不烂之舌,说吕布拱手来降,可乎?"② 清·百一居士《壶天录》卷下:"前日掉汝三寸不烂之舌,误人婚姻,陷人性命,罪当剪死。"③《上海的早晨》第三部二十三:"他准备拿出浑身的本事,凭他三寸不烂之舌要挽回这个不妙的局势。"

M

一言九鼎 yī yán jiǔ dǐng 见“毛遂自荐”。原指一句话抵得上九鼎之重，形容说话或言论极有分量，具有决定性的作用。举例 ① 清·冯桂芬《至曾侯相书》：“执事一言九鼎，或有以息其议，甚善。”② 朱自清《很好》：“你若是专家或者要人，一言九鼎，那自当别论。”③ 陈毅《记遗言》：“碧血长江流不尽，一言九鼎重千秋。”④《李自成》第二卷四十章：“贤妹是他的救命恩人，一言九鼎。”

矛盾 máo dùn

出处《韩非子·难一》。解说 矛：长矛，用于刺击、进攻敌人。盾：盾牌，用于挡住敌人的刀、箭等，屏蔽身体，保护自己。这是一则寓言。从前，楚国有一个卖矛和盾的商人，他先把盾举起来夸耀说：我的盾牌非常坚固，无论多么锋利的兵器，也刺不透。接着，他又举起矛吹嘘说：我的矛无比锋利，不管多么坚固的盾牌，一下子就能刺透。旁边一个围观的人问道：“以子之矛陷子之盾，何如？”（子：古代对对方的尊称，相当于“您”。大意是：如果用您的矛来刺您的盾，结果会是怎样呢？）事实上，坚不可破的盾和无坚不穿的矛，是不可能同时并存的。那个商人尴尬得涨红了脸，半天回答不上来。后用此语比喻言行、理论等前后自相抵触。举例 唐·刘知幾《史通·浮词》：“今之记事也则不然，或隔卷异篇，遽（jù）相矛盾；或连行接句，顿成乖角。”

自相矛盾 zì xiāng máo dùn 同“矛盾”。举例 ① 清·李渔《闲情偶寄·词曲下·宾白》：“多言多失，保无前是后非，有呼不应，自相矛盾之病乎？”② 毛泽东《论持久战》：“英勇战斗于前，又放弃土地于后，不是自相矛盾吗？这些英勇战斗者的血，不是白流了吗？这是非常不妥当的发问。”③《开拓者》：“文件本身有许多就是朝令夕改，自相矛盾。”

以子之矛，攻子之盾 yǐ zǐ zhī máo，gōng zǐ zhī dùn 见“矛盾”。比喻用对方的观点、方法或言论等来反驳对方。举例 ① 鲁迅《华盖集续编·古书与白话》：“菲薄古书者，惟读过古书者最有力，这是的确的。因为他洞知弊病，能‘以子之矛，攻子之盾。’”② 林志浩《林语堂和鲁迅》：“鲁迅连续发表七篇论‘文人相轻’的杂文，给林语堂等人的‘无是非观’以有力的批判。他还针对《今文八弊》的错误观点，以子之矛，攻子之盾。”

茅塞 máo sè

出处《孟子·尽心下》。解说 茅：茅草。塞：堵塞。孟子是战国时的著名思想家，很注重修身养性，强调一天也不能放松这方面的修养。有一天，孟子循循善诱地对弟子高子说：“山径之蹊（xī）间，介然用之而成路；为闲不用，则茅塞之矣。今茅塞子之心矣。”(蹊：小路。大意是：山坡上的羊肠小道，经常有人走过，时间长了就形成路；如果有一段时间没有人经过，就会布满杂草。现在看来，你的心里似乎也被这杂草堵塞了呀，因而不能进步。)此语原指茅草堵塞道路，比喻人的思路闭塞或愚昧无知，多用于自谦。举例 ① 宋·郭祥正《别行中龙图》：“欲陈旧学羞茅塞，喜听新诗纵酒酣。”② 明·徐弘祖《徐霞客游记·滇游日记》十：“睨(nì)温泉之峡，当在其南，中亦有峡南下，第茅塞无径，遂随道西北上。”

顿开茅塞 dùn kāi máo sè 见“茅塞”。顿：立刻。原指茅草堵塞了道路，忽然间被打开了，比喻人的思路闭塞或不懂事，因受到启发，一下子开窍明白了。也比喻心情豁然开朗。举例 ①《三国演义》第三十八回：“先生之言，顿开茅塞，使(刘)备如拨云雾而睹青天。”②《红楼梦》第八十六回：“听见妹妹讲究的，叫人顿开茅塞，所以越听越爱听。”③《青春之歌》第一部六章：“只不过短短十多分钟的谈话，可是他好像使林道静顿开茅塞似的，忽然知道了好多事情。”

茅塞顿开 máo sè dùn kāi 同“顿开茅塞”。举例 ①《西游记》第六十四回：“我身无力，我腹无才，得三公之教，茅塞顿开。”②《野叟曝(pù)言》第四回：“妹子所见卑浅，适闻正论，茅塞顿开。”③《白鹿原》第三十三章：“有一天，他突然茅塞顿开终于想明白了，炉头是怕他得了手艺才不准他扬头看各种炒菜的操作过程。”

M

没奈何 méi nài hé

出处 宋·洪迈《夷坚支志·张拱之银》。解说 奈何：表示没有办法，相当于“怎么办”。没奈何：表示对人或事没有办法，无可奈何。也说“无奈何”。张俊是南宋抗金名将，与岳飞、韩世忠等人齐名，晚年投靠权臣秦桧，并深得宋高宗信任，拜为太师，受封为清河郡王，修筑邸宅于西湖之畔。他生性贪婪，聚敛了很多财富。为了防止家中银两被盗，他让工匠把每一千两银子铸成一个大银球，即使盗贼想偷走也没有办法搬动。因此，张俊把这一个个大银球称为“没奈何”。此语原义为无可奈何，毫无办法。特指难以搬动的大型银锭。举例 ① 宋·朱熹《朱子语类》卷四：“诸葛武侯未遇先主，只得退藏……也没奈何。”②《三国演义》第六十四回：“吴懿(yì)一军截住，张任引军复回，把张飞围在垓心，进退不得。正没奈何，只见一队军从江边杀出。”③《聊斋志异·仇大娘》：“银成‘没奈何’。”

每事问 měi shì wèn

出处《论语·八佾(yì)》：“子入太庙，每事问。”解说 孔子被后世尊奉为天生的最有学问的“圣人”，他自己非常谦逊，虚心好学，遇到不明白的事情，总是诚心诚意地向别人请教。原文大意是：有一次，孔子到太庙（帝王或国君的祖庙）参加鲁国国君祭祖的典礼。他进了太庙，凡事不了解的礼仪，都要问一问。此语原指凡是不懂的事，都虚心向别人请教。后用来指遇事多做调查研究。举例 ① 毛泽东《反对本本主义》：“迈开你的两脚，到你的工作范围的各部分各地方去走走，学个孔夫子的‘每事问’，任凭什么才力小也能解决问题。”② 陶行知《每事问》：“人力胜天工，只在每事问。”

每下愈况 měi xià yù kuàng

出处《庄子·知北游》。解说 下：低下。愈：更加。况：对比，指由对比而显明、突出。庄子是战国时哲学家，有一天，一个名叫东郭子的人向庄子请教说：作为学术思想体系的“道”，不知存在于何处？庄子答道：存在于任何地方。东郭子说：请您指明它具体在哪里。庄子答道：在蝼蚁身上。东郭子惊讶地问：“道”是很高尚的东西，怎么会存在于这么卑下的地方呢？庄子又说：在稗草、砖瓦和碎石之中。东郭子不解地问：这不是更加卑下了吗？庄子又说：在屎尿之中。东郭子听庄子越说越低下，心里非常困惑，就不再问了。庄子进一步解释说：“夫子之问也，固不及质，正获之问于监市履狶也，每下愈况。汝唯莫必，无乎逃物。至道若是，大言亦然。”（获：人名。履：践踏。狶：古书上指猪。大意是：你提出的问题根本没有接触到事物的本质，这就好比集市上的监察官吏获询问屠夫如何检验猪的肥瘦一样。屠夫说，愈是踩踏在猪的下部（猪腿），愈能估量出猪的肥瘦，因为猪腿是最难长膘的，如果腿部也长满了肉，其他部位当然更肥了。“道”是无所不在的。我今天告诉你“道”在卑贱的地方，可以设想，就连这些地方都存在，那么其他地方自然也存在，就不言自明了。）东郭子听了庄子的这一番解释，茅塞顿开。此语原指越从事物的细小、低微方面推求，就越能看出其真实情况。后形容事物一个比一个更差，情况越来越坏（或越来越糟糕）。举例 ① 清·吴趼（jiǎn）人《〈两晋演义〉序》：“《三国演义》出，而脍炙人口，自士大夫以至舆台，莫不人手一篇。人见其风行也，逐竞斅（xiào）为之，然每下愈况，动以附会为能，转使历史真象，隐而不彰，而一般无稽之言，徒乱人耳目。”② 章炳麟《致袁世凯商榷官制电二》：“乃闻设官分部，数至十二，已开虚縻（mí）廪（lǐn）禄之端，商榷阁员，每下愈况。”

每况愈下 měi kuàng yù xià 同“每下愈况”。举例 ① 宋·胡仔《苕（tiáo）溪渔隐丛话后集·东坡一》：“非尽如此，后山乃比之教坊司雷大使舞，是何每况愈下，盖其谬耳！”② 朱自清《“海阔天空”与“古今中外”》：“旧戏也就每况愈下，毫无足观。”③ 绿原《二十一世纪随想》：“就鉴赏力和价值观而论，到处是蔓延着无原则的低级趣味……充分反映了一部分人的人文素质的每况愈下。”

门可罗雀 mén kě luó què

出处《史记·汲郑列传》:“始翟公为廷尉,宾客阗(tián)门;及废,门外可设雀罗。”解说 罗雀:布设罗网,捕捉鸟雀。阗:充满。西汉时,有一个名叫翟公的人,曾官任掌管刑狱的廷尉。他在任上的时候,每天登门拜访的宾客络绎不绝;后来他因故被罢官,失去权势,便很少有宾客来了,门前冷落得简直可以张起罗网来捕捉鸟雀。谁知官场多变,没过多久,翟公官复原职,旧日的那班宾客又来依附他。翟公对此感慨万千,于是在大门上写了几句话:“一死一生,乃知交情;一贫一富,乃知交态;一贵一贱,交情乃见。”(大意是:在生死关头能看出交情的真假,贫富之变能看出对交情的态度,贵贱之迁能看出交情的深浅。)后用此语形容失势后门庭冷落,宾客稀少。举例 ①宋·陆游《村居》之一:“不恨闲门可罗雀,本知穷巷自多泥。”②清·纪昀《阅微草堂笔记·滦阳续录三》:“僮奴婢媪(ǎo)皆散,不半载,门可罗雀矣。”③《地球的红飘带》四:“过去是高朋满座,笑语喧哗,现在却是门可罗雀,没人敢上门了。”④《风雨太平洋》:“老板们都不知被抓到哪去了,留下门可罗雀的堂皇而冷落的店面。”

罗雀 luó què 同“门可罗雀”。举例 清·朱彝尊《赠别孟楷》:“老夫卧稳谢浮名,罗雀闲门少送迎。”

翟公门 zhái gōng mén 同“门可罗雀”。举例 宋·梅尧臣《啼鸟》:“莫以荣华长不歇,人间已见翟公门。”

翟公门外人稀 zhái gōng mén wài rén xī 同“门可罗雀”。举例 宋·辛弃疾《新荷叶·赵茂嘉赵晋臣和韵见约初秋访悠然再用韵》:“物盛还衰,眼看春叶秋萁。贵贱交情,翟公门外人稀。”

一贵一贱 yī guì yī jiàn 见“门可罗雀”。形容世态炎凉,人情冷暖。举例《镜花缘》第三十九回:“两人论起支派,当初本是一家,此时叙起,原当联宗,无如现在一贫一富,或一贵一贱,那富贵人恐其玷辱,躲之尚恐不及,岂肯与之联宗?”

门庭若市 mén tíng ruò shì

出处《战国策·齐策一》。解说 门庭:大门和庭院,指迎门的空阔处。市:集市。邹忌是战国时齐国的国相,身高八尺,相貌堂堂。邹忌看到有些大臣一味阿谀奉承,蒙蔽国君,就给齐威王讲了一个自己身边的故事,劝谏他广开言路,鼓励群臣和百姓直言进谏。邹忌说,自己曾问过妻妾、客人,他与城北的徐公相比谁美?由于妻偏爱

M

他,妾惧怕他,客人有求于他,于是都异口同声地说他比徐公美。等到邹忌见到美男子徐公后,发现自己不如徐公,这才知道他们都是在恭维自己,没有说真话。而齐国地广千里,宫中后妃谁不爱大王,朝中文武百官谁不畏惧大王,黎民百姓谁不希望得到大王的关怀和照顾,大王如果不能开诚布公地征求意见,又能听到多少对国家有益的实话呢? 齐威王认为邹忌说得很有道理,便下令说: 无论是谁,能当面指出我的过失的,给予上等赏赐;呈上奏章规劝我的,给予中等赏赐;在朝廷或街市上议论我的过失,并传到我耳中的,给予下等赏赐。于是,"群臣进谏,门庭若市"。(大意是: 指出国君的过失、向朝廷提意见的人纷纷而来,宫殿前像集市一样喧哗。)后用此语形容来往的客人很多,非常热闹。举例 ① 唐·宋之问《祭杨盈川文》:"从来金马,夙昔崇贤。门庭若市,翰墨如泉。"②《四世同堂》七十:"粉妆楼有许多朋友,一天到晚门庭若市。招弟便和这些人打成一气,托他们营救大赤包。"③ 梁实秋《雅舍小品·鼾》:"现在此茶店门庭若市,已成为业中之翘楚。"

门庭如市 mén tíng rú shì 同"门庭若市"。举例 清·和邦额《夜谭随录·崔秀才》:"少倜傥好客,挥霍不吝,车马辐辏,门庭如市。"

城北徐公 chéng běi xú gōng 见"门庭若市"。称美男子。举例 周斌《感事四律》之一:"城北徐公洵美哉,黄金抉上最高台。"

M

城北徐 chéng běi xú 同"城北徐公"。举例 高旭《檗(bò)子以诗见怀次韵答之》:"君才肯让云间陆,臣美愿输城北徐。"

门外汉 mén wài hàn

出处 宋·普济《五灯会元·天竺证悟法师》。解说 北宋时文学家苏轼游历庐山时作了一首题为《赠东林总长老》的诗,诗中写道:"溪声便是广长舌,山色岂非清净身。夜来四万八千偈(jì),他日如何举似人?"该诗以山川自然景物比拟佛教精义,圆智大师对此诗大为赞赏,并把苏轼视为佛教中人,说"若不到此田地,如何有这个消息?"而僧人此庵却说:"是门外汉耳。"(大意是: 他还是佛门之外的人啊。)后用此语指外行人,对某项知识、技能不懂或没有经验的人。举例 ①《镜花缘》第十八回:"起初如果只作门外汉,随他谈什么,也不至出丑。"② 朱自清《温州的踪迹》一:"但我于中西的画都是门外汉,所说的话不免为内行所笑。"③ 冯玉祥《我的生活》第二十八章:"实业和教育方面,我完全是个门外汉。"

门外人 mén wài rén 同"门外汉"。举例 清·纪昀《阅微草堂笔记·滦阳续录三》:"余于杂书稍涉猎,独未一阅丹经,然欤否欤? 非门外人所知矣。"

扪虱 mén shī

出处《晋书·王猛传》。解说 扪：按。虱：虱子，一种寄生在人身上的小昆虫。王猛是十六国时前秦的大臣。他出身贫寒，自幼刻苦读书，精通治国之策和领兵之法，盼望有朝一日能遇到明君，辅佐他定国安邦。东晋大将桓温率军北伐，王猛认为施展自己才能的时机已到，便披着麻布短衣前去求见。桓温接见了王猛。王猛一边用手在身上捉虱子，一边对天下大势侃侃而谈，桓温听了他的精辟分析，十分佩服，打算委以重任。尽管桓温很器重王猛，但王猛发现桓温难成大事，于是离开他，又去投奔前秦国君苻坚，后来官任丞相。后用此语形容谈吐不凡，旁若无人。举例 唐·李白《赠韦秘书子春》："披云睹晴天，扪虱话良图。"

扪虱高谈 mén shī gāo tán 同"扪虱"。举例 元·柯九思《送倪仲刚迁浙西》："归来思得人中龙，扪虱高谈破羣俗。"

扪虱剧谈 mén shī jù tán 同"扪虱"。举例 宋·陆游《病起书怀》："扪虱剧谈空自许，闻鸡浩叹与谁同。"

扪虱雄谈 mén shī xióng tán 同"扪虱"。举例 清·张问陶《苻秦王武侯墓下作》："扪虱雄谈举世无，英雄毕竟耻为儒。"

雄谈扪虱 xióng tán mén shī 同"扪虱"。举例 清·石韫(yùn)玉《折桂令·自题归来图》套曲："一个个妙技屠龙，雄谈扪虱，壮志闻鸡。"

扪虱而谈 mén shī ér tán 同"扪虱"。举例 ① 鲁迅《而已集·魏晋风度及文章与药及酒之关系》："因不洗，便多虱。所以在文章上，虱子的地位很高。扪虱而谈，当时竟传为美事。"② 梁实秋《懒》："他可以长期的不洗头、不洗脸、不洗澡，以至于浑身生虱！和扪虱而谈的王猛都是一时名士。"

扪虱倾谈 mén shī qīng tán 同"扪虱"。举例 周恩来《送蓬仙兄返里有感》之一："扪虱倾谈惊四座，持螯下酒话当年。"

虱空扪 shī kōng mén 见"扪虱"。形容怀才不遇，或没有知己可以倾诉衷肠。举例 宋·赵蕃《待成父不至》："此怀无与共，愁坐虱空扪。"

孟母择邻 mèng mǔ zé lín

出处 汉·刘向《列女传·邹孟轲母》。解说 孟母：孟子的母亲。相传孟子年幼时，他的母亲为选择良好的环境教育孩子，曾三次迁居。最初他们住在一座陵墓附近，孟子看见送葬的人哭哭啼啼，也模仿着做一些与丧事有关的游戏，孟母觉得不利于孩子的成长，就搬家到集市附近。孟子看见商贩为了赚钱，自吹自擂说自己的货物好，又模仿着叫卖和讨价还价，孟母担心孩子受到坏影响，又搬家到学堂附近。孟子看见教书先生和学生知书达理，便学习礼仪，努力上进，孟母这时才放心地住下来。孟子后来成为孔子学说的继承者，被尊为“亚圣”。此语原指注意选邻，以改善影响孩子成长的环境，后用来赞扬贤母教子有方。举例 宋·张九成《黄吏部墓志铭》：“举乡无儒冠者，祖母每陋其俗，一日，慨然有孟母择邻之意，谋去故居，遂徙侯官之赤岸家焉。”

孟母三迁 mèng mǔ sān qiān 同“孟母择邻”。举例 ① 元·王恽（yùn）《孟母三迁图卷赠新轩子张》：“孟母三迁养圣功，芬芬千古振高风。”② 明·汤显祖《牡丹亭·闹殇（shāng）》：“他背熟的班姬《四诫》从头学，不要得孟母三迁把气淘。”

三迁之教 sān qiān zhī jiào 见“孟母择邻”。指贤母对子女的德教。举例 清·钱谦益《南京刑部浙江清吏司主事董继周授承德郎制》之五：“三迁之教既成，而一日之养不逮。”

三迁 sān qiān 同“孟母择邻”。举例 清·顾炎武《表哀诗》：“黾（mǐn）勉三迁久，间关百战深。”

三徙 sān xǐ 同“孟母择邻”。举例 唐·白居易《与从史诏》：“孝在显亲，宜旌贤于三徙。”

M

孟子邻 mèng zǐ lín 见“孟母择邻”。指知书达理的人家。多用于称赞邻居。举例 唐·张九龄《与袁补阙寻蔡拾遗会此公出行后蔡有五韵诗见赠以此篇答焉》：“辙迹陈家巷，诗书孟子邻。”

孟邻 mèng lín 同“孟子邻”。举例 王闿（kǎi）运《蔡夫人墓志铭》：“庶比孟邻，耻居关外。”

孟宗泣笋 mèng zōng qì sǔn

出处《三国志·吴志·孙皓传》南朝宋·裴松之注引《楚国先贤传》。解说 泣：哭泣。据说，三国时吴国人孟宗的母亲想吃笋，孟宗进入竹林挖笋。由于当时正值冬季，没有鲜笋，孟宗哀叹、落泪不已。孟宗的孝心感动上天，忽然有数株鲜笋从土里钻出。后用此语指奉养双亲，极尽孝道，或赞美孝顺父母的品德。举例《宋史·萧服传》：“调望江令，治以教化为本。访古迹，得王祥卧冰池，孟宗泣笋台，皆为筑亭。”

孟宗哭竹 mèng zōng kū zhú 同“孟宗泣笋”。举例 鲁迅《且介亭杂文·难行和不信》：“中国是改革过的了，孩子们当然早已从‘孟宗哭竹’‘王祥卧冰’的教训里脱出。”

哭竹 kū zhú 同“孟宗泣笋”。举例 ①《初刻拍案惊奇》卷十三：“说到此处，就是卧冰、哭竹、扇枕、温衾(qīn),也难报答万一。”② 鲁迅《坟·我们现在怎样做父亲》:“况在将来,迷信破了,便没有哭竹、卧冰;医学发达了,也不必尝秽、割股。”

哭竹生笋 kū zhú shēng sǔn 同“孟宗泣笋”。举例 鲁迅《朝花夕拾·二十四孝图》:“哭竹生笋,就可疑,怕我的精诚未必会这样感动天地。”

冬笋 dōng sǔn 同“孟宗泣笋”。举例 唐·杜甫《奉贺阳城郡王太夫人恩命加邓国太夫人》:“远传冬笋味,更觉彩衣春。”

冬笋爱 dōng sǔn ài 见“孟宗泣笋”。原指冬季爱吃竹笋,比喻老年人的胃口。举例 清·袁枚《秋夜杂诗》之八:“冬笋爱今多,春葱忆前好。”

梦笔生花 mèng bǐ shēng huā

出处 五代·王仁裕《开元天宝遗事·梦笔头生花》:“李太白少时,梦所用之笔头上生花,后天才赡(shàn)逸,名闻天下。”解说 赡:充裕。逸:奔放。原文大意是:传说唐代诗人李白在少年时曾经做了一个梦,梦见自己所用的笔的笔头上长出了一朵美丽的花。后来他果然文思泉涌,才华横溢,成为天下闻名的大诗人。后用此语比喻文人才思大进,文笔华丽。参见 286 页“江淹梦笔”。举例 ① 清·张问陶《冬日无事手为内子写照内子戏题一绝依韵和之》:“画意诗情两清绝,夜窗同梦笔生花。”② 清·得硕亭《草珠一串》:“帝京景物大ㄊㄉ,梦笔生花写不全。”

梦笔花生 mèng bǐ huā shēng 同“梦笔生花”。举例 宋·惠洪《胥启道次韵见寄复和之》:“寄我三诗争妙丽,疑公曾梦笔花生。”

梦笔 mèng bǐ 同“梦笔生花”。举例 宋·赵鼎臣《汪彦文以葆真韵见赠次韵答之》:“官清已怪腰金晚,诗好因缘梦笔新。”

笔底生花 bǐ dǐ shēng huā 见“梦笔生花”。比喻文章写得非常生动、出色。举例 ①《京门脸子》:“北大胸有成竹,本人笔底生花。”② 谢冕《远方的星》:“有的同学则富于想像,笔底生花,具有当诗人的气质。”

笔蕊千花 bǐ ruǐ qiān huā 见“梦笔生花”。比喻文笔华丽、优美。举例 明·汤显祖《牡丹亭·淮泊》:“可笑一场闲话,破诗书万卷,笔蕊千花。”

笔尖花 bǐ jiān huā 见“梦笔生花”。比喻华丽的文笔或出色的文才。举例 明·汤显祖《牡丹亭·耽试》:“文章五色讹,怕冬烘头脑多。总费他墨磨,笔尖花无一个。”

生花笔 shēng huā bǐ 见“梦笔生花”。比喻杰出的写作才能。举例 ① 清·赵翼《书怀》:“一枝生花笔,满怀镂雪思。”② 高旭《闻成琢如来沪赋寄》:“工愁词客生花笔,对酒春风小李楼。”③ 陈毅《满江红·游广东旋至海南岛度假一周记沿途所见》之七:“逆境应知非不幸,南迁每助生花笔。”

生花妙笔 shēng huā miào bǐ 同“生花笔”。举例 韩静霆《小八路的怀念》:“感谢画家的生花妙笔阿,把我又带回毛主席身边。”

梦兰 mèng lán

出处《左传·宣公三年》。解说 春秋时,郑国郑文公有一个名叫燕姞的小妾。有一天,燕姞在睡梦中见到天使送给她一束兰花,并对她说:“这兰花就是你的儿子,兰花的芳香全国第一,人们会像爱护兰花一样拥戴你的儿子的。”后来,燕姞果然生了一个儿子,便取名为“兰”,这就是郑穆公。后用此语指妇女怀孕。举例 北周·庾信《奉和赐曹美人》:“何年迎弄玉,今朝得梦兰。”

米寿 mǐ shòu

出处 季羡林《阅世心语》。解说 此语为八十八岁的雅称。当代著名语言学家、散文家季羡林谈到“米寿”和“茶寿”时说,粗看起来,这话好像是贪图高寿,但在我看来,“米”是温饱需求层次的,而“茶”是精神文化层次的,因此,从“米寿”到“茶寿”应该还暗含着“再攀精神高峰”的意思。他所著的《阅世心语》就是一个见证。据说,哲学家冯友兰八十八岁寿辰时自撰一联挂于墙上:“岂止于米,相期以茶;心怀四化,意寄三松。”三松,指三松堂,是冯先生的居室。关于米和茶,他幽默地说:“日本人很会利用汉字,他们称八十八岁为米寿,称九十九岁为白寿,称一百零八岁为茶寿。我现在是米寿,要向茶寿迈进。”“米”字拆开,为数字“八、十、八”,故以此语为八十八岁的雅称。举例 华罗庚《“喜寿、米寿、白寿”一席谈》:“白寿之年恐怕是不可能的,力争活到米寿吧。”

白寿 bái shòu 见“米寿”。“百”字缺上边的一画,为“白”,寓意一百减一,即九十九,故以此语为九十九岁的雅称。举例 王先霈《追思敬爱的骆文老师》:“许多人议论,不但是米寿,将来做白寿(九十九岁)也是可以乐观期待的。”

茶寿 chá shòu 见“米寿”。“茶”字上边的草字头为双“十”,即二十;中间的“人”分开即为八;底部的“木”,中为“十”,两边为“八”,即十八;中底部连在一起构成八十八,再加上边的二十,计一百零八,故以此语为一百零八岁的雅称。举例 冯友兰《赠言申夫先生》:“俱登米寿期茶寿,且把诗肠代酒肠。”

喜寿 xǐ shòu 见“米寿”。“喜”字的草书近似竖写的“七十七”,故以此语为七十七岁的雅称。举例 乐其麟《女人偷青男人坐月·民间风俗诗故事》:“滂沱雨祝陶公寿,寿比滂沱雨更多——喜寿、米寿、白寿。”

靡靡之声 mǐ mǐ zhī shēng

出处《礼记·乐记》:“桑间濮上之音,亡国之音也。其政散,其民流,诬上行私而不可止也。”又见《韩非子·十过》。解说 靡靡:柔弱;萎靡不振。桑间濮上:桑间即桑中,在濮水之上,春秋时卫国之地。据说商代末年,纣(zhòu)王荒淫无道,终日饮酒作乐。乐师师延谱写了一些萎靡不振的乐曲,供歌妓们歌舞时弹奏和歌唱。商朝灭亡后,师延抱琴投入濮水自杀。从此之后,濮水中常常发出阵阵琴声。过了数百年,卫国的卫灵公访问晋国时经过濮水,听到传来一阵奇妙的琴声,便让乐师师涓把乐曲记录下来。到达晋国后,卫灵公让师涓把乐曲弹给晋平公听。刚刚弹了一小段,晋国乐师师旷便上前制止说:“此师延之所作,与纣为靡靡之乐也。”(大意是:这是师延为纣王谱写的萎靡的音乐,是亡国的乐曲。)师涓赶紧住手,不再往下弹了。后用此语指颓废、淫荡、情调低下的音乐。参见538页“桑中”。举例 晋·皇甫谧(mì)《帝王世纪》:“(桀)为烂漫之乐,设奇伟之戏,纵靡靡之声。”☞“靡靡之声”的“靡”不读mí。

靡靡之音 mǐ mǐ zhī yīn 同“靡靡之声”。举例 ①《聊斋志异·罗刹海市》:“马即起舞,亦效白锦缠头,作靡靡之音。”② 闻一多《时代的鼓手》:“在诗里,一如在音乐里,从此以后以管弦的情绪代替了鼓的情绪,结果都是‘靡靡之音’。”③《青春之歌》第一部十九章:“他在一沓唱片里又挑了一阵,‘他妈的,全是美国的靡靡之音。来,只好听听麦克唐娜的吧!’”

桑间濮上 sāng jiān pú shàng 见“靡靡之声”。指男女幽会的地方或情事。举例 ① 明·张凤翼《灌园记·迎立世子》:“快说出这行藏,料应是桑间濮上。”② 章炳麟《复浙江新教育会书》:“入学之年龄未定,长稚多不整齐,而遽(jù)使男女同校,其不为桑间濮上者几希!”③ 鲁迅《热风·随感录六十二》:“桑间濮上如何情形,自由恋爱怎样态度?”

桑间 sāng jiān 同“桑间濮上”。举例《镜花缘》第十回:“这人诸般都好,就只忤逆父母,闻得还有什么桑间月下之事。”

桑濮 sāng pú 同“桑间濮上”。举例 晋·潘岳《笙赋》:“故丝竹之器未改,而桑濮之流已作。”

眠牛胜地 mián niú shèng dì

出处《晋书·周光传》。解说 陶侃是东晋时人,曾官任荆州、广州刺史、征西大将军等。据说陶侃年轻尚未出仕时,父亲去世将要下葬,家里的老牛忽然走失了。陶侃

M

到处寻找,在山脚下遇到一位老人。老人对他说:“前冈见一牛,眠山汙(wū)中,其地若葬,位极人臣矣。”(汙:低下。山汙:山洼。大意是:有一头牛睡在前边山岗的一块洼地里,如果把那里作为墓地,子孙一定会做高官。)说完,老人就不见了。陶侃找到了牛,并把父亲埋葬在牛卧的地方。后用此语指风水好的墓地。风水先生和迷信的人认为,把长辈亲人埋在那里,后代子孙会得到荫庇而发迹兴旺。举例 唐·司空图《蒲帅燕国太夫人石氏墓志》:“眠牛胜地,兆永继于公侯。”

牛眠吉地 niú mián jí dì 同“眠牛胜地”。举例 ①《歧路灯》第六十二回:“风水之说,全凭阴骘(zhì)。总是积有阴德,子孙必然发旺;损了阴骘,子孙必然不好,纵然葬在牛眠吉地,也断不能昌炽。”② 范文澜《〈水经注〉写景文抄·序》:“因为迷信和习俗,把人闹成昏虫一般,装死人的木匣子,火化了多干净,却定要找牛眠吉地,不劳而获好子孙,能做大官发大财。”

牛眠地 niú mián dì 同“眠牛胜地”。举例 ① 元·丁鹤年《送奉祠王良佐奔讣还郾(yǎn)城》:“佳城已卜牛眠地,屏立泰山带围泗。”②《聊斋志异·堪舆》:“宋公卒,两公子各立门户,为父卜兆……经月余,各得牛眠地,此言封侯,彼云拜相,兄弟两不相上下。”

牛眠处 niú mián chù 同“眠牛胜地”。举例 明·李东阳《房山山房相墓道中纪事》之六:“前冈恐有牛眠处,倦马临溪驻复行。”

牛眠 niú mián 同“眠牛胜地”。举例 ① 清·赵翼《为伟儿得葬地于金坛夏萧村感赋》:“忽欣来蝶梦,恰报得牛眠。”② 朱桑则《寄运曲》:“一棺痛慈母,急为卜牛眠。”

牛眠龙绕 niú mián lóng rào 见“眠牛胜地”。有牛睡眠,有龙环绕,形容墓地风水好。举例 清·蒲松龄《东郭外传》:“那东门外头许多牛眠龙绕的吉地,那富贵人家的茔田多半在这里。”

绵上隐 mián shàng yǐn

出处《左传·僖公二十四年》。解说 绵上:地名,在今山西介休县东南介山之下。介山之所以得名,是因为品性高洁的介子推隐居而被烧死在这里,又名绵山。春秋时,晋国大臣介子推随公子重耳在国外流亡十九年,又辅佐重耳回国做了国君,功劳很大。做了国君的重耳即晋文公。晋文公分封赏赐有功之臣,却把功不可没的介子推给遗忘了。介子推毫无怨言,悄悄地带着老母隐居到绵山。后用此语指志士不求封赏或不接受俸禄,躲到远远的偏僻之地隐居。参见220页“割股”,764页“足下”。举例 唐·李德裕《近于伊川卜山居将命者画图而至欣然有感》:“欲追绵上隐,况近子平村。”

M

介山之隐 jiè shān zhī yǐn 同“绵上隐”。举例 清·钱谦益《母刘氏赠恭人》：“不愧介山之隐，亦已足矣。”

面壁 miàn bì

出处 宋·普济《五灯会元·东土祖师》。解说 南北朝时，有一位名叫菩提达摩的和尚，他是天竺国香至王的第三子，后来成为中国佛教禅宗的祖师。据说他曾在嵩山少林寺静修，面对石壁而坐，终日不语，默默参禅达九年之久，直到圆寂（死去）。此语原为佛家语，指面对墙壁默坐静修，后比喻静坐养神或潜心钻研。举例 ① 明·梅鼎祚（zuò）《玉合记·缘合》：“糊涂投入空门，不晓参禅面壁。”②《红楼梦》第六十四回：“晴雯道：‘袭人么？越发道学了，独自个在屋里面壁呢。’”③ 周恩来《大江歌罢掉头东》：“面壁十年图破壁，难酬蹈海亦英雄。”④ 王梓（zǐ）坤《科学发现纵横谈》：“如果只关在屋子里冥思苦想，搜索枯肠，面壁九年，也决写不出好作品来。”

民无信不立 mín wú xìn bù lì

出处《论语·颜渊》：“子贡问政。子曰：‘足食，足兵，民信之矣。’子贡曰：‘必不得已而去，于斯三者何先？’曰：‘去兵。’子贡曰：‘必不得已而去。于斯二者何先？’曰：‘去食。自古皆有死，民无信不立。’”解说 子贡：春秋末年卫国人，孔子的弟子。兵：指军备。信：信任。斯：指示代词，相当于“这”。原文大意是：有一天，子贡向孔子请教如何处理政务。孔子说：“备足粮食，充实军备，老百姓对政府就信任了。”子贡问：“如果迫不得已要去掉一项，在这三项之中先去掉哪一项呢？”孔子说：“去掉军备。”子贡又问：“如果迫不得已还要去掉一项，在这两项之中又去掉哪一项呢？”孔子说：“去掉粮食。因为自古以来谁也免不了一死，没有粮食不过会饿死罢了，但是如果缺乏老百姓的信任，这个国家的立国基础就会垮掉。”后用此语指国家或政府至关重要的是取信于民。举例 冯雪峰《山盗和他们的旗》：“民无信不立！咱们开会不挂自家儿旗，是公开欺骗老百姓！”

民以食为天 mín yǐ shí wéi tiān

出处《汉书·郦食其（yì jī）传》，又见《史记·郦生陆贾列传》。解说 郦生：即郦食其，刘邦的谋士，曾献计帮助刘邦智取陈留，被封为广野君。在西汉初年的楚汉战争中，项羽的军队打到了荥阳，当时刘邦实力较弱，他不想与项羽硬拼，便召集属下商议是否可以放弃荥阳。郦食其说:"王者以民为天,而民以食为天。"(大意是:帝王大业以拥有民众为基础,而民众以有粮食吃为基本生存条件。)荥阳西北的敖山上有许多秦朝留下的大粮仓,如果我们放弃荥阳,就等于放弃粮仓,这可不符合用兵之道啊。刘邦认为郦食其说得有道理,于是下令坚守荥阳。后用此语指粮食是老百姓赖以生存的最重要的物质基础。举例 ①《东周列国志》第八十一回:"臣闻国以民为本,民以食为天。"② 董必武《挽沈骊(lí)英女士》:"国以民为本,民以食为天。况在战争日,粮食更居先。"

名覆金瓯 míng fù jīn ōu

出处《新唐书·崔琳传》。解说 丞相为百官之长,是朝廷中最高官职。唐代玄宗皇帝每次任命宰丞相,都要亲笔把自己事先拟定的名单写好。有一次,玄宗写好的崔琳、卢从愿等人的名单放在几案上,并随手用金瓯罩住。恰巧太子走过来,玄宗让太子猜一猜名单上写的是谁。太子猜中了,玄宗于是赏赐给他美酒。后用此语比喻德高望重的国家栋梁之材,即将得到重用。参见302页"金瓯"。举例 宋·石孝友《望海潮·元日上都运鲁大卿》:"更德标银管,名覆金瓯。共看朝天路隐,归拜富民侯。"

M

覆瓯 fù ōu 同"名覆金瓯"。举例 明·杨慎《七犯玲珑·叙庵弟惇(dūn)》:"文已传青史,名何羡覆瓯。"

名姓动金瓯 míng xìng dòng jīn ōu 同"名覆金瓯"。举例 宋·辛弃疾《水调歌头·庆韩南涧尚书七十》:"快上星辰去,名姓动金瓯。"

金瓯重 jīn ōu zhòng 同"名覆金瓯"。举例 金·元好问《内相杨文献公哀挽三章效白少傅体》:"姓名三字金瓯重,事业千年片简青。"

名列前茅 míng liè qián máo

出处《左传·宣公十二年》。解说 名:名次。春秋时,各诸侯国之间连年交战。楚国军队在一次行军中,约定在前边负责侦察、探路的先头部队以白色的茅草为信号,如果发现敌情,则举白茅报警,以通知后边的大部队做好迎敌的准备。后用此语指名次排列在前面。举例 ① 清·吴炽昌《客窗闲话续集·唐词林》:"汝初冒北籍,名列前茅,恐招人忌耳。"② 夏衍《心防》第二幕:"第五名,啊,倒算是名列前茅,很不错。"③《李自成》第二卷十七章:"去年弟在京师,听说二公子中了秀才,且名列前茅,颇为学台赏识,实在可贺可贺。"④《在困难的日子里》第二章:"正是因为我的成绩名列前茅,我才被分到了这一级的'尖子班'。"

名落孙山 míng luò sūn shān

出处 宋·范公偁(chēng)《过庭录》。解说 据说宋代吴地有一个名叫孙山的读书人,言谈幽默,人称“滑稽才子”。有一次,他和同乡人的儿子一道赴京城参加科举考试。结果孙山考取了最后一名,总算是榜上有名,而那个和他一起去的同乡的儿子落榜了。孙山先回到家里,乡亲们前来祝贺,那位同乡也来探问儿子的考试情况。孙山怕他失望,不好意思直说,但又不能隐瞒,于是就随口念出两句诗来:“解(jiè)名尽处是孙山,贤郎更在孙山外。”(解名:指科举考取规定的录取名额。也叫“解额”。原诗大意是:录取榜上的最后一名是我孙山,而令郎的名字还在我孙山的后面,即没有考取。)后用此语指考试或选拔没有被录取。举例 ①《大马扁》第一回:“好歹黄天庇佑,要中名举人……若不幸名落孙山,那时更自难堪。”②《官场现形记》第五十四回:“等到出榜,名落孙山,心上好不懊恼。”③ 欧阳予倩《人面桃花》第一场:“小生在这试官之中无有亲戚朋友,又无钱打点,便名落孙山之外。”④《六十年的变迁》第七章:“你看老常,那么好的学问,还不是‘名落孙山’,考掉了。”

落孙山 luò sūn shān 同“名落孙山”。举例 清·李渔《怜香伴·僦居》:“只因仕重资格,不肯俯就功名,虽然落过九次孙山,却不曾挫得我一分锐气。”

孙山落第 sūn shān luò dì 同“名落孙山”。举例 清·蒲松龄《邀孙学师景夏饮东阁小启》:“学宫之堂构未竣,故使孙山落第。”

孙山之外 sūn shān zhī wài 同“名落孙山”。举例《镜花缘》第五十二回:“他家一贫如洗,其父不过是个诸生,业已去世,既无钱财,又无势利,因此也在孙山之外,但他落第后雄心不减。”

M

名正言顺 míng zhèng yán shùn

出处《论语·子路》。解说 名:名分;名义。顺:合理;顺当。孔子的弟子子路向老师请教:假如卫国的国君请您主持朝政,治理国家,您准备先从哪件事做起?孔子答道:我首先要纠正名义上的混乱。子路说:您这样做,未免有些迂腐吧,正名与否,有什么关系呢?孔子说:“名不正则言不顺,言不顺则事不成,事不成则礼乐不兴,礼乐不兴则刑罚不中,刑罚不中则民无所错手足。”(错:同“措”,安放。无所措手足:连手脚都不知道该放在哪里。大意是:正名的问题非常重要,如果名分不正,说话就不顺当合理,事情就很难成功;事情不成功,礼乐不能兴起,社会等级制度难以建立,奖惩、刑罚难以明确规定,老百姓就会无所适从,办事没有依据。)后用此语指做某事具有正当的名义和充分的理由。举例 ① 元·郑光祖《倩女离魂》第二折:“小生得官回来,谐两姓之好,却不名正言顺。”②《红楼梦》第四十八回:“他既说的名正言顺,妈妈就打量着丢了一千、八百银子,竟交与他试一试。”③《骆驼祥子》十八:“在这种时候,他看女儿是个会挣钱的东西,他是作爸爸的,跟她要钱是名正言顺。”④《李自成》第一卷二十七章:“这一次,我是名正言顺,奉着你闯王的命去迎接他,说话就有了分量啦。”

无所措手足 wú suǒ cuò shǒu zú 见“名正言顺”。比喻不知所从。也形容遇事慌张,不知该怎么办才好。举例 ① 三国蜀·诸葛亮《将苑·腹心》:“夫为将者,必有腹心、耳目、爪牙。无腹心者,如人夜行,无所措手足。”②《初刻拍案惊奇》卷三十:“太守慌得无所措手足,且又不知所谓,只得偷眼来看李参军。”③ 毛泽东《关于纠正党内的错误思想》:“至于个人缺点,如果不是与政治的和组织的错误有联系,则不必多所指摘,使同志们无所措手足。”

手足无措 shǒu zú wú cuò 同“无所措手足”。举例 ①《水浒后传》第十二回:“正忧疑不定,忽报宋兵到了,惊得手足无措。”②《二十年目睹之怪现状》第二十七回:“首县见他这般卤莽,更是手足无措,连连喝他,却只喝不住。”③《女儿心》:“听说一两日间民军便要进城,住在城里的旗人更吓得手足无措。”④《四世同堂》十五:“‘不敢当噢!’祁老人喜欢得手足无措。”

M

明察秋毫 míng chá qiū háo

出处《孟子·梁惠王上》。解说 明:指眼力好。察:看;观察。秋毫:秋天鸟兽身上新长出的细毛,比喻极微小的东西。战国时,齐宣王向孟子请教治国之道。孟子说:“明足以察秋毫之末,而不见舆薪,则王许之乎?”(大意是:有的人目光很敏锐,可以看清像秋毫尖端那样细小的东西,但是他却看不见满车的木柴,您相信这回事吗?)齐宣王回答:当然不相信。孟子接着说:您有一颗仁慈的心,听说您不忍看到杀牛祭祀,而以羊来代替,对动物能够如此关心,却不能爱护百姓,同样令人不可思议啊!满满的一车木柴您没有看见,是因为您根本不去看。您能否行王道、施仁政,恐怕也是同样的道理吧。孟子的意思是劝齐宣王体察民情,用仁义道德的力量统一天下。此语原比喻人聪明过了头,只见小,不见大。后比喻目光敏锐,洞察一切。举例 ①《三侠五义》第四十二回:“不想相爷神目如电,早已明察秋毫,小人再不敢隐瞒。”② 清·沈复《浮生六记·闲情记趣》:“余忆童稚时,能张目对日,明察秋毫,见藐小微物,必细察其纹理。”③《上海的早晨》第三部十九:“你明察秋毫,比我们知道的事体多,了解的清楚。”

明日黄花 míng rì huáng huā

出处 宋·苏轼《九日次韵王巩》《南乡子·重九涵辉楼呈徐君猷(yóu)》。解说 明日：指农历九月初九日之后的第二天。黄花：菊花。农历九月初九日是重阳节，人们认为这一天菊花开得最盛，因而有重阳节赏菊的习俗。古代的文人骚客留下了很多赏菊的诗作。苏轼(苏东坡)在徐州(在今江苏)任知州时写了一首咏菊诗，诗中有“相逢不用忙归去，明日黄花蝶也愁”一句，大意是：既已在花间相聚，就不要急着回去，今天菊花盛开，正是赏花的好日子；明日重阳节已过，菊花逐渐萎谢，不但游人观之无趣，恐怕飞舞的蝴蝶也会犯愁的。苏轼被贬到黄州(在今湖北黄冈)后的一个重阳节，又写了一首词送给知州徐君猷。词中有这样一句：“万事到头都是梦，休休，明日黄花蝶也愁。”其中含有人生如梦，应及时行乐之意。此语原指农历九月初十日的菊花，后比喻已失去应时作用的事物或已失去新闻价值的报道等。举例 ① 元·张可久《双调令·折桂令〈九日〉》：“人老去西风白发，蝶愁来明日黄花。”② 陶菊隐《北洋军阀统治时期史话》第四十三章：“上海各报登出来的电报有的是支离破碎，语气不全，有的则成为明日黄花。”③ 冰心《寄小读者》二十七：“再经过四次月圆，我又可在母亲怀里，便是小朋友也不必耐心的读我一月前，明日黄花的手书了！”④ 袁鹰《留春集·后记》：“那些以国际现象和见闻为题材的观感，更不免是明日黄花，又有多少保存价值呢？”

过时黄花 guò shí huáng huā 同“明日黄花”。举例《民国通俗演义》第一〇一回：“今该转机已成过时黄花。”

明修栈道，暗度陈仓 míng xiū zhàn dào, àn dù chén cāng

出处《史记·高祖本纪》。解说 栈道：在悬崖绝壁上凿孔支架木桩，铺上木板而成的狭窄的小路。陈仓：古县名，是关中通往汉中的要道。秦朝灭亡后，项羽自立为西楚霸王，封刘邦为汉王，企图把他困在偏远的汉中、巴蜀一带。刘邦势弱，不敢与项羽正面冲突，便领兵离开关中，为表示自己没有与项羽争雄的意思，消除他的疑心和戒备，把路上经过的几百里栈道都烧掉了。后来刘邦为了与项羽争夺天下，采纳大将韩信的计谋，派少数士兵修复烧毁的栈道，借以迷惑敌人，大军却暗中从小路偷袭陈仓，随后攻占咸阳，最终打败项羽，取得天下。此语比喻表面上故作姿态，用假象迷惑人，在暗中采取其他手段、计谋或行动。举例 ①《野叟曝(pù)言》第三十三回：“靳仁大喜请教，单谋附耳说了几句，靳仁拊(fǔ)掌称善道：‘此明修栈道，暗度陈仓之计也。'连忙分付(吩咐)家人行事去了。"②《儿女英雄传》第九回:"莫非他心里有这段姻缘,自己不好开口,却'明修栈道,暗度陈仓',先说定了我的事,然后好借重我爹妈给他作个月下老人?"③《这个年月》第二十六章:"然而他虽然失望却不绝望,又想明修栈道,暗度陈仓,拿唐大姐儿当他巧取老龙套子的跳板。"☞"暗度陈仓"的"度"不要误作"渡"。

明修暗度 míng xiū àn dù 同"明修栈道,暗度陈仓"。举例 清·赵翼《行围即景·相扑》:"明修暗度诡道攻,声东击西多方误。"

暗度陈仓 àn dù chén cāng 同"明修栈道,暗度陈仓"。举例 ①《三国演义》第九十六回:"(司马)懿(yì)曰:'臣已算定今番诸葛亮必效韩信暗度陈仓之计。'"②《民国通俗演义》第四十二回:"此次趁着欧洲战争,及袁总统谋帝乞助的时候,正好暗度陈仓,逼迫中国允约。"

明哲保身 míng zhé bǎo shēn

出处《诗经·大雅·烝民》:"既明且哲,以保其身;夙(sù)夜匪解(xiè),以事一人。"唐·孔颖达疏:"既能明晓善恶,且又是非辩知,以此明哲择安去危,而保全其身,进退始终,不失其道。"解说 明哲:聪明有智慧;深明事理。解:通"懈",懈怠。原文赞扬西周时大臣仲山甫是一位不可多得的栋梁之材,大意是:仲山甫既明是非,又通达事理,能选择稳妥可靠的方法行事,保全自己而不陷入危险之中;日夜操劳,不辞辛苦,对周宣王忠心耿耿。此语原指明智的人善于审时度势,不参与可能给自己带来灾祸或危险的事。现多指因怕犯错误或有损于自己利益,而对原则性问题不置可否的处世态度。常含贬义。举例 ①明·梁辰鱼《浣纱记·谈义》:"但大仇既报,吾愿已毕,今欲飘然去国,明哲保身,省得落于奸臣之手。"②清·沈起凤《谐铎·烧录成名》:"君子明哲保身,而动称好辨。"③毛泽东《反对自由主义》:"事不关己,高高挂起;明知不对,少说为佳;明哲保身,但求无过。这是第三种。"

明珠暗投 míng zhū àn tóu

出处《史记·鲁仲连邹阳列传》。解说 邹阳是西汉时人,很有才华。最初在吴王刘濞(bì)属下为官,投奔梁孝王刘武之后因谗言而被捕入狱。邹阳在狱中给梁孝王写信为自己鸣冤叫屈,信中说:"臣闻明月之珠,夜光之璧,以暗投人于道路,人无不按剑相眄(miǎn)者。何则?无因而至前也。"(眄:斜着眼睛看。原文大意是:我听说,明月般晶莹的珍珠和夜间能发光的璧玉本来都是世上不多见的宝贝,但如果夜里把它们扔到行人的面前,恐怕没有人敢马上拾起来,而是警觉地手按佩剑到处张望,观察有没有什么异常的动静。这是为什么呢？因为珍珠和璧玉是无缘无故而突然落到眼前的。)邹阳的意思是说,刚来不久的贤良之士因为自己不被人了解而未得到君主的接纳。后用此语比喻珍贵的物品落到了不识货的人手里,或怀才不遇,忠义之士未得到赏识或重用。举例 ①《三国演义》第五十七回:"(庞)统曰:'吾欲投曹操去也。'(鲁)肃曰:'此明珠暗投矣,可往荆州投刘皇叔,必然重用。'"② 清·沈复《浮生六记·闲情记趣》:"又在扬州商家见有虞山游客携送黄杨、翠柏各一盆,惜乎明珠暗投。"③ 郭沫若《瓶》之十三:"啊,明珠暗投！罢休,我是不在呀她的心头！"

明珠投暗 míng zhū tóu àn 同"明珠暗投"。举例 鲁迅《南腔北调集·为了忘却的记念》:"我很欣幸他的得释,就赶紧付给稿费,使他可以买一件夹衫,但一面又很为我的那两本书痛惜:落在捕房的手里,真是明珠投暗了。"

暗投 àn tóu 同"明珠暗投"。举例 唐·宋之问《和姚给事寓直之作》:"暗投空欲报,下调不成章。"

投珠见疑 tóu zhū jiàn yí 见"明珠暗投"。指忠义之士受到谗言的毁谤。举例 唐·薛据《古兴》:"投珠恐见疑,抱玉但垂泣。"

M

模棱两可 mó léng liǎng kě

出处《旧唐书·苏味道传》。解说 模棱:(态度)含糊,不明确。两可:可以这样,也可以那样。苏味道是唐代初年的著名诗人,武则天执政时曾任宰相,但任期仅有数年。他老于世故,处事圆滑而缺乏决断,从不明确表示自己的意见。他常对人说:"处事不欲决断明白,若有错误,必贻咎谴,但摸稜(léng)以持两端可矣。"(摸稜:同"模棱"。大意是:处理和决定事情,不可明白说出自己的意见,否则出了错误,必定会遭到追究和指责。只要模棱两可就行了,不必明确表态。)因此,当时的人们给他取绰号,叫"苏模棱"或"模棱宰相"。后用此语指在处理事情或问题时,态度含糊,不置可否,没有一定的主意。举例 ①《野叟曝(pù)言》第三十八回:"孩儿因母亲年高,倘遇意外之事,必甚伤感,故愿二弟危行言逊,以尽人子之心,如何敢教他模棱两可,为名教中罪人呢?"②《太阳照在桑干河上》三十五:"就不敢坚持一个一定的主张,就不得不采取模棱两可、含混的语句了。"③《红岩》第二十一章:"过了一会,他才模棱两可地说:'可以说有,也可以说没有。'"

苏模棱 sū mó léng 见"模棱两可"。原指唐朝宰相苏味道,喻指处事圆滑的官员。清·赵翼《读史》之十四:"荐一苏模棱,庸庸但伴食。"

磨砖作镜 mó zhuān zuò jìng

出处 宋·释道元《景德传灯录·慧能大师》。解说 唐代开元年间,有一位名叫道一的僧人在传法院修行,每天坐禅。怀让禅师见道一天资聪敏,知道他将来能成大器,于是就有意开导他说:“你为什么要坐禅呢?”道一答道:“为了成佛。”怀让禅师顺手在墙角拿起一块砖,走到院门前,在石头上磨起来。道一问:“禅师在做什么呢?”怀让禅师答道:“磨镜子。”道一不解地问:“砖能磨成镜子吗?”怀让禅师答道:“仅仅坐禅难道能成佛吗?”后用此语指方法不当,徒劳无功。举例 ① 宋·陆游《仰首座求钝庵》:“掘井及泉那用巧,磨砖作镜未为愚。”② 梁启超《释革》:“不由此道而欲以图存,欲以图强,是磨砖作镜,炊沙为饭之类也。”

面壁磨砖 miàn bì mó zhuān 同“磨砖作镜”。举例 宋·陈师道《请月长老再往荐福疏》:“守株待兔虽达者之不为,面壁磨砖亦古人之常事。”

顽砖不成镜 wán zhuān bù chéng jìng 同“磨砖作镜”。举例 清·钱谦益《书破山刻石屋珙(gǒng)禅师语录后》:“顽砖不成镜,蕉芽难种谷。”

M

莫逆 mò nì

出处《庄子·大宗师》。解说 莫:没有什么。逆:抵触。莫逆:没有抵触;感情融洽。战国时哲学家庄子为了阐述自己关于生与死的辩证思想,讲了一个故事:有一天,子祀、子舆、子犁、子来四人聚在一起讨论:如果有人能够以“无”为人体头部,以“生”为人体脊背,以“死”为人体椎骨末端,了解生与死、存与亡为一体,我们就是朋友。“四人相视而笑,莫逆于心,遂相与为友。”(大意是:四个人互相望着会心地笑了,因为他们看法一致,心灵相通,没有什么相抵触的地方,于是结为朋友。)后用此语指彼此情投意合,交谊深厚。举例 ①《北史·眭(suī)夸传》:“少与崔浩为莫逆。”② 清·王应奎《柳南随笔》卷一:“余同里閈(hàn)之友号称莫逆者,不过三四人,皆当世知名士。”③《幻灭》二:“所以在中学时代,静和慧最称莫逆,但也最会呕气吵嘴。”

莫逆交 mò nì jiāo 见“莫逆”。交:交往;友谊。指情投意合、交谊深厚的朋友。举例《北史·柳弘传》:“(柳弘)与弘农、杨素为莫逆交。”

莫逆之交 mò nì zhī jiāo 同“莫逆交”。举例 ①《醒世恒言·佛印师四调琴娘》:“一日应举到京,东坡学士闻其才名,每与谈论,甚相敬爱。屡同诗酒之游,遂为莫逆之交。”② 邹韬奋《经历·再被羁押》:“后来我发现其中有几位还是我的读者,我们更成了莫逆之交了。”③《李自成》第三卷五十二章：“这一位是张秀才，是这院里的房东，也是我的莫逆之交。”

莫逆于心 mò nì yú xīn 见“莫逆”。指内心情意相投。举例 冯玉祥《我的生活》第三十一章：“同时胡、孙等虽与我志同道合，莫逆于心，然政治的认识亦殊不充分。”

墨守 mò shǒu

出处《墨子·公输》。解说 墨：指墨子，春秋末、战国初的思想家，墨家学派的创始人，相传为宋国人，长期居住在鲁国。后人整理有《墨子》一书，是墨家学派著作的总汇。成规：现成的规矩、制度。战国时，楚国准备攻打宋国，楚王还专门请公输盘（鲁班）设计制造了一种用来攻城的高高的云梯。墨子主张“兼爱”“非攻”，得知此事之后，昼夜兼程，来到楚国。墨子劝楚王打消攻打宋国的念头，最初楚王不听劝阻。墨子便临时设计制造了一种守城装置，与公输盘当场演示攻守战略。公输盘几次用云梯进攻，都被墨子挫败了。楚王见难以取胜，才放弃了攻打宋国的计划。由于墨子擅长守城，后世称擅于守城的人为“墨守”。比喻思想固执保守，因循守旧，不思改革创新。举例 清·黄宗羲《钱退山诗文序》：“如钟嵘之《诗品》，辨体明宗，固未尝墨守一家以为准的也。”

墨守成规 mò shǒu chéng guī 同“墨守”。举例 ①《六十年的变迁》第四章：“你也是一个军佐吧，如果破格把他介绍进来做同志，就会更加有利，不能墨守成规。”② 邓拓《钱松喦（yán）的山水画》：“如《竹海人家》《姑苏花农》等几幅画也完全不是墨守成规者所可比拟。”③《钟鼓楼·不是结尾》：“他为人古道热肠，艺术见解却绝不墨守成规，他一贯鼓励澹台智珠在继承流派的过程中刻意求新，闯出新的独特的风格。”

墨守陈规 mò shǒu chén guī 同“墨守”。举例 秦牧《辩证规律在艺术创作上的运用》：“墨守陈规，不敢勇于创造也决然是和客观事物的发展规律不能相容的。”

墨守成法 mò shǒu chéng fǎ 同“墨守”。举例 清·王韬《瓮牖（yǒu）余谈·犹太古历说》：“而至今，中法每不如西法之密，何哉？盖用心不专，率皆墨守成法，未能推陈出新耳。”

木鸡 mù jī

出处《庄子·达生》：“纪渻（shěng）子为王养斗鸡。十日而问：‘鸡已乎？’曰：‘未也，方虚憍（jiāo）而恃气。’十日又问，曰：‘未也，犹应向景。’十日又问，曰：‘未也，犹疾视而盛气。'十日又问,曰:'几矣。鸡虽有鸣者,已无变矣,望之似木鸡矣;其德全矣,异鸡无敢应者,反走矣。'" 解说 木鸡:木头制成的鸡。憍:骄傲。向:通"响"。景:通"影"。犹应向景:听见响声就叫,看见影子就跳。原文大意是:战国时有一位斗鸡专家名叫纪渻子,周宣王派他负责驯养斗鸡。养了十天,周宣王催问:"训练成了吗?"纪渻子答道:"不成,它一看到别的鸡,或听到鸡叫就跃跃欲试,不够沉着。"又过了十天,周宣王问:"现在该成了吧?"纪渻子答:"还不行,性情还相当浮躁。"又过了十天,周宣王问:"怎么样,难道还不成吗?"纪渻子答:"现在差不多了,它已完全具备了斗鸡的素质,听到别的鸡叫后从容镇定,外形像只木头鸡,呆头呆脑,实际是在养精蓄锐,看上去让人生畏。未经严格训练的鸡,没有敢与争锋的,一见它就会吓得掉头逃跑,不敢应战。"此语原指像木头一样呆板的鸡,后比喻修养深厚、镇定自若的人。也比喻呆笨或发愣的样子。 举例 ① 唐·白居易《礼部试策》之三:"事有躁而失、静而得者,故木鸡胜焉。"② 李玉林《难忘的会见》:"(我们)像木鸡似的愣了半天。"

蠢若木鸡 chǔn ruò mù jī 见"木鸡"。形容身体伏着不动,或动作呆板、迟缓。 举例《聊斋志异·促织》:"小虫伏不动,蠢若木鸡。"

呆若木鸡 dāi ruò mù jī 见"木鸡"。呆:迟钝;蠢笨。原比喻人的才智高而不露锋芒,或人的修养达到能镇定取胜的高境界。现多形容痴呆或因恐惧、吃惊而发愣的样子。 举例 ① 王肇英《从此长大》:"那段日子,我形式上常常是两耳不闻窗外事呆若木鸡的样子,然而我内心却是沉浸在五彩缤纷的世界中。我学到了许多知识,也懂得了不少道理;我忘却了身边的一切,也吃了不少苦头。"②《大波》第四部三章:"全都呆若木鸡般,你相着我,我相着你,不明白出了什么事。"③《老百姓的节日》二:"人死后,她反而不知道哭泣,只是眼睛发直,呆若木鸡。"

呆如木鸡 dāi rú mù jī 同"呆若木鸡"。 举例 ①《慈禧太后演义》第三回:"这时桂祥被舆夫一嚷,好似钳住了口,呆如木鸡一般。"②《林海雪原》第二十八回:"匪首侯殿坤在得知这个噩耗之后,特别是知道了老妖道的落网后,当即呆如木鸡。"

呆似木鸡 dāi sì mù jī 同"呆若木鸡"。 举例《二十年目睹之怪现状》第四十五回:"我提到案下问时,那罗荣统呆似木鸡,一句话也说不出来。"

墓木已拱 mù mù yǐ gǒng

出处《左传·僖公三十二年》。 解说 墓木:坟墓旁的树。拱:双手合围。春秋时,秦穆公准备派兵攻打远方的郑国,老臣蹇(jiǎn)叔竭力劝阻,并指出这次战争的诸多不利因素。但是,秦穆公没有接受蹇叔的反对意见,坚持派孟明视、西乞术、白乙丙三员大将率兵出征。蹇叔的儿子也奉命随军上阵。蹇叔预料秦军必定大败而归,于是来到东城门外哭着为出征的将士和儿子送行说：你们这一去凶多吉少，我能亲眼看着你们出征，却再也看不到你们平安回师了。秦穆公知道了很生气，派人斥责蹇叔说："尔何知！中寿，尔墓之木拱矣。"（中寿：中等寿数，指六十岁左右。原话大意是：你知道什么！简直是白活到七八十岁了，如果活到六十多岁就死去，栽在坟墓旁边的大树该有双手合抱那么粗了。）后用此语诅咒别人该死，也比喻人已去世多年。举例 ①宋·范祖禹《答刘仙尉书》："近《资治通鉴》印本奏御，因思同时修书诸人墓木已拱，存者唯仆，尤可感叹。"②明·归有光《请敕（chì）命事略》："有光独久不第，而先人春秋高先妣墓木已拱，有无穷之感也。"③《孽海花》第七回："山丘依然，老成凋谢，想着从前乡先辈冯景亭先生见面时，勉励的几句好言语，言犹在耳，而墓木已拱。"

拱木 gǒng mù 同"墓木已拱"。举例 唐·白居易《六十六》："交游成拱木，婢仆见曾孙。"

拱墓 gǒng mù 同"墓木已拱"。举例 清·夏燮（xiè）《中西纪事·粤东要抚》："元戎逼胁于垂堂，老将因循于拱墓。"

拱树 gǒng shù 见"墓木已拱"。指坟墓。举例 唐·陈子昂《为人陈情表》："宿草成列，拱树荒凉。"

M

N

南箕北斗 nán jī běi dǒu

出处《诗经·小雅·大东》:“维南有箕,不可以簸扬;维北有斗,不可以挹(yì)酒浆。”解说 箕:星宿名,有四星,连起来形状像簸箕;斗:星宿名,有六星,连起来形状像古代盛酒的斗。挹:舀取。原文大意是:南方的箕星像簸箕,却不能用来簸扬糠秕;北方的斗星像酒斗,却不能用来舀取酒浆。夏秋之季,箕星和斗星同时出现在南方,箕星在南,斗星在北。箕星和斗星虽似其物,但实际没有簸箕或酒斗的作用。此语用来比喻有名无实。举例 ①《北史·邢邵传》:“今国子虽有学官之名,而无教授之实,何异兔丝燕麦,南箕北斗哉!”② 清·钱谦益《戊辰七月应召赴阙车中言怀》之二:“白马清流伤往事,南箕北斗愧虚名。”

箕斗 jī dǒu 同“南箕北斗”。举例 宋·苏轼《和三舍人省上》:“嗟君妙质皆瑚琏,顾我虚名但箕斗。”

南橘北枳 nán jú běi zhǐ

出处《晏子春秋·杂下六》,又见《周礼·考工记序》。解说 橘:橘树,果实为橘子,味酸甜。枳:枳树,果实为枸(gǒu)橘,味酸苦。晏婴是春秋时齐国的大臣,机智善辩,曾任国相,后人尊称为“晏子”。有一次,晏子奉命出使到了楚国。楚王设计想羞辱他,在迎接晏子举行酒宴时,有士兵押解着一个犯人从堂下走过。楚王装模作样地问:犯人有什么罪?士兵答道:是偷窃。楚王接着问:犯人是哪里人?士兵答道:是齐国人。楚王转过身来问晏子说:齐国人一定很会偷东西吧?晏子答道:“婴闻之:橘生淮南则为橘,生于淮北则为枳,叶徒相似,其实味不同。所以然者何?水土异也。今民生长于齐不盗,入楚则盗,得无楚之水土使民善盗邪?”(淮:指淮河。大意是:我听说橘树生长在淮河以南就结酸甜的橘子,移植到淮河以北就变成了枳树,结酸苦的枸橘。这两种树的叶子相似,结出的果实味道却大不一样,这是为什么呢?原来两地水土不同,生长的自然条件有差异。齐国的百姓住在本国时安分守法,不偷窃,到了楚国却学会做贼了,大概是因为楚国的民风习俗恶劣而影响的吧?)楚王听了这一番话，顿时面红耳赤，一时说不出话来。后用此语比喻人或事物随着环境条件的变化而改变性质。举例《喻世明言·晏平仲二桃杀三士》："名为南橘北枳，便分两等，乃风俗不等也。"

淮橘为枳 huái jú wéi zhǐ 同"南橘北枳"。举例 严复《原强》："此中大半，皆西洋以富以强之基，而自吾人行之，则淮橘为枳，若存若亡，不能收其实效者，则又何也？"

逾淮之橘 yú huái zhī jú 见"南橘北枳"。指因改变环境而变质的事物。举例 叶圣陶《穷愁》："无如工厂之制，昌于西土，殆如逾淮之橘，迁地弗良。"

南柯梦 nán kē mèng

出处 唐·李公佐《南柯太守传》。解说 柯：草木的枝或茎。传说有一个人名叫淳于棼(fén)，喝醉了酒，倒在门前的大槐树下睡着了。梦中来到槐安国，国王招他为驸马，派他到南柯郡任太守，享尽荣华富贵，并生有五男二女。后来，他奉命领兵出征战败，公主也去世了，国王开始疑忌并疏远他，把他遣送回乡。淳于棼猛然惊醒，方知原来是一场梦，槐安国不过是槐树根部的一个树洞，南柯郡只是槐树南侧枝条上的一个蚂蚁窝，一切全属虚幻。后用此语比喻世间荣华富贵不过是一场梦，转瞬即逝。也指虚幻的美梦或一场空欢喜。举例 ① 宋·朱敦儒《水龙吟》："念伊嵩旧隐，巢由故友，南柯梦，遽(jù)如许！"② 明·无名氏《闺中四梦八空》："恩多也是空，情多也是空，都做了南柯梦。"

南柯一梦 nán kē yī mèng 同"南柯梦"。举例 ①《警世通言·赵太祖千里送京娘》："可怜闺秀千金女，化作南柯一梦人。"②《儿女英雄传》第二十二回："方待用武，怎奈四肢无力，平日那本领气力，一些使不出来，登时急得一身冷汗，'啊呀'一声醒来，却是南柯一梦。"③《雍正皇帝》第一二四回："哦，原来刚才发生的一切，竟然是南柯一梦。"

一枕南柯 yī zhěn nán kē 同"南柯梦"。举例 元·关汉卿《鲁斋郎》第四折："蜗牛角上争人我，梦魂中一枕南柯。"

南柯 nán kē 同"南柯梦"。举例 ① 宋·范成大《题城山晚对轩壁》："一枕清风梦绿萝，人间随处是南柯。"② 元·汤式《天香引·西湖感旧》："光景蹉跎，人物消磨，昔日西湖，今日南柯。"

槐南一梦 huái nán yī mèng 同"南柯梦"。举例 明·王錂(líng)《春芜记·宸游》："正是只将桑海千秋事，付与槐南一梦中。"

槐柯蚁穴 huái kē yǐ xué 同"南柯梦"。举例 宋·周密《八声甘州》："百年间春梦，笑槐柯蚁穴，多少王侯。"

N

南山铁案 nán shān tiě àn

出处《旧唐书·李元纮(hóng)传》。解说 南山：指终南山。案：案件；指对案件的判定。唐代的李元纮为人正直，曾官任雍州司户参军，掌管户籍、钱粮等，判案公正。当时，唐睿宗妹妹太平公主的家臣依仗公主权势，为非作歹，大肆侵吞百姓的财产。有一次，太平公主的家臣与寺院的和尚争夺一处磨坊而告到官府，李元纮查明案情，秉公执法，把磨坊判归寺院。李元纮的上司雍州长史窦怀贞知道后，害怕得罪了太平公主，指示李元纮立即改判。李元纮不畏权势，气愤地提笔在原判决书的背面批上以下几个字："南山或可改移，此判终无摇动。"(判：裁决。摇动：动摇，指改判。原文大意是：终南山也许可以移动，这桩已经判定的案子却绝对不能更改。)由于李元纮大公无私，颇有政绩，官至太子少傅，死后谥为文忠。后用此语指已经判定无误，不可推翻或更改的案件。举例 清·薛福成《庸盦(ān)笔记·轶闻·谳(yàn)狱引律同而不同》："前之所断，不愧南山铁案，盖其情实可诛，则虽死而无怨也。"

南山可移，此案不动 nán shān kě yí, cǐ àn bù dòng 见"南山铁案"。形容案件已经判定无误，不可推翻或更改。举例 清·纪昀《阅微草堂笔记·滦阳消夏录三》："问官申辩百端，(唐执玉)终以为南山可移，此案不动。"

铁案如山 tiě àn rú shān 同"南山可移，此案不动"。举例 ①《聊斋志异·胭脂》："铁案如山，宿遂延颈以待秋决矣。"② 梁启超《新民说》十四："若是乎官吏之分利贼民，固已铁案如山，不容为讳矣。"③《三家巷》八十："在衙门里，只分官儿大小。官儿大的，拿笔一批，就是铁案如山。"

铁案 tiě àn 同"南山铁案"。举例 ① 郑观应《盛世危言·交涉上》："其不合乎律例者，彼公使领事纵百计恃强要挟，官可罢，头可断，铁案终不可移。"② 郭沫若《中国古代社会研究》第三篇一章："在商代以前，绝对不能有那样完备的文字，这由卜辞的发现已成为一个铁案了。"

南辕北辙 nán yuán běi zhé

出处《战国策·魏策四》。解说 辕：车前驾牲口用的木杆。辙：车轮碾过后留下的痕迹。南辕北辙：车辕向南，车辙向北。战国时，魏王为了争夺霸权，打算攻打赵国的邯郸。大臣季梁婉言劝谏，讲了如下的故事：我在太行山脚下遇到一个人想去南方的楚国，可是他却赶着马车往北走。我提醒他说："楚国在南方，你应该向南走，怎么却往相反的方向走呢?"他说："不要紧，我的马跑得快，马夫赶车的技术高。"我说："方向不对,马跑得快、马夫赶车的技术高也不行呀!"他又说:"没关系,我带的路费多。"我说:"你的方向错了,马跑得快,马夫赶车的技术高,路费再多,也只能使你离楚国越来越远!"季梁接着对魏王说:"同样的道理,如今大王建立霸业,不能仅凭武力,如果依仗魏国实力强大、兵多将勇而去攻打赵国,就会像那个想去楚国却向北走的人一样,距离霸业的成功日益遥远。"后用此语比喻采取的行动与所要达到的目的恰好相反,结果离目标越来越远。举例 ① 清·魏源《书古微序》:"南辕北辙,诬圣师心,背理害道,不可胜数。"②《民国通俗演义》第六十八回:"你想这六条要求,与中央开出的六条款约,简直是南辕北辙,相差甚远,有甚么和议可言?"③ 茅盾《杂谈文艺现象》:"如果一方面盼望有功于'世道人心'的文艺,而同时又不许文艺作品带着强心和清泻的药品,这何异南辕北辙?"

北辙南辕 běi zhé nán yuán 同"南辕北辙"。举例 清·洪昇《长生殿·觅魂》:"多谢娘娘指引。枉了上下俄延,都做了北辙南辕。"

难兄难弟(一) nán xiōng nán dì

出处《世说新语·德行》。解说 陈寔(shí)是东汉时人,曾入太学受业,后官任太丘长(太丘县县令。太丘县治所在今河南永城境内),颇有政绩,人称"太丘"。陈寔有两个儿子,大儿子叫陈纪(字元方),小儿子叫陈谌(chén)(字季方)。这两个儿子聪明好学,德才兼备。大儿子曾官任尚书令、大鸿胪。人们把陈寔与两个儿子并称"三君"。陈纪的儿子叫陈群(字长文),陈谌的儿子叫陈忠(字孝先)。陈群和陈忠都很崇拜自己的父亲,有一天他们各自称述父亲的才德,为争执孰高孰低而互不相让,于是一起去见祖父陈寔,请祖父予以评定。陈寔望着两个孙儿,笑着说:"元方难为兄,季方难为弟。"(大意是:兄长元方和弟弟季方才德俱佳,不分上下。)后用此语形容兄弟二人才德都很出众,难分高低。也比喻两种事物各有长处。有时讥讽二人或两种事物同样差或低劣。举例 ①《儒林外史》第四十九回:"高老先生原是老先生同盟,将来自是难兄难弟可知。"② 清·魏源《二室行》:"太室之胜山内藏,少室之奇山外仰。难兄难弟孰相让?"③ 清·李渔《蜃(shèn)中楼·阃(kǔn)闹》:"一个不通文理,一个不达时务,是难兄难弟。"④ 郭沫若《李白与杜甫·杜甫的门阀观念》:"但这种东西,在今天看来,和南北朝时代的四六骈(pián)文、明清时代的八股文,其实是难兄难弟。"☞这里的"难"不读 nàn。

难兄弟 nán xiōng di 见"难兄难弟(一)",原指元方、季方两兄弟,泛指才德难以分出上下的两兄弟。举例 宋·郭应祥《菩萨蛮·去岁寿李嗣立》:"两个老人星,君家难兄弟。"

二难 èr nán 同"难兄弟"。举例 ① 唐·包何《和苗员外寓直中书》:"朝列称多

N

士,君家有二难。”②《水浒传》第四十九回:“手执莲花铁镋(tǎng),腰悬蒲叶尖刀,豹皮裙子虎筋绦,解氏二难年少。”

二方 èr fāng 同“难兄弟”。举例 清·毛奇龄《平年伯寿诗》:“陆玮见双璧,陈氏推二方。”

元方季方 yuán fāng jì fāng 同“难兄弟”。举例 唐·杨炯(jiǒng)《唐上骑都尉高君神道碑》:“有元方季方之长幼,传学诗学礼之门风。”

难兄难弟(二) nàn xiōng nàn dì

见“难兄难弟(一)”。转指曾经共同患难的人,或同处于一样困难境地的人。举例 ① 元·张可久《折桂令·湖上饮别》:“难兄难弟俱白发相逢异乡,无风无雨未黄花不似重阳。”② 郭沫若《革命春秋·创造十年续编》:“(日本)其以半殖民地的风貌出现于世界也,和我们实在是难兄难弟。”☞这里的“难”不读 nán。

囊空 náng kōng

出处 唐·杜甫《空囊》:“世人共卤莽,吾道属艰难。不爨(cuàn)井晨冻,无衣床夜寒。囊空恐羞涩,留得一钱看。”又见宋·阴时夫《韵府群玉·阳韵·一钱囊》。解说 爨:烧火做饭。羞涩:害羞;难为情。杜甫诗描述了自己生活的清苦、艰难。《韵府群玉》记载:东晋时名士阮孚曾任黄门常侍、安东参军,为人清高孤傲,好饮酒游乐,身上很少有剩余的钱财。有一天,阮孚到会稽游玩,腰间挂着一个黑色的皮囊。有人问他说:行囊中装的是什么东西?阮孚风趣地答道:这是我的钱袋,“但有一钱看囊,空恐羞涩”。(大意是:怕它空了会感到难为情,因而放了一个铜钱在里边守着。)后用此语形容经济拮据,手边缺少钱财。举例 唐·齐己《送朱秀才归闽》:“荆门来几日,欲往又囊空。”

囊空羞涩 náng kōng xiū sè 同“囊空”。举例《说岳全传》第十五回:“小弟等欲待回家,怎奈囊空羞涩,思量又无家小,不如投奔大哥。”

空囊羞涩 kōng náng xiū sè 同“囊空”。举例 清·杨潮观《吟风阁杂剧·穷阮籍醉骂财神》:“又怎奈空囊羞涩清高在,逼死了多少豪杰隽贤才。”

羞涩空囊 xiū sè kōng náng 见“囊空”。指里边存钱不多的钱袋。举例 清·尤侗《除夕再哭亡妇六首》之四:“可怜索米长安客,羞涩空囊无纸钱。”

囊中羞涩 náng zhōng xiū sè 同“囊空”。举例 ① 梁实秋《雅舍小品·穷》:“别看我囊中羞涩,我有所不取;别看我落魄无聊,我有所不为,这样一想,一股浩然之气火辣辣的从丹田升起，腰板自然挺直……无往不宜。”②《战争和人》(一)卷七：“张洪池脸色松弛下来，呵呵一笑说：‘童秘书长别见笑，我现在是囊中羞涩。秘书长如果方便，请借五百元给我。’”

囊羞涩 náng xiū sè 同“囊空”。举例 宋·陈藻《题清晖楼》：“欲醉囊羞涩，愁看度两年。”

囊涩 náng sè 同“囊空”。举例《聊斋志异·鸦头》：“雅意极所感佩，囊涩奈何！”

阮囊羞涩 ruǎn náng xiū sè 同“囊空”。举例 清·百一居士《壶天录》卷上：“拟往江西玉山县投亲，道经申浦，阮囊羞涩，行止两难。”

阮囊 ruǎn náng 同“羞涩空囊”。举例 柯灵《香雪海·小浪花》：“也时而掏掏羞涩的阮囊，向他买一两粒糖吃。”

客囊贫 kè náng pín 同“囊空”。举例 清·秋瑾《感愤》：“国破方知人种贱，义高不碍客囊贫。”

囊萤 náng yíng

出处《晋书·车胤(yìn)传》：“车胤恭勤不倦，博学多通，家贫不常得油，夏月则练囊盛数十萤火以照书，以夜继日焉。”解说 囊：布袋子。晋代人车胤从小勤奋好学，因家境贫穷，没钱买灯油，夏天晚上读书时，他就捉来几十只萤火虫，装在白绢做的袋子里，利用萤火虫发出的光亮来读书。车胤后来学有所成，官至吏部尚书，享受厚禄。后用此语形容家境贫困的人刻苦读书。参见714页“映雪”。举例 ① 五代·李中《送相里秀才之匡山国子监》：“已能探虎穷骚雅，又欲囊萤就典坟。”② 宋·杨万里《送谈命周从龙》：“周子囊萤初学儒，学儒不就学星书。”

囊萤照读 náng yíng zhào dú 同“囊萤”。举例 鲁迅《且介亭杂文·难行和不信》：“一个说要用功，古时候曾有‘囊萤照读’‘凿壁偷光’的志士。”

囊萤映雪 náng yíng yìng xuě 同“囊萤”“映雪”。举例 ① 元·施惠《幽闺记·书帏(wéi)自叹》：“十年囊萤映雪，苦学干禄，幸首获州庠(xiáng)乡举。”② 元·贾仲名《萧淑兰》第一折：“虽无汗马眠霜苦，曾受囊萤映雪劳。”

囊萤积雪 náng yíng jī xuě 同“囊萤映雪”。举例 元·乔吉《金钱记》第三折：“便好道君子不重则不威。枉了你穷九经三史、诸子百家，不学上古贤人囊萤积雪，凿壁偷光，则学乱作胡为。”

萤雪 yíng xuě 同“囊萤映雪”。举例 ① 唐·刘兼《倦学》：“百氏典坟空自苦，一堆萤雪竟谁知。”② 宋·辛弃疾《水调歌头·万事一杯酒》:“平生萤雪,男儿无奈五车何!”

聚萤 jù yíng 同“囊萤”。举例 唐·高适《奉酬北海李太守丈人夏日平阴亭》:“一生徒羡鱼,四十犹聚萤。”

读书萤 dú shū yíng 见“囊萤”。指用来照明读书的萤火虫。举例 唐·杜甫《题郑十八著作丈故居》:“穷巷悄然车马绝,案头干死读书萤。”

泥牛入海 ní niú rù hǎi

出处 宋·释道元《景德传灯录·龙山和尚》。解说 泥牛:用泥塑的牛。据说有一天,洞山和尚到潭州龙山拜访龙山和尚,龙山和尚设素斋招待。席间,洞山和尚问龙山和尚说:“您在这山上住了多少年?”龙山和尚答道:“记不得了,因为我从来不关心春去秋来。”洞山和尚又问:“那么,您为什么要住到这山里来呢?”龙山和尚答道:“我看见两个泥牛互相争斗而跃入海中,直至今天也没有看见回来。”后用此语比喻一去不复返,毫无音讯。举例 ① 元·尹廷高《送无外僧弟归奉庐墓》:“泥牛入海无消息,万壑(hè)千岩空翠寒。”②《二十年目睹之怪现状》第七回:“此时那两个钱庄干事的人,等了好久,只等得一个泥牛入海,永无消息,只得写信到上海去通知。”③ 郭沫若《满江红·元旦书怀》:“桀(jié)犬吠尧堪笑止,泥牛入海无消息。”

N

鲇鱼上竹竿 nián yú shàng zhú gān

出处 宋·欧阳修《归田录》卷二。解说 梅尧臣字圣俞,是北宋时有名的诗人,仕途坎坷,晚年奉命参加编写《新唐书》。梅尧臣喜欢写诗,但不愿意修史,因为史书的内容很正统,不能随意发挥。他曾无可奈何地对妻子刁氏说:“吾修书,可谓猢狲入布袋矣。”(猢狲:泛指猴子。)大意是:派我修史,好比把猴子装进布口袋,太受束缚了。刁氏嘲讽说:“君于仕宦,亦何异鲇鱼上竹竿耶!”(大意是:你做官,与鲇鱼往竹竿上爬又有什么不同!)梅尧臣的意思是说,自己长于写诗,不善于编写史书。刁氏的意思是说,丈夫为官不顺利,就像鲇鱼爬竹竿一样老往下滑落。因为鲇鱼身体黏滑无鳞,很难顺着竹竿爬上去。后用此语比喻仕途不得意,升迁无望。举例 清·赵翼《七十自述》之七:“寸寸鲇鱼上竹竿,生平一第最艰难。”

鲇鱼缘竹竿 nián yú yuán zhú gān 同“鲇鱼上竹竿”。举例 宋·苏轼《梅圣俞诗集中有毛长官者》:“归来羞涩对妻子,自比鲇鱼缘竹竿。”

鲇鱼上竿 nián yú shàng gān 同“鲇鱼上竹竿”。举例 金·王若虚《答张仲杰书》:“老人家益贫而官益拙,鲇鱼上竿,可笑可悯。”

鸟尽弓藏,兔死狗烹 niǎo jìn gōng cáng,tù sǐ gǒu pēng

出处《史记·越王勾践世家》。解说 烹:煮。春秋末期,吴、越争霸,越国被吴国打败,屈服求和。越王勾践卧薪尝胆,在大夫范蠡(lí)、文种的辅佐下,使国家由弱转强,终于灭了吴国,洗雪国耻。范蠡早已看出越王勾践为人心胸狭隘,可与人共患难,却不能与人共安乐,于是弃官出走,改名换姓逃到齐国隐居起来。范蠡念及旧日交情,给大夫文种写了一封信,劝他也早日离开越国以避杀身之祸。信中写道:"蜚鸟尽,良弓藏。狡兔死,走狗烹。敌国破,谋臣亡。"(蜚:同"飞"。原文大意是:飞鸟全都射杀光了,再好的弹弓也会被收藏起来;野兔全都猎杀死了,猎狗就会被杀掉煮熟了吃;敌国灭掉了,谋臣就难免被罢官或遭迫害。)文种虽然不完全相信范蠡的话,但也从此假装有病不去上朝。尽管如此,还是引起勾践的疑忌。勾践后来赐剑逼文种自杀,文种悔之晚矣。此语原指功臣遭到猜疑和杀害,比喻事成之后,曾出力效劳的有功之人因失去利用价值而被害。参见639页"卧薪尝胆"。举例 ①《水浒后传》第九回:"大凡古来有识见的英雄功成名就,便拂袖而去,免使后来有'鸟尽弓藏,兔死狗烹'之祸。"② 鲁迅《且介亭杂文末编·立此存照(四)》:"其实他们在当时昧了良心努力讨好朝廷,结果还是'鸟尽弓藏,兔死狗烹',真是愚不可及。"③《李自成》第一卷九章:"一旦义军战败,将军对朝廷已无用处,鸟尽弓藏、兔死狗烹的时候就要到来。"

狡兔死,走狗烹 jiǎo tù sǐ, zǒu gǒu pēng 同"鸟尽弓藏,兔死狗烹"。举例 ① 明·王守仁《步步娇·归隐》:"只恐怕狡兔死,走狗烹,做了韩信的下梢。"②《战争和人》(三)卷七:"政治这玩意儿,就像虎口,你看,叶秋萍都会如此下场,谁能料定这些人有朝一日不会狡兔死走狗烹呢?"

兔死狗烹 tù sǐ gǒu pēng 同"鸟尽弓藏,兔死狗烹"。举例 ① 明·张景《飞丸记》第三十三出:"还有一等兔死狗烹,衔冤赍(jī)志,如汉代韩(信)彭(越),宋朝张(宪)岳(飞),后来成什么结果。"② 陶菊隐《北洋军阀统治时期史话》第六十三章:"王承斌却埋怨曹锟对吴景濂不应当采取'兔死狗烹'的手段。"

鸟兽散 niǎo shòu sàn

出处《汉书·李陵传》。解说 李陵是西汉名将李广的孙子,擅长骑射,曾任骑都尉。有一次他奉命率兵五千人出塞迎击匈奴,不料在返回途中遭到匈奴骑兵八万人的包围。李陵率军且战且退,一连激战八天八夜。李陵部下士卒死伤过半,匈奴也死伤一万余人。由于敌众我寡,汉军被匈奴围困在一个峡谷里,箭矢和粮食都耗尽了。

N

李陵看到突围无望,长叹一口气说:"今无兵复战,天明坐受缚矣!各鸟兽散,犹有得脱归报天子者。"(兵:兵器。大意是:现在已经没有武器可以再战斗,天亮以后只能坐以待毙了!大家还是像受到惊吓的飞鸟、走兽那样四散逃命去吧,也许有人能够逃出敌人的包围圈,回去把战况报告给朝廷。)于是,剩下的汉军将士趁夜各自突围,结果有四百余人逃回去了。李陵被匈奴俘虏,被迫投降。后用此语形容成群的人像飞鸟、走兽逃散一样纷乱地散去,多形容敌人溃逃,也比喻某组织或团体乱糟糟地散伙。参见317页"救死扶伤"。举例 ① 宋·苏轼《答李琮(cóng)书》:"见利则云合,败则鸟兽散,此本蛮夷之所长,而中原之所无奈何也。"② 清·吴梅《风洞山·入海》:"只消北兵一至,便各鸟兽散,直恁(nèn)可恨也。"

如鸟兽散 rú niǎo shòu sàn 同"鸟兽散"。举例 ① 清·采蘅子《虫鸣漫录》卷一:"粤兵素弱,见之即溃,如鸟兽散。"②《慈禧西幸记》:"董提督霍地掏出了怀里的洋枪,对准门口当头的两个拳民,放了两下,随即倒下去两个,吓得其余的夺门而逃,如鸟兽散。"③ 毛泽东《别了,司徒雷登》:"人民解放军横渡长江,南京的美国殖民政府如鸟兽散。"

宁馨儿 níng xīn ér

N

出处《晋书·王衍传》。解说 王衍是西晋时大臣。他年少时生得神情清秀,风姿高雅,人见人爱。有一天,少年王衍去拜访名士山涛。山涛送王衍走的时候,望着他的背影感叹道:"何物老妪(yù),生宁馨儿!然误天下苍生者,未必非此人也。"(何物:魏晋六朝时俗语,相当于"什么""什么样的"。妪:年老的妇人,这里用于尊称。宁馨:魏晋六朝时俗语,相当于"如此""这样"。大意是:多么了不起的妇人,竟然生了个如此英俊的儿子!尽管他长得英俊潇洒,但是将来贻误天下百姓的,很可能就是这个人啊!)山涛的话竟然说中了。王衍长大后一表人才,官任中书令、司徒、太尉等。由于他位居三公,崇尚清谈,使得朝野上下形成不务实际的风气。当匈奴入侵西晋都城洛阳时,王衍率军拒敌,结果全军覆没,王衍被杀。王衍死前沉痛地说:"呜呼!吾曹虽不如古人,向若不祖尚浮虚,戮力以匡天下,犹可不至今日!"(大意是:可悲啊!我辈的才能虽比不上前人,但如果不是以高谈阔论、虚言浮夸为能事,同心协力治理天下,也不至于落得今天的地步!)后用此语称赞别人的孩子或子弟,相当于"好孩子"。举例 ① 清·赵翼《亡室程恭人忌辰》:"漫有床前阿堵物,也多膝下宁馨儿。"② 梁启超《论中国学术思想变迁之大势》第一章:"吾欲我同胞张灯置酒……以行亲迎之大典,彼西方美人,必将为我家育宁馨儿以亢吾宗也。"③《家》六:"看见他的人都说他日后会有很大的成就,便是他的父母也在暗中庆幸有了这样一个'宁馨儿'。"

宁为鸡口，无为牛后 nìng wéi jī kǒu, wú wéi niú hòu

出处《战国策·韩策一》。解说 宁：宁可；宁愿。鸡口：鸡嘴。无：同“毋”，不要；不可以。牛后：牛的肛门。战国时，纵横家苏秦到韩国游说合纵抗秦。他知道韩国国君韩昭侯打算依靠秦国，于是劝阻韩昭侯说：如果大王归顺秦国，秦国一定会要求不断割地给它。大王的土地有限，而秦国的贪欲无限，以有限的土地去满足无限的贪欲，最终必然自受其害。“臣闻鄙语曰：‘宁为鸡口，无为牛后。’今大王西面交臂而臣事秦，何以异于牛后乎？夫以大王之贤，挟强韩之兵，而有牛后之名，臣窃为大王羞之。”（交臂：拱手。挟：依仗；可依仗。大意是：我听说有一句俗语：“宁愿作小而洁的鸡嘴，也不作大而臭的牛肛门。”现在大王归顺秦国，这跟作牛肛门有什么不同呢？以大王的贤能，又拥有强大的军队，却落了个牛肛门的臭名声，我都替大王感到羞耻。）韩昭侯听了苏秦的分析，打消了归顺秦国的念头。（一说“鸡口”为“鸡尸”之误，“尸”义为主；“牛后”为“牛从”之误，“从”义为牛子，即小牛犊。意思是：宁愿在一群鸡里为首，也不愿意像小牛犊一样随牛群而行。）后用此语比喻宁可小而尊，也不大而卑，即宁愿在局面小的地方做头领，掌实权，独立自主，也不愿到局面大的地方做下属，任人支配。举例 ①明·王衡《郁轮袍》第四折：“自古道，宁为鸡口，无为牛后，你忍得这气也。”②《水浒传》第九十九回：“城池坚固，粮草充足，尚可战守。古语有云：‘宁为鸡口，无为牛后。’”

宁为鸡口，毋为牛后 nìng wéi jī kǒu, wú wéi niú hòu 同“宁为鸡口，无为牛后”。举例 章炳麟《社会通诠商兑》：“宁为鸡口，毋为牛后，与使他人啖（dàn）我而饱也，宁自啖而不足。”

宁为鸡口 nìng wéi jī kǒu 同“宁为鸡口，无为牛后”。举例 宋·陈师道《送冯翊（yì）宋令》：“宁为鸡口官无小，欲试牛刀久要新。”

鸡口 jī kǒu 见“宁为鸡口，无为牛后”。比喻虽低微却能自主的地位。举例 唐·陆龟蒙《奉和袭美二游诗·任诗》：“甘闲在鸡口，不贵封龙额。”

牛后 niú hòu 见“宁为鸡口，无为牛后”。比喻低微且处于从属地位。举例 ①唐·元稹《酬翰林白学士代书一百韵》：“那能作牛后，更拟助洪基。”②章炳麟《杂感》：“宁为牛后生，毋为鸡口活。”

宁为玉碎，不为瓦全 nìng wéi yù suì, bù wéi wǎ quán

出处《北齐书·元景安传》。解说 北朝时，北魏孝文帝推行汉化，禁用鲜卑语，改皇族的姓氏拓跋氏为汉姓“元”。后来北魏分裂为东魏和西魏，东魏丞相高洋独揽朝政，逼迫孝静帝元善见让位，自立为王，并建立北齐政权。为了防止元氏家族反抗，高洋大肆屠杀元氏族人。将军元景安为了保住自己和家人的性命，准备放弃元姓，改为高姓。堂兄元景皓知道后，对他这种做法很气愤，斥责他说：“岂得弃本宗，逐他姓？大丈夫宁可玉碎，不能瓦全。”（大意是：怎么能放弃自己的宗族，改随别人的姓氏呢？好男儿宁做玉器被打碎，也不能做瓦片而得以保全。）元景皓的意思是，不能为了苟全性命，忘了祖宗，卑躬屈膝地看别人的眼色行事。然而，没有骨气的元景安为了讨好高洋，竟然把自己的堂兄出卖了，结果元景皓被迫害而死，其家人也受株连被遣出京城。后用此语比喻宁愿为正义而死，也决不苟且偷生。举例 ① 章炳麟《为民报封禁事移让日本内务大臣平田东助书》二：“本编辑人兼发行人宁为玉碎，不为瓦全。”②《花街》四：“宁为玉碎，不为瓦全，无耻苟活，生不如死。”③《李自成》第二卷四十章：“常言道：宁为玉碎，不为瓦全。受朝廷招安，连瓦全也说不上，是忘了先人累世的仇，忘了普天下小民的苦，反而做无道朝廷的鹰犬。”☞“宁为玉碎”的“宁”不读 níng。

宁可玉碎，不做瓦全 nìng kě yù suì, bù zuò wǎ quán 同“宁为玉碎，不为瓦全”。举例《文明小史》第三十七回：“我自出娘胎，从没受过这般羞辱，大丈夫宁可玉碎，不做瓦全。”

N

牛鬼蛇神 niú guǐ shé shén

出处 唐·杜牧《李贺集序》。解说 李贺，字长吉，是唐代著名诗人。他很有才气，写诗构思新奇独特，充满浪漫色彩。当时著名诗人杜牧曾为李贺的诗集作序，其中有这样一句：“牛鬼蛇神，不足为其虚荒诞幻也。”此语原指佛教所说的地狱中的牛头鬼、护卫佛法的人身蛇首的乐（yuè）神，这里用其怪异形象比喻李贺的诗别具一格，富有想象力。后比喻荒唐怪诞的文艺作品或在社会上兴风作浪、胡作非为的各类坏人。举例 ① 清·刘献廷《广阳杂记》卷四：“牛鬼蛇神，纷然满纸，不复可以寓目矣。”②《红楼梦》第八十二回：“更可笑的是八股文章，肚子里原没有什么，东拉西扯，弄的牛鬼蛇神，还自以为奥博。”③《老残游记续集》第二回：“近来风气可大不然了，到是做买卖的生意人，还顾点体面，若官、幕两途，牛鬼蛇神，无所不有。”④ 蒋光慈《新梦·莫斯科吟》：“十月革命，如大炮一般，轰隆一声，吓倒了野狼恶虎，惊慌了牛鬼蛇神。”⑤ 毛泽东《在中国共产党全国宣传工作会议上的讲话》：“凡是错误的思想，凡是毒草，凡是牛鬼蛇神，都应该进行批判，决不能让他们自由泛滥。”

牛角挂书 niú jiǎo guà shū

出处《新唐书·李密传》。解说 李密是隋代末年人,年轻时发奋读书,准备将来成为一个有作为的人。有一天,李密骑着牛外出拜师访友,为了抓紧点滴时间读书,他把书挂在牛角上,一边赶路一边读书。朝廷重臣越国公杨素路经此地,看见一个少年骑在牛背上专心用功,感到很惊讶,便问李密的姓名,在读什么书?李密赶紧跳下牛背,报上自己的姓名,告诉他说:“我读的是《汉书·项羽传》。”杨素夸奖了李密几句,说他将来一定前途无量。李密后来与杨玄感起兵反隋,又投奔瓦岗寨翟让起义军,兵败投降,最终因反唐而被杀。后用此语比喻刻苦自学,读书勤奋。举例 宋·陆游《对酒》:“牛角挂书何足问,虎头食肉亦非豪。”

挂牛角 guà niú jiǎo 同“牛角挂书”。举例 宋·苏轼《张恕寺丞益斋》:“晨耕挂牛角,夜烛借邻牖(yǒu)。”

挂角 guà jiǎo 同“牛角挂书”。举例 元·柯丹丘《荆钗记·会讲》:“悬头及刺股,挂角并投斧,叹先辈曾受许多勤苦。”

汉书牛背读 hàn shū niú bèi dú 同“牛角挂书”。举例 清·丘逢甲《和晓沧买犊》之四:“我归耕我田,《汉书》牛背读。”

牛角书生 niú jiǎo shū shēng 见“牛角挂书”。指刻苦读书的贫寒之士。举例 宋·刘克庄《沁园春·答九华叶贤良》:“牛角书生,虬(qiú)髯豪客,谈笑皆堪折简招。”

N

牛溲马勃 niú sōu mǎ bó

出处 唐·韩愈《进学解》:“玉札丹砂,赤箭青芝,牛溲马勃,败鼓之皮,俱收并蓄,待用无遗漏者,医师之良也。”解说 玉札:也叫玉泉,一种贵重药材。赤箭:即天麻,一种贵重药材。青芝:即龙芝,一种贵重药材。牛溲:也叫牛遗,即车前子,一种药材。马勃:也叫屎菰,一种菌类药材。原文大意是:治病下药时,珍贵的玉札、丹砂、赤箭、青芝,价廉易得的牛溲、马勃,以及破旧的用于蒙鼓的皮革,都能派上用场,这才是医术高明的好医生。此语原指价值低廉的药材,后比喻虽然卑贱却有用处的人或物。也比喻普通常见的无用之物。举例 ①《宋史·吴潜传》:“愿陛下笃任元老,以为医师;博采众益,以为医工。使臣辈得以效牛溲马勃之助,以不辱陛下知人之明。”②鲁迅《书信·致王志之》:“《募修孔庙疏》不必见寄,此种文字,所见已多,真多于‘牛溲马勃’,而且批评文字,亦无处发表。”

牛溲马渤 niú sōu mǎ bó 同“牛溲马勃”。渤：通“勃”。举例 清·李渔《闲情偶寄·居室·房舍》：“收牛溲马渤入药笼，用之得宜，其价值反在参苓之上。”

弄潮儿 nòng cháo ér

出处 唐·李益《江南曲》：“早知潮有信，嫁与弄潮儿。”又见宋·吴自牧《梦粱录·观潮》。解说 唐宋时期，盛行到钱塘江观潮，景象蔚为大观。农历每年的八月十八、十九两日，潮水最大。潮水将至时，成群的善于游泳的少年，把大彩旗、红绿小伞、彩缎等系在竹竿上，在激浪中随着汹涌起伏的潮水上下、进退，以博取观潮者的赞赏。人们把这些勇敢的少年称为“弄潮儿”。此语原指在大浪中搏击的健儿或船夫，后比喻在社会斗争的风浪中勇于进取的人。举例 ① 宋·潘阆(làng)《酒泉子·长忆观潮》：“长忆观潮，满郭人争江上望。来疑沧海尽成空，万面鼓声中。弄潮儿向涛头立，手把红旗旗不湿，别来几向梦中看，梦觉尚心寒。”② 鲁迅《三闲集·柔石作〈二月〉小引》：“浊浪在拍岸，站在山冈上者和飞沫不相干，弄潮儿则于涛头且不在意。”

弄梅 nòng méi

N

出处 唐·李白《长干行》之一：“郎骑竹马来，绕床弄青梅。同居长干里，两小无嫌猜。”解说 竹马：儿童放在胯下当马骑的竹竿。青梅，青色的梅子。《长干行》描写一位女子思夫心切，想从住地长途跋涉数百里去迎接丈夫。诗的开头回忆了他们从小在一起亲昵玩耍游戏的情景。后用此语指男女幼年时天真无邪，亲密无间，或自幼相好的男女青年。举例 宋·陈亮《柳梢青》：“斗草风流，弄梅情分，教人思忆。”

青梅竹马 qīng méi zhú mǎ 同“弄梅”。举例 ① 欧阳予倩《孔雀东南飞》第四场：“我与你自幼本相爱，青梅竹马两无猜。”②《东方》第一部九章：“那少年时的青梅竹马，在他的心灵里留下了多少难忘的记忆啊。”③《芙蓉镇》第一章：“一对青梅竹马，面对面地站在一块岩坂上。”

竹马之交 zhú mǎ zhī jiāo 同“弄梅”。举例 郭沫若《蔡文姬》第四幕：“他和蔡文姬是竹马之交，他们是太亲密了。”

弄獐 nòng zhāng

出处《旧唐书·李林甫传》。解说 李林甫是唐代有名的奸臣，曾任礼部尚书、宰相，封晋国公。他在职十九年，权势甚盛。据说李林甫的妻弟太常少卿姜度喜得贵子，他亲笔写信祝贺，信里有“闻有弄獐之庆”的话，其中的“弄獐”是“弄璋”之误（“璋”为玉器，“獐”为野兽），看到此信的人无不掩口而笑。人们嘲笑李林甫，称他为“弄獐宰相”。后用此语嘲讽人写错别字。举例 ① 宋·苏轼《贺陈述古弟章生子》：“甚欲去为汤饼客，惟愁错写弄獐书。”② 清·俞樾《茶香室丛钞·鸡肘博士》：“张鼎为太常博士，用鸡肋为鸡肘，时辈讥曰‘鸡肘博士’。按此亦伏猎、弄獐之比，而世罕知之。”

弄獐宰相 nòng zhāng zǎi xiàng 见“弄獐”。嘲讽职位高而学识浅薄的人。举例 清·洪亮吉《北江诗话》卷三：“弄獐宰相，伏猎侍郎，不闻有诗文传世，职是故耳。”（“伏”为夏天的伏日，“腊”为冬天的腊日，指古代两种祭祀。唐代户部侍郎萧炅（jiǒng）误把“伏腊”读成“伏猎”，故被人戏称为“伏猎侍郎”。）

误獐 wù zhāng 同“弄獐”。举例 清·唐孙华《吴府郸生子》：“加怜只合名题犬，失喜何妨字误獐。”

弄璋弄瓦 nòng zhāng nòng wǎ

出处《诗经·小雅·斯干》：“乃生男子，载寝之床，载衣之裳，载弄之璋。乃生女子，载寝之地，载衣之裼（tì），载弄之瓦”。解说 弄：摆弄；玩弄。璋：古代一种长条形玉器。瓦：纺砖，古代纺车上的零件。载：语气助词，无义。裼：包裹婴儿的被子。原诗为歌颂生男育女，大意是：生了男孩，睡在舒适的床上，穿着华美的衣服，玩弄着珍贵的玉器；生了女孩，睡在铺席的地上，裹着粗布被子，玩弄着用于纺线的纺砖。相对而言，璋尊贵，瓦卑微。古代重男轻女，故把生男孩称“弄璋”，生女孩称“弄瓦”。此语指生儿生女。举例 明·沈受先《三元记·助纳》：“尚未弄璋弄瓦，一则以喜，一则以惧。”

弄瓦弄璋 nòng wǎ nòng zhāng 同“弄璋弄瓦”。举例 清·李渔《郑房季为阃（kǔn）君如君新设二榻并祝宜男》：“弄瓦弄璋同一弄，休将厚薄异雄雌。”

弄璋 nòng zhāng 见“弄璋弄瓦”。指生男孩。举例 唐·白居易《崔侍御以孩子三日示其所生诗见示因以二绝和之》之二：“弄璋诗句多才思，愁杀无儿老邓攸（yōu）。”

弄瓦 nòng wǎ 见“弄璋弄瓦”。指生女孩。举例 元·方回《五月旦抵旧隐》：“长男近弄瓦，累重讵足贺。”

驽马恋栈豆 nú mǎ liàn zhàn dòu

出处《三国志·魏志·曹爽传》南朝宋·裴松之注引晋·干宝《魏书》，又见《晋书·宣帝纪》。解说 驽马：跑得不快的劣马。栈豆：马厩中的豆类、草等饲料。三国时，魏明帝死后，齐王曹芳即位，皇族曹爽和大将军司马懿（yì）受遗诏辅佐朝政。曹爽与司马懿争夺权力。司马懿奏请太后和齐王罢免曹爽的官职，大司农桓（huán）范得知消息就急急忙忙去为曹爽通风报信。司马懿心事重重地对太尉蒋济说："智囊往矣。"（大意是：智囊人物桓范去报信了。）蒋济劝司马懿不必担忧，他说："范则智矣，驽马恋栈豆，爽必不能用也。"（大意是：桓范的确足智多谋，但是曹爽目光短浅，贪图私利，就好像劣马贪恋马厩中的饲料一样，肯定不会听信桓范的话。）果然，曹爽没有听从桓范的规劝。后来，曹爽、桓范等被司马懿所杀。后用此语比喻才智短浅的庸人只知道顾惜眼前的利益，没有远大的志向。举例 宋·黄庭坚《次韵寄李六弟济南郡城桥亭之诗》："驽马恋栈豆，岂能辞絷缧（zhí léi）。"

驽恋栈 nú liàn zhàn 同"驽马恋栈豆"。举例 宋·陆游《题舍壁》之一："尚憎驽恋栈，肯羡鹤乘车。"

驽马顾栈皂 nú mǎ gù zhàn zào 同"驽马恋栈豆"。顾：关注。皂：喂牲口的食槽。举例 宋·张孝祥《诸公分韵蹑冒顿（mò dú）之区落》："凤皇翔千仞，驽马顾栈皂。"

恋栈 liàn zhàn 同"驽马恋栈豆"。举例 ①《老残游记》第七回："此公已保荐到个都司，军务渐平，他也无心恋栈，遂回家乡，种了几亩地，聊以度日。"②《民国通俗演义》第三十八回尾批："不能出言匡正，且又恋栈不去，以视唐少川（绍仪）辈，有愧色矣。"③ 李敖《谏诤——"宁鸣而死，不默而生"》："一个人做了小官，便不在乎得失，大不了不干，不干就不干，一点也不会有恋栈惋惜的心情。"

N

怒发冲冠 nù fà chōng guān

出处《庄子·盗跖（zhí）》："盗跖闻之大怒，目如明星，发上指冠。"又见《史记·廉颇蔺相如列传》："相如因持璧却立，倚柱，怒发上冲冠。"解说 发：头发。冠：帽子。《庄子》原文大意是，盗跖听了消息后勃然大怒，眼睛瞪得像明亮的星星，头发直竖，顶起头冠。《史记》原文大意是：战国时，赵国的蔺相如见秦王得到玉璧后并没有以城交换的意思，便假托璧上有瑕疵，把璧骗回，退后几步，背靠墙柱，激动得头发竖立，顶起帽子，厉声谴责秦王不守信用。此语原指愤怒得头发竖立，把帽子顶起来，形容愤怒到了极点。参见 619 页"完璧归赵"。举例 ① 宋·岳飞《满江红》："怒发冲冠，凭栏处，潇潇雨歇。抬望眼，仰天长啸，壮怀激烈。三十功名尘与土，八千里路云和月。"②《儒林外史》第九回："穷乡僻壤，有这样读书君子，却被守财奴如此凌虐，足令人怒发冲冠！"③《还乡记·闯关》："他怒发冲冠，他咬牙切齿，而他显然还没有尽情发作。"☞"怒发冲冠"的"冠"不读 guàn。

女大十八变 nǚ dà shí bā biàn

出处 宋·释道元《景德传灯录·谭空和尚》。解说 据说,宋代有一位老尼姑想开讲堂演说佛法,当时得道的谭空大师对她说:“女尼姑家不用开讲堂。”老尼姑问道:“传说龙女八岁就能成佛,这又如何解释呢?”谭空大师答道:“龙女有十八变,汝与老僧试一变看。”(大意是:龙女长大之时有十八种变化,你先给我变一变看看。)此语原指龙女有许多种神通变化,后用来泛指女孩子在发育成长过程中,身体、容貌、性情等都有较多的变化。特指变得越来越好看。举例 ①明·洪楩《清平山堂话本·花灯轿莲女成佛记》:“这莲女渐渐生长得堪描堪画。从来道‘女大十八变’,这女娘子方年一十七岁,十八大有颜色。”②《红楼梦》第七十八回:“老太太挑中的人原不错……‘女大十八变。’况且有本事的人,未免就有些调歪,老太太还有什么不曾经历过的?”③《啼笑因缘续集》第四回:“真是女大十八变,我们表妹……到了现在,变成一个做贤妻良母的资格了。”

N

O

藕断丝连 ǒu duàn sī lián

出处 唐·孟郊《去妇》:“妾心藕中丝,虽断犹牵连。”解说 荷花是一种多年生草本植物,生长在浅水塘中。它的茎深埋于淤泥中,变态为根状茎,这就是藕。藕肉质肥厚,脆嫩微甜,营养丰富。把藕折断时,有许多长长的藕丝相连,这些藕丝是输送水和养料的组织。原文以藕丝作比,大意是:该女子与他人的关系虽断,情丝犹连。后用此语比喻表面上断绝了联系,实际上情意或关系仍有牵连。多用于男女之情。举例 ① 清·王士禛《师友诗传续录》四十一:“或论绝句之法,谓绝者截也,须一句一断,特藕断丝连耳。”②《前汉演义》第十一回:“况从前……时常厮混,免不得藕断丝连,又去闲逛。”③《红旗谱》四十二:“她又不肯一下子斩断,藕断丝连地拖着。”

藕断丝联 ǒu duàn sī lián 同“藕断丝连”。举例 宋·黄机《满庭芳·次仁和韵时欲之官永兴》:“人道郴(chēn)阳无雁,奈情钟藕断丝联。”

藕断丝长 ǒu duàn sī cháng 同“藕断丝连”。举例《花月痕》第五回:“拭泪珠而洗面,藕断丝长。”

藕断丝不断 ǒu duàn sī bù duàn 同“藕断丝连”。举例 ①《金瓶梅词话》第四十九回:“恩深如海,情重似山;佳期非偶,离别最难。常言道‘藕断丝不断。’”② 施昌盛等《关于一起恋爱争斗伤害案的评判》:“他一语双关,反问胡小妹:‘你喜欢哥哥吗?’胡小妹居然答得更妙:‘喜是喜欢,就是怕你与游燕萍藕断丝不断。’”

P

扒灰 pá huī

出处 明·冯梦祯《快雪堂漫录·书王文旦事》:“俗谓聚麀(yōu)为扒灰。”又见清·李元复《常谈丛录》卷八,清·王有光《吴下谚联·扒灰》。解说 麀:母鹿。聚麀,指禽兽乱交,比喻人的两代乱伦行为。据说此语为“污媳”的隐语。扒灰即“爬灰”,爬行于灰土之上,则膝污(膝盖沾上灰尘)。“膝”与“媳”音近相谐,膝污即“媳污”或“污媳”。另有一说,扒灰指用手扒取香炉中香灰里的锡箔,以卖钱牟利,就是偷锡。“锡”与“媳”音近相谐,偷锡即“偷媳”。后用此语指公公奸淫儿媳,或与儿媳通奸。举例 ①《初刻拍案惊奇》卷十三:“不是偷东西,敢是老没廉耻要扒灰。”②《迟桂花》:“妹妹年轻守寡,公公少不得总要对她客气一点,婆婆在这里就算抓住了扒灰的证据。”

爬灰 pá huī 同“扒灰”。举例 ①《红楼梦》第七回:“每日偷狗戏鸡,爬灰的爬灰,养小叔子的养小叔子。”② 郭沫若《卓文君》第三景:“这样挽着我做什么!你这想爬灰的老忘八!”

排难解纷 pái nàn jiě fēn

出处《战国策·赵策三》。解说 排:排除;消除。难:危难。解:解开;解决。纷:纷争;纠纷。战国时,秦国入侵赵国,兵临赵国都城邯郸。赵王派平原君向魏国求援,魏国惧怕秦国,派大将辛垣(yuán)衍为使臣,劝说赵国尊秦为帝,以换取秦国退兵。正当赵国君臣犹豫不决之际,齐国人鲁仲连来到邯郸。他听说赵国准备向秦国屈服,就去求见平原君,并请引见辛垣衍。鲁仲连列举历史事实,分析当前形势,陈述利害,指出如果向秦国屈服,将给赵国、魏国带来极大的危害。平原君和辛垣衍听了他的分析,十分钦佩,打消了尊秦为帝的念头。后来魏公子无忌窃符救赵,两国联手,大败秦军。事后,平原君以重金酬谢鲁仲连,鲁仲连不肯接受,他说:“所贵于天下之士者,为人排患释难解纷乱而无取也!即有所取者,是商贾之人也!仲连不忍为之。”(大意是:那些以天下为己任的士人之所以被人们看重,是因为他们能为别人排除危难,调解纷争,而不收取什么酬报。若是收取酬报,就成了唯利是图的商人了!我鲁仲连绝不能这样做。)鲁仲连说完，就告辞离开了赵国。后用此语指排除困难，解决纠纷。举例 ①《水浒传》第十八回："且好做方便，每每排难解纷，只是周全人性命。"② 清·李渔《意中缘·设计》："况且排难解纷是我辈的常事，何足为奇。"③《倪焕之》二十二："蒋如冰出任乡董已有四年，忙的是给人家排难解纷，到城里开会，访问某人某人那些事。"☞"排难解纷"的"难"不读 nán。

潘岳闲居 pān yuè xián jū

出处《晋书·潘岳传》。解说 西晋文学家潘岳很有才华，从官场几进几出，一直不得志。后来，潘岳被朝廷征召补授博士(学官)，又因母亲年老多病而免官家居。这时，他写了一篇《闲居赋》，开头感叹自己到中年仍怀才不遇，功业无成："余春秋三十有二，始见二毛。"(二毛：指有黑有白的头发，意即初生白发，人到三十几岁或中年。原文大意是：我刚刚三十二岁，鬓发已经斑白。)潘岳在赋中描述说，自己奉养老母亲，让她乘坐轻舆(轻便的小车)在园子内外游玩，还可以在那里悠闲地垂钓。后用此语指辞官或未担任官职而闲居在家的悠闲生活。举例 唐·许浑《郊园秋日寄洛中友人》："嵩阳亲友如相问，潘岳闲居欲白头。"

潘生闲居 pān shēng xián jū 同"潘岳闲居"。举例 清·归庄《与蒋路然书》："兄犹侍太夫人，有潘生闲居之乐。"

潘鬓 pān bìn 见"潘岳闲居"。指人到中年，未老先衰。举例 ① 宋·赵长卿《一丛花·暮春送别》："莺啼燕恨西窗下，问何事，潘鬓先华？"② 清·黄景仁《感旧杂诗》："而今潘鬓渐成丝，记否羊车并载时？"

P

潘年 pān nián 见"潘岳闲居"。指人到中年。举例 唐·李山甫《蒲关西道中作》："来来去去身依旧，未及潘年鬓已斑。"

潘舆 pān yú 见"潘岳闲居"。原指潘岳老母乘坐的小车，比喻奉养、孝敬年老的父母。举例 唐·杜甫《奉贺阳城郡王太夫人恩命加邓国夫人》："卫幕衔恩重，潘舆送喜频。"

潘园 pān yuán 见"潘岳闲居"。指奉养年老父母的处所。举例 唐·张说《赠户部尚书河东公杨君神道碑》："王畿(jī)风景，来就潘园之养。"

赋闲 fù xián 见"潘岳闲居"。指因未担任官职而闲居在家，或没有职业而在家闲着。举例 ① 宋·朱熹《再和刘抱一》："久矣投装返旧墟，不将心事赋闲居。"②《官场现形记》第四十三回："吾兄在省候补，是个赋闲的人，有这闲工夫等他。"③《二十年目睹之怪现状》第二十五回："还有一种开药方代人治病的，才荒唐呢！前年我在上海赋闲时，就亲眼看见一回坏事的。"④ 朱自清《背影》："这些日子，家中光景很是惨淡，一半为了丧事，一半为了父亲赋闲。”

二毛 èr máo 见“潘岳闲居”。指初生白发，人到三十几岁或中年。举例 ① 北周·庾信《哀江南赋序》：“（庾）信年始二毛，即逢丧乱。”② 宋·苏轼《八月七日初入赣过惶恐滩》：“七千里外二毛人，十八滩头一叶身。”

盘根错节 pán gēn cuò jié

出处《后汉书·虞诩(xǔ)传》。解说 盘：盘曲。错：交错。节：枝节。东汉安帝时，西方的羌族和北方的匈奴分别入侵汉王朝。大将军邓骘(zhì)主张放弃西面的凉州，集中兵力对付北面的敌人。太尉李修的属官虞诩表示反对，结果虞诩的意见被朝廷采纳了。骄横的邓骘恼羞成怒，后来找个机会报复性地派虞诩去经常发生暴乱的朝歌任县令。明眼人都看出邓骘的险恶用心，为虞诩的安危担忧。可是，虞诩却不以为然地说：“志不求易，事不避难，臣之职也。不遇槃根错节，何以别利器乎？”（槃：同“盘”。大意是：有志气的人做事不求容易，遇到难题绝不能回避，这是我作为臣子的职责和本分。这就好比砍树，不遇到盘结的树根、交错的枝节，又怎能显出刀斧的锋利呢？）虞诩到了朝歌，很快平息了动乱。此语原指树根盘绕，枝节交错，比喻事情复杂繁乱，难以处理。或某种旧势力根深蒂固，不易清除。举例 ① 宋·陆九渊《与刘深父书》：“向以为盘根错节未可遽(jù)解者将涣然冰释，怡然理顺，有不加思而得之者矣。”② 邹韬奋《学生救亡运动的缺点》：“让他尝试尝试，盘根错节，乃见真材。”③ 张守仁《林中速写》：“这里是方圆百里的原始森林。空中叠翠千丈，遮阴蔽日；地面葛藤缠绕，落叶盈尺；地下盘根错节，根须如网。这几乎是一个密封的世界。”④《将军吟》第三章：“因为他们那个司令部已经搞了多少年，党里、政府里、军队里到处都有他们的人，盘根错节，复杂得很呢！”

P

旁若无人 páng ruò wú rén

出处《史记·刺客列传》：“高渐离击筑，荆轲和(hè)而歌于市中，相乐也，已而相泣，旁若无人者。”解说 旁：旁边。若：好像。筑：古代一种弦乐器，形状像筝，旧读zhú。和：和谐地跟着唱。战国时，卫国的勇士荆轲到了燕国后，成为燕太子丹的门客。高渐离是燕国的一个隐士，擅长击筑，有音乐才能，平日以杀狗为生。荆轲与高渐离结为生死之交，二人经常在集市上喝酒。原文大意是：二人在集市上喝酒到尽兴时，高渐离击筑，荆轲和着节拍放声高歌，一会儿开怀大笑，一会儿号啕痛哭，就像旁边没有别人一样。后用此语形容态度从容自然、镇静自如的样子，也形容态度傲慢，自高自大，不把别人放在眼里。参见 369 页“令人发指”，611 页“图穷”。举例 ①《水浒传》第七十五回：“陈太尉初下船时，昂昂而已，旁若无人，坐在中间。”② 明·袁宏道《徐文长传》：“文长乃葛衣乌巾，长揖就坐，纵谈天下事，旁若无人。”③《镜花缘》第十八回：“谁知腹中虽离渊博尚远，那目空一切、旁若无人光景，却处处摆在脸上。”④《啼笑姻缘续集》第六回：“沈国英见关秀姑说话那样旁若无人的样子，心里不由得受了很大的冲动。”⑤《大波》第三部四章：“宋振亚、贾雄和另外几个军官佐，对于尤大爷大模大样、旁若无人的态度，早不舒服。”

傍若无人 páng ruò wú rén 同“旁若无人”。傍：同“旁”。举例 ①《世说新语·简傲》：“值顾方集宾友酣燕，而王游历既毕，指麾(huī)好恶，傍若无人。”② 元·无名氏《九世同居》第三折：“气昂昂傍若无人，倚仗着千两金，万两银。”

抛砖引玉 pāo zhuān yǐn yù

出处 宋·释道元《景德传灯录·宝华和尚》，又见清·西厓《谈徵(zhǐ)·抛砖引玉》。解说《景德传灯录》记述，佛教高僧从稔(rěn)禅师曾对众僧说：“谁问世上疑难，请站出来。”一个僧人出来礼拜。从稔禅师说：“我本想抛砖引玉，却引来一块砖坯子！”又据《谈徵》说，唐代人常建很喜欢诗，但一直觉得自己写得不够好。听说有名的诗人赵嘏(gǔ)将到苏州灵岩寺游玩，觉得这是一个很好的学习机会，就提前在墙壁上题了半首诗：“清晨入古寺，初日照高林。曲径通幽处，禅房花木深。”赵嘏见到了这首残诗，便提笔补写了后四句：“山光悦鸟性，潭影空人心。万籁此俱寂，但闻钟磬声。”人们都说后半首比前半首精彩，常建是抛出砖头，引来白玉。后用此语比喻以自己浅陋拙劣的言语或文字，引出别人的高论或佳作。常用于自谦。举例 ①《镜花缘》第十八回：“刚才婢子费了唇舌，说了许多书名，原是抛砖引玉，以为借此长长见识，不意竟是如此！”②《青春之歌》第二部三十四章：“现在，我先把大人先生们要走的路给诸位分析一下，以做抛砖引玉的尝试吧。”③《淡淡的晨雾》：“他原以为自己人微言轻，只起一个抛砖引玉的作用，想不到自己的话会有这么强烈的反响。”☞常建是盛唐时人，赵嘏是晚唐时人，二人不同时，自然赵嘏诗也无法与常建诗相提并论。《谈徵》中这个典实显然为后人附会虚构。

抛砖 pāo zhuān 同“抛砖引玉”。举例 宋·苏轼《与朱康叔书》：“谨作小楷一本寄上，却求为书，抛砖之谓也。”

砖引 zhuān yǐn 同“抛砖引玉”。举例《品花宝鉴》第四回：“愧乏琼词，聊为砖引。”

引玉 yǐn yù 同“抛砖引玉”。举例 明·袁宏道《曹以新》：“不肖迷阳笛耳，聊以引玉，何敢言诗哉？”

引玉之砖 yǐn yù zhī zhuān 见“抛砖引玉”。比喻粗浅的见识。举例 毛泽东《新民主主义论》：“对于全国先进的文化工作者，我们的东西，只当作引玉之砖，千虑之一得，希望共同讨论，得出正确的结论，来适应我们民族的需要。”

庖丁解牛 páo dīng jiě niú

出处《庄子·养生主》。解说 庖：厨师。庖丁：名叫丁的厨师。解：肢解分割。据说，战国时的某一天，文惠君（梁惠王）在一旁观看庖丁肢解分割宰杀后的整牛。庖丁的动作非常熟练，用刀割肉、剔骨的声音像音乐一样很有节奏，很快就把牛的肉、皮和骨分解得整整齐齐。干完活儿，他“提刀而立，为之四顾，为之踌躇满志；善刀而藏之”。（踌躇：从容自得的样子。满：满足。志：心意。善：擦拭。藏：收藏。原文大意是：手里提着刀站在分解完毕的牛肉堆旁，悠闲地向四周张望，为自己高超的技艺而洋洋得意，然后把牛刀擦拭干净，小心地收藏起来。）文惠君见了惊讶地问：你的技术怎么会如此高超呢？庖丁放下刀子解释说：当初我刚开始肢解牛时，由于对牛体的身体结构不了解，看见的只是整头牛。三年之后见到的就不是整头牛了，而是牛的各部分的关节、筋骨。我现在肢解牛时，只凭触觉就可以了，不必用眼睛看，因为牛的内部结构已了然于心。每当碰上筋骨交错的地方，我都小心翼翼，注意力集中，动作放慢，轻轻用力。技术好的厨师每年换一把刀，而我的这把刀已用了十九年，肢解过数千头牛，但刀口却像刚磨过的一样锋利。我顺着牛筋骨之间的空隙运刀，“彼节者有间，而刀刃者无厚；以无厚入有间，恢恢乎其于游刃必有余地矣”。（恢恢：宽广的样子。游：运转。刃：刀口。余：余地。大意是：牛的骨节之间是有空隙的，而刀刃磨得很薄，用很薄的刀刃来分解有空隙的骨节，当然是宽绰而有余地的了。）文惠君听了，赞叹不已。后用此语比喻技术精湛，已达到纯熟的境界。也比喻工作熟练，有实际经验，对情况熟悉、了解，解决问题时得心应手。举例 ① 宋·文天祥《金匮歌序》：“辨证查脉，造神入妙，如庖丁解牛。”② 宋·无名氏《竹林诗评》：“何逊之作，不费气力，如庖丁解牛。”③ 清·曾国藩《复吴大廷》：“庖丁解牛，手肩足膝悉中舞会，由其娴也。”

目无全牛 mù wú quán niú 同“庖丁解牛”。全牛：整个的牛。举例 ① 唐·杨承和《梁守谦功德铭》：“操利柄而目无全牛，执其吭（háng）如刍豢（chú huàn）悦口。”② 宋·李廷忠《回利路任运使》：“着功名之先鞭，气夺凡马；操政事之余刃，目无全牛。”③ 谢觉哉《不惑集·目无全牛》：“我们称赞人会办事，常说他‘目无全牛’。意思就是说他碰到一件事，能分析它的来踪去迹、它的各个方面，以及它们相互间的矛盾，

P

然后决定用何方法，从何下手。”☞不要把“目无全牛”误解为缺乏整体观念。

无全牛 wú quán niú 同“目无全牛”。举例 唐·刘长卿《送裴四判官赴河西军试》：“逢时将骋骥，临事无全牛。”

游刃有余 yóu rèn yǒu yú 同“庖丁解牛”。举例 ①明·冯梦龙《智囊补·总叙》：“人取小，我取大；人视近，我视远；人动而愈纷，我静而自正；人束手无策，我游刃有余。”②曹禺《胆剑篇》第二幕：“她已经完全掌握了吴宫的规则，应对进退，游刃有余了。”③《子夜》十七：“现在他们全力来做公债，自然觉得游刃有余。”

踌躇满志 chóu chú mǎn zhì 见“庖丁解牛”。形容从容自得、心满意足，或对自己的现状、成就感到很得意。举例 ①《花月痕》第三十六回：“再看题的诗，是首七绝，因念道……念毕，笑道：‘你好踌躇满志。’”②《子夜》十二：“吴荪甫的脸上亮着胜利的红光，他踌躇满志地搓着手。”

赔了夫人又折兵 péi le fū rén yòu zhé bīng

出处 元·无名氏《隔江斗智》第二折：“周瑜周瑜，休夸妙计高天下，只教你赔了夫人又折兵。”解说 赔：赔偿；输掉。折：亏损；损失。东汉末年，刘备向东吴借荆州暂时安身。荆州地处西川与东吴之间，是兵家必争之地。孙权想取回荆州，而刘备不愿意归还这一立足之地，便以各种理由再三拖延。大将军周瑜向孙权献计，假称把孙权妹妹许配给刘备，打算把刘备骗到东吴，扣作人质换取荆州。诸葛亮识破了他们的计谋，安排赵云陪伴刘备去东吴成了亲，并带着新婚夫人逃回荆州。周瑜听到消息后急忙领兵追赶，却被诸葛亮事先布置好的伏兵打得大败。人们嘲笑孙权与周瑜，赔了夫人又折兵。后用此语比喻想占便宜，反而遭受了双重损失。举例 ①《三国演义》第五十五回：“周郎妙计安天下，赔了夫人又折兵。”②《李自成》第一卷二十四章：“有的说：‘闯王想的倒美，可是种籽在哪里？农具在哪里？别说这事办不成，即使办得成，老天爷不帮忙，继续旱下去，那才是赔了夫人又折兵。与其浪费种籽，还是吃了好。’”③《破晓记》第二十五回：“我们吃这股子游击队的亏可是不少，弄不好，准会赔了夫人又折兵，还是保存实力待机而动方为完全之策。”

捧腹大笑 pěng fù dà xiào

出处《史记·日者列传》。解说 捧腹：用手捧着肚子，形容大笑的情态。汉文帝时，有一个楚国人名叫司马季主，在长安东市占卜为业。有一天，大臣贾谊和宋忠身着便装到民间巡查，来到这个占卜的店铺，见司马季主正在与弟子们谈论天地之道，日月之运，阴阳吉凶。司马季主见贾谊等仪表堂堂，举止不俗，便恭敬地请他们入座，然后又滔滔不绝地谈论起来。贾谊、宋忠等端坐一旁，洗耳恭听，颇为叹服。等司马季主讲完，贾谊起身向他问道：当今之世，像先生这样的风度和谈吐实为罕见，为什么却操持占卜这种卑微的行业呢？司马季主听了不禁捧腹大笑，说道："观大夫类有道术者，今何言之陋也，何辞之野也！"（大意是：看您的样子像是很有学识的人，怎么竟然说出如此浅薄、粗俗的话呢！）这世上有三百六十行，都是人们需要的，难道只有在朝廷里做官才算是体面吗？贾谊、宋忠等人听了，面红耳赤，无言以对，只好起身告辞。此语原指用手捂住肚子笑得前仰后合，后形容遇到极可笑的事情，以至于笑得难以抑制。举例《聊斋志异·司文郎》："宋曳之曰：'口占可也。我破已成，于宾客往来之地，而见一无所知之人焉。'王捧腹大笑。"

捧腹 pěng fù 同"捧腹大笑"。举例 ①《歧路灯》第七十九回："要丑的掉舌鼓唇，令人捧腹。"②《二十年目睹之怪现状》第六十二回："述农忙叫快去打听，那当差的答应着去了。一会回来，笑了个弯腰捧腹。"

捧脚 pěng jiǎo

出处《隋书·王劭（shào）传》："（隋文帝）梦欲上高山而不能得，崔彭捧脚，李盛扶肘得上。"解说 王劭是隋代的一个大臣，善于察言观色，阿谀奉承，颇得隋文帝的欢心。有一天，隋文帝做了一个梦：梦中爬山，由于精力已尽而爬不到山顶。这时，大臣崔彭捧着他的脚，李盛搀扶他的胳膊，架着他终于爬上山顶。第二天上朝后，隋文帝把梦中的事说给大臣们听，王劭当即向隋文帝献媚说："这个梦大吉大利！圣上爬山，预示着您的帝位像巍峨屹立的高山一样稳固、安泰。架着您爬山的崔彭就是传说中活了八百多岁的彭祖，李盛就是那寿高德劭的老子李耳，有这两个人扶持，您的江山一定会长治久安。"隋文帝听了非常高兴，重重赏赐了王劭。后用此语比喻阿谀奉承。举例 郭沫若《留声机器的回音》："你看这位小丑多么神气！这些捧脚的青年多么可悯呢！"

捧臭脚 pěng chòu jiǎo 同"捧脚"。举例 管桦《竹》："有的官看皇帝眼色办事，明知道皇帝错了，他却溜须拍马，捧臭脚，一个劲儿地奉承：'万岁圣明！万岁圣明！'"

披荆斩棘 pī jīng zhǎn jí

出处《后汉书·冯异传》。解说 披：拨开。斩：砍断。荆、棘：丛生多刺的小灌木。冯异是东汉初期光武帝刘秀手下的一员大将，开国功臣之一，立下不少战功，被封为阳夏侯。在东汉政权初建之时，刘秀任命冯异为征西大将军，平定了关中。光武帝曾当着满朝文武百官表扬冯异说："是我起兵时主簿也，为吾披荆棘，定关中。"（主簿：官名，这里指主要将领。原文大意是：他是我当年起兵时的主将，为我在创业的道路上劈开缠绕丛生的荆棘，扫除重重障碍，平定了关中广大地区。）此语原指斩除荆棘，比喻在创业或前进道路上清除障碍，克服困难。举例 ① 清·陈康祺《郎潜纪闻·礼烈亲王》："昔泰伯让国，尚少披荆斩棘之奇勋。"② 郭沫若《中国史稿》第一编二章："男子砍伐树木，披荆斩棘开辟土地。"③ 唐弢（tāo）《记鲁迅先生》："给新文学开辟了一条阔大的道路，给中国革命披荆斩棘，培育坚强的实力，他真是新中国文化事业的奠基者。"

披裘负薪 pī qiú fù xīn

出处 汉·王充《论衡·书虚》。解说 裘：皮衣。薪：木柴。春秋时，吴国国君寿梦的小儿子季札（因受封于延陵邑，故又称延陵季子）品行高洁，多次推让国君之位。有一年的夏季五月，季札外出游历，路上看到一块被人遗失的金子。他环顾四周，附近只有一个人身上披着皮衣在砍柴。于是，季札就呼唤那个人来拾取地上的金子。砍柴人放下柴刀，生气地对季札说："看你的样子相貌堂堂，地位很高，可是为什么见识那么低下，言语如此粗俗呢？大热天里披着皮衣砍柴的人难道会爱财取金吗？"季札听了，知道今天遇到了贤士高人，心里非常惭愧，便向他道歉，并请教他的姓名。砍柴人不屑地说："子皮相之士也，何足语姓名！"（皮相：只从表面上看；只看外表，不深入，指见识肤浅。大意是：你是个见识肤浅的人，只注意外表而忽略本质，不值得把姓名告诉你！）说完，头也不回地转身走了。此语原指穿着裘衣，背着柴薪，形容人隐居清贫，志高行洁。举例 元·王蒙《留别》："披裘负薪士，拾金非所闻。"

五月披裘 wǔ yuè pī qiú 同"披裘负薪"。举例 唐·李白《杭州送裴大泽时赴庐州长史》："五月披裘者，应知不取金。"

皮相 pí xiàng 见"披裘负薪"。指见识肤浅。举例 ①《聊斋志异·阿秀》："刘曰：'卿过之，然皮相者不辨也。'"② 郭沫若《批评与梦》："他对于《广寒宫》的几句话，却可惜全是一种皮相的批评。"

皮相士 pí xiàng shì 见"披裘负薪"。指见识肤浅，只注意外表而忽略本质的人。举例 ① 明·李攀龙《春日闲居》："延陵皮相士，竟失被裘翁。"② 清·黄遵宪《石川鸿斋僧来谒张副使》："知公迹僧心亦僧，不复拘拘皮相士。"

皮里春秋 pí lǐ chūn qiū

出处《晋书·褚裒（póu）传》，又见《世说新语·赏誉》。解说 皮里：肚皮里，指内心。春秋：书名，春秋时鲁国的一部编年史，相传由孔子整理修订而成，为儒家经典之一。据说孔子修订时很重视叙述中所包含的微言大义，对历史人物和事件往往暗寓褒贬。褚裒是东晋时人，字季野，曾任江州刺史，官至尚书。他性情稳重，但从不轻易褒贬好坏。谯（qiáo）郡人桓彝评价褚裒说："季野有皮里阳秋。"（阳秋，即春秋，晋代简文帝之母郑太后名叫阿春，故避讳改"春"为"阳"。大意是：褚裒虽表面上不评价是非，但心里对是非曲直还是很清楚的。）后用此语指对事物的评价藏在心里，不说出来。参见 144 页"春秋笔法"。举例《红楼梦》第三十八回："眼前道路无经纬，皮里春秋空黑黄。"

皮里阳秋 pí lǐ yáng qiū 同"皮里春秋"。举例 元·郝经《李淑玉送醉梨》："香中风味烂中得，皮里阳秋冻里藏。"

阳秋皮里 yáng qiū pí lǐ 同"皮里春秋"。举例 缪荃孙《蒋频青南北朝宫闱杂事诗序》："问天呵壁，阳秋皮里之书；掷地锵金，纂组胸中之锦。"

皮之不存，毛将安傅 pí zhī bù cún，máo jiāng ān fù

出处《左传·僖公十四年》。解说 安：哪里；怎么。傅：通"附"，附着；依附。春秋时，晋国公子夷吾在秦国的帮助下做了国君，他曾许诺割让五座城邑给秦国作为报答，后来却背弃诺言。晋国发生了饥荒，秦国曾借大批粮食救济。第二年，秦国发生饥荒，而晋国却置若罔闻。晋国大夫庆郑对此提出不同意见说："背施无亲，幸灾不仁，贪爱不祥，怒邻不义。四德皆失，何以守国？"（大意是：背弃恩惠就失去亲友，幸灾乐祸就是不仁，贪图所爱惜的东西将带来不祥，使邻国愤恨就是不义。这四种道德都丢掉了，还拿什么来保卫国家呢？）而大夫虢（guó）射却说："皮之不存，毛将安傅？（大意是：皮子没有了，皮上的毛又依附在哪里呢？）如果一味帮助别国，而不注重发展自己的国家，又如何谈得上所谓的'四德'呢？晋国已经与秦国结下了仇怨，现在即使提供援助也不会减少他们的愤恨。"后用此语比喻事物失去了赖以生存的基础，就无法存在。举例 ① 宋·罗大经《鹤林玉露·范云》："今云欲预九锡之庆，乃甘心促寿愈疾以从之，所谓皮之不存，毛将安傅，岂不愚惑之甚哉！" ② 金·元好问《平章政事寿国张文贞公神道碑》："兵以农战，国从本固。皮之不存，毛将安傅？一言之微，邦可以兴。"

皮之不存，毛将焉附 pí zhī bù cún，máo jiāng yān fù 同"皮之不存，毛将安傅"。焉：哪里；怎么。附：附着；依附。举例 ① 章炳麟《答梦庵》："训故未通，而以微言相侈，皮之不存，毛将焉附？" ②《李自成》第二卷三十二章："倘若朕的江山不保，你们不是也跟着家破人亡？皮之不存，毛将焉附！"

P

疲于奔命 pí yú bēn mìng

出处《左传·成公七年》。解说 疲：疲乏；劳累。奔命：奉命而奔走。春秋时，楚国的大臣申公巫臣因故与大将子重、大臣子反二人结下了仇隙。楚庄公死后，楚共公继位，朝廷大权落在子重、子反二人手中，申公巫臣逃亡去了晋国。子重、子反借机大肆屠杀申公巫臣的家族，并霸占了他们的财产。申公巫臣得知后气愤地给子重、子反写信说："你们诬陷贤良，滥杀无辜，贪婪成性，我一定要让你们疲于奔命而死！"后来，申公巫臣到吴国，鼓动吴王对楚国开战，一年之内就七次发兵攻打楚国，使子重、子反应接不暇，疲惫不堪。此语原指为执行命令而到处奔走，弄得筋疲力尽。后形容忙于应付繁杂的事务，疲劳得难以支持。举例 ①《三国演义》第十六回："且彼或来借粮，或来借兵。公若应之，是疲于奔命，而又结怨于人；若其不允，是弃亲而启兵端也。"②《慈禧太后演义》第八回："那时官兵疲于奔命，顾了这边，失掉那边。"③ 毛泽东《论持久战》："只要组织和指挥得当，能使日本军队一天忙碌二十四小时，使之疲于奔命。"

蚍蜉撼大树，可笑不自量 pí fú hàn dà shù，kě xiào bù zì liàng

出处 唐·韩愈《调张籍》。解说 蚍蜉：一种蚂蚁。撼：撼动；摇动。唐代诗人李白、杜甫的诗作脍炙人口，广为流传，但文苑中也有人出于妒忌，百般诋毁。著名文学家韩愈在写给诗人张籍的诗中表达了对这些诋毁者的蔑视："李杜文章在，光焰万丈长。不知群儿愚，那用故谤伤！蚍蜉撼大树，可笑不自量。"那：通"哪"。蚂蚁力量很小，想摇动参天大树是不可能的。此语比喻力量很小却想动摇强大的事物，自不量力，极为可笑。举例 ① 元·无名氏《射柳捶丸》第一折："某想虏寇乃是蚍蜉撼大树，可笑不自量。"② 鲁迅《关于太炎先生二三事》："近有文侩(kuài)，勾结小报，竟也作文落先生以自鸣得意，真可谓'小人不欲成人之美'，而且'蚍蜉撼大树，可笑不自量'了！"

蚍蜉撼大木 pí fú hàn dà mù 同"蚍蜉撼大树，可笑不自量"。举例 宋·赵与时《宾退录》卷二："又黄次伋者，不知何许人，赋《评孟》诗十几篇，极诋孟子，且及子思……蚍蜉撼大木，多见不知量也。"

蚍蜉撼树 pí fú hàn shù 同"蚍蜉撼大树，可笑不自量"。举例 ①《花月痕》第一回："蚍蜉撼树学究高谈，花月留痕稗(bài)官献技。"②《六十年的变迁》第九章："什么过激党？蚍蜉撼树，中什么用？"③ 毛泽东《满江红·和郭沫若同志》："蚂蚁缘槐夸

P

大国,蚍蜉撼树谈何易。”

蚍蜉援 pí fú yuán

出处 唐·韩愈《张中丞传后序》:“当其围守时,外无蚍蜉蚁子之援,所欲忠者,国与主耳,而贼语以国亡主灭。”解说 蚍蜉:一种蚂蚁。原文大意是:当他在敌人的重重包围中顽强守城时,外面没有一点哪怕极为微弱的援助,所要效忠的,就是国家和君主,而敌军就会告诉他:国家已灭亡,君主已死。蚂蚁的力量很小,故用此语比喻极微小的援助。举例 清·赵翼《漳州木棉庵怀古》:“围城久绝蚍蜉援,相府方酣蟋蟀斗。”

匹夫之勇 pǐ fū zhī yǒng

出处《国语·越语上》,又见《孟子·梁惠王下》。解说 匹:单独的。夫:古代指成年男子。匹夫:指一个平民男子或平民百姓。《国语》文说的是:春秋时,越王勾践被吴王夫差打败,在吴国囚禁三年,受尽了耻辱。回国后,他决心自励图强,立志复国。十年过去了,越国国富民强,兵马强壮,将士们来向勾践请战。“勾践既许之,乃致其众而誓之曰:‘吾不欲匹夫之勇也,欲其旅进旅退也。’”(大意是:勾践答应了将士们的请战要求,把军士们召集在一起,向他们表示决心说:“我不要求哪一个将士凭个人的勇力逞强拼杀,而是希望你们服从命令,步调一致,同进同退。”)由于全体将士斗志十分高涨,终于打败了吴王夫差,灭掉了吴国。《孟子》文说的是:战国时,齐宣王向孟子请教,跟邻国交往有哪些准则?孟子告诉他,对待邻国要讲究仁爱。齐宣王说:我有个毛病,就是特别好强,崇尚勇敢。让我低三下四地讨好别人或邻国,那是办不到的。孟子说:大王崇尚勇敢,这没什么不好。但请不要逞一时之小勇。有的人常持剑瞪眼对别人说:你敢把我怎么样?“此匹夫之勇,敌一人者也。”(大意是:这是一个普通人的勇敢,只能抵挡一个敌人而已。)希望大王站得高,看得远,崇尚能够抵挡众多敌人的真正的大智大勇。后用此语形容做事不用智谋,单凭个人的勇气来逞强蛮干。举例 ①《三国演义》第二十九回:“郭嘉曾对曹操言主公不足惧也:轻而无备,性急少谋,乃匹夫之勇耳。”②《水浒后传》第三十三回:“你说尽一孤忠,上有寡母,下有娇妻,倚托何人?不可使匹夫之勇,懊悔无及。”

一夫之勇 yī fū zhī yǒng 同“匹夫之勇”。举例《三国志·魏志·荀彧(yù)传》:“颜良、文丑,一夫之勇耳,可一战而禽(擒)也。”

P

贫贱之交不可忘 pín jiàn zhī jiāo bù kě wàng

出处《后汉书·宋弘传》。解说 宋弘是东汉时大臣，长得仪表堂堂。光武帝刘秀的姐姐湖阳公主死了丈夫，守寡在家。刘秀知道姐姐喜欢宋弘，便派人请宋弘来赴宴，席间，刘秀故意用话试探宋弘说："谚言'贵易交，富易妻'，人情乎？"（大意是：俗话说："做了官就要换朋友，钱多了就要换妻子"，这恐怕是人之常情吧？）不料，宋弘却回答说："臣闻贫贱之知不可忘，糟糠之妻不下堂。"（糟糠：酒渣、谷皮等粗劣的食物。不下堂：仍然主持家务。大意是：我听说不能因为自己的地位变了而忘记在贫贱时结交的知心朋友，不能因为自己富贵了就抛弃同自己一起吃糠咽菜过苦日子的妻子。）刘秀听宋弘这么说，也就不好再跟他提给姐姐说媒的事了。后用此语指富贵了不要忘记贫贱时结交的朋友，不要遗弃曾经共过患难的妻子。举例 唐·陈子昂《薛大夫山亭宴序》："夫贫贱之交不可忘，珠玉满堂而不足贵，薛大夫其人也。"

贫贱之交不可忘，糟糠之妻不下堂 pín jiàn zhī jiāo bù kě wàng，zāo kāng zhī qī bù xià táng 同"贫贱之交不可忘"。举例《喻世明言·金玉奴棒打薄情郎》："薄幸贼！你不记宋弘有言：'贫贱之交不可忘，糟糠之妻不下堂。'当初你空手赘入吾门，亏得我家资财，读书延誉，以致成名，侥幸今日。奴家亦望夫荣妻贵，何期你忘恩负本，就不念结发之情，恩将仇报，将奴推堕江心。"

糟糠之妻不下堂 zāo kāng zhī qī bù xià táng 同"贫贱之交不可忘"。举例《聊斋志异·八大王》："（冯）生辞曰：'糟糠之妻不下堂，宁死不敢承命，王如听臣自赎，倾家可也。'"

糟糠之妻 zāo kāng zhī qī 见"贫贱之交不可忘"。比喻贫穷时共患难的妻子。举例 ①《醒世恒言·三孝廉让产立高名》："家中已定下糟糠之妻，不敢停妻再娶。"②《初刻拍案惊奇》卷二十七："俊臣含泪道：'糟糠之妻，同居贫贱多时，今遭此大难，流落他方，存亡未卜。'"

糟糠之妇 zāo kāng zhī fù 同"糟糠之妻"。举例 元·高明《琵琶记·一门旌奖》："允备贞洁韦柔之德，糟糠之妇，今始见之。"

糟糠 zāo kāng 同"糟糠之妻"。举例 明·王玉峰《焚香记·辞婚》："呀！下官已有早年结发，乃贫贱糟糠。"

牝鸡司晨，惟家之索 pìn jī sī chén，wéi jiā zhī suǒ

出处《尚书·牧誓》："牝鸡无晨。牝鸡之晨，惟家之索。"解说 牝鸡：母鸡。司：

掌管。惟：通“唯”，相当于“单”“只”。索：尽；完结。原文是春秋时周武王揭露商纣（zhòu）王的罪行时说的一句话。大意是：母鸡从不打鸣报晓。如果哪一天母鸡打鸣报晓了，这个人家的日子就过到了尽头，该走向衰败了。周武王以母鸡打鸣报晓这种反常现象来比喻商纣王的罪行之一是“唯妇言是用”（只听信妇女的话），以致昏庸无道。后用此语比喻女人专权，将会误国。举例 ①《旧唐书·长孙皇后传》：“太宗弥加礼待，常与后论及赏罚之事，对曰：‘牝鸡司晨，惟家之索。妾以妇人，岂敢闻政事？’”②《封神演义》第七回：“如陛下荒淫酒色，昵比匪人，惟以妇言是用，此牝鸡司晨，惟家之索。”

牝鸡司晨，维家之索 pìn jī sī chén, wéi jiā zhī suǒ 同“牝鸡司晨，惟家之索”。维：通“惟”“唯”。举例 郭沫若《虎符》第一幕：“一说到稍微重要一点的事情上来，他立刻就要说：没有你们女人的事；‘牝鸡司晨，维家之索。’”

牝鸡司晨 pìn jī sī chén 见“牝鸡司晨，惟家之索”。喻指女人掌权或专权。举例 ①《新唐书·太宗长孙皇后传》：“牝鸡司晨，家之穷也，可乎？”②《轰天雷》第五回：“家园寥落，谁教牝鸡司晨。”

平地风波 píng dì fēng bō

出处 唐·刘禹锡《竹枝词》：“瞿塘嘈嘈十二滩，此中道路古来难。常恨人心不如水，等闲平地起波澜。”解说 平地：平坦的土地。瞿塘：瞿塘峡，长江三峡之一。嘈嘈：形容流水声嘈杂、喧哗。大意是：瞿塘峡十二滩中急流激荡，这里自古以来行船困难。我常怨恨人心比这湍急的流水还要险恶，无缘无故就会从平地掀起汹涌的波澜。后用此语比喻突然发生的意料不到的纠纷或事故。举例 ① 宋·苏辙《思归》：“儿言世情恶，平地风波起。”②《封神演义》第三十回：“话说纣（zhòu）王见贾氏坠楼而死，好懊恼，平地风波，悔之不及。”③ 昆曲《十五贯·判斩》：“想不到平地风波送了命，谁奉养白发苍苍二老双亲。”

萍水相逢 píng shuǐ xiāng féng

出处 唐·王勃《秋日登洪府滕王阁饯别序》。解说 萍：浮萍，浮生于水面上的一种蕨类植物。随水漂流、聚散无定。唐代著名诗人王勃是初唐四杰之一，他游历洪州（在今江西南昌）时，恰逢洪州都督在滕王阁大宴宾客，王勃应邀赴席。席间，王勃受都督所托，写下了千古名篇《秋日登洪府滕王阁饯别序》（简称《滕王阁序》），以记盛宴。其中有这样的句子：“落霞与孤鹜（wù）齐飞，秋水共长天一色。”“关山难越，谁悲失路之人？萍水相逢，尽是他乡之客。”（大意是：关山重重，难以攀越，有谁为迷路的人悲哀？我们今天像水中浮萍一样偶然在这里相聚，大家都是来自四面八方的客人。）后用此语比喻素不相识的人偶然相遇、相识。举例 ①《警世通言·赵太祖千里送京娘》：“俺与你萍水相逢，出身相救，实出恻隐之心。”②《青春之歌》第一部五章：“我们虽然萍水相逢，可是我觉得你是个了不起的有意志的姑娘。”③ 碧野《蓝色的航程》：“有一些人在凭窗饱览水库美丽的风光，有一些人在萍水相逢中笑谈。”

破釜沉舟 pò fǔ chén zhōu

出处《孙子·九地》：“焚舟破釜，若驱群羊而往。”又见《史记·项羽本纪》：“项羽乃悉引兵渡河，皆沉船，破釜甑（zèng），烧庐舍，持三日粮，以示士卒必死，无一还心。”解说 釜：古代一种炊具，形状像锅。破釜：把饭锅打破。舟：船。沉舟：把渡船凿沉。焚舟：把渡船烧毁。甑：古代一种炊具。《孙子兵法》和《史记》以上原文说的是：把饭锅打破，把渡船烧毁或凿沉于江河中，表示决一死战，不留退路。秦代末年，项羽曾率楚军破釜沉舟，与秦军交战，大获全胜。后用此语比喻下定决心，有进无退，奋战到底。参见768页“作壁上观”。举例 ① 明·史可法《请出师讨贼疏》：“我即卑宫菲食，尝胆卧薪，聚才智之精神，枕戈待旦，合方州之物力，破釜沉舟，尚恐无救于事。”② 清·蒲松龄《镇纸铜尺铭》：“有志者，事竟成，破釜沉舟，百二秦关终属楚；苦心人，天不负，卧薪尝胆，三千越甲可吞吴。”③ 曹禺《日出》第二幕：“你按部就班地干，做到老也是穷死。只有大胆地破釜沉舟地跟他们干，还许有翻身的那一天。”④《红旗谱》五十五：“干！破釜沉舟也得干，尽一切力量把他们运动出来。”

沉舟破釜 chén zhōu pò fǔ 同“破釜沉舟”。举例 明·朱鼎《玉镜台记·燃犀》：“啮（niè）雪餐风，沉舟破釜，敢辞金革苦。”

破釜沉船 pò fǔ chén chuán 同“破釜沉舟”。举例 梁启超《南学会叙》：“震撼精神，致心皈（guī）命，破釜沉船，以图自保于万一。”

破釜焚舟 pò fǔ fén zhōu 同“破釜沉舟”。举例 清·李渔《怜香伴·议迁》：“激起英雄，破釜焚舟，转败成功，试看他年烈烈轰轰。”

破釜 pò fǔ 同“破釜沉舟”。举例 清·吴伟业《下相怀古》：“破釜救邯郸，功居入关上。”

破镜重圆 pò jìng chóng yuán

出处 唐·孟启《本事诗·情感》。解说 重：重新。隋代初年，隋文帝杨坚即位后率军南下逼近南朝陈国的都城建康(今江苏南京)。驸马太子舍人徐德言预料陈国将会灭亡,担心在战乱中与妻子乐昌公主(陈后主陈叔宝的妹妹)离散,于是把一面铜镜破开,与公主各执一半,约定万一离散,就在每年的正月十五日到集市上卖这半面铜镜,以求夫妻相见。陈国灭亡后,公主被迫成为隋越国公杨素的小妾,来到长安(今陕西西安)。数年后,徐德言几经辗转也到了长安。正月十五日到集市闲逛,见有一个老者在卖公主的半面铜镜,便买了下来,并留给老者一首诗。诗中写道:"镜与人俱去,镜归人不归;无复嫦娥影,空留明月辉。"这首诗被送到公主手里,公主见诗得知丈夫还在人世,却又无法相见,痛哭流涕,不思饮食。杨素了解内情之后,便派人把徐德言找来,让他与公主团聚,带着公主回家乡江南去生活。公主作诗表述衷肠,其中有这样两句:"今日何迁次,新官对旧官。笑啼俱不敢,方验作人难。"(何:哪里。迁次:移居。新官:指新夫、后夫。旧官:指原夫、前夫。大意是:现在我究竟应该住到谁家呢?同时面对新夫和原夫未免令人尴尬。既是与原夫团聚,又是与新夫分别,令人哭也不是,笑也不是,可见做人实在是不容易。)后用此语比喻夫妻离散后重新团聚,或夫妻关系破裂后重归于好。举例 ① 宋·苏轼《蝶恋花·佳人》:"破镜重圆人在否?章台折尽青春柳。"② 元·施惠《幽闺记·推就红丝》:"破镜重圆从古有,何须疑虑反生愁?"③《啼笑因缘》第十六回:"若是她真还有心在樊先生身上,我若把她二人弄得破镜重圆,她二人应当如何感激我哩。"④《游剑江湖》第二十七回:"不错,杨牧是给了她休书,但夫妻毕竟总是夫妻,过了几年,大家的气平了,未必没有破镜重圆之日。"

破镜重归 pò jìng chóng guī 同"破镜重圆"。举例《聊斋志异·细侯》:"破镜重归,盟心不改,义实可嘉。"

破镜 pò jìng 见"破镜重圆"。比喻夫妻离散。举例 唐·元稹《古决绝词》:"感破镜之分明,睹泪痕之余血。"

镜圆壁合 jìng yuán bì hé 同"破镜重圆"。举例《再生缘》第七十二回:"乞万岁开一线之恩,赐归皇甫,俾(bǐ)使患难婚姻遂得镜圆璧合。"

两分青镜 liǎng fēn qīng jìng 同"破镜"。举例 宋·程垓(gāi)《洞庭春色》:"叹半妆红豆,相思有分;两分青镜,重合难期。"

分镜 fēn jìng 同"破镜"。举例 元·高明《琵琶记·南浦嘱别》:"懊恨别离轻,悲岂断弦,愁非分镜,只虑高堂,风烛不定。"

啼笑皆非 tí xiào jiē fēi 见"破镜重圆"。啼:出声地哭。皆非:都不是。此语形容既令人难受、又令人发笑的尴尬状态或处境。举例 ① 朱自清《历史在战斗中》:"随感录讽刺着种种旧传统,那尖锐的笔锋足以教人啼笑皆非。"②《牺牲》:"尊严与爱,牺牲与耻辱,使他进退两难,啼笑皆非。"③ 茅盾《谈鼠》:"对于诸如此类的小巧的'手艺',我们也许还能'幽默'一下。——虽然有时也实在使你'啼笑皆非'。"

P

破卵倾巢 pò luǎn qīng cháo

出处《世说新语·言语》,又见《后汉书·孔融传》。解说 卵:鸟蛋。倾:倾覆;翻倒。巢:鸟窝。孔融是东汉末年的文学家,很有才华,一身正气。汉献帝时,丞相曹操独揽朝政大权,挟天子以令诸侯,独断专行。孔融对此提出批评意见,曹操大怒,就下令派人去孔融的家里逮捕他。孔融的两个儿子,大的九岁,小的八岁,当时正在家里玩游戏,一点儿也没有害怕的样子。孔融望着天真无邪的孩子,对曹操派来捕人的官员恳求说:一人有罪一人承担,希望能够保全我的两个儿子的性命。两个儿子在旁边听见了,不慌不忙地上前对父亲说:"大人岂见覆巢之下,复有完卵乎?"(大意是:父亲难道见过倾覆落地的鸟窝里,还有完好的鸟蛋吗?父亲遇害,我们怎么会幸免呢?)果然,两个儿子也一同被抓走了。此语原指大人遭难而牵连到子女,后比喻满门抄斩,或遭灭门之祸,无一幸免。举例 明·陈与郊《义犬记》第三折:"却原来分属师生,曾受深恩也,破卵倾巢太不仁。"

巢倾卵覆 cháo qīng luǎn fù 同"破卵倾巢"。举例 清·黄遵宪《五禽言》:"一身网罗不敢惜,巢倾卵覆将奈何!"

覆巢倾卵 fù cháo qīng luǎn 同"破卵倾巢"。举例 柳亚子《二十世纪大舞台发刊词》:"覆巢倾卵之中,笺传《燕子》。"

覆巢破卵 fù cháo pò luǎn 同"破卵倾巢"。举例 唐·李咸用《寄题从兄坤载村居》:"覆巢破卵方堪惧,取此梧桐凤且栖。"

P

巢倾卵破 cháo qīng luǎn pò 同"破卵倾巢"。举例《北齐书·高乾传》:"今日之事,想无全者,儿子既小,未有所识,亦恐巢倾卵破,夫欲何言!"

巢卵同时倾 cháo luǎn tóng shí qīng 同"破卵倾巢"。举例 宋·周邦彦《楚平王庙》:"杀贤恐遗种,巢卵同时倾。"

覆巢之下无完卵 fù cháo zhī xià wú wán luǎn 同"破卵倾巢"。完:完整;完好。此语也比喻国家、整体灭亡或被毁,个人或个体成员也难以保全。举例《六十年的变迁》第八章:"帝国主义与军阀打不倒,国家就不能复兴。'覆巢之下无完卵',我个人会有什么出路呀!"

无完卵 wú wán luǎn 同"覆巢之下无完卵"。举例 清·戴移孝《惜誓》:"一门争死无完卵,三户偷生作楚歌。"

完卵 wán luǎn 见"破卵倾巢"。比喻幸得保全。举例 明·张煌言《得家信有感》:"佳儿天幸犹完卵,弱女人憎似宿瘤。"

破巢余卵 pò cháo yú luǎn 见“破卵倾巢”。余：剩余。此语比喻全家遭祸后幸存的人。举例 明·夏完淳(chún)《〈续幸存录〉自叙》:“破巢余卵,旦夕待命。”

破天荒 pò tiān huāng

出处 五代·王定保《唐摭(zhí)言·海述解送》,又见五代·孙光宪《北梦琐言》卷四。解说 天荒：指老天安排的、从未开垦过的土地。古代科举制度为逐级选拔,凡考进士的人,都是由地方选送当地成绩最好的人入京赴试。相传唐代荆南地区读书人很多,每年都选送学子去京城会试,但连续四五十年间竟没有一个考中。于是,人们称荆南为“天荒”,嘲讽那里多年没能有人榜上提名。到了唐宣宗大中四年,终于有一位名叫刘蜕的考生中了进士,这才破了“天荒”。为此,镇守荆南的地方官魏国公崔铉特意赠钱七十万给刘蜕,以示表彰。刘蜕不肯接受,他在给魏国公的回信中写道:“五十年来,自是人废;一千里外,岂曰天荒。”后用此语表示突然得志扬名。现多指某件事情前所未有或第一次出现。举例 ① 宋·王十朋《兴儒》:“刀笠烧畲(shē)俗,舟航撇旋乡。五经谁教子,儒术破天荒。”②《二十年目睹之怪现状》第六十四回:“这局子里向来的总办都是道班,这一位是破天荒的。”③ 闻一多《〈女神〉之时代精神》:“同我们的新文学比起来,才见得是个稀少的原质,同我们的旧文学比起来更不用讲是破天荒了。”④《超人》:“程姥姥一看那巨大的数目,不禁愕然,何先生也动起慈悲念头来,这是破天荒的事情啊!”

破荒 pò huāng 同“破天荒”。举例 清·王夫之《刘孝尼诗·序》:“友人刘孝尼著《山书》者,余知之七年矣。南诸侯未登进之弦歌俎(zǔ)豆之侧,江篱吟晚,破荒无钱,复愚(刘孝尼)所谓歌则其时者,今古一揆,想当凄断。”

破荒第 pò huāng dì 同“破天荒”。举例 宋·叶适《送丁子植》:“已上破荒第,犹勤未见书。”

破荒寒 pò huāng hán 同“破天荒”。举例 清·何绍基《闱墨刻成喜成一律》:“联珠叠璧欣传示,为破荒寒二百年。”

破竹 pò zhú

出处《晋书·杜预传》。解说 杜预是西晋时人,曾任镇南大将军,受封当阳县侯。他又是一个学者,博学多识,撰有《春秋左氏经传集解》。西晋初年,武帝司马炎为了一统天下,任命杜预为大将军率兵攻打东吴。一路上水陆并进,捷报不断。当大军逼近东吴国都建业(今南京)时,有人担心暑天将至,长江水势暴涨,会有流

P

行病发生，不利于进攻，建议等到冬天再进攻。杜预没有同意，他说："今兵威已振，譬如破竹，数节之后，皆迎刃而解，无复著手处也。"（迎：对着。刃：刀刃。解：解体；分开。大意是：现在我们的军队正处于士气高昂之际，就像用刀劈竹子一样，劈开几节之后，其余部分就迎着刀子而破裂，不用再费多少力气了。）杜预率领大军乘胜前进，不久就攻占建业，消灭了吴国。后用此语比喻势头不可阻挡，作战、做事等没有阻碍，节节胜利或进展顺利。举例 唐·杜甫《洗兵行》："河广传闻一苇过，胡虎命在破竹中。"

势如劈竹 shì rú pī zhú 同"破竹"。举例《三国演义》第十二回："曹操将得胜之兵，杀入城中，势如劈竹。"

势如破竹 shì rú pò zhú 同"破竹"。举例 ①《资治通鉴·后汉高祖天福十二年》："帝未决，使人谕指于弘肇（zhào），曰：'兵已及此，势如破竹，可进不可退。'"②《水浒传》第九十九回："关胜等众，乘胜前驱，势如破竹，又克了大谷县。"③ 孙中山《训练革命军人之演讲》："大军一临，势如破竹，此即若推石下山之例。"④《赤龙与丹凤》第一部九："上万农民拿起武器，势如破竹，不管潘一豹有多大力量，也抵挡不住了。"

破竹之势 pò zhú zhī shì 见"破竹"。比喻不可阻挡的势头。举例 ① 清·李渔《闲情偶寄·词曲下·格局》："则把握在手，破竹之势已成，不忧此后不成完璧。"② 郭沫若《革命春秋·北伐途次》："我军以破竹之势进逼武昌，今闻已进展到离武昌城仅中国里百五十里之地。"

迎刃而解 yíng rèn ér jiě 见"破竹"。原指把竹子的上边劈开口，下边的几节就迎着刀刃裂开了，比喻主要问题解决了，次要的或其他的问题就很容易解决。举例 ①《官场现形记》第五十四回："只要这位教士到场，任你事情如何棘手，亦无不迎刃而解的。"② 毛泽东《矛盾论》："研究任何过程，如果存在着两个以上矛盾的复杂过程的话，就要用全力找出它的主要矛盾。捉住了这个主要矛盾，一切问题就迎刃而解了。"③《上海的早晨》第四部三十："这些问题思想弄通，合营问题便迎刃而解了。"

P

剖腹藏珠 pōu fù cáng zhū

出处《资治通鉴·唐太宗贞观元年》。解说 据说唐代的某一天，唐太宗李世民向大臣们问道："吾闻西域贾胡得美珠，剖身以藏之，有诸？"（诸：相当于"之乎"，是"之"和"乎"的合音。原话大意是：我听说西域有一个经商的胡人得到了一颗非常稀有、珍贵的珍珠。他担心会被别人偷去，于是就剖开自己的肚皮，把珍珠藏在里面。你们说,世上真有这种人吗?)大臣们有的回答说“有”,有的回答说“没有”。唐太宗接着语重心长地说:“那个商人的做法太荒谬,结果丢了性命。做皇帝的贪图享乐就会亡国,做大臣的收受贿赂就会违法,这种行为与那个商人没什么两样。”此语原指因看重钱财而不惜冒生命危险的愚蠢行为,比喻轻重颠倒,为物伤身,或贪小利而不计后果。举例《红楼梦》第四十五回:“黛玉道:‘跌了灯值钱呢,是跌了人值钱? ……就失了手也有限的,怎么忽然又变出这剖腹藏珠的脾气来!’”

扑朔迷离 pū shuò mí lí

出处 宋·郭茂倩《乐府诗集·横吹曲辞五·木兰诗》。解说 扑朔:形容兔脚毛蓬松,四腿乱蹬的样子。迷离:形容兔眼眯缝的样子。花木兰是古代一位女英雄。当时,外族入侵边境,朝廷征兵的文书上有她父亲的名字,可是其父年纪已大,禁不起征战的辛劳,而弟弟年龄又小。花木兰自幼跟父亲学习武艺,于是女扮男装,代父从军。花木兰在战场上表现英勇,十多年间出生入死,屡建奇功。战争结束,论功行赏,花木兰不要钱财,不贪图官位,而是请求回家与父母团聚。花木兰回到家里,走入闺房,脱去战袍,换上女子穿的衣服,然后走出来。送花木兰回家的战友们见了都大吃一惊:没想到在一起征战多年的伙伴原来是一个女子!后人为此写了一首《木兰诗》,其中有这样两句:“雄兔脚扑朔,雌兔眼迷离。双兔傍地走,安能辨我是雄雌?”(傍:依傍;挨着。走:跑。大意是:辨别兔子雌雄的方法之一,抓着兔子的耳朵把它拎起,如果四脚扑朔就是雄兔,如果双眼迷离就是雌兔。然而当两只兔子在地上奔跑时,谁又能够分辨出哪一只是雄、哪一只是雌呢?)后用此语比喻某事物在人的印象中模糊不清,难以辨别清楚,或某事情错综复杂,难以辨明真相。举例 ①清·梁绍壬《两般秋雨盦(ān)随笔·无题诗》:“钩辀格磔(zhé)浑难语,扑朔迷离两不真。”②《曹雪芹》第二十三章:“踩着鼓点,操练起来,由慢而快,扑朔迷离,看得人眼花缭乱。”③《上海的早晨》第一部九:“张学海听秦妈妈摆事实讲道理,像是把一团没头没尾的乱麻,暂时理出个头绪来,分析得头头是道,令人信服,使他的眼睛把扑朔迷离的现象看得清清楚楚了。”④穆青《金字塔夕照》:“在一片声光交错的扑朔迷离之中,使你仿佛置身于古埃及往昔的盛世,产生种种奇妙的幻觉和联想。”

迷离扑朔 mí lí pū shuò 同“扑朔迷离”。举例 ①《古今杂剧·无名氏〈女状元〉第四折》:“双兔傍地,难迷离扑朔之分。”②陈毅《满江红·游广东旋至海南岛度假一周记沿途所见》:“惊追逐,回头一顾,迷离扑朔。”

扑朔 pū shuò 见“扑朔迷离”。代称兔。举例 宋·苏轼《游径山》:“寒窗暖足来扑朔,衣钵(bō)咒水降蜿蜒。”

P

蒲柳之姿 pú liǔ zhī zī

出处《世说新语·言语》南朝梁·刘孝标注引晋·顾恺之《家传》。解说 蒲柳：树名，即水杨，尚未入秋即凋零。晋代，尚书右丞顾悦与简文帝年岁相同，但简文帝头上一根白发也没有，而顾悦却已鬓发斑白。有一天。简文帝见到顾悦问道："你的头发为什么白得这么早？"顾悦答道："蒲柳之姿，望秋而落；松柏之质，经霜弥茂。"（大意是：臣下是蒲柳一样的身姿，没到秋天就已落叶了；而皇帝您有松柏一般的龙体，经霜傲雪依然苍翠茂盛。）简文帝听了，十分高兴。后用此语比喻病弱早衰的身体或地位低贱。用于自谦。举例 ①明·汤显祖《牡丹亭·延师》："学生自愧蒲柳之姿，敢烦桃李之教。"②《孽海花》第十二回："贱妾蒲柳之姿，幸蒙太太见爱，今日登宝地，真是三生有幸了！"③郭沫若《海涛集·离沪之前》："文学家为甚么总是一个苍白色的面孔，总是所谓蒲柳之姿呢？"

蒲柳之质 pú liǔ zhī zhì 同"蒲柳之姿"。举例《隋唐演义》第六十一回："公主所论，实切愿怀。但恐蒲柳之质，难与国英雁行。"

蒲柳质 pú liǔ zhì 同"蒲柳之姿"。举例 清·黄静仁《贺新凉·寿州遇桐城吴竹亭丈话旧》："怪我先衰蒲柳质，向生年，那得常三五。"

蒲柳姿 pú liǔ zī 同"蒲柳之姿"。举例 宋·陆游《书志》："况今蒲柳姿，俯仰及大尽。"

蒲质 pú zhì 同"蒲柳之姿"。举例 明·高濂《玉簪记·设计》："念蒲质自甘弃捐，又何须雅念勤劳。"

P

蒲柳 pú liǔ 同"蒲柳之姿"。举例 ①宋·辛弃疾《西江月》："万事云烟忽过，一身蒲柳先衰。"②清·袁枚《喜晤张有虔（qián）先生却寄二十四韵》："蒲柳衰如许，松筠体正强。"③《红楼梦》第五回："觑看那侯门艳质同蒲柳，作践的公府千金似下流。"

Q

七步咏 qī bù yǒng

出处《世说新语·文学》。解说 三国时,丞相曹操的儿子曹植聪明好学,深得父亲的喜爱。其兄曹丕对胞弟的才华一直心怀忌恨。曹操去世,曹丕继任丞相,随后废汉献帝而自立为帝,称魏文帝。曹丕登上皇位以后,不顾手足之情,寻机迫害曹植。有一天,曹丕命令曹植于厅堂上行走七步为限,在此期间作诗一首,如果作不出来就要处罚他。岂料,未等曹丕的话音落下,曹植就应声吟出一首脍炙人口的"七步诗"诗:"煮豆持作羹,漉菽以为汁。萁在釜下燃,豆在釜中泣。本是同根生,相煎何太急?"(漉:过滤。菽:豆类的总称。萁:豆秸。釜:古代一种像锅的炊具。大意是:煮豆子为食物,滤豆汁为饮料。锅底下燃烧的是豆秸,锅里边煎熬的是豆子。豆子和豆秸本来是从一个根上生长出来的,为什么要如此残酷地相互煎熬呢?)曹丕听了这首诗,不由得羞愧万分。后用此语比喻人有才气,文思敏捷。举例 唐·于志宁《冬日宴群公于宅各赋一字得杯》:"俱裁七步咏,同倾三雅杯。"

七步成诗 qī bù chéng shī 同"七步咏"。举例 朱自清《诵读教学》:"所谓耳治、口治、目治这诵读教学三部曲,日渐纯熟,则古人一目十行,七步成诗,并非难事。"

七步成章 qī bù chéng zhāng 同"七步咏"。举例 ①《三国演义》第十九回:"七步成章,吾犹以为迟。"②《斩鬼传》第七回:"单表那风流鬼生得秉性聪明,人才潇洒,也吟得诗,也作得赋,虽不能七步成章,绝不至挠腮抓耳。"

七步之才 qī bù zhī cái 见"七步咏"。比喻杰出的文才,或有文才的人。举例 ①《镜花缘》第八十六回:"闻得老丈诗学有七步之才,想来素日篇什必多,特来求教。"② 苏曼殊《与高天梅论文学书》:"此视吾国七步之才,至性之作,相去远矣。"

七步才 qī bù cái 同"七步之才"。举例 元·白朴《裴少俊墙头马上》:"他凭着满腹文章七步才,管情取日转千阶。"

七步诗 qī bù shī 同"七步之才"。举例 元·耶律楚材《和王正之韵》:"奇辞解吐万言策,敏思能吟七步诗。"

燃萁煮豆 rán qí zhǔ dòu 见"七步咏"。比喻兄弟之间不相容,骨肉相残,或社会团体内部互相残杀。举例 宋·刘克庄《寄题建阳宋景高友于堂》:"宛如酿枣分梨日，堪愧燃萁煮豆人。”

煮豆燃萁 zhǔ dòu rán qí 同“燃萁煮豆”。举例 ①《海国英雄记·投诚》：“因此上蔑王章，残百姓，煮豆燃萁，惹朝廷劳兵转饷。”② 陈毅《过临洮(táo)》：“煮豆燃萁伤往昔，而今团结乐陶陶。”

豆萁燃豆 dòu qí rán dòu 同“燃萁煮豆”。举例《初刻拍案惊奇》卷二十三：“生死由来一样情，豆萁燃豆并根生。”

相煎何急 xiāng jiān hé jí 同“燃萁煮豆”。举例 周恩来《千古奇冤》：“千古奇冤，江南一叶，同室操戈，相煎何急！”

七纵七擒 qī zòng qī qín

出处《三国志·蜀志·诸葛亮传》：“亮率众南征，其秋悉平。”南朝宋·裴松之注引晋·习凿齿《汉晋春秋》：“纵使更战，七纵七擒，而亮犹遣获。”解说 纵：释放。擒：擒获。亮：指诸葛亮。获：指孟获。原文大意是：三国时，诸葛亮为了巩固后方，亲自率兵征讨南方少数民族地区反叛的地方势力。为了让当地酋长孟获心悦诚服，使他真正认输，不再为敌，把他捉住后又释放，连续捉住七次，终于使对方甘心臣服。孟获在最后一次被活捉时对诸葛亮说：“公，天威也，南人不复反矣。”（大意是：丞相您真有神威，我们南方人再也不敢反叛了。）后用此语比喻有收有放，善于运用策略制服对方。举例 ① 宋·黄公度《和宋永兄围棋青字韵因成五绝》：“一胜一负乃常事，七纵七擒真妙机。”②《水浒传》第一一八回：“六韬三略曾闻，七纵七擒曾习。”③ 清·黄遵宪《度辽将军歌》：“待彼三战三北余，试我七纵七擒计。”

七擒七纵 qī qín qī zòng 同“七纵七擒”。举例 ① 宋·陆游《贺留枢密启》：“七擒七纵，已成服远之功；三起三留，果有处中之命。”② 元·无名氏《小尉(yù)迟》第一折：“那敬德鞭无虚举，举无不中，你便要一冲一撞，登时间早将你七擒七纵。”③ 清·魏源《寰海》之十一：“七擒七纵谈何易，三覆三翻局愈奇。”

七纵擒 qī zòng qín 同“七纵七擒”。举例 宋·陆游《东窗独坐书怀》：“洁斋入静三熏沐，宴坐降魔七纵擒。”

七擒略 qī qín lüè 同“七纵七擒”。举例 宋·刘一止《次韵周秀实监丞嘉仲府判叔侄贻王元渤舍人二首诗中见反且恨不与弈棋之会》：“争雄未羡七擒略，见事常输一着先。”

七纵 qī zòng 同“七纵七擒”。举例 唐·张说《唐故广州都督甄(zhēn)公碑》：“授桴作气，有七纵之能；孤剑无前，当万人敌。”

期期艾艾 qī qī ài ài

出处《史记·张丞相列传》。又见《世说新语·言语》:"邓艾口吃,语称'艾……艾'。"解说 期:宋·朱熹《朱子语类·杂类》释为"极",即"极端""非常"。艾:指魏将邓艾的名字。据《史记》记载,汉代初年有个将军名叫周昌,与汉高祖刘邦是同乡,随刘邦起事,立下很多战功,后官任御史大夫,封为汾阳侯。周昌性格豪爽,敢于直言,但他口吃,说起话来很费劲。刘邦曾想废掉太子刘盈,改立赵王如意为太子。周昌坚决反对,结结巴巴地劝阻刘邦说:"臣口不能言,然臣期期知其不可! 陛下虽欲废太子,臣期期不奉诏!"大意是:"我不善于言辞,但知道这件事肯定不可行。如果陛下打算废掉当今太子,我绝不会再服从您的命令了。"因为周昌口吃,在说上述的话时,把本不需要重叠的"期"字说成"期期"。刘邦了解周昌为人率直,听了他的话欣然而笑,将废太子之议作罢。又据《世说新语》记载,三国时,魏国将领邓艾口吃,说起话来不连贯。当他自称名字"艾"时,常常说成:"艾……艾"。后人把"期期"和"艾艾"连起来为"期期艾艾",形容口吃的人说话结巴,不流利。也形容因故而语塞难言。举例 ①《品花宝鉴》第二回:"(孙嗣元)又犯了口吃的毛病,有时议论起来,期期艾艾,愈着急愈说不清楚。"②《在黑暗中·梦珂(kē)》二:"表哥连耳根都红了,蹬在椅上的那只脚竟不会放下来,口中期期艾艾的不知在说什么。"③《青春之歌》第一部十四章:"平日这欢腾的爱笑爱闹的小伙子,变得期期艾艾地说不上话来。"④ 陶菊隐《北洋军阀统治时期史话》第十五章:"停了半晌,(梁启超)才期期艾艾地说:'我生平只研究政体而很少研究国体。'"

期期 qī qī 见"期期艾艾"。原形容口吃,或迟疑而难以启齿。也指非常、极其。举例 ①《古屋》:"好像受了猝不及防的一击,孙宏荫一怔,期期地半晌说不出话来。"② 廖承志《致蒋经国先生信》:"惟弟一再声言'不接触,不谈判,不妥协',余期期以为不可。"

Q

齐大非偶 qí dà fēi ǒu

出处《左传·桓公六年》:"齐侯欲以文姜妻郑大子忽,大子忽辞。人问其故。大子曰:'人各有耦,齐大,非吾耦也。'"汉·刘向《说苑·权谋》作"齐大非偶"。解说 耦:也作"偶",配偶。春秋时齐僖公有女儿文姜,美貌而任性。齐僖公派人向郑国太子姬忽提亲,遭到了婉拒。姬忽早已听说文姜性格暴烈,于是谦逊地推辞说:"每个人都有适合自己的配偶。齐国是个大国,郑国是个小国,两国实力相差悬殊,本人不敢高攀。"后用此语指辞婚者谦称自己门第或地位卑微,不愿攀附。旧时也泛指男女婚姻门第不相当。有时借指位卑势弱,不敢争强。举例 ①《南史·垣闳传》:"齐高帝辅政,使褚彦回为子晃求闳女,闳辞以齐大非偶。"②《扫迷帚》第七回:"至期如法等候,果得陆某。告以欲嫁,陆佯为不知,以齐大非偶,再以年貌悬殊,故意峻拒。"③《太平天国史料汇编·李文忠公朋僚函稿选》:"(李)鸿章前辞关防,诚以齐大非偶,不敢与疆吏絜长争短。"

非耦 fēi ǒu 同"齐大非偶"。指男女门第不相当的婚姻。举例 宋·韦骧《答纳币书》:"言念高者难攀,槐衰门之非耦;人惟求旧,荷厚德之益亲。"

齐东野语 qí dōng yě yǔ

出处《孟子·万章上》。解说 齐东:齐国(今山东北部)的东部。野语:乡下人的话。咸丘蒙是战国时齐国人,孟子的弟子,有一天他向老师请教:"俗话说,国君不能以道德高尚的人为臣子,父亲不能以道德高尚的人为儿子。因而舜当了国君以后,尧率领诸侯向他朝拜,舜的父亲也向他朝拜。孔子说:'这样做的话,天下就很危险了。'真有这么回事吗?"孟子回答道:孔子不可能这样说的。"此非君子之言,齐东野人之语也。"(大意是:这不是有道德的君子说的话,而是齐国东部没有教养的乡下人说的话。)后用此语比喻道听途说的、荒唐而没有根据的话。举例 ① 清·丘逢甲《采菊歌》:"贵之为宝贱则草,齐东野语非吾诳。"② 清·王韬《日本通中国考》:"至所云徐福子孙多聚居于熊野山麓村落中,单姓者是也。其亦近于齐东野语耶?"③ 鲁迅、许广平《两地书》二十六:"听说明朝的方孝孺,就被永乐皇帝灭十族,其一是'师',但也许是齐东野语,我没有考查过这事的真伪。"

Q

齐东语 qí dōng yǔ 同"齐东野语"。举例 清·纪昀《阅微草堂笔记·如是我闻四》:"康熙十四年,西洋贡狮,馆阁前辈多有赋咏。相传不久即逸去,其行如风,巳刻绝锁,午刻即出嘉峪关,此齐东语也。"

齐东野人之语 qí dōng yě rén zhī yǔ 同"齐东野语"。举例《儿女英雄传》第十三回:"安老野笑道:'此所谓齐东野人之语也。'"

奇货可居 qí huò kě jū

出处《史记·吕不韦列传》。解说 奇货:珍奇稀有的货物。居:囤积。战国时,秦昭襄王的孙子、孝文王(安国君)的儿子嬴(yíng)子楚(即异人)年轻时曾作为人质留在赵国德都城邯郸。商人吕不韦到邯郸做生意,遇见了嬴子楚,他认为"此奇货,可居也。”于是想方设法结交、接济嬴子楚,并帮助他回到秦国。吕不韦还把自己的小妾赵姬送给了嬴子楚。嬴子楚先被立为太子,后继位当上了国君。嬴子楚成为秦王后,任命吕不韦做丞相,并封为文信君。嬴子楚死后,其子嬴政(秦始皇)继位,尊吕不韦为相国,号称仲父。据说嬴政就是吕不韦和小妾赵姬的骨血,而嬴子楚始终蒙在鼓里。吕不韦囤积“奇货”的这一笔生意,所获极其巨大。此语原指商人把稀有的货物囤积储藏起来,等待高价出售,牟取暴利。后比喻依仗某种特殊的技能或事物为资本,获取名利、地位等。举例 ① 明·沈炼《送菊坡邓先生致政还河南小词并序》:“好官须做,谁闻笑骂之声;奇货可居,费尽钻研之力。”②《蚀·追求》二:“宁可官样文章罢。投稿而加上特约两个字,那些投稿家又要奇货可居了。究竟也不过是平平常常的东西。”③《李自成》第一卷二十五章:“可是他们把票子当做奇货可居,非要足了钱不肯放回。”

奇货居 qí huò jū 同“奇货可居”。举例 清·袁枚《秦始皇陵》:“祖龙邯郸儿,奇货居大贾。”

抱奇货 bào qí huò 同“奇货可居”。举例 明·高启《答余左司沈别驾元夕会饮城南之作》:“君才于世俱可珍,周贾东游抱奇货。”

囤积居奇 tún jī jū qí 同“奇货可居”。举例 ① 毛泽东《湖南农民运动考察报告》:“贫农把地主富农的谷米阻止出境,并禁止抬高谷价和囤积居奇。”② 巴金《随想录》九十:“学生看不起老师,因为他们会跑单帮,做生意,囤积居奇,赚大钱,老师都是些书呆子,不会做这种事。”

歧路亡羊 qí lù wáng yáng

出处《列子·说符》。解说 歧路:岔路。亡:丢失。杨子(即杨朱)是战国时的哲学家。有一天,杨子的邻居家跑丢了一只羊。邻居全家出动,还请杨子的仆人一同去找羊。杨子不以为然地问:“跑丢了一只羊,何必要这么多人去找呢?”邻人解释说:“你不知道,这里的岔路太多了!”过了一阵子,邻居带着众人空手回来了。杨子问道:“羊找到了吗?”邻居答道:“没有找到。”杨子又问:“这么多人怎么会找不到呢?”邻居答道:“岔路之中又有岔路,我们站在岔路口,不知该到哪条路上去寻找,只好回来了。”杨子心有感触地对弟子们说:“大道以多歧亡羊,学者以多方丧生。”(大意是:大道因为岔路太多无法追寻而丢失了羊,求学的人因为方法太多、不能专一而荒废了一生。)此语原指在岔路上跑丢了羊,后比喻事理复杂多变,使人迷失方向,不知所从。举例 ① 清·魏源《客怀八首柬龚定盦(ān)舍人》:“中道牵小术,歧路多亡羊。”② 清·王夫之《读四书大全说·中庸第二五章一》:“而诸儒之言,故为纷纠,徒俾(bǐ)歧路亡羊。总以此等区处,一字不审,则入迷津。”

Q

亡羊歧路 wáng yáng qí lù 同“歧路亡羊”。举例 柳亚子《读史》之二：“大错无端铸六州，亡羊歧路误清流。”

多歧路 duō qí lù 同“歧路亡羊”。举例《儒林外史》第一回：“人生南北多歧路，将相神仙，也要凡人做。”

多歧 duō qí 同“歧路亡羊”。举例 ① 唐·许浑《晓发鄞(yín)江北渡寄崔韩二先辈》：“南北信多歧，生涯半别离。”② 清·黄遵宪《杂感》之一：“多歧道亦亡，举烛乃笔误。”

亡羊路 wáng yáng lù 见“歧路亡羊”。比喻曲折的人生道路。举例 明·唐顺之《天宁寺尘外楼》之四：“人间多少亡羊路，一一行来也未曾。”

骐骥困盐车 qí jì kùn yán chē

出处《战国策·楚策四》。解说 骐骥：骏马；好马。春秋时，秦国的相马专家伯乐(孙阳)途经太行山，遇见一匹老马拉着装满盐的车在山路上缓缓行走。这匹老马壮年时是日行千里的骏马，现在已年老力衰。到了半山腰一处较陡的坡道，老马竭尽全力，累得遍身流汗也拉不动沉重的盐车了。伯乐赶紧走上前去，脱下衣服披在马身上，并用双手抚摸着马的头，流下同情的泪水。老马好像遇到了知己，低下头长长喷了一口气，然后仰天长鸣，马嘶声响彻云霄。此语原指用骏马拉盐车，比喻人才遭受埋没，处境困厄。参见 84 页“伯乐”。举例 唐·胡曾《咏史诗·虞坂》：“未省(xǐng)孙阳身没后，几多骐骥困盐车。”

骥伏盐车 jì fú yán chē 同“骐骥困盐车”。骥：好马。伏：通“服”，驾着，拉着。举例 明·吾丘瑞《运甓记·辞亲赴任》：“争奈尘埋，未逢鉴识，譬之剑沉丰狱，骥伏盐车。”

Q

汗血盐车 hàn xuè yán chē 同“骐骥困盐车”。举例 宋·辛弃疾《贺新郎·同父见和》：“汗血盐车无人顾，千里空收骏骨。”

峻坂盐车 jùn bǎn yán chē 见“骐骥困盐车”。峻：高而陡。坂：山坡；斜坡。此语指晚年处境困厄的人。举例 茅盾《题高莽为我所画像》：“风雷岁月催人老，峻坂盐车亦自怜。”

盐车厄 yán chē è 同“骐骥困盐车”。举例 宋·林景熙《翁氏仁寿堂次韵》：“王良去后盐车厄，老骥空怀十二闲。”

盐车 yán chē 同“骐骥困盐车”。举例 唐·杜甫《李监宅》：“盐车虽绊骥，名是汉庭来。”

困坂 kùn bǎn 同“骐骥困盐车”。坂：山坡；斜坡。举例 唐·贾岛《送令狐绹

(táo)相公》:“困坂思回顾,迷邦辄问津。”

骑虎难下 qí hǔ nán xià

出处《晋书·温峤传》。解说 东晋时,历阳太守苏竣起兵谋反,中书令温峤和大将军陶侃率军前往征讨。几次交战都失利了,军粮、物资等也将要耗尽,陶侃的情绪有些低落,郁郁不乐,打算暂时退兵。温峤开导他说:“今之事势,义无旋踵(zhǒng),骑猛兽安可中下哉!”(旋踵:旋转脚后跟,后退。大意是:我们目前的形势已无转身后退的余地,就好像骑上了猛兽(猛虎),怎么可能中途下来呢!)此语原指骑到虎背上就很难再下来,比喻事情进行到中途或做事遇到困难,迫于形势无法停止,只能硬着头皮干下去。含有进退两难的意思。举例 ①《明史·袁化中传》:“惧死之念深,将铤而走险,骑虎难下。”②《野叟曝(pù)言》第一〇〇回:“韦杰非敢作乱,实因一时愤激,骑虎难下,日望招安。”③《子夜》十:“益中收买的八个厂,本月三日抛出的一百万公债,都成了骑虎难下之势,我们只有硬着头皮干到那里是那里了!”④ 徐向前《历史的回顾》:“张国焘虽挂起了分裂党的伪中央的招牌,但一直不敢对外公开宣布,也没有中断同党中央的电台联系。据我观察,他是作贼心虚,骑虎难下。”

骑虎之势 qí hǔ zhī shì 见“骑虎难下”。比喻事情进行到中途或做事遇到困难,却无法停止的态势。举例 ① 元·无名氏《连环计》第四折:“俺吕布兄弟将董卓打上一拳,已做骑虎之势,不两立了。”②《好逑传》第六回:“知县此时是骑虎之势,必然又要别下毒手。”

骑者善堕 qí zhě shàn duò

出处《淮南子·原道训》:“夫善游者溺,善骑者堕,各以其所好,反自为祸。”又见《越绝书》卷十:“悲哉,夫好船者溺,好骑者堕,君子各以所好为祸。”解说 善:善于;擅长。堕:跌落;掉下来。溺:溺水;淹死。原文大意是:喜欢游泳或驾船航行的人常常会溺水而死,擅长骑马奔驰的人常常会从马上摔落下来,人们往往因其所喜好的事情而招致祸患。后用此语比喻对某事很擅长或很熟悉的人,常因疏忽大意而招致意外的失败。举例《聊斋志异·念秧》:“旨哉古言!骑者善堕。”

旗鼓相当 qí gǔ xiāng dāng

出处《后汉书·隗嚣(wěi áo)传》。解说 旗鼓:军旗和战鼓,古代作战时摇旗、

Q

击鼓以指挥军队进退，这里指军事力量。相当：不相上下。东汉初年，存在着陇西隗嚣、蜀地公孙述（字子阳）这两支强大的地方武装势力，对东汉政权形成巨大威胁。隗嚣和公孙述之间矛盾很深，经常发生冲突。汉光武帝刘秀用离间计，孤立公孙述，拉拢隗嚣，任命隗嚣为西川大将军。有一次，公孙述派兵攻打隗嚣，结果惨遭失败。刘秀得知后，写信向隗嚣祝贺。信中说道："如令子阳到汉中、三辅，愿因将军兵马，鼓旗相当。"（大意是：如果公孙述进兵汉中，图谋长安，我希望借重将军的力量与汉军联合作战，共同抵御。那样的话，我们的兵力就与公孙述相差不多了。）后用此语比喻势均力敌，双方的力量不相上下。举例 ①《花月痕》第九回："又是一枝好手笔，足与韩荷生旗鼓相当。只是这人福泽不及荷生哩。"②《新中国未来记》第三回："这两位，生同里，少同学，长同游，壮同事，后来旗鼓相当，做了许多事业。"③ 梁实秋《雅舍小品·运动》："看两个人打球，是很有趣味的，如果旗鼓相当，呼的一声打过来，呼的一声打过去，那趣味是不下于看斗鸡、斗鹌鹑、斗蟋蟀。"

杞人忧天 qǐ rén yōu tiān

出处《列子·天瑞》："杞国有人忧天地崩坠，身亡所寄，废寝食者。"解说 忧：忧虑；担心。崩坠：崩塌；坠落。亡：同"无"。寄：依附；依托。原文大意是：古时候有个杞国（在今河南杞县），国家不大。国内有一个人，整天疑神疑鬼，一会儿担心天会崩塌下来，砸扁了脑袋；一会儿担心地会陷落下去，自己无处存身。他越想越害怕，每天吃不下饭，睡不着觉。后用此语比喻庸人自扰，不必要或无根据地忧虑。举例 ① 宋·张耒《山海》："深谷为陵岸为谷，海水亦有扬尘时。杞人忧天固可笑，而不忧者安从知。"② 清·劭长蘅《守城行纪时事也事在己亥六月》："纵令消息未必真，杞人忧天独苦辛。"③《孽海花》第六回："一面又免不了杞人忧天，代为着急，只怕他们纸上谈兵，终无实际，使国家吃亏。"④ 崔巍、钮宇大《爱与恨》："这使他顿时感到刚才不过是做了一场恶梦，事情未必如他所想像的那么可怕，也许完全是'杞人忧天'。"

杞人忧 qǐ rén yōu 见"杞人忧天"。比喻庸人自扰，不必要或无根据的忧虑。举例 明·何乔新《闲居述怀》："病后更添元凯癖，闲中还抱杞人忧。"

杞人之忧 qǐ rén zhī yōu 同"杞人忧"。举例 ①《野叟曝（pù）言》第四十一回："原来东宫幼年，如此仁明。国本既定，杞人之忧可免矣。"②《孽海花》第二十七回："这是贤弟关心太切，所以有此杞人之忧。"

杞天之虑 qǐ tiān zhī lǜ 同"杞人忧"。举例 鲁迅《而已集·忧"天乳"》："我曾经也有过'杞天之虑'，以为将来中国的学生出身的女性，恐怕要失去哺乳的能力，家家须雇乳娘。”

杞国忧 qǐ guó yōu 同“杞人忧”。举例 唐·刘禹锡《敬宗皇帝挽歌》之二:“欲遂东人幸,宁虞杞国忧?”

杞忧 qǐ yōu 同“杞人忧”。举例 李大钊《法俄革命之比较观》:“吾邦人士,亦多窃窃焉为之抱杞忧者。”

杞虑 qǐ lǜ 同“杞人忧”。举例 明·李贽(zhì)《复邓石阳书》:“盖千古绝无之事,千万勿烦杞虑也。”

忧天 yōu tiān 同“杞人忧天”。举例 唐·储光羲《奉别长史庾公太守徐公应召》:“方伯骤勤王,杞人亦忧天。”

忧天倾 yōu tiān qīng 同“杞人忧天”。举例 唐·李白《梁甫吟》:“白日不照吾精诚,杞国无事忧天倾。”

起死回生 qǐ sǐ huí shēng

出处《史记·扁鹊仓公列传》。解说 战国时,有一个名医叫秦越,人称扁鹊。当他游历虢(guó)国时,听说太子前一天身体还很正常,今天突然病死了,便带着弟子匆忙赶到王宫。他诊断之后认为太子得了尸蹷(jué)症,不是真死,于是让弟子子阳在太子的头、胸、手、脚等处针灸。过了一会儿,太子苏醒过来了。又经过二十几天的服药、调养,太子的身体完全康复。消息传开,人们都赞誉说:“扁鹊是神医,能够起死回生。”此语原指使死人或濒临死亡的东西复活,比喻医术高超或手段高明,或挽回了看来已经没有希望的事情。举例 ①《镜花缘》第六回:“无论仙凡,一经服食,不惟起死回生,并能同天共老。”② 清·李渔《闲情偶寄·颐养·疗病》:“天地之间只有贪生怕死之人,并无起死回生之药。”③ 闻一多《宫体诗的自赎》:“对于时人那虚弱的感情,这真有起死回生的力量。”④ 何香凝《回忆廖仲恺(kǎi)》:“要想起死回生,只有彻底改组国民党。”⑤《果园的主人》:“而他心里非常清楚,这片濒临衰亡的果园,到了他的手上,肯定会起死回生,发达兴旺起来。”

回生起死 huí shēng qǐ sǐ 同“起死回生”。举例 ①《水浒传》第七十回:“回生起死妙难言,拯危扶危更多益。”② 清·李渔《奈何天·闹封》:“转败成功,伊谁之力;回生起死,实尔之由。”

泣玉 qì yù

出处《韩非子·和氏》。解说 据说春秋时,楚国有一个名叫卞和的人在荆山下发现了一块奇异的玉璞(pú)。(玉璞：未经雕琢的含玉的石头。)卞和把玉璞献给楚厉王。楚厉王让玉匠鉴别,玉匠说它不过是一块普通石头,楚厉王认为卞和欺骗他,就命令侍卫把卞和的左脚砍了下来。几年后楚厉王死了,楚武王即位,卞和又把那块玉璞献给楚武王。楚武王让另一个玉匠来鉴别,这个玉匠也认为是普通石头,楚武王便命令侍卫把卞和的右脚砍了下来。楚武王死后,楚文王即位。卞和想到自己为献玉璞而遭受的痛苦,抱着玉璞在荆山之下放声大哭,一连哭了三天三夜,泪水哭尽了,眼里流出了血。楚文王听说后,派人问卞和说:"天下被砍去双脚的人多了,为什么你这么伤心呢?"卞和悲愤地回答:"我并不是为自己失去双脚痛哭,而是为没人认识这块稀世珍宝痛哭。"楚文王听了,派一个技艺高的玉匠剖开玉璞,发现里面果然是一块极其珍贵的宝玉。为了纪念献玉璞的卞和,人们把这块宝玉命名为"和氏璧"。后用此语比喻腹中有真才实学。也比喻怀才不遇,报效无门。举例 唐·孟郊《哭秘书包大监》:"哲人卧病日,贱子泣玉年。"

卞和泣玉 biàn hé qì yù 同"泣玉"。举例 明·朱权《卓文君》第一折:"抱材艺,若卞和泣玉。"

卞泣 biàn qì 见"泣玉"。比喻因蒙受冤屈或怀才不遇而痛苦悲伤。举例 唐·杜甫《舟出江陵南浦奉寄郑少尹审》:"滥窃商歌听,时忧卞泣诛。"

卞和抱璞 biàn hé bào pú 同"泣玉"。举例 郁达夫《杂感》:"俊逸灵奇宰相才,卞和抱璞古今哀。"

抱璞 bào pú 同"泣玉"。举例 金·元好问《怀益之兄》:"抱璞休奇售,临觞(shāng)得缓斟。"

抱玉 bào yù 同"泣玉"。举例 ① 三国魏·嵇康《古意》:"安得反初服,抱玉宝六奇。"② 金·元好问《古意》之一:"寂寥抱玉献,贱薄倡优陈。"

献玉 xiàn yù 见"卞和泣玉"。原指进献玉石,比喻向君主或朝廷贡献才智。举例 唐·陆畅《下第后病中》:"献玉频年命未通,穷秋成病悟真全。"

三献 sān xiàn 同"泣玉"。举例 唐·白居易《效陶潜体诗》之十四:"三献寝不报,迟迟空手回。"

献楚 xiàn chǔ 同"泣玉"。举例 唐·骆宾王《在江南赠宋五之问》:"弹冠空被笑,献楚多自伤。"

和氏璧 hé shì bì 见"泣玉"。原为古代美玉的名称,泛指美玉等稀世珍宝,比喻美好的事物或才德。举例 宋·刘敞《杂诗》:"勿以隋侯珠,弹雀千仞峰;勿以和氏璧,投人昏夜中;弹雀不可期,投人未必容。"

卞玉 biàn yù 同"和氏璧"。举例 清·钱大昕《豆腐》:"凝脂点处吴盐细,练布包

Q

来下玉柔。”

楚玉 chǔ yù 同“和氏璧”。举例 唐·孟郊《鸦路溪行呈陆中丞》:“应怜泣楚玉,弃置如尘泥。”

和玉 hé yù 同“和氏璧”。举例《后汉书·刘陶传》:“就使当今沙砾化为南金,瓦石变为和玉,使百姓渴无所饮,饥无所食。”

荆山之玉 jīng shān zhī yù 同“和氏璧”。举例 三国魏·曹植《与杨德祖书》:“人人自谓握灵蛇之珠,家家自谓抱荆山之玉。”

有眼不识荆山玉 yǒu yǎn bù shí jīng shān yù 见“泣玉”。比喻人没有眼力,不识货。荆山玉:即和氏璧。举例《金瓶梅词话》第二十一回:“我西门庆一时昏昧,不听你之良言,辜负你之好意。正是:有眼不识荆山玉,拿着顽石一样看。”

和璞 hé pú 同“和氏璧”。举例 唐·白居易《策林三十四·牧宰考课策》:“虽有和璞之真,不能识也;虽有齐竽之滥,何由知之?”

千金市骨 qiān jīn shì gǔ

出处《战国策·燕策一》。解说 市:买卖;做交易。战国时,燕昭王即位后,为了振兴燕国,向齐国复仇,亲自拜访老臣郭隗(wěi),向他请教招纳贤才的办法。于是,郭隗给燕昭王讲了一个寻找千里马的故事:从前有位国君,不惜用千两黄金求购千里马,三年过去了,还是没有买到。一位侍臣自告奋勇去寻找千里马,他打听到某地有匹千里马,可是当他急忙赶到时,千里马已经死了。侍臣想了想,用五百两黄金买下了千里马的骨头,带回来见国君。国君十分生气地斥责道:我要的是活的千里马,花这么多钱买来马骨头有什么用?侍臣答道:请大王息怒。我这样做,就是想让天下的人都知道大王非常喜爱千里马,活的千里马很快就会送上门来。果然,用重金买马骨的消息传扬出去后,不到一年,国君就得到了三匹千里马。郭隗讲完故事后对燕昭王说:“今王诚欲致士,先自隗始。隗且见事,况贤于隗者乎?岂远千里哉!”(大意是:现在大王果真打算招纳贤才,就先从我开始吧。像我这样才德一般的人都能得到重用,那些比我有能力的人还在乎路途远而不来吗!)于是,燕昭王就拜郭隗为师,并给他建造了豪华的府第。另外又建筑了一座高台,台上放有千两黄金,以此招揽天下贤能之士。不久,魏国军事家乐毅、齐国阴阳家邹衍、赵国游说家剧辛等听说后纷纷不远千里来投奔,燕国在他们的帮助下很快就强大起来。后用此语比喻诚恳、迫切地招揽人才。举例 ① 宋·陈舜俞《骑牛歌》:“千金市骨骏马来,乘肥大跃须年少。”② 程善之《革命后感事和怀霜作即次其韵》:“三品席珍虚鹿币,千金市骨上燕台。”

千金买骨 qiān jīn mǎi gǔ 同“千金市骨”。举例 ① 唐·刘希夷《死马赋》：“八骏驰名终已矣，千金买骨复何时？”②《续孽海花》第四十三回：“时局如此，依然敷衍闭塞，不思千金买骨，恐怕以后国事很危险吧！”

千金买马骨 qiān jīn mǎi mǎ gǔ 同“千金市骨”。举例《李自成》第二卷三十七章：“闯王同咱们谈过到河南后要如何网罗人才的话，真是站的高，看的远！他谈了个千金买马骨的故事，你们忘了？”

千金骏骨 qiān jīn jùn gǔ 见“千金市骨”。指难得的贤才，多指年长者。举例 ① 元·刘致《新水令·代马诉冤》套曲：“命乖我自知，眼见的千金骏骨无人贵。”② 柳亚子《一九五一年元旦自题羿（yì）楼客籍》之二：“不负昭王太畔住，千金骏骨我能求。”

千金骨 qiān jīn gǔ 同“千金骏骨”。举例 元·郝经《老马》：“垂头自惜千金骨，伏枥仍存万里心。”

黄金台 huáng jīn tái 见“千金市骨”。指招贤纳士，重用人才。也指招揽贤才的地方。举例 ① 唐·李贺《雁门太守行》：“报君黄金台上意，提携玉龙为君死。”② 清·吴伟业《夜宿阜昌》：“草没黄金台，犹忆昭王迎。”

千金台 qiān jīn tái 同“黄金台”。举例 明·何景明《赠薛君来》之一：“千金台上求非易，万马群中认未真。”

燕台 yān tái 同“黄金台”。举例 金·元好问《即事呈邦瑞》：“明日燕台传盛事，坐中宾客尽名流。”

请自隗始 qǐng zì wěi shǐ 见“千金市骨”。指从我开始，用于自荐之辞。也表示由自己带头，做个榜样。举例 ① 宋·晁补之《授澶（chán）州司户答韩谏议琦（shú）请充教授启》：“拜教至荣，拊心益忝，请自隗始。”② 郭沫若《湖心亭》：“请自隗始！我存了这个心，想去凭吊湖心亭已经好久好久了。”

千钧一发 qiān jūn yī fà

出处《汉书·枚乘传》。解说 钧：古代重量单位，三十斤为一钧。发：头发。西汉时，吴王刘濞（bì）准备联合其他六个诸侯王起兵叛乱。枚乘过去曾在刘濞属下任郎中，得知这个消息后认为很危险，于是写信劝阻他不要这样做。信中有这样一句话：“夫以一缕之任系千钧之重，上悬无极之高，下垂不测之渊，虽甚愚之人犹知哀其将绝也。”（缕：丝线。原文大意是：把千钧重的东西系在一根丝线上，挂在非常高的地方，下边是深不见底的水潭，即使是再愚蠢不过的人也会知道丝线将会断绝。）后用此语比喻形势或情况万分危急。举例 ① 宋·李曾伯《水龙吟·和幕府贺策应》：“中流孤艇,千钧一发,老夫何有?”②《青春之歌》第一部十五章:“正在这千钧一发的紧急关头,那捉女学生的警察猛地被一个人一脚踢出好远去。”③《小城春秋》第二十八章:“这正是千钧一发的时候,偏偏老姚还不来!难道老姚不知道生死关头,一分钟就能决定成败?”

一发千钧 yī fà qiān jūn 同“千钧一发”。举例 ①《孽海花》第二十九回:“现在和议的事一发千钧,在他国内私行捕禁,虽说行馆有治外法权,万一漏了消息,连累和议,不是玩的。”② 鲁迅《二心集·沉滓的泛起》:“际兹一发千钧,全国国民宜各立所志,各尽所能,各抒己见。”

千里送鹅毛 qiān lǐ sòng é máo

出处 宋·罗泌《路史》。解说 据说,唐代云南地方官土司缅氏曾派使者缅伯高给朝廷进贡一只天鹅。途经沔阳湖时,缅伯高给天鹅洗澡,由于一时疏忽,天鹅飞走了,只坠落下一根翎毛。众人吓得不知所措,缅伯高懊悔得倒在湖边大哭一场,最后无奈,只好来到京城把余下的这根翎毛献上。大唐皇帝和满朝文武百官见他只是贡来一根天鹅的翎毛,都很奇怪。缅伯高讲述了事情的经过,并当场作诗一首,最后一句是:“礼轻人意重,千里送鹅毛。”皇帝听后,觉得其情当恕,诚心可嘉,不但没有生气,反而赏赐很多礼物,让缅伯高带回去。后用此语比喻在人际交往中,礼物虽然微薄,但送礼的人态度真诚,情意深重。多用于送礼时的谦辞。常与“礼轻情意重”或“礼轻人意(义)重”连用。举例 ①《镜花缘》第五十回:“他这礼物虽觉微末,俗话说的:‘千里送鹅毛,礼轻人义重。’只好备个领谢帖儿,权且收了。”② 老舍《女店员》第三幕五场:“送给经理的孩子的,千里送鹅毛,这是我亲手做得呀!”③《红日》第十五章:“‘千里送鹅毛,礼轻情意重!大家不要客气,吃一点!’罗光装着一本正经的样子,对战士们说。”

千里寄鹅毛 qiān lǐ jì é máo 同“千里送鹅毛”。举例 宋·苏轼《扬州以土物寄少游》:“且同千里寄鹅毛,何用孜孜饮麋(mí)鹿。”

千里鹅毛 qiān lǐ é máo 同“千里送鹅毛”。举例 ① 宋·黄庭坚《长句谢陈适用惠送吴南雄所赠纸》:“千里鹅毛意不轻,瘴衣腥腻北归客。”② 明·周楫(jí)《西湖二集·洒雪堂巧结良缘》:“敬此候问大人起居,兼致菲仪数十种,聊表千里鹅毛之意,万勿鄙弃。”

礼轻人意重 lǐ qīng rén yì zhòng 同“千里送鹅毛”。举例 ①《喻世明言·蒋兴哥重会珍珠衫》:“就是这个冤家,虽然不值甚钱,是一个北京客人送我的,却不道:‘礼轻人意重’。”②《六十年的变迁》第三章:“虽是小意思,‘礼轻人意重’哩。”

Q

千里之行，始于足下 qiān lǐ zhī xíng，shǐ yú zú xià

出处《老子》第六十四章："合抱之木，生于毫末；九层之台，起于累土；千里之行，始于足下。"解说 足下：足所立之处，即脚下。原文大意是：两手合抱的大树，是由细小的幼芽成长起来的；九层的高台，是由一筐一筐的泥土堆砌起来的；千里远行，是由迈出第一步开始的。此语比喻事情的成功，是由小到大逐渐积累起来的。举例 ① 唐·白居易《温尧卿等授官赐绯充沧景江陵判官制》："夫千里之行，始于足下。苟自强不息，亦何远而不届哉？"② 夏衍《〈学人谈治学〉代序》："千里之行，始于足下，要建筑百丈高楼，不先打好地基是不行的。"③ 陶铸《崇高的理想》："千里之行，始于足下。在开始的时候，就得有个盘算，才不致'失之毫厘，谬以千里'。所以理想问题，对每个人来说，都是一个重要的问题。"

千虑一得 qiān lǜ yī dé

出处《晏子春秋·杂下十八》："圣人千虑，必有一失；愚人千虑，必有一得。"解说 虑：思虑；考虑。失：失误；犯错误。得：收获；成功。原文大意是：聪明、有才智的圣人考虑一千次，总会有一次失误；愚笨无知的人考虑一千次，总会有一次成功。后用此语指如果经过深思熟虑，就会更加符合实际情况，有所收获。多用于自谦。举例 ①《宋史·许忻(xīn)传》："欲采千虑一得之说，以广聪明。"② 清·俞樾《茶香室三钞·人通物语》："程涓字巨源，明万历间人。《千一疏》其所著书名，取千虑一得之义。"

Q

一得之见 yī dé zhī jiàn 见"千虑一得"。指一点见解。常用作自谦。举例 秦牧《艺海拾贝·新版前记》："本书所谈的，不过是自己在学习和写作过程中的一得之见，不一定很正确。"

一得之愚 yī dé zhī yú 见"千虑一得"。指一点肤浅的见解。常用作自谦。举例 鲁迅《集外集拾遗·〈越铎〉出世辞》："吾侪(chái)庶士，坐观其成，傥(tǎng)不尽一得之愚，殆自放于国民之外。"

一得 yī dé 见"千虑一得"。指一点可取的长处，或一点见解。常用作自谦。举例 ① 宋·苏轼《湖州谢上表》："凡人必有一得，而臣独无寸长。"② 明·陈邦瞻《宋史纪事本末·金亮南侵》："臣有愚虑，请殚一得。"

智者千虑，必有一失 zhì zhě qiān lǜ，bì yǒu yī shī 见"千虑一得"。原指聪明非凡的人也难免会有小的失误，泛指即使反复思考或再三考虑，也难免会有疏漏和失误之处。常用于劝诫人考虑问题要细致周到,不可懈怠马虎。举例 ① 清·刘开《问说》:"智者千虑,必有一失。圣人所不知,未必不为愚人之所知也。"② 鲁迅《名人和名言》:"我很自歉这回时时涉及了太炎先生。但'智者千虑,必有一失',这大约也无伤于先生的'日月之明'的。"③《三家巷》一〇九:"不管怎么样,你是一个智者。但是,智者千虑,必有一失嘛,你这就算第一次的失算了。"

千虑一失 qiān lǜ yī shī 见"千虑一得"。指即使反复思考,再三考虑,也难免会有疏漏和失误之处。多用于自谦。举例 ① 清·俞樾《春在堂随笔》卷五:"著书之家,千虑一失,往往有之。"②《民国通俗演义》第一五二回:"不料千虑一失,在十三年元旦,突然发表了一道众议院改选的命令,激起了多数议员的反感。"

千篇一律 qiān piān yī lǜ

出处 南朝梁·钟嵘《诗品》卷中。解说 西晋大臣张华,曾官任中书令,加散骑常侍。他还是一个文学家,其诗作委婉妍丽,"儿女情多,风云气少",大多叙写儿女柔情,缺乏高昂的气势。南北朝时的诗人谢灵运评价说:"张公虽复千篇,犹一体耳。"(大意是:张华的诗作虽然有上千篇,但都是一个形式而已。)此语原指许多篇文章都一个样,题材、写法公式化,只是机械地重复或无变化。后比喻事物的形式陈旧呆板。举例 ① 明·王世贞《艺苑卮(zhī)言》卷四:"千篇一律,诗道未成,慎勿轻看,最能易人心手。"②《孽海花》第十八回:"如今我国的小说戏曲太不讲究了,佳人才子,千篇一律。"③ 鲁迅《而已集·略谈香港》:"这'金制军'是前清遗老,遗老的议论是千篇一律的。"④ 艾芜《漫谈三十年代的左联》:"订出许多条条框框,必然导致千篇一律,公式化、概念化。"

Q

千人所指 qiān rén suǒ zhǐ

出处《汉书·王嘉传》。解说 千人:指许多人。指:指责。董贤是西汉晚期的一个奸臣,因相貌长得十分俊秀,又善于谄媚,受到汉哀帝刘欣的宠幸,二十几岁就官至大司马。哀帝每次外出,总要与他同乘一辆车;在宫内,简直与他形影不离。后来,哀帝又打算给董贤封侯。御史大夫王嘉竭力反对,上书劝谏说:董贤靠着陛下的宠幸,骄奢放纵,毫不收敛,恶名远扬,引起四方公愤。"里谚曰:千人所指,无病而死。臣常为之寒心。"(大意是:俗语说,众人所指责的人,没有病也会死的。我常常为此而感到心寒。)望陛下考虑到祖宗创业的艰难,别再这样做了!王嘉奏章中的话触怒了哀帝,结果被关入牢狱,受迫害而死。王嘉死后,董贤被封为高安侯。然而,董贤的好景也不长,一年多后哀帝病死,他失去靠山,被罢官,家产被抄没,结果与妻子一道自杀了。后用此语比喻品行恶劣,触犯众怒,遭众人谴责和唾弃。举例《聊斋志异·云翠仙》:"迨(dài)于身无襦(rú),妇无袴(kù),千人所指,无疾将死,穷败之念无时不萦于心,穷败之恨无时不加于齿。"

千夫所指 qiān fū suǒ zhǐ 同"千人所指"。举例 ① 唐·柳泽《论时政书》:"千夫所指,无病自死,不其然与?"② 章炳麟《联省自治虚置政府议》:"千夫所指,其倾覆可立而期。"③ 梁启超《无枪阶级对有枪阶级》:"他们的罪恶,已经是千夫所指,更无庸我再添一句半句话。"

千夫指 qiān fū zhǐ 同"千人所指"。举例 鲁迅《自嘲》:"横眉冷对千夫指,俯首甘为孺子牛。"

千日酒 qiān rì jiǔ

出处 晋·张华《博物志》卷五,又见晋·干宝《搜神记》卷十九。解说 传说古时候,中山(在今河北境内)人狄希善于酿酒。狄希有一位朋友名叫刘玄石,喜欢饮酒,喝了一杯他酿的酒,酩酊大醉,数日不醒。刘玄石的家人以为他已死,就把他埋葬了。过了三年多(一千天)之后,狄希去刘玄石家中拜访,得知刘玄石早已被埋葬,赶紧请人掘开坟墓,打开棺材,发现刘玄石刚刚睁开眼睛,醒过酒来。于是,人们把狄希酿的酒称为"千日醉"。此语原指酒力奇特、能使人大醉一千天的酒,后用来称誉醇香浓郁的美酒。也形容饮酒沉醉不醒。举例 ① 唐·韩偓(wò)《江岸闲步》:"青布旗夸千日酒,白头浪吼半江风。"② 唐·孟郊《暮春感思》:"欲慰一时心,莫如千日酒。"③ 清·余怀《水龙吟·和陆放翁》:"听鹧鸪啼罢,霓裳舞破,千日酒,真堪醉。"

Q

千日酿 qiān rì niàng 同"千日酒"。举例 明·高启《吴中亲旧远寄新酒二首》之一:"上国岂无千日酿,独怜此是故乡春。"

千日醉 qiān rì zuì 同"千日酒"。举例 ① 唐·王勃《春园》:"还持千日醉,共作百年人。"② 宋·陆游《遣兴》:"纵酒山南千日醉,看花剑外十年狂。"

千日中山酒 qiān rì zhōng shān jiǔ 同"千日酒"。举例 明·袁宏道《中山刘刺史邀饮西溪》:"携将千日中山酒,来醉西溪六月花。"

中山千日酒 zhōng shān qiān rì jiǔ 同"千日酒"。举例 陈翠娜《步步娇·戏拟闺情》套曲:"纵教心似玲珑藕,也难禁你手挽情丝日夕抽。俺则索醉倒中山千日酒。"

中山酒 zhōng shān jiǔ 同"千日酒"。举例 ① 宋·魏野《送司马池归夏台》:"芳草垂杨弄色初,中山酒好想踌躇。”② 清·李渔《巧团圆·解纷》:“太平千日犹难待,纵有中山酒莫沽。”

千万买邻 qiān wàn mǎi lín

出处《南史·吕僧珍传》。解说 南朝梁时的开国功臣吕僧珍很有才干,受到梁武帝的赏识和重用,官任冠军将军、前军司马等职。他人品正直,为官清廉,口碑很好。南康郡太守宋季雅是吕僧珍的旧友,辞官告老还乡后,特地把临近吕僧珍私宅的一幢房屋买下来居住。有一天,吕僧珍去看望他,询问买这幢房子花了多少钱。宋季雅答道:“共花了一千一百万。”吕僧珍听了惊讶地问:“这房子怎么会这么昂贵?”宋季雅笑着回答说:“一百万买宅,千万买邻。”(大意是:我是用一百万买房屋,一千万买你这位好邻居。)此语原指不惜代价选择好邻居,后形容好邻居十分难得和可贵。举例 宋·辛弃疾《新居上梁文》:“百万买宅,千万买邻,人生孰若安居之乐?”

千钱买邻 qiān qián mǎi lín 同“千万买邻”。举例 元·高明《琵琶记·蔡公逼试》:“秀才不必忧虑,自古道千钱买邻,八百买舍,老汉忝(tiǎn)在邻居,你但放心前去,若宅上有些小欠缺,老汉自当应承。”

千贯治家,万贯结邻 qiān guàn zhì jiā,wàn guàn jié lín 同“千万买邻”。举例《歧路灯》第九十七回:“好么!千贯治家,万贯结邻。人家那有与书铺做邻居这个好法?是算盘算不来的好。”

买芳邻 mǎi fāng lín 同“千万买邻”。举例 清·钱谦益《次韵答东邻李孟芳》:“七尺艰难归故里,百金容易买芳邻。”

Q

迁怒 qiān nù

出处《论语·雍也》。解说 迁:转移。颜回(颜渊)是孔子最得意的弟子。有一次,鲁哀公问孔子,在他的弟子中谁学习最勤奋?孔子答道:“有颜回者好学,不迁怒,不贰过。不幸短命死矣。今也则亡,未闻好学者也。”(大意是:颜回最好学。遇到发怒时,不转移到别的事情上去;有了错误,知过能改,绝不再犯第二次。只可惜寿命短,过早死去了。在现有的弟子中,再没有像颜回这样好学的人了。)后用此语指把对甲的怒气发泄到乙的身上。举例 ①《明史·刘志选传》:“忠贤忌后贤明……后为故司礼刘克敬所选,忠贤迁怒克敬,谪(zhé)发凤阳,缢杀之。”②《宦海》第四回:“这位姨太太已经不免有些疑心,却又不敢和庄制军絮聒(guō),便迁怒到邵孝廉身上来。”③ 朱自清《给亡妇》:“我的脾气可不大好,迁怒的事儿有的是。”

牵牛织女 qiān niú zhī nǚ

出处 汉·无名氏《古诗十九首》之十:"迢迢牵牛星,皎皎河汉女。"又见南朝梁·宗懔(lǐn)《荆楚岁时记》。解说 牵牛:指牵牛郎、放牛郎,即牛郎。牛郎、织女都是神话中的人物。迢迢:遥远的样子。皎皎:明亮的样子。传说天帝有个孙女儿,名叫织女,她心灵手巧,织出的云锦天衣绚丽夺目。织女羡慕人间的幸福生活,偷偷地爱上了一个英俊的放牛郎。天帝责怪织女违背了天庭律条,降罪使织女和放牛郎化为天上的两颗星星,中间用天河隔开。只有在农历每年的七月七日夜里,织女才能跨过天河,从东岸来到西岸与牛郎相会。这一天,众多的喜鹊飞到天河之上,架起鹊桥,让这一对饱尝思念之苦的夫妻渡河团聚。由于织女是刺绣能手,这一天晚上,人间的妇女们便在院子里张灯结彩,陈设瓜果,在月光下把五彩线穿在有七个孔的缝针上,拜请织女赐福,求得手巧。如果有小蜘蛛爬到瓜果上吐丝结网,人们便认为这是织女显灵了。后来,又用牛郎、织女作为星名,牛郎星又叫牵牛星,在银河东;织女星在银河西,与牵牛星相对。此语比喻长期分居两地、难以相见的夫妻或情侣。举例 ① 唐·杜牧《秋夕》:"天阶夜色凉如水,坐看牵牛织女星。"② 宋·李清照《行香子》:"想离情别恨难穷。牵牛织女,莫是离中。"

织女牵牛 zhī nǚ qiān niú 同"牵牛织女"。举例 清·孔尚任《桃花扇·拒媒》:"闹端阳,正纷纭,水阁含春,便有那乌衣子弟伴红裙,难道是织女牵牛天汉津。"

牛郎织女 niú láng zhī nǚ 同"牵牛织女"。举例 ① 明·胡文焕《群音类选·南西厢记·莺莺忆念》:"你形只影单,羞睹牛郎织女星。"② 清·郑燮(xiè)《范县署中寄余弟墨第四书》:"尝笑唐人《七夕》,咏牛郎织女,皆作会别可怜之语,殊失命名本旨。"③《第一届全国戏曲观摩演出大会戏曲剧本选集·梁山伯与祝英台(越剧)·第四场》:"祝(唱):你我好比牛郎织女过鹊桥。"

牛星织女 niú xīng zhī nǚ 同"牵牛织女"。举例 宋·张先《菩萨蛮·七夕》:"牛星织女年年别,分明不及人间物。"

女牛 nǚ niú 同"牵牛织女"。举例 清·黄景仁《秋夕》:"羡尔女牛逢隔岁,为谁风露立多时。"

织女 zhī nǚ 同"牵牛织女"。举例 宋·孔平仲《银河咏》:"织女东西波浪隔,夜寒天阔不胜情。"

穿针乞巧 chuān zhēn qǐ qiǎo 见"牛郎织女"。乞:乞求。巧:技巧。此语指民间一种习俗,即向织女乞求缝纫的技巧。常用以咏七夕佳节。举例 宋·郭应祥《踏莎行·季巧席上赋》:"渐永更筹,新凉气候,穿针乞巧看看又。"

穿针 chuān zhēn 同"穿针乞巧"。举例 唐·王勃《七夕赋》:"海人支石之机,江女穿针之阁。"

乞巧 qǐ qiǎo 同"穿针乞巧"。举例 ① 唐·林杰《乞巧》:"家家乞巧望秋月,穿尽红线几万条。"② 明·何景明《乞巧行》:"富家女儿恃娇小,年年乞巧不得巧。"

鹊桥 què qiáo 见"牵牛织女"。比喻能够联结男女之间良缘的各种事物,或使夫妻团聚的途径。举例 ① 唐·李白《拟古十二首》之一:"银河无鹊桥,非时将安适。"② 宋·秦观《鹊桥仙》:"柔情似水,佳期如梦,忍顾鹊桥归路。"③《这几个酸儿辣女》:"金裹银儿信以为真,这才请小戏子出马上阵,画龙点睛搭鹊桥。"

铅刀一割 qiān dāo yī gē

出处《后汉书·班超传》。解说 铅刀:用铅制成的刀,比喻钝刀。班超是东汉时的名将,曾官任西域都护,封定远侯。他在驻守边疆时曾给朝廷上书,要求增派兵马,平定西域。其中有这样一句:"昔魏绛(jiàng)列国大夫尚能和辑诸戎,况臣奉大汉之威,而无铅刀一割之用乎?"(戎:这里指中原北部的各少数民族。原文大意是:春秋时晋国魏绛的身份不过是一个列国的大夫,却能与各少数民族部落结盟,而臣下是奉大汉王朝的命令行事,弘扬大汉王朝的天威,尽管我这把铅刀不够锋利,难道不能用来割一割吗?)此语原指铅刀虽不锋利,如果使用得当,也能割断东西。比喻才能平常、力量微薄的人,有时也能发挥一点作用。多作为请求任用的谦辞。举例 ① 晋·左思《咏史》之一:"铅刀贵一割,梦想骋良图。"② 章炳麟《革命之道德》:"幸而时济,庶几比于铅刀一割。"

铅刀试 qiān dāo shì 同"铅刀一割"。举例 金·王寂《方山闻有代者坐中或至潸(shān)然》:"五年不去任推挤,惭愧铅刀试割鸡。"

铅刀用 qiān dāo yòng 同"铅刀一割"。举例 ① 明·杨士奇《退思轩为淮阳刘千户赋》:"虽怀铅刀用,一割不及施。"② 赵朴初《周总理挽诗》:"我惭驽骀姿,期效铅刀用。"

铅刀之用 qiān dāo zhī yòng 同"铅刀一割"。举例 清·纪昀《阅微草堂笔记·姑妄听之四》:"有道士招之曰:'君气色凝滞,似有重忧,道家以济物为念,盍(hé)言其实,或一效铅刀之用乎?'"

铅刀 qiān dāo 见"铅刀一割"。比喻才能平常、力量微薄的人,用于谦辞。举例《两晋演义》第三十三回:"铅刀虽钝,或堪一割,公亦休得轻人。"

谦恭下士 qiān gōng xià shì

出处《汉书·韦玄成传》:"少好学,修父业,尤谦逊下士。"解说 下:礼让;降低身份对待。士：士人，指普通的读书人或有某种技艺的人。韦玄成是汉代宣帝时人，他年少时聪敏好学，后官任丞相。韦玄成学识渊博，品德高尚，对待士人特别谦逊有礼。由于他诚恳待人，得到了大家的敬重。后用此语形容达官贵人对地位不高但有才德的人谦虚而有礼貌，现多指尊重并态度谦和地对待地位比自己低的人。举例 ①《红楼梦》第十回："昨因冯大爷示知，大人家第谦恭下士，又承呼唤，不敢违命。"② 邹韬奋《患难余生记》第一章："他亲自送至车旁，亲自代关车门，行一深鞠躬礼而别，颇能谦恭下士。"

前车之鉴 qián chē zhī jiàn

出处《荀子·成相》："前车已覆，后未知更何觉时！"又见《说苑·善说》："《周书》曰：'前车覆，后车戒。'盖言其危。"又见《韩诗外传》卷五："前车覆而后车不诫，是以后车覆也。"解说 鉴：镜子，引申为借鉴、教训。覆：翻过来；翻倒。戒：防备；提防。指前面车子翻倒的教训，比喻先前失败的教训。此语原指前面车子翻倒了，后面车子也会有翻倒的可能，应引以为戒，避免重新走上翻过车的旧路。比喻汲取先前失败的教训，不再犯以往的错误。也比喻先前失败的教训。举例 ①《镜花缘》第二十二回："我们若非黑齿前车之鉴，今日稍不留神，又要吃亏了。"② 清·沈复《浮生六记·坎坷记愁》："奉劝世间夫妇，固不可彼此相仇，亦不可过于情笃。语云'恩爱夫妻不到头'，如余者，可作前车之鉴也。"③《水浒后传》第二十五回："前车之鉴，请自三思。"④ 周恩来《关于和平谈判问题的报告》："蒋介石失败的主要原因之一，就是一切依赖外援，这是'前车之鉴'。"

前车可鉴 qián chē kě jiàn 同"前车之鉴"。举例 ① 孙中山《三民主义与中国前途》："凡有见识的人，皆知道社会革命，欧美是决不能免的。这真是前车可鉴。"② 鲁迅《二心集·〈艺术论〉译本序》："有时句法也大约受些影响，而且前车可鉴，使我屡免于误译，这是应当十分感谢的。"

前车可惧 qián chē kě jù 同"前车之鉴"。举例 清·秋瑾《望海潮·送陈彦安孙多琨二姊回国》："世局堪惊，前车可惧，同胞何事懵懵。"

前车已覆，后车当戒 qián chē yǐ fù，hòu chē dāng jiè 同"前车之鉴"。举例 明·周楫(jí)《西湖二集·邢君瑞七载幽期》："前车已覆，后车当戒，仁兄不可……堕其术中，迷而不悟。"

前车之覆，后车之鉴 qián chē zhī fù，hòu chē zhī jiàn 同"前车之鉴"。举例 中国共产党第六届中央委员会扩大的第七次全体会议《关于若干历史问题的决议》："为了学习中国革命的历史教训，以便'惩前毖后，治病救人'，使'前车之覆'成为'后车

Q

之鉴'……作出正确的结论,是有益的和必要的。"

前覆辙 qián fù zhé 同"前车之鉴"。举例 宋·张元幹《次韵聪父见遗》之二:"世路肯遵前覆辙,交游谁识后凋松。"

前辙可鉴 qián zhé kě jiàn 同"前车之鉴"。举例 宋·陈亮《与石应之书》:"惟兄勉之,无失朋友之望,前辙可鉴。"

瞻前轨 zhān qián guǐ 同"前车之鉴"。举例 晋·陆机《欢逝赋》:"瞻前轨之既覆,知此路之良难。"

重蹈覆辙 chóng dǎo fù zhé 见"前车之鉴"。蹈:踏。此语比喻不汲取先前失败的教训,又犯同样的错误。举例 ① 季羡林《牛棚杂忆·自序》:"就算是受蒙蔽吧,也应该在这个千载难遇的机会中受到足够的教训,提高自己的水平,免得以后再重蹈覆辙。"②《平凡的世界》第三十五章:"妻子说得对,上次正是那个吹牛皮的河南卖瓦罐师傅造成了他的大灾难。再要开办砖场,决不能重蹈覆辙!"

覆车 fù chē 见"前车之鉴"。比喻失败的教训。举例 清·李渔《闲情偶寄·饮馔(zhuàn)·蔬食》:"一误岂堪再误,吾不敢不以赋形造物视作覆车。"

前功尽弃 qián gōng jìn qì

出处《战国策·西周策》。解说 功:功劳;成绩。尽:完全;全部。弃:丢弃;丢失。战国晚期,秦国加快了兼并别国的步伐,秦将白起率兵准备攻打魏国都城大梁,对名义上仍存在的周王室构成极大威胁。于是周赧(nǎn)王派人前去劝阻白起说:从前楚国有一个百步穿杨的神箭手叫养由基,一位智者给他讲述了射箭的道理:"一发不中,前功尽矣。"(大意是:如果已经达到了百发百中,就要适可而止,珍惜"善射"的名声。否则,当身体疲倦,力气将尽时,就可能出现失误。)将军以前为秦国立下了不少战功,但是"一攻而不得,前功尽灭"。(大意是:这次攻打魏国如果失败,将会前功尽弃。)您最好是称病不出战,这样可以保全自己的一世英名。由于当时周王室已经衰微,白起没有听从周赧王的劝阻。后用此语指事将成而失败,以前的功劳或成果全部丢失了,或以前的努力完全白费了。举例 ①《红楼梦》第十三回:"那贾敬闻得长孙媳妇死了,因自为早晚就要飞升,如何肯又回家染了红尘,将前功尽弃呢,故此并不在意,只凭贾珍料理。"②《官场现形记》第四十九回:"皇上叫你去带兵,或是打土匪,或是打洋人,打赢了还好,打输了,岂非前功尽弃,自寻苦恼。"③ 鲁迅《华盖集·牺牲谟(mó)》:"因为一个人最紧要的是'晚节',一不小心,可就前功尽弃了。"④《大学时代》:"他对这个问题的思路才刚刚展开,马上撂下,就前功尽弃了。"

Q

前倨后恭 qián jù hòu gōng

出处《战国策·秦策一》,又见《史记·苏秦列传》。解说 倨:傲慢。恭:恭敬。战国时,纵横家苏秦,字季子,先是去游说秦国,反复向秦惠王阐述自己关于“连横”(以秦国为首,联合其他几个国家)的政治主张,但未得到秦惠王的欣赏。苏秦的盘缠差不多用光了,穷困潦倒,只好垂头丧气地穿着破烂不堪的黑貂裘(裘:皮衣。)回到家乡洛阳。家人见苏秦如此落魄,都不给好脸色看,妻子只顾继续织布,对他不理不睬,嫂子不但不给做饭,还狠狠挖苦了他一顿。这件事激发苏秦发奋读书,苦心揣摩当时的政治形势,后来转而主张“合纵”(几个国家联合起来对付秦国)。苏秦又周游列国,说服齐、楚、燕、韩、赵、魏六国“合纵抗秦”,并担任了六国的丞相。当苏秦携带六国的相印荣归故里时,亲人们一改旧日的冷漠态度,嫂子伏在地上连连磕头。苏秦笑着对嫂子说:“何前倨而后恭也?”(大意是:你为什么先前那么傲慢,现在又如此恭敬呢?)后用此语形容人的态度前后截然不同,也指对人的态度有所改变。多讽刺人非常势利眼。参见743页“抵掌而谈”。举例《西游记》第五十一回:“旁有葛仙翁笑道:‘猴子是何前倨后恭?’行者道:‘不敢!不敢!不是甚前倨后恭,老孙于今是没棒弄了。’”

前慢后恭 qián màn hòu gōng 同“前倨后恭”。举例 梁启超《王荆公传》第十六章:“知制诰与翰林学士,相去几何?此而谓其前慢后恭、见利忘义,何深文之甚也!”

惭妻嫂 cán qī sǎo 见“前倨后恭”。原指苏秦游说秦惠王失败,落魄回家,在妻子和嫂子面前很羞愧。比喻人一事无成而受人耻笑。举例 唐·高适《酬裴秀才》:“长卿无产业,季子惭妻嫂。”

Q

黑貂敝 hēi diāo bì 见“前倨后恭”。敝:破旧;破烂。此语原指破旧的衣服,形容旅途或客居中生活困窘。举例 唐·杜甫《奉送魏六丈佑少府之交广》:“季子黑貂敝,得无妻嫂欺。”

敝貂裘 bì diāo qiú 同“黑貂敝”。举例 ① 宋·辛弃疾《水调歌头》:“长安路远,何事风雪敝貂裘。”② 明·刘基《舟中》:“雨翳(yì)青灯静客舟,轻寒只恋敝貂裘。”

季子裘 jì zǐ qiú 同“黑貂敝”。举例 ① 唐·殷尧藩《九日》:“壮怀空掷班超笔,久客谁怜季子裘。”② 宋·陆游《舟中夜赋》:“千里风尘季子裘,五湖烟浪志和舟。”

金尽裘敝 jīn jìn qiú bì 同“黑貂敝”。举例 清·纪昀《阅微草堂笔记·滦阳续录五》:“甚或金尽裘敝,耻还乡里,萍飘蓬转,不通音问者,亦往往有之。”

黄金尽 huáng jīn jìn 同“黑貂敝”。举例 唐·王维《送丘为落第归江东》:“为客黄金尽,还家白发新。”

钱可通神 qián kě tōng shén

出处《太平御览》卷八三六引三国魏·杜恕《体论》:“可以使鬼者,钱也。”又见《晋书·鲁褒传》、唐·张固《幽闲鼓吹》卷五十二。解说 唐朝时,宰相张延赏审理一桩搁置已久的大案。他料想这里边肯定有冤屈,打算严加查处,把案情弄个水落石出。到了升堂审案那天,却发现桌子上有一张小纸条,写道:“送钱三万贯,希望不要过问此案。”张延赏大怒,催促下属抓紧办案。第二天,在桌子上又出现一张小纸条,写道:“送钱五万贯。”张延赏更加恼火,限定属下必须在两日内审理了结此案。第三天,桌子上又放着一张小纸条,写道:“送钱十万贯。”张延赏看后无可奈何地说:“钱至十万,可通神矣。无不可回之事,吾惧及祸,不得不止。”(大意是:送钱至十万贯,就可以通神了。没有不可改变的事情,我担心会招致祸患,这桩案子不能再审下去了。)于是,案子又被搁置起来。此语原指用钱能够买通鬼神,比喻只要有钱,什么事情都可能办到。参见335页“孔方”。举例 ①元·无名氏《鸳鸯被》第四折:“大小荆条,先决四十,再发有司,从公拟罪,钱可通神,法难纵你。”②《石点头·侯官县烈女歼仇》:“一面又差人到京师重贿刑部司房,求速速转详,约于秋决期中结案。果然钱可通神,无不效验。”

有钱使得鬼推磨 yǒu qián shǐ dé guǐ tuī mò 同“钱可通神”。举例《何典》第二回:“有钱使得鬼推磨。你们既有银钱送他,他乌眼睛见了白铜钱,少不得欢天喜地,把令亲从轻发落的。”

有钱能使鬼推磨 yǒu qián néng shǐ guǐ tuī mò 同“钱可通神”。举例 郭沫若《南冠草》第四幕:“上上下下都得用钱。现今的世道,不说,你老先生也是很清楚的,有钱能使鬼推磨啦。”

Q

潜移默化 qián yí mò huà

出处《颜氏家训·慕贤》。解说 潜:暗中,不见形迹;默:不说话;没有声音。南北朝时士大夫兼学者颜之推特别重视家庭教育,他告诫自己的子女说:人在年少的时候,思想、性格、习惯等都还没有定型,结交朋友需要谨慎选择,因为朋友的“言笑举动,无心于学,潜移暗化,自然似之”。(大意是:朋友的一言一笑、一举一动,随时随地会使你不知不觉受到影响,并逐渐改变自己。)后用此语指人的思想、性格等受到外界条件的熏染和影响,不知不觉地逐渐发生变化。举例 ①《孽海花》第二十七回:“无事时固可借以潜移默化,一遇紧要,便可锄奸摘伏。”②朱自清《民众文学的讨论》:

“民众文学当有一种‘潜移默化’之功，以纯正的博大的趣味，替代旧有读物、戏剧等底不洁的、褊狭的趣味。”③ 巴金《随想录》七十二：“我通过几位朋友，更加了解了先生的一些情况，了解越多我对先生的敬爱越深。我的思想、我的态度也在逐渐变化。我感受到所谓潜移默化的力量了。”

黔驴之技 qián lǘ zhī jì

出处 唐·柳宗元《三戒·黔之驴》。解说 黔：贵州的别称。技：本领。贵州这个地方从前没有驴子，有个好事的人用船运载了一头驴子来到这里，由于没有什么用处，便把它随便放养在山脚下。一只老虎见驴子身躯很大，以为是神兽，心中害怕，不敢靠近，只躲在树林中偷看。忽然，驴子高声长鸣，老虎吓了一跳，以为驴子要来吃自己，赶紧逃跑了。过了两天，老虎又来观察驴子的动静，试探它的反应。渐渐习惯了它的叫声，便壮起胆子，小心翼翼地靠近它，后来又故意激怒它。驴子大发脾气，扬起蹄子踢了老虎一脚。老虎见状心中暗喜，知道驴子的本领不过如此罢了，于是大吼一声，扑上去一口咬断驴子的喉咙，把驴肉吃得精光才离去。后用此语比喻有限的一点本领。举例 ① 宋·李曾伯《代襄阃(kǔn)回陈总领贺转官》：“虽长蛇之势若粗雄，而黔驴之技已尽展。”② 毛泽东《一个极其重要的政策》：“柳宗元曾经描写过的‘黔驴之技’，也是一个很好的教训。”③《冰川天女传》第二十四回：“众人被热浪迫得不由自己的后退，冰川天女笑道：‘黔驴之技，不过尔尔。’”

黔驴技穷 qián lǘ jì qióng 见“黔驴之技”。穷：竭尽。此语比喻仅有的一点本领用完了，再没有其他办法。举例 ① 明·毕自严《请室课子歌》：“匪朝匪夕躬尽瘁，畏首畏尾力难任。黔驴技穷驽马殚，倦鸟回首思高林。”②《红岩》第十三章：“敌人已经露出马脚，他们已经感到黔驴技穷，无计可施了。”③《前驱》：“他们不过是黔驴技穷，想求个活命罢了。”

黔驴技尽 qián lǘ jì jìn 同“黔驴技穷”。举例 明·朱之瑜《答王师吉书》：“特恐黔驴技尽，为诸乡亲羞耳。”

黔驴无技 qián lǘ wú jì 同“黔驴技穷”。举例《聊斋志异·马介甫》：“久觉黔驴无技，渐狎，渐嘲，渐骂；居无何，旧态全作矣。”

黔驴 qián lǘ 见“黔驴之技”。喻指虚有其表、技艺低下的人。举例 宋·欧阳修《和武平学士岁晚禁直书怀五言二十韵》：“贪荣同卫鹤，取笑类黔驴。”

黔之驴 qián zhī lǘ 同“黔驴”。举例 金·李俊民《宣差射虎》：“可怜肉食无远图，伎俩不及黔之驴。”

浅见寡识 qiǎn jiàn guǎ shí

出处《史记·五帝本纪赞》。解说 浅见：肤浅的见解。寡识：寡闻，听到或知道的很少。传说上古有黄帝、颛顼（zhuān xū）、帝喾（kù）、尧和舜五个帝王。西汉史学家司马迁著《史记》，为了核实五帝的史实，曾西到崆峒山，北过涿（zhuō）鹿山，东临大海，南渡长江、淮河，向年长的人请教，寻访五帝的遗迹。根据搜集到的资料，他写下了《五帝本纪》篇，并在此章的最后指出："非好学深思，心知其意，固难为浅见寡闻道也。"（大意是：书中的意旨，除了好学深思、领会其意的人，恐怕是很难与见识浅薄、孤陋寡闻的人说清楚的。）后用此语形容见闻不广，所知很少。多用于谦辞。举例 鲁迅《华盖集续编的续编·〈阿Q正传〉的成因》："在这事实发生以前，以我的浅见寡识，是万万想不到的。"

强弩之末 qiáng nǔ zhī mò

出处《史记·韩长孺列传》。解说 弩：古代用机械力量发箭的弓，射程较远。末：末端；尽头。韩安国，字长孺，汉武帝时官任御史大夫。当时朝廷派重兵多次打击匈奴的入侵，匈奴被迫议和，派人前来请求和亲。武帝召集大臣们商量对策，有人认为匈奴反复无常，求和没有诚意，应该坚决拒绝。韩安国认为：我军远征，长途跋涉，出塞千里，战斗力将会渐渐减弱。这就如同强弩射出的箭，"强弩之极，矢不能穿鲁缟（gǎo）"。（极：终极；尽头。鲁缟：鲁地产的薄绢。大意是：强弩射出的箭到了尽头，就没有力量了，恐怕连薄绢也穿不透。）而匈奴以逸待劳，汉军兵力再强大也很难取胜，还是与匈奴议和为好。此语原指强弩所发的箭，已达到射程的尽头，比喻原本强大的力量逐渐衰弱，最后已经起不了什么作用了。举例 ①《三国志·蜀志·诸葛亮传》："曹操之众，远来疲弊，闻追豫州（刘备），轻骑一日一夜行三百余里地。此所谓'强弩之末，势不能穿鲁缟'者也。"②《歧路灯》第一〇二回："这士子们详答互问，有后劲加于前茅者，也就有强弩之末聊以完局者。"③ 闻一多《什么是儒家》："这个制度渐次发展，在西周达到它的全盛期，到春秋中叶便成强弩之末了。"④《三家巷》二十四："至于军阀，那是强弩之末了。"

强弩末 qiáng nǔ mò 同"强弩之末"。举例 宋·陆游《老境》："文章虽自力，亦已强弩末。"

弩末 nǔ mò 见"强弩之末"。比喻力量已趋衰弱，或余暇、余力、事情接近尾声。举例 ① 明·胡应麟《诗薮·宋》："彼训诂六经，业已并兼千古，弩末刃余，复暇及此，

Q

才岂易企！”② 朱自清《桨声灯影里的秦淮河》：“当她的船箭一般驶过去时，余音还袅袅的在我们耳际，使我们倾听而向往。想不到在弩末的游踪里，还能领略到这样的清歌！”

末弩 mò nǔ 见“强弩之末”。比喻已经衰弱的力量。举例 明·胡应麟《诗薮(sǒu)·元》：“赵承旨首倡元音……然体裁端雅，音节和平，自是胜国滥觞(shāng)，非宋人末弩也。”

强作解人 qiǎng zuò jiě rén

出处《世说新语·文学》。解说 强：勉强，能力不够，还尽力做。东晋时人谢安（字安石）年轻时勤奋好学，知识渊博，后官任中书令、司徒等。谢安曾经向原光禄大夫阮裕请教战国时期赵国公孙龙的学说《白马论》。阮裕详细讲解其内容及蕴含的道理，谢安听得似懂非懂，不断询问。阮裕经过耐心反复讲解，见谢安仍然不能透彻理解其中的意义，不禁感慨地说：“非但能言人不可得，正索解人亦不可得。”（大意是：现在不但能讲解《白马论》的人很少，就连听过讲解后能够理解的人也不多了。）此语原指勉强理解某种理论的真正含义。后用来讽刺人不明真意或真相而妄发议论。举例 ① 清·王锡振《茂陵秋雨词自跋》：“自维倚声一事，本强作解人，聊以宣幽导郁，不自爱重，遂亦不甚检点。”②《牧野流星》第十四回：“你给我胡乱编派是哪一派的剑法，强作解人，不是太可笑了吗？”☞“强作解人”的“强”不读 qiáng。

敲门砖 qiāo mén zhuān

Q

出处 明·田艺蘅《留青日札摘抄·非文事》。解说 据说，科举时代有一本供举子应考用的书叫《锦囊集》，读书人只需抄录其中的几个篇章，随便拼凑一下就能够成为一篇好文章，科考时可以一举中第。许多读书人为了博取功名，不惜重金把书买来，并视为珍宝传给后代子孙。若未考中，他们便自我解嘲地把这本书称为“撞太岁”。古人迷信，以太岁之神代表凶方，撞上了太岁，指凶多吉少，运气不佳。而一旦考中，他们则庆幸地把这本书称为“敲门砖”，指敲开幸运之门的砖，用过就可以扔掉了。后用此语比喻暂时用以捞取名利地位的工具或手段。一达到目的，即可抛弃。举例 ① 清·俞樾《茶香室丛钞·焚时文》：“今人以时文为敲门砖，宋人已如此矣。”② 鲁迅《准风月谈·吃教》：“清朝人称八股文为‘敲门砖’，因为得到功名，就如打开了门，砖即无用。”③ 朱光潜《给一位写新诗的青年朋友》：“诗不是一种空洞的主义，也不是一种敲门砖。”

敲门石 qiāo mén shí 同“敲门砖”。举例 明·王鏊《送温生廉还江西》：“镂冰刻棘巧何为，名成至比敲门石。”

巧言令色 qiǎo yán lìng sè

出处《尚书·皋陶(gāo yáo)谟(mó)》。解说 巧言：好听的虚伪的话。令：美好。令色：讨好别人的神色、表情。谟：计谋；谋略。据说在远古时代，禹帝与掌管刑狱的大臣皋陶一起商讨治国之道。皋陶认为，君王最重要的治国之道是知人善任和安抚百姓，只有这样才能使国家长治久安。禹帝非常赞同，他说：如果能做到这两点，“何迁乎有苗，何畏乎巧言令色孔壬?”(有：词的前缀。有苗：即三苗，古代民族名。孔壬：大奸佞。原话大意是：又何必迁徙三苗族人的居住地，又何必担心那些花言巧语、外表良善而包藏祸心的大奸臣呢?)后用此语指用花言巧语和媚态伪情来讨好和迷惑他人。举例 ①《水浒传》第八十三回：“寡人已自差人暗中体察，深知备细，尔等尚自巧言令色，对朕支吾!”② 郭沫若《屈原》第四幕：“你这卖国求荣的无赖，你这巧言令色的小人，有什么值得你笑!”③ 徐迟《郭沫若、屈原和蔡文姬》：“董妃被写得高尚，而周近则真正的小人，巧言令色，诬陷是他的专长。”

切磋琢磨 qiē cuō zhuó mó

出处《诗经·卫风·淇奥》：“如切如磋，如琢如磨。”解说 此语原指将骨、角、玉、石等加工制成器物。比喻在道德学问、技术等方面彼此商讨，互相学习与勉励。参见220页“告往知来”。举例 ① 五代·王定保《唐摭(zhí)言·进士归礼部》：“盖以朋友之臧否(zāng pǐ)，文艺之优劣，切磋琢磨，匪朝伊夕，抑扬去就，与众共之。”② 宋·陈亮《众祭潘用和文》：“上穷千古，下极目前碎事，以致其切磋琢磨之意。”③ 萧乾《鱼饵·论坛·阵地》：“应该说曾起到了文艺界相互切磋琢磨的作用。”④ 老舍《谈诗》：“彼此不相关切，你干你的，我干我的，坐失切磋琢磨之益。”

切磋 qiē cuō 同“切磋琢磨”。举例 ① 明·黄信《明道篇》卷三：“故相与议论之间，切磋最为难。”② 鲁迅《书信集·致李桦》：“现在零星的个人，还在刻木刻的是有的，不过很难进步。那原因，一则无人切磋，二则大抵苦于不懂外国文，不能看参考书，只能暗中摸索。”

琢磨 zhuó mó (又读 zuó mo)见“切磋琢磨”。原指雕琢、打磨(玉石)。比喻对诗文等反复修改加工，精益求精。或反复思索、考虑。举例 ① 宋·王安石《送石赓归宁》：“稍出平生言，道艺相琢磨。”②《赵子曰》十四：“好极了，你算把古人的举动态度

Q

琢磨透了！”

窃𫓧 qiè fǔ

出处《列子·说符》。解说 𫓧：同“斧”，斧头。古时候，有一个人丢失了斧头，怀疑是邻居家的孩子偷去了，看邻家孩子走路的姿态、面容神色以及言谈话语，都像是偷了斧头的样子。后来，他在山上开荒挖水渠时，找到了原本遗忘在那里的斧头。回到家里，他再见到邻家的孩子，怎么看也不像是偷斧头的样子了。后用此语指完全凭自己的主观想法看问题，往往会产生错觉，出现错误。举例 唐·刘禹锡《上杜司徒书》：“然而于窃𫓧而知心目之可乱，于掇(duō)蜂而知父子之可间(jiàn)，于拾煤而知圣贤之可疑。”

窃斧 qiè fǔ 同“窃𫓧”。举例 宋·苏轼《辨试馆职策问札子》之二：“然至于窃斧而知心目之可乱，于投杼(zhù)而知母子之可疑，于拾煤而知圣贤之可惑。”

锲而不舍 qiè ér bù shě

出处《荀子·劝学》：“骐骥一跃，不能十步；驽马十驾，功在不舍；锲而舍之，朽木不折；锲而不舍，金石可镂。”解说 锲：刻；镂刻。舍：舍弃；停止。骐骥：骏马。驽马：劣马。原文大意是：骏马奋力一跃，最多不超过十步；劣马不停地跑，却能跑完很远的路程。用刀刻东西，如果刻一会儿就不干了，即使是一块腐朽的木头也刻不动；如果坚持不懈地刻，再坚硬的金石也可以雕刻成精美的东西。此语原指镂刻不停，比喻做事有恒心，有毅力，坚持到底，直到成功才肯罢休。举例 ① 清·薛福成《出使四国日记·光绪十六年正月十六日》：“风气既开，有志之士锲而不舍，蕲(qí)使古今中西之学，会而为一。”② 鲁迅、许广平《两地书》十二：“要治这麻木状态的国度，只有一法，就是‘韧’，也就是锲而不舍。”③ 萧三《我的一项自我批评》：“然而鲁迅却始终像一株独立支持的大树，不畏强暴，不惧黑暗，对腐朽反动、卑鄙恶浊的现象和人物进行着‘锲而不舍’的‘韧’的战斗。”④ 梁锡华《漫语慢蜗牛》：“它们双对触角作先锋探路，遇物必缩。你说它们畏这畏那么？非也。它们其实是步步为营，却又锲而不舍。”

Q

亲密无间 qīn mì wú jiàn

出处《汉书·萧望之传赞》。解说 间：空隙；嫌隙。萧望之是西汉大臣，也是有名的学者，曾任太子太傅。汉宣帝死后，元帝继位，萧望之任前将军光禄勋，领尚书事。由于官员郑朋违法，萧望之受到牵连。元帝对老师萧望之非常敬重，不忍重责。然而，由于宦官弘恭、石显等诬陷，萧望之不堪其辱，愤而自杀。元帝非常悲痛，每年都派人去他的墓地祭奠，对他的后代也倍加关照。因此，司马迁著《汉书》，评价元帝与萧望之的师生关系“可谓亲昵亡(wú)间”。(亡：通“无”，没有。原文大意是：可以说是亲密无间)。后用此语形容关系十分亲近、密切，没有丝毫隔阂。举例 ① 宋·袁燮(xiè)《己见札子》：“结以恩信，厉以忠义，如家人父子，亲密无间，时出而用之。”②《创业史》第一部二十二章：“大伙这种亲密无间、乐乐和和的情绪，深深地感动了年轻的领导人。”③《迎春花》第十八章：“老东山和未过门的儿媳妇，父女般的淡着，似乎他们之间，过去没有发生什么纠纷和不愉快，从来就是亲密无间的。”☞“亲密无间”的“间”不读 jiān。

秦关百二 qín guān bǎi èr

出处《史记·高祖本纪》：“秦，形胜之国，带河山之险，县(xuán)隔千里，持戟百万，秦得百二焉。”解说 百二：一百的二倍。县：同“悬”，距离远。唐·司马贞《索隐》引虞喜云：“百二者，得百之二。言诸侯持戟百万，秦地险固，一倍于天下，故云得百二焉，言倍之也，盖言秦兵当二百万也。”原文大意是：秦国地势险要，凭借着黄河和秦岭等高山的险阻，易守难攻，如同与其他国家相隔千里之远。同样是军事力量，在秦国相当于多出了一倍。如果别的国家有一百万军队，秦国就相当于拥有二百万军队。此语原指秦国山川险要，关塞坚固，据守的军队能以少胜多，比喻地势险要，易守难攻。也赞美大好河山。举例 ① 唐·杜甫《诸将》之三：“洛阳宫殿化为烽，休道秦关百二重。”②《花月痕》第五十一回：“还只道秦关百二是千年业，那里有不散的华筵、不了的棋？”③《李自成》第二卷四十八章：“古称秦关百二，带砺山河，加上强兵良马多出西北，故长安为古代建都之地。”

百二秦关 bǎi èr qín guān 同“秦关百二”。举例 金·邓千江《望海潮·献张六太尉》：“营屯绣错，山形米聚，襟喉百二秦关。”

百二雄关 bǎi èr xióng guān 同“秦关百二”。举例 明·阮大铖《燕子笺·守溃》：“百二雄关，临风一剑寒。”

山河百二 shān hé bǎi èr 同“秦关百二”。也比喻大好河山。举例 ① 金·张中孚《蓦山溪》：“山河百二，自古关中好。”② 宋·王清惠《满江红·题驿壁》：“千古恨，凭谁说？对山河百二，泪沾襟血。”

百二河山 bǎi èr hé shān 同“秦关百二”。举例 明·屠隆《昙花记·定兴开宴》：“闾关誓死，收回百二河山。”

百二山河 bǎi èr shān hé 同“秦关百二”。举例 ① 元·张国宾《薛仁贵衣锦还

Q

乡》第一折:"镇皇都,四海无虞,倚着这百二山河壮帝居。"② 清·张岱《于少保祠》:"平生有力济危川,百二山河去复旋。"

百二山川 bǎi èr shān chuān 同"秦关百二"。举例 元·无名氏《新水令》:"随人愿、照百二山川,照百二山川,一点金星瑞云里现。"

秦镜高悬 qín jìng gāo xuán

出处 晋·葛洪《西京杂记》卷三。解说 悬:悬挂。据说秦代末年,刘邦率军攻入秦都咸阳,发现秦王宫室中有一面功能奇特的长方形大镜子,正反两面都光洁明亮,可以照人。如果以平常的姿势站立,照出的人影却是倒立着的;如果用手捂着心口,就能照出人的五脏六腑;如果捂着心口的人身患疾病,就会从镜中看到疾病所在的部位;如果人心术不正,镜中照出的胆特别大,心脏跳动也很慌乱。秦始皇担心周围的人对他不忠诚,经常让宫中的嫔妃、侍卫等来照这面镜子,发现谁有异常,就把他处死。后用此语比喻官吏或执法的人清正廉明,洞察是非,判案公正。举例 清·李渔《比目鱼·骇聚》:"若非秦镜高悬,替老夫伸冤雪枉,不止陨身一旦,亦且遗臭万年。"

明镜高悬 míng jìng gāo xuán 同"秦镜高悬"。举例 ① 元·关汉卿《望江亭》第四折:"只除非天见怜,奈天天又远,今日个幸对清官,明镜高悬。似他这强夺人妻,公违律典,既然是体察,端的怎生发遣!"② 清·钱谦益《致龚芝麓》:"况有法眼天眼,明镜高悬,则弟之片言,或亦可备下体之采耳。"③《李自成》第二卷三十八章:"请老父台明镜高悬,洞察是非,不使舍弟受此诬枉之冤!"

秦镜 qín jìng 见"秦镜高悬"。指能分辨正邪、真伪的镜子,比喻判案公正神明的官吏。举例 ① 唐·刘长卿《避地江东留别淮南使院诸公》:"何辞向物开秦镜,却使他人得楚弓。"② 清·褚(chǔ)人获《坚瓠(hù)补集·曲巷高门行》:"伏阙难留直指公,长悬秦镜照吴中。"

秦宫宝镜 qín gōng bǎo jìng 同"秦镜"。举例《儿女英雄传》第四回:"只见他那艳如桃李之中却又凛如霜雪,对了光儿好似照着了那秦宫宝镜一般,晃得人胆气生寒,眼光不定。"

秦楼镜 qín lóu jìng 同"秦镜"。举例 唐·李白《白头吟》之二:"妾有秦楼镜,照心胜照井。"

秦庭朗镜 qín tíng lǎng jìng 同"秦镜"。举例《初刻拍案惊奇》卷十一:"负屈寒儒,得遇秦庭朗镜;行凶诡计,难逃萧相明条。"

照胆之镜 zhào dǎn zhī jìng 同"秦镜"。举例 明·洪应明《菜根谭·应酬》:"倚高才而玩世,背后须防射影之虫;饰厚貌以欺人,面前恐有照胆之镜。"

Q

照胆 zhào dǎn 同“秦镜高悬”。举例 唐·张祜(hù)《投太原李司空》:“试暗秦台下,应回照胆明。”

琴瑟 qín sè

出处《诗经·周南·关雎(jū)》:“窈窕淑女,琴瑟友之。”《诗经·小雅·常棣(dì)》:“妻子好合,如鼓瑟琴。”《诗经·小雅·鹿鸣》:“我有嘉宾,鼓瑟鼓琴。”解说 琴、瑟,古代两种拨弦乐器,常用来合奏。友:亲爱。鼓:弹奏。《关雎》原文大意是:漂亮的淑女,我弹奏着琴瑟向你求爱。《常棣》原文大意是:夫妻感情和美,如同弹奏琴瑟一样音调和谐。《鹿鸣》原文大意是:我们宾主之间的感情,像琴瑟合奏一样融洽。后用此语比喻夫妻、兄弟或朋友之间感情和谐、融洽,也用作夫妇的代称。举例 ① 三国魏·曹植《王仲宣(王粲)诔》:“吾与夫子,义贯丹青,好同琴瑟。”② 清·蒋士铨《香祖楼·兰因》:“夫人曾氏,典雅幽闲,柔嘉静好。托闺房之益友,结琴瑟之古欢。”

琴瑟调和 qín sè tiáo hé 见“琴瑟”。比喻夫妻之间和谐默契、相濡以沫。举例 ① 明·邱濬(jùn)《俞氏双寿诗》:“阴阳配合贤相敌,琴瑟调和老更宜。”②《醒世姻缘传》第五十二回:“少年夫妇,琴瑟调和,女貌郎才,如鱼得水。”

琴瑟相谐 qín sè xiāng xié 同“琴瑟调和”。举例 元·王子一《误入桃源·楔子》:“我等本待和他琴瑟相谐,松萝共倚,争奈尘缘未断,蓦地思归。”

琴瑟之好 qín sè zhī hǎo 见“琴瑟”。比喻夫妻之间和谐默契、相濡以沫的深厚感情。举例 ① 宋·周必大《回萧郎中亲书》:“敢绿声气之同,妄意琴瑟之好。”②《聊斋志异·邵九娘》:“柴(廷宾)始悟其奸,因复反目,永绝琴瑟之好。”

琴瑟不调 qín sè bù tiáo 见“琴瑟”。原指演奏时,琴和瑟的音调不和谐,比喻政令失调、夫妻感情不和或夫妇反目等。举例 ①《魏书·崔光列传》:“琴瑟不调,改而更张,虽明旨已行,犹宜消息。”② 唐·赵璘(lín)《因话录》卷一:“郭汾阳(子仪)子暧尝与升平公主琴瑟不调。”③《太平广记》卷四百九十二引无名氏《灵应传》:“泾阳君与洞庭外祖世为姻戚,后以琴瑟不调,弃掷少妇,遭钱塘之一怒,伤生害稼,怀山襄陵。”

琴瑟不和 qín sè bù hé 同“琴瑟不调”。举例 元·尚仲贤《柳毅传书》楔子:“俺父亲、母亲将我嫁与泾河小龙为妻。颇奈泾河小龙为婢仆所惑,日见厌薄,因此上俺两个琴瑟不和。”

琴瑟失调 qín sè shī tiáo 同“琴瑟不调”。举例《歧路灯》第九十九回:“所可惜者,埙篪(xūn chí)和鸣,却又琴瑟失调。”

琴心剑胆 qín xīn jiàn dǎn 见“琴瑟”。琴瑟和佩剑是古代士人常备之物,原指琴为心,剑为胆,比喻年轻男子柔情侠骨,刚柔相济,既风流有情致,又有过人胆识。

举例 清·古越嬴宗季女《六月霜》第三出:“你如莫邪刚,并剪快,哀梨脆,琴心剑胆羞姿媚。”

剑胆琴心 jiàn dǎn qín xīn 同“琴心剑胆”。举例 ① 清·新广东武生《黄萧养回头》:“剑胆琴心运意匠,推波助浪有奇方。”②《三家巷》二十:“这姓蒋的岂只有两下子而已?说实在话,简直是出类拔萃,剑胆琴心。”

琴心相挑 qín xīn xiāng tiǎo

出处《史记·司马相如列传》。解说 挑:挑逗;挑动。司马相如是西汉时辞赋家,因写下《子虚赋》而轰动一时,蜚声文坛。有一次,司马相如路经临邛(qióng)。县令王吉是他的好朋友,两个人应邀一道去富豪卓王孙家做客,遇见卓王孙的女儿卓文君新寡而居住在父母家。卓文君当时只有十九岁,美貌聪慧,能诗善赋,精通音律,风流多情。司马相如欣赏卓文君的才华和美貌,即席弹奏了一曲《凤求凰》,用琴声向她表达了自己的爱慕之情。卓文君很受感动,不顾家中父母反对,夜里私自投奔司马相如。此语原指用琴声挑逗,表达爱慕之心,比喻男女互相倾诉爱慕之情。参见280页“家徒四壁”。举例 明·屠隆《昙花记·超度沉迷》:“你雄姿秀骨风度好,瞥然见把人魂销,又不是琴心相挑,一音愿咏桃夭,谐白发附青霄。”

琴挑 qín tiǎo 同“琴心相挑”。举例 清·李渔《风筝误·和鹞》:“又非是琴挑句挑,怕什么旁人耻笑。”

援琴之挑 yuán qín zhī tiǎo 同“琴心相挑”。举例《情史》卷十四:“君子有援琴之挑,鄙人无投梭之拒。及荐寝席,义盛意深。”

琴心求凰 qín xīn qiú huáng 同“琴心相挑”。举例 清·叶申芗《金缕曲·抚琴图》:“欲寄琴心求凰意,盼得远山眉好。”

琴心 qín xīn 见“琴心相挑”。指用琴声表达的爱慕之心,比喻男女互相倾慕之情。举例 ① 唐·李群玉《戏赠魏十四》:“兰浦秋来烟云深,几多情思在琴心。”② 清·李渔《风筝误·嘱鹞》:“新诗为我逗琴心,更仗新诗索好音。”

琴意 qín yì 同“琴心”。举例 宋·苏轼《破琴诗》:“破琴虽未修,中有琴意足。”

凤求凰 fèng qiú huáng 见“琴心相挑”。原为乐曲名,借指男子求偶。举例 清·沙曾达《易安词女》:“赵家择女凤求凰,词女能文梦应祥。”

青白眼 qīng bái yǎn

出处《晋书·阮籍传》。解说 指用青眼、白眼两种眼光看待人。青眼即正视的目光，黑眼珠居中，表示对人喜爱或尊重；白眼即斜视的目光，眼睛向上或向旁边看，眼睛中露出眼白，表示对人轻视或厌恶。阮籍、嵇康都是三国时魏国的名士，两个人交往很多。阮籍见到嵇康，因为赞赏他的人品和才华，就用青眼相待；见到嵇康的哥哥嵇喜，因为讨厌他为官巴结权贵，就改用白眼。后用此语表示对人尊重或轻视的两种截然不同态度，也比喻人爱憎分明。举例 ① 宋·杨万里《早入东省残月初上》："忽作青白眼，圆视向我嗔。"② 元·辛文房《唐才子传·李山甫》："山甫累举进士不第。落魄有不羁才，须髯如戟，能为青白眼，生平憎俗子，尚豪侠。"

白眼相看 bái yǎn xiāng kàn 见"青白眼"。用白眼相看，表示对人蔑视或厌恶。举例 元·董君瑞《哨遍·硬谒》套曲："风帽与尘寰，遍朱门白眼相看。"

白眼看人 bái yǎn kàn rén 同"白眼相看"。举例 宋·林逋(bū)《湖山小隐二首》之二："黑头为相虽无谓，白眼看人亦未妨。"

白眼 bái yǎn 同"白眼相看"。举例 ① 清·黄景仁《杂感》："十有九人堪白眼，百无一用是书生。"②《聊斋志异·阿纤》："我以人不齿数故，遂与母偕隐：今又返而依人，谁不加白眼？"③ 鲁迅《哀范君三首》之一："华颠萎寥落，白眼看鸡虫。"④《一个女剧员的生活》三："各人也都有一种悲哀，或者为女人的白眼，或者为金钱的白眼，因为刺激，说话把本来性格也失去了。"

眼白 yǎn bái 同"白眼相看"。举例 ① 唐·杜甫《丹青引赠曹将军霸》："途穷反遭俗眼白，世上未有如公贫。"② 宋·黄庭坚《奉答固道》："末俗相看终眼白，古人不见想山高。"

青眼相看 qīng yǎn xiāng kàn 见"青白眼"。用青眼相看，表示对人特别看重或喜爱。举例 元·丁鹤年《寄武昌南山白云老人》："青眼相看如昔日，只有南山与故人。"

青目 qīng mù 同"青眼相看"。举例《红楼梦》第十五回："凡至都者，未有不另垂青目。"

青盼 qīng pàn 同"青眼相看"。举例《聊斋志异·胡四姐》："妾陋质，遂蒙青盼如此。"

青照 qīng zhào 同"青眼相看"。举例《红楼梦》第一一四回："现在镇海统制是弟舍亲，会时务望青照。"

垂青 chuí qīng 同"青眼相看"。举例 ① 清·李渔《玉搔头·缔盟》："多蒙令爱垂青，已把终身相许。下官具有些许聘礼，求妈妈笑纳。"②《李自成》第二卷四十三章："今日来投闯王帐下，过蒙垂青，只恨才疏学浅，无以为报。"

青眼 qīng yǎn 见"青白眼""青眼相看"。指知己之交。举例 ① 宋·司马光《同张圣民过杨之美明日投此为谢》:“呼儿取次具杯盘,青眼相逢喜无极。”② 宋·黄庭坚《登快阁》:“朱弦已为佳人绝,青眼聊为美酒横。”

青出于蓝 qīng chū yú lán

出处《荀子·劝学》:“青,取之于蓝而青于蓝;冰,水为之而寒于水。”解说 青:指靛(diàn)青,也叫靛蓝,一种深蓝色的颜料。蓝:指蓼(liǎo)蓝,一种植物。战国末年思想家、教育家荀子(荀况)曾以青与蓝、冰与水的关系来比喻学生如果能用功研究学问,坚持不懈地努力,就可以比他的老师更有成就。原文大意是:靛青是由蓼蓝草的叶子加工提炼出来的,但颜色比蓼蓝草更深;冰是由水遇冷凝结而成的,但温度比水更寒凉。后用此语比喻学生胜过老师,或后人超过前人。举例 ① 唐·白居易《赋赋》:“赋者,古诗之流也。始创于荀、宋,渐恢张于贾、马。冰生乎水,初变本于《典》《坟》;青出于蓝,复增华于《风》《雅》。”②《镜花缘》第八十四回:“姐姐主见之老,才情之高,妹子虽不能及,但果蒙不弃,收录门墙之下不消耳提面命,不过略微跟着历练历练,只怕还要‘青出于蓝’哩。”③ 巴金《随想录》一四八:“学生要肯动脑筋,会动脑筋,才有希望做到青出于蓝。”④ 冰心《悼郭老》:“而他的译诗译文,也是青出于蓝,不同凡响。”

青出于蓝而胜于蓝 qīng chū yú lán ér shèng yú lán 同“青出于蓝”。举例 ①《镜花缘》第十八回:“你只看见小小学生尚且如此,何况先生!固然有‘青出于蓝而胜于蓝’的,毕竟是他受业之师。”② 冰心《三寄小读者》三:“革命加科学将使你们如虎添翼,把老一代革命家科学家点燃的火炬接下去,青出于蓝而胜于蓝。”③ 郑理、佳周《齐白石与李苦禅的师生情》:“我不收学费,也不图日后报答,只要你们乐意把我的艺术传下去,画出新意,能够青出于蓝而胜于蓝,我就心满意足了。”

Q

胜于蓝 shèng yú lán 同“青出于蓝”。举例 唐·包何《相里使君第七男生日》:“谁道众贤能继体,须知个个胜于蓝。”

过蓝 guò lán 同“青出于蓝”。举例 清·阮元《小沧浪笔谈》卷二:“小松为丁敬身先生高弟,篆隶铁笔,实有过蓝之誉。”

青楼 qīng lóu

出处《南史·齐废帝东昏侯纪》,又见唐·杜牧《遣怀》。解说 南朝齐武帝的兴光楼,用青漆涂饰,人称“青楼”。此语原指富丽堂皇的楼阁,后转指妓院。如唐代诗人杜牧在扬州任幕僚时,常身穿便服,到青楼游乐,与名妓有来往。后来杜牧追思往事,写下了《遣怀》一诗，回忆这段时间的生活，其中有一句："十年一觉扬州梦，赢得青楼薄幸名。"诗中感慨人生恍然如梦，往事不堪回首。举例 ① 南朝梁·刘邈《万山见采桑人》："倡妾不胜愁，结束下青楼。"②《警世通言·杜十娘怒沉百宝箱》："(孙富)生性风流，惯向青楼买笑，红粉追欢。"③ 清·李渔《慎鸾交·席卷》："华郎的心肠虽好，只怕他父亲到底执意，不容要我辈青楼。"④ 中国科学院历史研究所第三所近代史资料编辑组编《"五四"爱国运动资料·妙莲告花界书》："惟我青楼一无举动。我本我的良心，想出几条办法，劝告我全国花界同胞。"

青楼梦 qīng lóu mèng 见"青楼"。指对往事的追忆和怀恋，感慨繁华虚幻如梦。举例 宋·姜夔(kuí)《扬州慢》："纵豆蔻词工，青楼梦好，难赋深情。"(另为古典小说名，又名《绮红小史》，模仿《红楼梦》而作，共分六十四回，作者为晚清人俞达。)

扬州梦 yáng zhōu mèng 同"青楼梦"。举例 ① 清·曹寅《春日感怀》之二："伤心人醒扬州梦，前日风吹易水城。"② 鲁迅《文坛三户》："你们剑拔弩张，汗流浃背，到底做成了些什么呢？惟我的颓唐相，是'十年一觉扬州梦'，惟我的破衣上，是'襟上杭州旧酒痕'。"

扬州一觉 yáng zhōu yī jiào 同"扬州梦"。举例 宋·吴文英《夜游宫》："人去西楼雁杳。叙别梦，扬州一觉。"

一梦到扬州 yī mèng dào yáng zhōu 同"扬州梦"。举例 元·石子章《八声甘州》："十年往事，也曾一梦到扬州。"

扬州路 yáng zhōu lù 见"青楼"。指风流、繁华之地。举例 ① 唐·杜牧《赠别》之一："春风十里扬州路，卷上珠帘总不如。"② 宋·吴文英《风流子·芍药》："温柔酣紫曲，扬州路、梦绕翠盘龙。"

青箱 qīng xiāng

出处《宋书·王准之传》。解说 青箱：黑色的箱子。王准之是南朝宋时人，官任御史中丞、吏部尚书，他的父亲王讷之、祖父王临之都曾官任御史中丞。他的曾祖父王彪之当过尚书令，博闻多识，了解朝廷礼仪和典章制度，熟知东晋的朝野旧事。王彪之整理了许多有关资料，保存在一个大黑箱子里，这些宝贵的文献就像传家宝一样，代代相传下来，人们称之为"王氏青箱学"。后用此语指世代相传的史学家学，或形容人出自书香门第，有家学渊源。举例 ① 唐·陆龟蒙《药名离合夏日即事》之三："青箱有意终须续，断简遗编一半通。"② 清·吴伟业《赠同年嘉定王进士内三》："青箱世业高门在，白发遗经半席分。"

青箱家 qīng xiāng jiā 同"青箱"。举例 宋·范成大《寄题王仲显读书楼》："使君青箱家,文史装怀抱。"

青箱学 qīng xiāng xué 同"青箱"。举例 宋·苏舜钦《黎生下第还乡》:"无废青箱学,穷愁古亦然。"

青蝇 qīng yíng

出处《诗经·小雅·青蝇》:"营营青蝇,止于樊。岂弟君子,无信谗言。营营青蝇,止于棘。谗人罔极,交乱四国。"解说 青蝇:黑色的苍蝇。营营:往来不绝的样子,一说模拟飞来飞去的嗡嗡声。岂弟:同"恺悌",和乐平易。无:同"勿"。这首诗痛斥了奸佞小人造谣中伤、诽谤诬陷好人、祸乱国家的丑恶行径,诗中把奸佞小人比作讨厌的苍蝇,规劝正人君子不要相信他们的无耻谗言。后用此语喻指奸佞之徒。举例 汉·刘向《九叹·怨思》:"若青蝇之伪质兮,晋骊姬之反情。"

苍蝇 cāng yíng 同"青蝇"。举例 宋·苏舜钦《答子履》:"苍蝇休聚谤,白鸟已为群。"

白璧青蝇 bái bì qīng yíng 见"青蝇"。原指青蝇污染白璧,比喻奸臣进谗言,诬陷加害忠良。举例 清·吴伟业《悲歌赠吴季子》:"词赋翩翩众莫比,白璧青蝇见排抵。"

青蝇点素 qīng yíng diǎn sù 同"白璧青蝇"。素:洁白的绢帛。举例《后汉书·杨震传》:"故太尉(杨)震,正直是与,而青蝇点素,同兹在藩。"

青蝇营营 qīng yíng yíng yíng 同"白璧青蝇"。举例 清·黄鷟(zhuó)来《行路难》:"青蝇营营变白黑,淮阴钟室多烦冤。"

青蝇吊客 qīng yíng diào kè

出处《三国志·吴志·虞翻传》南朝宋·裴松之注引《虞翻别传》。解说 青蝇:黑色的苍蝇。吊客:来吊唁死者的人。虞翻是汉末、三国时人,曾在孙权手下官任骑都尉,因性情刚正不阿,多次犯颜直谏,被流放到交州。到了那里,虞翻以"典籍自慰",埋头研究注释《老子》《论语》《国语》等,他感慨地说:"自恨疏节,骨体不媚,犯上获罪,当长没海隅,生无可与语,死以青蝇为吊客,使天下一人知己者,足以不恨。"(大意是:后悔自己当初疏于礼节,天生无媚骨,以致冒犯君主而获大罪,长年流落于偏远的异乡,活着的时候无人可以交谈,死后只能由苍蝇来吊唁,即使世间还有一位知心朋友,我也就死而无憾了。)后用此语比喻生前少有知己,死后无人凭吊,感慨身后萧条。举例 ① 唐·刘禹锡《遥伤丘中丞》:"何人为吊客?唯是有青蝇。"② 清·宋琬

《哭门人孙石书》之一:"囊中白雪孤儿哭,门外青蝇吊客来。"

青蝇吊 qīng yíng diào 同"青蝇吊客"。举例 清·王士禛《望剑州怀乔文衣》:"太息青蝇吊,交州几岁还。"

吊青蝇 diào qīng yíng 同"青蝇吊客"。举例 清·王夫之《读甘蔗生遣兴诗》:"公今堕地吼狮子,我亦延客吊青蝇。"

蝇吊 yíng diào 同"青蝇吊客"。举例 李详《谢子寿先生挽诗》:"异乡客死惟蝇吊,穷巷门深有雀罗。"

轻车熟路 qīng chē shú lù

出处 唐·韩愈《送石处士序》:"与之语道理,辨古今事当否,论人高下,事后当成败,若河决下流而东注,若驷马驾轻车就熟路。"解说 轻车:没有装载重物的轻便的车。熟路:熟悉的道路。原文是唐代文学家韩愈对朋友石处士(即石洪)的评述,大意是说他学识渊博,如果有人与他谈论天下大事,品评人物的高下,事情的成败得失,他说起话来如黄河决口东下,一泻千里,滔滔不绝,又像一辆轻便马车由四匹马拉着走在熟悉的道路上,轻松自如。后用此语比喻对所做的事情很熟悉,得心应手。举例 ① 宋·辛弃疾《贺新郎·和徐斯远下第谢诸公载酒相访韵》:"逸气轩眉宇,似王良,轻车熟路,骅骝欲舞。"② 明·冯惟敏《朝天子·感述》:"轻车熟路走尘埃,依旧民安泰。"③《红旗插上大门岛》第十五章三:"刘兆德在前面走得非常轻松,好像轻车熟路。"

轻车熟道 qīng chē shú dào 同"轻车熟路"。举例 续范亭《莫干山》:"轻车熟道寻秋去,偕友傍午发临安。"

驾轻就熟 jià qīng jiù shú 同"轻车熟路"。驾:赶马车。就:就道;上路。举例 ①《歧路灯》第一〇二回:"到了场期日迫,只得把功令所有条件略为照顾,以求风檐寸晷(guǐ),有'驾轻就熟'之乐。"②《三家巷》一九四:"胡杏演二妞,更是驾轻就熟,胜任愉快。"③《围城》七:"(方)鸿渐自觉这一学期上课,驾轻就熟,渐渐得法。学生对他的印象也好像好了些。"

轻诺寡信 qīng nuò guǎ xìn

出处《老子》第六十三章:"天下难事,必作于易;天下大事,必作于细。是以圣人终不为大,故能成其大……夫轻诺必寡信,多易必多难。是以圣人犹难之,故终无难矣。"解说 难:繁难。作:开始。易:容易。轻:轻率。诺:承诺;诺言。寡:少。信:

诚信;信用。春秋时期的著名思想家老子在这里论述了困难、容易二者之间的辩证关系。原文大意是：世上繁难的事情,必定是从容易的事情开始的;世上重大的事,必定是从细微的小事开始的。因而贤明有智慧的人一直不做大事,却能够成就大事……如果轻率地许下诺言却不能实现,必定会丧失信用;总把事情看得很容易,做事时必定会遇到很多困难。因而贤明有智慧的人都很重视困难,这样才使他们最终克服或战胜困难。后用此语指轻易地答应别人的要求,往往很少能遵守信用。举例 ①《二刻拍案惊奇》卷九:"但恐遇非其人,轻诺寡信,侠不如贞耳。"②《聊斋志异·凤仙》:"好事岂能猝合？适与之言,反遭诟(gòu)厉,但缓时日以待之,吾家非轻诺寡信者。"

倾城倾国 qīng chéng qīng guó

出处《汉书·孝武李夫人传》。解说 倾：倾覆;灭亡。汉代的李延年官任协律都尉,能歌善舞,精通音律,喜欢作曲。有一次,他给汉武帝唱了一首曲子:"北方有佳人,绝世而独立,一顾倾人城,再顾倾人国。宁不知倾城与倾国,佳人难再得!"(大意是：北方有一位容貌艳丽的女子,天下无双。她回头看一眼,城邑为之倾覆;再回头看一眼,国家为之灭亡。这样的绝代佳人,真是世上难寻!)李延年咏唱的这位佳人就是他的妹妹。汉武帝听说他的妹妹如此美丽动人,便召来纳为妃子,后尊为"孝武皇后"。(历史上把她称为"李夫人"。)此语原指君主迷恋女色而亡国。后形容女子容貌极其漂亮。举例 ① 宋·辛弃疾《满江红·绝代佳人》:"绝代佳人,曾一笑,倾城倾国。"② 明·杨慎《一封书·粉席送别》:"倾城倾国难再得,行雨行云无定踪。"③《西游记》第七十九回:"呆子……举耙照头一筑,可怜把那个倾城倾国千般笑,化作毛团狐狸形!"④ 孙犁《谈作家素质》五:"金钱、美女、地位、名声,既然在历史上打动了那么多英雄豪杰,能倾城倾国,到了八十年代,不会突然失去本身的效用。"

倾国倾城 qīng guó qīng chéng 同"倾城倾国"。举例 ① 宋·邵雍《二色桃》:"施朱施粉色俱好,倾国倾城艳不同。"②《三国演义》第五十二回:"子龙见妇人身穿缟(gǎo)素,有倾国倾城之貌。"③《花月痕》第七回:"所选的人,横竖是那并州几个粉头,又难道又有个倾国倾城的出来?"④ 茅盾《清明前后》第三幕:"相貌其实平常,然而顾影弄姿,自以为倾国倾城。"

倾国 qīng guó 同"倾城倾国"。举例 ① 唐·李隆基《好时光》:"莫倚倾国貌,嫁娶个,有情郎。"② 唐·白居易《长恨歌》:"汉皇重色思倾国,御宇多年求不得。"

倾城 qīng chéng 同"倾城倾国"。举例 ① 宋·辛弃疾《水龙吟·贯李延年歌》:"未论一顾倾城,再顾又倾人国。"② 元·无名氏《秦并六国平话》卷上:"子楚累举目观之,此姬绝色倾城。"③ 清·宣鼎《夜雨秋灯录·汤文正》:"花烛之下,妇果艳丽

Q

倾城。”

一顾倾城 yī gù qīng chéng 同“倾城倾国”。举例《儿女英雄传》第二十七回：“自己本生得一副月貌花容，一团灵心慧性，那怕丈夫千金买笑，自料断不及我一顾倾城。”

倾盖 qīng gài

出处《孔子家语·致思》。解说 倾：倾斜。盖：指古代车上的伞盖。春秋时某一天，孔子在途中遇到朋友程子，他们各自把车停住，车挨靠在一起，车盖相互倾斜连接着，两个人高兴地谈起来。由于志同道合，话语投机，不知不觉谈了一整天才互相道别。此语原指途中相遇，停车交谈，后也形容久别相逢而亲切交谈，或初次交往，情趣相投，一见如故。举例 ① 唐·杜甫《赠二十四侍御契四十韵》：“客即挂冠至，交非倾盖新。”② 宋·苏轼《富郑公神道碑》：“英等见公倾盖，亦不复隐其情。”

盖倾 gài qīng 同“倾盖”。举例 宋·罗愿《奉寄交代通守王兄兼简胡君》：“不愁蓬转远，独恨盖倾迟。”

倾盖论交 qīng gài lùn jiāo 同“倾盖”。举例 清·顾家相《梁州序·自题桃浆迎春图》套曲：“倾盖论交意相投，班荆道故欢逾旧。”

倾盖如故 qīng gài rú gù 同“倾盖”。举例 宋·苏轼《答谢民师书》：“数赐见临，倾盖如故，幸甚过望，不可言也。”

倾盖友 qīng gài yǒu 见“倾盖”。指一见如故的朋友。举例 宋·杨万里《都下和同舍客李元老承信赠诗之韵》：“论交何必星霜久，白头得似倾盖友。”

倾盖之交 qīng gài zhī jiāo 见“倾盖”。比喻情趣相投，一见如故的交谊。举例《聊斋志异·念秧》：“误认倾盖之交，遂罹(lí)丧资之祸。”

Q

卿卿 qīng qīng

出处《世说新语·惑溺》。解说 卿卿：前一个“卿”是动词，义为以“卿”称之；后一个“卿”是人称代词，相当于“你”。王戎是晋代名士，学识渊博，品格高洁，被列为“竹林七贤”之一，其妻常亲昵地称他为“卿”。有一天，王戎对妻说：“卿”是君对臣，或长辈对晚辈的爱称，“妇人卿婿，于礼为不敬，后勿复尔”。（大意是：女人称丈夫为卿，从礼节上显得不够恭敬，以后不要再这样了。）妻撒娇地反驳说：“亲卿爱卿，是以卿卿；我不卿卿，谁当卿卿？”（大意是：我亲你爱你，所以才口口声声称卿；我不这样称呼你，谁能这样称呼你呢？）王戎听了，知道妻是发自肺腑的爱，也就听之任之了。

此语后用为夫妻或相爱的男女之间的亲昵称呼。常含有戏谑、嘲讽的意味。举例 ① 唐·李贺《休洗红》:“卿卿骋少年,昨日殷桥见。封侯早归来,莫作弦上箭。”② 宋·苏轼《次韵柳子玉二首》之一:“闻道床头推竹几,夫人应不解卿卿。”③《红楼梦》第五回:“机关算尽太聪明,反算了卿卿性命。”

卿卿我我 qīng qīng wǒ wǒ 见“卿卿”。形容男女相爱,情意缠绵。举例 微知《从〈春秋〉与〈自由谈〉说起》:“至‘礼拜六’所刊的文字,十九是卿卿我我、哀哀唧唧的小说。”

清君侧 qīng jūn cè

出处《公羊传·定公十三年》。解说 春秋末年,晋国的荀寅、士吉射是国君晋定公身边的宠臣。贵族赵鞅(即赵简子)与荀寅和士吉射产生矛盾,于是荀寅和士吉射诬陷赵鞅谋反,赵鞅为了避祸,被迫逃往自己的封地晋阳(在今山西太原西南)。后来,荀寅和士吉射阴谋叛乱,准备加害晋定公。赵鞅得知后,率领自己的军队赶到国都绛(在今山西翼城东南),“逐君侧之恶人”,把荀寅和士吉射擒拿治罪。后用此语指清除君主身旁的奸臣或坏人。这本是正义之举,但历史上有时成为叛乱者反对中央政权的理由。举例 ① 唐·李商隐《有感》:“古有清君侧,今非乏老成。”②《新唐书·仇士良传》:“如奸臣难制,誓以死清君侧。”③ 清·孔尚任《桃花扇·草檄》:“清君侧,走檄文,雄兵义旗遮路尘。”④ 梁启超《戊戌政变记·谭嗣(sì)同传》:“若变起,足下以一军敌彼二军,保护圣主,复大权,清君侧,肃宫廷,指挥若定,不世之业也。”

蜻蜓点水 qīng tíng diǎn shuǐ

Q

出处 唐·杜甫《曲江》之二:“穿花蛱蝶深深见,点水蜻蜓款款飞。”解说 蛱蝶:蝴蝶的一类。款款:缓慢地。大意是:彩蝶飞舞,穿行于花丛深处;蜻蜓点水,悠闲地在水面上滑翔。这是诗人对曲江江头美好景色的描述。此语原指蜻蜓在水面飞行产卵时用尾部轻触水面的动作,一点而过。后比喻做事不认真,不深入。举例 ① 宋·晏殊《渔家傲》:“嫩绿堪裁红欲绽,蜻蜓点水鱼游畔。”②《四世同堂》二十八:“他原谅了自己,那点悔意像蜻蜓点水似的,轻轻的一挨便飞走了。”③ 巴金《随想录》九:“但是努力不够,经常浮在面上,也谈不到熟悉,就像蜻蜓点水一样,不能深入,因此也写不出多少作品,更谈不上好作品了。”④ 费孝通《访美掠影·应用压倒理论》:“我要和他们交流,那就必须弄清楚这些新名词,这却不是这一个月蜻蜓点水式的访问所能做到的。”

情随事迁 qíng suí shì qiān

出处 晋·王羲之《兰亭集序》。解说 东晋永和九年(公元353年)三月三日,著名书法家王羲之和名士谢安、孙绰等人在山阴(今浙江绍兴)西南兰渚(zhǔ)山的兰亭聚会,饮酒赋诗。这些诗篇汇编成集后,王羲之为诗集写了一篇序文,名为《兰亭宴集序》,简称《兰亭集序》或《兰亭序》。序文中描绘了聚会中的欢快,也抒发了对人生变幻无常的感慨。其中有这样一句:"及其所之既倦,情随事迁,感慨系之矣。"(大意是:等到大家对于所到之处感到厌倦之时,心情就会随之改变,从而产生无尽的感慨。)后用此语指环境或情况发生了变化,人的思想感情也随着改变。举例 鲁迅《为了忘却的记念》:"后来大抵带在身边,只是情随事迁,已没有翻译的意思了。"

请君入瓮 qǐng jūn rù wèng

出处《太平广记》卷一二一"周兴"引唐·张鷟(zhuó)《朝野佥(qiān)载》。解说 瓮:一种陶制的盛器,口小腹大,像大坛子。大臣文昌右丞周兴、御史中丞来俊臣二人是唐代武则天当政时有名的酷吏,成千上万的人冤死在他们手中。一次,有人密告说周兴阴谋反叛,武则天大怒,下令让来俊臣严查此事。来俊臣平日与周兴来往较多,知道他很狡诈,感到这宗案件很棘手,经过几天的冥思苦想,心生一计。这天,来俊臣备好宴席,请周兴饮酒聊天。酒过三巡,来俊臣故作满脸愁容,向周兴讨教说:"唉!最近审问的囚犯大多不肯认罪,不知老兄可有什么新的办法?"周兴答道:"这个很容易,用一个大瓮,四周架起炭火,再把犯人放进火热的瓮中。恐怕再顽固不化的人,也不得不招供。"来俊臣听了,便照着周兴所说的方法,吩咐手下人抬来一个大瓮,用炭火把大瓮烧得通红,然后站起身来,把脸一沉,对周兴说:"有内状勘老兄,请兄入此瓮。"(勘:问罪。大意是:有人呈密状告你谋反,我奉命来审讯,请老兄进这个大瓮吧!)周兴听了大惊失色,知道自己难逃法网,只好俯首认罪。后用此语比喻以其人之道还治其身,用某人整治别人的办法来对付他自己。举例 ① 清·李渔《蜃(shèn)中楼·煮海》:"莫怪兵无用,一计莫能施,八面威风都丧也,请君入瓮。"②《聊斋志异·席方平》:"当掬(jū)西江之水,为尔湔(jiān)肠;即烧东壁之床,请君入瓮。"③ 鲁迅《坟·论"费厄泼赖"应该缓行》:"仁人们或者要问:那么,我们竟不要'费厄泼赖'么?我可以立刻回答:当然是要的,然而尚早。这就是'请君入瓮'法。"④《子夜》八:"他向来是惯叫农民来钻他的圈套的,真不料这回是演了一套'请君入瓮'的把戏。"

Q

入瓮 rù wèng 见"请君入瓮"。指受审认罪。举例 元·纪君祥《赵氏孤儿》第二折："则说老匹夫请先入瓮，也须知榜揭处天都动。"

请缨 qǐng yīng

出处《汉书·终军传》。解说 缨：拘系人的长绳索。终军是汉代武帝时的一位谏议大夫，年轻气盛，能言善辩。南越国君主赵兴请求称臣归附，废除边关。汉武帝考虑派人出使南越。终军主动请求说："愿受长缨，必羁南越王而致之阙下。"（大意是：我愿意接受陛下给我的一条长绳索，一定用它把南越王捆缚了，押解到皇宫门前。）终军奉命来到南越，传达朝廷的旨意，南越王赵兴和其母樛（jiū）太后同意入朝称臣。意想不到的是，南越国丞相吕嘉对归附汉朝心怀不满，突然起兵叛乱，杀死了赵兴和樛太后，终军等汉朝使者也不幸遇难。汉武帝闻讯大怒，派兵南征，平定叛乱，灭掉了南越国。后用此语指自告奋勇，请求上阵杀敌，也比喻主动要求担当重任。举例 ① 唐·杜甫《岁暮》："天地日流血，朝廷谁请缨。"② 明·何景明《武昌闻边报》："先帝恩深能养士，请缨谁为系楼兰。"③《神雕侠侣》第三十二回："众小辈纷纷请缨，自愿下洞。"

请长缨 qǐng cháng yīng 同"请缨"。举例 唐·白居易《元和十二年淮寇未平》："愚计忽思飞短檄，狂心便欲请长缨。"

长缨 cháng yīng 见"请缨"。指捆缚敌人的长绳索，比喻杀敌报国的决心，或战胜敌人的武装力量。举例 ① 宋·陆游《夜读兵书》："长缨果可请，上马不踌躇。"② 毛泽东《清平乐·六盘山》："今日长缨在手，何时缚住苍龙？"

庆父不死，鲁难未已 qìng fǔ bù sǐ，lǔ nàn wèi yǐ

Q

出处《左传·闵公元年》。解说 父：古代用于男子的称呼。春秋时，鲁庄公病死，长子公子般继位。鲁庄公的弟弟庆父阴谋篡权，派人暗杀了公子般，又假意立鲁庄公的幼子公子开为国君，即鲁闵公。齐国派大夫仲孙湫到鲁国吊唁和慰问，仲孙湫看到鲁国朝纲混乱，庆父野心勃勃，了解到祸乱的根源在于庆父，回到齐国向齐桓（huán）公报告说："不去庆父，鲁难未已。"（大意是：如果不除掉庆父，鲁国的灾难是不会终止的。）果然，鲁闵公即位还不到一年，就被庆父派人杀害了。在鲁庄公死后的几年里，由于庆父接连谋杀了两个国君，而且专横跋扈，荒淫无耻，给鲁国带来极大的灾难。百姓对庆父恨之入骨，群起声讨，庆父逃到莒（jǔ）国躲了起来。后来鲁僖公即位，贿赂莒国，使其将庆父遣送回鲁国。庆父于途中畏罪自缢而死。后用此语比喻不清除制造内乱的罪魁祸首，就得不到安宁。举例 ①《晋书·李密传》："（李密）出为温令，而憎疾从事，尝与人书曰：'庆父不死，鲁难未已。'"② 毛泽东《南京政府向何处去》："庆父不死，鲁难未已；战犯不除，国无宁日。这个真理，难道现在还不明白吗？"☞"庆父"的"父"不读 fù。

穷兵黩武 qióng bīng dú wǔ

出处《三国志·吴书·陆抗传》。解说 穷：竭尽；用尽。兵：兵力。黩：随便；滥用。武：武力。陆抗是三国时东吴后期的名将，曾任建武校尉、镇军大将军等。当时，吴国的末代皇帝孙皓荒淫暴虐，经常大量征兵对外攻伐，致使国库空虚，百姓怨恨。陆抗多次上疏，劝谏改善朝政，富国强兵。陆抗在一次呈递的奏章中说："而听诸将徇名，穷兵黩武，动费万计，士卒彫瘁，寇不为衰，而我已大疾矣。"（大意是：如果听任众将军为个人名声、地位而用尽全部兵力，征战不断，耗费的资财动辄数以万计，士兵疲劳不堪，敌人并没有削弱，我们的国力却衰竭得像人大病一场那样难以恢复。）后用此语指极其好战，滥用武力，随意发动侵略战争。举例 ① 唐·陈子昂《为乔补阙论突厥表》："夫以汉（高）祖之略，（汉）武帝之雄，谋臣勇将，势盛雷电，穷兵黩武，倾天下以事之，终不能屈一王，服一国。"② 五代·孙光宪《北梦琐言》卷十七："王氏今降心纳贡，愿修旧好，明公乃欲穷兵黩武，残灭同盟，天下其谓公何？"③ 戎笙《谈〈蔡文姬〉中曹操形象的真实性》："曹操虽然在军事上有很深的造诣，但他并不是一个穷兵黩武的好战分子。"

穷则思变 qióng zé sī biàn

出处《周易·系辞下》："《易》：穷则变，变则通，通则久。"解说 原文大意是：应该在事情行不通时进行变革，事情有了变化就会通畅，事情通畅了才能维持长久。此语原指事物发展到极点就要产生变化，后指人处于艰难困苦的境地时，就会想办法改变现状。举例 ① 唐·陆贽（zhì）《论左降官准赦合量移事状》之三："凡人之情，穷则思变。"② 毛泽东《介绍一个合作社》："除了别的特点之外，中国六亿人口的显著特点是一穷二白。这些看来是坏事，其实是好事。穷则思变，要干，要革命。"

穷则变，变则通 qióng zé biàn，biàn zé tōng 同"穷则思变"。举例 清·袁枚《答友人论文第二书》："文章之道，如夏、殷、周之立法，穷则变，变则通。"

丘八 qiū bā

出处《太平御览》卷四〇〇引南朝宋·檀道鸾《续晋阳秋》。解说 据说十六国时

Q

某一天，后燕政权的建立者慕容垂在睡梦中梦见走到路的尽处，回头看到孔子墓，旁边还有八座坟丘。慕容垂醒后不解其意，心里烦闷，就召占梦者询问。占梦者回答说："梦见走到路的尽处，就是说不可出行。孔子名'丘'，以'八'配'丘'，此'兵'字，意思是说路上有伏兵。"慕容垂派人仔细查看，发现果然有人埋伏在他原定出行的路上准备行刺。古文字的"兵"象双手拿着斧类工具之形，本义表示兵器，隶定写作"兵"，引申为军队、士兵、与军事或战争有关的等。这里是据后来的字形演绎，说"兵"字上下拆开为"丘八"，用为"兵"的隐语。旧时也指当兵的人，含贬义。举例 ① 明·无名氏《风云会》第三折："头一考在丘八房，第二考在户房内。"② 茅盾《海南杂忆》："楚女身材高大，面黑而麻，服装随便，有丘八风。"

秋毫无犯 qiū háo wú fàn

出处《史记·项羽本纪》："吾入关，秋毫不敢有所近，籍吏民，封府库，而待将军。"解说 秋毫：鸟兽在秋天新换的绒毛，比喻极细微的东西。犯：侵犯。秦代末年，刘邦在敌强我弱的危急关头，率张良、樊哙（kuài）等人到鸿门阪项羽军中赔罪求和。原文是刘邦与项羽见面后，陈述自己所部的行动情况时说的话，大意是：我虽然首先攻入武关，可是连一丝一毫的东西都不敢拿取，把官吏、百姓的姓名和户口作了登记，把文书和财物封存保管在库房里，一心等待将军您的到来。后用此语形容军队纪律严明，丝毫不侵犯人民群众的利益。参见 258 页"鸿门宴"。举例 ①《后汉书·岑彭传》："彭首破荆门，长驱武阳，持军整齐，秋毫无犯。"②《野叟曝（pù）言》第一〇三回："士豪进城，秋毫无犯，思恩百姓大悦，争出牛酒犒师，登时大定。"

Q

求人不如求己 qiú rén bù rú qiú jǐ

出处《论语·卫灵公》："君子求诸己，小人求诸人。"解说 原文大意是：明智贤达的人遇事总是依靠自己解决，碌碌无为的普通人遇事总是求别人帮助解决。后用此语指仰求别人，不如依靠自己努力。举例 ①《红楼梦》第七十二回："俗语说：'求人不如求己。'说不得，姐姐担个不是，暂且把老太太查不着的金银家伙偷着运出一箱子来，暂押千数两银子支腾过去。"② 清·郑燮（xiè）《题画·篱竹》："仍将竹作篱笆，求人不如求己。"

曲突徙薪 qū tū xǐ xīn

出处《淮南子·说山训》，又见《汉书·霍光传》。解说 曲：弯曲；使弯曲。突：烟筒。徙：迁移。薪：柴草。据说古时候有一个客人来访，看到主人家灶旁的烟筒很直，旁边堆积着柴草，便提醒主人把烟筒改成拐弯的，并把柴草搬得远一点，以免发生火灾。主人却不以为然。不久，这家果然失火，邻居们纷纷赶来救火，及时把火扑灭了。“于是杀牛置酒，燔发(fán fà)灼烂者在上行(háng)，余各用功次坐。”(燔：焚烧；烤。上行：上首；尊位。余：其余。原文大意是：这家主人置办酒席，答谢帮助救火的邻居们，并请受伤严重、被烧得焦头烂额的人入上座，其余的人按照出力多少依次就座。)这时有人对这家主人说：“当初您如果听了那位客人的话，就不会发生火灾，也不用破费摆设酒席了。现在您答谢帮助救火的邻居们，为什么不答谢劝您把烟筒改弯，把柴草搬走的人呢？”主人猛然醒悟，赶紧把那位客人邀请来，并让为上座。此语原指把烟筒改弯，把柴草搬走，后比喻防患于未然，事先采取防范措施，避免危险发生。举例 ① 唐·杜牧《李给事中敏》之一：“曲突徙薪人不会，海边今作钓鱼翁。”② 宋·周必大《跋义灵庙碑》：“初为曲突徙薪之计，后收焦头烂额之功。”③ 梁启超《上粤督李傅相书》：“今不为曲突徙薪之计，后必有噬(shì)脐无及之忧。”☞“曲突徙薪”的“曲”不读 qǔ。

徙薪曲突 xǐ xīn qū tū 同“曲突徙薪”。举例 宋·邹浩《闻市中遗火殆尽》：“何暇从容白丈人，火边缏缶(fǒu)定纷纷。徙薪曲突非无策，自是当时藐不闻。”

未焚徙薪 wèi fén xǐ xīn 同“曲突徙薪”。举例《喻世明言·汪信之一死救全家》：“这枢密院官都是怕事的，只晓得临渴掘井，那会得未焚徙薪？”

徙薪 xǐ xīn 同“曲突徙薪”。举例 ① 唐·李商隐《失题》：“拯溺休规步，防虞要徙薪。”②《说岳全传》第六十一回：“方徙薪乎曲突，忽祸起于萧墙。”

焦头烂额 jiāo tóu làn é 见“曲突徙薪”。原指救火中头部被严重烧伤，比喻受到沉重打击而狼狈不堪的情状或窘迫的处境。举例 ① 宋·陆游《戍卒说沉黎事有感》：“焦头烂额知何补，弭患从来贵未形。”②《镜花缘》第十二回：“幸而官事了结，花却无穷浪费，焦头烂额，已属不堪。”③《李自成》第一卷二十六章：“自天启末年以来，各地百姓造反，势如狂澜，致使目今朝廷焦头烂额，国步十分艰难。”④《围城》九：“假如他在上海结婚，我和娘不用说，就是你们夫妇也要忙得焦头烂额。”

趋炎附势 qū yán fù shì

出处《宋史·李垂传》。解说 趋：追逐；投靠。炎：热，比喻有权势。附：依附；归附。李垂是宋代真宗时的进士，才学渊博。宰相丁渭依仗权势，作威作福，很多官员都争相奉承，而李垂却不肯附炎趋势。于是，丁渭借故把李垂调离京城。宋仁宗即位后，丁渭被撤职。有朋友劝李垂接受教训，去拜见新宰相，以求关照。李垂愤愤地说:“见大臣不公,常欲面折之。焉能趋炎附热,看人眉睫,以冀推挽乎?”(大意是:我见到有的大臣不主持公道,就想当面批评羞辱他。又怎能看人脸色行事,寄希望于别人的推荐、提拔呢?)后用此语指奉迎和依附有权有势的人。举例 ①《廿载繁华梦》第十五回:“所有朋谊及那些趋炎附势的,男男女女,都拥挤望周府来。”② 欧阳予倩《桃花扇》第一场:“你也读过书,为何不自爱惜,去趋炎附势,作了那魏忠贤的干儿义子。”③ 鲁迅《华盖集·通讯》:“现在常有人骂议员,说他们收贿,无特操,趋炎附势,自私自利。”

趋权附势 qū quán fù shì 同“趋炎附势”。举例《醒世恒言·徐老仆义愤成家》:“当今有爵位的人,尚然只喜趋权附势,没有一个肯怜才惜学。”

趋炎奉势 qū yán fèng shì 同“趋炎附势”。举例《红楼梦》第一〇七回:“且说外面这些趋炎奉势的亲戚朋友,先前贾宅有事都远避不来,今儿贾政袭职,知圣眷尚好,大家都来贺喜。”

趋之若鹜 qū zhī ruò wù

出处《明史·萧如薰传》。解说 趋:奔赴;归附。鹜:野鸭。萧如薰是明代万历年间的一位镇守边关的总兵,他不仅带兵有方,屡次挫败来犯的贼寇,而且很有文才,喜欢写诗作文。当时不少文人学士经常到他的府上做客,饮酒赋诗,畅谈国事。“士趋之若鹜,宾座常满。”(大意是:文人学士争着与他交往,像鸭子一样成群地跑去,常常座无虚席。)后用此语比喻人们成群地争相前去,或追逐不正当的事物。举例 ① 郑观应《盛世危言·技艺》:“为民上者,以‘名利’二字驰使天下,而天下之民趋之若鹜。”② 成仿吾《新文学之使命》:“我真不知何处有模仿的价值,而介绍者言之入神,模仿者趋之若鹜如此。”③ 路遥《早晨从中午开始》三十一:“一般的刊物和出版社都对新潮作品趋之若鹜,不会对这类作品感兴趣。”

曲高和寡 qǔ gāo hè guǎ

出处 战国楚·宋玉《对楚王问》。解说 曲:音乐曲调。高:高深。和:和谐地跟着唱。寡:少。宋玉是战国时楚国人,辞赋家。有一次楚襄王问宋玉说:“先生的品德行为有什么不检点之处吗?为什么很少有人称誉你啊?”宋玉于是给楚襄王讲了一个故事:楚国都城郢(yǐng)来了一个歌手,他起初唱通俗的乡间歌曲《下里》和《巴人》,有数千人跟着他一起吟唱;后来他唱起高雅的《阳春》和《白雪》,这时能跟着吟唱的只剩下数十人了。宋玉最后说:“是其曲弥高,其和弥寡。”(下里:乡里。巴:古国名,在今重庆一带。巴人：指巴国一带的人民。"下里"和"巴人"用作当时的两首民间乐曲名，"阳春"和"白雪"用作当时的两首艺术性较高、难度较大的乐曲名。大意是：歌曲越高雅精深，能跟着唱和的人就越少，因为需要高难度的技巧。像我这样超然的雅士，世俗之人又怎么能够理解呢？）后用此语比喻知音难得，或作品、理论越深奥，能够理解、学习的人越少。举例 ①《艺文类聚》卷四十四引汉·阮瑀《筝赋》："曲高和寡，妙伎难二。"②《老残游记续集遗稿》第五回："我在省城只听人称赞靓（jìng）云，从没有人说起逸云，可知道曲高和寡呢！"③《上海的早晨》第四部三十六："曲高和寡，可以不可以调调胃口，谈点大家容易懂的？"④ 黄鹂《在印度结识张大千》："在新德里友人家的一次茶会上，他谈起昆腔优雅动听，但曲高和寡，知音不多，担心后继无人。"☞"曲高和寡"的"和"不读 hé。

阳春白雪 yáng chūn bái xuě 见"曲高和寡"。指高雅的文学艺术作品。举例 ① 宋·王安石《奇题郢州白雪楼》："折杨黄花笑者多，阳春白雪和者少。"② 宋·黄庭坚《题苏子瞻元祐题目帖》："苏公长年书，笔力豪壮，兼李邕（yōng）、徐浩之所长，士大夫乃以为不如少时书，此阳春白雪，难为和者耶？"③ 毛泽东《在延安文艺座谈会上的讲话》："就算你的是'阳春白雪'吧，这暂时既然是少数人享用的东西，群众还是在那里唱'下里巴人'，那么，你不去提高它，只顾骂人，那就怎样骂也是空的。

白雪 bái xuě 同"阳春白雪"。举例 唐·罗隐《秋日有酬》："腰金印佩黄金重，卷里诗裁《白雪》高。"

下里巴人 xià lǐ bā rén 见"曲高和寡"。指通俗的文学艺术作品，与"阳春白雪"相对。举例 ① 明·何瑭《次日习仪太常不预再次华泉韵》："独惭下里巴人曲，难并黄钟大吕音。"② 清·李渔《蜃（shèn）中楼·辞婚》："蛮音嘈杂羞大方，叛角徵（zhǐ）宫商，只好对下里巴人呈伎俩。"③ 蒋子龙《不惑文谈》："不管有人把这个斥为'通俗文学'也好，'下里巴人'也好，我是敬佩那些能让自己的故事和人物深入人心的作家。"

下里 xià lǐ 同"下里巴人"。举例《老残游记》第十回："岂敢，岂敢。只是《下里》之音，不敢入耳。"

郢中歌 yǐng zhōng gē 见"曲高和寡"。指高雅的文学艺术作品。举例 宋·贺铸《答杜仲观登丛台见寄》："一听郢中歌，阳春回草木。"

取长补短 qǔ cháng bǔ duǎn

出处《孟子·滕文公上》。解说 战国时，滕国的滕文公做太子时游历各国，经过宋国时会见孟子。孟子给滕文公讲了一些治国的道理,告诉他人性本来是善良的,勉励他要以尧舜之道治理天下。孟子说:"今滕,绝长补短,将五十里也,犹可以为善国。"(大意是:现在的滕国,截去长的,弥补短的,丈量一下土地,即使只有五十里见方的国土,只要推行仁政,也可以成为一个强国。)后用此语指汲取别人的长处来弥补自己的不足,也泛指在同类事物中汲取这个的长处,弥补那个的短处。举例 ① 曹禺(yú)《王昭君》第三幕:"我看最体面的事莫过于把汉家好的东西送过去,把匈奴好的东西传过来;取长补短,使两家百姓欢乐富足,这就是我们的体面。"②《上海的早晨》第四部七章:"老年和青年团结合作,取长补短,各得其所,岂不妙乎哉?"

取而代之 qǔ ér dài zhī

出处《史记·项羽本纪》。解说 秦代人项羽年轻时就胸有大志。秦始皇统一六国,建立秦朝政权以后,为了加强统治,多次到各地巡视。有一次,秦始皇南巡到会稽(今浙江绍兴)时,恰巧被项羽和叔父项梁遇见。项羽看到秦始皇一行耀武扬威、浩浩荡荡的气势,心里既羡慕,又愤恨,他悄悄对叔父说:"彼可取而代也。"(大意是:别人可以夺取秦始皇的权力、地位而代替他。)叔父听了,知道项羽志存高远,将来必成大器,但害怕被别人听到招致灭族之祸,吓得赶紧捂住项羽的嘴巴。后来,项羽果然随叔父起事,最后与刘邦一道灭掉了秦朝。后用此语泛指取代原有的人或事物,占有其位置。举例 ①《续孽海花》第三十九回:"不过自己出面攻击,未免有取而代之的嫌疑……随即招了一个心腹门生钟都老爷,托其具奏。"② 瞿秋白《饿乡纪程》七:"以前哈尔滨商场向以俄卢布为单位,现在卢布跌落,日本金票几有取而代之之势。"③《骚动之秋》第十章:"岳鹏程当上支部书记后,那几个头面人物,一直明里暗里与岳鹏程斗法,试图取而代之。"④《四世同堂》四十一:"当杏子还没断绝,小桃子已经歪着红嘴想取而代之。"

取之不尽,用之不竭 qǔ zhī bù jìn,yòng zhī bù jié

出处 宋·苏轼《前赤壁赋》。解说 北宋时文学家苏轼因反对王安石变法而被贬官,来到黄州(今湖北黄冈)。一天晚上,苏轼和友人们一起乘船到风景胜地赤鼻矶(jī)(苏轼误以为是三国"赤壁之战"的发生地——"赤壁")游览。明月当空,他们的小船飘荡在茫茫的江面上。大家兴致盎然,其中一个朋友吹洞箫,"其声呜呜然,如怨如慕,如泣如诉"(大意是:箫声呜呜长吟,像是怨恨,又像是思慕;像是哭泣,又像是倾诉)。有一位友人触景生情,羡慕天上明月的永恒和长江的无穷无尽,感叹人生的短暂和无奈。苏轼开导他说:天地间的万物各有归属,不要去想占有那些不该得到的东西。"惟江上之清风,与山间之明月,耳得之而为声,目遇之而成色,取之无禁,用之不竭,是造物者之无尽藏也。"(大意是:只有这江上的清风和山间的明月,耳朵可以听其声,眼睛可以观其色,要取得这些东西没有人来禁止,要享用这些东西也永远用不完,这是大自然赐予我们的无穷无尽的宝藏。)后用此语形容非常丰富,取用不尽。举例 ① 清·刘坤一《遵议廷臣条陈时务折》:"惟各省矿产甚多,为我自然之利,取之不尽,用之不竭,生财之道,无逾乎此。"② 毛泽东《在延安文艺座谈会上的讲话》:"人民生活中本来存在着文学艺术原料的矿藏……它们是一切文学艺术的取之不尽、用之不竭的唯一的源泉。"③《钟鼓楼》第三章:"在兵团的几年生活对他们来说是一种宝贵的体验,他们从而有了取之不尽、用之不竭的精神资本。"

取之不尽 qǔ zhī bù jìn 同"取之不尽,用之不竭"。举例 巴金《谈我的短篇小说》:"我们拥有取之不尽的宝山,只等我们虚心地去开发。"

取之不竭 qǔ zhī bù jié 同"取之不尽,用之不竭"。举例 老舍《剧本习作的一些经验》:"每天都有千万样新事体出现,我们的素材是取之不竭的。"

如泣如诉 rú qì rú sù 见"取之不尽,用之不竭"。形容声音悲切、哀婉,好像在哭泣,又好像在申诉。举例 ①《花月痕》第三十四回:"忽听得隔墙叮当弹起琵琶,先是一声两声,继而嘈嘈杂杂,终而如泣如诉,十分幽咽。"②《迎春花》第十九章:"风声如泣如诉,墓地凄然悲凉。"③《村妇》卷二十九:"程派的行腔吐字,幽咽婉转,一唱三叹,如泣如诉。"

去梯 qù tī

Q

出处《三国志·蜀志·诸葛亮传》。解说 汉代末年,诸葛亮曾随刘备依附于荆州牧刘表。刘琦是刘表的长子,因其父听信后妻的谗言,备受歧视。刘琦为了摆脱困窘的境地,多次向诸葛亮请教良策,而诸葛亮心存顾忌,只是含糊其词地敷衍了事。有一天,刘琦邀请诸葛亮游览后花园,又一起登上园中一座楼阁饮酒。刘琦命人把登楼的梯子撤去,然后毕恭毕敬地对诸葛亮说:"今日上不至天,下不至地,言出子口而入吾耳,可以言未?"(子:你。大意是:现在上不着天,下不着地,您口中说出的话只能进入我的耳朵,这次该不会有什么顾虑,可以赐教了吧?)于是,诸葛亮给刘琦出主意,离开荆州,到外地避祸。刘琦听从了诸葛亮的劝告,出任江夏太守,得以保全。后用此语指进行极其秘密的谋划。也比喻诱人上当。举例 唐·韩偓(wò)《感事三十四韵》:"去梯言必尽,仄席意弥坚。"

去梯之言 qù tī zhī yán 见“去梯”。指密谈时的肺腑之言。举例《宋书·蔡兴宗传》：“仆荷眷(juàn)深重，故吐去梯之言。”

犬牙交错 quǎn yá jiāo cuò

出处《汉书·中山靖王胜传》。解说 错：错杂；交叉。汉高祖刘邦建立汉朝后，为了巩固政权，封了许多刘姓子弟为诸侯王，使其代代相传。到了汉景帝时，有七个诸侯王联合起兵反叛。叛乱被平息后，景帝并未吸取教训，又把属地分封给自己十三个儿子，各为诸侯王。汉武帝即位后，这些诸侯王的势力逐渐强大，为了避免七王叛乱的历史重演，武帝准备限制和削弱这些诸侯王的势力。诸侯王们得到消息，非常紧张，便去恳求武帝说：“诸侯王自以骨肉至亲，先帝所以广封连城，犬牙相错者，为盘石宗也。”(大意是：我们都是皇上您的至亲骨肉，先皇景帝之所以分封给我们的大片土地，使封地像狗的牙齿那样上下交错在一起，就是为了让我们可以彼此支援，互相牵制，保障我们刘家的江山坚如磐石啊。)汉武帝听了，一面安慰他们，一面下令让诸侯王把封地分赐给自己的子弟。这样，原来的十几个大诸侯国被分割成众多的小诸侯国，无形中削弱了割据势力，使中央集权得以巩固。后用此语比喻交界线曲折复杂，或多种物体、因素互相牵连，参差不齐地交杂在一起。举例 ① 清·魏源《圣武记》卷十二：“且三省犬牙交错，有今日川，明日楚，后日陕者。”② 毛泽东《论持久战》：“长期而又广大的抗日战争，是军事、政治、经济、文化各方面犬牙交错的战争。”③ 郭小川《昆仑行》：“山路险峻难行，巨石犬牙交错。”

劝尔一杯酒 quàn ěr yī bēi jiǔ

Q

出处《世说新语·雅量》。解说 尔：你。古人把彗星叫做“长星”，又称“妖星”，认为彗星的出现，预示将有大灾难、战争或兵变发生。东晋太元年间的一天夜里，天空中出现了彗星。孝武帝司马曜心里非常厌恶，他在华林园内饮酒，举杯对着彗星说：“长星，劝尔一杯酒，自古何时有万岁天子？”(大意是：长星啊长星，我请你喝一杯酒。自古以来，哪有千秋万世长生不老的皇帝？)后用此语指人生短暂，应正视生死，达观处世。举例 唐·李贺《苦昼短》：“飞光飞光，劝尔一杯酒。吾不识青天高、黄地厚，唯见月寒日暖。”

劝尔一杯 quàn ěr yī bēi 同“劝尔一杯酒”。举例 宋·方岳《哨遍·问月》：“月亦老乎，劝尔一杯，听说平生事。”

杯酒劝长星 bēi jiǔ quàn cháng xīng 同“劝尔一杯酒”。举例 清·钱谦益《一年》:"岂有庭花歌后阁,也无杯酒劝长星。"

长星劝汝酒 cháng xīng quàn rǔ jiǔ 同"劝尔一杯酒"。举例 清·黄遵宪《西乡星歌》:"长星劝汝酒一杯,一世之雄旷世才。"

劝星 quàn xīng 同"劝尔一杯酒"。举例 清·王夫之《寄咏落花》之八:"一江酣熟宜中圣,万岁春阑且劝星。"

裙带 qún dài

出处 宋·周煇(huī)《清波杂志》卷三。解说 蔡卞(biàn)是宋代的一名官员,娶妻王夫人。王夫人是权臣王安石的女儿,知书达理,贤惠多才。蔡卞常在家里与王夫人探讨朝廷大事。由于有王安石等人提携、推荐,朝廷任命蔡卞为右丞相。蔡卞设宴招待客人,请戏班助兴。唱戏的艺人唱道:"右丞今日大拜,都是夫人裙带。"(大意是:右丞相今日得以拜相升迁,全都是仰仗夫人亲友方面的力量。)此语原指女子扎束裙子、衣裳的腰带,比喻跟妻女、姊妹等有关的亲戚关系。举例 ① 宋·赵昇《朝野类要》卷三:"亲王南班之婿,号曰西宫,即所谓郡马也,俗谓裙带头官。"②《三家巷》一:"莫非他将来靠裙带吃饭?"

裙带关系 qún dài guān xì 见"裙带"。指用以相互攀缘或勾结的姻亲关系。举例 ①《幻灭》十:"便拿她的同事而言,就很有几位是裙带关系来混一口饭的。"②《红岩》第三章:"还有几个很少上班的女同事,都是凭裙带关系进厂的交际花一般的女人。"

裙带官 qún dài guān 见"裙带"。指因姻亲关系而得到的官职。举例 ① 鲁迅《伪自由书·赌咒》:"男盗——可以多刮几层地皮,女娼——可以多弄几个'裙带官儿'的位置。"②《八十一梦》十五:"我家屡世清白,人号义门。你今天作了裙带官,辱没先人,辜负师傅。"

Q

群策群力 qún cè qún lì

出处 汉·扬雄《法言·重黎》。解说 策:谋划,出主意。秦朝末期,刘邦和项羽为争夺天下,进行了长达数年的楚汉战争。虽然项羽兵力强盛,但最终刘邦转弱为强,取得了胜利。扬雄总结汉胜楚败的历史经验时说:"汉屈群策,群策屈群力。"(屈:竭尽。原文大意是:汉王刘邦能够虚心听取群臣和将领们的谋划和建议,而群臣和将领们又能充分发挥下属们的力量,因此能够打败项羽。)参见 177 页"妒贤嫉能"。此语指大家想办法,大家出力量,集中和发挥群众的智慧、力量。举例 ①《野叟曝(pù)

言》第一〇一回:“如必需群策群力,即把数年来结识这些武勇尽数招集,并力奏功。”② 孙中山《国民党改组问题》:“令全国而为一,群策群力,努力而行,则将来成功,必定更大。”③ 邓小平《新时期的统一战线和人民政协的任务》:“团结一切可以团结的力量,同心同德,群策群力维护和发展安定团结的政治局面,为把我国建设成为现代化的社会主义强国而奋斗。”

Q

R

染指 rǎn zhǐ

出处《左传·宣公四年》，又见《史记·郑世家》。解说 染：沾；蘸。指：手指头。春秋时，郑国大臣公子归生（字子家）和公子宋（字子公）有一天一起去见郑灵公。将进宫门时，公子宋忽然停住脚步，伸出右手给公子归生看，只见他的食指在不停地抖动。公子宋说："今天我们将有好吃的了。每当我这食指抖动时都能尝到新奇的美味！"公子归生听了将信将疑。两个人进宫，发现厨子正在烹调一只大鼋。这是楚国人进献给郑灵公的，郑灵公准备把它分赐给大臣们尝尝鲜。两个人不由得相视而笑。郑灵公奇怪地问："你们在笑什么？"公子归生便把公子宋食指抖动的预兆讲了一遍，郑灵公听了，也没有再说什么。等到大臣们到齐了，郑灵公请大家一齐分享鼋羹美味，却偏偏不给公子宋吃。公子宋知道郑灵公看见自己的食指灵验，因而有意戏弄自己，又难堪又气愤，实在忍无可忍，便不顾君臣之礼，站起身来，伸出食指在盛鼋羹的鼎里蘸了 下，接着把食指放在嘴里尝了尝滋味，然后就大摇大摆地走出宫去。公子宋是很有势力的权臣，郑灵公如此对待他，最终使自己招致杀身之祸。后用此语比喻分取不应该得到的利益，或插手、参与某件事情。举例 ①《初刻拍案惊奇》卷十七："毕竟无侵能幸脱，一时染指岂便（biàn）宜。"② 清·无名氏《亡国恨·协约》："这三韩（指朝鲜半岛）一块土，俄人久欲染指。"③ 孙中山《党员须宣传革命主义》："广西一切幸福权利，只陆荣廷一人享之，一家享之，一旅享之，一派享之，广西同胞不能丝毫染指。"④ 朱自清《〈背影〉序》："至于戏剧，我更是始终不敢染指。我所写的大抵还是散文多。"⑤《大雪无痕》十六："由于他和张秘书的特殊关系，他极有可能也染指了那 30 万份内部股。"

指动 zhǐ dòng 见"染指"。称被邀请赴宴的征兆。举例 宋·范成大《次韵谢李叔玠追路送笋》："盘餐登异味，指动已先知。"

尝鼋 cháng yuán 见"染指"。指略知滋味或略有所得。举例 清·赵翼《六十自述》之二："才子声名徒吓鼠，好官滋味略尝鼋。"

让枣推梨 ràng zǎo tuī lí

出处《后汉书·孔融传》，又见《南史·王泰传》。解说 推：让。东汉末年名士孔融，有五个兄长，他四岁时每次与兄长们在一起吃梨，总是挑小的吃，把大的让给别人。父母问他为什么不挑大的，他说："我小儿，法当取小者。"（大意是：我是小弟弟，按道理应该吃小的。）大家听了，都认为这孩子将来会有出息。孔融长大了，成为著名文学家。王泰是南朝时宋代人，从小聪明伶俐。有一天，祖母召集几个孙子、外孙，把枣、栗子等食物撒放在床上，孩子们争抢着吃，只有王泰站立不动。祖母问他为什么不去拿来吃？王泰答道："不取，自当得赐。"（大意是：我不去抢，肯定会分给我。）家里的亲友们知道了，都觉得这孩子不一般。这两个故事后来合成"让枣推梨"一语，用来形容年少懂事，或兄弟之间谦让友爱，也比喻尊重兄长。有时用于对童年天真无邪生活的回忆。举例 ①《南史·梁武陵王传》："兄肥弟瘦，无复相代之期；让枣推梨，长罢欢愉之日。"② 明·杨慎《高峣雨中闷坐以果实散诸村童因忆儿辈》："不为全生狎楚童，自绿嬉戏感衰翁。昨宵梦里分明见，让枣推梨在眼中。"

推梨让枣 tuī lí ràng zǎo 同"让枣推梨"。举例《资治通鉴·唐高宗上元元年》："二王春秋尚少，志趣未定，当推梨让枣，相亲如一。"

推梨逊枣 tuī lí xùn zǎo 同"让枣推梨"。举例 宋·马廷鸾（luán）《书二侄分关后》："吾家三世以推梨逊枣为习尚，以易衣并食为活计，以同肝共胆为命脉。"

分梨共枣 fēn lí gòng zǎo 同"让枣推梨"。举例 宋·陆游《奉直大夫陆公墓志铭》："儿时分梨共枣，稍长同入家塾，实知公比他人为详。"

让枣 ràng zǎo 同"让枣推梨"。举例 宋·刘克庄《工部弟哀诗》："让枣犹如前日事，摘瓜空抱暮年悲。"

R

让梨 ràng lí 同"让枣推梨"。举例 鲁迅《花边文学·漫骂》："儿童的行为，出于天性，也因环境而改变，所以孔融会让梨。"

绕指柔 rào zhǐ róu

出处 晋·刘琨《重赠卢谌（chén）》："何意百炼刚，化为绕指柔。"唐·吕延济注："百炼之铁坚刚，而今可绕指。自喻经破败而至柔弱也。"解说 绕：缠绕。柔：柔韧。刚：通"钢"。钢铁很坚硬，经过反复多次锤炼，具有良好的韧性和弹性，甚至能够缠绕在手指上。此语比喻坚强者经过挫折而变得随和软弱，后多形容极其柔软。举例唐·高适《咏马鞭》:"珠重重,星连连,绕指柔,纯金坚。"

百炼刀 bǎi liàn dāo 见"绕指柔"。指经过精工锻造的宝刀,比喻精练犀利的文字。举例 ① 宋·苏轼《石炭》:"为君铸作百炼刀,要斩长鲸为万段。"② 明·王衡《郁轮袍》第三折:"我拜你学问是五经橱,文笔是百炼刀。"

百炼钢 bǎi liàn gāng 见"绕指柔"。比喻久经锻炼,意志坚强的人。举例 唐·白居易《渭村退居寄礼部崔侍郎》:"屈折孤生竹,销摧百炼钢。"

百炼金 bǎi liàn jīn 见"绕指柔"。比喻精炼优美的诗文。举例 唐·刘禹锡《乐天寄洛下新诗》:"吟君洛中诗,精绝百炼金。"

人浮于事 rén fú yú shì

出处《礼记·坊记》:"故君子与其使食浮于人也,宁使人浮于食。"解说 浮:多余;超过。食:古代以粮食的石数计算俸禄,故这里指俸禄。汉代郑玄注:"食谓禄也,在上曰浮。禄胜己则近贪,己胜禄则近廉。"原文大意是:贤德的君子宁肯让自己能力和贡献超过俸禄,也不愿俸禄超过自己的能力和贡献。如果俸禄超过了自己的能力和贡献,那就类似于贪污;自己的能力和贡献超过了俸禄,可称得上廉洁。此语原作"人浮于食",指人的才德等高过所得俸禄的等级,后演变为"人浮于事",指人多事少,即人员数量超过实际工作的需要。举例 ①《宦海》第九回:"老兄还没有晓得这里的情形,实在人浮于事,安插不来。"②《虹》四:"你托我找的事,毫无希望。十四元一月的小学教员也是人浮于事!"③ 韦君宜《她这一辈子》:"这时我再到她家去,发现他们夫妇都变得唠叨起来,还是谈政治,谈的是机关怎样人浮于事,一个人的工作分十个人做。"

人患 rén huàn

出处《说苑·反质》。解说 战国时,魏国的御用仓库突然发生火灾,烧掉了许多贵重的珍宝。国君魏文侯很伤心,一连多日未能上朝理事。文武百官们也很不安,除了公子成父之外,都纷纷身穿素服向魏文侯表示痛惜的心情。这一天,魏文侯上朝听政,公子成父却快步走上前来向国君道喜说:大王,您的仓库失了火,这可是件大好事啊!魏文侯听了,认为他是幸灾乐祸,心里很生气,脸也沉了下来。公子成父接着说:臣下听说,天子的宝物收藏于四海之中,诸侯的宝物收藏于封地内,卿大夫的宝物收藏于自己家里,士人和百姓的宝物收藏于箱子或匣子里。如果宝物收藏的地方不适当,"不有天灾,必有人患。"(大意是:即使不遇上天灾,也一定会遇上人为的祸患。)

如今，大王的宝物幸而只是遇上了意外的火灾，而没有遇上战乱的人祸，难道这不值得祝贺吗？魏文侯听到这里，一脸怒容烟消云散，深深叹了一口气说：是啊，你说的也有一定道理。后用此语指人造成的祸害。举例 臧克家《自己的写照》之八："人患不够，双管齐下又来了天灾。"

人祸 rén huò 同"人患"。举例 ① 汉·刘向《列女传·鲁公乘姒(sì)》："不达人事而相国，非有天咎必有人祸，子其勿为也。"② 清·唐甄(zhēn)《潜书·性功》："天灾伤稼，人祸伤财，冻馁离散，不相保守，性何以通！"

天灾人祸 tiān zāi rén huò 见"人患"。天：自然。此语指自然的灾害和人为的祸患，也比喻嫁祸于人的害人精(骂人的话)。举例 ① 元·无名氏《冯玉兰》第四折："屠世雄并无此事，敢是另有个天灾人祸，假称屠世雄的么？"② 谢觉哉《艰险拿来足踩平》："我国人民战胜帝国主义、战胜封建主义、战胜官僚主义、战胜一切天灾人祸，走向独立富强道路。"③《三家巷》五："胡源是何应元大太太何胡氏的远房哥哥，原来祖上也留下几亩薄田，勉强得个温饱。只因后来娶妻生子，天灾人祸，家业就败了。"④《太阳刚刚出山》："他还说了很多道理，什么个体农民抗拒不住天灾人祸。"

人杰地灵 rén jié dì líng

出处 唐·王勃《秋日登洪府滕王阁饯别序》。解说 杰：才能出众。灵：灵秀，特别美好。唐代著名诗人王勃游历洪州(在今江西南昌)时，受都督所托，写下了千古名篇《秋日登洪府滕王阁饯别序》(简称《滕王阁序》)，其中有这样两句："物华天宝，龙光射牛斗之墟；人杰地灵，徐孺下陈蕃之榻。"王勃在这里用了两个典故。前一个典故是说，物有精华，天有珍宝，龙泉剑的光芒直射天上二十八星宿中的斗宿和牛宿之间。意思是洪州有奇宝。后一个典故是说，东汉时豫章南昌(今属江西)人徐稺家贫而不愿当官，但与太守陈蕃是好朋友。陈蕃特地设一张床榻，专供接待徐稺之用。意思是洪州有杰出的人才。此语原指人中的俊杰，因养育他的土地有灵气而产生；后泛指某地山川灵秀，人才辈出，或某地因存在名人旧迹而成为名胜。参见443页"萍水相逢"。举例 ①《醒世恒言·闹樊楼多情周胜仙》："从来天子建都之处，人杰地灵。"② 清·古吴墨浪子《西湖佳话·葛岭仙迹》："此岭在晋时，曾有一异人葛洪，在此岭上修炼成仙，一时人杰地灵，故人之姓，即冒而为岭之姓也。"③ 闻一多《孟浩然》："实在襄阳的人杰地灵，恐怕比它的山水形胜更值得人赞美。"

地灵人杰 dì líng rén jié 同"人杰地灵"。举例《东周列国志》第六十九回："晏子观看郢(yǐng)都城郭坚固，市井稠密，真乃地灵人杰，江南胜地也。"

人面桃花 rén miàn táo huā

出处 唐·孟启《本事诗·情感》。解说 唐代博陵(今河北蠡县南)人崔护清明节到长安城南郊外踏青游玩,见到一所幽雅宁静的宅院,四周花木环绕,景色宜人。崔护感到口渴,便上前叩门讨水喝。门开了,一位少女出来递给崔护一碗清水,然后倚在门外的桃树下伫(zhù)立观望,眉目之间似乎脉脉含情。她那秀丽的脸庞与桃花相映,非常美丽。崔护见了,顿生爱慕之心。由于天色已晚,崔护恋恋不舍地离去了。到了第二年清明节,崔护因思念那位少女,便去旧地重游,却见院墙和桃树如故,而宅门紧锁,没有一个人在家。他怅然若失,于是在门上题诗一首表达自己的心情:"去年今日此门中,人面桃花相映红。人面不知何处去,桃花依旧笑春风。"此语原指女子的面容与桃花交相辉映,形容女子美貌。也指男女邂逅钟情,随即分离后,男子不能再见到爱慕的女子的怅惘心情。有时比喻事情已经过去,机缘就再也不能得到了。举例 ①宋·柳永《满朝欢》:"人面桃花,未知何处,但掩朱扉悄悄。"②明·王錂(líng)《春芜记·邂逅》:"看残英缀旧枝,弱柳抟(tuán)轻絮;人面桃花几度空相对。"

桃花人面 táo huā rén miàn 同"人面桃花"。举例 ①宋·方岳《次韵徐宰集珠溪》:"斩新山色佛头绿,依旧桃花人面红。"②清·李渔《奈何天·逼嫁》:"若不是我惊魂易转,险些儿,隔断了桃花人面。"

桃花面 táo huā miàn 同"人面桃花"。举例 宋·张景修《虞美人》:"春风曾见桃花面,重见胜初见。"

桃花 táo huā 同"人面桃花"。举例 宋·朱敦儒《减字木兰花·听琵琶》:"刘郎已老,不管桃花依旧笑。"

谒浆崔护 yè jiāng cuī hù 见"人面桃花"。指男女恋情。谒:陈述;讨取。浆:水。举例 元·郑光祖《梧桐树·题情》:"我做了谒浆崔护违前约,采药刘郎没下梢。"

R

人琴俱亡 rén qín jù wáng

出处《世说新语·伤逝》。解说 俱:全;都。亡:死去;不存在。晋代书法家王羲之有两个儿子,大的叫王徽之,字子猷(yóu),小的叫王献之,字子敬。两个人先后都患了重病。不久,王献之先死了,王徽之勉强撑着身体去吊唁。他走进灵堂,失声痛哭。看见弟弟生前用过的琴放在灵床旁边,便拿起来弹,摆弄了一会儿,却怎么也调不好弦。他伤心地把琴掷在地上感叹道:"呜呼子敬,人琴俱亡!"(大意是:子敬啊,子敬,你这人和琴都死去了。)王徽之因极度悲伤,病情转重,过了一个多月也去世了。此语原指人和琴都没有了，表示看到亡者遗物而悲痛悼念的心情。举例 ① 清·王士禛《古钵山人遗集序》："嗟(jiē)乎！人琴俱亡，昔人叹之。以山人之才，而所存于世者，仅如此，悲夫！" ② 鲁迅《二心集·做古人和做好人的秘诀》："现在去柔石的遇害，已经一年有余了，偶然从乱纸里检出这稿子来，真不胜其悲痛……所谓'人琴俱亡'者，大约也就是这模样的罢。"

人琴两亡 rén qín liǎng wáng 同"人琴俱亡"。举例 ① 唐·张说《为人作祭弟文》："予羸(léi)老矣，伤心几何。人琴两亡，命也命也。" ② 宋·张守《祭吏部元郎中文》："唯人琴两亡，影绝响灭，汤汤(shāng shāng)清弦，岂可复闻？"

人琴去 rén qín qù 同"人琴俱亡"。举例 宋·施士衡《挽于湖》："绝弦恸哭人琴去，埋玉凄凉柱石倾。"

寂寞人琴 jì mò rén qín 同"人琴俱亡"。举例 清·王摅(shū)《吊松圆诗老》："今朝追忆东风里，寂寞人琴二十年。"

叹人琴 tàn rén qín 同"人琴俱亡"。举例 宋·梅尧臣《送鲁玉太博挽词》："未能忘物境，空复叹人琴。"

人人自危 rén rén zì wēi

出处《史记·李斯列传》。解说 秦始皇晚年时到会稽等地巡视，小儿子胡亥、中车府令赵高等随行。秦始皇途中突然病故，胡亥和赵高合谋，伪造遗诏，逼死了长兄扶苏以及与扶苏一起镇守边境的大将蒙恬。胡亥继位当了皇帝，称为秦二世，赵高被任命为郎中令。从此，朝政大权落入赵高手里。秦二世和赵高担心阴谋暴露，便制定严刑酷法，以种种罪名诛杀了胡亥的十二个兄弟和十个姐妹，以及蒙恬的弟弟蒙毅等一批老臣。因受到牵连而被杀害的人更是不计其数，弄得"群臣人人自危，欲畔者众"。(畔：通"叛"，背叛。大意是：满朝文武官员都惧怕不知哪一天会招来杀身之祸，很多人想背叛朝廷。)秦二世和赵高的残暴统治最终激起了广大人民的反抗，几年后秦王朝就被推翻了。此语指局势紧张，每个人都感到自己的处境有危险。举例 ①《三国演义》第五十三回："玄德(刘备)曰：'若斩此人，恐降者人人自危，望军师恕之。'" ② 吴玉章《从甲午战争前后到辛亥革命前后的回忆》十七："一时人心惶惶，谣言四起，不但革命分子人人自危，就是与革命党人稍微接近的人，也都惴惴(zhuì zhuì)不安。" ③《四世同堂》四十五："这样一来，租房住的人不免人人自危，而有房子的也并不安定。"

R

人言可畏 rén yán kě wèi

出处《诗经·郑风·将仲子》："将仲子兮，无逾我园，无折我树檀。岂敢爱之？

畏人之多言。仲可怀也，人之多言，亦可畏也。”解说 人言：指人们的议论，多指流言蜚语。畏：惧怕。诗中描述一位女子思念她的情人，又担心别人觉察他们的恋情而四处说闲话。大意是：仲子呀，我请求你，别爬我家的园墙，别把我种的檀树给弄折了。我难道会舍不得檀树？而是害怕人家说闲话。仲子，我在思念你，如果惹来别人的风言风语，那就太令人害怕了。后用此语指人们的流言蜚语是很可怕的。举例 ①《洪秀全演义》第十七回：“名誉所关，人言可畏！故以慎密行之耳。”② 刘海粟《我所认识的徐志摩和陆小曼》：“我们何尝不知道，可是因为我们夫妇都喜欢王赓，才把亲事定下来的。我们对志摩的印象也不坏，只是人言可畏啊！”

人中龙 rén zhōng lóng

出处《晋书·宋纤传》。解说 宋纤是晋代的一位隐士，学识渊博，道德高尚。他多次拒绝朝廷的征召，不愿做官，也不愿与官宦之人来往，隐居在酒泉（在今甘肃）的南山中，以教书为业，追随他受业的门生弟子达三千多人。有一天，酒泉太守马岌慕名亲自登门拜访，宋纤把他拒之门外，避而不见。马岌感慨地说：“名可闻而身不可见，德可仰而形不可覩（dǔ），吾而今而后知先生人中之龙也。”（覩：同“睹”。大意是：久闻大名，久仰盛德，却未能得见先生的丰采，我由此知道先生是人中之龙。）此语原指人出类拔萃而深藏不露，正如云中神龙一样，见首不见尾。比喻卓越出众的人物。用作誉人之辞。举例 ① 宋·苏轼《孔北海赞》：“文举（孔融）以英伟冠世之资，师表海内，意所予夺，天下从之，此人中龙也。”② 黄葆桢《杨哲商烈士悼歌》：“歇浦滩头遇秋侠，秋侠识为人中龙。”

人中之龙 rén zhōng zhī lóng 同“人中龙”。举例《隋唐演义》第九回：“叔宝乃人中之龙，龙到处自然有水，他怎么得一寒至此？”

人龙 rén lóng 同“人中龙”。举例 清·方文《送三兄仁值先生开府武昌》：“人龙且向东山卧，士马谁分北极忧。”

R

仁者见仁，智者见智 rén zhě jiàn rén，zhì zhě jiàn zhì

出处《周易·系辞上》：“仁者见之谓之仁，知（zhì）者见之谓之知。”解说 知：通“智”。原文大意是：人们对某一事物各有各的见解，主张仁爱的仁者说它是“仁”，主张不惑的智者说它是“智”。后用此语指对同一事物或同一问题，因立场或认识角度不同，见解随之不同。举例 ① 清·章学诚《文史通义·文理》：“夫书之难以一端尽也，仁者见仁，智者见智。”② 张恨水《啼笑因缘·是否要做续集》：“由《新闻报》转来的消息，我知道有许多读者先生打听《啼笑因缘》主人翁的下落。其实，这是仁者见仁，智者见智，用不着打听的。”

见仁见智 jiàn rén jiàn zhì 同“仁者见仁，智者见智”。举例 ① 朱自清《〈燕知草〉序》：“至于这种名士风是好是坏，合时宜不合时宜，要看你如何着眼，所谓见仁见智，各有不同。”② 郭沫若《洪波曲》第十四章：“凭着栏杆，吟味着诗中的含义，在我自己的心中逐句替它作着注解，但我没有说出口来。诗是见仁见智的东西，尤其是旧诗。”③《清宫外史》上册：“见仁见智，议论纷纭，却无非背后论人是非，在兆奎面前都有忌讳。”

见智见仁 jiàn zhì jiàn rén 同“仁者见仁，智者见智”。举例 清·纪昀《阅微草堂笔记·滦阳消夏录六》：“《易》道广大，无所不包，见智见仁，理原一贯。”

忍辱负重 rěn rǔ fù zhòng

出处《三国志·吴志·陆逊传》。解说 三国时，蜀国君主刘备为夺回被东吴抢占的战略要地荆州（今湖北江陵），并为因荆州失利而被杀的义弟关羽报仇，亲率大军攻打东吴。东吴君主孙权任命不到四十岁的书生陆逊为大都督，率军迎敌。陆逊才能出众，但没有带兵打过仗，因而手下的一些将领依仗自己有资历或过去立有战功，不肯服从他的指挥。陆逊把众将领召集到一起，手按宝剑说：刘备是天下知名的人物，连曹操都怕他几分。现在他率兵来进攻，是我们的劲敌。希望诸位将军以大局为重，同心协力，共同消灭来犯之敌，以报国恩。我虽然只是一个书生，但受命为大都督，统率军队，理应恪尽职守。“国家所以屈诸君使相承望者，以仆有尺寸可称，能忍辱负重故也”。（大意是：国家之所以委屈诸位将军听从我的调遣，就是因为我还有可取之处，能够忍受委屈，负担重任的缘故。）军令如山，违者将按军法从事，请大家不要违反军令！陆逊这一席话，掷地有声，从此众将领都不敢不听从他的命令了。后来，陆逊设计采用火攻，把蜀军打得大败。此语指为了承当重任，忍受暂时的屈辱。

R

举例 ①《孽海花》第三十二回：“在威毅伯的鞠躬尽瘁、忍辱负重，不论从前交涉上的功罪如何，我们就事论事，这一副不要性命并不顾名誉的牺牲精神，真叫人不能不钦服。”② 刘少奇《论共产党员的修养》：“但是，在为了党和革命的某种重要目的而需要他去忍辱负重的时候，他能够毫不推辞地担负最困难而最重要的任务，绝不把困难推给人家。”③ 赵朴初《感遇一首为周总理作》：“忍辱负重，艰难劳止。”

忍辱含垢 rěn rǔ hán gòu

出处《后汉书·曹世叔妻传》。解说 东汉史学家班彪因病辞官后致力于史学。

其子班固继承家学，撰修《汉书》，因涉案受牵连，死于狱中。班昭是班固的妹妹，博学多才，夫君曹世叔去世较早。班昭奉命续写完成《汉书》，她曾作有《女诫》七篇以鞭策自己，其中有这样几句："谦让恭敬，先人后己；有善莫名，有恶莫辞；忍辱含垢，常若畏惧。"（大意是：要对别人谦让、恭敬，遇事应先人后己；不要张扬优点和功劳，不要隐瞒缺点和过失；要能够忍受耻辱和误解，做事切记小心谨慎。）后用此语指忍受耻辱和误解。举例 ① 郑观应《盛世危言·交涉上》："忍辱含垢，民气日靡，丛雀渊鱼，民心渐去。"② 郭沫若《羽书集·把精神武装起来》："十年的忍辱含垢，十年的卧薪尝胆，算结晶成为了自卢沟桥事变以来的神圣的雪耻战争。"

含垢忍辱 hán gòu rěn rǔ 同"忍辱含垢"。举例 ① 唐·陈子昂《谢衣表》："实恐身死克伤，未雪国耻，所以含垢忍辱，图死阙庭。"② 鲁迅《南腔北调集·谚语》："宋徽宗在位时，不可一世，而被掳后偏会含垢忍辱。"

日薄西山 rì bó xī shān

出处《汉书·扬雄传上》："临汨（mì）罗而自陨（yǔn）兮，恐日薄于西山。"又见晋·李密《陈情事表》："但以刘日薄西山，气息奄奄，人命危浅，朝不虑夕。"解说 日：太阳。薄：迫近；逼近。气息：呼吸时出入的气。奄奄：气息微弱的样子。《陈情事表》中的"刘"，指李密祖母刘氏。李密曾任蜀汉后主刘禅（shàn）的尚书郎（皇帝的侍从官，掌管文书、奏章等），后来退居乡里。过了几年，西晋武帝司马炎立太子，征召李密为太子洗马（太子的属官）。李密当时有老祖母刘氏需要奉养。原文大意是：刘氏身体状况就像西边快要落山的太阳，呼吸微弱，随时都有去世的可能，境况窘迫，早晨顾不上考虑晚上的事情。李密待祖母刘氏死后，服丧期满，才应征出来做官。此语原指太阳快要落山，比喻人衰老将死，或事物衰微临近灭亡。举例 ①《宋史·赵普传》："盖臣已日薄西山，余光无几，酬恩报国，正在斯时。"② 明·瞿佑《剪灯新话·爱卿传》："君须听取：怕日薄西山，易生愁阻。"③ 毛泽东《新民主主义论》："资本主义的思想体系和社会制度，已有一部分进了博物馆（在苏联）；其余部分，也已'日薄西山，气息奄奄，人命危浅，朝不虑夕'，快进博物馆了。"

西山日迫 xī shān rì pò 同"日薄西山"。举例 元·无名氏《九世同居》第一折："堪叹的是西山日迫桑榆暮，喜的是高堂月旦芝兰聚。"

气息奄奄 qì xī yān yān 见"日薄西山"。形容呼吸微弱、快要断气的样子。也比喻事物衰败没落，即将灭亡或终结。举例 ①《二刻拍案惊奇》卷十二："严蕊吃了无限的磨折，放得出来，气息奄奄，几番欲死。"②《村妇》卷一："却见蒲团儿已经紧闭二目，身子僵直，气息奄奄，一拳下去就得断了命。"

一息奄奄 yī xī yān yān 同“气息奄奄”。举例《红楼梦》第九十七回：“黛玉微微一笑，也不答言，又咳嗽数声，吐出好些血来。紫鹃等看去，只有一息奄奄，明知劝不过来，惟有守着流泪。”

奄奄一息 yān yān yī xī 同“气息奄奄”。举例 ①《红楼梦》第一〇五回：“贾母奄奄一息的微开双目说：‘我的儿，不想还见得着你！’一声未了，便嚎啕的哭起来。”② 鲁迅《集外集拾遗·诗歌之敌》：“但戏曲尚未萌芽，诗歌却已奄奄一息了。”③《村妇》卷二：“杜梨儿的男人被抢到刘家锅伙，血肉模糊，奄奄一息。”

日近长安远 rì jìn cháng ān yuǎn

出处《世说新语·夙惠》。解说 长安：今陕西西安。司马炎（晋武帝）建立晋朝，定都于洛阳，史称西晋，后被匈奴所灭。司马睿（ruì）（晋元帝）在建康（今江苏南京）重建晋朝，史称东晋。司马绍是晋元帝的儿子，后来即位，为晋明帝。司马绍年幼时顽皮活泼，深得元帝的喜爱。有人从长安经过故都洛阳来到建康，元帝向他询问洛阳的情况。随后，元帝问正坐在膝盖上玩耍的儿子说：“你可知道，长安和太阳哪个离我们远？”司马绍答道：“当然是太阳远。因为只听说有人从长安来，没有听说有人从太阳那里来。”元帝见儿子如此聪明，很高兴。第二天，元帝召集群臣欢宴，当着文武百官的面又向儿子提问这个同样的问题。谁知司马绍却回答说：“太阳近而长安远。”元帝听了很惊讶，问他为什么又改口这么说了？司马绍答道：“因为抬起头就可以看见天上的太阳，却望不见千里之外的长安。”后用此语指向往京城及朝廷，却无法前往，或形容人不能接近皇帝，得不到赏识重用。多寓意功名未成，希望或理想没有实现。举例 ① 宋·李焘《登大慈寺台》：“茫茫八表聊纵目，情知日近长安远。”② 元·王实甫《西厢记》第一本一折：“望眼连天，日近长安远。”③ 清·孔尚任《桃花扇·沉江》：“日近长安远，加鞭，云里指宫殿。”

R

日远长安近 rì yuǎn cháng ān jìn 同“日近长安远”。举例 宋·陆游《感旧》之三：“未论日远长安近，且喜南山天际横。”

长安不见 cháng ān bù jiàn 同“日近长安远”。举例 唐·李白《登金陵凤凰台》：“总为浮云能蔽日，长安不见使人愁。”

长安远 cháng ān yuǎn 同“日近长安远”。举例 唐·温庭筠《送崔郎中赴幕》：“相思休话长安远，江月随人处处圆。”

帝乡远于日 dì xiāng yuǎn yú rì 同“日近长安远”。举例 唐·白居易《答崔侍郎钱舍人书问因继以诗》：“帝乡远于日，美人高在天。”

日就月将 rì jiù yuè jiāng

出处《诗经·周颂·敬之》:"维予小子,不聪敬止。日就月将,学有缉熙于光明。"解说 予:我。敬:通"警",机警,机智敏锐。就:成就;有成就。将:前进;进步。缉熙:形容光明的样子。大意是:我年龄幼小,不聪明也不机警。今后应当刻苦学习,增长知识和经验,以期达到贤明圣德。此语指每天有成就,每月有长进,形容不断进步,也指学问等逐渐积少成多。举例 ① 唐·杨炯(jiǒng)《唐右将军魏哲神道碑》:"天经地义,钦承避席之谈;日就月将,虔奉趋庭之教。"② 宋·李清照《金石录后序》:"(赵明诚)有……尽天下古文奇字之志。日就月将,渐益堆积。"③ 郑观应《盛世危言·藏书》:"标新领异,日就月将,我中国四万万之华民必有敻(xiòng)出于九州万国之上者。"④《儿女英雄传》第三十三回:"那公子却也真个足不出户,目不窥园,日就月将,功夫大进。"

月将 yuè jiāng 见"日就月将"。指每月都有长进。举例 唐·陆贽(zhì)《鸿渐赋》:"琢玉者日就其功,为学者月将其益。"

日暮途穷 rì mù tú qióng

出处《史记·伍子胥(xū)列传》。又见唐·杜甫《投赠哥舒开府翰二十韵》:"几年春草歇,今日暮途穷。"解说 穷:穷尽。此语原指天色已近黄昏,而路途还很遥远或走到了尽头。比喻到了末日或衰亡的境地,或到了无路可走的地步。也比喻计穷力竭。参见72页"鞭平王"。举例 ①《喻世明言·杨谦之客舫遇侠僧》:"杨益道:'蛮烟瘴疫,九死一生,欲待不去,奈日暮途穷,去时必陷死地,烦乞赐教。'"② 鲁迅《呐喊·头发的故事》:"我于是不穿洋服了,改了大衫,他们骂得更利害。在这日暮途穷的时候,我的手里才添出一支手杖来,拼命的打了几回,他们渐渐的不骂了。"③ 夏衍《法西斯细菌》第三幕:"我看日本人快完了,要不是日暮途穷,决不会用这种手段。"

日暮途远 rì mù tú yuǎn 同"日暮途穷"。举例 ① 唐·贯休《行路难》:"行路难,行路难,日暮途远空悲叹。"② 明·汤显祖《紫箫记·惜别》:"只有老夫日暮途远,恐当没齿边陲,星星白发,无相见期矣。"

日升月恒 rì shēng yuè gèng

出处《诗经·小雅·天保》:"如月之恒,如日之升。"解说 恒:月上弦,指月亮渐趋圆满。此语原指旭日刚刚升起,月亮越来越圆。比喻事物正当兴盛时期,或事业兴旺发达,蒸蒸日上。旧时常用作祝颂语。举例 明·归有光《少傅陈公六十寿诗序》:"德与年而俱进,如日升月恒。"☞"日升月恒"的"恒"不读 héng。

如日方升 rú rì fāng shēng 见"日升月恒"。方:刚刚。此语比喻事物方兴未艾,具有旺盛的生命力和广阔的发展前景,就像太阳刚刚升起来一样。举例 毛泽东《论持久战》:"中国是如日方升的国家,这同日本帝国主义的没落状态恰是相反的对照。"

如火如荼 rú huǒ rú tú

出处《国语·吴语》。解说 荼:茅草开的白花。春秋后期,吴王夫差依仗国力逐渐强盛,想当中原霸主,率领大军来到黄池(今河南封丘西南),约天下诸侯前来会盟。为了显示军事实力,夫差传令三军列队,分成左、中、右三路,中军"万人以为方阵,皆白裳、白旂(qí)、素甲、白羽之矰(zēng),望之如荼……左军亦如之,皆赤裳,赤旟(yú),丹甲、朱羽之矰,望之如火……"(旂:同"旗"。矰:古代一种系着丝绳的箭。旟:古代一种绘有鸟形的军旗。原文大意是:中军一万将士,都身穿白色战袍,披白色铠甲,打着白色旗帜,背上箭囊里插着白色箭翎的箭,远远望去,好像遍野盛开的一大片白花……左军一万将士,都身穿红色战袍,披红色铠甲,打着红色旗帜,背上箭囊里插着红色箭翎的箭,远远望去好像一大片火海……)左、中、右三路大军,开到会盟地点附近,摆开阵势。吴王夫差亲自击鼓发令,三万将士一齐像天崩地裂般高声呐喊。见到吴国军威雄壮,各国诸侯不敢相争,只得歃血为盟,让吴王夫差作了盟主。此语原指像火那样红,像荼那样白,形容军容整肃、壮观。后也形容气势旺盛或气氛热烈。举例 ① 清·宣鼎《夜雨秋灯录·一度风流千贯钱》:"观剧者,如火如荼,几几乎万人空巷斗新妆也。"②《家》六:"过了两年,'五四运动'发生了。报纸上的如火如荼的记载唤醒了他的被忘却了的青春。"③ 郭沫若《骑士》:"各种各样的如火如荼的热辩,各种各样的如火如荼的狂呼,把十万人的工农大众的心血沸腾到了一百二十度以上。"

R

如荼如火 rú tú rú huǒ 同"如火如荼"。举例 梁启超《论民族竞争之大势》:"故德皇以如荼如火之热心,思扩张海军。"

如饥似渴 rú jī sì kě

出处《三国志·魏志·陈思王植传》。解说 陈思王曹植是三国时魏武帝曹操的第三个儿子,从小聪明过人,很受曹操喜爱,引起长子曹丕的妒恨。曹丕即位为魏文帝之后,开始多次迫害曹植,曾三次更换他的封地。曹丕曾"开恩"要曹植、任城王曹彰、白马王曹彪兄弟三人到京都朝会。曹植因故不能去，于是上了一道奏章向曹丕请罪，其中有这样一句："迟奉圣颜，如饥似渴。"（大意是：皇上爱怜我们，使我们能到京城相会。我们等待拜见皇上的心情就像渴了要喝水、饿了要吃东西一样迫切。）后用此语比喻要求或愿望很迫切、很强烈。举例 ①《喻世明言·范巨卿鸡黍死生交》："吾儿一去，音信不闻，令我悬望，如饥似渴。"② 郭沫若《革命春秋·学生时代》："我如饥似渴地把那二十几页的长文，一口气读下去。"③ 巴金《随想录》一〇七："我和无数的青年一样，如饥似渴地从新文学作品中汲取养料，一篇接一篇，一本接一本，它们像一盏长明灯照亮了我的心，让我不断地看到理想的光辉。"④《大刀记》第十章："这些小老虎似的战士们，盼望打仗，真是如饥似渴。"

如兄如弟 rú xiōng rú dì

出处《诗经·邶（bèi）风·谷风》："宴尔新昏，如兄如弟。"解说 宴尔：安乐。昏：同"婚"。原文大意是：新婚之夜是多么快乐，你对新人像兄弟一样亲密。此语原指情如兄弟，形容彼此之间感情好，关系十分密切。举例 清·无名氏《杜诗言志》卷一："今乃又云：与（李）白同客同行，同醉同眠，同吟同访，无所不同。如此，其为同调相怜，如兄如弟者益见。"

如鱼得水 rú yú dé shuǐ

出处《三国志·蜀志·诸葛亮传》。解说 东汉末年，天下大乱，豪杰纷起，群雄争霸。刘备胸怀大志，多方搜罗人才，亲自拜访隐居在隆中卧龙岗的名士诸葛亮（字孔明），请他出山，并拜为军师。刘备对诸葛亮的信任和重用，引起了关羽、张飞等将领的不满。刘备耐心地向他们解释说：诸葛亮的才识与胆略，对我完成一统天下的大业非常重要，"孤之有孔明，犹鱼之有水也。愿诸君勿复言"。（大意是：我现在有了诸葛亮，就如同鱼儿有了水一样，希望大家不要再多说了。）后来，诸葛亮果然辅佐刘备，东联北伐，占荆州，取益州，军事上节节胜利，地盘不断扩大，建立了蜀汉政权，与汉魏、东吴形成三足鼎立之势。后用此语比喻遇到跟自己志趣十分投合的人，或得到适合自己发展的环境。参见 525 页"三顾茅庐"。举例 ① 宋·王禹偁（chēng）《杜伏威传赞》："初据江东，为英为雄，如虎啸风。终归帝里，为臣为子，如鱼得水。"②《醒世姻缘传》第五十二回："少年夫妇，琴瑟调和，女貌郎才，如鱼得水。"③ 老舍《茶馆》第三幕："我们是应运而生，活在这个时代，真是如鱼得水。"④ 纪宇《爱的和弦——记瞿弦和与张筠英》："瞿弦和回到北京，如鱼得水，如鸟投林，他沉浸在对表演艺术的进一

R

步学习和追求当中。”

鱼水和谐 yú shuǐ hé xié 见“如鱼得水”。形容夫妻关系亲密、和谐。举例 元·刘庭信《新水令·春恨》套曲：“几时能够单凤成双，锦鸳作对，鱼水和谐。”

鱼水 yú shuǐ 见“如鱼得水”。比喻交情、感情或友谊亲密无间。举例 ① 明·高濂《玉簪记·词媾》：“文君幸见相如，两下情同鱼水。”②《聊斋志异·罗刹海市》：“妾亦不忍以鱼水之爱，夺膝下之欢。”③ 李瑛《雪夜》：“军民鱼水情谊深，夜半只觉浑身暖。”

如坐针毡 rú zuò zhēn zhān

出处《晋书·杜锡传》。解说 杜锡是西晋时人，学识渊博，性情率直，曾官任太子中舍人，负责教导太子、起草诏令等。因晋惠帝的愍（mǐn）怀太子年幼顽皮，不求上进，杜锡多次言辞恳切地规劝，引起太子的反感。有一天，太子派人悄悄地在杜锡平时坐的毡垫上放了几根针。杜锡丝毫没有察觉就坐了上去，结果屁股被扎得流出了鲜血。杜锡知道这是太子搞的恶作剧，故意捉弄他，却也无可奈何。杜锡后升迁为卫将军长史、尚书右丞等。此语原指像坐在插着针的毡子上，形容心神不宁，坐立不安。举例 ①《三国演义》第二十三回：“王子服等四人面面相觑，如坐针毡。”②《水浒传》第十一回：“且说林冲在柴大官人东庄上，听得这话，如坐针毡。”③ 杨绛《记章太炎先生谈掌故》：“可我听不懂他的话，我只能那么傻坐着，假装听讲。我只敢看章太炎先生，不敢向台下看。台下的人当然能看见我，我如坐针毡，却只能安详地坐着不动，一小时足有十小时长。”

坐卧针毡 zuò wò zhēn zhān 同“如坐针毡”。举例 明·陈与郊《义天》第四出：“狄灵庆得命回家，十分侥幸，只是心魂恍惚，坐卧针毡。”

坐针毡 zuò zhēn zhān 同“如坐针毡”。举例 鲁迅《彷徨·弟兄》：“他坐着，却似乎所坐的是针毡。”

R

针毡 zhēn zhān 见“如坐针毡”。比喻困难或窘迫的境况。举例 ① 宋·苏轼《迁居临皋（gāo）亭》：“剑米有危炊，针毡无稳坐。”② 清·李渔《慎鸾交·私引》：“我待把针毡强坐，当不的目光如火。”

孺子牛 rú zǐ niú

出处《左传·哀公六年》。解说 孺子：小孩子。春秋时，齐国的齐景公有个儿子名叫荼（tú），齐景公非常疼爱他，常陪着他玩耍。有一次，齐景公扮成一头牛，口中衔根绳子，让荼牵着绳子骑在自己身上。荼不小心跌了下来，握在手里的绳子把齐景公的门牙拉断了。齐景公临死时,立下遗命让荼继位。荼成为国君后不久,大臣陈僖子准备废掉他,立齐景公的另一个儿子公子阳生为君。老臣鲍牧指责陈僖子说:“汝忘君之为孺子牛而折其齿乎,而背之也?”(大意是:你忘记了先君给这孩子当牛而折断牙齿的事了吗?你这样做不是有违先君的遗愿吗?)后来,公子阳生还是做了国君,即齐悼公。此语原指在游戏中父母做小孩子的牛,表示父母对子女的过分疼爱。后比喻不辞劳苦,甘愿为后代或人民大众服务的人。举例 ① 明·邵宝《海棠》:“草径晴嬉孺子牛,花经新雨是天休。”② 鲁迅《自嘲》:“横眉冷对千夫指,俯首甘为孺子牛。”

折齿孺子 zhé chǐ rú zǐ 同“孺子牛”。举例 赵朴初《感遇——为周总理而作》:“回首丘山,折齿孺子。”

入彀 rù gòu

出处《庄子·德充符》:“游于羿(yì)之彀中……然而不中者,命也。”唐·成玄英疏:“其矢所及,谓之彀中。”又见五代·王定保《唐摭(zhí)言·述进士上篇》。解说 彀:用力张开的弓弩,也指箭能射及的范围,比喻牢笼、圈套。羿:后羿,传说中夏代有穷国的国君,善于射箭。《庄子》原文大意是:野兽跑入神箭手后羿的弓箭所及范围之内,却没有被射中,这完全是侥幸。据《唐摭言》记载,唐太宗李世民以武力平定天下,建立唐王朝政权之后,放下弓箭,兴办学校,完善科举制度,广揽人才。天下士子为了功名利禄,纷纷应举。有一天,唐太宗来到皇宫的端门,望见新及第的进士们从门口列队而出,高兴地说:“天下英雄入吾彀中矣!”(大意是:天下有作为的人都网罗在这里了,可以为我所用!)后用此语比喻人才被网罗或笼络。也比喻合乎一定的程式、标准,或中了别人的圈套,或投合自己的心意或全神贯注。举例 ① 宋·胡宿《向安可著作佐郎制》:“某本缝衣之流,预入彀之选,早服明教之乐。”② 元·迺(nǎi)贤《答禄将军射虎行》:“世祖神谟(mó)涵宇宙,坐使英雄皆入彀。”③ 清·李渔《凤求凰·先醋》:“怕什么良缘难遂,只要你赚鸳鸯,引他入彀,便是良谋。”④ 清·姚衡《寒秀草堂笔记》卷三:“作楷(写楷书)最忌腕力,腕力大必致攲(qī)斜,不可因古人或有不免,遂肆意纵笔,则终不能得入彀。”⑤ 清·黄遵宪《杂感》之四:“英雄尽入彀,帝王心始快。”⑥《老残游记》第十回:“子平本会弹十几调琴,所以听得入彀;因为瑟是未曾听过,格外留神。”

入其彀中 rù qí gòu zhōng 同“入彀”。举例 吴玉章《辛亥革命》廿二:“袁(世凯)故意隆重地接待他,并百般地曲意相从,终于使孙中山先生入其彀中。”

入吾彀中 rù wú gòu zhōng 同“入彀”。举例 清·百一居士《壶天录》卷中:“为人妾者,无不以正位为荣,而为嫡子所抑者,不知凡几。兹乃投其所好,荣以正位,亦安有不入吾彀中哉!”

R

入吾皇彀 rù wú huáng gòu 同“入彀”。举例 元·耶律楚材《和移剌子春见寄》之二：“英雄已入吾皇彀，从此无人更问津。”

英才入彀 yīng cái rù gòu 同“入彀”。举例 明·叶宪祖《鸾锦(bī)记·廷献》：“圣主掌贤日，英才入彀时。”

英雄入彀 yīng xióng rù gòu 同“入彀”。举例 ① 明·杨慎《七犯玲珑·初冈李一元》：“叹神州，英雄入彀，岂是陆沉时候。”② 丁中江《北洋军阀史话》六十：“袁(世凯)以网络人才为名，以为可使天下英雄入彀。”

尽入彀中 jìn rù gòu zhōng 同“入彀”。举例《民国通俗演义》第二十二回：“在老袁的意思，无非是笼络人才，欲使天下英雄，尽入彀中，可以任所欲为。”

彀中 gòu zhōng 见“入彀”。原指箭能射及的范围，比喻牢笼、圈套之内。举例 ① 元·李文蔚《燕青博鱼》第四折：“听知的俺哥哥燕和落在那妇人彀中，连兄弟燕青也着绊了。”② 鲁迅《华盖集续编·关于〈三藏取经记〉等》：“在考辨的文字中杂入一些滑稽轻薄的论调，每容易迷眩一般读者，使之失去冷静，堕入彀中。”

入木三分 rù mù sān fēn

出处 唐·张怀瓘(guàn)《书断·王羲之》：“王羲之书祝版，工人削之，笔入木三分。”解说 分：长度单位，十分为一寸。祝版：写在木板上的祭祀文章。王羲之是东晋著名书法家，曾任右军将军，后人又称他为“王右军”。据说他少年时在池塘边练字，每次写完，就在池塘里洗涤笔砚。时间一久，整个池塘的水都变成黑色的了。正是源于勤学苦练，王羲之的书法功底深厚，笔力雄劲。王羲之为朝廷写过祝版。祝版是木质的，内容与祭祀有关。有一次，晋成帝准备到北郊去祭祀，需要更换祝版，把上边的字刮去重写。工匠们在刮字时惊奇地发现，王羲之上次写的字，笔迹竟然透入木板三分深。后用此语形容书法笔力苍劲有力，也比喻见解或议论很深刻。举例 ① 清·赵翼《杨雪珊自长垣归来出示近作叹赏不足诗以志爱》：“入木三分诗思锐，散霞五色物华新。”②《上海的早晨》第二部二十七：“汤阿英真是个了不起的人物，常常从表面现象里发现重大的问题，眼光十分尖锐，看问题真是入木三分。”③ 屠骏祥《爱是不容易的》：“入木三分的剖析，精妙绝伦的台词和诗一般优美华瞻的语言，使她在不知不觉中闯入了一个崭新的文学新天地。”

入室操戈 rù shì cāo gē

出处《后汉书·郑玄传》。解说 操：握；拿。戈：古代一种兵器。郑玄，字康成。何休,字邵公。两个人都是东汉时经学家,平时常以朋友往来。何休潜心订正《春秋三传》,撰有《公羊墨守》《左氏膏肓(huāng)》《穀(gǔ)梁废疾》等。郑玄对他的某些见解不赞同,于是写了《发墨守》《针膏肓》《起废疾》三篇文章来逐一批驳。何休读完后,发现郑玄从标题到内容都很有针对性,利用自己文章里的观点来反驳自己,说得有理有据,不禁感慨地说:"康成入吾室,操吾戈以伐我乎!"(伐:讨伐。原文大意是:你这不是进到我的屋子里,拿起我的武器向我进攻吗?)后用此语比喻引用对方的论点来反驳对方。举例 ① 宋·陈亮《又戊戌冬书》:"入室操戈,不罪唐突。"② 清·冯桂芬《重刻段氏〈说文解字注〉》:"考者,考其引用篇目;正者,正其字句讹误,为功臣,为诤(zhèng)友,不为入室操戈。"③ 郭绍虞《中国文学批评史》四十九:"何以对于东坡也有微辞呢?难道是入室操戈,难道是知之深故论之切?"

操戈入室 cāo gē rù shì 同"入室操戈"。举例 ① 宋·杨时《与杨仲远》:"其义难知,而又其辞善遁,非操戈入室,未易攻也。虽横渠之博辨精深,犹未能屈之,为城下之盟,况余人乎!"② 明·王行《纂刊医书疏》:"诵诗读书,确守前修之法则,操戈入室,兼攻诸氏之瑕疵。"③ 清·纪昀《阅微草堂笔记·滦阳消夏录四》:"本为小人之交,岂能责以君子之道?操戈入室,理所必然。"

阮籍途穷 ruǎn jí tú qióng

出处《晋书·阮籍传》。解说 途:道路。穷:尽。途穷:道路阻塞不通。阮籍是魏晋时期的名士,被列为"竹林七贤"之一。他性格狂放不羁,又对当时的社会现实不满,为了排遣心中的愤懑,常常"率意独驾,不由径路,车迹所穷,辄恸哭而反"。(反:同"返",返回。原文大意是:独自一人驾车随意出游,并不按照现成的道路行走,而是信马由缰,随着自己的性情漫无目的地四处游逛。每当车子走到无法通过的地方时,他就大哭一场,然后驾车沿着原路返回去。)此语原指哀叹无路可走或没有出路,比喻无路可走的绝境,或人生走到绝路时,因无法摆脱困境而产生悲伤和绝望。举例 唐·贯休《山居》:"蒙庄环外知音少,阮籍途穷旨趣低。"

穷途恸哭 qióng tú tòng kū 同"阮籍途穷"。举例 元·赵汸《读阮嗣宗诗》:"途穷恸哭谁知者,沈湎狂言元自公。"

穷途之哭 qióng tú zhī kū 同"阮籍途穷"。举例 ① 唐·王勃《秋日登洪府滕王阁饯别序》:"阮籍猖狂,岂效穷途之哭!"② 清·刘献廷《广阳杂记》卷四:"尧峰僧坦然自京师归,访友于此;不值,有穷途之哭,囊中惟钱十八文耳。"

哭穷途 kū qióng tú 同"阮籍途穷"。举例 唐·杜甫《陪章留后侍御宴南楼得风

R

字》:“此身醒复醉,不拟哭穷途。”

哭途穷 kū tú qióng 同“阮籍途穷”。举例 宋·苏轼《寒食雨》:“也拟哭途穷,死灰吹不起。”

途穷 tú qióng 同“阮籍途穷”。举例 ① 南朝宋·颜延之《五君咏·阮步兵》:“物故不可论,途穷能无恸。”② 唐·李咸用《山中》:“寻思阮籍当时意,岂是途穷泣利名。”③ 鲁迅《且介亭杂文二集·七论“文人相轻”——两伤》:“于是相轻的文人们的处境,就也更加艰难起来,连街头也不再是扰攘的地方了,真是途穷道尽。”

穷途 qióng tú 见“阮籍途穷”。原指路的尽头,比喻无路可走的绝境,或陷入绝境,走投无路。举例 ① 宋·苏轼《丙子重九》之二:“穷途不择友,过眼如乱云。”② 鲁迅、许广平《两地书》二:“其二便是‘穷途’了,听说阮籍先生也大哭而回,我却也像在歧路上的办法一样,还是跨进去,在刺丛里姑且走走。”

末路穷途 mò lù qióng tú 同“穷途”。举例 ① 孙中山《心理建设(孙文学说)》第四章:“至八十九年则一败涂地,而地拉涉氏竟至破产被刑,末路穷途,情殊可悯。”②《三家巷》一四四:“现在,我觉得我们两个人走进了末路穷途,前面毫无光明,毫无出路。”

穷途末路 qióng tú mò lù 同“穷途”。举例 ①《儿女英雄传》第五回:“你如今是穷途末路,举目无依。”②《艳阳天》第七十四章:“马之悦走到了穷途末路,什么样肮脏手腕都使出来了。”③《白鹿原》第三章:“他声音沉重凄楚地向冷先生述说家父暴亡、妻子短命、家道不济这些人人皆知的祸事,哀叹自己几乎是穷途末路了。”

润笔 rùn bǐ

R

出处《隋书·郑译传》。解说 郑译是隋朝的开国功臣。有一次,隋文帝召集丞相高颎(jiǒng)等人商议给郑译封官赏爵,并命令大臣李德林马上写诏书。高颎对身旁的郑译开玩笑地说:笔干了,如果没有润笔之资,恐怕写不了诏书。郑译答道:“出为方岳,杖策言归,不得一钱,何以润笔?”(杖策:拄着拐杖。大意是:我在外任地方长官,现在奉命回京,单身一人拄着拐杖入朝晋见,身上没有带来一文钱,拿什么来给你作润笔之资呢?)后用此语指付给作诗文、书画之人的报酬,近代也指稿酬。举例 ①《儒林外史》第一回:“老爷少不得还有几两润笔的银子,一并送来。”②《聊斋志异·冤狱》:“承刑者润笔不饱,不肯悬听审之牌。”③ 鲁迅《彷徨·幸福的家庭》:“投稿的地方,先定为《幸福月报》社,因为润笔似乎比较的丰。”

润笔钱 rùn bǐ qián 同“润笔”。举例 宋·沈括《梦溪笔谈·故事二》:“太宗时立润笔钱,数降诏刻石于舍人院。”

润笔资 rùn bǐ zī 同“润笔”。举例 清·赵翼《稚存见题贱照有十万黄金之嘲走笔戏答》:“老年生计略可支,不过卖文钱、润笔资。”

润毫 rùn háo 同“润笔”。举例 唐·卢言《卢氏杂说》:“唐宰相王玙(yú)好与人作碑志,有送润毫者,误扣(叩)右丞王维门。”

S

塞翁失马 sài wēng shī mǎ

出处《淮南子·人间训》。解说 塞：边塞。据说古时候，有一位通晓阴阳五行之类方术的老翁住在与胡人相邻的北方边塞附近。有一天，老翁家里牧养的一匹马越过边界，跑到胡人那边去了。邻居们担心老翁为此事烦恼，就来安慰他，老翁不以为意地说："丢了马，当然是件坏事，但说不定会带来好的结果呢。"几个月之后，那匹跑丢的马又回来了，还带回了一匹胡人的骏马。于是，邻居们又来向老翁道贺，老翁却忧心忡忡地说："唉，谁知道这件事会不会带来灾祸呢？"老翁的儿子很喜欢胡人的这匹骏马，天天骑着出去兜风，有一天不小心，从马背上掉了下来，把腿摔断了。邻居们知道后，前来慰问，老翁却说："腿摔断了当然是坏事，可谁知道会不会带来好的结果呢？"过了一年，胡人大举入侵中原，边塞形势吃紧，附近许多青壮年都被征入伍，结果十有八九在战场上战死。老翁的儿子因为腿有残疾，不能服兵役，保住了自己的性命。后用此语指世事多变，祸福相倚。好坏、得失、祸福等不是绝对的，在一定条件下可以互相转化，坏事可以引出好的结果，好事也可能引出坏的结果。举例 ① 宋·郭祥正《和经父寄张缋(huì)》："倚伏万端宁有定，塞翁失马尚归来。"② 徐铸成《风雨故人》："塞翁失马，假使他真的一直在港不走，财是发了，'福'是享了，他在历史上的形象，肯定不会那么高大。"

塞翁失马，安知非福 sài wēng shī mǎ，ān zhī fēi fú 同"塞翁失马"。安：哪里，怎么。举例 ①《镜花缘》第七回："处士有志未遂，甚为可惜！然塞翁失马，安知非福？此后如弃浮幻，另结良缘，四海之大，岂无际遇？"② 鲁迅《呐喊·阿Q正传》："但真所谓'塞翁失马安知非福'罢，阿Q不幸而赢了一回，他倒几乎失败了。"③《过年》："觉得手中这根'鸡肋'能保住也好，省点事省点精神。如果不保呢？那也罢了，塞翁失马，安知非福？"

塞翁失马，焉知非福 sài wēng shī mǎ，yān zhī fēi fú 同"塞翁失马"。举例 ① 巴金《随想录》九十三："我国有句古话：'塞翁失马，焉知非福。'任何事情都有两面。"② 梅斌《楠莉记情——范曾归国漫记》："这次住院的时间太不巧了，然而塞翁失马，焉知非福？"

失马塞翁 shī mǎ sài wēng 见“塞翁失马”。指因祸得福，或乐天知命，不以一时得失为意的人。举例《儿女英雄传》第三十三回：“我家虽不宽裕，也还可以勉强温饱，都因我无端的官兴发作，几乎弄得家破人亡；还仗天祖之灵，才幸而作了个‘失马塞翁’。”

塞翁得失 sài wēng dé shī 同“塞翁失马”。举例 郁达夫《己未出都口占》：“塞翁得失原难定，贫士生涯总可怜。”

塞翁马 sài wēng mǎ 同“塞翁失马”。举例《二刻拍案惊奇》卷三：“奇事颠倒颠，一似塞翁马。”

塞翁 sài wēng 同“失马塞翁”。举例 ① 宋·范仲淹《依韵酬太傅张相公见赠》：“醉醒往日惭渔父，得失今朝贺塞翁。”② 清·钱谦益《喜复官诰赠内戏效乐天作》：“三年偶失楚人弓，忧喜回旋似塞翁。”

失马翁 shī mǎ wēng 同“失马塞翁”。举例 唐·许浑《怀旧居》：“朱门迹忝(tiǎn)登龙客，白屋心期失马翁。”

得马失马 dé mǎ shī mǎ 同“塞翁失马”。举例 宋·黄庭坚《梦中和觞(shāng)字韵》：“作云作雨手翻覆，得马失马心清凉。”

得马 dé mǎ 同“塞翁失马”。举例 唐·元稹《哭子》之一：“维鹈受刺因吾过，得马生灾念尔冤。”

失马 shī mǎ 同“塞翁失马”。举例 清·赵翼《同年平姚海明府卓荐入都赋赠》：“庸知失马非为福，别有飞凫去作仙。”

三不知 sān bù zhī

出处《左传·哀公二十七年》。解说 春秋战国之际，晋军攻打郑国。齐国大夫陈成子率军救援，与晋军列阵对峙。有一天，属下部将荀寅慌里慌张地向陈成子报告军情说：大事不好，从晋军投奔过来的人说，他们打算出动一千辆战车来袭击营垒大门，要把我们全军覆灭。陈成子斥责他说：即使晋军真的出动一千辆战车，我军也不能避而不战，还是把情报搞清楚再来禀报吧。你神色如此慌张，未免壮敌人威风，灭自己志气！荀寅自知刚才失态，灰溜溜地退出营帐，自言自语地说：“吾乃今知所以亡。君子之谋也，始、衷、终皆举之，而后入焉。今我三不知而入之，不亦难乎？”(亡：失去；不成功。衷：通“中”。大意是：我现在才知道自己所以做不成事的原因。聪明贤达的人谋划一件事情，对事情的开始、经过、结果这三方面都要考虑到，然后才向主帅报告。现在我对这三方面都不清楚就向主帅报告，怎么可能不碰壁呢？)此语原指对事情发展过程的始末全然不知，后指对某件事情一无所知，或事事都不知道。有时也指假装什么都不知道，对任何事情都不过问。举例 ①《二刻拍案惊奇》卷三：“桂娘一定在里头,只作三不知,闯将进去,见他时再作道理。”②《红楼梦》第五十五回:“一个是拿定了主意,‘不干(gān)己事不张口,一问摇头三不知。’”③《四世同堂》五十二:“别惹急了我哟!我会教你们三不知的去见阎王爷。”

一问三不知 yī wèn sān bù zhī 同“三不知”。举例 ① 谢雪畴《长江飞渡记》:“平时光会贪污,逍遥浪荡,谈到行军打仗的事,那就一问三不知。”② 阳翰笙《三人行》三:“你要问他,他总给你一个一问三不知,半句真话他也不肯实说。”③ 邓拓《燕山夜话·变三不知为三知》:“我们应该对客观的实际情况,分别轻重缓急,先后有步骤地进行系统的调查研究,才能逐渐改变一问三不知的状况,真正做到三知。”④《长风破浪》第十七章:“易大嫂真是精神爽快,过去一问三不知的,现下,她忽然把许多事情都揽到自己门下了。”

三朝元老 sān cháo yuán lǎo

出处《后汉书·章帝纪》:“行太尉事节乡侯熹三世在位,为国元老。”解说 元老:资格最老、声望最高的人。大意是:东汉的大臣赵熹在光武帝刘秀、明帝刘庄两个君主在位时都受到重用,等到章帝刘炟(dá)即位,又被任命为太尉事节乡侯,人称“三朝元老”。后用此语泛指在几个历史时期都参与其事的人,或资格老、声望高的人。举例 ① 宋·陆游《入蜀记·十月五日》:“三朝元老心方壮,四海苍生耳已倾。”②《喻世明言·木棉庵郑虎臣报冤》:“天子念他是三朝元老,不忍加刑。”③ 毛泽东《“七大”工作方针》:“现在的同志经过三个时期的不多,经历两个时期的那就很多。这是就我们全党来讲,在座的代表中,这个统计还没有做,究竟是三朝元老多还是两朝元老多,还是一朝的多,现在还不知道。”④《漩流》第二十二章:“绰号叫金钱豹的徐队长,可说已是三朝元老,也不是简单角色。”

三分鼎足 sān fēn dǐng zú

S

出处《史记·淮阴侯列传》。解说 鼎:上古炊器,以青铜制成,形体有圆有方,下有三足。汉代初年,韩信为刘邦的大将,由于战功显赫,被封为齐王,又改封楚王,后来有人告他谋反,降为淮阴侯。当韩信做齐王时,谋士蒯(kuǎi)通向他献计说:“臣愿披腹心,输肝胆,效愚计,恐足下不能用也。诚能听臣之计,莫若两利而俱存之,三分天下,鼎足而居,其势莫敢先动。”(大意是:我披肝沥胆向大王献计,又担心大王不肯采用。现在刘邦与项羽争战多年,都已处于疲惫不堪的境地。如果您助刘邦,刘邦就胜利;如果您助项羽,项羽就胜利。倒不如三分天下,您与刘邦、项羽像鼎足那样各据一方，相互抗衡。）由于韩信认为刘邦待他优厚，不忍背叛，没有采纳蒯通的建议。后用此语比喻在政治、军事等方面三方分立，相互对峙。举例 ①《后汉书·窦融传》："欲三分鼎足，连衡合纵，亦宜以时定。"②《三国演义》第三十四回："三分鼎足浑是梦，踪迹空留在人间。"

鼎足三分 dǐng zú sān fēn 同"三分鼎足"。举例 ① 元·无名氏《隔江斗智》第二折："汉家王气已将尽，鼎足三分各自雄。"②《三国演义》第一二〇回："鼎足三分已成梦，后人凭吊空牢骚。"

鼎分三足 dǐng fēn sān zú 同"三分鼎足"。举例《水浒传》第二十回："今番克敌制胜，谁人及得先生良法。正是鼎分三足，缺一不可。先生不必推却。"

三足鼎立 sān zú dǐng lì 同"三分鼎足"。举例《创业史》第一部十章："他平生的理想，是和下堡村的杨大剥皮、吕二细鬼，三足鼎立，平起平坐，而不满足于仅仅做蛤蟆滩的'稻地王'。"

鼎足而立 dǐng zú ér lì 同"三分鼎足"。举例 ①《东周列国志》第二十二回："于是季、孟、叔三家，鼎足而立，并执鲁政。"② 夏衍《包身工·余话》："在沪西白里南路，有鼎足而立的三个工厂，一个是中国人开的×新纱厂，一个是白俄开的×远板厂，另一个是日本人经营的丰田纺织会社。"③ 徐迟《黄山记》一："三个主峰，高风峻骨，鼎足而立，撑起青天。"

鼎足之势 dǐng zú zhī shì 见"三分鼎足"。势：局势。比喻三方分立、相互对峙的政治和军事局面。举例《三国演义》第三十八回："先取荆州为家，后即取西川建基业，以成鼎足之势，然后可图中原也。"

三顾茅庐 sān gù máo lú

出处《三国志·蜀志·诸葛亮传》。又见三国蜀·诸葛亮《出师表》："先帝不以臣卑鄙，猥自枉屈，三顾臣于草庐之中。"解说 顾：拜访。茅庐：草庐，茅草搭建的简陋房屋。东汉末年，天下大乱，群雄割据。刘备为了壮大自己的势力，多方寻求贤才。听说名士诸葛亮精通文韬武略，隐居在隆中（在今湖北襄阳西），刘备亲自到他居住的草庐拜访，请他出山辅佐自己。刘备前两次都未能见到诸葛亮，只得失望而归。第三次去，正赶上诸葛亮睡觉。刘备出于礼貌，没有惊动他，一直站着等他醒来。诸葛亮被刘备的诚意感动，决定出山。诸葛亮精辟分析了当前形势，提出夺取荆州、益州，与西南少数民族和好，东联孙权，北拒曹操的战略方针。刘备听后非常佩服，拜诸葛亮为军师。从此以后，诸葛亮全力辅佐刘备，建立了蜀汉政权，成就帝业，与汉魏（曹操）、东吴（孙权）两国形成三足鼎立的局面。后用此语指礼贤下士，恭敬地一再邀请，

S

比喻非常有诚意地寻求或邀请贤才。举例 ① 南朝陈·徐陵《谏仁山深法师罢道书》:“黄石兵法,宁可再逢;三顾茅庐,无由两遇。”② 元·马致远《荐福碑》第一折:“我住着半间儿草舍,再谁承望三顾茅庐?”③ 唐弢(tāo)《桥》:“这一年冬天有人三顾茅庐,感恩知己,一夕倾谈,遂相许以驱驰了。”④ 王强《芒种》:“我这是三顾茅庐请诸葛,希望您给个面子!”

三谒茅庐 sān yè máo lú 同“三顾茅庐”。举例 元·张国宾《薛仁贵衣锦还乡》第一折:“命通也,逢着帝主,一年间,三谒茅庐。”

三顾隆中 sān gù lóng zhōng 同“三顾茅庐”。举例 宋·张孝祥《西江月·张钦夫寿》:“已授一编圯下,却须三顾隆中。”

垂三顾 chuí sān gù 同“三顾茅庐”。举例 唐·胡曾《咏史诗·南阳》:“蜀王不自垂三顾,争得先生出草庐。”

三顾 sān gù 同“三顾茅庐”。举例 唐·杜甫《蜀相》:“三顾频烦天下计,两朝开济老臣心。”

三请诸葛亮 sān qǐng zhū gě liàng 同“三顾茅庐”。举例《好年胜景》:“四喜讲完一段长长的过去,叹息着说:‘请我妈下山,比三请诸葛亮还困难咧。’”

三过其门而不入 sān guò qí mén ér bù rù

出处《孟子·离娄下》:“禹稷(jì)当平世,三过其门而不入。”解说 传说在远古时代,黄河洪水泛滥成灾,百姓流离失所,生活困苦。舜帝派大禹带领民工治理洪水,大禹采用疏导的办法,历经八年,终于使水患得到治理。在这八年中,大禹曾有三次经过自己家的门口,由于忙于治水,他一次都未能回家看一眼。后用此语形容恪(kè)尽职守,兢兢业业,顾不上考虑私人家里的利益。举例《野叟曝(pù)言》第九十七回:“昔大禹三过其门而不入,你此日在家耽搁。”

三过家门而不入 sān guò jiā mén ér bù rù 同“三过其门而不入”。举例《还我河山》第二十八章:“老蔫并不懂得‘三过家门而不入’的掌故,但在行动上超过了古人。他参军六个年头,十次二十次路过红家峪,始终没有回去过一遭。”

过门不入 guò mén bù rù 同“三过其门而不入”。举例《镜花缘》第四十二回:“哥哥……近来性情为何一变至此?岂有相离咫尺,竟过门不入?”

三害 sān hài

出处《晋书·周处(chǔ)传》,又见《世说新语·自新》。解说 三国晋初年间,有一个人名叫周处，是鄱阳太守周鲂（fáng）之子。周处年少时父亲就去世了，由于缺少管教，他的脾气凶狠暴虐，横行霸道，经常骚扰乡里百姓，被人们视为祸患。人们把周处、南山的白额虎及河里的蛟龙合称为“三害”。后来周处幡然悔悟，决心为民除害，痛改前非。他上山杀死了老虎，又跳入河中与蛟龙恶斗，经过三日三夜，在水中翻腾几十里远，终于杀死了蛟龙。两害已除，周处“欲自修而年已蹉跎，恐将无及”。（蹉跎：失足跌倒，比喻光阴虚度。原文大意是：决心修身自学，痛改前非，重新做人，但又顾虑自己虚度时光，现在年岁已长，恐怕来不及了。）经过名士陆机、陆云的开导，他开始刻苦学习，后来成了一个文武兼备的忠臣孝子，官至御史中丞。于是留下了浪子回头，“周处除三害”的传说。此语原指为患地方的三个祸害，泛指危害百姓的人或事物。举例 唐·张祜（hù）《晚次荆溪馆呈崔明府》：“况是无三害，弦歌初政成。”

白额虎 bái é hǔ 见“三害”。指为患地方百姓的祸害。举例 唐·王维《老将行》：“射杀山中白额虎，肯数邺下黄须儿。”

蹉跎 cuō tuó 见“三害”。指虚度年华，让岁月白白流逝。举例 ① 晋·阮籍《咏怀》之五：“娱乐未终极，白日忽蹉跎。”② 清·周准《塞下曲》：“持筹绝域感蹉跎，沙塞年年漫枕戈。”

蹉跎岁月 cuō tuó suì yuè 同“蹉跎”。举例 ① 明·李祯《琼奴传》：“与其痴守空营，蹉跎岁月，盍（hé）不归我贵家……亦不虚度一生也。”② 孙中山《中国民主革命之重要》：“蹉跎岁月，寸功不展。”③《战争和人》（三）卷二：“能不能通过这三关，关系到自己的前途和未来。不能让自己沉浸在一种痛苦、消沉的情绪中蹉跎岁月。”

岁月蹉跎 suì yuè cuō tuó 同“蹉跎”。举例 清·郑燮（xiè）《浪淘沙·和洪觉范潇湘八景》：“名利竟如何？岁月蹉跎，几番风浪几晴和。”

三缄其口 sān jiān qí kǒu

出处《说苑·敬慎》：“孔子之周，观于太庙，右陛之侧，有金人焉，三缄其口而铭其背曰：‘古之慎言人也。戒之哉，戒之哉！无多言，多言多败。’”又见《孔子家语·观周》。解说 缄：封；闭。原文大意是：春秋时，孔子去参观周王祖庙，看到庙堂殿前右侧台阶上立有一个铜人。铜人嘴上贴着三道封条，背上刻着字，字的意思是：“这铜人是古代说话最谨慎的人。注意啊，注意啊！不要多说话，多说话将带来不少祸害。”后用此语指言语极为谨慎，不肯或不敢开口说话。举例 ①《水浒后传》第十三回：“危行言逊，祸免生肘；金人示诫，三缄其口。”② 清·李渔《与梁石渠》：“足下能三缄其口，不为一作不平鸣乎？”③ 苏曼殊《与某公书》：“区子固非离经叛道之人，然此时男子多变为妇人，衲（nà）只好三缄其口。”④ 高占祥《当说必说》：“其实，‘好好先生’也并非

S

像金人那样三缄其口。”

三缄口 sān jiān kǒu 同“三缄其口”。举例 金·元好问《胜概》:“吾道三缄口,时情一解颜。”

三缄 sān jiān 同“三缄其口”。举例 明·沈德符《万历野获编·闺鉴图说跋》:“子韦布之士,岂知国家大计,宜从此三缄,无自取祸也。”

缄口不言 jiān kǒu bù yán 同“三缄其口”。举例 郑观应《盛世危言·商务》:“商民工匠,见诸官绅,皆缄口不言,恐犯当道之怒,祸生不测云。”

三脚猫 sān jiǎo māo

出处 明·陶宗仪《南村辍耕录》引元·张鸣善《水仙子·讥时》:“说英雄谁是英雄?五眼鸡岐山鸣凤,两头蛇南阳卧龙,三脚猫渭水非熊。”又见明·郎瑛《七修类稿·奇谑四·三脚猫》:“俗以事不尽善者,谓之三脚猫。嘉靖间,南京神乐观道士袁素居果有一枚,极善捕鼠而走不成步。”解说 非:通“飞”。张鸣善作北乐府《水仙子·讥时》套曲讥讽时政,原文大意是:当今天下,究竟谁是英雄?五眼鸡成了岐山的凤凰,两头蛇成了南阳的卧龙,走不成步的三脚猫也被当成了渭水的飞熊。此语原指只有三只脚、走起路来一瘸一拐的猫,比喻略知皮毛、技艺不精的人。也比喻新奇罕见的事物。举例 ① 清·钱谦益《瞿元立传》:“无论学儒、学佛、学道,苟得其真,不妨唤作一家货,否则为三脚猫,终无用处。”② 鲁迅《书信集·致章廷谦》:“但医生须得人,不可大意,随便令三脚猫郎中为之。”③《边城》十:“翠翠自言自语说:‘人那么多,有什么三脚猫好看?’”

三窟 sān kū

S

出处《战国策·齐策四》。解说 窟:洞穴。冯谖(xuān)是战国时齐国国相孟尝君的门客,被派往封邑薛地收债。冯谖为孟尝君“市义”(买义),到了薛地,宣布免除所有债务,并当众烧掉债券、契约,当地的百姓非常感激孟尝君的恩德。当初,孟尝君对冯谖的这种做法并不满意。一年后孟尝君被罢官,只好回薛地,老百姓得知后扶老携幼走出百里来迎接。孟尝君这才明白冯谖上次烧债券是为自己收买人心,大加赞赏。冯谖对孟尝君说:“狡兔有三窟,仅得免其死耳。今君有一窟,未得高枕而卧也。请为君复凿二窟。”(狡:狡猾。大意是:狡猾机灵的兔子有三个洞穴,才能免遭死患。现在您只有一个洞穴,还不能高枕无忧,请允许我再去为您开凿两个洞穴吧。)孟尝君非常佩服冯谖的远见卓识,于是又派冯谖去游说梁惠王和齐湣(mǐn)王,梁惠王和齐滑王先后以重金聘请孟尝君为宰相。冯谖又请示孟尝君,用齐滑王赐予的祭祀祖先使用的礼器在薛地建了一座宗庙。宗庙建成,冯谖回报孟尝君说:“三窟已就,君姑高枕为乐矣。”(大意是:现在三个洞穴已经营造好,您目前没有后顾之忧了。)冯谖为孟尝君办好三件大事,巩固了他的地位。此语原指狡猾的兔子要准备好几个藏身的窝,比喻藏身或隐蔽的地方多,便于躲避灾祸。或预先从多方面打好安身立命的基础,以避免灾祸。参见207页“冯谖弹铗”。举例 ① 唐·罗隐《贵池晓望》:“计疏狡兔无三窟,羁甚宾鸿欲一生。”② 鲁迅《坟·论“费厄泼赖”应该缓行》:“并且因为是早已营就三窟,又善于钻谋的,所以,不多时,也就声势赫奕,作恶也如先前一样了。”

狡兔三窟 jiǎo tù sān kū 同“三窟”。举例 ①《聊斋志异·邵九娘》:“(妻)见柴曰:‘汝狡兔三窟,何归为?’”②《李自成》第二卷三十九章:“这班富户狡兔三窟,富裕亲戚朋友众多,你就是把他们的粮食搜光,也饿不掉他们一颗大牙。”③《泯灭》四:“他又把名片从我手中要过去,在背面另写了一处地址和一个电话号码。他说他现在是狡兔三窟。印在正面那地方,并不常去住。”

狡兔三穴 jiǎo tù sān xué 同“三窟”。举例 ①《旧唐书·李晟传》:“国家倘有变故,琼愿备左右,狡兔三穴,盍(hé)早图之。”②《宋史·河渠志三》:“乃是狡兔三穴,自为潜身之计。”

三穴 sān xué 同“三窟”。举例 唐·徐寅《月》:“寒蟾若不开三穴,狡兔何从上九天。”

营窟 yíng kū 见“三窟”。比喻经营安身立命的基础。举例 明·吴骐《感时书事寄计子山陆孝曾》:“营窟谋初遂,凭城气转扬。”

市义 shì yì 见“三窟”。指收买人心,博取民望。举例 ① 唐·杨炯(jiǒng)《唐昭武校尉曹君神道碑》:“家僮有礼,皆使拜宾;门客多才,咸能市义。”② 清·钱谦益《南京浙江道监察御史曹汝兰父驰周制》:“种德不见其逢年,市义乃征于易世。”

三年不窥园 sān nián bù kuī yuán

S

出处《汉书·董仲舒传》:“少治《春秋》,孝景时为博士。下帏(wéi)讲诵,弟子传以久次相授业,或莫见其面。盖三年不窥园,其精如此。”解说 窥:从缝隙中察看,泛指观看。帏:围在四周、用于遮挡的帐幕,也作“帷”。董仲舒是西汉时的哲学家,今文经学大师,他提出“独尊儒术”的主张,开启了以儒家学术为正宗的先声。原文大意是:董仲舒从年轻时就潜心学习、研究《春秋公羊传》,汉景帝时任太学博士。他在太学讲学时,每次都垂下布帏,为的是能够专注于讲诵。他让学生互相学习,以老带新,有的学生竟然没有与老师见过面。他在太学整整三年的时间,一次都没有到后花园中欣赏花草树木。正是由于董仲舒苦心孤诣，治学勤苦，才成为学识广博的著名学者。后用此语形容专心致志，闭门苦读。举例 ① 元·马祖常《壮游》："三年不窥园，自谓五经笥(sì)。"②《焚剑记》："生专心笃学，三年不窥园。"

仲舒不窥园 zhòng shū bù kuī yuán 同"三年不窥园"。举例 明·姚夔(kuí)《目耕卷为刘居士题》："仲舒不窥园，挟策身自荣。"

目不窥园 mù bù kuī yuán 同"三年不窥园"。举例 ① 明·邹观光《草堂读书记》三："古人好学，目不窥园，手不释卷。"② 清·陶曾佑《中国文学之概况》："董江都目不窥园，隐居求志，天人三策，伟大光明。"③《儿女英雄传》第三十三回："那公子却也真个足不出户，目不窥园，日就月将，功夫大进。"

不窥园 bù kuī yuán 同"三年不窥园"。举例 明·汤显祖《牡丹亭·肃苑》："绣户女郎闲斗草，下帷老子不窥园。"

读书帷 dú shū wéi 见"三年不窥园"。指书斋。举例 唐·陈讽《赋得冬日可爱》："未消埋径雪，先暖读书帷。"

下帷 xià wéi 见"三年不窥园"。指专心讲学或学习。举例 唐·李白《行行且游猎篇》："儒生不及游侠人，白首下帷复何益。"

三鸟 sān niǎo

出处《山海经·西山经》："又西二百二十里，曰三危之山，三青鸟居之。"晋·郭璞注："三青鸟主为西王母取食者，别自栖于此山也。"又见《艺文类聚》卷九十一引汉·班固《汉武故事》。解说 这是古代神话传说。汉武帝刘彻喜好神仙之术。有一年的七月七日，汉武帝正在承华殿斋戒，忽然有一只青鸟从西方飞来，盘旋了一会儿落在殿前。汉武帝咨询侍从官东方朔这预兆什么？东方朔答道："青鸟是来报信的，西王母娘娘就要来了。"果然，西王母娘娘不久即驾临，她的两侧各有一只青鸟服侍着。青鸟的大小跟乌鸦差不多。此语原指西王母身边的，为她取食、传信的三只神鸟，借指传递书信的使者。多与仙家或恋情有关。举例 ① 汉·刘向《九叹·忧苦》："三鸟飞以自南兮，览其志而欲北。"② 唐·张说《道家》之四："焚香三鸟至，炼药九仙成。"

三青鸟 sān qīng niǎo 同"三鸟"。举例 ① 隋·薛道衡《豫章行》："愿作王母三青鸟，飞来飞去传消息。"② 唐·李白《相逢行》："愿因三青鸟，更报长相思。"

青鸟 qīng niǎo 同"三鸟"。举例 ① 唐·李商隐《无题》："蓬山此去无多路，青鸟殷勤为探看。"②《聊斋志异·罗刹海市》："盈盈一水，青鸟难通。"③ 清·黄遵宪《奉命为美国三富兰西士果总领事留别日本诸君子》之四："但烦青鸟常通讯，贪住蓬莱忘忆家。"④ 欧阳予倩《人面桃花》第二场："听他言来心烦闷，想不回家万不能，哪有青鸟传芳信?”

青鸟使 qīng niǎo shǐ 同“三鸟”。举例 唐·孟浩然《清明日宴梅道士房》:“忽逢青鸟使,邀入赤松家。”

青鸟传书 qīng niǎo chuán shū 见“三鸟”。比喻使者传递书信。举例 元·邵亨贞《法曲献仙音》:“青鸟传书,羽仙清道,天香暗满窗户。”

青鸾 qīng luán 同“三鸟”。举例 ① 宋·葛长庚《水龙吟·采药径》:“多情易老,青鸾何处? 书成难寄。”②《聊斋志异·阿霞》:“不意信杳青鸾,如石沉海。”

青雀 qīng què 同“三鸟”。举例 唐·李商隐《汉宫词》:“青雀西飞竟未回,君王长在集灵台。”

青羽 qīng yǔ 同“三鸟”。举例 宋·王炎《踏莎(suō)行》:“悄无音信来青羽,新愁正上自眉峰,黄昏庭院潇潇雨。”

瑶池女使 yáo chí nǚ shǐ 同“三鸟”。举例 清·孔尚任《桃花扇·题画》:“望咫尺青天,那有个瑶池女使,偷递情笺。”

三人成虎 sān rén chéng hǔ

出处《韩非子·内储说上》,又见《战国策·魏策二》。解说 战国时,魏国的大臣庞恭(一作“庞葱”)将陪太子到赵国去做人质。庞恭担心自己走后,有人在魏王面前挑拨离间,在临行之际向魏王问道:现在,如果有一个人说街市上有老虎,您相信吗?魏王不假思索地回答:不相信。庞恭又问:如果有两个人说街市上有老虎,您相信吗?魏王迟疑了一下回答:那我就会半信半疑了。庞恭又问:如果有三个人说街市上有老虎,您相信吗?魏王想了想回答:这样我就相信了。庞恭说:“夫市之无虎明矣,然而三人言而成虎。今邯郸去大梁也远于市,而议臣者过于三人矣。愿王察之。”(大意是:街市上不会有老虎,这是很清楚的事,但是三个人说有老虎,就好像真的有老虎了。如今赵国都城邯郸距离我国都城大梁,比王宫距离街市远得多,而议论、诽谤我的人也会超过三个。希望您能明察,不要听信谗言。)说完,庞恭告辞而去。后用此语比喻谎言或谣言经多人重复,广为流传,就会使人误以为真。举例 ① 宋·黄庭坚《劝交代张和文酒》:“三人成虎事多有,众口铄(shuò)金君自宽。”② 清·侯方域《为司徒公与宁南侯书》:“无如市井仓皇,讹以滋讹,几于三人成虎。”☞“三人成虎”不要误解为“三个人就顶一只老虎”(即人多力量大)。

三人成市虎 sān rén chéng shì hǔ 同“三人成虎”。举例 胡适《这一周》三十六:“‘三人成市虎’,这事竟很像真的了。”

三言成虎 sān yán chéng hǔ 同“三人成虎”。举例 宋·李昭玘(qǐ)《代谢改官》："合三言而成虎，凑一隙以沉舟。"

三言讹虎 sān yán é hǔ 同"三人成虎"。举例 清·秋瑾《致琴文书》："况三言讹虎，众口铄金；因积毁销骨，致他方糊口。"

市虎 shì hǔ 见"三人成虎"。指流言惑众，以假乱真。举例 宋·陆游《丁未除夕前二日休假感怀》："怨谤相乘真市虎，技能已尽似黔驴。"

三人行，必有我师 sān rén xíng，bì yǒu wǒ shī

出处《论语·述而》。解说 三：虚数，泛指几个人。孔子好学不倦，他说："三人行，必有吾师焉。择其善者而从之，其不善者而改之。"（大意是：几个人在一起走路，其中必定有人在某方面可以作为我的老师。选择他们的优点、长处来学习，以他们的缺点、短处为借鉴，改正自己的不足。）后用此语指应该不耻下问，虚心向别人学习。举例 梁启超《十种德性相反相成议》："故豪杰之士，其取于人者，常以三人行必有我师为心；其立于己者，常以百世俟（sì）圣而不惑为鹄（hú）。夫是之谓虚心之自信。"

三十而立 sān shí ér lì

出处《论语·为政》："子曰：'吾十有五志于学，三十而立，四十而不惑，五十而知天命，六十而耳顺，七十而从心所欲，不逾矩。'"解说 惑：迷惑。年：年龄。逾：越过。矩：法则；规则。孔子是春秋时期思想家、教育家，先秦儒家学派的创始人。原文是孔子对自己治学经历的概述，大意是："我从十五岁时开始立志于做学问；三十岁时在学问上初步打下了基础；四十岁时掌握了广博的知识，对真假、善恶、对错有一定鉴别能力，不会轻易迷惑；五十岁时得知天命不可违，自然界有它自身的客观规律；六十岁时能听得进不同的意见，而且听到别人的话，马上就能分辨出其中隐含的深意；到了七十岁时，就可以随心所欲，想怎么做就怎么做，无论做什么事都不会超出或违背礼制的规矩。"此语原指三十岁左右的人已经在学问上打下了基础，后指人在这个年龄段应该能依靠自己的本领独立承担社会责任，确定自己的人生目标与发展方向，并开始有所成就。举例 ① 元·关汉卿《谢天香》第一折："耆（qí）卿，比及你在花街里留意，且去你那功名上用心，可不道三十而立！"②《黑蝴蝶·黑蝴蝶》三："开国以来，能够获得绘画和小说两项全国奖的人还有谁呢？三十而立，她到底如愿以偿了。"

而立岁 ér lì suì 见"三十而立"。代称三十岁。常指人到了可以自立或应该自立于社会的年龄。一般用于男性。举例 宋·严有翼《艺苑雌黄》："侍者方当而立岁，先生已是古稀年。"

S

而立之年 ér lì zhī nián 同“而立岁”。举例 ① 鲁迅《导师》:“凡自以为识路者,总过了‘而立’之年,灰色可掬了……圆稳而已,自己却误以为识路。”② 王英琦《永远的女孩子》:“我已近而立之年,感情开始起皱,精神世界濒临可怕的危机。”

而立 ér lì 同“而立岁”。举例《聊斋志异·长清僧》:“见其人默然诚笃,年仅而立。”

不惑之年 bù huò zhī nián 见“三十而立”。代称四十岁,也指人到了能够明辨事理而不迷惑的年龄。一般用于男性。举例 宋·陆游《与成都张阁学启》:“光阴畹晚,已逾不惑之年;簿领沉迷,犹在无闻之地。”

不惑 bù huò 同“不惑之年”。举例 ① 晋·陶潜《饮酒》之十六:“行行向不惑,淹留遂无成。”② 清·方文《初度》:“行年将不惑,学道尚无闻。”③ 周作人《死之默想》:“人世的快乐自然是很可贪恋的,但似乎只在青年男女才深切的感到,像我们将近‘不惑’的人,尝过了凡人的苦乐……也就不觉得还有舍不得的快乐。”

知命之年 zhī mìng zhī nián 见“三十而立”。原指知道、了解自己命运的年龄,后代称五十岁。一般用于男性。举例 ① 晋·潘岳《闲居赋序》:“自弱冠涉乎知命之年,八徙官而一进阶。”② 唐·白行简《李娃传》:“(荥阳公)知命之年,有一子,始弱冠矣。”

知命 zhī mìng 同“知命之年”。举例 ① 晋·潘岳《夏侯常侍诔》:“如何斯人,而有斯疾,曾未知命,中年陨卒。”② 郭沫若《沸羹集·无题》:“照年龄来说,我已经是知命晋一的人,但不知怎的,我却感觉着一切都还年青。”

耳顺之年 ěr shùn zhī nián 见“三十而立”。代称六十岁。一般用于男性。举例 ①《汉书·萧望之传》:“至乎耳顺之年,履折冲之位,号至将军。”②《汉书·萧望之传》:“至乎耳顺之年,履折冲之位,号至将军,诚士之高致也。”

耳顺 ěr shùn 见“三十而立”。代称六十岁,也借指数目六十。举例 ① 清·梁绍壬《两般秋雨盦(ān)随笔·不白》:“陈太仆句山先生,年逾耳顺,须尚全黑。”② 清·尹会一《与王若霖吏部书》:“寄呈耳顺,聊备薪水,节留数月之用,为祷!”

S

三思而行 sān sī ér xíng

出处《论语·公冶长》:“季文子三思而后行。子闻之,曰:‘再,斯可矣。’”解说 三:再三,表示多次。再:二;两。斯:这;这样。季文子即鲁国大夫季孙行父,是鲁文公、宣公、成公、襄公时的四朝元老。他为了避免遭到非议,一生为人谨慎,在生活小节方面很留心。原文大意是:季文子遇事总是反复考虑多次才付诸行动。孔子认为,不应该对个人的利害得失考虑得太精细,凡事只要考虑两次,也就可以了。后用此语指经过反复考虑，然后再去做事。举例 ① 元·关汉卿《救风尘》第一折："你也合三思而行，再思可矣。"②《三侠五义》第五十七回："展爷在旁插言道：'五弟不要如此，凡事必须三思而行，还是大哥所言不差。'"③《三家巷》三十："陈万利板起脸孔，直截了当地说：'今天晚上，就决定阿婷跟那姓宋的事情……终身大事也应该三思而行。'"

三思而后行 sān sī ér hòu xíng 同"三思而行"。举例《红旗谱》一："再说，冯家大院里老霸道也谋算过她，万一遇上个什么事儿，要三思而后行！"

三思 sān sī 见"三思而行"。指反复考虑和斟酌。举例 ①《南史·毛喜传》："宗社至重，愿加三思。"② 清·洪昇《长生殿·埋玉》："若军心安，则陛下安矣。愿乞三思。"③《水浒后传》第二十五回："前车之鉴，请自三思。"

三余 sān yú

出处《三国志·魏志·王肃传》南朝宋·裴松之注引三国魏·鱼豢（huàn）《魏略》。解说 余：剩余；余下的。三国魏明帝时，大司农董遇勤奋读书，博学多才，曾给《老子》作注，对《左传》也有独到见解。他教导学生说："读书百遍，而义自见（xiàn）。"（见：同"现"，显现。原话大意是：书读够百遍，其中的含义自然就明白了。）有一个学生说：我渴望读书，但苦于没有多少时间。董遇说：应该学会利用三余。学生问：什么是三余？董遇答道："冬者岁之余，夜者日之余，阴雨者时之余也。"（大意是：冬天是一年中的闲余，夜晚是一天中的闲余，阴雨天是平日里的闲余。）应该善于利用这些闲余时间来读书学习。此语原指三段闲余时间，后泛指空闲时间。有勉励人珍惜点滴时间，勤奋学习之意。举例 ① 晋·陶潜《感士不遇赋序》："余尝以三余之日，讲习之暇，读其文。"② 宋·黄庭坚《东观读未见书》："皇文开万卷，家学陋三余。"③ 明·顾大典《青衫记·元白揣摩》："男儿事业在三余，学就须乘驷马车。"④ 柳亚子《书赠张镜潭》："最是津南人物美，三冬图史伴三余。"

三余学 sān yú xué 见"三余"。指抓紧空闲时间学习。举例 清·张问陶《送家鹤坪太守之任河南》："临歧苦勉三余学，痛饮难为十日留。"

三战三北 sān zhàn sān běi

出处《国语·吴语》："吴师大北。越之左军、右军乃遂涉而从之，又大败于没（mò）。又郊败之。三战三北，乃至于吴。"解说 北：打败仗；败退。没：古地名，在今苏州以南。郊：指姑苏城郊。原文记述的是历史上著名的"笠泽之战"。春秋时，越王勾践率军大举攻打吴国。越军到了笠泽（今苏州东南的吴淞江古河道）南岸，与吴军隔河对峙。勾践采用声东击西的战术，派两支军队分别在河的上游和下游各五里处佯渡。吴王夫差误以为越军准备分两路渡河夹击吴军，急忙分兵两路赶往上游和下游迎敌。勾践亲自率领精锐部队，偃（yǎn）旗息鼓，乘夜色潜渡，突袭吴国中军营垒。吴国中军猝不及防，很快崩溃，而派出迎敌的两路吴军回救不及，也随之溃逃。越军乘胜追击，接连在没和姑苏城郊击败吴军，为最后灭亡吴国打下了基础。此语原指打三仗，败三次，指屡战屡败。举例 清·黄遵宪《度辽将军歌》："待彼三战三北余，试我七纵七擒计。"

三折乃良医 sān zhé nǎi liáng yī

出处《左传·定公十三年》："三折肱，知为良医。"解说 三：指多次。肱：胳膊从肩到肘的部分，泛指胳膊。原文大意是：多次折断胳膊，就能懂得如何医治断臂，成为医术高明的医生。后用此语比喻阅历或经历多，经验丰富了，做事成功的把握就大。举例 唐·刘禹锡《学阮公体》之一："百胜难虑敌，三折乃良医。"

良医三折肱 liáng yī sān zhé gōng 同"三折乃良医"。举例 明·徐渭《赠诸暨朱医士》："何时堕马因拘挛，偏你良医三折肱。"

三折肱 sān zhé gōng 同"三折乃良医"。举例 ① 宋·陈善《扪虱新话·文贵精工》："大抵文以精故工，以工故传远。三折肱始为良医，百步穿杨始名善射。其可传者，皆不苟者也。"② 宋·楼钥《胡监岳挽词》："赋就八叉手，文高三折肱。"

三折之肱 sān zhé zhī gōng 见"三折乃良医"。比喻经验、良方。举例《西游记》第六十九回："见你君臣出榜招医，是我大施三折之肱，把他相思之病治好了。"

三折 sān zhé 同"三折乃良医"。举例 宋·苏轼《将至广州用过韵寄迈迨（dài）二子》："次子病学医，三折乃粗晓。"

折臂反成医 zhé bì fǎn chéng yī 见"三折乃良医"。比喻从挫折、失败中总结经验，取得成功。举例 唐·李商隐《咏怀寄秘阁旧僚二十六韵》："悬头曾苦学，折臂反成医。"

久病成良医 jiǔ bìng chéng liáng yī 同"三折乃良医"。举例《春寒》："久病成良医，我现在比心脏病专家还高明。"

三纸尚无驴 sān zhǐ shàng wú lǘ

出处《颜氏家训·勉学》。解说 颜之推是北齐著名的文学家，他教诲弟子时说："问一言，辄酬数百，责其指归，或无要会。邺下谚云：'博士买驴，书券三纸，未有驴字。'”(博士:古代学官,泛指博学的文人。书:书写。券:契约。大意是:有的人回答问题啰唆,问一句,答百句,不得要领,未能切近正题。好比邺城流行的俗语:“博士买驴子,一份买卖合同写满三页纸,尚未涉及一个‘驴’字。”)后用此语讥讽言辞或文章冗长、空洞而不切要害,即话说不到点子上,下笔千言,离题万里。有时用于自谦。举例 宋·陆游《题斋壁》:“草赋万言那直水,属文三纸尚无驴。”

三字狱 sān zì yù

出处《宋史·岳飞传》。解说 南宋时,北方金兵大举入侵。宰相秦桧卖国求荣,诬陷抗金名将岳飞谋反,把他逮捕下狱。另一位抗金将领韩世忠认为岳飞冤枉,质问秦桧说:岳飞究竟犯了什么罪?你们认为他有意谋反,可有证据?秦桧支支吾吾地应付说:“飞子云与张宪书虽不明,其事体莫须有。”(莫须有:宋代杭州官话,意即“也许有”。大意是:岳飞儿子岳云写给张宪的企图谋反的书信虽然找不到了,可是这件事莫须有。)韩世忠气愤地说:“‘莫须有’三字,何以服天下!”(大意是:仅以“莫须有”这三个字来定罪名,怎么能让天下人信服呢!)秦桧无言以对。尽管如此,岳飞后来还是被杀害了。后用此语指凭空捏造的罪名。举例 ① 明·蔡汝南《岳王墓》:“谁将三字狱,堕此一长城。”② 清·孟亮揆《于忠肃墓》:“意欲岂殊三字狱,英雄遗恨总相同。”③ 赵朴初《洪湖曲吊贺龙同志》:“一世精忠三字狱,松崩幽谷无人知。”

三字沉冤 sān zì chén yuān 同“三字狱”。举例 杨道生《狱中》:“中原大地起腾蛟,三字沉冤恨未消。”

三字冤 sān zì yuān 同“三字狱”。举例 林百举《吊新中华报故址》:“罗织方衔三字冤,狼烟又扫千军杰。”

莫须有 mò xū yǒu 同“三字狱”。举例 ①《醒世姻缘传》第九十八回:“娘家的人当不起休书里面写得义正词严,连自己的娘家把这‘莫须有’的事也信以为真。”② 鲁迅《书信集·致许寿裳》:“看来许之罪其实是‘莫须有’的,大约有人欲得而甘心,故有此棘手。”③ 郭沫若《少年时代·我的童年》:“像这样由于莫须有的文字狱便牺牲了一位好朋友,这叫我们怎么能够心服呢?”④《诗人之死》第六章八:“种种莫须有的罪名一齐向我们掷来,我完全给打蒙了。”

S

桑落酒 sāng luò jiǔ

出处 北魏·杨衒(xuàn)之《洛阳伽(qié)蓝记·法云寺》:“河东人刘白堕,善能酿酒……采挹河流,酿成芳酎(zhòu),排于桑落之辰。”解说 酎:经多次酿造而成的醇酒。桑落：桑叶凋零。晋代，河东人刘白堕擅于酿酒，每年夏季六月开始酿造，于十月桑叶凋零之时酒成，“饮之香美而醉，经月不醒”，京城人士都争着买来作为馈赠的礼物。后用此语代称美酒。举例 ① 唐·杜甫《九日杨奉先会白水崔明府》：“坐开桑落酒，来把菊花枝。”② 元·张可久《清江引·独酌》曲：“明月黄昏后，独醉一樽桑落酒。”

白堕酒 bái duò jiǔ 同“桑落酒”。举例 清·毛奇龄《周大公子赴河东参军赠别》之一：“罂(yīng)藏白堕酒，桁(héng)挂绿罗衫。”

刘白堕 liú bái duò 同“桑落酒”。举例 清·陈维崧《忆江南·岁暮杂忆》之二：“猿臂醉擎刘白堕，莺喉娇唱《小秦王》。”

白堕 bái duò 同“桑落酒”。举例 宋·苏轼《次韵子瞻病中大雪》：“殷勤赋《黄竹》，自劝饮白堕。”

桑榆 sāng yú

出处《太平御览》卷三引《淮南子》：“日西垂景在树端，谓之桑榆。”又见三国魏·曹植《赠白马王彪》：“年在桑榆间，影响不能追。”解说 桑榆：太阳西下，影落树端，指黄昏。景：指日光。《淮南子》原文大意是：夕阳的余晖照在树梢上，称之为“桑榆”。《赠白马王彪》原文大意是：我的年龄已渐趋衰老，如同照在树梢上的夕阳余晖一样，岁月消逝之快无法追赶。后用此语指傍晚。也比喻垂老的晚年时光。举例 唐·刘禹锡《酬乐天咏老见示》：“莫道桑榆晚，为霞尚满天。”

桑榆晚景 sāng yú wǎn jǐng 同“桑榆”。举例 宋·苏轼《罢登州谢杜宿州启》：“桑榆晚景，忽蒙收录之恩；山海名邦，得窃须臾之乐。”

桑榆景 sāng yú jǐng 同“桑榆”。举例 清·李渔《意中缘·悟诈》：“我把桑榆景，倚靠他，谁知有夫就不认家。”

桑榆暮景 sāng yú mù jǐng 同“桑榆”。暮：日落。举例 ① 宋·胡宿《乞杨安国改官》：“安国授经老臣，年近八十，桑榆暮景，光阴几何?”② 元·尚仲贤《柳毅传书》第一折：“教子攻书志未酬，桑榆暮景且淹留。”③《三侠五义》第十一回：“老母心内觉得不爽，展爷赶紧延医调治，衣不解带，昼夜侍奉，不想桑榆暮景，竟自一病不起。”

桑榆暮 sāng yú mù 见“桑榆”。此语指年近垂老。举例 清·孔尚任《桃花扇·余韵》：“六十岁，花甲周，桑榆暮矣!”

榆景 yú jǐng 同“桑榆”。举例 明·朱鼎《玉镜台记·闺思》：“保佑我姑嫜鹤算童颜，松柏南山，榆景身康健。”

桑中 sāng zhōng

出处《诗经·鄘风·桑中》:“期我乎桑中。”解说 桑中:地名,在濮水之上,春秋时卫国之地,长有茂密的桑树。期:约会。据说当时社会风气不好,不守礼法,淫乱的男女情人常相约到这里的桑树林中幽会。后用此语指男女私奔幽会的地方。举例 ①《聊斋志异·犬奸》:“约乎桑中,人且不齿。”② 章炳麟《东夷诗》之八:“匪寇求婚姻,和亲亦良愿。拜赐待三年,桑中会相见。”

桑中之喜 sāng zhōng zhī xǐ 见“桑中”。指男女情人私奔,或不依礼法相结合。举例《花月痕》第四十六回:“(南北二帅)方其未败,锦衣玉食,倡优歌舞,其厮养贱纨绮,吸洋烟,莫不有桑中之喜。”

桑中之约 sāng zhōng zhī yuē 见“桑中”。指男女情人相约幽会。举例《聊斋志异·陈云栖》:“果相见爱,当以二十金赎妾身。妾候君三年。如望为桑中之约,所不能也。”

桑梓 sāng zǐ

出处《诗经·小雅·小弁》:“维桑与梓,必恭敬止。靡瞻匪父,靡依匪母。”解说 桑:桑树。梓:梓树。桑树和梓树是古代宅旁常种植的树木。瞻:敬仰。匪:通“非”,表示否定。依:依恋。原文大意是:我很恭敬地对待桑树和梓树,因为父母家中也种植有同样的树。做为儿女,没有不尊重父亲、依恋母亲的。此语原指思念父母,后比喻故乡或父老乡亲。举例 ① 唐·柳宗元《闻黄鹂》:“乡禽何事亦来此,令我生心忆桑梓。”② 元·刘埙《隐居通议·文章四》:“某不材,见弃于时,桑梓羞之。”③《王谢子弟》:“七爷回信表示农会当然愿意服务,因为一面是为桑梓服务,一面且与素志结合。”

S

梓桑 zǐ sāng 同“桑梓”。举例 清·孔尚任《桃花扇·辞院》:“烽烟起,烽烟起,梓桑半损。欲归,归途难问。”

桑里 sāng lǐ 同“桑梓”。举例《儒林外史》第十五回:“你是处州,我是台州,相近,原要算桑里。”

梓里 zǐ lǐ 同“桑梓”。举例《再生缘》第九回:“伤心已感年华改,弹泪偏逢梓里遥。”

梓乡 zǐ xiāng 同“桑梓”。举例《花月痕》第四十四回:“梓乡极目黯(àn)飞云,可怜倚枕弥留,犹是伤心南望。”

丧家狗 sàng jiā gǒu

出处《史记·孔子世家》。解说 春秋时，孔子带领弟子们到郑国讲学，有一天与弟子走散了，一个人孤零零地站在城的东门外。孔子的弟子子贡到处询问可有谁见到他的老师，有过路的人对他说："东门有人，其颡(sǎng)似尧，其项类皋陶(gāo yáo)，其肩类子产，然自要以下不及禹三寸，累累(léi léi)若丧家之狗。"(颡：额头；前额。尧：传说中上古的帝王。皋陶：上古人名，传说是舜的臣。子产：春秋时人名，郑国大臣。要：同"腰"。禹：传说中夏朝的君主。累累：憔悴颓丧的样子。大意是：东门口站着一个人，长得前额像尧，脖颈像皋陶，肩膀像子产。自腰以下比禹短了三寸。面容憔悴、疲惫，落魄得像一条主人家有丧事的狗。)子贡见到孔子，把这个人的话原封不动地说了一遍，孔子听了微笑着说："人的长相并非十分重要，不过他说我像丧家之狗，倒也说得不错！"此语中的"丧"，本读 sāng，义为跟死了人有关的，指因主人忙于丧事而无暇喂养的狗；后读 sàng，义为失去，指被主人遗弃而无家可归的狗。比喻沦落不得志、窘迫而无处容身的人，或失去主子而无所依仗的奴才。举例 ① 唐·杜甫《将适吴楚留别章使君留后兼幕府诸公》："昔如纵壑(hè)鱼，今如丧家狗。"② 宋·陆游《归老》："累累丧家狗，喔喔失旦鸡。"

丧家之狗 sàng jiā zhī gǒu 同"丧家狗"。举例 ①《醒世恒言·大树坡义虎送亲》："只见两乘轿子，依旧抬转，许多人从，一个个垂头丧气，都如丧家之狗。"②《野叟曝(pù)言》第一〇一回："素臣挥兵急赶，贼人如丧家之狗、漏网之鱼，抛戈弃甲，尽力狂奔。"③ 鲁迅《坟·论"费厄泼赖"应该缓行》："可是革命终于起来了，一群臭架子的绅士们，便立刻皇皇然如丧家之狗，将小辫子盘在头顶上。"

丧家之犬 sàng jiā zhī quǎn 同"丧家狗"。举例 ①《水浒传》第三回："鲁提辖忙忙似丧家之犬，急急如漏网之鱼，行过了几处州府。"②《四世同堂》六十八："没有这些，你便是丧家之犬，大家不单不招呼你，高了兴还许踢你两脚呢！"③ 冰心《老舍和孩子们》："舒伯伯给我的信里说，他在纽约，就像一条丧家之犬。"

S

丧心病狂 sàng xīn bìng kuáng

出处《宋史·范如圭传》。解说 南宋高宗时，边境经常受到金兵的侵扰。面对猖狂的金兵，是战是和，朝廷中争议很大。以丞相秦桧等人为代表的主和派势力占上风，主战派势力相对较弱。范如圭官任校书郎兼史馆校勘，虽官职卑小，却不畏淫威，坚决主战，给秦桧写信批评他主张与金朝讲和是丧权辱国，其中说："公不丧心病狂，奈何为此？必遗臭万世矣！”（大意是：你秦桧如果不是丧失理智，言行荒谬，胡作非为，像发了疯一样，怎么能够做出这种可耻的事？你必将永远遭受后代子孙的唾骂！）后用此语形容昏乱或残忍到了极点。举例 ① 清·梁绍壬《两般秋雨盦（ān）随笔·丧心语》：“（蔡京）曰：‘既作官，又要作好人，两者可得兼耶？’此真丧心病狂之语。”②《野叟曝（pù）言》第七十五回：“况班处君臣之宫，淫毒尤极，伤害天理，灭绝人伦，真可谓丧心病狂，神人共愤者矣。”③ 何其芳《理性与历史》：“这位丧心病狂之徒既然把我们老百姓都视同异类……他是一定要反对民主的。”

杀风景 shā fēng jǐng

出处 唐·李商隐《义山杂纂》卷上：“杀风景：花间喝道，看花泪下，苔上铺席，斫（zhuó）却垂杨，花下晒裩，游春重载，石笋系马，月下把火，妓筵说俗事，果园种菜，背山起楼，花架下养鸡鸭。”又见宋·胡仔《苕（tiáo）溪渔隐丛话前集·西昆体》。解说 杀：败坏；减损。斫：用刀、斧等砍。裩：同“裈”，裤子。古代的文人向来喜欢亲近自然，把欣赏良辰、美景视为雅事。有些学识浅陋的俗人却有意无意地损坏自然环境和风光景物，败坏文人雅士欣赏美好事物的兴致，文人们把俗人的这种错误做法称为“杀风景”。《义山杂纂》列举了一些以俗伤雅的事例，如：达官贵人驱车策马，前呼后拥地从花丛中穿行而过；有钱人像搬家一样，带着满车的各种物件到郊外踏青；把所骑乘的马匹拴系在天然石笋上，破坏自然景观。后用此语指美好的环境或景物遭到人为破坏而令人扫兴。也比喻在兴高采烈的场合突然发生意外事件，败坏了人们的兴致。举例 ① 宋·苏轼《次韵林子中春日新堤书事见寄》：“为报年来杀风景，连江梦雨不知春。”② 清·纪昀《阅微草堂笔记·如是我闻二》：“赏花韵事步月雅人，奈何与小人较量，致杀风景？”

大杀风景 dà shā fēng jǐng 同“杀风景”。举例 鲁迅《书信集·致山本初枝》：“龙华的桃花虽已开，但警备司令部占据了那里，大杀风景，游人似乎也少了。”

S

煞风景 shā fēng jǐng 同“杀风景”。煞：同“杀”。举例 ① 宋·楼钥《次韵沈使君怀浮冈梅花》：“毋庸高牙煞风景，为著佳句增孤妍。”②《儿女英雄传》第三十回：“安公子高高兴兴的一个酒场，再不想作了这等一个大煞风景。”③《春明外史》第十七回：“黄梦轩看见把菜收去了，正吃得高兴，这未免太煞风景，只得站起身去擦脸。”☞“煞风景”的“煞”不读 shà。

大煞风景 dà shā fēng jǐng 同“杀风景”。举例 鲁迅《华盖集续编·无花的蔷薇》：“我也就夹七夹八地来称引了好几回，可惜都是刺，失了蔷薇，实在大煞风景，对不起绅士们。”

杀人不眨眼 shā rén bù zhǎ yǎn

出处 宋·普济《五灯会元·圆通缘德禅师》。解说 曹翰是北宋初年的一个武将，性情残暴，随意杀人，有“杀人不眨眼将军”之称。有一次，曹翰奉命率军南下攻打九江，途中闯入庐山寺，寺内和尚们吓得纷纷躲藏起来，只有高僧缘德禅师在禅房中坦然静坐。曹翰见了，厉声呵斥道：“难道你没有听说过有杀人时连眼睛都不眨一下的将军吗？”缘德禅师抬头瞟了曹翰一眼，反问道：“你大概也不知道有一个天生不怕死的和尚吧？”后用此语形容极其凶狠残暴，杀人成性。举例 ①《二刻拍案惊奇》卷十二：“太守心里想到：这妮子不知高低，轻意应承，岂知同父是个杀人不眨眼的汉子？”②《水浒后传》第二十四回：“杨林是个杀人不眨眼的魔头，见了不觉毛发直竖，身子寒抖不定。”③《平原枪声》二十五：“鬼子汉奸杀人是不眨眼的，他们看谁不顺眼，就往出一拉，不是枪崩就是刀砍。”

杀人不斩眼 shā rén bù zhǎn yǎn 同“杀人不眨眼”。举例《水浒传》第二十六回：“他是个杀人不斩眼的男子，倘或早晚归来，此事必然要发。”

杀人不展眼 shā rén bù zhǎn yǎn 同“杀人不眨眼”。举例《三侠五义》第一一九回：“武伯南笑道：‘恩公还不知道呢，这老婆子也是个杀人不展眼的母老虎。当初有她男人在世，这店内不知杀害了多少呢。’”

杀人不转眼 shā rén bù zhuǎn yǎn 同“杀人不眨眼”。举例《荡寇志》第一三八回：“只须看他东抢西掳，杀人不转眼，岂不是个极凶极恶的强盗！”

歃血 shà xuè

出处《史记·平原君虞卿列传》：“毛遂谓楚王之左右曰：‘取鸡狗马之血来。’毛遂奉铜槃(pán)，而跪进之楚王曰：‘王当歃血而定从(zòng)，次者吾君，次者遂。’”解说 槃：同“盘”。从：同“纵”。定从：指订立合纵抗秦的盟约。遂：即毛遂。歃血是古代盟会上表示信守誓言的一种仪式。宣读完盟约，杀牛、马、猪或鸡等取新鲜牲血，加盟者按地位高低，依次用手指蘸取盛于盘中的牲血，涂抹在嘴唇周围(一说用嘴唇略微沾点牲血)，以表示诚意。由盟主来主持歃血仪式并首先歃血。原文说毛遂跪着捧盘，先请楚王歃血，然后请平原君歃血，最后由毛遂本人歃血，意思是尊楚王为盟主。后用此语指诚心诚意地结为盟友，并信守誓约。参见390页“毛遂自荐”。举例 ①《说唐》第二十四回：“何不就在此处摆设香案，大家歃血为盟，以后必须生死相救，患难相扶，不知众位意下若何？”② 郭沫若《屈原》第二幕：“说不定国王还要歃血为盟呢，珠槃（盘）玉敦的准备也是不可少的。”③ 章炳麟《驳康有为论革命书》：“而当其歃血举义之时，固未尝以其必从而少沮。”

晒腹 shài fù

出处《世说新语·排调》。解说 郝隆是东晋时人，有学识，言语敏捷、风趣，善于应对，曾在桓（huán）温幕府中担任参军，一直不得志。当时民间习俗，七月初七日要在太阳底下曝（pù）晒衣物。郝隆见别人纷纷把衣物搬出来晾晒，而自己却没有什么家当可晒的，便在中午时分来到门外，袒胸露腹，仰卧在地。人们觉得奇怪，问他在干什么？他答道：“我在晒肚子里的书呢。”郝隆的意思是说，自己一肚子学问，却没有人赏识，借以表示对富贵之人的蔑视和对社会不公的怨恨。后用此语指诗书尽在腹中，比喻人很有学问。有时也用为躺着晒太阳或午睡打盹的雅称。举例 ① 宋·刘筠《戊申年七夕五绝》之四：“岂惟蜀客知踪迹，更问庭中晒腹人。”② 清·曹言路《曝书》：“恰羡便便人晒腹，郝隆比我善收藏。”

曝腹 pù fù 同“晒腹”。举例 宋·李处全《贺新郎·再和》：“节物于人俱可喜，今夕渠偏媚妩。笑曝腹，书生风度。”

晒腹囊 shài fù náng 同“晒腹”。举例 宋·苏辙《初闻得校书郎》：“读书犹记少年狂，万卷纵横晒腹囊。”

晒腹中书 shài fù zhōng shū 同“晒腹”。举例 清·毛奇龄《七夕》：“向夕慢陈庭下果，连年悔晒腹中书。”

腹中书籍 fù zhōng shū jí 同“晒腹”。举例 唐·严武《寄题杜二锦江野亭》：“腹中书籍幽时晒，肘后医方静处看。”

晒书 shài shū 同“晒腹”。举例 清·程先贞《篾丝箧（qiè）》：“不知七夕秋阳暖，袒腹空庭自晒书。”

S

山公启事 shān gōng qǐ shì

出处《晋书·山涛传》。解说 山公：指山涛。启事：陈述事情的书函。山涛是魏晋之际的名士，被后人列入竹林七贤。他后来投靠了司马氏集团，司马炎称帝之后受到重用，曾先后两次担任吏部尚书，主管选拔官员之事长达十余年。山涛很重视举荐贤才，每当官职有空缺时，预先拟定几个人选，然后揣摩晋武帝司马炎的好恶和意图，再上奏举荐。对于所举荐人选的才德和政绩，他都分别书面加以评价和鉴定，以供参考录用。人们把山涛的评价和鉴定，敬称为“山公启事”。后用此语指举荐选拔人才，或举荐人才的言论、书函等。举例 ① 唐·李商隐《赠宇文中丞》:“人间只有嵇延祖,最望山公启事来。”② 清·吴伟业《鸯湖曲》:“中散弹琴竟未终,山公启事成何用?”

启山公事 qǐ shān gōng shì 同“山公启事”。举例 清·宋琬《晨星叹》:“岳侯早启山公事,臣心一片寒如水。”

名贤启事 míng xián qǐ shì 同“山公启事”。举例 清·吴伟业《寄房师周芮(ruì)公先生》:“巨源当日称知己,误玷名贤启事中。”

山阳 shān yáng

出处《三国志·魏志·王粲(càn)传》南朝宋·裴松之注引《魏氏春秋》,又见《晋书·嵇康传》《晋书·向秀传》。解说 魏晋之际,名士嵇康、阮籍、山涛、向秀、阮咸、王戎、刘伶和吕安等曾经是朋友,经常在山阳(在今河南修武境内)的一片竹林中聚会清谈,吟诗作赋。人们把前七个人称为“竹林七贤”。这七个人后来所走的政治道路不同。其中向秀与嵇康交往深厚,也曾与吕安在一起种菜浇园。嵇康和吕安被司马昭杀害后,向秀不得不离开山阳,结束了隐居生活。过了若干年,向秀途径山阳旧居,夕阳西下,凄冷萧瑟,听到不远处传来邻人悠扬的笛声,不禁“感音而叹”,写下了著名的《思旧赋》,追忆往昔,纪念已经亡去的两位好友。后用此语指名士隐居、聚会之处。举例 ① 唐·杜甫《赠王二十四侍御契四十韵》:“山阳无俗物,郑驿正留宾。”② 唐·韦应物《楼中阅清管》:“山阳遗韵在,林端横吹冷。”③ 清·钱谦益《岁暮杂怀》之五:“日暮山阳何处是?一声羌笛起渔舟。”

山阳会 shān yáng huì 见“山阳”。指志趣相投的故友聚会。举例 唐·郎士元《送张南史》:“借问山阳会,如今有几人?”

山阳泪 shān yáng lèi 见“山阳”。指怀念亡友,因伤感而流出的泪水。举例 ① 清·查(zhā)慎行《过青山吊田间先生》:“较他短笛山阳泪,三世论文感更多。”② 清·陈维崧《满路花·赠梵公》:“平山堂下,鸿爪依稀记,北邙(máng)王与宋,曾同醉。重逢(páng)瓶拂,顿下山阳泪。”

山阳笛 shān yáng dí 见“山阳”。指感旧伤怀,悼念亡友。也指凄凉哀婉的笛声。举例 ① 北周·庾信《伤王司徒褒》:“惟有山阳笛,怀余思旧篇。”② 宋·谢翱《西台恸哭诗》:“欲哭山阳笛,邻人亦不存。”③ 康有为《故山东道监察御史闻喜杨公深秀》:“挥手作死别,吾拟委沟壑(hè)。岂知痛嵇生,凄绝山阳笛。”

山阳闻笛 shān yáng wén dí 同“山阳笛”。举例 宋·张炎《壶中天·怀旧友》:“留得一方无用月,隐隐山阳闻笛。”

山阳邻笛 shān yáng lín dí 同“山阳笛”。举例 ① 清·祝洵文《夜集汤仁侯宅赠

S

王元倩》:"怀旧竹林余向秀,山阳邻笛意凄然。"② 柳亚子《誓墓行》:"恨海愁天十八九,山阳邻笛黄垆酒。"

邻笛 lín dí 同"山阳笛"。举例 清·钱谦益《徐于王挽词》之二:"秋来无限伤心处,邻笛斜阳又一次。"

吹笛 chuī dí 同"山阳笛"。举例 明·黄峨《棉搭絮》:"又听吹笛谁家,落日山阳都是愁。"

竹林会 zhú lín huì 同"山阳会"。举例 元·华幼武《送族侄扩之通州》:"时同竹林会,啸咏相周旋。"

竹林宴 zhú lín yàn 同"山阳会"。举例 唐·李白《陪侍郎叔游洞庭醉后三首》之一:"今日竹林宴,我家贤侍郎。"

竹林人 zhú lín rén 见"山阳"。原指竹林七贤,泛指志趣相投的文人。举例 唐·骆宾王《畴昔篇》:"时有桃源客,来访竹林人。"

山雨欲来风满楼 shān yǔ yù lái fēng mǎn lóu

出处 唐·许浑《咸阳城东楼》。解说 欲:将要。晚唐时,藩镇割据,国势衰落。诗人许浑在秋天的傍晚登上咸阳古城楼观赏风景,见太阳西沉,乌云翻滚,凉风阵阵,于是即兴赋诗,诗中表达了对唐王朝日益没落的忧虑。原诗有这样一句:"溪云初起日沉阁,山雨欲来风满楼。"(大意是:云霞刚刚从溪水上空升起,太阳即将在楼阁西边沉落下去,山上的大雨很快就会来临,狂风已经刮进了咸阳城楼。)后用此语比喻重大事件或战争发生之前,到处充满紧张的气氛或迹象。举例 ① 冯玉祥《我的生活》第三十一章:"'山雨欲来风满楼',这都是第二次奉直战争的前奏曲。"② 茅盾《关于〈商洛壮歌〉》:"开头两章为此后十一章之惊涛骇浪文字徐徐展开全貌,有山雨欲来风满楼之势。"

山雨欲来 shān yǔ yù lái 同"山雨欲来风满楼"。举例《大墙下的红玉兰》:"葛翎心里总有一种山雨欲来的预感。"

S

山中宰相 shān zhōng zǎi xiàng

出处《南史·陶弘景传》。解说 陶弘景是南朝齐梁时名士,曾官任将军,后隐居于句容的句曲山(即茅山,在今江苏句容),自号"华阳隐居",钻研并宣扬道教,创立茅山派。梁武帝萧衍当皇帝以前,与陶弘景是好朋友。据说梁武帝建立政权时,就是采纳陶弘景的建议确定国号为"梁"。后来,梁武帝曾多次重礼聘请陶弘景出山为官,都遭到婉拒。每当国家遇到占卜吉凶、军事征讨之类的重要事情，梁武帝便派人去咨询陶弘景的看法，一个月之中常常有几个信使频繁往来。当时人们称陶弘景为“山中宰相”。陶弘景死后，诏赠太中大夫，谥号贞白先生。后用此语比喻有满腹经略却隐居不仕的人，或虽隐退却仍参与决策的人。举例 ① 唐·陆龟蒙《和伤开元观顾道士》：“武皇徒有飘飘思，谁问山中宰相名。”② 元·孙周卿《水仙子·山居自乐》：“是山中宰相家，教儿孙自种桑麻。”

宰相在山中 zǎi xiàng zài shān zhōng 同“山中宰相”。举例 清·钱谦益《登茅山》之三：“回首南朝尘雾里，徒闻宰相在山中。”

山中相 shān zhōng xiàng 同“山中宰相”。举例 宋·苏轼《怀仁令陈德任新作占山亭二绝》之二：“故应窃比山中相，时作新诗寄白云。”

姗姗来迟 shān shān lái chí

出处《汉书·孝武李夫人传》。解说 姗姗：形容女子走路缓慢从容的样子。西汉时武帝刘彻的宠妃李夫人容貌美丽，能歌善舞，年纪轻轻就因病而死。汉武帝非常想念她。有一个名叫少翁的方士自称有招魂之术，汉武帝请他招来李夫人的鬼魂见面。一天夜里，少翁点燃灯烛，挂起帷帐，摆好酒肉、瓜果等祭品，然后念动咒语，并让汉武帝在外边等候。过了一会，汉武帝隐隐约约看见帷帐中出现一位酷似李夫人的美女，一会端坐桌旁，一会缓缓走动。汉武帝只能在远处张望，不能走近看个究竟，心中更增添了几分哀伤，于是赋诗一首，其中有这样一句：“是邪，非邪？立而望之，偏何姗姗其来迟！”（大意是：是你呢，不是你呢？我站在这里遥遥相望，你为什么迟迟不来到我身边！）后用此语形容人慢腾腾地很晚才到来。举例 ① 清·无名氏《帝城花样·小芗传》：“小兰如芙蓉女儿，明秀无匹，姗姗来迟，媚不可言。”② 黄远生《虚三级省制案之轮廓》：“蹉跎复蹉跎之省制案中，被以奇异之服色、姗姗来迟者，则所谓虚三级省制案者也。”③《李自成》第二卷十八章：“快坐下作诗！什么事竟使你姗姗来迟？”④《钟鼓楼》第六章：“薛大娘和薛师傅出于面子，也并不当众盘问薛纪徽为何姗姗来迟。”

上下其手 shàng xià qí shǒu

出处《左传·襄公二十六年》。解说 春秋时，楚国出兵侵犯郑国，由于当时楚军兵力强大，郑军势弱，郑军战败。郑军主将皇颉（jié）被楚将穿封戌活捉。战事结束后，楚康王的弟弟公子围虚报战功，说皇颉是被他俘获的，与穿封戌争执起来。两个人请太宰伯州犁评定孰是孰非。伯州犁有意偏袒公子围，命人把皇颉押来审问。伯州犁先"上其手"（把手高举起）指着公子围说："这位是王子，我国君主的弟弟。"又"下其手"（把手放下）指着穿封戌说："他是我们驻守边境的一名官员。"然后问道："你老实说，他们两个人中究竟是谁把你俘获的？"皇颉很聪明，一看伯州犁的手势就明白了话里的含意，为了保全自己，不敢有所违背，就撒谎说："微臣有幸遇到了王子的劲旅，是公子围把我俘获了。"此语原指把手抬高又放下，比喻暗中玩弄手段，串通作弊。举例 ①《金史·刑志》："是非淆乱，莫知适从，奸吏因得上下其手。"②《官场现形记》第二十四回："因此他（贾大少爷）一到工上，先把前头委的几个办料委员，抓个错，一齐撤差，统通换了自己的私人，以便上下其手。"③《李自成》第二卷三十二章："然历朝田赋积弊甚深，有财有势者上下其手，多方欺隐，逃避征赋，土田多而纳粮反少。"④ 秦牧《一九七九年的晨钟》："（某些人）搞假成绩，假产量……然后上下其手，从中取利。"

上下之手 shàng xià zhī shǒu 见"上下其手"。指暗中玩弄的手段。举例 清·蒲松龄《诈欺官司取财》："威假虎狐，肆其上下之手；眠同猫鼠，酿为表里之奸。"

蛇吞象 shé tūn xiàng

出处《山海经·海内南经》："巴蛇食象，三岁而出其骨。"解说 巴蛇：古代传说中一种巨蛇，长得头大口大，能吞进一头大象，三年之后才把象骨头吐出来。后用此语比喻人贪婪过甚。举例 ① 元·刘致《端正好·上高监司》套曲："则这二攒（cuán）司过似蛇吞象，再差十大户犹如插翅虎。"② 明·罗洪先《罗状元醒世诗》之九："人心不足蛇吞象，世事临头螂扑蝉。"③ 卢前《庆东原·送徐月祥兵监返湘时长沙告急》："他若是打长沙，恰便似蛇吞象。"

吞象 tūn xiàng 同"蛇吞象"。举例 元·刘致《端正好·上高监司》套曲："吞象心肠，歹伎俩，谷中添粃屑，米内插粗糠。"

S

舍我其谁 shě wǒ qí shuí

出处《孟子·公孙丑下》："五百年必有王者兴，其间必有名世者。由周而来，七百有余岁矣，以其数，则过矣，以其时考之，则可矣。夫天未欲平治天下也，如欲平治天下，当今之世，舍我其谁也？"解说 舍：舍弃；除去。原文是孟子对弟子充虞说的一段话，表达了他对各诸侯国连年征战、社会动荡的忧虑，以及自己救世济民的远大抱负。大意是：从古到今每隔五百年必定会有一位圣君兴起，这期间还有闻名于世的人才出现。从周朝开国以来到现在已有七百多年了，论年数，早已超过多年，论形势，现在正是应该出现圣君贤臣的时候。唉，是老天不想让天下太平，如果想让天下太平，在当今这个时代里，除了我，还有谁能够做到呢？后用此语形容人自视使命在身，或自负其能，目中无人。举例 ①《东周列国志》第七十九回："（夫差）乃先趋见子胥（xū）曰：'我嫡孙也，欲立太子，舍我其谁！此在相国一言耳。'"②《李自成》第一卷十一章："由于这一措施的成功和在军事上的连续胜利，使他（孙传庭）变得十分自负和骄傲，常有'剿平流寇，舍我其谁'的想法。"③ 杨马林《长江王——林一山》："林一山笑了笑：'当然有把握，理由有四条：一、毛主席、周恩来对我很信任；二、我的官比他们大；三、长江的事情我比他们懂；四、我有"长办"这支很强的技术队伍。'一幅'舍我其谁'的大将风度。"

舍我复谁 shě wǒ fù shuí 同"舍我其谁"。举例 金·段克己《临江仙·幽怀》："皇天如欲治，舍我复谁耶？"

身在曹营心在汉 shēn zài cáo yíng xīn zài hàn

出处《三国演义》第二十五至第二十七回。解说 曹：指汉丞相曹操。汉：指汉皇叔刘备，他是汉朝远支皇族。东汉末年，天下大乱。关羽、张飞追随刘备起兵，三人曾在桃园结拜为兄弟。一次战斗中，关羽与刘备失散后，被曹操挽留在营中。曹操十分器重关羽，"封侯赐爵，三日一小宴，五日一大宴，上马一提金，下马一提银"（提：量词，用于重量或容积，无确定的数量），热情款待，企图收为己用。但关羽是忠义之人，心里不为所动，一直想念兄长刘备。当得知刘备下落后，便挂印封金，不辞而别，过五关斩六将，回到刘备身边。此语原指关羽虽然身处曹操营中，但心里一直想为刘备效力，忠于旧主。比喻坚守节操，忠贞不贰，或人在敌对双方的某一方，心却向往着对方。举例 ①《战斗的青春》第八章："那伪军发誓说：'我身在曹营心在汉。我家里也有妻子老小，我要说瞎话，一家子都不得好死！'"②《秦川儿女》第一部二章："身在曹营心在汉，他就是上马金，下马银，也别想把我买动。"③《长城烟尘》："他，赵兴亚并不是真的当了汉奸，实际情况是身在曹营心在汉。"

人在曹营心在汉 rén zài cáo yíng xīn zài hàn 同"身在曹营心在汉"。举例《平原枪声》三十一："'队长，我可是人在曹营心在汉啊。'王秃子慌忙解释说，'你看，连这一次我一共给你们送了一百条枪了。'"

参商 shēn shāng

出处《左传·昭公元年》。解说 参、商：指参星与商星。参星于酉时（下午五时至七时)出现在西方,商星于卯时(上午五时至七时)出现在东方,这两颗星出现的时间不同,一个在西,一个在东,此出彼没,两不相见。古代神话传说,这两颗星是上古帝王高辛氏即帝喾(kù)的两个儿子所化,大儿子叫阏(yān)伯,小儿子叫实沈。兄弟不和,经常互相攻伐。帝喾为此而动怒,让阏伯迁居到东方的商丘,让实沈迁居到西方的大夏,从此远隔,无法再争斗。后用此语比喻彼此对立或不和。也比喻亲友分离,不能见面。举例 ① 南朝梁·吴均《闺怨》:"相去三千里,参商书信难。"② 唐·陈子昂《为义兴公求拜扫表》:"兄弟无故,并为参商。"③ 唐·杜甫《赠卫八处士》:"人生不相见,动如参与商。"④《天雨花》第十八回:"父子参商非吉兆,家和万事自然兴。"⑤ 鲁迅《书信集·致林语堂》:"因环境之异,而思想感觉,遂彼此不同……故必参商到底,无可如何。"

深藏若虚 shēn cáng ruò xū

出处《史记·老庄申韩列传》。解说 若:如同。虚:无;没有。老子和孔子都是春秋时期的思想家,孔子到周朝的都城游历时,曾登门向老子请教关于"礼"的问题。老子说:"吾闻之,良贾深藏若虚,君子盛德,容貌若愚。"(大意是:我听说,善于做买卖的商人总是把贵重的货物深藏起来,不让人看见;道德高尚的君子,看上去往往像很愚笨的样子。)老子的意思是告诫孔子,要注意去除骄气与欲望,因为这些东西对人没有什么好处。此语原指把宝贵的东西严密地藏起来,好像没有这东西一样。比喻人有真才实学,但十分谦虚,不愿意在别人面前表露出来。举例 ① 钱锺书《谈艺录》三:"(王)静安博极群书,自少至老,所作不为海日楼之艰僻,勿同程春海以来所谓学人之诗者,得不谓为深藏若虚也哉!"②《翰海雄风》第五十五回:"大智若愚,深藏若虚。少年人能够如此谦逊,难得难得。"

深造 shēn zào

出处《孟子·离娄下》。解说 造:培养;使有成就。孟子是战国时期著名教育家,他在给弟子们讲治学之道时说:"君子深造之以道,欲其自得之也。自得之,则居之安;居之安,则资之深;资之深,则取之左右逢其原,故君子欲其自得之也。"(逢:遇到。原:同"源",水源,源头。大意是:有修养的人能使自己的学问达到精深的造诣,是因为掌握了正确的学习方法,并能持之以恒地追求既定目标。追求而有所收获,日积月累,便能学养深厚,取之不尽,触类旁通,就像随处都可以找到充足的水源一样。所以有修养的人应持之以恒地不断追求。)此语原指深入学习和研究而达到很高的境界,泛指进一步学习和钻研,使达到精深的程度。举例 ① 清·黄景仁《将为北行留赠沈枫墀(chí)》:"重来益深造,衔华实为佩。"② 邹韬奋《经历·初出茅庐》:"当我筹备结婚的时候,他也离开了纱布交易所,正在打算赴美再求深造。"

资深 zī shēn 见"深造"。原形容蓄积深厚,后形容人的资格老,资历深,阅历广,经验丰富。举例 ① 宋·叶梦得《石林燕语》卷九:"但选材堪此选,资深者入三院,资浅者为里行。"② 明·李东阳《邃(suì)庵解》:"彼居安以资深,亦引伸而触类者也。"③《醒世姻缘传》第八十三回:"他守制的时候,正是守选点卯之时,点到起复,倒成个资深年久,头一个便该选他。"

左右逢原 zuǒ yòu féng yuán 见"深造"。比喻做事得心应手,非常顺利。举例 ① 宋·朱熹《朱子语类》卷一三九:"前辈作文者,古人有名文字皆模拟作一篇,故后有作时,左右逢原。"② 严复《救亡决论》:"其所验也贵多,故博大;其收效也必恒,故悠久;其究极也,必道通为一,左右逢原,故高明。"

左右逢源 zuǒ yòu féng yuán 同"左右逢原"。举例 ① 清·赵翼《瓯(ōu)北诗话·苏东坡诗》:"自非博极群书,足供驱使,岂能左右逢源若是! 想见坡公读书,真有过目不忘之资,安得不叹为天人也。"②《四世同堂》三十四:"渐渐的,他已能够一想起其中的任何一件事,就马上左右逢源地找到与它有关的情节来。"③ 郭沫若《十批判书·后记》:"接连几天,翻来覆去地把《吕氏》读了好几遍,我的一贯方法是先就原书加以各种注意的标识,再备一个抄本把它们分类摘录下来,这样下笔的时候,便可以左右逢源了。"

神工 shén gōng

出处《庄子·达生》:"梓(zǐ)庆削木为鐻(jù),鐻成,见者惊犹鬼神。"解说 鐻:同"虡",古代用来悬挂钟鼓的架子。原文大意是:传说古时候有一个名叫梓庆的匠人,他用木头制成了一个悬挂钟鼓的架子,由于构造独特,看到的人都很惊奇,认为不是人工所做,只有鬼神才能造得出来。后用此语形容制作、建筑、雕塑等技艺极其精巧、高超,简直不是人力所能达到的。举例《南史·谢惠连传》:"此语有神工,非吾语也。"

S

鬼斧 guǐ fǔ 同"神工"。举例 元·吴莱《大食瓶》:"晶荧龙宫献,错落鬼斧镌。"

鬼斧神工 guǐ fǔ shén gōng 同"神工"。举例 ① 清·屈大均《端州访砚歌和诸公》:"年来岩底采无余,鬼斧神工多得髓。"② 梁实秋《雅舍小品·吸烟》:"有的山水画是从透明的壶里画的,这是鬼斧神工,不知是如何下笔的。"③ 郭沫若《豫秦晋纪游二十九首》:"鬼斧神工天作险,人工民斧险为夷。三门峡上英雄汗,动地惊天大史诗。”

神工鬼斧 shén gōng guǐ fǔ 同“神工”。举例 ① 清·袁枚《随园诗话》卷六：“二树画梅，题七古一篇，叠‘须’字韵八十余首者，神工鬼斧，愈出愈奇。”②《黑蝴蝶·黑蝴蝶》十三：“面对这大自然的神工鬼斧，他俩目瞪口呆了半天。”

神交 shén jiāo

出处《三国志·吴志·诸葛瑾传》。解说 诸葛瑾是三国时人，字子瑜，是诸葛亮的长兄。兄弟俩各为其主。诸葛亮是蜀汉的丞相。诸葛瑾在东吴官任绥南将军、南郡太守，后升迁为大将军。关羽死后，刘备为其报仇而兴兵攻打东吴，孙权打算求和。诸葛瑾写信给刘备，劝他罢兵，不要搞得蜀、吴两败俱伤而使魏国坐收渔利。由于诸葛瑾与诸葛亮为亲属关系，有人在孙权面前诬告诸葛瑾给刘备写信是通敌。孙权信赖和倚重诸葛瑾，不相信地说：“孤与子瑜，可谓神交，非外言所间(jiàn)也。”(大意是：我与诸葛瑾之间心灵相通，为莫逆之交，绝不是其他人的流言蜚语所能离间得了的。)此语原指精神上的交往，后指心意投合、相知很深，或彼此慕名而没有见过面，但精神相通，不知不觉把对方当作朋友。举例 ① 南朝梁·江淹《伤友人赋》：“余幼好于斯人，乃神交于一顾。”② 明·徐复祚(zuò)《投梭记·哭友》：“神交忆昔许相同，死别生离一梦中。”③《儒林外史》第十七回：“可惜有位牛布衣先生只是神交，不曾会面。”④《追求》五：“金博士……说是‘神交已久’，他接着便称赞仲昭的新闻眼光是合于他们社会心理学家的理论的。”

神龙见首 shén lóng xiàn shǒu

出处 清·赵执信《谈龙录》：“诗如神龙，见其首不见其尾，或云中露一爪一鳞而已，安得全体？”解说 见：同“现”。原文大意是：古人认为诗贵于含蓄，如神龙在云中，见其首而不见尾，或只露出一片半片的鳞甲，让人看不到它的全貌。后用此语比喻诗文跌宕多姿。参见 693 页“一鳞半甲”，509 页“人中龙”。举例 清·王韬《〈续选八家文〉序》：“扬葩吐藻，濯(zhuó)魄流芬，天马行空，神龙见首，此朝宗之文也。”☞“神龙见首”的“见”不读 jiàn。

神龙见首不见尾 shén lóng xiàn shǒu bù xiàn wěi 见“神龙见首”。比喻行踪神秘。举例 ① 清·黄宗羲《黎眉郭公传》：“朝廷物色之不可得，后有见于蜀中者，神龙见首不见尾，若公者，焉知其不犹在耶？”②《劫后拾遗》一：“史柏坚到印度履新去了，刘美美也神龙见首不见尾，从此报纸上少了吸引人的新闻。”

神州陆沉 shén zhōu lù chén

出处《晋书·王衍传》,又见《世说新语·轻诋》。解说 神州:指中原地区。陆沉:陆地下陷而沉没,比喻国土沦丧。东晋元帝司马睿在江南建立政权,朝中众多大臣希望收复中原失地,然而一直未能实现。大臣桓(huán)温率军北上征伐时,曾在长江中的大楼船上向北眺望中原大地,并感慨地说:"遂使神州陆沉,百年丘墟,王夷甫诸人不得不任其责。"(王夷甫:即王衍。大意是:中原沦丧,国土沉沦,百年基业化为一片荒丘废墟,身居宰辅之位的王衍等人对此不能不承担责任啊!)后用此语比喻国土因战祸而沦陷于敌人之手。参见 422 页"宁馨儿",372 页"陆沉"。举例 ① 宋·文天祥《贺赵侍郎月山启》:"慨然有神州陆沉之叹,发而为中流击楫(jí)之歌。"② 小横香室主人《清朝野史大观·原拳匪之乱》:"以区区康有为、大阿哥之故,几使神州陆沉,而爱新觉罗之祀,亦不二十稔(rěn)而斩,是可为太息者也。"

神州沉陆 shén zhōu chén lù 同"神州陆沉"。举例 宋·辛弃疾《水龙吟·为韩南涧尚书寿》:"夷甫诸人,神州沉陆,几曾回首?"

沈约瘦 shěn yuē shòu

出处《梁书·沈约传》。解说 沈约是南朝时人,历经宋、齐、梁三代,曾官任东阳太守、尚书令,为著名文学家,晚年郁郁不得志。他在给好友徐勉写的信中诉苦说,自己年老多病,身体日渐消瘦,腰围变细,两三个月之内,腰带向里移动了好几个孔儿,用手握一下胳臂,也觉得细了不少,恐怕支撑不了多久了。后用此语泛指愁苦多病,身体消瘦。举例 唐·李商隐《自桂林奉使江陵途中感怀寄献尚书》:"张衡愁浩浩,沈约瘦愔愔。"

沈腰瘦 shěn yāo shòu 同"沈约瘦"。举例 宋·范成大《次韵虞子建见咍(hāi)赎带作醮(jiào)》:"莫嫌憔悴沈腰瘦,且喜间关秦璧归。"

沈腰潘鬓 shěn yāo pān bìn 见"沈腰""潘鬓"。泛指男子又瘦又老。举例 五代·李煜(yù)《破阵子·四十年来》:"玉楼琼枝作烟萝,几曾识干戈?一旦归为臣虏,沈腰潘鬓消磨。"

沈腰 shěn yāo 同"沈约瘦"。举例 清·蒋春霖《琵琶仙》:"寒未减,东风又急,问谁管沈腰愁削?"

衣带渐宽 yī dài jiàn kuān 同"沈约瘦"。举例 宋·柳永《凤栖梧》:"衣带渐宽终不悔,为伊消得人憔悴。"

带减腰围 dài jiǎn yāo wéi 同“沈约瘦”。举例 宋·谢无逸《清平乐》:“不觉肌肤瘦玉,但知带减腰围。”

带眼移 dài yǎn yí 同“沈约瘦”。举例 宋·陆游《新凉书怀》:“乌帽围宽带眼移,闭门惯忍日长饥。”

移带眼 yí dài yǎn 同“带眼移”。举例 宋·杨亿《小园秋夕》:“已是秋来移带眼,可堪玄鬓有霜华。”

甚嚣尘上 shèn xiāo chén shàng

出处《左传·成公十六年》:“甚嚣,且尘上矣。”解说 甚:很。嚣:喧闹,人声喧嚷。尘上:尘土飞扬。春秋时,楚、晋两国有一次在鄢(yān)陵(在今河南许昌东部)交战。大战开始前,楚共王亲自与太宰伯州犁登上军中的瞭望车观察晋军动向。看到晋军将领集中在一起商议作战方略,祷告祖先,随后填塞井口,铲平灶头,一时人喊马嘶,尘土飞扬。原文是伯州犁对楚共公说的话,大意是:晋军营垒内一片喧闹之声,尘土满天。不久,晋军开始发动进攻。此语原形容军营中做战前准备工作时,人声喧哗的忙碌场面。后形容消息的盛传而导致人们议论纷纷,或非正义的言论气势嚣张。举例 ① 梁启超《为国会期限问题敬告国人》:“数年以前,我国学生虽复甚嚣尘上,而捧一腔热诚为政治上之活动者,尚大有人。风尚所蒸,举国犹含朝气,今则何其惫也。”② 毛泽东《新民主主义论》:“近来的妥协空气,反共声浪,忽又甚嚣尘上,又把全国人民打入闷葫芦里了。”③ 茅盾《杂感二题·又一副嘴脸》:“其他所有甚嚣尘上的‘主观愿望’的议论……无补于中国人的斗争。”

甚嚣 shèn xiāo 同“甚嚣尘上”。举例 清·曾国藩《槐阴书屋图记》:“若处京师浩穰(ráng)之中,视听旁午,甚嚣而已矣,尚何精诣之有哉?”

升堂入室 shēng táng rù shì

S

出处《论语·先进》。解说 升:登上。堂:厅堂,古代宫室的前屋。室:内室,古代宫室的后屋。子路姓仲,名由,是春秋末年鲁国人,孔子的弟子。孔子曾评价子路说:“由也升堂矣,未入于室也。”孔子以宫室的堂和室作比喻,大意是:子路的学养程度好比已经登上厅堂,尚未进入内室,学习虽有成就,但还不够精深。此语原指登上厅堂,进入内室,比喻学识、技艺等由浅入深,循序渐进,逐步达到很高的成就或得到老师的正统嫡传。举例 ①《三国志·魏志·管宁传》:“娱心黄老,游志六艺,升堂入室,究其阃(kǔn)奥。”② 孙中山《知难行易》第三章:“由文法而进窥古人之文章,则升堂入室,有如反掌。"③ 陈宏天《打开知识宝库的钥匙——书目》:"书目的用途很多,它是能够帮助人们打开各种知识宝库大门的钥匙。但是,进入大门并不等于升堂入室,要想真正获得各种知识,还必须付出辛勤的劳动。"

入室升堂 rù shì shēng táng 同"升堂入室"。举例 ①《孔子家语·弟子行》:"(孔子弟子)盖入室升堂者七十有余人,其孰为贤?"②《南史·任昉(fǎng)传》:"自傅季友以来,始复见于任子。若孔门是用,其入室升堂。"

登堂入室 dēng táng rù shì 同"升堂入室"。举例 ① 明·吕坤《朱国桢去伪斋集序》:"登堂入室,凑泊古儒先之辙,吁! 大矣,久矣。"② 清·李渔《闲情偶寄·声容·习技》:"乘其爱看之时,急觅传奇之有情节、小说之无破绽者,听其翻阅,则书非书也,不怒不威而引人登堂入室之明师也。"③《花城》1981 年第 3 期:"深深埋在地下的油层是看不见摸不清的,邵元良决心登堂入室,把油层在注水后的变化规律摸清,从中探求出一条增产原油的新路子。"

升堂 shēng táng 同"升堂入室"。举例 郭沫若《我的童年》第一篇:"不知道是我学舌学得太不像,还是我大哥仅学了半年的日本话还没有升堂,那样的一句话完全没有打响。"

入室 rù shì 同"升堂入室"。举例 ① 唐·杜甫《丹青引赠曹将军霸》:"弟子韩幹(gàn)早入室,亦能画马穷殊相。"② 康有为《在桂林得佳石示桂中学者》:"会见降岳出豪隽(jùn),峨峨入室光炎天。"

入室弟子 rù shì dì zǐ 见"升堂入室"。指能得到师传,学问或技艺有精深造诣的人。参见 581 页"私淑弟子"。举例 ① 宋·张君房《云笈七签》卷七十四:"吾昔有入室弟子,仙人赵成子者。"② 汤用彤《汉魏两晋南北朝佛教史》第十八章:"罗云、法安,史载其各有入室弟子十人。"

生灵涂炭 shēng líng tú tàn

S

出处《晋书·苻(fú)丕载记》。解说 生灵:指百姓。涂:泥沼;烂泥。炭:炭火。十六国时,后燕、后秦联合攻打前秦,前秦国都长安被困,秦王苻坚被后秦军队活捉后杀死。前秦幽州刺史王永拥立苻坚的儿子苻丕在晋阳即位,王永被封为左丞相。第二年,王永联合前秦各地的武装力量讨伐后秦和后燕。王永写的征讨檄文中有这样一句:"先帝晏驾贼庭,京师鞠为戎穴,神州萧条,生灵涂炭。"(大意是:先帝苻坚死在贼人的朝廷,京都长安成为敌人的巢穴,天下凋零衰败,老百姓如同生活在泥沼和炭火之中,十分痛苦。)后用此语形容人民处于极端困苦的境地。举例 ①《三国演义》第一〇〇回:"如省心改过,宜即早回,各守疆界,以成鼎足之势,免致生灵涂炭,汝等皆得全生。”②《六十年的变迁》第六章：“袁宫保派兄弟来的使命，是想劝都督化干戈为玉帛，免得生灵涂炭。”③《柳暗花明》：“战争激烈，但和平尚未绝望，准备于不屈辱的原则下，求得谅解，免致生灵涂炭。”

生民涂炭 shēng mín tú tàn 同“生灵涂炭”。举例 ① 元·张可久《卖花声·怀古二首》之二：“美人自刎乌江岸，战火曾烧赤壁山，将军空老玉门关。伤心秦汉，生民涂炭。读书人一声长叹。”②《说岳全传》第四十五回：“金兵入寇，连年征战，生民涂炭，将士劳心。”③ 梁启超《意大利建国三杰传》第十三节：“我国民比年以来，暴动又暴动……徒使生民涂炭，百务荒凉。”

生吞活剥 shēng tūn huó bō

出处 唐·刘肃《大唐新语·谐谑》。解说 唐朝初年，枣强县（在今河北冀县一带）有个县尉名叫张怀庆，他喜欢模仿著名文人的文章。当朝大臣李义府写了一首名为《白燕》的五言诗：“镂月成歌扇，裁云作舞衣；自怜回雪影，好取洛川归。”张怀庆将这首诗每句的前头加上两个字，变成一首文理不通的七言诗：“生情镂月成歌扇，出意裁云作舞衣；照镜自怜回雪影，时来好取洛川归。”人们读了这首诗，无不哗然大笑。有人讥讽张怀庆这种模仿手段是：“活剥王昌龄，生吞郭正一。”（王昌龄、郭正一都是当时的著名文人。）后用此语比喻剽窃、照抄别人现成的词句、理论、经验等，不能融会贯通。举例 ① 清·黄宗羲《寿李杲（gǎo）堂五十序》：“始知今天下另有一番为古文词者，聚敛拆洗，生吞活剥，大言以为利禄之媒。”② 毛泽东《新民主主义论》：“一切外国的东西，如同我们对食物一样，必须经过自己的口腔咀嚼和胃肠运动，送进唾液胃液肠液，把它分解为精华和糟粕两部分，然后排泄其糟粕，吸收其精华，才能对我们的身体有益，决不能生吞活剥地毫无批判地吸收。”③ 路遥《早晨从中午开始》七：“如果一味地模仿别人，崇尚别人，轻视甚至藐视自己民族伟大深厚的历史文化，这种生吞活剥的‘引进’注定没有前途。”

S

活剥生吞 huó bō shēng tūn 同“生吞活剥”。举例 清·王士禛《五代诗话·江为》：“所云一字之师，与活剥生吞者有别也。”

生吞 shēng tūn 同“生吞活剥”。举例 鲁迅《集外集·〈奔流〉编校后记二》：“可惜有些‘艺术家’，先前生吞‘琵亚词侣’，活剥‘蕗谷虹儿’，今年突变为‘革命艺术家’，早又顺手将其中的几个作家撕碎了。”

活剥 huó bō 同“生吞活剥”。举例 鲁迅《坟·摩罗诗力说》：“德、法二国之外形，亦非吾邦所可活剥。”

声名狼籍 shēng míng láng jí

出处《史记·蒙恬列传》："此四君者，皆为大失，而天下非之，以其君为不明，以是籍于诸侯。"唐·司马贞索隐："言其恶声狼籍，布于诸国。"解说 狼籍：又作"狼藉"，乱七八糟；杂乱不堪。四君：四位君主，指秦穆公、秦昭襄王、楚平王和吴王夫差。蒙恬是秦代名将，曾率领三十万大军北上抗击匈奴，并修筑长城。他的祖父蒙骜(ào)、父亲及兄弟都为秦朝立下赫赫战功。秦始皇死后，秦二世胡亥继位，重用奸臣赵高，逼迫蒙恬和他的兄弟蒙毅自杀。原文是蒙毅临死时说的话，大意是：从前秦穆公杀死了奄息、仲行、针虎三个忠臣，秦昭襄王杀死了白起，楚平王杀死了伍奢，吴王夫差杀死了伍子胥(xū)。这四位国君，都是因杀害了对他们忠心耿耿的良将或大臣，铸下大错，致使罪恶的名声遍布各诸侯国，遭到天下人的非议。蒙毅之所以说这番话，是希望胡亥能够引以为戒，不要滥杀忠良。后用此语形容声誉名望败坏到了极点，不可收拾。举例 清·宣鼎《夜雨秋灯录·珊珊》："邑之仕宦眷属，闻之咸不平，声名益狼籍。"

声名狼藉 shēng míng láng jí 同"声名狼籍"。举例 ①《廿载繁华梦》第三十三回："因汪太史平日声名狼藉，最不见重于官场，日前新督帅参劾劣绅十七名，实以汪某居首。"②《清史稿·尹壮图传》："各督抚声名狼藉，吏治废弛。"③《冬天里的春天》第四章："在她前面三个声名狼藉的姐姐，嫁的嫁了，跑的跑了，私奔的下落都不明了，对她，怎么会有良好的影响呢？"☞"声名狼藉"的"藉"，不简化作"借"。

盛名之下，其实难副 shèng míng zhī xià，qí shí nán fù

出处 汉·李固《遗黄琼书》。解说 盛：大。副：相称；符合。东汉顺帝时，江夏安陆(今湖北云梦)有一个读书人叫黄琼，出身书香门第，其父曾任太子舍人。由于黄琼很有才华，朝廷多次召他入朝做官，他都托病不去。太傅李固仰慕黄琼的才干，写信鼓励他进京为国效力。信中说：有史以来，社会就是纷乱芜杂，需要治理的。不能希望历代君主都像上古帝王尧、舜一样圣贤再出来为官，否则就会使许多仁人志士一辈子没有建功立业的机会。常言道："阳春之曲，和者必寡；盛名之下，其实难副。"说的就是声名太盛的人，其实际也未必如此啊。黄琼为官后政绩卓著，历任尚书令、司空、司徒、太尉等职。后用此语形容名声常常可能大于实际的才德，或名声与实际不相符。常用于自谦。举例《李自成》第二卷四十七章："可是闯王知兄虚名，推诚相待，献策等又过为吹嘘。古人云：'盛名之下，其实难副。'"

S

盛名难副 shèng míng nán fù 同"盛名之下，其实难副"。举例 太平天国·洪仁玕《英杰归真》："至明太祖立武学，用武举，其秀才等名与文士同，尤觉盛名难副焉。"

失旦鸡 shī dàn jī

出处《三国志·吴志·周瑜传》。解说 周胤是三国时吴国大将军周瑜之子，偶然犯了罪。大臣诸葛瑾等向国君孙权上疏，请求赦免周胤的罪行，"还兵复爵，使失旦之鸡，复得一鸣；抱罪之臣，展其后效。"（大意是：让他重领兵权，恢复爵位，使耽误了报晓的公鸡能有机会打鸣；使有罪的臣子改过自新，施展才能，报效国家。）后用此语指人偶尔失职或丧失时机。举例 宋·陆游《村居》之二："自笑触藩羝（dī），人嘲失旦鸡。"

失旦 shī dàn 同"失旦鸡"。举例 ① 宋·陆游《早秋》之四："懒似老鸡频失旦，衰似蠹叶早知秋。"② 清·顾炎武《拟唐人五言·祖豫州闻鸡》："失旦何年补，先鸣意独难。"

失之东隅，收之桑榆 shī zhī dōng yú，shōu zhī sāng yú

出处《后汉书·冯异传》。解说 东隅：东方太阳初升之处，指早晨，比喻初始。桑榆：太阳西下，影落树端，指黄昏，比喻最终。东汉光武帝刘秀曾派大将冯异率军西征赤眉军。冯异军在回谿（xī）初战失利，后采用内外夹攻之计，在黾（miǎn）池（同"渑池"）一带的崤（xiáo）底大破赤眉军。汉光武帝下诏书慰劳、表扬冯异等人的战功时说："赤眉破平，士吏劳苦，始虽垂翅回谿，终能奋翼黾池，可谓失之东隅，收之桑榆。方论功赏，以答大勋。"（大意是：赤眉军被平定，将士们辛苦了！最初虽在回谿暂时失利，但最终能在渑池获得决定性的胜利。可谓在此先有所失，后在彼终有所得。应当论功行赏，以表彰你们的大功。）后用此语比喻在此时或某一方面失败，但在晚些时候或另一方面却获得了成功。参见 537 页"桑榆"。举例 ①《冷眼观》第二十回："谁知那个旗婆，犹自贼心未死，竟想'失之东隅，收之桑榆'，胆敢又到孝感县境一个大字号店里去，仍照这么一做，这回他却是恶贯满盈，自寻败露了。"②《李自成》第二卷十九章："谷城之变，朕还是不肯治他的罪，仍望他'失之东隅，收之桑榆'，没想到因循至今，三月有余，军事尚无转机，深负朕望！"③ 孙犁《书信》："这些信，训练了我久已放下的笔，使我后来能够写文章时，手和脑并没有完全生疏、迟钝。这也可以说是失之东隅，收之桑榆吧。"④ 许宗斌《汤显祖在遂昌》："高质量的生总有很强的自我调节能力，'失之东隅，收之桑榆'，退一步，便觉天高地阔。"

S

收之桑榆 shōu zhī sāng yú 同“失之东隅，收之桑榆”。举例 鲁迅《华盖集·后记》：“这对于我是很不好的，所以赶紧订正于此，庶几‘收之桑榆’，云。”

师出有名 shī chū yǒu míng

出处《礼记·檀弓下》：“师必有名。”解说 师：军队。此语原指出兵必有正当的名义。也比喻做事必须有充足的理由。参见81页“兵出无名”。举例 ① 明·朱鼎《玉镜台记·闻鸡起舞》：“庶几义声昭彰，理直气壮，师出有名，大功可就矣。”②《洪秀全演义》第二十一回：“因此派人到各府州县，分头演说，果然人心日进，皆知天王师出有名，多为从服。”③ 鲁迅《呐喊·兔和猫》：“况且黑猫害了小兔，我更是‘师出有名’的了。”④《林海雪原》第十三回：“这会儿我们突然转回去再搜，来他个措手不及，而且是师出有名哩。”

湿尽青衫 shī jìn qīng shān

出处 唐·白居易《琵琶行》。解说 青衫：黑色的单衣，指唐代一种官服。唐宪宗时，白居易因上书抨击时弊，触犯了当朝某些权贵的利益，被贬官为江州（今江西九江）司马。有一次，白居易到浔阳江边送客人乘船远行，听到船上有女子在弹奏琵琶。这位女子原是京都长安的乐伎，曾受学于名师，弹奏技艺很高，后来嫁给一个商人，又遭遗弃，流落到此。她弹唱起自己的身世，叙述年少时的欢乐，而今四处漂泊流浪，境遇凄惨。白居易听了，联想起自己官场失意，被贬职外放的坎坷经历，同病相怜，不禁落下伤感的泪水，把衣衫都沾湿了。白居易作《琵琶行》记述此事，诗中有这样的句子：“凄凄不似向前声，满座重闻皆掩泣。座中泣下谁最多，江州司马青衫湿。”后用此语形容极度伤感或洒泪多情。举例 宋·刘辰翁《莺啼序》：“相逢司马风流，湿尽青衫，欲归无路。”

青衫 qīng shān 同“湿尽青衫”。举例 宋·司马光《锦堂春》：“席上青衫湿透，算感旧、何止琵琶。”

青衫泪 qīng shān lèi 同“湿尽青衫”。举例 ① 金·吴激《人月圆·宴张侍御家有感》：“江州司马，青衫泪湿，同是天涯。”② 清·丘逢甲《席上作》：“相逢欲洒青衫泪，已割蓬莱十四年。”

司马青衫 sī mǎ qīng shān 同“湿尽青衫”。举例 元·王实甫《西厢记》第四本三折：“淋漓襟袖啼红泪，比司马青衫更湿。”

司马多情 sī mǎ duō qíng 同“湿尽青衫”。举例 宋·辛弃疾《满江红·赣州席上呈太守陈季陵侍郎》："笑江州、司马多情，青衫湿。"

十年磨剑 shí nián mó jiàn

出处 唐·贾岛《剑客》："十年磨一剑，霜刃未曾试。今日把似君，谁为不平事？" 解说 此语原指用十年的时间磨成一把宝剑，后比喻长期（多年）刻苦磨炼。举例 清·朱彝尊《解珮令·自题词集》："十年磨剑，五陵结客，把平生涕泪都飘尽。"

十年磨一剑 shí nián mó yī jiàn 同"十年磨剑"。举例 田汉《〈白蛇传〉序》："古人说：'十年磨一剑。'我写这个戏是在对日抗战后期的桂林，倘使把它比作一口剑，我可算磨了它十二三年了。"

十年铸一剑 shí nián zhù yī jiàn 同"十年磨剑"。举例《瞭望》1993 年第三期："十年铸一剑。一代又一代火箭官兵在爱的原野上竭诚奉献，终于托起了巨龙腾飞的翅膀。"

十年树木，百年树人 shí nián shù mù，bǎi nián shù rén

出处《管子·权修》："一年之计，莫如树谷；十年之计，莫如树木；终身之计，莫如树人。" 解说 树：培植；种植。木：树木。原文大意是：做一年的筹划，最好种谷子；做十年的筹划，最好种树；做一辈子的筹划，最好培养人才。因为种谷子，一年就可以有收获；种树，十年后才能够受益；培养人才，却能永久得到好处。后用此语指培养人才不易，需作长远打算，付出相当大的努力。举例 ① 清·梁章钜《楹联丛话·廨（xiè）宇》："实学斋集句云：'刚日读经，柔日读史；十年树木，百年树人。'"② 毛泽东《做革命的促进派》："中国有句古话：'十年树木，百年树人。'……十年树木是不对的，在南方要二十五年，在北方要更多的时间。"③ 凌淑华《记我所知道的槟城》："战后因树胶市情好转，金融有了起色，他们就集中在捐资兴学，这种慷慨输将，其实是最明智之举。'十年树木，百年树人'，他们从此可以重见槟城光明的未来了。世上还有什么比希望更可贵的吗？"

S

百年树人 bǎi nián shù rén 同"十年树木，百年树人"。举例 曹靖华《叹往昔，独木桥头徘徊无终期》："'百年树人'，只有党才能这样打算……替后人设想。"

石破天惊 shí pò tiān jīng

出处 唐·李贺《李凭箜篌引》。解说 箜篌：古代一种拨弦乐器。唐代诗人李贺欣赏了著名艺人李凭演奏的箜篌之后，写诗盛赞他的演奏技艺高超，乐声优美动人。诗中有这样一句："女娲炼石补天处，石破天惊逗秋雨。"（大意是：忽而高亢，忽而低沉的乐声飞上女娲炼石修补过的高空，惊落了那里的五彩石，引得秋雨绵绵不停。）此语原形容箜篌的乐音高亢激越，有山崩石裂、惊天动地之势，后比喻文章、议论等新奇惊人，或事出意外，令人震惊。举例 ① 清·吴伟业《夜游虎丘·试剑石》："石破天惊出匣时，中宵气共斗牛期。"② 清·赵翼《瓯（ōu）北诗话·高青邱诗》："惟青邱适得诗境中恰好地步，固不必石破天惊以奇杰取胜也。"③《孽海花》第十一回："尚秋听罢咋舌道：'真是石破天惊的怪论！'"④《宦海》第十九回："陈继泰被他们这样的一来，好似那雷霆乍震，石破天惊，只吓得个肺腑皆崩，神魂出窍。"

天惊石破 tiān jīng shí pò 同"石破天惊"。举例 ①《冷眼观》第二十三回："瞎先生仍是那怕你天惊石破，怎当他酣睡如雷的一丝儿不应。"② 李大钊《警告全国父老书》："今以奥储一滴之血，塞人一弹之光，霹雳一声，天惊石破。"

识韩荆州 shí hán jīng zhōu

出处 唐·李白《与韩荆州书》。解说 唐代玄宗时，韩朝宗任荆州大都督府长史。他学识渊博，勤政爱民，奖掖后进，政绩卓著，人们尊称"韩荆州"。诗人李白早年敬仰韩荆州，想通过他的举荐来实现自己的远大抱负，于是给他写了一封自荐信。信的开头说："生不用封万户侯，但愿一识韩荆州。"还说，只要得到韩荆州的提携，"一登龙门，则声价十倍"。（声价：声望和社会地位。）此语原指结识韩荆州，后常用作与所仰慕的人初次见面或结识的敬辞。举例 宋·苏轼《送张嘉州》："少年不愿万户侯，亦不愿识韩荆州。"

识韩 shí hán 同"识韩荆州"。举例 ① 宋·洪适《与交代沈正言启》："久驰慕蔺之城，尚阻识韩之愿。"②《醒世恒言·栖霞岭铁桧（guì）成精》："久仰高风，识韩无路。"③ 清·黄景仁《贺新郎·辛卯除夕呈朱笥（sì）河先生》："廿载识韩今已遂，把今年，除了心还肯。"

瞻韩 zhān hán 同"识韩荆州"。举例 柳亚子《闻一多殉国一周年纪念》："瞻韩未遂平生愿，雪涕难抒此日哀。"

识荆州 shí jīng zhōu 同"识韩荆州"。举例 ① 宋·王珪《访别成献甫经历时新拜西台御史之命》："得为李御平生愿，一识荆州是别时。"② 清·李渔《怜香伴·惊飓》："地主殷勤，才识荆州，便劳北海开樽。"

识荆 shí jīng 同"识韩荆州"。举例 ①《聊斋志异·阎王》："青衣要遮甚殷。李曰：'素不识荆，得无误耶？'"② 田汉《丽人行》第十七场："刘先生，闻名已久没见过

S

面，今天才有识荆的机会。”

荆识 jīng shí 同“识韩荆州”。举例 明·沈鲸《双珠记·风鉴通神》：“三位俱大贵人也，素未荆识，此来必有见谕。”

声价十倍 shēng jià shí bèi 见“识韩荆州”。比喻名誉、地位一下子大幅度地提高。举例 ①《歧路灯》第九十五回：“这大人们伯乐一顾，便声价十倍，何愁那州县不极力奉承。”② 章炳麟《论教育的根本要从自国自心发出来》：“古人说，‘一经品题，声价十倍’，原是看品题，人是甚么？”

识路 shí lù

出处《韩非子·说林上》。解说 春秋时，齐桓（huán）公为援救燕国，亲率大军出征，攻打山戎国和孤竹国，相国管仲和大夫隰（xí）朋随同前往。齐军出征时是春天，凯旋时已是冬天，草木变了样，地形不熟悉，以致大军在崇山峻岭的山谷里迷了路，君臣和将士们万分焦急。相国管仲忽然想到，狗离家很远也能寻回家去，军中的马尤其是老马，是否也会有认识路途的本能呢？于是他向齐桓公献计说：“大王，老马离开原地很远，也许能够找到回去的路，可以利用它在前面引路，带领大军走出山谷。”齐桓公同意试试看，于是就挑选出几匹老马，解开缰绳，让它们在前面自由地行走，大军紧跟在后边。这几匹老马转来转去，最后果真带领大军走出山谷，找到了回齐国的大路。此语原指老马认识曾经走过的道路，比喻年长或阅历多、经验丰富的人熟悉情况，能够找到办事的正确途径，或能在某个方面起到引导的作用。举例 唐·李益《再赴渭北使府留别》：“报恩身未死，识路马还嘶。”

老马识路 lǎo mǎ shí lù 同“识路”。举例 宋·晁迥（jiǒng）《法藏碎金录》卷一：“老马识路，犹归国而不迷；老夫识道，岂还源而有失。”

识途 shí tú 同“识路”。举例 清·林则徐《送嶰（xiè）筠赐环东归》：“漫道识途仍骥伏，都从遵渚（zhū）羡鸿飞。”

老马识途 lǎo mǎ shí tú 同“识路”。举例 ① 清·钱谦益《高念祖〈怀寓堂诗〉序》：“念祖以余老马识途，出其行卷，以求一言。”②《孤村》三：“只有教书吃粉笔面，才是轻车熟路，老马识途。”

识途老马 shí tú lǎo mǎ 见“识路”。比喻对某件事情很熟悉或很有经验的人。举例 ①《儿女英雄传》第十三回：“既承你以我为识途老马，我却有无多的几句话，只恐你不信。”②《子夜》四：“你也不用发忧，还有你老子是‘识途老马’，慢慢地来指拨你罢！”

识途马 shí tú mǎ 同“识途老马”。举例 清·黄遵宪《题樵野丈运甓(pì)斋话别图》:“谓我识途马,召我来咨诹(zōu)。”

老马知道 lǎo mǎ zhī dào 同“识途”。举例 宋·张浚《论战守利害疏》:“臣知识不足以测圣人用意,而老马知道,似或经历。”

老马 lǎo mǎ 同“识途老马”。举例 唐·杜甫《江汉》:“古来存老马,不必取长途。”

实事求是 shí shì qiú shì

出处《汉书·河间献王刘德传》。解说 求:寻求;探求。是:正确。河间献王刘德是汉景帝刘启的儿子,勤奋好学,乐于藏书。他对先秦诸子的古书“修学好古,实事求是”。(大意是:刘德考证古书时求其真本,注意根据确切的事实,求取正确的结论。)也就是说,刘德采用的是实证的治学态度和方法。此语原指根据事实,求得真知,后泛指从实际对象出发,探求事物的内部联系及其发展的规律性,认识事物的本质。也指真实地反映情况,按实际情况办事或处理问题。举例 ①清·钱大昕(xīn)《廿二史考异序》:“实事求是,护惜古人之苦心,可与海内共白。”②《官场现形记》第三十四回:“倘若拿善书送给人家,人家不看,这书岂不白丢?依兄弟愚见:总不如实事求是,做些眼前功德,到底实在些。”③《子夜》五:“我们不论是办个银行,或是别的什么,总是实事求是,不能干买空卖空的勾当。”④《上海的早晨》第三部五十一:“我的意思是说,要实事求是,有就有,没有就没有,都是成绩。”

拾尘 shí chén

出处《孔子家语·在厄》,又见《吕氏春秋·任教》。解说 传说春秋时,孔子与弟子颜回、仲由、子贡等人曾受困于陈国和蔡国交界的一个地方,连续七天都吃不上饭。后来得到少许粮米,颜回、仲由两个人在一间破屋子里烧火做饭。颜回看见有一小块烟灰落到饭里,觉得被弄脏的饭扔掉了很可惜,就取来吃了。子贡从远处望见,以为颜回在偷食,便告诉了孔子。孔子不相信颜回会偷食,后来问明真实情况,孔子说:“我遇到同样情况,也会这样做的。”《吕氏春秋》中的记载稍有不同,孔子感叹地说:“弟子记之,知人固不易矣。”后用此语比喻因误会而招致猜疑。举例 晋·陆机《君子行》:“掇(duō)蜂灭天道,拾尘惑孔颜。”

拾煤 shí méi 同“拾尘”。举例 明·陈子龙《复张郡侯书》:“谁兴拾煤之谤,徒受唾天之污。”

S

食肉寝皮 shí ròu qǐn pí

出处《左传·襄公二十一年》。解说 州绰是春秋时晋国的勇士，后来投奔了齐国国君齐庄公。有一次，被齐庄公誉为“善斗的公鸡”的齐国勇士殖绰、郭最与州绰争爵位，州绰不服气地对齐庄公说：“臣为隶新，然二子者，譬如禽兽，臣食其肉而寝处其皮矣。”（大意是：我做大王您的仆臣虽然不久，然而殖绰、郭最两个人实在算不得什么！如果拿禽兽作比喻，我早已吃了他们的肉，剥下他们的皮睡在上边了。）此语原指战胜对方，后表示对敌人极端仇恨。举例 ① 宋·李弥逊《杨政换给右武大夫恭州团练副使制》：“食肉寝皮，志每存于去恶；履肠涉血，勇屡见于先登。”②《西游记》附录：“却说殷小姐痛恨刘贼，恨不食肉寝皮，只因身怀有孕，未知男女，万不得已，权且勉强相从。”③ 鲁迅《呐喊·狂人日记》：“又一回偶然议论起一个不好的人，他便说不但该杀，还当‘食肉寝皮’。”④ 巴金《随想录》八十三：“我更加惊奇的是大家都在豪言壮语和万紫千红中生活过来，怎么那么多的人一夜之间就由人变为兽，抓住自己的同胞‘食肉寝皮’。”

寝皮食肉 qǐn pí shí ròu 同“食肉寝皮”。举例 ① 宋·周紫芝《王静翁言客有赋食虎肉诗者词甚壮要余同作》：“寝皮食肉君勿嗔，虎为人害当复去。”② 清·洪昇《长生殿·骂贼》：“纵将他寝皮食肉也恨难劖(chán)。”

食言而肥 shí yán ér féi

出处《左传·哀公二十五年》。解说 食言：失信。春秋时，鲁国大夫孟武伯经常言而无信，鲁哀公对此很不满意。有一天，君臣在一起宴饮，孟武伯嘲讽大臣郑重说：“您的身体怎么吃得这么胖呢？”鲁哀公借机挖苦孟武伯说：“是食言多矣，能无肥乎？”（大意是：他吃自己的诺言吃得太多了，怎么能不胖呢？）后用此语形容人不守信用，只图自己占便宜。举例 ① 明·李开先《水风卧吟楼记》：“不以食言而肥，不因苦吟而瘦，试以数语为记，请览而教正之如何？”② 孙中山《民族主义》第六讲：“对于高丽独立是日本所发起所要求，且以兵力胁迫而成的，今竟食言而肥，何信义之有呢？”③ 毛泽东《评国民党十一中全会和三届二次国民参议会》：“你们食言而肥，不承认这个原来答应承认的区域。”

S

始乱终弃 shǐ luàn zhōng qì

出处 唐·元稹《莺莺传》。解说 乱：淫乱；玩弄。弃：遗弃；抛弃。传说唐代贞元年间，书生张生借居普救寺，巧遇途经此地的崔氏母女。崔莺莺年方十七，长得娇艳动人。张生一见钟情，通过崔莺莺的侍女红娘帮忙，二人相爱。后来张生进京应考，崔莺莺心知张生此去即是永别，便直言道："始乱之，终弃之。固其宜矣，愚不敢恨。"（大意是：我与你起初私下里通情，最终却遭到遗弃，这对于你们男人来说也许是正常的，因此我也不敢有什么怨恨。）张生走后，果然为了将来的功名和荣华富贵，抛弃了崔莺莺。崔莺莺只得另嫁他人。后用此语指玩弄女性的不道德行为。举例 ① 清·纪昀《阅微草堂笔记·姑妄听之二》："汝女犹完璧，无疑我始乱终弃也。"② 张恨水《啼笑因缘·是否要做续集》："第一是《西厢》曲本，到'草桥惊梦'为止，不但事未完，文也似乎未完。可是他不愿把一个'始乱终弃'的意思表示出来，让大家去想吧。"

始终不渝 shǐ zhōng bù yú

出处《晋书·谢安传》："安虽受朝寄，然东山之志始末不渝，每形于言色。"解说 渝：改变；违背。谢安是东晋时人，很有才能，朝廷几次让他出来做官，他都拒绝不去。四十多岁时不得已接受了朝廷的任命，后来官至宰相。原文大意是：谢安厌恶官场中的明争暗斗，尽管做了高官，还经常在言语中流露出怀恋隐士生活的想法。此语原指辞官归隐的愿望由始至终没有改变，泛指坚持原来的信念、志向等，一直不变。举例 ①《明史·年富传》："（年）富廉正强直，始终不渝，与王翱同称名臣。"② 清·汪琬《太子太保礼部尚书王公行状》："忧勤惕厉，始终不渝。"③《民国通俗演义》第二十九回："区区之心，唯以地方秩序为主，以人民生命财产为重，始终不渝，天人共鉴。"

终身不渝 zhōng shēn bù yú 同"始终不渝"。终身：一辈子。举例 宋·洪迈《容斋三笔·人当知足》："其安分知足之意，终身不渝。"

始终如一 shǐ zhōng rú yī

出处《荀子·议兵》。解说 荀子是战国末年思想家、教育家，他在谈到怎样成为一名优秀军事将领时说："虑必先事而申之以敬，慎终如始，终始如一，夫是之谓大吉。"（大意是：在采取军事行动之前一定要考虑周密，对每个行动都要慎之又慎，始终如一地保持谨慎，这样才能取得胜利。）后用此语形容由始至终都保持一个样子，没有改变。举例 ①《水浒传》第六十七回："吾看关胜义气凛然，始终如一，军师不必见疑。"② 鲁迅《华盖集·"公理"的把戏》："然而现在的公理什么会上的言论和发表的文章上，却口口声声，侧重多数了；似乎主张又颇有些参差，只有'吃饭'的一件事还始终如一。"③ 梁启超《乐利主义泰斗边沁之学说》："而边氏不屈不挠，主张己说，始终如一。”

始终一贯 shǐ zhōng yī guàn 同“始终如一”。举例 鲁迅《我观北大》：“虽然……教授和学生也都逐年地有些改换了，而那向上的精神还是始终一贯，不见得弛懈。”

事半功倍 shì bàn gōng bèi

出处《孟子·公孙丑上》：“万乘之国，行仁政，民之悦之，犹解倒悬也。故事半古之人，功必倍之，惟此时为然。”解说 原文是孟子教导弟子公孙丑时说的话，大意是：拥有万辆兵车的大国，如果施行仁政，老百姓就会高兴，就像把倒挂着的人解救下来一样。因此，事情只要能做到古人所做的一半，而所得的功效却可以比古人多出一倍甚至数倍，现在正是最好的时机。后用此语指用一半的功夫而得到成倍的收效，形容做事得法，费力小而收效大。举例 ① 明·归有光《太仆寺新立题名记》：“两卿分辖，事半功倍。”② 郭沫若《讨论注译运动及其他》：“这种方法在初学外国语的人可以收事半功倍之效。”③ 冰心《三寄小读者》三：“早晨头脑最清醒，做起作业来，往往事半功倍。”

视若儿戏 shì ruò ér xì

出处《史记·绛(jiàng)侯周勃世家》。解说 西汉文帝时，将军周亚夫、刘礼、徐厉分别率兵驻扎在京城长安附近的细柳、霸上和棘门三个营地。一次，汉文帝亲自去各营地慰问。汉文帝的车驾在其他两个营地长驱直入，将领们纷纷迎来送往，而到了细柳周亚夫营地却被拒之营门外，直到守门军士验过凭证，才予以放行。进入营地，又只能按照军中的规定缓缓而行。周亚夫身穿铠甲，并不跪拜，只是作了一个长揖而已。汉文帝在回来的路上感慨道：“曩(nǎng)者霸上、棘门军，若儿戏耳，其将固可袭而虏也。至于亚夫，可得而犯邪?”(曩者：以往；先前。大意是：先前去过的霸上、棘门两个营地的军队简直就像小孩子做游戏一样，如果敌人来偷袭，很容易俘虏他们的将军。至于周亚夫，难道能够轻易侵犯得了吗?)后用此语指把重大的事情看作小孩子做游戏，形容极不认真，或十分随便。举例《清史稿·李振祜(hù)传》：“又劾都察院京察给事中色成额先经列入六法，自赴公堂辩论，干求改列三等，反覆视若儿戏，都御史被严议，色成额仍列有疾。”

视同儿戏 shì tóng ér xì 同“视若儿戏”。举例《初刻拍案惊奇》卷十一：“所以说为官做吏的，千万不要草菅人命，视同儿戏。”

视为儿戏 shì wéi ér xì 同“视若儿戏”。举例 ① 清·李渔《十二楼·夺锦楼》第一回:“你夫妻两口全没有一毫正经,把儿女终身视为儿戏!”②《红楼梦》第四回:“人命官司,他却视为儿戏,自谓化上几个钱,没有不了的。”

是古非今 shì gǔ fēi jīn

出处《汉书·元帝纪》。解说 是:认为对。非:认为不对;不以为然。汉元帝刘奭(shì)性格仁慈,当他为太子时,见到父亲汉宣帝刘询任用酷吏,滥杀大臣,便多次劝说父皇起用儒生,推行仁政。宣帝听了,不满意地批评他说:“俗儒不达时宜,好是古非今,使人眩于名实,不知所守,何足委任?”(大意是:迂腐的儒生不通时务,喜欢称道古代,指责当代,常常使人在名称与实际的关系上感到混乱,忽视了自己应尽的职责,怎么能对他们委以重任呢?)后用此语指不加分析地肯定古代的事情,否认现代的事情,认为古人的东西都是对的,而现在的都是不好的。举例 ① 宋·陆游《醉吟》:“牵经引礼人谁听,是古非今世共憎。”② 清·李渔《闲情偶寄·演习·变调》:“且时人是古非今,改之徒来讪(shàn)笑。仍其大体,既慰作者之心,且杜时人之口。”③ 范文澜、蔡美彪《中国通史》第二编一章一节:“聚谈《诗》《书》的人斩首,是古非今的人灭族。”

是可忍,孰不可忍 shì kě rěn,shú bù kě rěn

出处《论语·八佾(yì)》。解说 是:这个。孰:什么;哪一个。佾:古代乐舞的行列,八人一行为一佾。春秋晚期,鲁国大夫季孙氏把持朝廷大权,飞扬跋扈,为所欲为。按照当时礼乐制度,天子为八佾(六十四人),诸侯为六佾(四十八人),卿、大夫为四佾(三十二人)。而季孙氏竟然不顾礼法,在自家庭院中用八佾奏乐,表演舞蹈。对于这种越礼的行为,众人敢怒不敢言。孔子知道了,极为不满地说:“是可忍也,孰不可忍也!”(大意是:如果这件事都能容忍,还有什么事情不能容忍呢?)后用此语形容某事或某种行为到了绝不能容忍的地步。举例 ① 清·桑调元《再书圖东诗后》:“如篇中所云者,是可忍,孰不可忍?”② 梁启超《国权与民权》:“彼欧美之虎狼国,耽耽逐逐,鲸吞蚕食,以侵我国自由之权,是可忍孰不可忍!”③《青春之歌》第二部二十二章:“小小三岛之国,如此欺辱我有五千年文明历史的中华古国,是可忍,孰不可忍?”

是可忍,孰不可容 shì kě rěn,shú bù kě róng 同“是可忍,孰不可忍”。举例 唐·郑亚《唐丞相太尉卫国公李德裕会昌一品制集序》:“况明皇旧宫,天井内地,跨连河北,胁倚山东,岂有行有匪人,坐为污俗,若是可忍,孰不可容!”

室如悬磬 shì rú xuán qìng

出处《左传·僖公二十六年》,又见《国语·鲁语上》。解说 悬:悬挂。磬:又作"罄",一种古代打击乐器,悬挂在架子上,敲击发声。春秋时,有一年鲁国遭受严重的灾荒,齐国的齐孝公趁机率领大军来征讨。鲁僖公听到这个消息,知道鲁国无论兵力还是财力都无法与齐国对抗,便派能言善辩的大夫展喜带着牛羊、酒食等前往边境迎接、犒劳齐军,以求休战。齐孝公见到展喜,傲慢地问:你们鲁国人现在很害怕吧?展喜不卑不亢地答道:那些没有见识的人可能有些害怕,但我们鲁国的国君和大臣们却一点也不害怕。齐孝公听了,轻蔑地说:"室如悬磬,野无青草,何恃而不恐?"(恃:依仗;依靠。恐:恐惧;害怕。大意是:鲁国国库就像悬挂在架子上的光秃秃的石磬一样空虚无物,野外连青草都不长,你们什么可依仗的都没有,凭什么不害怕呢?)展喜从容不迫答道:我们依仗的是先王遗命。当初鲁国祖先周公和齐国祖先姜太公同心协力辅佐周成王,周成王让他俩立下盟誓,告诫后代子子孙孙,友好相处,互不侵害。相信大王您不会贸然废弃祖先盟约,进攻鲁国。正是依仗着这一点,我们才不害怕。齐孝公听了,理屈词穷,只得传令撤兵。此语原指房屋里面空无所有,形容家里极其穷困,什么都没有。举例 ①北齐·刘昼《新论·贵农》:"室如悬磬,草木不可以当粮。"②《三侠五义》第二十三回:"别人可瞒,似老兄跟前,小弟焉敢撒谎。兄看室如悬磬,叫小弟如之奈何?"

室如悬罄 shì rú xuán qìng 同"室如悬磬"。举例《世说新语·贤媛》:"(范逵)投侃宿,于时冰雪积日,侃室如悬罄。"

悬磬室 xuán qìng shì 同"室如悬磬"。举例 唐·柳宗元《同刘二十八哭吕衡州》:"三亩空留悬磬室,九原犹寄若堂封。"

悬磬 xuán qìng 同"室如悬磬"。举例 ①宋·王禹偁(chēng)《陈情表》:"四海无立锥之地,一家有悬磬之忧。"②梁启超《新民说·论国家思想》:"譬之一家,虽覆室如悬磬,亦未有愿他人入此室处者。"

悬罄 xuán qìng 同"室如悬磬"。举例《明史·李梦辰传》:"民室如悬罄,生计日不支。"

有恃无恐 yǒu shì wú kǒng 见"室如悬磬"。指因为有所依仗而不害怕,或没有顾忌。举例 ①《官场现形记》第十七回:"现在县里有了凭据,所以他们有恃无恐。他是省里委下来的,抚台一定帮好了他。官司打不赢,徒然讨场没趣。"②《四世同堂》四十五:"去给英国人作事并不足以使他有恃无恐,他也不愿那么狗仗人势的有恃无恐。"③《钟鼓楼》第五章:"姚向东觉得母亲是在护着自己,有恃无恐地坐到饭桌前。"

S

有恃毋恐 yǒu shì wú kǒng 同"有恃无恐"。毋：不要；不可以。举例 郑观应《盛世危言·练兵》："临敌之时……地势、敌情了如指掌，绘图遍示，使一军谙(ān)悉情形，有恃毋恐，故战胜攻取如响应声。"

有所恃而不恐 yǒu suǒ shì ér bù kǒng 同"有恃无恐"。举例 毛泽东《井冈山的斗争》："但是仍然需要注意建立中心区域的坚实基础，以备白色恐怖到来时有所恃而不恐。"

逝川 shì chuān

出处《论语·子罕》："子在川上曰：'逝者如斯夫(fú)！不舍昼夜。'"解说 逝：消逝。逝者：消逝的；过去的。川：河流。斯：这；这个；这样。夫：表示感叹或疑问的语气。舍：舍弃。原文大意是：孔子站在岸上观看河水奔流，叹息说："过去的时光正像这流水一样啊！日夜不停地流逝了。"此语原指奔流而下，一去不复返的江河之水，比喻不停流逝的时光，感慨时光易逝，事物变迁。举例 ① 南朝齐·谢朓(tiǎo)《王抚军庾西阳集别时为豫章太守庾被征还东》："离会虽相亲，逝川岂往复。"② 唐·吴融《子规》："举国繁华委逝川，羽毛漂荡一年年。"③ 毛泽东《七律·到韶山》："别梦依稀咒逝川，故园三十二年前。"

逝水 shì shuǐ 同"逝川"。举例 清·纪昀《阅微草堂笔记·姑妄听之一》："舞衫歌扇，仪态万方，弹指繁华，总随逝水。"

长川日夜逝 cháng chuān rì yè shì 同"逝川"。举例 宋·范成大《晁子西寄诗谢酒》："长川日夜逝，鬓发空苍浪。"

逝者如斯 shì zhě rú sī 同"逝川"。举例 ① 晋·陆机《顺东西门行》："感朝露，悲人生，逝者如斯安得停。"②《花月痕》第五回："逝者如斯，竟成千古；人如可作，重订三生。"

川流不息 chuān liú bù xī 见"逝川"。原形容时光永不止息地流逝，后多比喻来往的行人、车马等像流水一样连续不断。举例 ① 宋·朱熹《答张敬夫》："夫岂别有一物拘于一时限于一处而名之哉？即夫日用之间，浑然全体，如川流之不息，天运之不穷耳。"②《儒林外史》第二十七回："两个丫头，川流不息的在家前屋后的走，叫的太太一片声响。"③《主妇》："她是不是也随着这川流不息的日子，变成另外一个人呢？想起时就如同站在一条广泛无涯的湖边一样，有点茫然自失。"④ 郭沫若《湖心亭》："小小的铺口，窄窄的街面，川流不息的行人，坐在街心如像一座座沙洲。"

不舍昼夜 bù shě zhòu yè 见"逝川"。指江河昼夜不停地奔腾，比喻利用一切时间勤奋地学习或工作。举例 ① 汉·崔瑗《河间相张平子碑》："君天资浚哲，敏而好学,如川之逝,不舍昼夜。”②《沈氏农书·总论》:“司马温公居洛,有田三顷,躬亲庶务,不舍昼夜。”

噬脐无及 shì qí wú jí

出处《左传·庄公六年》。解说 噬:用嘴咬。脐:肚脐。春秋时,楚文王率军讨伐申国,途经邓国,受到邓国国君邓祁(qí)侯的款待。邓国的臣子骓(zhuī)甥等人劝邓祁侯趁机杀掉楚文王,邓祁侯不同意。骓甥说:“亡郑国者,必此人也。若不早图,后君噬齐,其及图之乎? 图之,此为时矣。”(齐:通“脐”。大意是:将来灭亡邓国的,一定会是这个人。如果不早日除去他,将来后悔恐怕就来不及了吧? 这就如同想用嘴去咬自己的肚脐而怎么也做不到一样。现在下手杀掉他,正是好时机。)邓祁侯始终没有采纳骓甥等人的意见,后来邓国果然被楚国灭亡了。后用此语比喻事情难以做到,或追悔不及。举例 唐·高彦休《唐阙史·卢相国指挥镇州事》:“一失其机,噬脐无及。”

噬脐何及 shì qí hé jí 同“噬脐无及”。举例 ①《隋书·李密传》:“但今英雄竞起,实恐他人我先,一朝失之,噬脐何及。”②《封神演义》第四十二回:“如若抗拒,真火焰昆冈,俱为齑(jī)粉,噬脐何及?”

噬脐莫及 shì qí mò jí 同“噬脐无及”。举例 ① 明·陆采《怀香记·鞫(jū)询香情》:“差之毫厘,谬以千里,倘有后悔,噬脐莫及。”② 清·林则徐《晓谕粤省士商军民人等速戒鸦片告示稿》:“若不趁此刻猛省回头,以后虽欲改图,噬脐莫及。”

噬脐 shì qí 同“噬脐无及”。举例 宋·叶梦得《怀西山》:“平生几濡首,末路多噬脐。”

手口之泽 shǒu kǒu zhī zé

S

出处《礼记·玉藻》:“父没(mò)而不能读父之书,手泽存焉尔;母没而杯圈不能饮焉,口泽之气存焉尔。”解说 手泽:手上出的汗润泽物品而留在上边的痕迹。没:同“殁”,死。口泽:口水润泽物品而留在上边的痕迹。原文大意是:父亲死后,儿子不忍心读他留下的书,因为父亲生前用手翻阅而沾润的痕迹还保留在上边;母亲死后,儿子不忍心用她留下的杯子,因为母亲生前用口饮酒水而沾润的痕迹还保留在上边。后用此语指死去的父母等长辈的遗物,多指遗留下的文章、墨迹等。举例《颜氏家训·风操》:“父之遗书,母之杯圈,感其手口之泽,不忍读用。”

手泽 shǒu zé 同“手口之泽”。举例 ① 宋·李清照《金石录后序》:“今手泽如新,而墓木已拱。”② 明·李东阳《先府君墓焚新刻手稿感而有述示兆蕃》:“残篇半零落,一一费探讨。嗟哉手泽存,字法有遗稿。”③ 叶圣陶《从西安到兰州》:“我们如今看见的那些平田以及山上一鳞一鳞的梯田,哪一处不留着历代农民改造自然的手泽?”

手足之情 shǒu zú zhī qíng

出处 汉·焦赣《易林·益之蒙》:“饮酒醉酣,跳起争斗,手足纷拏(rú),伯伤仲僵。”又见唐·李华《吊古战场文》:“谁无兄弟,如足如手!” 解说 手足:比喻兄弟。纷拏:同“纷挐”,混乱,混战。《易林》文大意是:家里人在一起饮酒喝醉了,兄弟之间发生争执、打斗,结果有死有伤。《吊古战场文》是对战争中阵亡将士的哀悼,其文大意是:哪个人没有兄弟?彼此亲爱如同手足!后用此语比喻兄弟之间的亲密感情。举例 ① 宋·苏辙《为兄轼下狱上书》:“臣窃哀其志,不胜手足之情,故冒死一言。”②《醒世恒言·三孝廉让产立高名》:“笃夫妇之爱,而忘手足之情,吾不忍也。”③《秋》尾声:“请你念及手足之情,不要因我没有出息,就把我抛弃。其实我的上进之心并未死去。”

亲如手足 qīn rú shǒu zú 见“手足之情”。形容兄弟之间的情谊非常亲密,或朋友之间的感情深厚,像亲兄弟一样。举例 ① 吴玉章《从甲午战争前后到辛亥革命前后的回忆》十三:“觉得革命既是大仁大义的崇高事业,而革命同志又复亲如手足,因此便要求加入同盟会。”②《李自成》第二卷五十章:“咱俩八九年来同生死,共患难,亲如手足。”

手足 shǒu zú 见“手足之情”。比喻兄弟。举例《警世通言·俞伯牙摔琴谢知音》:“实不相瞒,舍间上有年迈二亲,下无手足相辅。”

守株 shǒu zhū

S

出处《韩非子·五蠹(dù)》。解说 株:露出地面的树桩子。古时候,宋国有个农夫正在田里耕作,忽然看见一只野兔从旁边的草丛里跑出来,一头撞在田边的树桩上,折断脖子而死去。农夫毫不费力地捡到一只野兔,心里很高兴,回到家里美美地吃了一顿。第二天,他想:要是天天都能捡到野兔该有多好啊,也不用出力气去种地了,“因释其耒而守株,冀复得兔”。(释:放下。耒:古代一种农具。原文大意是:于是扔掉手中的农具,整天守在树桩旁,希望能再捡到撞死的野兔。)然而,再也没有野兔撞死到这树桩上来,农夫的田地也渐渐荒芜了。后用此语比喻做事墨守成规,不知变通。或讽刺心存侥幸心理，希望得到意外的收获。举例 ① 南朝梁·沈约《注制旨连珠表》："守株胶瑟，难与适变。"② 唐·白居易《议兵策》："闻王者之无敌，则思耀武，是获一兔而欲守株也。"

株守 zhū shǒu 同"守株"。举例 ① 宋·秦观《摸鱼儿》："休株守，尘世难逢笑口，青春过了难又。"② 宋·李新《与张君实书》："株守一经，不能自植一家；雕篆数韵，不能耀名数世。"③ 清·郑燮(xiè)《念奴娇·劳劳亭》："达将何乐？穷更不若株守。"

株待 zhū dài 同"守株"。举例《聊斋志异·菱角》："大乱时，人事翻覆，何可株待？"

坐守穷株 zuò shǒu qióng zhū 同"守株"。举例 唐·罗隐《投永宁李相公启》："独某行迷要路，坐守穷株。"

守株待兔 shǒu zhū dài tù 同"守株"。举例 ① 宋·陈师道《清月长老再住荐福疏》："守株待兔，虽达者之不为；面壁磨砖，亦古今之常事。"②《喻世明言·杨八老越国奇逢》："妾闻治家以勤俭为本，守株待兔，岂是良图？"③《封神演义》第九十四回："吾料兄必定出身报国，岂是守株待兔之辈。"④ 熊向晖《周总理对我的几次批评》："你们接待外国记者的方式太呆板，还只是'守株待兔'，效果还不很大。"

待兔 dài tù 同"守株"。举例 宋·司马光《遣兴》："待兔谋真拙，屠龙艺亦虚。"

守兔 shǒu tù 见"守株"。比喻怀有大志，以待时机。举例 清·顾炎武《答徐甥乾学》："守兔江湄迟夜月，饮牛涧底触秋声。"

触株兔 chù zhū tù 见"守株"。比喻自投罗网的人。举例《三刻拍案惊奇》卷二十六："难张穿花翅，竟作触株兔。"

受宠若惊 shòu chǒng ruò jīng

S

出处《老子》第十三章："宠辱若惊，贵大患若身。何谓宠辱若惊？宠(辱)为下，得之若惊，失之若惊，是谓宠辱若惊。"解说 宠：宠爱；受宠爱。惊：惊恐；惧怕。辱：侮辱；受侮辱。原文大意是：人们受宠爱、怕受辱以至于达到惊恐的地步，把它看作像生命一样重要。什么叫作受宠爱、怕受辱以至于惊恐？宠爱和受辱本来都是卑下、不好的东西，可是人们得到它则为之惊恐，失掉它也为之惊恐，这就叫作受宠爱、怕受辱以至于惊恐。即患得患失，无论受到宠爱或受到侮辱都会惶恐不安。后用此语形容人受到意外的宠爱或赏识而感到惊喜和不安。参见 129 页"宠辱不惊"。举例 ①《醒世姻缘传》第二回："白天自己给那唱大鼓书的一块钱，人家就受宠若惊，认为不世的奇遇。"②《官场现形记》第十八回："且说过道台承中丞这一番优待，不禁受宠若惊，坐立不稳，正不知如何是好。”③《草莽》三：“白六娘子先找叶雨的长嫂，刚一吐露口风，长嫂就受宠若惊，眉开眼笑，满口答应。”

书空 shū kōng

出处《世说新语·黜(chù)免》。解说 东晋孝武帝时有一个人名叫殷浩，出身于名门望族，向来清高孤傲，蔑视功名利禄，后来官任中军将军，南征北战，立下不少功勋。岂料，殷浩在一次战役中打了败仗，又遭奸臣诬陷而被削职为民。他对自己被贬官之事感到意外和费解，心中非常苦闷，但口无怨言，只是一天到晚关在屋子里用手于空中写字。有人好奇，从窗外观察，发现他比画的是“咄咄怪事”四个字。咄咄：令人惊讶的声音。后用此语形容失意懊恼的样子。举例 唐·杜甫《对雪》：“数州消息断，愁坐正书空。”

咄咄书空 duō duō shū kōng 同“书空”。举例 宋·李光《子猷(yóu)知府给事宠寄道中阻雨之什忧时悯农有古良二千石之风感叹次韵》：“良牧忧晴复忧雨，咄咄书空应自语。”

向空书咄咄 xiàng kōng shū duō duō 同“书空”。举例 宋·苏轼《和赵郎中捕蝗见寄次韵》：“慎无及世事，向空书咄咄。”

咄咄怪事 duō duō guài shì 见“书空”。形容令人惊讶的不合常理、难以理解的怪事。举例 ① 宋·杨万里《明发栖隐寺》：“如何今晨天地间，咄咄怪事满眼前。”② 清·陶曾佑《论小说之势力及其影响》：“噫！一小说之微，而竟有如斯之法律，以圭臬(guī niè)于著述界之前途，亦咄咄怪事，咄咄怪事！”③ 梁启超《中国积弱溯源论》：“向被凌于人之人，旋即可以为凌人之人，咄咄怪事。”④ 柯灵《街头巷语·咄咄怪事》：“行总是救济机关，现在却用飞机来走私，并且给运军火，真可谓咄咄怪事！”

书淫 shū yín

出处《北堂书钞》卷九十七引晋·皇甫谧(mì)《玄晏春秋》，又见《晋书·皇甫谧传》。解说 淫：过分；无节制。晋代文学家皇甫谧年轻时好学不倦，常常夜以继日、废寝忘食地勤学苦读，即使生了病仍然手不释卷。他把自己这种爱读书的癖好比成好色，因而自称“书淫”。此语指酷爱读书、好学不倦的人。举例 ① 五代·刘兼《昼寝》：“花落青苔锦数重，书淫不觉避春慵。”② 施蛰(zhé)存《买旧书》：“我们才知道此公也是一个‘书淫’，现在他已在愚园路和他的夫人开了一家旧书铺。”

书史淫 shū shǐ yín 同“书淫”。举例 宋·辛弃疾《鹧鸪天·不寐》：“一生不负溪山债，百药难治书史淫。”

书字换群鹅 shū zì huàn qún é

出处《晋书·王羲之传》。解说 王羲之，字逸少，是晋代著名书法家，后世尊为“书圣”。他喜欢养鹅，看见山阴道士养的一群鹅很可爱，想买下来。山阴道士说：“如果给我抄写一部《黄庭经》（一说《道德经》），就把这群鹅送给你。”于是王羲之就展纸研墨，龙飞凤舞，抄写好经文，然后把鹅群赶回家。此语原指用白鹅换经书或书法精品，比喻相互交往酬答，或赞扬书法造诣极高。举例 唐·陆龟蒙《自遣诗三十首》之十：“便使笔精如逸少，懒能书字换群鹅。”

白鹅换字 bái é huàn zì 同“书字换群鹅”。举例 元·舒頔（dí）《沁园春》：“想白衣送酒，谁如元亮；白鹅换字，谁似羲之？”

换鹅经 huàn é jīng 见“书字换群鹅”。原指王羲之书写的《黄庭经》，比喻书法精品。举例 宋·黄庭坚《送舅氏野夫之宣城》：“谢公歌舞处，时对换鹅经。”

换鹅书 huàn é shū 同“换鹅经”。举例 元·黄庚《杂咏》：“小径荒苔人不到，闭门闲学换鹅书。”

换白鹅 huàn bái é 同“书字换群鹅”。举例 唐·李白《送贺宾客归越》：“山阴道士如相见，应写《黄庭》换白鹅。”

换鹅群 huàn é qún 同“书字换群鹅”。举例 清·朱彝尊《送钱六霍朱大士曾同游白下》：“高咏方从月下闻，佳书犹未换鹅群。”

鹅归逸少 é guī yì shào 同“书字换群鹅”。举例 唐·李商隐《喜雪》：“鹅归逸少宅，鹤满令威家。”

蜀犬吠日 shǔ quǎn fèi rì

S

出处 唐·柳宗元《答韦中立论师道书》。解说 蜀：指四川盆地一带。吠：狗叫。四川盆地一带周围环山，中间为平地，经常阴雨连绵，云雾笼罩。据说由于那里难得有晴天，天空偶尔露出太阳，当地的狗便会惊异地对着太阳狂吠不止。后用此语比喻人孤陋寡闻，少见多怪。举例 ① 明·程允升《幼学琼林·天文》：“蜀犬吠日，比人所见甚稀。”② 清·弘历《山市晴峦歌题巨然画》：“蜀犬吠日虽得闻，讶似云中鸣玉狗。”③《天魔舞》第二十四章：“古人说蜀犬吠日。蜀就是川西，而且是成都平原。成都平原上的狗，一看见太阳，便奇怪的吠起来。”

蜀南吠犬 shǔ nán fèi quǎn 同“蜀犬吠日”。举例 清·蒲松龄《淫雨绵绵三日不止》:"一个黄昏终一日,无怪蜀南吠犬。"

吠日 fèi rì 同"蜀犬吠日"。举例 清·薛雪《一瓢诗话》三十:"若一味率执己见,未免有吠日之诮。"

数典忘祖 shǔ diǎn wàng zǔ

出处《左传·昭公十五年》。解说 数:数着说。典:典籍,也指历代礼制等。籍谈是春秋时晋国的大夫,他的祖先籍黡,原名孙伯黡,官任司典,因掌管晋国的典籍文书,故改姓。有一次,籍谈奉晋昭公之命出使周朝。周景王设宴招待他,宴席使用鲁国进献的酒壶斟酒。周景王问籍谈:"许多诸侯国都向周王室进贡贵重的礼器,晋国这次为什么没有带来什么贡品呢?"籍谈答道:"那是因为其他诸侯国都曾得到过周王室的赏赐,而晋国却从来没有得到过,自然也就不用进贡。"周景王听了非常惊讶,于是一一列举了自晋国始祖唐叔(姬虞)以来,从周王室所得到的种种赏赐,并斥责籍谈说:"你作为晋国司典的后代,怎么能忘记这些重要的史实呢?"籍谈被周景王奚落得无言以对。等到籍谈告辞走后,周景王又感慨地对身边的大臣说:"籍父(fǔ)其无后乎?数典而忘其祖!"(父:同"甫",对男子的美称,这里表示礼貌。大意是:籍谈这种人恐怕不会有后代子孙了吧?他在谈论历来的制度、事迹时,居然把自己祖先的职守都遗忘了!)后用此语比喻忘记了事情本源、事物根本,或对本国的历史文化了解甚少。举例 ① 清·袁枚《与钱竹初书》:"枚祖籍慈溪,为兄部民,因生长杭州,数典忘祖。"② 冯英子《注家、选家和摘家》:"坦率点说,先秦两汉的古文,一般是比较难读的,特别是经历了那个叫人数典忘祖,把每一个古人批得一无是处的年代,现在爱读和能读的人越来越少了。"③ 路遥《早晨从中午开始》七:"当代西方许多新的文化思潮,都不同程度地受到中国传统文化的启发和影响,甚至已经渗透到他们社会生活的许多方面,而我们何以要数典忘祖轻薄自己呢?"

束高阁 shù gāo gé

出处《晋书·庾翼传》。解说 束:捆绑。高阁:储藏不常用器物的高架子。东晋人庾翼曾官任安西将军、荆州刺史等,受封为都亭侯。同时代的人杜乂(yì)、殷浩都是很有声望的名士,有人向庾翼举荐,庾翼却认为他们徒有虚名,只会高谈阔论,没有真才实干,因而不看重这两个人。庾翼说:"此辈宜束之高阁,俟(sì)天下太平,然后议其任耳。"(俟:等待。大意是:他们这样的清谈家就像无用之物一样,最好先放置一边,等到天下安定之后,再考虑如何任用。)此语原指把暂时不用的东西收拾起来,放到高高的架子上，比喻搁置不用或弃置不顾，或把某事或某种主张、意见、建议等搁置起来，不予理睬，不予办理。举例 唐·韩愈《寄卢仝》："《春秋》三《传》束高阁，独抱遗经究终始。"

束在高阁 shù zài gāo gé 同"束高阁"。举例 元·辛文房《唐才子传·汪遵》："朱门富家，积书万卷，束在高阁，尘暗签轴，蠹落帙(zhì)帷。"

束之高阁 shù zhī gāo gé 同"束高阁"。举例 ① 清·梁绍壬《两般秋雨盦(ān)随笔·识字》："读书必须识字。今人口习授受，漫不经心，《说文》《玉篇》等书，束之高阁矣。"② 毛泽东《实践论》："如果有了正确的理论，只是把它空谈一阵，束之高阁，并不实行，那末，这种理论再好也是没有意义的。"③ 周恩来《论统一战线》："到南京撤退，他又把这个决议束之高阁，直到现在还没有承认。"

束置高阁 shù zhì gāo gé 同"束高阁"。举例 清·钱谦益《〈洪武正韵笺〉序》："学士大夫束置高阁，不复省(xǐng)视。"

束阁 shù gé 同"束高阁"。举例 宋·陆游《醉歌》："读书三万卷，仕宦皆束阁。"

置之高阁 zhì zhī gāo gé 同"束高阁"。举例 ①《西游补》第十五回："行者在山凹里见师父果然做了将军，取经一事，置之高阁，心中大乱，无可奈何。"② 郑观应《盛世危言·练兵》："纵有黄帝握奇、太公阴符、孙吴心法、诸葛八阵，或置之高阁，或视为陈言。"

置诸高阁 zhì zhū gāo gé 同"束高阁"。举例 ①《慈禧太后演义》第十六回："总署诸公闻得'开战'二字，都吓了一大跳，忙把原奏呈入。为此一吓，把琉球国事竟置诸高阁了。"② 廖仲恺(kǎi)《作事必须有恒心》："当时兄弟以为这种书干燥无味，太没意趣，所以不甚当心，遂置诸高阁。"

束之高屋 shù zhī gāo wū 同"束高阁"。举例 明·李贽(zhì)《读书乐》："弃置莫读，束之高屋。怡性养神，辍(chuò)歌送哭。"

S

树倒猢狲散 shù dǎo hú sūn sàn

出处 宋·庞元英《谈薮(sǒu)·曹咏妻》。解说 猢狲：猴子的别称。曹咏是南宋初年人，与奸相秦桧沾亲，又善于逢迎拍马，因而官运亨通，许多人都来巴结。然而，他的妻兄厉德斯对此却看不惯。后来，秦桧死了，罪行暴露，那些依附秦桧得势的人也一个个随之倒台，曹咏被贬到新州。厉德斯得知后，写了一篇题为《树倒猢狲散》的赋寄给曹咏。文中将秦桧比作一棵大树，把曹咏等人比作树上的猴子，揭露了曹咏等人依靠秦桧这棵大树的荫庇作威作福、鱼肉百姓的丑恶行径。文中说，如今大树一倒，猢狲四散奔逃，于国于家都是可喜可贺的事。后用此语比喻有权势的人一旦垮台，依附他的人也失去靠山而纷纷散伙。举例 ①《初刻拍案惊奇》卷二十二："若是富贵之人，一朝失势，落魄起来，这叫做'树倒猢狲散'，光景着实难堪了。"②《红楼梦》第十三回："如今我们家赫赫扬扬，已将百载，一旦倘或乐极悲生，若应了那句'树倒猢狲散'的俗语，岂不虚称了一世的诗书旧族了！"③《家》十九："你要知道'树倒猢狲散'，现在树远还没有倒嘞！"

树桃李 shù táo lǐ

出处《韩诗外传》卷七："从今已后，吾不复树德于人矣……夫春树桃李，夏得阴其下，秋得食其实。春树蒺藜，夏不可采其叶，秋得其刺焉。由此观之，在所树也。今子之所树，非其人也。"又见《新唐书·狄仁杰传》。另见《韩非子·外储说左上》《说苑·复恩》，所言略有不同。解说 树：栽种。桃李：桃树和李树，比喻培养的后辈或所教的学生。《韩诗外传》以"春树桃李"比喻施惠于贤士。据《新唐书》记载，狄仁杰在唐代武则天时任宰相，他主张任人唯贤，广罗人才，而且门生很多。他推荐给朝廷的人才中，许多人如张柬之、姚元崇等后来成了名臣。有人对狄仁杰说："天下桃李，悉在公门矣。"（大意是：你所推荐的人才遍布全国，真是桃李满天下。）狄仁杰谦逊地答道："举贤为国，非为私也。"（大意是：我只是为国家举荐人才，尽一份忠心，并没有考虑个人利益。）后用此语比喻教育学生，培养人才。举例 唐·张九龄《感遇》之七："徒言树桃李，此木岂无阴？"

栽桃李 zāi táo lǐ 同"树桃李"。举例 唐·杨巨源《上刘侍中》："海内栽桃李，天涯荷稻粱。"

栽桃李树 zāi táo lǐ shù 同"树桃李"。举例 唐·张谓《寄李侍御》："不栽桃李树，何日得成阴。"

桃李满天下 táo lǐ mǎn tiān xià 见"树桃李"。比喻所培养的优秀人才众多，遍布各地。举例 ① 唐·白居易《春和令公绿野堂种花》："令公桃李满天下，何用堂前更种花？"②《李自成》第二卷三十三章："黄、叶二人都是有名的朝臣，而黄更是当代大儒，海内人望，不惟桃李满天下，而且不少故旧门生身居显要。"③ 何为《第二次考试》："苏林教授一生桃李满天下，他的学生中间不少是有国际声誉的。"

桃李遍天下 táo lǐ biàn tiān xià 同"桃李满天下"。举例 明·焦竑（hóng）《玉堂丛语·荐举》："爱乐贤士大夫，与共功名，朝有所知，夕即登荐，以是桃李遍天下。"

桃李盈门 táo lǐ yíng mén 同"桃李满天下"。举例 清·程先贞《寄祁珊洲北河》："桃李盈门趋昼讲，芝兰入室佩秋纫。"

门墙桃李 mén qiáng táo lǐ 见"树桃李"。门墙：师长之门。此语指出于同一师

S

门的学生。举例 明·归有光《与曹按察书》:"雉(zhì)城朱进士曾负笈函丈,今魁秋榜,足为门墙桃李之光。"

桃李门墙 táo lǐ mén qiáng 见"树桃李"。指学生众多的师门。举例 ① 明·汤显祖《牡丹亭·闺塾》:"桃李门墙,险把负荆人唬煞。"② 清·钱泳《履园丛话·笑柄·先为阎罗王定案》:"近有士子自负才华,先后收得五十三女弟子诗,都为一集,其中有贵有贱,杂出不伦,或本人不能诗,为代作一二首以实之,以夸其桃李门墙之盛。"

桃李 táo lǐ 见"树桃李"。比喻培养的人才或学生。举例 ① 唐·李白《书情赠蔡舍人雄》:"太阶得夔(kuí)龙,桃李满中原。"② 川剧《柳荫记》第三场:"老朽孟继轲(kē),设馆尼山,数十余年,循循善诱,教人不倦,门前桃李,广遍江南。"

树欲静而风不止 shù yù jìng ér fēng bù zhǐ

出处《韩诗外传》卷九。解说 春秋时,孔子有一次出游,遇见一个名叫皋(gāo)鱼的人站在路旁哭泣。孔子问道:你为什么这么悲伤?皋鱼答道:我一生中做错了三件事:一是少年时出去游学,等回到家里,父母已经双亡,未能尽孝道;二是自恃志向远大,不愿为官,未能对君主尽忠,至今没有功名;三是我年轻时交友谨慎,亲朋不多,使得自己年老后没有依靠。遗憾的是"树欲静而风不止,子欲养而亲不待也"。(大意是:枝叶摇晃的树想要静下来,但风却不停地吹着;儿子想奉养父母,而双亲却已过世了。)时间失去了是追不回来的,亲人离去后就再也见不到了。皋鱼悲痛欲绝,说完话就自杀而死了。后用此语比喻客观事物不以人的主观意愿而转移。举例 ①《土牢情话》第三章:"'树欲静而风不止'嘛,你们当中肯定会有人乘机跳出来表演的。"②《丰乳肥臀》卷外卷:"四姐躲在家里,也逃不脱灾难,正所谓树欲静而风不止。"

树欲静而风不宁 shù yù jìng ér fēng bù níng 同"树欲静而风不止"。举例《二刻拍案惊奇》卷二十一:"王爵道:'敢问师父法号?'尼姑道:'小尼贱名真静。'王爵笑道:'只怕树欲静而风不宁,便动动也不妨。'"

S

木欲静风不止 mù yù jìng fēng bù zhǐ 同"树欲静而风不止"。举例 宋·陆游《宿彭山县通津驿》:"木欲静风不止,子欲养亲不留。"

风枝不可静 fēng zhī bù kě jìng 同"树欲静而风不止"。举例 唐·武则天《从驾幸少林寺》:"风枝不可静,泣血竟何追?"

双管齐下 shuāng guǎn qí xià

出处 宋·郭若虚《图画见闻志·故事拾遗》。解说 管:竹管,指毛笔。齐:同时。

唐朝时，画家张璪(zǎo)善于画松树，能双手各握一支笔同时落墨作画，手中的一支笔画枯萎的树干和树枝，惨同秋色；另一支笔画苍翠的树叶和新芽，润含春色。他画出的松树非常逼真，被誉为“神品”。人们称他同时拿两支笔作画的方式为“双管齐下”。后用此语比喻做事情同时采用两种方法，或两件事情、两方面的工作同时进行。举例 ①《扫迷帚》第二十四回：“小弟愚见，原思双管齐下，一边将迷信关头，重重戡(kān)破，一边大兴学堂，归重德育，使人格日益高贵。”②《四世同堂》五：“他轻轻的叩了两下门环，又低声咳嗽一两下，为是双管齐下，好惹起院内的注意。”③ 郑理、佳周《齐白石与李苦禅的师生情》：“我身在艺专西画系，再下功夫学国画，这叫双管齐下。”

水木清华 shuǐ mù qīng huá

出处 晋·谢混《游西池》：“景昃(zè)鸣禽集，水木湛清华。”解说 水：池水。木：树木。清：清澈。华：繁茂。昃：太阳西斜。湛：同“清”，清澈。谢混是东晋文学家，官至尚书左仆射(yè)，擅于写诗文。他在《游西池》一诗中抒写宫廷闲情，描绘西池(又称西苑)的秋景。原文大意是：日光已经西斜，画眉、黄鹂等啼声婉转的小鸟都归巢了，池水清澈、深湛，林木青翠、茂密。“水木清华”即“水清木华”之意，清华园和清华大学即由此得名。后用此语形容园林景色，池水清澈，花木秀丽。举例 ① 朱自清《清华大学第五毕业级级歌》：“水木清华，相与徜徉。”②《李自成》第二卷二十九章：“(武清侯家)近来又在南城外建造一座更大的花园，引三里河的水流进园中，真是水木清华，入其园如置身江南胜地。”

水石清华 shuǐ shí qīng huá 同“水木清华”。举例《宋书·隐逸传论》：“且岩壑(hè)闲远，水石清华，虽复崇门八袭，高城万雉(zhì)，莫不蓄壤开泉，仿佛林泽。”

水深火热 shuǐ shēn huǒ rè

出处《孟子·梁惠王下》。解说 战国时，齐国攻打燕国，很快占据了燕国的大部分土地。有些国家对齐国的行径不满，准备救援燕国。齐宣王对是否彻底吞并燕国犹豫不决，于是向孟子请教。孟子说：这就要看燕国百姓的态度了。“今燕虐其民，王往而征之，民以为将拯己于水火之中也。如水益深，如火益热，亦运而已矣”。(大意是：现在燕国国君不顾百姓死活，您征讨燕国，百姓们以为可以从水深火热中解救出来，从此摆脱苦难，他们就会拥护您；如果将使百姓陷于苦难，像沉入越来越深的水中，像掉进越来越热的火坑，那他们就会转而盼望别的国家来解救了。)后用此语比喻人民生活处境极其艰难困苦，或国家灾难深重，就像在深水和烈火中一样。举例 ①《万花楼》第六十二回："况陈州连年灾荒，穷困不堪，即有一二富厚之家设法施救穷民，无奈一连六七岁，颗粒无收，人民已是水深火热。"② 孙中山《革命最后一定成功》："国家还是在变乱的时代，人民还是在水深火热之中。"③ 欧阳予倩《忠王李秀成》第一幕："天下的百姓，都在水深火热的当中，你能够不伸一伸手去救他们吗？"④《红旗谱》四十二："只要能把国家从水深火热里救出来，他就是至高无上的英雄。"

水火之中 shuǐ huǒ zhī zhōng 同"水深火热"。举例《封神演义》第二十八回："今百姓如在水火之中。"

睡海棠 shuì hǎi táng

出处 宋·惠洪《冷斋夜话》卷一引宋·乐史《杨太真外传》。解说 海棠：花名。唐代玄宗有一天到了沉香亭，命人召杨贵妃（又名杨太真）前来一起游玩。杨贵妃正倒卧在床，酒醉未醒，妆饰不整，头发都没来得及梳理，便由太监和侍女搀扶着来到玄宗面前，见了玄宗也无法跪拜施礼。玄宗见了她这副面带醉意的模样，笑着说："岂妃子醉，直海棠睡未足耳！"（大意是：这哪里是妃子醉，简直就是海棠花没睡醒的样子嘛！）后用此语形容女子的醉态迷人，或睡姿娇美可爱。有时也歌咏海棠花。举例 宋·陆游《久雨骤晴山园桃李烂熳》："直令桃李能言语，何似多情睡海棠。"

海棠睡 hǎi táng shuì 同"睡海棠"。举例 ① 宋·方岳《再用韵酬朱制干忆梅》："风扶柳花狂，晴酣海棠睡。"② 明·袁宏道《宫簟（diàn）》："华清日高海棠睡，一片温玉沉秋云。"

说项斯 shuō xiàng sī

出处 唐·李绰《尚书故实》，又见宋·尤袤（mào）《全唐诗话·杨敬之赠项斯诗》、宋·计有功《唐诗纪事》。解说 说：夸奖；宣扬。项：指项斯。项斯是唐代江东人，很有文才，最初没有什么名气，后来结识了学官杨敬之。杨敬之是进士出身，曾官至国子祭酒（国立最高学府国子学或国子监的主管官员），在士林中很有声望，而且重视人才，奖掖后进。杨敬之见了项斯的文章后，器重他的学识，赠给他一首诗，其中有这样两句："几度见诗诗总好，及观标格过于诗。平生不解藏人善，到处逢人说项斯。"（大意是：几次看到项斯的诗文，都觉得非常美好，等见到项斯本人之后，发现项斯的人品比学识更好。我一辈子都不懂得把别人的优点隐藏起来，因此我见到人就说项斯的好话。)由于杨敬之欣赏、宣扬项斯,项斯因而名声大振,第二年就中了进士。后用此语指极力推荐某人,或为别人说好话、替人讲情。举例 宋·李清照《分得知字韵》:"谁遣好奇士,相逢说项斯。"

逢人说项 féng rén shuō xiàng 同"说项斯"。举例 清·徐枋《与王生书》:"若足下贸贸然逢人说项,是爱我者害我,誉我者毁我也。"

说项 shuō xiàng 同"说项斯"。举例 ① 明·张煌言《与某书》:"所以区区说项者,不过仰藉老盟翁一起,支拄南天耳。"②《孽海花》第九回:"行辕中又送来了几封京里书札,雯青一一检视:也有亲友寻常通贺的,也有大人先生为人说项的。"③ 柳亚子《感事呈毛主席》:"开天辟地君真健,说项依刘我大难。"④ 郭沫若《海涛集·跨着东海三》:"经他的奔走和说项,得到平田检事的同意。"

司空见惯 sī kōng jiàn guàn

出处 唐·孟启《本事诗·情感》。解说 司空:古代官职名。唐代著名诗人刘禹锡曾官任监察御史、和州刺史、连州刺史、太子宾客、检校礼部尚书等。刘禹锡有一次从和州(古州名,在今安徽)卸任回到京都长安,司空李绅仰慕他的才学,邀他到府中设宴款待,并请了几个歌妓在席上作陪。饮酒间,刘禹锡诗兴大发,即席做了一首诗,其中有这样两句:"高髻云鬟宫样妆,春风一曲《杜韦娘》。司空见惯浑闲事,断尽江南刺史肠。"《杜韦娘》是唐代教坊曲名。诗作描绘了歌妓的装束和歌舞,并说,李绅对欣赏歌舞和让歌妓陪伴饮酒的事情觉得很平常,而我却感到这种场面不一般,颇有感触。后用此语形容对某事物见得多了,习以为常,不足为奇。举例 ① 宋·苏轼《满庭芳》:"人间何处有?司空见惯,应谓寻常。"②《野叟曝(pù)言》第一二〇回:"文恭、文宽出入禁苑,亦属司空见惯。"③ 吴玉章《从甲午战争前后到辛亥革命前后的回忆》七:"至于华侨被殴辱、房屋被烧毁等等,早已成为司空见惯的平常事情。"④ 郭沫若《革命春秋·创造十年续篇》:"'帝国主义'这种字样,在现今已是司空见惯了,但在当年却几乎是一种讳名。"

见惯司空 jiàn guàn sī kōng 同"司空见惯"。举例 元·华幼武《题杜韦娘图》:"华堂旧日风流在,见惯司空亦断肠。"

司空惯 sī kōng guàn 同"司空见惯"。举例 宋·晁补之《绿头鸭·韩师朴相公会上观佳妓轻盈弹琵琶》:"算从来,司空惯,断肠初对云鬟(huán)。"

一曲杜韦娘 yī qǔ dù wéi niáng 见"司空见惯"。比喻酒席间听到歌声后的惆怅、共鸣之情。举例 宋·谢迈《菩萨蛮·陈虚中席上别李商老》之三:"一曲《杜韦娘》,有人空断肠。"

S

司马昭之心，路人所知 sī mǎ zhāo zhī xīn，lù rén suǒ zhī

出处《三国志・魏志・高贵乡公髦传》南朝宋・裴松之注引晋・习凿齿《汉晋春秋》。解说 路人：路上的人，指所有的人。三国后期魏文帝曹丕死后，魏国的朝政大权逐渐从曹氏家族转移到司马氏家族手中。大将军司马懿(yì)杀了重臣曹爽，独揽大权。司马懿死后，其长子司马师废了齐王曹芳，另立曹髦为帝。司马师死后，其弟司马昭任大将军。司马昭野心更大，不断铲除异己，打击政敌，蓄意篡夺皇位。年轻的魏帝曹髦知道自己迟早会被司马昭除掉，打算铤而走险，先把司马昭杀掉。有一天，曹髦把跟随自己多年的几个心腹大臣找来说："司马昭之心，路人所知也。"我不能坐等被废除的耻辱，希望你们能同我一道去讨伐他。曹髦亲自率领左右仆从、侍卫数百人去袭击司马昭。由于有人泄密，司马昭派兵拦截，结果曹髦反被司马昭杀掉了。曹髦死后，司马昭立年仅十四岁的曹奂(huàn)为傀儡皇帝。司马昭死后，其子司马炎推翻曹魏政权，建立了晋朝。后用此语比喻阴谋或野心非常明显，已为人所共知。举例 宋・刘挚《忠肃集序》："实司马昭之心，路人所知也。大意谓服除必不得京师官，当求外补。"

司马昭之心，路人皆知 sī mǎ zhāo zhī xīn，lù rén jiē zhī 同"司马昭之心，路人所知"。举例 ①《民国通俗演义》第二十回："违法签约，司马昭之心，路人皆知。为国会议员计，力争无效，不如归休。"② 毛泽东《向国民党的十点要求》："弃团结之义，肇分裂之端。司马昭之心，固已路人皆知矣。"③《李自成》第一卷十七章："司马昭之心，路人皆知，我身为大帅军师，岂是糊涂之人？"

司马昭之心，路人皆见 sī mǎ zhāo zhī xīn，lù rén jiē jiàn 同"司马昭之心，路人所知"。举例《新中国未来记》第四回："俄国人的阴谋辣手，真是司马昭之心，路人皆见。"

路人皆知 lù rén jiē zhī 同"司马昭之心，路人所知"。举例《野叟曝言》第七十二回："秦桧之恶，路人皆知。"

S

丝幕牵红 sī mù qiān hóng

出处 五代・王仁裕《开元天宝遗事・牵红丝娶妇》。解说 唐代人郭元振才貌双全，宰相张嘉贞想招他为婿。张宰相有五个女儿，个个长得都很美丽，郭元振一时不知选择哪个为好。张宰相便让女儿们躲在幕帐后边，手里各牵一根红线，郭元振牵动哪一根红线，就把哪一个女儿许配给他。结果，郭元振选中了张宰相的三女儿。后用此语指为女选婿或择妻。举例 明·陆采《怀香记·毕姻封锡》:"丝幕牵红,冰人致语,喜他翠鸾成梦。"

牵红丝 qiān hóng sī 同"丝幕牵红"。举例 陈寅恪《论〈再生缘〉校补记》:"今论者竟为之强牵红丝,使成嘉偶,以效法乔太守之乱点鸳鸯谱,岂不异哉。"

红丝待选 hóng sī dài xuǎn 见"丝幕牵红"。指女子待嫁。举例 元·高明《琵琶记·奉旨招婿》:"红楼此日,红丝待选,须教红叶传情。"

幕里红丝 mù lǐ hóng sī 见"丝幕牵红"。指待嫁的女子。举例 元·高明《琵琶记·奉旨招婿》:"屏间孔雀人难中,幕里红丝谁敢牵。"

红丝 hóng sī 见"丝幕牵红"。指姻缘。举例 ①《醒世恒言·钱秀才错占凤凰俦》:"自古姻缘皆分定,红丝岂是有心牵。"② 清·孔尚任《桃花扇·拒媒》:"两处红丝千里系,一条黑路六人忙。"

牵红线 qiān hóng xiàn 同"丝幕牵红"。举例 清·吴绮《董少君挽词序》:"当时才子,竞著黄衫;命世清流,为牵红线。"

红线 hóng xiàn 见"丝幕牵红"。指姻缘。举例 元·王实甫《西厢记》第二本二折:"不要你半丝儿红线,成就了一世儿前程。"

牵线 qiān xiàn 见"丝幕牵红"。指联络双方或多方,使促成某种关系。也比喻在背后操纵。举例 ①《锻炼》三:"有人牵线么?那又是谁呢?"②《倪焕之》四:"实际上全是些野心的政治家、贪狠的财阀在背后牵线。"

私淑 sī shū

出处《孟子·离娄下》。解说 私:私下;内心。淑:善;以为善。孟子出生时距孔子去世一百多年,他以孔子学说的继承人自居。后人推崇儒学,尊孔子为"圣人",尊孟子为"亚圣"。孟子自述其学术渊源时说:"君子之泽五世而斩……予未得为孔子徒也,予私淑诸人也。"(大意是:智慧贤达的君子,其影响到了五代人之后就断绝了……我未能赶上在孔子门下受业,亲耳聆听他的教诲,而是私下从别的贤人那里学得孔子的学说。)后用此语指内心久已敬仰某人的学识并尊以为师,但未能直接得到他的传授。举例 ① 明·唐寅《谒故福建佥(qiān)宪永锡陈公祠》:"私淑高风重拜谒,秋林残日古城西。"② 瞿秋白《文艺杂著续辑·青年的九月》:"自己承认衷心私淑的是'克列晏梭是吾师'。"

私淑弟子 sī shū dì zǐ 见"私淑"。指未能直接得到传授的弟子。旧时用于对所敬仰而未能直接受其教诲的前辈的自称。参见552页"升堂入室"。举例 鲁迅《伪自由书·不求甚解》:"有些文学家自己做的文章还要自己来注释,觉得很麻烦。至于世

S

界要人就不然，他们有的是秘书，或是私淑弟子，替他们来做注释的工作。”

死不瞑目 sǐ bù míng mù

出处《三国志·吴志·孙坚传》。解说 瞑目：闭上眼睛。孙坚是东吴君主孙权的父亲，英勇善战，曾任长沙太守。东汉末年，凉州豪强董卓率兵入洛阳，废少帝，立献帝，并纵火焚烧洛阳周围数百里，激起了各阶层的愤怒和反抗。孙坚见董卓逆天意，行事残暴无道，便与袁术联合起来讨伐他。董卓担心孙坚对自己构成威胁，便以结亲的方式拉拢孙坚。孙坚断然拒绝了结亲的请求，并大骂董卓道：“今不夷汝三族，悬示四海，则吾死不瞑目。”（大意是：现在我如不灭掉你的三族，把你的头砍下挂起来公示全国，那么，我死了也闭不上眼睛。）后用此语指人临死时还有放心不下的未了之事，形容虽死而心犹不甘或极不甘心。举例 ① 宋·苏轼《司马温公行状》：“四患未除，吾死不瞑目。”②《明史·武大烈传》：“恨母老子幼，死不瞑目尔。”③ 鲁迅《华盖集续编·马上记日记》：“我觉得倘不将这药认作‘戒烟药水’，他大概是死不瞑目的。”

死不闭目 sǐ bù bì mù 同“死不瞑目”。举例《旧唐书·韩愈传》：“穷思毕精，以赎前过，怀痛穷天，死不闭目。”

死灰复燃 sǐ huī fù rán

出处《史记·韩长孺列传》。解说 死灰：燃烧后留下并冷却的灰烬。复：再；重新。韩安国是西汉景帝时人，字长孺，曾任梁孝王的中大夫，后因事被捕，关押在蒙地（今河南商丘东北）的监狱中。狱吏田甲以为韩安国失势，常常借故凌辱他。韩安国愤怒地警告田甲说：“死灰独不复燃乎？”（大意是：熄灭了的灰烬难道就不会再燃烧起来吗？）田甲轻蔑地说：“燃即溺之！”（大意是：如果死灰复燃，我就撒泡尿浇灭它！）韩安国气得说不出话来。不久，汉景帝赦免了韩安国的罪，并起用他为梁孝王的内史，俸禄为二千石。狱吏田甲得知这个消息后怕遭受报复，连夜逃走了。韩安国听说田甲逃走，故意放出口风说：“田甲如不赶快回来，就杀掉了他的一家老小。”田甲只好回来向韩安国请罪，连连磕头求饶。韩安国宽宏大量地对他说：“起来吧。像你这样的人，实在不值得我报复！”韩安国宽恕了田甲，田甲大感意外，觉得无地自容。后用此语比喻失势的人重新得势掌权，或已经消亡的事物、势力等又重新出现，活跃起来。举例 ① 宋·陈亮《谢曾察院启》：“劫火不烬，玉固如斯；死灰复燃，物有待尔。”② 孙中山《北上宣言》：“对内政策果得实现，则军阀不致死灰复燃，民治之基础莫能摇动。"③ 闻一多《什么是儒家》:"儒家的理论,非等到董仲舒不能死灰复燃的。"④《平凡的世界》第十六章:"这个本来对生活已经绝望的人,热情慢慢又在心中死灰复燃。"

死灰再燃 sǐ huī zài rán 同"死灰复燃"。举例 宋·苏辙《谢复官表》:"时雨既至,靡物不蒙,遂使死灰再燃,朽骨重肉。"

死灰燃 sǐ huī rán 同"死灰复燃"。举例 宋·宋祁(qí)《将还都寄献臣》:"生意不随枯树尽,危心重伴死灰燃。"

起死灰 qǐ sǐ huī 同"死灰复燃"。举例 清·尤侗《张家湾》:"参军不足当鸡肋,安国何能起死灰。"

寒灰复燃 hán huī fù rán 同"死灰复燃"。举例 金·元好问《甲午除夜》:"暗中人事忽推迁,坐守寒灰望复燃。"

复燃灰 fù rán huī 见"死灰复燃"。指正在逐渐崛起的受挫势力。举例 ① 宋·梅尧臣《咏怀》:"欲溺复燃灰,败笔前已陈。"② 宋·陆游《霜降前四日颇寒》:"盛衰君勿叹,已有复燃灰。"

死有余辜 sǐ yǒu yú gū

出处《汉书·路温舒传》。解说 余:剩余;多余。辜:罪恶。路温舒是西汉宣帝时的一个狱吏,深知监狱里的黑暗现状。汉宣帝即位不久,路温舒为了使国家兴盛,天下太平,给汉宣帝上了一道名叫《尚德缓刑书》的奏疏,其中写道:狱吏往往滥用酷刑,犯人不堪忍受,屈打成招。审案的人不但相信这些胡编的口供,还进行诱供。上报时为了避免上司驳回,又想出种种办法使其相信罪名成立。这样一来,即使再公正的人听了,"犹以为死有余辜"。(大意是:也会认为判处死刑也抵偿不了罪恶。)因此,希望陛下广开言路,推行德政,减少刑罚。汉宣帝看了奏疏,非常赏识,提升了路温舒的官职。后用此语形容罪大恶极,即使处以死刑也抵偿不了他的罪恶。举例 ①《水浒传》第六十三回:"你好人不做,却去落草为贼!我今日拿住你时,碎尸万段,死有余辜!"② 清·林则徐《颁发禁烟治罪新例告示》:"尔等更当触目惊心,如再观望迁延,以身试法,则是孽由自作,死有余辜。"③《上海的早晨》第四部六十五:"朱暮堂和朱延年血债累累,作恶多端,罪行严重,民愤极大,真是死有余辜。"

S

四海为家 sì hǎi wéi jiā

出处《史记·高祖本纪》,又见《汉书·高帝纪下》。解说 四海:古人认为中国四周都是大海，故用以指全国。刘邦建立西汉政权后，建都长安（今陕西西安）。有一次，刘邦率军征讨残余的割据势力，丞相萧何留守长安，兴建未央宫。刘邦东征胜利回师，看到未央宫建造得高大雄伟，富丽堂皇，就责怪萧何说：现在天下尚未安定，连年战乱搞得百姓一贫如洗，我们的政权还不够巩固，为什么要把宫殿兴建得如此豪华呢？萧何答道：正因为天下不太平，才赶紧建造了这样一个大宫殿。“且夫天子以四海为家，非壮丽无以重威。”（大意是：况且天子将全国作为自己的家乡，皇宫建得气势壮观才能显出皇家的威严气派，树立您的无限权威啊。）刘邦听了萧何的解释，不由得转怒为喜。此语原指封建帝王一统天下，占有全国。后指什么地方都可以当作自己的家，也比喻漂泊无定的生活，或志在四方，不留恋故乡、家庭的小天地。举例 ①唐·刘禹锡《西塞山怀古》：“今逢四海为家日，故垒萧萧芦荻秋。”②《隋唐演义》第四十一回：“但李密身如飘蓬，四海为家，何暇计及家室？”③郭小川《在大沙漠中间》：“他们是四海为家的兵士，过惯戎马生活。”④吴祖光《闯江湖》：“咱们作艺的四海为家，两个山碰不上，两个人总有碰上的日子。”

四面楚歌 sì miàn chǔ gē

出处《史记·项羽本纪》。解说 楚歌：楚地的民歌，一说为鸡鸣之歌。秦朝灭亡后，刘邦与项羽为争夺天下而进行了长达数年的楚汉战争。最后，项羽兵败被重重围困在垓（gāi）下（今安徽灵璧东南）。这时，项羽手下的兵士已经很少，粮草所剩无几。入夜，刘邦采用张良的计谋，让汉军高唱楚歌，以此扰乱楚军的军心。项羽在营帐中听到四周传来阵阵楚歌之声，大惊失色道：“汉皆已得楚乎？是何楚人之多也？”（大意是：汉军已经把楚地全部都占领了吗？为什么四周楚地的人会有这么多呢？）项羽带领着彻底丧失斗志的残兵败将突围到了乌江，走投无路而自刎于江边。后用此语比喻陷入重围，四面受敌，孤立无援，或遭受各方面的攻击、逼迫，陷入困境。参见20页“拔山扛鼎”。举例 ①《三国志·吴志·胡综传》：“昔武王伐殷，殷民倒戈；高祖诛项，四面楚歌；方之今日，未足以喻。”②丁中江《北洋军阀史话》三十一：“现在全局危迫，四面楚歌，颍州则沦陷于革军，徐州则小胜而大败。”③《子夜》十二：“这种四面楚歌的境地，他想来当真没有多大把握能够冲得出去。”④旷新年《韩少功现象》：“我相信一个人即使置身四面楚歌、弹尽粮绝的文化困境，他也还能做点什么。”

楚歌四面 chǔ gē sì miàn 同“四面楚歌”。举例 清·赵翼《鄱（pó）阳湖怀古》：“楚歌四面乌江败，吴火中流赤壁烧。”

楚歌 chǔ gē 同“四面楚歌”。举例 ①清·方文《宋遗民咏·谢翱》：“击石为楚歌，竹石俱损伤。”②陈沂（yí）《曾泽生和他的司令官》：“突然他感觉出来了，这不是音乐，而是楚歌。”

鸡鸣楚地尽 jī míng chǔ dì jìn 同“四面楚歌”。举例 北周·庾信《拟咏怀》：“鸡鸣楚地尽，鹤唳秦军来。”

四体不勤，五谷不分 sì tǐ bù qín，wǔ gǔ bù fēn

出处《论语·微子》。解说 四体：四肢，指人的两手两足。勤：辛劳。五谷：通常指稻、黍、稷(jì)、麦、菽，泛指粮食作物。春秋时，有一天孔子带领几个弟子出行，子路因故落在后边。子路一时找不到孔子等人，路上遇到一位老农肩上扛着锄草的农具到田里去，于是上前问道：“子见夫子乎？”(大意是：您见到我的老师了吗？)老农看了子路一眼，冷淡地答道：“四体不勤，五谷不分，孰为夫子！”(孰：哪一个。大意是：一个四体不勤，五谷不分的人，怎么能称为老师呢！)说罢，就放下农具，到田间锄草去了。后用此语指脱离生产劳动的读书人，缺乏基本的生产知识。也形容人懒惰，不爱劳动。举例 ①《儿女英雄传》第三十三回：“不然，你只看‘道千乘之国，使民以时’的那个‘时’字，可是四体不勤、五谷不分的人说出来的？”② 清·钱泳《履园丛话·臆论·种田》：“斯人也，真所谓四体不勤，五谷不分，不知稼穑(sè)之艰难者也。”③《那五》十一：“家业败了可也甩了那些腐败的门风排场，断了四体不勤、五谷不分的命脉，从此洗心革面，咱们还能重新做个有用的人。”④《京门脸子》第五章四：“四体不勤，五谷不分，艾艾更认不出哪是猪菜，哪是羊草。”

四体不勤 sì tǐ bù qín 同“四体不勤，五谷不分”。举例《瓜棚柳巷》：“你也该学一学人家眉妹子，不应四体不勤，好逸恶劳。”

四知金 sì zhī jīn

出处《后汉书·杨震传》。解说 杨震是东汉时人，博览群经，被称尊为“关西孔子”，官任荆州刺史、司徒、太尉等。杨震有一次上任途中经过昌邑，昌邑县令王密曾得到过他的推荐。王密大摆筵席为恩师接风，晚上又去客馆拜见，并送上十斤黄金。杨震不肯收，王密说：“恩师放心收下，夜深人静，无人知晓。”杨震生气地说：“天知，地知，你知，我知，怎么能说无人知晓！”王密听了很惭愧，带着黄金灰溜溜地离开了。后用此语指暗中贿赂的钱财。多形容官吏清正廉洁，不接受非正当的馈赠。举例 ① 唐·杜甫《风疾舟中伏枕书怀三十六韵奉呈湖南亲友》：“应过数粒食，得近四知金。”② 宋·曾巩《送程殿丞还朝》：“自重肯悲三献玉，不欺常慎四知金。”③ 清·赵翼《入耳脏》：“四知金到虽麾去，已是人间入耳脏。”

S

金投暮夜 jīn tóu mù yè 见“四知金”。暮夜：深夜。此语指暗中行贿。举例 清·洪昇《长生殿·贿权》：“全凭仗金投暮夜，把一身离阱穴。”

却金暮夜 què jīn mù yè 见“四知金”。指为官清廉。举例 明·归有光《送郡别驾王侯考绩序》：“侯为人清廉不扰，真有却金暮夜，饮贪泉而不易之操。”

驷不及舌 sì bù jí shé

出处《论语·颜渊》。解说 驷：古时指同驾一辆车的四匹马，也指四匹马拉的车。不及：追赶不上。舌：舌头，指说出的话。春秋时，有一天卫国大夫棘子成向孔子的弟子子贡询问说：君子只要本质好就足够了，还要那些礼仪、文采等形式上的东西干什么呢？子贡不满意地答道：“惜乎！夫子之说君子也，驷不及舌。”（大意是：可惜啊！先生这样谈论君子，可就大错特错了。话一经口中说出，四匹马拉的车也追不回来。）您说话千万要慎重啊。本质和形式同样重要，二者对于君子来说都是不可缺少的。后用此语指话一出口，就难以收回。也指话说出口，就不能再收回，一定要算数。举例 ① 唐·刘知幾《史通·书志》：“谈何容易，驷不及舌，无为强著一言，受嗤（chī）千载也。”②《醉醒石》第十二回：“酒自外入，机繇（yóu）内泄。悔从醒生，驷不及舌。”③ 章炳麟《致柳翼谋书》：“前声已放，驷不及舌，后虽刊落，反为浅人所取。”④ 鲁迅《且介亭杂文·忆刘半农君》：“我那时还以老朋友自居，在序文上说了几句老实话。事后，才知道半农颇不高兴了。‘驷不及舌’，也没有法子。”

一言既出，驷马难追 yī yán jì chū, sì mǎ nán zhuī 同“驷不及舌”。举例 ① 元·李寿卿《伍员吹箫》第三折：“大丈夫一言既出，驷马难追，岂有翻悔之理！”②《秋》四：“你记住：‘大丈夫一言既出，驷马难追。’不要反悔啊！”③《将军吟》第十五章：“一言既出，驷马难追，讲了就讲了，我就是这个样子。”

驷马难追 sì mǎ nán zhuī 同“驷不及舌”。举例《新五代史·晋高祖皇后李氏传》：“兵戈屡动，驷马难追。”

S

驷马莫追 sì mǎ mò zhuī 同“驷不及舌”。举例《禅真逸史》第二十八回：“大丈夫一言既出，驷马莫追，岂有变更！”

松柏后凋 sōng bǎi hòu diāo

出处《论语·子罕》：“岁寒，然后知松柏之后凋也。”解说 凋：（草木花叶）枯萎脱落。岁寒：冬季天气寒冷。原文大意是：到了冬季，天寒地冻，这时候才知道花木中松柏是最后凋零的。赞扬了松柏耐寒不凋的顽强习性。后用此语比喻志士在艰苦环境或危难中坚持到底。举例 南朝梁·萧绎《遗周弘直书》:"唯有周生,确乎不拔……松柏后凋,一人而已。"

岁寒松柏 suì hán sōng bǎi 见"松柏后凋"。比喻人在艰苦环境中或危难的关键时刻,才显示出高尚的品德和节操,也指在逆境艰难中能保持节操的人。举例 ① 唐·刘禹锡《将赴汝州途出浚(jùn)下留辞李相公》:"后来富贵已零落,岁寒松柏犹依然。"② 明·王世贞《鸣凤记·夫妇死节》:"岁寒松柏当朝选,忠臣要剖葵心献。"

岁寒姿 suì hán zī 同"岁寒松柏"。举例 宋·苏轼《山茶》:"能传岁寒姿,古来惟丘翁。"

贞松之节 zhēn sōng zhī jié 见"松柏后凋"。比喻在艰苦环境中或危难的关键时刻,显示出的高尚品德和节操。举例 唐·白居易《与李济诏》:"疾风知劲草之心,大雪见贞松之节。"

夙兴夜寐 sù xīng yè mèi

出处《诗经·魏风·氓》:"夙兴夜寐,靡(mǐ)有朝矣。"又见《诗经·大雅·抑》:"夙兴夜寐,洒扫庭内。"解说 夙:早。兴:起来。寐:睡觉。靡:无;没有。《诗经》是我国最早的诗歌总集,春秋时期编成。《氓》这首诗的第五章写的是一个女子诉说自己在丈夫家如何受到虐待,以及被遗弃回到娘家后遭到兄弟们嘲笑的痛苦经历。大意是:自从嫁到你家里,从不以家务事为劳苦,早晨天刚亮就起床,夜里很晚才睡觉,哪一天不都是这样过的。后用此语形容早起晚睡,勤奋劳作。举例 ①《史记·孝文本纪》:"今朕夙兴夜寐,勤劳天下,忧苦万民。"②《聊斋志异·红玉》:"今家道新创,非夙兴夜寐不可。"③ 梁实秋《雅舍小品·懒》:"从前的女人,夙兴夜寐,没有不患睡眠不足的,上上下下都要伺候周到,还要揪着公鸡的尾巴就起来,来照顾她自己的'妇容'。"

隋侯之珠 suí hóu zhī zhū

S

出处《淮南子·览冥训》:"譬如隋侯之珠,和氏之璧,得之者富,失之者贫。"又见晋·干宝《搜神记》卷二十。解说 据汉代高诱《淮南子》注,传说汉水之东有一个隋国,其国君隋侯是周文王的后代。有一次隋侯外出巡察,路上看见一条大蛇受了很重的伤,便命人给它的创口敷上药。大蛇很有灵气,慢慢绕着隋侯的车马转了三圈,然后才向莽林游去。不久,大蛇伤愈,从江中衔来一颗硕大的珍珠献给隋侯,以报答救命之恩。这颗珍珠洁白圆润,光彩夺目,极其罕见,被称为灵蛇珠或隋侯珠。后用此语比喻无价之宝或非凡的才能。举例 汉·邹阳《狱中上书自明》:"故无因而至前,虽出隋侯之珠，夜光之璧，只足结怨而不见德。”

随侯珠 suí hóu zhū 同“隋侯之珠”。随：通“隋”。举例 宋·王十朋《用陈大监韵谢王国录季羔见赠》：“吾宗神秀时名儒，赠我三百随侯珠。”

灵蛇珠 líng shé zhū 同“隋侯之珠”。举例 宋·程俱《过颜机故居有感》：“少年豪于文，自拟灵蛇珠。”

灵蛇之珠 líng shé zhī zhū 同“隋侯之珠”。举例 清·黄宗羲《寿李杲(gǎo)堂五十序》：“而当日所为之文章，人人自谓握灵蛇之珠，抱荆山之玉者，竟不异虫欢鸟聒(guō)，过耳已泯(mǐn)。”

灵蛇衔珠 líng shé xián zhū 见“隋侯之珠”。比喻知恩图报。举例 南朝梁·萧衍《孝思赋》：“灵蛇衔珠以酬德，慈乌反哺以报亲。”

汉东珠 hàn dōng zhū 同“隋侯之珠”。举例 清·顾炎武《松江别张处士》：“欲将方寸报，惟有汉东珠。”

隋珠弹雀 suí zhū tán què

出处《庄子·让王》：“今且有人于此，以隋侯之珠，弹千仞之雀，世必笑之。是何也？则其所用者重，而所要者轻也。”解说 隋珠：隋侯之珠。仞：古代长度单位，相当于七尺或八尺。千仞：比喻距离极远。隋侯之珠极其珍贵，如果用来作弹丸，弹射高空或远处的小鸟，人们一定会嘲笑他愚蠢，因为所打的小鸟太卑微，不划算。后用此语比喻做事不能权衡轻重，以致得不偿失。参见587页“隋侯之珠”。举例 ①晋·葛洪《抱朴子·嘉遁(dùn)》：“道存则尊，德胜则贵；隋珠弹雀，知(zhì)者不为。”②明·张居正《与南台长言中不干外政》：“隋珠弹雀，群虎捕羊，殊可笑也。”

以珠弹雀 yǐ zhū tán què 同“隋珠弹雀”。举例 梁启超《中国外交方针私议》：“盖人当困心衡虑之既极，往往不惜倒行逆施，以珠弹雀。”

明珠弹雀 míng zhū tán què 同“隋珠弹雀”。举例《封神演义》第十三回：“道兄，好好把那哪吒(né zhā)叫他出来见我，还是好面相看，万事俱息；若道兄隐护，只恐明珠弹雀，反为不美。”

明珠弹飞鸟 míng zhū tán fēi niǎo 同“隋珠弹雀”。举例 宋·陆游《和陈鲁山》之六：“捐身易富贵，明珠弹飞鸟。”

岁寒三友 suì hán sān yǒu

出处 宋·林景熙《五云梅舍记》：“即其居累土为山，种梅百本，与乔松、修篁为岁寒友。"又见宋·葛立方《满庭芳·和催梅》:"梅花君自看,丁香已白,桃脸将红,结岁寒三友,久迟筠松。" 解说 岁寒:冬季天气寒冷。篁、筠:均为竹子的别称。到了冬季,天寒地冻,花木凋零。而松、竹经冬而常青,梅则迎寒开放。后用此语指松、竹、梅花。举例 ① 元·白朴《朝中措》:"苍松隐映竹交加,千树玉梨花,好个岁寒三友,更堪红白山茶。"② 明·无名氏《渔樵闲话》第四折:"那松柏翠竹,皆比岁寒君子。到深秋之后,百花皆谢,惟有松、竹、梅花,岁寒三友。"③《红楼梦》第十七回:"原来四面雕空玲珑木板,或'流云百蝠',或'岁寒三友'……各种花样,皆是名手雕镂。"

T

獭祭鱼 tǎ jì yú

出处《礼记·月令》："鱼上冰，獭祭鱼。"解说 原文大意是：春天开始解冻，水下的鱼跃上冰面，水獭趁机捕鱼，将捕到的鱼摆放在岸边，就像人们祭祀时陈列供品一样。后用此语比喻罗列堆砌书籍等物品，或写文章堆砌辞藻，引经据典。有嘲讽的意味。举例 ① 宋·陆游《子遹(yù)读书常至夜分作此示之》："夜灯咏史虫吟草，朝几陈书獭祭鱼。"② 宋·吴炯(jiǒng)《五总志》："唐李商隐为文，多检点书史，鳞次堆集左右，时谓之獭祭鱼。"③ 施蛰(zhé)存《说"飞动"》："原来他为了追求诗律之'稳'，常要翻阅满床的书，从中物色最适当的词藻。这和李商隐的'獭祭鱼'一样。"

獭祭 tǎ jì 同"獭祭鱼"。举例 ① 清·梁绍壬《两般秋雨盦(ān)随笔·毛西河》："(毛奇龄，字大可，号西河)凡作诗文，必先罗书满前……(其夫人)曰：'君等以毛大可为博学耶？渠作七言八句，亦须獭祭而成。'"② 闻一多《龙凤》："至于以凤比孔子的典故，也近在眼前，不知为什么从未成为词章家'獭祭'的资料。"

祭獭 jì tǎ 同"獭祭鱼"。举例 清·钱谦益《〈艺林汇考〉序》："勤学有食跖(zhí)之能，临文无祭獭之瘁。"

祭鱼 jì yú 同"獭祭鱼"。举例 清·钱谦益《姚叔祥过明发堂共论近代词人戏作》："石言雁字并纷如，点鬼穷时又祭鱼。"

太阿倒持 tài ē dào chí

出处《汉书·梅福传》。解说 太阿：也作"泰阿"，宝剑名。梅福是西汉时人，曾任南昌尉，后弃官家居。大将军王凤独揽朝政，京兆尹王章弹劾他，竟被他害死。梅福愤而上书给汉成帝，揭露王凤陷害忠良的罪行，其中说："工欲善其事，必先利其器。至秦则不然，张诽谤之罔，以为汉欧(驱)除，倒持泰阿，授楚其柄。"(罔：同"网"。楚：指楚国。柄：剑柄。原文大意是：工匠要想把活计做得出色，必须先把工具整理好。当时的秦国反其道而行之，纵容奸佞之徒罗织罪名，致使陈涉、项羽乘机起兵，这好比倒着拿泰阿利剑，把剑柄交给别人，结果自受其害呀！)后用此语比喻将权力轻易地交给别人，自己反受其害。或让别人抓住缺点或失误，使自己陷于被动。参见223页“工欲善其事，必先利其器”。举例 ① 宋·秦观《李训论》：“自德宗惩北军之变，以左右神策、天威等军，分委宦官主之，由是太阿倒持，不复可取。”②《萍踪侠影录》第十六回：“他也常想收回权柄，免得太阿倒持，变生肘腋。”

倒持太阿 dào chí tài ē 同“太阿倒持”。举例《民国通俗演义》第五十九回：“维时南军渠帅，实亦豁达寡防，堕彼（袁世凯）奸计，倒持太阿，豢（huàn）此凶逆。”

授人以柄 shòu rén yǐ bǐng 同“太阿倒持”。举例 ①《三国演义》第二回：“英雄聚会，各怀一心：所谓倒持干戈，授人以柄，功必不成，反生乱矣。”② 清·纪昀《阅微草堂笔记·如是我闻一》：“委以耳目腹心，未有不倒持干戈，授人以柄者。”

泰然处之 tài rán chǔ zhī

出处 晋·袁宏《三国名臣序赞》：“爰（yuán）初发迹，遘此颠沛，神情玄定，处之弥泰。”解说 处：处理；对待。泰然：安然；毫不在意、若无其事的样子。此语原形容心情平和、安定，后形容遇到困难、厄运或异常情况时，毫不在乎，镇定自若。也指对某种事态、情况或问题漠不关心，无动于衷。举例 ① 宋·朱熹《近思录》卷七：“人之于患难只有一个处置，尽人谋之后却须泰然处之。”②《锻炼》二：“自有记忆以来，她从没用过别人的被窝。但一会儿以后，她又泰然处之，而且马上睡着了。”☞“泰然处之”的“处”不读 chù。

处之泰然 chǔ zhī tài rán 同“泰然处之”。举例 ① 清·赵翼《瓯（ōu）北诗话·白香山诗》：“香山（白居易）出身单寒，故易于知足……迨可小康，即处之泰然。”②《老沈的儿子》：“他说上一回写信提起那个谣言，不过是随便告诉一声罢了，他原来处之泰然。”③《四世同堂》四十八：“大赤包听出瑞宣的讽刺，而处之泰然，她尖声的咯咯的笑了。”④ 毛泽东《一个极其重要的政策》：“这个困难，今后必然愈来愈厉害。目前还有若干同志处之泰然，不大觉得，我们就有唤起这些同志提起注意之必要。”

泰山 tài shān

出处 唐·段成式《酉阳杂俎（zǔ）·语资》。解说 泰山：山名，在山东中部，又用作岳父的代称。唐代，玄宗祭祀泰山，任命大臣张说为封禅（shàn）使，主持祭祀事务。按照惯例，三公以下官职一律提升一级，而张说的女婿郑镒却连升四级，从九品芝麻官一跃变成了五品高官。玄宗听到有人举报此事，派人查问，有人报告说：“此乃泰山之力也。”（大意是：这是依靠他岳父张说的力量啊。）举例 ① 元·王实甫《破窑记》第三折："不是这老泰山为人忒(tuī)歹，亲女婿昂然不睬。"② 杨朔《雪浪花》："老人家就有这个脾性，一辈子没养女儿，偏爱拿人当女婿看待。不信你叫他一声老泰山，他不但不生气，反倒摸着胡子乐呢。"

泰山北斗 tài shān běi dǒu

出处《新唐书·韩愈传赞》。解说 韩愈是唐代著名文学家、哲学家，也是古文运动的主要倡导者，被列为"唐宋八大家"之首。他是河南河阳(今河南孟县)人，因祖籍昌黎(今河北昌黎)，故世称"韩昌黎"。著有《昌黎先生集》。北宋时文学家苏轼称赞韩愈"文起八代之衰"。北宋时文学家、史学家欧阳修为韩愈作传记说："自(韩)愈没(mò)，其言大行，学者仰之如泰山北斗。"(没：死去。泰山：山名，古人认为是五岳之首。北斗：北斗星，是众星中最明亮的星。原文大意是：韩愈死后，世人敬仰他，把他比作高大的泰山和可以指示方向的北斗星。)后用此语称颂德高望重的、有卓越成就和精深修养的杰出人物。举例 ① 清·恽(yùn)敬《答姚秋农书》："五兄梦中题孔子庙棂星门柱联有'泰山北斗，景星庆云'之语，敬意如此者，士之望、人之瑞，一代不过数人。"②《东欧女豪杰》第三回："我们党里头有一位苏菲亚大姊，他真是我们的泰山北斗，可惜大哥来的太迟，恐怕没曾相识了。"③《官场现形记》第二十七回："然而杭州人总靠他为泰山北斗，有了事不能不告诉他；其实他除掉要钱之外，其余之事是一概不肯管的。"

泰斗 tài dǒu 同"泰山北斗"。举例 ①《文明小史》第二十三回："有个湖南效法学堂的卒业生，想谋出洋游学，听说这位抚台是新学界的泰斗，特特的挟了张卒业文凭，前来拜恳。"② 范文澜、蔡美彪《中国通史》第三编七章八节："曹氏一家当是长安弹琵琶的泰斗。"

谈何容易 tán hé róng yì

T

出处 汉·东方朔(shuò)《非有先生论》。解说 谈：谈论，这里原指向君主进言。何容：岂可；怎能容许。西汉武帝时，文臣东方朔多次进谏，但武帝很少能听进去，于是，东方朔就写了一篇《非有先生论》予以劝谏。文中虚构了一个名叫非有的人，他在吴国做官三年，从来不对国家大事陈述什么意见，只是不折不扣地按照吴王的命令行事。有一天，吴王鼓励他大胆谈谈自己对政事的想法。非有先生说："於戏(wū hū)，可乎哉？可乎哉？谈何容易！……非有明王圣主，孰能听之？"(於戏：同"呜呼"，表示感叹。孰：哪一个。大意是：哎呀，真的可以谈吗？臣子向君主进言可不是一件容易的事情！……如果不是圣明的君主，哪一个能听得进去呢？）汉武帝听了东方朔的这番劝谏，心里很受触动，从此开始注意广开言路，采纳雅言。此语原指臣子向君主进谏，指陈得失，不可轻易从事。后指事情做起来并不像嘴巴说说那么容易。举例 ① 唐·刘知幾《史通·浮词》："此乃得失禀于片言，是非由于一句，谈何容易，可不慎欤？"② 清·纪昀《阅微草堂笔记·槐西杂志三》："此亦臆度之词，谈何容易乎？"③《官场现形记》第二十五回："黄胖姑道：'能够叫他老人家相信，谈何容易！像你厚翁这样的老成练达，爱惜声名，真正难得！'"④ 孙犁《读冉淮舟近作散文》："我们常说调查研究，调查研究，谈何容易！"

谈虎色变 tán hǔ sè biàn

出处 宋·程颐《河南程氏遗书》卷二上。解说 色：脸色；表情。程颢、程颐兄弟二人都是北宋时期的哲学家、教育家，北宋理学的奠基者，世称"二程"。程颐强调只有亲身参加实践，具有亲身体验的人才能获得真正的知识。为了更清楚地说明这个问题，他讲了一个小故事：一个农夫曾经被老虎咬伤过，深知老虎的厉害。有一天，有人说起老虎在外地咬伤了人，周围的人听了都很吃惊，而这个农夫更是吓得惊慌失色。此语原指被虎咬伤过的人才真正知道虎的厉害，比喻一提到可怕的事情就精神紧张，吓得连脸色都变了。举例 ① 宋·王炎午《祭御史萧方厓（yá）文》："谈虎色变，公亦流涕。"② 小横香室主人《清朝野史大观·科举时代之苦况》："有姓齐名升甫者，年近知非，童子军中历二十余战，每战辄北，自是败军之将，谈虎色变矣。"③ 巴金《谈〈寒夜〉》："不断进步的科学和无比优越的新的社会制度已经征服了肺病，它今天不再使人谈虎色变了。"④ 刘绳《聂荣臻与晋察冀》："麻雀战，更使日军闻风丧胆，谈虎色变。这是根据地对付日军的一种游击战术。"

弹冠 tán guān

出处《汉书·王吉传》。解说 冠：帽子。弹冠：整理帽子并掸去上边的灰尘。王吉，字子阳，与贡禹是同乡好友，二人志趣相投，关系密切。汉宣帝时，王吉在官场一直不得志，贡禹也数次被贬职或免官。到了汉元帝时，王吉被任命为谏议大夫。贡禹得知后非常高兴，心想自己要不了多久也会被起用，于是赶紧把闲置一旁的官帽找出来，掸掉灰尘，准备上任时戴。不出所料，过了几天，贡禹也被任命为谏议大夫。于是当时的人们说："王阳在位，贡公弹冠。"后用此语指因朋友做了官而得到做官的机会，也泛指出来做官。举例 ① 三国魏·曹植《赠徐幹（gàn）》："弹冠俟（sì）知己，知己谁不然?”② 唐·王维《酌酒与裴迪》:“白首相知犹按剑,朱门先达笑弹冠。”③ 宋·苏轼《次韵钱穆父会饮》:“弹冠恨不早,挂冠常苦迟。”

弹冠相庆 tán guān xiāng qìng 见“弹冠”。指人即将做官或有得意之事时互相庆贺。常含贬义。举例 ① 元·李存《与友人书》:“今者,朝廷兴科举以取士,此正吾党弹冠相庆之秋。”② 明·汪廷讷(nè)《种玉记·登隽(jùn)》:“哥哥既已做官呵,弹冠相庆浑难已。”③ 蒋光慈《乡情集·乡情》:“农民协会封闭了,豪绅们又重新弹冠相庆。”

坦腹东床 tǎn fù dōng chuáng

出处《世说新语·雅量》。解说 坦:通“袒”。裸露。东床:东厢房中的床。东晋元帝时,王导任丞相。太傅郗(xī)鉴想与王导攀亲,王导便把子侄们召集到东厢房,请太傅来挑选女婿。大书法家王羲(xī)之是王导的侄子,性情洒脱,这一天也奉命来了。“闻来觅婿,咸自矜持;唯有一郎在东床上坦腹卧,如不闻。”(咸:全;都。原文大意是:听说太傅派人来选女婿,其他子侄们都正襟危坐,显得非常拘谨,只有一个年轻男子(即王羲之)解开衣襟,袒胸露腹,躺在床上休息,好像不知道这件婚姻大事似的。)太傅派去相亲的人回来把情况报告后,太傅不但没有怪罪王羲之,反而认为他风度不凡,决定把女儿嫁给他。后用此语代指女婿。也指做女婿。举例 ① 明·沈受先《三元记·议亲》:“我操国柄佐圣明,我是九棘三槐位里人,要择个坦腹东床,岂无个贵戚王孙。”②《隋唐演义》第六十一回:“弟想姑夫声势赫赫,表弟青年娇娇,怕没有公侯大族坦腹东床?”

东床坦腹 dōng chuáng tǎn fù 同“坦腹东床”。举例《隋唐演义》第六回:“我是李府中小姐的保母(姆),因老爷、夫人要聘公子东床坦腹,但我家小姐……誓愿嫁一个善武能文、足智多谋的奇男子。”

东床佳婿 dōng chuáng jiā xù 同“坦腹东床”。举例 ①《蒲柳人家》十一:“二和尚已经被他们的司令官招为东床佳婿,莲姑娘命小福薄,配不上旅长夫人了。”②《代价》:“他成了总工程师的东床佳婿以来,厂里的那些科长、主任们,对他似乎比过去客气多了。”

T

东床娇婿 dōng chuáng jiāo xù 同“坦腹东床”。举例《红楼梦》第七十九回:“因未有室,贾赦见是世交之孙,且人品、家当都相称合,遂青目择为东床娇婿。”

东床 dōng chuáng 同“坦腹东床”。举例 ① 唐·刘长卿《登迁仁楼训婿李移》:“赖有东床客,池塘免寂聊。”② 元·李好古《张生煮海》第三折:“休谦让,他则待招选你做东床。”③《桐花没有开》:“盛福元是他去世的大哥的东床,他的侄女婿。”

坦床 tǎn chuáng 同“坦腹东床”。举例 宋·杨亿《仆射(yè)李公宅观花烛》:“孙阁相君和鼎贵,秦楼爱婿坦床贤。”

叹黄犬 tàn huáng quǎn

出处《史记·李斯列传》。解说 李斯是战国末年楚国上蔡人（在今河南上蔡一带），来到秦国被秦王政（秦始皇）任为客卿，后任廷尉，秦始皇统一六国后任丞相。秦始皇死后，权臣赵高诬陷李斯父子谋反，被满门抄斩。临刑之前，李斯老泪纵横地对儿子说："吾欲与若复牵黄犬出上蔡东门逐狡兔，岂可得乎！"（若：你。）大意是："我多么想与你再次牵着黄犬到老家上蔡东门郊外去捉野兔啊，现在却再也做不到了！"说完，父子相对痛哭。后用此语形容官场蒙冤受害后的极度悔恨之情。举例 唐·李白《襄阳歌》："咸阳市中叹黄犬，何如月下倾金罍（léi）。"

黄犬叹 huáng quǎn tàn 同"叹黄犬"。举例 元·刘永之《感遇》："徒闻黄犬叹，千载为惊吁。"

思牵犬 sī qiān quǎn 同"叹黄犬"。举例 严复《哭林晚翠》之二："加剑思牵犬，争权遇偾（fèn）豚。"

牵黄犬 qiān huáng quǎn 见"叹黄犬"。指过着闲适的家居生活。举例 宋·陆游《短歌行》："君不见猎徒父子牵黄犬，岁岁秋风上蔡门。"

东门牵犬 dōng mén qiān quǎn 见"叹黄犬"。指平民家居的闲适生活。举例 元·陈孚《上蔡县驿》："东门牵犬无穷乐，谁遣君侯不早归。"

东门逐兔 dōng mén zhú tù 同"叹黄犬"。举例 清·钱谦益《次韵何慈公岁暮感事》之二："南海骑麟真漫浪，东门逐兔枉悲酸。"

叹为观止 tàn wéi guān zhǐ

出处《左传·襄公二十九年》："（吴公子札）请观于周乐……见舞《韶箾（xiāo）》者，曰：'德至矣哉！大矣，如天之无不帱（dào）也，如地之无不载也。虽甚盛德，其蔑以加于此矣，观止矣！若有他乐，吾不敢请已！'"解说 叹：赞叹。观止：看到了止境和尽头。吴公子札：即季札，春秋时吴国公子，博学多闻。帱：覆盖。原文大意是：季札来到礼仪之邦的鲁国，观赏周朝各国的音乐和舞蹈。当乐工演奏乐舞《韶箾（xiāo）》时，季札赞不绝口地说："太绝妙了，帝王德化已达到顶点，就像苍天无所不能覆盖，大地无所不能承载。虽然世间有大德，但这里已不能再增加了，我所欣赏的音乐和舞蹈到此为止已经足够了！如果还有其他乐舞，我也不敢再请求欣赏了！"后用此语赞美所见到的事物已经尽善尽美，好到了极点。举例 ① 清·王韬《淞隐漫录·海外壮游》："诸女足蹑素履，舞时离地轻举，浑如千瓣白莲花摇动地面。更佐以乐音灯影，光

T

怪陆离，不可逼视。生抚掌称奇，叹为观止。”②《栖凤楼》八十三：“那个视听间令他叹为观止。整套最高档的视听器材，光是放音设备就有很多种。”☞现在的通常用法，如果句子主语是物或者其他人，要在“叹为观止”前加“令（观看的）人”，如果主语直接是观看者，则不需要加。

观止之叹 guān zhǐ zhī tàn 同“叹为观止”。举例 清·归庄《观海日记》：“从峰顶视之，如在下地，坐卧久之。于吴中之山，有观止之叹！”

叹观止 tàn guān zhǐ 同“叹为观止”。举例 ① 清·钱泳《履园丛话·古迹·石钟山》：“余生平所历佳山水……皆不足奇，得此而叹观止矣。”② 清·黄遵宪《纪事》：“泱泱大国风，闻乐叹观止。”③ 吴伯箫《羽书·阴岛的海盐》：“晒盐的工作却恨无缘过目，不过见了那一眼望不到边的井田似的盐滩，同散布着不下千万堆的晶盐，也够叹观止了。”

观止 guān zhǐ 见“叹为观止”。指观赏到此为止，称赞所见事物尽善尽美，好到了极点。举例 ①《老残游记》第二回：“其中转腔换调之处，百变不穷，觉一切歌曲腔调俱出其下，以为观止矣。”② 胡鄂公《北方实录》：“迨（dài）至歌声磅礴，舞剑划鸣……于是得山叹曰：大哉，壮士之歌也，吾于此观止矣。”

探囊取物 tàn náng qǔ wù

出处《新五代史·南唐世家》。解说 囊：口袋。五代十国的后唐明宗时，中原地区战乱不断。有一个名叫韩熙载的志士准备去江南建功立业，他的好朋友李穀（gǔ）前来送行。临别时，韩熙载说：江南的国君如果用我为宰相，一定率兵北上，平定中原。李穀则说：“中国用吾为相，取江南如探囊中物尔。”（大意是：中原的国君如果用我为宰相，则夺取江南，如同伸手到口袋里拿东西一样容易。）后用此语比喻做事极有把握，或事情很容易办到。举例 ①《三国演义》第四十三回：“我曾向关云长言，翼德（张飞）于百万军中，取上将之首，如探囊取物。”②《镜花缘》第四十一回：“考期虽尚未定，此信甚确。侄女须赶紧用功，早作准备。据你学问，要竖才女匾额，只算探囊取物。”③《自由》：“只要把他们稳住，随时都可以把他们抓起来，等于是探囊取物。”

T

囊中取物 náng zhōng qǔ wù 同“探囊取物”。举例《三国演义》第八十八回：“孔明大笑曰：‘吾擒此人，如囊中取物耳。’”

螳臂当车 táng bì dāng chē

出处《庄子·人间世》：“汝不知夫螳螂乎，怒其臂以当车辙，不知其不胜任也。”

又见《韩诗外传》卷八。解说 螳：螳螂，一种昆虫，前胸细长，前腿呈镰刀状。当：阻挡。《庄子》原文大意是：一只螳螂挡在车轮的前面，怒冲冲地举起两只前腿想阻止车子前进，它不知道自己的力量是不够的。《韩诗外传》记述了一个故事：春秋时，齐庄公外出打猎，半路上遇到一只螳螂挡在车子前面。庄公问车夫："挡在车前的是什么虫子？"车夫回答："这是螳螂。它知进不知退，不自量力，贸然为敌。"庄公感叹地说："螳螂的精神实在令人敬佩！可惜它不过是一只虫子，如果是人的话，一定威猛无比，成为天下闻名的勇士。"于是恭敬地吩咐车夫赶车避开那只螳螂。庄公敬重螳螂的事传出后，各地英雄豪杰都知道他爱惜人才，纷纷前来投奔。后用此语比喻不自量力，妄想做力量做不到的事情。举例 ① 宋·柳开《上郭太傅书》："况皇帝圣神，为天下主。螳臂当车，岂能敌乎？"② 明·无名氏《四贤记·解绶》："劝恩台装聋作哑，休得要螳臂当车。"③《孽海花》第二十四回："他既要来螳臂当车，我何妨去全狮搏兔，给他一个下马威。"④ 李大钊《一八七一年的巴黎"康妙恩"》："国民军亦称为联合军，虽出全力以为抵抗，但介尔士军人多炮利，众寡不敌，终有螳臂当车的势子。"⑤ 董必武《和希晋同志诗韵》："欲伸螳臂当车去，被碾成泥便作桥。"

螳臂挡车 táng bì dǎng chē 同"螳臂当车"。举例 ①《镜花缘》第十八回："谁知腹中虽离渊博尚远，那目空一切旁若无人光景，却处处摆在脸上。可谓'螳臂挡车，自不量力！'"② 李一《荆宜施鹤光复记》："武汉义师之崛起也，以一隅而待北方数省之兵，盖有螳臂挡车之势，危莫甚焉。"③ 白桦《梅园青松·周总理您在亿万人民心中永生》："飞蛾扑火，螳臂挡车，最终逃脱不了灭亡的命运。"

以螳当车 yǐ táng dāng chē 同"螳臂当车"。举例 梁启超《论专制政体有百害于君主而无一利》："以人力而欲与理势为御，譬犹以卵投石，以螳当车，多见其不知量而已。"

螳臂 táng bì 同"螳臂当车"。举例 清·王图炳《咏史》："撼树笑蚍蜉，当辙笑螳臂。"

螳螂伺蝉，黄雀在后 táng láng sì chán，huáng què zài hòu

出处《庄子·山木》，又见《说苑·正谏》。解说 伺：窥探；等待时机。这是一个寓言故事。园林中的树上有一只蝉，正悠闲地一边饮着露水，一边鸣叫，没想到背后爬过来一只螳螂。螳螂伸出前腿想抓住这只蝉来充饥，不料旁边飞来一只黄雀。黄雀伸长脖颈，准备向螳螂啄去，谁知树底下有人手持弹弓，正要发射弹丸打鸟。蝉、螳螂、黄雀，它们都只看到眼前的利益，却看不到藏在背后的祸害。后用此语比喻只顾算计别人，却不知还有人在算计自己。或人目光短浅，只图眼前小利，而不知后患就要到来。举例 唐·刘知幾《思慎赋序》："孙叔敖譬以螳螂伺蝉，不知黄雀在后。"

T

螳螂捕蝉，黄雀随后 táng láng bǔ chán，huáng què suí hòu 同“螳螂伺蝉，黄雀在后”。举例《醒世姻缘传》第五十七回：“晁无晏并吞了晁近仁的家财，正当快活得意的时节，那晓得钻出一个奚笃的老婆郭氏来，不惟抵盗的他财物精光，且把个性命拐得了去。这真是螳螂捕蝉，黄雀随后。”

螳螂捕蝉，黄雀在后 táng láng bǔ chán，huáng què zài hòu 同“螳螂伺蝉，黄雀在后”。举例 ①《三宝太监西洋记》第六十二回：“西海蛟杀在好处，那里又顾得旁边有个人算计他来。自古道得好：‘螳螂捕蝉，黄雀在后。’”②《射雕英雄传》第二十二回：“完颜洪烈一心要去盗取大宋名将的遗书，却不道螳螂捕蝉，黄雀在后，欧阳锋另在打他的主意。”

螳捕蝉 táng bǔ chán 同“螳螂伺蝉，黄雀在后”。举例 元·无名氏《冤家债主》楔子：“人心不足蛇吞象，世事到头螳捕蝉。”

螳螂黄雀 táng láng huáng què 同“螳螂伺蝉，黄雀在后”。举例 ①《水浒传》第四十三回：“打虎功思悬赏，杀人身被官拿。试看螳螂黄雀，劝君得意休夸。”② 清·纪昀《阅微草堂笔记·滦阳消夏录六》：“盖机械之心一萌，鬼遂以机械之心从而应之，斯亦可为螳螂黄雀之喻矣。”

黄雀伺蝉 huáng què sì chán 同“螳螂伺蝉，黄雀在后”。举例 南朝梁·萧绎（yì）《荆州放生亭碑》：“譬如黄雀伺蝉，不知随弹应至。”

逃之夭夭 táo zhī yāo yāo

出处《诗经·周南·桃夭》：“桃之夭夭，灼灼其华（huā）。”解说 夭夭：草木茂盛的样子。灼灼：花盛的样子。华：同“花”，花朵。大意是：桃树枝叶很繁茂，桃花盛开得很鲜艳。诗中以桃树比喻女子，以桃花比喻女子出嫁时美丽的容貌。此语原形容桃树茂盛，桃花艳丽。因“桃”与“逃”音同，“夭夭”与“遥遥”音近，后用作诙谐语，形容逃得远远的，很快就消失得无影无踪。举例 ①《醒世恒言·卖油郎独占花魁》：“（邢权与兰花）两个商量出一条计策来，俟（sì）夜静更深，将店中资本席卷，双双地逃之夭夭，不知去向。”②《石点头·贪婪汉六院卖风流》：“妹妹想起哥哥这样赌法，贴他不富，连我也穷，不如自寻去路，为此跟着一个相识孤老，一溜烟也似逃之夭夭。”③ 瞿秋白《乱弹·新英雄》：“那些‘不可多得之将才’一溜烟的逃之夭夭。”

桃李不言，下自成蹊 táo lǐ bù yán，xià zì chéng xī

出处《史记·李将军列传》。解说 李广是西汉时名将，英勇善战，屡立战功，但从不居功自傲。他为人谦虚和蔼,平时话语较少,不尚虚名,深得将士和百姓的崇敬。李广六十多岁时,在一次征讨匈奴的战役中因行军迷失方向而贻误战机,主帅大将军卫青怪罪下来,他勇于承担责任,愤而自尽。全军将士和百姓都很悲痛。史学家司马迁为李广作传记,称赞说:“谚曰:桃李不言,下自成蹊。此言虽小,可以喻大也。”(蹊:小路。原文大意是:桃树和李树有着芬芳的花朵、甜美的果实,虽然它们不会说话,但仍然吸引人们来赏花、摘果,以至树下都走出了一条小路。这句俗语很能说明大道理啊,可用来比喻将军李广虽然不善言辞,但他忠勇、正直的品格赢得了人们的敬重。)后用此语比喻为人真诚,自然会感动别人,受到人们的敬仰,并不需要自我宣扬。举例 ① 明·张岱《孙忠烈公世乘序》:“桃李不言,下自成蹊者,以实也。”② 梁实秋《雅舍小品·成名》:“胡先生深知有教无类的道理,来者不拒,点名作甚?‘桃李不言,下自成蹊。’”

桃李不言,下自成行 táo lǐ bù yán, xià zì chéng háng 同“桃李不言,下自成蹊”。行:道路。举例 晋·潘岳《太宰鲁武公诔》:“桃李不言,下自成行;德之休明,没能弥彰。”

桃李无言,下自成蹊 táo lǐ wú yán, xià zì chéng xī 同“桃李不言,下自成蹊”。举例 宋·辛弃疾《一剪梅·游蒋山呈叶丞相》:“多情山鸟不须啼,桃李无言,下自成蹊。”

桃李自成蹊 táo lǐ zì chéng xī 同“桃李不言,下自成蹊”。举例 金·元好问《送杜招抚归西山》:“父老樵渔知有社,将军桃李自成蹊。”

桃李不须言 táo lǐ bù xū yán 同“桃李不言,下自成蹊”。举例 明·袁宏道《郧城道》之八:“成蹊人自省(xǐng),桃李不须言。”

桃李树 táo lǐ shù 见“桃李不言,下自成蹊”。比喻品德高尚的人。举例 唐·李贺《奉和二兄罢使遣马归延州》:“自是桃李树,何畏不能蹊。”

嘉树下成蹊 jiā shù xià chéng xī 同“桃李不言,下自成蹊”。举例 晋·阮籍《咏怀》之三:“嘉树下成蹊,东园桃与李。”

桃李之馈 táo lǐ zhī kuì

T

出处《诗经·大雅·抑》:“投我以桃,报之以李。”解说 桃:桃子。李:李子。馈:馈赠,赠送(礼品)。投:指赠送。报:指回赠。大意是:有人赠给我桃子,我把李子回赠给他。后用此语比喻一方有所赠送,另一方有所回报,泛指朋友之间礼尚往来。举例《后汉纪·光武帝纪六》:“至其后世,不能以德而勤于法,故有吹毛求疵,诋欺无限,桃李之馈,集以成事。”

桃来李答 táo lái lǐ dá 同“桃李之馈”。举例 明·王錂(líng)《春芜记·构衅》:

“小姐用的是绫罗绮绣，我有绫罗绮绣；小姐用的是玩好奇珍，我有玩好奇珍，况且桃来李答，一定也不折本。”

投桃报李 tóu táo bào lǐ 同“桃李之馈”。举例 ① 康有为《大同书》辛部第十五章：“夫投桃报李，欠债偿钱，此为至公之理。”② 梁实秋《雅舍小品·喜筵》：“喜庆丧事往来，家家都有个礼簿。投桃报李，自有往例可循。”③《上海的早晨》第四部五十五回：“唐仲笙对于徐义德的恭维不再谦辞，用投桃报李的办法把它接了下来。”

投桃之报 tóu táo zhī bào 见“桃李之馈”。指朋友之间互相交往中的适当回报。举例《镜花缘》第三十九回：“王兄如将韵学赐教，小弟定赠美号，以为‘投桃之报’。”

投报 tóu bào 同“桃李之馈”。举例 宋·秦观《次韵刘逊父以宁斋诗二轴作以还之》：“明珠白璧堪投报，细草幽花入献酬。”

桃源 táo yuán

出处 晋·陶潜《桃花源记》。解说 东晋文学家陶渊明在《桃花源记》中描述了一个与世隔绝，没有战乱的美好社会。东晋太元年间，一个渔夫无意中划船顺流而下，看到两岸有绵延数里的桃树林，盛开着鲜艳的桃花。他下船上岸，穿过桃林，又见到一个山口，从山口进入，仿佛来到另外一个世界。这里土地肥沃，庄稼长势喜人，道路四通八达，房屋整齐，树木繁茂，不时传来鸡鸣狗吠之声，人们在田间辛勤耕作，孩子们在地头嬉笑玩耍，到处都是一片安乐祥和的气氛。渔夫与他们交谈后才知道，这里百姓的祖先是秦朝时因躲避战乱而迁移来的，过着与世隔绝的生活，就连外界已经几次改朝换代都不知道。渔夫回去后把这件离奇的事情报告给地方官太守，当太守派人与渔夫一起去寻找这个地方时，却迷失方向，再也找不到了。后用此语指与现实社会隔绝、安居乐业的理想境界，或环境幽静、生活安乐的地方。举例 ① 南朝陈·徐陵《山斋诗》：“桃源惊往客，鹤峤(jiào)断来宾。”② 宋·谢枋得《庆全庵桃花》：“寻得桃源好避秦，桃红又是一年春。”③ 茅盾《香市》：“从前农村还是‘桃源’的时候，这‘香市’就是农村的‘狂欢节’。”

世外桃源 shì wài táo yuán 同“桃源”。举例 ① 清·孔尚任《桃花扇·归山》：“且喜已到松风阁，这是俺的世外桃源。”② 鲁迅、许广平《两地书》一二三：“为安闲计，住北平是不坏的，但因为和南方太不同了，所以几乎有‘世外桃源’之感。”③《青春之歌》第一部三章：“在这儿，在这世外桃源的仙境中，有了人世喧嚣的声音。”④ 范长江《中国的西北角·祁连山北的旅行》十：“只有敦煌附近林木葱茂，土地肥美，人烟稠密，此可谓名符其实的世外桃源。”

桃花源 táo huā yuán 同“桃源”。举例 ① 唐·王维《菩提寺禁口号诵示裴迪》:“悠然策藜杖,归向桃花源。”② 宋·陈师道《寄邢和叔》:“他日宦游客,误入桃花源。”③ 杨朔《木棉花》:“香港,这个美丽的海岛,暂时还是平静的,因此便成为富人的桃花源了。”

仙源 xiān yuán 同“桃源”。举例 唐·王维《桃源行》:“春来遍是桃花水,不辨仙源何处寻。”

绨袍 tí páo

出处《史记·范雎(jū)蔡泽列传》。解说 绨:一种光滑、厚实的丝织品。范雎是战国时魏国人,很有才能,曾在中大夫须贾手下做门客,遭须贾诬告,受到残酷迫害。他改名张禄,逃往秦国,得到秦昭王的重用,任丞相,后来封于应(在今河南鲁山东),称应侯。须贾出使秦国时,范雎穿上破旧衣服,故作贫寒的样子去见须贾。须贾见到故人沦落他乡,生活困窘,心生怜悯地说:“范叔一寒如此哉!”(大意是:想不到范先生穷困潦倒到如此地步啊!)须贾留范雎吃饭,又送给他一件绨袍。事后,须贾得知范雎就是秦国当朝丞相张禄,万分惊恐,赶紧袒露上身,登门爬行在地上磕头请罪,并说:“贾不意君能自致于青云之上。”(青云:青天;高空。大意是:我万万想不到,您竟然凭借自己的才能而平步青云,升迁到如此尊贵的地位。)范雎念及须贾以绨袍相赠,有故人情意,没有追究前仇,让他回国复命去了。后用此语表示不忘旧日友情,也指贫寒时朋友的关怀。举例 ① 唐·白居易《醉后狂言酬赠萧殷二协律》:“宾客不见绨袍惠,黎庶未沾襦(rú)袴(kù)恩。”② 宋·刘克庄《贺新郎·六用韵叙谪(zhé)仙事为宫教兄寿》:“叹今人布衣交薄,绨袍情少。”③《聊斋志异·嫦娥》:“(颠当)笑曰:‘曩(nǎng)试君心耳,幸绨袍之意犹存。’”④ 清·徐文炟(dá)《浙东别友人》:“感君多意气,不必赠绨袍。”

绨袍意 tí páo yì 同“绨袍”。举例 宋·王安石《和耿天骘(zhì)》:“故人恋恋绨袍意,岂为哀怜范叔寒。”

绨袍赠 tí páo zèng 同“绨袍”。举例 唐·高适《咏史》:“尚有绨袍赠,应怜范叔寒。”

范叔袍 fàn shū páo 同“绨袍”。范叔:指范雎。举例 宋·周麟之《愁怀》:“兴引渊明酒,寒侵范叔袍。”

范叔寒 fàn shū hán 同“绨袍”。范叔:指范雎。举例 宋·苏轼《八月十日夜看月有怀》:“今年还看去年月,露冷遥知范叔寒。”

一寒如此 yī hán rú cǐ 见“绨袍”。形容极其贫困潦倒。举例 元·方回《次韵许大初见赠》:“赖是同乡复同味,一寒如此遽(jù)春还。”

T

平步青云 píng bù qīng yún 见“绨袍”。平步：从平地迈步。此语比喻人的境遇突然转好，一下子轻易地登上很高的官位。举例 ①宋·袁文《瓮牖（yǒu）闲评》卷三：“廉宣仲才高，幼年及第，宰相张邦昌纳为婿。当徽宗时，自谓平步青云。”②《镜花缘》第九回：“林之洋拍手笑道：‘妹夫如今竟是平步青云了。’”③《上海的早晨》第三部四十七：“有了广大的代表性，便可一帆风顺，在工商界平步青云。”

平步登天 píng bù dēng tiān 同“平步青云”。举例 ①《喻世明言·木绵庵郑虎臣抱冤》：“只在此三日内自有奇遇，平步登天。”②《死水微澜》第二部分五：“因她深知，假使她能平步登天一下置身到成都的大户人家，这必须借重韩二奶奶的大力，如今哩，万事全空了！”

平步青霄 píng bù qīng xiāo 同“平步青云”。举例 元·金仁杰《追韩信》第一折：“有一日平步青霄，不信鸿鹄同燕雀。”

平地登云 píng dì dēng yún 同“平步青云”。举例《金瓶梅词话》第二十九回：“若你克我者为官鬼，必主平地登云之喜，添官进禄之荣。”

平地青云 píng dì qīng yún 同“平步青云”。举例 ①金·元好问《送端甫西行》：“渭城朝雨三年别，平地青云万里程。”②梁启超《论中国与欧洲国体异同》二：“自唐以降，设科取士，平地青云，更无论矣。”

青云得意 qīng yún dé yì 见“绨袍”，比喻官场得意。举例 宋·辛弃疾《沁园春》：“况白头能几，定应独往；青云得意，见说长存。”

青云直上 qīng yún zhí shàng 见“绨袍”。直上：直线上升。此语形容十分迅速地升迁到很高的地位。举例 ①唐·刘禹锡《寄毗（pí）陵杨给事》之二：“青云直上无多地，却要斜飞取势回。”②《儿女英雄传》第十九回：“但我虽不曾中那进士，却也教育了无数英才，看将起来，大半要青云直上。”③《李自成》第一卷五章：“洪承畴是万历年间的进士出身，登第时年岁很轻，从此步步青云直上，一帆风顺。”④丁玲《风雨中忆萧红》：“人的伟大也不是能乘风而起，青云直上，也不只是能抵抗横逆之来，而是能在阴霾（mái）的气压下，打开局面，指示光明。”

直上青云 zhí shàng qīng yún 同“青云直上”。举例 ①唐·李白《驾去温泉宫后赠杨山人》：“忽蒙白日回景光，直上青云升羽翼。”②《上海的早晨》第三部三十一：“跟在史步云左右，他在工商界的地位便可以步步高升，直上青云了。”

T

题凤 tí fèng

出处《世说新语·简傲》。解说 题：写上。嵇康是三国时魏国文学家，被列为“竹林七贤”之一。嵇康的哥哥嵇喜，却是一个热衷名利之人，清流名士都讨厌他，不愿意与其来往。名士吕安是嵇康的好朋友，有一天登门拜访，恰巧嵇康有事外出不在家。嵇喜听说吕安来了，殷勤地邀请他进去坐，吕安鄙视地瞥了嵇喜两眼，然后在门上题写了一个大大的“鳳（凤）”字就转身离去了。嵇喜不解其意，还以为是对他的赞美，心里沾沾自喜。等到嵇康回家指出才明白，繁体字“鳳”是从鳥（鸟）凡声的形声字，拆开了就是“凡”和“鳥”，原来吕安讽刺嵇喜不过是一只平凡的鸟，即碌碌无为的平庸之人而已。后用此语指高贵贤达者来访，或泛指访友不遇。参见 482 页“青白眼”。举例 ① 唐·罗隐《秋晓寄友人》：“手中彩笔夸题凤，天上泥封奖狎鸥。”② 宋·徐积《答李闳（hóng）中节推》：“凡禽鸟识甘题凤，野兽难分误比麟。”

到门题凤 dào mén tí fèng 同“题凤”。举例 元·陈秀民《自城东复向感化旧居留别徐德厚》：“暇日清游可乘兴，到门题凤亦风流。”

题凡鸟 tí fán niǎo 同“题凤”。举例 唐·王维《春日与裴迪过新昌里访吕逸人不遇》：“到门不敢题凡鸟，看竹何须问主人。”

凡鸟 fán niǎo 见“题凤”。原指普通的鸟，比喻庸才俗士。举例 ① 唐·张九龄《杂诗》之二：“凡鸟已相噪，凤凰安得知。”② 唐·李群玉《别狄佩》：“花柳不自言，凡鸟何由知。”

题字 tí zì 同“题凤”。举例 宋·刘克庄《水龙吟》：“柴门草户，阙人守舍，任伊题字。”

天府之国 tiān fǔ zhī guó

出处《战国策·秦策一》。解说 天府：天然的府库。国：指地区。战国时，纵横家苏秦最初主张“连横”，曾游说秦国的秦惠王说：“大王之国，西有巴蜀、汉中之利，东有肴、函之固，田肥美，民殷富，战车万乘，奋击百万，沃野千里，蓄积饶多，地势形便。此所谓天府，天下之雄国也。”此语原指地势险峻、土地肥沃、物产丰富的地方，特指四川或以成都平原为中心的富庶之地。参见 472 页“前倨后恭”。举例 ① 唐·陈子昂《临邛（qióng）县令封君遗爱碑》：“夫蜀都天府之国，金城铁冶，而俗以财雄。”② 吴玉章《从甲午战争前后到辛亥革命前后的回忆》七：“原来四川是很富庶的地方，但自清朝政府残酷地镇压了明末四川的农民起义以来……天府之国成了人间地狱。”③ 碧野《汉水滔滔》：“长江是祖国的粮仓——上有‘天府之国’，中有肥沃的江汉平原，下有富庶的江南。”

天经地义 tiān jīng dì yì

出处《左传·昭公二十五年》。解说 经：常规；原则。义：正理；准则。春秋时，晋国大夫赵简子(赵鞅)向郑国的正卿子太叔(游吉)请教什么叫“礼”。子太叔答道:“夫礼,天之经也,地之义也,民之行也。”(大意是:礼,是天之常道,地之正理,百姓行为的准则。)后用此语形容事物理所当然,无可非议。也指绝对正确、不可更改也不容置疑的道理。举例 ① 晋·潘岳《世祖武皇帝诔》:“永言孝思,天经地义。”② 闻一多《可怕的冷静》:“如果抗战是天经地义,不要忘记当年的青年,便是撑持这天经地义最有力的支柱。”③《艳阳天》第九十五章:“不劳动不得食,这是新社会的章程,也是天经地义的道理。”

天时地利人和 tiān shí dì lì rén hé

出处《孟子·公孙丑下》。解说 天时:指气候、时机等的有利条件。地利:指自然地理上的有利条件。人和:指得人心或人事方面的有利条件。战国时,有人请教孟子说:“从决定战争胜负方面来说,天时、地利、人和这三者哪一个更重要?”孟子答道:“天时不如地利,地利不如人和。”他认为“人和”最重要,并进一步解释说:“时机好,地势不好,难以取胜;时机好,地势也好,如果不得民心,还是难以取胜。”后用此语形容气候、时机、地理和人事等方面的条件都有利。参见162页“得道多助,失道寡助”。举例 ①《孙膑兵法·月战》:“天时、地利、人和,三者不得,虽胜有殃。”②《斩鬼传》第八回:“咸渊想了一会,道:‘行兵须要天时、地利、人和。为今之计,地利、人和倒用不着了,是要讲天时了。’”③ 陈毅《过太行山书怀》:“更有人和胜天时,地利攻守相攸关。”

天时地利 tiān shí dì lì 见“天时地利人和”。指气候、时机和地理等方面的条件都有利。举例《三千里江山》:“这一场战斗,吴天宝凭着勇敢,凭着机智,利用他所能掌握的天时地利,终于把敌人打败,打的粉碎。”

地利人和 dì lì rén hé 见“天时地利人和”。指地理条件优越,得人心或群众基础、群众关系好。举例 ①《晋书·孙楚传》:“然臣之所怀,窃有未安,以为帝王之兴,莫不惜地利人和以建功业,贵能以义平暴,因而抚之。”② 毛泽东《井冈山的斗争》:“虽然犯了一次错误,红军已卷土重来此地利人和之边界,前途希望还是不恶。”

天衣无缝 tiān yī wú fèng

出处《太平广记》卷六十八引前蜀·牛峤《灵怪录·郭翰》。解说 天衣:天上神仙穿的衣服。传说古时候有个叫郭翰的人,盛夏之夜独自躺在院子里的床榻上乘凉。只见明月高挂,清风徐来,香气满院,一位异常美丽的仙女从天上飘然而下。郭翰见仙女所穿衣服没有衣缝，觉得很奇怪。仙女解释说："天衣本非针线为也。"（大意是：天上仙人穿的衣服，不是用剪刀剪、针线缝的，因而没有衣缝。）后用此语比喻诗文、话语等浑然天成，完美自然，找不出什么毛病。也比喻做事干净利落，没有丝毫破绽。举例 ① 宋·周密《浩然斋雅谈》卷中："对偶之佳者……数联皆天衣无缝，妙合自然。"②《孽海花》第五回："唐卿兄挖补手段，真是天衣无缝。"③ 老舍《戏剧语言》："白话的散文并不排斥文言中的用语，但必须巧为运用，善于结合，天衣无缝。"④《上海的早晨》第四部二十七："潘信诚究竟是与众不同，这一番话说得多么天衣无缝，又多么干净利索。"

无缝天衣 wú fèng tiān yī 同"天衣无缝"。举例 清·梁章钜《归田琐记·南万柳堂》："次韵之作，能如无缝天衣，自非老手莫办。"

铁砚磨穿 tiě yàn mó chuān

出处《新五代史·桑维翰传》。解说 铁砚：铁铸的砚台。磨穿：磨出孔洞。桑维翰是五代后晋时人，从小刻苦读书，颇有几分才气。据说桑维翰第一次参加进士考试时，主考官认为"桑"与"丧"同音，他的姓不吉利，心生厌恶，因而没有录取。有人劝他放弃科举考试，另寻途径做官。但桑维翰矢志不移，一心考取功名。他请工匠专门铸造了一块铁砚，摆放在书桌上，慷慨激昂地说："砚弊，则改而佗（tā）仕。"（弊：残破；损坏。佗：同"他"，其他。大意是：如果这块铁砚被磨穿了还未能考中，我再另找出路。）他从此更加发奋读书，终于考中进士，后来官至中书侍郎平章事。后用此语形容刻苦攻读、坚持不懈的学习精神，或书法功夫精深。举例 ① 宋·释觉范《陈生携文见过》："遗编家世丹青着，铁砚磨穿未肯休。"② 元·汪元亨《折桂令·归隐》："费十年灯火窗前，将铅椠（qiàn）书残，铁砚磨穿。"

磨穿铁砚 mó chuān tiě yàn 同"铁砚磨穿"。举例 元·范康《竹叶舟》第一折："坐破寒毡，磨穿铁砚。自夸经史如流，拾他青紫，唾手不须忧。"

铁砚穿 tiě yàn chuān 同"铁砚磨穿"。穿：磨穿。举例 宋·陆游《寒夜读书》："韦编屡绝铁砚穿，口诵手钞（抄）那计年？"

T

同仇敌忾 tóng chóu dí kài

出处《诗经·秦风·无衣》："与子同仇。"又见《左传·文公四年》："诸侯敌王所忾，而献其功。"解说 同仇：共同对敌。忾：愤恨。敌忾：抵抗所愤恨的人。子：对对方的尊称，相当于"您"。《诗经》原文大意是：与您共同对敌。《左传》原文大意是：

诸侯共同抵抗周朝天子所愤恨的人，建立战功。后用此语指共同怀着仇恨和愤怒，齐心协力打击敌人。举例 ① 清·魏源《寰海》之十："同仇敌忾士心齐，呼市俄闻十万师。"② 瞿秋白《乱弹·狗样的英雄》："一望见穿上制服的人，就发生同仇敌忾之心，马上想动手收拾掉他。"③《大刀记》第五章："（人民）为了抗日救国的伟大事业，正在同仇敌忾，英勇奋战，抗击日本侵略者。"

同仇敌慨 tóng chóu dí kǎi 同"同仇敌忾"。举例 鲁迅《且介亭杂文二集·五论"文人相轻"——明术》："读者大众的对于某一作者，是未必和'批评'或'批判'者同仇敌慨的。"

同寅 tóng yín

出处《尚书·皋陶（gāo yáo）谟（mó）》："百僚师师，百工惟时……同寅协恭，和衷哉。"解说 皋陶是传说中东夷族的首领，被舜任命为掌管刑法的官。原文是皋陶在舜帝面前对禹说的话，意思是百官同僚应当兢兢业业，相互尊重，同心协力，恭谨事君，辅佐朝政。后用此语指同僚，即在一起做官的人。举例 ① 宋·张镃（zī）《送赵季言知抚州》："同寅心契每难忘，林野投闲话最长。"②《红楼梦》第二回："（贾雨村）虽才干优长，未免贪酷，且恃才侮上，那同寅皆侧目而视。"③《死水微澜》第五部分十一："（郝达三）官场中也有几个同寅往来。"

老寅台 lǎo yín tái 见"同寅"。旧时对同僚的尊称。举例《儒林外史》第二十三回："倒没甚么事，只有个做诗的朋友在贵治，叫做牛布衣，老寅台青目一二，足感盛情。"

铜琶铁板 tóng pá tiě bǎn

出处 宋·俞文豹《吹剑续录》。解说 铜琶、铁板：两种伴奏乐器。北宋时文学家苏轼有一天在翰林院向一位擅于讴歌词章的人问道："据你看，我写的词与柳永相比怎么样？"那个人答道："柳永的词适于十七八岁的少女，手持红牙拍板，唱'杨柳岸晓风残月'；学士您的词适于关西大汉，怀抱铜琵琶，手持铁拍板，唱'大江东去'。"苏轼听了，不由得哈哈大笑。后用此语指词曲的风格气势雄壮、激越豪放。举例 ① 清·梁绍壬《两般秋雨盦（ān）随笔·京师梨园》："其间粉墨登场，丹青变相，铜琶铁板，'大江东'高调凌云。"②《二十年目睹之怪现状》第四十九回："铜琶铁板声声恨，剩馥残膏字字哀。"③ 柳亚子《中秋泛灯词同大觉作》："收拾铜琶铁板曲，红牙低按泛灯词。"

T

铁板铜琶 tiě bǎn tóng pá 同"铜琶铁板"。举例 清·二石生《十洲春语·评花小诗》:"铁板铜琶唱大江,西来潮气未全降。"

铁板铜琵 tiě bǎn tóng pí 同"铜琶铁板"。举例 李光《寄怀亚子》:"铁板铜琵销歇久,使君还唱'大江东'。"

铜驼荆棘 tóng tuó jīng jí

出处《晋书·索靖传》。解说 铜驼:铜制的骆驼,古代置于宫门外。荆棘:丛生的带刺小灌木。索靖是西晋时人,官至征南司马,擅长书法。他具有远见卓识,看到西晋末年社会动荡,预知天下将大乱,有一天用手指着洛阳宫门前的铜骆驼叹息道:"会见汝在荆棘中耳!"(大意是:不久将会看见你倒卧在荆棘杂草之中!)索靖的意思是说,时局动荡不安将会造成亡国的结果。果然,西晋不久就灭亡了。后用此语形容国家衰亡或变乱后,京城的残败凄凉景象。举例 ① 宋·陆游《春晴》之二:"自笑此生余几许,铜驼荆棘尚关情。"② 明·李逊之《三朝野纪序》:"倘读之有兴故国故君之思,怀铜驼荆棘之感者,吾且欲凭吊于断简残编之中,相与悲歌当经也已!"③《唐史演义》第九十四回:"沿途一带,已是荒凉满目,触景生悲,及入都城,更觉得铜驼荆棘,狐兔纵横。"

荆棘铜驼 jīng jí tóng tuó 同"铜驼荆棘"。举例 宋·陆游《醉题》:"只愁又踏关河路,荆棘铜驼使我悲。"

铜驼恨 tóng tuó hèn 见"铜驼荆棘"。指亡国之恨。举例 宋·文天祥《满江红·代王夫人作》:"彩云散,香尘灭,铜驼恨,那堪说! 想男儿慷慨,嚼穿龈血。"

铜驼 tóng tuó 见"铜驼荆棘"。指故都或故国。举例 ① 宋·刘辰翁《唐多令》:"落叶女墙头,铜驼无恙不? 看青山、白骨堆愁。"② 清·秋瑾《日人石井君索和》:"铜驼已陷悲回首,汗马终惭未有功。"

铜臭 tóng xiù

出处《后汉书·崔烈传》。解说 铜:指铜钱。臭:气味。东汉灵帝时,国家财政困窘,于是朝廷开鸿都门,公开出卖官爵。崔烈用五百万钱买到司徒的官职。有一天,他问儿子崔钧说:"我高居三公之位,不知人们怎么说?"崔钧回答道:"人们纷纷议论说,您登三公之位,令天下失望。"崔烈问:"为什么呢?"崔钧回答:"论者嫌其铜臭。"(大意是:发表议论的人嫌您身上有铜钱的气味。)此语原指铜钱的气味,讥讽用钱买官或为富不仁的人,也讥讽人只认钱财,唯利是图。含有鄙视之意。举例 ① 宋·梅尧臣《和范景仁王景彝〈殿中杂题三十八首〉并次韵·诗癖》:"试看一生铜臭者,羡他等第亦何频。"② 巴金《谈〈憩(qì)园〉》:"他们吐出了那么多的铜臭,教人给憋得透不过气来。"☞这里"铜臭"的"臭"不读 chòu。

崔烈富 cuī liè fù 见"铜臭"。举例 元·汪元亨《折桂令·归隐》:"崔烈富一生铜臭,伯夷贫千古清声。"

痛饮黄龙 tòng yǐn huáng lóng

出处《宋史·岳飞传》。解说 黄龙:即黄龙府,辖地在今吉林省境内,曾为金国的都城。南宋初年,抗金名将岳飞屡次挫败金兵,收复了大片失地,还准备渡过黄河,向北追击。当时,有金兵大将韩常带领五万兵马来投降,岳飞大喜,对部下说:"直捣黄龙府,与诸君痛饮耳!"(大意是:我们要直接打到金国的老巢黄龙府,到了那里再与你们开怀畅饮,庆贺胜利!)此语指彻底打垮或消灭敌人后,痛饮庆功酒。表示收复失地、克敌制胜的豪情壮志。举例 ① 明·郑善夫《武穆吟》:"国耻犹未雪,百胜何足数。誓将与诸君,痛饮黄龙府。"② 朱德《和郭沫若登尔雅台怀人》:"内忧外患澄清日,痛饮黄龙定约君。"③ 徐迟《火中的凤凰》:"这是痛饮黄龙之日,解放区、国统区的旧友新知,重聚古柏下、芍药旁,谈天说地了。"☞"痛饮黄龙"中的"黄龙",不是酒名。

黄龙痛饮 huáng lóng tòng yǐn 同"痛饮黄龙"。举例 ① 清·朱国权《岳武穆墓》:"白马怒涛人共恨,黄龙痛饮事皆空。"② 郁达夫《祝中兴俱乐部两周年纪念》:"黄龙痛饮须臾事,伫(zhù)待南颁报捷辞。"

饮黄龙 yǐn huáng lóng 同"痛饮黄龙"。举例 ① 清·杜羲《满江红·渭北终南》:"想男儿,立志饮黄龙,一杯酒。"② 柳亚子《元旦》:"我亦椒花新献颂,摩挲(suō)杯勺饮黄龙。"③ 陈毅《哭彭雪枫同志》:"服务人民事,廿年战血红。知君无限恨,未得饮黄龙。"

直捣黄龙 zhí dǎo huáng lóng 见"痛饮黄龙"。比喻一鼓作气攻入或捣毁敌人老巢,取得战斗的最后胜利。举例 ① 清·蒲松龄《代王玉斧戏答王抡史》:"他日直捣黄龙,纵军旁掠,则切肤之灾,弟亦不能卵翼之矣。"② 吴玉章《和印泉老兄"七七"三年抗战纪念感赋原韵》:"直捣黄龙君莫懈,福星高照古神州。"

投笔从戎 tóu bǐ cóng róng

出处《后汉书·班超传》。解说 投:扔掉。戎:军队。从戎:从军。东汉人班超年轻时勤奋好学,志向远大,由于家境贫寒,经常给官府抄写文书补贴家用。有一天,他正在抄写时，听说北方匈奴又来侵犯汉朝边境，愤然站起身，把笔猛地一扔说："大丈夫无它志略，犹当效傅介子、张骞（qiān）立功异域，以取封侯。安能久事笔研间乎？"（傅介子：西汉时人，因西域楼兰贵族联合匈奴侵汉，利用出使之机，刺杀楼兰王，后封义阳侯。张骞：西汉时人，奉命出使西域，开通"丝绸之路"，后封博望侯。大意是：男子汉大丈夫即使没有其他什么志向，也应该像傅介子、张骞那样，在战场上建功立业，怎么能长期地埋头于笔砚之间呢？）班超不久就入伍当了军官，驰骋疆场，成为一员名将，并多次代表汉朝出使西域，被封为定远侯。后用此语指文人投身军旅生涯，施展抱负。举例 ① 唐·陈子昂《为金吾将军陈令英请免官表》："始年十八，投笔从戎，西逾流沙，东绝沧海，南征北伐，无所不至。"②《青春之歌》第二部二十七章："如果我现在是二十几岁的青年，我要立刻投笔从戎，雪此国耻。"③ 冰心《悼郭老》："我们也听到诗人在大革命时代投笔从戎，以后又到了日本。"④《李自成》第二卷二十二章："他像同世交子弟闲话一样，问了问贺人龙的家庭情形，'投笔从戎'的经过。"

班超投笔 bān chāo tóu bǐ 同"投笔从戎"。举例 ① 宋·辛弃疾《水调歌头》："莫学班超投笔，纵得封侯万里，憔悴老边州。"② 清·黄遵宪《过安南西贡有感》："班超投笔气如山，万里封侯出玉关。"

投笔 tóu bǐ 同"投笔从戎"。举例 ① 唐·王勃《秋日登洪府滕王阁饯别序》："无路请缨，等终军之弱冠；有怀投笔，慕宗悫（què）之长风。"② 宋·陆游《独酌有怀南郑》："投笔书生古来有，从军乐事世间无。"

弃笔 qì bǐ 同"投笔从戎"。举例 唐·骆宾王《祭赵郎将文》："弃笔文场，早徇封侯之志。"

弃笔砚 qì bǐ yàn 同"投笔从戎"。举例 唐·崔融《塞垣（yuán）行》："一朝弃笔砚，十年操戈戟。"

投鞭 tóu biān

T

出处《晋书·苻（fú）坚载记下》。解说 东晋孝武帝太元年间，前秦王苻坚统一北方后，准备调集百万大军，乘势一举灭掉东晋。大臣石越认为晋朝退守江南，有长江天险，易守难攻，因而建议暂时不要轻举妄动。苻坚不以为然地说：长江又有什么了不起，"以吾之众旅，投鞭于江，足断其流，何险之足恃？"。（恃：依赖；倚仗。大意是：以我军队人数之众多，只消把手中的马鞭子投进长江，就足以截断湍急的流水，还有什么险固可以凭依？）苻坚不听劝阻，执意出兵，亲自率军攻晋。然而骄兵必败，前秦于淝水一战失利，从此衰落不振。后用此语比喻将士众多，兵力强大。举例 唐·李白

《登金陵冶城西北谢安墩》:“投鞭可填江,一扫何足论。”

投鞭断流 tóu biān duàn liú 同“投鞭”。举例 ① 宋·李流谦《送虞宜枢序》:“方今人大举,万艘凭江,投鞭断流,意无坚阵。”② 清·魏源《默觚(gū)下·治篇十六》:“或有见于多多益善之说,而败于投鞭断流。”

天堑投鞭 tiān qiàn tóu biān 同“投鞭”。举例 明·郑成功《出师讨满夷自瓜州至金陵》:“试看天堑投鞭渡,不信中原不姓朱。”

投鼠忌器 tóu shǔ jì qì

出处《汉书·贾谊传》。解说 投:用东西去掷。忌:顾忌;有所顾虑。器:器皿;用具。贾谊是西汉文帝时的政论家、文学家,曾官任太中大夫。《治安策》是贾谊给皇帝上的奏疏,其中谈到建立严格的封建等级制度,当皇帝身边的皇亲贵族、王侯大臣犯错误时,应当用“廉耻节礼”等封建道德予以约束,而不能像处罚普通百姓那样施以肉刑,以免对皇帝造成损害。贾谊打了个比方说:“里谚曰:‘欲投鼠而忌器。’此善谕也。鼠近于器,尚惮不投,恐伤其器,况于贵臣之近主乎!”(惮:怕;有顾忌。原文大意是:民间谚语说:“想要掷东西打老鼠,但又担心损坏宝贵器物。”这是一个很好的比喻。老鼠距离器物太近了,尚且心存顾忌而不敢投掷,担心损坏器物,更何况皇亲贵族、王侯大臣与皇帝有密切的关系呢!)后用此语比喻铲除恶人或做事有所顾忌,不敢放手进行,担心祸及他人或造成不良后果。举例 ① 明·杨珽(tǐng)《龙膏记·罗织》:“为他是丞相上宾,投鼠忌器,只得且忍耐了。”②《红楼梦》第六十一回回目:“投鼠忌器宝玉瞒赃,判冤决狱平儿行权。”③ 清·袁枚《贵人出巡歌》:“投鼠忌器隐忍多,积习成风人世苦。”④《小城春秋》第三十一章:“他也知道吴七背后有极复杂的角头势力,也知道公安局对吴七这帮子一向是‘投鼠忌器’。”

投鼠之忌 tóu shǔ zhī jì 同“投鼠忌器”。举例《聊斋志异·梅女》:“某即有罪,倘死于寓所,则咎在小生。请少存投鼠之忌。”

T

图南 tú nán

出处《庄子·逍遥游》:“鹏之徙于南冥也,水击三千里,抟(tuán)扶摇而上者九万里。”解说 图:谋划;谋取。鹏:传说中的大鸟。扶摇:急剧盘旋而上的暴风。抟:盘旋;环绕。传说北方大海里有一条巨大无比的鱼,名叫鲲,身长竟达几千里。它能变成一只巨大无比的鸟,名叫鹏,振翅飞起,张开的翅膀就像遮住半边天上黑压压的乌云。每当冬季来临,大鹏从北海往南海迁徙,起飞时翅膀一扇动,激起三千里的巨浪,乘着一阵急剧盘旋而上的暴风,直上云霄,高至九万里。后用此语比喻志向远大,前途无限。举例 ① 南朝宋·谢灵运《撰征赋》:"惜图南之启运,恨鹏翼之未举。"② 唐·杜甫《泊岳阳城下》:"图南未可料,变化有鲲鹏。"③ 陈去病《恻恻》:"图南此去舒长翮(hé),逐北何年奏凯歌。"

鹏图 péng tú 同"鹏程"。举例 唐·杜甫《奉赠萧二十使君》:"鹏图仍矫翼,熊轼且移轮。"

鹏程 péng chéng 见"图南"。比喻远大的志向、无限的前途。举例 宋·道潜《次韵孔天瑞秀才见寄》:"来岁如今好时节,看君高步蹑鹏程。"

鹏程万里 péng chéng wàn lǐ 同"图南"。程:路程;里程。举例 ① 元·无名氏《渔樵记》第一折:"俺也曾橐(dù)简三冬依雪聚,怕不的鹏程万里信风扶。"② 明·杨珽(tǐng)《龙膏记·开阁》:"莫叹儒冠久误身,鹏程万里终当奋。"③《青春之歌》第一部二十二章:"戴先生,他很聪明。鹏程万里,好自为之吧!"

鹏举 péng jǔ 同"图南"。举例 唐·高适《别王彻》:"时辈想鹏举,他人嗟(jiē)陆沉。"

鹏翼 péng yì 见"图南"。原指大鹏的翅膀,比喻仕途显达的人。举例 ① 宋·苏轼《念奴娇·中秋》:"便欲乘风,翻然归去,何用骑鹏翼。"② 唐·张说《唐故豫州刺史魏君碑》:"落鹏翼于半霄,负天之力莫展。"

扶摇直上 fú yáo zhí shàng 见"图南"。原指乘着风势快速上升,后形容地位、名声、价值等迅速上升,或事物发展的速度极快。举例 ①《西游记》第七十七回:"只有那第三个妖魔不伏。腾开翅,丢了方天戟,扶摇直上,轮利爪要刁捉猴王。"②《官场现形记》第十二回:"班生此去……指日红旗报捷。什么司马、黄堂,都是指顾间事。即时扶摇直上,便与弟辈分隔云泥,真令人又羡又妒!"③《赤龙与丹凤》第一部十六:"从此,顾祝同的官运亨通,平步青云,扶摇直上。"④ 海笑《"天堂里"的雷声》一:"那个地区在他的主持下,农业生产扶摇直上。"

图穷 tú qióng

T

出处《战国策·燕策二》,又见《史记·刺客列传》。解说 图:指地图。穷:尽;终了。战国末年,秦国即将灭亡燕国,为了解除亡国的威胁,燕太子丹派勇士荆轲和秦武阳前往秦国,呈献燕国督亢的地图,借机行刺秦王。荆轲预先将一把锋利无比的匕首藏在卷着的地图中。荆轲和秦武阳来到秦国,在戒备森严的秦王宫殿上,他们把装着地图的匣子呈给秦王,荆轲从容镇定,而秦武阳却惧怕得脸色都变了。当秦王展开地图时,里面的匕首露出来,荆轲一个箭步冲上前去,左手扯住秦王衣袖,右手操起匕首刺向秦王,可是没有刺中。秦王挣脱衣袖,仓皇逃走。荆轲紧追不放,结果被围上来的秦王侍卫们乱剑杀死。后用此语比喻事情发展到最后,真相、本意完全显露出来,或形迹败露,处境窘促。参见369页“令人发指”。举例 ① 晋·陶潜《咏荆轲》:“图穷事自至,豪主正怔(zhēng)营。”② 陈毅《为苏南摩擦答某君》:“投降缘底事,敌伪已图穷。”

图穷匕首见 tú qióng bǐ shǒu xiàn 同“图穷”。见:同“现”,显露出来。举例 ① 孙中山《敬告同乡书》:“自弟有革命演说之后,彼之诈伪已无地可藏,图穷而匕首见矣。”② 陶菊隐《北洋军阀统治时期史话》第八十章:“这次谈话,双方针锋相对,已经到了图穷匕首见的最后阶段了。”☞“图穷匕首见”的“见”不读jiàn。

图穷匕见 tú qióng bǐ xiàn 同“图穷”。举例 ① 梁启超《与林迪臣太守书》:“抉择既熟,图穷匕见,乃幡然知泰西之法,确有可采。”② 叶圣陶《一个青年》:“不意先生乃蓄别抱,图穷匕见,爰(yuán)有斯言。”☞“图穷匕见”的“见”不读jiàn。

武阳死灰人 wǔ yáng sǐ huī rén 见“图穷”。指临危退缩的人。举例 唐·李白《结客少年场行》:“武阳死灰人,安可与成功?”

一去不复返 yī qù bù fù fǎn 见“图穷”。返:回来。荆轲行刺失败而被杀,没有能够回来。原指一去就不再回来了,后形容事物已成陈迹,不会再重现。举例 ① 唐·崔颢(hào)《黄鹤楼》:“黄鹤一去不复返,白云千载空悠悠。”② 朱自清《匆匆》:“你告诉我,我们的日子为什么一去不复返呢?”③ 毛泽东《关于正确处理人民内部矛盾的问题》:“人民所厌恶的国家分裂和混乱的局面,已经一去不复返了。”

一去不返 yī qù bù fǎn 同“一去不复返”。举例《啼笑因缘续集》第十回:“沈国英先生,李永胜先生……你们果然一去不返了。”

涂抹 tú mǒ

出处 唐·卢仝(tóng)《云添丁》。解说 唐朝诗人卢仝有个儿子名叫添丁,喜欢乱涂乱写,常把卢仝的书册弄得又脏又乱。卢仝因此写了一首诗,其中有这样一句:“忽来案上翻墨汁,涂抹诗书如老鸦。”把儿子的顽皮和自己的无奈描写得惟妙惟肖。此语原指儿子乱写乱画的顽皮行为,后比喻书画或文字水平拙劣,胡乱涂写。常用作谦辞。举例 宋·陈亮《与韩无咎尚书》:“今但与妻孥并力耕桑以图温饱,虽书册亦已一切弃去,况更能修饰语言,作少年涂抹事乎!”

涂鸦 tú yā 同“涂抹”。举例 ①《聊斋志异·娇娜》:“先生不弃顽儿,遂肯赐教。小子初学涂鸦,勿以友故,行辈视之也。”②《孽海花》第十四回:“这是小女涂鸦之作,贤弟休要见笑。”③ 柳亚子《寄题黎沙纪念碑及铜像》:“愧我驱车悭(qiān)下拜,吟成未敢惜涂鸦。"

信笔涂鸦 xìn bǐ tú yā 同"涂抹"。举例 清·李渔《意中缘·先订》:"僻处蛮乡,无师讲究,不过信笔涂鸦,怎经得大方品骘(zhì)。"

书涂嫩鸭 shū tú nèn yā 同"涂抹"。举例 明·汤显祖《牡丹亭·闺塾》:"女郎行那里应文科判衙,止不过识字儿书涂嫩鸭。"

屠龙 tú lóng

出处《庄子·列御寇》。解说 屠:宰杀。传说古时候有个人叫朱泙(pēng)漫,变卖了全部家产到外地去学习技艺。三年之后回到家乡,人们问他学会了什么技艺,他得意地说:"我拜杀龙能手支离益为师,学会了屠龙绝技。"人们听了,哄堂大笑地问他:"你学的屠龙绝技有什么用?哪里有龙需要你来杀呢?"此语原指宰杀蛟龙的本领,比喻手法高超却无实际用处的技艺,有时用于讽刺那些脱离实际的所谓的高超技艺或高妙理论。举例 ① 唐·张怀瓘(guàn)《书估》:"声闻虽美,功业未遒,空有望于屠龙,竟难成于画虎。"② 明·归有光《乙卯冬留别安亭诸友》:"弹雀人多笑,屠龙世久嗤(chī)。"③ 清·黄宗羲《叙陈言扬勾股述》:"及至学成屠龙之技,不但无所用,且无可语者。"

屠龙技 tú lóng jì 同"屠龙"。技:技能;本领。举例 ① 宋·陆游《脊千峰榭》:"一生未售屠龙技,万里犹思汗马功。"② 清·刘献廷《幽居》之一:"十年剩学屠龙技,千里谁知老骥心。"

屠龙破产 tú lóng pò chǎn 见"屠龙"。比喻所掌握的技艺虽然高超,却毫无实用价值。举例 宋·曾巩《冬晓书怀》:"屠龙破产习已妄,画蛇著足弃未能。"

屠龙手 tú lóng shǒu 见"屠龙"。指身怀绝技或有真才实学,而不为世人所知或不为世所用的人。举例 宋·苏轼《次韵张安道读杜诗》:"巨笔屠龙手,微言似马曹。"

土崩瓦解 tǔ bēng wǎ jiě

T

出处《淮南子·泰族训》。解说 崩:倒塌。瓦:瓦片。解:破裂。商代末年,君主商纣(zhòu)王暴虐无道,周武王姬发率领诸侯联军予以讨伐。两军在牧野(在今河南淇县南)决战时,纣王的军队彻底溃败,纣王逃回朝歌宫中,自焚而死,商朝灭亡。《淮南子》描绘牧野之战的场面说:"(周)武王左操黄钺(yuè),右执白旄以麾(huī)之,(纣之师)则瓦解而走,遂土崩而下。"(钺:古代一种像大斧的兵器。麾:指挥。走:跑;奔逃。原文大意是:周武王左手拿着金黄色的大板斧,右手挥动白色的令旗指挥大军进攻,[纣王的军队]很快就像瓦片破碎一样四散奔逃,像土山崩塌一样彻底溃败。)此语原指土山倒塌,瓦片破裂,比喻军队、政权等彻底溃败或垮台。参见159页“倒戈”。举例 ①《明史·李善长传》:“今元(朝)纲既紊,天下土崩瓦解。”② 鲁迅《华盖集·这个与那个》:“多有‘不耻最后’的人的民族,无论什么事,怕总不会一下子就‘土崩瓦解’的。”③ 毛泽东《第二次世界大战的转折点》:“德军猛攻不克,整个德奥土保阵线再也找不到出路,从此日益困难,众叛亲离,土崩瓦解,走到了最后的崩溃。”

瓦解土崩 wǎ jiě tǔ bēng 同“土崩瓦解”。举例 ① 严复《论世变之亟(jí)》:“究吾党之所为,盖不至于灭四千年之文物,而驯至于瓦解土崩,一涣而不可复收不止也。”②《晚霞消失的时候》第二章:“在这样的攻势下,我们的四个军相继瓦解土崩了。”

瓦解 wǎ jiě 见“土崩瓦解”。比喻力量崩溃、涣散。常用作动词,比喻使对方力量崩溃。举例 ① 清·孔尚任《桃花扇·和战》:“恨山河半倾,怎能重构,人心瓦解忘恩旧。”②《吕梁英雄传》第七十八回:“他们利用伪军家属和俘虏的伪军向碉堡喊话,瓦解敌人。”

兔死狐悲 tù sǐ hú bēi

出处《宋史·李全传》。解说 悲:悲伤。南宋时,山东农民起义军首领李全归附宋朝后,在一次与金兵作战中失败,投降了金朝。宋朝派太尉夏全率军攻打楚州,致使李全的处境十分危急。李全夫人杨妙真想到,夏全原来也是山东农民起义军的将领,后来归附宋朝,于是便派人私下里给夏全送去很多礼物,并求情说:“狐死兔泣,李氏灭,夏氏宁独存?”(大意是:狐狸和兔子属于同类。狐狸死了,兔子感到悲伤而哭泣。如果李全被消灭了,你夏全还能够单独活在世上吗?)夏全被买通,放过了李全。后用此语比喻因同类的死亡、失败等不幸而感到悲伤。常与“物伤其类”连用。举例 ① 元·无名氏《赚蒯(kuǎi)通》第四折:“今日油烹蒯通,正所谓兔死狐悲,芝焚蕙叹。请丞相自思之。”②《水浒传》第二十八回:“我和你是一般犯罪的人,特地报你知道。岂不闻‘兔死狐悲,物伤其类’?”③《三国演义》第八十九回:“兔死狐悲,物伤其类。吾与汝皆是各洞之主,往日无冤,何故害我?”④《四世同堂》六十四:“他虽和他们小夫妇不同行,也没有什么来往,可是到底他们与他都是卖艺的,兔死狐悲,他不能不难受。”

T

兔园册 tù yuán cè

出处 宋·孙光宪《北梦琐言》卷十九“兔园册”,又见宋·欧阳修《新五代史·刘岳传》、宋·晁公武《群斋读书志》。解说 唐代虞世南编有《兔园册府》，五代时流行民间，被作为私塾教授学童的课本。因其内容肤浅，故常受一般士大夫的轻视。后用此语指被见识浅陋的人奉为秘本的初级书籍。举例 ①金·元好问《送高信卿》："三冬兔园册，牧竖叫语粗。"②清·钱大昕《惠先生士奇传》："世宗御极，复命留任三年，粤士皆凫踊雀跃，争弃兔园册，专事经籍，而通经者愈多。"

兔园册子 tù yuán cè zi 同"兔园册"。举例 清·朱彝尊《书韵府群玉后》："夫韵府，学者每笑其弇(yǎn)陋，犹然识字，乃知勤于学者，虽《兔园册子》，正未可废尔。"

兔册 tù cè 同"兔园册"。举例 严复《救亡决论》："迨(dài)夫观风使至，群然挟兔册，裹饼饵，逐队唱名，俯首就案，不违功令，皆足求售，谬种流传，羌无一是。"

推敲 tuī qiāo

出处 后蜀·何光远《鉴戒录·贾忤旨》。解说 唐代诗人贾岛进京赶考时，有一天骑驴外出，路上想起两句诗："鸟宿池边树，僧推月下门。"又想，用"推"字似乎不如用"敲"字。他拿不定主意，一边琢磨，一边用手做出推或敲的姿势。这时，京兆尹韩愈的车驾正好从这里经过。差役见贾岛骑着驴，两手比比画画地乱闯，就把他带到韩愈面前。韩愈问明原委，思量了一会儿说："还是用'敲'字吧，使夜静更深之时，多几分声响。静中有动，岂不更佳？"贾岛听了连连点头，从此与韩愈交上了朋友。后用此语形容写作时仔细斟酌词句，或反复琢磨问题。举例 ①清·孔尚任《桃花扇·投辕》："你的北来意费推敲，一封书信无名号。"②鲁迅《彷徨·祝福》："觉得偶尔的事，本没有深意义，而我偏要细细推敲。"③《山洪》二："三官认真的沉着脸，觉得这话值得推敲。"④《长恨歌》第三章："这点东西是不堪推敲的，推敲起来会是惨痛的。"

驴背推敲 lǘ bèi tuī qiāo 同"推敲"。举例 清·黄宗羲《明儒学案·白沙学案下》引陈献章诗："驴背推敲去，君知我是谁。"

推心置腹 tuī xīn zhì fù

T

出处《后汉书·光武帝纪上》。解说 推：移动。置：放置。西汉末年，汉朝宗室刘秀官任偏将军，被封为"萧王"。有一次，刘秀率兵打败了铜马农民起义军。起义军首领渠帅投降，被刘秀封为列侯。尽管如此，降军将领们的心里并不踏实，担心刘秀没有招安的诚意，不会真心信任他们。刘秀获悉这一情况后，便下令降将们各归本部统领原来的兵马，刘秀本人则只带领少数随从，骑马巡视各部，无丝毫戒备之意。这样一来，降将们深受感动，相互低语说："萧王推赤心置腹中，安得不投死乎！"（大意是：萧王以一片赤诚之心相待，就像掏出自己的心放到别人的肚子里一样，我们怎能不舍命为他出力呢！）后用此语比喻真心实意地对待别人。举例 ① 明·焦竑（hóng）《玉堂丛语·规讽》："李侍郎绍，江西安福人。与人交，必推心置腹，务尽忠告。"② 清·蒋士铨《临川梦·遣跛》："大人若推心置腹，叟虽衰疾，尚堪一往。"③ 章炳麟《民报一周年纪念会祝辞》："学生见他可用，就推心置腹，奉承个不了。"④《青春之歌》第一部五章："在艰难险厄的境地中，突然遇见了一个同情自己、而且救了自己生命的人，好像他乡遇故知，年轻的林道静便率直地推心置腹地把自己的身世、遭遇完全告诉了余永泽。"

推诚置腹 tuī chéng zhì fù 同"推心置腹"。举例《杨家将演义》第十三回："吾推诚置腹，何愁彼不宾服？"

退避三舍 tuì bì sān shè

出处《左传·僖公二十三年》。解说 三舍：古代行军计算距离，以三十里为一舍，三舍即九十里。春秋时，晋献公的儿子重耳逃亡来到楚国，楚成王认为重耳将来必有大作为，不但收留了他，而且待遇十分优厚。有一天，楚成王设宴招待重耳，酒席间，楚成王问重耳说："如果有一天你回晋国当上国君，准备怎么报答我呢？"重耳略加思索后回答道："美女、珍宝，大王应有尽有，晋国哪里有什么好东西献给您呢？"楚成王说："公子过谦了，话虽这么说，可总该对我有所回报吧？"重耳笑了笑说："若以君之灵，得反晋国，晋楚治兵，遇于中原，其避君三舍。若不获命，其左执鞭弭（mǐ），右属櫜（gāo）鞬，以与君周旋。"（反：同"返"，指归国。周旋：指相追逐。大意是：若是托您的福，我果真能回国当政的话，愿与贵国保持友好，假如不幸晋楚两国之间发生战争，我将命令晋国军队后撤三舍。那时候如果还不能得到您的原谅，我再骑马带着弓箭，与您交战。）后来，重耳回到晋国当了国君，即晋文公。在楚晋城濮之战中，晋文公信守诺言，下令军队暂时后退九十里。楚军统帅成得臣骄傲轻敌，见晋军后退，以为对方害怕了，马上追击，结果被晋军迂回包抄，遭到惨败。后用此语比喻为避免冲突而主动退让或回避，表示对对方的尊重。举例 ① 明·叶宪祖《鸾鎞（bī）记·京晤》："似你这般诗才，不怕杜羔不退避三舍。"②《镜花缘》第五十六回："二位姐姐学问，非独本郡众人所不能及，即天下闺才，亦当退避三舍哩。"③《儒林外史》第十回："两公子将书略翻几页，称赞道：'贤侄少年如此大才，我等俱要退避三舍矣。'"④《骚动之秋》第二十三章："岳鹏程想像得出老爷子会气成什么模样，因此只好退避三舍，想等老爷子气消了或回城里去之后，慢慢再说。"☞"退避三舍”的“舍”不读 shě。

避君三舍 bì jūn sān shè 同“退避三舍”。举例 宋·刘克庄《题蔡炷主簿诗卷》：“放子一头嗟我老，避君三舍与之平。”

避军三舍 bì jūn sān shè 同“退避三舍”。举例《叛女》十七：“但是笑声过后，越想越不是滋味，因为那个夕佳轩主总是不冷不热，避军三舍，实在令人恼火。”

退三舍 tuì sān shè 同“退避三舍”。举例 明·都穆《南濠诗话》：“本朝集句，虽多其人，盖不止于退三舍也。”

唾面自干 tuò miàn zì gān

出处 唐·刘肃《大唐新语·容恕》，又见《新唐书·娄师德传》。解说 唾：吐。唐代武则天在位时，娄师德官至同凤阁鸾台平章事（相当于宰相），他博识多才，屡建战功，政绩卓然，而且很有度量。娄师德的弟弟被任命为代州刺史，赴任之前来辞行，娄师德告诫弟弟说：我们兄弟二人都受到宠信，身居要职，恐怕会遭到嫉妒，你凡事都要注意忍让。弟弟说：放心吧，即使有人向我脸上吐唾沫，我自己擦干净就是了。娄师德说：“未也，洁之，是违其怒，正使自干耳。”（大意是：这样做还不行，你把唾沫擦掉，就是违背了别人发怒的意愿。应该使别人彻底消除怒气，让唾沫在脸上自己干掉。）后用此语形容为避免惹是生非，遭到污辱而不反抗，极度宽容忍让。举例 ① 明·焦竑《明故龙田包翁墓志铭》：“曰能耐辱，不能辱人，唾面自干，盖以书绅。”②《歧路灯》第六十七回：“（杜氏）劈脸啐了一口，这张娄村少不得学那娄师德唾面自干的度量。”③ 林语堂《中国人的国民性》三：“忍耐，和平，本来也是美德之一。但是过犹不及，在中国忍辱含垢，唾面自干已变成君子之德。”④ 鲁迅《且介亭杂文二集·七论“文人相轻”——两伤》：“由这情形，推而广之以至于文坛，真令人有不如逆来顺受，唾面自干之感。”

面能干唾 miàn néng gān tuò 同“唾面自干”。举例 宋·陆游《世事》：“世事如今尽伏输，面能干唾况其余。”

唾面慎勿拭 tuò miàn shèn wù shì 同“唾面自干”。举例 宋·苏轼《次韵答章传道见赠》：“唾面慎勿拭，出胯当俯就。”

唾面娄 tuò miàn lóu 见“唾面自干”。娄：娄师德。此语称遇事极度宽容忍让，遭到污辱而不反抗的人。举例 唐·唐彦谦《和陶渊明贫士诗》之四：“中年涉事熟，欲学唾面娄。”

师德量 shī dé liàng 同“唾面自干”。举例 宋·王十朋《将过万桥用前韵寄大年先之》：“师德量宽真耐事，沈郎诗瘦不胜衣。”

W

瓦釜雷鸣 wǎ fǔ léi míng

出处《楚辞·卜居》:"世溷(hùn)浊而不清,蝉翼为重,千钧为轻;黄钟毁弃,瓦釜雷鸣;谗人高张,贤士无名。"解说 瓦釜:陶土锅,比喻庸才。千钧:钧为古代重量单位,三十斤为一钧。千钧指重量很大。黄钟:古代乐音十二律之一,音色洪亮,这里代指乐器。原文大意是:人世间混浊不清,非常薄的蝉翼称为重,千钧反为轻;声音洪亮的黄钟被丢弃,陶土做的声音低沉的砂锅却轰然高鸣;奸邪小人飞扬跋扈,贤能之士却埋没无名。后用此语形容无德无才的人骄横得意,也用于谦称自己的作品。举例 ① 宋·黄庭坚《再次韵兼简履中南玉》之三:"经术貂蝉续狗尾,文章瓦釜作雷鸣。"② 郭沫若《为革命的民权而呼吁》:"人民有话不能言,言者无责可自负。其结果必然成为瓦釜雷鸣、黄钟毁弃的世界。"③ 韩少功《时间的作品》:"瓦釜雷鸣或指鹿为马,往往只能得逞于一地一时。"

瓦釜鸣 wǎ fǔ míng 同"瓦釜雷鸣"。举例 清·黄景仁《和容甫》:"谁令黄钟节,掩以瓦釜鸣。"

剜肉补疮 wān ròu bǔ chuāng

出处 唐·聂夷中《咏田家》:"二月卖新丝,五月粜(tiào)新谷。医得眼前疮,剜却心头肉。"解说 剜:用刀子挖取。疮:伤口。这首诗反映了晚唐时期社会动乱,农民生活困苦的情况。大意是:二月里幼蚕刚刚孵出,就把未收获的新丝预先卖掉了;五月里刚刚插秧,就把未收获的新谷预先卖掉了。这就如同为了救急,忍痛把好肉挖下来补到伤口上一样,那么,今后的日子可怎么过呢?后用此语比喻不顾后果,采用有害的手段或方法来解救眼前的急难。举例 ① 宋·朱熹《乞蠲(juān)减星子县税钱第二状》:"必从其说,则势无从出,不过剜肉补疮,以欺天罔人,不惟无益,而或反以为害。"②《二刻拍案惊奇》卷十五:"江老儿是老实人。若我不允女儿之事,他又剜肉补疮,别寻道路谢我,反为不美。"③《林家铺子》四:"为难的是人欠我欠之间尚差六百光景,那只有用剜肉补疮的方法拼命放盘卖贱货,且捞几个钱来渡过了眼前再说。"

剜肉医疮 wān ròu yī chuāng 同“剜肉补疮”。举例《明史·陶呈润传》:“是犹剜肉医疮,疮未瘳(chōu)而肉先溃。”

挖肉补疮 wā ròu bǔ chuāng 同“剜肉补疮”。举例 ①《民国通俗演义》第一二四回:“政府给他逼得无法可施,只得勉勉强强,挖肉补疮的筹给三百万元。”② 梁启超《外债平议》:“就财政上以论,外债之宜借者,不过为苟安目前,挖肉补疮之计。”

纨绔(袴) wán kù

出处《汉书·叙传上》。解说 绔:又作“袴”或“裤”。纨绔:用细绢做的裤子,泛指富家子弟穿的华美衣着。西汉时有个读书人名叫班伯,年轻时就对《诗经》很有研究,曾奉皇帝之命到未央宫金华殿讲授经学。“数年,金华之业绝,出与王、许子弟为群,在于绮襦(qǐ rú)纨绔之间,非其好也。”(大意是:几年后,金华殿授业传统中断,班伯便整天与皇帝的外戚王氏、许氏子弟们为伍。每天无所事事地跟这些衣着华美的青少年混在一起,实在是出于无奈。)后用此语指出身富贵人家的不务正业、游手好闲的子弟。举例 ① 唐·杜甫《奉赠韦左丞丈二十二韵》:“纨袴不饿死,儒冠多误身。”② 洪深《申屠氏》楔子:“有一个浑身锦绣,而鄙俗不堪的纨袴,调戏那女子。”

纨袴子弟 wán kù zǐ dì 同“纨绔”。举例 ①《宋史·鲁宗道传》:“馆阁育天下英才,岂纨袴子弟得以恩泽处耶!”②《蚀·动摇》二:“胡国光原也知道这陆慕游只是一个纨袴子弟,既没手腕,又无资望,请他帮忙,不过是一句话而已。”③ 丰子恺(kǎi)《缘缘堂随笔·渐》:“巨富的纨袴子弟因屡次破产而‘渐渐’荡尽其家产,变为贫者。”

纨袴膏粱 wán kù gāo liáng 见“纨绔”。膏粱:精美的食品。此语原指精美的衣食,借指富贵人家的子弟。举例《儿女英雄传》第八回:“你是个纨袴膏粱,这也无怪你不知。”

膏粱纨袴 gāo liáng wán kù 同“纨袴膏粱”。举例 ①《好逑传》第十二回:“况此辈不过在膏粱纨袴中作无赖。欲警戒之,又不知悛(quān)改;欲辱弹章,又实无强梁跋扈之雄。”②《红楼梦》第五十六回:“宝钗笑道:‘真真膏粱纨袴之谈!我们虽是千金,原不知道这些事。’”

W

完璧归赵 wán bì guī zhào

出处《史记·廉颇蔺相如列传》。解说 完:完整无缺。璧:古代一种玉器,扁平,圆形,中间有孔。归:归还。战国时,赵国的惠文王得到一块宝玉,名叫和氏璧。秦国的昭王知道了,表示愿意用十五个城邑来交换。当时秦国比赵国强大,要是不答应的话，赵惠文王担心秦国会以此为借口派兵来攻打；可是如果把璧交给秦昭王，又怕他不守信用，赵国得不到城。赵惠文王不知怎么办才好，便召集群臣商议。蔺相如分析说："秦国拿城来换璧，假如赵国不答应，是赵国的错；反过来，假若秦国得到了璧却不把城给赵国，那错就在秦国了。因此，还是派人将璧送到秦国比较好。"蔺相如自告奋勇去秦国送璧，并表示如果秦国食言，不肯把城给赵国，自己一定"完璧归赵"（负责把这块璧完整归还赵国）。蔺相如到秦国后当面把璧献给秦昭王。秦昭王见到璧非常高兴，捧在手上仔细欣赏，又给左右的侍臣和嫔妃（pín fēi）们看，却只字不提换城的事。蔺相如一看情形不对，向前对秦王说："大王，这块璧虽然是稀世珍宝，但也有小小的瑕疵，请让我指给您看。"秦昭王信以为真，便把璧交给蔺相如。蔺相如接过璧，马上向后退了几步，背靠着墙柱，激动得头发都竖立起来，瞪起双眼大声地说："这块璧根本没有瑕疵，因为看到大王没有拿城与赵国交换的意思，我才把璧骗回来。如果大王强迫我交出璧的话，我就把璧和我的头，一起在墙柱上撞个粉碎。"说着，摆出一副要撞墙柱的样子。秦昭王害怕蔺相如真的会把璧撞破，赶紧派人取来地图，假意答应划出十五个城给赵国。蔺相如知道秦昭王不安好心，就骗秦王说："这块璧价值连城，请大王香汤沐浴，斋戒五天，然后举行接收大礼，以示慎重。"秦昭王为了得到璧，只得按照蔺相如所说的去做。蔺相如趁机派人从小路把璧偷偷送回赵国。秦昭王得到消息时已经来不及追回，只好作罢。秦昭王佩服蔺相如的机智勇敢，以礼相待，送他回赵国。又过了很多年，赵国最终被秦国所灭，和氏璧还是落入秦国之手。传说秦始皇统一六国之后，把和氏璧制成了传国玉玺。后用此语比喻把物品完好无损地归还原主。举例 ① 清·采蘅子《虫鸣漫录》卷一："女故无利心，只求伪饰外观，终当完璧归赵耳。"②《民国通俗演义》第四十一回："况中日不相联属，怎肯把处心积虑的青岛谋取到手，还要完璧归赵呢？"③《李自成》第一卷二十六章："请放心，不要多久，这两件东西定会完璧归赵。"

完璧返赵 wán bì fǎn zhào 同"完璧归赵"。举例 明·无名氏《四贤记·会母》："今日里完璧返赵，同安乐，功名争似孝名高。"

完赵璧 wán zhào bì 同"完璧归赵"。举例 元·侯克中《客怀》："义当完赵璧，礼不受齐金。"

W

完璧 wán bì 同"完璧归赵"。又喻指处女。举例 ①《西游记》第六十回："千万借扇搧灭火焰，保得唐僧过山，即时完璧。"② 清·纪昀《阅微草堂笔记·姑妄听之二》："汝女犹完璧，无疑我始乱终弃也。"

璧返 bì fǎn 同"完璧归赵"。举例《聊斋志异·巩仙》："此府中物，来时仓猝，未暇璧返，烦寄去。"

璧还 bì huán 同"完璧归赵"。举例 ①《二十年目睹之怪现状》第四十一回："上月家母寿日，承赐厚礼，概不敢当，明日当即璧还。”② 陈毅《给阿英的信》：“携回之三书，已阅毕，兹璧还。”

还璧 huán bì 见“完璧归赵”。归还原物或辞谢赠物的敬辞。举例 ①《醒世恒言·陈多寿生死夫妻》：“既然庚帖返去，原聘也必然还璧。”② 明·李贽（zhì）《答李惟清书》：“若留阿堵物于囊中，或有旅次之虞，怀资之恐，重为兄忧，未可知矣。幸察余之真诚，使得还璧。”

奉璧 fèng bì 同“完璧归赵”。举例 ①《初刻拍案惊奇》卷二十一：“兴儿道：‘老兄不必着慌！银子是小弟拾得在此，自当奉璧。’”②《儿女英雄传》第三十九回：“叶通见了，不敢轻慢，连忙把手本呈上去，说：‘家主请见。’那谈尔音看了看，就嚷起来道：‘这还了得！这个大柬断不敢当，奉璧！奉璧！’”③ 鲁迅《书信集·致李秉中》：“友人之代为清理废纸者，不遑细察，竟与他种信札，同遭毁弃，以致无从奉璧，实不胜歉仄。”

归赵 guī zhào 同“完璧归赵”。举例《冷眼观》第二十七回：“至于老兄垫用的款子，兄弟马上就派账房如数归赵就是了。”

价值连城 jià zhí lián chéng 见“完璧归赵”。连城：连成一片的多座城邑。此语原指物品的价值相当于多座城邑，形容物品极其珍贵。举例 ①《三侠五义》第六十六回：“早已闻得小丹村勾乡宦家有宝珠灯，价值连城。”②《说岳全传》第十回：“周先生，此乃府上之宝，价值连城，谅小子安敢妄想，休得取笑！”③ 吴冠中《又见巴黎》：“欧洲的画家被长期广泛宣传，早具世界声誉，其实每个画家的精品总不会太多，而失败之作倒是大量的，由于盲目崇拜，名家笔下的蹩脚货也价值连城。”

连城 lián chéng 见“价值连城”。形容物品极其珍贵，也指极其珍贵的物品。举例 ①《聊斋志异·王成》：“大王不以为宝，臣以为连城之璧不过也。”② 元·王逢《秋感》：“连城不换相如璧，百结何妨子夏衣。”

玩物丧志 wán wù sàng zhì

出处《尚书·旅獒》。解说 玩：玩赏。丧：失去。志：志气。周代武王灭亡商朝之后，国家富强，中原之外的九夷、八蛮等少数民族纷纷臣服。有一次，西戎族进贡了一种名叫獒的猎犬。太保召公奭（shì）得知后，写了《旅獒》一文，规劝武王勤于朝政，不要沉溺于玩乐之中。文中有这样一句话：“玩人丧德，玩物丧志。”（人：这里指女子。原文大意是：迷恋女色，就会丧失美好的品德；玩弄珍稀动物或宝物，就会丧失远大的志向。）后用此语指沉迷于某种嗜好之中，就会失去积极进取的精神。举例 ① 清·全祖望《丛书楼书目序》：“是岂特闭阁不观之藏书者所可

W

比,抑亦非玩物丧志之读书者所可伦也。"②《主妇》:"他明白玩物丧志,却想望收集点小东小西,因此增加一点家庭安定幸福。"③ 臧克家《诗》:"'诗'在今天已经不是点缀品、玩物丧志的无病呻吟了。"

挽鹿车 wǎn lù chē

出处《后汉书·鲍宣妻传》。解说 挽:用手拉。鹿车:古代一种小车,因车厢狭窄,仅能容下一只小鹿,故名,泛指小车。鲍宣是汉代人,家里清贫,但勤奋好学。老师认为他很有前途,就把女儿许配给他,并赠送很多嫁妆。鲍宣对妻子说:"我们家很贫贱,收这么多礼物实在不敢当。"妻子就脱去绫罗绸缎,换上粗布衣服,与鲍宣共同拉着一辆小车回到乡下。鲍宣的妻子拜见姑婆之后,就提着水瓮去打水,从事家务劳作,受到乡邻们的称赞。后用此语比喻夫妻共守清苦的生活。举例 清·袁枚《随园诗话》卷三:"宜瑛此后心宜淡,莫再人间挽鹿车。"

挽鹿 wǎn lù 同"挽鹿车"。举例 清·方文《除夕咏怀》之四:"挽鹿实无偕隐妇,饭牛空有辟兵符。"

鹿车 lù chē 见"挽鹿车"。原指鲍宣之妻,泛指贤惠的妻子。举例 清·章学诚《文史通义·古文十弊》:"抑思善相夫者,何必尽识鹿车、鸿案。"

偕隐 xié yǐn 同"挽鹿车"。举例 郁达夫《寄内》之一:"青山红粉两蹉跎,偕隐名山计若何?"

提瓮 tí wèng 见"挽鹿车"。指家务劳作。举例 明·单本《蕉帕记·闹婚》:"幸齐眉燕尔,自甘提瓮。"

万事俱备,只欠东风 wàn shì jù bèi, zhǐ qiàn dōng fēng

出处《三国演义》第四十九回。解说 东汉末年,曹操率八十万大军南下,驻扎在长江中游的赤壁一带。刘备和孙权决定联合抗曹。孙权属下大将军周瑜准备采用火攻击溃曹操战船,但苦于风向不对,急得口吐鲜血,病倒在床。刘备的军师诸葛亮前去探望,猜透了周瑜的心事,在纸上写下十六个字:"欲破曹公,宜用火攻;万事俱备,只欠东风。"诸葛亮通晓天文,观察天象,预料到几天之后会刮东南风,因而告诉他到时候一定会有东风。周瑜听诸葛亮这么说,高兴得病一下子就好了。几天后的一个夜里,诸葛亮假意登坛施法,托言向上天借风,不久,果然刮起了东南大风。周瑜下令发起火攻,风助火势,火借风威,把曹营的战船和岸上的营寨烧成一片火海。这一战,曹操的兵马损失不计其数,最后大败而逃。后用此语比喻一切准备工作都已就绪,只差解决问题的关键条件。举例 ①《三家巷》五十一:“对了,正是万事俱备,只欠东风。什么都有了,可是土地还缺着哪。”②《平原枪声》三十:“没等陈宝义说完,马英上去抓住他的手说:‘伙计,你来的真巧,真是万事俱备,只欠东风,就差你了。’”③《艳阳天》第一三五章:“这一切都为什么,都在等什么?万事俱备,只欠东风,今天,您正给他们送来点火的风呀!”

借东风 jiè dōng fēng 见“万事俱备,只欠东风”。指从上天将东风借来,比喻借助某种有利条件或好的形势、好的时机来做某事。举例 ① 元·王奕《再和韵上石塘吴》:“霜满乌庭无过雀,非君谁与借东风。”② 明·江盈科《赤壁怀古》:“嗟予挂席归洞中,石尤作祟心冲冲,愿从公瑾借东风。”③ 清·刘淑英《自叹十五首》之一:“触天独任劳臣节,愿借东风助战场。”

亡羊补牢 wáng yáng bǔ láo

出处《战国策·楚策四》。解说 亡:丢失。补:修补。牢:关牛、羊等牲口的圈。战国时,楚国大臣庄辛劝谏楚襄王勤于朝政,不要只图安逸,亲近小人,否则国家就会有危险。楚襄王一点也听不进去。不久,秦国攻打楚国,占领了大片土地,楚襄王被迫逃亡。这时,楚襄王后悔当初没有听从庄辛的劝告,于是向他请教现在该怎么办。庄辛说:“见兔而顾犬,未为晚也;亡羊而补牢,未为迟也。”(看见野兔后再回头呼唤猎犬,还为时不晚;羊跑丢了才修补羊圈,也还不算迟。)意思是劝楚襄王接受教训,补救过失。楚襄王任用庄辛主持朝政,终于收复了失地。后用此语比喻事情或工作出了差错,及时采取补救措施,以避免更大的损失。举例 ① 宋·陆游《秋兴》:“惩羹吹齑(jī)岂其非,亡羊补牢理所宜。”② 梁启超《变法通议》:“及今早图,示万国以更新之端,作十年保太平之约,亡羊补牢,未为迟也。”③ 郭沫若《悼一多》:“日本投降了,我们幸而免掉了亡国之痛。亡羊补牢,尚未为晚。”

顾犬补牢 gù quǎn bǔ láo 同“亡羊补牢”。举例 梁启超《〈日本国志〉后序》:“后之视今,犹今之视昔,顾犬补牢,未为迟也。”

补牢 bǔ láo 同“亡羊补牢”。举例 ① 清·王韬《〈火器说略〉前序》:“然则来轸(zhěn)方道,补牢未晚。”② 康有为《上清帝第五书》:“妄谓及今为之,犹可补牢。”

王八 wáng bā

出处《新五代史·前蜀世家》。解说 五代时前蜀政权的创建人王建,少年时为无赖之徒,以屠牛、贩私盐为业。王建在家排行老八,乡里的人称他为“王八”或“贼王八"。王建后来入军伍，势力逐渐壮大，被封为蜀王，907年在成都称帝，国号蜀，史称前蜀。此语原为王建未得势时的简便称谓，后作为龟或鳖的俗称。又因龟和鳖雌雄交配混乱，特指妻有外遇的男子。又有一说，"王"为"忘"的谐音，"八"指八德，即礼、义、廉、耻、孝、悌(tì)、忠、信。忘却八德，即为无赖之徒。后用为骂人的话，与"杂种""畜生"相近。举例 ① 金·元好问《杂著》之八："泗水龙归海县空，朱三(后梁主朱全忠)王八竟言功。"② 魏巍《火线春节夜》："老子要有飞机，早把你狗日的撵到南海里喂王八去啦！"③《骆驼祥子》七："他看出这点来：大概到了最后，他还得舍着脸要虎姑娘……'当王八的吃俩炒肉！'他不能忍受，可是到了时候还许非此不可！"

忘八 wàng bā 同"王八"。举例 ①《红楼梦》第二十八回："一个女儿嫁了汉子，要当忘八，他怎么不伤心呢？"②《红楼梦》第四十六回："你们把忘八脖子一缩，生死由我去。"

网开三面 wǎng kāi sān miàn

出处《史记·殷本纪》。解说 商朝开国君主成汤贤明仁慈，据说有一次外出郊游，看见一个捕鸟的猎人在田野四面都布上网，口中还不停地念叨："天下四方的鸟都落到我的网里来吧！"成汤便对猎人说："像你这样做法，岂不是要把鸟都捕光了！"于是让猎人撤去三面的网，只留一面的网。后用此语比喻施行仁政，对罪人或敌人宽大处理，给以生路。举例 ① 唐·刘禹锡《贺赦(shè)表》之一："网开三面，危疑者许以自新；德达四聪，瑕累者期于录用。"②《儿女英雄传》第二十一回："再说当年，如邓芝龙、郭婆等，带这班大盗，闹得那样翻江倒海，尚且网开三面，招抚他来，饶他一死，何况这些妖魔小丑。"③ 孙中山《诰诫东江叛军通令》："兹特令东江征讨诸军撤惠州之围，并停止各路进攻，以示网开三面之意。"④ 李大钊《真正的解放》："真正的解放，不是央求人家'网开三面'，把我们解放出来，是要靠自己的力量，抗拒冲决，使他们不得不任我们自己解放自己。"

三面网 sān miàn wǎng 同"网开三面"。举例 ① 宋·朱翌(yì)《南华五十韵》："大礼行郊次，洪恩浃海滨。稍宽三面网，归作再生民。"② 清·孔尚任《桃花扇·逃难》："众囚徒四散，三面网齐开。"

解网 jiě wǎng 同"网开三面"。举例 宋·陈师道《代司理院狱空道场疏》："解网施仁，奉圣朝之初政；治师从理，资贤守之良能。"

网开一面 wǎng kāi yī miàn 见"网开三面"。指撤去或打开一面的网，留出生路。举例 ①《歧路灯》第九十三回："老先生意欲网开一面，以存忠厚之心，这却使不得。"② 沈从文《劫余残稿·传奇不奇》："杨大娘，要你大队长网开一面就好！大家都是家乡人,何必下毒手一网打尽?"③《李自成》卷一第十二章:"总督大人因见你们人马死伤殆尽,已被重重包围,插翅难飞,体上天好生之德,网开一面,谕令尔等速速投降,免遭杀戮。"

忘年交 wàng nián jiāo

出处《后汉书·祢(mí)衡传》,又见唐·徐坚等《初学记》卷十八引晋·张隐《文士传》。解说 祢衡和孔融都是东汉末年的文学家,两个人交往密切。祢衡比孔融小二十多岁,时人把他们称为"忘年交"。后用此语指年龄、辈分相差较远而结交的知心朋友。举例 ①《南史·何逊传》:"(何)逊字仲言,八岁能赋诗,弱冠,州举秀才。南乡范云见其对策,大相称赏,因结忘年交。"② 清·冯桂芬《陈君若木家传》:"余与君同客裕靖节所,君年长以倍,为忘年交。"③《老乡绅》:"这一天早上,他正在看天空的浮云,正正经经并没想到要撒谎的时候,忽然迎面来了一位忘年交。"

忘年之交 wàng nián zhī jiāo 同"忘年交"。举例 ①《三国演义》第一一一回:"陈泰叹曰:'公料敌如神,蜀兵何足虑哉!'于是陈泰与邓艾结为忘年之交。"② 郭沫若《蔡文姬》第四幕:"蔡伯喈(蔡邕 yōng)和我是忘年之交,我是把蔡文姬当成自己的女儿一样看待的。"③《棋王》四:"老朽有幸与你接手,感触不少,中华棋道,毕竟不颓,愿与你做个忘年之交。"

忘年之好 wàng nián zhī hǎo 同"忘年交"。举例 南朝宋·颜延之《吊张茂度书》:"言面以来,便申忘年之好。比虽艰隔成阻,而情问无睽。"

忘年至好 wàng nián zhì hǎo 同"忘年交"。举例 清·遯(dùn)庐《童子军》第六出:"自从遇俺旧学生葛天常,意合情投,便做了忘年至好。"

忘年契 wàng nián qì 同"忘年交"。举例 唐·李商隐《哭遂州萧侍郎二十四韵》:"分以忘年契,情犹锡类敦。"

望梅止渴 wàng méi zhǐ kě

出处《世说新语·假谲(jué)》。解说 望:向远处看。梅:指梅树和果实。据说东汉末年的一个夏天,曹操率兵长途行军。天气炎热,途中一时找不到水源,由于没有水喝,将士们又渴又累,行军的速度渐渐慢了下来。曹操心里很着急,忽然想出一个办法,于是骑马赶到队伍前面,用马鞭指着前方说:"我知道前面有一大片梅林,树上的梅子酸甜可口,可以解渴。"将士们听说有梅子,不由得流出了口水。大家精神振作起来,前进的步伐也加快了许多,不久就到了有水源的地方。梅子酸,人想吃梅子就会流口水，因而能止渴。此语原指以想象中的梅子来缓解口渴，比喻用空想、空话来安慰自己或别人。举例 ①《水浒传》第五十一回："雷横道：'我赏你三五两银子也不打紧，却恨今日忘记带来。'白秀英道：'官人今日眼见一文也无，提甚三五两银子？正是教俺望梅止渴，画饼充饥。'"②《路》七："骗谁呀？你是在那里望梅止渴。"③ 邓拓《有书赶快读》："如果现在丢开这些基本的书籍不认真苦读，一心想找秘本，只恐望梅止渴，无济于事。"

止渴望梅 zhǐ kě wàng méi 同"望梅止渴"。举例 清·孙雨林《皖(wǎn)江血·拒敌》："止渴望梅，究有何益，此诚吾党大不幸了。"

望梅解渴 wàng méi jiě kě 同"望梅止渴"。举例 杜鹏程《战争日记》："晚上大家都津津有味地谈着吃，实为望梅解渴。"

望梅 wàng méi 同"望梅止渴"。举例 清·纳兰性德《募建普同塔引》："然而画饼奚裨(xī bǐ)，望梅曷(hé)补？"

望洋兴叹 wàng yáng xīng tàn

出处《庄子·秋水》。解说 望洋：举目远视的样子。这是一则寓言故事。秋天发洪水时节来到，大小河流的水都汇集灌入黄河，黄河水上涨，河面十分宽阔，对岸有牛马都看不见。见此情景，黄河之神河伯非常得意，以为自己这儿是天下最壮观的景色。高兴之余，就想到处炫耀一番，于是顺流东下。来到北海，河伯往东望去，只见一片汪洋，漫无边际，不觉大吃一惊。河伯十分惭愧地对海神若说："野语有之曰：'闻道百以为莫己若'者，我之谓也。且夫我尝闻少仲尼之闻而轻伯夷之义者，始吾弗信；今我睹子之难穷也，吾非至于子之门则殆矣，吾长见笑于大方之家！"(大方：指见识广博、深明大道理的人。原文大意是：俗话说："懂得了许多道理就以为没有谁能比得上自己。"说的就是我这样的人啊。而且我曾经听说，有的人自以为见识超过孔子，并且轻视伯夷的气节，当初我还不相信；现在我看到了你的广博无边，才知道自己的狂妄无知，如果不是来到你这里实际看一看就糟糕了，我将永久被那些知识多、阅历广的人耻笑！)此语原指看到无边无际的海洋而发出慨叹，比喻在伟大事物面前感叹自己的藐小。后多比喻做事时因力不胜任或条件缺乏而感到无可奈何。举例 ① 元·刘埙《隐居通议·诗歌五》："真能笼乾坤万里于一咏之内，千古吟人，望洋兴叹。"②《糊涂世界》卷六："余念祖未到的时候，满心高兴，颇有跃跃欲试的意思，到过之后，大概情形看了一看，亦觉得望洋兴叹了。"③ 孙犁《耕堂读书记》一："致使后来者得不到正确途径，望洋兴叹，视为畏途。"

望洋惊叹 wàng yáng jīng tàn 同"望洋兴叹"。举例 清·杭世骏《〈李太白全

W

集〉序》:"书来质余,方望洋惊叹,五体投地,而敢以一言半句相菲乎!"

望洋而叹 wàng yáng ér tàn 同"望洋兴叹"。举例 ①《镜花缘》第五十二回:"如今天朝虽开女科,无如远隔重洋何能前去?看来只好望洋而叹了。"② 田北湖《论文章源流》:"知宝不明,望洋而叹。"

贻笑大方 yí xiào dà fāng 见"望洋兴叹"。贻:遗留。贻笑:让人笑话。大方:指大方之家,即见多识广、学有专长的人。指被知识多、阅历广的人所耻笑。有时用于自谦。举例 ①《镜花缘》第五十二回:"去岁路过贵邦,就要登堂求教;但愧知识短浅,诚恐贻笑大方,所以不敢冒昧进谒。"② 鲁迅《三闲集·无声的中国》:"他们说白话文卑鄙,没有价值;他们说年青人作品幼稚,贻笑大方。"③《摩登阿Q》:"先生一向目标立论严密,如此漏洞百出,狗屁不通,岂不贻笑大方,误人子弟,望先生深长思之。"

大方之家 dà fāng zhī jiā 见"望洋兴叹"。原指见识广博、深明大道理的人,后指精通某种学问或技艺的内行人。举例 ① 宋·欧阳修《送方希则序》:"是以君子轻去就,随卷舒,富贵不可诱,故其气浩然,不见于喜愠(yùn)。能及是者,达人之节而大方之家乎?"② 鲁迅《华盖集·题记》:"意见大部分还是那样,而态度却没有那么质直了,措辞也时常弯弯曲曲,议论又往往执滞在几件小事情上,很足以贻笑于大方之家。"③ 梁启超《译印政治小说序》:"故大方之家,每不屑道焉。"

方家 fāng jiā 同"大方之家"。举例 陈毅《致阿英书》:"敝帚自珍,不值方家一笑。"

为富不仁 wéi fù bù rén

出处《孟子·滕文公上》:"为富不仁矣,为仁不富矣。"解说 为富:追求发财致富。不仁:不同情别人,没有好心肠。原文大意是:一心想发财致富,便不能为他人着想而讲仁爱;为他人着想而讲仁爱,便不可能发财致富。此语后指只想求利的人,没有好心肠,不会做善事。举例 ① 元·王实甫《破窑记》第一折:"这家为富不仁,薄俗之情,我若不过去,将我似什么人看成。"②《二十年目睹之怪现状》第十九回:"我的田又未少收过半粒租米,怎么乘人之急,希图贱买,这不是'为富不仁'么!"③ 朱德《母亲的回忆》:"母亲没有灰心,她对穷苦农民的同情,和对为富不仁者的反感却更加强烈了。"

W

围魏救赵 wéi wèi jiù zhào

出处《史记·孙子吴起列传》。解说 战国时,魏国恃强攻打赵国的都城邯郸。

赵国危急,向齐国求救。齐军统帅田忌采用军师孙膑的计策,派兵包围了魏国都城大梁。魏国精锐兵力都用在进攻赵国方面,国内空虚,因而不得不把围困邯郸的军队撤回自救。在魏军匆忙回师的途中,齐军设埋伏截击,取得胜利。此语原指以围攻魏国的方法来援救赵国,泛指袭击来犯之敌的后方据点,迫使敌人撤回兵力的战术。举例 ①《水浒传》第六十四回:“倘用围魏救赵之计,且不来解此处之危,反去取我梁山大寨,如之奈何!”② 毛泽东《抗日战争的战略问题》:“如果敌在根据地内久踞不去……即以一部留在根据地内围困该敌,而用主力进攻敌所从来之一带地方,在那里大肆活动,引致久踞之敌撤退出去打我主力。这就是‘围魏救赵’的方法。”

尾大不掉 wěi dà bù diào

出处《左传·昭公十一年》:“末大必折,尾大不掉。”解说 掉:摇动;摆动。末:树梢。折:断。原文大意是:树梢过重,树干必然折断;尾巴太大,不易摇动。此语比喻下属势力太大,不服从指挥调度,或机构等过于庞大,指挥不灵,或事情前轻后重,难以驾驭的现象。举例 ① 清·赵翼《廿二史札记》卷二十二:“至末季,天子益弱,诸侯益强,朝廷尤以姑息为事,卒至尾大不掉,区宇分裂,鼎祚(zuò)遽(jù)移。”②《陈胜》:“夫大臣换权柄,持国政,尾大不掉,架空圣上,未有不为害者也。”③ 邓拓《燕山夜话·陈绛和王耿的案件》:“上边用人行政没有精明强干的宰相和他的僚属认真负责;下边的地方官吏则为所欲为,实际上形成了尾大不掉的局面。”④ 朱自清《〈你我〉自序》:“《你我》原想写一篇短小精悍的东西,变成那样尾大不掉,却非始料所及。”

尾生抱柱 wěi shēng bào zhù

出处《庄子·盗跖(zhí)》。解说 据说很早以前有一个名叫尾生的青年男子,为人正直,非常守信用。有一天,他与相恋的女子约定在桥下相会。等了很久,女子一直未到。这时突然下起了倾盆大雨,不久山洪暴发,河水迅速上涨。为了守信,尾生抱着桥柱子不肯逃避,结果竟然被活活淹死了。等因故来迟的女子赶来时,洪水已渐渐退去。女子看到紧抱桥柱而死的尾生,悲恸欲绝。后用此语比喻坚守信约,忠诚不渝。多用于男女间的爱情誓约。举例 清·查揆《河东君墓碣》:“无如伯姬下堂之言,有逾尾生抱柱之信。”

抱柱尾生 bào zhù wěi shēng 见“尾生抱柱”。指坚守信约的人。举例 陈衡恪《自叹三绝》之三:“江头浊浪无朝夕,抱柱尾生真丈夫。”

尾生 wěi shēng 见“尾生抱柱”。指坚守信约的人,或死守信约、不知变通的人。

W

举例 ① 唐·温庭筠《答段柯古见嘲》:"尾生桥下未为痴,暮雨朝云世间少。"② 陈去病《惜别词》:"狂笑重来吊尾生,哀君持信太分明。"

抱柱 bào zhù 见"尾生抱柱"。比喻坚守信约,或死守陈规,不知变通。举例 陈去病《惜别词》:"而今抱柱空遗恨,流水悠悠岂复情。"

抱柱信 bào zhù xìn 见"尾生抱柱"。比喻相爱男女坚定的信约。举例 ① 南朝陈·徐陵《玉台新咏·古诗〈穆穆青风至〉》:"安得抱柱信,皎日以为期。" ② 唐·李白《长干行》之一:"常存抱柱信,岂上望夫台。"

抱柱守株 bào zhù shǒu zhū 见"尾生抱柱""守株待兔"。比喻死守陈规,不知变通。举例 清·赵翼《瓯(ōu)北诗话·苏东坡诗》:"若反以新为嫌,是必拾人牙后,人云亦云。否则,抱柱守株,不敢逾限一步,是尚得成家哉!"

抱桥 bào qiáo 同"尾生抱柱"。举例 宋·刘筠《又赠荷花一绝》:"风波若未乖前约,一死何曾更抱桥。"

未能免俗 wèi néng miǎn sú

出处《世说新语·任诞》。解说 俗:习俗。阮咸和叔叔阮籍都是魏晋时期的名士,俱被列入"竹林七贤"之中。阮咸性格旷达,不拘礼法。当时民间习俗,七月初七日要在太阳底下曝(pù)晒衣物。阮咸家中贫困,没什么好晒的,于是就用竹竿挑了一条粗布短裤晒在院子里。人们见了都觉得好笑,阮咸却满不在乎地说:"未能免俗,聊复尔耳!"(聊:姑且。尔:如此;这样。耳:语气词,而已,罢了。大意是:既然不能摆脱社会习俗,暂且应付应付吧!)"聊复尔耳"也作"聊复尔尔"。后用此语指无法脱离世俗,迁就某些自己不以为然的习俗行事。举例 ① 宋·陆游《自诒(yí)》:"无可奈何犹食粟,未能免俗学浇蔬。"② 鲁迅《且介亭杂文·论俗人应避雅人》:"倘使揭穿了这谜底,便是所谓'杀风景',也就是俗人,而且带累了雅人,使他雅不下去,'未能免俗'了。"③ 梁实秋《忆青岛》:"城墙是碧玉造的,城门是珍珠造的,街道是纯金的。珠光宝气,未能免俗。"

免俗未能 miǎn sú wèi néng 同"未能免俗"。举例 宋·范成大《胡宗伟罢官改秩》:"君言薄官淡无味,免俗未能聊复尔。"

俗未免 sú wèi miǎn 同"未能免俗"。举例 清·蒲松龄《沁园春·病中》:"俗未免,是回肠如水,百折犹东。"

未能免俗,聊复尔尔 wèi néng miǎn sú, liáo fù ěr ěr 同"未能免俗"。举例《儿女英雄传》第三十九回:"老爷觉得只要有了那寿酒、寿文二色,其余也不过未能免俗,聊复尔尔而已。"

聊复尔尔 liáo fù ěr ěr 同“未能免俗”。举例《歧路灯》第七十一回：“‘迂腐’两个字，我舍不得开拨了；‘俗吏’两个字，我却不肯聊复尔尔。”

聊复尔耳 liáo fù ěr ěr 同“聊复尔尔”。举例 宋·辛弃疾《永遇乐·检校停云新种杉松戏作》：“停云高处，谁知老子，万事不关心眼。梦觉东窗，聊复尔耳，起欲题书简。”

未雨绸缪 wèi yǔ chóu móu

出处《诗经·豳(bīn)风·鸱鸮(chī xiāo)》。解说 雨：下雨。绸缪：缠绕，引申为修缮。鸱鸮：一种猫头鹰类的猛禽。这首诗说的是，当鸱鸮抓走小鸟之后，大鸟为了避免再遭到侵害，不辞劳苦地修补鸟巢。诗中有这样一句：“迨(dài)天之未阴雨，彻彼桑土，绸缪牖(yǒu)户。”(迨：趁着。大意是：趁着还没有阴天下雨，我啄剥下桑树的皮，和着泥土，把鸟巢的门窗加固好。)此语原指下雨之前修缮好房屋门窗，比喻事先做好准备工作，以免临时手忙脚乱。举例 ① 明·高攀龙《申严宪约责成州县疏》：“天下多事之时，二者实为未雨绸缪之计，不可忽也。”②《明史·傅朝佑传》：“凤阳、昌平钟灵之地，体仁曾无未雨绸缪，两地失守，陵寝震惊。”③《四世同堂》三：“他不便隔着街门告诉李四爷：‘我已经都预备好了！’可是心中十分满意自己的未雨绸缪，料事如神。”

绸缪 chóu móu 同“未雨绸缪”。举例 ① 清·纪昀《阅微草堂笔记·姑妄听之一》：“先事而绸缪，后事而补救，虽不能消弭(mǐ)，亦必有所挽回。”② 清·林则徐《饬(chì)府查办防护围基章程札》：“现在水虽消退，而夏令正长，大雨时行，必须早为绸缪之计。”

畏首畏尾 wèi shǒu wèi wěi

出处《左传·文公十七年》：“畏首畏尾，身其余几？”解说 畏：畏惧；害怕。原文大意是：头也怕，尾也怕，身体之间不可怕的还有什么呢？此语原指前边也怕，后边也怕，比喻做事思前想后，疑虑重重。举例 ①《镜花缘》第八十四回：“妹子平日但凡遇见吃酒行令，最是高兴，从不畏首畏尾。”②《暴风骤雨》第二部二十五：“这人原先胆子小，干啥也是脚踩两边船，斗争韩老六，畏首畏尾，不敢往前探。”③《大波》第四部二章：“明明是你们畏首畏尾，顾虑多端，把大好时机放弃了！现在被人家夹制着，弄得来一事无成！”

畏头畏尾 wèi tóu wèi wěi 同“畏首畏尾”。举例《红楼梦》第七十五回：“除了朝廷治罪,没有砍头的,你不必畏头畏尾。"

畏途 wèi tú

出处《庄子·达生》。解说 畏:可怕的。途:道路。庄子是战国时哲学家,在一则寓言中假托春秋时周威公与田开之对话,谈论养生之道。田开之强调要注意文化修养,庄子对此感慨地说:"夫畏涂者,十杀一人,则父子兄弟相戒也,必盛卒徒而后敢出焉,不亦知乎!人之所取畏者,衽席之上,饮食之间,而不知为之戒者,过也!"(涂:通"途"。大意是:所谓"畏途",即如果过往道路上有强盗出没,十个人中有一人被杀死,大家就会提高警惕,结伴而行,这当然是明智之举。然而,人们往往只注意到明显的较小的危险,而忽视了潜藏的更大的危险。纵情声色、挥霍无度比杀人还可怕,如果不加以戒备和限制,就大错特错了。)后用此语指危险的可怕的道路,或困难的可怕的事情。举例 ① 唐·李白《蜀道难》:"问君西游何时还?畏途巉(chán)岩不可攀。"②《醉醒石》第九回:"近来刑部,因批驳严,参罚重,缙绅中视为畏途。"③ 清·李渔《闲情偶寄·颐养·行乐》:"能以草木之生死为生死,始可与言灌园之乐,不则一灌再灌之后,无不畏途视之矣。"

温柔乡 wēn róu xiāng

出处《赵飞燕外传》:"帝大悦,以辅属(zhǔ)体,无所不靡,谓之温柔乡。"解说 温柔:温和柔顺。辅:颊骨。属:接连;接触。靡:细腻。赵飞燕是汉代成帝的皇后,能歌善舞,身体轻盈,故称"飞燕"。她的妹妹赵合德也是一个绝色美女。成帝荒淫无度,极其宠爱这姐妹俩,后来也把赵合德封为皇后。成帝用面颊接触、摩挲赵合德的身体,感到皮肤非常细腻柔软,因而称之为"温柔乡",并说自己愿意在这温柔乡里度过一生。后用此语比喻迷人的女色或新婚柔情,也比喻美色迷人、令人沉醉忘返的境地。举例 ① 宋·范成大《乐先生辟新堂作诗奉赠》:"多情开此花,艳绝温柔乡。"②《红楼梦》第一回:"如蒙发一点慈心,携带弟子得入红尘,在那富贵场中,温柔乡里享受几年,自当永佩洪恩,万劫不忘也。"③《儿女英雄传》第二十八回:"龙媒,那里跑?我只问你有多大艳福!……你只顾躲在温柔乡里,外面酒也不给我们斟一杯,茶也不替我们送一盏,礼上可讲得去?"

温柔家 wēn róu jiā 同"温柔乡"。举例 宋·苏轼《三月二十日多叶盛开》:"坐令游侠窟,化作温柔家。"

温柔 wēn róu 同"温柔乡"。举例 清·洪昇《长生殿·定情》:"愿此生终老温

W

柔，白云不羡仙乡。"

文武之道，一张一弛 wén wǔ zhī dào，yī zhāng yī chí

出处《礼记·杂记下》。解说 文、武：指周文王和周武王。张：拉紧弓弦；紧张。弛：放松弓弦；松弛。春秋时，孔子带着弟子子贡去观看一年一度的年终祭礼。参加祭祀活动的百姓就像过盛大节日一样，尽情歌舞，蹦蹦跳跳，又喊又叫。子贡看到这种情景，不明白百姓为什么如此欢乐。孔子告诉他说：百姓终年劳累，到了年底理应娱乐娱乐，放松一下。"张而不弛，文武弗能也；弛而不张，文武弗为也；一张一弛，文武之道也。"（文武：这里指周文王和周武王。弗：表示否定，相当于"不"。大意是：让百姓只劳动不休息，即使圣明的周文王和周武王也是做不到的；让百姓只休息不劳动，周文王和周武王也绝不会那样做；有劳有逸，才是周文王和周武王的治国之道。）孔子用弓弦的张和弛，比喻周文王、周武王治国有方，宽严相济。后用此语比喻生活和工作应劳逸结合，节奏适度。举例 ①《野叟曝(pù)言》第一二九回："文武之道，一张一弛。这几日内你两人可寻些玩耍之事，引我喜笑喜笑。"② 毛泽东《对晋绥日报编辑人员的谈话》："你们的缺点主要是把弓弦拉得太紧了。拉得太紧，弓弦就会断。古人说：'文武之道，一张一弛。'现在'弛'一下，同志们会清醒起来。"

一张一弛，文武之道 yī zhāng yī chí，wén wǔ zhī dào 同"文武之道，一张一弛"。举例 明·李贤《赐游西苑记》："夫一张一弛，文武之道，赐游西苑，有弛之意焉。然张可久而弛不可多。"

文武之道 wén wǔ zhī dào 见"文武之道，一张一弛"。指宽严相济的治国或修身之道。举例 唐·刘禹锡《上门下裴相公》："夫异同之论，我以独见剖之；文武之道，我以全材统之；崇高之位，我以大功居之。"

一张一弛 yī zhāng yī chí 同"文武之道，一张一弛"。举例《小城之恋》："她无休止地踢腿，韧带一张一弛，又轻松又快乐，不由要回过脸去瞅他。"

一弛一张 yī chí yī zhāng 同"文武之道，一张一弛"。举例 ① 汉·王充《论衡·儒增》："张而不弛，文王不为；弛而不张，文王不行；一弛一张，文王以为当。"② 茅盾《关于长篇小说〈李自成〉的通信·五》："笔锋从义军转向没落王朝的内外交困，这种横云断峰的布局，书中屡见，这构成了全书一弛一张的节奏。"

W

闻鸡起舞 wén jī qǐ wǔ

出处《晋书·祖逖(tì)传》。解说 闻：听见。祖逖是晋代人，年轻时就具有远大抱负。他与刘琨是好朋友，曾一同在司州（州名，治所在今河南洛阳）担任主簿（官名，州郡官署的属官）。二人志同道合，交谊深厚，不仅同衙为官，而且在一起吃住。有一天，“中夜闻荒鸡鸣，蹴（cù）琨觉，曰：‘此非恶声也。’因起舞”。（蹴：踢。琨：即刘琨。原文大意是：一天夜里，祖逖在睡梦中听到公鸡的鸣叫声，用脚把刘琨踢醒，对他说：“别人认为半夜听见鸡叫不吉利，我却不这样想，这是叫我们早起练功啊。”于是，祖逖和刘琨便起床舞剑练功。）从此以后，二人鸡叫即起，勤学苦练，后来都成就了一番功业。祖逖曾官任东晋的镇西将军，刘琨曾官任大将军。后用此语形容有志之士奋发自励，准备为国效力。举例 ① 宋·松洲《念奴娇·题钟山楼》：“击楫（jí）誓清，闻鸡起舞，毕竟英雄得。”② 清·孙雨林《皖江血·兴学》：“闻鸡起舞心还壮，造时势，先鞭不让。”③ 柳亚子《吊刘烈士炳生》：“尚有椎秦遗恨在，闻鸡起舞亦因缘。”④ 曹靖华《花》：“令须发霜白的人，闻鸡起舞。”

鸡鸣起舞 jī míng qǐ wǔ 同“闻鸡起舞”。举例 宋·韩元吉《薄幸》：“任鸡鸣起舞，乡关何在。”

起舞夜闻鸡 qǐ wǔ yè wén jī 同“闻鸡起舞”。举例 谢觉哉《在广州·游虎门》：“一将当关门号虎，万夫起舞夜闻鸡。”

闻鸡舞 wén jī wǔ 同“闻鸡起舞”。举例 宋·辛弃疾《菩萨蛮》：“功名君自许，少日闻鸡舞。”

起舞心 qǐ wǔ xīn 见“闻鸡起舞”。指奋发自励、准备为国效力的志向。举例 宋·陆游《舟中感怀三绝句》：“不眠数尽鸡三唱，自笑当年起舞心。”

壮志闻鸡 zhuàng zhì wén jī 同“闻鸡起舞”。举例 清·石韫（yùn）玉《折桂令·自题归来图》套曲：“一个个妙技屠龙，雄谈扪虱，壮志闻鸡。”

闻鸡 wén jī 同“闻鸡起舞”。举例 ① 宋·文天祥《夜坐》：“终有剑心在，闻鸡坐欲驰。”② 董必武《挽沈衡山先生》：“未因爱石心随转，每值闻鸡梦辄醒。”

听鸡 tīng jī 同“闻鸡起舞”。举例 清·顾炎武《送归高士之淮上》：“檐前映雪吟偏苦，窗下听鸡舞亦佳。”

闻一知十 wén yī zhī shí

出处《论语·公冶长》。解说 闻：听见。孔子有两个得意的弟子，一个是子贡，另一个是颜回（颜渊）。两个弟子相比，孔子认为子贡要比颜回差一些。有一天，孔子故意问子贡说：你和颜回相比，究竟哪个更强一些呢？子贡谦虚地回答道：“赐也何敢望回？回也闻一以知十，赐也闻一以知二。”（赐：子贡姓端木，名赐。回：指颜回。）大意是：“我哪里比得上颜回呢，他听到一，就可以推究出十；我听到一，只能推究出二。”孔子见子贡很诚恳，笑着点点头说："是啊，你说得不错，你的确不如颜回。"后用此语指听到一点就能理解很多，形容非常聪明，善于类推，能够举一反三。举例 ①清·龚自珍《〈春秋决事比〉自序》："后世决狱大师，有能神而明之，闻一知十也者，吾不得而尽知也。"②《二十年目睹之怪现状》第九十九回："凡此种种，虽然是他叔祖教导有方，也是他福至心灵，官星透露，才得一变而为闻一知十的聪明人。"

闻一知二 wén yī zhī èr 见"闻一知十"。原指听到一点仅能理解略多一点，后形容非常聪明，善于类推。举例《醒世恒言·苏小妹三难新郎》："又生个女儿，名曰小妹，其聪明绝世无双，真个闻一知二，问十答十。"

问鼎 wèn dǐng

出处《左传·宣公三年》。解说 鼎：古代煮食物的器具，多为圆腹，三足两耳。相传夏代开国君主禹铸九鼎，夏、商、周三代都以鼎为传国的重器，用鼎作为王位、政权的象征，国灭鼎迁。春秋中期，周王室逐渐衰微，南方的诸侯国楚国发展强盛起来。楚庄王率军征伐陆浑（在今河南嵩 sōng 县一带）境内的戎族，经过周王朝的都城洛邑（在今河南洛阳一带）附近的洛水之滨。周定王迫于周弱楚强的局势，派大夫王孙满作为使者前去慰劳。会见时，"楚子问鼎之大小轻重焉。"（大意是：楚庄王向王孙满询问周王朝镇国之宝九鼎的形制和重量，流露出阴谋篡夺周朝天下的野心。）后用此语比喻图谋夺取政权，或侵占别国、过问某事等。举例 ①《晋书·王敦传》："（王敦）遂欲专制朝廷，有问鼎之心，帝畏而恶之。"②《说唐》第三十九回："李渊德高望重，手下兵多将勇，见炀（yáng）帝幸游未归，天下大乱，就益发修理甲兵，渐有问鼎中原之志。"③ 李大钊《警告全国父老书》："非报德也，非助英也，盖欲伺暇导隙，借以问鼎神州。"④ 郑振铎《插图本中国文学史》第十章："像《典论》那样的著作，是同时代的诗人们所不敢轻于问鼎的。特别是关于论文得失，臧否（zāng pǐ）人物的一方面。"

观鼎 guān dǐng 同"问鼎"。举例 晋·陆机《五等诸侯论》："故强晋收其诸隧之图，暴楚顿其观鼎之心。"

定鼎 dìng dǐng 见"问鼎"。指建立政权。举例 唐·韦应物《赋得鼎门送卢耿赴任》："名因定鼎地，门对凿龙山。"

问津 wèn jīn

出处《论语·微子》。解说 问：询问；打听。津：渡口。春秋时，隐士长沮和桀

(jié)溺一起在田里耕种,孔子带领弟子们由此经过,让子路前去打听河的渡口在哪里。子路来到长沮面前,长沮说:那位站立在车上、手持缰绳的人是谁?他就是鲁国的孔丘(孔子)吗?他周游列国,应该熟悉渡口和道路啊,为什么还要问我们呢?子路又来到桀溺面前,桀溺说:你是孔丘的学生吗?现在世道纷乱,有谁能改变这种状况呢?你与其追随孔丘到处游说,还不如跟着我们在这里种田呢。两个人说完,便继续弯腰耕种。子路走回来转告孔子,孔子感慨地说:“鸟兽不可与同群,吾非斯人之徒与而谁与?天下有道,丘不与易也。”(大意是:人不能与鸟兽同群,我不与人打交道而与谁在一起呢?如果天下太平,我就用不着到处游说,谋求改革了。)后用此语比喻寻访、探求事物的真相或学理等。举例 ① 晋·陶潜《桃花源记》:“太守即遣人随其往,寻向所志,遂迷,不复得路。南阳刘子骥,高尚士也,闻之,欣然亲往。未果,寻病终。后遂无问津者。”② 南朝梁·沈约《桐柏山金庭馆碑》:“寻师讲道,结友问津。”③ 阿英《津平日记选·一九四九年四月十五日》:“一般售价,至少高于沈市十倍,不敢问津。”

问津无人 wèn jīn wú rén 见“问津”。比喻事情没人再过问,被放置一边或淡忘了。举例 清·李渔《闲情偶寄·词曲上·结构》:“无怪乎觅途不得,问津无人,半途而废者居多。”

无人问津 wú rén wèn jīn 同“问津无人”。举例 ① 清·平步青《霞外攟(jùn)屑·王弇(yǎn)州文》:“易代而后,坛坫(diàn)门户俱空,遂无人问津矣。”②《第二个太阳》第三章:“天苍苍,野茫茫,好像自从我们祖先沿着黄河走向中原以后,这里便空自留下了无人问津的宝库。”

知津 zhī jīn 见“问津”。比喻认识人生道路。举例 唐·许敬宗《安德山池宴集》:“独叹高阳晚,归路不知津。”

问牛 wèn niú

出处《汉书·丙吉传》。解说 丙吉是西汉时人,出身狱吏,曾舍身保护过幼年的宣帝。后来丞相魏相病死,丙吉继任丞相,由于政绩卓然,被封为博阳侯。有一次,丙吉外出巡察,遇到有民众斗殴,并有死伤。丙吉没有多加理会。又看见一个农夫赶着牛走在田间小路上。那头牛伸出舌头,大口喘着粗气。丙吉下车走上前去问农夫:“这头牛走了几里路?怎么会喘得这么厉害?”随行的一个官吏奇怪地问:“民众斗殴以致死伤,丞相大人都不闻不问,牛喘粗气这点小事,哪里值得您过问?”丙吉解释说:“民众斗殴伤人的事自有地方官去管。现在是初春时节,天气不应该太热,而牛却热得直喘,像中暑一般,这是节令失调、气温不正常所致,恐怕今年的收成不会好啊!这种关系国计民生的大事,难道不是身为丞相的我所应该关心的吗?”大家听了,都深感佩服。此语原指丙吉看到牛的异常而想到天气变化，多用来赞扬官吏体察下情，关心百姓疾苦。举例 ① 唐·郑谷《送吏部曹郎中免官南归》："道畅应为蝶，时来必问牛。" ② 清·赵翼《太保傅文忠公挽词》："问牛相业三台地，汗马勋名两战场。"

丙吉问牛 bǐng jí wèn niú 同"问牛"。举例 明·程允升《幼学琼林·鸟兽》："楚王轼怒蛙，以昆虫之敢死；丙吉问牛，恐阴阳之失时。"

丞相问牛 chéng xiàng wèn niú 同"问牛"。举例 唐·罗隐《投永宁李相公启》："晋代则司空试剑，汉朝则丞相问牛。"

问牛喘 wèn niú chuǎn 同"问牛"。举例 宋·朱松《次韵希旦喜雨》："嗟(jiē)我困蒿藜，更觉民可恤。何当问牛喘，免使诉鱼失。"

丞相问 chéng xiàng wèn 同"问牛"。举例 清·顾炎武《蒲州西门外铁牛》："应无丞相问，傥(tǎng)与牧童亲。"

翁仲 wēng zhòng

出处《淮南子·氾论训》高诱注。解说 传说，秦始皇刚刚统一六国，平定天下时，在临洮(táo)出现了一个巨人，身高五丈，留在地上的脚印长达六尺。于是仿照他的形象铸了一个铜人，立在咸阳宫司马门外。(一说，铜人仿造秦人阮翁仲的形象铸造，他身高一丈三尺，异于常人，秦始皇命他出征匈奴，战死疆场。)后用此语称铜像或石像。举例 ① 唐·柳宗元《衡阳赠别梦得》："伏波故道风烟在，翁仲遗墟草树中。" ② 清·纪昀《阅微草堂笔记·如是我闻三》："夜深翁仲语，月黑鬼车来。" ③《取火者的逮捕》："她并不变动她的深思的姿态，也一声儿不响，活像一尊无感情无知觉的墓前的翁仲。"

瓮间吏部 wèng jiān lì bù

出处《晋书·毕卓传》，又见《世说新语·任诞》。解说 晋代人毕卓，曾任吏部郎官，人称毕吏部。他性情放纵，嗜酒如命，常因酒而延误公事。有一天，邻居家的新酒刚酿熟，毕卓闻到酒的香味，便趁夜间跑到邻居家的酒瓮旁偷酒喝，结果喝得烂醉，被仆人当作偷酒贼给捉住了，而他也因酒醉困乏而沉睡过去。第二天天亮以后，邻居家主人发现捉住的贼竟然是毕吏部，赶紧给他松绑，并连声赔不是。毕卓却毫不介意，硬拉着邻居家主人喝酒。毕卓坐在上席，又痛饮一番，直到喝得烂醉如泥，才由邻居派人送回家。后用此语指嗜酒及其酒醉不醒的情态。举例 唐·白居易《家园三绝》之二："篱下先生时得醉，瓮间吏部暂偷眠。"

卧瓮间 wò wèng jiān 同"瓮间吏部"。举例 宋·陈与义《同家弟用前韵谢判府惠酒》:“衔杯乐圣便称贤,无酒犹堪卧瓮间。”

瓮间毕卓 wèng jiān bì zhuó 同“瓮间吏部”。举例 宋·苏轼《白鹤峰新居欲成》之二:“瓮间毕卓防偷酒,壁后匡衡不点灯。”

毕卓缚瓮边 bì zhuó fù wèng biān 同“瓮间吏部”。举例 元·马致远《清江引·野兴》之四:“天之美禄谁不喜,偏则说刘伶醉。毕卓缚瓮边,李白沉江底。”

毕卓瓮头眠 bì zhuó wèng tóu mián 同“瓮间吏部”。举例 明·刘兑《娇红记》:“不觉的烂醉在佳人锦瑟边,可知道毕卓瓮头眠。”

毕卓眠 bì zhuó mián 同“瓮间吏部”。举例 唐·王绩《戏题卜铺壁》:“日逐刘伶去,宵随毕卓眠。”

卧冰求鲤 wò bīng qiú lǐ

出处 晋·干宝《搜神记》卷一,又见《晋书·王祥传》。解说 传说,晋朝人王祥年幼时母亲就去世了,继母朱氏对他不好,经常在父亲面前说他的坏话,以致父亲渐渐也不喜欢他了,让他干又脏又累的活。尽管如此,王祥却非常孝顺。当父母生病时,王祥日夜在床前侍候,衣不解带,亲尝汤药。冬季天寒地冻,继母想吃活鱼,王祥就将棉衣解开,趴在冰面上,打算用体温把冰融化来捕鱼。上天被他的孝心所感动,冰面忽然裂开,有两条鲤鱼从河水中跃出。王祥高兴地捉住鲤鱼,回家给继母熬鱼汤。后用此语形容极其孝顺。举例 ① 明·沈受先《三元记·及第》:“忆昔卧冰求鲤,泣竹笋生,第恐难成。”② 鲁迅《朝花夕拾·二十四孝图》:“但是哭不出笋来,还不过抛脸而已,一到‘卧冰求鲤’,可就有性命之虞了。”③《海啸》第三章:“我一定对你老人家克尽孝道,即使卧冰求鲤,割股事亲也决不在话下。”

卧冰 wò bīng 同“卧冰求鲤”。举例 ①《初刻拍案惊奇》卷十三:“就是卧冰哭竹扇枕温衾(qīn),也难报答万一。”② 鲁迅《坟·我们现在怎样做父亲》:“况在将来,迷信破了,便没有哭竹、卧冰;医学发达了,也不必尝秽、割股。”

卧龙 wò lóng

出处《三国志·蜀志·诸葛亮传》。解说 东汉末年,徐庶在刘备手下任军师,由于曹操拘捕其母来要挟他,被迫离去。徐庶临别时,向刘备推荐诸葛亮代替自己,他说:“诸葛孔明者,卧龙也。”诸葛亮,字孔明,很有才能,隐居于隆中(在今湖北襄阳西)的卧龙岗,号卧龙居士。刘备请他出山,拜为军师。诸葛亮从此全力辅佐刘备,成就帝业。建立蜀汉政权后,诸葛亮任丞相,主持朝政,封为武乡侯。后用此语比喻隐居或待时而动的有大才能的人。参见 193 页“方寸乱”，525 页“三顾茅庐”。举例 ① 唐·李白《南都行》：“谁能卧龙客，长吟愁鬓斑。”② 清·丘逢甲《题带经而锄图》：“躬耕南阳诵《梁父》，莫道当今无卧龙。”③《穆斯林的葬礼》第十三章：“他们倒一个个端起架子来了，好似隐居隆中请都请不动的卧龙诸葛。”

伏龙 fú lóng 同“卧龙”。举例 ① 宋·朱熹《斋居杂兴》之六：“伏龙一奋跃，凤雏亦飞翔。”② 明·杨慎《六州歌头·吊诸葛》：“伏龙高卧，三顾起隆中。割宇宙，分星宿，借江东，祝春风。”

隆中高卧 lóng zhōng gāo wò 见“卧龙”。形容身怀济世之才的杰出人物待时而动。举例 宋·陆游《读史有感》：“隆中高卧人千载，易水悲歌泪数行。”

南阳高卧 nán yáng gāo wò 同“隆中高卧”。举例 明·万寿祺《赠胡彦远》：“南阳高卧真名士，东汉余生旧党人。”

卧鹿门 wò lù mén

出处《后汉书·庞公传》。解说 庞德是东汉末年荆州南郡襄阳（今湖北襄樊）人，住在岘（xiàn）山之南，学识渊博，足智多谋，人称“庞公”。庞德安贫乐道，与妻子过着男耕女织的生活。当时的名士诸葛亮、司马徽、徐庶等人都很敬重他的为人。荆州刺史刘表仰慕庞德的才名，多次请他出来做官，都被拒绝。为了躲避朝廷征召，庞德携带妻子儿女一同登鹿门山（在今湖北襄阳境内）采药，从此隐居起来，再不复返。后用此语比喻人不慕荣华富贵，甘愿举家避世。泛指隐居不仕。举例 唐·李德裕《春日独坐思归》：“岂望图麟阁，惟思卧鹿门。”

鹿门采药 lù mén cǎi yào 同“卧鹿门”。举例 宋·陆游《初秋书感》：“马革裹尸违壮志，鹿门采药卜幽期。”

鹿门山 lù mén shān 见“卧鹿门”。指隐士所居之地。举例 明·王翃（hóng）《村居》：“何年事高隐，归卧鹿门山。”

鹿门 lù mén 同“鹿门山”。举例 明·杨慎《霞邱归引》：“鹿门栖隐处，行与老庞邻。”

W

卧榻之侧，岂容他人酣睡 wò tà zhī cè，qǐ róng tā rén hān shuì

出处 宋·岳珂（kē）《桯（tīng）史·徐铉入聘》，又见宋·杨亿《杨文公谈苑》。解说 榻：床。酣睡：也作“鼾睡”，呼呼大睡。宋代，太祖赵匡胤（yìn）为了统一天下，派兵围攻南唐的都城金陵（今江苏南京）。南唐后主李煜（yù）派大臣徐铉出使宋朝京都开封，在朝廷百官面前苦苦哀求撤兵。宋太祖笑着对徐铉说：你不必多言了，南唐的君臣本来没有什么过错，只是天下应为一家，“卧榻之侧，岂容他人鼾睡耶？”（大意是：在自己的床铺旁边，怎么能容忍别人在那里呼呼睡大觉呢？）徐铉听了，惶恐得无言以对。宋太祖下令继续攻打金陵，终于灭掉了南唐。后用此语比喻自己的势力范围或利益，不容他人侵占。举例 ①《红楼梦》第七十六回：“你可知宋太祖说的好：‘卧榻之侧，岂容他人酣睡？’他们不作，咱们两个竟联起句来，明日羞他们一羞！”②《康熙大帝》第三卷十二章：“连宋太祖赵匡胤还懂得‘卧榻之侧，岂容他人酣睡’呢，朕岂能看着台湾不归版图吗？”

卧榻岂容酣睡 wò tà qǐ róng hān shuì 同“卧榻之侧，岂容他人酣睡”。举例《聊斋志异·凤仙》：“（刘赤水）心知其狐，亦不恐，入而叱曰：‘卧榻岂容酣睡。’”

卧榻之侧，岂容鼾睡 wò tà zhī cè，qǐ róng hān shuì 同“卧榻之侧，岂容他人酣睡”。举例 康有为《上清帝第五书》：“若我为附枝，则卧榻之侧，岂容鼾睡。”

他人鼾吾侧 tā rén hān wú cè 见“卧榻之侧，岂容他人酣睡”。比喻别人强占自己的势力范围，侵犯自己的权力。举例 清·丘逢甲《海军衙门歌》：“风云黯（àn）淡海无色，大有他人鼾吾侧。”

卧榻之侧 wò tà zhī cè 见“卧榻之侧，岂容他人酣睡”。比喻自己的势力范围。举例《李自成》第一卷二十四章：“所以虽然这个寨位置在‘卧榻之侧’，相离很近，但闯王决定暂不攻打。”

卧薪尝胆 wò xīn cháng dǎn

出处《史记·越王勾践世家》。解说 薪：木柴；柴草。胆：动物的苦胆。春秋时，越国在会稽一战被吴国打败，越王勾践投降被俘，与妻子一起被押送到吴国做奴隶，受尽侮辱。勾践忍气吞声，终于使吴王夫差消除了戒心，并把他送回越国。其实，勾践一直没有放弃报仇雪恨之心，他表面上服从吴王，暗中改善政治，发展生产，训练士兵，等待时机报复吴国。勾践和妻子不穿绸缎，不吃鱼肉，亲自参加劳动。为了磨炼意志，激励自己不忘国耻，勾践晚上睡在柴草上，又在屋里挂了一只苦胆，不时就去尝尝那苦涩的味道。经过十年的艰苦努力，越国由弱变强，终于起兵灭掉了吴国。后用此语比喻不敢贪图安逸，刻苦自励，发愤图强。举例 ① 宋·苏轼《拟孙权答曹操书》：“仆受遗以来，卧薪尝胆，悼日月之逾迈，而叹功名之不立。”②《说岳全传》第二十二回：“日有羽书之报，夜有狼烟之警，正我君臣卧薪尝胆之秋，图复中兴报仇雪耻之日也。”③ 章炳麟《关于统一党不与他党合并之演说》：“当国家新造、卧薪尝胆之时，而犹以清谈淫乐为务者，虽招集百万党员，适成一种游民败类耳。”④《开拓者》：“曾淮在凤兆丽的眼里是个古怪、倔犟的人，是个为了报复对手能卧薪尝胆的人。”

坐薪尝胆 zuò xīn cháng dǎn 同“卧薪尝胆”。举例 宋·苏轼《富郑公神道碑》：“愿陛下思夷狄轻侮中原之耻，坐薪尝胆，不忘修政。”

尝胆眠薪 cháng dǎn mián xīn 同“卧薪尝胆”。举例 清·孔尚任《桃花扇·设朝》：“不共天仇，从此后尝胆眠薪休忘。”

尝胆 cháng dǎn 同“卧薪尝胆”。举例 唐·杜甫《寄董卿嘉荣》：“猛将宜尝胆，龙泉必在腰。”

薪胆 xīn dǎn 见“卧薪尝胆”。指可激励人振奋向上的事物。举例 ① 宋·严羽《送赵立道赴阙仍试春官即事感兴因成五十韵》：“薪胆方无倦，舆图正入披。”② 李大钊《这一周》：“我们在这一天，应该回思过去一切的痛史，以作国民的薪胆。”

会稽耻 kuài jī chǐ 见“卧薪尝胆”。指兵败亡国之耻。举例 唐·李白《赠从孙义兴宰铭》：“誓血会稽耻，将奔宛陵道。”

巫山云雨 wū shān yún yǔ

出处 战国楚·宋玉《高唐赋序》。解说 据说，战国末年楚怀王曾往云梦泽游览，到了高唐台观，楚怀王由于一路疲倦，竟然睡着了。睡梦中，楚怀王看见一位美丽动人的女子，她自称是巫山神之女，愿意服侍大王，同席共枕。楚怀王于是很高兴地与神女亲近交欢。临别时，神女说：“妾在巫山之阳，高丘之阻。旦为朝云，暮为行雨，朝朝暮暮，阳台之下。”（大意是：我住在巫山之南，有高山阻隔。早晨化为朝云，傍晚降为细雨，每天从早到晚都在这高台之下等待着大王您。）后用此语比喻男女幽会和交欢，或形容自然界云雨的天气变化。举例 ① 唐·李白《江上寄巴东故人》：“汉水波浪远，巫山云雨飞。”② 明·胡文焕《群音类选·清腔类·莺啼序》：“枉了痴心，宁耐等，想巫山云雨梦难成。”③ 清·华广生《白雪遗音·七香车·十二月》：“斜倚着门儿作了一个梦。梦里梦见郎回家，巫山云雨多有兴。”④ 毛泽东《水调歌头·游泳》：“更立西江石壁，截断巫山云雨，高峡出平湖。”

W

云雨巫山 yún yǔ wū shān 同“巫山云雨”。举例 唐·李白《清平调三首》之二：“一枝红艳露凝香，云雨巫山枉断肠。”

巫山朝暮雨 wū shān zhāo mù yǔ 同“巫山云雨”。举例 清·朱彝尊《玉楼春》：“不同新寡更风流，断续巫山朝暮雨。”

朝云暮雨 zhāo yún mù yǔ 同“巫山云雨”。举例 唐·刘禹锡《杨柳枝词》：“巫峡巫山杨柳多，朝云暮雨远相和。”

云雨 yún yǔ 同“巫山云雨”。举例 ① 唐·杜甫《咏怀古迹五首》之二：“江山故宅空文藻，云雨荒台岂梦思。”②《红楼梦》第六回：“然后说至警幻所授云雨之情，羞的袭人掩面伏身而笑。”

朝云 zhāo yún 见“巫山云雨”。指巫山神女。举例 唐·王勃《杂曲》：“若向阳台荐枕，何啻(chì)得胜朝云。”

巫峡女 wū xiá nǚ 见“巫山云雨”。指巫山神女。举例《醉醒石》第十三回：“岂同巫峡女，云雨乐朝朝。”

无长物 wú cháng wù

出处《晋书·王恭传》，又见《世说新语·德行》。解说 长物：多余的东西。东晋时人王恭，是光禄大夫王蕴的儿子，孝武帝王皇后的哥哥，官任丹阳尹、中书令等，还做过太子的老师，生活俭朴，为官清廉。他与同族人荆州刺史王忱是好友。王恭曾随父亲去会稽（今浙江绍兴）游玩，回到家里后，恰巧王忱来拜访。王忱看见王恭身下坐卧的是从会稽带回来的新竹席，样式别致，做工精细，非常喜欢。王忱心想，王恭是皇亲国戚、显宦之子，家财必定殷厚，这种竹席不会只有一张，便开口索要一张。王恭立即起身把这张竹席送给了王忱，自己坐在旧草垫子上。王忱见状很惊讶，连忙表示歉意，推辞不受。王恭笑着说：“丈人不悉恭，恭作人无长物。”（恭：指王恭。原话大意是：您并不了解我的为人，我平生没有多余的东西。）此语原指生活俭朴，后形容家境贫穷，除必不可少的东西外，别无他物，或品行廉洁、节俭。举例 ①唐·白居易《销暑》：“眼前无长物，窗下有清风。”②宋·陆游《岁事有望》：“已弃胡床无长物，尚携拄杖有同行。”☞“无长物”的“长”旧读 zhàng。

长物元无有 cháng wù yuán wú yǒu 同“无长物”。举例 明·高启《临顿里》之六：“长物元无有，何劳犬护扉。”

别无长物 bié wú cháng wù 同“无长物”。举例 ①《老残游记续集》第五回：“德夫人走到他屋里看看，原来不过一张炕，一个书桌，一架书而已，别无长物。”②毛泽东《中国社会各阶级的分析》：“他们除双手外，别无长物，其经济地位和产业工人相似。”

更无长物 gèng wú cháng wù 同“无长物”。举例 ①清·黄宗羲《申自然传》：“匡床布被之外，更无长物。”②《歧路灯》第七回：“几上一块黝黑的大英石，东墙上一张大瑶琴，此外更无长物。”

家无长物 jiā wú cháng wù 同“无长物”。举例 清·钱大昕《述庵先生七十寿序》：“位登八座，而家无长物，亲故待以举火，未尝有得色。”

室无长物 shì wú cháng wù 同“无长物”。举例《宋史·吴遵路传》：“平居俭廉

W

无他好，既没，室无长物，其友范仲淹分奉赒其家。”

身无长物 shēn wú cháng wù 同“无长物”。举例 ① 明·张岱《家传》：“先子暮年，身无长物。”② 清·华伟生《开国奇冤·剩义》：“好在我身无长物，就带了那管秃笔，跑到了上海地方，东涂西抹，藉资糊口。”③ 茅盾《归途杂拾·韩江船》：“这些逃难人虽则身无长物，因为一到惠阳就逢到数十年来从未有过的冷，不能不临时买了棉被，这一下，舱里的地位便不经济了。”

一无长物 yī wú cháng wù 见“无长物”。一无：全无。此语比喻除此之外，没有更好的东西。举例《孽海花》第二十回：“吾倒替筱(xiǎo)亭做了一句‘绿毛龟伏玛瑙泉’。倒是自己一无长物怎好？”

无出其右 wú chū qí yòu

出处《史记·田叔列传》，又见《汉书·高帝纪下》。解说 出：超出。右：指较高的位置或等级，古代以右为尊。田叔是西汉初年人，很有才华，曾在赵王张敖属下任郎中(侍从官)。有一次，汉高祖刘邦出巡途经赵国。赵国有人瞒着赵王去谋杀刘邦，事情败露，刘邦大怒，下令逮捕了赵王，并准备押解回都城长安审问。田叔等十几位忠于赵王的旧臣剃掉头发，身穿粗布衣服，假扮成赵王的家奴，护送赵王一起去了长安。后经查明，赵王与谋杀事件毫无关系，刘邦把赵王释放，但贬为宣平侯。赵王向刘邦谢恩，并请刘邦宽恕随他前来的田叔等属臣。刘邦听说有如此忠心的臣子，便召见了他们。通过谈话，刘邦发现田叔才能出众，有勇有谋，不由得赞叹说：“汉廷臣无能出其右者。”(大意是：现在汉朝的臣子没有一个能超过他。)于是，田叔被委以重任，做了汉中太守。后用此语指其才华无人能比，也形容没有比这更强更好的了。举例 ① 金·元好问《恒州刺史马君神道碑》：“独君资禀聪悟，气量宏博，侪(chái)辈无出其右。”②《二刻拍案惊奇》卷二：“一路行棋，眼见得无出其右，奋然道：……此中必有高人国手、天下无敌的在内。”③《镜花缘》第九十二回：“古人命名之巧，无出其右，这可算得千古绝唱了。”

无出其上 wú chū qí shàng 同“无出其右”。举例 宋·叶适《兵权》上：“唐太宗、李靖，近世君臣之言兵者无出其上，其所问对，亦止于武之意。”

无可无不可 wú kě wú bù kě

出处《论语·微子》：“我则异于是，无可无不可。”解说 可：可以；能够。是：这；这个。原文是孔子说的话，大意是：我与这个不同，没有可以，也没有不可以。后用此语指怎样办都可以,没有固定的主张,也形容无所谓、怎么都行的态度。举例 ①《红楼梦》第五十七回:“薛姨妈是个无可无不可的人,倒还易说。”②《官场现形记》第四十一回:“这事只要兄弟领个头,他们众人倒也无可无不可。”③ 郭沫若《稷(jì)下黄老学派的批判》:“要说他‘清’,要说他‘真’,倒也无可无不可。”

无可不可 wú kě bù kě 同“无可无不可”。举例《儿女英雄传》第三十八回:“华忠有些急了,晚上趁空儿,回老爷说:‘……请示老爷明日赶一个整站罢!’老爷也以为无可不可。”

无所不可 wú suǒ bù kě 同“无可无不可”。举例 鲁迅《花边文学·做文章》:“如果古者言文真是不分,则称‘白话文’为‘古文’,似乎也无所不可。”

无聊赖 wú liáo lài

出处 汉·焦延寿《易林·涣之比》:“身无寥赖,困穷乏粮。”又见汉·蔡琰《悲愤》:“为复强视息,虽生何聊赖。”解说 聊赖:依靠;依托。寥:通“聊”。《易林》的“无寥赖”指生活困苦,没有依靠。《悲愤》的“何聊赖”指没有什么事情可做,才能无处施展。后用此语指没有什么事物可资依靠,也指没事可做,精神无所寄托,心情郁闷或精神空虚。举例 ①《晋书·慕容德载记》:“太上皇帝蒙尘于外,征东、征西乱兵所害。惟朕一身,独无聊赖。”② 明·吴承恩《点绛(jiàng)唇》:“拜月亭前,年年欠下相思债。好无聊赖,斜倚阑(lán)干待。”③《困兽记》六:“每每受了甚么闷气,或者感觉生活太无聊赖的时候,吴楣总常常跑来找他们排遣的。”

百无聊赖 bǎi wú liáo lài 同“无聊赖”。举例 ① 清·丁淑雅《将归岭南留别》:“百无聊赖过零丁,遥睇中原一发青。”② 梁启超《读陆放翁集》:“辜负胸中十万兵,百无聊赖以诗鸣。”③ 鲁迅《彷徨·伤逝》:“在百无聊赖中,随手抓过一本书来,科学也好,文学也好,横竖什么都一样。”④《上海的早晨》第一部四十九:“他在东客厅里走过去,又走回来,百无聊赖。”

无聊 wú liáo 同“无聊赖”。举例 ① 宋·朱彧(yù)《萍洲可谈》卷三:“胥(xū)无所归,贫索无聊,悔悟而卒。”② 明·刘兑《娇红记》:“家居无聊,偶思佳丽夜别之言。”③《上海的早晨》第三部二十七:“最近在家闲得无聊,弄了两盆来白相。”

无面目见江东父老 wú miàn mù jiàn jiāng dōng fù lǎo

出处《史记·项羽本纪》。解说 面目:颜面;脸面。江东:长江在芜湖至南京之间由西南流向东北,秦汉以后把自此以下的长江南岸地区称为江东,三国时是吴国的领域，后泛指吴国地区，又借指家乡。父老：对老年人的尊称。项羽名籍，字羽，是秦代末年下相（今江苏宿迁西南）人，跟着叔父项梁在吴（今江苏苏州）起兵，推翻秦朝政权后，与刘邦争夺天下，进行了长达四五年的楚汉战争，最后兵败垓（gāi）下。项羽率领残兵败将杀出重围，逃到乌江边（乌江：指长江在今安徽和县内的一段）时，仅剩下二十余人。乌江亭长驾船来劝他渡江逃生，项羽看了看身边剩下的将士，感慨地说："天之亡我，我何渡为！且籍与江东子弟八千人渡江而西，今无一人还，纵江东父老怜而王（wàng）我，我何面目见之？"（籍：指项羽。大意是：苍天要我灭亡，我为什么还要渡江逃命呢！何况我起兵时，江东八千子弟随我渡江西征，如今没有一人能够生还，即使江东父老兄弟们拥戴我，依旧尊我为王，我又有什么脸面去见他们呢？）说完，项羽单枪匹马闯入四围的追兵之中冲杀了一阵，然后自刎身亡。后用此语指因自己的失败或做错了事而内心惭愧，没有脸面再见乡亲或熟人。参见 584 页"四面楚歌"。举例《二刻拍案惊奇》卷三十七："程宰兄弟两人因是做折了本钱，怕归来受人笑话，羞惭惨沮（jǔ），无面目见江东父老，不思量还乡去了。"

无颜见江东父老 wú yán jiàn jiāng dōng fù lǎo 同"无面目见江东父老"。颜：颜面；脸面。举例 缪荃孙《缪荃孙日记·辛亥年九月廿一日》："熙之忽不愿回去，与之吴橘农一信、吕镜宇一信，洋十元、钱四千，有所恋而不行耶，抑无颜见江东父老耶？"

不见江东父老 bù jiàn jiāng dōng fù lǎo 同"无面目见江东父老"。举例《石点头·卢梦仙江上寻妻》："若卢梦仙不得金榜题名，决不见江东父老。"

不肯过江东 bù kěn guò jiāng dōng 见"无面目见江东父老"。指自惭自愧，也用来赞颂仁人志士慷慨捐躯的豪情壮志。举例 宋·李清照《夏日绝句》："生当作人杰，死亦为鬼雄。至今思项羽，不肯过江东。"

过江东 guò jiāng dōng 见"无面目见江东父老"。指衣锦还乡。举例 元·赵孟頫《送夹谷公分省陕西》："因公动乡思，飞梦过江东。"

江东父老 jiāng dōng fù lǎo 见"无面目见江东父老"。指故乡年长辈高的人。举例 ① 宋·陈舜俞《南阳春日》："江东父老应相忆，燕子来时语不休。"② 明·胡文焕《跃鲤记·芦林相会》："待回归，有何颜见得江东父老兄妹。"

吴宫教阵 wú gōng jiāo zhèn

出处《史记·孙子吴起列传》。解说 孙武被尊称为孙子，是春秋末年军事家，他总结历史作战经验，写成《孙子兵法》十三篇，并献给吴王阖闾（hé lǘ）。有一天，孙武去拜见吴王。吴王说："你的十三篇兵法，我都看过了，是否可以用我的军队试试练兵方法?"孙武答道:"可以。"吴王又问:"可以用妇女来试试吗?"孙武答道:"可以。"于是吴王便挑选出一百八十名宫女,交给孙武训练。孙武将她们分为两队,分别让吴王宠爱的两个妃子担任队长,然后当众宣布了严明的操练要求和纪律,"即三令五申之,于是鼓之右,妇人大笑。……复三令五申而鼓之左,妇人复大笑。"(三、五:虚指,表示多次。令:命令。申:说明;告诫。原文大意是:孙武击鼓传令,但宫女们嘻嘻哈哈,不听号令。孙武又把操练要求和纪律反复讲解了几遍,并再三叮咛,可是宫女们根本没把这当回事,哄笑成一团,不肯听从指挥。)孙武大怒,为了严肃军纪,下令将两个队长推出斩首。吴王见孙武要斩他的爱妃,急忙赶来劝阻,孙武以"将在军中,君命有所不受"为理由,拒绝了吴王的说情。两个队长被斩之后,宫女们都非常认真地操练起来,再也没有人胆敢肆意喧哗,违犯命令了。吴王见此,深深佩服孙武的军事才能,拜他为大将军。从此,吴国逐渐强大。此语原指在宫廷里指挥宫女们演练阵法,后形容娇艳纷陈。举例 宋·辛弃疾《鹧鸪天·赋牡丹主人以谤花索赋解嘲》:"愁红惭绿今宵看,却似吴宫教阵图。"

吴娃粉阵 wǔ wá fěn zhèn 同"吴宫教阵"。举例 宋·辛弃疾《最高楼·和杨民瞻席上用前韵赋牡丹》:"汉妃翠被娇无奈,吴娃粉阵恨谁知。"

宫中斩美人 gōng zhōng zhǎn měi rén 见"吴宫教阵"。指军令如山、军法严峻。举例 唐·李商隐《南山赵行军新诗盛称游宴之洽因寄一绝》:"梁王司马非孙武,且免宫中斩美人。"

三令五申 sān lìng wǔ shen 见"吴宫教阵"。指再三命令、反复解释和告诫。举例 ①《三国演义》第八十三回:"(陆逊)曰:'吾钦承王命,总督诸军,昨已三令五申,令汝等各处坚守,俱不遵吾令,何也?'"②《红岩》第十八章:"李代总统就职,又三令五申,一再明令释放全国政治犯。"③《骚动之秋》第二十一章:"这些专业户最注意上边的动向,中央三令五申不准乱摊派的精神,他们从电视广播中是早就知道的。"④ 柯岩《我的爷爷》:"他们三令五申,巧立名目,也搞不出我任何问题。"

五令三申 wǔ lìng sān shēn 同"三令五申"。举例 清·无名氏《偷甲记·甲圆》:"紧叮咛五令三申,誓从兹永遵文宪。"

W

五车书 wǔ chē shū

出处《庄子·天下》。解说 惠施是战国时哲学家,名家的代表人物,知识渊博,能言善辩,曾官任魏国的国相。惠施与庄子是朋友。惠施认为一切事物的差别、对立都是相对的,但过分夸大事物之间的"同",而忽视其间的"异",也忽视了事物的相对稳定性。庄子对此评价说:“惠施多方,其书五车。其道舛(chuǎn)驳,其言也不中。”(多方:指学识广而杂。舛驳:错乱;错杂。原文大意是:惠施的知识广博而芜杂,读过的书能装满五个车子。但他的一些理论错误而又杂乱,所讲的话也多不中肯。)后用此语比喻读书多,学识渊博。常用于对饱学之士的赞誉。举例 ① 唐·杜甫《题柏学士茅屋》:“富贵必从勤苦得,男儿须读五车书。”② 宋·辛弃疾《水调歌头·和赵景明知县》:“五车书,千石饮,百篇才。”

书富五车 shū fù wǔ chē 同“五车书”。富:丰富;多。举例 元·施惠《幽闺记·士女随迁》:“胸中书富五车,笔下句高千古。”

学富五车 xué fù wǔ chē 同“书富五车”。举例 ①《醒世恒言·黄秀才徼灵玉马坠》:“兼之学富五车,才倾八斗,同辈之中,推为才子。”② 臧克家《书的故事》:“古人以学富五车为饱学,我涉猎的书籍少得可怜。”③ 郭晶、易帆《明清帝王的老师们》:“这些人无不是学富五车之辈。博学多才、道德高尚、品格端庄、名声显赫,是选择老师时必须要考察的几条标准。”④《秋爽》:“我奇怪他这么一个学富五车、感情纤细的人,怎么一点都不懂得女孩子的心理?”

博览五车 bó lǎn wǔ chē 同“五车书”。举例《初刻拍案惊奇》卷十:“胸中博览五车,腹内广罗千古。”

五车 wǔ chē 同“五车书”。举例 ① 宋·辛弃疾《水调歌头·万事一杯酒》:“平生萤雪,男儿无奈五车何!”② 清·归庄《顾大鸿严仲日以唱和之作见示次韵一首》:“八斗早应千气象,五车还拟饱经纶。”

五桂联芳 wǔ guì lián fāng

出处《宋史·窦仪传》。解说 窦仪是五代、宋初时蓟(jì)州渔阳(今天津蓟县)人,进士出身,曾官任工部尚书。他的父亲窦禹钧是饱学之士,藏书丰富,曾兴办义学。窦仪与兄弟窦俨(yǎn)、窦侃、窦偁(chēng)、窦僖(xī)五人,相继在科举中考中进士,一时传为佳话。当朝太师冯道与窦禹钧是故交,特地写了一首诗相赠,对他教子有方表示赞赏:“燕山窦十郎,教子有益方。灵椿一株老,丹桂五枝芳。”古代称进士登第为折桂,故以此语称誉宗族五人相继中第。参见241页“桂林一枝”。举例 元·曹之谦《赵吉甫种德园》:“从今不羡燕山窦,五桂联芳老一椿。”

五桂重芳 wǔ guì chóng fāng 同“五桂联芳”。举例 明·冯惟敏《折桂令·咸任家宴》:“五桂重芳,一椿未老,四叶传经。”

五子登科 wǔ zǐ dēng kē 见“五桂联芳”。此语原称誉宗族五人相继中第,后多作为祝福词或吉祥语。在中国传统图案中,有一只雄鸡带五只小鸡,有生男报喜蛋染红、绿、蓝、黄、紫五色，都是寓意五子登科。抗日战争胜利后，国民党大员到新收复的城市或地区接收时，争抢金子、银票子、房子、车子、女子，也被人们讽刺为“五子登科”。举例 ①《梼杌(dǎo wù)闲评》第二回：“步蟾宫三元及第，占鳌头五子登科。”② 曹靖华《忆董老》：“抗战胜利后，我随工作单位由重庆到了南京，在国民党的‘五子登科’地对人民的洗劫中，我颠沛流离，形同乞丐。”

燕山桂 yān shān guì 同“五桂联芳”。泛指登科及第之人。举例 金·元好问《王敦夫祥止庵》“情知不羡燕山桂，一树灵椿岁八千。”

五里雾 wǔ lǐ wù

出处《后汉书·张楷传》。解说 张楷字公超，是东汉时人，隐居于弘农山中，追随他学习的人很多。传说他“性好道术，能作五里雾”。(大意是：能用法术使方圆五里的范围布满云雾。)此语原形容大雾弥漫的景象，比喻模糊、迷惘恍惚、不明真相的境界。举例 ① 唐·孔德绍《行经华阴》：“山昏五里雾，日落二华阴。”② 宋·刘敞《同河中府签判刘状元廷平访华阴云台观陈抟先生故居，是日云雾，不尽见诸峰》：“平舒道上望诸峰，翠出浮云几万重。过客仍迷五里雾，真人与致二茅龙。”

五里雾中 wǔ lǐ wù zhōng 同“五里雾”。举例 ①《孽海花》第三十二回：“台事传闻异词，我们如堕五里雾中，骥兄既经参预大计，必明真相，愿闻其详。”② 孙中山《三民主义的解释》：“现在许多人讲民主主义，都是离题太远，堕入五里雾中，这也是国人不求甚解的过错。”③ 邹韬奋《抗战以来》六：“究竟怎样，实使人如陷入五里雾中，无数青年及热心国事的人们便在这五里雾中遭到源源而来的无妄之灾。”④《上海的早晨》第二部三十三：“他像堕在五里雾中，一时间啥物事也看不清楚，是非也讲不明白。”

五里公超雾 wǔ lǐ gōng chāo wù 同“五里雾”。举例 宋·黄庭坚《和范信中寓居》：“它时无屋可藏身，且作五里公超雾。”

公超雾 gōng chāo wù 同“五里雾”。举例 宋·陈与义《赵虚中有石名小华山以诗借之》：“炉烟巧作公超雾，书册尚避秦皇城。”

学雾 xué wù 见“五里雾”。指学习道术。举例 明·杨慎《卧月引为钱节夫赋》：“御风学雾两无心，惟爱月华笼海树。”

W

五柳 wǔ liǔ

出处 晋·陶潜《五柳先生传》。解说 陶潜，一名陶渊明，字元亮，是东晋时文学家，曾任江州祭酒、彭泽县令，后辞官隐居。他的宅院旁栽有五棵柳树，因而自号为“五柳先生”。他还写了一篇题为《五柳先生传》的文章，描述自己的身世以及乡间的自由快乐的生活，其中说：“不慕名利，好读书，不求甚解，每有会意，欣然忘食。”（甚：过分；深入。解：了解；理解。原文大意是：自己不羡慕官场的名利地位，喜欢读书。读书时，不刻意在字、词句上下功夫，每当对书中意义有一些体会时，便高兴得忘了吃饭。）后用此语喻指隐居之人，也比喻隐居之地或幽雅闲适的环境。多用来咏叹归隐生活的闲适。举例 ① 唐・王维《辋川闲居赠裴秀才迪》：“复值接舆醉，狂歌五柳前。”② 清・汪懋（mào）麟《独酌》之三：“吾爱五柳贤，独酌自成癖。”

五株柳 wǔ zhū liǔ 同“五柳”。举例 唐・李白《嘲王历阳不肯饮酒》：“浪抚一张琴，虚栽五株柳。”

五柳心 wǔ liǔ xīn 见“五柳”。指避世归隐之心。举例 明・孙继皋（gāo）《题李明府吏隐轩》：“未卜三花隐，能闲五柳心。”

五柳翁 wǔ liǔ wēng 见“五柳”。指陶潜，泛指志趣高尚的隐士。举例 宋・黄庭坚《丙寅十四首效韦苏州》之五：“我思五柳翁，解作一生事。”

五柳先生 wǔ liǔ xiān shēng 同“五柳翁”。举例 ① 唐・雍陶《和孙明府怀旧山》：“五柳先生本在此，偶然为客落人间。”② 宋・杨万里《张功父请祠甚力得之简以长句》：“老夫老矣不归去，五柳先生应笑汝。”

先生柳 xiān shēng liǔ 同“五柳”。举例 唐・王维《老将行》：“路旁时卖故侯瓜，门前学种先生柳。”

不求甚解 bù qiú shèn jiě 见“五柳”。原指读书时只求理解其中的含意和要旨，不必在字句上多花功夫。后指学习浅尝辄止，不求深入理解，或工作不做深入调查研究。举例 ① 瞿秋白《乱弹・小诸葛》：“他识得几千个汉字，可是又是不求甚解的。”② 况周颐《蕙风词话》卷五：“诵佛经不必求甚解，多诵可也。”③ 毛泽东《〈农村调查〉的序言和跋》：“现在我们很多同志，还保存着一种粗枝大叶、不求甚解的作风，甚至全然不了解下情，却在那里担负指导工作，这是异常危险的现象。”

W

五十步笑百步 wǔ shí bù xiào bǎi bù

出处《孟子・梁惠王上》。解说 战国时，孟子来到魏国。魏国迁都到大梁（今河南开封）后，又称为梁国，国君魏惠王多称为梁惠王。梁惠王向孟子询问道：我尽心尽力地治理国家，赈灾救民，为什么邻国的百姓没有大量减少，我国的百姓也没有明显增加呢？孟子答道：“王好战，请以战喻。填然鼓之，兵刃既接，弃甲曳兵而走，或百步而后止,或五十步而后止。以五十步笑百步,则何如?”(填:拟声词,敲鼓的声音。弃:丢弃。甲:铠甲。曳:拖着。兵:兵器。走:跑。)大意是:大王喜欢打仗,请允许我拿打仗作比方吧。战场上的战鼓咚咚擂响,两军刚一交锋,一些士兵就丢掉铠甲,倒拖着兵器临阵脱逃,有的人逃了一百步才止住脚,有的人逃了五十步就停下来。这时,逃了五十步的人讥笑逃了一百步的人贪生怕死,你说对不对?梁惠王说:当然不对。无论五十步还是一百步,都是逃跑啊!孟子接着说:大王既然懂得这个道理,那么就不要抱怨您的百姓没有比邻国增多。大王自以为梁国政治清明,其实苛捐杂税并不比邻国轻多少呀。此语原指自己有跟别人同样的缺点或错误,却因自己程度较轻而讥笑别人。后比喻两者的缺点、错误在性质上相同,只有程度上或轻或重的差别。举例 南朝宋·何承天《答宗居士书》:“昔之所谓道者,于形为无形,于事为无事,恬漠冲粹,养智益神。岂独爱欲未除,宿缘是畏,唯见其有,岂复是过,以此嗤(chī)齐侯,犹五十步笑百步耳。”

以五十步笑百步 yǐ wǔ shí bù xiào bǎi bù 同“五十步笑百步”。举例 ①《水浒后传》第二十五回:“比如老将军算有忠心,犹能建立宋朝旗号,然仅逍遥河上,逗留不进,坐视君父之难,只算得以五十步笑百步。”② 闻一多《什么是儒家》:“孔子的见地还是远点,但比起冉求,也不过是以五十步笑百步而已。”③《四世同堂》三十八:“他和瑞丰原来差不多,他看不起瑞丰也不过是以五十步笑百步罢了。”

弃甲曳兵 qì jiǎ yè bīng 见“五十步笑百步”。原指丢掉铠甲,倒拖着兵器临阵脱逃,形容打败仗狼狈逃跑的样子,也比喻其他场合失败后的狼狈相。举例 ①《唐史演义》第五十四回:“李归仁等,到此不能再战,弃甲曳兵,逃回城中。”② 杨玉如《辛亥革命先著记》第六章一:“敌弃甲曳兵,退至二道桥。”③ 吴玉章《从甲午战争前后到辛亥革命前后的回忆》十:“在《民报》坚决有力的进攻下,《新民丛报》终于弃甲曳兵,完全失败,最后不得不宣告停刊。”

武断 wǔ duàn

出处《史记·平准书》。解说 西汉初年,天下太平,国家兴盛,人民富足。“当此之时,网疏而民富,役财骄溢,或至兼并豪党之徒,以武断于乡曲。”唐·司马贞《索隐》:“谓乡曲豪富无官位,而以威势主断曲直,故曰武断也。”(乡曲:乡里。原文大意是:当时社会秩序安定,百姓生活无忧,犯罪的少了,官府积存的财富多了,那些未任官职的地方豪强则以威势妄断是非曲直。)后用此语指只凭主观妄作判断,或主观,盲目自信。举例 ① 清·蒲松龄《上孙给谏书》:“力之大者,则反持官府;力之小者,则武断。”②《儿女英雄传》第三十一回:“那著书的既不曾秉笔直书,我说书的便无从悬空武断。”③ 李大钊《战后之妇人问题》:“我们中国的女界,对于这世界的妇人问题,有点兴趣没有,我可不敢武断。”④ 鲁迅《集外集拾遗补编·名字》:“有时也自己想:这实在太武断,太刚愎自用了。”⑤ 洪深《这就是“美国的生活方式”》第三幕一场:“非常傲慢和武断,是不是?”

W

X

惜墨如金 xī mò rú jīn

出处 明·陶宗仪《南村辍耕录》卷八引元·黄公望《画山水诀》。解说 惜：吝惜。李成是五代、宋初时的著名画家，擅长山水画，多作平远寒林，画法简练，好用淡墨。元代著名画家黄公望评价李成的绘画“惜墨如金”，意思是说：不到关键的地方不用浓墨，就像不轻易虚掷黄金一样。后用此语指绘画、作文态度严谨，力求简洁凝练。举例 ① 清·阎尔梅《叶澹(dàn)生山人访我黄龙潭上赠之》：“传梅得杏铅华谢，惜墨如金笔意闲。”② 鲁迅《且介亭杂文二集·“题未定”草八》：“那些了不得的作家，谨严如骨，惜墨如金，要把一生的作品，只删存一个或者三四个字，刻之泰山顶上。”③ 郑逸梅《影坛旧闻》：“父亲星环，字恭辰，是位丹青名家，花鸟山水，人物仕女，色色都擅胜场，惜乎惜墨如金，作品不多，外间很少流传。”④ 孙犁《夜思》：“现在，有些文艺评论家，赞美我在文字上惜墨如金。”

下逐客令 xià zhú kè lìng

出处《史记·李斯列传》。解说 李斯是战国末年楚国人，后到秦国任客卿(指在某国做官的其他诸侯国人)、廷尉(官名，掌刑狱，九卿之一)，秦统一六国之后任丞相。李斯初到秦国时，由于秦国日益强大，吸引各国的人才纷纷前来投奔。韩国人郑国来到秦国，表面上为客卿，暗地里做间谍，结果事情败露。当时秦始皇即位不久，担心身居高位的异国客卿不可靠，在本国贵族的煽动下，为了巩固其统治地位，便颁布逐客令，驱逐从各国来的客卿。李斯也在被逐之列。为此，李斯给秦始皇写了《谏逐客书》，列举客卿对秦国的作用和建立的功绩，劝说秦始皇不要驱逐这些人。奏书中说：山不嫌弃每一个小土块，才形成它的巍峨高大；江河不挑剔每一条小溪，才汇成它的巨流；君王不排斥众多的人才，才能使他的功业得以完成。如今秦国驱逐客卿，让他们去帮助别的国家，“使天下之士退而不敢西向，裹足不入秦”。(裹足：把双脚缠裹住，无法往前走。原文大意是：这就使得天下有才能的人停住脚步或往后退却，不敢向西到秦国来施展远大抱负。)这种做法，无异于把武器和粮食送给敌人啊！秦始皇看了之后，认为说得有道理，便采纳李斯的建议，撤销了逐客令。后用此语比喻主人赶走不受欢迎的客人。举例 ①《聊斋志异·陈云栖》："若不下逐客令，俾（bǐ）得长伴老母，于愿斯足，亦不忘前言之践也。"②《二马》："马老先生看出伊牧师是已下逐客令，心里十二分不高兴的站起来。"

逐客令 zhú kè lìng 见"下逐客令"。原指驱逐来自各国的客卿的命令，后泛指赶走客人的言行。举例《静水里的鱼》："男主人也不得不板起面孔，露出一副不欢迎的表情，甚至下起了不礼貌的逐客令来了。"

逐客 zhú kè 见"下逐客令"。原指驱逐来自各国的客卿，后泛指赶走客人。举例 清·范士楫（jí）《邯郸行》："黄棘逐客客不怒，似言地窄苍浪高。"

裹足不前 guǒ zú bù qián 见"下逐客令"。形容有所顾虑而止步不前或不敢前行。举例 ①《三国演义》第十六回："今玄德素有英雄之名，以困穷来投，若杀之，是害贤也。天下智谋之士，闻而自疑，将裹足不前，主公谁与定天下乎？"②《青春之歌》第二部二十九章："我们不能做有名无实的党员，不能总在困难面前裹足不前。"③ 陶铸《革命的坚定性》："当他们在遇到困难时便唉声叹气，裹足不前。"

先发制人 xiān fā zhì rén

出处《史记·项羽本纪》，又见《汉书·项籍传》。解说 发：发动。制：控制。秦代末年，民不聊生，陈胜、吴广发动农民起义，各地纷纷响应。会稽郡（在今江苏苏州）郡守殷通也打算起兵，便派人请前楚国名将项燕之子项梁来商议大事。殷通说：现在秦朝即将灭亡，这是天意。"先发制人，后发制于人。"（大意是：先下手就可以制服对方，后下手就会被对方制服。）希望你能够跟我一同举兵反秦。项梁认为殷通不能成大事，于是假意答应，随后带着侄子项羽伺机杀死殷通和他的亲信，夺取郡守大印，占据会稽郡，又招收了八千精兵。项梁、项羽的队伍逐渐成为反秦的主力军。后用此语指先下手制服对方，取得主动权；或主动进攻，打败对方。举例 ①《隋书·李密传》："百万之众，一朝可集，先发制人，此机不可失也。"②《东周列国志》第二十三回："齐兵远伐，必有轻我之心，当先发制人。"③《吕梁英雄传》第十八回："康顺风来这一手，原来是怕众人提出桦林霸，追出他们的老根子，问题更难解决，所以来了个先发制人。"④《苦斗》二十六："后来，她不等胡柳开口，就先发制人地高声说道：'阿柳，你们上回的做法，多么无情无义！'"

X

闲云野鹤 xián yún yě hè

出处 宋·文莹《续湘山野录》，又见宋·尤袤（mào）《全唐诗话·贯休》。解说闲：无拘束。五代前蜀时的高僧贯休被称为“禅月大师”，他还是一位画家、诗人。贯休曾求见自称吴越国王的钱镠（liú），并呈给他一首诗，其中有这样一句：“满堂花醉三千客，一剑霜寒十四州。”钱镠看了诗，因不满足于统领两浙十四州，还想向外扩张地盘，于是下谕说，如果贯休把诗中“十四州”改为“四十州”，就可以得到召见。贯休淡淡一笑回复说：“州亦难添，诗亦不改，然闲云孤鹤何天而不可飞邪？”贯休的意思是说，这写好的诗是不能随便改的。我就像那飘浮的云、野生的鹤，哪里飞不到呢？后来贯休去了蜀地。此语原指自由自在、无拘无束的云和鹤，比喻超凡脱俗、清闲自在的人。举例 ①《红楼梦》第一一二回：“迎春姐姐折磨死了，史姐姐守着病人，三姐姐远去，这都是命里所招，不能自由。独有妙玉如闲云野鹤，无拘无束。”②《儿女英雄传》第二十回：“那姑娘穿了这一身缟（gǎo）素出来，越发显得如闲云野鹤一般，有个飘然出世光景。”③ 李元洛《白刃明霜雪》：“齐己是位出家的方外之人，本应如闲云野鹤，但他也颇为关心红尘中的热门话题。”

孤云野鹤 gū yún yě hè 同“闲云野鹤”。举例 明·吴廷翰《铁山季子挽诗》之三：“流水高山空兴趣，孤云野鹤尚风神。”

野鹤闲云 yě hè xián yún 同“闲云野鹤”。举例 ①《红楼梦》第六十三回：“怪道姐姐举止言谈，超然如野鹤闲云，原来有本而来。”② 清·张问陶《梅花》之二：“野鹤闲云寄此生，暗香真到十分清。”

弦歌之声 xián gē zhī shēng

出处《论语·阳货》：“子之武城，闻弦歌之声。夫子莞（wǎn）尔笑曰：‘割鸡焉用牛刀？’”宋·朱熹《集注》：“弦，琴瑟也。时子游为武城宰，以礼乐为教，故邑人皆弦歌也。”解说 弦歌：弹琴瑟和唱歌诵诗的声音。割：宰杀。焉：疑问代词，相当于“哪里”。子游姓言，名偃，是春秋末年吴国人，孔子的弟子。孔子十分重视礼乐教化，把它看做治国兴邦的大事。原文大意是：子游到武城做县令，他遵奉师训，用礼乐之道教化当地的老百姓，政绩卓然。当孔子当带领弟子们游历到武城时，听到一片弦歌礼乐之声。孔子微笑着对前来迎接的子游和身边的其他弟子说：“割鸡焉用牛刀？”（杀鸡用一把小刀就可以了，何必使用宰牛的长刀呢？意思是：治理武城这座小城，何必用如此高雅、隆重的礼乐来教化百姓呢？）子游一本正经地答道：“昔者偃（yǎn）闻诸夫子曰，君子学道则爱人，小人学道则易使。”（偃：即子游。大意是：以前我听您说过，身处高位的君子，懂得礼乐之道就会有仁爱之心；身居下位的小人，懂得礼乐之道就容易被役使。）这不是说，无论地位高下，都应该懂得礼乐之道吗？我正是按照您的教导去做的呀。孔子听了，转身对弟子们说：“二三子，偃之言是也。前言戏之耳。”

X

（大意是：你们听着，子游说得对。我刚才讲的“割鸡焉用牛刀”的一番话，不过是开个玩笑罢了。）后用此语指音乐教育，泛指文化教育。举例 宋·苏辙《伯父墓表》：“自吾之东，今将三十年。归视吾里，弦歌之声相闻，儒服者于他州为多善矣。”

百里弦歌 bǎi lǐ xián gē 见“弦歌之声”。称赞地方官重视德化，治理有方，政绩突出。举例 ① 宋·祖吴《水调歌头·寿建阳刘宰》：“四海文章宗匠，百里弦歌德化，官与水双清。”② 明·沈鲸《双珠记·刑逼成招》：“试邑严明推健令，门阶寂事简词清。百里弦歌，千村花影，次第经纶齐整。”

弦歌 xián gē 同“百里弦歌”。举例 唐·张祜（hù）《晚次荆溪馆呈崔明府》：“况是无三害，弦歌初政成。”

武城弦 wǔ chéng xián 同“百里弦歌”。举例 唐·卢照邻《于时春也慨然有江湖之思寄赠柳九陇》：“遥闻彭泽宰，高弄武城弦。”

割鸡焉用牛刀 gē jī yān yòng niú dāo 见“弦歌之声”。比喻不必大材小用或小题大做，或办小事情用不着花大气力。举例 ①《三国演义》第五回：“言未绝，吕布背后一人高声出曰：‘割鸡焉用牛刀？不劳温侯亲往。吾斩众诸侯首级，如探囊取物耳！’”②《封神演义》第四十回：“太师用兵多年，如今为何颠倒！料西岐不过是姜尚、黄飞虎等，割鸡焉用牛刀？”③《水浒传》第六十三回：“割鸡焉用牛刀，自有战将建功，不必主将挂念。”

杀鸡焉用牛刀 shā jī yān yòng niú dāo 同“割鸡焉用牛刀”。举例《水浒传》第八十五回：“常言道：‘杀鸡焉用牛刀。’哪里消得正统军自去。只贺某聊施小计，教这一伙蛮子，死无葬身之地！”

杀鸡用牛刀 shā jī yòng niú dāo 见“弦歌之声”。比喻大材小用、小题大做，或花大笔钱却办了件小事。举例 ①《天龙八部》十二：“只可惜这些茶花品种太差，要大理王子来亲手服侍，未免是大材小用、杀鸡用牛刀了。”②《太行风云》七：“此来小去给点便宜满办事，哪用得着花一百块钱。唉，杀鸡用牛刀。”

牛刀试 niú dāo shì 见“弦歌之声”。比喻有大本领，在小事情上初试身手。举例 宋·无名氏《满江红》：“天赋与，文章灿。牛刀试，风流县。”

牛刀 niú dāo 见“弦歌之声”。比喻大材器或大本领。举例 ① 南朝宋·谢灵运《与诸道人辨宗论》：“譬割鸡之政，亦有牛刀。”（割鸡之政：指治理县政。）② 宋·辛弃疾《破阵子·为范南伯寿》：“却笑泸溪如斗大，肯把牛刀试手否？”

献曝 xiàn pù

出处《列子·杨朱》。解说 曝：晒。据说宋国有一个农夫，家里很穷，冬天只能穿着破麻做成的衣服勉强御寒。冬末春初之时,农夫到田里干活,临近中午,太阳晒在身上暖烘烘的,感到很满足。农夫不知道天下有广厦豪宅、锦缎狐裘,以为晒在身上的温暖的阳光是最珍贵的东西,便对妻子说:"阳光真暖和,现在大概还没有人知道。我们赶快去报告国君吧,一定会得到重赏。"此语原指把晒太阳的温暖感觉献给国君,比喻所献礼物虽菲薄、浅陋,但出于至诚之心。也比喻微薄的礼物或贡献。多用于自谦。举例 ① 清·赵翼《真州萧娘制糕饼最有名》:"馈节聊同献曝情,竞邀椽笔赐褒荣。"② 清·冯桂芬《与许抚部书》:"阁下洞晓机宜,自必早为计及,而某等献曝之诚,知无不能,亦有不能自已者。"

野叟献曝 yě sǒu xiàn pù 同"献曝"。举例 季羡林《自传》:"我想到这样平凡的真理,不敢自秘,便写了出来,其意不过如野叟献曝而已。"

野人奏曝 yě rén zòu pù 同"献曝"。举例 章炳麟《记政闻社员大会破坏状》:"人情葆爱其所躬行,而欲施之邻里,野人奏曝,自古而有之。"

负曝 fù pù 同"献曝"。举例 谢觉哉《寿朱德同志六秩次必武同志韵》之一:"八千岁月荫长远,负曝携芹祝寿椿。"

献芹 xiàn qín

出处《列子·杨朱》。解说 献:推荐。芹:野芹菜,一种价廉易得的野生蔬菜。据说古时候有个老农,家里很贫穷,每天吃野芹菜、胡豆、卷耳草等,津津有味。有一天,他在当地的几个富人面前称赞野芹菜如何如何好吃。一个富人拿过来尝了尝,竟然"蜇(zhē)于口,惨于腹。"(蜇:刺激皮肤或黏膜使感觉不适。原文大意是:嘴里发涩、难受,胃里也感到很不舒服。)于是,大家对老农一顿嘲笑和讥讽,老农感到很羞愧,转身离开了。此语原指向别人推荐自己喜欢吃的野芹菜,后比喻自己赠人的礼物菲薄或所提的建议浅陋。多用于自谦。举例 ① 唐·高适《自淇涉黄河途中》之九:"尚有献芹心,无因见明主。"② 陈毅《湖海诗社开征引》:"薄言当献芹,文坛望新赐。"

芹献 qín xiàn 同"献芹"。举例 ① 宋·孙觌(dí)《饮修仁茶》:"茗饮初一尝,老父有芹献。"② 郭沫若《苏联纪行·前记》:"我现在索性把我这几十天的日记倾箱倒箧(qiè)地整理出来,作为芹献。"

野老献芹 yě lǎo xiàn qín 同"献芹"。野老:山野老农。举例 明·无名氏《精忠记·赴难》:"今日将这碗饭送去与他充饥,野老献芹,聊表微意。"

野人献芹 yě rén xiàn qín 同"献芹"。野人:山野之人。举例 元·柯丹丘《荆钗记·民戴》:"老爷,小老人没有什么孝心,安排果酒旗帐,聊表野人献芹之意。"

野人芹 yě rén qín 见"献芹"。野人:山野之人。此语比喻自己赠人的菲薄礼物,或所提出的浅陋建议等。用于自谦。举例 宋·陆游《书意》:"忧国虽忘嫠(lí)妇纬,爱君敢进野人芹。"

芹意 qín yì 同"野人芹"。举例 ① 宋·楼钥《独旦蕈(xùn)次九五从叔韵》:"倘容笑摘寄情亲,会见长发见芹意。"②《红楼梦》第一回:"邀兄到敝斋一饮,不知可纳芹意否?"

相濡以沫 xiāng rú yǐ mò

出处《庄子·大宗师》。解说 濡:浸润;沾湿。沫:口沫;唾沫。这是一则寓言。泉水干涸了,鱼儿暴露在陆地上无法生活,只能互相吐出口沫来浸润身体,暂时维持生命,不像在江河湖海里时各游各的,互不来往。后用此语比喻同处于困境中,以微薄的力量相互救援或帮助。举例 ① 宋·许纶《再用韵谢德久见和》:"相濡以沫期耐久,自为锅釜使受烹。"② 梁启超《外债平议》:"或低首下心,求其民之相濡以沫。"③ 徐泓《超尘脱俗的钱锺书伉俪》:"钱锺书夫妇的感情融洽早已传为佳话。自1935年结为百年之好,半个世纪相濡以沫。"④《本次列车终点》六:"爹爹很早就死了,妈妈带着他们三个,相依为命,相濡以沫,什么苦都吃过了。"

以沫相濡 yǐ mò xiāng rú 同"相濡以沫"。举例 鲁迅《题在〈芥子园画谱〉三集赠广平》:"十年携手共艰危,以沫相濡亦可哀。"

微沫相濡 wēi mò xiāng rú 同"相濡以沫"。举例 宋·陈造《十绝句呈章茂深安抚》:"忍馋留得可羹鱼,微沫相濡未就枯。"

濡沫 rú mò 同"相濡以沫"。举例 唐·元稹《酬白学士》:"卧辙希濡沫,低颜受颔颐。"

响遏行云 xiǎng è xíng yún

出处《列子·汤问》。解说 遏:阻止。行云:飘动的云彩。战国时,秦国人薛谭拜秦青为师,学习歌唱。过了一段时间,薛谭自以为已经学得差不多了,便告辞回家。秦青也没有多挽留,到郊外的大路旁为薛谭饯行。酒席间,秦青打着节拍,激昂悲歌,"声震林木,响遏行云"。(大意是:歌声高亢嘹亮,振动林木,树叶发出沙沙声;响彻云霄,连浮动的白云也不由得驻足倾听。)这时,薛谭意识到自己学艺不精,距老师的水平相差甚远,于是请求秦青留下他继续学习,从此再也不敢提回家的事了。后用此语形容演唱的歌声高亢清越,洪亮动听。举例 ① 唐·赵嘏(gǔ)《闻笛》:"谁家吹笛画楼中,断续声随断续风;响遏行云横碧落,清和冷月到帘栊。"②《花月痕》第六回:

"那教坊子弟打起《十番》，十妓便齐声唱起《采莲歌》来。前后娇声婉转，响遏行云。"③《尘埃落定》第六章："她在温泉中开始唱歌。歌是她在我身边时唱过的老歌，但从来没有唱得这么响遏行云。"

响遏青云 xiǎng è qīng yún 同"响遏行云"。举例 五代·欧阳炯(jiǒng)《花间集序》："名高《白雪》，声声而自合鸾歌；响遏青云，字字而偏谐凤律。"

遏行云 è xíng yún 同"响遏行云"。举例 宋·辛弃疾《鹧鸪天·和赵晋臣敷文韵》："回急雪，遏行云，近时歌舞旧时情。"

驻行云 zhù xíng yún 同"响遏行云"。举例 宋·张纲《浣溪沙·荣国生日》之一："百和宝熏笼瑞雾，一声珠唱驻行云。"

驻云 zhù yún 同"响遏行云"。举例 宋·苏轼《苏州闾(lǘ)丘江君二家雨中饮酒》之一："已烦仙袂(mèi)来行雨，莫遣歌声便驻云。"

声振林木 shēng zhèn lín mù 同"响遏行云"。举例《儒林外史》第五十五回："荆元慢慢的和了弦，弹起来，铿(kēng)铿锵(qiāng)锵，声振林木。"

想当然 xiǎng dāng rán

出处《后汉书·孔融传》。解说 东汉末年，曹操与袁绍争夺中原霸主地位。官渡之战后，曹操攻下邺城（在今河南安阳北），曹操长子曹丕趁机强行把住在当地的袁绍之子袁熙的妻子甄(zhēn)氏纳为妾。孔融得知后，写信给曹操，并杜撰一个故事说：周武王讨伐商纣(zhòu)王时，将纣王的妃子妲(dá)己赐给了自己的弟弟周公旦。孔融说此番话，意在讥讽曹操军纪不严，战后事宜处置欠当。曹操见到信后，最初并没有领会孔融的用意，奇怪地问：不知这个史实出于哪部经典？孔融答道："以今度之，想当然耳。"（大意是：我从现今的事情来推测，不过想来应当是这样的罢了。）后用此语指仅凭主观想象或推断，认为事情应该是这样。举例 ① 清·和邦额《夜谭随录·棘闱志异》："吾想小惠端重，恐文炳未必能玷，汝所言亦想当然耳。"② 毛泽东《改造我们的学习》："仅仅根据一知半解，根据'想当然'，就在那里发号施令。"③《报施》二："他越说越兴奋，自己也不大弄得清是他的想当然，还是真正实事。"

向隅 xiàng yú

X

出处《说苑·贵德》："今有满堂饮酒者，有一人独索然向隅而泣，则一堂之人皆不乐矣。"解说 隅：角落。原文大意是：现今满堂的人都在愉快地饮酒，而有一个人独自对着墙角哭泣，这样就会破坏气氛，引得大家都不高兴。后用此语比喻孤独失意伤感,或得不到机遇而失望。举例 ① 唐·温庭筠《病中书怀呈友人》:"逸足皆先路,穷郊独向隅。"② 宋·苏轼《立春日病中邀安国仍请率禹功同来》之一:"老子从来兴不浅,向隅谁肯满堂欢?"③《聊斋志异·促织》:"夫妻向隅,茅舍无烟,相对嘿(默)然,不复聊赖。"

向隅而泣 xiàng yú ér qì 同"向隅"。举例 毛泽东《新民主主义论》:"在中国从事革命的一切党派,一切人们,谁不懂得这个历史特点,谁就不能指导这个革命和进行这个革命到胜利,谁就会被人们抛弃,变为向隅而泣的可怜虫。"

向隅之泣 xiàng yú zhī qì 同"向隅"。举例 宋·陈亮《谢陈侍郎启》:"宁失不经,忍视向隅之泣!"

萧规曹随 xiāo guī cáo suí

出处《史记·曹相国世家》,又见汉·扬雄《法言·解嘲》。解说 萧:指萧何。曹:指曹参。西汉初年,萧何任开国丞相,为治理国家而主持制定了一系列行之有效的法规政令。萧何死后,曹参继任丞相,他只是遵照执行原定的法规政令,不作任何改动。汉惠帝觉得曹参这个丞相没作为,不称职。曹参辩解说:"陛下逊于先帝,我比不上萧相国。我们与其更改已有的政令,还不如严格地遵循它。"惠帝听他讲得有一定道理,也就不再说什么了。结果,曹参也把国家治理得很好。后用此语比喻完全依照前人的成规办事。举例 ① 宋·李心传《建炎以来系年要录·绍兴八年九月》:"经久之制,不可轻议……卿等宜以萧规曹随为心,何忧不治。"② 明·田汝成《赠浙江右布政使李公序》:"古之相者,萧规曹随,方舟而并济;姚通宋守,殊骋而同归。"

规随 guī suí 同"萧规曹随"。举例 清·钱谦益《韩圹(kuàng)授光禄大夫制文》:"推同心而调鼎,允协规随。"

萧规 xiāo guī 见"萧规曹随"。指前人制定的规章制度。举例 元·赵孟頫(fǔ)《送史总管廉访江东》:"可能召父专前代,更有萧规俾(bǐ)后人。"

小草出山 xiǎo cǎo chū shān

出处《世说新语·排调》。解说 出山:指放弃隐居,出来做官。东晋时人谢安隐居多年又出山做官,在权臣桓(huán)温手下任司马。谢安本有超逸的志向,不趋流俗,成了桓温的僚属后,事事小心,言行谨慎,心里很不自在。有一天,别人给桓温送来一批药材,其中有一味是远志,其根入药。桓温拿起这味药材问谢安说:"此药又名小草,何一物而有二称?"(大意是:远志的茎叶又叫小草,为什么一种东西有两个名称呢?)还没等谢安答话,坐在旁边的参军郝隆抢先回答说:"此甚易解。处则为远志,出则为小草。"(参军:官名。军府中的文职官。处:居住,指归隐、不出仕。出:指出仕。大意是:这不难理解啊,隐居不出山就叫远志,出山就叫小草。)他的这番话一语双关,暗指谢安的处境。谢安听了,一时语塞,无言以对。后用此语比喻隐士出仕为低级官吏。多用于自谦。参见170页"东山高卧"。举例 宋·陆游《初拜再领祠宫之命有感》:"小草出山初已误,断之含雨欲何施?"

小草复出 xiǎo cǎo fù chū 同"小草出山"。举例 明·王思任《沈文端公〈纶扉奏稿〉序》:"逾三十年,而予小草复出,与公之闻孙试起部。"

小草一出 xiǎo cǎo yī chū 同"小草出山"。举例 明·陈弘绪《再上司理李公恳辞荐辟书》:"但弘绪家有八旬之母,小草一出,便不能躬亲菽水之奉。"

出山小草 chū shān xiǎo cǎo 见"小草出山"。比喻出仕为低级官吏的隐士。举例 ① 元·燕公楠《摸鱼儿·答程雪门见寄》:"出山小草成何事?闲却竹烟松雨。"② 清·杨潮观《大江西小姑送风》:"高卧人豪世所钦,出山小草客侵尘。"

小草 xiǎo cǎo 同"出山小草"。举例 ① 宋·陆游《岁暮感怀以余年谅无几》之五:"当时嘲小草,虽戏实中理。"② 清·袁枚《谢望山公赐素心兰》:"枚也如小草,公门久收贮。"

小草一官 xiǎo cǎo yī guān 同"出山小草"。举例 清·卢元昌《次韵酬楚中杨长公》:"小草一官非薄命,文章万卷哭秋风。"

小草何如远志 xiǎo cǎo hé rú yuǎn zhì 见"小草出山"。远志:指隐居。此语指出仕如果官位低微,还不如隐居生活逍遥自在。举例 宋·辛弃疾《洞仙歌·晋臣和李能伯韵属余同和》:"看匆匆西笑,争出山来,凭谁问,小草何如远志。"

小阮 xiǎo ruǎn

出处《三国志·魏志·嵇康传》,又见《晋书·阮咸传》。解说 晋代的阮咸和他的叔父阮籍都很有文才,分别被列为"竹林七贤"之一。叔侄二人常在一起放任不羁地宴饮游乐,人们称阮籍为"大阮",阮咸为"小阮"。阮籍呼阮咸为"阿咸"。后以此语为侄儿的美称。举例 ① 唐·李白《陪侍郎叔游洞庭醉后三首》之一:"三杯容小阮,醉后发清狂。"② 唐·钱起《送族侄赴任》:"此时知小阮,相忆绿尊前。"

大小阮 dà xiǎo ruǎn 见"小阮"。叔叔和侄子的美称。举例 宋·杨万里《和文明主簿叔见寄之韵》之二:"从来大小阮,一笑更谁知?"

阿咸 ā xián 同"小阮"。举例 ① 宋·苏轼《和子由除夜元日省宿致斋》之二:"朝回两袖天香满,头上银幡笑阿咸。"② 清·和邦额《夜谭随录·秀姑》:"老身去家时，十二弟才十三岁，犹未议婚。音问梗塞，近四十年矣。不谓阿咸如此成立！老身为汝父胞妹，汝之姑也。”

小巫见大巫 xiǎo wū jiàn dà wū

出处 《太平御览》卷七三五引《庄子》逸文：“小巫见大巫，拔茅而弃，此其所以终身弗如。”又见《三国志·吴志·张纮(hóng)传》南朝宋·裴松之注引三国·陈琳《答张纮书》。解说 巫：巫师，以占卜、替人祈祷等为业的人。小巫法术小，本领较差；大巫法术大，本领较强。小巫见到大巫，就难以施展他的法术了。《庄子》大意是：小巫师见了大巫师，觉得自己的法术不如大巫师，便弃而不为，这就是他一辈子都不如大巫师的原因。据《答张纮书》记载，三国时人陈琳和张纮是同乡好友，分别在北方的魏国和南方的东吴做官。两个人都有文学才华，虽各事其主，但相互仰慕，经常有书信来往，切磋作品。有一次，张纮见了陈琳所作《武库赋》和《应机论》，不由得击掌叫好，随即写信给陈琳，对其文辞清新、见解独到的文风大加赞赏。陈琳复信时谦虚地说：我和你相比，差距实在太大了，“所谓小巫见大巫，神气尽矣”。（大意是：就好像小巫遇见大巫，无法施展法术了。）后用此语比喻二者相形之下，一个远远比不上另一个。常用于自谦。举例 ①《品花宝鉴》第四回：“两兄做得好诗，佩服之至，拙作草草涂鸦，未免小巫见大巫。”②《子夜》五：“他亦未始没有相当成就，但是仅仅十万人口的双桥镇何足以供回旋，比起目前这计画来，真是小巫见大巫了！”③ 碧野《山城灯火》：“香港太平山的灯火倒映海中该是很动人的吧？但比起这山城重庆的灯火夜景，只是小巫见大巫。”

孝先便腹 xiào xiān pián fù

出处 《后汉书·边韶传》。解说 便：便便，肥大的样子。腹：肚子。边韶，字孝先，是东汉时的一位文人。桓帝时官至尚书令，后为陈国丞相。他肚子肥大，行动缓慢，曾教过书。教书时，他要求学生勤学苦读，自己大白天却常常懒洋洋地打瞌睡。有几个学生编了顺口溜嘲笑他：“边孝先，腹便便。懒读书，但欲眠。”（大意是：他长得肥肥胖胖，不爱读书，也不用心教书，只喜欢睡懒觉。）边韶听后不以为然，自我解嘲地回敬道：“边为姓，孝为字。腹便便，五经笥(sì)。但欲眠，思经事。”（笥：用竹或苇编成的器具。大意是：我肚子大，是因为里面装满了经书，一肚子学问；爱打瞌睡，是在闭目养神，琢磨经书上记载的事情。）后用此语形容人肚子肥大凸出，或大白天睡懒觉。也比喻学识满腹。举例 宋·陆游《夏雨》：“堪笑此翁惟美睡，孝先便腹任讥嘲。”

☞这里的“便”不读 biàn。

便腹 pián fù 同“孝先便腹”。举例 ① 宋·苏轼《宝山昼睡》:“七尺顽躯走世尘,十围便腹贮天真。”② 元·邓文元《十月十日出都城》:“闲情只合营三径,便腹那能贮五经。”

便便腹 pián pián fù 同“孝先便腹”。举例 ① 宋·陆游《初夏杂咏》之三:“咄(duō)咄书常懒,便便腹本宽。”② 清·金人瑞《吾宗》:“日照便便腹,遗经百十篇。”

边老便便 biān lǎo pián pián 同“孝先便腹”。举例 宋·苏轼《次韵王巩颜复同泛舟》:“沈郎清瘦不胜衣,边老便便带十围。”

大腹便便 dà fù pián pián 见“孝先便腹”。形容人肚子肥大凸出,多指大商人或孕妇。有时也用来讽刺饱食终日、无所事事的人。举例 ① 金·王若虚《贫士叹》:“争如只使冗且愚,大腹便便饱粱肉。”②《青春之歌》第二部三十五章:“这时不管他是工人、农民、公务人员,还是大腹便便的商人,人们的眼睛都被一种莫名其妙的困惑苦恼着。”③ 冯伊湄《未完成的画》:“从楼窗望过去,憧憧(chōng chōng)人影,尽是一些被迫出卖灵魂、肉体的舞女,是一些大腹便便的商贾,脑满肠肥的官僚。”④《冬天里的春天》第一章:“如今他胖了,发福了,大腹便便,不是当年那副瘦削的模样,所以猛乍一看都不敢认了。”

腹便 fù pián 见“孝先便腹”。形容人肚子肥大凸出。举例 宋·黄庭坚《次韵谢外舅病不能拜复官夏雨眠起之什》:“腹便时蒙嘲,身退得自恣。”

腹便便 fù pián pián 同“腹便”。举例 ① 宋·王安石《和惠思岁二日》:“懒读书来已数年,从人嘲我腹便便。”② 清·方文《春日斋居杂咏》之三:“邻翁强解事,又笑腹便便。”

便便大腹 pián pián dà fù 同“腹便”。举例 郭沫若《不读书好求甚解》:“然而万民的膏脂仅仅填满了几个便便大腹者的利囊。”

五经腹 wǔ jīng fù 见“孝先便腹”。比喻学识满腹。举例 宋·程俱《西安谒陆蒙老大夫观著述之富戏作》:“时时歌四始,笑捧五经腹。”

五经笥 wǔ jīng sì 同“五经腹”。笥:用竹或苇编成的方形器具,用来盛饭食、衣物等。举例 宋·吕本中《喜才仲兄弟至偶成四十字》:“平生五经笥,不直一囊钱。”

门生嘲 mén shēng cháo 见“孝先便腹”。指嘲讽人白天睡懒觉。举例 宋·陆游《书意》:“睡任门生嘲,醉无官长骂。”

笑中有刀 xiào zhōng yǒu dāo

出处《旧唐书·李义府传》,又见《新唐书·李义府传》。解说 李义府是唐代初年的大臣,曾官任中书令、右宰相。李义府外表和善可亲,与人交谈总是面带微笑,实际上内心偏狭,阴险毒辣,谁若是稍微违背他的意愿,就暗地里陷害人家。当时的人们说李义府"笑中有刀",并把他称为"笑中刀"。后用此语比喻外表和善可亲,内心阴险歹毒。举例 唐·白居易《天可度》:"君不见:李义府之辈笑欣欣,笑中有刀潜杀人。阴阳神变皆可测,不测人间笑是嗔。"

笑里暗藏刀 xiào lǐ àn cáng dāo 同"笑中有刀"。举例 ① 元·岳伯川《铁拐李》第一折:"我见先,他见后。他临行,我放刁,笑里暗藏刀。代官来到,不道咱轻放了。"② 明·无名氏《女真观》第三折:"他睁着眼不顺情,咬着牙不放脚,谁知道吃斋人笑里暗藏刀。"

笑里藏刀 xiào lǐ cáng dāo 同"笑中有刀"。举例 ① 元·关汉卿《单刀会》第一折:"那时间相看的是好,他可喜孜(zī)孜笑里藏刀。"②《水浒传》第十九回:"林冲道:'这是笑里藏刀,言清行浊的人!我其实今日放他不过!'"③《腐蚀·九月十九日》:"在这个地方,人人是笑里藏刀,撺(cuān)人上屋拔了梯子,做就圈套诱你自己往里钻。"④《村妇》卷一:"那个姓路的笑里藏刀,跟咱们不是一条船的人。"

笑里藏着刀 xiào lǐ cáng zhe dāo 同"笑中有刀"。举例《艳阳天》第四十章:"这个人哪,不像个党员样子,心可毒啦,脑瓜子不转轴,笑里藏着刀。"

笑里刀 xiào lǐ dāo 同"笑中有刀"。举例 ① 唐·白居易《劝酒》之七:"且灭嗔中火,休磨笑里刀。"② 元·秦简夫《东堂老》第一折:"都是些绵里刺,笑里刀。"

笑处藏刀 xiào chù cáng dāo 同"笑中有刀"。举例 清·李渔《蜃中楼·点差》:"威权震主,势焰熏人,笑处藏刀,毒性有如蜂虿(chài)。"

笑中白刃 xiào zhōng bái rèn 同"笑中有刀"。举例 宋·陆游《六言》之四:"勿倚新知可乐,笑中白刃如霜。"

效颦 xiào pín

出处《庄子·天运》。解说 效:仿效;模仿。颦:皱眉头。相传春秋时,越国有个美女名叫西施,她患有心痛病,心痛时常常手捧胸口,微微皱起眉头,这样更显得娇媚艳丽,使人见了分外怜爱。同村中有个女子长得非常难看,听大家说西施这个姿态很美,也模仿着捧胸皱眉,结果显得更丑了,吓得人们关紧门不敢出来,或者干脆躲得远远的。后人附会,把丑女称为东施。后用此语比喻盲目模仿别人而弄巧成拙。也用于自谦。举例 ① 唐·刘知幾《史通·模拟》:"盖左氏为书,叙事之最,自晋以降,景慕者多,有类效颦,弥益其丑。"② 唐·李白《古风》之三十五:"丑女来效颦,还家惊四邻。"③《聊斋志异·凤阳士人》:"此市井里巷之谣,不足污君听,然因流俗所尚,姑效颦耳。”

东家效颦 dōng jiā xiào pín 同“效颦”。举例《花月痕》第二十二回:“一会出来,秋华堂坐席,李夫人首座,问起‘风来仪’酒令,秋痕一一告诉。三位太太都十分赞赏。李夫人道:‘我们何不做个东家效颦。’”

东施效颦 dōng shī xiào pín 同“效颦”。举例 ①《红楼梦》第三十回:“宝玉心中想到:‘难道这也是个痴丫头,又像颦儿来葬花不成?’因又自笑道:‘若真也葬花,可谓东施效颦了;不但不为新特,且更可厌了。’”② 茅盾《从牯(gǔ)岭到东京》:“我们的作家一向只忙于追逐世界文艺的新潮,几乎成为东施效颦。”③《村妇》卷二:“后来张少帅创办东北大学,自任校长,他也不甘示弱,东施效颦,还要压过少帅一头。”

效颦学步 xiào pín xué bù 同“东施效颦”“邯郸学步”。举例 明·李贽(zhì)《焚书·答耿司寇书》:“且克明何如人也,筋骨如铁,而肯效颦学步从人脚跟走乎!”

病如西子 bìng rú xī zǐ 见“效颦”。形容女子的病态很美,令人怜惜。举例《红楼梦》第三回:“心较比干多一窍,病如西子胜三分。”

挟天子以令诸侯 xié tiān zǐ yǐ lìng zhū hóu

出处《战国策·秦策一》:“挟天子以令天下,天下莫敢不听。”又见《三国志·蜀志·诸葛亮传》。解说 挟:挟制,用强力逼迫就范。诸侯:帝王分封的列国或各地的君主,后也指割据称雄的军阀。《战国策》原文大意是:用周天子的名义号令天下,各国诸侯没有人胆敢不服从。《三国志》说的是,东汉末年,社会动荡,群雄并起。曹操把汉献帝带到许昌,控制在身边,他经常以汉献帝的名义对各地诸侯发号施令,不断扩充自己的实力。曹操先后灭掉了吕布、袁绍等割据势力,最终统一了中国北部。刘备到隆中三顾茅庐之时,诸葛亮分析当前的政治形势说:“今操已拥百万之众,挟天子而令诸侯,此诚不可与争锋。”(操:指曹操。大意是:目前曹操拥有百万大军,挟天子以令诸侯,现在不能直接与他硬拼。)后用此语比喻借重权威者的名义,按自己的意思去指挥别人。举例 ①《后汉书·袁绍传》:“今州城粗定,兵强士附,西迎大驾,即宫邺都,挟天子以令诸侯,蓄士马以讨不庭,谁能御之?”② 宋·严羽《沧浪诗话·诗评》:“论诗以李(白)杜(甫)为准,挟天子以令诸侯也。”③ 陶菊隐《北洋军阀统治时期史话》第六十六章:“其实,吴(佩孚)根本不知宪法为何物,而拥曹(锟)也不过是历代强藩‘挟天子以令诸侯’的一套伎俩。”

挟天子令诸侯 xié tiān zǐ lìng zhū hóu 同“挟天子以令诸侯”。举例《三国演义》第六十一回:“此言岂不羞乎?天下岂不知你挟天子令诸侯?”

谢公屐 xiè gōng jī

出处《宋书·谢灵运传》。解说 屐：木屐。晋宋时诗人谢灵运，是东晋名将谢玄的孙子，袭封康乐公，人称“谢康乐”。他官场不得志，便把心思寄寓于游山玩水。每次登山，都穿着一双特制的木鞋，鞋底安有两个木齿，上山就去掉前边的齿，变成前低后高，下山就去掉后边的齿，变成前高后低，这样便于走山路。此语原指谢灵运登山的木鞋，常借指心情闲适，登山游玩，或泛指游山玩水。举例 唐·李白《梦游天姥(mǔ)吟留别》：“谢公宿处今尚在，绿水荡漾清猿啼；脚着谢公屐，身登青云梯。”

谢屐 xiè jī 同“谢公屐”。举例《警世通言·崔衙内白鹞招妖》：“暗想云峰尚在，宜陪谢屐重攀。”

登山屐 dēng shān jī 同“谢公屐”。举例 唐·李白《送杨山人归天台》：“兴引登山屐，情催泛海船。”

心如铁石 xīn rú tiě shí

出处《三国志·魏志·武帝纪》。解说 三国时，曹操颁发《敕王必领长史令》，其中赞扬大臣王必说：“忠能勤事，心如铁石，国之良吏也。”(大意是：忠诚干练，勤于政事，心如铁石，公正无私，真是国家所需要的好官吏啊。)此语原指心肠像铁石一样坚硬，比喻公正无私，意志坚定或忠贞不渝。举例 ①《东周列国志》第二十八回：“二人再三劝谕，荀息心如铁石，终不改言。”②《三国演义》第四十一回：“子龙(赵云)从我于患难，心如铁石，非富贵所能动摇也。”

心有灵犀一点通 xīn yǒu líng xī yī diǎn tōng

出处《后汉书·肃宗孝章帝纪》唐·李贤等注引汉·杨孚《异物志》，又见唐·李商隐《无题》：“身无彩凤双飞翼，心有灵犀一点通。”解说 犀：即犀牛，一种动物，外形像牛，鼻子上长有一只或两只角。传说中的犀有三只角，分别长在头顶、额头和鼻子上。古人把犀视为神兽，认为长在头顶的犀角很奇异，中央有一条线状白色纹理贯穿，从角的尖端直通脑内，感应灵敏，故称为通犀或通天犀。后用此语指彼此心意相通。多用于男女爱情。举例 ① 元·于伯渊《点绛(jiàng)唇》套曲：“花月巧梳妆，脂粉娇调弄，没乱杀看花的眼睛，更那堪心有灵犀一点通。”②《冬天里的春天》第五章：“心有灵犀一点通，他好像看到，芦花的眼光里，在流露着赞同的神采。”③《这里通向世界》:“真是心有灵犀一点通,三位科长一下子便明白陈凡的意思,禁不住都乐了。”

心有灵犀 xīn yǒu líng xī 同“心有灵犀一点通”。举例 赵朴初《故宫惊梦》:“心有灵犀,老谱新翻一局棋。”

灵犀一点 líng xī yī diǎn 同“心有灵犀一点通”。举例 元·郑光祖《倩女离魂》第四折:“没揣的灵犀一点潜相引,便一似生个身外身。”

灵犀一点通 líng xī yī diǎn tōng 同“心有灵犀一点通”。举例 梁实秋《论趣》:“灵犀一点通,真不容易,禅师有时只敲你的头一下,你深思一下,就顿然妙悟了。”

一点灵犀 yī diǎn líng xī 同“心有灵犀一点通”。举例 ① 元·汪元亨《折桂令·归隐》:“跨百尺长鲸,逐双飞彩凤,通一点灵犀。”② 明·王玉峰《焚香记·盟誓》:“但得皆如意,两情称,始信一点灵犀,诚通海神。”

心犀 xīn xī 见“心有灵犀一点通”。比喻相思之情。举例 清·梁绍壬《两般秋雨盦(ān)随笔·姚古芬》:“秋河牛女各西东,掩抑心犀未敢通。”

薪尽火传 xīn jìn huǒ chuán

出处《庄子·养生主》:“指穷于为薪,火传也,不知其尽也。”解说 指:通“脂”,油脂。穷:穷尽。薪:木柴。原文大意是:把油脂涂抹在木柴上点燃照明,油脂和木柴有燃烧尽的时候,火种却留传下来,永不熄灭。意思是说,善于养生的人,能随着外界的变化而变化,如薪尽而火传。后用此语比喻事业、学问、技艺等一代一代地不断传下去。举例 ①《儒林外史》第五十四回:“风流云散,贤豪才色总成空;薪尽火传,工匠市廛(chán)都有韵。”②《曾国藩》第二部八:“薪尽火传,这个才大心细、见识不凡的门生,不正是自己的传火人吗?”

薪烬火传 xīn jìn huǒ chuán 同“薪尽火传”。举例 梁启超《〈管子传〉自序》:“百世之下,闻其风者,心仪而力追之,虽不能至,而或具体而微焉,或有其一体焉,则薪烬火传,犹旦莫也,国于是乎有与立。”

薪传 xīn chuán 同“薪尽火传”。举例 清·唐孙华《送门人时期五贡入太学》:“练川文笔旧称雄,太仆薪传应未烬。”

行将就木 xíng jiāng jiù mù

出处《左传·僖公二十三年》。解说 行将:即将;快要。木:棺材。就木:进入棺材。春秋初,晋国公子重耳为避内乱而逃亡到狄国,狄人把俘虏之女季隗(wěi)嫁给重耳为妻。后来重耳为躲避谋杀,决定逃到齐国去,临走前对季隗说:“待我二十五

X

年,不来而后嫁。”(大意是:你等我二十五年,如果那时我还不回来,你就嫁人吧。)季隗伤心地答道:“我二十五年矣,又如是而嫁,则就木焉。请待子。”(大意是:我已经二十五岁了,再过二十五年,就要进棺材了,还嫁什么人!请允许我一直等着你吧。)后用此语指人寿命已不长,临近死亡。举例 ① 宋·朱熹《与留丞相札子》之三:“今年六十有一,衰病侵凌,行将就木。”② 陶菊隐《北洋军阀统治时期史话》第十一章:“其中包括前清遗老、民国新贵、大地主和大绅士……而绝大部分都是行将就木的老古董。”③《涅(niè)槃》:“‘我行将就木,也就无所畏惧了!’先生声音虽低,但清晰可闻。”

胸中无墨 xiōng zhōng wú mò

出处 宋·吴子良《林下偶谈》:“俚俗谓不能文者为胸中无墨,盖亦有据。”解说 原文大意是:民间俗语称不能写文章的人为“胸中无墨”,是有依据的。接着,作者考证说,据《通典》记载,北齐时考察秀才的作文,如果试卷字迹潦草,要罚他喝墨水一升。到了北宋,文学家苏轼(东坡)监考时曾写给考官一首诗,其中有这样一句:“麻衣如再著,墨水真可饮。”此语原指胸中没有墨水,比喻人没有学问,文化水平低。举例《明史演义》第七十九回:“胸中无墨,何妨藏拙。奈何冒名延誉,自取祸戾?”

胸无点墨 xiōng wú diǎn mò 同“胸中无墨”。举例 ①《隋唐演义》第十七回:“惠及是他最小儿子,倚着门荫,少不得做了官。目不识丁,胸无点墨。”②《二十年目睹之怪现状》第二十二回:“因为市上的书贾,都是胸无点墨的,只知道甚么书销场好,利钱深,却不知甚么书是有用的,甚么书是无用的;所以我立意贩书,是要选些有用之书去卖。”③《六十年的变迁》第九章:“马子青还不穿着漂漂亮亮吗?金丝眼镜,西装黄皮鞋,然而胸无点墨,谁瞧得他起。”

雄风 xióng fēng

出处 战国楚·宋玉《风赋》。解说 宋玉是战国时楚国继屈原之后的著名辞赋家,据说是屈原的弟子。《风赋》是宋玉的作品之一。赋中说宋玉陪同顷襄王在兰台宫游玩,忽然一阵清风吹来,顷襄王迎着风说:“快哉此风!寡人所与庶人共者邪!”(大意是:这风真清凉爽快!我与平民百姓可以共同享受吧!)宋玉说:这是大王的雄风啊,百姓怎么能与大王共同享受呢!接着,宋玉把风分为“大王之风”和“庶人之风”,对比二者的区别,以此劝谏顷襄王。后用此语指强劲的风,比喻人的威风,即令人敬畏的声势或气派。举例 ① 唐·柳宗元《同刘二十八院长述旧言怀感时书事》:“雄风吞七泽,异产控三巴。”② 元·无名氏《小尉(yù)迟》第一折:“你怎么灭自己志气,长别人雄风?”③《三国演义》第一〇六回:“闭户忽然有起色,驱兵自此逞雄风。”④《高山下的花环》十三:“我们的元帅和将军,个个都集虎将之雄风和儒家之文采于一身。”

快哉风 kuài zāi fēng 见“雄风”。指清凉爽快的风。举例 宋·陆游《八月一日微雨骤凉》:“流汗沾衣喘不供,孰知有此快哉风。”

虚有其表 xū yǒu qí biǎo

出处 唐·郑处诲《明皇杂录》。解说 虚:空;徒然。表:外表;外貌。萧嵩(sōng)是唐代人,长得身材魁梧,仪表堂堂,但文笔拙劣。他曾官任中书舍人,掌管朝廷机要。有一次,唐玄宗命萧嵩起草诏书。萧嵩写完后呈上,玄宗看了很不满意,“掷其草于地曰:‘虚有其表耳。’”(大意是:把他起草的诏书扔到地上说:“你这个人真是虚有其表啊。”)后用此语指空有好看的外表,中看而不中用。也指有名无实。举例 ①《聊斋志异·嘉平公子》:“妾初以公子世家文人,故蒙羞自荐。不图虚有其表!以貌取人,毋乃为天下笑乎!”② 陶菊隐《北洋军阀统治时期史话》第七十章:“在这次战争中,戳穿了‘十四省联帅’是个虚有其表的纸老虎,守城者博得了‘勇将’之称。”③ 邓友梅《无事忙杂记》十五:“那酒实在不能与绍兴花雕、加饭相比,淡而不醇,虚有其表。”

虚左 xū zuǒ

出处《史记·魏公子列传》。解说 古代乘车或座席常以左为尊,空出左边的位置以待宾客称“虚左”。战国时,魏公子信陵君礼贤下士,敬重人才。信陵君得知守卫城门的下级官吏侯嬴(yíng)很有智谋,便亲自带着车马,空出左边的位置去迎接他。后来,当秦国军队攻打赵国,赵国求救于魏国时,侯嬴给信陵君献计,解了赵国之围。后用此语指尊重、善待贤能之人。也指空着座位或职位,留待某人就坐或就职。举例《新唐书·王维传》:“(王)维工草隶,善画,名盛于开元、天宝间,豪英贵人虚左以迎,宁、薛诸王待若师友。”

虚左待 xū zuǒ dài 同“虚左”。举例 唐·张籍《赠殷山人》:“满堂虚左待,众目望乔迁。”

虚左待贤 xū zuǒ dài xián 同“虚左”。举例 清·李渔《奈何天·狡脱》:“况且又与阙家无缘,一进门来,就有反目之意,所以退居静室,虚左待贤。”

虚左以待 xū zuǒ yǐ dài 同“虚左”。举例 ①《东周列国志》第九十四回:“诸贵客见公子来往迎客,虚左以待,正不知甚处有名的游士、何方大国的使臣,俱办下一片敬心伺候。”②《三侠五义》第九十七回：“我如今虽居此位，心实不安，也不过虚左以待之意。”

虚位以待 xū wèi yǐ dài 同“虚左”。举例《民国通俗演义》第五回：“却说临时大总统孙文，致电袁世凯，有虚位以待等语。”

徐妃半面妆 xú fēi bàn miàn zhuāng

出处《南史·梁元帝徐妃传》。解说 徐妃名叫徐昭佩，是南朝梁代侍中信武将军徐琨的女儿，很有姿色，被元帝萧绎立为皇妃。元帝只有一只眼睛，徐妃对此心中厌恶，暗地里与别人私通，因而不愿意见到元帝。有一次她知道元帝要来，化妆时故意只化了半边脸恭候，含蓄地嘲讽元帝不过是一个独眼龙。元帝看见她这副样子，便气呼呼地拂袖而去。后用此语比喻零落、不完整的事物。参见 668 页“徐娘半老”。举例 唐·李商隐《南朝》：“休夸此地分天下，只得徐妃半面妆。”

徐妃半妆 xú fēi bàn zhuāng 见“徐妃半面妆”。比喻不完整的事物或诗文。举例 五代·王定保《唐摭(zhí)言·载应不捷声价益振》：“白头花钿(diàn)满面，不若徐妃半妆。”

徐妃面 xú fēi miàn 见“徐妃半面妆”。用以咏花，指未开的梅花。举例 宋·莫将《木兰花·未开》：“新妆不比徐妃面，雪艳冰姿寒欲颤。”

半面妆 bàn miàn zhuāng 见“徐妃半面妆”。用以咏花，指凋零的落花。举例 宋·宋祁(qí)《落花》：“将飞更作随风舞，已落犹成半面妆。”

半妆 bàn zhuāng 见“徐妃半面妆”。指女子美丽的面饰。举例 唐·薛昭蕴《离别难》：“送君千万里，半妆珠翠落，露华寒。”

半妆宫额 bàn zhuāng gōng é 同“半妆”。举例 宋·辛弃疾《永遇乐·赋梅雪》：“晚来楼上，对花临镜，学作半妆宫额。着意争妍，那知却有，人妒花颜色。”

徐娘半老 xú niáng bàn lǎo

出处《南史·梁元帝徐妃传》。解说 南朝时梁元帝萧绎有个妃子叫徐妃，她虽已步入中年，但保养得很好，仍然很有风韵。因遭到梁元帝的冷落，徐妃与梁元帝的侍从官季江私通。季江常常感慨说：“徐娘虽老，犹尚多情。”后用此语形容妇女已过中年，仍有年轻的活力和韵致。参见 668 页“徐妃半面妆”。举例 ① 清·赵翼《真州萧娘六绝句》之三：“已是徐娘半老时，芳名犹重美人贻。”②《民国通俗演义》第一二三回：“小二嫂自己也是中年时代，徐娘半老。”

徐娘半老，风韵犹存 xú niáng bàn lǎo, fēng yùn yóu cún 同“徐娘半老”。举例 ①鲁迅《且介亭杂文二集·论“人言可畏”》：“案中的男人的年纪和相貌，是大抵写得老实的。一遇到女人，可就要发挥才藻了，不是‘徐娘半老，风韵犹存’，就是‘豆蔻年华，玲珑可爱’。”②邹韬奋《萍踪寄语·法国的农村》：“那个女主人徐娘半老，风韵犹存，拿着一瓶酒和几个玻璃杯出来。”

半老徐娘 bàn lǎo xú niáng 见“徐娘半老”。指虽到中年，仍有风情的妇女。举例《六十年的变迁》第九章：“虽是半老徐娘，皮肤白皙，显得很年轻。”

徐娘 xú niáng 同“半老徐娘”。举例 ①宋·陈与义《书怀示友》之九：“开窗逢一笑，未觉徐娘老。”②《花月痕》第四十三回：“徐娘虽老，丰韵犹存，竟会想出这个令来！”

许由洗耳 xǔ yóu xǐ ěr

出处 汉·蔡邕(yōng)《琴操·箕山操》，又见晋·皇甫谧(mì)《高士传·许由》。解说 许由是古代传说中的一位隐士，品行高洁。贤达谦逊的尧帝听说许由很有德行，派使者去请他，想把帝位让给他。许由无意功名利禄，推辞不就。为了逃避，许由跑到箕山之下、颍水之滨隐居起来。尧帝后来又派使者去请许由出来担任九州长，许由觉得使者来请他做官的话未免不干净，污染了自己的耳朵，是一种侮辱，便每天到颍水河边去洗耳朵，表示不想再听到这种话。此语原指厌闻污浊之声，形容隐逸之士孤傲清高，远于势利，安贫乐道。参见728页“越俎代庖”。举例《孟子·尽心上》“古之贤士何独不然”汉·赵岐注：“乐道守志，若许由洗耳，可谓忘人之势矣。”

洗耳 xǐ ěr 见“许由洗耳”。原指洗干净耳朵，不愿听俗人之言，后形容恭敬地准备倾听。举例 ①宋·陆游《送子龙赴吉州掾(yuàn)》：“一闻俗人言，三日终洗耳。”②元·周权《秋霁(jì)》：“酒醒谁鼓《松风操》，炷罢炉熏洗耳听。”③清·李渔《巧团圆·得妻》：“如今细说一番，待小生洗耳听者。”

洗耳恭听 xǐ ěr gōng tīng 见“许由洗耳”“洗耳”。恭：恭敬。此语形容专心、恭敬地听别人讲话。常用作敬辞。举例 ①元·郑廷玉《楚昭公》第四折：“请大王试说一遍，容小官洗耳恭听。”②《二十年目睹之怪现状》第一〇〇回：“总办说话时，他还垂着手，挺着腰，洗耳恭听。”③《落红》四：“‘继续说吧，我在洗耳恭听！’我不冷不热地说。”

X

续弦胶 xù xián jiāo

出处 汉·东方朔《十洲记》，又见晋·张华《博物志》卷三。解说 续：接续；连接。

弦：指弓弩的弦。传说古代有一种黏性特别强的胶，用凤凰的嘴和麒麟角等熬制而成，弓弩的弦或刀剑的刀身、剑身断了，可以用这种胶粘连起来，故称为续弦胶或连金泥。“续弦”原指连接弓弩的断弦。古代以琴瑟比喻夫妇，因而称丧妻为断弦，再娶为续弦。后常用此语比喻能延续已经中断的事物者。参见 481 页“琴瑟”。举例 ① 唐·杜牧《读韩杜集》：“杜诗韩笔愁来读…… 天外凤凰谁得髓？无人解合续弦胶。”② 清·黄遵宪《己亥续怀人诗》之十二：“一卷生花《天演论》，因缘巧作续弦胶。”

续弦 xù xián 见“续弦胶”。古代以琴瑟比喻夫妇，因而称丧妻为断弦，再娶为续弦。后常用此语指丧妻续娶。举例 ① 唐·杜甫《病后遇王倚饮赠歌》：“麟角凤觜(zuǐ)世莫识，煎胶续弦奇自见。”② 明·沈鲸《双珠记·处分后事》：“我新丧偶，尚未续弦，令正既是嫁人，何不与我成婚？”③《春》七：“海儿年纪小，要人照应，要人管教，那时他光是为了海儿也会续弦的。”④《暴风骤雨》第二部八：“我媳妇死了，他们不给我续弦。”

胶续 jiāo xù 同“续弦”。举例 ① 清·宣鼎《夜雨秋灯录·天缘巧合》：“弟既丧偶，胡不早为胶续，虚此韶年。”②《聊斋志异·小翠》：“公大忧，急为胶续以解之，而公子不乐。”

鸾胶续弦 luán jiāo xù xián 同“续弦”。举例 明·朱鼎《玉镜台记·完聚》：“恨畴昔零落翠钿(diàn)，喜今朝鸾胶续弦。”

鸾续 luán xù 同“续弦”。举例《聊斋志异·鬼妻》：“伯叔兄弟惧堕宗主，私劝聂鸾续；聂从之，聘于良家。”

断弦 duàn xián 见“续弦”。指丧妻。举例 宋·郑刚中《答潼州宇文龙图》：“自闻抱琴瑟断弦之悲，日欲修慰。”

萱草忘忧 xuān cǎo wàng yōu

出处《诗经·卫风·伯兮》：“焉得谖(xuān)草，言树之背？”毛传：“谖草令人忘忧。背，北堂也。”陆德明释文：“谖，本又作萱。”解说 萱草：一种多年生草本植物。谖：通“萱”。上古习俗，以北堂为家里主妇居住的卧室，堂阶前栽有萱草。故以萱草象征母爱，能令人忘记忧愁。后用此语指排解忧愁。举例 三国魏·嵇康《养生论》：“且豆令人重，榆令人暝，合欢蠲(juān)忿，萱草忘忧，愚智所共知也。”

萱草 xuān cǎo 见“萱草忘忧”。代指母亲。举例 ① 汉·蔡琰《胡笳十八拍》：“对萱草兮忧不忘，弹鸣琴兮情何伤。”② 明·何景明《为李秀才寿母》：“梅花似白发，萱草亦朱颜。”

萱亲 xuān qīn 同“萱草”。举例 元·高文秀《襄阳会》第二折：“你孩儿则要侍奉萱亲，修真养性。”

萱室 xuān shì 同“萱草”。举例 明·陈汝元《金莲记·捷报》：“你公公还家有日，莫愁萱室之长孤。”

萱堂 xuān táng 见“萱草忘忧”。指母亲的居住的卧室，或母亲。举例 ① 宋·叶梦得《再任后遣模归按视石林》：“白发萱堂上，孩儿更共怀。”② 元·耶律楚材《祝忘忧居士寿》：“玉佩丁冬照兰省，斑衣摇曳悦萱堂。”

萱椿 xuān chūn 见“萱草忘忧”“椿年”。指父母双亲。举例 明·汤显祖《牡丹亭·闹殇》：“当今生花开一红，愿来生把萱椿再奉。”

萱花椿树 xuān huā chūn shù 同“萱椿”。举例 明·汤显祖《牡丹亭·训女》：“祝萱花椿树，虽则是子生迟暮，守得见这蟠桃熟。”

忘忧 wàng yōu 见“萱草忘忧”。代称萱草。举例 唐·陈子昂《魏氏园林人赋一物得秋亭萱草》：“忘忧谁见赏，空此北堂中。”

悬剑空垅 xuán jiàn kōng lǒng

出处《史记·吴太伯世家》。解说 悬：悬挂。空垅：荒坟。春秋时，吴王寿梦的小儿子季札封于延陵，人称“延陵季子”。他奉命出使北方各国，徐国的国君徐君见到季札佩戴的宝剑华贵精美，不禁流露出喜爱之意，只是不好意思开口索取。季札看出徐君喜欢这把剑，有心相赠，想到还要继续出使他国，便打算归来时再说。万万想不到的是，等季札完成使命回经徐国时，徐君已去世。季札心里十分愧疚，摘下佩剑挂在徐君墓前的树上，拜了又拜才离去。随行的人不解地问：“人已经死了，何必把剑留在这里呢？况且当初也没有答应送给他呀。”季札解释说：“不然。始吾心已许之，岂以死倍吾心哉！”（倍：通“背”。大意是：并非如此。当初我虽没说要赠剑，但心里已许诺了，怎能因为他死了就违背自己的心愿呢！）后用此语指对亡友守信用，或悼念亡友，有时也指不忘旧日交情。举例 ① 南朝梁·刘孝标《重答刘秣陵诏书》：“但悬剑空垅，有恨如何？”② 鲁迅《且介亭杂文末编·〈海上述林〉下卷序言》：“凡原本所有的图画，也全数插入——这，自然想借以增加读者的兴趣，但也有些所谓悬剑空垅的意思的。”

悬剑 xuán jiàn 同“悬剑空垅”。举例 ① 唐·骆宾王《夕次旧吴》：“悬剑空留信，亡珠尚识机。”② 唐·张说《和魏仆射(yè)还乡》：“故老空悬剑，邻交自散金。”

X

挂剑 guà jiàn 同“悬剑空垅”。举例 ① 唐·王维《哭祖六自虚》：“不期先挂剑，长恐后着鞭。”② 宋·黄庭坚《李濠州挽词》：“挂剑自知吾已许，脱骖不为涕无从。”

挂延陵剑 guà yán líng jiàn 同“悬剑空垅”。举例 唐·李白《宣城哭蒋征君华》：

“独挂延陵剑,千秋在古坟。”

挂徐剑 guà xú jiàn 同“悬剑空垅”。举例 明・李东阳《祭彭民望文》:“挂徐剑而伤心,返桥车而痛腹。”

延陵剑 yán líng jiàn 同“悬剑空垅”。举例 明・王世贞《鸣凤记・忠良会边》:“砥柱中流,不避延陵剑。”

挂剑悲 guà jiàn bēi 见“悬剑空垅”。指悼念亡友的悲伤心情。举例 唐・刘禹锡《西州李尚书知愚与元武昌有旧远示二篇吟之泫然因以继和二首》之一:“无复双金报,空余挂剑悲。”

挂剑哀 guà jiàn āi 同“挂剑悲”。举例 清・钱谦益《狱中杂诗三十首》之二十八:“平生何限弹冠意,后死空余挂剑哀。”

挂剑之意 guà jiàn zhī yì 见“悬剑空垅”。指重诺赠物、悼念亡友之情。举例 苏曼殊《答萧公书》:“今托穆弟奉去《饮马荒城图》一幅,敬乞足下为焚化于赵公伯先墓前,盖同客秣陵时许赵公也,亦昔人挂剑之意。”

死生一剑 sǐ shēng yī jiàn 见“悬剑空垅”。指对朋友忠实守信。举例 柳亚子《夜梦陶公醒而赋此》:“死生一剑情犹昔,忧患千年事可哀。”

许剑 xǔ jiàn 同“悬剑空垅”。举例 ① 元・柳贯《袁文清墓下作》:“遥遥许剑心,梦寐伤迟暮。”② 清・赵翼《哭杭廷宣之讣》:“过车三步他年痛,许剑千金旧日情。”③ 柳亚子《追怀亡友赵伯先先烈》之二:“延陵许剑生余恨,有道题碑死倘缘。”

许剑心 xǔ jiàn xīn 见“悬剑空垅”。指不忘故交,重信守义之心。举例 元・柳贯《袁文清墓下作》:“遥遥许剑心,梦寐伤迟莫。”

心许 xīn xǔ 见“悬剑空垅”。指心中默许。举例 ① 宋・陆游《先少师宣和初有赠晁公以道今逸全篇偶读晁公文集泣而足之》:“远闻佳士辄心许,老见异书犹眼明。”② 《老张的哲学》三十一:“‘好! 好! 你们已定婚?’‘彼此心许,没有正式的定规!’”

徐君墓 xú jūn mù 见“悬剑空垅”。指亡友之墓。举例 清・赵翼《哭杭应龙先生墓》:“我归但有徐君墓,公在曾怜赵氏孤。”

悬头 xuán tóu

出处《太平御览》卷三六三引《汉书》:“孙敬字文宝,好学,晨夕不休。及至眠睡疲寝,以绳系头,悬屋梁。”解说 汉朝时的孙敬勤奋读书,每天从早学到晚,当他疲惫欲睡时,就把头发用绳子系住悬在屋梁上。只要一打瞌睡,悬挂的头发就被拉紧,以疼痛刺激自己。由于他读书非常刻苦，终于成为当时的大学者。后用此语比喻人能勤奋学习，刻苦攻读。举例 ① 唐·李商隐《咏怀寄秘阁旧僚二十六韵》：“悬头曾苦学，折臂反成医。”② 袁行霈《中国文学史》第二卷四编十一章：“在‘悬头苦学’中获得高度的文化艺术修养，锻炼了他坚韧执着的追求精神。”

头悬梁 tóu xuán liáng 同“悬头”。举例 郭沫若《科学的春天》：“古人尚能‘头悬梁，锥刺股’，孜孜不倦地学习，你们为了共产主义的伟大理想，一定会更加专心致志，废寝忘食，刻苦攻关。”

悬梁 xuán liáng 同“悬头”。举例 明·汤显祖《牡丹亭·言怀》：“能凿壁，会悬梁，偷天妙手绣文章。”

悬头刺股 xuán tóu cì gǔ 同“悬头”“刺股”。举例 宋·邹浩《送刘归美序》：“凿壁编蒲，以资其勤。悬头刺股，以警其怠。”

悬梁刺股 xuán liáng cì gǔ 同“悬头刺股”。举例 ① 清·李渔《比目鱼·赠行》：“我悬梁刺股年复年，把铜雀磨穿。”②《小荷才露尖尖角》四：“榆钱儿正悬梁刺股，复习功课准备考大学。”

雪泥鸿爪 xuě ní hóng zhǎo

出处 宋·苏轼《和子由渑(miǎn)池怀旧》。解说 雪泥：掺有雪水的泥土。鸿：大雁。苏轼，字子瞻；苏辙，字子由，是苏轼的弟弟。兄弟二人都是北宋时文学家。他们俩年轻时曾在渑池的一所寺庙中借宿，受到老和尚奉贤的热情接待。多年后，苏辙写了一首题为《渑池怀旧》的诗，苏轼随后和了一首诗，其中有这样两句：“人生到处知何似，应似飞鸿踏雪泥。泥上偶然留指爪，鸿飞那复计东西。”（大意是：人生在世漂泊无定，就像到处飞的大雁一样。大雁只是在雪地上偶然留下一些踏过的痕迹，依旧高飞，时而向东，时而向西。）此语原指大雁踏过雪泥留下爪印，比喻往事留下的点滴痕迹。有时也称留作纪念的题赠诗文。举例 ① 清·袁枚《答何献葵明府》：“追忆当年留宿……忽忽四五年，雪泥鸿爪，都为陈迹。”② 清·陶宗佑《中国文学之概观》：“雪泥鸿爪，惟留一幅悲怆之影于吾汉族历史之中，良可慨已。”

雪爪鸿泥 xuě zhǎo hóng ní 同“雪泥鸿爪”。举例 柳亚子《碧云寺谒孙先生衣冠墓》：“痴儿童为留光影，雪爪鸿泥尚无妨。”

雪鸿 xuě hóng 同“雪泥鸿爪”。举例 明·文徵明《赠金陵杨进卿》：“踪迹怜君似雪鸿，南来岁岁逐秋风。”

雪泥 xuě ní 同“雪泥鸿爪”。举例 宋·崔敦礼《过三塔》：“鹤化辞辽海，鸿飞印雪泥。”

雪爪 xuě zhǎo 同“雪泥鸿爪”。举例 ① 清·杨潮观《韩文公雪拥蓝关》:“千乡万里,却早定数安排矣！留雪爪,似鸿泥。”② 清·王景文《粉蝶儿·示学童》套曲:“念沧桑世界等云烟,尚能将雪爪流传。”

鸿爪 hóng zhǎo 同“雪泥鸿爪”。举例 ① 清·唐孙华《同宋药洲太史登滕王阁》:“人生游迹过如扫,鸿爪一瞥任东西。”② 清·陈维崧《满路花·赠梵公》:“平山堂下,鸿爪依稀记,北邙(máng)王与宋,曾同醉。重逢(páng)瓶拂,顿下山阳泪。”

雪中送炭 xuě zhōng sòng tàn

出处《宋史·太宗纪》,又见宋·范成大《大雪送炭与芥隐》。解说 北宋时某年二月,大雪纷飞,天气特别寒冷。宋太宗体察民情,下令朝廷拨出大量钱粮、棉花、木炭等赈济孤寡老人、贫困人家。百姓感激地称颂是“雪中送炭”。南宋诗人范成大写诗提及此事说:“不是雪中须送炭,聊装风景要诗来。”后用此语比喻在别人急需时给以实际的帮助。常与“锦上添花”对称使用。举例 ①《初刻拍案惊奇》卷十一:“只有锦上添花,那得雪中送炭。”②《儿女英雄传》第九回:“世情如纸,只有‘锦上添花’,谁肯‘雪中送炭’。”③ 毛泽东《在延安文艺座谈会上的讲话》:“对于他们,第一步需要还不是‘锦上添花’,而是‘雪中送炭’。”

Y

揠苗助长 yà miáo zhù zhǎng

出处《孟子·公孙丑上》。解说 揠：拔起。这是一则寓言。春秋时宋国有一个农夫，每天看着田里的禾苗一点点慢慢长高，心里有点着急：禾苗长得这么慢，得到什么时候才能收获呢？忽然灵机一动，想到一个好办法：把禾苗往上拔一拔，不是可以帮助它长得快些吗？于是他弯下腰，把每株禾苗都拔高了几分。晚上回来，他得意地对家里人说："我今天可累坏了，帮助禾苗长高了一大截！"第二天清早，他的儿子跑到田里一看，禾苗全都枯死了。禾苗生长，有自身的规律，人为地拔高，有害无益。后用此语比喻违背自然规律或事物的发展规律，急于求成，反而会把事情搞糟。举例 ① 宋·李纲《种花说》："彼揠苗助长，一日暴(pù)之，十日寒之者，未有能生之者也。"② 宋·吕本中《紫薇杂说》："学问功夫，全在浃洽涵养蕴蓄之久……非如世人强袭取之，揠苗助长，苦心极力，卒无所得也。"③ 梁启超《生计学学说沿革小史》第八章："故关于民间一切生计之事，政府宜一听其自劳自活自由自治，而丝毫不可有所干涉，苟干涉者，则是揠苗助长之故智而已。"④ 王力《语法体系和语法教学》："生摘的瓜不甜，我们应该让年轻的汉语语法学好好地发育成长，不应该揠苗助长。"

拔苗助长 bá miáo zhù zhǎng 同"揠苗助长"。举例 ① 郭沫若《关于发展学术与文艺的问题》："命令主义就合乎中国古代的一个寓言，叫做'拔苗助长'。结果被拔起的苗不仅不能成长，反而枯槁(gǎo)了。"② 李欣《老生常谈·循循善诱》："这就是我们赞成循循善诱而不赞成拔苗助长的重要论据。"③ 赵红州《"少年早慧"与科学人才》："'少年早慧'是不是'拔苗助长'？这是一个争论已久的问题。"

揠苗 yà miáo 同"揠苗助长"。举例 五代·王定保《唐摭(zhí)言·好及第恶登科》："若邵、郑二子，单进求名之志失其类，虽顺坂之势可惜，而揠苗之戒难忘。"

助长 zhù zhǎng 同"揠苗助长"。举例 明·魏校《论学书》："五峰之学，不务涵养本原，只要执发见一端，便张皇作用，故有急迫助长之病。"

言人人殊 yán rén rén shū

出处《史记·曹相国世家》。解说 殊：不同。曹参是汉代初年的开国大臣。原为沛县的狱吏，随汉高祖刘邦起兵反秦，屡立战功，曾任刘邦长子齐王刘肥的丞相。他到齐地后召集当地的长者和儒生，请教民间习俗，咨询安定百姓的办法。到会的人"以百数，言人人殊。参未知所定"。（大意是：有一百多人到会，提出的意见各种各样，曹参一时不知听谁的好。）后来曹参把住在胶西的盖公请来，采用盖公所说的黄老之术、清静无为的办法，使百姓得以休息养生。曹参在齐地任丞相九年，深受百姓的拥戴。此语原指每个人说的都不一样，形容对同一事物，各人的看法不尽相同。举例 ① 清·黄钧宰《金壶七墨·堪舆》："然此辈执术疏，谋生急，信口欺诈，言人人殊，甚至徒毁其师，子讥其父，各持己见，彼此相非。"② 郁达夫《游记·龙门山路》："而圣帝的名姓，和在世时的籍贯时代，却言人人殊，终于没有一个定论。"③ 梁启超《墨学微·叙论及子墨子略传》："述墨子年代者，言人人殊。"

掩鼻 yǎn bí

出处《韩非子·内储说下》，又见《战国策·楚策四》。解说 掩：遮盖；遮蔽。战国时，魏襄王送给楚怀王一个美女。楚怀王对她很宠爱，引起楚怀王爱妾郑袖的嫉妒。郑袖设计陷害美女，有一天她对美女说："咱们大王喜欢你的美貌，可是不喜欢你的鼻子。你要想得到大王的长久宠爱，以后见到大王时最好把鼻子遮住。"美女相信了郑袖的话，就按郑袖说的去做，每次见到楚怀王，她都用手遮住鼻子。楚怀王很奇怪，向郑袖询问这其中有什么缘故。郑袖说："美女是厌恶大王身上有臭味。"楚怀王听了非常生气，下令割掉了美女的鼻子。从此以后，没有鼻子的美女再也无法跟郑袖争宠了。后用此语比喻女人因嫉妒而以谗言离间，陷害别人。举例 ① 唐·白居易《天可度》："劝君掩鼻君莫掩，使君夫妇为参（shēn）商。"② 宋·李新《寄郑明举香》："掩鼻新来憎甲俗，佛衣无处避膏昏。"

掩袖工谗 yǎn xiù gōng chán 同"掩鼻"。举例 ① 唐·骆宾王《为徐敬业讨武曌（zhào）檄》："入门见嫉，蛾眉不肯让人；掩袖工谗，狐媚偏能惑主。"② 黄仁宇《万历十五年》第三章："那位掩袖工谗的郑氏日夜挨在皇帝身旁，谁敢担保情况不起变化？"

Y

掩鼻之谗 yǎn bí zhī chán 见"掩鼻"。指女子进谗言挑拨离间的阴谋诡计。举例《旧唐书·则天皇后纪论》："昔掩鼻之谗，古称其毒；人彘（zhì）之酷，世以为冤。"

掩耳盗钟 yǎn ěr dào zhōng

出处《吕氏春秋·自知》。解说 掩：遮盖；遮蔽。盗：偷窃。钟：古代一种乐器。据说春秋时，晋国有个人看到一口钟，准备把它偷走。由于钟又大又重，他就想用锤子把钟砸成碎片，然后分批带走。当他的锤子砸到钟上时，钟发出"咣""咣"的洪亮响声。他怕别人听到响声发现有人偷钟，赶忙捂起自己的耳朵，误以为只要自己听不到，别人也就听不到了。后用此语比喻自欺欺人（即自己欺骗自己）的愚蠢行为。"盗钟"后多写成"盗铃"。举例 ① 唐·刘知幾《史通·书志》："斯皆不凭章句，直取胸怀，或以前为后，以虚为实，移的就箭，曲取相谐，掩耳盗钟，自云无觉。讵知后生可畏，来者难诬者邪！"② 明·杨慎《希夷易图》："《后天图》见于邵伯温之序。朱子因其出希夷而讳之，殆掩耳盗钟也。"

掩耳盗铃 yǎn ěr dào líng 同"掩耳盗钟"。举例 ① 宋·朱熹《答江德功书》："成书不出姓名，以避近民之讥，此与掩耳盗铃之见何异？"②《二十年目睹之怪现状》第八十四回："此刻做官的那一个不是自欺欺人，掩耳盗铃的故智？揭穿了底子，那一个是能见人的？"③ 闻一多《谨防汉奸合法化》："硬把汉奸合法化了，只是掩耳盗铃的笨拙的把戏。事实的真相，每个人民心头是雪亮的。"

掩耳偷铃 yǎn ěr tōu líng 同"掩耳盗钟"。举例 ①《红楼梦》第九回："那怕再念三十本《诗经》，也是掩耳偷铃，哄人而已。"②《天雨花》第四回："姐姐何必问他，他自掩耳偷铃，好似失心疯的一般。"

偷铃掩耳 tōu líng yǎn ěr 同"掩耳盗钟"。举例 明·无名氏《四贤记·祈熊》："笑儿曹偷铃掩耳，莫不是妒妖娆。"

盗钟 dào zhōng 同"掩耳盗钟"。举例 南朝梁·任昉（fǎng）《为百辟劝进梁王笺》："惑其盗钟，功疑不赏，皇天后土，不胜其酷。"

眼不识丁 yǎn bù shí dīng

出处《旧唐书·张弘靖传》。解说 丁：是只有两画的常用字，代表最简单易识的字。一说"丁"与"个"形近而误，"一丁字"即"一个字"。张弘靖是唐代人，曾官任幽州节度使，他的属下有两个部将，一个叫韦雍，一个叫张宗厚。这两个部将平日里横行霸道，肆意虐待士兵。有一天，他们二人喝得醉醺醺的，一边打骂士兵，一边侮辱说："今天下无事，汝辈挽得两石力弓，不如识一丁字。"（大意是：现在天下太平，没有战事，不需要你们打仗，即使你们能拉得开两石重的硬弓，也不如认识一个简单的字有用。)士兵们实在忍无可忍,愤怒之下杀了这两个人。后用此语形容连笔画简单的常用字都不认识,或学识极其浅陋。举例 宋·文天祥《不睡》:“眼不识丁马前卒,隔床鼾鼻正陶然。”

目不识丁 mù bù shí dīng 同“眼不识丁”。举例 ①《警世通言·钝秀才一朝交泰》:“他两个祖上也曾出仕,都是富厚之家,目不识丁,也顶个读书的虚名。”② 鲁迅《且介亭杂文·门外文谈》:“说起大众来,界限宽泛得很,其中包括着各式各样的人,但即使‘目不识丁’的文盲,由我看来,其实也并不如读书人所推想的那么愚蠢。”③《家》二十五:“我试问如果你母亲要把你嫁给一个目不识丁的俗商,或者一个中年官僚,或者一个纨袴子弟,你难道也不反抗?”④《围城》三:“换句话说,像方先生这样聪明,是喜欢目不识丁的笨女人。”

不识一丁 bù shí yī dīng 同“眼不识丁”。举例 ① 明·胡应麟《诗薮(sǒu)·六朝》:“嵇喜,叔夜之兄,吕安所为题凤,阮籍因之白眼者,疑其不识一丁。”② 清·归庄《读书》:“一朝失身败名节,却似不曾识一丁。”③ 清·吴趼(jiǎn)人《俏皮话·送死》:“某纨绔(kù),拥巨资,而目不识一丁。”

一丁不识 yī dīng bù shí 同“眼不识丁”。举例 ① 清·平步青《霞外捃(jùn)屑·都京诸赋》:“而云古无类书,此真一丁不识之无知妄作也矣。”②《醒世姻缘传》第一回:“那邢生后来做到尚书的人品,你道他眼里那里有你这个一丁不识的佳公子?”

空腹无丁字 kōng fù wú dīng zì 同“眼不识丁”。举例 宋·杨万里《初秋戏作山居杂兴》之三:“莫羞空腹无丁字,且免秋阳晒杀人。”

眼中钉 yǎn zhōng dīng

出处 唐·冯贽(zhì)《云仙杂记·拔丁钱》:“赵在礼在宋州,所为不法,百姓苦之。一日制下,移镇永兴,百姓相贺曰:‘眼中拔却钉矣,可不快哉!’”又见《新五代史·赵在礼传》。解说 五代时,后唐的赵在礼在宋州(今河南商丘)为官。赵在礼贪赃枉法,鱼肉百姓,人人都痛恨他。后来,赵在礼被调往永兴任职,宋州人无不拍手称快,奔走相告说:“眼中拔钉,岂不乐哉!”后用此语比喻心中最厌恶、最痛恨的人或事物。举例 ① 宋·周煇(huī)《清波别志》卷中:“欲得天下宁,当拔眼中钉。”② 鲁迅《集外集·文艺与政治的歧途》:“文艺既然是政治家的眼中钉,那就不免被挤出去。”③ 冯玉祥《我的生活》第二十二章:“在他们面前对我大肆攻击,因此愈视我如眼中钉,加我以种种压迫。”④《蒲柳人家》十:“阿弥陀佛,抓起他来,那更是拔了我的眼中钉!”

眼中钉,肉中刺 yǎn zhōng dīng,ròu zhōng cì 同“眼中钉”。举例《官场现形记》第二十二回:“我们娘儿俩今儿一齐死给他看!替他拔去眼中钉,肉中刺,好等他们来过现成日子!”

眼中钉,肉里刺 yǎn zhōng dīng,ròu lǐ cì 同“眼中钉”。举例《大波》第三部五章:“也就因为这些,他才成为屠致平的眼中钉、肉里刺,只管不舒服,却又拔不掉他。”

肉中刺,眼中钉 ròu zhōng cì,yǎn zhōng dīng 同“眼中钉”。举例《红楼梦》第八十回:“快叫个人牙子来,多少卖几两银子,拔去肉中刺、眼中钉,大家过太平日子。”

眼中疔,肉中刺 yǎn zhōng dīng,ròu zhōng cì 同“眼中钉”。举例 元·无名氏《陈州粜米》第一折:“我见了那穷汉,似眼中疔,肉中刺。我要害他,只当捏烂柿子一般,值个甚的!”

眼中刺 yǎn zhōng cì 同“眼中钉”。举例 唐·白居易《母别子》:“新人迎来旧人弃,掌上莲花眼中刺。”

眼中针 yǎn zhōng zhēn 同“眼中钉”。举例 郭沫若《反正前后》第一篇五:“这在一般的穷人不消说是视为眼中针,而就是大中小的有产者都因为未曾习惯,也感觉不便。”

眼中丁 yǎn zhōng dīng 同“眼中钉”。举例《醒世姻缘传》第六十三回:“我要你这攮包杂种做甚!你不如还往监里坐着,免得我像眼中丁一般生气。”

眼中疔 yǎn zhōng dīng 同“眼中钉”。举例 元·无名氏《杀狗劝夫》第三折:“你所事无成,见兄弟心头刺、眼中疔。”

雁足书 yàn zú shū

出处《汉书·苏武传》。解说 雁足:大雁的脚。书:书信。西汉武帝时,中郎将苏武等奉命出使匈奴。副使张胜参与匈奴内部权力之争,苏武受牵连而遭扣留,因他坚贞不屈,誓死不降,被流放到荒凉的北海(今贝加尔湖)牧羊十九年,受尽苦难。汉昭帝即位后,与匈奴和亲。朝廷派使者去查访苏武的下落,匈奴王谎称苏武已死。后来汉使得到密报,知道苏武尚在,便想方设法营救他。汉使前去拜访匈奴王说:“不久前汉朝天子在上林苑打猎,射落一只大雁,发现它的脚上系着一封帛书,书信中说苏武现在某大泽中。”匈奴王听了很吃惊,知道瞒不过,只好释放苏武,使归汉朝。后用此语比喻书信。举例 ① 唐·权德舆《寄李衡州》:“主人千骑东方远,唯望衡阳雁足书。”② 清·宋徵(zhēng)舆《金梧桐·离忧》:“果然两下心相许,又何必朝朝暮暮?则望你尺素频修雁足书。”

雁足帛书 yàn zú bó shū 同“雁足书”。举例 清·蒲松龄《寄家》之一：“雁足帛书何所寄，布帆无恙旅愁新。”

雁足传书 yàn zú chuán shū 见“雁足书”。比喻书信往来，也泛指书信。举例 ① 宋·袁去华《宴清都》：“人言雁足传书，待尽写、相思寄与。又怎生、说得愁肠，千丝万缕。”② 周振甫、冀勤《〈谈艺录〉读本》七（三）：“听到一声雁叫，想到雁足传书，想到家书；看到江边用纤拉船，百丈指纤，这就想到坐船出峡。”

雁足 yàn zú 同“雁足书”。举例 ① 南朝梁·王僧如《捣衣》：“尺素在鱼肠，寸心凭雁足。”② 唐·李商隐《即日》：“几时逢雁足，着处断猿肠。”

雁书 yàn shū 同“雁足书”。举例 ① 唐·李白《送友人游梅湖》：“莫惜一雁书，音尘坐胡越。”② 唐·无名氏《伍子胥》：“远附雁书将不达，天塞阻隔路遥长。”

北海雁书 běi hǎi yàn shū 同“雁足书”。举例 唐·王勃《采莲曲》：“不惜西津交佩解，还羞北海雁书迟。”

雁使 yàn shǐ 见“雁足书”。指传送书信的人。举例 唐·乔知之《从军行》：“宛转结蚕书，寂寞无雁使。”

雁信 yàn xìn 同“雁使”。举例 唐·温庭筠《寄湘阴阎少府乞钓轮子》：“若向三湘逢雁信，莫辞千里寄渔翁。”

鸿雁（二） hóng yàn 同“雁足书”。举例 唐·杜甫《天末怀李白》：“鸿雁几时到，江湖秋水多。”

雁杳鱼沉 yàn yǎo yú chén 见“雁足传书”。指音讯断绝。举例 元·吴惟善《寄武昌诸友》：“雁杳鱼沉劳远思，狼贪羊狠绝前闻。”

鱼沉雁杳 yú chén yàn yǎo 同“雁杳鱼沉”。举例 唐·戴叔伦《相思曲》：“鱼沉雁杳天涯路，始信人间别离苦。”

燕颔虎头 yàn hàn hǔ tóu

出处《后汉书·班超传》，又见《东观汉记·班超传》。解说 颔：下巴。东汉人班超家境贫寒，有一天请人相面。相面的人对他端详了一阵说：“生燕颔虎颈，飞而食肉，此万里侯相也。”（颈：脖颈。）大意是：“你生相大贵，下巴像燕子下巴一样宽厚，能高飞；脖子像老虎脖子一样雄壮，可以食肉。这是万里侯的骨相啊。”虎颈，也写作“虎头”。班超后来果然建功立业，被封为定远侯。后用此语形容王侯的富贵之相，或武将、勇士相貌威武。参见608页“投笔从戎”。举例 ① 元·许有壬《鹊桥仙·赠相师周可山》：“我非燕颔虎头人，但诗圣、酒徒而已。”②《隋唐演义》第四回：“这秦琼长大，生得身长一丈，腰大十围，河目海口，燕颔虎头。”③《花月痕》第四十二回：“总兵燕颔虎头，后来功名鼎盛，如何会死？”

虎头燕颔 hǔ tóu yàn hàn 同“燕颔虎头”。举例 ①《儿女英雄传》第十八回：“从古人才难得，我看你虎头燕颔，封侯万里；况又生在这等的望族，秉了这等的天分。”② 柳亚子《田寿昌寿诗》：“将军从军忠孝全，虎头燕颔宁同调。”

燕额虎头 yàn é hǔ tóu 同“燕颔虎头”。举例《英烈传》第六回：“不意外边走进一个孩儿来，燕额虎头，蛾眉凤眼，丰仪秀爽。”

燕颔虎须 yàn hàn hǔ xū 同“燕颔虎头”。虎须：老虎的胡须。举例 ①《三国演义》第一回：“（张飞）身长八尺，豹头环眼，燕颔虎须，声若巨雷，势如奔马。”②《好逑传》第十四回：“只见那人年纪只好三十上下，生得豹头环眼，燕颔虎须，十分精悍。”

燕颔 yàn hàn 同“燕颔虎头”。举例 清·孙致弥《咏史次王玠右先生韵》：“燕颔何年驰铁马，羊头此日总金貂。”

扬扬自得 yáng yáng zì dé

出处《史记·管晏列传》：“晏子为齐相，出，其御之妻从门间而窥其夫。其夫为相御，拥大盖，策驷马，意气扬扬，甚自得也。”解说 扬扬：得意的样子，也作“洋洋”。自得：自己感到得意或舒适。窥：从缝隙处往外或内看。策：用鞭子赶马。驷马：古代同驾一辆车的四匹马。原文大意是：春秋时，晏子任齐国的国相。他的车夫由于是为国相驾车，也觉得自己很有身份。有一天，晏子坐车从街道上走过，车夫之妻从自家门缝里偷偷观看她的丈夫：只见车上张着宽大的车盖（遮阳伞），丈夫驾驭着四匹高头大马，露出一副非常满足的派头。后用此语表示十分得意的样子。举例 ① 明·刘若愚《酌中志·两朝椒难纪略》：“每叩见时，或扬扬自得或笞詈（chī lì）左右无所忌。”②《官场现形记》第五十四回：“这教民本来是个不安分的，所以教士并不来保护他。梅飏仁因此扬扬自得，便上了一个禀帖，以显他的能耐。”③《三家巷》五十六：“郭标吹着口哨，扬扬自得地打他们面前走过。”

扬扬得意 yáng yáng dé yì 同“扬扬自得”。举例 ①《官场现形记》第三十四回：“他到此更觉扬扬得意，目中无人。”②《苦斗》四十五：“从陈文英的眼里看来，他是满面春风，扬扬得意的。正好比《圣经》里面那回头的浪子。”

得意扬扬 dé yì yáng yáng 同“扬扬自得”。举例 ①《官场现形记》第十一回：“此时戴大理一面孔的得意扬扬之色。”② 曹禺（yú）《日出》第二幕：“他穿一身大礼服，持着礼帽、白手套、象牙镶着的手杖，举着一束花，得意扬扬地走进来。”③《漩涡》

Y

七:"刚才我看见他和胡宗预从教务室出来,得意扬扬,公然的扬言道,某某人是去定的了。"

洋洋自得 yáng yáng zì dé 同"扬扬自得"。举例 ①《慈禧太后演义》第二十九回:"崔监还洋洋自得,入宫复命,说(把珍妃)已推入宁寿宫外的大井了。"②《银朵》三:"'要我看,这农业部长也难当哇!'说着,他洋洋自得地往棉包上一倒,旁若无人地哼唱起来。"

洋洋得意 yáng yáng dé yì 同"扬扬自得"。举例 ① 宋·朱淑真《春上亭上观鱼》:"春暖长江水正清,洋洋得意漾波生。"②《初刻拍案惊奇》卷三十三:"那女婿殡葬丈人已毕,道是家缘尽是他的,夫妻两口,洋洋得意,自不消说。"③《上海的早晨》第二部二十九:"说到这里,他眉飞色舞,洋洋得意,俨(yǎn)然就是上海工商界的领导人物。"

得意洋洋 dé yì yáng yáng 同"扬扬自得"。举例 ①《儿女英雄传》第十八回:"一个个都没有胜得他的,他便对了那先生得意洋洋卖弄他那家本领。"②《孽海花》第五回:"听见有人交卷,抬头一看,却是庄仑樵,归着考具,得意洋洋的出去了。"③ 鲁迅《故事新编·采薇》四:"走路的也多起来了,虽然大抵昂着头,得意洋洋的,但一看见他们,却还是照例的让路。"

仰人鼻息 yǎng rén bí xī

出处《后汉书·袁绍传》。解说 仰:依赖。息:呼吸时进出的气。东汉献帝时,渤海太守袁绍企图夺取冀州刺史韩馥的地盘。韩馥生性怯懦,惧怕袁绍,准备交出大印。部将和属官闵纯、李历等人不愿意轻易投降,劝阻说:"冀州虽鄙,带甲百万,谷支十年。袁绍孤客穷军,仰我鼻息,譬如婴儿在股掌之上,绝其哺乳,立可饿杀,奈何欲以州与之?"(鄙:小邑。支:支持。大意是:冀州虽然是个小地方,但可以披甲上阵的青壮年达百万之多,所存粮食可供十年的军需。袁绍现在孤军深入,缺乏供给,需要依靠别人的呼吸生活,就像怀中婴儿在我们的掌握之中,一旦不给他吃奶,很快就会饿死,为什么还要白白把冀州让给他呢?)然而,韩馥不听劝告,还是把冀州拱手让给了袁绍。后用此语比喻依赖别人,看别人的脸色行事,不能自主。举例 ① 清·吴炽昌《客窗闲话续集·某宫保》:"寒苦,我命也,不能仰人鼻息。"② 陈毅《水调歌头·四游良口》:"百年梦,国势弱,叹蹉跎。仰人鼻息,奴才思想奈天何!"③《上海的早晨》第三部四十八:"他不甘心俯首帖耳地仰人鼻息,可是目前处在这狼狈的境地,又不得不依仗冯永祥的大力。"

仰承鼻息 yǎng chéng bí xī 同"仰人鼻息"。举例《官场现形记》第四十八回:

“回省之后，不特通省印委人员仰承鼻息，就是抚台，因为从前历次承过他的情，不免诸事都请教他，有时还让他三分。”

仰鼻息 yǎng bí xī 同“仰人鼻息”。举例《明史·高倬传》：“文衡肮脏成性，必不能仰鼻息于中官。”

仰息 yǎng xī 同“仰人鼻息”。举例 ① 明·高攀龙《讲义·君子所性仁义理智根于心》：“若天分之我不承受，此家当我却无分了，便至沿门持钵，仰息他人。”②《聊斋志异·婴宁》：“（生）益怨恨之。转思三十里非遥，何必仰息他人？”

养虎自遗患 yǎng hǔ zì yí huàn

出处《史记·项羽本纪》。解说 遗：留下。患：祸患。秦末汉初的楚汉相争之时，项羽与刘邦订立盟约：以鸿沟为界，中分天下。刘邦准备带领汉军西归，谋士张良、陈平劝阻说：我们已拥有天下大半的土地，各地诸侯如今大都已归顺。而楚军久战疲惫，缺少粮草，现在正是消灭他们的大好时机。如果放过项羽，任他带领楚军东归，“此所谓养虎自遗患也”。（大意是：就好比养育老虎，给自己留下祸患。）刘邦采纳了他们的建议，调兵遣将，追击楚军，与项羽争夺天下。最后，项羽兵败自杀，刘邦做了皇帝。后用此语指姑息迁就坏人，纵容敌人，将留下后患，自己受害。参见584页“四面楚歌”，643页“无面目见江东父老”。举例 ①《新唐书·突厥传上》：“陛下必欲引突厥居河南，所谓养虎自遗患者也。”② 清·文儒醇《甲申春三月》：“前日饵贼降，明日纵贼叛。武臣怯战斗，文臣主羁绊。驯致国破亡，养虎自遗患。”

养虎遗患 yǎng hǔ yí huàn 同“养虎自遗患”。举例《李自成》第一卷三十二章：“他非常恨陕西地方文武大员的糊涂无用，竟敢长期不明‘贼情’，养虎遗患。”

养虎伤身 yǎng hǔ shāng shēn 同“养虎自遗患”。举例《说岳全传》第五十七回：“只见小番进帐报道：‘苦人儿同殿下带了奶母五鼓出营，投宋去了。’兀术（wù zhú）听了，大叫道：‘罢了，罢了！此乃养虎伤身也！’”

腰缠十万贯，骑鹤上扬州
yāo chán shí wàn guàn，qí hè shàng yáng zhōu

出处 南朝梁·殷芸《小说》卷六。解说 古时候，有几个朋友聚在一起闲聊，各自畅谈心愿志向。有的人说愿意当官，想到扬州当刺史；有的人说愿意做财主，想拥有许多钱财；还有的人说愿意得道成仙，骑着仙鹤升天；最后有个人说：愿意“腰缠十万贯，骑鹤上扬州”。（腰缠：随身携带。贯：旧时用绳穿铜钱，一千个铜钱为一贯。十万贯：形容钱财极多。大意是：想做官、发财、成仙三者兼而得之。）后用此语比喻人贪婪妄想，打算把天下的美事占全了；或人生万事如意，了无遗憾。举例 ① 宋·黎廷瑞《水调歌头·寄奥屯竹庵察副留金陵约游扬州不果》："腰缠十万贯，骑鹤上扬州。诗翁那得有此，天地一扁舟。"② 何子培《药师经旁解》："另一个则很坦白，亦很漂亮，他要爱钱、爱去扬州、亦爱骑鹤去扬州。正所谓'腰缠十万贯，骑鹤上扬州'，样样都要得到如愿以偿。"

腰钱骑鹤上扬州 yāo qián qí hè shàng yáng zhōu 同"腰缠十万贯，骑鹤上扬州"。举例 宋·邹浩《招俞清老并简康远禅师》："腰钱骑鹤上扬州，妄想空来事事休。"

骑鹤上扬州 qí hè shàng yáng zhōu 同"腰缠十万贯，骑鹤上扬州"。举例 ① 宋·陈与义《答元方述怀作》："不见圆机论九流，纷纷骑鹤上扬州。"② 元·耶律楚材《感事》之一："未得鸣珂游帝阙，何能骑鹤上扬州？"

骑鹤望扬州 qí hè wàng yáng zhōu 同"腰缠十万贯，骑鹤上扬州"。举例 元·张宇《和李子微村居》："更求名与利，骑鹤望扬州。"

骑鹤扬州游 qí hè yáng zhōu yóu 同"腰缠十万贯，骑鹤上扬州"。举例 清·李调元《题陕州牧雷莲客放鹤小照》："待得腰缠十万贯，与君骑鹤扬州游。"

骑鹤扬州 qí hè yáng zhōu 同"腰缠十万贯，骑鹤上扬州"。举例 宋·刘过《沁园春·送人赴营道宰》："心期处，算世间真有，骑鹤扬州。"

骑扬州鹤 qí yáng zhōu hè 同"腰缠十万贯，骑鹤上扬州"。举例 清·黄遵宪《番客篇》："富贵归故乡，比骑扬州鹤。"

跨鹤扬州 kuà hè yáng zhōu 同"腰缠十万贯，骑鹤上扬州"。举例 宋·晁补之《定风波》："跨鹤扬州一梦回，东风拂面上平台。"

扬州鹤 yáng zhōu hè 见"腰缠十万贯，骑鹤上扬州"。比喻做官、发财、成仙三者兼得的贪婪妄想。举例 明·瞿佑《剪灯新话·华亭逢故人记》："苟慕富贵，危机岂能避？世间宁有扬州鹤耶！"

腰缠万贯 yāo chán wàn guàn 见"腰缠十万贯，骑鹤上扬州"。形容随身携带资财很多，或非常富有。举例 ①《儿女英雄传》第五回："你要这块石头何用？再要讲到夜间严谨门户，不怕你腰缠万贯，落了店都是店家的干系，用不着客人自己费心。"②《三家巷》三十八："大官僚还是日进千金，腰缠万贯，花天酒地，大厦高楼。"③《穆斯林的葬礼》第三章："做买卖的，兴许一口吃成个胖子，发了大财，腰缠万贯，穿金戴银，要是流年不顺，一阵风兴许就给吹倒了爬不起来。"

腰缠十万 yāo chán shí wàn 同"腰缠万贯"。举例 ① 宋·黄昇《感皇恩·送饶溪台游浙》："骑鹤上扬州，腰缠十万。拈起诗人旧公案。"② 明·汤显祖《牡丹亭·寇间》："要腰缠十万，教学千年，方才满贯。"

摇钱树 yáo qián shù

出处 清·富察敦崇《燕京岁时记·摇钱树》。解说 传说中有一种宝树，摇一摇就会落下金钱来，被称为摇钱树。另外，旧时年末民俗，把松柏枝条插在瓶里，上面挂有古钱、元宝、石榴花等，祈求吉祥、富贵。人们称其为摇钱树。后用此语比喻赖以获取钱财的人或事。举例 ①《照世杯·七松园弄假成真》："老鸨(bǎo)本意要女儿做个摇钱树，谁知倒做了惹祸胎。"② 徐迟《牡丹》三："她看姚黄风头正健，是一枝摇钱树。奇货可居，应该待价而沽，大学生并不在老太婆眼中。"③《李自成》第一卷十八章："他们把你当成了摇钱树、聚宝盆。"

杳如黄鹤 yǎo rú huáng hè

出处《艺文类聚》卷六十三引《述异传》。解说 杳：见不到踪影。传说古时候，有一位名叫荀瓌(guī)的读书人到江夏(今武汉)游玩，逛得累了，便在黄鹤楼上休息。有一位羽衣虹裳的仙人骑着黄鹤从西南方向飘然而来，与荀瓌对坐，把酒论诗，谈得十分投机。过了一会，仙人告辞，骑上黄鹤，腾空而去，一会儿就消失在云霞之中。唐代诗人崔颢(hào)写了一首题为《黄鹤楼》的诗咏此事："昔人已乘黄鹤去，此地空余黄鹤楼。黄鹤一去不复返，白云千载空悠悠。"此语原指仙人骑着黄鹤飞去，从此不再回来，后比喻一去就不见踪影，或毫无音讯。举例 ① 鲁迅《彷徨·弟兄》："'昨天局长到局了没有？''还是杳如黄鹤。'"②《火凤凰》六十六："高红被关在满城时，他精神上虽负担沉重，还能经常从老济公处听到一点她的消息；解到保定之后，便杳如黄鹤，一点消息也没有了。"

白云黄鹤 bái yún huáng hè 同"杳如黄鹤"。举例 宋·张炎《浣溪沙·乌墨水仙》："零露依稀倾凿落，碎琼重叠缀搔头。白云黄鹤思悠悠。"

黄鹤 huáng hè 见"杳如黄鹤"。比喻一去不复返的事物。举例《二十年目睹之怪现状》第八回："本来当日定亲的地方不好，跑到那'黄鹤一去不复返'的去处定个亲，此刻闹得新娘变了黄鹤了，为之奈何！"

人去楼空 rén qù lóu kōng 见"杳如黄鹤"。指面对旧居，怀念故人。举例 ① 清·纳兰性德《百字令·废园有感》之四："怕见人去楼空，柳枝无恙。"② 巴金《随想录》十八："女主人公孤零零地消失在凄清的寒夜里，那种人去楼空的惆怅感觉一直折磨着我。"

乐山乐水 yào shān yào shuǐ

出处《论语·雍也》:“孔子曰:‘知(zhì)者乐水,仁者乐山;知者动,仁者静;知者乐(lè),仁者寿。’”解说 乐(yào):爱好;喜欢。知:同“智”,智慧。知者:即智者,聪明而有智慧的人。仁者:仁德慈爱的人。原文大意是:孔子说:“智者喜欢流水,仁者喜欢高山;智者活跃、好动,仁者文雅、好静;智者快乐,仁者长寿。”此语原指志趣高雅的人,有的喜爱山,有的喜爱水,比喻兴趣、爱好各有不同,性情动、静各异。举例 宋·程颢(hào)、程颐《二程全书·外书七》:“乐山乐水,气类相合。”☞“乐山乐水”的“乐”不读 lè 或 yuè。

要言不烦 yào yán bù fán

出处《三国志·魏志·管辂(lù)传》南朝宋·裴松之注引三国魏·管辰《管辂别传》。解说 要:重要;切要。烦:烦琐。三国时,魏国人管辂很有才学,精通《周易》。吏部尚书何晏也喜欢玄学。有一天,何晏与管辂一起讨论有关《周易》的一些问题,何晏称赞说:管辂论阴阳,举世无双。当时在座的人问管辂说:何尚书夸您精通《周易》,可是刚开始谈论时为什么不提其中的辞义呢?管辂答道:“夫善《易》者,不论《易》也。”(大意是:精通《周易》的人,是不谈论其中的辞义的。)听了管辂的回答,何晏微笑着赞叹道:“可谓要言不烦也。”(大意是:这真是切中要害的话不须烦琐啊。)此语原指切要的话不烦琐,后形容说话、写文章等简明扼要。举例 鲁迅《彷徨·高老夫子》:“是的,那——《中国国粹义务论》,真真要言不烦,百读不厌。实在是少年人们的座右铭,座右铭,座右铭!”

要言不繁 yào yán bù fán 同“要言不烦”。举例《死水微澜》第三部分三:“李大爷要言不繁,只说:‘王立堂王大爷虽是栽了,以我们的义气,不能不搭手。’”

野狐禅 yě hú chán

出处 宋·普济《五灯会元·百丈怀海禅师》。解说 据说,唐代禅宗高僧百丈禅师怀海有一天在讲堂说法,有一个老人在堂下听讲。这位老人原来解错了禅语的一个字,把“大修行人不昧因果”误为“大修行人不落因果”,因而陷入了妄念,以为不断修行就能摆脱因果的法则了,结果做了五百年的野狐身。经百丈禅师的点拨,一时顿悟。第二天,百丈禅师带领众僧来到后山,在山后大磐石上找到一只已死的黑毛大狐狸。百丈禅师知道老人已经开悟,转世为人了,就以亡僧之礼焚化了狐狸的尸体。后用此语称呼佛教禅宗内一些非真正坐禅学道而妄称开悟的人。也指各种歪门邪道、异端。举例 ① 宋·苏轼《乐全先生生日》:“遥想人天会百丈,众中惊倒野狐禅。”②《儒林外史》第十一回:“八股文章若做的好,随你做甚么东西,——要诗就诗,要赋就赋……若是八股文章欠讲究,任你做出甚么来,都是野狐禅、邪魔外道!”③ 郭沫若《创造十年续篇》:“自己想要说的话,仅仅是由搜索枯肠而来的一些支离灭裂的野狐禅,那能够和那严整的理论体系‘相对论’相对?”

野狐 yě hú 同“野狐禅”。举例 梁启超《新民说·论自由》:“当晚明时,举国言心学,全学界皆野狐矣!”

野禅 yě chán 同“野狐禅”。举例 清·陈守诒(yí)《〈香祖楼〉后序》:“说理者落于腐障,掩耳思逃;醒世堕入狐禅,游谈惹厌。”

野狐外道 yě hú wài dào 同“野狐禅”。举例 宋·严羽《沧浪诗话·诗辨》:“傥(tǎng)犹于此而无见焉,则是野狐外道,蒙蔽其真识。”

叶公好龙 yè gōng hào lóng

出处 汉·刘向《新序·杂事五》。解说 这是一则寓言。据说春秋时楚国贵族子高封于叶(古邑名,在今河南叶县一带),人称“叶公”。他爱龙成癖,帷帐的带钩上刻着龙,酒壶、酒杯上刻着龙,房檐、梁柱上也雕刻着龙的花纹图案。有一条真龙听说叶公如此喜欢龙,深受感动,便从天而降来到叶公家里拜访,龙头搭在窗户上窥探,龙尾拖在大堂上。叶公见到真龙奇异而庞大的身躯,感到很可怕,丧魂失魄地急忙逃走了。“是叶公非好龙也,好夫似龙而非龙者也。”(大意是:原来叶公并非真正喜欢龙,只不过是喜欢那些似龙非龙的东西罢了。)后用此语比喻表面爱好,实际上并非真正爱好,甚至内心厌恶或畏惧。举例 ① 元·方回《送郑君举宣城教谕》:“宣城画虎遍天下,叶公好龙龙之假。”②《聊斋志异·鸽异》:“物莫不聚于所好,故叶公好龙,则真龙入室。”③ 毛泽东《湖南农民运动考察报告》:“嘴里天天说‘唤起民众’,民众起来了又害怕得要死,这和叶公好龙有什么两样!”④《折射的消息》:“如果你不是叶公好龙,就应该敢于去拼搏,争取当选。”☞“叶公好龙”的“叶”旧读 shè。

叶公好尚 yè gōng hào shàng 同“叶公好龙”。举例 宋·洪炎《叶少蕴出示郑先觉阅骏图为作长歌》:“叶公好尚有祖风,苦爱真龙似画龙。”

好叶龙 hào yè lóng 见“叶公好龙”。比喻人徒好虚名。举例 清·魏源《寰海后》之八:“临时但解驱轩鹤,无事还闻好叶龙。”

叶龙 yè lóng 见“叶公好龙”。比喻形似而实非的假象。举例 宋·李觏《送陈司理》:“齐吹古来偏有滥,叶龙今更不宜真。”

好画龙 hào huà lóng 同“好叶龙”。举例 清·苍雪师《赠方密之》：“山中久不见神骏，世上人多好画龙。”

曳尾涂中 yè wěi tú zhōng

出处《庄子·秋水》。解说 曳：拖着。涂：污泥；泥水。这是一则寓言。庄子是战国时哲学家，很有才学。据说楚威王曾派使者带上许多礼品去请他来辅佐朝政。庄子正在濮水岸边钓鱼，他对使者说：听说楚国有一只神龟，已经死去三千多年了。楚王把它盛在匣子里，珍藏在庙堂上。作为一只龟来说，是死了留下尸骨让人供奉好呢，“宁其生而曳尾于涂中乎？”（大意是：还是活着而拖着尾巴在泥水中爬行好呢？）使者回答道：当然还是活着好。庄子说：那你还是赶紧回去复命吧，我愿意像保全性命、曳尾涂中的乌龟一样，过隐居的生活。使者无奈，只好把礼物带回去了。后用此语比喻不愿意做官毁身而扬名，只想安于贫贱，过自由自在的隐逸生活。也比喻在污浊、肮脏的社会环境里苟且偷生。举例 ① 清·赵执信《陉阳驿雨甚行橐皆湿舆中聊述》：“欲知肩舆行遇雨，有似曳尾涂中龟。”② 郁达夫《毁家诗纪·贺新郎》：“欲返江东无面目，曳尾涂中当死。”③ 杨绛《隐身衣》：“有人企求飞上高枝，有人宁愿‘曳尾涂中’。人各有志，不能相强。”

曳尾泥涂 yè wěi ní tú 同“曳尾涂中”。举例 ① 宋·苏辙《和子瞻濠州七绝·逍遥台》：“猖狂战国古神仙，曳尾泥涂老更安。”②《二十年目睹之怪现状》第九十一回：“叶伯芬的曳尾泥涂，大都如此，这回事情，不过略表一二。”

曳尾 yè wěi 同“曳尾涂中”。举例 ① 唐·白居易《奉和裴令公三月上巳日游太原龙泉，忆去岁禊（xì）洛见示之作》：“鹏背负天龟曳尾，云泥不可得同游。”② 明·袁宏道《偶成》：“彭泽去官非为酒，漆园曳尾岂无才。”

泥龟 ní guī 见“曳尾涂中”。比喻逍遥自在，不为世事所累的人。举例 唐·李咸用《物情》：“李斯溷（hùn）鼠心应动，庄叟泥龟意已坚。”

泥中龟 ní zhōng guī 同“泥龟”。举例 宋·陆游《长饥》：“早年羞学杖下马，末路幸似泥中龟。”

曳尾言 yè wěi yán 见“曳尾涂中”。指追求自由自在、不受羁绊之理。举例 清·钱谦益《十一月初六日召对文华殿旋奉严旨革职待罪感恩述事》之十一：“庄子能悟逍遥理，只为惊思曳尾言。”

夜不闭户，路不拾遗 yè bù bì hù，lù bù shí yí

Y

出处《礼记·礼运》：“谋闭而不兴，盗窃乱贼而不作，故外户而不闭，是谓大同。”

又见《韩非子·外储说左上》："五年，国无盗贼，道不拾遗。" 解说 户：门。闭户：关门。遗：遗失，指遗失掉落的东西。大同：古代指人人平等、自由的社会景象。《礼记》原文是孔子创立的儒家学派对"天下为公"的理想社会的描述，大意是：人们的贪欲、奸诈之心消除了，抢劫、盗窃之类的祸乱不再发生，因而人们离家出去时只要从外边把大门关上就可以了，不加锁也不会丢失东西，这样的社会就叫"大同"。《韩非子》原文赞扬了郑国国相子产治理国家所取得的成效，大意是：在子产任国相的五年里，国内没有人抢劫和偷窃，东西丢失在路上都没有人捡走据为己有。后用此语形容社会秩序安定，风气良好。常与"路不拾遗"或"道不拾遗"连用。 举例《三国演义》第八十七回："两川之民，忻(xīn)乐太平，夜不闭户，路不拾遗。"

路不拾遗，户不夜闭 lù bù shí yí, hù bù yè bì 同"夜不闭户，路不拾遗"。 举例《水浒传》第一回："那时天下太平，五谷丰登，万民乐业，路不拾遗，户不夜闭。"

道不拾遗，夜不闭户 dào bù shí yí, yè bù bì hù 同"夜不闭户，路不拾遗"。 举例 毛泽东《湖南农民运动考察报告》："农会势盛，地方牌赌禁绝，盗匪潜踪。有些地方真个道不拾遗，夜不闭户。"

路不拾遗 lù bù shí yí 同"夜不闭户，路不拾遗"。 举例 ① 汉·贾谊《新书·先醒》："百姓富，民恒一，路不拾遗，国无狱讼。"②《警世通言·皂角林大王假形》："赵知县自从烧了皂角林大王庙，更无些个事。在任治得路不拾遗，犬不夜吠，丰稔(rěn)年熟。"③ 徐铸成《风雨故人》："立法不严，就不能真正拨乱归正，达到路不拾遗的治世。"

道不拾遗 dào bù shí yí 同"夜不闭户，路不拾遗"。 举例 ①《战国策·秦策一》："道不拾遗，民不妄取，兵革大强，诸侯畏惧。"②《野叟曝(pù)言》第七十八回："吏不容奸，人怀自厉，道不拾遗，强不侵弱。"③ 章炳麟《商鞅》："故太史公称之曰：'行之十年，秦民大说(悦)，道不拾遗，山无盗贼，家给人足。'"

夜郎自大 yè láng zì dà

出处《史记·西南夷列传》。 解说 夜郎：汉代西南地区的一个小国。汉武帝时，汉朝使者出使滇(diān)国、夜郎国等。滇国和夜郎国的国土很小，只相当于汉朝的一个县。百姓不多，物产也很少。但是，由于邻近小国中，滇国和夜郎国的面积最大，从未离开过当地的滇国和夜郎国国王便以为自己的国家是天底下很大的国家。使者到了那里，两个国王都曾问道："汉孰与我大？"（孰与：何如，表示疑问。大意是：汉朝与我国相比，哪个更大？）由于交通不便，消息闭塞，他们根本想象不到汉朝疆域的广大。后用此语比喻因孤陋寡闻而妄自尊大。 举例 ① 清·王韬《中国自有常尊》："若夫盛

Y

衰之势，强弱之形，则元黄剖判以来，原无一定，固不得藉一时之盛，恃一时之强而夜郎自大也。”②《孽海花》第二十四回：“饿虎思斗，夜郎自大，我国若不大张挞伐，一奋神威，靠着各国的空文劝阻，他哪里肯甘心就范呢！”③ 梁启超《王荆公传》第二章：“自是以后，辽遂得夜郎自大，以奴畜宋人。”

一笔勾 yī bǐ gōu

出处 宋·朱熹《五朝名臣言行录·参政范文正公》。解说 范仲淹是北宋时政治家、文学家，曾官任参知政事，掌管官吏的考定选拔，著有《范文正公集》。他为官廉正，力主改革弊政，整肃吏制，“取班簿，视不才监司，每见一人姓名，一笔勾之，以次更易”。（大意是：每当在官吏名册上发现有缺少才干、不能胜任其职的人，便不留情面地一笔勾销他的姓名，然后依照次序任用新人。）一说原为禅语，指破除或放下一切俗世尘缘。明代莲池大师曾作《七笔勾》歌诀劝世，有“五色金章一笔勾”“鱼水夫妻一笔勾”等共七首。后用此语指将某事、陈账、旧怨等一下子完全消除或取消。也比喻不再提起往事。举例 元·王实甫《西厢记》第四本二折：“相思事，一笔勾。”

一笔勾销 yī bǐ gōu xiāo 同“一笔勾”。销：通“消”，消除。举例 ①《初刻拍案惊奇》卷十：“我们不少的是银子，拼得将来买上买下，再央一个乡官在太守处说了人情，婚约一纸，只须一笔勾销。”②《上海的早晨》第四部五：“过去的账一笔勾销，他可以大摇大摆从监狱出来，重整旗鼓，朱延年在汉口路一带飞黄腾达的时代又要到来了。”③《相见时难》：“历史不是可以一笔勾销的，但历史只是历史。”

一不作，二不休 yī bù zuò，èr bù xiū

出处 唐·赵元一《奉天录》卷四。解说 唐代德宗时，太尉朱泚叛乱称帝，建国号为大秦，又改国号为汉，自号汉元天皇。张光晟（shèng）是朱泚的部将，先是跟着朱泚谋反，后来看到朱泚兵少势孤，觉得终究难成大事，于是杀了朱泚投降唐朝。张光晟投降后，朝廷认为他的叛逆之罪不容宽恕，没有赦免，下令斩首。张光晟在临死前，深有感触地对家人说：“传语后人，第一莫作，第二莫休。”（大意是：后代子孙要记住：第一，不要谋反；第二，如果已经谋反，就要拼死干到底。）后用此语指某件事情除非不做，既然开始做了，就索性做到底。举例 ① 元·王晔（yè）《桃花女》第三折：“我看那周公和这桃花女，一不作，二不休，少不得弄出几个人命来。”②《儿女英雄传》第六回：“索性让我一不作，二不休，见一个杀一个，见两个杀一双，杀个爽快。”③《播火记》二十七：“一不作，二不休，我主意已定，要干到底！”

一不做，二不休 yī bù zuò，èr bù xiū 同“一不作，二不休”。举例 ①《醒世恒言·卢太学诗酒傲公侯》：“若此番脱漏出去，如何饶得我过？一不做，二不休，若不斩草除根，恐有后患。”②《子夜》七：“到这地步，一不做，二不休，我是打算拼一拼了！”③ 阳翰笙《草莽英雄》第四幕：“依我说，一不做，二不休，我们索性把弟兄们拖来跟他们干！”

一动不如一静 yī dòng bù rú yī jìng

出处 宋·张端义《贵耳集》卷上。解说 南宋时，孝宗皇帝到临安（今杭州）的天竺（zhú）山、灵隐山游玩，陪同的随从中有一位名叫静辉的僧人。登上灵隐山，孝宗用手指着飞来峰问静辉说：“既是飞来，如何不飞去？”静辉回答道：“一动不如一静。”（大意是：活动不如静处。既然飞来了，就不宜再飞去。）后用此语比喻多一事不如少一事，或不必多此一举。举例 ①《红楼梦》第五十七回：“一动不如一静，我们这里就算好人家，别的都容易，最难得的是从小儿一处长大，脾气情性都彼此知道的了。”②《战争和人》（二）卷七：“在此我还有个空头省政府参议干干，到重庆也许连这个破饭碗也捧不到。啊呀！一动不如一静，算了！”③《春寒》：“一动不如一静，看看事态的发展再说。”

一饭千金 yī fàn qiān jīn

出处《史记·淮阴侯列传》。解说 韩信是汉代大将，辅佐汉高祖打天下，立了不少功劳，被封为王侯。韩信年轻未得志时，家里生活贫苦，有时没有饭吃就到河边钓鱼充饥。有一位漂（piǎo）母（漂母：在河边漂洗丝棉絮和旧衣服为生的老婆婆）见韩信可怜，便把自己的饭让给他吃。韩信非常感激老婆婆，表示将来一定重重报答。后来，韩信被封为楚王，想起从前曾受过漂母的恩惠，便派人送酒菜给她，另外又送了一千两黄金予以答谢。后用此语指受到别人点滴的恩惠，但应给以厚重的报答。举例 ① 宋·李之仪《王为道东轩梅花小桃相次弄色置酒见邀出瑠璃盆浸花贮酒半移即花既辞留名壁间》：“一饭千金岂无价，相君之背贵莫言。”②《二刻拍案惊奇》卷五：“壁上诗句犹在，一饭千金，岂可忘也？”

千金一饭 qiān jīn yī fàn 同“一饭千金”。举例 宋·张耒《韩信祠》：“千金一饭恩犹报，南面称孤岂遽（jù）忘。”

一饭千金酬漂母 yī fàn qiān jīn chóu piǎo mǔ 同“一饭千金”。举例 柏杨《感谢、误会、致歉、祝福》：“她曰：‘那时我正穷困，你把香港稿费单寄来，教我代领，然后送给我。'呜呼，'一饭千金酬漂母'，感人深矣。"

千金答漂母 qiān jīn dá piǎo mǔ 同"一饭千金"。举例 唐·李白《赠新平少年》："千金答漂母，万古共嗟(jiē)称。"

漂母惠 piǎo mǔ huì 见"一饭千金"。指别人施与的恩惠。举例 晋·陶潜《乞食》："感子漂母惠，惭我非韩才。"

漂母恩 piǎo mǔ ēn 同"漂母惠"。举例 清·顾炎武《吴兴行赠归高士祚(zuò)明》："宁受少年侮，不感漂母恩。"

一饭恩 yī fàn ēn 见"一饭千金"。指小的恩惠或恩德。举例 清·吴伟业《家园次罢官吴兴有感》之三："枉殉千金诺，空酬一饭恩。"

一鼓作气 yī gǔ zuò qì

出处《左传·庄公十年》。解说 一：指第一次。鼓：指擂战鼓。作：振作。气：指士气，军队的战斗意志。曹刿(guì)又名曹沫，是春秋时鲁国人，精通兵法。有一年，齐国发兵攻打鲁国，曹刿随鲁庄公率军迎敌。当两军在长勺(在今山东莱芜东北)摆开阵势时，齐军大擂战鼓，准备进兵。鲁庄公也准备下令擂鼓迎击。曹刿阻止说：不急，等一等。直到齐军擂过第三遍鼓，曹刿才让鲁庄公指挥鲁军擂鼓冲杀，打得齐军大败而逃。事后，鲁庄公向曹刿请教：为什么不急于擂鼓进攻？曹刿答道："夫战，勇气也。一鼓作气，再而衰，三而竭。彼竭我盈，故克之。"(大意是：战斗，主要是靠将士们勇气。擂第一遍鼓时，勇气最足；擂第二遍鼓时，勇气有些衰落；到第三遍鼓，勇气便全部消失了。当敌军勇气丧失殆尽之时，我们才擂第一遍鼓，将士们斗志昂扬，趁势出击，自然会打胜仗。)后用此语指趁劲头十足时，一下子把事情办成或完成。举例 ①《官场现形记》第五十八回："原来绅筱(xiǎo)庵绅学士，自从那天从沈中堂宅子里回去，原想一鼓作气，留个千载不朽的好名儿。"② 闻一多《时代的鼓手》："当这民族历史行程的大拐弯中，我们得一鼓作气来渡过危机，完成大业。"③《明月图》："翌(yì)日醒来，他脸也不洗，口也不漱，马上展纸磨墨，挥笔作画，一鼓作气地画了十几幅。"

一鼓气无前 yī gǔ qì wú qián 同"一鼓作气"。举例 唐·杜甫《寄岳州贾司马六丈》："万方思助顺，一鼓气无前。"

再衰三竭 zài shuāi sān jié 见"一鼓作气"。形容原有的勇气、力量等逐渐衰退或消耗而尽。举例 ① 毛泽东《第二次世界大战的转折点》："希特勒已到再衰三竭之时，他对斯大林格勒、高加索两处的进攻已经失败。"② 陶菊隐《北洋军阀统治时期史话》第七十七章："蒋(介石)所收编的各省杂牌军在津浦路作战也有再衰三竭之势。"

Y

一国三公 yī guó sān gōng

出处《左传・僖公五年》。解说 公：对古代诸侯国国君的通称，泛指君主。春秋时，晋献公派大夫士芮（wěi）分别为重耳、夷吾两位公子在蒲地和屈地筑城。由于国君晋献公、公子重耳和夷吾各有各的考虑，对所筑之城的要求也不尽相同，以致士芮费力不讨好，受到责怪。士芮抱怨说："狐裘龙（méng）茸，一国三公，吾谁适从？"（龙茸：杂乱。三公：指晋献公、公子重耳和夷吾。）大意是："晋国的政务像狐皮大衣上的毛一样杂乱无章，一个国家竟有三个君主发号施令，我究竟应该听从谁的呢？"后用此语比喻政令出自多门，权力不统一，使人无所适从。举例 ① 唐・刘知幾《史通・忤时》："十羊九牧，其令难行；一国三公，适从何在？"②《资治通鉴・东昏侯永元元年》："一国三公犹不堪，况六贵同朝，势必相图，乱相作矣。"③《民国通俗演义》第七十四回："武夫当道势汹汹，一国三公谁适从？"

一箭双雕 yī jiàn shuāng diāo

出处《北史・长（zhǎng）孙晟（shèng）传》。解说 长孙晟是北朝北周时的一员将领，善于射箭。长孙晟奉命护送北周公主出嫁到突厥，受到突厥国王摄图的器重。有一天，长孙晟随同摄图出去打猎，看见天空中有两只雕在争夺一块肉。摄图递给长孙晟两支箭，并问道："你能把这两只雕射下来吗？"长孙晟答道："只用一支箭就够了。"说着，他接过一支箭，一边纵马飞奔，一边弯弓搭箭，只听"嗖"的一声，两只雕被串在一起射落了。此语原形容射箭技艺高超，后比喻一举两得，做一件事同时达到两个目的。举例 ①《官场现形记》第十二回："胡统领上船之后，要茶要水，全是龙珠一人承值；龙珠偶然有事，便是凤珠替代……胡统领早存了个得陇望蜀的心思，想慢慢施展他一箭双雕的手段。"②《四世同堂》二十八："假若东阳真有意呢，他就不妨真的作一次媒，而一箭双雕的把蓝与冠都捉到手里。"③《六十年的变迁》第八章："既可以探听他们的消息，又可以掩护我们自己，一箭双雕，哈哈哈！"

一矢双穿 yī shǐ shuāng chuān 同"一箭双雕"。举例《狮子吼》楔子："是英雄自有英雄面，怕什么代越庖俎（zǔ），还他个一矢双穿。"

一鳞半甲 yī lín bàn jiǎ

出处 唐・高仲武《中兴间气集・苏涣》："三年中作变律诗九首，上广州李帅，其文意长于讽刺，亦有陈拾遗一鳞半甲。”解说 鳞、甲：某些动物身体表面的角质薄片。苏涣：唐代诗人，曾官任侍御史。陈拾遗：即唐代诗人陈子昂，曾官任右拾遗。陈子昂的诗作风格高昂清峻，勇于抨击时弊。原文是说，苏涣的诗多含有讽刺的意味，与陈子昂的诗有一些相似。后用此语比喻零星破碎、残缺不全的事物或事物的片段。参见366页“鳞爪”。举例 宋·胡仔《苕(tiáo)溪渔隐丛话前集·杜少陵》：“唐人以为长于讽刺，得陈拾遗一鳞半甲。”

只鳞片甲 zhī lín piàn jiǎ 同“一鳞半甲”。举例 鲁迅《〈艺术论〉译本序》：“这里的三篇信札体的论文，便是他的这类著作的只鳞片甲。”

一毛不拔 yī máo bù bá

出处《孟子·尽心上》。解说 墨子是春秋末、战国初的思想家，杨朱是战国初的思想家，二人观点截然不同。墨子提倡“兼爱”，即主张爱世间的一切人和事；杨朱强调“贵生”“重己”，即“为我”，主张一切都仅仅为我一个人。有一天，墨子的弟子禽滑厘问杨朱说：拔你身上的一根汗毛而能使天下的人都得到好处，你愿意不愿意？杨朱听了摇摇头说：天下的困苦，本来不是一根汗毛可以救济得了的。禽滑厘追问道：如果拔你一根汗毛而能安定天下，你肯不肯？杨朱默然不语，没有回答。孟子为此抨击杨朱：“杨子取为我，拔一毛而利天下，不为也。”（杨子：指杨朱。大意是：杨朱提倡一切都为自己，假如拔下他身上一根汗毛就会对天下有很大好处，他也是不会做的。）后用此语形容人非常自私和吝啬。举例 ①《警世通言·白娘子永镇雷峰塔》：“许宣日常一毛不拔，今日坏得些钱钞，便要我替他讨老小？”② 洪深《贫民惨剧》第三幕：“他姑妈姑丈有钱，藏起来，一毛不拔，出门洋车都舍不得坐。”③ 砚青《哥哥狠心逼出两个百万富翁》：“既然没钱，我们就自己动手，我给你帮工。见哥哥如此一毛不拔，宁可当苦力，妹妹简直哭笑不得。”

一鸣惊人 yī míng jīng rén

出处《韩非子·喻老》。《史记·楚世家》和《史记·滑稽列传》也有类似的记载。解说 据《韩非子》，春秋时楚庄王即位后的前三年，沉湎声色，政绩平平。有一位大臣婉言劝谏，旁敲侧击地请楚庄王猜谜语：“有鸟止南方之阜(fù)，三年不翅，不飞不鸣，嘿(mò)然无声，此为何名？”（嘿：同“默”。阜：土山。翅：指扇动翅膀。大意是：南方的土山上栖息着一只大鸟，三年没有展翅，不飞也不鸣叫，大王可知这是一只什么鸟？）楚庄王略加思索后回答说：“三年不翅，将以长羽翼；不飞不鸣，将以观民则。虽无飞，飞必冲天；虽无鸣，鸣必惊人！”（民则：治理国家、管理人民的方法。大意是：三年没有展翅，是在养精蓄锐以使羽翼更丰满；不飞也不鸣叫，是在潜心思考治国安民之道。虽没有飞，飞起时必定冲天而起；虽没有鸣叫，鸣叫时必定令人震惊！）果然，楚庄王后来任用贤才，整顿内政，厉行法治，加强军备，成为称雄中原的霸主。据《楚世家》，劝谏者名叫伍举，据《滑稽列传》，为淳于髡（kūn）劝谏齐威王。后用此语比喻有才能的人平时默默无闻，表现一般，突然间做出惊人之举，或一下子取得特殊成就。举例 ① 明·杨慎《李白墓志》：“（李）白常欲一鸣惊人，一飞冲天。”②《上海的早晨》第四部四十四：“冯玉祥想一鸣惊人，他来提一个大家可以接受的公式。”③ 老舍《老舍自传》第六章三节：“以我的小小的才力，我不该幻想一写就写出一鸣惊人的作品来。”④《青春万岁》十四：“这个思想一直盘旋在脑子里，最初使她快乐，使她兴奋，因为她所追求的‘一鸣惊人’，现在有了实现的目标。”

三年一鸣 sān nián yī míng 同“一鸣惊人”。举例 元·耶律楚材《和李振之》之二：“溟鹏本有冲天志，直待三年再一鸣。”

一鸣 yī míng 同“一鸣惊人”。举例 唐·刘禹锡《送韦秀才道冲赴制举》：“一鸣从此始，相望青云端。”

一举冲霄 yī jǔ chōng xiāo 同“一鸣惊人”。举例 元·耶律楚材《和冲霄韵》：“一举冲霄知有日，垂天万里看鹏程。”

一飞冲天 yī fēi chōng tiān 见“一鸣惊人”。原指鸟儿展翅一飞，直冲云霄，比喻平时没有特殊表现，一下做出了惊人的成绩。举例 ①《宋史·张浚传》：“卿知无不言，言无不尽，朕将有为，正如欲一飞冲天而无羽翼，卿勉留辅朕。”② 明·杨慎《李白墓志》：“白常欲一鸣惊人，一飞冲天。”③《儿女英雄传》第三十二回：“只可怜安公子经她两个那日一激，早立下了个一飞冲天、一鸣惊人的志气。”

冲天 chōng tiān 同“一飞冲天”。举例 唐·孟浩然《田园作》：“冲天羡鸿鹄（hú），争食羞鸡鹜（wù）。”

三年不飞 sān nián bù fēi 见“一鸣惊人”。比喻有才能的人平时默默无闻。举例 清·丘逢甲《以摄影法成澹（dàn）定村心太平草庐图张六士为题长句次其韵》：“三年不飞亦已矣，岂有一举能冲天。”

一目十行 yī mù shí háng

出处《后汉书·应奉传》：“（应）奉少聪明，自为童儿及长，凡所经履，莫不睹记。读书五行俱下。”又见《梁书·简文帝纪》：“读书十行俱下。”又见《北齐书·河南康舒王孝瑜传》：“兼爱文学，读书敏速，十行俱下。”解说 一目：看一眼。原文大意是：人天性聪明，才思敏捷，阅读文章时一眼能看五行或十行的字。后用此语形容阅读的速度极快，过目不忘。举例 ①《警世通言·玉堂春落难逢夫》："读书一目十行，举笔即便成文，原是个风流才子。"②《红楼梦》第二十三回："你说你会'过目成诵'，难道我就不能'一目十行'了！"③《遗书》："她看书一目十行，悟性极好，我们更不能不承认她有写作的天才。"

一目五行 yī mù wǔ háng 同"一目十行"。举例《元史·许有壬传》："幼颖悟，读书一目五行，尝阅衡州《静居院碑》，文近千言，一览背诵无遗。"

目五行 mù wǔ háng 同"一目十行"。举例 明·高启《读书》："欲究千年事，惭无目五行。"

五行俱下 wǔ háng jù xià 同"一目十行"。举例《宋史·谢枋得传》："每观书，五行俱下，一览终身不忘。"

一诺千金 yī nuò qiān jīn

出处《史记·季布栾布列传》。解说 季布是秦末汉初时楚地人，原是一名游侠，讲交情，重信用，后成为项羽手下的一员猛将。项羽兵败身死，季布归降刘邦，官任郎中、河东太守等。楚地有一个姓曹丘、名生的读书人，能说会道，喜欢结交权贵。曹丘生前来拜访季布。季布本来瞧不起这位同乡，勉强见了面。曹丘生向季布深作一揖，然后说："楚人谚曰'得黄金百，不如得季布诺。'"（诺：诺言；承诺。大意是：楚地有一句谚语："得到黄金一百斤，不如得到季布的一个诺言。"）这是说将军您的诺言比黄金还要贵重啊。您和我都是楚人，我要到处宣传您守信用、仗义任侠的品德，使您名扬天下。季布听了曹丘生逢迎自己的一番话，心里很高兴，转变态度，把他待为上宾。后来季布的名声大振，与曹丘生的宣扬是分不开的。此语原指许下的一个诺言价值千金，比喻诺言诚实可靠，说话算数，极有信用。也比喻极有信用的承诺。举例 ① 元·王实甫《西厢记》第二本二折金圣叹批："夫人而诚一诺千金，更无食言也者。"②《儿女英雄传》第二十五回："邓九公年高有德，出来作这个大媒，姑娘纵然不便一诺千金，一定是两心相印。"③《游剑江湖》第十一回："大丈夫一诺千金，我岂能知难而退。"

千金一诺 qiān jīn yī nuò 同"一诺千金"。举例 ①《金瓶梅词话》第五十六回："酒后一言，就果然相赠，又不惮千里送来，你员外真可谓千金一诺矣！"②《儿女英雄传》第二十四回："假使不依她……又何以全她那片孺慕孝心，圆我那句千金一诺。"

千金诺 qiān jīn nuò 同"一诺千金"。举例 ① 唐·钱起《送李判官赴桂州幕》："且感千金诺，宁辞万里游。"② 清·吴伟业《家园次罢官吴兴有感》之三："枉殉千金诺，空酬一饭恩。”

千钧诺 qiān jūn nuò 同“一诺千金”。举例 宋·苏轼《赠钱道人》：“不量力所负，轻出千钧诺。”

季布诺 jì bù nuò 同“一诺千金”。举例 清·丘逢甲《答柳丞》：“但使能坚季布诺，人间何患无曹丘。”

季诺 jì nuò 同“一诺千金”。举例 ① 唐·黄滔《与沈侍御启》：“郑门若市，季诺如金。”②《醉醒石》第六回：“既蒙季诺，吾无复挂念矣。”

季布一言 jì bù yī yán 同“一诺千金”。举例 唐·王勃《与蜀父老书》：“虞公再见，悬光百璧之前；季布一言，犹定黄金之诺。”

曹丘生 cáo qiū shēng 见“一诺千金”。指引荐人或介绍人。举例 宋·刘克庄《沁园春·和林卿韵》之九：“曹丘生莫游扬，这瞎汉还曾自配量。”

曹丘 cáo qiū 同“曹丘生”。举例 ①《聊斋志异·娇娜》：“羁旅之人，谁作曹丘者？”② 清·赵翼《偶有遗忘问之稚存辄录示原委》：“欲作曹丘寸舌扬，君名已播风轮轴。”③《李自成》第二卷四十四章：“在弟来谒之前，谬蒙老年兄与献策兄先为曹丘，实在感愧莫名。”

曹丘之誉 cáo qiū zhī yù 见“一诺千金”“曹丘生”。指引荐、赞誉。举例《平山冷燕》第十二回：“第二是大富家才子论不得。他货财广有，易于交结，故人人作曹丘之誉，无才往往邀有才之名，所以也论不得。”

一抔土 yī póu tǔ

出处《史记·张释之冯唐列传》。解说 一抔：一捧。张释之是西汉大臣，曾官任廷尉，主管司法、刑狱，执法严明。有人偷走了汉高祖刘邦庙里的一个玉环，张释之依法将其处死。汉文帝知道这件事后，嫌处罚轻了，不够解恨，要求将偷玉环的人全家都杀掉。张释之认为这样量刑过重，没有同意，他向文帝解释说：罪行与处罚应当相应。按照法律，处死盗贼一个人就可以了，如果偷了宗庙一个玉环就要满门抄斩，“假令愚民取长陵一抔土，陛下何以加其法乎？”（长陵：汉高祖的坟墓。原文大意是：那么，如果有人从高祖坟墓上取走一捧土的话，圣上又该如何惩处呢？）张释之这里说“取走一抔土”，是盗墓的委婉说法。文帝被张释之说服了，这件事就此作罢。此语原指一捧黄土，后用作坟墓的代称。举例 ①《新五代史·孙晟传》：“吾行必不免，然吾终不负永陵一抔土也。”② 宋·黄庭坚《显圣寺庭枸杞（gǒu qǐ）》：“仙苗寿日月，佛界承露雨。谁为万年计，乞此一抔土。”

抔土 póu tǔ 同“一抔土”。举例 ① 明·屠隆《昙花记·郊游点化》：“恨无情抔土，断送几英豪，今古价，有谁逃！”② 康有为《大同书》甲部第一章：“远志屈于短年，雄心埋于抔土。”

一暴十寒 yī pù shí hán

出处《孟子·告子上》。解说 暴：通“曝（pù）”，晒。战国时，孟子一度做过齐宣王的客卿。孟子对齐宣王缺乏恒心和毅力、轻信奸佞谗言等弱点很不满，他对齐宣王说：“虽有天下易生之物也，一日暴之，十日寒之，未有能生者也。”（大意是：即使是生命力很强的植物，如果把它放在阳光下晒一天，再放在阴寒的地方冻十天，它哪里还能成活呢！）我不能经常在大王的身边，而那些奸臣小人终日围拢着您阿谀奉承，我想使大王有所转变，可是又有什么办法呢？孟子的意思是抱怨齐宣王没有经常召见他，致使自己的忠言不被采纳。后用此语比喻做事不能持之以恒，勤奋、用功的时候少，懈怠、荒废的时候多，因而没有效果。举例 ① 明·王守仁《牌行委官陈逅设教灵山》：“其诸生该赴试者，临期起送；不该赴试者，如常朝夕聚会，考德问业。毋令一暴十寒，虚应文具。”② 清·宣鼎《夜雨秋灯录·珠妓情殉》：“所与游者，多非益友，酒食游戏相征逐者，趾错于庭，纵有二三老成持重者施以针砭，而一暴十寒，终归无益。”☞“一暴十寒”的“暴”不读 bào。

一曝十寒 yī pù shí hán 同“一暴十寒”。举例 ①《英文教授》：“他们跑出英文教室，说的听的依然是中国话。这只是‘一曝十寒’的办法罢了，对于理解的功夫完全抛荒。”② 邓拓《不要秘诀的秘诀》：“如此痛下工夫，庶可立些根本，可以向上。或作或辍，一曝十寒，则虽读书百年，吾未见其可也。”

十寒一曝 shí hán yī pù 同“一暴十寒”。举例 金·元好问《戏题新居二十韵》：“十寒一曝半载强，才得安床置铛釜（chēng fǔ）。”

一窍不通 yī qiào bù tōng

出处《吕氏春秋·过理》。解说 窍：孔洞；心窍。商朝的纣（zhòu）王很残暴，荒淫无道，不理国事。他的叔父比干官任少师（相当于国相），多次劝谏，惹恼了纣王，竟然被杀死，心还被剖了出来。孔子评论这件史事时讽刺纣王说：“其窍通，则比干不死矣。”（古人认为心有七窍。大意是：如果纣王的心通了一窍，稍稍明白一些事理，也不会做出这种糊涂事而把比干杀死。）此语原指纣王做事愚蠢，滥杀忠臣，后比喻为人愚钝，一点儿也不懂。举例 ① 清·李渔《意中缘·露丑》：“这等看来，画画的事，是一窍不通的了。”②《官场现形记》第五十六回：“正逢着抚台考官，这位大人乃是个一窍不通的，只得请了枪手，代为枪替。”③《子夜》六：“虽然他是一窍不通的浑虫，可是双桥镇上并无‘镇长’之流的官儿，他也还明白。”

一人飞升，仙及鸡犬 yī rén fēi shēng，xiān jí jī quǎn

出处 汉·王充《论衡·道虚》。解说 相传西汉时淮南王刘安喜欢道教，沉迷炼丹修仙，四处寻访有仙方神术的道人。后来在八位有返老还童法术的仙翁帮助下，终于炼出仙丹。刘安服了仙丹后成仙升天。炼丹所用的药物散放在院子里，鸡和狗吃了，也飘然升空，成为神仙。后用此语比喻一人得势，与他有关系的人也得以提高地位或身价。多含讽刺意。举例《聊斋志异·促织》：“天将以酬长厚者，遂使抚臣、令尹，并受促织恩荫。闻之：‘一人飞升，仙及鸡犬。’信夫！”

一人得道，鸡犬飞升 yī rén dé dào，jī quǎn fēi shēng 同“一人飞升，仙及鸡犬”。举例 鲁迅《二心集·张资平氏的“小说学”》：“但作者一转方向，则一人得道，鸡犬飞升，何况神仙的遗蜕呢。”

一人得道，鸡犬升天 yī rén dé dào，jī quǎn shēng tiān 同“一人飞升，仙及鸡犬”。举例 ①《李自成》第二卷二章：“这事一办成，你就一步登天，你们一家人的日子也马上苦尽甜来。古话说的好：一人得道，鸡犬升天。”② 尚久骖等《糖为什么这样甜》三：“‘一人得道，鸡犬升天’的道理不仅自古有之，现实生活当中也并不少见。”

一人高升，众人得济 yī rén gāo shēng，zhòng rén dé jì 同“一人飞升，仙及鸡犬”。举例《红旗谱》一：“（忠大伯）给冯大狗斟上茶，说：‘一人高升，众人得济。你一个人挣钱，一大家子人不受急窄了。’”

飞升鸡犬 fēi shēng jī quǎn 同“一人飞升，仙及鸡犬”。举例 柳亚子《陆郎曲赠子美》：“况是求仙天上易，飞升鸡犬满淮南。”

鸡犬飞升 jī quǎn fēi shēng 同“一人飞升，仙及鸡犬”。举例 ① 清·黄遵宪《游箱根》：“鸡犬亦飞升，熊鱼各得欲。”② 清·袁枚《游仙曲》：“为看鸡犬飞升后，转把芙蓉笑向天。”

鸡犬升天 jī quǎn shēng tiān 同“一人飞升，仙及鸡犬”。举例 ① 明·陈鸣鹤《题冲佑观》：“当时鸡犬升天尽，只有浮云住世间。”② 清·王士禛《和澄谷上人七十自嘲十首》之八：“蟾蜍入月狐难继，鸡犬升天鬼不能。”③ 庞树柏《立春和匪石》：“鱼龙作戏终归幻，鸡犬升天本未难。”④ 梁实秋《雅舍小品·同乡》：“不过像美国卡特当政时，乔治亚帮之鸡犬升天，丑闻迭出，则又另当别论。”

云中鸡犬 yún zhōng jī quǎn 见“一人飞升，仙及鸡犬”。指依附别人而得势的人。举例 宋·胡宿《淮南王》：“云中鸡犬无消息，秀麦渐渐遍故墟。”

一日之长 yī rì zhī cháng

出处《三国志·蜀志·庞统传》南朝宋·裴松之注引晋·张勃《吴录》,又见《世说新语·品藻》。解说 长:长处;才能。庞统是三国时刘备的谋士,号称“凤雏”。有一位名叫顾劭(shào)的读书人曾问庞统:听说很多人都知道你的名声,只是不清楚我与你相比,谁的名声更大一些呢?庞统回答道:教化民众,辨识评价人物,我可能不如你。“论王霸之余策,览倚仗之要害,吾似有一日之长”。(王霸:指建立政权和治理天下。大意是:至于谋划帝王霸业的策略,明确所倚仗的关键环节,恐怕我有一日之长。)此语指某方面的才略或能力比别人稍强一些。有自谦意。举例 ①《明史·杨廷和传》:“吾于文翰,颇有一日之长,若经济事须归介夫。”② 鲁迅《且介亭杂文末编·白莽作〈孩儿塔〉序》:“这《孩儿塔》的出世,并非要和现在一般的诗人争一日之长,是有别一种意义在。”

一日之长 yī rì zhī zhǎng

出处《论语·先进》。解说 长:年长。有一天,孔子讲学休息时,子路、曾皙、冉有、公西华四个弟子陪着站在一旁。孔子问他们将来都有什么打算,弟子们支支吾吾,有些拘谨。孔子对他们说:“以吾一日长乎尔,毋吾以也。”(大意是:不要因为我的年纪比你们大一些,就不敢当面回答我的问题了。)听老师这么说,四个弟子才分别畅谈了一番各自的志向。此语原指年龄比别人稍大些,也指资格稍老或阅历稍深。有自谦意。举例 ① 明·归有光《赠阳曲王公分守太仓序》:“以有光有一日之长,又最知公者,推使言之,而为序云尔。”② 清·顾炎武《与友人论学书》:“比往来南北,颇承友朋推一日之长,问道于盲。”③《儒林外史》第四十四回:“萧柏泉就把要请他做先生的话说了一遍……余有达笑道:‘老先生大位,公子高才,我老拙无能,岂堪为一日之长。容斟酌再来奉复罢。’”

一网打尽 yī wǎng dǎ jìn

出处 宋·魏泰《东轩笔录》卷四。解说 北宋仁宗时,大臣苏舜钦多次上书给皇帝,抨击宰相吕夷简施政不当,并提出一些改革措施。担任待制之官的刘元瑜为了讨好吕夷简,趁机诬告弹劾苏舜钦。苏舜钦因而被罢官,许多与苏舜钦有交往的人受到牵连,一时间朝廷中贤良之人所剩无几。刘元瑜得意地对吕夷简说:“聊为相公一网

Y

打尽。”(大意是：我替大人把那些对头们一网打尽了。)此语原指一下子把鱼或鸟兽等全部捕获，比喻全部捉获或彻底肃清，使一个也不漏网。举例 ①《红楼梦》第一〇一回：“后来二舅嗔着他，说他不该一网打尽。”②《官场现形记》第五十回：“真好本事！真好计策！半天一夜，都被他一网打尽了！”③ 闻一多《谨防汉奸合法化》：“让我阵地上黑白分明，便于应战，并且到时候，也好给他们一网打尽。”

一蟹不如一蟹 yī xiè bù rú yī xiè

出处 (旧题)宋·苏轼《艾子杂说·三物》。解说 传说战国时人艾子在海边见到一个扁圆而多足的爬行动物，便问当地居民说：“这是什么？”有人告诉他：“这是螃蟹。”艾子又看到几种同类的爬行动物，但体形一个比一个小。艾子叹了一口气，感慨地说：“何一蟹不如一蟹也？”(大意是：怎么会一蟹不如一蟹呢？)后用此语比喻一个不如一个，越来越差。举例 ① 金·王若虚《文辨》卷二：“晏殊以为柳胜韩，李淑又谓刘胜柳，所谓一蟹不如一蟹。”②《苦斗》四十八：“杨志朴摸着两撇胡子，十分开心地说：‘我早就说过，岑春煊不如龙济光，陆荣廷不如岑春煊，莫荣新不如陆荣廷，陈炯明不如莫荣新……这叫做虽然个个横行，但是一蟹不如一蟹！’”③ 蔡闯《“话”怎么“谈”》：“中国人素有‘听戏听角’的心理，于是角下有角，一蟹不如一蟹。什么事，办出了规格、水平之后，别人也一律照方抓药。”

一解不如一解 yī xiè bù rú yī xiè 同“一蟹不如一蟹”。解：同“蟹”。举例 明·沈德符《万历野获编·释道》：“至近日，宗门诸名下，争以坛坫(diàn)自高，相驳相嘲，以至相妒相詈(lì)，真一解不如一解矣。”

一蟹讥 yī xiè jī 同“一蟹不如一蟹”。举例 柳亚子《论诗六绝句》之三：“一卷生吞杜老诗，圣人伎俩只如斯；兰陵学术传秦相，难免陶家一蟹讥。”

一言堂 yī yán táng

出处 艾芜《漫谈科学和文学》：“要设法制止‘一言堂’，‘个人说了算’的不民主现象。”解说 旧时商店挂的牌匾，上写“一言堂”三字，指货真价实，言不二价，后用此语比喻领导作风不民主，独断专行，一个人说了算，或不能虚心听取群众意见，特别是相反的意见。举例 ① 毛泽东《关于培养接班人的谈话》：“要讲民主，不要‘一言堂’……共产党人要搞民主作风，不能搞家长作风。”② 唐弢(tāo)《“齐放”与“争鸣”》：“特别是在他们当权的时候，必然要以‘一草独放’替代百花齐放，以‘一言堂’替代百家争鸣。”

一衣带水 yī yī dài shuǐ

出处《南史·陈后主纪》。解说 南朝时陈国皇帝陈后主沉湎声色，大修宫室，滥派捐税，致使百姓生活很困苦。隋文帝杨坚取代北周称帝，建立隋朝后，准备攻打陈国。有一位大臣劝阻说，陈国有长江天险作为屏障，不可轻举妄动。隋文帝说："我为百姓父母，岂可限一衣带水不拯之乎？"（大意是：我是天下百姓的父母，难道能够因为一条像衣服带子一样狭窄的长江阻隔，而不去拯救那里受苦的百姓吗？）不久，隋文帝派五十万大军渡江南下，很快就攻下建康，俘获陈后主，灭掉了陈国。此语原比喻长江像一条衣带那样狭窄，两岸间隔很近，或江河湖海不足为阻，也形容相邻的国家、地区仅一水之隔，相距不远，往来方便。举例 ①《宋史·潘美传》："美受诏提骁（xiāo）果数万人，期于必胜，岂限此一衣带水而不径度乎？"②清·黄钧宰《金壶浪墨·质儿行》："四月复往阜（fù）宁馆舍，黄河仅一衣带水，车辙马迹，纵横于河中。"③冰心《樱花和友谊》："消息传来，隔着一衣带水的中日两国人民都感到非常的高兴。"

衣带水 yī dài shuǐ 同"一衣带水"。举例 清·张岱《陶庵梦忆·方物》："钱塘衣带水犹不敢轻渡，则向之传食四方，不可不谓之福德也。"

衣带 yī dài 同"一衣带水"。举例 ①宋·岳珂（kē）《祝英台近·登多景楼》："倩谁问，因甚衣带中分，吾家自畦畛（qí zhěn）。"②柳亚子《鲁游杂诗》之三："下方城郭真如蚁，衣带黄流曲折环。"

一意孤行 yī yì gū xíng

出处《史记·酷吏列传》，又见《汉书·赵禹传》。解说 孤：孤立；独自。西汉武帝时有个人名叫赵禹，文笔犀利，曾官任御史、太中大夫等。赵禹为人廉洁而自傲，"公卿相造请禹，禹终不报谢，务在绝知友宾客之请，孤立行一意而已。"（造：前往。原文大意是：公卿大臣、至交朋友们来向赵禹托情，一概遭到了拒绝。赵禹不徇私情，只是按照自己的想法决定和处理事情。）此语原指回绝一切请托，按照自己的意见公正执法。后指不愿听从别人的意见而独断专行，含贬义。举例 ①清·袁枚《随园诗话》卷三："盖一意孤行之士，细行不矜，孔子所谓'观过知仁'，正此类也。"②《子夜》十："说不定他一片好心劝杜竹斋抑制着吴荪甫的一意孤行那番话，杜竹斋竟也已经告诉了荪甫！"③《李自成》第二卷三十一章："丁夫人的心中凉了，知道皇上要一意孤行到底，难以挽回。"

孤行己见 gū xíng jǐ jiàn 同“一意孤行”。举例 毛泽东《论联合政府》：“过去和现在都有这样的人，企图孤行己见，不尊重我们的意见，但是结果都行不通。”

一枕黄粱 yī zhěn huáng liáng

出处《枕中记》。解说 黄粱：小米。传说在唐玄宗开元年间，有一位落魄的年轻书生名叫卢生，一直怀才不遇。一天，他来到邯郸（在今河北），在旅店里遇到一位名叫吕翁的道士（一说即八仙之一的吕洞宾），两个人谈得很投机。卢生怨叹自己生不逢时，吕翁便从行囊里取出一个青瓷做的枕头给他，并告诉他睡在这个枕头上就可以实现自己的愿望。这时，店家刚刚给他们煮上一锅小米饭。卢生感到有点儿困倦，就靠着枕头睡着了。在睡梦中，卢生科举及第，又娶了富家女为妻。从此官运亨通，子孙满堂，福禄齐全，享尽荣华富贵。不久卢生醒来，看见吕翁仍然坐在床边，店家的小米饭还没有煮熟。卢生奇怪地问：“我刚才岂不是在做梦吗？”吕翁笑着说：“人生之事本来就是如此啊。”卢生顿时有所领悟，对于世间的荣华富贵和个人得失不再耿耿于怀了。后用此语比喻人生短暂，好景不长。也比喻虚幻的事或不能实现的欲望。多用于贬义。举例 ① 宋·李曾伯《沁园春·送乔宾王》：“一枕黄粱，满头白发，屈指旧游能几人。”② 清·袁枚《梦》：“古今最是梦难留，一枕黄粱醒即休。”③ 毛泽东《清平乐·蒋桂战争》：“风云突变，将桂重开战。洒向人间都是怨，一枕黄粱再现。”④《我的帝王生涯》五：“奴婢怕就怕不能顺利生产，到头来一枕黄粱，也辜负了陛下对奴婢的厚望。”

一觉黄粱熟 yī jiào huáng liáng shú 同“一枕黄粱”。举例 宋·吴潜《蝶恋花·吴中赵园》：“回首人间名利局，大都(dū)一觉黄粱熟。”

黄粱一梦 huáng liáng yī mèng 同“一枕黄粱”。举例 ① 元·范康《竹叶舟》第一折：“（吕严）因应举不第，道经邯郸，得遇正阳子师父，点化黄粱一梦，遂成仙道。”②《四游记·东华传道钟离》：“曾见万古以来，江山有何常主，富贵有何定数？转眼异形，犹之黄粱一梦耳。”

黄粱美梦 huáng liáng měi mèng 同“一枕黄粱”。举例 彭定安《序〈中国现代文学作品选〉》：“这里还有特别提到的是，本选集中，注意到黄粱美梦作家群的作品，所选篇目较多一些，这是符合乡土特点的，也是符合东北文学状况的。”

黄粱梦 huáng liáng mèng 同“一枕黄粱”。举例 ① 宋·郭印《上郑漕》：“荣华路上黄粱梦，英俊丛中白头翁。”②《梦之谷》：“军、党二籍也立即随着婚姻一道消失，她作了不折不扣的黄粱梦。”

枕中梦 zhěn zhōng mèng 同“一枕黄粱”。举例 宋·陆游《东郊饮村酒大醉后作》:"邯郸枕中梦,要是念所有。"

邯郸梦 hán dān mèng 同"一枕黄粱"。举例 ①《二十年目睹之怪现状》第二十回:"豁然一觉邯郸梦,送到繁华境地来。"② 郭沫若《残春及其他·月蚀》:"本是穷途人,不应该妄想去做邯郸梦。"

梦邯郸 mèng hán dān 同"一枕黄粱"。举例 宋·黄庭坚《送刘道纯》:"麒麟图画偶然耳,半枕百年梦邯郸。"

邯郸景 hán dān jǐng 同"一枕黄粱"。举例 明·唐寅《梦》:"钟声敲破邯郸景,依旧残灯照半床。"

一字千金 yī zì qiān jīn

出处《史记·吕不韦列传》。解说 战国时,秦相吕不韦为扬名当世,垂范后代,准备编书。他让手下的众多门客博采天地万物、古今之事,各自写下所闻所知,合为八览、六论、十二纪,共二十六卷,书名题作《吕氏春秋》。书写成后,吕不韦命令把全文抄出,张贴在咸阳城门两侧,并发布告说:"有能增损一字者予千金。"(大意是:谁能把书中的文字增减或改动一个,则赏黄金千两。)布告贴出许久,人们畏惧吕不韦的权势,一直无人敢来给这部书挑毛病。此语原指悬赏重金修改文章,后形容文辞精练严谨,不可改易,价值极高。举例 ① 南朝梁·钟嵘《诗品》卷上:"陆机所拟十四首,文温以丽,意悲而远,惊心动魄,可谓几乎一字千金。"② 唐·权德舆《马秀才草书歌》:"变化纵横出新意,眼看一字千金贵。"③ 梁实秋《雅舍小品·信》:"有一种人把自己的文字润格订得极高,颇有一字千金之概,轻易是不肯写信的。"④ 老舍《神拳》第三幕:"我的手笔,不敢说一字千金,大概也差不多!"

一字值千金 yī zì zhí qiān jīn 同"一字千金"。举例 清·李渔《意中缘·入幕》:"一字值千金,是说文理值钱的意思。"

千金字 qiān jīn zì 同"一字千金"。举例 唐·王维《上张令公》:"市阅千金字,朝闻五色书。"

一字师 yī zì shī

出处 宋·陶岳《五代史补》卷三。解说 唐代僧人齐己从长沙前往袁州拜访诗人郑谷,并把自己作的一首《早梅》诗带去请教。诗中有这样两句:"前村深雪里,昨夜数枝开。"郑谷看后微微一笑说:"'数枝'非早也,不若'一枝'则佳。"(大意是:"数枝"没有表现出梅花开放之早的意思,不如改为"一枝"较好。)齐己听了,佩服得五体投地。

从此之后，文人们都说，郑谷是齐己的“一字师”。此语原指订正或改动一字，使诗文更为精妙，即可为师。也指改动很少，便使得诗文更为完美的人。举例 ①清·袁枚《寄赛英大妹》：“侍儿争捧三升墨，夫婿权为一字师。”②《红楼梦》第十八回：“姐姐真是‘一字师’了！从此只叫你师傅，再不叫姐姐了。”

一字之师 yī zì zhī shī 同“一字师”。举例 明·张岱《与周伯戬(jiǎn)书》：“张乖崖以萧楚材为一字之师。弟受兄千字万字之赐，则弟当百世师之。”

依刘 yī liú

出处《三国志·魏志·王粲(càn)传》。解说 王粲是汉代末年文学家，随汉献帝西迁到长安，官任黄门侍郎。由于京都一带战乱不断，王粲辞官不做，南下荆州投奔荆州刺史刘表，希望能够有所作为。王粲在荆州住了十六年，由于他身体瘦弱，其貌不扬，生活不拘小节，所以一直未得到刘表的重用。刘表死后，王粲受到丞相曹操看重，成为曹操的幕僚，官任侍中。从此，王粲的文学才能开始得到了发挥，人们把他列为“建安七子”之一。此语原指王粲依附刘表，后泛指依靠有权势的人。举例 ①唐·许浑《酬和杜侍御》：“因过石城先访戴，欲朝金阙暂依刘。”②清·孔尚任《桃花扇·逮杜》：“烽烟满郡州，南北从军走，叹朝秦暮楚，三载依刘。”③柳亚子《感事呈毛主席》：“开天辟地君真健，说项依刘我大难。”

依刘客 yī liú kè 见“依刘”。指依附或依赖权贵的人。举例 宋·辛弃疾《水调歌头》：“何处依刘客，寂寞赋《登楼》。”

依样画葫芦 yī yàng huà hú lu

出处 宋·魏泰《东轩笔录》卷一。解说 北宋时翰林学士陶穀(gǔ)多年担负各种文告的起草工作，他自恃有功，却一直没有受到重用，便托人向宋太祖推荐，希望得到升迁。谁知宋太祖只是笑笑说：翰林草拟公文，无非是参照前人的旧本，改换几个字句，正如俗话所谓“依样画葫芦”而已，谈不上有多大功劳。陶穀知道后很不满，就在翰林院墙壁上题诗一首以自嘲：“官职须由生处有，才能不管用时无。堪笑翰林陶学士，年年依样画葫芦。”后用此语比喻因循守旧，单纯模仿，缺乏创新。举例 ①明·孟称舜《英雄成败》第四折：“你们做秀才呵，读诗书也学着孔宣王口喳喳几句头中话，做官呵，讲法律也曾把萧相国嘴巴巴依样画葫芦。”②《私塾》：“接着那些学生改字，也依样画葫芦，箝(qián)眼睛皮，搓手背，打手掌。”③秦牧《艺海拾贝·譬喻之花》：“唯其不动脑筋就可以依样画葫芦地写出这样的譬喻来，这些语言也往往没有什么新鲜的力量。"④ 丰子恺(kǎi)《学画回忆》:"我原来只会'依样画葫芦'的。全靠那格子放大的枪花,把书上的小画改成为我的'大作'。"

依样葫芦 yī yàng hú lu 同"依样画葫芦"。举例 ①《镜花缘》第八回:"侄女既不认得,又不知从何下笔,只好依样葫芦,细细临写。"② 清·钱泳《履园丛话·艺能·刻碑》:"如其人不能书,胸无成见,则又恐其依样葫芦,形同木偶,是与石工木匠雕刻花文何异哉?"③ 清·郑燮(xiè)《家书·范县署中寄舍弟墨第三书》:"总是读书要有特识,依样葫芦,无有是处。"

葫芦依样 hú lu yī yàng 同"依样画葫芦"。举例《二十年目睹之怪现状》第五十四回:"富贵浮云成一梦,葫芦依样又三年。"

看样画葫芦 kàn yàng huà hú lu 同"依样画葫芦"。举例 清·李渔《奈何天·逼嫁》:"却不道嫁犬逐犬,切莫要看样画葫芦,又把那别新郎的铺盖卷。"

照葫芦画样 zhào hú lu huà yàng 同"依样画葫芦"。举例《京尘幻影录》第十九回:"本来算八字,照葫芦画样,在星相行里,就不是难事。加上丽妃、小桃红这两张八字,是本店自造的东西,要他算,可说是物归原主。"

葫芦样 hú lu yàng 同"依样画葫芦"。举例 清·丘逢甲《读南史杂咏》:"如何魏晋葫芦样,画了南朝画北朝。"

胡卢依样 hú lu yī yàng 同"葫芦依样"。胡卢:同"葫芦"。举例 刘国钧《辛壬之间杂诗》:"胡卢依样君休问,中泽哀鸿血未枯。"

圯桥取履 yí qiáo qǔ lǚ

出处《史记·留侯世家》。解说 圯:桥。履:鞋子。张良,字子房,是西汉时刘邦属下的重要谋臣,由于功劳卓著,被封为留侯。传说张良少年时曾到下邳(在今江苏睢[suī]宁西北)附近的桥上散步,遇见一个老人。老人见张良走过来,故意把一只鞋扔到桥下,然后叫他去把鞋捡回来。张良心中虽然不痛快,但是见老人年岁已高,便下桥把鞋捡起。老人又吩咐张良把鞋给他穿在脚上,张良便恭敬地跪着为老人穿上。老人站起身,一句感谢的话也没说,大笑着转身走了。张良愣愣地望着老人的背影,猜想这老人一定不寻常。果然,老人走了一里多路又返身回来对张良说:"孺子可教矣。后五日平明,与我会此。"(孺子:小孩子。教:教诲。大意是:你这年轻人是个可以造就的人才,值得我指教。五天后的早上,你到这里来见我。)原来这位老人就是黄石公,刚才在有意试探张良。五天后的黎明时分,张良来到桥上,发现黄石公已先到了。黄石公见他来晚了,很生气,让他五天以后再来。又过了五天,张良不到半夜就在桥上等候。黄石公见他诚心向学,便高兴地把《太公兵法》传授给张良。张良学成之后，运筹帷幄，辅佐刘邦建立了西汉王朝。后用此语指屈己敬老，虚心求教。举例 北周·庾信《周大将吴明彻墓志铭》："圯桥取履，早见兵书；竹林逢猿，偏知剑术。"

进履 jìn lǚ 同"圯桥取履"。举例 元·无名氏《诸葛亮博望烧屯》："能可学韩信般乞食，你也枉了似子房般进履。"

圯上书 yí shàng shū 见"圯桥取履"。指黄石公传授给张良的兵书，泛指兵书、兵法。举例 宋·周紫芝《雨后微凉再示庄簿》："闻有圯上书，今代谁张良？"

黄石书 huáng shí shū 见"圯桥取履"，同"圯上书"。举例 明·陈子龙《壮游行》："或授黄石书，且遇采药翁。"

授书黄石 shòu shū huáng shí 见"圯桥取履"。指得到高人传授兵书或兵法。举例 柳亚子《哭熊味根烈士》："贯日白虹天黯淡，授书黄石事荒唐。"

黄石公 huáng shí gōng 见"圯桥取履"。指善于识别、提携人才的尊长。举例《醒世恒言·杜子春三入长安》："他若也像黄石公肯再约日子，情愿隔夜打个铺儿睡在此伺候。"

子房鞋 zǐ fáng xié 见"圯桥取履"。比喻贤人、志士尚未显达。举例 元·马致远《拨不断》曲："子房鞋，买臣柴，屠沽乞食为僚宰，版筑躬耕有将才。"

孺子可教 rú zǐ kě jiào 见"圯桥取履"。指青少年或年轻人有培养前途，可以造就成才。举例 ① 唐·罗隐《投秘监韦尚书启》："倘尚书以孺子可教，则随洛下之书生；倘尚书以斯人若狂，则访江东之钓叟。"② 宋·郑樵《重修木兰陂(bēi)记》："孺子可教，果得黄石之素书；衣履不沾，又见葛公之涉水。"

以暴易暴 yǐ bào yì bào

出处《史记·伯夷列传》。解说 易：替换。周代初年，伯夷、叔齐耻于做周朝的臣民，不肯吃周朝土地上生长的粮食，逃入首阳山隐居，靠吃野菜度日，以示不改变自己的节操，最后双双饿死于山里。伯夷、叔齐死前作歌吟唱道："登彼西山兮，采其薇矣。以暴易暴兮，不知其非矣。"他们认为周武王以武力征讨并灭掉商纣(zhòu)王，是"以暴易暴"，即以一种暴力替换另一种暴力。后用此语指用某残暴者或恶势力，代替原来的残暴者或恶势力，暴虐的性质依然不变。参见 103 页"采薇"。举例 ①《聊斋志异·周三》："吏转念，去一狐，得一狐，是以暴易暴也，游移不敢即应。"② 梁启超《论近世国民竞争之大势及中国前途》第一节："一家失势，他家代之。以暴易暴，无有已时。"③ 何其芳《吴玉章同志革命故事》："我们革命的宗旨是推翻清朝专制政府，实行民主政治，解除人民痛苦，并不是以暴易暴。"

以邻为壑 yǐ lín wéi hè

出处《孟子·告子下》。解说 壑：山谷；深坑。传说远古时代大禹治水，采用疏导的办法，经过八年的艰苦努力，终于使水患得到治理而平息，百姓生活安定下来。战国时，魏国有一个名叫白圭的人，善于修筑堤防，治理水患。孟子来到魏国，见到白圭。白圭自我吹嘘说："我的治水本领已经超过大禹了！"孟子驳斥白圭说："子过矣。禹之治水，水之道也，是故禹以四海为壑。今吾子以邻国为壑……仁人之所恶也，吾子过矣。"（大意是：你说错了。大禹治水是顺着水性疏导，使洪水流入大海，把四海当作大水沟。如今你把邻国当作大水沟，只是修堤堵河，使洪水都流到别国去了。这种与己有利，与人有害的治水方法，不是君子所为，怎么能与大禹相比呢？）后用此语比喻只顾自己的利益，把困难、祸害推给或转嫁给别人。参见 526 页"三过其门而不入"。举例 ① 宋·文天祥《知潮州寺丞东岩先生洪公行状》："公智虑深达，如宿将持重而规画绵络，不以邻为壑也。"② 清·黄遵宪《乙丑十一月避乱大埔（bù）三河虚》："诸公竟以邻为壑，一夜喧呼贼渡河。"③ 毛泽东《整顿党的作风》："谁要是对别人的困难不管，别人要调他所属的干部不给，或以坏的送人，'以邻为壑'，全不为别部、别地、别人想一想，这样的人就叫做本位主义者，这就是完全失去了共产主义的精神。"

以貌取人 yǐ mào qǔ rén

出处《史记·仲尼弟子列传》。解说 以：根据。貌：外貌。取：衡量。孔子有一个弟子名叫澹（tán）台灭明，字子羽，相貌较丑陋，看起来也不甚聪明。孔子以为他资质低下，不会成才。岂知子羽发奋苦读，学成后南游到吴国讲学，追随他的弟子竟达三百余人。孔子得知后感慨地说："以貌取人，失之子羽。"（失：过失；差错。大意是：我只凭相貌判断人的品质、能力的好坏，结果对子羽的判断错了。）后用此语指仅凭外貌来判断一个人的品德和才能，难免犯错误。举例 ①《镜花缘》第十八回："若以寻常老秀才看待，又是以貌取人了。"② 郭沫若《涂家埠》四："但也只怪我们以貌取人，在事前没有经过一道甄别。"③《第二十幕》（中）第三部二："栗丽早已过了以貌取人的年纪，她在心里说服自己压下对那张脸的厌恶。"

Y

以其昏昏，使人昭昭 yǐ qí hūn hūn，shǐ rén zhāo zhāo

出处《孟子·尽心下》。解说 以：用。昏昏：模糊；糊涂。昭昭：清楚；明白。孟子在批评当时不正当的社会风气时说："贤者以其昭昭，使人昭昭；今以其昏昏，使人昭昭。"（大意是：古时的贤达之人先要自己清楚明了，再去教育别人，使别人也能清楚明了；而现在的人，自己还糊里糊涂，却去教育别人，想用这些模糊的认识使别人清楚明了。）后用此语指自己还未搞明白，却去教育或指导别人。含贬义。举例 ①《中国近代史资料丛刊·辛亥革命·保路运动》："至遇法律关系之问题起，则不惟不知所以解释，即其模棱两可之说，亦轶（yì）出于范围，是真所谓以其昏昏，使人昭昭也。"② 邓小平《在全国科学大会开幕式上的讲话》："毛泽东同志曾教导我们，以其昏昏，使人昭昭，是不行的。"

以小人之心，度君子之腹 yǐ xiǎo rén zhī xīn，duó jūn zǐ zhī fù

出处《左传·昭公二十八年》。解说 小人：本指小民，即老百姓，转指品行低下的人，有时用作谦称。度：揣度；揣测。君子：本指贵族，即有社会地位的人，转指道德高尚的人，有时用作敬称。春秋时，晋国魏献子执政。魏戊任地方长官，受理了一桩官司，由于官司复杂，涉及面比较广，便呈请魏献子裁决。当事人的一方背地里以一位女伎贿赂魏献子。魏献子见女伎貌美，能歌善舞，心里很喜欢，准备接受下来。魏戊听到风声，与大臣阎没和女宽商议，请他们劝谏。阎没和女宽前去拜访魏献子，魏献子设便宴招待他们。席间，阎没和女宽一言不发，只是接连叹了三次气。魏献子很奇怪，便问："这是为什么？"阎没和女宽答道："刚刚往上端饭菜时，我们担心不够吃，因而叹气；饭菜上到一半时，责怪自己不该有这样的想法，因而再次叹气；饭菜上齐后，觉得我们这些小人的肚子都知道满足，想必君子之心也应该如此吧？因而又叹了一口气。"魏献子听出二人是在婉言劝谏，深感羞愧，马上下令把当事人送来的女伎退回了。后用此语指以卑劣之人的心理揣测道德高尚之人的心思或胸怀。举例 ①《醒世恒言·钱秀才错占凤凰俦》："谁知颜俊以小人之心，度君子之腹，此际便是仇人相见，分外眼睁，不等开言，便扑的一头撞去。"②《李自成》第一卷十四章："他（黑虎星）又同李过说了一阵闲话，就毫不隐瞒地说出他原来很担心闯王的人马在商洛山中住久了会对他不利，如今才知道那是以小人之心度君子之腹。"③《风雷》第一部四十七章："原来我也是这样想的，事实教育了我，我是以小人之心，度君子之腹。"④ 辛显令《喜盈门》："整天价疑神疑鬼，好像家里的钱都让妈妈偷偷给我买了衣料似的，以小人之心度君子之腹，我看到这种人就够了！"

将小人之心，度君子之腹 jiāng xiǎo rén zhī xīn，duó jūn zǐ zhī fù 同"以小人之心，度君子之腹"。将：把。举例《好逑传》第九回："请再去一访，如访得的的确确，果是拐子，一丝不差，那时再来取笑侄女，却也未迟。何以将小人之心，度君子之腹？"

拿小人之心,度君子之腹 ná xiǎo rén zhī xīn,duó jūn zǐ zhī fù 同"以小人之心,度君子之腹"。举例《艳阳天》第九十八章:"我拿小人之心,度君子之腹……我造了大罪、大孽了,我对不起萧支书,连福也对不起他呀。"

以小人之腹,度君子之心 yǐ xiǎo rén zhī fù,duó jūn zǐ zhī xīn 同"以小人之心,度君子之腹"。举例《迎春花》第九章:"有话道:以小人之腹,度君子之心。心术不正的人,总是以自己的心思去判断别人的心,做出他们自以为千真万确、实际上是大错特错的结论。"

亦步亦趋 yì bù yì qū

出处《庄子·田子方》。解说 步:慢步走。趋:快步走。孔子的弟子颜回(颜渊)勤奋学习,安贫乐道,深得孔子的真传。颜回对孔子极其崇拜,处处模仿,他曾表示说:"夫子步亦步,夫子趋亦趋,夫子驰亦驰,夫子奔逸绝尘,而回瞠(chēng)若乎后矣。"(瞠:瞪着眼睛看。大意是:老师慢走,我也跟着慢走;老师快走,我也跟着快走;老师驾着车驰骋,我也驾着车跟在后边;老师奔跑起来,双脚似乎腾空而起,实在太快了,而我追赶不上,只能惊讶地瞪着眼睛,远远落在后面。)此语原指学生刻意学习和模仿老师。后形容自己毫无主见,事事模仿或一味追随别人,含贬义。举例 ① 明·朱之瑜《元旦贺源光国书八首》之六:"今乃怡怡(yí yí)然亦步亦趋,恐非持满保泰之道也。"② 况周颐《蕙风词话》卷一:"然必择定一家,奉为金科玉律,亦步亦趋,不敢稍有逾越。"③ 邹韬奋《经历·几个原则》:"尾巴主义是成功的仇敌。刊物内容如果只是'人云亦云',格式如果只是'亦步亦趋',那是刊物的尾巴主义。"④ 秦牧《艺海拾贝·独创一格》:"一切对亦步亦趋、处处模仿那种行为的批评,并不是用来批评小孩子和初学者的。"

亦趋亦步 yì qū yì bù 同"亦步亦趋"。举例 清·章学诚《文史通义·言公下》:"兹及为矩为规,亦趋亦步。"

望尘不及 wàng chén bù jí 见"亦步亦趋"。及:赶上。此语比喻远远落在后边。举例 唐·张彦振《大章车赋》:"望尘不及,初非千里之遥;听响争先,终欣一日之至。"

望尘莫及 wàng chén mò jí 同"望尘不及"。举例 ①《子夜》九:"她那股热情,不但吴芝生望尘莫及,就是柏青也像赶不上。"②《海啸》第三章:"这是他的一些前僚所望尘莫及的,这也正是山本之所以为陆军部器重之所在。"

Y

瞠乎其后 chēng hū qí hòu 见"亦步亦趋"。指落在后边,干瞪着眼睛赶不上。举例 元·王恽(yùn)《创建伊洛五贤祠堂记》:"若扳(pān)援昔贤,则不肖年迫衰老,懒于笔研，又瞠乎其后。”

瞠后 chēng hòu 同“瞠乎其后”。举例 严复《论教育书》：“况彼中凭借先业，岁有异而月更新，学者蕲(qí)免瞠后之忧。”

衣绣夜行 yì xiù yè xíng

出处《史记·项羽本纪》。解说 衣：指穿衣。绣：也作“锦”，锦绣，有彩色花纹的贵重的丝织品。秦朝末年，项羽攻占咸阳，焚烧宫殿，杀掉已投降的秦王子婴，掠夺大批金银珠宝、美女后，准备率兵回江东称帝。这时，有一个名叫韩生的人劝项羽说：关中地势险要，土地肥沃，可以在咸阳建都，以成就霸业。项羽思念家乡，一心想在乡亲们面前炫耀一番，因而没有采纳这个意见，他说：“富贵不归故乡，如衣绣夜行，谁知之者！”(大意是：富贵了却不返回故乡，就像穿着锦绣衣服在夜间出去行走，有谁能够看得见呢！)韩生听了，知道项羽见识浅薄，成不了大气候，因而很失望，便对别人说：“人言楚人沐猴而冠耳，果然。”(大意是：人们都说楚国人是猕猴戴帽子，虚有仪表，真是说对了。)项羽听说了勃然大怒，派兵把韩生抓来，然后把他扔到大锅里活活地煮死了。结果，由于项羽的自傲自骄，再加上战略失误，最终走上穷途末路，被刘邦打败。此语原指夜里穿着锦绣衣服走路，其华美没有人能够看见，比喻做官或有了荣华富贵后，不能在人前显示炫耀。举例《汉书·朱买臣传》：“上谓买臣曰：‘富贵不归故乡，如衣绣夜行，今子如何？’买臣顿首辞谢。”☞“衣绣夜行”的“衣”今又读 yī。

衣锦夜行 yì jǐn yè xíng 同“衣绣夜行”。举例 ①《喻世明言·临安里钱婆留发迹》：“钱镠(liú)叹道：‘闻古人有云：富贵不归故乡，如衣锦夜行耳。’乃择日往临安……改临安县为衣锦军，石鉴山为衣锦山。”②《唐史演义》第七回：“兴贵忙谢道：‘古人有言，富贵不归故乡，如衣锦夜行。今同宗均蒙委任，何敢生异？’”

夜绣行 yè xiù xíng 同“衣绣夜行”。举例 清·赵翼《朝衣诗》：“出游未共春衣典，起早翻如夜绣行。”

夜绣 yè xiù 同“衣绣夜行”。举例 明·袁宏道《悲哉行》：“古人悲夜绣，今我亦似人。”

衣锦还乡 yì jǐn huán xiāng 见“衣绣夜行”。指得志或做官，有了荣华富贵后，穿着锦绣衣服回到故乡，显示、炫耀自己。举例 ①《醒世恒言·大树坡义虎送亲》：“凭著我一身本事，一刀一枪，或者博个衣锦还乡，也未见得。”②《水浒传》第九十九回：“今日功成名显，朝廷知道，必当重用，封官赐爵，光显门闾(lǘ)，衣锦还乡，谁不称美！”③《白鹿原》第十章：“她相信丈夫是干大事的人，更相信他是忙得抽不出时间回乡，将来衣锦还乡才更荣耀。”

昼锦还乡 zhòu jǐn huán xiāng 同"衣锦还乡"。举例 唐·王维《送秘书晁监还日本国诗序》:"游宦三年,愿以君羹遗母;不居一国,欲其昼锦还乡。"

锦归 jǐn guī 同"衣锦还乡"。举例《再生缘》第四十二回:"翁婿锦归威凛凛,齐回湖广与江南。"

锦还 jǐn huán 同"衣锦还乡"。举例《聊斋志异·叶生》:"先生奋迹云霄,锦还为快。"

沐猴而冠 mù hóu ér guàn 见"衣绣夜行"。沐猴:猕(mí)猴。冠:指戴帽子。此语原指猕猴模仿人戴帽子,后指人华而不实,徒有其表,目光短浅,不能成大事。常用来讥讽依附权贵、窃取名位的人。举例 ① 宋·徐经孙《缴吕开先复官疏》:"臣窃见丁大全沐猴而冠、犬羊而坐庙堂者也,欺君误国,负罪远徙,所过之地,往往唾骂。"②《狼烟》十三:"于是,郑三发穿起了曹锟遗留的、早已失去光彩的、散发着当铺潮霉气味的陆军上将军服,那模样儿,真称得起是沐猴而冠。"③《洗礼》二:"这晚,两个人在一起只是怒骂这些想当官想疯了的'头头'们,那一个个馋样子简直是沐猴而冠。"举例 "沐猴而冠"的"冠"不读 guān。

沐猴冠 mù hóu guàn 同"沐猴而冠"。举例 宋·刘过《水调歌头》:"未必古人皆是,未必今人俱错,世事沐猴冠。"

沐猴 mù hóu 同"沐猴而冠"。举例 金·元好问《鸿沟同钦叔赋》:"韩生已死言犹在,千载令人笑沐猴。"

沐冠 mù guàn 同"沐猴而冠"。举例 ① 宋·林希逸《代毛颖谢表》:"志虽酬于脱颖,嘲莫解于沐冠。"② 梁启超《论自尊》:"夫沐冠而喜者,戏猴之态也。"

蝇附骥尾 yíng fù jì wěi

出处《史记·伯夷列传》:"伯夷、叔齐虽贤,得夫子而名益彰。颜渊虽笃学,附骥尾而行益显。"唐·司马贞《索隐》:"苍蝇附骥尾而致千里,以譬颜回因孔子而名彰也。"又见《后汉书·隗嚣(wěi áo)传》:"数蒙伯乐一顾之价,而苍蝇之飞,不过数步,即托骥尾,得以绝群。"解说 骥:骏马;千里马。苍蝇是很小的昆虫,飞得比较慢,也飞不远,但它附在骏马的尾巴上,就可以随着骏马驰骋,日行千里。《史记》原文大意是:上古的伯夷、叔齐虽然贤德高洁,但他们是得到孔子的称赞,名声才更加显赫;颜渊虽然敏而好学,正因为他像苍蝇依附马尾一样追随孔子,才享誉于世。《后汉书》原文大意是:数次蒙受有权势者的提携,就如同小小苍蝇一样,本来飞不多远,但是附着在骏马尾巴上便可以腾跃超群。后用此语比喻依附于贤能或有名望的人,便可以名声大振。有时用于自谦。举例 明·邵璨(càn)《香囊记·设祭》:"你们得遇使君,今带汝同归乡郡。蝇附骥尾,岂须愁路贫。"

蝇附骥 yíng fù jì 同"蝇附骥尾"。举例 宋·陆游《泽居》:"平日酷憎蝇附骥,暮年肯作鹤乘轩。"

附骥 fù jì 同"蝇附骥尾"。举例 明·何景明《送崔氏》之三:"结发与君友,附骥思一鸣。"

附骥尾 fù jì wěi 同"蝇附骥尾"。举例 ①清·纳兰性德《渌水亭杂识》卷二:"汉皇甫规深以不与党人为耻,数子碌碌,乃获附骥尾。"②《聊斋志异·苗生》:"苗(生)忽至,左携巨尊,右提豚肘,掷地曰:'闻诸君登临,敬附骥尾。'"

骥尾 jì wěi 见"蝇附骥尾"。比喻追随先辈或名人之后。多用于自谦。举例 明·王玉峰《焚香记·赴试》:"若二位高才,必当首擢,既蒙提挈(qiè),愿为骥尾。"

骥尾蝇 jì wěi yíng 见"蝇附骥尾"。比喻依附贤能的人而成名的人。多用于自谦。举例 清·唐孙华《寿座王讲学仇先生》:"敢跃龙门鲤,忻(xīn)随骥尾蝇。"

郢匠挥斤 yǐng jiàng huī jīn

出处《庄子·徐无鬼》。解说 郢:春秋战国时楚国的都城,在今湖北江陵。挥:挥舞;抡起。斤:斧头。据说,楚国的都城郢有一个人刷墙,不小心鼻尖上沾了一层薄如蝉翼的白粉。他的一个好朋友是石匠,"运斤成风,听而斫(zhuó)之,尽垩(è)而鼻不伤"。(运:同"挥"。听:听凭;任凭。斫:用刀、斧等砍或削。垩:白土;白粉。原文大意是:他熟练地挥动斧头,呼呼带风,飞快地把这一点点白粉削去了,而鼻尖丝毫没有损伤。)石匠的技艺实在出神入化。后用此语比喻技艺或手法精湛、高超,或工作中得心应手,举重若轻。举例 唐·崔融《嵩山启母庙碑序》:"周官置臬(niè),郢匠挥斤,异态神行,全模化造。"

郢匠 yǐng jiàng 见"郢匠挥斤"。原指技艺精湛的匠人,泛指有高超本领的人。举例 唐·罗隐《投所思》:"雕琢只因劳郢匠,膏肓(huāng)终恐误秦医。"

郢正 yǐng zhèng 见"郢匠挥斤"。指请人像石匠抡起斧头削别人鼻尖上的白粉一样,帮助自己恰到好处地删改文章。用作敬辞。举例 清·缪彤《与颜光敏书》:"伏枕偶得二诗,书呈大方郢正。"

郢政 yǐng zhèng 同"郢正"。政:通"正"。举例 明·董中《重刻〈朱子年谱〉记》:"身处孤陋,书籍不全,暂作裨谌(pí chén)之补,祈诸君子更为郢政。"

运斤 yùn jīn 同"郢匠挥斤"。举例 宋·陆游《午坐》:"师友今零落,何人为运斤。"

运斤成风 yùn jīn chéng fēng 同“郢匠挥斤”。举例 ① 金·元好问《王黄华墨竹》:“岂知辽江一派最后出,运斤成风刃发硎。”② 梁启超《变法通议》:“故善旧国者,必有运斤成风,垩去而鼻不伤之手段。”

斤斧 jīn fǔ 同“郢正”。举例 宋·范仲淹《与韩魏公书》:“又窥诸公所赋,何以措手,然旨命丁宁,亦勉率成篇,并自写呈上,所谓将勤补拙,更乞斤斧,免贻众诮(qiào)。”

斧削 fǔ xuē 同“郢正”。举例 宋·王十朋《与王安抚》:“蒙台谕令撰二札子,不敢以鄙陋辞,勉强承命,乞赐斧削乃幸。”

斧正 fǔ zhèng 同“郢正”。举例 ① 陈衍《与邓彰甫书》:“小赋不知堪入巨目否?万祈斧正,方可就梓(zǐ)。”② 鲁迅《书信集·致增田涉》:“《中国小说史》序文呈上……祈大加斧正。”

斧政 fǔ zhèng 同“斧正”。政:通“正”。举例 苏曼殊《与刘之书》:“拙诗蒙斧政,不胜雀跃。”

应声虫 yìng shēng chóng

出处 唐·刘餗(sù)《隋唐嘉话》卷中:“有患应声病者,问医官苏澄……过至他药,复应如初。澄因为处方,以此药为主,其病自除。”又见唐·张鷟(zhuó)《朝野佥(qiān)载》、宋·范正敏《遯斋闲览·人事》。解说 传说古时候,有人得了一种怪病。他口中每发出一声,或说一句话,肚子里就像回音一样发出重复的声音,到处求医,吃了不少药,不但没有治好,这回音反而越来越大,令他很痛苦。后来遇到一位精通医术的道士,才知道这是因为肚子里生了一种名叫“应声虫”的虫子。他按照道士的指点,服了中药雷丸,终于把病虫除去了。后用此语比喻自己毫无主见,只会跟着别人随声附和的人。举例 ① 明·田艺蘅《留青日札摘抄·非文事》:“己无特见,一一随人之声而和之,譬之应声虫焉。”② 清·袁枚《随园诗话》卷六:“杨用修笑今之儒者,皆宋儒之应声虫。”③《困兽记》十五:“只有吕康一点不肯让步,申言他要坚持他的意见到底,不愿做应声虫。”☞“应声虫”的“应”不读 yīng。

映雪 yìng xuě

出处 南朝梁·任昉(fǎng)《为萧扬州作荐士表》“集萤映雪”唐·李善注引《孙氏世录》:“孙康家贫,常映雪读书。”又见唐·徐坚等《初学记》卷二引《宋齐语》。解说 晋代人孙康家贫点不起油灯,冬天夜里便利用白雪映出的光亮来读书。由于他读书刻苦，终于学有所成，官至御史大夫，享受厚禄。后用此语形容家境贫困的人刻苦读书。参见419页“囊萤”。举例 ①唐·权德舆《旅馆雪晴因成杂言》：“丈夫富贵自有期，映雪读书徒白首。”②宋·杨万里《题张兴伯主簿经训堂》：“一翁冻吟拥竹炉，诸郎映雪夜读书。”③元·无名氏《渔樵记》第二折：“则问那映雪的书生安在，便是冻苏秦也怎生去搠(shuò)笔巡街？”

映书 yìng shū 同“映雪”。举例 唐·李商隐《忆雪》：“映书孤志业，披氅阻神仙。”

映雪囊萤 yìng xuě náng yíng 同“映雪”“囊萤”。举例 欧阳予倩《馒头庵》第四场：“儿须要体父心攻书上进，讲学问须得要映雪囊萤。”

雪窗萤火 xuě chuāng yíng huǒ 同“映雪囊萤”。举例 元·王实甫《西厢记》第一本一折：“投至得云路鹏程九万里，先受了雪窗萤火二十年。”

庸人自扰 yōng rén zì rǎo

出处《新唐书·陆象先传》。解说 扰：搅乱，让人不得安宁。唐朝人陆象先曾官任剑南道按察使、蒲州刺史等。陆象先性情宽宏大量，不苛求于人，他常说：“天下本无事，庸人扰之为烦耳。第澄其源，何忧不简邪？”（大意是：天下本来没有那么多的事情，只是平庸的人自寻烦恼，使得事情越来越复杂。如果在开始就能清楚这一点，事情就简单多了。）后用此语指平庸的人无事生非，自找麻烦。举例 ①《儿女英雄传》第二十二回：“据我说书的看起来，那庸人自扰倒也自扰的有限；独这一班兼人好胜的聪明朋友，他要自扰起来，更自可怜！”②鲁迅《书信集·致台静农》：“近来谣言大炽，四近居人，大抵迁徙，景物颇已寂寥，上海人已是惊弓之鸟，固不可诋为‘庸人自扰’。”③《三家巷》一一四：“可你们都着慌了，都变得如醉如狂了。这就证明你们没有见识，庸人自扰。”

天下本无事，庸人自扰之 tiān xià běn wú shì，yōng rén zì rǎo zhī 同“庸人自扰”。举例 梁启超《惟心》：“天下之境，无一非可乐可忧可惊可喜者，实无一可乐可忧可惊可喜者，乐之忧之惊之喜之，全在人心，所谓天下本无事，庸人自扰之。”

有口皆碑 yǒu kǒu jiē bēi

出处 宋·普济《五灯会元·太平安禅师》：“劝君不用镌顽石，路上行人口似碑。”解说 皆：都是。碑：记载重大事件、功德的石刻纪念物。镌：镌刻；雕刻。诗中比喻：某个事件，或某人的事迹十分感人，引起大家的称颂或敬仰，以致众口一词，流传后世，就像在人们的心中镌刻着功勋和业绩的纪念碑一样。这是有别于石碑的一座无形的丰碑。后用此语形容美好的事物或人，受到众人一致的口头颂扬。举例 ①《老残游记》第三回："宫保的政声，有口皆碑，那是没有得说的了。"②《金字》："想出个模棱两可的成语来，写了'有口皆碑'四个大字。"③ 罗瑞卿《党的三大作风的楷模——回忆周总理》："敬爱的周总理为中国革命建树的伟大功勋，已经有口皆碑，载入史册。"

口碑载道 kǒu bēi zài dào 同"有口皆碑"。载：充满（道路）。举例 ①《红楼梦》第九十九回："自从老爷到任，并没见为国家出力，倒先有了口碑载道。"② 郁达夫《郁达夫日记·半日的游程》："我们的出品，非但在本省口碑载道，就是外省，也常有信来邮购的。"

口碑 kǒu bēi 见"有口皆碑"。指人民大众的口头颂扬，也指人们的议论、社会上口头流传的谚语、俗语等。举例 ①《老残游记》第十八回："那知道未及一个时辰，已经结案，沿路口碑啧啧称赞。"②《官场现形记》第十八回："绅士、商人于统领的口碑都有限。"③ 董必武《武昌东湖九女墩》："群众最怜英烈女，口碑传出足千秋。"④ 郭沫若《洪波曲》第十章一："住在后方时，有'前方吃紧，后方尽吃'的口碑流传。"

有志者事竟成 yǒu zhì zhě shì jìng chéng

出处《后汉书·耿弇(yǎn)传》。解说 竟：终于；一定。成：完成；成功。东汉初年，读书人耿弇因羡慕军旅生活，投笔从戎，多次立下战功。当时，山东割据势力张步占领了青州十二郡，势力强大，气焰嚣张，汉光武帝刘秀派耿弇率兵去征讨。耿弇的军队顽强作战，接连获胜。一次战斗中，耿弇大腿中了一箭，他忍住剧痛，用佩刀砍断箭杆，继续指挥将士们冲杀，终于把张步打得大败。光武帝接到捷报大喜，几天之后亲自来慰劳军队，他在众多将士面前夸奖耿弇说："将军前在南阳建此大策，常以为落落难合，有志者事竟成也。"（落落：孤高，与人难合。大意是：你从前在南阳时多次主动请战，要求平定张步，我担心你书生气十足，难以与其他将领协调作战，因而没有答应。如今才知道，有志者事竟成啊！）后用此语指有决心、有志气的人，事业终能成功。举例 ①《儒林外史》第二十回："立心做名士，有志者事竟成；无意整家园，创业者成难守。"②《家》三："你只管放心，我平日相信'有志者，事竟成'的话。"③ 纪宇《爱的和弦——记瞿弦和与张筠英》："一个一个地做工作，摆出困难，说明理由和情况，有志者事竟成，经过一个月的努力，那位实在舍不得放和弦走的团长也改变了态度，剧团终于放和弦了。"

有志竟成 yǒu zhì jìng chéng 同"有志者事竟成"。举例 ① 明·张岱《补孤山种梅序》："有志竟成，无约不践。"②《六十年的变迁》第四章："不要气馁，'有志竟成'，总有我们的一天。"

余光 yú guāng

出处《战国策·秦策二》,又见《史记·樗(chū)里子甘茂列传》。解说 战国时,齐国有一个贫穷的妇人,一天夜里与邻居妇人们在一个大房间里纺纱织布。她没钱买蜡烛,邻居妇人们就要把她赶出去。她央求说:“屋子里的烛光不会因为多一个人而变暗,也不会因为少一个人而变亮,你们何必吝惜多余的烛光而不让别人受惠呢?”此语原指多余的光,比喻他人所给予的福泽恩惠。举例 ① 唐·李白《陈情赠友人》:“愿假东壁辉,余光照贫女。”② 宋·曾巩《贺转运状》:“将承望于余光,但欣愉于懦思。”③ 清·顾炎武《答李子德书》:“更希余光下被,俾莫年迂叟得自遂于天空海阔之间,尤为知己之爱也。”

余明 yú míng 同“余光”。举例 ① 宋·秦观《次韵答裴仲谟》:“方愧贫家矜敝帚,忽蒙邻壁借余明。”② 清·归庄《与大鸿书》:“幸足下得高列,下流之人,惟望余明照及,以为光荣。”

借余光 jiè yú guāng 见“余光”。指希求得到别人力所能及的帮助或照顾。举例 宋·陆游《谢葛给事启》:“某偶阶末契,遂借余光。”

借光 jiè guāng 见“余光”。比喻凭借别人的名声、地位或荣誉而得到好处。后常用作请人给予方便或向人询问时的套语。举例 ① 明·阮大铖《燕子笺·辨奸》:“贤契高才,自当首选,老夫借光不浅。”②《儒林外史》第三十三回:“久闻世兄才品过人,所以朝廷仿古征辟大典,我学生要借光,万勿推辞。”③ 鲁迅《故事新编·理水》:“临末是一个粗手粗脚的大汉……连声说道‘借光,借光,让一让,让一让’,从人丛中挤进皇宫去了。”

照东邻 zhào dōng lín 见“余光”。指给予力所能及的帮助或照顾。举例 唐·王濯(zhuó)《清明日赐百僚新火》:“谁怜一寒士,犹望照东邻。”

余音绕梁 yú yīn rào liáng

出处《列子·汤问》。解说 余音:歌曲唱完或音乐演奏结束之后,似乎还留在耳边的声音。梁:屋梁。战国时,韩国有一位名叫韩娥的优秀歌手。她的歌声极具魅力,非常感人。当她唱起悲伤的歌曲时,远近数里的乡亲们都纷纷落泪,吃不下饭;当她唱起欢快的歌曲时,男女老幼马上转悲为喜,欢呼雀跃起来。有一次,韩娥来到齐国,一路上盘缠花光了,没钱吃饭,便在齐国临淄(zī)城西南门卖唱求食。她那美妙而婉转的歌声深深地打动了听众的心弦,“既去,而余音绕梁欐(lì),三日不绝,左右以其人弗去”。(大意是：当她走了之后，歌声的余音仍然萦绕在屋梁之间，连续三天没有消失，居住在附近的人们竟然误以为韩娥还没有离开。)后用此语形容歌声美妙动听，韵味深长，久久在耳边回响，给人们留下深刻印象。有时也比喻诗文韵味深长，耐人寻味。举例 ① 清·乾隆《御选唐宋诗醇》卷二十三：“一唱三叹，余音绕梁似。此风调虽起王昌龄，李白辈为之，何以复加?”②《村妇》卷二：“多亏高士名师指教传授，创立了一唱三叹、余音绕梁的程腔。”③ 清·贺裳《载酒园诗话·宋欧阳修》：“至若叙事处，滔滔汩(gǔ)汩，累百千言……所惜意随言尽，无复余音绕梁之意。”④ 丁辛百《互文见义》：“本来需要很多话才能把一个道理、一件事或一个场面说清楚或者描绘出来，有时用互文一点即明。它可以发人深思，助人想象，读起来它会给人留有回味的余地，有如余音绕梁。”

音绕梁 yīn rào liáng 同“余音绕梁”。举例 南朝梁·沈约《咏筝》：“徒闻音绕梁，宁知颜如玉。”

绕梁音 rào liáng yīn 见“余音绕梁”。指优美动人、余韵无穷的歌声或乐曲。举例 清·李渔《比目鱼·耳热》：“极口羡娇娃，绕梁音委实佳，娇姿端的难描画。”

绕梁之音 rào liáng zhī yīn 同“绕梁音”。举例《隋唐演义》第三十回：“宝儿真个是会家不忙，手执红牙，慢慢的把声容镇定，方才吐遏云之调，发绕梁之音。”

余韵绕梁 yú yùn rào liáng 同“余音绕梁”。举例 茅盾《关于长篇历史小说〈李自成〉的通信·关于〈商洛壮歌〉》：“行文如曼歌缓舞，余韵绕梁，耐人寻味。”

绕梁 rào liáng 同“余音绕梁”。举例 ① 南朝梁·沈约《咏筝》：“徒闻音绕梁，宁知颜如玉。”② 明·梅鼎祚(zuò)《玉合记·怀春》：“绕梁雅足清歌，长袖由来善舞。”③《聊斋志异·丐仙》：“余音嫋嫋(niǎo niǎo)，不啻(chì)绕梁。”

余音绕梁，三日不绝 yú yīn rào liáng, sān rì bù jué 同“余音绕梁”。举例《老残游记》第二回：“当年读书，见古人形容歌声的好处，有那‘余音绕梁，三日不绝’的话，我总不懂。”

三日绕梁 sān rì rào liáng 同“余音绕梁”。举例 清·袁枚《续诗品三十二首·结响》：“箫来天霜，琴生海波。三日绕梁，我思韩娥。”

三日绕 sān rì rào 同“余音绕梁”。举例 宋·黄庭坚《杂吟》：“长歌三日绕，短舞万人看。”

余声三日飞 yú shēng sān rì fēi 同“余音绕梁”。举例 北周·庾信《听歌一绝》：“但令闻一曲，余声三日飞。”

韩娥 hán é 见“余音绕梁”。泛指歌女。举例 明·汤显祖《紫箫记·拾箫》：“看你搔头凤矫，檀心翠巧。若不是度曲韩娥，定则是萦情苏小。”

余勇可贾 yú yǒng kě gǔ

出处《左传·成公二年》。解说 余勇：剩下的、没有用完的勇气和力量。贾：卖。春秋时，齐国与晋国交战。一次战斗中，齐国的大将高固（即高宣子）凭着个人之勇，率先冲进晋军营垒，到处冲杀，如入无人之境。最后抓获一个俘虏，并绑在所缴获的战车尾部，回到己方的军营。高固回来后，在全营将士面前高声炫耀说："欲勇者，贾余餘勇可也。"（余：我。餘：剩余；多余。餘勇：今多写成"余勇"。大意是：我的勇气和力量还没有用完，如果有人需要的话，可以来买。）后用此语指还有未用完的勇气和力量可以使出来。举例 ① 唐·成伯玙《毛诗指说·文体》："后来英彦，各擅文章，致远直尚于轻浮，钩深曲归于美丽。盖余勇可贾，逸气难收。"② 梁启超《过渡时代论》："其在过渡以后，达于彼岸，踌躇满志，其有余勇可贾与否，亦难料也。"③ 毛泽东《第二次世界大战的转折点》："莫斯科保卫战之后，虽然接着举行了冬季反攻，可是还要遭到今年德军的一个夏季进攻，这是因为一则德国及其欧洲伙伴尚有余勇可贾，二则英美拖延开辟第二条战线的缘故。"

贾余勇 gǔ yú yǒng 同"余勇可贾"。指竭尽全力，鼓足勇气。举例 ① 唐·骆宾王《上吏部裴侍郎书》："贾余勇以求荣，效轻生而答施。"② 宋·苏轼《次前韵再送周正孺》："醉乡追旧游，笔阵贾余勇。"

贾勇 gǔ yǒng 同"贾余勇"。举例 宋·苏轼《乞诏边吏无进取及论鬼章事宜札子》："边臣贾勇，争欲立功。"

余勇 yú yǒng 见"余勇可贾"。指勇气过人的勇士。举例 唐·骆宾王《军中行路难同辛常伯作》："天子按剑征余勇，将军受脤（shèn）事横行。"

愚公移山 yú gōng yí shān

出处《列子·汤问》。解说 这是一则寓言。传说太行山、王屋山原来方圆七百余里，高达七八千丈，坐落位置与现在不同。有一位名叫愚公的老人，家住在这两座山的北面。愚公苦于门前这两座山挡住出路，行走不方便，就动员全家人把大山搬走。住在附近的一位名叫智叟的老人知道了，劝阻愚公说：这样干未免太愚蠢了，凭你们一家十几人的力量怎么能够搬走大山呢？愚公反驳说："虽我之死，有子存焉；子又生孙，孙又生子；子又有子，子又有孙；子子孙孙无穷匮（kuì）也。而山不加增，何苦而不平？"（大意是：即使我死了，还有儿子；儿子生孙子，孙子又有儿子；儿子死了又有孙子。子子孙孙是没有穷尽的。而山不会加高，挖走一点就少一点，怎么会搬

Y

不走呢?)愚公一家人每天挖山不止,邻居们也赶来帮忙。这件事感动了天帝,派两个神仙下凡,把这两座大山背走了。后用此语比喻做事有顽强的毅力,不怕困难和艰险。举例 ① 宋·张耒《山海》:“愚公移山宁不智,精卫填海未必痴。”② 周恩来《植树造林是百年大计》:“面对黄河流域二十八万平方公里水土流失区,只要有雄心壮志,有愚公移山的精神,就能战胜它。”③《龙卷风》五:“这帐就给儿子。儿子可以再给孙子。愚公移山,那就是世代挖山不止。”

愚公 yú gōng 见“愚公移山”。指有顽强毅力,做事不怕困难,能坚持到底的人。举例 ① 宋·陆游《雪夕》:“东郭稍能师顺子,北山未敢笑愚公。”② 清·丘逢甲《庐山谣答刘生》:“生作愚公死精卫,谓海可塞山能移。”

愚叟 yú sǒu 同“愚公”。举例 唐·李德裕《大孤山赋》:“虽愚叟之复生,焉能移其咫步。”

移山 yí shān 见“愚公移山”。移动大山,比喻有毅力,不怕困难,坚持到底。举例 北周·庾信《哀江南赋》:“岂冤禽之能塞海,非愚叟之可移山。”

移山志 yí shān zhì 见“愚公移山”。比喻宏伟的志向。举例 ① 唐·罗隐《投浙东王大夫二十韵》:“题柱心犹壮,移山志未忘。深惭百般病,今日问医王。”② 宋·陆游《杂感》:“蹈海言犹在,移山志未衰。”

与哙为伍 yǔ kuài wéi wǔ

出处《史记·淮阴侯列传》。解说 与:跟。为伍:作伙伴。汉代初年,大将军韩信辅佐刘邦夺取天下后,居功自傲。刘邦先是封韩信为楚王,后又降为淮阴侯。刘邦手下的得力将领多被封侯,如周勃为绛(jiàng)侯,灌婴为颍阴侯,樊哙(kuài)为舞阳侯。这些人的才干和战功远不如韩信,现在与韩信处于同等地位,平起平坐,以致韩信认为刘邦对自己不公平,整天闷闷不乐,经常称病不去上朝。有一天,韩信顺路去樊哙府中做客。尽管樊哙毕恭毕敬,跪拜迎送,口中称臣,然而韩信始终心中不快,告辞出门后苦笑着说:“生乃与哙等为伍。”(大意是:真没想到,我这一辈子竟然跟樊哙等人做了伙伴。)言下之意,既有对樊哙等人的轻视,也有对刘邦的怨恨。由于韩信不能安于现状,终于反叛而被杀。后用此语指跟自己所轻视的粗俗的人在一起共事。举例 ① 宋·李昭玘(qǐ)《代贺方回谢举换文》:“谓秦无人敢辞清议,与哙为伍,颇屈素心。”② 元·许有壬(rén)《摸鱼子·次明初为寿韵》:“青年志、万一容裨当宁,何惭与哙为伍。”

耻与哙伍 chǐ yǔ kuài wǔ 见“与哙为伍”。耻:感到羞耻。指跟自己所轻视的人在一起共事而感到耻辱。举例 元·耶律楚材《用前韵感事》之一:“生平耻与哙伍行，杜门养拙安天常。”

羞与为伍 xiū yǔ wéi wǔ 同“耻与哙伍”。羞：感到羞耻。举例 ①《后汉书·党锢传》：“逮桓(huán)灵之间，主政荒谬，国命委于阉寺，士子羞与为伍。”② 鲁迅《且介亭杂文·逃名》：“所谓‘前辈作家’也者，有一批是盗名的，因此使别一批羞与为伍，觉得和‘熟人的名字并列得厌倦’，决计逃走了。”③《战争和人》(三)卷七：“我对他既有了解，也很鄙视，让他们升官发财去吧！他是魑魅魍魉(chī mèi wǎng liǎng)，我同他既羞与为伍，也话不投机。”

哙伍 kuài wǔ 见“与哙为伍”。指粗俗或平庸的人。举例《宋史·王十朋传》：“清资加于哙伍，高爵滥于医门。”

玉不琢，不成器 yù bù zhuó，bù chéng qì

出处《礼记·学记》：“玉不琢，不成器；人不学，不知道。”解说 不成器：做不成一个器物。道：道理；规律。原文大意是：玉石不经过雕刻，不能成为精美的器物；人不经过培养教育、学习和锻炼，就不能懂得事理，成为有用的人才。举例 ① 宋·王应麟《三字经》：“玉不琢，不成器；人不学，不知义。”②《说岳全传》第四回：“但无一个名师点拨，这叫做‘玉不琢，不成器’。”

不成器 bù chéng qì 见“玉不琢，不成器”。比喻年轻人将来没有大的出息，成不了有用之才。举例 ①《晋书·嵇绍传》：“沛国戴晞，少有才智，与绍从子含相友善。时人许以远致，绍以为必不成器。晞后为司州主簿，以无行被斥，州党称绍有知人之明。”②《水浒传》第十四回：“多听得人说这厮不成器，如何却在这里？”

玉山倾倒 yù shān qīng dǎo

出处《世说新语·容止》。解说 嵇康，字叔夜，是三国时魏国文学家，被列为“竹林七贤”之一。他生得仪表堂堂，风姿秀逸，名士山涛形容说：“嵇叔夜之为人也，岩岩若孤松之独立；其醉也，傀俄若玉山之将崩。”（大意是：嵇康如同一棵独自挺立的苍松；他酒醉时身体摇摇晃晃，东倒西歪，看上去好像一座玉山将要倾倒下来一样。）后用此语形容人酒醉而卧时身姿优雅的样子。举例 ① 唐·令狐楚《三月晦日会李员外座中颇以老大不醉见讥因有此赠》：“三月唯残一日春，玉山倾倒白鸥驯。”② 元·王恽(yùn)《感皇恩·与周宰游王氏祠堂》：“拄杖长行觅周老。三杯两盏，不致玉山倾倒。”

玉山自倒 yù shān zì dǎo 同“玉山倾倒”。举例 唐·李白《襄阳歌》：“清风朗月不用一钱买，玉山自倒非人推。”

倒玉山 dǎo yù shān 同“玉山倾倒”。举例 唐·李群玉《题樱桃》：“春初携酒此花间，几度临风倒玉山。”

颓倒玉山 tuí dǎo yù shān 同“玉山倾倒”。举例《南北史演义》第九十九回：“渊已酒醉糊涂，也不问明底细，还道是歌伎一流，乐得借色陶情，畅饮遣怀，不多时颓倒玉山，沉沉欲睡。”

玉山颓 yù shān tuí 同“玉山倾倒”。举例 ① 唐·刘禹锡《河南王少尹宅燕张常侍白舍人》：“第一林亭迎好客，殷勤莫惜玉山颓。”② 宋·辛弃疾《江神子·和人韵》：“花底夜深寒较甚，须拚却，玉山颓。”

醉玉先颓 zuì yù xiān tuí 同“玉山倾倒”。举例 元·白朴《风入松》：“老我天涯倦客，一杯醉玉先颓。”

醉玉颓 zuì yù tuí 同“玉山倾倒”。举例 宋·韩琦《安正堂观牡丹》：“好期天上香魂返，长对樽前醉玉颓。”

颓玉 tuí yù 同“玉山倾倒”。举例 宋·黄庭坚《醉落魄》：“扶头不起还颓玉，日高春睡平生足。”

玉山醉 yù shān zuì 同“玉山倾倒”。举例 唐·李端《送黎少府赴阳翟(dí)》：“玉山那惜醉，金谷已无春。”

欲加之罪，何患无辞 yù jiā zhī zuì，hé huàn wú cí

出处《左传·僖公十年》。解说 欲：想要；打算。患：忧愁；担心。辞：言辞，指借口。春秋时，晋国大夫里克为迎立逃亡在外的晋公子重耳为新君，先后杀了公子奚齐、卓子和大夫荀息。这时公子夷吾被立为晋国国君，即晋惠公。晋惠公即位后派使臣逼迫里克自尽，使臣传达晋惠公的话说：如果不是你杀了公子奚齐、卓子和大夫荀息，我当不上国君，可是你杀了两个国君和一个大臣，作为国君，有你这样的臣子，岂不是太危险了吗？里克长叹一口气说：“不有废也，君何以兴？欲加之罪，其无辞乎？”（大意是：没有废弃，怎么能有新兴？你要加罪于我，还能找不到什么理由吗？）说完，便拔剑自杀了。此语原指要想加害于人，不愁找不到罪名，或指用种种借口诬陷、加害别人。举例 ① 郭小川《学习笔记》：“把学习文化和‘死啃书本’混为一谈，也是一种诡辩，真是‘欲加之罪，何患无辞！’”②《李自成》第二卷二十七章：“‘可是，老徐，李自成没有什么罪名，咱们收拾了他，对别人怎么说呀？’‘欲加之罪，何患无辞！’”③《叔叔的故事》：“后来所揭露出的所谓的真相，其实都是当事人被逼不过做的假供，以及旁人欲加之罪何患无辞的杜撰。”

鹬蚌相持，渔人得利 yù bàng xiāng chí，yú rén dé lì

出处《战国策·燕策二》。解说 鹬：鸟，嘴和腿较长，生活在水边，以小鱼、贝类等为食。蚌：软体动物，有两扇贝壳，可开合，生活在淡水中。持：对抗；互不相让。这是一则寓言。有一只蚌在水边张开贝壳晒太阳，一只鹬飞来啄食它的肉，蚌连忙合上两片蚌壳，刚好钳住了鹬的长嘴。鹬说："今天不下雨，明天不下雨，就会有干死的蚌。"蚌说："今天嘴抽不出，明天嘴抽不出，就会有饿死的鹬。"鹬和蚌谁都不肯让步，这时有个老渔夫走来看到了，就把它们都捉住了。后用此语比喻双方争持不下，结果两败俱伤，使第三者乘虚而入，得到好处。举例 ①《喻世明言·滕大尹鬼断家私》："大尹判几条封皮，将一坛金子封了，放在自己轿前，抬回衙内，落得受用……这正叫做'鹬蚌相持，渔人得利'。若是倪善继存心忠厚，兄弟和睦，肯将家私平等分析，这千两黄金，弟兄大家该五百两，怎到得滕大尹之手？"② 康有为《答南北美洲诸华侨论中国只可行立宪不可行革命书》："然自相屠杀，剪其种族数万万，而必至鹬蚌相持，渔人得利。"③ 毛泽东《质问国民党》："你们不应该打边区，你们不可以打边区。'鹬蚌相持，渔人得利'，'螳螂捕蝉，黄雀在后'，这两个故事，是有道理的。"

鹬蚌相持，渔人获利 yù bàng xiāng chí，yú rén huò lì 同"鹬蚌相持，渔人得利"。举例 明·朱元璋《谕占城国王阿勒台额森》："王能保守封疆，奉天勤民，则福禄绵长矣。如其不然，必欲驱兵连年苦战，彼此胜负固不可知，如鹬蚌相持，渔人获利，是故或彼此悔之晚矣。"

鹬蚌相争，渔人得利 yù bàng xiāng zhēng，yú rén dé lì 同"鹬蚌相持，渔人得利"。举例《花街》六："驻扎通州的官军出了面，鹬蚌相争，渔人得利，通州东关码头收归河防局所有。"

鹬蚌相争，渔人获利 yù bàng xiāng zhēng，yú rén huò lì 同"鹬蚌相持，渔人得利"。举例《新中国未来记》第三回："那各省人的感情的利益，总是不能一致的，少不免自己争竞起来，这越发鹬蚌相争，渔人获利，外国乘势诱胁，那瓜分政策，更是行所无事。"

鹬蚌相争，渔翁得利 yù bàng xiāng zhēng，yú wēng dé lì 同"鹬蚌相持，渔人得利"。举例《后宫》第一节："那时候太子承乾与魏王泰激烈的东宫大战已经以两败俱伤的结果收场，太宗立晋王治为太子。这是贞观年间妇孺皆知的宫廷大事，应了鹬蚌相争，渔翁得利的民谣。"

鹬蚌持，渔人候 yù bàng chí，yú rén hòu 同"鹬蚌相持，渔人得利"。举例 清·孔尚任《桃花扇·截矶》："俺只说鹬蚌持，渔人候，傍观将利收。英雄举动，要看前和后。”

鹬蚌相斗 yù bàng xiāng dòu 同“鹬蚌相持,渔人得利”。举例 清·百一居士《壶天录》卷下:“鹬蚌相斗,要自互有损伤。”

鹬蚌相持 yù bàng xiāng chí 同“鹬蚌相持,渔人得利”。举例 梁启超《新民说·论合群》:“知小我而不知大我,用对外之手段以对内,所以鹬蚌相持,而使渔人窃笑其后也。”

鹬蚌相争 yù bàng xiāng zhēng 同“鹬蚌相持,渔人得利”。举例 ① 清·萧山湘灵子《轩亭冤·哭墓》:“波翻血海全球悯,问谁敢野蛮法律哭强秦?笑他鹬蚌相争演出风云阵。”② 朱德《和董必武同志七绝》:“肃清日寇吾侪(chái)事,鹬蚌相争笑列侯。”

鹬蚌争持 yù bàng zhēng chí 同“鹬蚌相持,渔人得利”。举例 柳亚子《痛哭八首》之五:“如何满地渔翁日,鹬蚌争持死不甘。”

渔人得利 yú rén dé lì 同“鹬蚌相持,渔人得利”。举例 郭沫若《屈原》第五幕:“后来他又骂他愚弄国王,愚弄南后,想离间齐国和楚国的邦交,好让秦国来渔人得利。”

渔翁得利 yú wēng dé lì 同“鹬蚌相持,渔人得利”。举例 朱道南等《在大革命的洪流中·广州起义》:“有的主张先等张发奎和桂系军阀火并后再动手,来他个坐山观虎斗,等到他们两败俱伤,咱们不妨来个渔翁得利。”

坐收渔人之利 zuò shōu yú rén zhī lì 见“鹬蚌相持,渔人得利”。比喻利用别人的矛盾或疏忽,从中获取利益。举例 ①《那五》六:“大凡有人骂的,相应就会有人捧,他们斗气儿,您坐收渔人之利,岂不大喜?”②《红蘑菇》:“往坏说就是挑动群众斗群众,以便坐收渔人之利。”

坐收渔利 zuò shōu yú lì 同“坐收渔人之利”。举例 艾纳《新事旧编》:“(你们)骑虎难下,正好,让我慢慢来个坐收渔利。”

渔人之利 yú rén zhī lì 见“鹬蚌相持,渔人得利”。指双方争持不下,两败俱伤,使第三者从中得到的好处。举例《二刻拍案惊奇》卷十六:“他日可以在里头看景生情,得些渔人之利。”

渔翁之利 yú wēng zhī lì 同“渔人之利”。举例 朱自清《你我·〈子夜〉》:“他力劝杜竹斋和他们‘打官司’,但结果杜竹斋反收了渔翁之利而去。”

袁安困积雪 yuán ān kùn jī xuě

出处《后汉书·袁安传》唐·李贤注引晋·周斐《汝南先贤传》。解说 袁安是东汉时人,少承家学,跟着祖父袁良学习《易经》,后官任楚郡太守、河南尹、太仆、司空、司徒等。袁安未显达时，家住洛阳，非常贫困。有一年下大雪，积雪达一丈厚，百姓纷纷扫除积雪，出门寻找食物。洛阳令巡视灾情时经过袁安的家，发现门口被积雪封住，房子里没有声息。洛阳令命人清除积雪推门进去，看见袁安有气无力地躺卧在床，便问他为什么在家里等死？袁安答道："天降大雪，家家都缺柴少食，忍饥挨饿，我怎么好去向别人乞讨呢？"洛阳令听了，赞赏袁安品行高洁，推荐他为孝廉（选拔官吏的科目之一）。后用此语指生活贫困却不乞求于人，坚守节操。举例 晋·陶潜《咏贫士七首》之五："袁安困积雪，邈然不可干。"

袁安雪 yuán ān xuě 同"袁安困积雪"。举例 清·顾炎武《吴兴行赠归高士祚（zuò）明》："穷冬积阴天地闭，知君惟有袁安雪。"

袁安高卧 yuán ān gāo wò 同"袁安困积雪"。举例 ① 元·关汉卿《裴度还带》第二折："看路径行人绝迹，我可便听园林冻鸟时啼，这其间袁安高卧将门闭。"② 柳亚子《消寒一绝》："袁安高卧太寒酸，党尉羊膏未尽欢。"

远交近攻 yuǎn jiāo jìn gōng

出处《战国策·秦策三》。解说 战国时，魏国人范雎（jū）在秦国作客卿。有一位大臣向秦昭王建议，越过与秦国接壤的韩、魏两国，远道攻打齐国。范雎对此提出批评，指出这一策略的错误在于"少出师，则不足以伤齐；多之，则害于秦"。（大意是：攻打强大的齐国，出兵少则难以取胜；出兵多，则消耗大量的人力、财力，对秦国不利。）范雎为秦昭王制定了一种新的外交、军事策略，他说："王不如远交而近攻，得寸则王之寸，得尺亦王之尺也。"（大意是：大王不如采用远交近攻的策略，这样占领的每一寸土地都成为秦国的。）范雎主张结交远离自己的国家而先攻打邻国，使用少量的兵力就可以不断扩张秦国的地盘。等到消灭了近敌之后，再攻打远处的敌国。秦昭王采纳了范雎的意见。按照远交近攻的策略，秦国先吞并韩、魏，又攻下赵、燕、楚，最后灭掉齐国，终于统一了中国。范雎后来被拜为国相，封为应侯。后用此语指结交远邦、进攻邻国的策略。也指待人处世的一种手段。举例 ①《水浒后传》第七回："莫若以纳辽之币归之于金，坐复燕云故土，正合远交近攻之计。"② 章炳麟《上李鸿章书》："自古强国之形，远交近攻，而弱国则反是。"③《金粉世家》第二十四回回目："远交近攻一家连竹阵，上和下睦三婢闹书斋。"

远山眉 yuǎn shān méi

出处 晋·葛洪《西京杂记》卷二："文君姣好，眉色如望远山，脸际常若芙蓉，肌肤柔滑如脂。”解说 文君：即卓文君。卓文君是西汉人，与司马相如相爱，她的故事流传于民间戏曲、旧小说中。原文大意是：卓文君容貌娇美，眉毛看上去像隐隐约约两座远山，脸色如芙蓉般艳丽，皮肤柔软细腻。后用此语形容女子修美的双眉，也借指眉目清秀的女子。举例 ① 唐·杜牧《少年行》：“豪持出塞节，笑别远山眉。”② 宋·徐铉《梦游三首》之三：“南国佳人字玉儿，芙蓉双脸远山眉。”

眉拂远山 méi fú yuǎn shān 同“远山眉”。举例 唐·吴融《个人三十韵》：“脸横秋水溢，眉拂远山晴。”

遥山眉 yáo shān méi 同“远山眉”。举例 宋·吴文英《声声慢·饯魏绣史泊吴江》：“泪雨横波，遥山眉上新愁。”

远山 yuǎn shān 同“远山眉”。举例 ① 唐·吴融《个人三十韵》：“脸横秋水溢，眉拂远山晴。”② 明·汤显祖《牡丹亭·写真》：“断肠春色在眉弯，倩谁临远山。”

眉山 méi shān 同“远山眉”。举例 ① 宋·欧阳修《踏莎(suō)行》：“蓦然旧事上心来，无言敛皱眉山翠。”② 宋·陈师道《菩萨蛮》：“髻钗初上朝云卷，眼波翻动眉山远。”

约法三章 yuē fǎ sān zhāng

出处《史记·高祖本纪》。解说 约：商定。法：法规。秦代末年，刘邦在项羽之前率领大军攻入咸阳。为了安定社会秩序，取得民心，刘邦把秦王宫殿和国库封存起来，召集关中各县父老、豪杰，宣布废除秦朝的严刑苛法，并制定三条简明的法令：“杀人者死，伤人及盗抵罪。”（大意是：杀人者处死，伤人者及偷盗者判罪。）由于刘邦约法三章并坚决执行，得到了百姓的信任和拥护，为最后取得天下、建立汉王朝奠定了基础。后用此语指制定简明的法律或规章，供大家遵守。举例 ① 元·耶律楚材《怀古一百韵寄张敏之》：“约法三章日，恩垂四百基。”②《二十年目睹之怪现状》第五十一回：“这位继室夫人生得十分精明强干，成亲的第三天，便和督办约法三章，约定从此之后，不许再娶姨太太。”③《收审记》七：“我跟那八个人曾约法三章，谁事先透露了风声，大家就把罪过全往他一个人身上推。”

法三章 fǎ sān zhāng 同“约法三章”。举例 唐·李商隐《赠送前刘五经映三十四韵》：“鼎新麾(huī)一举，革故法三章。”

三章法 sān zhāng fǎ 见“约法三章”。泛指法律或规章制度。举例《天雨花》第五回：“堪怜已犯三章法，官牌火票要登门。”

三章约 sān zhāng yuē 同“三章法”。举例 宋·张栻《陪安国舍人劳农北郊分韵得兰字》：“嗟哉三章约，所贵简且宽。”

月旦评 yuè dàn píng

出处《后汉书·许劭(shào)传》。解说 月旦：农历每月初一。评：品评；评论。许劭是东汉末年汝南人，与堂兄许靖都很有名望，喜欢一起品评乡里人物的高下优劣，每月都要更换品评的内容。他们的评论在当地很有影响。最初他们的评论仅限于乡里，后来扩大到天下诸多朝野人士。据说丞相曹操年轻时曾拜访过许劭，许劭知曹操将来必为一代枭雄，称他为“治世之能臣，乱世之奸雄”。后用此语指品评人物或诗文、书画等。举例 ① 唐·陆龟蒙《袭美先辈以龟蒙所献五百言见和用伸酬谢》：“纵有月旦评，未能天下知。”② 宋·周麟之《上王吏部》：“误玷春官籍，终惭月旦评。”③ 明·程允升《幼学琼林·身体》：“言辞不爽，谓之金石语；乡党公论，谓之月旦评。”

月旦评讲 yuè dàn píng jiǎng 同“月旦评”。举例《乾隆皇帝》第五卷十五章：“众人方要月旦评讲，忽然一个家人匆匆进来，在纪昀跟前耳语几句。”

汝南月旦评 rǔ nán yuè dàn píng 同“月旦评”。举例 柳亚子《胡寄尘诗序》：“其尤无耻者，妄窃汝南月旦之评，撰为诗话，己不能文，则假手捉刀，大书深刻，以欺当世。”

月评 yuè píng 同“月旦评”。举例 宋·华镇《回梅子肃奉议启》：“月评载美，冠闾里之胜流；岁比书功，积中外之优最。”

许氏评 xǔ shì píng 同“月日评”。举例 唐·李商隐《送千牛将军赴阙五十韵》：“幸藉梁园赋，叨(tāo)蒙许氏评。”

月下老 yuè xià lǎo

出处 唐·李复言《续玄怪录·定婚店》。解说 传说古时候有一个年轻人名叫韦固，到了成家的年龄，尚未娶妻。有一天他外出游玩，回来时已经是夜晚了，遇见一位老人坐在路边，借着月光翻阅一本书，身旁放着一只口袋。韦固问他：老人家看的是什么书？老人答道：这是掌管天下婚姻的书。韦固又问他：口袋里边是什么？老人答道：“赤绳子耳。以系夫妻之足，及其生，则潜用相系，虽仇敌之家，贵贱悬隔，天涯从宦，吴楚异乡，此绳一系，终不可逭(huàn)。”（赤绳：红绳。系：结；扣。逭：逃避；避免。大意是：“口袋里装的是一根红色绳子，用来系住夫妇二人的脚。男女双方只要被这绳子系在一起，无论他们是几代有仇的两家，还是贫富相差悬殊，还是在异乡做官，还是距离遥远，最终都会结成生活伴侣。”）此语原指神话传说中掌管人间婚姻的老神仙，后多用作媒人的代称。举例 ① 元·李致远《一枝花·孤闷》套曲：“便休题月下老姻缘簿，风流偏阻，好事多辜。”② 明·无名氏《女真观》第三折：“你权做个撮合山主亲的月下老，俺两个衔环之报，成就了碧桃花下凤鸾交。”☞这里的“系”原读 xì，今又读 jì。

月下老人 yuè xià lǎo rén 同“月下老”。举例 ①《红楼梦》第五十七回：“若是月下老人不用红线拴的，再不能到一处。”②《儿女英雄传》第九回：“莫非他心里有了这段姻缘，自己不好开口……先说定了我的事，然后好借重爹妈给他做个月下老人。”③《老张的哲学》二十八：“老龙怎么也不肯写婚书！他也有他的理由，他们信教的不供神，和不供子孙娘娘、月下老人一样！”

月老 yuè lǎo 同“月下老”。举例 ① 元·曾瑞《留鞋记》第一折：“何须寻月老，则你是良媒。”②《初刻拍案惊奇》卷五：“每说婚姻是宿缘，定经月老把绳牵。”③ 清·蒲松龄《代毕刺史与赵青如启》：“乃缘月老之功，得入神仙之窟。”

系足人 xì zú rén 同“月下老”。举例 明·阮大铖《燕子笺·驼泄》：“且将扁鹊巧心手，去作双鸾系足人。”

月下赤绳 yuè xià chì shéng 见“月下老”，指姻缘。举例《警世通言·苏知县罗衫再合》：“月下赤绳曾绾(wǎn)足，何须射中雀屏目。”

月下绳 yuè xià shéng 同“月下赤绳”。举例《二刻拍案惊奇》卷三十八：“佳期误泄桑中约，好事讹牵月下绳。”

赤绳系足 chì shéng xì zú 见“月下老”。原指婚姻是缘分注定的，后多比喻男女双方缔结姻缘。举例《初刻拍案惊奇》卷五：“从来说月下老赤绳系足，虽千里之外，到底相合。若不是姻缘，眼面前也强求不得的。”

赤绳系 chì shéng xì 同“赤绳系足”。举例 清·金如《兰陵女儿行》：“谓有赤绳系，我母昔口许。”

系赤绳 xì chì shéng 同“赤绳系足”。举例《聊斋志异·柳生》：“我日为君物色佳偶，今始得之。适在内作小术，求月老系赤绳耳。”

赤绳 chì shéng 同“月下赤绳”。举例《水浒传》第九十八回：“也是琼英夫妇姻缘凑合，赤绳系定，解拆不开的。”

红丝暗系 hóng sī àn xì 同“赤绳系足”。举例《儿女英雄传》第十回：“还不曾红丝暗系，先弄得白刃相加。”

足上丝牵 zú shàng sī qiān 同“赤绳系足”。举例 清·李渔《意中缘·大意》：“追取月中簿改，重将足上丝牵。”

Y

越俎代庖 yuè zǔ dài páo

出处《庄子·逍遥游》。解说 越：超过。俎：古代祭祀时陈列牛羊等祭品的礼器。代：代替。庖：厨师。相传上古时，贤达谦逊的尧帝得知隐士许由很有才能，便想把帝位让给他。许由无意于功名利禄，推辞说：您已经把天下治理得很好了，我来代替你，不是沽名钓誉吗？……“庖人虽不治庖，尸祝不越樽俎而代之矣。”（尸祝：古代主持祭祀的人。樽：古代盛酒的器具。大意是：即使厨师不做饭菜，掌管祭祀的人也不能越过管理礼器的职责去代替他下厨房烹调啊。）随后，许由便跑到箕山之下、颍水之滨隐居起来。后用此语比喻超越自己的职责、权限去处理别人所管的事，或包办代替。参见 669 页“许由洗耳”。举例 ① 郭沫若《兵不管秀才》：“秀才还不便越俎代庖，军人应少管闲事。”②《村妇》卷二：“袁乃曼不但越俎代庖，而且进一步充当了家务大总管。”

代越庖俎 dài yuè páo zǔ 同“越俎代庖”。举例 清·陈天华《狮子吼》楔子：“是英雄自有英雄面，怕什么代越庖俎，还他个一矢双穿。”

越俎代谋 yuè zǔ dài móu 同“越俎代庖”。举例 柳亚子《纪梦诗序》：“友邦领袖，老谋深算，成竹在胸，岂外人所宜越俎代谋。”

越俎 yuè zǔ 同“越俎代庖”。举例 ①《明史·许士柔传》：“未有追咎元年之史官，诋为越俎者也。”② 清·李渔《闲情偶寄·声容·习技》：“描鸾刺凤之事，闺阁中人人皆晓，无俟（sì）予为越俎之谈。”

代庖 dài páo 同“越俎代庖”。举例 ①《聊斋志异·红玉》：“此妇人女子之事，非所能。君所欲托诸人者，请自任之；所欲自任者，愿得而代庖焉。”②《田野的风》三十：“我自己的婚事，自有我自己的主张，要我的叔父代庖干什么呢？”

运甓 yùn pì

出处《晋书·陶侃传》。解说 运：搬运；挪动。甓：砖。陶侃是东晋时人，曾官任荆州刺史，因遭到大将军王敦的忌恨，调任广州刺史。到任后公务不繁忙，陶侃每天早晨把百余块砖一块一块地搬出室外，傍晚再把砖逐一搬入室内。属下的人见了很奇怪，不知道他为什么要这样做。他对属下的人说：“我正当为国出力的时候，在此为官却过于清闲。如果平日里太安逸，不注意磨砺身心，恐怕意志会变得消沉，难以为收复中原而建功立业。”后用此语比喻人胸怀大志，不安于悠闲，刻苦自励。举例 唐·白居易《渭村退居寄礼部崔侍郎》：“眼为看书损，肱（gōng）因运甓伤。”

陶侃运甓 táo kǎn yùn pì 同“运甓”。举例 清·李渔《蜃（shèn）中楼·献寿》：“镇日价操戈演阵，待学那陶侃运甓忧闲身。”

陶运甓 táo yùn pì 同“运甓”。举例 清·袁龙《醉花阴·祝伯父七十寿》套曲：“一任它枯了海，烂了石，依然健如陶运甓。”

Z

在下风 zài xià fēng

出处《庄子·在宥(yòu)》。解说 下风：风所吹向的下方，比喻下位、劣势。传说上古时有一个修养深厚的道士叫广成子，隐居于崆峒山石室中，黄帝曾向他请教道的真义。广成子头朝南躺卧着，黄帝“顺下风膝行而进”(顺下风：在风向的下方，迎着风。膝行：跪着行走，表示尊敬或敬服)，多次给广成子施礼，以示诚恳。后用此语比喻真心佩服他人，甘心情愿位居其下。或承认自己的能力、水平等不如对方，从心里佩服。举例《左传·僖公十五年》：“皇天后土，实闻君之言，群臣敢在下风。”

拜在下风 bài zài xià fēng 同“在下风”。举例 清·陈梦雷《绝交书》：“不孝虽已割席，敢不拜在下风。”

甘拜下风 gān bài xià fēng 同“在下风”。甘：甘心情愿。举例 ① 宋·欧阳修《戏答圣俞持烛之句》：“花时浪过如春梦，酒敌先甘拜下风。”②《三侠五义》第三十九回：“他若真为此事而来，劣兄甘拜下风，从此后不称‘御猫’，也未为不可。”③《镜花缘》第五十二回：“如此议论，才见读书人自有卓见，真是家学渊源，妹子甘拜下风。”④《村妇》卷二：“官娘子坐在了关一品席位上，推杯换盏，喝得大昌和两位副手连声告饶，甘拜下风。”

凿壁偷光 záo bì tōu guāng

出处 晋·葛洪《西京杂记》卷二：“匡衡字稚圭，勤学而无烛。邻舍有烛而不逮，衡乃穿壁引其光，以书映光而读之。”解说 穿：凿穿。逮：及；达到。西汉人匡衡年轻时非常喜欢学习，白天给人家当佣人，只能晚上读书。家里穷没钱买蜡烛，就在墙壁上凿了一个小洞，借邻居家的烛光来苦读。由于他勤奋好学，后来成了经学家，当过丞相。此语用来形容家贫而勤学苦读。举例 ①《敦煌曲子词·菩萨蛮》：“数年学剑工书苦，也曾凿壁偷光路。”② 鲁迅《且介亭杂文·难行和不信》：“一个说要用功，古时候曾有‘囊萤照读’‘凿壁偷光’的志士。”

穿壁偷光 chuān bì tōu guāng 同“凿壁偷光”。举例《醒世恒言·苏小妹三难新郎》:“强爷胜祖有施为,穿壁偷光夜读书。”

借壁光 jiè bì guāng 同“凿壁偷光”。举例 清·钱谦益《虫诗十二章·灯蛾》:“未许因人热,那能借壁光。”

凿壁 záo bì 同“凿壁偷光”。举例 明·汤显祖《牡丹亭·言怀》:“能凿壁,会悬梁,偷天妙手绣文章。”

穿壁 chuān bì 同“凿壁偷光”。举例 北周·宇文逌(yóu)《〈庾开府集〉序》:“穿壁为未勤,映萤愈甚。”

偷光 tōu guāng 同“凿壁偷光”。举例 唐·孟简《惜分阴》:“刺股情方励,偷光思益深。”

邻烛 lín zhú 同“凿壁偷光”。举例 唐·李咸用《赠陈望尧》:“秋萤短焰难盈案,邻烛余光不满行。”

凿空 záo kōng

出处《史记·大宛列传》:“然张骞(qiān)凿空,其后使往者皆称博望侯。”又见《汉书·张骞传》。解说 西汉时,张骞奉武帝之命,两次出使西域,为沟通与西域的联系立下大功,被封为博望侯。从此,西北各国开始与汉朝有了往来。出使西域各国的使者常常打着博望侯的旗号,以取得信任。此语原指首次建立汉朝与西域的联系,泛指开拓与国外的交流通道。也指穿凿,没有根据地凭空立论。举例 ① 唐·徐彦伯《胡无人行》:“十月繁霜下,征人远凿空。”② 唐·韩愈《答刘秀才论史书》:“巧造语言,凿空构立善恶事迹。”③ 清·顾炎武《日知录·王入于王城不书》:“《路史》以为襄王未尝复国,而王子虎为之居守,此凿空之论。”

曾母投杼 zēng mǔ tóu zhù

出处《战国策·秦策二》。解说 曾母:指曾参(shēn)之母。投:投掷;扔。杼:织布机上的梭子。曾参是春秋末年鲁国人,孔子的弟子,品学兼优,被后人称为“曾子”,尊为“宗圣”。曾参住在费邑时,有一个与他同名的族人杀了人,有人误会了,赶紧跑来告诉曾母说,曾参杀了人。曾母相信这不会是自己的儿子所为,说道:“我的儿子不可能杀人。”然后照旧在织布机上忙个不停。过了一会,又有人来说,曾参杀了人。曾母还是不信,继续织布。等到第三次有人来告知时,曾母开始怀疑儿子是否真的犯了罪,她害怕得丢下织布梭子,翻过院墙逃走了。以曾参平日里的品行,应该不会杀人犯罪,可是听到许多人这样传说,连他的亲生母亲都不得不相信了。后用此语比喻谣言或讹传能蛊惑人心，危害极大。举例 ①《三国志·吴书·孙权传》："朕以不明，虽有曾母投杼之疑，犹冀言者不信，以为国福。"② 宋·王炎《谢苏漕启》："曾母投杼，其听以多言而易疑。"③《唐史演义》第十三回："近日以来，种种怀疑，几似曾母投杼，不能自解。"

三告投杼 sān gào tóu zhù 同"曾母投杼"。举例 鲁迅《书信集·致荆有麟》："然而三告投杼，贤母生疑；千夫所指，无疾而死。"

投杼惑慈亲 tóu zhù huò cí qīn 同"曾母投杼"。举例 唐·李白《系寻阳上崔相涣》："毛遂不堕井，曾参宁杀人。虚言误公子，投杼惑慈亲。"

曾参杀人 zēng shēn shā rén 同"曾母投杼"。举例 ① 唐·韩愈《释言》："市有虎，而曾参杀人，谗者之效也。"② 明·张岱《投杼操》："言三至兮惑其母，曾参杀人市有虎。"③ 清·孔尚任《桃花扇·辞院》："这冤怎伸，硬叠成曾参杀人。"

谤言三至 bàng yán sān zhì 同"曾母投杼"。举例 唐·钱起《送李明府去官》："谤言三至后，直道叹何如。"

谗言三及 chán yán sān jí 同"曾母投杼"。举例 唐·李白《答王十二寒夜独酌有怀》："曾参岂是杀人者，谗言三及慈母惊。"

谗言三至 chán yán sān zhì 同"曾母投杼"。举例 三国魏·曹植《当墙欲高行》："众口可以铄金，谗言三至，慈母不亲，愦愦俗间，不辨伪真。"

沾沾自喜 zhān zhān zì xǐ

出处《史记·魏其武安侯列传》。解说 沾沾：洋洋自得的样子。西汉景帝时，大将军窦婴平定叛乱有功，被封为魏其侯。窦婴是景帝母亲窦太后的侄子，窦太后借此向景帝推荐，希望让窦婴出任丞相。景帝了解窦婴处事轻率，居功自傲，认为他难以担当丞相的重任，于是提出不同意见说："魏其者，沾沾自喜耳。"（魏其：即魏其侯。大意是：窦婴这个人做点小事就沾沾自喜。）后用此语形容对自己的作为感到很得意，脸上流露出欣喜的样子。举例 ①《聊斋志异·辛十四娘》："会提学试，公子第一，生第二。公子沾沾自喜。"② 章炳麟《致南京参议会论建都书》："一日服官，则一日沾沾自喜，初不虑民生之日瘁，外患之相乘也。"③ 秦牧《艺海拾贝·慧能和尚的偈(jì)语》："有些人，喜欢听赞扬无度的话，陶醉在那些话里面沾沾自喜。"

斩楼兰 zhǎn lóu lán

出处《汉书·西域传上》，又见《汉书·傅介子传》。解说 楼兰：古国名，国都楼兰城遗址在今新疆罗布泊西北。傅介子是西汉时人，很有胆识，曾官任平乐厩监。当时，楼兰国受匈奴唆使，多次反叛，杀死汉朝使者。傅介子奉大将军霍光之命，带着礼物和勇士，前往西域刺杀楼兰王。到了楼兰，傅介子诈称赏赐楼兰王金币，在酒宴上杀死楼兰王安归，立其弟尉屠耆（qí）为新的楼兰王，并改国名为鄯善，迁都至打泥城（在今新疆若羌境内）。由于平定西域战功显赫，傅介子被封为义阳侯。后用此语比喻出征异域，为国杀敌立功。举例 ① 唐·李白《塞下曲》："愿将腰下剑，直为斩楼兰。"② 宋·程垓（gāi）《水调歌头》："平生多少英气，直欲斩楼兰。"

破楼兰 pò lóu lán 见"斩楼兰"。指攻陷楼兰城，或击破楼兰军。举例 唐·王昌龄《从军行》："黄沙百战穿金甲，不破楼兰终不还。"

张仪舌 zhāng yí shé

出处《史记·张仪列传》。解说 张仪是战国时魏国人，很有辩才。他曾以连横策略（以秦国为首，联合其他几个国家）游说诸侯到了楚国，与楚国国相一起宴饮，正巧国相丢失了玉璧。国相的属官认为张仪贫穷，必定品行不端，有偷窃的嫌疑，就毒打了他一顿。张仪根本没有偷玉璧，自然不会认罪，后来被释放回家。妻子见他遍体鳞伤，心疼地挖苦他说："唉，你如果不读书，不去游说，怎能受此大辱？"张仪忍着伤口的疼痛问她："身上受点伤没关系，你看我的舌头还在吗？"妻子回答道："还在。"张仪苦笑着说："只要有舌头在，就足够了。"后来，张仪凭着三寸之舌说服秦王采纳了连横的主张，并被拜为国相，封为武信君。后用此语比喻能言善辩的口才，也指求取功名的资本。举例 唐·李白《赠崔侍御》："笑吐张仪舌，愁为庄舄（xì）吟。"

张仪舌在 zhāng yí shé zài 同"张仪舌"。举例 清·汪懋麟《沁园春·赠次功》："问张仪舌在，何难定霸；班生笔好，有日封侯。"

舌在 shé zài 同"张仪舌"。举例 ① 宋·廖行之《减字木兰花·送别》："舌在何忧，莫作人间儿女愁。"② 明·袁宏道《别黄道元信笔题扇上》："舌在即王侯，文成足歌咏。"

存舌在口 cún shé zài kǒu 同"张仪舌"。举例 唐·贾岛《寄友人》："但存舌在口，当冀身遂心。"

舌存 shé cún 同"张仪舌"。举例 唐·杜甫《暮秋枉裴道州手札》："齿落本是无心人，舌存耻作穷途哭。"

獐头鼠目 zhāng tóu shǔ mù

出处《旧唐书·李揆（kuí）传》。解说 李揆是唐代肃宗时的大臣，曾官任吏部尚书。有一位名叫元载的读书人,出身贫寒之家,其貌不扬,但德才出众。侍中苗晋卿多次向李揆推荐元载,而李揆一直未起用他。李揆对苗晋卿说:“龙章凤姿之士不见用,獐头鼠目之子乃求官。”(獐头小而尖,鼠目小而圆。大意是:那些出身名门的人还没有任用,他出身寒门,长着一副贫贱相,居然也想当官。)此语原形容人出身低贱,长相寒酸,后形容人相貌猥琐,心术不正,神情狡诈奸猾。举例 ① 清·袁枚《随园诗话》卷十四:“要看世上公侯相,先取獐头鼠目人。”②《儒林外史》第三回:“见那些童生纷纷进来,也有小的,也有老的,仪表端庄的,獐头鼠目的,衣冠齐楚的,蓝缕破烂的。”③《大刀记》开篇二:“此人獐头鼠目,秃顶黄胡,名叫马铁德。”

鼠目獐头 shǔ mù zhāng tóu 同“獐头鼠目”。举例《水浒传》第八十九回:“好赂贪财,前后悉鼠目獐头之辈。”

杖头钱 zhàng tóu qián

出处《晋书·阮修传》,又见《世说新语·任诞》。解说 西晋人阮修(又名阮宣子)喜欢清谈,爱读《老子》和《周易》,不信神鬼,名著士林,曾官任鸿胪丞、太子洗马。他未做官时,性情清高,狂放不羁,不愿意结交当世的权贵豪门,经常把一百个铜钱挂在拐杖的头上,步行到酒店里买酒,然后独自酣畅,日子过得逍遥自在。后用此语指买酒的钱。举例 ① 唐·贺兰进明《行路难》之一:“但愿亲友常含笑,相逢莫吝杖头钱。”② 宋·王十朋《与郑时敏登楼把酒书二绝》之二:“千里相从文字饮,不辞费尽杖头钱。”

杖钱 zhàng qián 同“杖头钱”。举例 明·许相卿《天只峰晏坐》:“杖钱疏后计,方药惯前筹。”

杖头资 zhàng tóu zī 同“杖头钱”。举例《儒林外史》第十八回:“谨择本月十五日,西湖宴集,分韵赋诗。每位各出杖头资二星。”

杖头沽酒物 zhàng tóu gū jiǔ wù 同“杖头钱”。举例 唐·罗隐《京口见李侍郎》:“还有杖头沽酒物,待寻山寺话逡(qūn)巡。”

百钱挂杖 bǎi qián guà zhàng 见“杖头钱”。形容买酒畅饮或闲散的生活、安闲潇洒的风度。举例 宋·陆游《纵游》:“百钱挂杖无时醉,一锸(chā)随身到处埋。”

百钱自挂竹杖头 bǎi qián zì guà zhú zhàng tóu 同“百钱挂杖”。举例 宋·陆游《闰二月二十日游西湖》:“南山老翁亦出游,百钱自挂竹杖头。”

招摇过市 zhāo yáo guò shì

出处《史记·孔子世家》:“(孔子)居卫月余。灵公与夫人同车,宦者雍渠参乘,出，使孔子为次乘，招摇市过之。孔子曰：'吾未见好德如好色者也。'" 解说 招摇：张扬；炫耀。市：集市，后泛指人多的地方。原文大意是：春秋时，孔子带领弟子们周游列国，来到卫国将近一个多月。国君卫灵公满脸得意的神情，与夫人南子同车出游，宦官雍渠驾车，让孔子乘另一辆车子跟在后边。一行车马前呼后拥，在街市上兜了一大圈。对于卫灵公这种做法，孔子很不满意，气愤地说："也太不注意修养德行了，我竟然看不到有崇尚美德如同喜好女色的人。"不久，孔子带领弟子们离开了卫国。后用此语指故意在公开场合或众人面前炫耀自己，以引起别人注意。举例 ①《野叟曝(pù)言》第六十七回："招摇过市，大圣人尚且不免于辱，我岂可守沟渎之小节而忘忠孝之大经乎？"② 邹韬奋《抗战以来》一七："在城市中的高贵的太太小姐们……乘着闪亮的流线型汽车，招摇过市！"③《工作着是美丽的》："她是不喜欢出风头、招摇过市的，她从来都讨厌出头露面，惹人注意。"

朝三暮四 zhāo sān mù sì

出处《庄子·齐物论》，又见《列子·黄帝》。解说 朝：早晨。暮：晚上。这是一则寓言。传说古时候有一个养猴子的老人，人们称他为"狙(jū)公"。狙公能理解猴子们的想法，猴子们也懂得他的言语。有一天，狙公给猴子分橡子。他对猴子们说："朝三而暮四，足乎？"（大意是：早晨给三颗，晚上给四颗，行不行？）猴子们听了都很恼怒。于是他改口说："然则朝四而暮三，足乎？"（大意是：那么，改为早晨给四颗，晚上给三颗，满意了吧？）猴子们一听，早晨给四颗，比原来增加一颗，个个都高兴得又蹦又跳，而晚上减少一颗，它们却没有想到。此语原指采用改换名目、实质不变的手法使人上当，后形容为人做事变化无定或反复无常。举例 ① 宋·司马光《乞罢免役钱状》："夫差役出于民，钱亦出于民。今使民出钱雇役，何异割鼻饲口？朝三暮四，于民何所利哉？"② 元·乔吉《山坡羊》："朝三暮四，昨非今是，痴儿不识荣枯事。"③ 鲁迅《坟·灯下漫笔》："厘定规则：怎样服役，怎样纳粮，怎样磕头，怎样颂圣。而且这规则是不像现在那样朝三暮四的。"④《三家巷》三十一："为了什么来由？为了那么一个朝三暮四、喜怒无常的女子？"

朝四暮三 zhāo sì mù sān 同"朝三暮四"。举例 ① 明·陶宗仪《南村辍耕录·白日圜(huán)文》："出口雌黄，用狙翁朝四暮三之术；目生虚白，披羲皇天一地二之图。"② 梁启超《余之币制金融政策》："吾见其朝四暮三，无关宏旨。"

暮四朝三 mù sì zhāo sān 同"朝三暮四"。举例 ① 宋·李纲《游长芦见众僧已披剃》："圆顶方袍复旧仪，欣欣便觉众情熙。可怜尽堕狙翁术，暮四朝三元不知。"② 宋·辛弃疾《洞仙歌·旧交贫贱》："悠悠今古事，得丧乘除，暮四朝三又何异。"

朝三四 zhāo sān sì 同“朝三暮四”。举例 林百举《悲愤十首》之四：“是谁妙计朝三四，只恐交征日万千。”

朝三暮二 zhāo sān mù èr 同“朝三暮四”。举例《西游记》第五十九回：“似师父朝三暮二的，这等担阁，就从小至老，老汉小，老小三生，也还不到。”

照镜舞山鸡 zhào jìng wǔ shān jī

出处 南朝宋·刘敬叔《异苑》卷三。解说 山鸡：一种野鸟，长着一身五彩缤纷的羽毛。据说山鸡特别爱惜它的羽毛，每当看见自己映在水中的倒影就情不自禁地翩翩起舞，舞姿很优美。三国时，魏武帝曹操有个小儿子叫曹冲，聪明过人。有一次，南方的少数民族首领献给曹操一只美丽的山鸡。曹操想让它在殿堂上跳舞供自己和群臣观赏，可是无论怎么逗引，山鸡也不肯跳舞，众人一时束手无策，便找曹冲想办法。曹冲了解山鸡的习性，命人取来一个铜镜放在山鸡面前。山鸡看到镜中自己美丽的身影，仿佛置身于明净的湖水边，连声鸣叫，舞蹈不止，直至累得倒地死去。后用此语比喻孤芳自赏或顾影自怜。含贬义。举例 北周·庾信《咏屏风诗》之十三：“吹箫迎白鹤，照镜舞山鸡。”

山鸡舞镜 shān jī wǔ jìng 同“照镜舞山鸡”。举例 ①清·袁枚《答陈药州中丞》：“故前寄哥宣二磁于左右者，非徒野叟献芹，略表微敬；亦似山鸡舞镜，欲别妍媸故也。”②《镜花缘》第二十回回目：“丹桂岩山鸡舞镜，碧梧岭孔雀开屏。”

山鸡照影 shān jī zhào yǐng 同“照镜舞山鸡”。举例 宋·黄庭坚《题画睡鸭》：“山鸡照影空自爱，孤鸾舞镜不作双。”

照山鸡 zhào shān jī 同“照镜舞山鸡”。举例 元·马祖常《和张彦清司农喜雪》：“沙屿有声鸣夜鹤，冰溪无影照山鸡。”

折屐 zhé jī

出处《晋书·谢安传》。解说 屐：鞋的一种，鞋底为木制，前面一般有齿。谢安是东晋时人，曾官任宰相。淝水之战前，谢安坐镇建康，派侄子谢玄、儿子谢琰等领兵北上拒敌。谢玄等击败前秦苻坚大军，捷报传来，谢安正在府中与客人下棋。客人走后，谢安迫不及待地进内室向家人传达这个好消息，“过门限，心喜甚，不觉屐齿之折。”（大意是：跨过门槛时，由于兴奋的心情难以按捺，把穿在脚上的木屐齿碰断了，竟然没有发觉。）后用此语形容喜不自禁的样子。举例 ①宋·苏轼《自径山回得吕察推诗用其韵招之宿湖上》：“新诗到中路，令我喜折屐。”②明·张居正《答两广殷石汀

(tīng)书》:"粤中缙绅亦自谓,有知以来用兵制胜,未有如今日之盛者。喜而为之折屐。"

屐齿折 jī chǐ zhé 同"折屐"。举例 宋·王安石《游土山示蔡天启秘校》:"妄言屐齿折,吾欲刊史牒(dié)。"

齿折屐 chǐ zhé jī 同"折屐"。举例 宋·黄庭坚《和甫得竹数本》:"清风吹月来,欢甚齿折屐。"

屐折 jī zhé 同"折屐"。举例 明·高启《读史·谢安》:"平生事业从容得,莫道无心屐折迟。"

折角 zhé jiǎo

出处《汉书·朱云传》。解说 折:折断。西汉元帝时,少府五鹿充宗对梁丘氏关于《易经》的学说很有研究。元帝喜好易学,想了解、比较各家易学的异同,就命五鹿充宗与其他学派的儒生展开辩论。五鹿充宗伶牙俐齿,口若悬河,又受到元帝的宠幸,因而儒生们都假称有病,不敢应对。朱云素有辩才,一向不惧权贵。元帝召朱云与五鹿充宗辩论,朱云在殿堂上咄咄逼人,连连驳倒对手。大家赞誉说:"五鹿岳岳,朱云折其角。"(大意是:五鹿充宗位高势盛,锋芒毕露,却被朱云挫其锐气,把他的犄角折断了。)由此,朱云被聘为博士。后用此语比喻能言善辩,令人折服。也指在争论中被人驳倒。举例 ①《旧五代史·冯道传》:"复有梁朝宰臣李琪,每以文章自擅,曾进《贺平中山王都表》云:'复真定之逆城。'道让琪曰:'昨来收复定州,非真定也。'琪昧于地理,顿至折角。"② 宋·周邦彦《汴都赋》:"虽有注河之辩,折角之口,终日危坐,抵(zhǐ)掌而谈,犹不能概其万一。"③ 清·黄景仁《送容甫归里》:"此日众中推折角,他年殿上待重茵。"④ 清·惜秋旅生《维新梦·外交》:"看诸卿闻命即行,绝无系恋,似此皇华之选,必无折角之虞。"

折五鹿 zhé wǔ lù 同"折角"。举例 清·王涛《赠唐魏公》:"雄辩惊四筵,高谈折五鹿。"

倾五鹿 qīng wǔ lù 同"折角"。倾:倾倒。举例 清·毛奇龄《冯二宿荣迁国子监博士》:"折角定教倾五鹿,画衣应早兆二颤。"

折柳 zhé liǔ

出处 北朝时民歌《折杨柳歌辞》:"上马不捉鞭,反折杨柳枝。"解说 古代习俗,亲朋好友远行,送行者往往折一条柳枝相赠。因"柳"与"留"谐音,折柳寓含留客的意思。此语原指折取柳枝，表示惜别之情，后用为送别或赠别的代称。举例 ① 唐·李白《春夜洛城闻笛》："此夜曲中闻折柳，何人不起故园情？"② 明·陈汝元《金莲记·郊遇》："暗怜衣带，不胜折柳之怀。"

争桑 zhēng sāng

出处《吕氏春秋·察微》，又见《史记·吴太伯世家》。解说 桑：桑树。春秋时，楚国与吴国接壤。有一天，楚国卑梁氏家的一个年轻女子与吴国的一个妇女在两国交界处因采桑而发生纠纷，两家人发生争斗，互有死伤。两国驻守边境的官员很生气，带兵互相攻打，结果吴国边境的许多老弱的居民被杀。吴王得知后怒火冲天，发兵攻打楚国，占领了两座城邑。从此，两国战争连年不断。后用此语比喻因小事不礼让而酿成大的灾祸，或边境不安宁。举例 ① 唐·刘禹锡《酬郑州权舍人见寄十二韵》："风行能偃（yǎn）草，境静不争桑。"② 宋·陆游《书喜》之二："俗美农夫知让畔，化行蚕妇不争桑。"③ 黄人《清文汇序》："道、咸两朝，争桑弄兵，四寓多故。"

蒸食哀梨 zhēng shí āi lí

出处《世说新语补·轻诋（dǐ）上》。解说 相传东汉秣（mò）陵（今江苏南京）人哀仲家产的梨个儿大，水分多，味道甘美，被誉为"哀家梨"。有人把哀家梨蒸着吃，结果失去本真，味如嚼蜡。东晋人桓（huán）玄对他不喜欢的人常说："君得哀家梨，当复不烝（zhēng）食不（fǒu）？"（烝：通"蒸"。不：通"否"。大意是：你得到哀家梨，总不会蒸着吃吧？）后用"哀家梨"比喻美好的事物，用"蒸食哀梨"比喻人行为愚蠢，糊里糊涂地糟蹋了美好的东西，或人不识风雅。举例 宋·陆游《齿痛有感》："暮年渐解人间事，蒸食哀梨亦自奇。"

哀家梨蒸食 āi jiā lí zhēng shí 同"蒸食哀梨"。举例 清·平步青《霞外攟（jùn）屑·鉴湖村居》："千岩万壑（hè），不让会垣（yuán）……耳食者口沫虎林，自嗤鄙壤，所谓哀家梨蒸食者矣。"

哀家一梨 āi jiā yī lí 见"蒸食哀梨"。比喻美好的事物。举例 清·沈涛《交翠轩笔记》卷二："新城杨子萱太令炳题词云：'惬（qiè）心动目，元气不死，哀家一梨，脆乃如此。'"

哀梨 āi lí 同"哀家一梨"。举例 清·赵翼《瓯（ōu）北诗话·苏东坡诗》："（东坡）天生健笔一枝，爽如哀梨，快如并剪。"

郑人买履 zhèng rén mǎi lǚ

出处《韩非子·外储说左上》。解说 这是一则寓言。春秋时，郑国有一个人去买鞋子，他先在家里量好了自己脚的尺码，到了集市发现记着尺码的纸条忘了带来。于是他回家里取纸条，等他返回集市，集市已散，卖鞋子的也走了。有人问他：你为什么不把鞋子穿在脚上试试呢？这个买鞋的人说："宁信度，无自信也。"（度：计量长短的标准或器具。大意是：我宁可相信量好的尺码，也不相信自己的脚。）后用此语讽刺人固执己见，死守教条，而不相信客观实际。举例 王波《可爱的图书馆学·地名戏法》："近日到郑州图书馆，又被邀题词，他（艾书）灵机一动，题曰：'郑人买履先查书，州官好学民乐读！'"

之乎者也 zhī hū zhě yě

出处 宋·文莹《湘山野录》卷中。解说 之、乎、者、也：这四个字都是文言语气助词。宋朝的开国皇帝赵匡胤（yìn）在当上皇帝后，下令扩建都城的外城。有一天，赵匡胤巡视到朱雀门前，抬头看见门额上写着"朱雀之门"四个字，觉得别扭，就问身旁的大臣赵普说：为什么不写'朱雀门'三个字，中间多加了一个'之'字有什么用呢？赵普解释说：这个"之"字是作为语气助词用的。赵匡胤听后哈哈大笑说："之乎者也，助得甚事？"（大意是："之乎者也"这些文言虚字，能助得了什么事情啊？）后用此语讽刺人说话或写文章喜欢咬文嚼字，卖弄斯文，半文不白。含贬义。如民间俗语有"之乎者也已焉哉，用得成章好秀才"。举例 ①《封神榜》第一一六回："我倒念与你父有八拜之交，不忍伤害，良言相劝，你倒之乎者也。"② 鲁迅《呐喊·孔乙己》："他对人说话，总是满口之乎者也，教人半懂不懂的。"③《蒲柳人家》二："老秀才又酸气冲天，开口诗云子曰，闭口之乎者也，何满子只觉得枯燥乏味。"

者也之乎 zhě yě zhī hū 同"之乎者也"。举例 宋·方岳《秋崖小稿》："君不闻建隆圣人之玉音，者也之乎助何事！"

知彼知己 zhī bǐ zhī jǐ

出处《孙子·谋攻》："知彼知己，百战不殆。"解说 彼：对方。孙武是春秋末年军事家，曾任吴国将军，率兵攻破楚国。后人尊称为"孙子"。他把自己的作战经验和军事理论结合起来，著有《孙子兵法》一书（简称《孙子》）。原文大意是：作战时，要充分、透彻地掌握敌方和己方的情况，这样无论打多少仗，都可以立于不败之地。后用此语指清楚、彻底地了解敌方（或对方）和己方的情况。举例 ①《隋唐演义》第十八回："若凭着一勇到底，制服他不来，反惹出祸患，也不是英雄知彼知己的伎俩。"②《孽海花》第八回："'知彼知己，百战百胜。'我国交涉吃亏，正不知彼耳。"③毛泽东《论持久战》："但战争不是神物，仍是世间的一种必然运动，因此《孙子》的规律，'知彼知己，百战不殆'，仍是科学的真理。"

知己知彼 zhī jǐ zhī bǐ 同"知彼知己"。举例 ① 元·高文秀《渑（miǎn）池会》第三折："但上阵要知己知彼，若相持千战千赢。"② 鲁迅《准风月谈·关于翻译（上）》："我是主张青年也可以看看'帝国主义者'的作品的，这就是古语的所谓'知己知彼'。"③《林海雪原》第十一回："对付敌人，一定要知己知彼，才能百战百胜。"

知难而退 zhī nán ér tuì

出处《左传·宣公十二年》。解说 春秋时，楚国攻打晋国的附属国郑国，晋国派荀林父率兵救援。军队来到黄河边，听说郑国已经与楚国讲和，荀林父便打算撤兵，他说："见可而行，知难而退，军之善政。"（大意是：能够取胜就进攻，难以取胜就退却，这是用兵的良策。）此语原指作战应见机而行，形势不利就退却以避免损失，后泛指遇到困难就退缩不前。举例 ①《儿女英雄传》第三十一回："你看这群贼，要果然得着这位姑娘些底细，就此时认些晦气走了，倒也未尝不是知难而退。"② 邹韬奋《经历·新饭碗问题》："尤其是因为在那一级里有三四个'吵客'，弄得那位英文教员不得不知难而退。"③《战斗的幸福》："谁知他们在河边测了测水位，却知难而退，倒转车身回去了。"

执牛耳 zhí niú ěr

出处《左传·哀公十七年》："诸侯盟，谁执牛耳？"解说 执：拿着。执牛耳：指拿刀割牛耳取血。春秋时各国诸侯订立盟约，须举行隆重的"歃（shà）血为盟"仪式。先割牛耳取血，将割下的牛耳放在用珠玉装饰的盘子上，由主盟者端着盘子主持仪式，宣读盟约和誓言。再相继歃血，即与盟者把祭拜过天地神灵的牛血涂在嘴唇周围（一说用嘴唇略微沾点牲血），表示彼此之间坚守盟约，言而有信。倘若有违约者，必将遭受天地神灵的惩罚，最终像牛一样被杀而死亡。原文大意是：诸侯订立盟约，由谁担任盟主？后用此语指在某一方面居于领导地位，也指"夺取冠军""占第一"。参见 541 页"歃血"。举例 ①《东周列国志》第三十三回："至期，共登鹿上之坛，襄公毅然以主盟自居，先执牛耳，并不谦让。”②清·黄宗羲《姜山启彭山诗稿序》：“太仓之执牛耳，海内无不受其牢笼。”③清·孔尚任《桃花扇·侦戏》：“论文采，天仙吏，谪(zhé)人间。好教执牛耳，主骚坛。”

牛耳 niú ěr 见“执牛耳”。指在某一方面居于领袖地位的人。举例 ①宋·文天祥《二月六日海上战向南恸(tòng)哭》：“身为大臣义当死，城下师盟愧牛耳。”②清·冯桂芬《洪鼎邮程诗思图》：“洪君清才出吾党，文社俨推牛耳长。”

执左券 zhí zuǒ quàn

出处《老子》第七十九章：“是以圣人执左契而不责于人。”又见《史记·田敬仲完世家》：“公常执左券以责于秦韩。”解说 券：刻有文字的木片或竹片等，是古代订立合同契约的凭证，也叫契。一般是将其从中间一分为二，即左右两片，劈开处两侧刻有齿形，以便合齿验证。左券交债权人保管，右券交债务人保管。《老子》原文大意是：聪明而贤德的人虽持有借据（比喻某种可以要求得到补偿的权利），却不向人讨还欠债。《史记》原文大意是：由于您对秦国和韩国有恩德，可以经常向这两个国家讨要土地、财物等利益。此语原指有某种权力和恩德，后比喻对事情很有把握。举例 朱东润《张居正大传》第十章：“若执左券而责报于上者，臣窃非之，每欲以身为率而未能也。”

持左券 chí zuǒ quàn 同“执左券”。举例 宋·陆游《禽言·打麦作饭》：“人生为农最可愿，得饱正如持左券。”

如持左券 rú chí zuǒ quàn 同“执左券”。举例 清·方苞《颂铭》：“帝命遏乱，决胜万里，如持左券。”

如操左券 rú cāo zuǒ quàn 同“执左券”。举例《李自成》第二卷二章：“督、抚两大人这次用兵，计虑周详，胜利如操左券。”

稳操胜券 wěn cāo shèng quàn 见“执左券”。比喻对事情的成功有充分的把握。举例《皖南事变》：“他的闪亮的皮靴，在木板地上发出橐橐(tuó tuó)声，大有稳操胜券的信心。”

稳操胜算 wěn cāo shèng suàn 同“稳操胜券”。举例《李自成》第二卷二十六章：“以逸待劳，以众御寡，可以稳操胜算。”

直笔 zhí bǐ

出处《左传·宣公二年》。解说 春秋时，晋灵公无道，执政的大臣赵盾曾多次劝谏。晋灵公不但不听，反而怀恨在心，要杀赵盾。赵盾准备逃亡国外避祸，未等跨过国境，听说他的族兄赵穿把晋灵公杀死了，就赶了回来。赵盾另立晋成公为国君，并继续执掌朝政。董狐是晋国的史官，刚正不阿，他认为凶手虽是赵穿，但责任在赵盾，因而在记录这段史实时写道："赵盾弑其君。"赵盾认为这样写不公平，责问董狐。董狐不畏权势，向赵盾解释说：你是晋国的正卿，逃亡不越国境，返回不讨贼凶，难道不等于是你杀死了国君吗？后来，孔子称赞说："董狐，古之良史也，书法不隐。"（大意是：董狐是前代的优秀史官，能够直书史实，不加隐讳。）此语指不歪曲地记录史实，用于称赞史官或记录历史的人尊重史实的精神。举例 ① 唐·杨炯（jiǒng）《遂州长江县先圣孔子庙堂碑》："星连月合，层台有观羽之劳；海晏河移，直笔有书祥之倦。"②《文心雕龙·史笔》："奸慝（tè）惩戒，实良史之直笔。"③ 宋·黄庭坚《王彦祖惠其祖黄州制草书其后》："董狐常直笔，汲黯（àn）少居中。"

董狐直笔 dǒng hú zhí bǐ 同"直笔"。举例《清史演义》第八十二回："本回实为合肥写照，暗寓讥刺文意。书法不隐，足继董狐直笔也。"

董狐笔 dǒng hú bǐ 同"直笔"。举例 ① 唐·杜甫《写怀》："祸首燧人氏，厉阶董狐笔。"② 宋·文天祥《正气歌》："在齐太史简，在晋董狐笔。"

只准州官放火，不许百姓点灯

zhǐ zhǔn zhōu guān fàng huǒ，bù xǔ bǎi xìng diǎn dēng

出处 宋·陆游《老学庵笔记》卷五。解说 北宋时，有一个州的太守叫田登，为人专制蛮横，忌讳别人称他的名字。因为"灯"与他的名字"登"同音，所以不许州内的百姓说"点灯"，要改说"点火"。谁要是触犯了这个忌讳，便要遭受责罚。元宵节即将到来，依照惯例要放花灯来庆祝。州府衙门贴出告示说："本州依例放火三日。"告示贴出后，老百姓讽刺说："只准州官放火，不许百姓点灯。"后用此语比喻有权势者可以胡作非为，而百姓的正当言行却受到种种限制。举例《官场现形记》第十五回："不料我们大老爷先护在里头，连问也不叫我问一声儿，可见他们是官官相护，这才是'只准州官放火，不许百姓点灯'，古人说的话是再不得错的。"

只准州官放火，不准百姓点灯 zhǐ zhǔn zhōu guān fàng huǒ，bù zhǔn bǎi xìng diǎn dēng 同"只准州官放火，不许百姓点灯"。举例 冯玉祥《我的生活》第十二章："可是'只准州官放火，不准百姓点灯'，却是中国政治的一个通病。"

只许州官放火，不准百姓点灯 zhǐ xǔ zhōu guān fàng huǒ，bù zhǔn bǎi xìng diǎn dēng 同"只准州官放火，不许百姓点灯"。举例 鲁迅《华盖集·碎话》："况且文坛上本来就'只许州官放火，不准百姓点灯'，既不幸而为庸人，则给天才做一点牺牲，也正是应尽的义务。"

只许州官放火，不许百姓点灯 zhǐ xǔ zhōu guān fàng huǒ, bù xǔ bǎi xìng diǎn dēng 同“只准州官放火，不许百姓点灯”。举例 ①《红楼梦》第七十七回：“袭人笑道：‘可是你只许州官放火，不许百姓点灯。我们偶然说一句略妨碍些的话，就说是不利之谈，你如今好好的咒他，是该的了！’”② 方志敏《狱中纪实》一：“国民党政府因征收‘烟捐’，奖励和胁迫人民种烟；因收‘特税’举行‘鸦片公卖’，保护和奖励人民吸烟，现在对于无钱购买‘烟民执照’的烟民，又要处以枪毙和监禁，这真是‘只许州官放火，不许百姓点灯’了。”③《上海的早晨》第四部三十一：“只许州官放火，不许百姓点灯。我们年纪大的人，应该让年青人开玩笑吗？”

只兴官家放火，不许百姓点灯 zhǐ xīng guān jiā fàng huǒ, bù xǔ bǎi xìng diǎn dēng 同“只准州官放火，不许百姓点灯”。举例《龙潭记》第三章：“梁宝成的两只眼里要喷出火来：‘照你这么说，不是只兴官家放火，不许百姓点灯吗？’”

抵掌而谈 zhǐ zhǎng ér tán

出处《战国策·秦策一》：“见说（shuì）赵王于华屋之下，抵掌而谈，赵王大悦。”解说 抵掌：击掌；拍手。说：游说。战国时，纵横家苏秦先到秦国，以“连横”的主张游说秦王，但没有被采纳。他回到故里，发愤读书，悉心研究各国的政治、军事情况，后来，苏秦又到赵国，以“合纵”的主张游说赵王，大谈六国合一，并力对付秦国之策。在华丽的宫殿下，他与赵王击掌而谈，十分融洽。赵王听后非常高兴，封苏秦为武安君，并授予国相大印。后用此语形容彼此之间无拘无束，谈得十分投机。举例 ①《隋唐演义》第三十七回：“两人意气相合，抵掌而谈者三日。”② 鲁迅《月界旅行·辨言》：“善言论者抵掌而谈，问地球一切事。”③《洗礼》二：“每当刘丽文来了，他就插上门，泡上一壶茶，和她相对抵掌而谈。”☞“抵掌”的“抵”右侧是氏，不要误为氐，也不要误读 dǐ。

纸上谈兵 zhǐ shàng tán bīng

出处《史记·廉颇蔺相如列传》。解说 兵：指军事谋略。战国时，赵国名将赵奢之子赵括，年轻时熟读兵书，谈起布阵用兵，口若悬河，滔滔不绝，但是从来没有真正上战场打过仗。后来，赵括接替廉颇为将军，统帅几十万军队与秦军作战。在长平之战中，由于他一味按照兵书里说的去做，不知变通，结果被打得大败，几乎全军覆没。赵括在突围时，被秦军乱箭射死。此语原指在纸面或书本上谈论军事行动，比喻只是空谈理论，不解决实际问题，或空谈不能成为现实。举例 ①《官场现形记》第三十一回："新近有个大挑知县上了一个条陈，其中有些话都是窒碍难行，毕竟书生之见，全是纸上谈兵。"②《四世同堂》三十四："书生都喜欢纸上谈兵，只说而不去实行。"③ 曹禺(yú)《北京人》第一幕："通常他是无时无刻不在谈着发财的门径的。但多半是纸上谈兵的谈话，只图口头上快意，决不想到实行。"

纸上谭兵 zhǐ shàng tán bīng 同"纸上谈兵"。谭：同"谈"。举例 清·魏源《圣武记》卷十三："今日动笑纸上谭兵，不知纸上之功，即有深浅，有一二分之见，有六七分之见，有十分之见。"

纸上之兵 zhǐ shàng zhī bīng 同"纸上谈兵"。举例 明·朱之瑜《孙武子像赞》："楚亦霸国之余烈，三战及郢(yǐng)，遂无坚城，则十三篇非纸上之兵矣。"

指鹿为马 zhǐ lù wéi mǎ

出处《史记·秦始皇本纪》。解说 秦代末年秦二世胡亥在位时，丞相赵高阴谋篡夺政权，担心群臣不服，便先做了一番试探。他献给秦二世一头鹿，却故意把鹿说成马。秦二世笑着问："丞相误邪？谓鹿为马。"(大意是：丞相搞错了吧？明明是鹿，怎么说是马呢。)赵高转身问站在左右的各位大臣：究竟是马，还是鹿？有的人惧怕赵高，不敢作声；有的人讨好赵高，随声附和说是马；只有少数敢于直言的忠臣，如实说是鹿。赵高知道这些说实话的大臣将来不会屈从于自己，随后暗中迫害甚至杀掉了他们。后用此语比喻故意颠倒是非，混淆黑白。举例 ① 元·李俊民《承二公宠和复用元韵二首》之一："世情共指鹿为马，天意反教龙作蛇。"②《醒世恒言·钱秀才错占凤凰俦》："东床已招佳选，何知以羊易牛；西邻纵有责言，终难指鹿为马。"③ 郭沫若《文化与战争》："倒黑为白，指鹿为马。日本的社会秩序早就为这些文化刽子手所毁坏无遗了。"④ 韩少功《时间的作品》："各种对历史的扭曲和误读无论怎样有效，但总是面临着一定的极限，即难以完全失真和永远失真的极限。瓦釜雷鸣或指鹿为马，往往只能得逞于一地一时。"

鹿马 lù mǎ 同"指鹿为马"。举例《聊斋志异·续黄粱》："甚且一臂不袒，辄迕鹿马之奸；片语方干，远窜豺狼之地。"

指鹿 zhǐ lù 同"指鹿为马"。举例 ① 唐·贺兰进明《古意》："秦庭初指鹿，群盗满山东。"② 宋·苏轼《上神宗皇帝书》："内重之末，必有奸臣指鹿之患。"

指马 zhǐ mǎ 同"指鹿为马"。举例 ① 清·吴伟业《读史杂感》："国中惟指马，阃(kǔn)外尽从龙。"② 清·孔尚任《桃花扇·余韵》："指马谁攻秦相诈，入林都畏阮生狂。"

Z

马指 mǎ zhǐ 同"指鹿为马"。举例 严复《和寄朝鲜金泽荣》之三："莫更是非论马指,从今不系是虚舟。"

指囷 zhǐ qūn

出处《三国志·吴志·鲁肃传》。解说 囷:圆形的大谷仓。鲁肃,字子敬,是三国时吴国人,出身于一个很富有的世家,为人慷慨仗义,经常散财济贫,喜欢结交天下豪杰。周瑜还是下级军官时,曾率领几百个士兵路过鲁肃家乡,因军粮匮乏,就去拜访鲁肃,请求资助。鲁肃当时家中存粮两囷,各有万斤之数。鲁肃用手指着其中的一个谷仓说:"这囷粮食全部奉送。"后来,周瑜被拜为大将军,向国君孙权推荐鲁肃。鲁肃被委以重任,辅助周瑜于赤壁大破曹操的军队。鲁肃后来成为吴国的名将。后用此语比喻对有急需的朋友慷慨资助。举例 ① 唐·李咸用《古意论交》:"见义必许死,临危当指囷。"②《三国演义》第五十四回:"(周)瑜曰:'子敬是我恩人,想昔日指囷相赠之情,如何不救你?你且宽心住数日,待江北探细的回,别有区处。'"

指出千囷 zhǐ chū qiān qūn 同"指囷"。举例 唐·孙元晏《鲁肃指囷》:"争教不立功勋得,指出千囷如等闲。"

趾高气扬 zhǐ gāo qì yáng

出处《左传·桓(huán)公十三年》。解说 趾:指脚。趾高:走路时脚抬得很高。气:神气;意气。气扬:意气飞扬,神气十足。春秋时,楚国将领屈瑕(字莫敖)率军攻打绞国,大获全胜。从此屈瑕变得骄傲起来,自以为是常胜将军。第二年,屈瑕奉命率军去攻打罗国。大夫鬬(dòu)伯比为其送行,回来的路上对大家说:"莫敖必败!举趾高,心不固矣。"(大意是:屈瑕将军这次出征肯定会吃败仗的!看他那副趾高气扬、目空一切的样子,怎么能冷静地指挥作战呢?)果然,罗国一战,屈瑕因轻敌而遭到惨败,自杀身亡。后用此语形容骄傲自大,得意忘形的样子。举例 ①《野叟曝(pù)言》第七十四回:"满场军役个个掩鼻厌恶,他却趾高气扬,洋洋得意。"②《上海的早晨》第一部二十四:"现在快土改了,村里有人撑他的腰,自然趾高气扬,目中无人了。"③ 叶辛《西雅图之思》:"白人征服者和腰缠万贯的财阀们只觉得已经以金钱和财富恩赐了这个落后的民族,态度更是趾高气扬。"

足高气扬 zú gāo qì yáng 同"趾高气扬"。举例 明·沈德符《万历野获编·谐谑(xuè)》:"若初进者足高气扬,凌轹(lì)前辈。"

足高气强 zú gāo qì qiáng 同"趾高气扬"。举例 明·冯梦龙《智囊补·明智》:"变望君之人也,足高气强,有伐国之志也。"

Z

炙手可热 zhì shǒu kě rè

出处 唐·杜甫《丽人行》,又见唐·裴庭裕《东观奏记》卷中。解说 炙:烤;烧灼。唐玄宗李隆基年轻时很有作为,后来宠爱杨贵妃,纵情声色,奢侈荒淫,朝政越来越腐败。杨贵妃的兄弟姊妹都享受荣华富贵,她的堂兄杨国忠被任为丞相,独断专行。杨贵妃等曾到江边游春野宴,诗人杜甫写有《丽人行》一诗,揭露和讽刺了杨家兄妹的奢侈生活和显赫权势。诗中有这样一句:"炙手可热势绝伦,慎莫近前丞相嗔!"(大意是:杨家权重位高,势焰如火,无人能比;千万注意不要靠近前去,以免惹得丞相发怒生气!)此语原指手一贴近就感到热得烫人,比喻权势大,气焰盛,使人不敢接近。举例 ①《水浒后传》第一回:"炙手可热握大权,待郎充犬吠篱边。"②《淘金记》十七:"因为他亲眼看见他在二大爷家挑水劈柴,做着粗笨活路;亲眼看见他成了这镇上炙手可热的红人,而且目空一切。"③《阴错阳差》八:"见沈瑶年富力强,炙手可热,眼看要一统七二七所的大权,便攀附他。"

炙手而热 zhì shǒu ér rè 同"炙手可热"。举例《明史·董传策传》:"(严)嵩(sōng)久握重权,炙手而热。"

炙手 zhì shǒu 同"炙手可热"。举例 明·沈德符《万历野获编·刘小鲁尚书》:"当江陵炙手时,刘独退避冷局。"

掷果潘郎 zhì guǒ pān láng

出处《晋书·潘岳传》。解说 掷:投;扔。潘郎:指潘岳,西晋著名文学家,文笔细腻哀婉,擅长写悼亡之辞。潘岳字安仁,旧诗文常把他称为"潘安"。潘岳长得容貌俊美,风度翩翩,受到好多女子的迷恋。有一次,潘岳坐着车子从街道上经过,被一群年轻女子团团围住,她们争着往潘岳的车子上投掷甘果,表达自己的爱慕之情。这些甘果足足装满了一车。后用此语指年轻英俊的男子受到女子的争相爱慕。举例 唐·司空图《冯燕歌》:"掷果潘郎谁不慕,朱门别见红妆露。"

掷果潘安 zhì guǒ pān ān 同"掷果潘郎"。举例 元·王实甫《西厢记》第三本二折:"看你个离魂倩女,怎发付掷果潘安?"

潘安掷果 pān ān zhì guǒ 同"掷果潘郎"。举例《连城壁》第二回:"心上思量道,或者是他媳妇在梁上窥我,把扇坠丢下来,做个潘安掷果的意思。"

掷果 zhì guǒ 同"掷果潘郎"。举例《聊斋志异·胭脂》:"遂其掷果之心,亦为风流雅事。"

潘郎 pān láng 见"掷果潘郎"。指美男子。举例 ① 唐·白居易《题郡中荔枝诗十八韵兼寄万州杨八使君》:"唯君堪掷赠,面白似潘郎。"② 唐·权德舆《相思曲》:"少小别潘郎,娇羞倚画堂。"

潘安 pān ān 同"潘郎"。举例《醒世恒言·钱秀才错占凤凰俦(chóu)》:"难道真个嫌我丑陋……一定要选个陈平、潘安不成?"

掷金梭 zhì jīn suō

出处《晋书·谢鲲传》。解说 掷:投;扔。梭:梭子,织布用的工具。晋代豫章太守谢鲲,字幼舆,性情狂放不羁,他年轻时,"邻家高氏女有美色,(谢)鲲尝挑之。女投梭,折其两齿。时人为之语曰:'任达不已,幼舆折齿。'"(投:扔;掷。齿:牙齿。任达:轻佻放纵,不拘礼法。原文大意是:邻居姓高,家里的女儿长得很美,谢鲲曾经去挑逗她。她正在织布,对谢鲲的无礼行为很生气,便把梭子掷了过去,打在谢鲲的嘴巴上,将门牙打掉了两颗。当时的人们说:"谢鲲轻佻放纵,以致被人把牙齿打掉了。")此语原指女子品行端正,抗拒男子的挑逗和调戏。举例 唐·赵光远《题妓莱儿壁》:"醉凭青琐窥韩寿,闲掷金梭恼谢鲲。"

金梭折齿 jīn suō zhé chǐ 同"掷金梭"。举例 俞锷(è)《呓词示遐(xiá)九》之六:"众中却悔猖披(pī)甚,险被金梭折齿来。"

投梭 tóu suō 同"掷金梭"。举例《聊斋志异·胭脂》:"被邻女之投梭,淫心不死;伺狂童之入巷,贼智忽生。"

投梭折齿 tóu suō zhé chǐ 同"掷金梭"。举例 清·陈澧(lǐ)《东塾读书记·诗》:"若称誉贤女,岂容作此等语,必至投梭折齿矣。"

投梭之拒 tóu suō zhī jù 同"掷金梭"。举例 ①《情史》卷十四:"君子有援琴之挑,鄙人无投梭之拒。及荐寝席,义盛意深。"② 鲁迅《集外集·斯巴达之魂》:"不知有慕涘(sì)烈娜之克力泰士者,虽遭投梭之拒,而未能忘情者也。"

防飞梭 fáng fēi suō 同"掷金梭"。举例 宋·苏轼《百步洪》之二:"佳人未肯回秋波,幼舆欲语防飞梭。"

折齿 zhé chǐ 同"掷金梭"。举例 清·葆光子《物妖志·琴瑟琵琶》:"逾墙已成,折齿唯命。"

置之度外 zhì zhī dù wài

Z

出处《后汉书·隗嚣(wěi áo)传》。解说 度:考虑;打算。东汉初年,光武帝刘秀经过几年的南征北讨，基本消灭了各地的割据势力，只剩下甘肃的隗嚣和四川的公孙述还握有重兵。这时，隗嚣表面上已向刘秀称臣，并且把儿子送到洛阳任官，表示归顺。公孙述虽自称蜀王，拥兵数十万，但远在四川边陲，交通困难，不足为患。因此，刘秀想让连年苦战的军队休整一段时间，暂时不打算对这两股势力进行征讨了。他对手下的将领们说："且当置此两子于度外耳！"（大意是：姑且把隗嚣和公孙述这两个人搁在一边，暂不考虑吧！）过了一些时候，刘秀再次发兵，先后把隗嚣和公孙述消灭。后用此语形容丝毫不把个人的生死、利害等放在心上。举例 ① 清·李渔《怜香伴·香咏》："就是功名也听其有无，寿也任其修短，一切置之度外。"②《孽海花》第二十七回："七十老翁，死生早置之度外，由他去吧。"③《光明与黑暗》："对自己的处境，他置之度外，唯一遗憾的是，眼看马上就能定下来的东风渠工程，被他一搅，很可能又耽误了。"

置诸度外 zhì zhū dù wài 同"置之度外"。举例 郭沫若《南冠草》第一幕："我考虑得很纯熟。我是早把生死置诸度外的。"

付之度外 fù zhī dù wài 同"置之度外"。举例 ① 宋·文天祥《指南录后序》："以小舟涉鲸波，出无可奈何，而死固付之度外矣。"②《红楼梦》第二十一回："宝玉将昨日的事已付之度外。"

中饱 zhōng bǎo

出处《韩非子·外储说右下》。解说 春秋末年，晋国的执政大臣赵鞅（即赵简子）派手下官吏去收取赋税。官吏请示赋税税率的轻重，以怎样为宜。赵鞅说："不轻不重最好。税收重了，国家富而百姓穷；税收轻了，百姓富而国家穷。你们如果没有私心，这件事就能够做好。"这时，有一位名叫薄疑的宾客插话说："君之国中饱。"（大意是：您的国家实际上是中饱。）赵鞅误以为是在称赞赵国富足，于是高兴地问：为什么这么说呢？薄疑直截了当地进一步说：您的国家，"府库空虚于上，百姓贫饿于下，然而奸吏富矣"。（大意是：上边国库空虚，下边百姓贫穷，而中间的贪官污吏却是肥了。）赵鞅听他这么说，一时感到非常惊讶。此语原指中间人填饱私囊，得到好处，后指经手钱财时，利用职权之便，以欺诈等不正当手段侵吞或从中取利。举例《金刚坡下》："钱呢？是那联保主任中饱了。"☞"中饱"的"中"，义为中间，不是中等。

中饱私囊 zhōng bǎo sī náng 同"中饱"。举例《歧路灯》第七回："小人贪利，事本非常，所可恨者，银两中饱私囊，不曾济国家之实用耳。"

中流砥柱 zhōng liú dǐ zhù

出处《晏子春秋·谏下二》:"吾尝从君济于河,鼋衔左骖,以入砥柱之中流。"解说 中流:河流中央。砥柱:山名,屹立在黄河三门峡东的急流中。尝:曾经。鼋:大鳖。骖:古代驾在车前两侧的马。原文是春秋时齐景公手下的勇士古冶子争功时说的话,大意是:"我曾经随国君渡黄河,一只大鳖咬住驾车的马,于是我潜入砥柱之下的水中。"古冶子潜入深水中杀死大鳖,使国君转危为安。后用此语比喻像屹立在黄河急流中的砥柱山一样的,能独担重任、支撑危局的重要人物,或在动荡艰难的环境中能起到支柱作用的集体、力量。参见 187 页"二桃杀三士"。举例 ① 宋·刘仙伦《贺新郎·寿王侍郎简卿》:"缓急朝廷须公出,更作中流砥柱。"② 毛泽东《论联合政府》:"没有中国共产党人做中国人民的中流砥柱,中国的独立和解放是不可能的。"③ 徐文生《清白的代价》:"从今往后,再有生死存亡之时,不会再次出现中流砥柱的人物了。"

砥柱中流 dǐ zhù zhōng liú 同"中流砥柱"。举例 ① 明·王世贞《鸣凤记·忠良会边》:"砥柱中流,不避延陵剑。"②《民国通俗演义》第五十五回:"以一省之治安,砥柱中流,故虽首都沦陷……卒得转危为安,金瓯无缺。"

中流击楫 zhōng liú jī jí

出处《晋书·祖逖(tì)传》。解说 中流:河流中央。击:敲打。楫:船桨。祖逖是东晋时名将,经常以收复中原为己任,多次向晋元帝请求率兵北伐。有一次,晋元帝任命他为奋威将军、豫州刺史。由于朝廷财力不足,只拨给一千人的军粮和三千匹布,让他自行招募兵马,制造兵器。祖逖率领亲族和部曲(家奴)一百多家乘船北渡长江奔赴前线。当船行驶到江心时,祖逖叩击着船桨,慷慨激昂地发誓说:"祖逖不能清中原而复济者,有如大江!"(大意是:我祖逖如果不能平定中原、驱逐敌寇而再次渡江凯旋的话,就像这长江之水一去不复返!)后用此语形容决心收复失地、驱逐敌寇、誓死报效国家的壮烈情怀。举例 宋·文天祥《贺赵侍郎月山启》:"慨然有神州陆沉之叹,发而为中流击楫之歌。"

击楫中流 jī jí zhōng liú 同"中流击楫"。举例 ① 明·王世贞《鸣凤记·夏公命将》:"击楫中流志莫移,恢土宇复整华夷。"②《清史演义》第六十一回:"水师沿湘而下,陆师分道而前,这一队击楫中流,那一队扬鞭大道,正有如火如荼的声势。"

祖生击楫 zǔ shēng jī jí 同"中流击楫"。举例 景耀月《溯江赠孙中山先生联句》:"祖生击楫言终践,杜老忧时泪尚多。"

渡江击楫 dù jiāng jī jí 同“中流击楫”。举例 柳亚子《浙游杂诗》：“探胜归来水一洼，渡江击楫愿还赊。”

渡江楫 dù jiāng jí 同“中流击楫”。举例 宋·文天祥《正气歌》：“或作渡江楫，慷慨吞胡羯（jié）。”

击楫 jī jí 同“中流击楫”。举例 宋·李弥逊《故相少师李公挽诗》：“徙薪谋独验，击楫志空悲。”

誓流水 shì liú shuǐ 同“中流击楫”。举例 唐·李白《南奔书怀》：“过江誓流水，志在清中原。”

中山狼 zhōng shān láng

出处 明·马中锡《中山狼传》。解说 中山：古国名，在今河北定州、平山一带。这是一则寓言。战国时，晋国的大臣赵鞅（即赵简子）在中山国打猎，一只狼中箭后逃跑，遇到东郭先生。受伤的狼故意装出一副可怜相，花言巧语地哀求东郭先生救命。东郭先生不辨善恶，把狼藏在书袋子里，放在驴背上。赵鞅追过来，询问东郭先生是否看见一只带着箭伤的狼逃过来，东郭先生编造谎言，没有如实告诉他。等赵鞅走后，东郭先生把狼放出来。没想到，这只狼脱离危险后凶相毕露，竟然恩将仇报，想吃掉东郭先生。危急之中，有一个过路的老农设计把狼骗回书袋子里，然后把它打死，救了东郭先生。后用此语比喻恩将仇报、忘恩负义的人。举例《红楼梦》第五回：“子系中山狼，得志便猖狂。”

中山 zhōng shān 同“中山狼”。举例 清·蒋士铨《桂林霜·完忠》：“不思报再造之洪恩，转欲肆中山之反噬（shì）。”

东郭先生 dōng guō xiān shēng 见“中山狼”。比喻迂腐懦弱、对坏人或敌人讲仁义的人。举例 明·张岱《中山狼操》：“东郭先生匿中山狼。给猎者去，狼磨牙欲食之。悔而有作。”

终南捷径 zhōng nán jié jìng

出处《新唐书·卢藏用传》，又见唐·刘肃《大唐新语·隐逸》。解说 终南：终南山，秦岭的主峰之一，在今陕西西安西南。唐代的进士卢藏用一心想入朝做大官，于是到京城长安（今陕西西安）附近的终南山隐居，希望直接得到皇帝的征召，时人称他为“随驾隐士”。卢藏用因此获得很大的名声，终于被朝廷召用。道士司马承祯，自起别号为“白云”，意寓像白云般纯洁、高尚。唐玄宗请他出来做官，他坚辞不受，后来勉强同意为朝廷抄写校正《老子》一书。工作完成后，司马承祯准备回去，临行时与卢藏用话别。卢藏用以手指着终南山说:“此中大有佳处,何必在远。”(大意是:此山中有许多景致,何必奔向远方。)司马承祯则淡淡一笑,慢条斯理地说:“以仆视之,仕宦之捷径耳。”(大意是:依我看,那不过是入仕做官的捷径罢了。)卢藏用听了,一时感到羞愧难当。此语原指为了入仕求官而隐居的虚伪行为,比喻谋求官职、名利或达到某种目的的便捷途径。举例 ① 宋·刘克庄《水龙吟》:“叹终南捷径,太行盘谷,用卿法,从吾好。”②《文明小史》第四十四回:“借此认识了几位当道,又结交了几家富贵豪商,自以为终南捷径,即在此小小酒馆之中,因此十分高兴。”③ 孙中山《党员不可存心做官发财》:“大多数党员,都是以加入本党为做官的终南捷径。”④ 邓拓《燕山夜话·从三到万》:“学习文化知识能不能走终南捷径呢? 这是许多初学的同志时常提出的问题。”

终南捷 zhōng nán jié 同“终南捷径”。举例 清·李渔《伊园杂咏·迂径》:“甘守本来迂,不学终南捷。”

终南径 zhōng nán jìng 同“终南捷径”。举例 清·李渔《奈何天·锡祺》:“虽则是姓名未向榜头登,出由也不比终南径。”

终南一径 zhōng nán yī jìng 同“终南捷径”。举例 宋·刘克庄《六和实之春日》:“终南一径非常捷,自是吾徒问路蹉(cuō)。”

南山捷径 nán shān jié jìng 同“终南捷径”。举例 宋·范成大《逍遥楼席上赠张邦达教授》:“谁怜贾府清池句,不着南山捷径鞭。”

众口铄金 zhòng kǒu shuò jīn

出处《国语·周语下》。解说 铄:熔化。金:指铜、铁等金属。春秋末年,周景王改革币制,下令废止小钱而造大钱,并把从民间收集来的铜铸成大钟。大钟铸成后,命乐工敲击,景王觉得声音很和谐悦耳。乐官州鸠深知币制改革的事情对人民生活影响很大,如果国家治理不好将给百姓带来无尽的疾苦,便借此劝谏景王说:只有百姓愿意听,才算是真正的和谐。如今百姓贫困不堪,怨声载道,有什么和谐呢? “众志成城,众口铄金。”(大意是:做事大家都拥护,上下一心,就能使国家像坚固的城垒一样不可摧毁;如果大家都反对,舆论的力量可以把坚硬的金属销熔,那样的话,国家就危险了。)后用此语形容其影响力极大,也比喻众多人的流言蜚语、误解或偏见容易混淆视听,颠倒是非。举例 ① 宋·陆游《次韵范参政书怀》之九:“百年过隙古所叹,众口铄金胡不归。”② 鲁迅《书信集·致李小峰》:“然众口铄金,危邦宜慎,所以我现在也不住在旧寓里了。”③ 张中行《诗词读写丛话》三:“自然,这答语有的不是出自本心,但众口铄金,有不少认牌号而不识货的,也就随大流跟着吆喝了。”

黄金消众口 huáng jīn xiāo zhòng kǒu 同“众口铄金”。消:通“销”,销熔。

举例 唐·李白《送薛九被谗去鲁》:"黄金消众口,白璧竟难投。"

众铄 zhòng shuò 同"众口铄金"。举例 宋·王禹偁(chēng)《谪(zhé)居感事》:"众铄金须化,群排柱不支。"

铄金 shuò jīn 同"众口铄金"。举例 清·陈梦雷《东行口占》之三:"铄金只为招群忌,投杼(zhù)何当慰母疑。"

铄口 shuò kǒu 见"众口铄金"。比喻伤人的谗言。举例 黄炎培《吾心》:"立身不管人谁挽,铄口宁愁众是非。"

积毁销金 jī huǐ xiāo jīn 同"众口铄金"。举例 唐·李白《学谗诗赠友人》:"人生实难,逢此织罗。积毁销金,沉忧作歌。"

众志成城 zhòng zhì chéng chéng 见"众口铄金"。比喻众人团结一致,齐心合力,就能克服困难,使事情做成功。举例 ①清·梁章钜《归田琐记·炮说》:"兵无常形,地无常势,果能众志成城,则又何炮之不可用乎?"②《民国演义》第八十八回:"段祺瑞既得国务员同情,便以为众志成城,正可一战。"③李大钊《告全国父老书》:"智者竭其智,勇者奋其勇,富者输其财,举国一致,众志成城。"

众叛亲离 zhòng pàn qīn lí

出处《左传·隐公四年》。解说 众:众人。亲:亲友。春秋时,卫国公子州吁(xū)谋杀了兄长卫桓(huán)公。他篡位之后,对内残暴统治,对外穷兵黩(dú)武。鲁国的国君鲁隐公针对这件事咨询大臣众仲的看法。众仲分析说:"夫州吁阻兵而安忍,阻兵无众,安忍无亲,众叛亲离,难以济矣。"(阻兵:倚仗武力。安忍:安于做残忍的事。济:成功。大意是:州吁倚仗武力,生性残忍,这样就会失去人们的拥护,众叛亲离,处境孤立,终将失败。)果然不出一年,国人群起而攻之,把州吁杀死了。此语原指众人反对,亲人背离,形容不得人心,处境孤立。举例 ①《北齐书·封隆之传》:"尔朱(兆)暴虐,灭亡斯至,神怒民怨,众叛亲离,虽握重兵,其强易弱。"②毛泽东《第二次世界大战的转折点》:"德军猛攻不克……整个德奥土保阵线再也找不到出路,从此日益困难,众叛亲离,土崩瓦解,走到了最后的崩溃。"③《临街的窗》:"早也曾估计到有众叛亲离的一天,水至清则无鱼,人至察则无徒。"

种玉 zhòng yù

出处 晋·干宝《搜神记》卷十一。解说 传说古时候有一位名叫杨伯雍的年轻人,父母双亡,他把父母埋葬在无终山,并在山上筑屋守墓,以尽孝道。无终山缺少水源,杨伯雍从很远的地方把水担来，烧开后供给过路的人饮用，不收分文。三年后的一天，一位过路的人喝完水，送给杨伯雍一斗石子，叮嘱他找一块平坦的山岗种下，便能够生出玉来。见杨伯雍尚未娶妻，又对他说："你将来一定能娶到一个好媳妇。"说完，那个人飘然而去。杨伯雍知道自己好心得到好报，遇到了神仙，于是把石子种到地里。几年后，地里果然生出玉来。附近住着一个姓徐的大户人家，女儿品行很好，尚未婚配。杨伯雍去求亲，徐家认为杨伯雍贫穷，不肯答应，戏称说："如果你能拿出一对白玉璧作聘礼，就把女儿嫁给你。"杨伯雍便以贵重的五对白玉璧为聘礼，迎娶成亲。杨伯雍至孝得到好报的事情传扬开了，朝廷又任命他官为大夫，以示表彰。后用此语比喻缔结良缘。寓有劝人行善，善有善报的含义。有时用于比喻雪景、田园之美或道家仙境的景色。参见 345 页"蓝田生玉"。举例 ① 元·任昱（yù）《寨儿令·书所见》："种玉无缘，掷果徒然，回首叹芳年。"② 明·朱鼎《玉镜台记·宴会》："念良缘乘龙未遂，种玉尚无缘。"③ 唐·李商隐《喜雪》："有田皆种玉，无树不开花。"

蓝田种玉 lán tián zhòng yù 见"种玉"。蓝田：地名，在陕西，古时出产美玉。此语比喻缔结姻缘，或为缔结姻缘创造条件。举例《金瓶梅词话》第九十一回："姻缘本是前生定，曾向蓝田种玉来。"

种玉蓝田 zhòng yù lán tián 同"蓝田种玉"。举例 明·杨珽（tǐng）《龙膏记·错媾》："从今后天长地远，还愿取，还愿取种玉蓝田。"

玉田 yù tián 见"种玉"。原指杨伯雍种玉处，比喻缔结姻缘的条件。举例 唐·罗虬（qiú）《比红儿》："定知不及红儿貌，枉却工夫溉玉田。"

朱衣点头 zhū yī diǎn tóu

出处 明·陈耀文《天中记》卷三十八引宋·赵令畤（zhì）《侯鲭（zhēng）录》。解说 欧阳修是北宋时文学家、史学家，官至翰林学士、枢密副使等。传说有一年他担任主考官，每当评阅试卷时，总觉得身后站着一个身穿朱红衣服的人频频点头。只要他点头的试卷，文章必定合格。欧阳修感到很奇怪，回头看时，那个人马上就不见了。欧阳修曾在自己的诗作里提及此事，其中有这样一句："唯愿朱衣一点头。"后用此语指试卷合格，或科举考试中选。举例 明·徐渭《女状元》第二出："文章自古无凭据，惟愿朱衣暗点头。"

头点朱衣 tóu diǎn zhū yī 同"朱衣点头"。举例 明·王世贞《鸣凤记·拜谒忠灵》："王策献君前，头点朱衣圣恩眷。"

朱衣点额 zhū yī diǎn é 同"朱衣点头"。举例《警世通言·老门生三世报恩》："年年科举，岁岁观场，不能得朱衣点额，黄榜标名。"

朱衣点 zhū yī diǎn 同"朱衣点头"。举例 清·龚自珍《吴市得题名录一册题其尾一律》:"朱衣点过无光气,淡墨堆中有废兴。"

竹报平安 zhú bào píng ān

出处 唐·段成式《酉阳杂俎(zǔ)续集·支植下》。解说 李德裕是唐代大臣,曾任浙西观察使、西川节度使等。他平生有爱竹的雅兴,镇守北都时,在一所寺院里看到一丛新生的竹子,高有数尺,枝叶青翠。竹子在北方并不多见,因而李德裕非常喜爱。"相传其寺纲维,每日报竹平安。"(纲维:管理寺院内部事务的和尚。原文大意是:有一位执事和尚也特别关心这丛新竹,派人专门看管养护,每天都向人们报告竹子平安、长势良好的消息。)后用此语作为平安家信的代称。参见8页"爱竹"。举例 宋·韩元吉《水调歌头·席上次韵王德和》:"月白风清长夏,醉里相逢林下,欲辨已忘言。无客问生死,有竹报平安。"

逐臭之夫 zhú chòu zhī fū

出处《吕氏春秋·遇合》。解说 逐:追赶。据说古时候,有一个人身上奇臭无比,无论怎么洗,也去不掉那种难闻的臭味,他的家人及所有相识的人都无法忍受。为此他十分苦恼,于是便离开家,独自到海上的一个小岛居住。奇怪的是,岛上有一个人却非常喜欢他身上散发出的那股臭味,每天寸步不离地跟在他身后,赶也赶不走。后用此语喻指嗜好怪癖的人。举例 ① 三国魏·曹植《与杨德祖书》:"人各有好尚,兰荪蕙之芳,众人之好好,而海畔有逐臭之夫。"② 清·纪昀《阅微草堂笔记·滦阳消夏录六》:"海上有逐臭之夫,君其是乎?"③《二十年目睹之怪现状》第一回:"那下等的,也有那逐臭之夫,垂涎着要尝鼎一脔(luán)。"

逐臭夫 zhú chòu fū 同"逐臭之夫"。举例 明·唐寅《落花诗》:"绝缨不见偷香椽(chuán),堕溷(hùn)翻成逐臭夫。"

逐臭 zhú chòu 见"逐臭之夫"。原指追逐臭味,比喻嗜好怪癖,或专门追求恶行劣迹。举例 ① 清·钱谦益《制科二·策三》:"其自为谋也,望尘逐臭,盛饰自媒,而无怀祸善藏之意。"② 清·黄景仁《杂咏》之一:"海上有逐臭,梦人或忘妻。"③ 柳亚子《新文坛杂咏·鲁迅》:"逐臭趋炎苦未休,能标叛帜即千秋。"

逐鹿 zhú lù

Z

出处《史记·淮阴侯列传》:"秦失其鹿,天下共逐之。"又见《汉书·蒯(kuǎi)通传》。解说 逐：追赶。鹿：指猎取的对象，比喻帝位、政权。西汉初年，汉高祖刘邦外出平定叛乱，皇后吕后和相国萧何设计擒杀了谋反的韩信。刘邦回到京城后，得知齐国人蒯通曾于数年前鼓动韩信反叛，就派兵把蒯通抓了起来，并要杀了他。蒯通在被杀之前，向刘邦大喊冤枉说："秦失其鹿，天下共逐之，于是高材疾足者先得焉……当是时，臣惟独知韩信，非知陛下也。"（疾足：指脚步快。大意是：秦王朝的政权丧失了，各路英雄豪杰群起争夺，而才能高、行动快的人就会抢先得手……那个时候，我只知道有韩信，并没有机会见到陛下您啊。）刘邦听了蒯通的辩解，觉得也有几分道理，就原谅并释放了他。后用此语比喻群雄并起，竞相争夺帝位、政权，也比喻追逐名利地位。举例 ①唐·魏徵《述怀》："中原初逐鹿，投笔事戎轩。"②明·周履清《锦笺记·盗起》："逐鹿应天心，斩蛇惊鬼泣。"③周恩来《春日偶感》之一："中原方逐鹿，博浪踵(zhǒng)相踪。"④《静水里的鱼》："'一个在利禄场中逐鹿惯了的人'，他自顾自地继续着，'哪里能够了解另一个隐迹山林的人的心境呢？'"

中原逐鹿 zhōng yuán zhú lù 见"逐鹿"。中原：古代指我国中部，区别于边疆。此语比喻群雄在中原争夺政权。举例 ①清·孔尚任《桃花扇·迎驾》："一旦神京失守，看中原逐鹿交走。"②《大波》第三部六章："试试看，中原逐鹿，还不知鹿死谁手哩！"③陈毅《失题》："北国摧枯势若狂，中原逐鹿更当行。"

逐鹿中原 zhú lù zhōng yuán 同"中原逐鹿"。举例 ①明·骆用卿《题韩信庙》："逐鹿中原汉力微，登坛频蹙(cù)楚军威。"②《李自成》第二卷四十一章："我们与其不能够独树一帜，与群雄逐鹿中原，真不如去投闯王！"

争鹿 zhēng lù 同"逐鹿"。举例 ①明·瞿佑《剪灯新话·天台访隐录》："一片残山并剩水，几度英雄争鹿。"②康有为《出都留别诸公》："眼中战国成争鹿，海内人才孰卧龙？"

得鹿 dé lù 见"逐鹿"。比喻取得天下或政权。举例 唐·温庭筠《过五丈原》："下国卧龙空寤(wù)主，中原得鹿不由人。"

疾足先得 jí zú xiān dé 见"逐鹿"。疾足，也说"捷足"。此语原指脚步快的人先到达目的地，比喻行动迅速的人先达到目的或先得到所企求的东西。举例 明·王教《无俗念·再和浚川》："纵然疾足先登，终能几许，笑杀云和月。"

捷足先得 jié zú xiān dé 同"疾足先得"。举例 ①清·孔尚任《桃花扇·迎驾》："自古道：'中原逐鹿，捷足先得。'我们不可落他人之后。"②《色盲》："所以拼命地想做一个捷足者先得的英雄。"③《李自成》第一卷二十六章："尚炯(jiǒng)笑着说：'自然是捷足者先得之。'"

捷足先登 jié zú xiān dēng 同"疾足先得"。举例 ①蔡天新《横越大陆的旅行》第六章："温哥华号称美洲太平洋沿岸第一大港，早在18世纪，西班牙探险家们就从陆路捷足先登。”② 清·叶稚斐《吉庆图传奇·会赴》:“所谓秦人失鹿,捷足先登。”③《地球的红飘带》七:“这时本来要由王家烈继任省长和军长,谁知事出意料,桐梓(zǐ)系中的另一个拜把子兄弟毛广翔却捷足先登。”

煮白石 zhǔ bái shí

出处 晋·葛洪《神仙传·白石先生》。解说 白石:白石头。传说古时候有一个道士,是中黄丈人的弟子,到彭祖时已经活了两千多岁。他居住在白石山,经常煮白石为食,因而当时的人称他为“白石先生”。除了白石之外,他也食用五谷杂粮,吃肉饮酒。每天行走三四百里,看上去就像四十多岁的人一样。后用此语指道家修炼。举例 ① 唐·韦应物《寄全椒山中道士》:“涧底束荆薪,归来煮白石。”② 宋·黄庭坚《再答明略》:“我有仙方煮白石,何时期君蓝田山。”

白石煮 bái shí zhǔ 同“煮白石”。举例 ① 明·曾全《吊狮子石》:“我本山中人,饥将白石煮。”② 明·周履新《幽栖牝谷》:“饥来渐把白石煮,何须焚却枯鱼。”

煮石 zhǔ shí 同“煮白石”。举例 ① 宋·范成大《古风上汤丞相》之二:“煮石不得饱,秋鬓苍已星。”② 元·方回《次韵赠道士汪庭芝》:“中野履霜宁怨命,通宵煮石且随缘。”

铸错 zhù cuò

出处《资治通鉴·唐昭宗天祐三年》,又见五代·孙光宪《北梦琐言》卷十四。解说 错:错刀,又作“锉刀”,古代一种打磨铜铁、骨角等的工具。唐代末年,田承嗣(sì)镇守魏博(在今河北大名东北),招募六州勇武之人建立了牙军。由于田氏牙军目无法纪,不服从调遣,天雄节度使罗绍威便请来朱温(朱全忠)的军队剿灭了牙军。不料,朱温军队因此在魏博滞留半年,耗尽了当地的资财,也使罗绍威的势力大为削弱。因此,罗绍威后悔不该引狼入室,请朱温的军队来,他说:“合六州四十三县铁,不能为此错也。”(大意是:即使把六州四十三县的铁聚集在一起,也铸造不出这么大的错刀啊。)错或错刀在这里是双关语,指错误。后用此语比喻造成不可挽回的重大失误。举例 ① 宋·刘克庄《贺新郎》:“金印不来丹飞去,拟神仙、富贵都差了。空铸错,与人笑。”② 清·陈炽《税则》:“太阿倒持,授人以柄,九州之铁,铸错竟成。”

铸此大错 zhù cǐ dà cuò 同“铸错”。举例 宋·苏轼《赠钱道人》:“不知几州铁,铸此一大错。”

铸成大错 zhù chéng dà cuò 同“铸错”。举例《李自成》第一卷十五章:“倘若我晚回一步，岂不铸成大错！”

九州铸错 jiǔ zhōu zhù cuò 同“铸错”。举例 张光厚《感事》之二：“九州铸错嗟何及，沧海风平又起波。”

九州大错 jiǔ zhōu dà cuò 见“铸错”。指不可挽回的重大失误。举例 明·杨慎《渔家傲·寄李中溪》：“眠食求仙多错误，君记取，九州大错休教铸。”

六州铸铁 liù zhōu zhù tiě 同“铸错”。举例 林志钧《七月十二日书事》：“六州铸铁情终悔，九局观棋势已分。”

六州铁铸 liù zhōu tiě zhù 同“铸错”。举例 柳亚子《痛哭八首》之一：“六州铁铸先成错，恨史三年血泪中。”

庄舄吟 zhuāng xì yín

出处《史记·张仪列传》。解说 战国时，越国人庄舄家境贫困，自幼苦读诗书，由于在越国怀才不遇，便离开故乡投奔楚国做了高官。庄舄因生病数天未能上朝，楚王关心地问侍御官：“不知庄舄的病怎么样了？他现在是否想念故乡？”侍御官答道：“人在生病时往往更加思念故乡。庄舄如果思念故乡便会低声吟唱越地歌曲，否则就会唱楚地歌曲。”于是，楚王派人去探望，发现庄舄吟唱的果然是越地歌曲。后用此语形容人富贵显赫之后不忘故土或故国，也指思乡之情。举例 唐·李白《赠崔侍御》：“笑吐张仪舌，愁为庄舄吟。”

庄舄越吟 zhuāng xì yuè yín 同“庄舄吟”。举例 清·赵翼《壬辰冬仲吏议左迁特蒙送部引见》：“老去贺公吴语惯，病来庄舄越吟多。”

越人吟 yuè rén yín 同“庄舄吟”。举例 宋·王安石《酬裴如晦》：“二年羁旅越人吟，乞得东南病更侵。”

越乡吟 yuè xiāng yín 同“庄舄吟”。举例 宋·欧阳修《吊黄学士》之三：“书遗茂陵稿，病作越乡吟。”

越吟 yuè yín 同“庄舄吟”。举例 唐·郎士元《宿杜判官江楼》：“叶落觉乡梦，鸟啼惊越吟。”

庄周梦蝴蝶 zhuāng zhōu mèng hú dié

出处《庄子·齐物论》。解说 庄周即庄子，是战国时哲学家。据说有一天，庄周在睡梦中变成了一只蝴蝶，翩翩飞舞，逍遥自在。他忽然醒来，睡眼蒙眬，一时搞不清楚是自己变成了蝴蝶呢，还是蝴蝶变成了自己。后用此语比喻扑朔迷离的梦境或虚幻的事物,感叹人生如梦,变化无常。举例 ① 唐·李白《古风》:"庄周梦蝴蝶,蝴蝶梦庄周,一体更变易,万事良悠悠。"② 元·王实甫《西厢记》第四本四折:"惊觉我的是颤巍巍竹影走龙蛇,虚飘飘庄周梦蝴蝶。"

庄周梦蝶 zhuāng zhōu mèng dié 同"庄周梦蝴蝶"。举例 元·谢应芳《题林泉雅趣图赠杜玉泉》:"庄周梦蝶蝶梦周,览是图者同天游。"

蝴蝶庄周 hú dié zhuāng zhōu 同"庄周梦蝴蝶"。举例 宋·陆游《病后晨兴食粥戏书》:"蝴蝶庄周安在哉,达人聊借作嘲诙。"

梦蝴蝶 mèng hú dié 同"庄周梦蝴蝶"。举例 唐·李商隐《偶成转韵七十二句赠四同舍》:"战功高后数文章,怜我秋斋梦蝴蝶。"

蝴蝶梦 hú dié mèng 同"庄周梦蝴蝶"。举例 ① 唐·齐己《诸宫春日有怀作》:"客思莫牵蝴蝶梦,乡心自应鹧鸪声。"② 唐·武元衡《西亭题壁寄中书李相公》:"空余蝴蝶梦,迢递故山归。"

胡蝶梦 hú dié mèng 同"庄周梦蝴蝶"。举例 元·萨都剌《织女图》:"水心惊起鸳鸯飞,花底不成胡蝶梦。"

梦蝶 mèng dié 同"庄周梦蝴蝶"。举例 宋·陆游《遣兴》:"听尽啼莺春欲去,惊回梦蝶醉初醒。"

蝶梦 dié mèng 同"庄周梦蝴蝶"。举例 唐·李咸用《早行》:"困才成蝶梦,行不待鸡鸣。"

梦中胡蝶 mèng zhōng hú dié 见"庄周梦蝴蝶"。形容悠闲自得。举例 宋·辛弃疾《念奴娇·和赵国兴知录韵》:"怎得身似庄周,梦中胡蝶,花底人间世。"

蝶化 dié huà 见"庄周梦蝴蝶"。比喻人在梦境而忘掉自身。举例 宋·周密《悼杨明之》:"帐中蝶化真成梦,镜里鸾孤枉断肠。"

捉刀人 zhuō dāo rén

出处《世说新语·容止》。解说 捉:握;拿。东汉末年,魏王曹操统一北方后声威大振,各少数民族部落纷纷归附。据说有一次,北匈奴派使者送来大批奇珍异宝,使者请求面见魏王。曹操觉得自己身材较矮,相貌平平,不足以给来使留下威武的深刻印象,于是让仪表堂堂的崔琰冒充自己召见来使,他却假扮成侍卫官,手持佩刀站立在一旁。召见结束后,曹操派奸细去问匈奴使臣:不知您对魏王印象如何?使臣不假思索地答道:"魏王雅望非常,然床头捉刀人,此乃英雄也。"(雅望:相貌;仪表。非常:不平常;不一般。床:胡床,古代一种座椅。大意是:魏王的相貌风采很威严,绝

Z

非一般人可比，然而持刀站在魏王座椅旁边的人，才是真正的英雄啊！）此语原指曹操，代指某些英雄豪杰。后指代替别人做事或写文章、考试的人。常把代人做事或写文章、考试称为“捉刀”。举例 ① 宋·刘子翚（huī）《建康六感·吴》：“龙翔大耳儿，虎视捉刀人。”②《聊斋志异·张鸿渐》：“赵以巨金纳大僚，诸生坐结党被收，又追捉刀人。”③ 清·李渔《闲情偶寄·声容·习技》：“甚至三寸弓鞋，不屑自制，亦倩老妪（yù）贫女为捉刀人者，亦何借巧藏拙，而失造物生人之初意哉！”④ 清·丘逢甲《柬沈友卿》：“今日人才寥落甚，英雄待起捉刀人。”

捉刀 zhuō dāo 见“捉刀人”。指代人做事或写文章、考试。举例 ① 清·徐述夔（kuí）《八洞天·补南陔（gāi）》：“弱笔岂堪捉刀，还须先生自作。”② 清·俞樾《春在堂随笔》卷十：“（许三多）于归后，为其婿捉刀，作试帖诗甚工。女子能诗者多，能为试帖者颇少。”

捉衿见肘 zhuō jīn xiàn zhǒu

出处《庄子·让王》。解说 衿：同“襟”，衣襟。见：同“现”，显露。肘：胳膊肘。曾参（shēn）是孔子的得意弟子之一，据说他住在卫国时，“三日不举火，十年不制衣，正冠而缨绝，捉衿而肘见（xiàn），纳屦（jù）而踵（zhǒng）决”。（见：同“现”，显现，露出来。屦：一种单底鞋，泛指鞋。踵：脚后跟。决：破裂；绽开。大意是：一连三天没有生火做饭，十年之间没有添置一件新衣。帽子太陈旧，想要整理一下，帽带就断了。衣服破烂不堪，扯一扯衣襟，胳膊肘就露了出来。鞋子也破了，往上一提，鞋跟绽开，露出了脚后跟。）尽管生活如此困苦，曾参仍然志向不改，一心求学。他每天边走边“歌《商颂》，声满天地，若出金石”。（原文大意是：吟唱《商颂》，嘹亮的声音在天地之间回荡。）此语原指衣服破烂，形容生活贫困，缺吃少穿。也比喻顾此失彼，处境困难。举例 ① 宋·陆游《衰疾》：“捉衿见肘贫无敌，耸膊成山瘦可知。”② 邹韬奋《被关在门外的教职员》：“以意测度起来，也许因为力量的限制，致有捉襟见肘的情形。”☞“捉衿见肘”的“见”，今读 jiàn。

捉襟见肘 zhuō jīn xiàn zhǒu 同“捉衿见肘”。举例 ① 唐·李商隐《上尚书范阳公启》之二：“捉襟见肘，免类于前哲；制裳裹踵（zhǒng），无取于昔人。”② 陶菊隐《北洋军阀统治时期史话》第七十七章：“奉系军阀在财政上也已捉襟见肘，无力继续作战了。”③ 郭沫若《学生时代·创造十年》：“平时所过的早就是捉襟见肘的生活，更哪有什么余钱来做归国的路费呢？”④ 蒋子龙《“重返工业题材”杂议》：“当代作家愧对当代。享受当代可以，表现当代则显得捉襟见肘，力不从心。”

捉襟肘见 zhuō jīn zhǒu xiàn 同“捉衿见肘”。举例《歧路灯》第七十七回：“只为一向窘(jiǒng)迫,捉襟肘见,便东涂西抹不来,所以诸事胆怯。"

捉襟露肘 zhuō jīn lù zhǒu 同"捉衿见肘"。举例 ① 清·薛雪《一瓢诗话》一八五:"分题拈韵,诗家之厄也。题与诗必须相配,才有好诗,一遇牵合,未免捉襟露肘。" ② 吴晗《闻一多传》:"一家八口,无法过日子。两夫妇捉襟露肘,儿女啼饥号寒。"

掣襟露肘 chè jīn lù zhǒu 同"捉衿见肘"。举例《醒世姻缘传》第三十五回:"宗昭原是寒素之家,中了举,百务齐作的时候,去了这四十两银,弄得掣襟露肘,没钱使,急得眼里插柴一般。"

踵决 zhǒng jué 见"捉衿见肘"。鞋跟破裂,形容生活贫困。举例《聊斋志异·丁前溪》:"揖客入,见其衣敝踵决,居之温室,设筵相款,宠礼异常。"

酌贪泉 zhuó tān quán

出处《晋书·吴隐之传》,又见《世说新语·德行》"吴道助、附子兄弟"南朝梁·刘孝标注引《晋安帝纪》。解说 酌:舀取。吴隐之是东晋末年人,曾官任晋陵太守、广州刺史等,为官清廉,生活俭朴,光明磊落,不畏流言。他在去往广州(辖今广东、广西大部分地区)赴任途中,经过一处叫石门的地方(在今广东南海境内)。当地有一处泉水,人称"贪泉",据说喝了这泉水,就会变得十分贪婪。吴隐之下马来到泉水边,"酌而饮之"(舀起泉水就喝),并赋诗一首:"古人云此水,一歃(shà)怀千金,试使夷齐饮,终当不易心。"(歃:用嘴吮吸。夷齐:指伯夷和叔齐,是商周时期的两位有节操的贤者。原诗的意思是说,如果人注重操守,即使喝了贪泉的水也不会产生贪欲。)后用此语赞誉官吏清正廉洁,不谋私利。参见103页"采薇"。举例 ① 唐·王勃《秋日登洪府滕王阁饯别序》:"酌贪泉而觉爽,处涸辙以犹欢。" ② 明·尹凤岐《送兄广东参政应奎》:"珍重平生清节在,不妨引满酌贪泉。"

酌泉 zhuó quán 同"酌贪泉"。举例 唐·王维《为薛使君谢婺(wù)州刺史表》:"谨当闭阁以思政,酌泉以励心。"

子罕辞宝 zǐ hǎn cí bǎo

出处《左传·襄公十五年》,又见《韩非子·喻老》。解说 春秋时,宋国有人得到一块宝玉,把它献给国卿子罕。子罕拒不接受。那个人说:我已经叫玉匠检验过了,这的确是珍贵的宝玉,所以才敢拿来献给您。子罕回答道:"我以不贪为宝,尔以玉为宝,若以与我,皆丧宝也,不若人有其宝。"(大意是:我把不贪图财物的美德视为珍宝,你把玉石当作珍宝,如果把宝玉给了我,咱们两个人都失去了各自的珍宝,还不如各自存有一宝。）献宝的人听了，羞愧得无言以对。后用此语比喻做官者的品行清白廉洁。举例 唐·李瀚《蒙求》："澹（tán）台毁璧，子罕辞宝。"

不贪宝 bù tān bǎo 同"子罕辞宝"。举例 宋·苏轼《梦中作寄朱行中》："至今不贪宝，凛然照尘寰。"

不贪为宝 bù tān wéi bǎo 同"子罕辞宝"。举例《隋书·韦世康传》："志除三惑，心慎四知。以不贪为宝，处脂膏而莫润。"

子虚乌有 zǐ xū wū yǒu

出处《史记·司马相如列传》，又见汉·司马相如《子虚赋》。解说 子虚、乌有：均为虚拟的人名。司马相如是西汉时的辞赋家，他采用极其铺张的手法，假托子虚、乌有和无是公三个人物的相互问答，写成了规模宏大、文辞富丽的《子虚赋》，夸赞齐国地大物博，描写帝王苑囿之盛，田猎之壮观，讽谏当政者应提倡节俭，修明政治。司马相如自己说："子虚，虚言也，为楚称。乌有先生者，乌有此事也，为齐难。无是公者，无是人也，明天子之义。故空藉此三人为辞，以推天子诸侯之苑囿，其卒章归之于节俭，因以风谏。"（为楚称：是楚地的方言。为齐难：设为齐人提出的诘难。明天子之义：东晋郭璞注为"以为折中之谈也"，即作为持中的标准。）后用此语称虚构假设的、实际不存在的人或事物。举例 ①《汉书·叙传下》："文艳用寡，子虚乌有，寓言淫丽，托风终始，多识博物，有可观采，蔚为辞宗，赋颂之首。"②《野叟曝（pù）言》第一回："此诗之意是言神仙之事，子虚乌有，全不可信也。"③ 茅盾《爱读的书》："所以我们的'兴趣'，有时会从现代转到古代，乃至子虚乌有的幻想的世界。"④ 杨绛《记钱锺书与〈围城〉》："尽管某几个角色稍有真人的影子，事情都子虚乌有。"

乌有子虚 wū yǒu zǐ xū 同"子虚乌有"。举例 清·孔尚任《桃花扇·凡例》："朝政得失，文人聚散，皆确考时地，全无假借；至于儿女钟情，客宾解嘲，虽稍有点染，亦非乌有子虚之比。"

子虚 zǐ xū 同"子虚乌有"。举例 宋·周密《齐东野语·开运靖康之祸》："然考之五代新旧史，初无是说，安知非托子虚以欺世哉？"

亡是公 wú shì gōng 同"子虚乌有"。亡：同"无"。举例 宋·赵蕃《在伯用铜字韵作诗复次韵》："昔人要作有为者，后世多归亡是公。"

子猷归 zǐ yóu guī

出处《世说新语·任诞》，又见《艺文类聚》卷二引晋·裴启《语林》。解说 王徽之，字子猷，是东晋时文人，书法家王羲之的儿子，性情狂放不拘。在一个大雪纷飞的夜晚，王徽之忽然想念起住在几十里外的好朋友戴逵，于是连夜乘小船前去拜访。天亮了，好不容易才来到戴逵的家门口。可是，这时王徽之的访友兴致一下子消失了，便又原路返回。随行的仆人问他这是为什么？他说：“我本来乘兴而行，兴尽而返，何必要与戴逵见面呢？”后用此语指思念和拜访友人。举例 唐·戴叔伦《答孙常州见忆》：“那能寄相忆，不并子猷归。”

子猷访戴 zǐ yóu fǎng dài 同“子猷归”。戴：指戴逵。举例 元·李孝光《满庭芳·赋醉归》：“笑子猷访戴，待到门，兴尽归休。”

访戴 fǎng dài 同“子猷归”。戴：指戴逵。举例 ①宋·杨万里《谢潭帅余处恭左相遣骑惠书送酒》：“雪后风涛难访戴，山间生死总依刘。”②元·关汉卿《裴度还带》第二折：“这期间寻梅的意懒，访戴的心灰。”③清·秋瑾《齐天乐·雪》：“谢家娇女，正笑倚栏干，欲拈丽句。访戴舟回，襟怀多半为伊阻。”

猷船 yóu chuán 同“子猷归”。举例 清·程先贞《十六夜风雪陡寒》：“风雪春灯乱，猷船兴尽回。”

子曰诗云 zǐ yuē shī yún

出处 元·宫天挺《范张鸡黍》第一折：“我堪恨那伙老乔民，用这等小猢狲，但学得些妆点皮肤，子曰诗云。”解说 子：孔夫子。诗：《诗经》。曰、云：说。此语原指孔子在《论语》等儒家经典里所言和《诗经》所说，二者均为历代儒者遵奉的信条。后泛指儒家典籍。也形容儒生文人引经据典，迂腐不通时务。举例 ①《私塾》：“平日子曰诗云，胡谈乱说，所以人替他起了一个绰号，叫作假斯文。”②冯玉祥《我的生活》第十七章：“即使勉强进了学房，念了两天子曰诗云，试问对那种离奇古怪、奥妙莫测的所谓文章，又能了解什么？”

诗云子曰 shī yún zǐ yuē 同“子曰诗云”。举例 ①元·无名氏《渔樵记》第一折：“兄弟，我见这会稽城市中的人，有穿着那宽衫大袖的乔文假醋，诗云子曰，可不知他读书也不曾。”②鲁迅《伪自由书·诅咒》：“‘天诛地灭，男盗女娼’——是中国人诅咒的经典，几乎像诗云子曰一样。”③《蒲柳人家》二：“老秀才又酸气冲天，开口诗云子曰，闭口之乎者也，何满子只觉得枯燥乏味。”

自郐不讥 zì kuài bù jī

出处《左传·襄公二十九年》：“（吴公子札）请观于周乐……自郐以下无讥焉。”

解说 郐：古国名，故地在今河南新密。讥：责难；批评。原文大意是：季札来到礼仪之邦的鲁国，观赏周朝各国的音乐和舞蹈，并予以评论。当乐工演奏到郐国和曹国的歌时，季札认为这是两个微不足道的小国，其歌也属下乘之作，便说："从郐国以下的音乐就不再评论了。"此语原指郐国以下的音乐，国家小，技巧差，没有必要去评论，后用来表示从所举的人或事物以下不值得一谈。参见 595 页"叹为观止"。 举例 唐·张彦远《法书要录·徐诰论书》："近古萧、永、欧、虞颇传笔势，褚、薛已降，自郐不讥矣。"

自郐无讥 zì kuài wú jī 同"自郐不讥"。举例 宋·张孝祥《丑奴儿》："无双谁似黄郎子，自郐无讥，月满星稀，想见歌场夜打围。"

自郐而下 zì kuài ér xià 同"自郐不讥"。举例 ① 唐·卢照邻《寄裴舍人遗衣药直书》："斯亦古君子之大悲也，自郐而下，曷足讥焉。"② 郭沫若《关于大规模搜集民歌问题》："太史公的观点是反统治者的，所以《史记》所提供的史料，比《汉书》可贵，后来的史官更是自郐而下了。"

自郐以下 zì kuài yǐ xià 同"自郐不讥"。举例 清·李慈铭《越缦堂读书记·宋史》："《宋史》《元史》皆乙部自郐以下，而《宋史》事实浩繁，尤难修订。"

走马看花 zǒu mǎ kàn huā

出处 唐·孟郊《登科后》。解说 走：跑。走马：骑着马跑。唐代科举考试，每次发榜之后，新考中的进士往往一起骑着马，游览京都长安的各个有名的花园。孟郊是一位著名诗人，多年不得志，将近五十岁时才考中进士。他高兴地写了一首名叫《登科后》的诗，表达自己的欢快心情："昔日龌龊（wò chuò）不足提，今朝旷荡恩无涯。春风得意马蹄疾，一日看尽长安花。"（大意是：过去不愉快的事情就不必提了，今天深深感到皇恩浩荡。我愉快地骑着马在春风中飞奔，一天之内就把长安城的花观赏遍了。）此语原指骑在奔跑的马上到处看花，形容得意、愉快的心情。后比喻对事物观察不够深入细致，也形容学习态度粗枝大叶，不够仔细。举例 ① 明·于谦《喜雨行》："但愿风调雨顺民安业，我亦走马看花归帝京。"② 清·吴乔《围炉诗话》三："唐诗情深词婉，故有久久吟思莫知其意者，若走马看花，同于不读。"③ 朱自清《论诗学门径》："一个高中文科的学生，与其囫囵吞枣或走马看花地读十部诗集，不如仔仔细细背诵三百首诗。"④《小城春秋》第十三章："可惜客人们缺乏欣赏家的兴致，只走马看花地过一下眼，就走出来了。"

走马观花 zǒu mǎ guān huā 同"走马看花"。举例 ①《儿女英雄传》第二十三回："列公听这部书，也不过逢场作戏；看这部书，也不过走马观花。"②《六十年的变迁》第十章："就只在选煤各处，走马观花看了一下。"

下马看花 xià mǎ kàn huā 见“走马看花”。比喻工作耐心细致，深入踏实。举例 毛泽东《在中国共产党全国宣传工作会议上的讲话》：“另外一些人可以在工厂农村里住几个月，在那里作调查，交朋友，这叫‘下马看花’。”

看花之喜 kàn huā zhī xǐ 见“走马看花”。指科举考试中第。举例 明·陈汝元《金莲记·郊遇》：“愿借酒杯，预贺看花之喜。”

春风得意 chūn fēng dé yì 见“走马看花”。形容读书人在科举时代中第之后的得意心情，或官运亨通、事情办成后的自得情态。举例 ①元·乔吉《金钱记》第四折：“他见我春风得意长安道，因此上迎头儿将女婿招。”②《柳暗花明》：“他刚升了县长，本来可以期望青云直上，春风得意。”③《阴错阳差》六：“那是在全国科学大会开过之后，布天隽(jùn)得了大奖，国外捧她，我们的报纸也吹她，正是春风得意。”

走麦城 zǒu mài chéng

出处《三国志·吴志·吕蒙传》，又见《三国志·蜀志·关羽传》。解说 麦城：古城名，在今湖北当阳东南。三国时，蜀汉大将关羽镇守荆州。东吴大将吕蒙设计诱使关羽攻打襄阳，然后趁机夺取南郡，俘获关羽众多部下将士的家属，以瓦解蜀军士气。关羽败退到当阳，又撤退到麦城，被吴军重重包围。关羽率领残余兵马突围时被俘，后遭斩首。后用此语比喻彻底失败或陷入绝境。举例 ①明·何白《舟泊樊城》：“时危盗贼分茅土，事去英雄走麦城。”②《张保洛的回忆》：“人人都愿意说自己的‘过五关，斩六将’，谁也不愿意提自己的‘走麦城’，我倒没有这个意思。”

足下 zú xià

出处 南朝宋·刘敬叔《异苑》卷十。解说 春秋时，晋国大臣介子推到绵山隐居之后，晋文公几次请他出来做官，介子推坚辞不受。晋文公又亲自去请，并下令放火烧山，想用这个办法逼他出山。不料，介子推竟抱着老母伏在一棵树桩上被烧死。晋文公见状悔恨不已，命人厚葬介子推母子，又用这棵树桩做成一双木屐穿在脚上，表示怀念。每当他看到这双木屐，就想起介子推，不由得发出慨叹：“悲乎足下！”此语原指足所立之处，即脚下，后借为下称上，或同辈、朋友之间互相称呼的敬辞。参见 402 页“绵上隐”，464 页“千里之行，始于足下”。举例 ①《史记·项羽本纪》：“张良谢曰：‘谨使(张)良奉白璧一双，再献大王足下；玉斗一双，再拜奉大将军足下。’”②唐·韩愈《与孟东野书》：“与足下别久矣，以吾心之思足下，知足下悬悬于吾也。”③《青春之歌》第一部十三章：“余与足下俱系北大同学，而令戚又系余之同乡，彼此素无仇隙。”

祖生鞭 zǔ shēng biān

出处《晋书·刘琨传》。解说 刘琨是晋代名将，与祖逖（tì）是好朋友，他们年轻时就具有远大抱负，一起习武练剑，准备上战场报效国家。当刘琨听说祖逖已被朝廷任用，即将领兵北征时，他写信给亲友说："吾枕戈待旦，志枭逆虏，常恐祖生先吾著鞭耳。"（吾：我。戈：古代一种兵器。旦：天亮。枭：杀死并悬头示众。逆虏：指敌人。祖生：指祖逖。先我：在我之前。著：接触；使挨上。著鞭：使挨上鞭子。原文大意是：我每天都枕着兵器睡觉，直至天亮，随时准备上阵杀敌，常常担心祖逖扬鞭策马，跑到我的前边去。）后用此语勉励人立志报国，努力进取。参见 632 页"闻鸡起舞"。举例 唐·李白《赠宣城宇文太守兼呈崔侍御》："多逢剿绝儿，先著祖生鞭。"

祖逖鞭 zǔ tì biān 同"祖生鞭"。举例 明·周咏《去国吟》："湖海蹉跎祖逖鞭，闻鸡午夜不成眠。"

祖逖著鞭 zǔ tì zhuó biān 同"祖生鞭"。举例 柳亚子《送沫若赴苏联》："祖逖著鞭原不易，刘琨舞剑欲如何？"

祖鞭先著 zǔ biān xiān zhuó 同"祖生鞭"。举例 宋·赵善括《水调歌头·渡江》："休学楚囚垂泪，须把祖鞭先著，一鼓版图收。"

先鞭 xiān biān 见"祖生鞭"。比喻下手快，抢先或领先在前。举例 ①唐·高适《别韦兵曹》："逢时当自取，看尔欲先鞭。"②鲁迅《二心集·"硬译"与"文学的阶级性"》："那时他还是革命文学家，便在所编的《文艺生活》上，笑我的翻译这书，是不甘没落，而可惜被别人著了先鞭。"

著先鞭 zhuó xiān biān 同"先鞭"。举例 郁达夫《犬山堤小步见樱花未开口占两绝》之一："寻春我爱著先鞭，梢上红苞吐未全。"

一鞭先著 yī biān xiān zhuó 同"先鞭"。举例 清·林则徐《送嶰筠赐环东归》："得脱穹（qióng）庐似脱围，一鞭先著喜公归。"

先我著鞭 xiān wǒ zhuó biān 同"先鞭"。举例《孽海花》第十八回："我国若不先自下手，自办银行，自筑铁路，必被外人先我著鞭，倒是心腹大患哩！"

著鞭 zhuó biān 见"祖生鞭"。指着手进行或开始做。举例 ①唐·韩翃（hóng）《家兄自山南罢归献诗叙事》："时辈已争先，吾兄未著鞭。"②宋·陆游《书事》："功名在子何殊我，惟恨无人快著鞭。"

枕戈待旦 zhěn gē dài dàn 见"祖生鞭"。原形容杀敌报国的殷切心情，后比喻常备不懈，随时准备作战。举例 ①宋·叶绍翁《四朝闻见录·张史和战异议》："境土

Z

未还，园陵未肃，此诚枕戈待旦思报大耻之时也。”②《说岳全传》第四十七回：“正国家多事之秋，宜臣子枕戈待旦之日也。”③ 鲁迅《文人无文》：“我先前只知道武将大抵通文，当‘枕戈待旦’的时候，就会做骈(pián)体电报，这回才明白虽是文官，也有深谙(ān)韬略的了。”

枕戈达旦 zhěn gē dá dàn 同“枕戈待旦”。举例《明史·吴良传》：“夜宿城楼，枕戈达旦，训将练兵，常如寇至。”

夜枕戈 yè zhěn gē 同“枕戈待旦”。举例 连横《闻歌》：“满腔热血半消磨，壮志犹存夜枕戈。”

枕戈 zhěn gē 同“枕戈待旦”。举例 ① 唐·杜甫《壮游》：“枕戈忆勾践，渡浙想秦王。”② 连横《闻歌》：“满腔热血半消磨，壮志犹存夜枕戈。”

钻故纸 zuān gù zhǐ

出处 宋·释道元《景德传灯录·古灵神赞禅师》。解说 据说古时候某一天，古灵神赞禅师正在窗下阅读佛经，看见一只蜜蜂落到窗户纸上，爬来爬去，想从窗户纸钻出飞走。禅师感慨地说：世界这么广阔，不肯出去，却偏偏来钻这窗户纸，什么时候才能钻出去呢！随后作了一个富有佛理的偈(jì)语道：“空门不肯出，投窗也大痴。百年钻故纸，何日出头时？”(大意是：不肯出佛门，钻窗太愚蠢。长久钻故纸，何时能出头？)后用此语比喻脱离社会现实，一味死读古书。举例 宋·陆游《发书画还故山戏书》：“平生钻故纸，夙好老犹笃(dǔ)。”

钻故纸堆 zuān gù zhǐ duī 同“钻故纸”。举例 ① 柏杨《浊世人间》：“关于这些，我们既没有时间钻故纸堆，也没有能力钻故纸堆，我们只是提醒读者老爷，这种把一半中国人硬生生折衷成残废的文化，至少在中国已存在了一千年之久。”②《十步香草》二十一：“‘一本一本借给我看，可以不可以？’‘你怎么想钻故纸堆？’”

故纸研 gù zhǐ yán 同“钻故纸”。举例 清·黄遵宪《杂感》之二：“俗儒好尊古，日日故纸研。”

醉翁之意不在酒 zuì wēng zhī yì bù zài jiǔ

出处 宋·欧阳修《醉翁亭记》。解说 北宋文学家、史学家欧阳修任滁州太守时，在当地修筑了一个亭子，取名“醉翁亭”。为了纪念此事，他写下了不朽名篇《醉翁亭记》。其中有这样一句：“醉翁之意不在酒，在乎山水之间也。”(大意是：自己年事已高，稍饮一点酒就醉了，因而用意并非为了饮酒，而是在于欣赏山川自然景色之乐趣。)后用此语比喻本意不在此,而在别处或别的方面。举例 ① 元·刘因《饮仲诚椰瓢》:“醉翁之意不在酒,宛如琴意非丝桐。”② 清·李渔《慎鸾交·汀(tīng)游》:“古人云:‘醉翁之意不在酒,在乎山水之间。’小弟这个醉翁所志,又不在山水,要借山水为名,好亲近佳人的意思。”③《民国通俗演义》第五十二回:“松坡果乐此不倦,我也可高枕无忧,但恐醉翁之意不在酒,只借此过渡,瞒人耳目呢。”④《苦斗》四十三:“早有旁边一些人,把他的行动看在眼里,以为他醉翁之意不在酒,一定另有所图。”

左右手 zuǒ yòu shǒu

出处《孙子·九地》:“夫吴人与越人相恶(wù)也,当其同舟而济遇风,其相救也如左右手。”解说 恶:讨厌;憎恨。济:渡河。《九地》是《孙子兵法》中的一篇,论述了不同作战地域应采取的用兵原则。原文大意是:尽管吴国与越国两国的人之间有积怨,有仇恨,当坐在一条船上过江遇到风浪时,就会像一个人的左手和右手互相配合那样,相互救助。此语原指最能为自己所支配的左手和右手,比喻亲近的得力助手。举例 ①《明史·朱能传》:“(朱)能于诸将中年最少,善战,张玉善谋,帝倚为左右手。”② 毛泽东《中国革命战争的战略问题》第五章六节:“人民的游击战争,从整个革命战争的观点看来,和主力红军是互为左右手,只有主力红军而无人民的游击战争,就像一个独臂将军。”③ 冯雪峰《公平的皇帝和不愿公平的大臣》:“这皇帝,就每天都要忙于亲自调解一位最大的文官和一位最大的武官之间的争执,因为这两位大臣是他的左右手。”

左右袒 zuǒ yòu tǎn

出处《史记·吕太后本纪》,又见《史记·孝文本纪》。解说 袒:脱掉或敞开上衣,露出身体的一部分。左袒、右袒:袒露左边或右边的肩膀和胳膊,表示支持某一方。西汉初年,汉高祖刘邦死了,其子刘盈(汉惠帝)继位。由于刘盈懦弱无能,朝廷的大权逐渐落入吕太后和她的家族吕产、吕禄等人的手中。吕太后死了,吕产、吕禄等野心进一步膨胀,妄图改朝换代,篡夺政权。朝中老臣太尉周勃忠心耿耿,不忍刘氏江山失去,在丞相陈平等人的支持下,亲自去吕禄控制的北军夺取兵权。周勃用计使吕禄交出兵权后,为了察看并安定军心,下命令说:“为吕氏右袒,为刘氏左袒。”(大意是:拥护吕氏的把右臂袒露,拥护刘氏的把左臂袒露。)结果全军将士纷纷袒露出左臂,表示一致拥护刘氏。于是,周勃顺利掌握了北军的兵权,随后逐渐铲除了吕氏的势力。后用此语指偏袒某一方,用“不为左右袒”或“不作左右袒”表示严守中立,不偏护、不支持某一方。举例《聊斋志异·珊瑚》:“母或怒以色,则臧姑怒以声。(安)二成又懦,不敢为左右袒。”

左袒 zuǒ tǎn 见“左右袒”。指偏护、支持某一方。举例 ① 清·孔尚任《桃花扇·拜坛》:“内阁高弘图、姜日广左袒逆党,俱已罢职了。”②《聊斋志异·李伯言》:“李(伯言)见王(某),隐存左袒意。”③《太阳照在桑干河上》三十九:“刘满和张正典吵起来了,后来还动了手,当时谁也没有劝解或左袒,他们只静静的观察着治安员的态度,等待着事情的结果。”

右袒 yòu tǎn 见“左右袒”。指偏护、支持恶势力、旧势力,或倒向非正义的一方。举例 ① 唐·韩偓(wò)《八月六日作》之一:“左牵犬马诚难测,右袒簪缨最负恩。”② 清·李渔《义士李伦表传》:“讵意集众之令未下,而所属文武已先易服以示右袒。”③ 柳亚子《咏史四首》之二:“赣水东流启杀机,谁教右袒误戎衣。”

偏袒 piān tǎn 见“左右袒”。原指脱掉或敞开上衣,露出一侧的肩膀和胳膊,比喻偏向、袒护某一方。举例 ①《汉书·徐乐传》:“(陈涉)偏袒大呼,天下从风。”② 清·昭梿《啸亭续录·先恭王之正》:“居相位者,当有相度,西村偏袒乡党,非持平天下之道也。”③ 闻一多《什么是儒家》:“他们也不能偏袒某一方面,偏袒了一方,使一方太强,有压倒对方的能力,缓冲者也无事可做。”

作壁上观 zuò bì shàng guān

出处《史记·项羽本纪》。解说 壁:围墙,这里指军队的营垒。观:观看;旁观。秦代末年,秦王派大将章邯率军攻打赵国,把赵王歇包围在巨鹿城中(在今河北平乡西南)。楚王派宋义为主将,项羽为副将,率师援赵。宋义为避开秦军锋芒,保存实力,迟迟不肯出击。项羽一怒之下,杀了宋义,率领全军渡过漳水,破釜沉舟,与秦军拼死厮杀,打得秦军如落花流水。“及楚击秦,诸将皆从壁上观。”(大意是:到了楚军与秦军进行恶战时,集结在前线的其他诸侯援赵的军队,因见秦军势力强大,战斗酷烈,都固守各自的营寨,不敢轻易出兵参战。)看到楚军大捷,秦军溃败而逃,这些援军才乘胜追击,解了巨鹿之围。项羽英勇杀敌,一战成名,从此在各路反秦军队中树立了威望。后用此语比喻置身局外,采取观望态度,不发表意见或不采取行动。参见444页“破釜沉舟”。举例 ①《花月痕》第五十回:“可笑当事的人,尚复唯唯诺诺,粉饰升平,袖手作壁上观。”② 鲁迅、许广平《两地书》七:“年假中及以前,我以为对于校长主张去留的人,俱不免各有其复杂的背景,所以我是袖手作壁上观的。”③《李自成》第二卷二章:“官军与李自成一旦交战,文富无路效力,只好作壁上观了。”

Z

壁上观 bì shàng guān 同“作壁上观”。举例 清·黄遵宪《乙丑十一月避乱大埔三河虚》："争功士聚沙中语，遇敌师从壁上观。"

坐观成败 zuò guān chéng bài 同"作壁上观"。举例 ①《三国演义》第九十八回："陆逊亦知其意，故假作兴兵之势以应之，实是坐观成败耳。"②《说岳全传》第六十回："你官居显爵，不思发兵扫北，以报国恩，反按兵不动，坐观成败。"

作法自毙 zuò fǎ zì bì

出处《史记·商君列传》。解说 法：法律。毙：因病、伤而倒下；死。战国时，商鞅受到秦孝公重用，主持变法，改革政治制度，使秦国日益强盛。人们尊称他为"商君"。秦孝公死了，太子惠文君继位，即惠文王。由于颁行新法触犯了一些贵族和朝臣的利益，某些贵族和朝臣这时纷纷散布流言蜚语，有人甚至诬陷商鞅谋反。秦惠王为太子时曾因违犯新法受罚，因而也恨商鞅，于是下令逮捕他。商鞅得到消息匆忙逃走，来到一个名叫关下的地方。天色已晚，便去找客店投宿。店主人要求他出示身份证明，商鞅不敢如实说出自己的姓名，店主人不肯收留说："如果不能验明客人身份而留宿，我会被杀头的。这是商君定的法令，谁也不敢违背呀。"商鞅听了长叹道："嗟乎！为法之敝一至此哉！"（敝：通"弊"，弊病，害处。大意是：唉！想不到由我制订的法律到头来竟然把自己害到如此地步！）商鞅后来被抓获，车裂而死。此语原指自己立法，结果反使自己受害，后泛指自作自受。举例 ①《二十年目睹之怪现状》第十三回："怎奈此时官场中人，十居其九是吃烟的，那一个肯建这个政策作法自毙呢？"②《三家巷》一〇五："想不到这回到底是作法自毙了，自己也掉到陷坑里面去了。"

为法自毙 wéi fǎ zì bì 同"作法自毙"。举例《太平广记》卷一二一："徐敬业在扬州反……杀伤官军甚众。推问具承，诛之。为法自毙乃至如此。"

作俑 zuò yǒng

出处《孟子·梁惠王上》："仲尼曰：'始作俑者，其无后乎！'为其象人而用之也。"。解说 仲尼：春秋末期思想家、教育家孔子的字。始：最初；开始。俑：古代用来殉葬的木制或陶制的偶人。后：后代。孔子主张施仁政，反对滥行杀戮，也不赞成用俑人作殉葬品。原文大意是：孔子说过："最早使用俑人殉葬的人，恐怕应该断子绝孙，没有后代！"因为俑人的形象是仿照真人制作的。此语原指制作用于殉葬的偶人，后指创始、首开其例。举例 ① 宋·苏轼《上文侍中论榷盐书》："且祸莫大于作始，作俑之渐，至于用人。"② 清·高其倬《古北口》："作俑赵与秦，流弊及明末。"

始作俑者 shǐ zuò yǒng zhě 见"作俑"。最早制作俑人用来殉葬的人，比喻第一个做某些坏事的人,或某种恶劣风气的创始者。举例 ① 清·张潮《虞初新志·姜贞毅先生传》:"北镇抚司狱廷杖立枷诸制,此秦法所未有,始作俑者,罪可胜道哉!"②《镜花缘》第七十九回:"你要提起'左手如托泰山'这句,真是害人不浅!当日不知那个始作俑者,忽然用了'托'字,初学不知,往往弄成大病,实实可恨!"

作俑者 zuò yǒng zhě 同"始作俑者"。举例 鲁迅《而已集·扣丝杂感》:"我记得书籍不切边,我也是作俑者之一。"

坐春风 zuò chūn fēng

出处 宋·朱熹《伊洛渊源录》卷四。解说 程颢(hào)是北宋时哲学家、教育家,在洛阳讲学十多年,人称"明道先生"。他与弟弟程颐并为北宋理学的奠基者,世称"二程"。他们的学说后来得到南宋哲学家、教育家朱熹的继承和发展,世称"程朱学派"。有一位名叫朱公掞(yàn)的文人,曾与程颢在汝州相处一个多月,受益良多。他回忆这段经历时对别人说:"在春风中坐了一个月。"后用此语比喻与品德高尚、有学识的人相处并受其熏陶。举例 清·袁枚《闻香林尚书往浙巡勘海塘》之二:"仰看卿月光虽远,曾坐春风梦未忘。"

如坐春风 rú zuò chūn fēng 同"坐春风"。举例 ① 唐弢(tāo)《琐忆》:"(鲁迅先生)说话时态度镇静,亲切而又从容,使听的人心情舒畅,真个有'如坐春风'的感觉。"② 臧克家《陈毅同志与诗》:"他为人平易,爽朗,坦率,真诚……和他接近,如坐春风,如冬阳暖人。"

坐怀不乱 zuò huái bù luàn

出处《诗经·小雅·巷伯》汉·毛亨《传》,又见《荀子·大略》。解说 乱:淫乱。柳下惠是春秋时鲁国大夫,道德高尚,品行端正,通晓礼仪和礼典。据说在一个寒冷的傍晚,柳下惠出城办事,回来时城门已关闭,他未能入城,只好露宿于城门之下。柳下惠见到一个女子也没来得及入城而蜷曲着身子坐在城门洞中,已经快冻僵了。柳下惠担心女子会被冻死,把她抱在怀里,并解开外衣把她裹紧。柳下惠和女子这样坐了一夜,互相以体温取暖,并没发生不正当的行为。《荀子·大略》评论说:"柳下惠与后门者同衣,而不见疑,非一日之闻也。"(后门:指城门关闭后才赶到。原文大意是:人们久闻柳下惠是正人君子,他把陌生女子抱入怀中坐了一夜而没有不轨行为,这事毋庸怀疑。)后用此语形容有道德的男子在两性关系方面作风正派。举例 ①《野叟曝(pù)言》第二十五回:"妾等俱沐相公救命之恩,素知相公是坐怀不乱的正人,连日辛苦已极，正该歇息，容妾等炕边坐守，也是无碍。”②《好逑传》第十六回：“我铁翰林不独姓铁，连心身都是铁的，比那坐怀不乱的柳下惠，秉烛达旦的关云长，还要硬着三分。”

坐怀 zuò huái 同“坐怀不乱”。举例 清·古吴墨浪子《西湖佳话·西泠(líng)韵迹》：“情之所钟，人尽缠绵，笑私奔之多事；意之所眷，不妨容悦，喜坐怀之无伤。”

坐怀人 zuò huái rén 见“坐怀不乱”。喻指在两性关系方面作风正派的男子。举例 清·李渔《慎鸾交·订游》：“素心不违，那坐怀人，也曾暂偎。”

柳下惠 liǔ xià huì 同“坐怀人”。举例 明·沈受先《三元记·秉操》：“我是柳下惠至晓不迷，只不如鲁男子闭户无求。”

坐隐 zuò yǐn

出处《世说新语·巧艺》：“王中郎以围棋是坐隐，支公以围棋为手谈。”解说 王中郎：即东晋大臣王坦之，曾官任北中郎将，故称。围棋：也称“弈”，我国传统游戏之一，早在春秋战国时期就已经流行。支公：即名僧支道林。晋代盛行玄言清谈，士人多以下围棋为风雅的消遣方式。原文中王坦之把下围棋称为坐隐，意思是说，坐在棋盘前便可超脱凡俗，忘却世事诸多烦恼，犹如归隐山林一般。支道林把下围棋称为手谈，意思是说，下棋时默不作声，仅靠手指运筹棋子来斗智、斗勇。其落子节奏的变化、放布棋子用力的大小等都可反映出对弈者的内心活动，如同在棋局中以手语交谈一样。后用此语作为下围棋的别称。举例 ① 宋·黄庭坚《弈棋》之一：“坐隐不知岩穴乐，手谈胜与俗人言。”② 清·周亮工《书影》卷三：“近蜀人任元本，博学妙诗文，能以坐隐名通国，复善揣(chuǎi)骨相。”

手谈 shǒu tán 同“坐隐”。举例 宋·黄庭坚《弈棋》之一：“坐隐不知岩穴乐，手谈胜与俗人言。”

坐拥百城 zuò yōng bǎi chéng

出处《魏书·李谧(mì)传》。解说 拥：拥有；具有。李谧是北朝北魏时人，好学博闻，朝廷多次征召他做官，都推辞不去。他平日深居简出，闭门读书，亲手详加校勘整理的书籍有四千卷之多，并著有《明堂制度论》。死后被谥为“贞靖处士”。他常说：“丈夫拥书万卷，何假南面百城？”（假：给予。南面：居帝位。大意是：大丈夫只要拥有万卷书就足够了，何必去做一个统辖百城的王侯呢？）后用此语比喻家中藏书非常丰富，或极其喜欢读书。举例 清·顾炎武《与熊耐荼(tú)书》：“茂林间馆，起看仙掌，坐拥百城,足以忘暑。”

坐拥书百城 zuò yōng shū bǎi chéng 同“坐拥百城”。举例 沈昌直《除日和长公作》:“兄才实天授,下笔轻且清,少日更力学,坐拥书百城。”

自拥书城 zì yōng shū chéng 同“坐拥百城”。举例 清·黄景仁《笥(sì)河先生见次原韵》:“自拥书城掩关坐,不知门外有车尘。”

坐拥书 zuò yōng shū 同“坐拥百城”。举例 清·赵执信《酬王阮亭先生见寄》之二:“不为耽闲寂,终朝坐拥书。”

百城书 bǎi chéng shū 同“坐拥百城”。举例《老残游记》第七回:“借箸代筹一县策,纳楹闲访百城书。”

百城之富 bǎi chéng zhī fù 同“坐拥百城”。举例 清·黄宗羲《天一阁藏书记》:“强解事者,以数百金捆载坊书,便称百城之富。”

座右铭 zuò yòu míng

出处 汉·崔瑗(yuán)《座右铭》唐·吕延济题注。解说 东汉人崔瑗少年时聪明好学。其兄崔璋被人所杀,崔瑗为了雪恨,亲手杀了仇人,逃亡离家,直至朝廷大赦才还乡。由于崔瑗读书勤奋,有才华,后来成为名士,做了官,曾任济北相。崔瑗书法也很好,尤其擅长章草。他曾作了一篇提倡谨言慎行的短文,并放在座位右边以时刻激励、警醒自己,这篇短文取名为《座右铭》。后用此语指刻写或置于座位右边或旁边的用以自警自励的文辞。举例 ① 南朝梁·慧皎(jiǎo)《高僧传·支遁》:“僧众百余,常随禀学时或有惰者,(支)遁乃著座右铭以勖(xù)之。”② 金·元好问《醉后》:“天公不禁人间酒,崔瑗虚留座右铭。”③ 陈毅《示丹淮并告昊(hào)苏、小鲁、小珊》:“革命重坚定,永作座右铭。”

座中铭 zuò zhōng míng 见“座右铭”。刻写或置于座椅靠背中部用以自警自励的文辞。举例 宋·周必大《跋盛子谦座中铭》:“盛子手书座中铭总二百二十字,皆盛德事也,以此训于后人。”

座铭 zuò míng 同“座右铭”。举例 宋·陆游《幽居遣怀》之二:“农书甚欲从师授,‘忍’字常须作座铭。”

铭座 míng zuò 同“座右铭”。举例 清·刘献廷《广阳杂记》卷二:“‘君子食无求饱,居无求安’,‘事天治人莫如啬’‘绝学无忧’,书此三言,以代铭座。”

附录　多见书名成书年代和著者

（按音序排列）

《北史》，唐·李延寿
《初刻拍案惊奇》，明·凌濛初
《大波》，李劼(jié)人
《东周列国志》，明·冯梦龙
《儿女英雄传》，清·文康
《二刻拍案惊奇》，明·凌濛初
《二十年目睹之怪现状》，清·吴趼(jiǎn)人
《封神演义》，明·许仲琳
《公羊传》，旧题战国·公羊高撰
《古文尚书》，《尚书》版本之一
《穀梁传》，旧题战国·穀梁赤撰
《官场现形记》，清·李宝嘉
《管子》，战国时托名管仲撰
《韩非子》，战国·韩非
《汉书》，汉·班固
《红楼梦》，清·曹雪芹、高鹗(è)
《红岩》，罗广斌、杨益言
《后汉书》，南朝宋·范晔(yè)
《花月痕》，清·魏秀仁
《淮南子》，汉·刘安等
《晋书》，唐·房玄龄等
《京本通俗小说》
《荆钗记》，元·柯丹丘
《警世通言》，明·冯梦龙
《镜花缘》，清·李汝珍
《旧唐书》，五代·刘昫(xù)监修
《孔子家语》，有三国魏·王肃本
《老子》，相传春秋末·老聃(dān)著
《礼记》，相传西汉·戴圣编
《李自成》，姚雪垠
《两般秋雨盦(ān)随笔》，清·梁绍壬
《聊斋志异》，清·蒲松龄
《列子》，战国·列御寇
《吕氏春秋》，战国·吕不韦等
《论语》
《孟子》，战国·孟子
《民国通俗演义》，蔡东藩、许廑(qín)父
《明史》，清·张廷玉等
《牡丹亭》，明·汤显祖
《南史》，唐·李延寿
《孽海花》，清·曾朴
《琵琶记》，元·高明
《歧路灯》，清·李海观
《青春之歌》，杨沫
《儒林外史》，清·吴敬梓(zǐ)
《三国演义》，明·罗贯中
《三国志》，晋·陈寿
《三家巷》，欧阳山
《三刻拍案惊奇》，明·凌濛初
《三侠五义》，清·石玉昆
《上海的早晨》，周而复

《尚书》
《诗经》
《史记》,汉·司马迁
《史通》,唐·刘知幾
《世说新语》,南朝宋·刘义庆
《水浒后传》,清·陈忱
《水浒传》,明·施耐庵
《说苑》,汉·刘向
《说岳全传》,清·钱彩等
《四世同堂》,老舍
《宋史》,元·脱脱等
《宋书》,南朝梁·沈约
《隋书》,唐·魏徵等
《隋唐演义》,清·褚(chǔ)人获
《太平广记》,宋·李昉(fǎng)等
《太平御览》,宋·李昉(fǎng)等
《唐摭(zhí)言》,五代·王定保
《桃花扇》,清·孔尚任
《围城》,钱锺书
《魏书》,北齐·魏收
《文明小史》,清·李宝嘉
《文心雕龙》,南朝梁·刘勰(xié)
《吴越春秋》,汉·赵晔(yè)
《西厢记》,元·王实甫
《西游记》,明·吴承恩
《孝经》
《新唐书》,宋·欧阳修、宋祁(qí)等
《醒世恒言》,明·冯梦龙
《醒世姻缘传》,清·西周生
《续资治通鉴》,清·毕沅
《荀子》,战国·荀况
《颜氏家训》,北齐·颜之推
《野叟曝(pù)言》,清·夏敬渠
《艺文类聚》,唐·欧阳询
《喻世明言》,明·冯梦龙
《阅微草堂笔记》,清·纪昀(yún)
《战国策》,汉·刘向
《战争和人》,王火
《周易》
《庄子》,战国·庄子
《资治通鉴》,北宋·司马光
《醉醒石》,明·东鲁古狂生
《左传》,相传春秋·左丘明撰

全部条目笔画索引

【说明】① 本索引收录书中全部条目,包括主条和副条。② 条目按首字笔画序排列。首字笔画相同的,按起笔笔形一、丨、丿、丶、乛的顺序排列,依此类推。③ 条目右侧的数码,为本书页码。

一 画

全部条目笔画索引

四 画

〔一〕

五　画

〔一〕

〔乛〕

六 画

〔一〕

七　画

〔一〕

八画

〔一〕

〔丨〕

九 画

〔一〕

十 画

〔一〕

十一画

〔一〕

〔乛〕

十二画

〔一〕

全部条目笔画索引

十七画

十八画